U0787864

中华人民共和国地方志丛书

岳阳市岳阳楼区志

岳阳市岳阳楼区地方志编纂委员会

方志出版社

图书在版编目（CIP）数据

岳阳市岳阳楼区志 / 岳阳市岳阳楼区地方志编纂委员会编 . --北京 ：方志出版社，2016.7

ISBN 978-7-5144-2029-6

Ⅰ . ①岳… Ⅱ . ①岳… Ⅲ . ①区（城市）—地方志— 岳阳市 Ⅳ . ① K296.43

中国版本图书馆 CIP 数据核字（2016）第 161522 号

岳阳市岳阳楼区志

编　　者：岳阳市岳阳楼区地方志编纂委员会
责任编辑：齐　笑

出 版 人：冀祥德
出 版 者：方志出版社
地址　北京市朝阳区潘家园东里 9 号（国家方志馆 4 层）
邮编　100021
网址　http://www.fzph.org
发　　行：方志出版社发行中心
电话　（010）67110500
经　　销：各地新华书店
印　　刷：岳阳天创印务有限公司

开　　本：889mm × 1194mm　1/16
印　　张：50.5
字　　数：1390 千字
版　　次：2016 年 8 月第 1 版　2016 年 8 月第 1 次印刷
印　　数：0001 ～ 3000 册

ISBN 978-7-5144-2029-6　**定价：**386.00 元

《岳阳市岳阳楼区志》

（1746–2012）

编纂委员会

名誉主任　李可波　秧　励
主　　任　陈阁辉
副 主 任　尤庆学　葛涛志
总　　纂　漆　胜
常务副总纂　杨林斌　李　峰
委　　员　黎　炜　邓建华　廖庆其　李蕙兰

编辑部

主　　编　李蕙兰
副 主 编　刘桂兰　邓建龙　涂　宇　吴洪胜
编　　务　胡　科　刘　洁　刘丽伟　李会芳　邓茂玲
　　　　　冯　凡　赵　红

参与编写与提供资料人员名录

（按姓氏笔画数排列）

万岳桃	万　祎	万盾宇	方勇波	王　伟	王　晶
韦秀珍	卢　超	叶湘奇	任映雨	刘小秋	刘　文
刘　凯	刘　莎	刘　博	刘　源	刘　锦	向勇军
孙娜妮	江　俊	汤全球	汤春艳	许　丹	许　兵
严文浩	严　琴	严　瑞	余松明	余　顺	张小全
张志宏	张　旺	张　露	李　宁	李向峰	李年明
李　京	李　明	李　星	杨剑良	杨高贡	杨　鹏
苏林祥	陈汇湘	陈志明	陈国阳	陈欣世	周　妍
周志国	周念科	周林松	周　斌	周鲜明	易　永
易　军	罗　红	范岳平	郑　斌	侯岸林	弈克斌
段　成	胡立军	赵　红	赵　婧	赵　静	凌　真
唐　玲	唐振华	徐志林	徐　进	徐　拓	徐颜林
柴石球	涂　雄	陶威名	陶　涛	高　樱	梅　磊
隋颁才	黄黎明	喻焱四	曾　勇	童富民	谢雪梅
谢超宇	谭馥莲	廖远辉	熊泽波	潘付霞	

终审验收

中共岳阳市委党史地方志办公室

主　审　易　林　曹春友

验　收　陈念军　戴长明　易　林　张秀娥　胡萍萍

湖南省地方志编纂委员会

验　收　易介南　邓建平　杨盛让　隆清华　杨　帆
李章进

岳阳市岳阳

岳阳楼区人民政府编制　湖南省民政厅监制

区行政区划图

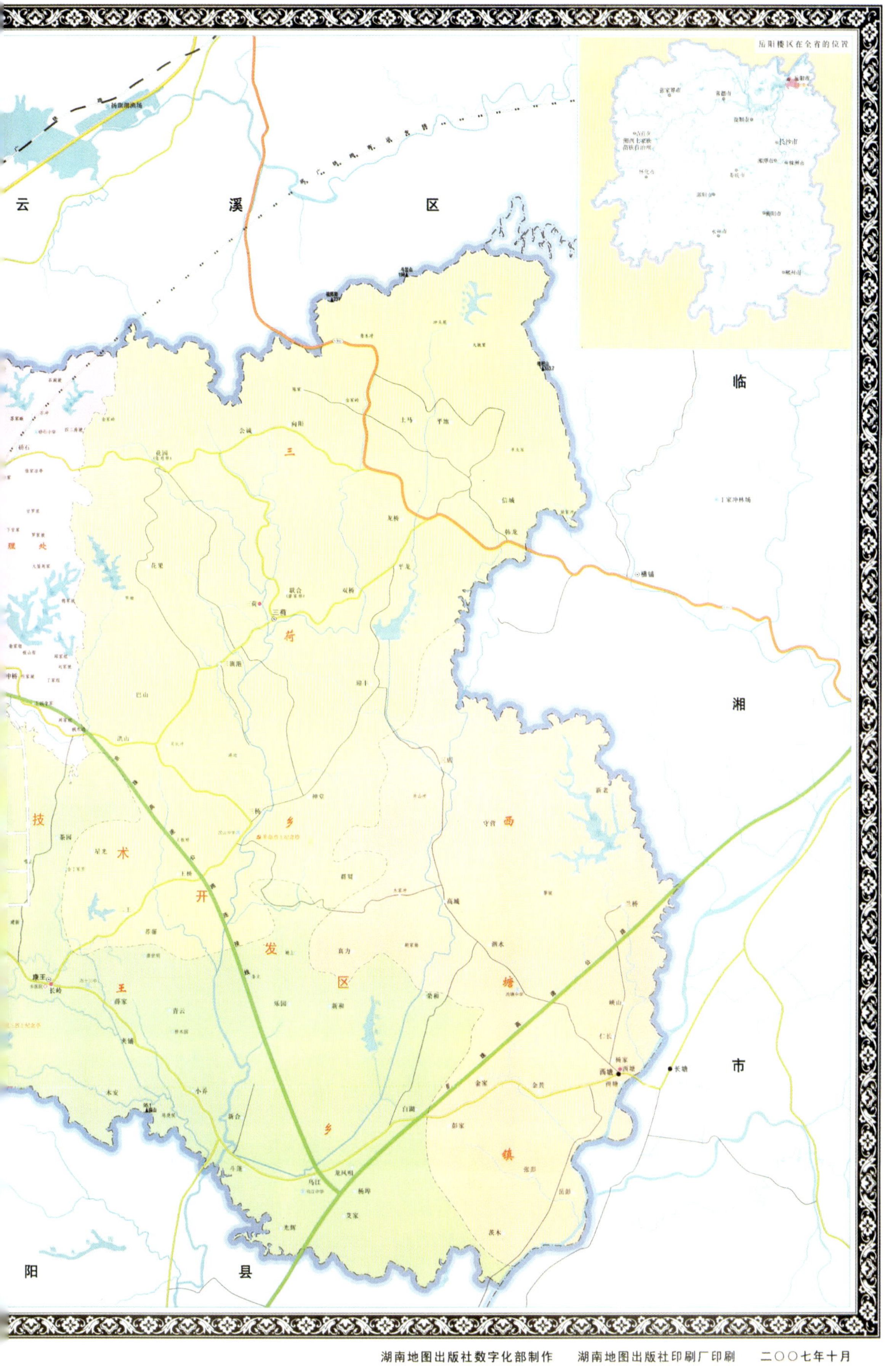

湖南地图出版社数字化部制作　湖南地图出版社印刷厂印刷　二〇〇七年十月

图例
荆州 州级驻所
长沙郡 郡级驻所
巴陵 古地名
华容 今县人民政府驻地
比例尺
0 9 18 27 36公里
梁
四
州
川
上庸郡
新城郡
宜都郡
建平郡
天门郡
武陵郡
衡阳郡
邵陵郡
零陵郡
南平郡
南郡
襄阳郡
义阳国
南乡郡
巴东郡
涪陵郡
西乡
汉阴
洵阳县
长利县
郧乡县
顺阳
西城
安康
旬阳
白河
锡县
武当
冠军
淯阳
紫阳
上廉
平利
竹溪
微阳
竹山
十堰市
均县
郧县
阴县
筑阳
老河口市
朝阳
新野
岚皋
武陵
上庸
方城亭
汉阳县
山都
邓县
万源
镇坪
房陵
房县
昌魏
保康
南漳
沶乡
上黄
宜城
邵县
绥阳
编县
兴山
泰昌
北井
巫山
巫县
巫溪
宣汉
汉丰
开县
开江
奉节
鱼复
云阳
秭归
归乡
信陵
临沮
远安
荆门市
当阳
南浦
万县
万县市
梁平
建始
宜昌市
夷陵
峡口
长阳
枝江
旌阳
纪南城
荆州
江陵
临江
忠县
恩施
沙渠
利川
五峰
宜都
夷道
很山
公安
江安
宣恩
石柱
鹤峰土家族自治县
孱陵
松滋
咸丰
黔江
来凤土家族自治县
龙山
充县
桑植
溇中
澧阳郡
零阳
慈利
临澧
澧县
作唐郡
安乡
南县
石首
涪陵
彭水
黔阳
大庸
永顺
汉复
汉寿
临沅
常德
桃源
沅南
龙阳
酉阳
迁陵
保靖
花垣
古丈
沅陵
沿河
务川
吉首
泸溪
秀山
德江
松桃苗族自治县
辰阳
辰溪
溆浦
益阳
益阳市
桃江
安化
新康
新化
冷水江市
涟源
连道
高平
怀化市
双峰
邵阳
新邵
邵东
湘乡
洞口
都梁
隆回
邵陵
邵阳市
烝阳
重安
衡阳市
建兴
夫夷
武冈
永昌
祁东
祁阳
应阳县
新宁
东安
城步苗族自治县
零陵
泉陵
洮阳
常宁
新宁

巴陵

“巴陵”一词始见于晋初。晋太康元年（280年）析下隽县西部建巴陵县，南朝宋又设巴陵郡。直至民国2年（1913年），巴陵作为县、郡名一直沿用下来，时间长达1633年。图为西晋时岳阳所在位置

一极三宜 · 江湖名城

One should be three – arena City

岳阳楼

岳阳楼前门

三眼桥

洞庭湖大桥

圣安寺

瞻岳门

晓岳門

洞庭湖

南湖广场

琵琶王立交桥

撒网

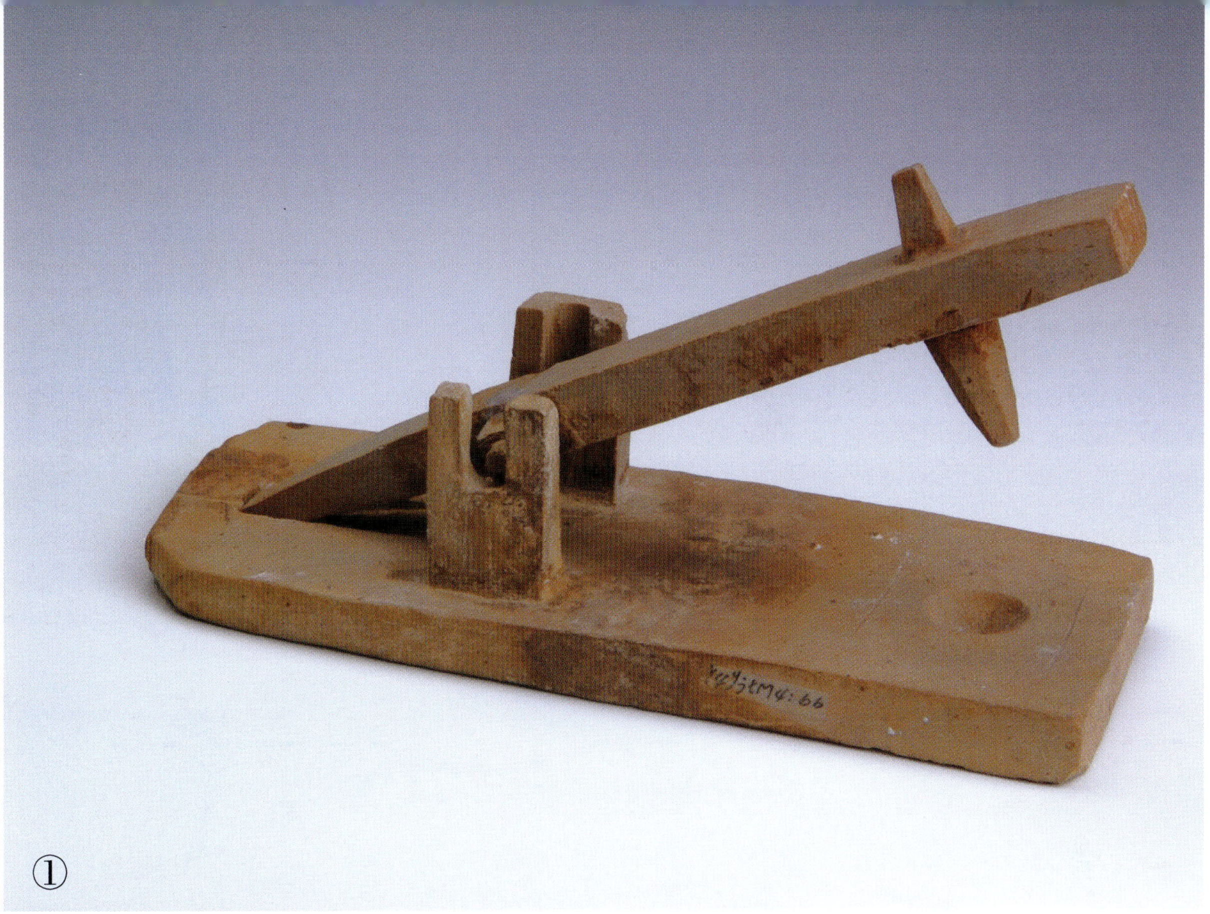

①

②

③

④

⑤

桃花山文物

①

②③

④⑤

①唐青瓷碓

②唐青瓷持刀男俑

③唐青瓷人首双翼兽

④唐青瓷吹竖笛俑

⑤唐青瓷女骑马俑

老街景

①
②
③
④
⑤

①老人与街
②三轮车夫
③小贩
④南货摊
⑤慈氏塔下

郭镇敬老院

送科技下乡

郭镇沼气

中国端午龙舟展演赛在南湖举行

凯美特气

产业兴旺

预防手足口病

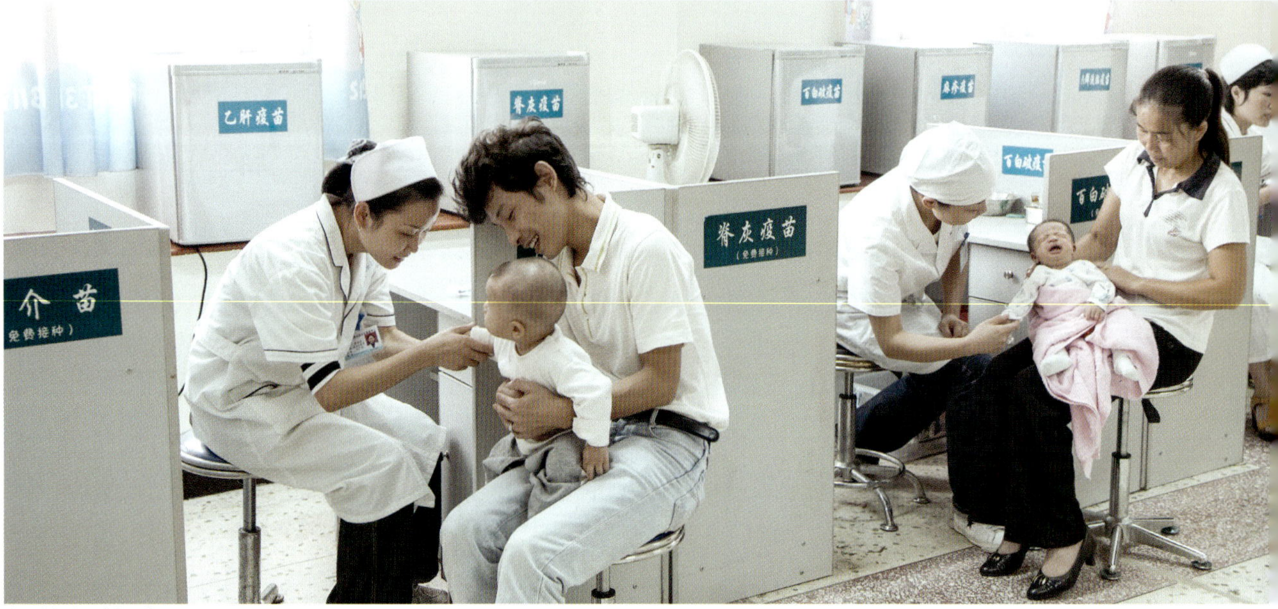

妇幼保健院

义工在岳阳楼新景区除冰

奥运火炬手

金秋同乐健身表演

艺术

一种对美，思想，境界的追求

文明创建

种植绿色 收获健康

卫生环保 文明出行

① ②
③
④

①岳阳楼区人民检察院征求人大代表意见建议座谈会
②岳阳楼论坛阅读与中国教育改造
③岳阳楼区经济工作暨第二届企业家年会
④《岳阳市岳阳楼区志》评审会

序

修志问道，以启未来。地方志作为传承和彰显中华文明的重要载体，也是中华民族优秀文化的精品之作。《岳阳市岳阳楼区志》几经寒暑，编纂成书，这是岳阳楼区社会文化建设史上的一大盛事。

岳阳楼区历史悠久，文化厚重，是“三苗”文化、湘楚文化和忧乐文化的集结和发源地。距今6000多年前，就有苗人祖先在此活动。公元前500多年，楚昭王遣王孙筑东西麋城，为岳阳楼区建城之始。三国吴将鲁肃在此建阅兵楼（为岳阳楼前身），岳阳楼区成为军事重镇。北宋滕子京重修岳阳楼，范仲淹作记慨忧乐。自此，岳阳天下楼，地以楼显，楼以地彰。

岳阳楼区地灵人杰，自古是商贾云集、兵家必争之地。从西晋至民国，此地就是县郡州府第居址。中华人民共和国成立后，是区、县、市政治文化中心。1996年设立岳阳楼区行政区，成为岳阳市主城区。岳阳楼区人民以此为契机，积极作为，创造了辉煌历史，提供了发展经验。自此区以楼名，楼以区实。

《岳阳市岳阳楼区志》为岳阳楼区首轮修志，按《地方志工作条例》要求，运用历史唯物主义和辩证唯物主义的观点和方法，突出了时代特点和地方特色，全面系统地记叙了岳阳楼区政治、经济、社会和文化等方面的发展历史和现状。志书体例完备，内容丰富，史料翔实，文风雅正，是了解岳阳楼区、管理岳阳楼区、发展岳阳楼区的地情书和教科书，有极高的存史、育人、资政的功能和价值。

编修《岳阳市岳阳楼区志》是一项浩大而细致的工程。全志共22篇、140多万字，就像建造万里长城一样，是靠一字一句垒砌起来的。没有才能不会行走他的笔端，没有学养不能把握他的取舍，没有见识不能驾驭他的全局。《岳阳市岳阳楼区志》的编修团队是一个能力特别强又特别能战斗的集体，是他们不计得失，沉浸其中，付出了艰辛和汗水，在这里向参加编修《岳阳市岳阳楼区志》的所有工作人员表示由衷敬意，向参与评审给予指导的专家、学者表示衷心感谢。

读史以励志，掩卷当奋发。中华民族伟大复兴的中国梦紧系着岳阳楼区人民锐意进取、励精图治的美好愿望。岳阳楼区正瞄准把岳阳打造成为全省开放发展的大门户、洞庭湖生态经济区的大引擎、现代物流产业的大基地和建设“一极三宜”江湖名城的大目标，全面深化改革，建设法治政府，提升城市化管理水平，不断推进经济社会协调发展，为建设现代化的幸福城区在践行。

中共岳阳楼区区委书记　秩　励

岳阳楼区人民政府区长　陈阁辉

①“一极”：全省经济发展的新增长极，“三宜”：宜居、宜游、宜业。

凡　例

一、《岳阳市岳阳楼区志》以马克思主义、毛泽东思想、邓小平理论、“三个代表”重要思想和科学发展观为指导。根据国务院《地方志工作条例》和中国地方志指导小组《地方志书质量规定》，存真求实，全面系统地记述岳阳楼区自然、政治、经济、文化和社会的历史与现状。

二、本志系岳阳楼区首轮志书。全志通贯古今，记述上限尽可能追溯史实、事物之发端；下限迄止2012年。为保持事件的完整性，个别事件的记述时间下延。

三、岳阳楼区行政区域几经变动。为便于识别，除在各个时期标明当时的行政区划名称外，还以“城区”和“境内”代替各个时期的行政区划名称。1996年4月建立的岳阳楼区简称“楼区”。

四、本志由概述、大事记、专志、人物、附录、索引、后记等部分组成，并附有照片和图表。以志为主、以事分类、以时为序、横排竖写。共设22篇，篇下设章、节、目。首列总述、大事记总摄全志；各分志随后，专记选介随篇，人物附录殿后。

五、中华人民共和国成立前，用历史纪年括注公元纪年，同一段同一年号出现两次以上的只括注首次。志内所称“解放前后”，系指岳阳楼区政府驻地的解放前后，即1949年7月20日。“建区后”系指岳阳楼区成立后，即1996年4月后。凡20世纪中的年代均省去“20世纪”，只标其年代。

六、文体为语体文，记述体，力求叙述简洁、清楚，志中各种名称，第一次出现时用全称，括注简称，再次出现时用简称。“XX部”指中华人民共和国国务院所属部；“省委”“市委”“区委”分别指中国共产党湖南省委、岳阳市委、岳阳楼区委；“省政府”“市政府”“区政府”分别指湖南省人民政府、岳阳市人民政府、岳阳楼区人民政府。

七、本志执行中国地方志指导小组颁布的《地方志书质量标准》，用字用词执行2001年1月1日起施行的《中华人民共和国国家通用语言文字法》，新闻出版署、国家语言文字工作委员会1992年发布的《出版物汉字使用管理规定》。计量单位以国家技术监督局1993年发布的《量和单位》之规定为准，为便于表达和世人所理解，部分使用市制。数字以国家技术监督局1995年12月发布的《出版物之数字用法》的规定为准。标点符号执行质量监督检验检疫总局、国家标准化管理委员会2011年发布的《标点符号用法》；表格内年月日之间用脚点“.”。

八、本志中数据：中华人民共和国成立之前取自历史资料，之后采用统计部门资料。统计部门资料未统计的择用主管部门或相关部门提供的资料。

九、本志人物传的记述遵循“生不立传”的原则，收录岳阳楼区籍或居留境内对楼区有重大贡献或影响的已故人士，排列以卒年为序。烈士名录按地域分类，以姓氏笔画为序；岳阳楼区全国、省、市、区劳模名录按劳模级别分类，以姓氏笔画为序；历届镇、市、区南下干部名录、区域外人士名录以姓氏笔画为序；1984—2011年曾在境内工作的领导名录按任职时间顺序为序；区直单位、区直单位负责人按单位分门别类，排名不分先后。

十、本志资料取自正史、地方志、档案、文件、报刊、家谱、专著、文物和部门专题资料及有关人士提供的文稿、材料等，均经考证鉴别后载入。

十一、涉及区境的政区、地名、单位名称等均依当时名称记述。必要时括注今名。党和国家领导人的职务，亦依当时实际担任的职务记述。对尚未形成归口管理的新型产业此轮未记载的留下轮志补记。

目　　录

第一篇　地　理

第二篇　人　口

第三篇 综合经济管理

第四篇 工 业

第五篇 农 业

第六篇 财政·税务·金融

第七篇　旅游·商贸

第八篇　交通·邮政通讯

第九篇　城区建设·环境保护

第十篇 中共地方组织

第十一篇 人民代表大会

第十二篇　人民政府

第十三篇　人民政协

第十四篇　其他党派·群众团体

第十五篇　武　装

第十六篇　法　治

第十七篇 编制·人事·民政·劳动与社会保障

第十八篇 文 化

第十九篇 教育·科技

第二十篇　医疗卫生·体育

第二十一篇　社会生活

第二十二篇　乡、街道办事处概况

人 物

附 录

索 引

概 述

一

岳阳楼区是岳阳市中心城区，地处湖南省东北部，岳阳市西北部，洞庭湖与长江汇合处。北纬29° 13′ 40″—29° 27′ 00″之间，东经113° 03′ 45″—113° 15′ 05″。东西跨15公里，南北长20.25公里。北与云溪区接壤，西临洞庭湖毗邻君山区，西北隔长江与湖北省监利县相望，东、南面与岳阳县相连。辖区总面积171.04平方公里。区委、区政府驻岳阳市五里牌街道办事处新路口15号。北至武汉约240.7公里，南达长沙约157公里。从城陵矶口岸出发，上溯可达巴蜀，下延可通沪宁；沿洞庭湖溯湘、资、沅、澧四水可通省内76个县市。并有京广铁路，武广高铁、京港澳高速公路，107国道纵贯南北。乘高铁上北京、下广州，均可朝辞暮归；距长沙国际黄花机场仅40分钟里程。

境内地质构造复杂，地层发育不全。仅出露的即有前震旦系、震旦系、寒武系和第四系。境内的地形为地壳运动褶皱上升部分，地势东高西低，属丘陵低山地形，呈阶梯状向洞庭湖倾斜。地貌自古“山川莽荡，原隰平衍”。以岗丘地貌为主，间与平原、湖泊犬牙交错。山丘呈波状，海拔多在50—150米之间，最高点麻布大山海拔358.8米，西滨洞庭，北临长江，北港河流贯境内，南湖、芭蕉湖散布城区，水资源丰富。地处城中心的金鹗山，峰峦盘结，绿树成荫，主峰海拔92.7米，为城区最高点。中华人民共和国成立后，随着城市建设的不断发展，许多岗丘被推平，建设成工厂区与住宅区。在外营力的作用下，改变了原来的自然环境。

境内地处长江中游南岸、洞庭湖盆地东缘，拥有“吞巨浸于云梦，纳远势于巴巫”的麋湖口。太阳高度角大，辐射强，受副热带高气压带、季风环流和周围水面宽广影响，林木茂盛，草地常绿，对市区气候起着天然调节作用。常年热量充足，雨水集中；春温多变，夏秋多旱；严寒期短，暑热期长；四季分明，季节性强。境内年平均气温16.4℃—17℃，南偏高，北偏低。冬季吹偏北风，1月份平均气温3.7℃—4.4℃；夏季吹偏南风，7月份平均气温28.7℃—29.2℃。境内霜降受洞庭湖水影响，一般在12月4日左右，自初霜日到终霜日的平均霜期为86天。境内年均降水量在1200毫米以上，春夏多于秋冬。常年冬季降雪10—12天，最多年份21—24天，最少年份1—5天。

境内属中亚热带北缘常绿阔叶林亚地带，植物种类繁多，可鉴植物种类80科近200多种。主要林木为乔木、灌木、木质藤及竹类。野生动物资源十分丰富，有30目69科110种，属国家一级保护的有11种，二级保护的有26种，省级保护的有53种。矿产资源主要有钒、石煤、铀、金、硅质岩、砂岩、砂砾石、紫砂陶土、砖黏粘土等。矿产资源潜在总价值约为24亿元。地形呈丘岗地貌：东高西低向沿湖平原过渡，有“众山东奔，诸水西流”之说，故成土母质类型多样。土壤分布：郭镇一带为低山、丘陵区以黄红壤、山地黄壤为主，京广铁路两侧及环湖岗地以红壤、河潮土为主，其类型以水稻土、菜园土、紫色土为主，郭镇乡一带为淹育性水稻土，包括黄泥田、红黄泥田及耕性第四纪红土红壤，含有丰富的氮元素和较多的钾元素，适宜水稻生长。菜园土分布于城郊梅溪、五里、北港一带，有2个亚类，4个土属，10个土种。

岳阳城区历史悠久。距今20万年前，原始人类就在洞庭湖区这块神奇的土地上生活。夏、商时，境内属荆州之域，为三苗之地，古越族在此繁衍、生息。商周城陵矶筑“大彭城”。春秋属楚国。公元前505年，楚昭王谴王孙由于在梅子市(今梅溪乡梅子市村)筑东麇城。后又在岳阳楼一带筑西麇城，是为岳阳建城之始。东汉建安十五年(210)，孙权派鲁肃镇守巴丘邸阁，筑巴丘城，岳阳正式建城。西晋太康元年(280年)建巴陵县，属巴陵郡管辖，城区始称巴陵城。隋开皇九年(589)，废郡为州，巴陵郡改为巴州。隋开皇十一年(591)，改巴州为岳州，仍设巴陵县，巴陵城改称岳州城。元至正二十四年(1364)，吴王朱元璋攻占岳州，定为岳州路。明洪武二年(1369)，改岳州路为岳州府。民国2年（1913）10月，民国政府废府存县，巴陵县改称岳阳县。中华人民共和国成立后，保留岳阳县建置。1960年1月2日，成立岳阳市，属县辖市，行政区域仍为原城厢镇、岳州公社地域。1982年1月，岳阳市设立城郊区，辖五里、北港、洞庭、城郊4个公社。1984年4月，以原岳阳市南区、北区、东区、城陵矶区、冷水铺区组成新的岳阳市南区。1996年4月30日，经国务院批准，将原岳阳市南区与郊区合并为岳阳楼区。2012年，楼区辖14个街道办事处、2个行政乡、93个社区居委会、15个行政村。总人口为664220人，人口以汉族为主，少数民族有38个。

二

1921年12月，中共湖南支部书记毛泽东在长沙新河车站工人程帝广、卢士英陪同下到岳阳开展建党工作，介绍工人陆汉湖加入中国共产党。1922年春，组建中共岳州铁路工人小组，为城区第一个党小组。从此开启了为党和人民的事业不懈奋斗的光辉历程。民国时期，夺取了反帝、反封建、反军阀、反“围剿”、反侵略、反内战和迎解放斗争的伟大胜利。中华人民共和国成立后，在中国共产党的领导下，组织借（征）粮支前、剿匪肃特、土地改革、开展“三反”“五反”、实现三大改造，建立和巩固生产资料公有制和按劳分配制度。中共十一届三中全会后，境内地方党组织贯彻省市委的重大决策，纠正“文化大革命”极“左”错误，实现党的政治路线和思想路线的拨乱反正，撤销各级革命委员会（简称革委会），建立乡、市（县级）区党委。在城区推行厂长（经理）负责制，在城郊推行家庭联产承包，促进了生产力的发展。1984年，（南、郊）两区委坚持物质文明和精神文明一起抓。1996年，岳阳楼区区委把精神文明建设提升到物质文明建设的同等地位，坚持“两手抓，两手硬”。

1997年，成立岳阳楼区精神文明建设指导委员会；组织市民学习《市民“十不准”规定》《岳阳市民读本》。1998年，开展“讲文明、树新风”活动。2002年，在全区开展以“加强思想道德修养，永葆党的先进性”为主题的“万名书记讲党课竞赛”活动。2004年，全区开展“改陋习、树新风”和“学习型单位”活动，推动党员干部理论教育。2005年，在全区基层党组织中开展“创建学习型党组织，争当学习型党员”活动。2007年，全面开展“做文明市民、创文明城市”主题教育活动。2010年，107个社区成立市民学校，并开展以“学礼仪、知荣辱、树新风”为主题的教育活动，使文明礼仪进机关、进企业、进校园、进社区、进农村、进家庭。2012年，以“学雷锋当好人，建设爱心城市”为主题，广发志愿者招募令，全区新增志愿者1.1万余人，登记在册志愿者人数达9万余人，开展各类志愿服务活动1000余次。为做好迎接全国公共文明指数测评工作，顺利通过全国卫生城市省检、国检复查，经过几十年的打造，成为最具文化软实力和最具幸福感城市的主城区。展现在人们面前的是“活力之城”“幸福之城”“文明之城”。

三

经济实力跨越增长。明清时期，境内经济活跃，市场繁荣。清末至民国因战乱和自然灾害，经济乏力，市场萧条。中华人民共和国成立后，在党和政府的高度重视下，地方经济得到恢复性增长。大跃进年代和“文化大革命”期间，受极“左”路线干扰，地方经济严重受挫。1978—1995年，境内历届党委政府坚持以经济建设为中心，突出改革开放，促进了地方经济发展。1996—2012年，是岳阳楼区历史上区域经济发展速度最快，质量最好的时期：全区地区生产总值（全区GDP）由53.25亿元增至583.36亿元，增长9.96倍，年均增长6.25%。人均生产总值由11351.9元增至71185元，增长5.27倍。在地区生产总值中，第一产业由2.48亿元增至8.57亿元，增长2.46倍，且全区GDP的比例由4.9%降至0.7%；第二产业增加值由20.86亿元增至259.54亿元，增长11.44倍；第三产业由29.91亿元增至315.25亿元，增长9.54倍。至此，三产业之比由4.6 ∶ 39.2 ∶ 56.2变为1.5 ∶ 44.5 ∶ 54。全区工农业总产值由23.34亿元增至268.04亿元，增长10.48倍，年均增长6.67%。农业劳动生产率由4000元增至9977.43元，增长1.49倍。企业职工劳动生产率由35965元增至108096.62元，增长2.01倍。农民年人均纯收入由3008元增至8637元，增长1.87倍。城镇人均居民收入由4194元增至23540元，增长4.61倍。实现社会消费零售总额由30.5亿元增至280亿元，增长8.18倍。财政收入由12011万元增至158406万元，增长12.19倍。

农业稳定协调发展。1982年始，地方政府依靠国家政策调整生产关系，调动了农民生产积极性。1984年，成立南、郊两区后，适时调整农业产业结构，农、林、牧、渔及其服务业得到协调发展。在1996年实现农业总产值24800万元的基础上，2004年完成农业总产值20914万元，各业之间的比重为24.6 ∶ 2.9 ∶ 39.1 ∶ 2.9。至2008年，农业总产值增至51133.2万元，各业之间的比重为34.4 ∶ 3.5 ∶ 38.69 ∶ 20.57。2012年完成农业总产值130405万元，各业所占比重48.17 ∶ 2.7 ∶ 25.9 ∶ 18.58 ∶ 4.64。与2004年相比，种植业因实行粮食补贴增加24个百分点；林业因维护生态减少采伐下降0.2个百分点；畜牧业因城市郊区防止有机物污染，限制大型畜禽养殖而下降12个百分点；渔业减少在外湖捕捞，增加内湖饲养量，增加12个百分点。

新型工业提质增效。1978—1983年，地方作坊式的工业得到恢复。1984—1995年，上规模企业收归市，但街道工业企业填补了空缺，并得到快速发展。1996年始，先对区街道企业、乡镇企业实行股份合作制，托管、兼并、租赁、拍卖、破产等办法改制，2000年，又将区直企业改为民营企业，全区33家区直企业，改为民营企业的有25家，其他国有、集体企业也随之改为民营。让企业自主走向市场，增添了活力，尤其是鼓励发展非国有工业企业和加大招商引资后，工业发展进入快车道。2012年，具有规模以上的民营企业发展到46家，产值过亿元的有23家，实现工业总产值（绝对值）259.6亿元，比1996年增长11.44倍，职工劳动生产率由建区初的35965元增至108096元。

旅游胜地位置凸显。境内山水名胜，历史悠久，集名水、名山、名楼、名城、名人于一体，享有得天独厚的自然资源和人文资源。但也有部分景区景点因战争或其他因素遭到破坏。中共十一届三中全会后逐渐得到修复。1979年，境内作为岳阳主城区被国家确定为对外开放的旅游城市。1992年，又被国务院列为长江沿岸首批对外开放城市。1996年后，加大对资源保护与利用力度。至2012年，修缮景点49处，配套旅行社28家、运输公司4家、星级宾馆酒楼27家，开辟以岳阳楼为中心的旅游线路14条。是年，接待游客1500万人次，其中入境游客15万人次。

商业贸易市场繁荣。境内商贾云集，楚怀王六年（前323年），鄂君启“屯三舟为一舿”入境贩运。汉高祖元年（前206年），蜀郡民入境通商。清末民国时期，因战乱受损。中华人民共和国成立后，经工商业社会主义改造得以恢复。“大跃进”至“文化大革命”期间，商业受到政治运动冲击。1984—1995年，南、郊二区形成国有、集体、个体、中外合资、独资“五个轮子一齐转”的格局。1996年后，私营、个体、外资企业占主导地位。至2012年，全区共建有各类商业网点3450个，总营业面积65.54万平方米；其中大中型商业网点1865个，内有超市52个；各类服务网点1455个，内有餐饮业574个、宾馆54个；各类市场网点130个，内有农贸市场69个。商贸服务业增加值由29.91亿元增至315.25亿元，增长9.54倍。

基础设施不断完善。古时有马驿和简易公路，街道依地势而辟，高低起伏，凹凸不平。明清时，有“九岭十八坡”之说。民国时期有东海电灯公司。中华人民共和国成立后，基础设施建设逐步得到加强。2012年，城区有路、街、巷374条，其中路205条、街21条、巷148条。有乡级以上公路32条、176.6公里。其中，高速公路联接线1条5.4公里，国道1条9.2公里，省道2条45.5公里，县道9条65.3公里，乡道19条51.2公里，村道55条295公里。车站有岳阳汽车中心站、洞庭汽车站2个一级车站，及五里牌社会客运站、巴陵汽车站、汽车东站等5个营运站场。市内电话用户总量100万户，全市移动电话基站数量达到1300多个，移动电话交换容量达到100万户，手机网民达到50万户，3G网络已覆盖城区、乡镇。有110千伏变电站11座，220千伏变电站3座，500千伏变电站1座。实际年供电量达15.55亿千瓦时。

四

教育事业实绩显著。明清时，境内有府学、县学、书院、私塾、义学。民国时期，兴办国民学校。中华人民共和国成立后，兴办各类学校。“文化大革命”时教育受挫。改革开放后全面恢复。2012年，全区有幼儿园167所，在园幼儿19540人，在园教职工2289人。有小学48所，在校小学生37881人。有初级中学6所，九年一贯制学校1所，在校初中生5236人。

科技业绩令人瞩目。明清民国时期，民间科普受宗法观念制约，一般传男不传女。中华人民共和国成立后，开展现场会、群众练“兵”、宣传窗、订阅科普书报，以及学术研讨会进行经验交流。1960年，设立科学技术委员会。1985年6月，区科委设立南区科学研究所与科技开发服务中心，负责全区企业新产品开发、新技术推广、科技咨询服务等。至1989年，区街企业科技小组增至59个，拥有各种科技人员621人，其中高级工程师10人，工程师210人，助理工程师309人，技术人员92人。还先后成立土木建筑、电子电器、机械冶金、工程、轻化、群众文化、教育、青年辅导、体育、语言信息、财政珠算、企业家等12个学会及8个街道办事处科学技术学会。1991年，郊区成立养殖、水果、蔬菜专业技术研究会5个。至2012年，全区引进11家省级高新技术企业和13家民营科技企业。

文化事业欣欣向荣。城区“据云梦之名胜，揽荆衡之幽奇”。自古就有击鼓弹唱的传统，流传至今的有狮舞、龙舞、采莲舞、楚鼓舞、采莲船、腰鼓、踩高跷、打花棍、大头舞、扎天星等形式多样的民间舞蹈。主要戏种有巴陵戏、岳阳花鼓戏。城区神话故事源自《山海经》《楚辞》《庄子》《史记》和《古列女传》，有影响的小说故事有《洞庭山》《柳毅传书》《节义双园》《七侠五义》《小五义》等。

吟咏岳阳的诗词佳作有2000多首。文艺创作形成“岳家军”，有国家作协会员21人，国家一级作家16人。现境内有长江三大名楼之一的“岳阳天下楼”等古建筑9处，古墓11处，古塔6处，古城址4处，革命遗址7处，有200多家收藏组织和个人活跃在全区各文化市场。新闻出版、广播电视、电影、图书等均取得骄人成绩。

全民体育蓬勃发展。民国时期，建有东门大操坪是群众集会和运动的场所。中华人民共和国成立后，先后建起东风广场、电厂游泳池、市一中体育馆、芭蕉湖水上运动训练基地、南湖龙舟赛场及岳阳体育馆。还有市民自发兴建的健身房、散打、跆拳道、瑜伽等训练场馆遍布各街道，为促进全民健身提供了理想设施和场所。

医疗卫生今非昔比。明清时期，境内有中医药铺，铺中有坐堂郎中行医问诊。民国时期，城区医疗卫生人员较少。1949年，有专业卫生人员83人。中华人民共和国成立后，医疗卫生事业发展迅速。至1989年，城区共有专业卫生人员3432人，比1949年增加41倍，平均每千人中有专业卫生人员16人。2012年，共有区属医疗卫生单位22家，其中副科级二级机构7个（区血防办、区疾病预防控制中心、区卫生监督所、区农合办、区人民医院、区妇幼保健院、口腔医院），社区卫生服务中心14家、乡镇卫生院2家、共有床位508张，国家卫生工作人员578人。

就业体制日趋完善。民国时期，城区人多自谋生路，从事个体手工业、商业、渔业、蔬菜种植等业。1950年7月，城厢区政府组织失业工人与城市贫民开展生产自救。1952年，成立互助组安排临时性工作。1958年，全面大办企业，大批农村劳动力进入城区。1961年，调整国民经济，压缩城市人口。1963年，动员城镇知识青年上山下乡下湖1000人。1966—1968年，除少数待业人员得到安置外，其余下放农村。1976—1981年，安置就业3.5万人。1984年，南、郊区，计划用工逐年增加。1986—1989年，两区安置近4000人。1990—1993年，两区安置近1万人。1996年设立岳阳楼区后，逐步规范劳动力市场。2012年，通过“春风行动”“民营企业招聘周”“四送进社区”等大型就业服务活动，提供就业岗位9125个，吸纳各类求职人员4.3万人。新增城镇就业8258人，完成全年任务100.7%。其中新增农村劳动力转移就业1042人，完成全年任务104.2%。城镇登记失业率控制在4.2%。

社会保障全面加强。在养老保险方面，明清民国时期，靠子女养老，族人养孤。中华人民共和国成立后，养老得到重视。1951—1953年，城厢区全民所有制企业职工养老保险按《劳动保险条例》执行，退休养老金按本人原标准工资的60%发给。1954—1958年，按修正后的《劳动保险条例》执行。1978年，退休金提高到60%—90%。1989—1992年，加强对社保事业的管理。1996年，企业参保单位达149家，人数2825人。2012年，企业养老保险征缴基金12236万元，同级财政补助100万元；机关事业养老保险参保7622人，征缴基金2966万元。共为3484名企业离退休人员发放养老金4210万元，为2503名机关事业单位离退休人员发放养老金3701万元，社会发放率达100%。建立失业保险、工伤保险、医疗保险、生育保险等险种。至2012年，失业保险参保人数达1600多人，参加工伤保险2000人，参加医疗保险近15万人。

五

纵观楼区经济社会发展，放眼未来，尚存在诸多矛盾和困难。主导产业与率先发展的要求仍有差距，还需在质量和效益上下功夫；老城区、老住宅区、“城中村”和“插花地”等薄弱环节的改造和管理任务仍然繁重，建设现代化城区的任务还很艰巨，还需要在综合治理和建设改造上下功夫；公共服务的供给能力还有差距，还需在统筹发展、协调发展上下功夫；社会矛盾处于多发时期，社会管理和维护稳定的任务还很艰巨，还需在推进科学化、规范化和精细化管理上下功夫；一些部门和工作人员的服务水平、办事效率与群众的要求仍有差距，还需在转变职能、改进作风上下功夫。这些问题已引起区委、区政府的高度重视，正在采取应对措施，逐步加以解决。

岳阳楼区的历史是辉煌的，明天会更美好。岳阳楼区作为全省融入长江经济带的桥头堡，呼应“长三角”，着眼“中三角”，对接长株潭，辐射环湖区的岳阳主城区，将成为全省通江达海新增长极的极点和战略高地。全区人民一定不会辜负历史的重托，肩负起建设文明秀美、宜居宜业、民生安康、幸福新岳阳楼区的重任，以践行社会主义核心价值观和先忧后乐的求索精神，团结拼搏，和衷共济，为开创现代化大都市的新城区而努力奋斗。

大事记

（1746—2012）

清

乾隆十一年（1746）

岳州知府黄凝道、谢仲坃修纂《岳州府志》，计30卷。此为清代最后一次修纂《岳州府志》。

乾隆三十三年（1768）

巴陵大水，岁荒，米贵。城外七里山有土色淡红，细如粉，人争掘之和糖麸为饼以食，呼为观音土。

乾隆三十九年（1774）

岳州知府兰第锡、巴陵知县熊懋奖请求修葺府城，经湖南巡抚等先后具奏，共拨银6.98余万两，修葺府城垣及岳阳楼、文星阁。城垣东为湘春门、南为迎薰门、北为楚望门、西为岳阳门，岳阳门北有小西门。

乾隆五十一年（1786）

岳州清明后大雪，三月十六、十七日，积雪深二尺许。

乾隆五十六年（1791）

秋 某日，岳州城南大火，烈火连成一片，殃及万户，火焰映得湖水通红，无人敢救。

嘉庆二十二年（1817）

二月二十日 傍晚，城陵矶起大风，17 艘运粮船沉没，淹死水手和搬运工数百人。

道光十年（1830）

岳州大雪，坚冰可渡。

道光二十二年（1842）

巴陵县发生水灾，县常平仓储谷 2.707 万石被饥民哄抢殆尽。

道光二十九年（1849）

三月至六月 霪雨绵绵，水入西城。

冬 洞庭湖大冰冻。

咸丰二年（1852）

十一月初三 太平军攻占岳州。

同年 岳州知府廉昌、巴陵知县胡方谷在西门外旧址建月城，北起小西门，南抵天皇巷，辟一门曰金潭门，费银 3 万两，并修复颓败的岳阳楼。

△ 岳州卫常平仓储谷 5011 石及岳州卫附卫署常平仓储谷 195 石，皆被饥民哄抢。

咸丰三年（1853）

二月 城区设立岳州茶盐局和城陵矶茶盐局，抽收盐税和茶税。

咸丰四年（1854）

二月初一 太平军再克岳州。

二月二十五日 湘军陆师进占岳州。三月初二，曾国藩率湘军水师抵岳州。

四月初四 湘军水师船只因遇大风，在岳州湖畔沉24艘，撞损数十艘，兵勇溺毙颇多。

四月初七 太平军第三次攻克岳州。在东南门外，建筑土城20余座，拱卫城池。

七月至闰七月 太平军与曾国藩部湘军在城陵矶展开水陆激战，太平军左丞相曾天养阵亡。

咸丰六年（1856）

三月 湖南巡抚骆秉章在岳州与城陵矶设立厘金卡局，抽收盐、茶税。

咸丰十一年（1861）

二月初五 驻汉口英国海军司令阿伯率火轮军舰2艘，自汉口驶入洞庭湖，在岳州停留2天。

四月初五 驻汉口美国海军司令司伯龄率军舰2艘，自汉口到岳州“察看水势”。

同治二年（1863）

十一月十九日 城区士民遍贴公檄，反对法国传教士到岳州传教和建育婴堂。

同治四年（1865）

岳州知府陶寿玉、巴陵知县瞿宗发在鱼巷设立救生官局。

同治六年（1867）

两江总督曾国荃拨岳卡厘税重修岳阳楼及右侧的斗姆阁，并改名为三醉亭。

同治七年（1868）

五月初三 清廷命设长江水师，岳州设总兵。

同治八年(1869)

巴陵知县严鸣琦，将西门内一所官屋改建为养济院，定养贫孤36名。

同治九年（1870）

“裕泰恒”钱庄在街河口开办，发行“一串文”纸币。

同治十一年（1872）

修葺岳州文庙，为清朝对文庙的最后一次补修。

同治十二年（1873）

当年 巴陵县城南万年桥（今三眼桥）塌毁。次年，邑人钟谦钧重修三眼桥，于光绪元年（1875），竣工。

△ 岳州知府张德容重修岳阳楼留仙亭左侧的宸翰亭，亭内摹勒宣宗皇帝所书“印心石屋”四字。

光绪元年（1875）

岳阳城南门外（今南正街）大火，延烧百余家，损失甚大。

光绪六年（1880）

当年 岳州知府张德容拨茶厘税及募集地方捐项重修岳阳楼，将楼址东移6丈多，耗金2万余，次年告成。此次重修后的岳阳楼形制，一直保存至今。

△ 王万裕在南正街独资开办酱园。

光绪十年（1884）

春 巴陵知县刘华邦等在金鹗山创建金鹗书院。

光绪十三年（1887）

岳州知府文鐍在铁炉街（今际华三五一七橡胶制品有限公司）创办慎修书院。

光绪十四年（1888）

一美籍学者在东洞庭湖发现血吸虫的中间宿主——钉螺。

光绪十五年（1889）

巴陵知县周至德修葺鲁肃墓，立墓碑，筑小庙祀之。

光绪十六年（1890）

常德人李氏到城区创办“杜兰轩”金石书画店，主要经营湖笔、徽墨、湘纸等文房用品，店内杨氏祖孙三代，为岳阳楼刻有多幅匾额。

光绪十七年（1891）

当年 巴陵县人杜贵墀纂修《巴陵县志》《巴陵乡土志》。

△ 巴陵县人汪继真在羊叉街首开照相馆。

光绪二十二年（1896）

八月 天主教传教士安熙光进入岳州传教。次年，在城内购房建教堂。

同年 开始架设长沙至武昌的有线电报线路，次年四月竣工。五月，设立岳州电报分局，为岳州有线电报之始。

光绪二十三年（1897）

十月 绅士郭鹏等改革岳阳书院课程，增加史学、时务、舆地、算学等课程。

光绪二十四年（1898）

一月 湖南巡抚陈宝箴创设新军，分驻长沙、岳州。

三月 湘鄂绅士举办的“湘鄂善后轮船局”之轮船在城陵矶上下货，为岳州通行轮船之始。

同年 城陵矶设立电报分局。

光绪二十五年（1899）

十月十一日 岳州正式开埠，海关设城陵矶。

同月 岳州邮界及岳州邮政总局成立，为湖南最早开办的近代邮政机构之一。不久，岳州城内亦设邮政支局。

光绪二十六年（1900）

十月 湖南设立洋务局，洋务局行辕设岳州。

同年 岳州第一家戏园——“咏霓”戏园在金家岭开演。

光绪二十七年（1901）

海维礼夫人海光中在塔前街创办女子初小，光绪二十九年（1903），扩建于乾明寺街，定名美立贞信女校，为美国人在岳州办的最早的一所教会学校，也是湖南最早的一所外国教会学校。

同年 美国基督教传会复初会传教士海维礼在塔前街创办福音堂。

同年 海维礼在湖滨黄沙湾创办教会小学。光绪三十一年（1905），扩建为湖滨中学。宣统二年（1910），更名为湖滨大学。

光绪二十八年（1902）

七月初三 岳州至长沙旱班邮路开通，为湖南最早的一条旱班邮路。

七月 湖南炼矿公司（阜湘公司）在岳州建立总厂，提炼湘省各种矿砂。

秋 美国传教士海维礼在塔前街创办普济医院。

光绪二十九年（1903）

春 吴獬、李定勋等改岳阳、慎修两书院为岳州府中学堂。

十一月 城陵矶焊管设立水文站，为全国最早的水文站之一。

同年 工部侍郎盛宣怀令汉阳铁厂铸造铁鼎捐给岳阳楼。

△ 湖南官钱局印行兑换官票，岳州始有官家纸币流通。

△ 汉阳冶炼厂在城陵矶建造栈房。光绪三十二年（1906），汉冶萍煤运道城陵矶煤栈正式储煤，为港区第一个货场，也是城陵矶第一个专用码头，俗称“炭码头”。

光绪三十年（1904）

李树记碾米作坊在洞庭庙开办。

光绪三十一年（1905）

当年 华籍牧师向文登等在城区发起成立中华基督教全国总会湖南大会湘北区会，岳阳堂会下设城陵矶、湖滨等4个支会。

△ 岳州市面上开始流通“大清”银元。

光绪三十二年（1906）

二月 巴陵县劝学所在城区邓家湾圆通寺创办第一所高等小学堂。年内，改县城考棚为校舍，创办巴陵公学堂。

十二月 同盟会会员宁调元受东京同盟会总部派遣，回国进行革命活动，在岳州被捕。

同年 天主教在黄土坡新建天主教堂。

△ 城区第一家私营百货商店景长春百货店开业。

光绪三十三年（1907）

四月初八 粤汉铁路武昌至岳州段开工。

光绪三十四年（1908）

城陵矶海关外籍人员越界为非作歹，华洋纠纷迭起，市民拒售粮、油、肉、菜，收回租赁民房，迫使海关筑界墙，自始稍安。

同年 岳州至常德水路邮班开通。

宣统元年（1909）

曹典芪在竹荫街创办立生制皂厂，手工生产各种肥皂，年产60箱。

宣统二年（1910）

三月 城郊饥民割断电线，张贴反清揭帖。

同年 美国人罗格发现一名曾在黄沙湾游泳的儿童染上血吸虫病，这是岳阳第一次发现血吸虫病。

△ 美国基督教复初会牧师张世秀在城陵矶横街修建福音堂。其后，又开办福音堂小学。

宣统三年（1911）

二月 3万多饥民愤起捣毁岳州厘卡分局。

十月二十三日 同盟会员在棚厂街召开岳州同盟会成立大会。

十月二十五日 湘鄂义军光复岳州，成立巴陵临时事务所。

中华民国

民国元年（1912）

11 月 2 日　晨 8 时，美国军舰别林号在洞庭湖试枪放炮达两小时之久，市民恐慌不已。

12 月 26 日　北风大作，湖中浪涌如山，城陵矶倒房无数。

冬　冰冻 40 多天，树木冻死。

同年　粤汉铁路岳州至长沙段勘测完毕。民国 5 年（1916）7 月破土动工，民国 6 年（1617）1 月 4 日建成通车。

民国 2 年（1913）

8 月 8 日　袁世凯设长岳镇守使，13 日，任命伍祥祯为长岳镇守使。9 月，袁世凯派兵攻占岳州。

10 月　废府存县，巴陵县改称岳阳县。

同年　岳州中学堂改称岳阳县立中学。

民国 3 年（1914）

春　岳阳商会会长周吟鹤以商会名义，将天王庙改建成戏院，取名“岳阳商办岳舞台”。

同年　湖北汉阳人徐子健、徐声俊合资在竹荫街开办东海电灯公司，发电照明，为城区用电之始。

民国 5 年（1916）

3 月 20 日　长沙至岳阳军用公路破土动工。

5 月　设立华洋诉讼处，受理有关华洋诉讼案件。

6 月 11 日　岳阳“湖南护国军”总司令、渭洞人李绍广在东门草坪殉难。

7 月　吴光新任驻岳北洋军总司令。

民国 6 年（1917）

1 月　城中出现铁轮人力车，后又出现胶轮人力车。

同月 城西门大火，烧毁173户茅屋，死5人。

6月1日 驻岳州北军总司令吴光新宣布岳阳为特别戒严区域，有监督行政司法全权。

9月3日 粤汉铁路武昌至岳阳段开始运行工程票车。

11月 美国基督教传教士韩理生在城区创办中国红十字会岳阳分会，会址设福音堂。

民国7年（1918）

1月26日 北军焚烧岳阳城。27日，湘粤桂联军攻占岳阳。

2月13日 地震，杯盘相撞，湖水翻滚。

9月16日 粤汉铁路武昌至长沙段通车。

11月 岳阳县政府在梅溪桥街靖江王行宫设立“义赈会”，发放救济棉衣千余件。

民国8年（1919）

5月 城区爱国青年组织演讲团，上街进行反帝爱国宣传，组织募捐，抵制“仇货”等爱国运动。

△ 邑人高国俊在城区创办岳阳贫民工厂，生产各种花格呢布，为岳阳第一家专业纺织厂。

夏 岳阳县第一届田径运动会在东门草坪举行。

8月24日 岳阳增设无线电通信。

8月 岳阳发生瘟疫，死伤枕藉，波及全省和长江中下游、武汉等地。

9月14日 岳注义渡一号船因超载在湖中倾覆，溺死89人。

民国9年（1920）

6月12—26日 北洋军张敬尧部自长沙溃退岳阳，烧杀抢掠，打死湖滨大学校长美国人雷克曼，造成一起涉外命案。

7月 岳阳县设立杂税局，征收烟、酒、屠宰各税。

秋 瘟疫流行，柴家岭、梅溪桥等处，陈棺开葬，触目皆是。

同年 英商英美烟公司在南正街设立岳阳分公司，经销哈德门香烟。

△ 英商太古车糖公司在上街河口开办经理处，经销英货白糖。

民国10年（1921）

4月 毛泽东与新民学会会员陈书农、易礼容等到岳阳做社会调查。

8月 北洋军攻占岳阳城，吴佩孚在城区设两湖巡阅使行辕，葛应龙为行辕主任。

9月2日 湖南督军赵恒惕乘英舰到岳阳与吴佩孚谈判，在英舰上签订“停战条约”。

10月12日 粤汉铁路岳州、长沙、株洲各站共800多名职工举行罢工，要求当局撤换路局总管英国人卡麦克尔，并增加工资。北京政府因川鄂战争正在进行，不得不答应工人要求。17日，工人复工。

冬 毛泽东到岳阳，在铁路工人中开展工运工作。

民国11年（1922）

2月6日 驻城陵矶直军第十四混成旅二团一营两连士兵哗变，杀死厘金局局长，抢劫厘金局和各大商店。

5月 中国社会主义青年团岳州铁路工人小组成立。

7月25日 岳州北军撤往河南，湘督赵恒惕派黄友鹄率武装警察500多人接管岳阳。

8月15日 粤汉铁路岳州工人俱乐部成立。

9月9日 粤汉铁路岳州车站200余名工人举行罢工，郭亮率工人卧轨斗争，遭到军阀萧耀南残酷镇压。在全国工人的声援下，罢工获得胜利。

10月中旬 粤汉铁路岳州工会成立。

11月1日 施召南、张次良等人发起成立岳阳文化书社，销售进步书刊，社址设观音阁县立高小。

民国12年（1923）

2月8日 铁路工人抬着“劳工神圣”大匾，在两湖巡阅使行辕门前游行示威，抗议吴佩孚制造“二七”惨案。

6月3日 岳阳学界召开紧急会议，成立岳阳外交后援会，在岳阳掀起反日爱国运动，声援长沙人民的爱国运动。4日、5日，学生上街游行，号召全城人民罢市、罢工、罢课。6日9时，城区人民、学生数千人在东门大操坪召开群众大会，痛斥日本帝国主义暴行，会后举行游行示威，查禁日货，历时达半月之久。

10月 湖南爆发“谭赵之战”，北军趁势攻占岳阳，3日，吴佩孚在岳设立两湖警备总司令部。17日，派马济赴岳阳就任警备总司令部参谋长，统率入湘北军。

同年 岳阳县署以财政入不敷出为由，拆古城墙卖砖，古城墙被毁殆尽。

△ 各校学生秘密成立学生联合会，开展反英、反日、反帝国主义斗争。

民国13年（1924）

3月17日 在葛应龙、谭道南导演下，岳州各团体用湖南总商会名义发表通电，要求取消省宪。21日，省总商会通电否认。

5月 城区学生成立天足会、拒毒会和仇货检查会。

同年 共产党员彭遨组织城区泥木工人举行罢工，要求增加工资，改善待遇。资本家迫于工人压力，作了让步，罢工取得胜利。

民国14年（1925）

1月2日 邹序彬就任岳州镇守使。

3月4日 吴佩孚到岳阳“避难”，10月20日，离岳。

6月 上海“五卅”惨案消息传到岳阳，各界人士发起成立青沪惨案岳阳雪耻会。组织罢工罢课、示威游行，掀起反帝反封建斗争的怒潮。

△ 城区小贩组织鲜果团严禁英烟自治会，沿街演讲，贴公启，支援青沪惨案，市面英烟灭绝。

7月29日 长沙至岳阳驻军的长途电话开通，为岳阳长途电话之始。

7月 为援助“五卅”惨案，救国会及学生向各界募捐，接济上海工人。

夏秋 干旱少雨，大饥，饥民涌入城区。

8月 城区鼠疫猖獗，死者甚众。

10月 城区流行烈性“虎烈拉（霍乱）”，一星期内死亡千余人。

同年 棚厂街设立飞鸿印刷厂，为岳阳铅印之始。

△ 汉口美孚石油公司在城陵矶设转运站。

△ 美国基督教圣公会在竹荫街创办岳灵小学。

民国15年（1926）

3月12日 4000多市民在县立高小集会，纪念孙中山逝世一周年。

3月 普济医院、贞信女中、教堂的工人、学生在中共地下党组织领导下，成立“济难会”。

5月 共青团岳阳特别支部成立。11月，共青团岳阳地方执行委员会成立。

8月12日 由汉口开往宜昌的日“大元丸”轮在城陵矶附近江面发生大火。日舰往救，仅救出日人与其他外国人20余人，其余数百名中国船工、旅客皆身亡。

8月22日 国民革命军北伐军第八军二师何键部危宿钟团攻占岳阳城，驻岳北洋军阀部队纷纷溃逃。

8月27日 北伐军总司令蒋介石乘火车至岳阳车站，县城各团体到站迎接，蒋介石未下车直往湖北蒲圻，北伐军总政治部主任邓演达率部分成员下车，在岳停留数日。

8月29日 晚，城区数万军民举行提灯游行大会，庆祝北伐胜利。

9月18日 蒋介石乘火车赴赣，路经岳阳，登岳阳楼，游鲁肃墓，晚上离去。

9月下旬 岳阳县农会筹备委员会在城区成立，廖贞任主席，杨其静任秘书。筹委会办公地点设鲁肃坟附近（今际华三五一七橡胶制品有限公司内），后迁至柴家岭周嘉淦家，以后又迁至学坡岭。

9月 中共岳阳地方委员会在岳阳成立，办公地点设铁炉街童南邦公馆。

△ 国民党湖南省党部农民部派刘士奇（共产党员）到岳阳，将成立不到1个月的国民党岳阳市

党部改组为国民党岳阳县筹备委员会。同时，刘士奇还秘密创建中共岳阳地方执行委员会，代号“岳迪伟”，刘士奇任书记，办公地点设铁炉街童南邦公馆（今际华三五一七橡胶制品有限公司内）。中共岳阳地方执行委员会成立后，党的组织发展很快，至1927年5月，共发展党员800多人，建立支部30多个。城区建立武庙、柴家岭、西门正街、提署街、县女校、铁路公会、县高小、韩家湾、塔前街、店员工会、黄沙湾、翰林街、棚厂街、梅溪桥等16个支部。

△ 岳阳县女界联合会成立，唐智仁任主席，彭援华、戴珍、戴德、周德英、周德华等任委员，会址设西门正街群仙旅馆。

秋 共产党员侯国庆在城区发起组织岳阳县第一区农民协会，地下党员刘士奇、侯国庆、王品三等任区农委会执行委员，办公地址设东门口左侧城团积谷义仓内。不久，城郊各乡陆续建立乡农民协会。

10月 岳阳县总工会筹备委员会成立，负责人杨子明，办公地点设在红船厂。筹委会成立后，立即在全县各地广泛建立工会组织。城区组建木业、泥瓦业、码头、店员、洋务、教育、船民、篾业、铁业、缝纫、鲜果团等11个行业工会。

12月 城区恶霸豪绅周家淦被押赴省城枪决。

△ 城区所属各学校发起成立岳阳县学生联合会，曹瑛任主席。

本月 岳阳县商民协会成立，会址设鱼巷子县商会内，原商会会长余云臣任会长。

△ 中共岳阳地方执行委员会派吴国铎、贾能光、邹楚贞等3人去湖滨大学创办“双十学校”。并在学校成立中共地下党支部，书记吴国铎。

年底 岳阳火车站警察无理殴打人力车夫，县总工会发起罢工抗议，全城工人、学生、市民纷纷响应。迫于工人群众压力，车站方面答应向人力车夫赔礼道歉，并负责治疗受伤工人，罢工斗争取得胜利。

民国16年（1927）

3月 岳阳县第一届国民党员代表大会在城区召开，成立岳阳县总工会，戴立本任主席，会址设柴家岭周嘉淦公馆。

△ 岳阳县农民代表大会在城区召开，成立岳阳县农民协会，廖贞任主席，会址设鲁肃坟附近。

4月10日 县总工会组织数万市民和工人收回岳州海关。

4月中旬 岳阳县农民运动讲习所成立，刘士奇任所长，廖贞任副所长，地址设在天主堂。参加第一学期学习的有40多人，马日事变后停办。

5月下旬 长沙发生马日事变，岳阳地下党团暂时停止活动。

6月 中共地下党发动县城在校师生，重建岳阳县学生联合会，黎景辉（县中学生）任主席，冯孟常任组织委员，周孟之（县女校学生）任宣传委员。7月，学联被挨户团强行解散。

8月 共青团湖南省委派卜荣贞（女，浏阳人）、胡波到岳阳重建党团组织。建立中共岳阳县委及共青团岳阳县委，胡波任书记。

9月1日 中共湖南省委特派员何资琛奉省委命令，到岳阳组织秋收暴动。10日晚，中共岳阳地下党组织在城区举行暴动，11日，组织第二次暴动，12日，组织第三次暴动，均未成功。

民国17年（1928）

1月15日 夜，南京国民政府“西征军”第四十四军，在海军第二舰队协助下攻占城陵矶。17日，攻占岳阳。

1月中旬 卜荣贞、胡波、周彦等在县中开会，被反动军警发现，周彦、卜荣贞等被捕。随后，军警又在全城进行大搜捕，胡波等撤离岳阳，岳阳党团组织再次受到破坏。

1月 中共湘鄂赣边区特别委员会在翰林街设立特委机关。3月下旬，机关遭国民党军警破坏，特委书记郭亮被捕牺牲。

3月底 地震，白昼如墨，碗响屋摇，人站不稳，数分钟即止。

9月 中共湖南省委派朱广义、朱务义兄弟俩到岳阳建立交通站。交通站设西门河下，以开杂货店作掩护。不久，因党支部书记胡立清被捕叛变，朱广义兄弟被捕惨遭杀害，交通站遭到破坏。

10月 为反对国民政府开征“落地厘金”，城区商民罢市一天。

同年 县政府将普济院、保节院、育婴堂合并为岳阳县救济院。

民国18年（1929）

2月19日 蒋桂战争爆发。

4月8日 海军总司令陈绍宽率海军舰队抵城陵矶。

6月上旬 中共岳阳地方执行委员会委员名册在湖滨中学被“挨户团”搜出，数百人被捕。反动派在东门操坪一次枪杀40多名共产党员。

民国19年（1930）

1月2日 一夜之间，漫天大雪，盈地二尺，电话不通，火车停开。

年初 中共地下党员蔡康年等组织城北典狱署中的难友越狱成功。

5月下旬 中共中央军委在城区内设立秘密交通站。7月，建立岳阳县革命行动委员会，作为岳阳党的领导机构。11月，因叛徒出卖，交通站遭敌人破坏。

6月4日 张（发奎）桂（系）联军攻占长沙，省政府主席何键率省政府等机关逃到岳阳。8日，桂军攻占岳阳。

7月3日 彭德怀率中国工农红军第三军团攻占岳阳城，5日撤离。

同年 共产党员王养直发起成立晨曦社，成员主要是中、小学生，王借此对学生进行马列主义启蒙教育，讲十月革命，讲革命道理，教唱革命歌曲。

民国 20 年（1931）

4 月 国民政府通令划区，岳阳县划为 9 个区，城厢镇属一区管辖。

5 月 20 日 日轮“武陵丸”在城陵矶海关前撞沉 3 艘中国民船。

5 月 25 日 湖南省政府主席何键、岳阳驻军旅长段珩等发起募捐活动，重修岳阳楼。国民政府主席蒋介石寄来 1000 元（银元）。

5—7 月 降雨 1021.2 毫米，占全年降雨量的 78%，大水。

10 月 1 日 各界民众 3 万余人在县立高小举行反日救国大会，抗议日本侵占东三省，会后举行游行示威。

11 月 驻军旅长兼警备司令段珩等召开各界联席会，筹措大洋 5000 元，修建洞庭马路。

12 月 30 日 岳州警备司令部奉令裁撤。

民国 21 年（1932）

2 月 24 日 城区举行洞庭路破土动工典礼，全路自吊桥至北门全长 1200 米，宽 9 米。

3 月 岳阳学生抗日会及各界人士呈文湖南省政府，要求查处并严惩侵吞抗灾款项的国府水灾善后会岳州粮站主任、英国人古德温。

9 月 28 日 蒋介石偕夫人宋美龄乘轮船自汉口抵岳，游览君山，当日去长沙。10 月 8 日，由长返岳，乘军舰去汉口。

10 月 10 日 岳阳楼维修工程动工。是年，省政府拨维修款 1.2 万元（银元），地方募捐 1.8 万元（银元）。

同年 城区成立岳阳商运拖轮股份有限公司城陵矶分公司、驻岳湘鄂拖轮公司城陵矶分公司、岳阳永兴拖轮公司城陵矶分公司等 4 家轮船公司。

民国 22 年（1933）

省政府增拨岳阳楼维修专款 1 万银元。省政府主席何键书写“岳阳楼”匾额。

民国 23 年（1934）

7 月 13 日 洞庭湖大风，岳阳开华容义渡 2 号船翻沉，溺死 122 人，其中华容学生 19 人。

民国 24 年（1935）

11 月 5 日 岳阳开始执行“法币政策”，流通中央银行、中国银行、交通银行、农民银行发行的纸币。

民国 25 年（1936）

4 月 岳阳成立长途电话局，正式开放长途电话业务。

12 月 通过城区青年陈策（当时在北京大学学习）的书面介绍，李西谈、许曙升等人在城区学生中组建中华民族解放先锋队，后因国民党邮检部门切断岳阳民先队与外界的联系，民先队活动被迫停止。

民国 26 年（1937）

1 月 31 日 上海至岳阳无线电报开通。

7 月 城区岳阳学生与爱国人士成立各界抗敌后援会，集会游行，散发传单，张贴标语，声讨日本帝国主义侵华罪行。

8 月 19 日 日机首次飞临岳阳城区，投掷燃烧弹 2 枚，落于洞庭湖岸。

8 月 中共地下党员在城区创办《战鼓周刊》。

秋 各界抗敌后援会在城内设立献金台，城区各界人士踊跃捐款捐物，慰劳前方抗日将士。

12 月 湖南全省划为 9 个行政督察专员区，第一区专员公署驻岳阳。

△ 国民政府海军部迁汉口、岳阳两处办公。同日，海军洞庭湖区炮队在城陵矶洪家洲设要塞阵地。

冬 进步青年汪芳桂等成立叱咤歌咏队，在街头巷尾教唱抗日救亡歌曲。

同年 城区商民主动捐款 700 银元，慰劳率部抗战的东北边防军马占山部，马将军接到捐款后来信表示谢意。

民国 27 年（1938）

年初 地下党员周继佶、许曙生、许诺等人集股在天岳山街口（今南货商场旧址）创办“十字书店”，销售进步书刊报纸。11 月，岳阳沦陷，书店搬迁至乡下继续经营。

2 月 1 日 海军总司令部在岳阳成立。

2 月 中共湖南省委派长期在外工作的老共产党员彭援华回岳阳建中共岳阳临时县委，彭援华任书记。5 月，临时县委正式改组为中共岳阳县委员会。

春 由地下党领导的岳阳教育界抗敌工作团在竹荫街设立“抗敌讲座”，定期邀请各界知名人士利用夜间作专题演讲，对市民进行抗日救亡教育。

5 月 岳阳中共地下党在城区重建组织，领导中华民族解放先锋队、抗日救亡宣传队等救亡组织，开展抗日救亡运动。

6 月 共产党员周继佶、王养直等人将岳阳抗敌剧社扩大成湖南人民抗日救亡后援会岳阳分会宣传工作团(简称岳阳抗日救亡宣传团)。选举葛云飞(留日学生)为团长，周继佶为副团长。岳阳沦陷前，宣传工作团解散。

7 月 17 日 日军飞机轰炸城区，扔下 6 枚炸弹，炸死平民 60 多人，后被南津港守桥部队击中，坠毁在南津村。

7 月 20 日 日机 18 架再次轰炸城区，炸毁房屋 300 多栋，炸死平民 800 多人。驻泊岳阳的中国海军舰队“江贞”“民生”2 舰受创搁浅于岳阳楼下。

8 月 18 日 岳州海关正式转移至常德办公。

10 月 16 日 日军飞机两度轰炸城区，1 架日机被中国军队击落于大桥湖中，机上 7 人全部死亡，飞机残骸被运往市区展览。

10 月 23 日 日机在长江城陵矶江面炸沉“襄阳”号轮船及铁壳拉煤船，乘客及难民千余人遇难。

11 月 10 日 日本海军陆战队在城陵矶登陆。次日 18 时，日军第六师团今村支队和第九师团一部进占岳阳城，岳阳沦陷。

11 月 汉奸费竹如等在城区组织维持会。不久，成立岳州自治会。

△ 日军在城内开设湖南洋行，由日本宪兵队经营，以后又陆续开设德岛等 8 家洋行，垄断市场。

民国 28 年(1939)

年初 共产党员王国雄在城陵矶海关附近密林中侦察敌情，赤手空拳打死两名日本兵。其后，他与游击队在康王、奇家岭、冷水铺等地袭击小股日军，五战五捷。

民国 29 年(1940)

4 月 6 日 日军反战官兵纵火焚毁岳州车站附近日军粮弹仓库，燃烧达两昼夜。

同年 日伪政权在城区推行奴化教育，开办新民小学、日新一校、二校、维持学校，并在学道岭办中学 1 所，强迫学生学习日文。

民国 31 年(1942)

11 月 盟军飞机轰炸岳阳日军仓库、火车站及高射炮阵地。

同年 取消岳州海关。

民国 32 年（1943）

2 月 28 日 盟军飞机再次轰炸驻岳日军。

民国 34 年（1945）

8 月 15 日 日本宣布无条件投降。城厢镇设 10 保、121 甲。

9—10 月 国民革命军第十八师覃道善部到岳阳接受驻岳日军第十七混成旅团和第一一六师团投降。

10 月 6 日 恢复电信通讯。11 月初，岳阳电信局成立。

10 月 10 日 各界人士在东门大操坪集会，庆祝抗战胜利。

12 月 国民政府交通部长江区航政局长沙办事处在城陵矶设置船舶办事处，管理船舶进出湘省事宜。

△ 重建县商会，在天岳山召开第一届一次代表大会。

同年 城厢镇在武庙旧址创办镇国民中心小学，全镇 9 个保各设一所国民小学。

△ 1938—1945 年，城厢镇人民被日军炸死、杀死 4861 人，伤 6893 人；毁房屋 5767 栋（间），粮食 111125 公斤及其他大批物品，共损失折币 33.8103 亿元。

民国 35 年（1946）

6 月 7 日 下午，韩家湾大火，烧毁房屋 100 余栋，受灾难民 876 人。

同年 城区 5 家商号集资架设电话杆线，接入电信局长途总机通话，为城内电话之始。

民国 36 年（1947）

2 月 中共湖南省委工委派熊邵安、廖晨光到岳阳开展活动，接着又派柳思、刘仲循、谢介眉等到岳阳，以教书为掩护，在岳郡联师、国立十一中学等学校开展学运，发展党组织。

3 月 13 日 洞庭路大火，烧毁房屋 182 栋，受灾难民 1757 人。

3 月 城厢镇辖 8 保、208 甲。

9 月 26 日 城陵矶提驳挑运业联合工商会成立。

11 月 举行国民代表大会代表选举。

民国 37 年（1948）

1 月 组建自 1941 年岳阳地下党遭敌破坏后的第一个党支部，由柳思任支部书记。8 月，柳思调回长沙后，由陈树荣任支部书记。

5 月 7 日 飓风，城区倒房 2862 栋（间），沉船 10 艘，打散木排 12 架，死 210 人。

10 月 岳阳铁路工人组织反饥饿大罢工。粤汉铁路局派“特别党部”执行委员袁希曾到岳调解，预支半月工资给工人，罢工方告结束。

△ 中共长沙特别支部派毛程省到岳阳，发展组织，建立据点，开展迎接解放的工作。

12 月 中共福建省委派省委候补委员兼闽浙赣军区参谋长刘润世（岳阳人）到岳阳开展地下工作。刘回岳阳后，以一部分原中共地下党员为基础，吸收一部分思想进步的公教人员、工人、农民组成解放社，共发展社员 150 多人，在项下和城区马路街 7 号余玉生客栈设立联络站，开展统战、策反、迎解工作。

△ 城陵矶商民为反抗国民党海军“永安”舰官兵暴行，举行罢市，迫使该舰舰长向商民赔礼道歉。

同年 国民党岳阳县党部借口修碉堡 30 座，向商会摊派光洋 10000 元，受到商民抵制。

民国 38 年（1949）

2 月 中共湖南省委派刘仲循到岳阳，在省立十一中（今岳阳市一中）以教书为掩护开展地下工作，先后吸收学生汤德音、汪文昭、唐孝葵入党，成立十一中党支部、唐孝葵任支部书记。

4 月初 中共长沙特别支部派张学萃、胡封茂到岳阳工作，成立中共岳阳特支小组，张学萃任组长，组员有毛程省、杜德贞、胡封茂，共发展党员 13 人，新民主主义青年团员 8 人。

4 月 6 日 中共湖南省工作委员会指示岳阳地下党组织，为迎接解放，停止发展地下党员，成立与发展革命群众外围组织解放社。吸收进步人士、先进青年学生参加、积极开展迎解工作。按社会职业组织工人解放社、农民解放社、学生解放社、妇女解放社、公教人员解放社，共发展社员 1000 多人，城区有 500 多人。

4 月 13 日 为追悼南京“四一”惨案死难学生，揭露国民党政府假和平、真内战的阴谋，中共岳阳地下党领导省立十一中学、岳郡联立师范学校、岳郡联立中学、贞信女中、湖滨农业中学的学生 800 多人，在东门操坪集会，举行游行示威，声援南京学生爱国运动。游行队伍在梅溪桥遭国民党当局镇压，被打死 2 人，伤 20 余人，失踪 6 人，造成震惊全省的“四一三”惨案。

4 月 中共湘北工委书记谢介眉分别在省立十一中、岳郡联师学生中建立 16 个生活学习小组，向学生进行党的基本知识、时事和反对内战、争取和平的教育。

△ 中共湘北工委为便于统一领导，建立中共岳阳总支委员会，由陈树荣任书记，周岳森、吴晓霞任委员，下辖岳郡联师、省立十一中及 3 个农村支部，有党员 38 人。

4 月至 5 月上旬 根据省工委指示，岳阳成立自救会，推举著名民主人士彭一湖为主任，周鳌山为副主任，开展迎解工作。

5 月 24 日 驻城陵矶的 5 艘国民党海军炮艇举行起义。

5 月 国民党白崇禧部溃退岳阳。

6 月 13 日 洪水暴涨，城陵矶水位达 33 米，超过危险水位（32.57 米）0.43 米。

6 月 20 日 根据中共中央华中局和中共湖南省委工委指示，中共长沙特支岳阳小组划归中共岳阳总支委员会领导。7 月初，中共岳阳总支委员会改名为中共岳阳中心区工作委员会，由胡封茂（杨青）任书记，陈树荣任副书记。

7 月 16 日 溃退的国民党军队炸毁南津港铁路大桥。

7 月中旬 国民政府岳阳县县长许新猷率地方武装 1000 余人起义。

中华人民共和国

1949 年

7 月 城区军民集会庆祝新的县人民政府成立。县委、县政府机关驻卫门口，后迁翰林街原长沙地委驻地，县政府迁下观音阁圆通寺。

△ 全部由南下干部组成的中共岳阳县城厢区委员会成立，王欣（河北人）任政委。同时成立城厢区区公所，刘振生（河北人）任区长。

△ 城厢区召开首届各界代表会议。至 1953 年年底，先后召开三届六次代表会议。

7 月 20 日 中国人民解放军第四野战军四十六军一五九师四七五团从冷水铺沿铁路进入岳阳，岳阳和平解放。

7 月 23 日 中共长沙地委在岳阳成立。25 日，长沙专署成立。地委、专署驻翰林街（今郭亮街）“和园”办公。8 月 29 日，长沙地委、长沙专署迁往湘潭。

7 月 26 日 18 时，由山西晋中地区孟县与五台山南下岳阳的干部 100 余人，进入岳阳，开始接管岳阳的工作。

7 月 岳阳县人民政府对城区居民进行登记，共有 24928 人。

△ 解放军某部文工团到城区演出《刘胡兰》《白毛女》等话剧，对驻军与城区人民进行阶级教育。

△ 城厢区成立第一个国营商业机构岳阳贸易公司，经营粮食、土特产、油脂、煤油、食盐、纱布、杂货、西药、煤炭等。

△ 岳阳县政府成立后，在城厢区分设第一、第二派出所，城陵矶设水上派出所。

9—10 月 在衡（阳）宝（庆）战役中负伤的解放军指战员到岳阳后方医院治疗，其中 124 名重伤员因医治无效牺牲，安葬在医院附近（今际华三五一七橡胶制品有限公司内）。1964 年 8 月 1 日，城关镇人民委员会为烈士们修建烈士陵园。

1950 年

3 月 城厢区各小学开始组建中国少年儿童队组织。6 月 1 日，各校举行隆重的“六一”国际儿童节庆祝活动。

6月7日 岳阳县委在城厢区设立城市工作委员会，取消保甲制度，设立6个居民委员会（简称居委会）。

6月22日 县工商科废止原商会，成立城厢区工商业联合会（简称工商联）筹备委员会。根据城区工商业自然行业情况，设置34个同业公会，作为城区工商联基层组织。

7月 岳阳县开始进行土地改革运动。城区近郊各乡经过清匪反霸、减租退押、土地改革和土改复查3个步骤，于1952年春全面完成土地改革任务。

8月7日 岳阳县新华书店成立，店址设北门正街（今商业大厦对面新兴商场处），负责城乡的图书供应。

8月 城厢区成立民主妇女联合会，南下干部赵林清任主任。下辖9个居民妇女委员会、1个搬运工人家属委员会。

9月初 城区完成工商登记，共有工商户1185户。

10月10日 镇压反革命运动开始，至1953年10月结束。

10月 岳阳县革命烈士纪念亭在岳阳楼附近建成。亭内石碑上刻有410名烈士英名。湖南省军区副司令员文年生在碑上题词："革命烈士是人民胜利的先驱，死者精神永远活在人民心中"。

△ 城区一批青年参加志愿军奔赴朝鲜前线。800多名学生、工人报考军政干校。

同年 政府对娼妓采取严格禁止、坚决取缔的方针。

△ 长沙湘雅医学院两位教授在城厢镇附近的黄沙湾、冷铺子、太子庙、金鹗山及贞信附小、湖滨小学等地调查，写出《岳阳血吸虫病初步调查报告》。

1951年

4月1日 江零三三一厂（今际华三五一七橡胶制品有限公司）在岳阳楼对面的城区东北角破土动工，1953年竣工，成为城区有史以来创建的第一座大型现代化工业企业。

6月1日 城区设立9个饮水消毒站、2个饮水消毒井，开始消毒饮水。

7月 政府接管岳灵等5所教会小学，除贞信附小改为长沙师范附属小学外，其余各教会学校并入公立学校。

12月 城厢区8个居委员会成立1个共青团支部，有团员8人。

同年 岳阳县政府在天岳山附近修建政府礼堂，始称建设电影院，为城区第一家正式电影院，可容纳观众800余人。

△ 政府接管教会办的普济医院，1952年，更名为岳阳县人民医院。

△ 城区掀起抗美援朝运动高潮。

1952年

3月 城区各机关、厂矿、公司全面开展"反贪污、反浪费、反官僚主义"的"三反"运动，工商界人士参加“反行贿、反偷税漏税、反盗窃国家资财、反偷工减料、反盗窃国家情报”的“五反”运动。

3月24日 志愿军归国代表韩在春、宋训令，朝鲜人民访华团成员金镯胄，到岳阳向各界人士作关于抗美援朝的专题报道。

6月 三三六厂接受13万个手榴弹袋生产任务，城厢镇组织6个居民加工站，按时完成，送往朝鲜前线。

7月 城区首次使用卡介苗，共接种1242人次。

△ 城区开展禁（鸦片）烟运动，至9月，彻底根除吸毒现象。

△ 城区17名手工业工人组织成立第一个生产合作社岳阳县印刷生产合作社。

8月 张月桂任城厢区区委书记。

同年 城区个体医生成立卫生工作者协会。年底，易聘海、赵凤池等组织成立第一联合诊所，在羊叉街挂牌应诊。

△ 城区人民响应毛泽东号召，开展以粉碎美国细菌战为中心的爱国卫生运动，开展除“六害”（即蚊子、苍蝇、跳蚤、蟑螂、老鼠、虱子）的群众运动。

1953年

6月30日 以当晚24时为标准时间，城区按照国家统一部署，开始第一次人口普查。普查结果，共有11214户、43428人，比1951年登记在册人口增加3868户、18905人。

6月 卫生部副部长贺诚到城区视察公共卫生。

9月 冀林玉任城厢区区委书记。

10月 城厢区改为城厢镇。

△ 城厢镇召开第一次妇女代表大会，南下干部赵林清当选为镇妇联主任。

11月 城区居民实行粮食计划供应，机关、团体、学校、企业由单位统一购买，居民则发放粮证，凭证购买。城区按地域分设红船厂、油榨岭、岳阳楼、城陵矶4个粮油供应点。

同年 城区各机关企事业单位普遍实行“三八”作息制度（八小时劳动、八小时娱乐、八小时休息）、节假日（元旦、春节、“三八”妇女节、“五一”劳动节、国庆节）休息制度。

△ 城区开展打击和取缔反动会道门组织的斗争。彻底取缔城区的各种反动会道门组织。

1954年

1月 李惠林任城厢镇党委书记。

3月18日 城陵矶镇发生反革命分子张春贞（女）纵火案，烧死8人，烧毁房屋422间，受灾群众323户。19日，湘潭专署专员华国锋与省、县、镇领导到城陵矶慰问受灾群众。

4月 李云明任城厢镇党委书记。

5月15日 岳阳名茶北港毛尖在民主德国莱比锡博览会参展。

5月下旬至7月中旬 连降暴雨，洪水猛涨，连续形成6次特大洪峰，其中，6月16日，降雨量达246.1毫米。8月13日，洞庭湖岳阳水文站水位高达34.82米，为近百年来水位最高纪录。

11月27日 岳阳县城厢镇第一届人民代表大会选举杨克湘为镇长，刘建国为副镇长。

同年 废除包办婚姻和买卖婚姻，提倡自由恋爱，提倡晚婚。规定男20岁，女18岁为法定结婚年龄。

1955年

4月 城厢镇政府更名为镇人民委员会（简称人委）。

5月 杨先槐任城厢镇党委书记。

7月 城区开始肃清反革命、审查干部运动。

△ 城厢镇将城区7个居委会按街道划分为25个街道居委会；城郊居委会划分为白水村5个城郊居委会；211工厂（今际华三五一七橡胶制品有限公司）家属区成立剪刀池居委会，共计31个居委会。

同年 城区个体工商业经社会主义改造，有1192户个体私营工商业者并入合作商店或国营商业。

1956年

5月 镇五金生产合作社许为贵出席全国建设社会主义青年知识分子先进大会。

6月 城厢镇将25个街道居委会合并成7个，加上剪刀池居委会，为8个居委会。水上居委会更名为水上乡，脱离城厢镇建制。

7月 岳阳楼被列为省级重点文物保护单位。1988年1月，被列为国家级重点文物保护单位。

10月5日 大鄢家冲发生火灾，烧毁茅屋183间、瓦房4间，经济损失9.2万余元。

11月5—7日 城厢镇第二届人民代表大会选举张炳熙为镇长。

12月 城陵矶粮食仓库建成投入使用。

同年 进行社会主义改造，城区私营工业全部转入国营工厂或手工业社，城区不再有私营工业存在。

△ 岳阳县开展血吸虫病普查。城厢镇疫区共有居民50853人，即城区44000人，水上乡民4840人，护城乡2013人。

△ 城区人民开展反对美帝国主义使用原子武器签名运动。

1957年

5月 按中共中央部署，镇委在党内开展以“反对官僚主义、宗派主义和主观主义”的整风运动，一些在运动中给党提过建议或意见的同志被错打成右派分子。

6月 柳金星任城厢镇委书记。

8月1日 岳阳县城厢镇联合医院成立，院址设洞庭北路天主堂（今中医院宿舍），1959年，更名为岳阳县中医院。

10月 城区首批中、小学毕业生72人下放农村安家落户。

同年 全镇有初级小学及完全小学20所，119个教学班，学生5412人，教职工183人。

△ 城陵矶码头动工兴建。

1958年

1月3日 “大跃进”运动全面铺开。

2月26日 城区开展无盗窃、无火灾、无赌博、无迷信的“四无”竞赛运动。

春 城镇6000多名干部、居民、学生下乡支援春插。

4月 王光荣任城厢镇委第一书记。

5月5—6日 城厢镇召开第三届人民代表大会，陈海泉当选为镇长，谢定南当选为副镇长。

5月 城区开始对私有房屋出租进行社会主义改造。

6月 大办公共食堂，全镇机关干部、工人、家属、学生分别在机关、工厂、街道、学校公共食堂就餐，过“共产主义生活”。

7月1日 岳阳楼管理所成立，岳阳楼辟为公园，对外售票开放。

8月 全镇开展大炼钢铁运动，至9月11日，金鹗山建成土高炉7座，成为全县的“钢铁生产基地”。

9月6日 8时30分，县帆运社3号机帆船自城陵矶载客至七里山，因超载过多而翻沉，造成淹死47人的重大事故。

10月 城厢镇与城陵矶镇合并成立岳州人民公社。按行业系统又分为农业（郊区）、工业、居民、财贸、城陵矶、文卫6个分社。原城厢镇人委会更名为公社管理委员会（简称管委会）。

△ 段志霖任岳州公社党委书记，吴家兴任副书记。

同年 修建洞庭路，拆迁民房893间，将原洞庭路与柴家岭合并为洞庭路，路面宽15—18米。

△ 省政府拨款55万元，在吊桥修建日产500吨水的自来水厂。1962年正式供水，岳阳城区居民开始引用自来水。

△ 全镇大办民兵师。

△ 城区集市全部关闭，农副产品无法上市，有72种日用生活品与副食品脱销，给城乡人民的生活造成极大困难。

△ 岳州人民公社大办工厂，各街道居委会与手工业者共创办103个工厂。年底，岳州公社将103个工厂调整合并为42个，共有职工1999人。

△ 省政府授予岳阳县麻塘公社郭镇大队社员李玉成、袁世雨种植水稻劳动模范称号。

△ 岳阳造纸厂动工兴建，1968年竣工投产。

1959年

5月 岳州公社开办扫盲班117个，“红专”学校17个，进行扫盲教育。6月1日，宣布城厢镇为“无文盲镇”。

9月 整风反右倾运动开始，错划了一批所谓“右倾机会主义分子”。

10月1日 岳阳电厂正式投产，发电量为6000千瓦。

11月 岳阳至城陵矶沿湖公路动工兴建，全长7.5公里。

12月 由街河口至三角线沿湖铁路动工修建，全长1290米。

同年 根据国家3—5年内普及小学教育，坚持“两条腿走路”的方针，大办民办小学。岳州公社（包括城郊）开办民办学校21所，有29个教学班，学生1023人。

1960年

1月2日 经国务院批准，在岳阳县城厢镇基础上成立岳阳市，属县辖市，行政区域仍为原城厢镇、岳州公社地域。全市面积300平方公里，113643人。次年10月，岳阳市由湘潭地委直接领导有关工作委托岳阳县代管。1962年11月，撤销岳阳市，恢复岳阳县城关镇建制。

1月 中共岳州公社党校更名为中共岳阳市委党校，全市开办初级党校10所。

2月 成立岳阳市总工会，隶属县总工会领导，实际工作仍由县总工会负责。

2月11—13日 中共岳阳市第一届代表大会召开，选举李景川为中共岳阳市委书记，段志霖为副书记。

3月24—25日 岳阳市召开首届文化、教育、卫生、体育、科技战线群英大会，表彰自大跃进以来，在以上战线涌现出的英雄模范人物。

3月25—26日 共青团岳阳市第一届代表大会召开。

3月27—28日 岳阳市第一届妇女代表大会召开。

4月29日 岳阳市城市人民公社成立。岳阳市、岳阳市城市人民公社两套机构，一套人员。

6月 中共中央委员、解放军总政治部主任谭政参观岳阳楼。

9月 中共中央委员、共青团中央第一书记胡耀邦参观岳阳楼。

11月 城区开放集市贸易，准许个体商贩经商，农副产品又逐渐上市。

12月1至3日 城厢镇第四届人民代表大会暨岳阳市第一届人民代表大会召开，选举段志霖为市人委市长，郭宪唐、程玉良为副市长。

同年 全市38个街道工厂合并为19个，县又下放11个工厂给市，至年底，全市有大小工厂57个。

1961年

1月28日 胡耀邦到岳阳视察，在二一一工厂，作形势报告。**11月28日**，再次到岳阳市视察。

2月下旬 水肿病、小儿病、妇科病进入发病高峰期。

3月 全国人大常委会副委员长、中国科学院院长郭沫若为岳阳楼书写“岳阳楼”匾额。

4月29日 岳阳市召开城市人民公社首届社员代表大会。

8月25日 岳阳市开展清理城市房地产，换发私人房屋所有权证工作，至年底，有2925户市民换发房屋所有权证。

10月2日 城陵矶水域捕获1条重312公斤的中华鲟，后被制作成标本。

11月22日 岳阳市开始压缩非农业人口。

1962年

1月7—9日 岳阳市第二届妇女代表大会召开。

1月8—9日 共青团岳阳市第二届代表大会召开。

春 岳阳楼公园新建怀甫亭，全国人大常委会委员长朱德题写“怀甫亭”匾额。

1963年

3月 开展“向雷锋同志学习”运动。

6月 开展整顿市场，打击投机倒把运动。

11月11—18日 城关镇召开五届人大一次会议。

同年 南津港大堤动工兴建，堤长1857米。

1964年

2月9日 城关镇开展社会主义教育运动。

6月30日 开展第二次人口普查工作。

9月 成立中共岳阳地委、岳阳专员公署，办公地点设城关镇炮台山。

冬 中央新闻纪录电影制片厂与上海科教电影制片厂《送瘟神》摄制组，在东风湖、南津港等地拍摄外景。

1965年

7月 城关镇公共汽车站成立，开辟营运线路2条。

9月8日 城北卫生院、牙科诊所、观音阁联合诊所、先锋路诊所合并为城关镇中心卫生院，城南卫生院更名为城关镇医院。

同年 城关镇居民大种蓖麻，为国家提供工业原料和出口物资。

1966 年

4 月 王俊魁任中共城关镇委员会第一书记。

6 月上旬 “文化大革命”开始。中旬，工作组进驻各中、小学领导“文化大革命”，城区中、小学停课“闹革命”。

7 月 横扫“牛鬼蛇神”，许多人遭揪斗，挂牌游街。

8 月 破除“四旧”（即旧思想、旧文化、旧风俗、旧习惯），岳阳楼铁梢、铁鼎被砸碎。9 月，鲁肃墓被毁。岳阳楼吕洞宾神像被拖到南正街焚毁。

8 月 29 日 城关镇上千人冲进县委机关院，批斗县委领导干部，党政机关基本瘫痪，红卫兵大串联开始。

11 月 13 日 城关镇召开首届学习毛主席著作积极分子代表大会。

1967 年

3 月 城乡发生流行性脑膜炎，病者 3554 人，死亡 331 人。

同月 北门日产 1.5 万吨自来水厂扩建动工，1970 年 4 月竣工投产。

7—9 月 城区“工联”“高司”“湘江风雷”“红旗军”“东方红”“青年近卫军”等群众组织因派性冲突多次发生武斗，先后有 3000 多人参加武斗，其中大规模武斗 9 次，共死 25 人，伤 2020 人。

9 月 小学学制由六年制改为五年制。

1968 年

2 月 26 日 5 万多人在东风广场集会，庆祝岳阳地区革委会与城关镇革委会成立。

7 月 23 日 连日普降暴雨，水位猛涨，最高达 33.88 米。

10 月 16 日 城区 300 余名知识青年到农村插队落户，接受贫下中农再教育，知识青年上山下乡运动全面开展。

秋 全镇开始清理阶级队伍，深挖阶级敌人运动。

11 月 1 日 17 时 30 分，县、镇各机关单位的干部、职工、学生与居民数万人，夹道迎接从长沙“敬请”来的毛主席像章，并召开热烈欢呼毛主席光辉像章普及发行大会。

11 月 县、镇革委会派出的工人与贫下中农毛泽东思想宣传队进驻城区各中小学。

1969 年

10 月 北门渡口动工兴建，1971 年正式启渡。

11 月 郭镇、梅溪、洞庭公社分别建立党的核心领导小组，开始恢复党的组织生活。

12 月 17—23 日 中共中央政治局委员叶剑英视察城陵矶造纸厂、城关镇“五七”渔场，参观岳阳楼。

1970 年

3 月 化工部第四化工建设公司（简称四化建）由广州迁至城区。

5—11 月 各公社先后召开党的代表大会，选举产生党的委员会，撤销党的核心领导小组。

7 月 11 日 城区整顿街道划分、街道名称、门牌号码。

9 月 岳阳县开展灭钉螺修水利工程，城区吉家湖设一个指挥所，数万人上工地灭螺。

同年 湖滨大堤修筑工程动工，堤长 1858 米，由关门湖堤、龙口堤、月形湖堤组成。

1972 年

2 月 地、县传达贯彻省委常委扩大会议精神，批判林彪反革命集团的《“571 工程”纪要》，开展批林整风。

4 月 3—4 日 城关镇召开共青团第六届代表大会，共青团恢复活动。

1973 年

8 月 城区小学毕业生增多，代代红、青年路 2 所小学各增设 4 个初中班，学生 400 余人，一年半后，“初中班”学生分别并入一中、二中学习。

9 月 省委决定全面维修岳阳楼，岳阳楼维修工程领导小组成立。

1974 年

2 月 3 日 岳阳县召开“深入批林批孔”大会，近 6000 人参加会议。

3 月 城区实行殡葬改革，开始筹建火葬场。1979 年 7 月 5 日建成并投入使用。

同月 春雨连绵，地、县、镇各机关、厂矿、企业单位数万人在五里牌至洛王家一线十多里荒山上，安营扎寨，开荒植树，掀起全民绿化高潮。

11 月 年产 2000 万吨合成氨、38.4 万吨尿素的洞庭氮肥厂（简称洞氮）在七里山破土动工。1979 年 7 月 1 日建成投产。

同年 东茅岭大道动工修建，1976 年通车，全长 2216 米，宽 35 米。

1975 年

6 月 由地、县、镇三级领导组成的城市规划领导小组成立。

12 月 29 日 城关镇恢复为岳阳市。

1976 年

9 月 18 日 地、市、县各机关团体、厂矿企业、学校等停产半天，在东风广场参加毛泽东追悼大会。

10 月 23 日 地、市、县 5 万多军民在东风广场集会，庆祝粉碎江青反革命集团篡党夺权阴谋的伟大胜利，会后举行游行庆祝活动。

1977 年

2 月 6—9 日 市革委会召开岳阳市第一次工业学大庆会议。

3 月 11 日 城区举行防空演习，约 10 万人参加，全城戒严 10 分钟。9 月 10 日，举行两次防空演习，有 10 万人参加，17 个人防专业队进行表演。

4 月 22—24 日 召开岳阳市第一次知识青年工作会议。

5 月 岳阳造纸厂二期工程投产，新增产机制纸 1.7 万吨。

9 月 3 日至 10 月 25 日 中共湖南省委在岳阳市开展直接选举人民代表的试点工作，民政部副部长张凯到市进行检查指导。

10 月 中共中央政治局委员、广州军区司令员许世友到岳阳视察，参观岳阳楼和三五一七工厂。

12 月 4—6 日 中共岳阳市第二次代表大会召开。

12 月 17—19 日 恢复高等学校和中等专业学校招生考试，全市 2992 名考生参加考试。

1978 年

2 月 平反冤假错案，全市为 427 名“四类分子”摘除帽子；为 85 名错划为右派分子的人员平反，恢复名誉；为被遣送农村的 439 名“五类分子”及其家属子女落实政策，返回城镇并安排工作。

5 月 6 日 外交部、公安部、总参谋部、旅游总局发出《关于增加对外开放城市的通知》，确定岳阳市为对外开放城市。次年，正式对外开放。

8 月 21 日 城区数万军民举行大会，庆祝中共十一大胜利闭幕，会后举行庆祝游行活动。

9 月 1 日 市日用化工厂生产的 42 型肥皂，在中南五省肥皂评比会上被评为第一类优质产品。

12 月 23 日 市委落实政策领导小组办公室成立。根据党的政策规定，对全市原错划的右派进行复查、改正工作。

1979 年

4 月 1 日 日本中国美术爱好者友好访华团 19 人到岳阳参观旅游，成为岳阳对外开放后接待的首批外国旅游团体。

8 月 24 日 观音阁跨线桥破土动工，工程总投资 468 万元。1982 年 9 月 30 日竣工通车，正式命名为“巴陵大桥”。大桥的建成，为东西两个城区增加一条新通道，缓解了城区的交通拥塞。

同年 开放市场经济，城区开始出现个体工商业者，至 1984 年，个体私营工商业者发展到 1235 户、2432 人。

9 月 高峰任岳阳市委书记。

11 月 3—10 日 市政协一届一次会议召开，选举周保龙为市政协主席。

△ 落实下放知识青年政策，下放知青陆续回城就业。岳阳市委要求优先安置 1972 年以前的下放知青就业，以后逐年安置历年下放知青。

△ 中共岳阳市纪律检查委员会（简称纪委）对 1957 年反右派、1959 年反右倾、1964 年社教运动、“文化大革命”几个历史时期的案件进行复查，平反冤假错案。

1980 年

1 月 15—16 日 市政府召开全市科技成果授奖大会，1979 年度发明的 60 项优秀科技成果获奖。

1 月 30 日 市政府规定从 2 月 5 日起，开放粮食市场，允许社员群众将多余的粮食上市出售，价格由买卖双方面议。

春 城陵矶水产捕捞队在东洞庭湖三江口捕获国家一级稀有水产动物白鳍豚 2 条，随即护送至中国科学院武汉水生动物研究所驯养，死亡 1 条，存活的取名“淇淇”。1981 年 4 月，在七洲子捕获 1 条，取名“容容”，也在武汉水生动物研究所驯养。

4 月 17 日 经国务院批准，城陵矶港为长江沿岸 8 个对外贸易运输港口之一。

11 月 全国政协副主席王首道到岳阳视察，参观岳阳楼，并书写“朗吟亭”“酒香亭”匾额。

同年 洞庭苎麻纺织印染厂（简称洞纺）动工兴建，1985 年 5 月 1 日建成投产，为 80 年代国内最大苎麻纺织印染企业。

1981 年

1 月 郭镇、梅溪、洞庭、北港人民公社革委会相继被撤销，选举产生各公社管委会。

6 月 1 日 第三次人口普查开始，经过一年零二个月的普查，统计结果：至 1982 年 7 月 1 日零时止，城区共有 38204 户，158554 人。

6 月 9 日 市政府召开全市殡葬改革工作会议。10 日，市政府发布《关于废除棺葬实行火葬的通告》，自 7 月 10 日起，凡岳阳市范围内居住的人员，死亡后均应实行火葬，不得棺葬。

6 月 17 日 省政府通过岳阳市城市建设总体规划，明确岳阳为"湘北石油化工、轻纺工业基地，湖南省对外贸易港口和风景旅游城市。"

8 月 1 日 全市商业部门开始实行经营承包责任制试点。进行试点的有 34 个单位，承包形式有职工集体承包经营及以柜组为单位承包经营。

8 月 11 日 市制酱厂生产的芙蓉牌辣椒油和兰花萝卜，在全国商办食品、工业食品评比会上，被评为优质产品。

10 月 12 日 经国务院批准，省政府撤销岳阳县，其行政区域全部划归岳阳市管辖。岳阳市辖 17 个区，其中 5 个城市区、12 个农村区、3 个镇、51 个公社，下辖 44 个居委会、731 个生产大队。总面积 3655 平方公里，总人口 967848 人。

11 月 28 日 李朗秋任中共岳阳市委书记，文启龙任副书记。

12 月 25 日 中共中央总书记胡耀邦对中央党校刊物《情况反映》第 159 期刊登的《岳阳调查见闻》一文作出重要批示。次年 1 月 7 日，岳阳市市长办公会议专门学习、讨论胡耀邦的批示，决定在全市开展城市整顿工作。

1982 年

2 月下旬 市委组织工作组到黄沙公社杨源大队办联产承包责任制试点。

4 月 市委、市政府根据中央指示精神，号召广大市民积极开展"五讲四美三热爱"活动；开展"文明街""文明商店""文明车间""文明家庭"等竞赛评比活动。

5 月 11 日 中共中央总书记胡耀邦看到《闻名中外的岳阳楼亟待修缮》一文后作出重要批示。5 月 27 日，省政府召开省长办公会议，决定采取有力措施，加强对岳阳楼的维修和保护。次年 3 月 15 日，岳阳楼落架大修工程开始，1984 年 5 月 1 日竣工开放。

7 月 1 日 市政府决定，在全市开展向南正街五交化商店和立新旅社服务员孙建秀学习的活动。

1983 年

春 潇湘电影制片厂到城区、君山区、城陵矶等地拍摄电影《特殊身分的警官》，为城区拍摄故事片之始。

7月13日 国务院批准岳阳市升格为省辖市，同时恢复岳阳县建制。12月3日，市区的5个城市区组成岳阳市南区，五里公社、北港公社、洞庭公社，岳阳县梅溪公社、郭镇公社组成岳阳市郊区，属县级行政区。

9月 南区南津港居委会主任瞿多珍被全国妇联授予“三八红旗手”称号。

11月 中顾委常委、中国人民解放军文学院副院长、中共党史人物研究会会长何长工参观岳阳楼。

12月1日 棉布、棉织品敞开供应，结束1954年9月14日以来使用布票的历史。

1984年

1月20日 南区开始选举人民代表，全区共分84个选区，选民101361人，选举出南区第一届人民代表221人，其中妇女代表59人。

2月 根据上级指示，南区和郊区各乡、街道办事处设武装委员会，办事处同时设武装部，受同级党委和上级军事部门双重领导。

3月 中顾委常委王首道参观城陵矶码头、岳阳楼。

△ 岳阳市开展在公社建乡，大队建村，生产队建立村民小组的工作。撤销各公社管委会，成立乡政府。

4月26—30日 郊区召开一届人大一次会议，会议选举区第一届人大常委会，辛桂泉当选为主任，黄衍苗当选为区政府区长。

4月27—30日 南区召开一届人大一次会议，苗富林当选为区人大常委会主任，魏金存当选为区人民政府区长。

4月 唐济美、李志成分别任南区区委书记、郊区区委书记。

6月 成立中国人民解放军湖南省岳阳市南区人民武装部（简称人武部），8月正式开始办公。11月，张方金被任命为部长，李水泉为政委。

9月28日 卫生部副部长胡熙明到南区视察部分医疗卫生单位。

9月 为迎接省辖6市文明卫生竞赛，南区各街道办事处团委组织治理脏、乱、差卫生突击队30多个，积极参加创建活动。

12月24日 全国政协副主席杨静仁参观岳阳楼。

同年 南区妇联与区总工会、区团委联合成立南区婚姻介绍所，为城区青年男女解决婚姻问题提供方便。

1985年

1月31日 中国共产党中央顾问委员会（简称中顾委）常委伍修权参观岳阳楼，视察郊区东风湖渔场。

4月19日 国务委员、计委主任宋平参观岳阳楼、南湖公园，视察岳阳电厂扩建工程和岳阳造纸厂。

4月22—25日 中共南区第一次党员代表大会召开，选举宋光清为书记。

8 月 7 日 南区第一家合资企业南区信托投资公司与香港三丰行合资经营的丰南开发合资有限公司正式开业。

9 月 10 日 南区、郊区全体教师欢度第一个教师节。

9 月 联合国世界卫生组织向南区卫生系统赠送一批冷链设备。

12 月 1 日 中顾委副主任王震视察巴陵大桥农贸市场。

同年 郊区洞庭乡东风湖村被评为湖南省文明卫生先进单位。

1986 年

1 月 3 日 中顾委常委江华参观岳阳楼。

1 月 4 日 全国人大常委会副委员长王任重参观岳阳楼，视察巴陵大桥农贸市场。

1 月 南区石英滤料厂被评为出席全国建材行业先进代表大会代表，成为南区第一个出席全国先代会的企业。

△ 南区洞庭布鞋厂向广西边防法卡山英雄连队寄送 160 双“拥军鞋”。

4 月 13—14 日 中顾委副主任薄一波视察洞氮，参观岳阳楼。

7 月 汪德辉任郊区区委书记。

10 月 15 日 中共中央书记处书记邓力群视察洞氮、巴陵大桥农贸市场、庙前街与南湖。

11 月 5—6 日 中共中央书记处书记王兆国视察洞氮、洞纺、岳阳楼、庙前街。

11 月 7—9 日 全国政协副主席、民盟中央常务副主席、著名社会学家费孝通参观岳阳楼，视察庙前街集贸市场。

12 月 25 日 中共中央政治局委员、书记处书记、国务院副总理田纪云视察洞氮、洞纺、巴陵大桥农贸市场。

12 月 高碧云任南区区委书记。

同年 南区各街道办事处与驻区范围内各企业共成立 912 个普法机构，宣传普及《宪法》《刑法》《刑事诉讼法》《民事诉讼法》《婚姻法》《经济合同法》《森林法》《兵役法》《继承法》《治安管理处罚条例》“九法一条例”。听众达 62 万多人次。

△ 郊区成人教育办公室张金秋被省政府评为妇女“双学”（即学文化、学技术）先进个人，并在岳阳市妇女“双学”活动表彰会上作了经验介绍。

△ 洞庭乡乡办企业岳阳市船用齿轮箱厂 16 型齿轮箱获省优、部优产品称号。

1987 年

1 月 29 日 中共中央政治局常委、中纪委书记乔石视察巴陵大桥农贸市场，参观岳阳楼。

2 月 23—30 日 南区政协一届一次会议召开，选举政协南区委员会第一届领导成员。

2 月 省政府公布岳阳楼洞庭湖风景名胜区为省级风景名胜区。1988 年 8 月 7 日，岳阳楼风景名胜区被列为国家重点风景名胜区。

3月1日 下午，国务委员兼中国人民银行行长陈慕华视察巴陵大桥农贸市场。

3月2日 省委副书记、省长熊清泉，副省长陈邦柱视察南区洞庭布鞋厂。

3月2—7日 郊区二届人大一次会议在市预制件厂礼堂召开。

3月10日 上午，中共中央政治局委员、国务院副总理李鹏，政治局候补委员丁关根视察华能岳阳电厂及扩建工程工地、洞氮、东风湖渔民新村。

3月 南区第一座居民文化服务中心——桥头居民文化服务中心在桥头居委会正式落成开放。

5月13日 中纪委书记强晓初到洞庭纺织厂、郊区洞庭乡渔民新村视察。

5月29—31日 岳阳市首届"屈原杯"龙舟邀请赛在芭蕉湖省水上训练基地举行，数十万市民观看比赛。

7月 凌晨，农业银行岳阳市支行解放路营业所值班员张洁泉、李勇被犯罪分子杀害，这是新中国成立后，城区首次出现犯罪分子抢劫银行案。

△ 南区冷水铺街道办事处女青年周湘荣在法国举行的第二届国际伤残人士运动会上夺得女子50米仰泳金牌。

8月30日 省委书记毛致用视察南区洞庭布鞋厂。

8月 南区总工会为庆祝"八一"建军节60周年，动员各基层工会开展拥军优属活动，写慰问信、购买毛巾、布鞋、针线、钢笔、日记本等20多种生活用品寄给云南边防老山前线。

12月中旬 中共中央委员、中宣部部长王忍之到郊区视察。

12月 在全省24个县（区）检查中，郊区计划免疫工作列全省第一，提前达到全国规划的1990年指标，成为湖南省首批计划免疫第一个85%达标单位。

同年 南区吕仙亭街道办事处南津港居委会党支部被评为全省先进党支部。

1988年

1月28日 中共中央政治局常委、书记处书记、中纪委书记乔石视察洞氮、巴陵大桥集贸市场，游览岳阳楼。

3月16日 国家"七五"计划重点工程华能岳阳电厂动工兴建。工程为中英合资创办，总投资18.74亿元，是湖南省第一个对外利用外资、对外集资办电模式的电力工程项目。

4月29日 市公安局与南区政府解放路街道办事处举行岳阳市首批居民身份证颁发仪式。

5月1日 郊区广播电台正式开播。

5月4日 中顾委副主任宋任穷参观岳阳楼和巴陵大桥集贸市场。

5月12日 袁荣华调任郊区代理区长。

6月1—3日 召开中共郊区第二届代表大会，选举汪德辉为中共郊区区委书记。

9月23日 南区爱国卫生、城市管理、绿化工作为岳阳市在省辖7市文明卫生竞赛中夺得总分第一名，荣获全省"卫生红旗城市"称号。

9月25日 澳大利亚旅游团29人游览岳阳楼，为1979年以来第1万个到岳阳的国外旅游团体。

9月 南区人武部政委李水泉被省委、省政府、省军区评为"先进人武干部"。

10月28—29日 国务委员、财政部部长王丙乾参观岳阳楼。

12 月 7—9 日 中共中央政治局委员胡耀邦到岳阳视察洞纺，参观岳阳楼。

同年 湖南电视台到南区拍摄《改革在街区》专题电视片，在湖南电视台、岳阳电视台播出，报道南区经济建设的发展情况。

1989 年

1 月 12—14 日 共青团郊区第二次代表大会召开。

3 月 1 日 中央广播电影电视部部长艾知生到郊区视察广播电视工作。

3 月 17 日 20 时，岳阳师专、岳阳大学学生上街游行。

6 月 13 日 市政府发布《关于解散商自联、工自联等非法组织的通告》，取缔上述 2 个非法组织，市公安机关收审蓄意制造事端、破坏交通运输、破坏生产和打砸抢分子。

6 月 25 日 省长陈邦柱到南区南津港居委会调研。

12 月 5 日 中共中央政治局委员、国务院副总理田纪云到岳阳视察正大岳阳有限公司、市氮肥厂。

1990 年

1 月 刘石佑任郊区区委书记。

2 月 2 日 市委书记储波由南区区委书记高碧云、代区长冯广泰陪同，在区街企业、居委会和居民家庭中调查走访。

2 月 26 日至 3 月 2 日 人大郊区三届一次会议在南津饭店召开，周爱芳（女）当选为区人大常委会主任，袁荣华当选为区人民政府区长。

2 月 26 日至 3 月 3 日 政协岳阳市南区二届一次会议召开，选举吴庆吉为区政协主席。

2 月 27 日至 3 月 3 日 人大南区三届一次会议召开，李国镇当选为区人大常委会主任，冯广泰当选为区政府区长。

5 月 3 日 中国驻英大使冀朝铸偕夫人考察华能岳阳电厂工地。

5 月 23—26 日 省顾委副主任、原岳阳地委书记赵处琪到南区考察工作。

7 月 1 日 第四次人口普查结束，南区 218129 人，郊区 138182 人。

7 月 28 日 中国石化总公司是利用外资兴建的大型石油化工企业鹰山石化工厂奠基开工，1992 年建成投产。

7 月 省领导熊清泉、陈邦柱、夏赞忠等先后视察岳阳网箱养鱼基地，并指出城市郊区发展网箱养鱼是解决居民菜篮子工程的有效途径。

9 月 9 日 12 时，第十二届亚运会圣火传到岳阳，十几万群众冒雨迎接圣火，下午在岳阳楼举行亚运之光火炬接力活动盛会。

10 月 30 日 出席在岳阳召开的中南 6 省广播电视协作会议的领导，参观郊区广播设施和线路。

12 月 24 日 岳阳市再次获全国十佳卫生城市称号。

12 月 张治雄任中共南区区委书记。

△ 南区人武部被省委、省政府、省军区评为先进人武部。

同年 岳阳市公安局南区分局城陵矶派出所被省委、省政府授予全省文明先进单位称号；次年1月1日，被公安部授予全国廉政爱民优秀基层单位称号。

△ 卫生部寄生虫病专家组在湖南调查后所写的调查报告中指出，岳阳市郊区名列全省8个血吸虫疫情严重县（区）之一。

△ 劳动部副部长令狐安到岳阳，对南津港居委会的待业人员安置工作进行调研。

1991 年

1月18日 省政府正式对外宣布，成立湖南城陵矶经济技术开发区。1994年5月，更名为岳阳经济技术开发区。2010年3月24日，经国务院批准，晋升为国家级经济技术开发区。

3月14—15日 中共中央总书记江泽民到岳阳视察。

4月27日 国家海关总署署长戴杰考察城陵矶码头、岳阳海关。

4月30日 中顾委常委康世恩到岳阳视察。

5月 南区政府与长沙县退休工程师颜孟秋合资开办的颜氏节能器厂投入试生产，这是南区第一家也是唯一的一家国营企业。

6月5日 建设部部长侯捷到岳阳考察城市建设。

6月15日 中顾委常委陈锡联视察岳阳。

6月26日 岳阳楼洞庭湖风景名胜区总体规划通过国家级评审。

8月8日 8时，全市第一个市民学校南区杨树塘市民学校在市机床厂礼堂举行开学典礼并讲授第一课。

12月 郊区防疫站胡志彪被卫生部评为全国环境卫生优秀卫生监督员。

同年 南区南津港居委会被评为全国劳动就业安置先进单位。

1992 年

3月15日 岳阳火车新客站举行奠基典礼，总投资为8500万元，1994年10月8日正式投入营运。

4月29日 全国政协副主席叶选平到岳阳考察。

10月12—14日 中共南区第三次代表大会召开，张治雄当选为区委书记。

10月 郊区第一家外商投资企业——岳阳阳光房地产开发有限公司成立。

11月2—4日 中共岳阳市郊区第三次代表大会召开，选举刘石佑为区委书记。

11月24—28日 郊区人大四届一次会议召开，黄衍苗当选为区人大常委会主任，宋再钦当选为区人民政府区长。

12月16—18日 南区人大四届一次会议提前召开，李国镇当选为区人大常委会主任，胡亦当选为区人民政府区长。

12月 南区政协三届一次会议召开，选举吴庆吉为区政协主席。

1993年

6月4日 南区个体工商户、私营业主张灯结彩、燃放鞭炮，感谢区政府为他们减轻不合理的负担，颁发“个体工商户、私营企业税费负担卡”。

12月22日 省委书记王茂林在全省个体私营经济工作大会上向全省推介南区发展个体私营经济的经验和做法。国家工商局、中国个体私营经济协会将南区定为发展个体私营经济工作的联系点。

12月26日 岳阳汽车新客站正式开业，总投资1580万元，总建筑面积9822平方米。

1994年

1月20日 岳阳市被国务院列为全国历史文化名城。

1月 由中国文史出版社出版的《岳阳市南区志》公开出版发行，为全省第一部正式公开出版发行的城市区志。

3月31日 南区组建民兵应急分队3个连，人数300人。

4月8日 全国18个省、市个体私营经济工作座谈会在南区召开，强调要推广南区“税费卡”经验，为发展个体私营经济创造宽松的环境。

4月22日 南区区委、区政府在市工人文化宫举行南区建区10周年庆祝大会。

4月26日 郊区区委、区政府在区政府礼堂举行庆祝大会，庆祝郊区建区10周年。

6月10日 全国人大常委会副委员长李锡铭视察郊区个体工商户邹长青开办的吉祥燃烧器厂。

6月 南区民兵444人，组成12个方队，其中摩托化民兵应急分队8个方队，高炮2个方队，女民兵2个方队，接受省军区首长检阅。

7月上旬 易癸已任南区代理区长。

7月 胡亦任南区区委书记。

8月18日 江西省委书记毛致用到岳阳，参观考察市区及金凤桥水库大坝等地。

9月10日 中央军委副主席张震游览岳阳楼。

11月6日 省委副书记杨正午到南区视察，区委书记胡亦向其做工作汇报。

12月27日 省政协主席刘正考察南区燃烧器厂等民营企业。

年底 城陵矶外贸码头建成投产。该码头于1991年5月23日经国家交通公司批准兴建，总投资9135万元，主体工程为两个5000吨级江海轮泊位。

同年 郊区五里乡岳城村调解委员会主任覃必祥被评为全国优秀人民调解员。

1995年

4月 共青团中央、公安部授予岳阳市公安局南区分局金鹗山派出所全国公安系统青年文明号称号。

△ 世界银行贷款结核病控制项目在郊区卫生防疫站正式启动。

5月27日 全国政协医药市场调查组到岳阳调查，视察花板桥药材市场、南区医药公司、市制药一厂等单位。

6月1—4日 南区东方红小学118班学生雷炽代表全市少年儿童赴京参加全国第三届少年先锋队代表大会。

7月6日 省委副书记储波、副省长郑培民、省军区副司令员朱淼泉到南津港现场指挥防汛救灾工作。

8月 国防大学《张震传》写作组刘裕春大校一行4人到南区了解1930年红三军团攻占岳阳有关情况。

9月 南区妇幼保健院被联合国儿童基金会授予“爱婴医院”。

12月6日 省人大常委会副主任齐寿良率省直全国人大代表一行16人，视察郊区延寿小学、岳城小学、知青场中学3所学校。

12月13日 湖南省整顿铁路治安领导小组授予郊区政府整顿铁路治安先进单位称号。

12月 郊区五里乡被民政部授予“中国乡镇之星”称号，被省政府授予全省明星乡镇之星称号。

△ 由郊区文化局编导、演出的《踏水谣》舞蹈，在湖南省民政舞蹈大赛中摘取金奖。

1996年

2月 南区团委被团中央授予全国手拉手互助活动组织奖。

4月30日 经国务院批复，岳阳楼区正式成立，市委、市政府在炮台山宾馆举行岳阳楼区成立大会。

5月 区环保局配合市环保局组织进行环保万人签名活动。

6月3日 区委、区政府成立防汛抗旱指挥部，领导全区的防汛抗旱工作。

6月15日 中共岳阳楼区第一次代表大会在市晓朝宾馆召开。胡亦当选为区委书记。

8月21—23日 岳阳楼区政协一届一次会议召开，选举李水泉为区政协主席。

8月22—24日 岳阳楼区人大一届一次会议召开，选举黄衍苗为人大常委会主任，陈国荣为区政府区长。

9月5日 开始实施岳阳楼区政府关于在城区“四路二站一码头”实行“十禁”的1号通告。

11月初 全区掀起全民迎接卫生城市检查活动。1—4日，省卫生检查团对城区进行检查。

11月8日 国务院批准城陵矶港对外轮开放。次年5月31日，正式对外国籍船舶开放。

12月19日 洞庭湖大桥正式开工兴建，2000年12月26日建成通车。大桥全长10174.22米，其中主桥长5747.2米，总投资5.7亿元。

12月20日 全区首次个体劳动者协会代表大会在南湖宾馆召开。

12月 区乡镇企业局开办的冷水铺工业小区被农业部确认为第三批全国乡镇企业东西合作示范区。

同年 花板桥蔬菜批发市场、洞庭湖渔都被农业部定为全国鲜活农副产品批发市场；花板桥中药市场通过国家验收，进入国家级市场。

△ 岳阳楼区依法治理非法宗教活动、邪教组织和封建迷信活动领导小组成立。

△ 岳阳楼区文学艺术界联合会（简称文联）第一次代表大会召开，彭东明当选为区文联主席。

1997 年

1 月 23 日 岳阳市首座公路高架桥——七里山高架桥主体工程竣工。

4 月 7 日 郭镇乡马鞍村付家组与岳阳县新开乡交界处，引发山林火灾，烧毁付家组林木近 40 公顷。13 时、14 时、16 时左右，该乡郭镇村、建中村、麻布村又因村民清明祭祖连续引发火灾，毁林 5.3 公顷。

4 月 全国少工委授予站前学校少先队大队全国红旗大队称号。

5 月 11 日 凌晨 2 时，城陵矶外贸码头铁路线东侧中外合资富源仓储有限公司化学品仓库发生火灾，直接经济损失 1680 多万元。

6 月 12 日 上午，岳阳城区连降暴雨，江湖水位迅速上涨，东风湖内湖水位高达 30.2 米，周围部分厂矿企业、道路、居民住宅被淹。

6 月 区司法局宣教股股长唐基彰被司法部授予全国法制宣传先进工作者称号。

7 月至 9 月中旬 干旱。全区各乡村绝大部分山塘干涸，90% 的抗旱机埠脱离水位，有 6 个村民小组 960 多户人家及饲养的牲畜饮水困难。

8 月 15 日 中共中央总书记江泽民为洞庭湖大桥题写桥名“洞庭湖大桥”。

8 月 岳阳楼区检察院被最高人民检察院授予文明接待室称号。

11 月 21 日 岳阳楼区教育奖励基金会成立并召开第一次理事会。

同年 省委、省政府在岳阳市召开全省农村工作会议，表彰全省第一批小康县（市）区，岳阳楼区获小康区称号。

1998 年

2 月 区委在城区 2000 多名党员中开展“一助一”结对扶贫活动，为城区居民排忧解难。

3 月 18 日 岳阳楼区党史工作领导小组成立，区委副书记李少怡任组长，同时成立区党史联络组，苗富林任组长。

4 月 6 日 省委书记王茂林到知青场外贸企业天龙皮革有限公司视察。

4 月 13 日 区委、区政府在全区推行村务公开工作。

5 月 区委、区政府组织电影、图书、戏剧、科技、体育、卫生等单位开展文化下乡、科技下乡等活动。

5 月 29 日 市中级人民法院对姚林辉非法集资诈骗案开庭审判，主犯傅建华、傅建平被判处死刑，缓期二年执行；傅建军被判处无期徒刑，均被剥夺政治权利终身，共没收财产 80 万元。

6 月 9 日 区委举行梅溪乡敬老院院长陈恢珍先进事迹报告会。

6 月 15 日至 8 月 20 日 6 月 15 日，23 时至 16 日 9 时 30 分，全区遭受暴雨袭击。6 月 22 日，城区降雨量累计达 924 毫米，超出同期多年平均值 166.2 毫米，28 日，省军区司令员张德仁、政委乔新柱到岳阳检查防汛工作。7 月 6 日 4 时，城陵矶出现第一次洪峰，水位 34.52 米，流量每秒 26200 立方米。7 月上旬至中旬，洞庭湖流域及湘、资、沅、澧四水，连降大到暴雨。境内，也连降 3 次暴雨，洞庭湖区水位持续上涨。7 月 20 日 20 时，长江第二次洪峰通过城陵矶，洪峰水位 33.86 米，流量每秒 20600 立方米。8 月 20 日 16 时，城陵矶出现第五次洪峰，水位 35.94 米，超 1954 年最高水位 1.49 米，超 1996 年历史最高水位 0.63 米，洪峰流量每秒 28800 立方米。

7 月 8 日 10 时 30 分，国务院总理朱镕基、副总理温家宝赴城陵矶视察汛情。

9 月 11—14 日 参加岳阳抗洪抢险的第四十一集团军、51002 部队、8730 部队、驻湘武警部队及军事院校、部队医院 2 万余官兵，在帮助岳阳人民战胜特大洪水后，凯旋班师回营。城区数十万人民搭起彩门，箪食壶浆，夹道欢送人民子弟兵。

10 月 区妇幼保健院被卫生部评为一级甲等妇幼保健院，成为岳阳市第一家“一级甲等”妇幼保健院。

12 月 3 日 国家造纸重点技改项目——岳阳纸业集团 5.1 万吨工程投产。至此，该公司以 13 万吨的年生产能力跨入全国纸业十强。

1999 年

4 月 9 日 区委成立清理整顿农村“两会一办”工作领导小组。4 月 11 日，全区“两会一办”正式停业整顿。

4 月 12—15 日 全区 34 个村换届，“海选”村级班子，29 个村选举取得成功，5 个村需要补选或重选。

4 月 29 日 李湘岳任岳阳楼区区委书记。

5 月 7 日 郭镇乡建中村黄元组与岳阳县新开乡新开村发生一起山林权属纠纷，双方各出动 200 多人准备械斗。由于双方乡政府、派出所积极劝诫与疏导，未造成流血事件。

5 月 14 日 岳阳楼小学少年先锋队再次被团中央、全国少工委授予全国红旗大队称号，这是该校少先队第三次获此殊荣。

5 月 18—21 日 湘鄂赣边境毗邻 19 县市（区）政协第二十一次会议在岳阳楼区召开。

6 月 岳阳楼小学校长、全国优秀教师阮惠玲作为全省中小学教师的唯一代表，出席全国教育工作会议，受到党和国家领导人江泽民、李鹏、朱镕基的接见。

7 月 1 日 全区正式实施城市居民最低生活保障制度，首批 937 户、2233 人享受最低生活保障。

8 月 1 日 区委、区政府召开钟唯博见义勇为先进事迹表彰大会。

8 月 2 日 岳阳楼区处理邪教“法轮功”问题领导小组成立。组织执法部门对全区范围内“法轮功”出版物进行全面清查，共收缴邪教“法轮功”出版物 400 多件。

8 月 区“巾帼建功”活动领导小组被评为全省“巾帼建功”活动先进集体，北港乡奇家村村民向爱香被评为全国“双学双比”女能手。

2000 年

1 月 12—15 日 区一届人大五次会议召开，选举李少怡为区政府区长。

1 月 岳阳楼地方税务分局（简称地税分局）青年路所副所长杨超获省总工会“芙蓉杯岗位建功

之星”称号。

3 月 15 日 区委召开“讲政治、讲学习、讲正气”教育动员大会，此次“三讲”教育主要在县处级班子中展开，分四个阶段。5 月 13 日，区委召开区级领导班子和领导干部“三讲”教育总结大会。

3 月 25 日至 4 月 4 日 区民政局在南湖广场举办岳阳楼区历史上规模最大的福利募捐活动，共销售彩票 500 万元，募得福利资金 120 万元，创全省当年县（区）发行彩票数额新纪录。

4 月 8 日 8 时 40 分，小龙城商城发生一起特大火灾，11 时 40 分被扑灭。

4 月 岳阳楼地税分局城陵矶税务所获全国总工会授予的“模范职工小家”称号。

5 月 1 日 天卓服饰公司总经理曾峰、梅溪乡养殖个体户许仁志作为新当选的省劳动模范，出席在长沙召开的全省五一表彰大会。

5 月 26—27 日 市委书记于来山、市人大常委会主任刘泗元、市长罗碧升、市政协主席高碧云等率市公安局、市财政局、市教委、市建委、市国税局、市地税局、市计委等部门主要负责人到岳阳楼区现场办公。

6 月 1 日 洞氮小学四年级学生王雨濛设计的“我造大桥通台湾”的邮票正式在全国发行。

6 月 10 日 11 时 45 分，市旅游局快艇一号游船从君山公园返回岳阳途中，遭大风袭击，船上 26 人全部落水。正在湖中捕鱼的洞庭乡捕捞村渔民杨圣早及儿子，救起 17 名遇难游客。事后，区委、区政府授予他见义勇为英雄称号。

6 月 26 日 区政法系统在全区开展以“珍爱生命，拒绝毒品”为主题的宣传活动。

6 月 28 日 区委在炮台山宾馆召开庆祝中国共产党成立 79 周年大会。

9 月 1—2 日 全区居委会第四次换届选举正式对外公开招聘居委会候选工作人员，并进行笔试和面试。

9 月 5 日 岳阳楼区法学会召开成立大会。

11 月 1 日 第五次全国人口普查开始，全区共抽调 2000 多名普查工作人员，对境内常住人口进行登记。至 2001 年 8 月 1 日结束，全区共有人口 52.46 万人（包括外来人口，不包括外出人口）。

年底 鹰山社区推出“130”社区服务，为全国首创。2002 年 11 月，被民政部授予全国社区建设示范区。

同年 东风广场改建工程被列入岳阳市创建国家级文明城市的九大硬件工程之一。

2001 年

1 月 13—14 日 中共岳阳楼区第二次代表大会在晓朝宾馆召开，李湘岳当选为区委书记。

3 月 7—10 日 区政协二届一次会议召开，于其化当选为区政协主席。

3 月 9—11 日 区人大二届一次会议召开，选举黄衍苗为区人大常委会主任。

4 月 6 日 区委、区政府召开民营经济表彰暨动员大会，表彰民营示范企业 4 家、明星私营企业 12 家、先进私营企业 17 家、先进个体户 36 户。

4 月 10 日 东茅岭北面街被列入全国第一批 75 条“购物放心一条街”。

4 月 15 日 区委召开第二批“三个代表”学习教育活动动员会。

4 月 24 日 参加全市农业结构调整流动现场会的市级领导，市直有关部门、各县市区场党政主要负责人到区参观考察。

4月26—27日 由区政府承办，区教育局协办的湖南省中学生田径锦标赛在求真学校举行，北港二中、东方红小学等学校为开幕式表演节目。

5—7月 区政府召开全区森林分类区划界定工作会议，成立森林分类经营区划界定领导小组，组织区划界定技术工作队。共划定公益林3311.3公顷，占全区林业用地的84.1%，其中国家级公益林1918.2公顷，省级公益林124公顷，市级公益林1269.1公顷。

6月底 区委、区政府召开岳阳楼区"新宇杯"十大杰出青年表彰大会，许淞等10名青年获"杰出青年"称号。

7月2日 区政法委成立流动人口管理领导小组。

7月 连续20多天高温无雨，梅溪乡、郭镇乡出现严重旱情。区委、区政府成立抗旱指挥部，从区、乡抽调80名干部，由区、乡主要领导带队，实行包片包干，下到村、组指导帮助农民抗旱。

△ 区人大常委会组织辖区范围内的280名省、市、区人大代表，分成14个大组、42个小组，深入基层单位与居委会，进行走访调查。

8月20日至11月20日 全区开展"百日禁毒专项整治行动"。

8月24日 国务院公布第五批全国重点文物保护单位，岳州文庙榜上有名。

9月1日 总投资460万元的岳阳楼小学艺术楼竣工验收，艺术楼自1999年年底动工兴建，是当前全市中小学标准最高的教学综合楼。

9月10日 岳阳楼区被评为全市尊师重教先进单位，市委常委、区委书记李湘岳被评为省教育功臣。

9月13日 区委连续召开常委扩大会、宣布街道办事处与社区调整方案，决定将现有的8个街道办事处进行调整。

9月18—20日 中央电视台影视部、省党史研究室、省总工会、中国亚洲电视南方中心联合摄制的电视艺术系列片《郭亮》摄制组到楼区进行实地拍摄。

10月1日 湖南电视台、湖北电视台、江西电视台联合举办中国江南三大名楼中秋晚会，湖南电视台直播现场定在古老的岳阳楼。

12月4日 "岳阳市关心下一代社区现场会"在区政府大会议室召开。各县市区代表参观冷水铺街道办事处、机关段、杨树塘、朝阳3个社区居委会及朝阳小学。

12月9—10日 全国人大常委会副委员长、中国科协主席周光召到岳阳考察城市建设。

12月12日 三眼桥街道办事处成立，办事处下辖岳磁、奇家岭、民乐苑、朝阳、白杨坡、麦子港6个社区居委会，8062户、19329人。

同年 全区开展大规模的小街巷建设，修建重点街巷46条，完成硬化面积8.3万平方米，新修下水道1.6万米，新增雨水井1980个，完成绿化面积5050平方米，新架设路灯500盏。

2002年

2月26日 岳阳楼区在南湖广场举行百姓元宵大联欢活动。

3月26日 岳阳楼区被评为全国科技工作先进城区。

4月 对区直机关和乡、街道办事处进行机构改革，实行"三定（即定机构、职责、编制）"。

△ 区档案科撤销，成立区史志档案局，中共党史、地方志、档案工作三位一体，馆局合一。

5月11—12日 东茅岭街道办事处承办的岳阳市首届“三辉杯”象棋精英赛在南湖广场举行，200名选手参赛和数万名观众观战。

5月28日 岳阳楼公安分局东茅岭派出所获全国“优秀青少年维权岗”称号。

5月 岳阳楼区地税分局团委获全国“五四”红旗团委称号。

6月初 洞庭湖派出所6名社区民警当选为居委会副主任，探索出社区警务工作新举措，不久在全省推广。

6月8日 国务院总理朱镕基到岳阳视察洞庭湖大桥。

8月26日 全省创新教育研讨会在岳阳楼区召开。

8月 岳阳商业步行广场全面竣工，面积4万平方米，总投资约1.49亿元。

9月8日 岳阳楼区获民政部颁发的全国社区建设示范城区称号。

10月18日 全国政协副主席毛致用视察岳阳楼小学。

10月19日 岳阳楼小学举办建校90周年校庆。

10月22日 全国人大常委会副委员长铁木尔·达瓦买提参观岳阳楼。

10月22—23日 全国法学理论研讨会在区检察院举行。

是月 民政部部长多吉才让视察鹰山社区，对130社区服务、社区环境和社区管理工作给予高度赞赏。

11月 李劲夫任岳阳楼区区委书记。

△ 金鹗山派出所被公安部授予全国人民满意派出所称号。

同年 岳阳楼区爱国主义教育基地“岳州关”被列为省政府重点文物保护单位。

△ 舞蹈《又唱浏阳河》在首届中国舞蹈节中获金荷花国际友谊杯奖。

2003年

2月3日 全国政协副主席、原最高人民检察院院长张思卿到区检察院视察。

2月19—20日 教育部副部长张保庆到岳阳楼小学视察。

4月8日 全国人大常委会委员、国家总督学柳斌到岳阳楼区考察教育工作。

4月23日 为防止非典型性肺炎（简称非典）在全区暴发流行，区政府成立非典防治领导小组，全区开始进入历时8个月的防治非典疫病斗争。

4月29日 岳阳楼区一中团总支被团中央授予全国五四红旗团总支标兵称号。

4月 区人武部在市电视台开办“国防知识”专栏进行全民国防教育，并2次在12条主要街道举办国防教育宣传图片巡回展览。

5月1日 东方红小学教师吴波获全国五一劳动奖章。

5月28日 岳阳楼区成立中老年艺术团。

6月 南津港社区建设百米彩绘宣传长廊，宣传社区党建、综合治理、绿色小区、计划生育等。

10月2日 中共中央总书记、国家主席胡锦涛视察洞庭湖大桥。

11月 省委副书记戚和平一行到梅溪乡延寿村视察现代远程教育工作。

12 月 最高人民检察院政治部组织中央 6 家新闻单位记者采访团到区检察院采访。

同月 岳阳楼区被团中央授予全国团建先进县（市）。

△ 全国、省、市人大代表共 25 人到区环保局视察，并到鹰山社区、东风湖渔场、洞庭鱼都、铁路医院检查环保工作。

△ 舞蹈《五星红旗》在全国第二届中老年广场舞蹈大赛中荣获一等奖；歌曲《搬家》获湖南省“五个一工程”奖。

2004 年

1 月 28 日 禽流感疫情在全国部分省、市点状暴发流行，岳阳楼区迅速调整重大动物疫病防控工作紧急预案，全面阻击禽流感疫情。

2 月 16 日 《中国儿童报》驻湘首个学生记者站——岳阳楼区实验小学记者站成立。

2 月 27 日 区委、区政府组织千名干部下农村、进社区宣传贯彻中央 1 号文件和开展“改陋习，树新风”活动。

4 月 5 日 最高人民检察院副检察长胡克惠到区检察院视察机关建设情况，并为陈列室题字。

4 月 8 日 区环保局在全区开展“整治违法排污企业，保障群众健康”“清查放射源，让百姓放心”环保专项行动。

4 月 岳阳楼区全面开展全国第一次经济普查工作。

△ 区环保局邀请香港“地球之友”演讲团到鹰山社区、岳阳楼小学、南湖等地开展“牵手潇湘，共建绿色家园”为主题的演讲活动。

△ 金鹗山街道办事处作为全国城市群众体育先进单位获邀参加全省社区体育工作研讨会。

△ 在全省蔬菜质量安全抽检中，岳阳楼区蔬菜抽检合格率排名第二。

△ 站前学校校长刘修文被评为全国师德先进个人。

△ 东茅岭、金鹗山 2 个街道办事处被评为全国群众文化体育工作先进社区。

12 月 在第九届“奥迪杯”全国青少年四驱车模赛上，站前学校被国家体育总局、教育部评为组织一等奖。

同月 东升小学被授予首批全国科学教育实验基地称号。

△ 实验小学教师方西河被中国儿童报社评为 2004 年度优秀通讯员；实验小学方舟同学被评为优秀小记者。

同年 区检察院获全国青少年维权岗称号。

△ 金鹗山街道办事处南津港社区分别被省民政厅、省劳动厅授予全省社区建设先进单位和全省最充分就业社区称号。

△ 区文联中老年艺术团编排的《桃花江》《美好的日子》参加全国中老年艺术节获荷花金奖。

2005年

1月10日 东茅岭街道办事处调解委员会被司法部评为全国标兵调解委员会。

1月 金鹗山街道办事处被团中央、公安部等八部委评为全国“千校百万”进城务工青年培训工作先进集体。

△ 共青团岳阳楼区委被团中央授予全国优秀青年中心。

△ 区文联组织30多名少儿赴香港进行文化交流。

2月2日 省委驻岳督导组一行4人到岳阳楼区检查指导先进性教育工作。区委召开保持共产党员先进性教育活动动员大会。

2月17日 省委常委、组织部部长黄建国到楼区检查指导先进性教育工作。

2月 区检察院被最高人民检察院授予全国先进检察院称号；10月，在中央文明委召开的全国精神文明建设工作表彰大会上被授予全国精神文明创建工作先进单位称号，为全省检察系统唯一获奖单位。

3月17日 九华山社区居委会“爱心超市”成立。

3月26日 中央电视台、《人民日报》《中国妇女报》《环球时报》四大媒体在洛王街道办事处采访“禁赌”工作。

5月13日 区公安分局禁毒大队在东风湖渔场铲除罂粟原种植物114株，销毁果实113颗，这是岳阳楼区首例种植罂粟原种植物案例。

6月1日 区实验小学教师张艺作为全省唯一一名辅导员代表出席全国第五次少代会。

7月1日 岳阳市天然气工程竣工通气，总投资1.57亿元，岳阳城区在全省率先开通天然气。

7月 沿湖风光带建设拆迁工作启动。

8月20日 东茅岭街道办事处被评为全国文化体育工作先进单位。

8月 团区委被团中央、民政部、建设部、国家工商行政管理总局授予“全国青年文明社区创建组织奖”。

9月20日 洛王街道办事处司法所被司法部评为全国模范司法所。

10月 洪家洲社区成功创建国家级绿色社区，鹰山社区、长炼社区创建省级绿色社区。

11月12日 岳阳楼区计划生育局被省委、省政府评为全省人口和计划生育工作优质服务单位。

同年 戴宝萍创作的《桃花红》《祝福祖国》赴云南参加全国中老年舞蹈比赛获荷花金奖。

△ 中共中央开展保持共产党员先进性教育活动办公室工作简报刊登岳阳楼区共产党员爱心超市经验。

2006年

2月 区检察院荣获“集体一等功”；检察长彭新政获“全国模范检察官”称号。

3月 市政府将岳阳经济技术开发区的站前街道办事处划归岳阳楼区，将岳阳楼区梅溪乡监申桥、金凤桥、百石、梅子市、分水垅、乔石6个行政村划归岳阳市经济技术开发区。

△　区人武部组织民兵开展“建设社会主义新农村”活动，在北港街道办事处蔡家社区成立联系点。

4月14日　市政府批复成立站前路街道办事处，5月13日　站前路街道办事处正式挂牌成立。

4月28日　钟小汨任岳阳楼区区委书记。

5月9日　岳阳楼区第五届中小学生艺术节调演在岳阳市工人文化宫举行，共收到参评艺术教育论文53篇，艺术作品313幅，艺术节目38个。

6月16—18日　中共岳阳楼区第三次党员代表大会在岳阳楼区机关召开，会议选举钟小汨为区委书记。

6月　岳阳楼街道工委被中共中央组织部（简称中组部）授予全国先进基层党组织称号。

8月27—30日　政协岳阳楼区三届一次会议在岳阳楼区机关召开，会议选举王文军为政协主席。

8月29—30日　人大岳阳楼区三届一次会议在岳阳楼区召开，会议选举李少怡为区人大常委会主任，李可波为区人民政府区长。

10月27日　省军区政委杨忠民少将到洛王街道办事处视察工作。

11月初至12月底　全区共有76个社区居委会依法进行换届，所有社区居委会主任均实行海选，其中有64个社区实现主任、书记“一肩挑”，占总数的84%。

11月3日　西藏桑日县党政代表团到岳阳楼区考察。

11月12日　岳阳楼区“大力推广普通话，正确使用祖国文字”宣传月活动启动仪式在岳阳商业步行街开幕。

11月　岳阳楼区被中国科协、财政部授予群贤科普示范基地全国科普惠农兴村先进单位称号。

2007年

1月11日　岳阳市市长黄兰香到洛王街道办事处考察廉租房建设。

1月30日　区委、区政府召开全区经济工作会议暨全民自主创业动员大会。

4月29日　岳阳楼区为迎接2008年北京奥运会，组织干部职工到金鹗山公园开展“迎奥运”千人登山活动。

5月16日　岳阳楼小学被教育部、北京奥组委命名为北京奥林匹克教育示范学校。

7月24—26日　全省社区妇女工作经验交流会在岳阳召开，与会代表观摩岳阳楼区枫树新村社区、洛王社区。

7月　进行区划调整，涉及全区所有行政乡、村、街道办事处。新成立街道办事处1个，更名街道办事处3个；增设社区6个，更改社区名称1个。

9月1日　岳阳楼新景区竣工开放，景区面积由4.87公顷扩至44.67公顷，新建瞻岳门、五朝楼观等30多个特色景点。

9月12日　2007年中国湖南旅游节开幕式在岳阳楼新景区瞻岳门前开幕。

11月2—4日　岳阳楼区举办首届“活力楼区”社区文化艺术节，吸引10万多名社区居民积极参与。

11月21日　岳阳楼区被中国科协命名为全国科普示范县（区）。

12月28日　市委任命江巨涛任岳阳楼区区委书记。

12月　全国社会救助体系现场会在岳阳召开。会议组织各省、市民政部门负责人，到湖南省社会救助体系示范点——吕仙亭街道芋头田社会救助服务站考察、交流。

2008年

1月12日至3月初 全区开展抗冰救灾工作。

4月 枫树新村被商务部命名为全国社区商业示范社区。

5月15日 岳阳楼区政府机关开展向汶川地震灾区捐款活动，区直机关工作人员现场捐款23.5万余元。全区其他各级各类捐款总额达595.5万元。

6月3日 开展奥运圣火传递安保工作。全区共有36名区级领导，17258名干部、职工、学生参与奥运火炬传递的安保工作。

6月24日 岳阳市市委书记易练红到岳阳楼区考察迎接卫生文明城市复查工作。

6月28日 国家人口计划生育委政法司到岳阳楼区就流动人口计划生育服务工作开展专项调查。

6月 信息产业部、中国科协举办“工厂科普百城行”活动，捐赠岳阳楼小学5000册科普图书、2台电脑。

7月16日 中央信访督察组到岳阳楼区进行督察，听取岳阳楼区“书记大接访”活动情况汇报。

7月28日 省人口计生委主任李万郴一行到岳阳楼街道郭亮社区调研人口计生工作。

7月29日 中组部调研组到岳阳楼区调研。

7月 中国科协副主席、书记处书记齐让到岳阳楼区视察科协、科普工作。

8月1日 省检察院检察长龚佳禾到区检察院调研。

8月16日 市委政法委、市委组织部、市委宣传部联合发文，对在北京奥运会期间因公殉职的岳阳楼公安分局经文保大队教导员马泽君记二等功。

8月21日 省卫生厅厅长张健到岳阳楼区考察社区卫生工作。

10月 李蕙兰编著的《家庭档案》获中国档案学优秀成果奖励证书——档案学著作三等奖。

10月12日 湖南昌言律师事务所被评为全国优秀律师事务所。

10月19日 资兴市党政代表团到岳阳楼区考察。

10月23日 卫生部副部长刘谦到岳阳楼区考察。

11月15日 市文化艺术会展中心竣工。该工程总投资3.6亿元，占地9公顷，于2007年4月26日动工兴建。

11月21日 全国社区卫生服务政策研讨班在岳阳市举行，会后与会领导到区参观指导。

11月 岳阳楼区被团中央评为全国团创建工作先进县（市）。

12月21日 区人口与计划生育局被省委、省政府评为全省人口计划生育工作优质服务先进单位。

12月 城陵矶养殖协会被中国科协、财政部评为全国科普惠农兴村先进单位。

2009年

1月 区检察院获“全国文明单位”称号；区民政局局长白铭科被民政部授予全国基层低保规范

化建设先进个人。

3月17日 朝阳小学获全国未成年人思想道德建设工作先进单位称号。

6月8日 城陵矶新港开港。

6月22日 卫生部检查组到郭镇乡卫生院就中央补助地方公卫项目和基础设施建设专项资金进行检查。

9月28日 “爱我祖国，爱我岳阳”新中国成立60周年焰火晚会在南湖广场举行。

10月1日 全区对307种国家基本药物全部实行零差率销售。全区启动免费婚检、乙肝疫苗补种、孕妇叶酸增补、孕产妇HIV检测、农村35—39岁妇女乳腺癌普查重大公共卫生项目。

10月 李可波任岳阳楼区区委书记。

11月 岳阳楼区被授予全国和谐社区建设示范城区。

12月1日 中共中央政治局常委李长春到朝阳小学视察。

2010年

2月 区检察院获“全国模范检察院”称号。

4月11—12日 全省城市社区卫生服务工作现场会在南湖宾馆召开。11日上午，与会人员到三眼桥、东茅岭、洛王、城陵矶、枫桥湖5个社区服务中心现场参观指导。

4月14日 中央军委副主席、国务委员兼国防部部长迟浩田到岳阳，参观考察岳阳楼公园。

6月23日 空军政委邓昌友一行到岳阳考察。

6月 岳阳市金凤苗木花卉科学普及示范基地被中国科协、财政部评为全国科普惠农兴村先进单位。

7月15日 长江干线武汉至城陵矶段海轮航道正式开通，万吨海轮可直达城陵矶港13号码头，是城陵矶港靠泊吨位最大的船舶。

同年 郭镇乡敬老院院长李湘波被全国老龄办、民政部、团中央、全国妇联授予“全国孝亲敬老之星”称号。

2011年

3月10日 12时至6月30日12时，为洞庭湖禁渔期。

3月22日 市委、市政府召开全市创建全国文明城市“五创”提质工作表彰奖励暨再动员会议。

4月8日 中共中央政治局委员、中央书记处书记、中组部部长李源潮到岳阳楼新景区、鹰山社区、梅溪乡调研。

5月8—9日 中共中央政治局常委、中纪委书记贺国强到岳阳考察。

6月2日 中共中央政治局常委、国务院总理温家宝，中共中央政治局委员、国务院副总理、国家防汛抗旱指挥部总指挥回良玉到岳阳视察水情。

6月15—17日 召开中共岳阳楼区第四届代表大会，选举李可波为岳阳楼区区委书记。

10 月 9 日 市委常委扩大会议研究部署环南湖城市设计及城区水系“四湖两河治理”工程。

11 月 湖南农博会在城区东风广场开幕。

2012 年

1 月 8 日 王家河综合治理开工典礼，岳阳市市委书记黄兰香，市委副书记、市长盛荣华主持，区领导李可波、秧励参加。

3 月 28 日 城陵矶口岸至香港、澳门水运直达航线正式开通。

4 月 11 日 省政府副秘书长、信访局局长张严到岳阳楼区调研信访工作。

4 月 12 日 国务院医改办会同新华社、《光明日报》《经济日报》、中央人民广播电台、《中国青年报》等多家新闻媒体记者到岳阳楼区，集中采访报道社区卫生服务“三零”服务模式和医改成效。

7 月 4 日 省政协副主席龚建民一行到岳阳楼区西瓜山社区、枫树新村社区调研社区党建工作。

7 月 25 日 省高级法院审委会专职委员刘海容一行到岳阳楼区听取全省“5 · 15”会议精神贯彻落实情况汇报。

8 月 23 日 市委常委、纪委书记唐代四到尚书山社区金湖小区召开文明创建工作现场办公会。

9 月 4 日 省委常委、纪委书记黄建国到岳阳楼区调研大病救助及党风廉政建设工作。

10 月 18 日 中央信访工作督导组一行到岳阳楼区督查信访工作。

11 月 6 日 区长秧励主持召开区政府全体（扩大）会议。

11 月 17—20 日 召开岳阳楼区政协四届一次会议，选举王梦华为区政协主席。

11 月 18—22 日 召开岳阳楼区人大四届一次会议，选举贺锦福为区人大常委会主任，秧励为区政府区长。

12 月 全区开展社区换届选举工作。

第一篇　地　理

第一章　建　制

第一节　区域位置

岳阳楼区居长江的中游，洞庭湖的湖口，地处湖南省东北部，岳阳市西北部，地理坐标为北纬29°　13′　40″—29°　27′　00″，东经113°　03′　45″—113°　15′　05″之间。东西横跨约15公里，南北纵长20.25公里。北与云溪区接壤，西临洞庭湖毗邻君山区，西北隔长江与湖北省监利县相望，东、南面与岳阳县相连。总面积171.04平方公里。区委、区政府机关驻岳阳市五里牌街道办事处新路口15号。北至武汉约240.7公里，南达省会长沙约157公里。

第二节　沿　革

经文物普查：距今20万年前，原始人类就在境内这块土地上生活，并在邻洞庭湖区发现新石器遗址130余处，其中马龙尾遗址距今7300多年。夏、商时，境内属荆州之域，为三苗之地，古越族在此繁衍、生息。商周时，城陵矶筑“大彭城”。春秋属楚。楚灭汉水流域麇子国后，即公元前505年，楚昭王谴王孙由于在梅子市(今梅溪乡梅子市村)筑东麇城，迁遗民于此。后在岳阳楼一带筑城，驻军监视，称西麇城，是为境内建城之始。东汉建安十五年(210)，孙权派鲁肃镇守巴丘邸阁，筑巴丘城。西晋太康元年(280)建巴陵县，属巴陵郡管辖，境内城区始称巴陵城。隋开皇九年(589)，废郡为州，巴陵郡改为巴州。隋开皇十一年(591)，改巴州为岳州，仍设巴陵县，巴陵城改称岳州城。元至正二十四年(1364)，吴王朱元璋攻占岳州，定为岳州路。明洪武二年(1369)，改岳州路为岳州府。

民国2年(1913)9月，民国政府废府存县，巴陵县改称岳阳县，辖东南西北中5区，县城设城厢镇。民国11年(1922)4月，县政府以镇的区域过大，将其他镇撤销，仅保留城厢镇。

中华人民共和国成立后，保留岳阳县建置，城厢镇改称城厢区。1953年10月，城厢区改称城厢镇。1958年10月，城厢镇与城陵矶镇合并成立岳州人民公社。1960年1月2日，成立岳阳市，属县辖市，行政区域仍为原城厢镇、岳州公社地域。4月29日，岳阳市城市人民公社成立，岳阳市、岳阳市人民公社二套机构，一套人员。1961年10月30日，省委决定，岳阳市直属湘潭地委领导，为密切城乡关系，有些工作委托岳阳县委代管。1962年10月20日，撤销岳阳市，恢复岳阳县城关镇。1963年4月5日，南区人委改为城南街道办事处，北区人委改为城北街道办事处。1975年12月29日，城关镇升格恢复为岳阳市，属地辖市。1981年10月12日，撤销岳阳县，其行政区域全部划归岳阳市。1982年1月，岳阳市设立城郊区。1984年4月，以原岳阳市南区、北区、东区、城陵矶区、冷水铺区组成新的岳阳市南区。以原城郊区的五里、北港、洞庭及原岳阳县的郭镇、梅溪2乡和北港园艺场、大湾芦苇场、蔬菜研究所组成岳阳市郊区。

1996年4月30日，经国务院批准，南区、郊区合并，成立岳阳楼区，属岳阳市。

第三节　区　划

民国2年（1913）9月，民国政府废府存县，巴陵县改称岳阳县，辖东南西北中五区。基层设团，每团设团董。团下设街，设街长管理街巷。民国19年（1930）4月，全县划为9个自治区，区下辖团、街，城厢镇属一区管辖。民国21年（1932）4月，县政府以镇的区域过大，将其他镇撤销，仅保留城厢镇。民国22年（1933）2月，将全县108团改为84个乡镇，城厢镇仍属一区管辖，同时取消团、街，编组闾、邻，作为地方自治的基层组织。3—5户为一邻，5邻为一闾，特殊情况则以7邻为一闾，形成区、镇（乡）、闾、邻四级自治组织。民国24年（1935）3月，实行保甲制，“以原有的四闾编为一保，二邻编为一甲”。民国34年（1945），城厢镇设10保、121甲。民国35年后，第四保、第五保合并改为第四保，第六保、第七保合并改为第五保，第八保、第九保、第十保分别改为第六保、第七保、第八保。不久，南津港一带划为第九保，因该地居民多系渔民、船民、流动性大，故又称临时保。

中华人民共和国成立后，保留岳阳县建置。县政府将全县调整为5区16乡，城厢镇更名为城厢区。全区共分8个保：一保南津港到先锋路，二保乾明寺， 三保天岳山，四保金家岭，五保观音阁，六保岳阳楼，七保得胜门，八保五里牌。全区人口2.4万多人，面积2.2平方公里。1950年6月7日，设立城厢区城市工作委员会后，取消保甲制度，设立居委会，除得胜门、五里牌外，城区6个保依次改为6个居委会（用数字称谓）。1951年，将铁路边、南津港、娘娘庙等地设为第七居委会。1953年4月，附城乡的金鸡、望城、九华、马壕、南井，望城乡的菜园头、白水村等地设为第八居委会，又叫城郊居委会。5月，又将南津港至北门渡口一带渔民与船民组建水上居委会，称第九居委会。1955年9月，城厢镇将城区7个居委会划小，按街道划为25个街道居委会；城郊居委会则划分成白水、菜园头、得胜门、马壕、九华山等5个城郊居委会；二一一工厂家属区成立剪刀池居委会，共计31个居委会。1955年下半年，城郊5个居委会改为5个初级农业合作社，仍属城厢镇管辖。1956年6月，城厢镇将25个街道居委会合并成7个，加上剪刀池居委会，为8个居委会。水上居委会改为水上乡，脱离城厢镇。1957年年底，城厢镇下辖望城、金鸡、五里、得胜、南井、汴河、岳城7个高级农业合作社；复将水上乡划归城厢镇管辖，下辖湘湖、君山、城陵矶、月山、壕沟、西湖6个高级渔业社。城区仍为8个居委会。1958年10月，城厢镇与城陵矶镇合并成立岳州人民公社。岳州人民公社按行业系统又分为郊区（农业）、工业、居民、财贸、城陵矶、文卫6个分社。郊区分社以原7个高级社划为7个生产大队；居民分社下设城南、城北2个管理区，下设8个生产队。1959年，郊区分社又划分为联滨、五里2个分社。1960年，居民分社的8个生产队仍改为居委会。

1960年1月2日，成立岳阳市，属县辖市，行政区域仍为原城厢镇、岳州公社地域。全市划分为3区3社：即南区、北区、城陵矶区，郊区分社、梅溪分社、洞庭分社。全市共有28个管理区，8个居委会，201个生产队，1个直属场。联滨分社与五里分社合并成立郊区分社（含康王、马鞍2个大队），洞庭分社含运输分社。全市面积 30 平方公里，人口 113643 人。1961 年 10 月 30 日，省委决定，岳阳市直属湘潭地委领导，为密切城乡关系，有些工作委托岳阳县委代管。城市公社下设南区、北区、城陵矶、洞庭等 4 个城市分社，郊区、梅溪 2 个农村分社；4 个城市公社下设 14 个管理区。其中，洞庭分社辖东风湖、钩业、风网、君山 4 个管理区，南区分社辖梅溪桥、先锋路、吕仙亭、天岳山 4 个管理区，北区分社辖岳阳楼、观音阁、洞庭路、吊桥 4 个管理区，城陵矶分社辖工矿、城陵矶 2 个管理区。1962 年 10 月 20 日，撤销岳阳市，恢复岳阳县城关镇。岳阳市城市人民公社更名为城关镇人民公社，不久公社称谓取消。南区、北区、城陵矶分社分别更名为南区、北区、城陵矶区人委，属农业、渔业性质的郊区、洞庭分社仍保持公社称谓。全镇面积 15 平方公里，其中城区面积 7 平方公里，人口 62532 人。1963 年 4 月 5 日，南区人委更名为城南街道办事处，北区人委改为城北街道办事处，2 个办事处辖 25 个居委会；郊区分社更名为郊区公社，辖得胜、汴河、南井 3 个蔬菜大队，其他大队均划归岳阳县；洞庭分社更名为洞庭公社，辖 9 个渔业大队、4 个直属畜牧水产场。1969 年 2 月，岳阳县五里公社划归城关镇，辖望城、望岳、光辉、前进 4 个农业生产大队。1975 年 10 月 30 日，岳阳县梅溪公社共同、研石、梅溪、建设、黄金等 5 个大队划归五里公社管辖。是年，城关镇升格恢复为岳阳市，属地辖市。所辖行政区域除原城关镇地域外，岳阳县五七渔场、湖滨园艺场、君山茶场、君山芦苇场、郭镇公社蔡家大队、康王公社奇家大队，也划归岳阳市管辖。同时，将梅溪公社红光、东风、白石、五里、光明及蔡家、奇家等 7 个大队划归岳阳市五里公社。岳阳县梅溪区冷水铺，系工交企业区域，干部、职工、家属甚多，原无行政管理机构。根据形势发展的需要，新设冷水铺区，下设 5 个居委会。全市总面积 135.7 平方公里，总人口 167654 人。设南区、北区、东区（新增设）、城陵矶区、冷水铺区 5 个区，辖 38 个居委会；设五里、城郊、洞庭 3 个公社，辖 29 个生产大队；直属有湖滨园艺场、五七渔场、君山茶场、君山芦苇场。1978 年 2 月 13 日，五里公社蔡家、奇家、光明、五里、茶山、望城、望岳 7 个大队组成北港公社。1981 年 11 月 10 日，撤销岳阳县，其行政区域全部划归岳阳市。辖 17 个区，其中 5 个城市区、12 个农村区、3 个镇、51 个公社，下辖 44 个居委会、731 个生产大队。总面积 3656 平方公里，总人口 967843 人。1982 年 1 月，岳阳市设立城郊区，辖五里、北港、洞庭、城郊 4 个公社。1984 年，撤销公社称谓，4 个公社改为 4 个乡。1983 年 7 月 13 日，恢复岳阳县，将原岳阳县的 12 个农村区、3 个镇、47 个乡划归岳阳县。岳阳市辖 5 个城市区、46 个居委会、10 个乡、185 个生产大队。总面积 88.3 平方公里，总人口 385529 人。

1984 年 4 月，以原岳阳市南区、北区、东区、城陵矶区、冷水铺区组成新的岳阳市南区。辖吕仙亭、解放路、洞庭路、东茅岭、金鹗山、五里牌、城陵矶、冷水铺 8 个街道办事处，下辖 57 个居委会，面积 23.5 平方公里，人口 160571 人。以城郊区五里、北港、洞庭，及原岳阳县郭镇、梅溪 2 个乡和北港园艺场、大湾芦苇场、蔬菜研究所组成岳阳市郊区。1985 年 7 月，君山芦苇渔业综合场由岳阳市君山管理处划归郊区管辖。1986 年 7 月，蔬菜研究所划归市蔬菜办公室管辖。1995 年 8 月，君山芦苇渔业综合场划归市建委管辖。

1996 年 4 月 30 日，经国务院批准，南区郊区合并，成立岳阳楼区，大湾芦苇场划归君山区管辖，知青场的大桥村、洛王养殖场、茶场，北港乡北港村、八字门村，梅溪乡白石岭村的白石组划归岳阳经济技术开发区。楼区共辖 6 个乡场、8 个街道办事处，总面积 175 平方公里。6 个乡场为：郭镇、梅溪、五里、北港、洞庭乡和知青场；8 个街道办事处为：吕仙亭、解放路、洞庭路、东茅岭、金鹗山、五里牌、城陵矶、冷水铺街道办事处。区委、区人大、区政府、区政协机关驻巴陵路与建湘路交叉的西南角。1997 年 8 月，东茅岭街道办事处得胜、站前 2 个居委会划归岳阳经济技术开发区。1998 年 1 月，郭镇乡郭镇村的曾家、中桥、果园组划入南湖旅游度假区。是年 12 月，五里乡铁炉村的王家组和金鹗村划入南湖旅游度假区。2001年5月18日，冷水铺街道办事处11个社区居委会调整为鹰山、望岳、洞纺、冷水铺、机务段、芭蕉湖、七里山7个社区居委会。7月18日，五里牌街道办事处成立岳磁社区居委会，岳阳楼街道办事处成立枫桥湖社区居委会。9月13日进行全区性社区调整，撤销解放路街道办事处，其辖区并入吕仙亭街道办事处；新设三眼桥街道办事处，下辖6个社区居委会；将原8个街道办事处的75个社区居委会合并为54个。2002年7月18日，经省民政厅批准，撤销五里、北港、洞庭3个乡和知青场，设立新路口、北港、洛王、洞庭4个街道办事处，分别设5个、6个、4个、3个居委会。2004年9月，吕仙亭街道办事处增设龟山社区居委会。2005年7月，金鹗山街道办事处增设新桥巷社区居委会。12月，吕仙亭街道办事处增设岳港社区居委会。2006年3月，将梅溪乡齐石、分水垅、白石岭、金凤桥、监申桥、梅子市等6个行政村划归岳阳经济技术开发区管辖。将岳阳经济技术开发区的站前路街道办事处整体划入岳阳楼区，设德胜、铁路、西瓜山、望城岭、新站5个社区居委会。另增设5个社区居委会，岳阳楼街道办事处增设北门居委会，三眼桥街道办事处增设尚书山居委会，洛王街道办事处增设雷锋山居委会，冷水铺街道办事处增设长动社区居委会。居委会增至87个，行政村减至15个。2007年7月，区划调整15个乡、街道办事处，更名3个街道办事处，新成立1个街道办事处。调整后，城陵矶街道办事处辖6个社区、1个行政村；梅溪乡辖5个行政村、4个社区；冷水铺街道办事处更名为望岳路街道办事处，辖5个社区；洞庭街道办事处辖5个社区；岳阳楼街道办事处辖7个社区；吕仙亭街道办事处辖8个社区；东茅岭街道办事处辖6个社区；金鹗山街道办事处辖10个社区；新路口街道办事处更名为枫桥湖街道办事处，辖6个社区；站前路街道办事处辖5个社区；五里牌街道办事处辖7个社区；三眼桥街道办事处辖7个社区；洛王街道办事处辖6个社区；北港街道办事处更名为奇家岭街道办事处，辖5个社区、1个行政村；郭镇乡辖8个行政村；新成立王家河街道办事处，辖5个社区。全区共有14个街道办事处、2个行政乡，93个社区居委会、15个行政村。

民国36年（1947）岳阳县城厢镇各保管辖区域

表1–1

保　名	管　辖　区　域
第一保	上观音阁、下观音阁、茶巷子、鱼巷子、南正街、邓家湾、上河口、下河口
第二保	上梅溪桥、下梅溪桥、芋头田、三教坊、竹荫街、乾明寺、鲁班巷
第三保	天岳山、金家岭、羊叉街、洞庭庙、油榨岭、君山巷、上马家湾、下马家湾
第四保	塔前街、红船厂、先锋路、大小鄢家冲、吕仙亭、韩家湾、火车站
第五保	吊桥、洞庭马路、柴家岭、新码头、金潭门、西门河下、西正街、铁炉街、县门口、提署街、棚厂街、守备巷、翰林街、颜家巷、学道岭、易家巷
第六保	东井、得胜门、北门外、剪刀池、汴河园、东门操坪、窑湾、马壕、春牛厂、枫桥湖
第七保	太子庙、菜园嘴、南津港、金鹗山、天灯嘴、烧饼嘴、破窑嘴、梁家汊、大屋李家、火车站外
第八保	姜家嘴、九保第六甲八斗丘、李永隆、石家、李家、铁炉冲、佘家垅、望城岭、敖王家、五里牌、土桥至老人铺、琵琶屋、新塅塘、下门王家、王家桥、枫树岭、芦冲、鲁家坡、八字坡

1952 年岳阳县城厢区各居委会管辖区域

表 1-2

居委会	管辖区域
第一居委会	西正街、岳阳楼、北门河下、黄土坡、上柴家岭、半城墙、翰林街、守备巷、棚厂街、洞庭路
第二居委会	上观音阁、下观音阁、茶巷子、下柴家岭、半边街、洗马池、南岳坡、吊桥、上鱼巷子、下鱼巷子
第三居委会	街河口、天岳山、金家岭、羊叉街、油榨岭、万寿宫、洞庭庙、君山巷、游击巷
第四居委会	竹荫街、玉清观、城隍庙、三教坊、南正街、鲁班巷、梅溪桥、太子庙
第五居委会	先锋路、小鄢家冲、芋头田、乾明寺、印山、上塔前街、宝塔巷、红船厂、下马家湾
第六居委会	大鄢家冲、上巴家湾、吕仙亭、下塔前街、韩家湾、铁路外
第七居委会	铁路边、南津港上街、南津港下街、娘娘庙

1955 年岳阳县城厢镇居委会

表 1-3 单位：个

单位	小组	单位	小组
岳阳楼居委会	16	红船厂居委会	11
交通门居委会	14	新建山居委会	10
洞庭路居委会	12	韩家湾居委会	18
翰林路居委会	12	上观音阁居委会	14
大鄢家冲居委会	9	吊桥居委会	14
三角线居委会	7	南岳坡居委会	8
南津港居委会	16	下观音阁居委会	13
新印山居委会	7	油榨岭居委会	11
先锋路居委会	13	金家岭居委会	9
玉清观居委会	14	剪刀池居委会	二一一工厂居委会
三教坊居委会	15	白水村居委会	此5个居委会为郊区居委会
丁家塘居委会	9	菜园头居委会	
马路街居委会	13	得胜门居委会	
鲁班巷居委会	12	马壕村居委会	
长郡巷居委会	11	九华山居委会	

1968 年岳阳县城关镇居委会及更名情况

表 1–4

街道办事处	居委会原名	更 名
城陵矶办事处	上街居委会	兴建居委会
	下街居委会	反帝居委会
	南岳居委会	五一居委会
	大月冲居委会	工农居委会
	洪家州居委会	建新居委会
城北办事处	岳阳楼居委会	反修居委会
	洞庭路居委会	东风居委会
	郭亮街居委会	郭亮居委会
	南岳坡居委会	红星居委会
	茶巷子居委会	解放居委会
	邓家湾居委会	光辉居委会
	观音阁居委会	跃进居委会
	东茅岭居委会	东方红居委会
	剪刀池居委会	胜利居委会
城南办事处	吕仙亭居委会	燎原居委会
	韩家湾居委会	星火居委会
	先锋路居委会	先锋居委会
	南津港居委会	前进居委会
	磨子山居委会	东升居委会
	芋头田居委会	建设居委会
	梅溪桥居委会	光明居委会
	太子庙居委会	青年路居委会
	羊叉街居委会	永红居委会
	金家岭居委会	向阳居委会
	油榨岭居委会	红卫居委会

1982 年岳阳市郊区行政区划

表 1–5

公社名称	生产大队名称	生产小队名称
城郊公社（驻地东茅岭，大队9个、生产队36个）	五里牌	高山坡、孙家湾、吕家畈
	铁炉冲	古井、柴家坡、大塘坡、铁炉冲、石家老屋、大屋李家、白杨坡、刘家庙
	城郊	佘家垅、刘王家、周家嘴
	农科站	灯笼嘴、夏万垅、任家槽坊
	金鹗山	木梓塘、赵家湾、万家老屋、徐家大屋、刘许家屋、冷水嘴
	汴河园	白屋、荷叶畔
	得胜门	炮湾、统领屋、狮子山、柴家山
	南井	朱家嘴、白水湾
	岳城	欧家嘴、袁家庄、杨家坡、李家屋场、干塘湾
洞庭公社（驻地油榨岭，大队5个、生产队8个）	风网	黑鱼示垱
	轮驳	二龟山
	捕捞	白水村
	东风湖渔场	大西瓜山、小西瓜山、高家嘴
	吉家湖渔场	小塘坡、汪家冲
北港公社(驻地大队7个、生产队50个)	枫树岭	鹅公嘴、下王家、学堂坡、鲁家坡、卢冲屋场、枫树岭、八字坡
	望岳	刘家屋、良台山、穆家屋、潘家里、何杨家、易家屋场、高家里、万家里
	八字门	八字门、陈生里、牛栏坡、罗家冲、包家里、海螺山、庄稼山
	北港	北港屋场、老倌冲、庙坡、前头杨家、后头杨家、太阳里、艾家屋场、街马坳、冯家里、羊山屋场、盘箕坡、破园里
	蔡家	叶家里、易家、周赵里、星河李家、金桥、新赵家、长嘴头
	奇家	大赵家、关家、金先里、涂家、廖家里、方家、孙家里、张戴家、细赵里、廖七里
	农科站	奇家岭

公社名称	生产大队名称	生产小队名称
梅溪公社（驻地冷水铺，大队11个、生产队109个）	冷水铺	毛家畈、冷水铺、朱杨冲
	花果畈	汪家坡、花果畈、七公桥、石井冲、易家、洞坡吴家、张家老屋
	白石岭	老屋坡、白石岭、砖桥坳、朱家畈、燕窝屋、翁家坡、李家坡、官家坡
	梅溪	大塘坡、泉垅、何家垅、易家坡、瓦子坡、陈家、梅溪市、何家冲
	金凤桥	何家、放生矶、甘罗家、坳上周家、大屋周家、戴公坡、西边冲、金凤桥、史家坡、谭家屋场、陈杨家、胡家桥、杨家畈
	监生桥	监生桥、枫木塅、千工塘、大屋叶家、任家坡、王氏坡、板山坡、下塅李家、甘家坡、傅家坡、杨家坡
	光辉	铜鼓坳、高家畈、姚家、新屋许家、梁家、毛家堰、冯家、田家
	硚石	方家铺子、徐家凉亭、四二房坡、石冲、苏家畈、彭家畈、郭家坡、周家里、洞坡胡家
	分水垅	分水垅、巨詹屋、童家旁、蔡家、三屋村、港头屋、中门李家、邓婆桥、冬茅坡、置田庄、大屋许家、张德四屋、廖家里、徐家塘
	胥家桥	聘屋嘴、李树坪、立方屋、八屋、卢家冲、周家、株木冲、罗家冲、胥家桥、胡家坡、易家坡、古里坳、彭家岭、射虎岭、林家大屋、雷公嘴、沿江汊、高家、马家
	联滨	九岭胡家、许家垅、大王庙、杨家屋、小湖湾、任家、敖家屋、洪山矶
北港知青综合（驻地洛王，大队4个、生产队10）	园艺场	庙冲
	洛王工区	洛王、琵琶王、新屋坡
	大桥工区	大桥、玉石坡、大桥张家、太阳坡
	茶场	水桐坡、林牧水产场

总计：公社5个，大队36个，生产队213个。

1989 年岳阳市南区行政区划基本情况一览

表 1–6　　单位：平方公里、个

街道	机关驻地	面　积	居委会	居民小组	居委会名称
洞庭路	郭亮街	2.76	9	146	东湖、渡口、岳阳楼、洞庭路、郭亮街、吊桥、剪刀池、马壕、汴河
解放路	观音阁	0.28	7	86	观音阁、邓家湾、茶巷子、南岳坡、油榨岭、金家岭、梅溪桥
吕仙亭	洞庭南路	2.11	10	124	韩家湾、吕仙亭、南津港、鄢家冲、磨子山、先锋路、芋头田、羊叉街、白水村、湖滨
金鹗山	城东南路	1.44	6	87	太子庙、华铁、螺丝港、万家坡、金鹗山、南湖
东茅岭	得胜门	1.14	8	92	广场、学坡、桥头、东井、东茅岭、得胜门、土桥、岳东
五里牌	五里牌	4.24	7	130	奇家岭、花板桥、杨树塘、五里牌、岳城、四化建、高山坡
冷水铺	冷水铺	4.13	6	117	洞氮、七里山、鹰山、机务段、车站、冷水铺
城陵矶	下街1号	5.63	8	170	上街、下街、港口、南岳、新建、大月冲、洪家洲、骆家坡

2012 年岳阳市岳阳楼区行政区划一览

表 1–7　　单位：个

街道（乡）名称		居委会（村）数量			居（村）委会名称
街道	行政乡	居委会	村	合计	
城陵矶	—	6	1	7	华能、桂花园、港口、洪家洲、南岳、骆家坡、城陵矶村
望岳路	—	5	—	5	鹰山、北环路、望岳、七里山、凉亭山
洞　庭	—	5	—	5	捕捞 、西瓜山、东风湖、沿湖、吉家湖
岳阳楼	—	8	—	8	庙前街、郭亮、岳阳楼、剪刀池、汴河、北门、九华山、东湖
吕仙亭	—	9	—	9	吕仙亭、芋头田、梅溪桥、鄢家冲、慈氏塔、观音阁、岳港、龟山、三角线
东茅岭	—	6	—	6	柴家山、炮台山、年丰巷、桥头、东茅岭、学坡

街道（乡）名称		居委会（村）数量			居（村）委会名称
街道	行政乡	居委会	村	合计	
金鹗山	—	11	—	11	太子庙、万家坡、螺丝港、岳荣、夏万路、金鹗山、鄂西路、新桥巷、南湖、南津港、重湖
枫桥湖	—	6	—	6	新胜、湘爱园、枫桥湖、岳城、琵琶王、康岳
站前路	—	5	—	5	德胜、铁路、望城岭、新站、连云路
五里牌	—	9	—	9	高山坡、杨树塘、四化建、花板桥、五里牌、佘家垅、古井、运通、新城
三眼桥	—	7	—	7	白杨坡、朝阳、麦子港、尚书山、李家冲、鲤鱼嘴、桃花山
洛王	—	6	—	6	洛王、花园坡、藕塘坡、瑶塘坡、雷锋山、大桥湖
王家河	—	5		5	枫树新村、枫树岭、王家河、东升、海棠社区
奇家岭	—	5	1	6	奇家、蔡家、畔湖湾、岳磁、学院路社区、仓田村
—	郭镇乡	—	8	8	麻布、磨刀、建中、枣树、双塘、郭镇、畈中、马鞍
—	梅溪乡	5	5	10	长动、红日、冷水铺、小湖湾、芭蕉湖、延寿村、胥家桥村、滨湖村、花果畈村、冷水铺村

专记一　岳阳经济技术开发区

沿革　1990年7月19日，省政府向国务院请示，在岳阳建立经济开发区。1991年1月11日，省政府正式下发《关于建立湖南城陵矶经济技术开发区的通知》。1992年1月17日，市政府下发《关于成立湖南城陵矶经济技术开发区管理委员会的通知》。是年4月，湖南城陵矶经济技术开发区正式挂牌办公。邓小平南方讲话后，党中央、国务院决定将岳阳列为长江沿岸五个对外开放城市之一。1992年5月18日，省政府办公厅发出《关于同意湖南城陵矶经济技术开发区若干政策的规定的批复》，使开发区建设获得18条优惠政策。1994年5月10日，湖南城陵矶经济技术开发区更名为岳阳经济技术开发区。1996年1月4日，市委、市政府下发《关于岳阳经济技术开发区实行统一有效管理，加速开发建设几个问题的通知》，对开发区实行封闭式管理。1998年12月22日，岳阳高新技术产业开发区并入岳阳经济技术开发区（简称经开区），实行两块牌子，一套班子的管理模式。是年12月21日，省委、省政府在《关于加强开发区建设与管理的通知》中，将经开区列为湖南省9个重点经济技术开发区之一，省政府将经开区列为省级开发区晋升国家级开发区的重点推介单位，先后于1990年、1994年、1992年、2002年4次请示国务院，请求将经开区列为国家级开发区。在原有征地面积基本开发殆尽的情况下，为拓展开发区域，2005年11月24日，市政府常务会议决定对岳阳市中心城区整体规划部分行政区域进行调整，将岳阳县康王乡、三荷乡、西塘镇，岳阳楼区梅溪乡的6个村划归经开区管理，经开区管理范围扩大到25.3平方公里；而将开发区建成的以火车新客站为中心的商贸区划归岳阳楼区管理，岳阳楼区拟开发建设的工业园同时划归经开区，成为开发区的机械材料工业园。2006年5月8日，岳阳经济技术开发区更名为岳阳经济开发区。2010年3月21日，国务院复函湖南省政府，同意岳阳经济技术开发区升级为国家级经济技术开发区。

管理机构 1992年4月，湖南城陵矶经济技术开发区正式挂牌办公。开发区成立管委会和党组，设办公室、人事、招商、国土、财政、税务、公安等办事机构，负责处理日常工作。1994年12月，经开区党组更名为党的工作委员会，并设立党的纪律检查工作委员会。人事处更名为劳动人事局，工商处分设招商局、工商行政管理局，公安科更名为白石岭公安分局，财政处更名为财政局，税务局分设开发区国税分局、开发区地税分局。成立开发区电力分局、检察室、法庭执行室、监察室。不久，监察室更名为监察局，与开发区纪律检查工作委员会合署办公。1996年1月，市委、市政府对开发区实行封闭式管理。当时由郊区管辖的八字门村、北港村、大桥村、茶场村、亮山村和德胜居委会、新站居委会和铁路居委会由于在开发区封闭范围内，统一划归开发区管理。通海路管理处（管理八字门等5个村），站前路管理处（管理德胜等3个居委会。在以后区划调整时，火车新客站商贸区划归岳阳楼区管理，站前路管理处及德胜等3个居委会重新划归岳阳楼区管理）及社会事务管理局。在与市直有关职能局协商后，分别成立开发区物价分局、审计分局、规划分局、环保分局等。至2009年6月，开发区除成立管委会和工委外，党委工作部门有组织部、宣传统战部、纪律检查工作委员会、机关党委；行政管理部门设有办公室、人事局、财政局、国资局、建设局、发改局、经贸局、招商局、高新局、文教局、劳动和社会保障局、社会事务管理局、计生局、民政局、信访局、卫生局、农村工作办公室、控建拆建办公室、土地开发管理中心。局以下工作机构有城管大队、执法大队、环卫处、路灯管理所等。市直各职能部门在开发区设立的派出机构有：公安分局、国税分局、地税分局、规划分局、物价分局、国土管理局、审计局、环保局、房产管理局、技术监督局等。

岳阳经济技术开发区领导名录

表1–8

姓名	籍贯	职务	任职时间
叶树松	湖南益阳	管委会主任 党组书记	1992.1—1994.2 1992.5—1994.2
罗碧升	湖南华容	党组书记 管委会主任 工委书记	1994.2—1994.12 1994.2—1995.10 1994.1—1995.10
王惠湘	湖南长沙	党组副书记 管委会副主任 工委副书记 工委书记、管委会主任	1994.2—1994.12 1994.2—1995.10 1994.1—1995.10 1995.1—1998.11
肖建华	湖南华容	管委会主任、工委书记	1998.11—2001.2

姓 名	籍 贯	职 务	任职时间
瞿松柏	湖南临湘	工委书记、管委会主任 工委副书记	2001.2—2006.11 2006.2—2006.11
韩建国	湖南华容	工委书记	2006.1—2008.2
樊进军	湖北咸宁	工委第一书记	2008.2—
欧江平	湖南辰溪	工委书记	2007.10—
王雨田	湖北潜江	管委会主任、工委副书记	2007.10—
李正南	湖南汨罗	管委会副主任、党组副书记	1992.6—1993.4 1992.2—1994.2
黄甲喜	湖南岳阳	党组副书记 管委会副主任	1992.5—1994.2 1993.3—1994.12
陈志刚	湖南岳阳	党组成员	1992.5—1994.2
张治雄	湖南岳阳	党组成员	1992.5—1994.2
彭泽霖	湖南岳阳	党组成员 管委会副主任	1992.5—1994.12 1993.4—1994.2
刘石佑	湖南岳阳	党组成员	1992.5—1994.12
周金印	湖南湘阴	党组成员 工委委员 管委会副主任	1992.5—1994.12 1994.1—1995.10 1993.4—1996
唐树林	湖南华容	党组成员	1992.5—1994.12
邬蜀湘	湖南岳阳	党组成员	1992.5—1994.12
王树先	湖南岳阳	党组成员 管委会副主任	1992.5—1994.12 1994.12—1996.5
李满林	湖南华容	党组成员 工委委员	1993.3—1994.12 1994.1—1996.10
王国湖	湖南华容	党组成员 管委会副主任 工会委员 纪工委书记	1993.5—1994.12 1994.9—2001.12 1994.1—2001.12 1994.1—2011.12
李湘岳	湖南岳阳	管委会副主任 工委委员 工委副书记	1994.8—1998.3 1994.1—1995.10 1995.1—1998.12

姓　名	籍　贯	职　务	任职时间
湛早华	湖南平江	管委会副主任 工委委员 工委副书记	1994.9—2001.12 1994.12—1998.3 1998.3—2001.12
陈砚发	湖南平江	管委会副主任 工委委员 工委副书记	1994.9—2008.7 1994.1—2001.12 2001.12—2008.7
余松林	湖南临湘	工委委员	1994.12—1999.6
潘刚强	湖南平江	管委会副主任 工委委员	1994.4—2003.1 1996.0—2003.1
刘建华	湖南岳阳	管委会副主任、工委委员	1999.5—2001.12
胡　辉	安徽	管委会副主任、工委委员 工委副书记	2000.1—2007.11 2006.5—2007.11
姜献平	湖南平江	工委委员 纪工委书记	2000.11— 2006.4—
罗同乐	湖南华容	工委委员、管委会副主任 工委副书记	2000.12— 2007.12—
管新华	湖南常德	工委副书记 管委会副主任	2001.1—2001.12 2001.2—2001.12
杨新权	湖南岳阳	管委会副主任、工委副书记 纪工委书记	2001.12— 2001.2—2001.12
周　涛	湖南岳阳	工委委员 管委会副主任	2001.12—2008.1 2001.12—2008.1
赵　平	湖南湘潭	工委委员 管委会副主任	2001.12— 2006.4—
严若鹏	湖南华容	工委委员 管委会副主任	2001.12— 2006.10—
罗　荣	湖南浏阳	工委委员、管委会副主任	2002.11—
林敏伯	湖南平江	工委委员 管委会副主任 纪工委书记	2002.12— 2006.4— 2002.12—2006.4
胥棉桃	湖南岳阳	工委委员、管委会副主任	2004.9—
刘光明	湖南岳阳	工委副书记 正处级	2006.4— 2008.4—

姓　名	籍　贯	职　务	任职时间
黄小年	湖南长沙	工委委员 管委会副主任	2006.4— 2007.11—
邹岳湘	湖南平江	总经济师 工委委员 管委会副主任	2002.122009.7 2006.4— 2009.3—
段德彬	湖南华容	工委委员 工会主席	2007.10— 2009.5—
谭国良	湖南平江	工委委员、管委会副主任	2008.4—
涂克成	湖南平江	工委委员、管委会副主任	2009.3—
郑德明	湖南南县	组织部长 工委委员	2004.3— 2009.3—
李兴吾	湖南岳阳	工委委员 总经济师	2009.7— 2009.7—

说明：除历届主职负责人外，其余按进入工委（党组）时间先后为序

开发建设　1992年始，经开区勇担岳阳“城市大东扩、产业大发展”重任，坚持高层次规划、高水准建设、高效能管理，先后完成或协助完成岳阳火车站、11万伏输变电站、2个5000吨级外贸码头、岳阳大道、文化艺术会展中心、武广高铁岳阳新站、随岳高速等国家、省、市重点工程建设，修建金鹗路、站前路、巴陵东路、通海路、白石岭路、青年东路、旭园路、王家畈路、京港澳连接线（拓改）等主干道路，新建白石岭综合工业园、康王高科技工业园、监申桥工业园、木里港工业园4个工业园，太阳桥现代物流园，及岳阳火车站商贸区、岳阳大道综合配套区，以年均近1平方公里的推进速度完成岳阳中心城区17.6%面积的开发建设任务，核心规划区面积扩至36.5平方公里，其中建成区面积约13.8平方公里。

产业发展　经开区成立后，争取了国家级高新技术创业服务中心、国家新材料成果转化产业化基地、湖南省承接产业转移示范园区、湖南省两化融合试验园区、湖南省首批知识产权保护试点示范工业园区等众多产业发展的优质平台。至2012年，区内有规模以上工业企业121家，占全市的10%，其中纳税过千万元的企业15家；省级高新技术企业38家，国家、省、市产学研平台分别有2家、4家和19家，中国驰名商标3件，省著名商标13件，省名牌产品3件。初步形成以磁力设备、石化装备、造纸装备、节能环保装备等为特色的先进制造产业，以生物制药、化学制药、特色中药、医用材料等为主导的生物医药产业，以南翔万商（岳阳）国际商贸物流城、中南物流园、九一物流园、太阳桥现代物流园为主体的现代物流产业。经开区成为岳阳对外开放的窗口、招商引资的主阵地、推进新型工业化的重要基地和新的经济增长点。

社会事业　1996年始，区内社会事业实行封闭管理。2005年，调整中心城区规划后，区内各项社会事业得到相应发展。2006年始，投入2亿元，扩容提质通海中学、大桥小学等10余所中、小学，新建东城小学、北港小学和珍珠山中学。至2012年，经开区已有中学5所，小学23所，幼儿园45所，

其中公办园6所，中、小学教师991人，在校中学生3579人，小学生9271人，在园幼儿6600余人。2008年，为1.1万多名中、小学生免除了学杂费和书籍费，为1172名贫困寄宿生补助生活费38.65万元，确保学生不因贫辍学。是年，全区小学和初中入学率均为100%，巩固率分别为100%和99.5%。2012年，区工委、管委会研究启动中小学标准化建设"三年行动"计划，决定3年投资不少于3亿元，对全区中小学全面进行提质改造，推动城乡教育均衡发展。教育文体工作则切实履职履责，推进体育、旅游和新闻出版工作，加强对文化市场的监管。以网吧、电游、音像书刊市场为监管重点，不定期进行执法检查，现场纠正，处理违法违规事件，引导文化健康发展，净化校园周边环境。在农村推行"农家书屋"工程，建立84家村级图书阅览室。3个乡镇自筹16万元铺设有线光缆35公里，使主道沿线群众看上有线电视。区卫计局对全区食品加工、食品批发及销售单位、网点进行2次普查，消除食品安全隐患。对餐饮、宾馆、文化娱乐场所及美容美发店等进行卫生检查与整治，其中98%以上均办理卫生许可证。在创建国家卫生城市中，由区卫计局牵头，各单位密切配合，开展卫生大清扫、大检查，使全区始终保持整洁、卫生状态，顺利通过省检、国检，受到市创卫指挥部的肯定。在农村推行合作医疗，至2012年，全区有农村人口80472人，参合率99%以上。区红十字会为支援四川灾区，募捐203346元，全部汇入市红十字会，汇往四川抗震救灾。

2012年岳阳经济开发区管理处、村（居委会）情况统计

表1-9　　单位：个

单位名称	居委会（村）数量			居委会（村）名称
管理处	居委会	村	合计	
通海路管理处	5	—	5	北港、八字门、亮山、大桥、茶场社区
金凤桥管理处	—	6	—	白石岭、梅子柿、金凤桥、砺石、分水垅、监申桥村

专记二　岳阳市南湖风景区

沿革　1992年，省政府批准在南湖建立湖南省岳阳南湖旅游度假区和湖南省首家省级旅游度假区，南湖开启建设序幕。经过多年发展，南湖逐步成为岳阳市城区核心景区、国家级旅游城市的窗口和名片、广大市民休闲观光的标志性区域。1992年6月，市委、市政府成立湖滨食品工业开发区，1994年3月，湖滨食品工业开发区更名为岳阳高新技术产业开发区。1998年4月，市委市政府把岳阳高新技术产业开发区的牌子并入岳阳经济技术开发区（简称经开区），人员、管辖范围并入岳阳南湖旅游度假区。2000年6月，市委、市政府在度假区基础上加挂南湖风景区的牌子，实行两块牌子、一套班子运作。2011年1月，经省政府批准，岳阳南湖旅游度假区更名为湖南岳阳洞庭湖旅游度假区。2014年9月3日、10月17日，市委市政府先后召开会议，研究部署南湖新城区规划调整工作，对相关问题进行明确。2015年4月2日，市政府启动南湖新城区规划调整。2015年9月2日，岳阳南湖风景区正式更名为"岳阳市南湖新区"。

概况　岳阳市南湖风景区管辖面积约为56平方公里，辖南湖、湖滨、求索3个街道办事处和龙山、月山 2 个管理处，共有 20 个社区、2 个村，管理人口 14 万，有区直单位 27 个、驻区职能单位 13 个。地理环境有四个特点：一交通路网发达。位于城区南部，西傍浩瀚洞庭，东依京珠高速，北连中心城区，南面青山逶迤。通过国道、主街道与京港澳高速、岳阳火车站、武广高铁岳阳东站以及在建岳阳机场相连。二生态环境优越。境内有城市天然湖泊——南湖，城市森林公园——龙山，“一座山”、“一湖水”构成了岳阳城市自然生态核心。三人文景观丰富。境内文物古迹众多，民俗文化底蕴深厚，有秦始皇赶山填海和一龙赶九龟的美丽传说，有南津古渡、天灯映月、龙舟倩影、李白赊月、九尚书坊、三眼桥、麋子古城、一龙九龟、八仙台、圣安古寺等十大古景。唐代诗人李白留下“南湖秋水夜无烟，耐可乘流直上天”和“水闲明镜转，云绕画屏移”的著名诗篇。四产业发展迅速。南湖建区以来，传承龙舟传统民俗文化，成功举办第一届世界龙舟锦标赛、首届全国水上运动大赛等重大活动，创立享誉中外的岳阳国际龙舟节品牌。先后举办六届洞庭湖鲜美食节，打造了“中华湖鲜美食名街”金字招牌，为加快南湖三产业发展注入强劲生命力。

经济社会发展　建区 24 年来，在市委、市政府的坚强领导下和社会各界的大力支持下，南湖各级党组织带领广大干部群众，艰苦创业，开拓创新，昔日陈旧不堪的荒山野岭如今变成一座环境优美、功能完善、生机勃勃的新城区。全区综合经济实力明显增强，社会事业全面发展，人民生活水平显著提高。地区生产总值从 1.71 亿元增加到 2015 年的 57.29 亿元，年均增长 23.2 %；财政总收入从 168 万元增加到 2015 年的 4.54 亿元，年均增长 47.8 %；社会消费品零售总额 17.7 亿元，年均增长 14.32%；经济结构不断优化，三次产业比重由 3.5：48.5 ：48 调整为 2015 年的 1.68：6.63：91.69，三产占比高于全市平均水平 53 个百分点。到 2015 年，全区城乡居民人均纯收入分别达 27877 元和 15242 元，年均增长 5.95% 和 15.4%；零就业家庭援助率达 100%；计划生育家庭特别扶助金发放到位率达 100%；为满足全区适龄儿童接受教育的需求，新建公立幼儿园 3 所，将金鹗小学搬迁新建，将湖滨学校整体改扩建，又投建设资金 5600 万元，新建金鹗小学二期工程，全面改善办学环境，努力提高教师工资待遇；积极落实中央医疗卫生政策，建成求索社区卫生服务中心和八仙台社区卫生服务站，实现社区卫生全覆盖；不断加强公共卫生体系建设，疾病防控工作成效显著，居民合作医疗参合率达 100%；高标准建设云梦新城等安置小区，累计新建保障性住房 4512 套，有效缓解了低收入群体住房难题。

1998—2012 年工委（党组）和管委会领导名录

表 1-10

姓　名	籍　贯	职　务	任职时间
李碧炎	湖南华容	区管委会党组书记、主任	1998.5—2000.3
屈纯久	湖南岳阳	区管委会党组书记、主任	2000.3—2005.1
张慕尧	湖南平江	区工委书记、管委会主任	2005.1—2008.2
王伊亮	湖南攸县	区工委书记	2008.2—2014.1
罗　纯	湖南华容	区管委会党组成员、副主任 区管委会党组副书记、副主任 区工委副书记、管委会主任	1998.4—2005.6 2005.6—2008.3 2008.3—2011.6

姓 名	籍 贯	职 务	任职时间
李美云	湖南岳阳	区工委副书记、管委会主任 区工委书记	2011.6—2014.1 2014.1—2016.2
李运帷	湖南汨罗	区工委书记	2016.2—
尹家辉	湖南岳阳	区工委副书记、管委会主任	2014.3—
周国纯	湖南华容	区管委会党组成员、副主任 管委会党组副书记、副主任	1995.7—1999.4 1999.4—2004.12
李可波	湖南临湘	区管委会党组成员、副主任 区管委会党组副书记、副主任	2000.06--2004.12 2004.12—2005.06
陈克祥	湖南汨罗	区工委委员、管委会副主任 区工委副书记、管委会副主任	2005.2—2008.4 2008.4—2010.8
蔡远志	湖南华容	区工委委员、管委会副主任 区工委副书记、管委会副主任	2006.1—2010.11 2010.11—2012.10
邓有根	湖南湘阴	区管委会党组成员 区工委委员、管委会副主任 区工委副书记、管委会副主任	2000.12—2005.6 2005.6—2012.10 2012.10—2013.9
刘 鄂	湖南华容	区管委会党组成员 区管委会党组成员、副主任（兼）	1999.6—2004.3 2004.3—2004.12
姚存哲	广东潮阳	区管委会党组成员、副主任	1992.10—1999.4
李正元	湖南临湘	区工委委员、纪检组长	2000.11—2008.2
刘雪清	湖南华容	区工委委员、组织部长	2009.7—2011.3
余格尧	湖南平江	区工委委员 区工委委员、管委会副主任	2006.1—2008.4 2008.4—2014.12
雷 欣	湖南衡阳	区工委副书记、管委会副主任	2013.10—
李军辉	湖南平江	区工委委员、管委会副主任 区工委委员、纪工委书记	2004.9—2015.9 2015.9—
夏金城	湖南华容	区管委会党组成员 区工委委员、办公室主任 区工委委员、管委会副主任	2002.8—2005.6 2005.6—2007.1 2007.1—
李精明	湖南醴陵	区管委会副主任	2008.12—
李征兵	湖南岳阳	区工委委员、纪工委书记 区工委委员、管委会副主任	2008.4—2015.9 2015.9—

姓　名	籍　贯	职　务	任职时间
苏正明	湖南华容	区工委委员、管委会副主任	2011.12—
姜 华	湖南湘阴	区工委委员、总经济师	2008.4—
张朝东	湖南华容	区工委委员、办公室主任	2011.4—
张幼明	湖南平江	区工委委员、组织部长	2012.4—

2012 年岳阳市南湖风景区办事（管理）处、居委会（村）情况统计

表 1-11

单位名称	居委会（村）数量			居委会（村）名称
办事（管理）处	居委会	村	合计	
南湖办事处	5	/	5	刘山庙、麦子港、金锦、长檀、畔湖湾居委会
湖滨办事处	5	/	5	湖滨、雷公湖、虎形山、八仙台、黄沙湾居委会
求索办事处	5	/	5	湖畔、云梦、天灯、渔光、南湖居委会
龙山管理处	2	2	4	龙山、黄梅港居委会、畈中村、双塘村
月山管理处	3		3	圣安、龟山、飘尾居委会

第二章　自然地理

第一节　地　质

一、地层

境内地质构造复杂，地层发育不全。仅出露的即有前震旦系、震旦系、寒武系和第四系。

前震旦系冷家溪群（Ptin）　主要分布在郭镇以北地区，为一套复理式特征明显的海相碎屑岩建造。地层呈北西向展布，倾向北东，倾角 50—80 度。主要岩性为粉砂质板岩、泥质板岩、斑点状板岩等。

整套岩石颜色呈灰绿色，岩性较软，易于风化。局部形成质地细腻、色泽鲜艳的紫砂陶土矿体，呈夹层产于粉砂质板岩中，厚度一般为5—10米，最厚可达25米。

震旦系（Z） 主要分布在郭镇、麻布一带。不整合于前震旦系冷家溪群之上，为新开塘—郭镇向斜两翼组成部分。北翼地层南倾，南翼地层北倾。倾角一般在30—50度间变化。其主要岩性为泥质、粉砂质板状页岩，长石石英砂岩，冰碛砾泥岩，黑色炭硅质页岩，薄层状硅质岩，含硅质白云岩，条纹状硅质岩等，局部见铁锰矿层和铀矿化，厚度692.25米。

寒武系（∈1） 主要分布在郭镇、双塘等地。不整合于震旦系之上，为新开塘郭镇向斜的核部地层。地层呈北向西展布，由于受强烈的挤压作用影响，岩层产状变化大，常形成形态复杂的紧闭型次级褶皱。主要岩性为中薄层状炭质泥岩、含炭硅质泥岩、含磷结核炭硅质泥岩、含黄铁矿炭硅质泥岩、斑点状炭质页岩、灰黑色泥质粉砂岩、中细粒砂岩、夹石煤和含钒石煤层，局部见铀矿化，厚约300米。

第四系（Q） 该地层分布广泛，由半胶结、松散的砾石层、沙砾石层、粉砂、湖积网纹状黏土、粉砂质黏土、残坡积物及腐殖土构成。不整合于老地层之上，厚度大于100米。

二、地质构造

境内老地层出露范围大，岩浆岩不发育，热活动极其微弱，但在漫长的地质发展过程中，经历多次强烈构造变动的影响，各期次构造形迹相互重叠交错，形态复杂，在小区域内，难以区分其先后，其主要的褶皱和断裂构造的基本特点如下：

褶皱构造，呈北西向，近东西向展布。规模较大的有新开塘—郭镇北西向船型复式向斜。该向斜由震旦系和寒武系地层构成，呈北西向展布，长16公里，宽3—5公里，两翼岩石刚性强，倾角平缓，核部地层较软，常形成紧闭线状次级褶皱。

断裂构造，向北西向层间挤压破碎带为主，其次为北东向和近东西向。北西向断裂多产于震旦系、前震旦系地层中，一般出露长度数公里，破碎带宽度5—10米，由泥质、构造角砾岩、糜娓岩和碎裂岩充填。该组断裂对铀矿化及铁锰矿体起控制作用。

三、矿产

境内矿产资源主要有钒、石煤、铀、金、硅质岩、砂岩、砂砾石、紫砂陶土、砖瓦黏土等。矿产资源潜在总价值为23.64亿元。

金属矿产 有沙金、铁、锰、钒，具有工业意义的仅有钒矿，分布于郭镇至湖滨一带，赋存于寒武统水井沱组中。含矿岩石为一套海相岩硅泥岩建造，层位稳定，钒与石煤共生。沿横向钒含量波动幅度小，但在垂向上，各石煤层中钒含量变化较大，资源丰富。1987年，在0.27平方公里范围内，地下50米以上的空间内，探得钒205工业储量10705吨，本区含钒地层出露长约6公里，宽1—2公里，总面积近10平方公里，估算钒205地质储量在10万吨左右。

放射性矿产 产于郭镇千镜山一带，铀矿化赋存于震旦系陡山沱组中，含铀岩性为含硅含炭泥岩，含黄铁矿炭质泥岩，含磷结核炭质级岩等。已探明工业储量数十吨，为一小型铀矿点。

非金属矿产 分布范围广，主要有石煤、硅质岩、砂岩，砂砾石、紫砂陶土、砖瓦黏土等。

石煤 主要分布在郭镇乡境内，含矿岩系出露面积约10平方公里，石煤呈夹层产出，发热量一般为每公斤900—1600大卡，最高可达每公斤2190大卡，地质储量上亿吨。

砂石类 主要分布在郭镇乡境内，易于开采，广泛用于基建护砌和道路工程。

紫砂陶土 主要分布在梅溪乡境内，呈夹层产出，颜色呈鲜艳的紫红色，质地细腻，镜下鉴定为高岭石黏土岩。

砖瓦黏土 分布较广泛，分河湖相沉积型、风化残积型、现代湖积淤泥 3 种，可供开发利用的地质储量在 8000 万吨左右。

图 1–1

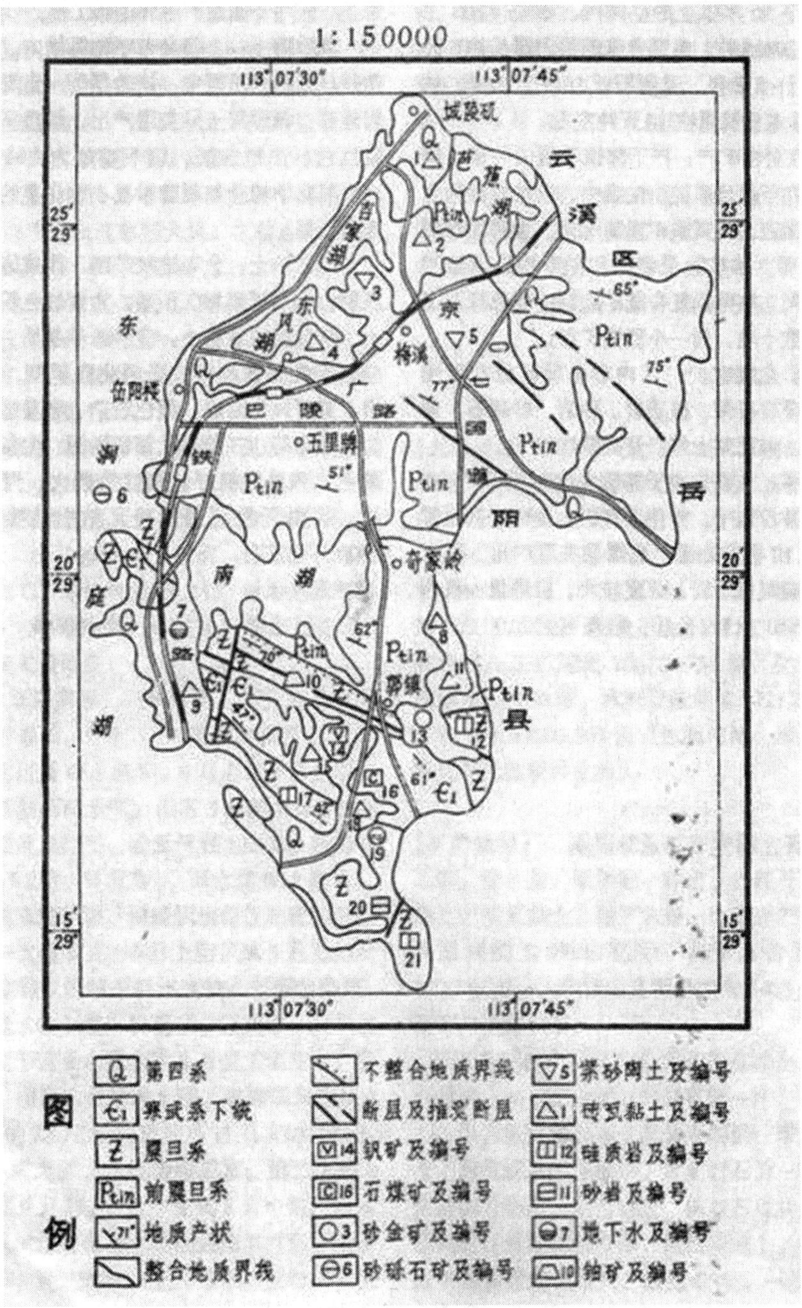

岳阳楼区矿产分布

四、地震

历代府、县志记载，境内曾多次发生地震。但因未处于地震带，故震级小，最大震级为5级以上，未超过6级，故未构成重大灾害，损失较小。

清乾隆五十年（1785）十一月十二日，岳州地震，十三日戌时，又震动有声。嘉庆七年（1802）十一月二十日，巴陵地震，震动有声。道光三十年（1850）三月十八日夜，巴陵地震。光绪十一年（1885）九月二十七日，巴陵地震。民国6年（1917）1月24日，岳阳县地震。民国7年（1918）2月13日，岳阳地震，杯盏相击，湖水起浪，人头晕目眩。民国18年（1929）古历三月底，岳阳县地震，城区白天突然变黑，居民需点灯照明，随着小雨，烟尘下掉，碗响屋摇，门环叮当作响，人站不稳，茶碗汤水泼出，几分钟后停止，天复晴朗，东方出现云幕，现大太阳。

第二节　地　貌

境内地形为地壳运动褶皱上升部分，地势东高西低，属丘陵低山地形，呈阶梯状向洞庭湖倾斜。地貌以岗丘地貌为主，间与平原、湖泊犬牙交错。山丘呈波状，海拔多在50—150米之间，最高点麻布大山海拔358.8米，南湖、枫桥湖、东风湖、吉家湖、芭蕉湖、长江镶嵌于城区周围，水资源丰富。地处城中心的金鹗山，峰峦盘结，绿树成荫，主峰海拔92.7米，为城区最高点。中华人民共和国成立后，随着城市建设的不断发展，许多岗丘被推平，建成工厂区、住宅区。在外营力的作用下，改变了原来的自然环境。

白石岭　在今巴陵东路，古时山上有仙庙，岭高多蚁，庙屡修屡坏，今不存，山岭大都被夷平建为城区街道。

城陵矶　在长江与洞庭湖汇合处东岸。《水经注》载“江水东径忌置山南，江之右岸有城陵矶，山有故城。”《方舆纪要》载“山东有白石、翟家二湖汇焉。”今为城陵矶港务局货场码头，山亦大多被削平。

凤凰山　俗名烟墩山，在今巴陵东路立交桥东。古时上有土城，清康熙十三年（1674），安远靖寇大将军贝勒尚善驻军此山，立大营，后在山上建有贝勒庙及墓，今无存，已被改造成城区街道。

七里山　在城区东北七里，南宋岳飞讨杨幺曾屯兵于此，筑有岳武穆祠。明嘉靖八年（1529），知府肖晚曾为郡邑烈女韩希孟建烈妇祠。清同治年间，邑人钟谦钧建塔其上，今祠、塔均已不存。

金鹗山　金鹗山位于洞庭湖东岸，滨临南湖，屏障岳阳楼。距岳阳楼约3公里，与岳阳楼隔城相望。据清光绪《巴陵县志》载：相传有一种颜色如金、名叫金鹗的“异鸟”曾飞集此山，故名金鹗山，俗称金鸡山、鸡窝山。主峰海拔92.7米，南北蜿蜒1.5公里，东西宽约1公里，峰峦盘结，中藏幽谷，碧水环流，翠叶翩翩，鸟语花香，风光秀丽。近可俯视岳阳全城，远可扼住洞庭一湖。它既是游览胜地，又是兵家必争之地。清康熙十三年(1674)正月，吴三桂遣部将扎寨金鹗山，造船、铸炮，与清军相持6年之久。北坡的战壕，至今依稀可见。山上旧有金鹗书院、奎星阁、“吴三桂炮台”等古迹，民国时期，由于军阀混战和日军入侵已毁坏殆尽。1976年，辟为金鹗公园。80年代，新建望岳亭、荷香楼、玉兔亭、阅古桥等胜景；90年代，重修文昌阁、金鹗书院，新建景明楼。1994年被评为“岳阳十景”之一，命名为“金鹗叠翠”。

雷轰山 又称雷锋山，在今枫桥湖畔，相传为吴孙权祖墓处，附近有西瓜山，相传为孙权祖先种西瓜处，成为居民社区。

白鹤山 在今吕仙亭街三角线的西南，与九龟山对峙，以曾有白鹤翔集而得名。清《巴陵县志》载："白鹤山阳有两池，池潜巨蟒。唐吕岩过此，招之出，化而为剑。"宋诗人陆游诗句"袖剑近到城南亭"，即指此剑。白鹤山亦产茶。据《巴陵县志》载："邕湖井，唐人尝称甘水井，煎白鹤山茶，气成白鹤飞舞。"慕名前来者颇多。建有吕仙道观。

刘公矶 在今洞庭北路，岳阳楼轮船码头北，上有刘公庙，今不存，水涨矶石隐伏，水落始露，为岳阳县湖管局家属区。

麻布山 原名霖雾山，位于郭镇乡与岳阳县麻塘乡交界处，山长10.08千米，有峰20余座，平均海拔333.7米，主峰鹰嘴山海拔352.7米。山上原有12庙、2塔、48景，其中麻布大仙庙最为传奇而得名，此庙已毁，山有东风洞、响风窝、木鱼山、罗汉桥、不冻池、莲花井，犀月陵、象鼻嘴等自然景观，古称"八景"，古鸣观为道教第三十五洞天。三国时期，关羽在此留下许多传奇故事，抗日战争时期这里是第一、二、三次湘北会战的重要战场。1991年，在霖雾山峰顶重建麻布山庙。

艑山 在今南津港西南角，湘人以吴船为艑山形类之故名。全岛面积3.13公顷，海拔44米，古代，山上建有哑女塔、今已毁。山上多篪竹，相传下有龙窟。清光绪《巴陵县志》和民间传说称：唐大历五年，杜甫"南征"而返，客死湘江，曾停柩此岛，为了纪念杜甫，在山上建有洞庭庙，今庙已不存。

龙山、乌龟山 又称"一龙"赶"九龟"，在南湖南岸，龙山自东而西，蜿蜒起伏，连绵4000米，状如一条青龙摇头摆尾，飞腾水面。其前有9个山头，顶部平缓，形若龟浮于水中，一字水色山光排向洞庭湖，恰似9只龟被巨龙追逐。传说当年秦始皇赶山填海来到南湖，惊动了湖中9只神龟，它们不满秦始皇残暴，遂游出水面阻挡。秦始皇挥神鞭，朝龙山使劲抽去，谁知用力过猛，神鞭脱手飞走，龙山屹立岸边，而神龟也留在了水面，形成"一龙赶九龟"的奇异景观。至今龙山有一条深坑，相传为秦始皇当年用神鞭抽打而成。九龟山，据明隆庆《岳州府志》载："九龟，在南津港，九山相连，形如龟，俗呼乌龟山。即柳宗元记无姓和尚所居也。"九龟山南倚赶山(龙山)，绵延起伏，形成"一龙赶九龟"的地貌景观。民间传说，秦始皇赶山塞湖，至天明，行色匆匆来到湖边，终未塞成。南湖出湖口，尚有一山称癞蛤蟆山。《巴陵县志》载有"九龟赶癞蟆"之语。龟山楞伽峰在唐代曾建有圣安寺，名僧法剑居此讲经，颇有影响。法剑死后，唐文学家柳宗元为其撰铭刻碑。

楞伽峰 又名八仙台，在今南湖南岸，湖滨地域，《一统志》：唐无姓和尚所居地，今峰上建有圣安寺。

巴丘山 在老城区，一说在岳阳楼一带，一说在天岳山一带。清宣统《湖南乡土地理参考书》引《一统志》载："巴丘山，在府城西南隅，亦名巴陵，又名天岳"；又引北魏郦道元《水经注》载："湘水又北至巴丘山入于江，山在湘水右岸"，又引《一统志》载："吴鲁肃以万人屯巴丘，即此。"

此外，在老城区自北而南，还有九华山、春华山、黄土岭、学道岭、金家岭、紫道岭、老印山、磨子山、宝剑山等山岭岗阜，大都建成街道及居民社区。

第三节 气 候

一、气候特征

境内地处长江中游南岸、洞庭湖盆地东缘，太阳高度角大，辐射强，受副热带高气压带和季风环流影响，且周围水面宽广，林木茂盛，草地常绿，对市区气候起着天然调节作用，属亚热带季风性湿润性气候。热量充足，雨水集中；春温多变，夏秋多旱；严寒期短，暑热期长；四季分明，季节性强。

二、气温、气压

气温 境内年均气温16.4℃—17℃，南偏高，北偏低。冬季吹偏北风，1月份平均气温3.7℃—4.4℃；夏季吹偏南风，7月份平均气温28.7℃—29.2℃。年极端最高气温39.3℃（1971年7月21日）；年极端最低气温-11.8℃（1956年1月23日），具有明显的大陆性气候特征。日平均气温≥10℃，年积温5200℃—5300℃，持续日240天左右。无霜期260—270天，生长期长，可满足两熟或三熟制农作物对热量的需要。市气象局1953—1986年33年气象资料统计，境内月平均气温：1月4.4℃；2月6.1℃；3月10.8℃；4月16.7℃；5月21.2℃；6月25.7℃；7月29.2℃；8月28.5℃；9月23.8℃；10月18.2℃；11月12.2℃；12月6.7℃。33年平均气温为17.0℃，月均气温在10℃以上的有9个月。1987—2012年，24年平均气温17.1℃，比前33年平均气温高0.1℃。

1987—2012年，随着全球气候变暖，城市建设的发展，人口的增多，经济的发展，大量废气进入大气中，加上水泥、柏油路面辐射热大，年均气温日益升高，市区较郊区高，以7—8月最热月计算，市区温度较郊区高3℃—4℃。主要街道温度最高可达45℃，城市热岛效应明显。气候平均气温小于或等于10℃为冬季，大于或等于22℃为夏季，10℃—22℃为春秋季标准统计，境内进入春、夏、秋、冬季时间分别为3月24日、5月29日、9月18日、11月23日前后，冬、春、夏、秋季分别为120天、67天、112天、66天左右。

图1–2

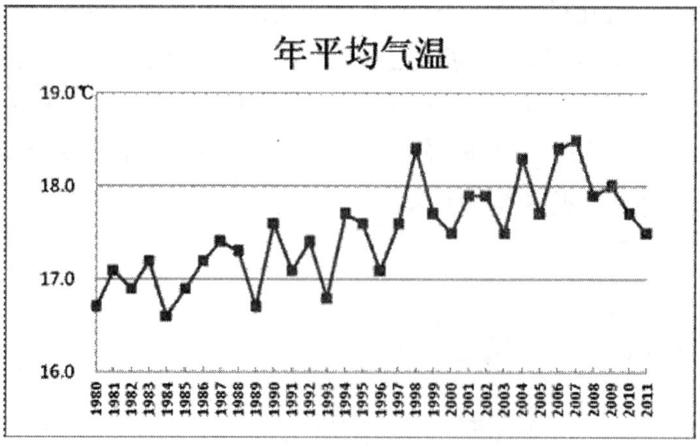

1980—2011年岳阳楼区平均气温

图 1–3

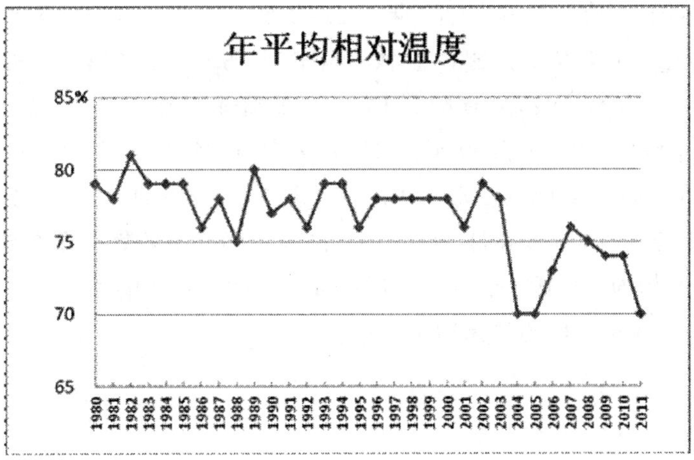

1980—2011 年岳阳楼区平均相对温度

气压　境内年均气压 1009.5 毫巴。1 月最高，达到 1010 毫巴以上，由于地面气温最低，受北方冷气团影响，太阳高度角最小，地面受热量少，因而形成高气压；7 月最低，970 毫巴左右，由于 7 月太阳高度角最大，太阳辐射强，地面温度较高，天气炎热，因而形成热低压，气压年较差为 23.6 毫巴。

图 1–4

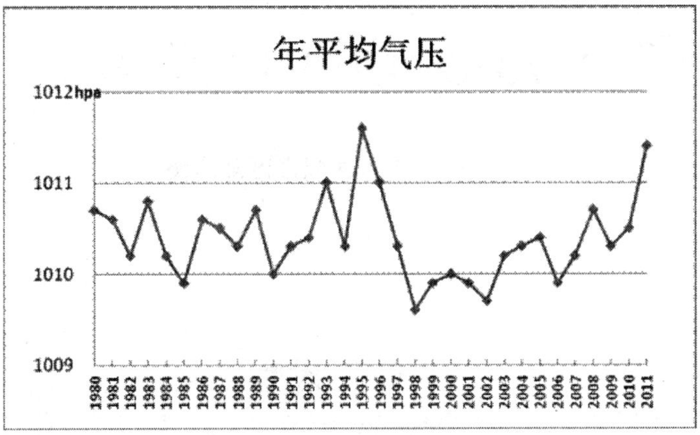

1980—2011 年岳阳楼区平均气压

霜期　境内的霜降受洞庭湖水的影响，一般在 12 月 4 日左右，个别年份如 1978 年则提至 10 月 29 日。自初霜日到终霜日的平均霜期，为 86 天。霜期内的平均有霜日为 20 天，终霜日后至初霜日前的无霜期为 279 天，个别年份有长有短，1988 年为 314 天，较 1957 年的 245 天要多 69 天。1989—2012 年，无霜期平均为 276 天，较前 33 年年均少 3 天。

三、降水、蒸发

降水　境内年降水量在 1200 毫米以上，春夏多于秋冬。4—6 月受夏季风影响，形成多雨季节，水灾多；7—9月受副热带高气压带控制，炎热少雨，常出现“伏旱”。降水的年际变化较大，最多年份，1954年达2336.5毫米；最少年份，1963年为829.7毫米，差值达1506.8毫米。最大月降雨量是1954年6月，达858.9毫米；最大日降雨量是1954年6月16日，达256.4毫米，0.1毫米以上的降水日数全年135—136天，个别年份1970年则为159天。日降水量在25毫米以上的大雨、暴雨日数全年为13—14天，个别年份如1954年为22天；日降水量在50毫米以上的暴雨日数年均3—5天，1954年则多达10天；最长的一次连续降水日数，1973年2月25日至3月14日连续18天；最长的一次连续无降水日数，1966年7月13日至8月23日连续42天。雨季一般集中在春夏两季，降水量占全年的62%左右，4—7月上旬为常年雨季，这一期间的降水量约占全年的42%左右。1989—2012年，年均降水1287毫米，较前33年（1200毫米以上）略有增加。

图1–5

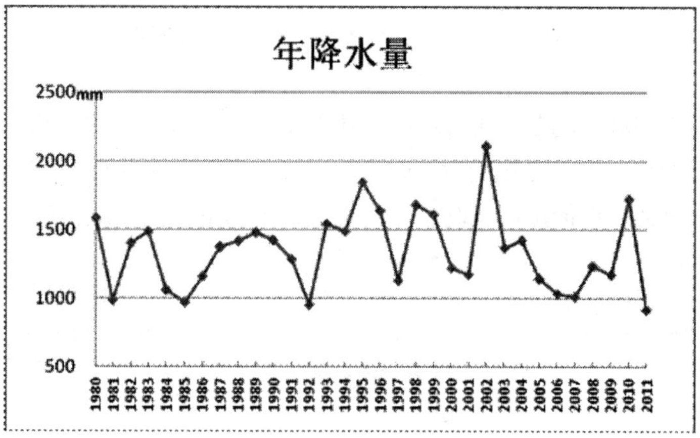

1980—2011年岳阳楼区降水量

图1–6

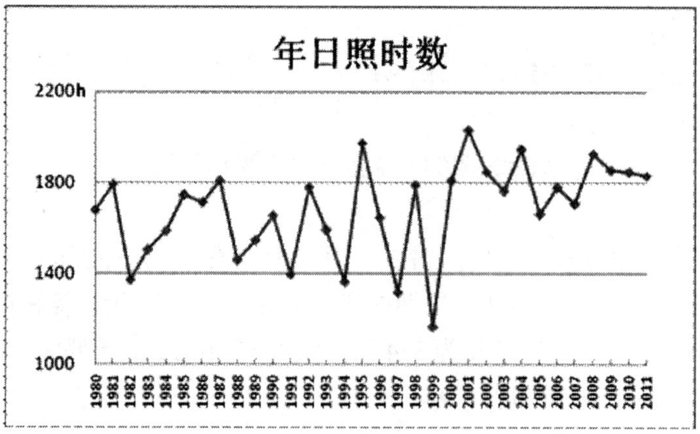

1980—2011年岳阳楼区日照时数

降雪 境内常年冬季降雪10—12天，最多年份冬季降雪日21—24天，最少年份1—5天。最早初雪在1月份，个别年份12月份下旬出现早雪。冬季积雪日，据何光岳《岳阳历史上的自然灾害》记载：1786年，境内清明后大雪，积雪深二尺许。1930年雪深数尺，1939年连雪六天深尺余。此后，随着气候变暖，深达尺余的积雪已不再见。1972年2月27日，境内积雪也仅23厘米。2008年1月12日—3月2日，境内出现大冰冻，道路封死，水管爆裂，全区人民进行抗冰灾工作。

蒸发 境内自然蒸发量以夏季7月最大，冬季1月最小。夏秋气温高，蒸发量大；冬春气温低，蒸发量小。年平均蒸发量1424.2毫米，略大于年平均1302.4毫米的降水量。其中，7月份平均蒸发量252.2毫米，降水量95.4毫米；8月份平均蒸发量212.5毫米，降水量116.7毫米；9月份平均蒸发量149.6毫米，降水量53.6毫米。历年各月平均相对湿度79%，最小相对湿度12%。最大年蒸发量为1963年的1747.6毫米，最小蒸发量为1954年的1101.1毫米。其中尤以7—8月蒸发量最大，约在每月200毫米以上，1988年7月达344.7毫米；最小的月蒸发量为1月，1954年1月为23.1毫米。2011年，干旱提前，6月份蒸发量超过200毫米，国务院总理温家宝到境内指导抗旱救灾工作。

第四节 水 文

2012年，境内有内湖4个，自南向北分别是南湖、东风湖、吉家湖、芭蕉湖，湖水面积2133.33公顷。小（1）型水库1座，郭镇乡麻布村黄洋水库，库容196.5万立方米。小（2）型水库5座，其中郭镇乡马安村白鹤垅水库，库容50万立方米；枣树村公平水库，库容20万立方米；建中村建中水库，库容30万立方米；磨刀村芭蕉水库，库容18万立方米；北港街道办事处蔡家居委会黄肆垅水库，库容24.5万立方米。库容总量339万立方米。

一、湖泊

洞庭湖 在历史上称云梦泽、重湖、五湖、巴丘湖。南接湘、资、沅、澧四水，北纳松滋、太平、藕池、调弦（已堵塞）等长江四口分流，然后绕过君山，从岳阳楼下奔腾而去，于城陵矶三江口吐入长江。多年平均径流量1852亿立方米，是天然的大水库。现有湖泊面积为2691平方公里，最大水深为30.8米。1983年测定，洞庭湖已分割为东洞庭湖、南洞庭湖和西洞庭湖。东洞庭湖在岳阳楼前，湖泊面积1327.8平方公里，相当于南洞庭湖、西洞庭湖的总和，相应容积132.3亿立方米，比南洞庭湖、西洞庭湖的总和还多30亿立方米，景象雄伟壮观。夏秋水涨，青草湖、洞庭湖连成一片，人们登上岳阳楼，仍可领略北宋范仲淹所描述的“浩浩荡荡，横无际涯”的壮丽景观。

南湖 在春秋战国时期叫作“雍滋”。唐代始呼邕湖，宋代有干湖、阁子湖、角子湖之称。位于岳阳楼背后3公里。西连洞庭，南溯龙山、龟山，北滨白鹤山、金鹗山。由洞庭湖派生而出，旧有水道至岳阳楼下，因在洞庭一角，又称角子湖。东南水程延伸较长，从龙山中部起，一支折至郭镇，一支折至康王桥，皆十余里。湖的形状不规则，鸟瞰似鹿角伸向群峰脚下。集水面积依丰水、枯水季节而不同：丰水季节，在海拔27米以上，可达135.24平方公里；枯水季节，即在海拔27米以下，为14.76平方公里。近代修建的粤汉铁路，当代修建的南津大堤，像两条平行的直线躺于南湖注入洞庭湖的入口处，将龟山、白鹤山连成一气。直到现代，南湖仍是终年碧波荡漾，幽静雅洁；山山水水，自然天成。国内外园林专家皆称南湖风光可与西湖、日内瓦媲美。1982年，南湖被定为湖南省自然风景保护区。1988年，全国“屈原杯”龙舟赛，1991年后，每年一次的国际龙舟节、世界龙舟赛，均在这里举行。1992年10月，经省政府批准，在此建立全省第一个省级旅游度假区。在木梓港建成国际一流的龙舟赛场。

芭蕉湖 位于城区东北部，与云溪区接镶，原为洞庭湖一港汊，因长江泥沙淤积，与长江大堤修建，遂成为内湖。湖水面积11.2平方公里，最高水位27米。湖面呈不规则三角形，似一柄巨型芭蕉扇，故名。湖北岸有古迹擂鼓台。

二、河流

北港河 注入南湖的支流之一，清光绪《巴陵县志》载：北港分为两支，一支自冷水铺梅溪乡南来，一支自金凤桥下莫家附近东来，因都注入南湖北港汊，都被称为北港河，来自梅溪的那条河流，因在河口修建有王家河桥，故更名为王家河。

南港河 注入南湖的支流之一，由郭镇与麻布大山、康王附近的众多小溪汇合后，由南向北注入南湖南港汊，因而被称为南港河，至2012年已大部淤塞。

汴河 明洪武四年（1371），岳州开掘护城河，以护卫城池。护城河自北门外九华山起，引洞庭湖水连结白石湖（今东风湖）、枫桥湖，绕东南经东门至南门吊桥下，再西入洞庭湖，周长千余丈，深二丈，阔十余丈。岳阳俚语称绕城而过为便（伴）城而过，故称便河，后被人改称为汴河。今已湮没。

三、过境水

境内长江干流、洞庭湖水系多年平均过境水量6477亿立方米，其中客水6381.79亿立方米；洞庭湖出口总量以七里山为控制站，多年平均径流总量为3035亿立方米，其中客水2939.74亿立方米。人均拥有量不少，但利用程度低，且常以洪水形式出现，流失量大。

四、地下水

境内地下补给水量大，约为地表水资源的21%，主要分布在沿湖及山丘区岗地的溪流河畔。洞庭湖冲积平原分布的砂卵石层中蕴藏有空隙水，富水程度中等，径流缓慢，单井日均涌水量300—3000吨，水位埋藏浅，一般0—5米；丘陵山地分布的砂岩、页岩、花岗岩、硅质岩等埋藏的空隙水，水量微弱，埋藏深度不同，一般在0—30米。

第五节 土 壤

境内地形为丘岗地貌自东向西向沿湖平原过渡，故成土母质类型多样。土壤分布为郭镇一带低山、丘陵区以黄红壤、山地黄壤为主，京广铁路两侧及环湖岗地以红壤、河潮土为主，土壤类型则以水稻土、菜园土、紫色土为主。郭镇乡一带为淹育性水稻土，包括黄泥田、红黄泥田及耕性第四纪红土红壤，含有丰富的氮元素和较多的钾元素，适宜水稻生长，菜园土分布于城郊梅溪、五里、北港一带，有2个亚类，4个土属，10个土种。

一、新菜园土亚类

70 年代有 138.07 公顷，占菜园土的 47.5%，下属 2 个土属：

新菜园田土土属　有青底红菜园土（成于第四纪红色粘土）、青底黄菜园（成于页岩风化物），分布于城郊五里公社，蔬菜的适种范围小，属三等菜园土，为水稻土改作的菜园土。

新菜园土土属　发育于页岩及第四纪红色黏土，有黄菜园土、生黄菜园土、红菜园土等 3 个土种，分布于五里公社、城郊公社，黄菜园土分布于丘间冲垅，原为水田，后作菜园，质地黏壤土，团粒结构，易耕作，但肥力较低。生黄菜园土为页岩风化物，1978 年前是水稻土或旱土，1978 年后逐步改作菜园土，肥力低，泥坨多，耕作时难散，团粒结构未形成，不利蔬菜栽培。质地黏壤土，灌溉条件较差，熟化程度低，养分含量低，在菜园土中算低产菜园土。红菜园土成土母质为第四纪红色粘土，分布于市郊岗地，1983 年前为旱地，种植红薯等作物，1983 年后逐步改作菜园土，灌溉条件差，适耕期短，一般在土壤湿润时耕作，坚硬泥坨多，团粒结构尚未形成。

二、菜园土亚类

70 年代有 153.13 公顷，占菜园土的 52.5%，下属 2 个土属：

堆积菜园土土属　发育于以煤渣为主的垃圾堆土，或每年用煤灰作肥料施入，使耕作层为煤灰层，为全层煤灰菜园土，主要分布于城郊汴河大队。质地中壤土，适耕期长，适种范围广，土壤肥沃，属一等菜园土。

熟菜园土土属　发育于页岩风化物的菜园土，熟化成度高，受城市垃圾污染影响，分成熟菜园土、熟黄菜园土、矿毒黄菜园土 3 个土种，主要分布在城郊一带。熟菜园土的成土母质为第四纪红色黏土，熟黄菜园土的成土为页岩运积物，作菜园土耕作年代久，耕作层 25—35 厘米，质地、肥力、结构基本相同，不同之处是 40 厘米以下母质层有所不同。主要分布在城市近郊，耕作层颜色黑灰色，团粒结构，易翻耕。主要施用人畜粪尿、城市垃圾。该土种熟化程度高，保肥供肥能力强，养分含量丰富，单产 7500—10000 公斤。矿毒黄菜园成土母质为页岩风化物，零星分布于城市工厂附近或受工矿污水危害地段，污染严重，致使土壤成碱性，影响作物生长发育，作物内重金属超过标准，危害人体健康。

90 年代，全境土地总面积为 17370.1 公顷。其中农用地 7442.42 公顷，内有耕地 2605.21 公顷，菜园土 637.34 公顷，林地 2842.35 公顷，其他农用地 1357.52 公顷；建设用地 7714.12 公顷，其中居民点及工矿用地 7075.96 公顷，交通运输用地 324.34 公顷，水利设施用地 314.78 公顷；未利用地（包括河滩、湖泊及沙漠化等无法耕种地）2213.55 公顷。随着城市东移北扩，城市建设用地逐年增多。至 2012 年，农业用地逐渐减少，梅溪、五里、北港等乡农用土地大部分已变成街道、居民区及工厂。

第六节　动植物资源

一、动物资源

境内处于洞庭湖东岸，山地、岗丘、河流、湖泊众多，野生动物资源十分丰富。全区有野生动物 30 目、69 科、110 种，属国家一级保护的 11 种，二级保护的 26 种，省级保护的 53 种。

鸟类 境内鸟类众多，尤以水禽为多。据历年考察，有16目、40科、100多种，其中属国家一级保护的有白鹳、黑鹳、白头鹤、白鹤、中华秋沙鸭等，属国家二级保护的有天鹅、灰鹤、大雁、白枕鹤、沙鸥、鸳鸯等。

兽类 主要有虎、豹、狼、豺狗、獐、鹿、獾、野兔、野猪、穿山甲等。清光绪《巴陵县志》杂识四施愚山闰章《岳阳行》云："岳阳城中虎昼伏，黄昏破壁噬人肉"之句，城区附近既有虎啸，且傍晚进城吃人。60年代，城郊一带时闻豹吃人的消息，1969年10月，大白天有一鹿窜入城中，为德胜村一菜农捕获。

爬行类 主要有蛇、青蛙、壁虎、蜥蜴等。清编《古今图书集成·岳州动物考》还记载有鹿、龟等动物，因生态环境的变化、人类的过度捕杀，这些动物境内已不再存有。1987年，有一长达2.46米的大蟒蛇出现在城区金家岭居民魏立炎家中，魏将其捕获放入湖西天井山。

畜禽 家畜主要有猪、牛、马、驴、骡、羊、兔、猫、狗，家禽主要有鸡、鸭、鹅、鸽等，以鸡为主，鸭次之。

水生动物 有各种天然鱼类118种，主要有银、鲤、鳙、鲢、青、草、白、鳊、鲶、鳇、鳡、穿针、毛叶等。其中珍贵鱼类有中华鲟、鲥鱼、银鱼、桂花鱼等，特种水产有乌龟、甲鱼、江豚、河蟹、白鳍豚等，此外还有黄鳝、泥鳅、虾等经济类水产。1978年后，随着生态变化，水质污染严重，及过度捕捞，境内水产品日益减少。1999年后，先后引进罗非鱼、基围虾、龙虾等水产品。

二、植物资源

境内属中亚热带北缘常绿阔叶林亚地带，植物种类繁多，可鉴植物种类80科近200多种。主要林木为乔木、灌木、木质藤及竹类。

乔木主要是松科的马尾松、湿地松，杉科的杉木，樟科的樟树，壳斗科的白栎、麻栎、苦槠、毛栗等，另外还有桃树、李树、梨树、柑橘、桑树等。

灌木主要有金缕梅科的檵木，杜鹃科的映山红，蔷薇科的山莓、山楂，冬青科的冬青草。

此外，还有杨柳科的杨树、垂柳、河柳，葡萄科的葡萄、爬山虎，梧桐科的法国梧桐等，禾本科有青竹、方竹、斑竹、楠竹等。

由于山林离城区近，原始生态类型基本被人工种植取代，历史上林木曾遭人为大面积破坏。1958年大炼钢铁，城郊一带林木砍伐殆尽。1979年后，每年坚持大规模植树造林、封山育林，境内大小山丘均已绿树成荫，城区街道林带及绿化带的修建，既增加了绿化面积，也增加了植物种类。

第三章 自然灾害

第一节 水 灾

境内滨江临湖，湖泊、河流、溪水众多，易发生洪涝灾害，且多发生在每年的春、夏两季，尤以6—8月较多，有些年份也发生秋汛。每到汛期，大雨连绵，江河湖水暴涨，致使堤垸溃决，洪水漫溢，形成洪涝灾害。

清乾隆年间,境内发生7次水灾,分别在乾隆五年(1740)、七年(1742)、九年(1754)、十九年(1764)、二十三年(1768)、二十四年(1769)、四十四年(1789);嘉庆年间,境内发生1次水灾,在嘉庆二十一年(1816);道光年间,境内发生12次大水,分别在道光十年至十三年(1830—1934)、十六年至二十年(1837—1841)、二十三年(1844)、二十六年(1847)、二十九年(1850);咸丰年间,境内发生8次大水,分别在咸丰二年(1852)、四年(1854)、十三年至十五年(1863—1865)、十八年(1868)、二十二年至二十三年(1872—1873);光绪年间,境内发生5次大水,分别在光绪六年(1880)、九年(1883)、二十二年(1896)、三十一年(1905)、三十四年(1908)。

中华民国时期,境内发生7次大水,分别在1915年、1917年、1918年、1926年、1928年、1931年、1936年、1949年。

中华人民共和国成立后,1952年、1954年、1955年、1956年、1957年、1958年、1959年、1962年、1964年、1965年、1966年、1968年、1969年、1970年、1971、1973年、1974年、1975年、1976年、1978年、1979年、1980年,境内共发生23次大水。其中,1954年5月下旬至7月中旬,境内连降暴雨,仅6月即降雨858.9毫米,6月16日一天即降雨246.01毫米,洪水猛涨,连续形成6次特大洪峰,水位高达34.42米,为近百年来水位最高纪录,城区低洼地方全部进水,大水经街河口漫至南正街口,梅溪桥街被水淹没,可以行船。

1983年6月下旬至7月上旬,连续降水600多毫米,其中7月7—9日,降水200多毫米,长江、洞庭湖水位猛涨,沿湖水位接近1954年洪水水位,全市军民紧急投入抗洪抢险。1993年7月2—7日,境内普降大雨,市区降雨高达211.6毫米,暴雨成灾。1995年5月30日至6月3日、6月18—25日、6月30日至7月2日,境内3次普降大雨,3次雨量均在150—200毫米,城区近12平方公里街道进水,7月6日20时,城陵矶水位37.4米,仅比1954年最高水位低0.87米。1996年7月14—18日,境内普降暴雨,湘、资、沅、澧四水同时上涨,长江洪水同时顶托,致使洞庭湖水位猛涨,7月18日15时,城陵矶水位达35.31米,超1954年水位0.76米。大量民房、学校、医院、商店、街道进水。1998年6月中旬至8月下旬,境内发生百年未遇的特大洪灾,洞庭湖流域及长江流域连降暴雨,形成历史上罕见的特大洪水。长江8次洪峰与洞庭湖5次洪峰相连,互相顶托,城陵矶水位涨至35.94米,较1954年高出1.39米。其中,6月份降雨239.8米,6月16日一次强暴雨即达131毫米,全区农作物受灾面积200余公顷,损坏房屋598间,停产与半停产企业36家,部分学校因渍水停课。2008年7月、9月,2次强降雨,造成全区14个乡、街道办事处,50多处地方受渍,最深处达1米,造成1080人受灾。2010年4月,连续4次遭遇强暴雨袭击,累计汛期降雨量达910.5毫米,致使16个乡、街道办事处不同程度受灾,直接经济损失达1993.343元。2012年,全区遭受4次特大暴雨和持续19天的高汛水位。

第二节 旱 灾

境内旱灾多发生在夏、秋两季,一般称为伏旱与秋旱。有些年份也发生冬旱与春旱。有些年份伏旱与秋旱相连,冬旱与春旱相连,危害甚大。

7—9月,进入高温与伏旱天气。这段时期,受副热带高气压带控制,太阳高度角大,辐射强,气温高,蒸发强,气流性质单一,缺乏形成锋面雨的条件,易形成干旱。这种天气多出现在“小暑”后的三伏天，农谚语："小暑南阳十八朝，吹得南山竹叶焦"。就是这时期天气的写照。立秋以后，这种炎热高温的天气，常连续15天以上，俗称24个"秋老虎"，有些年份竟长达61天。1966年，7月份降水量39.6毫米，8月份仅3.6毫米，9月份4.9毫米，3月份仅降水48.1毫米。日降水量≥0.1毫米的天数共10天，≥5.0毫米的天数仅（7月）有1天，≥10毫米的天数也只（7月）1天。自7月13日至8月23日的42天中，连续无降雨，伏旱连着秋旱，连续61天竟滴雨未降，为1910—1989年干旱最长年份。1963年，境内全年降水量仅830毫米，比1954年6月份（859毫米）降水量还少，成为较大干旱年。1968年，全年降水787毫米，成为严重干旱年。

据何光岳《岳阳历史上的自然灾害》载：清乾隆十一年（1746）三月至八月大旱，乾隆四十四年（1779）大旱又遇蝗虫灾，庄稼颗粒无收，饥民逃食四川。乾隆五十年（1785）大旱，乾隆五十三年（1788）大旱，嘉庆十二年（1807）大旱，禾尽枯，民多食草根树皮、观音土。道光十一年（1835）大旱，稻无收。咸丰六年（1856）大旱，螟伤稼，蝗蔽天，竹木叶食尽，光绪十九年（1893）久旱。民国10年（19210大旱，颗粒无收，民多饿死。民国14年（1925）大旱大饥，禾草于死，民吃树皮草根，多饿死，史称"乙丑年"大饥荒。民国23年（1934）秋大旱，连干44天。民国34年（1945）春夏大旱时，连干52天。中华人民共和国成立后，1950—1951年、1953年、1955—1956年、1959—1960年、1963年、1966年、1974年、1979年、1984—1986年、1990年、1997年，境内发生大旱，且干旱时间长。1956年干旱长达75—80天，1959年夏秋连旱131天，1963年连旱87天，1968年连旱66天，1985年夏秋大旱110天。1997年7月15日至9月11日，58天中境内雨量仅24.4毫米，大部分山塘干涸，机埠"掉脚"，6个村民组960多户人畜饮水困难。2005年7—8月，发生10年不遇严重旱情，晴热高温天气持续40天，全区15座水库蓄水不足库容10%，80%塘坝干涸，共有566.67公顷农田菜地受旱，580人、1200多头大牲畜出现饮水困难。2011年春夏之交时发生大旱，960公顷菜地、稻田受灾。

第三节 风 灾

境内滨江临湖，由于湖面与陆地受热不一，易形成"湖风"与"陆风"。白天，风从湖面吹向陆地，形成"湖风"；夜间，风从陆地吹向湖面，形成"陆风"。这种"湖陆风"现象在境内表现为白天偏西风，夜间偏东风。风力超过7级以上的大风，易形成风灾，给屋宇、庄稼、林木及水上交通造成危害。据《岳阳历史上自然灾害》记载，自清乾隆年间至今，境内风灾频繁，损失巨大。

乾隆五十八年（1793）七月二十三日辰时，巴陵（岳阳）城南起龙卷风。嘉庆二十二年（1817）二月二十二日晚，城陵矶起大风暴，沉溺粮船17只，淹死运丁水手男女数百人。嘉庆二十三年（1818）二月，岳州城起大风，毁坏粮船数艘。同治三年（1864）三月，巴陵雨水如豆，是夜大风，瓦石皆飞，坏民舍无算。同治四年（1865）三月十一日夜，大风，雨水如豆，"府试届期，华（容）邑童生渡此者，覆三船，人不救。"民国元年（1912）11月，岳州狂风大作，湖中浪涌如山，船帆多被吹折，城陵矶倒屋伤人无数。民国24年（1935）7月，洞庭湖突刮东南大风，坏船无数，由岳阳开往华容大木帆船被打翻，淹死放暑假回家的中学生90多名。8月15日9时，又刮大北风，湖上船只刮沉无数。民国37年（1948）5月7日，境内遭60年所未见之大风，暴风自7时半怒吼至14时，屋摧树拔，船覆排翻，人畜漂流，死亡甚众，仅城区被暴风卷倒房屋2862栋，沉没帆船10艘、竹排12架，死亡210人，伤10人。1955年6月9日，境内刮大风，最大风力12级，南津港集材场木排全部打散。1956年3月18

日，大风打沉岳阳港内大小船只71艘，死7人，刮倒部分房屋。1958年2月11日，城西洞庭湖刮大风，打沉木船1艘，死伤3人；2月23日，湖面又刮大风，打沉木船3艘，死1人。1959年5月21日，境内大风，城区电话线大部分被刮断，沉木船2艘。1960年5月17日，境内大风，岳阳港沉船3艘，死28人。1962年4月17日1时13分至8时30分，境内大风，最大风力12级，洞庭湖上刮沉、打坏大小船只32艘，死伤6人，损失化肥、粮食、木材等物；7月30日20时2分至21时20分，岳阳港区刮大风，最大风力12级，被风浪打沉、打坏船只110艘，死1人，损失达42万元。1965年7月21日18时30分至19时25分，境内刮12级偏西雷雨大风，港内损坏木船50艘，外港10艘。1970年6月17日22时48分至23时7分，岳阳港突遭8级大风袭击，打坏船只19艘，加上货物损失约200多万元，淹死小孩2人。1972年3月31日，大风袭击岳阳港，打沉停在港内木船2艘。1973年4月11日，岳阳港突刮9级大风，打坏木船20艘。7月23日，刮9级大风，沉船11艘。1974年2月22日下午至晚上，寒潮，大风9级，岳阳港打沉木船1艘，船上大米受损失。1976年4月22日，岳阳港突刮大风，湖面上最大风力12级，岳阳港内外共打坏大小船只25艘，淹死8人。1977年3月23日，岳阳港突刮大风，打坏船只11艘，其中沉船4艘。4月16日，又刮大风，港内翻沉驳船2艘。23日，再刮大风，港内沉船42艘，共4000多吨位，其中沉驳船6艘，损失煤炭75吨、盐125吨、大米76吨，损失12万余元，境内倒房屋156间，伤10人。1990年8月7日19时50分至20时10分，市区雷雨大风，风力10级，倒房屋1856间，倒电杆150根，吹断输电线路万余米，林木、作物受损失，伤559人，死3人，经济损失约1020万元。11月8日23时13分至9日1时38分，寒潮大风9级，岳阳港沉粮船、面粉船各1艘，己内酰胺厂工地部分电杆被刮倒。1998年4月23日18—20时，境内遭10级雷雨大风，有房屋倒塌，电杆吹倒。2002年4月3日晚至4日凌晨，雷雨大风夹带冰雹席卷市区，瞬间风速达每秒29.8米。冰雹最大直径11毫米，暴雨倾盆，电闪雷鸣，春收作物大面积倒伏，大量菜棚农膜被毁，数十块广告牌被吹倒。2004年3月1日，境内刮起寒潮大风，同时伴有雨雪，城陵矶港2艘货船相撞。

第四节 冰 灾

境内冬季气候严寒，经常出现大雪、冰冻天气，古时尤甚。每遇大雪。积雪深盈2—3尺，冰冻日期30—40多天并不少见，长时则达3月之久，湖面封冻，人可行走。随着全球气候变暖，大雪、冰冻天气逐渐减少。

清乾隆五十一年（1786），岳州清明后大雪，农历三月十六日、十七日积雪深二尺许。嘉庆三年（1800）农历九月十八日，岳州大雪，深尺许。道光十年（1830），岳州大雪，洞庭湖冰坚可渡。同治元年（1862）正月，岳阳大冰凌。民国6年（1912），岳阳大冰冻达40多天，树木冻死。民国5年（1916）12月，岳阳连日冰冻，电杆损坏，压断电线数百幅，岳阳至蒲圻的电报不通。民国15年（1926）11月上旬开始，岳阳冰冻40多天，三尺围大树被压断，竹林成片压倒，野兽入室觅食。民国17年（1928），从冬月至次年正月，岳阳冰冻2个月，水上结冰尺余，江河封冻，猪牛多冻死。民国18年（1929）12月中旬，湘北大冰冻，岳阳从腊月至正月，冰冻45天，池塘结冰一尺多厚，牛多冻死。12月3日，岳阳一晚之间下棉絮大雪，平地深2尺，屋、街、沟、河全部封满，铁路沿线电杆压倒不少，电信中断3天，铁路停运。民国19年（1930），岳阳奇寒，池塘结冰厚一尺七寸，洞庭湖冰冻20余天，可走牛车。城区大雪冰冻达50多天，商业萧条，百物昂贵，牲畜冻死，菜蔬枯萎，电线结冰坠断，水陆交通完全中断。民国33年（1944），岳阳大雪10天，平地雪深二三尺。1954年12月26日至1955年1月12日，连续18天大冰冻，电线积冰最大直径超过70毫米，地面结“油凌”（冰），江河湖泊封冻月余，行人、车马经过如履平地，百姓可从君山岛越冰至街河口购物再返回。电力、通信设施、蔬菜、树木、冬季农作物均遭受严重损害，湖中船只被冰凌挤坏无数。1955年1月上旬，省交通厅派8艘破冰船到湖上破冰开辟航道。1964年2月8—13日，16—21日冰冻，江河湖泊水面冰冻，地面结“油凌”，电线积冰最大直径23毫米，断线倒电杆，供电、交通、邮电运行受阻。1991年12月25—28日，境内雨淞持续4天，市区积冰7毫米，城陵矶渡口停航2天，部分水管冻裂，基建工地停工7—10天。2004年12月22—30日，境内出现近几年少见降雪天气，部分地方出现冰冻，交通、电力、通信受阻。2008年1月13日至2月3日，境内出现1954年后最大规模低温冰冻雨雪严寒天气，持续时间长，覆盖面广，冰灾损失巨大，铁路、公路、电力、通讯严重受阻。

第二篇　人　口

第一章　人口状况

第一节　人口来源与数量

一、人口来源

境内居洞庭湖畔，距今20万年前就有人类活动。6000多年前，便有原始村落。夏、商时期，境内属荆州之城，三苗之地，古越族在此繁衍生息。春秋战国时期，境内先后筑东西麇城。楚穆王五十年（前616），楚灭古麇子国。《春秋地理考实》载："吴人居麇，今越州巴陵县东有麇城，当是楚灭麇，迁麇人于此。"《读史方舆纪要》载：越州"府东三十里，相传古麇子国，有东西二城。春秋定公五年，秦救楚，败吴师，吴师居麇，楚人焚之。又战，吴师败还。既而楚昭王使王孙由于麇城，即此。"东麇城即今楼区梅溪乡梅子市村，麇子即与梅子同音。西麇城即在今岳阳楼一带。

史料记载秦王朝时，有北方移民迁至洞庭湖区。秦灭楚后，于洞庭、苍梧置长沙郡。后又发大军50万征南越，并大量移民南越，其中部分移民留住境内。秦始皇巡狩至君山湘山祠时，跟随刑徒留住当地。

东汉武帝发兵南征，在湖南乃至巴丘屯驻军士。东汉末年，兵灾战乱迫使中原士民迁徙荆州，南阳、襄阳等地的人南迁至洞庭、沅、湘之间，使长沙等四郡户数在百余年增加4倍，人口增加5倍，境内人口相应增加。

两晋南北朝时期，饥荒与战乱频繁，中原士民大规模南迁，东晋王朝在洞庭湖区设立南义阳郡、南河东半郡，境内人口随之减增。

北宋末年及其后60年间，为避战乱，先后有246万人从北方迁往长江以南，其中有6万多人迁入湖南，境内人口随之增加

1259年，元兵破岳州，屠城后，俘大批难民北去，岳州人口骤减。《元史·地理志》记载，元至元二十七年（1290），岳州路有137503户，787743人。明洪武元年（1368），岳州府临湘、华容、平江、巴陵四县仅有44776户，218522人。78年间，户数减少92727户，人口减少569221人。其主要原因是元末农民战争造成大量人口被杀或流离失所。特别是至正二十四年（1364），王朱元璋部将杨璟攻占岳州，大肆屠城，岳州城区军民被杀殆尽，人口减少。

明末清初，岳州成为清军与南明军、李自成、张献忠农民起义军反复争夺的战场，大批百姓被屠杀或逃亡，境内人口再次锐减。清初，清军与叛将吴三桂又在岳州展开争夺战，百姓死于炮火或逃离家园。康熙皇帝平定吴三桂叛乱后，又从江西大批移民境内，岳州人口再次增加。其后170多年，政

局较为安定，商业繁荣，人民安居乐业，人口不断增加。

民国时期，岳阳城区人口已达4万多人。1938年，日军侵占岳阳，市民纷纷逃难，城区人口再次骤减。抗日战争胜利后，仅有部分市民返城。此时，湖北省洪湖、监利等地的商人及农民进入岳阳经商或打工，成为新市民。至今，岳阳人主要由本地人、北方人、江西人、湖北人构成。此外，在新中国成立前，疾病、自然灾害频繁，也是造成境内人口减少的原因。

1949年，城区人口3.14万人。1964年，岳阳专员公署设立时仅68848人。1978后，随着经济和城市建设的不断发展，人口繁衍生殖，郊区及邻近县人口进入城区谋生，机构与企业不断增加，同时，许多外地人口大量迁入境内定居，至2012年，已发展到664220人。

二、人口数量

清末民初，境内商贾云集，人口增多。1913年，城区人口增至3万余人，其后13年，由于军阀混战，疫病流行，人口发展缓慢。1938年，日军占领岳阳，人民背井离乡，流离失所。1944年，城区人口仅4000余人。1945年，抗日战争胜利后，人民陆续返回家园，人口逐渐回升。1949年底，增至5.76万人。

中华人民共和国成立后，城区人口逐年增加。1963年，共有10万人，其中城区6.4万人。1964年，设立岳阳地区后，外县、外省籍人口调入岳阳工作。1989年，境内人口增至28.51万人，为1963年的2.85倍。1996年，岳阳楼区成立，总户数为189293户，总人口达441657人。2012年，岳阳楼区总户数287315户，总人口664220人。

1949—1995年境内人口统计

表2-1　　单位：万户、万人

年度	总户数	其中		总人口	其中		男	其中		女	其中	
		南(城)区	郊区		南(城)区	郊区		南(城)区	郊区		南(城)区	郊区
1949	1.38	0.65	0.73	5.76	3.14	2.62	2.83	1.54	1.29	2.93	1.60	1.33
1950	1.63	0.77	0.86	6.15	3.35	2.8	3.33	1.80	1.53	2.82	1.55	1.27
1951	1.64	0.77	0.87	6.62	3.61	3.01	3.56	1.93	1.63	3.06	1.68	1.38
1952	1.65	0.78	0.87	6.86	3.74	3.12	3.6	1.95	1.65	3.26	1.79	1.47
1953	1.98	1.00	0.98	7.12	3.95	3.17	3.85	2.17	1.68	3.27	1.78	1.49
1954	1.97	0.99	0.98	7.40	4.12	3.28	4	2.26	1.74	3.40	1.86	1.54
1955	2.05	1.02	1.03	7.81	4.42	3.39	4.29	2.49	1.80	3.52	1.93	1.59
1956	2.03	1.02	1.01	8.22	4.87	3.35	4.48	2.69	1.79	3.74	2.18	1.56
1957	1.94	1.01	0.93	8.35	4.91	3.44	4.67	2.83	1.84	3.68	2.08	1.60
1958	1.92	0.93	0.99	8.77	5.25	3.52	4.8	2.92	1.88	3.97	2.33	1.64
1959	2.16	0.99	1.17	9.99	6.61	3.38	5.57	3.87	1.70	4.42	2.74	1.68
1960	2.18	1.15	1.03	10.3	6.10	4.20	5.61	3.43	2.18	4.69	2.67	2.02
1961	2.44	1.23	1.21	9.91	5.96	3.95	5.45	3.38	2.07	4.46	2.58	1.88

年度	总户数	其中		总人口	其中		男	其中		女	其中	
		南(城)区	郊区		南(城)区	郊区		南(城)区	郊区		南(城)区	郊区
1962	2.11	1.02	1.09	9.55	5.38	4.15	5.12	2.94	2.18	4.41	2.44	1.97
1963	1.61	0.67	0.94	10	6.40	3.60	5.34	3.44	1.90	4.66	2.96	1.70
1964	1.52	0.63	0.89	10.18	6.52	3.66	5.39	3.50	1.89	4.79	3.02	1.77
1965	2.03	1.15	0.88	11.1	7.46	3.64	5.99	4.10	1.89	5.11	3.36	1.75
1966	2.22	1.31	0.91	11.51	7.70	3.81	6.08	4.11	1.97	5.43	3.59	1.84
1967	2.30	1.36	0.94	11.84	7.92	3.92	6.25	4.22	2.03	5.59	3.70	1.89
1968	2.29	1.35	0.94	12.26	8.20	4.06	6.48	4.38	2.10	5.78	3.82	1.96
1969	2.53	1.49	10.4	12.62	8.44	4.18	6.6	4.46	2.14	6.02	3.98	2.04
1970	2.45	1.34	1.11	13.25	8.90	4.35	6.99	4.75	2.24	6.26	4.15	2.11
1971	2.72	1.58	1.14	13.82	9.38	4.44	7.55	5.24	2.31	6.27	4.14	2.13
1972	3.05	1.96	1.09	14.45	9.92	4.53	9.91	5.55	2.36	6.54	4.37	2.17
1973	3.20	2.04	1.16	14.93	10.20	4.73	8.13	5.66	2.47	6.8	4.54	2.26
1974	3.42	2.27	1.15	15.51	10.68	4.83	8.43	5.90	2.53	7.08	4.28	2.30
1975	3.50	2.19	1.31	16.09	10.62	5.47	8.73	5.91	2.82	7.36	4.71	2.65
1976	3.81	2.40	1.41	16.96	10.99	5.97	9.19	6.10	3.09	7.77	4.89	2.88
1977	4.07	2.60	1.47	17.54	11.47	6.07	9.44	6.30	3.14	8.1	5.17	2.93
1978	4.18	2.69	1.49	18.35	12.23	6.12	9.85	6.70	3.15	8.5	5.53	2.97
1979	4.45	3.07	1.38	19.38	13.49	5.89	10.35	7.31	3.04	9.03	6.18	2.85
1980	4.57	3.14	1.43	20.09	14.11	5.98	10.73	7.66	3.07	9.36	6.45	2.91
1981	4.84	3.38	1.46	20.84	14.65	6.19	11.08	7.93	3.15	9.76	6.72	3.04
1982	4.97	3.40	1.57	21.55	15.05	6.50	11.42	8.13	3.29	10.13	6.92	3.21
1983	5.44	3.85	1.59	21.92	15.43	6.49	11.58	8.29	3.29	10.34	7.14	3.20
1984	5.54	3.96	1.58	22.52	16.06	6.46	11.89	8.62	3.27	10.61	7.44	3.19
1985	5.79	4.12	1.67	23.37	16.85	6.52	12.31	9.00	3.31	11.06	7.85	3.21
1986	6.35	4.67	1.68	24.34	17.75	6.59	12.77	9.41	3.36	11.57	8.34	3.23
1987	6.93	4.97	1.96	25.7	18.41	7.29	13.44	9.66	3.78	12.26	8.75	3.51
1988	7.67	5.44	2.23	27.23	19.39	7.84	14.26	10.17	4.09	12.97	9.22	3.75
1989	8.26	5.80	2.46	28.71	20.62	8.09	15.04	10.82	4.22	13.67	9.80	3.87
1990	8.86	6.21	2.65	30.45	21.81	8.64	15.89	11.39	4.50	14.56	10.434	4.13
1991	10.01	6.68	3.33	32.36	22.53	9.83	17.04	11.80	5.24	15.32	10.73	4.59

年度	总户数	其中		总人口	其中		男	其中		女	其中	
		南(城)区	郊区		南(城)区	郊区		南(城)区	郊区		南(城)区	郊区
1992	10.95	7.30	3.65	34.09	23.89	10.20	18.05	12.57	5.48	16.04	11.32	4.72
1993	11.96	7.59	4.37	36.50	24.90	11.60	19.48	13.08	6.40	17.02	11.81	5.21
1994	12.92	8.30	4.62	39.54	26.79	12.75	21.10	14.09	7.01	18.44	12.71	5.73
1995	13.36	8.67	4.69	41.46	29.36	13.10	22.31	14.98	7.33	19.15	13.38	5.77

1996—2012 年岳阳楼区人口统计

表 2-2 单位：户、人

年　度	总户数	人　口	其 中	
			男	女
1996	189293	441657	234036	207621
1997	182599	465350	246195	219155
1998	185962	489616	258487	231129
1999	196855	515477	271435	244042
2000	203691	494678	259990	234688
2001	212000	527092	276192	250900
2002	227700	539474	282857	256617
2003	237746	551257	288607	262650
2004	233484	557855	291651	266204
2005	237806	562042	293800	268242
2006	266219	638755	334108	304647
2007	273272	647982	338760	309222
2008	279989	653862	341390	312472
2009	282514	660647	344464	316183
2010	291352	671067	349313	321754
2011	294383	676736	351463	325273
2012	287315	664220	342882	321338

第二节　人口分布与密度

古代，岳阳城区为历代郡、府、州、县治所，面积为 1.7 平方公里，人口及驻军在“数万之间”，人口密度大。

中华人民共和国成立前，城区面积仅 2 平方公里，人口 2.4 万多人，每平方公里人口密度 12149 人。中华人民共和国成立后，城区人口逐年增加。1964 年成立岳阳专区，城区成为岳阳地区政治、经济、文化中心，人口密度为每平方公里 4590 人。1988 年，境内面积为 270 平方公里，人口 27.23 万人，人口密度每平方公里 1009，其中南区人口密度为每平方公里 8081 人，比 1964 年每平方公里增加 3491 人。1995 年，南区、郊区面积共 270.4 平方公里，人口 414630 人，人口密度为每平方公里 1533 人。

1996 年，岳阳楼区面积 170 平方公里，人口 441657 人，每平方公里人口密度 2598 人。2010 年，全区面积 175 平方公里，全区总户数 291352 户，人口 671067 人，每平方公里 3835 人。较 1996 年每平方公里增加 1237 人。人口密度最大的是三眼桥街道，每平方公里 13108.8 人；其次是王家河街道 12332.3 人，站前路街道 12010.8 人，五里牌街道 10153.8 人，岳阳楼街道 8489.6 人，吕仙亭街道 8245.6 人，洛王街道 7727.6 人，望岳路街道 5671.2 人，金鹗山街道 4857.1 人，枫桥湖街道 4672.7 人，城陵矶街道 2943.8 人，奇家岭街道 2168.9 人，梅溪乡 1550.5 人；人数未超过 1000 人的是洞庭街道 811.6 人，郭镇乡人口密度最小，仅 499.1 人。2012 年，全区总面积 171.04 平方公里，人口 664220 人，每平方公里人口密度 3884 人。

第三节　人口变动

一、自然增长

1983—1989 年，城区人口自然增长少于人口的机械增长。7 年中，共出生 13589 人，死亡 4935 人，净增 8654 人，出生人数为死亡人数的 2.75 倍。自然增长率最少的 1985 年为 4.5‰，最多的 1989 年达 10.5‰ ,7 年平均增长率为 6.79‰。1996—2012 年 , 共出生 80989 人，死亡 23642 人，净增 57347 人。

二、机械增长

1949 年始，城区行政区划 8 次变动，人口数量随之变化。1958 年 10 月，以城厢镇成立岳州公社，城陵矶镇划归城厢镇，全镇人口由 1957 年的 4.91 万人增至 5.23 万人。1960 年 1 月 2 日，以岳州公社成立岳阳市，原属岳阳县辖梅溪公社、洞庭公社划归岳阳市。加之大跃进后企业人口增加，人口由 1959 年 6.61 万人增 11.36 万人。1962 年 10 月，撤销岳阳市，恢复岳阳县城关镇，梅溪公社、洞庭公社等划归岳阳县；同时，贯彻“调整、巩固、充实、提高”的方针，大力精简和下放城镇人口，1963 年，人口降至 65108 人。1964 年，设立岳阳地区，岳阳地委、岳阳行署机关迁至城区，人口升至 68848 人。1975 年 12 月，城关镇升级恢复为岳阳市，原属岳阳县的五七渔场、湖滨园艺场、君山茶场、君山芦苇场，郭镇公社 1 个大队、康王公社 1 个大队、梅溪公社的 12 个大队划归市领导，至 1976 年，全市人口由 1974 年的 124250 人增至 154397 人。1981 年 10 月，撤销岳阳县，其行政区域划归市领导，全市总人口 967848 人，其中城区 160320 人。1983 年，恢复岳阳县、岳阳市辖 5 城市区，10 个乡，总人口 385529 人，其中城区人口 155955 人。1984 年 4 月，以原 5 个城市区成立岳阳市南区，原有各乡划归岳阳市郊区，境内人口 22.52 万人。

"文化大革命"（1966—1976）中，1.2 万多名知识青年、城市居民下放农村。1969 年后，从农村招收大批复员、转业退伍军人进城工作。1978 年后，下放知识青年、居民陆续返回城市。城区人口有增有减。

改革开放后，随着经济建设的发展，企业陆续迁入岳阳。随着岳阳市的升格和经济的发展，1983—1989 年，因工作调动、毕业分配、农转非等形式，从外地迁入人口 58941 人，扣除迁出人口 23635 人，净增 35306 人，年均增加 5034.7 人，人口的机械增长为自然增长的 4 倍。

设立岳阳楼区行政区后，全区人口总的趋势是增加，因行政区划的调整，城区人口有增有减。1996 年，全区人口 441657 人。至 2001 年底，为 527092 人。5 年中，新增人口 85435 人，年均新增 17087 人；出生人口仅 24210 人，年均 4842 人；年均迁入 29437 人，比每年出生人口多 24595 人。2012 年，全区总人口 664220 人，比 2001 年增加 137128 人；12 年中 2012 年机械增长率为负增长，其余 11 年平均每年机械增长率为 21.99。

1996—2012 年岳阳楼区人口增长数据统计

表 2–3 单位：人、‰

年　度	出生人数	死亡人数	迁出人数	迁入人数	净增人数	机械增长率
1996	5298	1336	13628	36693	3962	52.22
1997	3766	962	11261	32150	2804	44.89
1998	4538	1476	17089	38293	3062	45.35
1999	4825	956	12825	34817	3869	42.66
2000	5522	1617	19870	2976	3905	–34.15
2001	5559	957	11140	38952	4602	52.76
2002	5280	1430	16636	25168	3850	15.82
2003	5031	1071	10405	18228	3960	14.19
2004	5744	922	11127	12903	4822	3.18
2005	2371	1072	12411	15299	1299	5.14
2006	5519	1288	7340	79822	4231	113.47
2007	5379	1340	9739	14927	4039	8.01
2008	5305	1752	9864	12191	3553	3.56
2009	4165	1372	10516	14508	2793	6.04
2010	3742	2965	9665	19308	777	14.37
2011	4009	1996	7339	10995	2013	5.40
2012	4936	1678	24720	8946	3258	–23.75

第四节　人口构成

一、性别构成

民国9年（1920）以前，境内无人口性别构成资料。民国时期，因长期兵荒马乱，饥寒交迫，加之重男轻女，男尊女卑封建势力作恶，女性人口在婴儿阶段往往被抛弃、扼杀，或养育不良而死亡，或在成年阶段过早丧生。民国23年，境内有25727人，其中男性13957人；女性11770人，占总人口的45.75%，性别比为118.58。人口性别比例严重失调。

中华人民共和国成立后，妇女政治，经济地位不断提高，重男轻女、男尊女卑等社会偏见逐步得到纠正，妇女和婴幼儿受法律保护，产妇和婴儿死亡率逐渐降低，溺弃女婴现象被制止。1954年，城区人口性别比高达127.34，1964年，第二次人口普查，性比例降为113.67。1982年，城区人口性比例为123.58。性比例随环境的变化、年龄的增长逐年变化。0—18岁性别比例随人口出生率波动，性别比例问题尚不突出。从19岁开始，性别比例上升为121.90，并逐年上升，至59岁时仍达120.95。性别比例最高年龄为50岁时，高达174.66。60岁年龄时，性别比例降至94.25，90岁时降至90.9。是年，城区最高年龄90—108岁人口，共37人，其中男性13人，女性24人。

2010年，第六次人口普查，境内常住人口中，男性为349313人，占总人口的52.05%；女性为321754人，占总人口的47.95%。人口性别比例由第5次人口普查的103.91%降为100.93%。

2012年，岳阳楼区总人口中，男性为342882人，占总人口的51.6%；女性为321338人，占总人口的48.4%。人口性别比例为106.7%。

出生男女性别比 1995—2000年，岳阳楼区出生男女性别比没有明显回落：1995年为117，1996年为119.7，1997年为125.4，1998年为125.2，1999年为120.82，2000年为124.65。2009年共出生4165人，其中男性2155人，女性2010人，出生男女性别比107.21，已达到正常水平。2012年，出生男女性别比偏高，为114.05。

1999—2012年岳阳楼区出生人口性别比例构成统计

表2-4　　单位：人、%

年　度	男　性		女　性		性别比例
	出生数	占总出生数	出生数	占总出生数	
1999	2640	54.72	2185	45.28	120.82
2000	3064	55.59	2458	44.41	124.65
2001	3008	54.11	2551	45.89	117.91
2002	2866	54.28	2414	45.72	118.72
2003	2689	53.45	2342	46.55	114.82
2004	3026	52.68	2718	47.32	111.33

年　度	男　性		女　性		性别比例
	出生数	占总出生数	出生数	占总出生数	
2005	2977	52.97	2643	47.03	112.64
2006	2876	52.11	2643	47.89	108.82
2007	2751	51.14	2602	48.37	105.38
2008	2796	52.70	2509	47.30	111.44
2009	2155	51.74	2010	48.26	107.21
2010	1974	52.75	1768	47.25	111.65
2011	2069	51.6	1940	48.4	106.65
2012	2630	53.28	2306	46.72	114.05

二、年龄构成

中华人民共和国成立前，人均寿命为35岁左右。中华人民共和国成立后，据1978年人口普查统计，人均寿命，男性为66.9岁，女性为69岁，比中华人民共和国成立前增长近1倍。

中华人民共和国成立前，境内无人口年龄统计资料。中华人民共和国成立后，境内进行6次人口普查，同时进行过人口抽样调查。据调查显示：自国家实行人口控制政策后，境内少年人口比重减少，老年人口比重增加。

1982年，城区0—14岁少年人口40331人，占总人口的25.43%；15—64岁劳动年龄人口112120人，占70.7%。1987年，0—6岁学龄前儿童15430人，占8.38%；7—17岁青少年人口34527人，占18.75%；男18—60岁、女18—55岁劳动年龄112733人，占61.23%。男60岁以上、女55岁以上的老年人口21790人，占11.83%。劳动年龄人口负担系数为63.32%，其中负担少年系数为44%，负担少年系数是老年系数的2.28倍，人口生产类型属稳定型。

2000年，第五次人口普查，岳阳楼区0—14岁、15—64岁、65岁及以上三个年龄段的人口数分别为102741人、414192人和25666人，分别占总人口数的19.00%、76.30%和4.70%，表明境内正处劳动年龄人口“黄金时期”，15—64岁劳动年龄人口比重超过总人口的70%。

2010年，第六次人口普查，全区常住人口中，0—14岁85830人，占总人口的13.70%；15—64岁499320人，占79.50%；65岁以上42567人，占6.80%。与第五次人口普查相比，0—14岁人口比重下降5.3个百分点，15—64岁人口比重上升3.2个百分点，65岁以上人口比重上升2.1个百分点。

2012年，全区常住人口中，18岁以下128994人，占总人口的19.42%；18—35岁166345人，占25.04%；35—60岁281222人，占42.34%；60岁以上87659人，占13.2%。

三、民族构成

中华人民共和国成立前，境内民族以汉族为主，少数民族已知的有回族，其他少数民族无统计资料。

1964年，城区有汉族人口68505人，占人口总数的99.5%。9个少数民族共343人，仅占0.5%，其中回族160人，苗族84人，土家族45人，满族16人，侗族19人，瑶族6人，蒙古族6人，彝族5人，布依族2人。

1982年有16个少数民族，836人，占当年人口总数的0.52%。其中，回族323人，苗族99人，土家族96人，满族96人，壮族95人，朝鲜族64人，侗族29人，瑶族18人，藏族2人，彝族2人，白族2人，水族2人，高山族2人，布依族1人，羌族1人，锡伯族4人。1989年底统计，境内有22个少数民族，1700人，占当年人口总数的0.82%，比1982年增加864人，其中，回族404人，土家族312人，藏族225人，苗族207人，满族179人，壮族92人，朝鲜族52人，侗族73人，瑶族55人，蒙古族12人，彝族17人，布依族6人，白族21人，维吾尔族8人，门巴族7人，仫佬族5人，珞巴族4人，畲族4人，锡伯族3人，水族2人，哈尼族2人，高山族1人，未识别民族3人。

2012年，岳阳楼区有少数民族38个，总人数3330人。其中流动少数民族人数600人，主要是在岳阳市一中西藏班学习的藏族高中生477人。人数最少的是瑶族、傣族、水族各1人。少数民族常住人数最多的是土家族1022人。少数民族常住人员最多的是城陵矶街道办事处，有11个民族，159人。

四、文化构成

中华人民共和国成立前，境内虽无具体统计资料，但有史料显示：境内居民文化普遍偏低，文盲占人群比例较高。中华人民共和国成立后，党和政府对文化教育事业高度重视，居民文化水平普遍提高。

1964年第二次人口普查，在城镇人口157564人中，12岁以下不在校儿童37256人，其中7—12岁不在校儿童4880人，12岁以上人口中，文盲24019人，其中13—40岁7492人，半文盲5719人，其中13—40岁的有2706人；具有初小文化的37878人，其中13—40岁15084人。具有高小文化的25763人，具有初中文化的19398人，具有高中文化的6121人，具有大学文化的1356人，文化程度不详的54人。

1982年，城区有小学以上文化程度的132139人，占全区人口83.34%，其中，具有初中文化的48396人，占31.21%；具有高中文化的29388人，占18.54%；具有大学文化的3500人，占2.29%。全区6岁及6岁以上的文盲、半文盲14280人，占7.37%；6—11岁学龄儿童未入学者2599人，占1.64%。

1987年，南区有小学以上文化程度的152499人，占全区总人口的32.79%，其中，具有小学文化的41119人，占22.32%；具有初中文化的60025人，占32.59%；具有高中文化的39491人，占21.44%；具有大学文化的11864人，占6.44%。人口的文化素质不断提高，其中，具有大学文化程度的人数为1982年的3.39倍。但全区仍有文盲、半文盲31612人。

2000年，全国第五次人口普查资料显示，岳阳楼区有研究生610人，大学专科15798人，大学本科41014人，中专（技校）43581人，高中94584人，小学以下123528人。

2010年，第六次人口普查，全区常住人口中，具有大学文化（大专）程度的133929；具有高中文化（中专）的188187人；具有初中文化的187454人；具有小学文化的86411人。与第五次人口普查相比，每10万人中具有大学文化程度的由1058人升至2134人；具有高中文化程度的由2546人升至2998人，具有初中文化程度的由3479人降至2986人；具有小学文化程度的由1994人降至1377人。文盲人口为5031人，与第五次人口普查相比：文盲人口减少6887人，文盲率由2.34%降至0.90%。

五、职业结构

中华人民共和国成立前，居民以经商和从事手工业劳动者居多，城郊居民则从事农业和渔业生产。中华人民共和国成立后，随着经济建设的不断发展，行政区划的不断变更，居民的职业结构也发生了变化。

1953年第一次人口普查，城区有工矿企业职工5204人，手工业者1672人，店员2040人，船民1340人，农民888人，干部365人。

1982年第三次人口普查，城区在业人员85684人，占总人口的53.36%，占劳动年龄人口的82.31%，其中，工人46691人，占在业人口的53.94%；干部12486人，占在业人口的14.49%；各类专业技术人员12285人，占在业人口的14.25%；个体工商业者268人，占在业人口的0.31%；渔民与郊区农民占在业人口的16.64%。

1984年设立南区后，洞庭乡及城陵矶光明大队农业人口划归郊区管辖，城区人口的职业更趋城市化。

2000年始，随着城市东移北扩，郊区农业用地被征收，原属农业人口的大都转为城市人口，其职业也由农民、渔民向工、商服务业转化。

1958—2012年境内部分年度人口职业统计

表2-5 单位：人

年　度	1958	1966	1971	1975	1982	2000	2012
农林牧渔业	2798	12458	3825	17812	1427	1239	18
矿业及采运业	390	385	458	385	1132	712	—
电力煤气自来水生产供应业	794	780	895	2000	1667	—	758
制造业	2155	2000	8670	20000	36506	4848	4430
地质普查勘探业	108	95	125	95	368	388	—
建筑业	3684	3124	929	5900	7933	3571	34719
交通运输邮电通讯业	2535	1252	8768	2470	10776	1123	5905
商业饮食供销仓储业	2183	2050	18674	2300	10075	2845	2657
住宅管理及公用事业	154	140	450	399	2168	683	3529
卫生体育社会福利事业	295	245	1586	1985	2164	5479	7951
科研及技术服务事业	108	100	295	150	588	—	1882
教育文化艺术事业	345	325	2026	3200	3745	21301	13166
金融保险事业	490	465	510	594	635	—	12123
国家机关及政治团体	2177	2020	3945	4170	6463	24559	13974
其他行业	165	152	85	56	37	393	—
总　计	18381	25591	51241	59859	85684	67656	111449

六、户籍构成

中华人民共和国成立前，境内城镇人口占总人口的比重较低。农业经济占主要地位，城镇化水平很低。中华人民共和国成立后，提倡在农村大力开展多种经营，有计划地在农村发展一些中小型企业，控制市镇人口等一系列政策，取得成效。随着工业化建设的发展，社会经济条件的改变和农业现代化的逐步实现，城乡人口的比例也发生了变化，城镇人口的比重呈相对上升趋势。

1990年，第四次人口普查，南区农业户口22642人中，常住本县、市且户口在本县、市的3391人，其中男性1429人，女性1962人；常住本县、市一年以上，户口在外县、市的18316人，其中男性9629人，女性8687人；人住本县、市不满一年，且离开户口登记地一年以上的有935人，其中男性650人，女性285人。南区非农业户口203892人中，常住本县、市且户口在本县、市的有199621人，其中男性103905人，女性95716人；常住本县、市一年以上，户口在外县、市的4089人，其中男性2244人，女性1845人；人住本县、市不满一年，且离开户口登记地一年以上的182人，其中男性110人，女性72人。郊区农业户口113125人中，常住本县、市且户口在本县、市的97210人，其中男性49824人，女性47386人；常住本县、市一年以上，户口在外县、市的14579人，其中男性7536人，女性7043人；人住本县、市不满一年，且离开户口登记地一年以上的1336人，其中男性814人，女性522人。郊区非农业户口31579人中，常住本县、市且户口在本县、市的30925人，其中男性21486人，女性9439人；常住本县、市一年以上，户口在外县、市的600人，其中男性373人，女性227人；人住本县、市不满一年，且离开户口登记地一年以上的54人，其中男性30人，女性24人。

1996年，岳阳楼区成立后，总人口441657人，其中非农业人口304507人，占总人口数的68.95%；农业人口137150人，占31.05%。

2000年第五次人口普查，岳阳楼区共有467691人，其中非农业人口302649人，占总人口数的64.71%；农业人口165042人，占35.29%。

2012年，岳阳楼区共有664220人，其中非农业人口482951人，占总人口数的72.71%；农业人口181269人，占27.29%。

七、姓氏

城区人口姓氏的起源可追溯到4000多年前。几千年来，城区人口迁徙频繁，姓氏变化很大。元末明初和明末清初两次人口大迁移，对岳阳人口姓氏的构成影响很大。其中人口较多的姓氏王、李、方、陈、任等大姓都是这段时期迁入的。他们有的是从河西朱河迁入的，有的是李自成、张献忠农民起义军留下来定居的士兵，绝大多数来自江西。中华人民共和国成立前，岳阳地区土著人口以乔姓居多，他们大部分是从岳阳县东乡龙湾迁入，已锐减。

1987年底，城区共有413个姓氏，其中人口最多的为李姓、刘姓，其次为王姓、张姓。至2012年，因大量人口迁入，姓氏增至近700多个。

第五节　人口普查

1949年底，城区共有24928人。1951年，政府核准登记城区共有0.77万户、3.61万人。

第一次人口普查　登记以1953年6月30日24时为标准时间，在旧户口基础上，加以整顿和补充，进行人口数、户数、性别、年龄、民族和地址6个项目的普查，普查结果，城区共有11214户、43428人。

第二次人口普查　始于1964年6月20日至7月20日结束，普查项目增加出生年月、本人成分、文化程度、职业4项。经过登记审核，统计出全城共有13297户、68848人。

第三次人口普查　始于1981年6月1日至1982年8月结束，先后进行户口整改、地址、编号、普查试点和普查指导员的选调培训、宣传发动、普查登记、手工汇总、资料编码等环节。统计结果：至1982年7月1日零时止，城区共有38204户、158554人，比1964年第二次人口普查时增加24907户、89706人。18年中，年均增加1384户、4984人。

第四次人口普查　始于1990年7月1日至11月1日结束。城区（含南区、郊区）共有63232户、228069人。比第三次人口普查时增加25028户、69515人。8年中，年均增加3128户、8689人。

第五次人口普查　始于2000年11月1日至2001年8月1日结束。全区共抽调2000多名普查工作人员，对境内常住人口进行登记。普查项目有4种表格，50多个项目。普查统计：全区共有54.26万人，（包括外来人口，不包括外出人口）。与第四次人口普查相比，共增加16.4万人，增长43.32%，年均增加1.59万人。在全区总人口中，男性27.65万人，占50.96%；女性26.61万人，占49.04%。

第六次人口普查　始于2010年11月1日零时至2012年3月2日结束。全区共抽调3000多名普查工作人员，对境内常住人口进行登记。普查统计，全区（不含岳阳经济开发区）常住人口627717人，与第五次人口普查相比，增加150481人，增长32.50%，年均增长2.85%。

第二章　人口控制

第一节　机　构

50年代中期，城区开展计划生育的宣传教育活动，但未成立领导机构。三年国民经济困难时期，计划生育工作有所放松，人口自然增长加快。1962年，城区新生婴儿3000多人，人口自然增长率高达40‰，超过中华人民共和国成立后的任何一年。1963年7月17日，、岳阳县城关镇党委第一次发出《关于加强节制生育工作领导，顺利开展工作迅速成立领导小组》的通知，镇及各办事处、公社、厂矿均成立计划生育领导小组。是年12月3日，岳阳县城关镇党委发出《关于加强计划生育工作领导迅速成立组织机构的通知》，将镇计划生育领导小组更名为计划生育委员会（简称计生委），由镇长任主任，各办事处、公社计划生育领导小组更名为计划生育分会，由书记挂帅，吸收宣传部、共青团、妇联、人武部、卫生股等部门领导为组成成员，由妇联主任负责日常工作。农场、学校、居委会、手工业社等单位计划生育机构仍称领导小组，一般由3人组成，由妇代会主任兼管。

1966年“文化大革命”后，计划生育工作陷入瘫痪。1971年后，计划生育工作主要由党委群众工作组兼管。1972年8月，重建城关镇计生委，恢复、健全各单位计划生育领导小组。1976年，设立市计划生育办公室（简称计生办）。1977年，计生办划归市卫生局领导。1981年12月，计生办从市卫生局分出，更名为市计生委。1984年3月，南区设立计生委，编制3名，实际2人。1989年区计生委编制4名。是年4月，郊区设立计生委，定编3名。是年12月，南区成立11人的计划生育工作领导小组，8个街道办事处相继成立计划生育领导小组，配备专职干部56人，58个居委会均有主管计划生育的干部；区属各单位、各部门，各工厂和中央、县、市属驻区厂矿企业均设有主管计划生育专（兼）职干部；县团级以上厂矿企业配备专职计生干部；2000人以上的单位有计生办，配备专职人员2—3人。至1989年，设立厂矿、企事业单位计划生育领导小组553个，配专（兼）职干部2769人。

1996年5月，成立岳阳楼区计划生育局，2005年8月更名为岳阳楼区人口和计划生育局，2007年4月，调整区人口和计划生育领导小组，区长任组长，下设区人口和计划生育局。

第二节　管　理

一、政策

50年代，提倡节育、避孕、晚婚、稀生、少生，没有制定具体政策规定。1963年，对“晚、稀、少”作出具体规定：城市人口男28岁、女25岁，农村人口男25岁、女23岁为晚婚年龄；每对夫妇3—5年生一个孩子，最好2个，最多不超过3个。70年代初，改为一对夫妇只生2个孩子。当时的口号是“一个不少，两个正好，三个多了”。晚婚年龄，城市改为男26岁、女24岁；农村人口晚婚年龄不变。70年代末期，改为一对夫妇只生一个孩子。1982年，规定国家干部、职工、城镇居民除特殊情况经批准外，一对夫妇只准生1胎孩子，严禁超计划生育。1984年，南区政府颁发《关于二胎生育计划生育管理范围的规定》，对“五户”（即半边户、个体户、进城户、专业户、纯居民户）人员的管理作出明确的规定。是年，南区、郊区政府发布《关于抓紧抓好“七五”期间计划生育工作的通知》。1987年，南区、郊区政府发布《关于加强对计划生育罚款管理的通知》。1988年，南区、郊区政府发布《关于当前计划生育工作中有关问题的通知》《关于计划生育指标申报使用的有关规定》。1989年，南、郊两区区委、区政府分别颁发《关于继续抓紧抓好计划生育工作的意见》。计划生育工作逐步走上制度化、规范化。

1996年始，岳阳楼区政府继续坚持国家有关计划生育政策，继续贯彻《人口与计划生育法》《湖南省人口与计划生育条例》，以稳定低生育为目标，加强依法管理和属地管理。2007年，区政府先后出台《岳阳楼区计划生育家庭奖励优待政策的若干规定》《岳阳楼区人口和计划生育工作问责办法》《关爱女孩、扶持女孩户家庭发展的通知》，使全区计划生育工作依法有序地得以贯彻执行。

二、管理措施

1949年前，境内人口生育处于无序化状态。50年代中期，境内开始进行人口控制。1956年7月，多子女夫妇和农村少数党、团员、积极分子率先使用避孕药具。1959—1961年，人口出现负增长，节育措施停顿。70年代末，国家把人口发展计划正式纳入国民经济发展计划，认真贯彻“晚、稀、少”的计划生育政策。1980年5月，岳阳市政府发出《关于颁发〈关于计划生育若干问题的规定〉的通知》。对照顾二胎的对象条件、晚婚晚育夫妇和独生子女户奖励优惠待遇作出明确规定，全市计生工作步入规范管理。1983年5月，召开全市计划生育工作现场经验交流会，贯彻落实国家计生委在山东省荣城召开的计划生育工作现场会议和省电话会议精神，总结成绩，交流经验。

1990年，按照《湖南省计划生育条例》规定实施、贯彻落实中共中央《关于加强计划生育工作，严格控制人口增长的决定》、宣传《计划生育工作纲要》。各级党政一把手亲自抓、负总责；各级党委、政府均向南、郊两区政府递交计划生育工作责任状，坚持把人口计划完成情况作为考核领导干部的政绩、单位双文明评比、干部评先评奖提拔晋级的重要条件；明确区委、区政府领导联乡（街道）责任；城建、公安、工商、劳动等7个部门配合，与计划生育部门共同抓好流动人口计划生育管理工作。

2004年，全区继续加强人口和计划生育法律法规的宣传，推动新型文化进社区、进村组、进企业、进学校、进家庭。全年计划生育率98.01%，综合避孕节育措施落实率91%，晚婚率90%。

2007年始，区人口和计划生育局每年在全区开展1—2次以落实节育手术、完成季度“两查”、报实人口出生为主要内容的计划生育集中服务活动，促进计划生育手术落实。

2009年，全面落实机关事业、国有企业单位和乡、街道办事处独生子女家庭独生子女保健费，共为纯村（居）民发放独生子女保健费91.66万元；认真兑现计划生育家庭奖励扶助政策，共有66人享受农村计划生育奖励扶助，200人享受特别家庭扶助，23对符合条件自动放弃再生育夫妇获一次性奖励4000元。2009年，在全区开展手术并发症患者扶助制度试点工作，争取专项治疗经费20万元，对经鉴定三等以上的19名并发症对象发放扶助金2.52万元，对5名并发症对象进行免费治疗，使用治疗经费6.8万元。

2011年，全区共落实长效节育措施4079人，比2010年增加538例，增长15.19%，节育措施落实率89.4%，比上年高出0.36个百分点。成功侦破“两非”案件2例，全区出生人口性别比108.05,控制在正常值以内。对全区321名“两扶”对象进行资格年审，新增“两扶”对象79名。争取区本级资金842.275万元，对符合奖励条件的城镇独生子女父母4770人进行奖励。安排治疗经费16万元，对44名计划生育手术并发症对象实行扶助。认真开展生育关怀募捐行动，共募集专项资金14.85万元，慰问计生贫困对象156人，发放慰问金7.59万元，给计生贫困家庭赠送意外伤害保险233份，共结对帮扶困难计生对象114人，扶助资金22800元。

2012年，侦破“两非”典型案件7例，非法引产案件2例，非法销售终止妊娠药品案件1例。全年已婚育龄妇女“三查”率达95%，共采取节育措施4923例，比上年增加844例；共完成3750例优生遗传检测，其中数目异常47例，结构异常21例，异常率18‰；为1419对夫妇实施免费孕前优生健康检查。社会抚养费征收立案1364起，征收1500万元，其中法院强制征收210余万元，司法拘留18人。对404名支委候选人、2624名行政企事业单位个人进行计划生育执行情况的审查，有36人因违反计划生育政策被取消参选、评先、评优、入党资格，严格按照《岳阳市关于进一步加强人口和计划生育的意见》，对3名违法生育的社会公众人物、公职人员分别给予开除公职、党籍处分。全年共发放各类救助资金170.57万元，为农村中学子女发放生活补助10多万元，为贫困大学生争取助学贷款7万余元。区计生协会共慰问计生困难家庭142户，慰问金额15万余元；为1172户“五关怀”对象赠送总价值3.5万元的家庭意外保险；是年8月，开展“金秋助学”活动，为29名贫困计生家庭子女发放助学金3.9万元。

1999—2012年岳阳楼区人口出生情况统计

表 2-6 单位：人、‰

年 度	出生人数	出生率
1999	4825	10.82‰
2000	5522	12.21‰
2001	5559	12.48‰
2002	5280	11.21‰
2003	5031	10.44‰
2004	5744	11.71‰
2005	2371	11.25‰
2006	5519	10.65‰
2007	5379	10.18‰
2008	5305	9.90‰
2009	4165	7.72‰
2010	3742	6.92‰
2011	4009	7.35‰
2012	4936	9.03‰

三、常住、暂住人口

生育变化 明、清、民国时期，提倡多子多福，住户人口管理与人口出生没有直接联系。中华人民共和国成立后至1978年，住户人口与粮食配供挂钩，分城镇户口、农村户口，先后3次下放城镇常住人口6555人，其中1968年1795人、1969年3129人、1977年1631人。1978年后，随着改革开放和经济不断发展，境内人口的流动量逐年增加。流动人口的来源：省外主要来自四川、河南、贵州等省；省内主要来自湘潭、涟源、邵阳等地；岳阳境内主要来自岳阳县、华容、君山、临湘等地。根据第五次人口普查数据，岳阳楼区共有542599人，户口在现居住地的334684人，占61.68%；离开户籍地半年以上的6912人，占1.27%。境内人户分离人员、无户口人员占总人口的38.30%，其中流出人口16802人，占总人口的3.1%，外来流入人口114879人，占总人口的21.17%，其中省外流入25182人（占流入人口的21.92%），省内其他县（区）流入89697人（占流入人口的78.1%）。大量流入的青壮年外来人口，既改变了境内人口年龄结构，推迟人口老龄化进程，使全区人口年龄结构仍处于年轻型，为全区带来充足的劳动力资源和旺盛的生育人群。2008年，全区常住人口64万人，其中流动人口21万人。

生育管理 1997年3月，区流动人口计划生育管理站成立，定期开展乡（街道）、村（社区）巡检活动，在基层设立流动人口违反计生法规举报箱。2004年7月，启用全国流动人口信息交换平台，加强对跨省流动人口的管理和服务，对跨省流动人口建立省际信息交换，提高对流动人口育龄妇女的管理和服务水平。2006年1月16日，针对流动人口孕检难、违法生育多的现象，市人口计生委在巴陵大桥市场及三眼桥办事处召开全市流动人口计划生育管理现场会，商讨解决办法并推广岳阳楼区先进经验。2009年，全省开展“流动人口一盘棋”工作，全区全员人口信息实现全省信息互通、资源共享。是年10月1日，《流动人口计划生育工作条例》正式实施，加强对流动人口服务管理，引导人口有序流动与合理分布。

2005—2012年岳阳楼区流动人口统计

表2-7 单位：人

年　度	流入人数	育龄妇女	出生人数
2005	47206	13026	235
2006	67907	18203	332
2007	78532	21640	361
2008	80813	28471	342
2009	85739	30121	365
2010	63584	16059	625
2011	87887	22196	1070
2012	130242	32983	1451

第三节　优生优育

清光绪二十八年（1902）秋，美国基督教会复初会传教士海维礼在岳阳县慈氏塔附近开办普济医院。民国3年（1914），设助产士，为境内新法接生之始。以后，虽也推行新法接生。但产褥热、破伤风比比皆是，婴儿死亡率高达200‰。天花流行、霍乱猖獗一直威胁着境内儿童的生命。

中华人民共和国成立后，政府重视新法接生的推广。1950年，开始培训新法接生员，改造旧接生婆，新法接生率逐年上升。至60年代初，境内新法接生率达60%，1971年，新法接生率升至74.6%，1982年升至95.45%。80年代后，优生优育工作被大众接受。新婚夫妇普遍进行婚前检查，“五期”（即新婚期、孕期、产期、哺乳期、喂养期）教育普遍推广。胎教、性教育在城市逐步被人们所接受。

1996年，区计划生育技术服务站在全市率先启动优生遗传检测工作。1997年，岳阳楼区在全省率先启动出生缺陷干预工程。2007年1月13日，市人口计生委在服务站举行隆重启动仪式，将全市出生缺陷干预工程优生遗传染色体检测、孕中期B超、孕中期二连酶检测项目定点在区计划生育技术服务站。

2009 年，服务站严格按照国家《计划生育技术服务条例》要求，深入推进避孕节育、生殖道感染干预工程，组织计划生育技术服务人员深入基层社区、村组为广大育龄群众进行免费、低费生殖健康检查和咨询服务。是年，共为 81174 名基层育龄妇女进行生殖道疾病免费普查和妇科病治疗服务。并把出生缺陷干预工作作为全区人口计生技术服务的重点工作。

至 2010 年，共对 62414 对符合生育政策的育龄夫妇实施优生遗传染色体检测，查出异常 1204 例，其中数目异常 211 例，结构异常 993 例，异常率 19‰；病毒筛查 30145 例，查出异常 825 例，其中风疹病毒 227 例，疱疹病毒 164 例，弓形体 265 例，巨细胞 169 例，异常率 27‰；孕中期 B 超筛查 34666 例，异常 380 例，其中脑积水 33 例，胸腔积水 30 例，无脑儿 3 例，脊柱裂 1 例，死胎 80 例，羊水过多 128 例，羊水过少 105 例，异常率 1.1%。

2012 年，区计划生育技术服务站共投入 220 万元用于添置设备、技术改造、人员培训，优生遗传检测准确率达 100%。

第三篇　综合经济管理

民国时期，境内城区面积小，经济事务由岳阳县城厢镇管理，商会进行行业管理。但因主要生产资料不在市民（农民）手中，经济发展缓慢，总量小，效益差。中华人民共和国成立后，改城厢镇为城厢区，加强对经济工作的管理，克服战乱和洪涝灾害带来的困难，经济得到恢复性发展，但受生产条件限制，发展很不稳定。1984—1995 年，境内设立南区、郊区，分别设立相应的经济管理部门和服务机构，经济步入正常发展轨道，尤其是“八五”期间，各项指标的完成达到预期。1995 年与 1991 年相比，工农业总产值由 29129 万元增至 87479 万元，增长 2 倍；地方财政收入由 3202 万元增至 12393 万元，增长 2.87 倍；职工年平均工资，南区、郊区分别由 2010 元、2783 元增至 3385 元、4232 元，分别增长 0.61 倍和 0.52 倍。郊区农民人均纯收入由 1050 元增至 2083 元，增长 0.98 倍。

1996—2012 年编制岳阳楼区第一、第二、第三、第四个五年计划，区域经济快速发展。全区地区生产总值（GDP）由 53.25 亿元增至 583.36 亿元，增长 9.96 倍，年均增长 6.25%。人均生产总值由 11351.9 元增至 71185 元，增长 5.27 倍。在地区生产总值中，第一产业由 2.48 亿元增至 8.57 亿元，增长 2.46 倍，但全区 GDP 的比例由 4.9% 下降至 0.7%；第二产业增加值由 20.86 亿元增至 259.54 亿元，增长 11.44 倍；第三产业由 29.91 亿元增至 315.25 亿元，增长 9.54 倍，至此三产业之比由 4.6 ∶ 39.2 ∶ 56.2 演变为 1.5 ∶ 44.5 ∶ 54。全区工农业总产值由 23.34 亿元增至 268.04 亿元，增长 10.48 倍，年均增长 6.7%，其中农业产值由 2.48 亿元增至 8.57 亿元，增长 2.46 倍；工业产值由 20.86 亿元增至 259.54 亿元，增长 11.44 倍。农业劳动生产率由 4000 元增至 9977.43 元，增长 1.49 倍。企业职工劳动生产率由 35965 元增至 108096.62 元，增长 2.01 倍。农民年人均纯收入由 3008 元增至 8637 元，增长 1.87 倍。城镇居民人均收入由 4194 元增至 23540 元，增长 4.61 倍。实现社会消费零售总额由 30.5 亿元增至 280 亿元，增长 8.18 倍。财政收入由 12011 万元增至 158406 万元，增长 12.19 倍。

第一章　计划　统计

第一节　机　构

1950—1959 年，城厢区（镇）、岳州公社未设计划管理机构。1960 年，岳阳市设立计划委员会（简称计委）。1962 年，镇未设计划管理机构。1968 年，城关镇革委会成立生产指挥组兼管计划工作。1972 年，城关镇革委会设立计划股。1976 年，恢复岳阳市，市设计委，下设秘书组、资料综合组、科研组、计划组、物资组、计划统计组、物价组、基建组、劳动工资组、劳动纪律组、工交组、业务组。

1984年4月，南区、郊区分别设区计委。1985年3月，区计委与区经济委员会（简称经委）合并改为计划经济委员会。是年9月，又分设计委与经委。

1996年4月，南区、郊区计委合并成立岳阳楼区计委。2002年初，区计委更名为计划统计物价局。2005年，更名为区发展改革局，加挂区物价局、区统计局标牌，为正股级行政单位，隶属发展改革局领导。2012年，局内设办公室、成本调查股、政工人事股、综合计划股、投资招标投标管理股、社会发展股、行政事业收费管理股、商品及服务价格管理股、综合核算股、专业统计股、服务业统计股等11个股室，下设价格监督检查局、经济信息中心、农村社会经济调查队、价格调节基金征收所、价格认证鉴定中心等5个二级机构。

第二节 计划编制与执行

一、五年计划编制

1984年，南区、郊区计委对本辖区经济部门进行全面调查，分别编制1985年年度经济计划。1986年，又分别编制第一个五年计划（1986—1990），分11个部分，即：国民经济和社会发展计划主要指标、工业生产发展、建筑业发展、服务业、社会商品销售额、固定资产投资、科技发展、教育事业、卫生事业、人口及城市公用事业发展计划，并将提高经济效益，提高产品质量置于经济计划的突出地位，以科学进步为依靠，全面加强企业管理，增强信息意识，进一步调整产品结构，保证经济工作持续稳定发展。是年，分别编制1987—1989年三年计划，要求1989年实现经济翻两番的中期目标。1989年，计划部门跟踪检查各类计划，预测全区经济形势，编写调查报告，向领导提供参考意见。

1991年，南区、郊区计委分别编制第二个五年计划（1991—1995），奋斗目标是：社会总产值和财政收入均翻番；人口分别控制在24万人和12万人以内；其他文化、体育、民政、环保等社会事业均要有较快发展。

1996年，南区、郊区计委分别编制第三个五年计划（1996—2000），因区划调整，南区与郊区合并为岳阳楼区，计划未能施行。

1996年，岳阳楼区计委编制岳阳楼区第一个五年计划（1996—2000），并与国家“九五”计划并轨，亦称“九五”计划。主要奋斗目标是：到2000年，全区社会总产值达到120亿元，年均递增31.7%；财政总收入达到1.9亿元，年均递增13%；农民人均纯收入达到4000元，城镇职工人均年收入达到8000元；人口控制在46万人以内。

2001年，岳阳楼区计委编制第二个五年计划（2001—2005），即“十五”计划，发展目标是：综合经济实力在全市各县、市、区、场中争第一位，在全省各县、市、区中争前十名。至2005年，社会生产总值年均增长11%，达到48.5亿元；财政收入增长11%，达到2.68亿元；城市居民人均可支配收入力争达到1万元；人口力争控制在46万人以内。

2006年，岳阳楼区发展改革局制订第三个五年计划（2006—2010），即“十一五”计划。发展目标是：地方生产总值年均增长13%，到2010年达到91.38亿元；财政收入年均增长16%，到2010年达到5.46亿元，基本形成较为完善的社会主义市场经济体制，实现城乡一体化，全民文化素质显著提高，环境质量大为改善，人民小康生活更加富裕。

2010年，岳阳楼区发展改革局制订第四个五年计划（2011—2015），即“十二五”计划，主要预期目标是：按2010年价格计算，2015年，全区GDP达到220.5亿元，年均增长12.5%，其中一、二、三产业增加值分别为4.4亿元、50.6亿元、165亿元，三产业结构为2 ∶ 2.3 ∶ 75；实现财政收入14亿元，年均增长13%；社会固定资产投资完成129.3亿元，年均增长20%；人口控制在70万人以内，人口自然增长率为8‰，基本普及高中阶段的教育。农村合作医疗参合率、城镇居民医保参保率均达到100%，城镇登记失业率控制在3.5%以内。城镇居民人均可支配收入达到29429元，年均增长14%；农村居民人均纯收入9428元，年均增长7%。工业企业污染物排放达标率达到96%，绿化覆盖率达到45%，森林覆盖率达到48%以上，污水集中处理率、生活垃圾无害化处理率均达到95%。在全市城市发展的总体规划框架下，结合城区实际情况，重点打造“一圈五区”。推进以东茅岭商业步行街、天伦城金三角为核心的商务圈建设，把中心城区建设成为大型商务圈。以“洞庭新城”沿湖风光带三期工程和旧城改造为基础，打造旅游、休闲、娱乐区；以城陵矶、枫桥湖片区物流产业为基础，打造现代物流园区；以梅溪桥、胥家桥片区为基础，建设生猪屠宰市场、二手车市、报废汽车回收拆解市场、再生资源市场、花鸟宠物市场、钢材市场等六大市场集群区；以奇家岭、郭镇为基础，建设学府商业街，把城市东南片区建设成大学服务区；以赶山以南片区为基础，按五横四纵建设要求，搞好赶山路两侧土地开发利用，建设居家休闲新城区。

二、计划执行

南区 1984年完成工业总产值1735万元，比1981年（910万元）增长90.66%，年均增长22%；1985年完成工业总产值2176万元，比上年增长25%；1986—1990年，由2587万元增至6100万元，年均增长27.2%；1991—1995年，完成工业总产值66345万元，年均增长34.8%，比“七五”期间的增幅增加7.8个百分点；完成地方财政收入18620万元，年均增长68.6%，职工年均工资由1991年的2101元增至1995年的3385元，增长0.61倍。

郊区 1984年完成工农业总产值3642万元，比1981年（1762万元）增长1.06倍，年均增长26.67%；1985年完成工农业总产值4438万元，比上年增长21.8%；1986—1990年，实现工农业总产值278183万元，年均增长76.95%，高于“七五”期间年均增幅43.95个百分点，完成地方财政收入13030万元，年均增长58.04%；农民人均收入由1991年的1050元增至1995年的2083元，增长98.38%。

岳阳楼区 “九五”期间（1996—2000），国民生产总值由1996年的20.22亿元增至2000年的28.8亿元，年均增长8.5%；地方财政收入达1.6亿元，年均增长11.5%；社会固定资产投资总额累计达20.2亿元，年均增长15.1%。全区城市居民平均可支配收入由1995年的3450元增至7286元；农民人均纯收入由2083元增至3612元。

“十五”期间（2001—2005），地区生产总值由2001年的27.2亿元增至2005年的49.91亿元，年均增长16.69%；完成地方财政收入由2001年的1.7834亿元增至2005年的2.88亿元，年均增长12.3%。与“九五”期间相比，地区生产总值和地方财政收入的年均增长率分别提高8.19个和0.8个百分点。

“十一五”期间（2006—2010），地区生产总值由2006年的58.5亿元增至2010年的128.78亿元，年均增长24.02%；完成地方财政收入由2006年的3.2亿元增至2010年的7.6亿元，年均增长27.56%。与“十五”期间相比，分别提高7.33个和15.26个百分点。实现规模工业总产值由2006年的

37.11 亿元增至 2010 年的 144.94 亿元，5 年间增长 2.9 倍，年均增长 58.11%。

2011 年，全年实现社会生产总值 155.2 亿元，比上年增长 14.39%，全社会固定资产投资总额 55.75 亿元，增长 36.4%；财政收入 9.34 亿元，增长 30.4%。

2012 年，完成地区生产总值 583.36 亿元，比上年增长 109.1%；完成财政收入 15.8 亿元，增长 20.4%；完成社会消费零售总额 280 亿元，增长 20%；完成固定资产投资 79.2 亿元，增长 34%；城乡居民收入分别为 23540 元、8637 元；分别增长 12.6%、16%。

三、计划管理

1984 年，南区计划部门审批基建项目 7 个，总投资 100 万元，总建筑面积 6621 平方米，其中生产性建筑 4254 平方米。是年，与区经委配合，引进外资项目 5 个，总投资额 1735 万元，其中引进外资 72.5 万元。1985 年，审批基建项目 19 个，总建筑面积 44113 平方米，总投资 804.9 万元。1986 年，对固定资产投资规模进行控制，市计划下达南区基建计划 83.9 万元，基建面积 5960 平方米；下达郊区的投资计划水库和农田水利建设。是年，南区全民单位实际基建面积 6054 平方米，总投资 91.97 万元；集体单位建筑总面积 2766.28 平方米，总投资 34.2 万元。1987 年，审批基建项目 33 个，总投资 48.3 万元，建筑面积 25690 平方米。是年 9 月，南区计委对全区基本建设项目进行检查。1988 年，审批基建项目 21 个，总投资 498.3 万元，建筑面积 24475 平方米。1989 年，压缩固定资产投资，全年共审批基建项目 21 个，投资 330 万元。并注意对项目进行前期调查论证，在建项目的跟踪检查，建立项目卡和工程量月报制度，全年组织 2 次检查。

1993 年，南区审批各类基建项目 44 个，总投资 3000 余万元，办理 14 家全民企、事业单位的定性审批手续。兴建、改建颜氏燃烧器厂等一批重点工业企业；计划生育服务站房屋改造、修缮城陵矶小学等一批学校。开展南区 76 个固定资产投资项目的调查清理，向区直单位、街道办事处分配派遣大中专毕业生 85 人。1994—1995 年，郊区投入小型水库 21 处，完成农田水利建设项目土石方 181.15 万方，工时 150 万个。1995 年，南区审批、报批外资项目 4 个，合同利用外资 240 万美元，比上年增长 28.6%，基本建设项目 12 个，计划投资 3.2 亿元。

1996 年，岳阳楼区计委严格项目审批，实行“三保三压，严把三关”（即保生产性项目，压非生产性项目；保技改项目，压基建项目；保内涵式〈集约型〉项目，压外延式〈粗放型〉项目）等措施。严把项目可行性论证关、资金审核关、投资效益关。全年共审批下达项目计划 51 个，总投资 1.02 亿元。其中下达立项计划 20 个，投资 5228 万元。是年，向市计委申报 1996 年“征地农转非”计划。安排国家计划内公费大、中专毕业生 70 人。接收委培生、计内自费生 30 多人。

“九五”期间，全力支持国家重点工程和市政府建设，积极做好京珠高速公路岳阳连接线，洞庭大道、琵琶王立交桥、青年路立交桥、环南湖旅游走廊等工程的征地拆迁和还建工作。严格控制城市规划内的私人建房，拆除违章建筑 1300 多处。高标准修建、改建东风广场、综合治理黄梅港血防工程，完成 46 条小街巷建设和冷水铺至乔石路的改造升级，新建区办公大楼和朝阳小学，改造旭日、桥西、木鱼等一批小学的危房。

“十五”期间，先后为洞氮煤代油、华能电厂二期工程、国家棉麻储备仓库、西气东输、商业步行街、沿湖风光带、岳阳楼核心景区、岳阳大道、青年路立交桥、冷水铺路、湖南理工学院、湖南民族职业学院、岳阳职业技术学院等 80 多项城市重点工程协调服务，完成各类拆迁 86 万平方米，动迁居民 4200 多户，腾地 533.33 公顷。依法拆除违章建筑 1300 多处；控制违法建设 2000 多起，面积 20 多万平方米。先后投入1600多万元，兴建区人才劳动力市场和30个街道、社区就业平台；投入400多万元，新建、改造13个示范社区；投入450多万元，新建社区建设指导中心。

2006—2012年，动迁居民8000多户，腾地600公顷，确保枫桥湖路、武广高速铁路、金鹗西路、青年中路、建湘、联港大道等80多项重点工程顺利推进。投资3.5亿元，完成五里牌东路、站西路、冷水铺路三期建设和一、二期提质改造。筹金5300万元，硬化冷城路、前果路等农村道路113条，总里程227公里。投入1.2亿元，改造九华山、金东门、蛇皮套等城市低洼水渍地段，疏通、改造下水道800多处，安装便民路灯2000多盏。投入950万元，兴修水库、山塘等各类农田水利工程40多处。投入4000多万元，新建、改建梅溪桥等社区办公用房79个，新建东罗广场健身走廊、社区文体休闲小广场10处，绿化庭院6万多平方米。

第三节　统计管理

一、机构

1976年前，城关镇未设统计机构。1976年，岳阳市设计划统计组。1984年，南区、郊区计委配1人负责统计工作，各经济主管部门、各乡（场）、街道办事处及其所属企业均配有兼职统计员。2002年，在区计划统计物价局内加挂统计局牌子。2007年，将“城市、企业、农村”三项工作合并，成立国家统计局岳阳区调查队。2011年，正式单独设统计局，内设专业统计股、服务统计股。

二、业务活动

1986年始，南区、郊区各类统计报表分为工业、商业、服务业、建安业、基建、劳动工资、物资、社会统计等八大类，共132个项目，郊区除以上八大类外，还设有农业、渔业、林业、交通等四大类。是年6月，南区计委举办全区统计学习班，学习工业、商业、物资和劳动工资统计知识。此后，每年都举办不定期统计学习班，对全区基层统计人员进行培训。

1987年，南区计委编印《简明统计资料》；区统计部门协同市城市调查队对全区进行社会调查，对职工家庭、市场物价进行全面检查。与区委办公室、档案科协作，合编《南区区情概要》。是年，郊区计委加强对统计部门人员的业务培训。

1989年，南区、郊区有各种月报表7种，其中，《南区经济统计月报》统计全区每月工作数据，报道全区每月经济工作情况。季报表3种，半年报表3种，年报表13种，分别统计工业、商业、建筑业、个体私营经济、工资及教育、科技、卫生、文化等方面的经济、技术、劳动生产率等主要指标。由基层单位按程序填报，区计委审核、报送市统计部门。郊区把数据重点放到农林牧渔的统计。

1990年，南区、郊区统计部门开展辖区内人口第四次普查统计工作。

1993年，南区、郊区开展统计执法检查2次，建立个体私营经济统计月报制度，各项统计年报进入计算机汇总。

1996年，岳阳楼区召开3次统计工作会，共培训统计人员350人次。全区工业、农业、建筑、交通运输、商业餐饮、物资能源、固定资产投资、劳动工资、综合平衡等9项专业统计逐渐转向制度化、规范化。编印《岳阳市岳阳楼区区情概要》《经济统计月度快讯》。是年，完成全区工业、农业、基本单位 3 项普查工作。

2001 年，区统计部门开展全区人口第五次普查统计工作。

2002—2004 年，每年编印全区经济工作月报表、年报表及各种统计数据。

2005 年，对全区 8 件实事考核、招商引资统计指标和数据检查、认证、验收工作，每季度进行一次调查和督查。完成全国经济普查工作岳阳楼区的普查，为全区各项经济的决策提供翔实数据。

2006 年，开展全国第二次农业普查岳阳楼区普查，负责对辖区内的省 8 件、市 9 件实事进度报表的报送工作。5 月，开展全区统计执法大检查。

2008 年，完成 2007 年 GDP 年报、2008 年基层报表的收集工作。承办省实事 29 个考核指标中的 22 项，市 10 件实事中的 8 件实事 26 个考核指标。6 月，开展全国第二次经济普查岳阳楼区普查工作。编写《2007 年岳阳楼区国民经济和社会发展统计公报》，编制《岳阳楼区 2007 年国民经济发展统计概要》和《2007 年岳阳楼区统计年鉴》。在全区开展《统计法》《湖南省统计管理条例》贯彻执行情况的联合监督检查，共检查各类单位 38 家，查处企事业单位 10 家。

2010 年，区统计部门开展全区人口第六次普查统计工作。

2011 年，向区委、区政府提供统计分析和调查报告 6 篇，编印《统计年鉴》《岳阳楼区经济动态》等统计刊物 13 期，及时向领导和社会提供最新最全数据。

2012 年，组织相关人员参加省、市各类统计业务学习班 100 多人次，召集基层统计员集中业务培训 500 多人次，为区工信局、区商务局等区直单位和各乡、办事处配备联网直报专用电脑。开展统计工作大检查。

第四节　物资管理

民国时期，城区重要物资如煤、石油、木材、金属等多由外商或官僚资本家控制，由外埠购进。

中华人民共和国成立初期，城区仍无物资管理机构，所需物资由国家统一调拨。1956 年后，岳阳县成立物资局，城区所需物资由县统一分配。1960 年，岳阳市计委下设物资公司，专门管理物资调配。1962 年，镇所需物资仍由县物资局分配。1976 年，恢复岳阳市，市计委下设物资组，管理物资调配。是年 12 月，设立市物资局，管理全市物资调配。1984 年 8 月，南、郊两区成立物资公司，9 月，南区设立物资局，两个单位，一套人员。90 年代初，物资局撤销。

1984 年，市计委分配南区水泥 700 吨、木材 210 立方米、钢材 130 吨，市商业局分配汽油 33 吨，柴油 54 吨，区计划部门按照"照顾重点，解决急需"原则，分配给全区各企事业单位。是年，区物资公司积极开展业务活动，调进钢材 150 吨、水泥 200 吨、木材 180 立方米，以调节市场，支持区街经济。1985—1986 年，南区所需物资仍由国家分配。1987 年，市场进一步放开，国家计划分配物资由 200 多种减至 20 多种。是年，区计划物资部门组织购进市场价油料 94 吨、生活用煤 100 吨、水泥 2212 吨。至 1989 年，全区共购进分配计划内物资 4600 吨，计划外木材 700 立方米、钢材 1000 吨、石油 1000 吨、水泥 1 万吨、煤炭 8000 吨，其中，区物资部门购进物资 360 万元，销售额 400 万元，获利润 130 万元。1990 年始，计划内物资进一步减少，金属材料限价，建筑市场紧缩，物资市场竞争激烈。为做好全区物资供应工作，区计划、物资市场部门除确保计划内物资全部调回外，千方百计组织计划外物资货源，缓解供需矛盾。

90年代后，随着市场经济的逐步发展，各种物资供应充足，不再需要计划指标，物资供应主要是通过购销双方订立经济合同的方式进行；重要物资由国家宏观调控。

第二章 物价管理

第一节 机 构

民国时期，物价管理由县商会负责。民国25年（1936），县政府成立物价委员会，管理市场物价。民国35年（1946）10月，县政府成立岳阳县物价工资评议委员会，管理城乡货物价格及手工艺工人工资，评议会由县议会、商会、总工会、绸布、南货、国药、牙行、米行等同业公会组成。

1949年至1956年9月，县政府设立工商科，兼管城乡物价，城厢镇先设工商干事，后设工商股，兼管城区物价。1959年1月，县成立市场管理委员会，兼管城乡物价。1960年，岳阳市商业局设市场管理委员会，兼管城区市场物价。1964年，城关镇设立市场管理委员会管理城区物价，1968年7月，城关镇设立生活指挥组，兼管城区物价。1972年，城关镇革委会设立计划股兼管物价。1976年，市计委下设物价组，管理全市物价。1978年，岳阳市成立物价委员会，管理市区物价。

1984年4月，南区、郊区政府分别成立计委，兼管全区物价。1985年12月，市物价局在境内建立职工物价监督总站，下设23个分站，有义务物价监督员300余人；1987年，洞庭路、竹荫街、城陵矶、冷水铺、花板桥等处相继建立街道群众物价监督站。1988年6月，郊区设立物价局，对全区物价进行检查和监督管理。是年10月，设立南区物价局，下设物价检查所，负责全区区属企事业单位及驻区单位物价管理。1996年，南区、郊区物价局合并为岳阳楼区物价局。

第二节 管理制度

民国时期，商品价格由商会、各行业帮会制定，各行业各商号为互相竞争，互相压级压价，或哄抬物价。

中华人民共和国成立后，政府为稳定物价，保障市民生活，对物价实行统一领导，分级管理。对影响国计民生的重要生产资料、生活资料、农副产品，制定统一的价格与收费标准；一般的工农业产品价格、交通运输收费标准由省、市、县制定 。1958年始，为保持物价稳定，国家对1959—1961年因国民经济失调造成的物资缺乏，物价上涨，形成的不合理价格进行适当调整。1962年，对部分直接影响人民生活的日用品、农副产品发放票证，限制供应，稳定物价。1967年，冻结市场物价，稳定市场。1979年，国家提高农副产品收购价格。1981年，再次提高8种农副产品零售价格。1984年，对价格管理体制进行改革，实行国家固定价、浮动价、议购议销价、工商协议价、集市贸易价等价格形式，即国营价格与市场调节价格的“双轨制”。市场物价大幅度上涨。

1997年，随着市场经济体制逐步实行，各种物资价格进一步调整与放开，有些与国际市场价格逐步接轨。2002 年，由以政府定价为主转为以市场形成价格为主。

第三节　商品价格

民国初期，城区物价出现短暂稳定，但随着外埠价格浮动、军阀混战、饥馑灾荒，币值变化，城区物资价格波动。民国 7 年（1918），商会私自加抽盐捐，食盐由每包（50 公斤）8.6125 元增至 9.35 元。民国 36 年（1947），法币贬值，物价一日多变。次年 8 月 29 日，县商会公布谷米价格：上等谷每担 6.4 元，机米每担 12 元。金圆券发放后，商品涨价。是年 11 月 21 日，县政府限定每担 10.5 元，机米 23 元，但物价仍扶摇上涨。12 月初，米价已涨至每担 120 万元，月底达 170 万元。市场各种物价继续猛涨。至 1949 年 1 月 11 日，城区米价每担 500 万元，较 4 个月前上涨 41.7 倍。

1950 年初，市场物资奇缺，不法商贩囤积居奇，牟取暴利，市场物价波动，政府组织国营专营公司，调集大批物资低价投放市场，稳定物价。1952 年，调整“三差”（即地区差价、批零差价，购销差价），城区主要日用消费品价格稳中有降。

1953 年，城区市场按国家规定，统一粮油购销价格。1954 年，对棉花、棉布等实行作价办法和购销价格。1955 年，本着“一般不动，个别调整”的原则，解决某些不合理价格及城乡倒挂问题。是年，为促进币制改革，国营牌价在旧币基础上全部折合新币，防止物价混乱。1960—1962 年，国民经济失调，工农业生产下降，主要农副产品的产量和商业收购量减少，与 1957 年相比，城区三类物资涨价面达 80%，涨幅达 40%—60%，其中，国营商店出售的大饼（0.5 公斤）竟达 100 元，为回笼货币，缓和供需矛盾，按上级有关规定，对部分日用工业消费品，如手表、自行车、古巴糖、糕点、白酒、进口烟、茶叶等实行高价与平价，高价一般为平价的 1—3 倍。1963 年，国家对粮、油、棉、布、煤商品实行凭票供应，稳定商品价格。是年 7 月 26 日，豆角每公斤 0.16 元，茄子每公斤 0.08 元，黄瓜每公斤 0.20 元，辣椒每公斤 0.72 元。1967 年，市场物资短缺，火柴、肥皂、牙膏等日用生活品脱销，物价冻结，物价管理加强。

1979 年，国家提高 18 种农副产品收购价格，8 种主要农副产品销售价格相应提高，并随市场调节，有升有降。是年 11 月 21 日，鱼巷子市场鲜肉每公斤 2.4—2.8 元，鲜鱼每公斤 0.8—1.6 元，母鸡每公斤 2.6—2.8 元，鸡蛋每枚 0.11—0.13 元，干鱼虾每公斤 2—3 元，牛肉每公斤 1.8 元。1984 年，实行“双轨制”价格，各种工业品相继上升，除计划内分配物资按国家固定价格外，其余计划外物资按市场供需实行议购议销，加上各行各业经费，价格猛涨。蔬菜、肉食等农副产品涨价幅度大，1986 年猪肉涨至每公斤 6 元，为 1979 年提价前的 4 倍；工业产品中，高档消费品涨价幅度较大，1988 年，省产“韶峰”牌 18 寸彩电从 1984 年的零售价每台 1040 元涨至 2600 元，上涨 1.5 倍；省产 180 立升中意电冰箱，从 1984 年的零售价每台 900 元涨至 2700 元，上涨 2 倍。其他日用消费品，如火柴、肥皂、洗衣粉、食盐等商品供应紧张，部分商品出现抢购风潮。1989 年，经过清理、整顿，各种商品价格渐趋稳定，部分商品价格有所下降。

1990 年，随着市场进一步开放，各种商品价格逐步上涨，且上涨幅度逐年递增。以猪肉为例，1990 年，每公斤为 6 元，1995 年，每公斤上涨至 12 元，1999 年，每公斤降至 10 元。2000 年，逐步上升为每公斤 16 元，2005 年，上升至每公斤 22 元，2009 年，上升至每公斤 26 元，2012 年，上升至每公斤 28 元，并在此价格基础上浮动，价格最高时，每公斤为 30 元。肉包子从 1999 年每个 0.5 元涨至 2012 年每个 2 元，最高涨至3元。

商品房价格 1985年，商品房价格每平方米500—550元，1989年，提至600—650元，1995—1999年为700—850元，2000年，突破1000元。2012年，每平方米均价突破3500元，地段好的商品房，涨至5000—7000元。

公共汽车票价 1965年，境内公共汽车票价每张0.02元。1977年，每张0.05元。1982年后，调整到0.1—0.3元。1990年后，上调至0.5元。2012年，调至1元，个别线路则调至2元。

岳阳楼公园门票价格 岳阳楼公园1963年开始售票，每张门票0.02元，1965年，上调至0.05元，1967—1995年，由0.1元调至10元，1996年，调至13元，1997年，调至20元。2000年始，调至28元，后调至48元。2012年，上调至80元。

第四节 监督检查

1949—1969年，境内物价监督检查由县工商部门及县物价局、市场管理委员会执行，主要对集贸市场物价进行管理。1970年，城关镇革委会在全镇开展物价检查，对高喊乱要、追求非法利润、违反物价政策、擅自提高价格、巧立名目、多收费用、以次充好、转手买卖等违法行为进行查处。对镇五金厂、皮革厂、钢火社、轮胎修配厂、东风、立新、大众3个缝纫社及城北、城南办事处的街道企业等10个单位的产品价格与收费标准进行重点抽查，纠正乱抬价、乱收费行为。1979年，实行价格改革后，物价由市物价部门监督管理。1984年底，开展“物价计量信得过”活动，作为加强物价监督的一种形式。1986年始，境内每年都要进行物价大检查。1988年10月，南区、郊区分别成立物价检查所，每逢节假日，对人民生活必需的副食品、日用工业消费品价格进行检查，稳定市场物价。不定期地对专业性、垄断性行业进行价格检查，以保证工农业生产资料、燃料、原材料等价格相对稳定。1988年，南区、郊区先后建立街道群众物价监督站，配专职物价员、群众义务物价监督员，对集贸市场、商店进行巡回检查。是年，查处违纪案件9起。1989年，查处违纪案件52起，金额73万元。清理整顿“三乱”（即乱收费、乱罚款、乱摊派），对辖区行政事业性收费进行清理整顿，南区检查辖内38个行使罚款职能单位和118家行政事业性收费单位，共清理“三乱”金额120.74万元，其中，属政府行为的44万元，自行摊派的33.8万元，乱收乱罚的20.34万元，其他收费23.4万元；吊销13个单位的收费许可证，降低16个项目的收费标准，取消6个收费项目；重新审核批准54个收费项目、19个收费标准。

1998年，岳阳楼区对全区农贸、农电、国土、计生、民政等涉农收费进行全面清查，共查出违价金额112万元，退还单位和个人43.5万元，收缴财政30多万元。对学校收费进行检查，查出违价学校8所，违价金额5万元；对药品价格和医疗服务收费检查，检查个体药店、诊所95家，查出违价药品及收费项目109个，根据《中华人民共和国价格法》相关条款给予处罚。此外，全市遭受百年不遇的特大洪灾，一些不法分子趁机哄抬物价，区物价部门组成3个组，对境内集贸市场进行现场监督，对居民日常用品、蔬菜、鲜猪肉等实行最高限价。

2002年，区物价部门共查处违价收费69起，退还群众33.45万元，上缴财政6.73万元，在全区推行收费公示制，推行商品明码标价，从源头控制乱收费现象。建立公开、公平、公正的市场，对243家幼儿园、351家个体诊所、67个中介机构等服务行业收费进行年审。

2005年，对全区所有行政事业性收费项目、标准进行审定，对新取消的项目和降低的标准进行变更，并对全区执行行政事业性收费的28个部门、136个执行单位的98大项、449小项行政事业性收费项目汇编成册，核发“收费许可证”，设立大、小公示牌181块，在全区推行收费公示制。

2006年，整顿市场价格秩序，治理“三乱”，受理价格举报案件28起，结案率100%。5月，配合市物价所对城区供电局进行电费价格检查，查出违法金额400万元，重点查处越权出台电价政策、擅自提高销售电价、农村各类用电价格、优惠电价不按国家政策执行等违纪行为。

2008年春运冰灾期间，针对客运票价、出租车起步价等投诉率高的问题，区物价部门联合运管稽查人员对辖区内5个汽车站采取上车、上路的稽查方式进行物价检查，共检查车辆131台次，查处违价车辆94台次，清退多收价款5万元，罚款7.3万元。

2009年，共查处价格违法案件130起。2010年，重点开展药品和医疗服务价格、教育、涉农、涉企收费，汽车客运收费和节假日等价格的专项检查，全年查处价格违法案件62起。

2011年，共查处价格违法案件107起，实行经济制裁金额178万元，清退多收价款97万元，上缴财政81万元，其中包括对沃尔玛超市和如海超市洛王店2起违价案件的快速查处。

2012年，审核区计生局计生专干培训班、区卫生局招聘卫生专业技术人员考试收费等临时性收费项目和收费标准；对300多个单位开展行政事业性收费和服务性收费年检工作，年审覆盖面达100%。

第三章 国土资源管理

第一节 机 构

1987年5月，南区、郊区分别成立国土管理局。1989年7月，南、郊两区国土管理局收归市国土局直接管辖，分别更名为市国土管理局南区分局、郊区分局。

1996年，市国土管理局南区分局、郊区分局合并为岳阳楼区国土资源分局，负责境内国土资源管理与保护工作。2011年9月，成立岳阳楼区征收安置工作局，负责全区范围国有土地征收、集体土地安置、保障性住房建设和旧城（棚户）改造工作。

第二节 地籍地政管理

民国35年（1946），国民政府湖南省地政局在城区进行地籍测绘与土地申报、登记、发证工作。

1951年，境内开展土地登记、发证工作。1953年春，完成房地产登记工作，城区共发放产权证4432份。1954—1958年，境内土地入社。1959—1978年，境内土地属国有或集体。1982年，郊区推行土地承包制。1983—1987年，推行住房改革，公房折价归私。

1988年5月，省国土局将南区、郊区列为全省第一批扩大土地登记发证试点单位。是年9月23日，市国土局与南区国土局在解放路街道办事处联合举办国有土地使用登记发证试点，经省国土局检查验收后，市政府、南区政府联合召开市城区首批颁发土地使用证大会。

1996年5月，市政府成立岳阳市城区地籍调查领导小组，发布《关于开展城区地籍调查的通告》。至1997年5月，完成城区50平方公里地籍的调查任务。1998年12月，完成城区58平方公里的地籍调查。1999年，境内完成登记颁发国有土地使用证工作，共发放国有土地使用证114800本。

2005年，强化重点项目工程和城市基础设施用地征地报批工作。完成被征地的测量、分类、权属界定等工作。全年办理集体建设用地5宗、21274平方米；拆迁480户，拆迁房屋23220平方米；为村民补办手续41宗、6001平方米。配合市国土局对全区范围内存量建设用地情况进行实地调查，填写“城镇规划区内外存量建设用地调查表”，涉及土地61宗，面积118公顷。

2008年，共发各类土地证书1200余本，登记面积322444平方米。

2010年，对利用村民的集体土地搞“小产权房”开发建设或巧借名目在集体土地上以“危房改建”名义进行地下交易，逃避国家税费，牟取暴利的情况，组织拆除违法建筑行动10次，拆除违章建筑14处，面积2000平方米。制止、查处土地违法案件19宗。

2011年，发土地证2000多本，登记面积294987平方米。2012年，发土地证1500多本，登记面积185103平方米。

第三节　土地利用规划

一、资源状况

民国35年（1946），省地政局测量队到岳阳城区进行地籍测绘与地籍调查，开始对土地进行科学管理。

中华人民共和国成立后，境内在完成土改、土改复查的基础上进行查田定产，对农村耕地与城镇土地进行调查、勘丈和定产、估价，建立土地登记册籍。

1979—1984年，岳阳市开展土地资源、农业地貌、气候资源、生物资源等农业调查，将土地资源分为耕地、园地、草地、城乡居民用地及工矿、交通、特殊用地、难利用地、水域和其他用地十大类，采用60年代测绘的地形图，以村为单位进行实地测绘和网络测绘面积，涵级汇总土地面积数据的方法，核定总面积为14939.04平方公里（含岳阳县），并将此调查情况编成《岳阳市土地资源区划报告》。

1998年初，全市推开县级土地详查工作，绘制《岳阳市行政区划图》等11种、17幅图件。据《1990年岳阳市土地资源利用状况》统计：南区土地总面积3313.33公顷，其中农用地1520公顷，非农用地1693.33公顷；郊区土地总面积27153.33公顷，其中农用地20886.67公顷，非农用地7053.33公顷。1999年，岳阳楼区土地总面积18733.33公顷，其中农用地11533.33公顷，非农用地6533.33公顷。因行政区划调整，土地总面积减少11733.33公顷，农用地则因行政区划调整与城市建设征地而减少10873.33公顷，非农用地减少2213.33公顷。

2005年，境内土地总面积17370公顷，其中农用地7440公顷，建设用地953.33公顷，未利用地2213.33公顷。

2012年，耕地面积8813.33公顷，园地2733.33公顷，林地11826.67公顷，草地506.67公顷，城镇村及工矿用地9400公顷。

二、土地规划

民国时期，国民政府制定《土地法》，加强对土地的管理。由于长期战乱，并未认真执行。民国35—36年（1946—1947），岳阳县政府编制《城区营建计划》。

中华人民共和国成立后，地方政府曾多次制定规划，对土地进行开发管理。1986年，岳阳市被列为全国19个重点片区之一，境内地域作为中心城区，成为重点片区。1989年，岳阳市被省计委、国家土地管理局批准列为全省国土规划重点区，境内地域成为重点中的重点。2005年，区国土资源分局严格实施土地规划计划，从严控制用地规模，协助市国土局做好建设用地报批规划审查工作。全年共批准农用地转用13宗、27.6295公顷，其中耕地0.6642公顷。2008年，完成并通过评审《全区土地利用总体规划大纲》，建立地理信息平台。2009年，完成2006—2020年土地利用总体规划修编，基本农田由1500公顷调减为257.33公顷。

第四节　土地征用

一、国家建设用地

清光绪二十五年（1899），岳州开埠，岳州府县官署针对城陵矶被征土地便有“所有开埠之区，占用民间园田庐舍，均令按照时值，参稽原契，酌定价值，公平收买”的土地征收规定。民国17年（1928），国民政府颁布实施《土地征收法》，具体明确土地征收程序和征收补偿政策。

50—70年代，境内按照1954年12月颁布的《湖南省国家建设征用土地实施办法》征用国家建设用地。1999年，全市有18个重点工程建设项目报批，涉及境内的项目有琵琶王立交桥、望岳路二期工程等。

2000年始，随着城市建设的发展，城市基础设施不断延伸，一批新的工厂、学校、营房、车站、大型商场不断兴建。区国土部门严格执行国家土地资源政策，除法律规定可采用划拨方式供地外，其他建设用地全部实行有偿使用。2010年，境内经省国土厅审批的项目7个，其中市南津港污水处理厂项目征地2.57公顷，武警岳阳支队征地1.611公顷，岳城居民拆迁还建征地1.382公顷。2011—2012年，重点征地拆迁项目有德胜北路、海泰路、青年东路、望岳路收储等。

二、私人建房用地

中华人民共和国成立前，私人可自由建房，无须办理任何手续。其建房面积视本人财力大小而定。地主、官僚、豪绅据有深宅大院，且占地面积大。广大贫苦百姓靠茅舍泥屋栖息，占地面积小。住宅建成后，房基地便为己有，房屋出租或买卖以立契为据。

中华人民共和国成立后，土地收归国有，地主、官僚房地产被没收或分给无地无房的贫农或贫民居住。50—80年代，国家允许私人建房。因私人建房随意性大，乱占滥用、浪费土地的现象较为普遍。80年代初，政府加大对私人建房用地管理力度，出台私人建房用地管理制度，对私人建房用地限额、申请批办程序、审批权限作出具体规定，私人无序建房得到控制。

90年代后，随着城市规划与建设的需要，私人建房更加严格。老城区主要街道两侧严格控制私人建房及翻修改造。新城区及近郊农村建房须经各级有关部门严格审批。确因城市建设需要，国家可随时征收私人房产地基。此后，随着房地产改革的逐步深化，除近郊农村部分地区可在原房基上翻修改造外，城区禁止任何单位或私人建房，房地产完全走向市场化，市民只能购买商品房居住。

三、涉外用地

清末，西班牙传教士与美国传教士在境内租、买土地、房屋开设教堂，并以教会名义兴办医院、学校。

中华人民共和国成立后，政府接管城陵矶通商租界所有土地，接管、收回各教会在境内的所有学校、医院，包括其所占用的土地。

1979年后，海外华人、华侨及香港、澳门、台湾地区同胞回乡兴办实业，涉外用地增多。1990年6月始，先后有澳大利亚、英国、泰国、美国、日本等国家的企业家到境内投资，涉外用地增至200公顷。

第四章　工商行政管理

第一节　机　构

清光绪二十五年（1899）11月，岳州开埠通商，设立商务管理局。宣统元年（1909）12月，撤销商务管理局，由民间商业团体岳州商会管理城乡工商事宜。各行业帮会、会馆均订有会章，管理本行业，保护行帮人员经商、侨居，调节内部纠纷，评议物价，互通信息，应付官府筹款派差。民国34年（1945）11月，县政府设立建设科，兼管工商业及市场。

1949年7月6日，县政府设立工商科，负责全县工商行政管理事宜。城厢区设1名工商干事，负责城区工商行政管理。1955年，县工商科更名为商业科。1956年，更名为商业局，内设市场物价管理股，负责城乡市场、工商登记等工作。城厢区设立工商股与财经办公室，专门管理市场和对私营经济的改造。1958年，城区工商行政管理工作由岳州公社财政部管理。1959年6月，县成立市场管理委员会（简称市管会），管理城乡集贸市场。1960年，岳阳市商业局内设市场管理股，管理城区市场。1961年11月，岳阳市属北区、南区、城陵矶区分别成立市管会。1964年9月，镇设市管会。1976年，岳阳市设工商行政管理办公室。1979年3月，更名为市工商行政管理局（简称工商局），内设工商行政管理股、市场管理股、办公室，下设东茅岭、南区、北区、城陵矶、冷水铺5个工商所。1984年4月，设立市工商局南区分局（简称南区工商分局），内设个体经济管理股、工商企业登记管理股、经济合同管理股、市场管理股、办公室，下设城南、城北、东茅岭、城陵矶、冷水铺等5个工商所；郊区工商分局同时成立。1986年10月，增设庙前街工商所。是年，市工商局在巴陵大桥集贸市场设大桥工商所，由市工商局直接管理。1996年5月，成立市工商局岳阳楼分局（简称岳阳楼工商分局）。至2012年，岳阳楼区工商分局内设办公室、法制股、企监股、消费者权益保护股、商标广告股、公平交易股、注册登记股、市场股、“12315”申诉举报中心、监察室、工会、信息中心、财务股、人事教育股、党务办等15个股室，下设东茅岭、车站路、五里牌、洛王、金鹗山、大桥、南湖、城南、城北、奇家岭、城陵矶、冷水铺及生产管理要素等12个工商所。

第二节　市场管理

民国初期，城区商贾云集，市场繁荣，尤以鱼巷子一带鱼市较为兴盛。集市、物价各项虽有商会管理，但无具体规划，秩序紊乱，且流氓歹徒横行，欺行霸市时有发生。民国6年（1917）春，县警察所为整顿集市秩序，颁发布告指定关王庙、玉清观、城隍庙及县立高等小学前坪为菜场，菜夫、渔人素无此习惯，仍沿街摆菜设摊，警察用篾片抽打驱赶，遭菜夫反对，同盟罢市。经军队出面干涉，商会调停，规定菜夫须进市场，如挑菜穿街过巷买卖，须挑入居户家中，不得在街旁摆摊买卖。民国27年（1938），岳阳沦陷，日军在城区成立维持会，下设贩卖部，管理市场。在下观音阁城隍庙（现竹荫街联运售票处）内设立蔬菜市场。抗日战争胜利后，岳阳商业得以恢复，市场一度繁荣。民国36年（1947）后，国民政府因内战失败，滥发纸币，通货膨胀，金融紊乱，物价飞涨，城区市场极度混乱。

1950年3月，商会对摊贩进行整顿，成立摊贩整理委员会，后更名为城厢区摊贩业联合筹备会（简称摊贩联）。是年5月，政府工商科撤除旧商会，建立城厢区工商联，着手整顿基层行会组织，将民国时遗留下来的21个行业同业公会按类别及经营性质，重新组建成34个行业同业公会，并对摊贩逐户登记，按地区编小组，安排学习，使之明了工商政策，合法经商。工商部门与国营专业公司相配合，以打击投机倒把、囤积居奇等不法行为。是年9月，将工商户的旧式账簿，统一改为新式账簿以利征税，由城厢区工商联举办工商簿记班，1951年1月1日，正式使用新式簿记。1953年，实行粮、棉统购统销，关闭粮棉市场，实行票证管理，规定粮、棉上市一律通过交易所成交，工商部门对买卖票证进行打击处理。1956年，社会主义改造后，国营经济占领市场，集市贸易逐渐减少。1958—1959年，城区集市全部关闭，农副产品无法上市，城区有72种日用生活用品、副食品脱销。1960年11月，开放集市贸易，准许个体商贩经商，至12月底，上市商品成交额达22万元。1961年，对集市贸易采取“三管一加强”（即管人、管物、管钱，加强领导），不准转手倒卖，不准贩卖票证。1962年，批准外来商贩、手工业者在指定地点集市贸易，当时称自由市场，各种脱销的农副产品恢复供应。1963年，集贸市场紧缩，长途贩运等交易被视为走“资本主义道路”和“投机倒把”加以取缔。1965年，城区开展打击投机倒把运动，全年共查获“投机倒把”案1001起。是年，城区共建立市管小组28个，有义务市管员334人。1966年“文化大革命”开始，集市贸易被视为“资本主义”倾向被禁止。1978年始，工商部门对集市贸易采取“管而不死，活而不乱”的方针，但仍将长途贩运、转手贩卖等视为“投机倒把”、破坏计划经济的资本主义倾向而加以打击。工商部门投资8500元，在鱼巷子 至南岳坡街道加修水泥场坪，搭建棚舍，兼作集贸市场。1980年，城区增设2个集贸市场。为加强对集市贸易的管理与城市卫生管理，各工商所清理整顿市场，取缔无证商贩310起，取缔在街道、人行道摆摊设点的摊贩549户，收缴不合格秤杆594把，查处掺杂使假、短斤少两、欺行霸市等违法案例210起。

1987年，南区、郊区工商分局分别发布《关于进一步加强当前市场管理取缔无证经营的通知》，对城区及乡镇各市场的秩序、卫生、食品、统计等36个项目进行全面检查。1988年，市场商品价格持续上涨，41个主要商品有39个价格上升，各区物价与工商部门对城区集市议价猪肉和部分蔬菜实行最高销售限价。至1989年，城区新建6个集贸市场，配备棚顶、值班室、宣传栏、广播站、鱼池、屠凳、货台、公平秤、水龙头、电灯等服务设施。1992年，组织形式多样的市场检查与整顿，开展打假、扶优、保真等专项活动。1994年，南区、郊区工商部门与有关部门协作，开展20多次专项整治行动，严惩鱼霸、肉霸、菜霸、摊霸，遏制暴利，稳定市场秩序。

1996年，对岳阳楼区生猪屠宰市场进行清理整顿，取缔不符合条件的屠宰场9个，没收注水工具30多套，销毁病、母猪肉1000多公斤、注水肉2000多公斤。配合“文明在岳阳”活动，在各类市场开展“文明在市场”活动，巴陵大桥市场制定《文明在市场公约》，涌现文明经营户300多户。2002年，国务院办公厅《关于开展集贸市场专项整治工作的通知》下达后，城区开始对各类集贸市场进行清理整顿，清理证照，规范合法经营；清理马路市场，整顿出店经营；清理市场、商场、超市，整治“三自”行为；清理食品、药品，打击私屠滥宰、制假、售假行为；清理税收，整治偷税漏税行；清理脏、乱、差，扼制“三乱”行为；清理市场价格、治安秩序，打击不法分子扰乱市场的行为。2005年，对不规范的典当和旧车交易市场进行清理整顿；加强酒类市场的管理，经常性地开展酒类稽查行动。2007年，对集贸市场、超市、商场、个体门店进行全面的市场巡查和现场检查。2009年6月18日，在全区14个社区设立工商值班室，受理各类消费投诉和申诉举报，现场解决一般性经营纠纷，提供工商法律咨询，受理违法行为举报。2010年7月16日至8月16日，开展食品安全清理行动，出动执法人员790人次，快速检测食品288个样品，定向检测32个样品，查处各种食品违法案件44起，罚没入库9.31万元。2012年，加大市场监管力度，共立案260起，结案177起，查办万元以上大案36起，罚没入库174.6万元。

第三节 工商企业登记管理

民国时期，城区工商企业登记由商会管理，企业开业、歇业、迁移等，概向商会呈请批复，商会按行业、帮会将企业划分为若干行业，民国24年（1935），岳阳全县工商企业共有41个行业。

1950年6月，开始工商登记，城区1185户工商户由工商部门发给营业执照。1952年3月，工商部门开始第二次工商普查登记，换发营业执照。1953年，城区有37个行业登记。1954年，城区登记有1078户私营工商业户。1958年，岳州公社发放工商企业登记证173份、营业执照726份。1962年，工商部门对城区工商企业进行全面登记。“文化大革命”期间，登记工作停止。1979年，市工商局对集体工商企业、国营工商企业进行全面登记发照，建立企业经济户口。是年底，城区共有716户国营、集体工商企业登记发照，其中，国营企业363户。1981年，全市又对商业、交通运输业进行登记发照。全市登记发照的商业企业858户，从业人员8844人，资金总额5769万元，其中，商业548户，饮食业79户，服务业101户；交通运输业130户，从业人员5470人。1982年，城区登记工商企业581户，其中，商业企业366户，分支机构497个，从业人员11236人；工业企业169户；交通企业46户。

1987年，城区登记有工商企业1843户，从业人员90434人。1988年12月，工商部门对企业进行企业法人登记管理，颁发“企业法人营业执照”。是年，市、区工商企业实行市、区分级管理，南区工商分局管辖的工商企业减至540户。1989年，南区工商分局共换发企业法人营业执照257个，营业执照210个；对不符合条件的43户企业办理注销登记手续，纠正名为集体、实为个体企业113户；清理整顿公司，撤销18家，降格2家。1992年，党政机关干部分流，部分人员兴办实业，工商部门为分流干部做好登记注册工作。1994年7月，《中华人民共和国公司法》颁布后，工商部门适当放宽登记条件，简化审批程序，拓宽登记范围。此后，一些国有、集体企业难以适应市场经济的变化，或倒闭、或关门歇业，一些企业被注销。

1996—1999年，正式注册登记的工商企业不到百户，并随着市场变化增减。2000年，登记注册的工商企业292户，2004年增至3744户，2005年降至2136户，2007年增至3503户，2008年增至6029户，2010年降至5106户，2011年增至6351户。2012年，新增工商企业819户，达到7170户。

第四节　个体工商业管理

民国时期，个体工商业者与小商小贩由行业公会或帮会控制管理，行业公会或帮会又加入商会，由商会管理。

1950年3月，城区成立摊贩联。是年6月，城区办理工商登记，有摊贩户587人。1953年1月，摊贩联更名为城厢镇小商小贩联合委员会，作为工商联团体会员，登记总户数1103户，资金总额（旧币）132.920万元，从业人员1136人。1955年，城区个体工商业经社会主义改造，有1192户个体私营工商业者并入合作商店或国营商业。1958年，个体工商业者全部加入各种生产合作社或生产组。1961年，开放市场，陆续批准一些小商小贩开业。1962年，岳阳市南区、北区、城陵矶区的个体小商小贩组织成立联合小组，后各区成立的小摊小贩联合委员会，由市管会管理。1963年，市管会给个体工商业者发放经营许可证，仅北区即发放经营证175户，查处无证经营商贩245人，取缔投机倒把分子115人。“文化大革命”期间，个体工商业者作为“资本主义倾向”被批判和取缔。1979年，开放市场经济，恢复个体经营，城区共有小商小贩小手工业者183户、232人，其中，小商小贩52户、60人；饮食个体户54户、65人；手工业者77户、107人。其中，工商部门登记发证的91户、118人。1981年，全市个体工商业者发展至365户、433人。

1984年，境内政府进一步放宽对个体工商业者的管理，鼓励发展个体私营工商业，允许农民进城办店办厂，政策上给予各种优惠，提供方便。是年底，境内个体工商户发展到1559户，从业人员2926人，其中，手工业100户、212人；运输业10户、13人；商业817户、1369人，饮食业218户、690人；服务业82户、167人；修理业118户、206人。1987年，境内个体工商业者发展到1720户、3384人。1989年，有个体工商户3251户、5569人。1992年底，境内个体工商户发展到8696户，从业人员13808人；私营企业发展到40家，从业人员480人。

1996年，随着市场经济的逐步开放，岳阳楼区个体工商户猛增到32706户，从业人员79043人，其中私营企业693家。2000年，全区个体工商户缩减至2543户，从业人员却增至83728人，其中民营企业1043家。随着市场经济的竞争，优胜劣汰，2003年，全区个体工商户缩减至19650户，私营企业发展到2520家，从业人员增至95700人。2006年，全区个体工商户增至24745户，其中民营企业1233家，从业人员增至12.7万人。2008年，全区个体工商户增至30262户，其中，民营企业1261家，从业人员144455人。2011年，全区个体工商户增至3.4万户。2012年，新增个体工商户6293户，全区个体工商户增至4万户。

第五节　经济合同管理

中华人民共和国成立初期，境内各单位及个体私营企业进行经营交流普遍订立经济合同。1958年，经济合同制度停止。1980年，岳阳市在经济交往中逐渐恢复经济合同制度，并在全市开始合同管理试点工作。1982年6月，市法院对东区、城陵矶区2个供销经理部及市玻璃厂、皮鞋厂近3年所签经济合同进行全面调查，发现经济合同混乱，经济纠纷突出。4家企业同外单位共签订合同878份，其中，合法的589份，占67%；不合法的289份，占33%；在执行过程中，共发生纠纷242起，其中较大的72起。1986年，南区共订立经济合同126375份，金额12.95亿元，实际履约121650份，金额12.8亿元，履约率96.3%；未履行的4716份，金额1.5195亿元，其中，违约246份，违法8份，自行解除4462份；调解仲裁与审理经济合同案65起。是年3月，南区工商分局开展经济合同鉴证业务，合同金额5000元以下的由各工商所鉴证，5000元以上的由区工商分局鉴证。是年，南区工商分局共鉴证合同23份，金额241万元。是年8月，南区工商分局对全区范围内各单位签订的经济合同进行全面检查，检查企事业单位724个。1987年，南区工商部门设立各级咨询服务处，全年接待咨询单位42个，印发经济合同法规等各种资料3300册。1988年，对南区范围内84家申报企业上半年签订的16575份经济合同进行检查，评出48个“重合同、守信用”单位。1989年，评选45家“重合同、守信用”单位。1996年，岳阳楼区合同利用外资2271万美元。1999年，配合市工商局查处合同案6起，调解69起，挽回经济损失2672.6万元。2005年，配合市工商局检查合同2450份，涉及金额83270万元，指导215家企业订立履行合同。2009年，培养省、市级“重合同、守信用”企业21家。2012年，岳阳楼区工商分局查处联通公司违反合同法的霸王条约案。

第六节　商标广告管理

一、商标管理

民国时期，境内商标管理由县商会负责。1950年7月，工商行政管理部门对城区电灯公司、新民油厂与7家米厂进行商标注册。1979年3月，市工商部门对全市商标注册进行管理，共清理107个单位，其中，省属17个、地属8个、市属42个、区街办企业40个，共清查产品508种，其中，有商标标记的118个，属于已注册的17个，未注册的108个。1980年，市属厂矿企业有8个产品的商标由省工商局、国家工商局、商标局批准注册。1981年，又有9个产品的商标报请审批。1987年6月，区工商局查处市立新服装厂在未注册的“湘丽”商标上加注“注册商标”的冒充注册商标案。8月，查处市啤酒厂冒充注册商标案。10月，对市彩色印刷厂擅自承揽商标标识印刷业务进行清查，没收非法所得2472元，罚款1000元。1987年5月，南区工商部门与有关部门对全区酒类经营者进行清理整顿，共检查20户酒类批发零售单位，抽查样品628个，有注册商标的占72%，查出有商标问题与质量问题的20个，其中，侵权商标3个，产地不详14个，质量不合格的3个；查出冒牌注册商标酒1305瓶，无生产厂家名称、厂址的5472瓶。是年6月，南区工商分局发出《关于清理整顿酒类商品商标注册的通知》。1988年，南区工商分局在全区范围进行《商标法》宣传，帮助企业正确使用注册商标，利用商标提高产品质量。1989年5月中旬，举办辖区内企业商标法规学习班。是年，对全区范围内60户工商企业110个注册商标使用情况进行验证检查，其中，自行改变注册商标图形的1家，未注明注册标记的12家，未注明企业名称或地址的28家，注册证损坏或遗失的12家，被他人侵权的2家，擅自印制商标标识的15家，连续3年停止使用商标的3家。1996年，岳阳楼区工商分局为驻区市属600家企业办理商标注册700多个。2000年，对经济效益好、有发展潜力的商标拥有企业进行重点引导和扶持。2006年，推行品牌兴区，代办注册69件。2009年，共指导注册商标9件，辖区商标注册总数达864件，其中驰名商标3件，著名商标13件。2010年，拥有中国驰名商标2个，湖南省著名商标14个。2012年，申报省著名商标53件，被国家工商总局、省工商局认定中国驰名商标2件、省著名商标11件。

境内部分年份商标核转注册统计

表3–1　单位：件

年　度	申请注册商标	核转注册商标	核发注册证书
1979	21	21	15
1980	7	7	7
1981	28	28	22
1982	5	5	2
1983	10	10	6
1984	27	27	24
1985	20	20	12
1986	105	105	82
1987	119	119	70
1988	117	117	80
2010	139	217	695
2011	205	141	833
2012	324	130	1106

二、广告管理

民国时期，境内工商行业使用的广告主要有招牌、包装、声响、张贴等形式。50—60年代，少数国营企业在繁华市区使用霓虹灯广告。1966年“文化大革命”开始，广告宣传全部停止。1978年后，各种形式的广告出现，有印刷品广告、报刊杂志广告、路牌广告、灯箱广告、柜窗广告、电子显示广告、电影电视广告、交通广告、霓虹灯广告、包装广告、广告宣传栏等各种形式。1988年，南区工商部门对各种广告进行清理，加强对广告经营单位的管理，划分大型路牌广告区域，编设广告牌号；划分社会广告栏址，禁止乱张贴、乱涂写；清理各种虚假广告。1989年，审查广告6269份，其中，批准3157份，确认无效广告3112份，南区工商分局发展广告经营户1家。是年，举办1期广告法规学习班。1990—1995年，重点整治“牛皮廯”广告。

1996年，岳阳楼区工商分局进一步规范广告管理。2001年，驻区市工商部门下发《关于发布户外广告实行登记管理的公告》，采取停、拆、收、罚等强制性措施，共查处各类违法广告案件62起，对各大媒体广告公司发布医疗、药品、保健食品广告进行整治和规范。2002年，对全区100多户广告单位进行年检，年检率95%，查处违法商标广告案件375起。2005年，配合市工商部门查处违法广告416件，公开曝光7个典型案例。2006年，查处医药违法广告77起，清理不规范广告1238条。2007年，查处虚假广告136件。2008年，开展保护奥运商标专有权，指导2家广告公司中止侵犯奥运商标专有权的广告合同；为11家广告公司、20家经营单位提供奥运商标服务，责罚11家，查处15起。2009—2012年，境内广告业围绕"五创"提质，从内容到形式均进入规范化管理。

第七节 消费者权益保护

1992年，南区、郊区成立消费者委员会，每年"3·15"消费者权益保护日均开展形式多样的护权大行动，组织公安、卫生、技术监督、畜牧、烟草等部门和大型商业企业，集中销毁假冒伪劣商品标价上1000万元，受理投诉解决率达97.5%。

1996年是全国"公平交易执法年"，岳阳楼区工商部门查处利用元旦、春节销售假冒伪劣消费品100多起。1997年，开展日常监督与专项整治相结合，宣传教育与严厉打击相结合，打击假劣与保护商标专权相结合维护消费者权益的活动。2002年，深入开展节日市场、农资市场、家庭装饰品市场等专项整治、查缴价值达30万元的假、劣商品。2004年，境内整合资源，实行申诉投诉并网，全年调解纠纷500多起，挽回经济损失700多万元。2005年，岳阳楼区工商分局发挥"12315"消保监管职能，建立13个消费者投诉站，开展以"健康·维权"为主题的"3·15"活动，出动执法人员230余人次，开通热线电话15台，设立投诉、咨询、宣传点32个，进行现场法律咨询，当场受理消费者投诉53起，调处18起，接待咨询150余人次，发放宣传资料1万份（册）。开展评选"消费者信得过单位"活动，向社会推荐名优品牌8个。发动个私协各分会进行改选，进一步健全个协组织，评选293户文明经营户，发展新党员18人。2006年，区消费者委员会协会受理消费者投诉563起，处理552起，为消费者挽回经济损失13万元。成立消费者分会14个，建消费者投诉站（点）55个。表彰奖励50家"健康·维权"先进单位和消费者信得过单位。2007年，调处消费者投诉343件，建立54个消费维权点，表彰57个消费维权先进单位和消费者信得过单位。2008年，建立消费者权益保护分会13个，消费者投诉网点56个，村级"12315"联络站15个。针对三鹿奶粉事件发布消费警示9期、3000多张，表彰消费者信得过单位88家，全年受理消费者投诉1290起，结案1276起，为消费者挽回经济损失120余万元。2009年，岳阳楼区工商分局在全省工商系统首开先河，在14个社区成立工商值班室，将工商服务消费维权的平台延伸到社区、学校、厂矿，提高应对消费投诉的时效性、专业性。是年，"12315"申诉举报中心、工商值班室共受理消费投诉举报1176起，成功调处1152起，处结率97.76%，为消费者挽回经济损失37.7万元。2010年，逐步向网络维权、网上交易监管延伸，完善"12315"工作平台，建立和完善局、所、站（点）三级联动网络，实现"一级处理、分级执法、快速反应"的工作目标。是年，共受理消费者申诉、举报1853件，调处1815起，解决率98%；查处侵权案6起，受理网购消费投诉案件25起，成功调处25起。2012年，区工商分局组织干部和工商志愿者深入辖区学校、社区、广场等地，开展义务消费咨询服务，宣讲安全消费知识、维权知识，传授食品识假辨假知识，发放宣传资料1万多份，受理消费者投诉87起。

第五章　审　计

第一节　机　构

1990年2月，设立郊区审计局、南区审计局，分别定编6名、5名，均下设办公室、财政行政事业审计股、企业审计股。

1996年4月，组建岳阳楼区审计局，内设办公室、财政金融行政事业审计股、工业交通基建审计股、农林水商贸审计股。2002年6月6日，审计局内设（加挂法制股的牌子），财政金融审计股、行政事业与社会保障审计股、经贸与农林资源环保审计股（加挂固定资产投资与外资运用审计股的牌子）、经济责任审计股；行政编11名，审计专项编8名，机关后勤服务编制1名。

2011年8月，区审计局内设办公室、财政金融审计股、经济责任审计股、行政事业审计股、农业与资源环保审计股、经贸与外资运用审计股，不再加挂区领导干部经济责任审计室的牌子，其相关职能并入区审计局。核定行政编制13名，机关后勤服务编制2名。下设岳阳楼区审计信息技术管理中心，属正股级纯公益类事业单位，核定全额拨款事业编制6名。

第二节　财政金融审计

一、财政审计

1992年，南区审计局同区教委、区财政局联合组织审计调查组，进行为期半月审计调查。

1997年始，岳阳楼区审计局对区政府年度财政预算执行情况进行审计（实行年审制度），并代表区政府向区人大常委会报告预算执行审计情况。1月，对区财政税务组织实施的1996年度财政预算进行审计，查出违纪金额665万元，调增财政收入315万元，规范财政收支350万元，收缴违纪金额19万元，针对审计发现的问题，对优化支出结构，整顿银行账户，加强票证管理，清理预算外资金，界定税收征管成本，培植本级财源，进行分析。为区政府加强银行账户管理，规范预算外资金，统筹运用财力等相继出台的地方性法规，提供一定的决策依据。乡、办事处财政决算审计，实行“三年轮审一次，一次审计三年”的审计制度，发现重大违规违纪情况，视情况追溯到以往年度和下属二级机构。

1998年10月，对5个乡场财政状况进行审计调查。调查发现乡场财政现状堪忧，存在财政结余少、家底薄、负债多、寅吃卯粮等不良现象，提出开源节流、培植财源；压缩开支、精简机构；统一预算、加强控管等建议。2000年始，把财政赤字、寅吃卯粮等情况纳入审计重点。

2005年，对区财政局、市地税局岳阳楼区分局（简称岳阳楼区地税分局）组织和实施的2004年度本级预算执行及财政收支情况进行审计，参与市审计局审计组对国库2004年度本级预算收入的收纳和预算支出的拨付情况审计。

2006 年，审计查出区财政局应缴预算收入未及时足额解缴国库 305.31 万元、空转财政收入 800 万元、在未实际拨款情况下列支一般预算支出 977.9 万元、财政预算支出挂账 1833.17 万元；查出区地税分局违规征收过头税 1449 万元、局机关应扣缴未扣缴税款 3.22 万元以及纳税企业欠税等问题。

2007 年，审计查出区财政局应缴预算收入未及时足额解缴国库 109.5 万元、未实际拨款的情况下列支一般预算支出 2428.12 万元、财政预算支出挂账 1921.17 万元；查出区地税分局违规征收过头税 2947 万元、违规垫税 161 万元。

2009 年，根据区人大常委会决定，区审计局对区计生局、区民政局、区水利局、区交通局、区商务局 5 个部门 2007 年、2008 年年度预算执行、专项资金和财政财务收支情况进行审计评议。

2011 年，区审计局对区法院、区教育局和区卫生局 3 个部门的预算执行情况进行审计，将区政府负债情况、财政部门在办理预算执行过程中存在的 11 个问题进行披露。

至 2012 年，共审计乡、街道办事处财政决算 64 次，共查处违纪违规金额 1154.12 万元，其中应收缴 228.39 万元，全部上缴。

二、金融审计

1993—1996 年，先后对区信用联社和洞庭、北港、梅溪、城郊、洛王、郭镇信用社的信贷、储蓄和财务收支行为进行审计。

1997 年，富盛非法集资案、农村合作基金会非法集资案发生后，暂停信用社审计。

2006 年，在对信用社审计中，查出违规金额 10247 万元。

2009 年，根据省审计厅、市审计局关于认真做好湖南省农村信用社系统 2008 年度资产负债损益的审计工作要求，对区信用社系统的资产负债损益情况进行全面审计。审计结果表明，区信用社认真执行国家金融政策，积极组织存款和发放各类贷款，但也存在信贷资产质量不高、资产风险较大等问题。

第三节　固定资产投资审计

1992 年，南区审计局共审计 12 个行政事业单位的基建项目，通过审计，查出违反基建计划政策投资 185 万元，挪用专项资金搞基建 51 万元，超标准投资 9.1 万元，偷漏税金 35 万元，审计处理收缴 13.7 万元上缴财政。

1993 年，审计岳阳市“八五”重点建设工程项目——107 国道连接线和巴陵东路拓宽工程，重点审查工程预算、决算和征地拆迁情况。深入沿线 12 个村（工区），调查核实征地拆迁还建的资金到位和各项分工程的明细收支情况，追返、收缴挪用的重点工程建设资金。根据上级审计机关授权委托，审计岳阳城区供电局综合楼、市区青年路立交桥、岳阳市区公路局、湘岳医院、区农村电网建设与改造等项目，审计投资总额 1.5 亿元，核减 687 万元，查出账外资金 1900 多万元，违规违纪金额 2600 多万元。

2006 年，完成固定资产投资审计 2 个，核减工程款 200 多万元。

2008 年，对东方红小学迁建前期协调指挥部的财务收支情况进行审计，对奇家小学、洞庭小学、梅溪一中等学校的维修及改造工程进行审计，审计总金额 568 万元，核减 40 万元。

2009 年，对区重点建设项目的决算情况，教育系统校舍的维修、改造工程进行审计，审计总金额

2072.99万元，核减361.04万元。

2010年6月，区政府出台《岳阳楼区国家投资建设项目审计监督办法》，全区各部门、单位政府性投资建设项目，均在项目竣工后将资料送呈区审计局办理竣工决算审计。是年，对区教育局办公楼土方工程、五里牌办事处办公楼改建及附属工程、东方红小学新校区一期工程等29个项目的基建预决算情况进行审计，审计总金额9995.12万元，核减286.61万元。

2011年，对洞庭大道“五创”提质改造、理工学院拆迁还建点维修改造、黄梅港血防环改治理工程等29个政府投资项目的决算情况进行审计，送审总金额达3827.58万元，核减工程造价796.85万元。

2012年，审计区建设局及下属单位财务收支项目10个，查出违纪违规金额589.86元，收缴、上缴财政39.62万元。

第四节　行政事业与社会保障审计

1998年11月，对区社会养老保险基金的收支存情况进行审计调查，查出挪用专项基金、私设小金库、虚列养老基金、多提管理费、银行账户多等问题，并向区人大、区政府提交审计报告。

2001—2003年，对医疗保险、社会养老保险和“低保”等资金进行专项调查。医疗保险金存在经费短缺，难以维持正常运转；各单位代扣的个人应缴部分不能及时足额上缴，影响本单位个人医疗保险卡的正常使用；甲乙处方药及自费药费的报销比例存在差距，需要进行解释与说明等问题。社会养老保险金的征管日趋完善，截留、挪用、账户多等问题已基本解决，审计建议加大社保资金社会化发放的力度与幅度，切实加强社保金的征管与发放，让养老金真正成为“放心钱”。因为企业改制等因素，养老保险金、下岗职工基本生活保障金和失业保险金存在收缴难的状况；由于上级转移支付不及时、区财力短缺等因素影响，下岗职工基本生活保障金、失业保险金和城镇居民最低生活保障金养老保险金存在发放难确定、应发金额不足、发放时间不及时等情况。

2003年，对“非典”资金进行专项审计调查，经审核，各级政府安排“非典”资金1055万元，没有发现挪用，做到专款专用。

2006年，对全区非税收入、政府采购情况进行审计，查出行政性收费收入1756万元未纳入预算管理、空转非税收入800万元以及违规收取非税收入253万元；对区住房公积金进行专项审计调查，将审计结果以审计公告的形式在全区进行公布。

2007年，省审计厅在全省开展“五保”资金（即职工基本养老保险基金、城镇职工基本医疗保险基金、失业保险基金、工伤保险基金、生育保险基金）进行行业审计和审计调查。区审计局成立审计小组，历时1个月搜集全区社会保险基金的相关情况。

2008年，对全区抗冰救灾资金和捐赠款物的分配、使用、管理进行专项审计调查，共收到抗冰救灾资金145万元。

2010年，对岳阳楼区建筑公司吴××承包期内劳保金收支情况进行审计和审计调查。

至2012年，区审计局共完成区政府后勤中心、区法院、区检察院、区司法局、区教育局、区文体局等行政事业审计项目161项，查出违纪违规行为金额910元，收缴财政334.37万元。区审计局审计区劳动人事局、区民政局、区卫生局、区人民医院等社会保障部门（单位），共完成审计项目74个，查处违纪违规行为资金2646.27元，收缴财政380.55万元。

第五节 经贸与农林水审计

1990—1993年，南区审计局主要审计区燃料公司、汴河公司、建安公司、设备安装公司、金属材料公司、轻化建材公司、保温材料厂、水泥电杆厂、湘北饲料厂、交通实业公司、湘北水运公司、海南公司、市塑料八厂等区属全民集体企业，侧重于经营承包责任的评价，查处企业财务收支合法性的审计监督活动。

1994年，开展水泥制品厂等企业领导的离任审计；砂石公司等企业的转换机制审计；参与五交化公司等企业的破产清算等专项审计调查，核实企业的资产、负债与损益。

1995年，参加全省交通系统行业审计，重点审核1993—1994年公路养路费及交通规费征稽，并延伸审计区交通局7个二级机构。1998年，参加全省粮食系统行业审计，对新增财务挂账和不合理占用贷款情况进行审计。

2000年，参加全省移民建镇资金审计。全区计划2169万元，第一批移民1446户，到位资金1600万元，已下拨16个单位。经审计，建镇单位挤占挪用30万元，已督促区灾后重建办限期整改。

2005年，配合市审计局对岳阳楼区2004年粮食直补、水稻良种补贴资金投入分配发放和效益情况进行审计。

2009年，参与开展全区惠农资金的审计与审计调查。

2010年，对梅溪乡渔场的经营收支情况、岳城村前后22年的财务收支情况进行审计和审计调查。

至2012年，审计区经委、区物资局、区交通局、区农林畜牧局、区水利水电局、区粮食局、区物贸总公司、区环保局等经贸农林水部门及下属单位，共完成审计项目60个，查出违规违纪资金802.02万元，应收缴211.5万元，已上缴财政211.5万元；完成商贸农林水审计项目41个，查出违规违纪金额617.62万元，其中应收缴186.2万元，已上缴186.2万元。

第六节 经济责任审计

2000年，设立岳阳楼区领导干部任期经济责任审计领导小组。是年，设立岳阳楼区领导干部经济责任审计室，区审计局局长兼主任，并配置1名专职副主任主管经济责任审计工作。

2005年，对区人民医院、区社保站等7个单位主职领导干部任期经济责任进行离任审计，对区教育局等3个单位主职领导进行任中审计。市审计局授权对市规划勘测设计院院长进行离任审计，审计总金额达5000多万元，查处违纪金额126万元。组织部门根据审计结论，分别对2名干部予以重用，5名干部予以平调。

2006年，对区财政局、区民政局、区教育局、区人事劳动和社会保障局等17个单位的主职领导干部的任期经济责任进行审计，共查出违规金额807万元，提交审计结果报告17份。

2007年，对区文化体育局、望岳路街道办事处等8个单位一把手任期经济责任情况进行审计。9月，根据省委组织部《关于对卿渐伟同志进行任期经济责任审计的函》和市审计局安排，岳阳楼区地税分局对卿渐伟在2003年2月至2007年4月任省地方税务局局长期间履行的经济责任情况进行审计，未发现违反党风廉政规定的问题。

2008 年，对东茅岭办事处、区司法局、区粮食局等 12 个单位一把手任期经济责任情况进行审计，为区委选拔任用干部提供必要的审计参考依据。

2010 年，对区教育局、区人劳局、区科技局、金鹗山街道办事处等 11 个单位的主职领导任期经济责任情况进行审计。查出违纪违规金额 59.8 万元，管理不规范金额 45 万元。

2011 年，区审计局共对 20 个单位 23 名主职领导干部的任期经济责任情况进行审计，其中：乡、办事处党委、政府主职领导干部 11 人，部门主职领导干部 10 人，事业单位主职领导 2 人。审计共查出各种违纪违规金额 667 万元，应自行纠正金额 2768.53 万元。提交审计结果报告 23 篇。区审计局对审计查出的问题根据审计法律法规，分别进行处理处罚，并对领导干部个人应承担的经济责任进行划分、界定。

2012 年，区审计局共对 13 个单位、14 名领导干部任期经济责任情况进行审计，共查处违规违纪及办理不规范资金 390.74 万元。

第六章　质量技术监督

境内质量技术监督由驻区岳阳市质量技术监督局直管。1994 年为技术监督局，1995 年更名为质量技术监督局（简称质监局），2000 年属省系统垂直管理。至 2012 年，市质监局内设办公室、人事科、计财科、法规科、监督科、标质科、食安科、特设科、计量科、监察室和机关党委，直属纤检、质检、计量、特检、信息管理 5 个技术所，1 个稽查支队和开发区、屈原 2 个分局，有干部职工 637 人，其中公务员 160 人，技术干部员工 341 人，离退休及后勤人员 116 人。

第一节　计量管理

1991—1995 年，对市区 76 个单位、355 项标准进行严格考核，其中社会公用计量标准 68 项，授权计量标准 134 项，企事业单位最高计量标准 153 项，共检定强制管理计量器具 53354 台（件），依法检定 42306 台（件）。1997 年，建立计量标准由 37 个增至 39 个，强检计量器具由 23 项、48 种增至 25 项、50 种。1998 年，完成 215 家企业强检年度备案审查，完成“两标”检定 2618 台（件），送检率 100%，完成强检工作计量器具 57753 台（件）。1999 年，抽查计量器具 8 种、1820 台（件），检修计量器具 30517 台（件），建立商品房面积计量公正站，通过省质监局计量认证。2005 年，启动医疗计量器具的强制检定工作，完成 7 家单位计量认证年审，检定仪器 10415 台（件），修理仪器 784 台（件），完成 8 项计量高标准复查申请及技术资料的准备。2010 年，为 5400 个单位（用户）提供计量检定技术服务和计量咨询，检定计量器具 3.9 万台（件），维修 6000 台（件）。2012 年，突出民生计量，对全市 389 个加油站、1377 台加油机建档，对农贸市场计量器具实行免费检定 2 万台（件），查处销售密码作弊电子秤 43 台，没收在用电子秤 30 台（套），检查城区车站 14 个、码头 3 个、贸易市场19个、大型超市21家。

第二节　质量管理

1991—1995年，举办质量认证学习班，培训内审学员43人，对全市8221家次工业企业进行产品质量监督检验11739批次，检查贸易企业11257家次，涉及金额7874万元，检查棉花34741吨，立案390起，罚款1205.4万元。1997年，贯彻《产品质量法》，对40家企业通过质量整顿验收，合格的35家，合格率为87.5%；有4家企业、4项产品获省名牌产品称号。1998年，有4家企业产品获产品质量奖，3家企业通过ISO9000质量体系认证，22人取得企业内审员证书。1999年，7家企业产品被省授予“免检”产品。2005年，质检所新开发的食品添加剂、农药、化妆品等30个项目的检测，成为全省系统中唯一开展此类项目检验的综合所。是年完成检验5188批次。2010年5月，国家质检总局正式下文同意在岳阳市（岳阳楼区）筹建国家磁力设施质量监督检验中心。在食品质量安全监督上，换发食品生产许可证344个，抽查食品3760批次，合格率95.56%。2012年，在岳阳楼区完成食品添加剂监督抽查1211批次，合格率90.1%，覆盖率100%，探索延伸管理网络，聘请监督协管员，邀请安委、纪委、监察等部门参与质量安全监察，解决少数机关拒检、自动扶梯的整改和老旧电梯更新等老大难问题。

第三节　标准化管理

1991—1995年，共受理386项产品标准备案，制修订标准90项，“双采”44项。1996年，受理529项标准备案，制修订355项，“双采”国家级2项，“采标”认可4项，“采标标志”产品5项，名优产品553种。1997年，为岳阳楼区范围内企业产品标准依法备案58项，完成“采标”12项，标志备案6项，组织机构代码发证19327个，发展商品条码系统成员48个，采用国际通用商品条码标志的企业产品240种。1998年，完成企业产品标准备案35项，完成“采标”认可5项，标志备案3项。1999年，完成企业产品标准备案319项，复审344项，帮助企业发放标签认证91个，颁换代码证3740个，完成条码续展13家，为200多个企业提供标准资料700多份，查找技术参数1000多个。2005年，为15家企业制订生产标准，为73家企业进行标准备案，走访72家企业，解决实际问题46个。2010年，指导32家企业实施卓越绩效管理，帮助4家企业通过采用国际标准和国外先进标准“双采”验收，成立由30人组成的标准化专家库，聘请标准化首席专家10人。2012年，推进标准化战略，制定湖南省首个联盟标准，40多家碳素生产企业自愿联盟，制订碳素制品石墨粉和石墨异型件企业联盟标准。

第四节　质检执法

1995年，市质监局成立技术监督稽查大队。1996年，为行政执法投资70多万元，配备人员装备。是年出勤1184人次，检查农贸市场、批发市场、国营大商场1900多家，个体摊点4000多个，抽查产（商）品4600个批次，捣毁制假售假窝点6个，查处一次性注射器回笼产品21万支，查处失效农药、化肥、假酒、劣质钢材、水泥、缺斤少两液化气等假冒伪劣产（商）品与收缴不合格计量器具等涉及金额1258万元，立案查处94起，现场处罚240多家，罚款60多万元，处理投诉30余起，为消费者挽回经济损失80余万元。1999年，出动5195人次、车辆1110台次检查店面9334个，涉及各种假冒伪劣产（商）品30余种，端掉窝点15个，涉及违法金额823.98万元，全部得到处理，其中2人移交司法机关。2005年，查处计量、质量、标准、特种设备、服装纤维等各类行政案件900件，立案750件，移交司法机关处理1件，以上案件无一败诉、无一复议、无一错案。2010年，开展食品添加剂“百姓安康”、农资、建材、重点工程设备、生产许可证（3C）无证查处、二甲醚、纤维制品等10个专项整治和执法打假行动，稽查处理违法案件340起。端掉无证食品、地条钢加工窝点6个，查获假冒伪劣食品135件（箱），“黑心棉”被105床，扣押地条钢18吨，受理并处理各类投诉举报26起，查封不合格和违法使用特种设备15台（套），对市区内液化气市场气站多、气瓶多、问题多的现象，组织开展专项检查，对5家涉嫌掺入二甲醚的单位进行责令整改，1家检验单位和1家灌装单位停运整改。2012年，集中开展执法打假和专项整治行动15次，在全市监督抽查产（商）品860批次，立案查处违法案件460起，捣毁窝点13个，查获假、冒、伪、劣货值2000余万元。

第七章　食品药品监督

第一节　机　构

2010年前，境内食品药品监督管理工作由区卫生局负责。2011年5月，成立岳阳楼区食品药品监督管理局，9月28日单设为正科级行政支持类全额拨款事业单位，核编55名，在编40人。内设办公室、计财股、政策法规股、行政许可股。下辖餐保化监管所、药品市场监管所（加挂药品不良反应监测中心）和3个食品药品稽查大队。成立党总支部、工会、监察室。2012年，被岳阳市食品药品监督管理局评为年度绩效评估先进单位。

第二节　管　理

2011年始，区食品药品监督管理局，按照区委、区政府提出的“荣德守正、知行求为、忠诚履职、争创一流”要求，扎实推进食品药品放心工程。至2012年，共出动执法人员5760余人次，检查餐饮服务、药品经营使用单位18500家次，查获餐饮服务环节食品安全、药品医疗器械经营使用中的违法行为304起，立案处罚304起。同时摸清了监管对象，全区共有餐饮服务食品、保健食品、化妆品、药品、医疗器械（简称“四品一械”）经营门店5138家。餐饮服务单位2656家，其中持有许可证的2225家、未办证的431家；证件过期的143家，新开店51家，关门停业31家，不符合要求办证的206家。保健品经营单位323家，其中专营店63家，药店兼营保健食品260家。化妆品经营单位1524家。药品经营单位554家，其中零售企业286家，医疗机构药房268家；医疗器械经营单位71家，其中专营单位28家，兼营单位43家。

第三节 专项整治

食品安全 2004年前，每年1—9月，开展食品安全专项治理。2005年，巡回监督13765户次，监督覆盖率达99%，发放卫生许可证1865户，健康合格证6766人，隔离携带传染病患者104人，采集食样628件，合格率97.1%；餐茶具样716件，合格率68%；食盐样315件，合格率99.5%。2006年，监察食品生产经营单位7738户次，发现“五病”（即痢疾、伤寒、病毒性肝炎等消化道传染病（包括病原携带者）、活动性肺结核、化脓性或渗出性皮肤病）人员79例，调离79人，采集副食样686件，餐茶具样2250件，碘盐样315件，合格率分别94%、65%、100%。2007年，调离食品行业单位的“五病”人员213人，对87家幼儿园、28家中小学食堂进行了监测采样，检查餐饮单位1628家，查处无证单位1080户，整改合格195户，对548家餐饮单位实施食品卫生监督量化分级管理，实施率100%。是年，顺利通过省、市级政府11次专项检查。2008年，在人大、政协两会、北京奥运会火炬传递、奥运会、元旦、春节、“五一”“十一”、高中考期间开展食品卫生监督检查行动，确保年内无重大食物中毒事件的发生。2009年，《食品安全法》正式颁布实施后，区卫生局开展“卫监1号”行动整治，进一步强化餐饮消费环节的食品卫生安全监管。向1196家餐饮单位下发《打击违法添加非食用物资和滥用食品添加剂告知书》及相应的承诺书。2010年，除节假日开展专项整治外，还就“地沟油”、不合格一次性筷子进行专项整治，没收无标示食用油10公斤、不明来历筷子150公斤。2011年，重点加强高考、中考及节假日期间的专项整治。2012年，重点对餐饮服务单位服务许可证情况、从业人员健康情况、食品原料购进索证索票及检查验收制度落实情况、食品安全保障制度及保障措施的建立和落实情况进行检查和规范整治。共出动执法人员1360人次，检查餐饮服务单位2600家次，下达监督意见572份，抽验送检80个品种和批次，立案查处162起。

药品器械 2004年前，区卫生局根据《执业医师法》和《医疗机构管理条例》对医疗机构的服务秩序进行整治。2005年，重点取缔游医、药贩子，打击屡教不改的钉子户。是年，下发处罚通知书225家，清查18家医院、75个科室，清退无资质人员30人，取缔不规范内聘科室10个，查处药店坐堂行医63家次，查处非法个体诊所104家，立案46起，取缔46家，没收器械35台（件）、广告招牌108块、药品750公斤、宝笼货架26件，罚款近15万元，有效净化医疗服务市场。2006年，下发处罚通知书196份，清退无资格执业人员26人，查处药店坐堂行医46家次，查处非法个体诊所104家，立案46起，取缔非法个体诊所1966家，没收器械35台（件）、广告牌76块、药品56件，罚款15万元。2007年，出动监督员6645人次、车辆1580台次，巡回监督7584户次，查处非法坐堂行医46起，清退医生16人，取缔非法诊所16家，下发整改通知100份，没收药品68件，拆除招牌84块，罚款13万元。2008年，下发整改通知书210份，清除外聘科室6个、无资质22人，查处非法诊所110家，拆除招牌56块，没收药品器械80件，立案22起，罚款12万元。2009年，下发行政处罚决定通知书300多份，拆除招牌210块，没收药品50余件，拆除黑诊所56家。2010年，处罚70家非法医疗机构，取缔16家黑诊所，收缴药品器械370件。至2012年，先后约谈药品经营企业5家，责令整改32家，检查涉药械单位2600余家次，立案查处110余起。

第四篇　工　业

距今7300年，境内能生产大量的网坠和纺轮。商周时期，能以人工石材、烧陶建“彭城”。秦汉时期，造“秦砖汉瓦”建阅军楼。唐宋元时期，境内建筑业、纺织业、渔猎业、制陶业和农产品加工业得到发展。明清时期，以农产品加工业为主的扎花、纺纱、织布、榨油、碾米、酿酒、制茶等家庭作坊式的手工业得到发展。但清末民国时期，因战乱遭到摧残，多数企业倒闭停产。

中华人民共和国成立初期，境内认真学习贯彻国家“公私兼顾，劳资两利”政策，前店后坊的作坊式工业得到复苏。1956年，实现手工业合作化，私营工业完成公私合营后兴盛。1958年后，在“大跃进”和“人民公社化”运动中，城镇集体企业和社队办工业应运而生。1960—1962年，遭受“三年困难时期”，工业生产形势严峻，生产力下降。1966—1976年，“文化大革命”期间，工业经济严重受挫。1977—1984年，工业生产开始恢复性发展，多以街道、乡镇（村）工业为主的小型工业企业。1984年始，境内设南区、郊区，初具规模、经济效益好的工业企业上升为市属企业，留下的是不具规模和新上企业。但因扩大了企业自主权，促进了工业经济的发展。1995年，南、郊两区实现工业总产值7746万元，占到工农业总产值的88.55%，其中南区15582万元，郊区618821万元。

1996年始，岳阳楼区先对区街道企业和乡镇企业实行股份合作制，托管、兼并、租赁、拍卖、破产等办法改制，随后将区直企业改为民营企业，33家区直企业中改为民营企业的25家，其他国有、集体企业随之改为民营。让企业自主走向市场，增添了活力，尤其是鼓励发展非国有工业企业和加大招商引资后，工业发展进入快车道。2012年，具有规模以上的民营企业46家，产值过亿元的23家。实现工业总产值（绝对额）259.54亿元，比1996年增长11.44倍，职工劳动生产率由1996年建区初的35965元增至108096元。

第一章　机构与管理

第一节　机　构

清末民国时期，城区各手工作坊由各行业同业公会或行帮、会馆管理，各行业公会、行帮、会馆接受县商会管理。各手工作坊和工场开业、转业、歇业均须呈请商会批准。

中华人民共和国成立后，城厢区手工工业由县合作总社直接领导，区政府派人协助工作。1954年11月，城厢镇设手工业管理股，管理城区手工业。1958年，岳州公社设工业交通部，管理社属工业、交通运输业。1960年，岳阳市设工业局与手工业科，分别管理全市地方国营工业及手工业。1962年，城关镇设工业股、手工业联社，分别管理镇属工业与手工业。1964年，镇工业股更名为工业交通办公室。1965年，工交办更名为工交股。1969年1月，镇革委会设生产指挥组，下设工业组，行使原工交股、手工业联社职能，管理全镇工业与手工业生产。1971年，工业组更名为工业社。1973年，工业社更名为手工业联社。1973年7月，镇革委会撤销生产指挥组，设工交财贸股。1976年，岳阳市设工业交通局、轻工局，管理全市工业交通与手工业。1978年，市工交局更名为交通局，市轻工局分解为工业局、轻纺工业局、二轻工业局。1984年3月，南区政府设企业管理办公室，主管全区经济工作。是年6月，设工业管理科，与企业管理办两块牌子，一套人员。9月，工业管理科更名为南区经委。1984年4月，郊区设立工业交通科，管理全区工业与交通。9月，更名为工业交通局。1986年11月，设经委，管理全区经济工作。1985年8月，设乡镇企业局，管理全区乡、村企业。1985年3月，南区经委与区计委合并更名为南区计划经济委员会。9月，区计划经济委员会又分为经委与计委，各街道办事处则设企业股或生产办管理辖区内街道工业。1986年11月，设经委，管理全区经济工作。

1996年6月，南区经委、郊区经委合并为岳阳楼区经委。2002年4月20日，区政府机构实施改革，将区经委、区对外经济委员会、区乡镇企业委员会、区民营经济发展局合并成立区经济发展局，并保留乡镇企业局牌子。2011年3月，区经济发展局与区科技局合并，更名为区工业和科技信息化局。

第二节　管理体制

清代、民国时期，境内工业主要为“前店后坊”的作坊式手工业，由业主自行组织生产、销售，属于私人所有制。

中华人民共和国成立初期，国家对私营工业实行“公私兼顾、劳资两利”政策，建立劳资协商制，并组织工人参加企业管理。1953年，境内国营企业实行厂长负责制。1956年，经过公私合营，境内工业企业开始逐步向国营与集体企业过渡，企业建立以党组织为核心的集体领导与个人负责相结合的制度，推行党委领导下的厂长负责制，生产、经营及管理中的重大问题，需经党委或支部讨论后，厂长负责执行。1958年“大跃进”期间，实行人民公社党政一元化领导，各种私营企业与手工业社统一升级为地方国营工业企业，条件好的则升为国营企业。是时，强调领导干部、技术人员和工人“三结合”管理方式。

1961年，《工业七十条》颁布后，规定“在企业党委领导下，企业生产行政工作由厂长领导”。1966年“文化大革命”开始，各级工业管理机构瘫痪，各项规章制度被取消。1968年，各工矿企业纷纷建立军代表、革命领导干部、群众组织代表组成的革委会，实行革委会一元化领导体制。

中共十一届三中全会后，开始实行党委领导下的厂长分工负责制，后改为党委领导下的厂长负责制。1984年5月，扩大企业自主权，进一步明确党、政、工（会）各自的职责权利，逐步形成以生产经营为中心，厂长统一指挥，全面负责的领导体制。1985年，境内各工业企业全面推行厂长负责制。1991年，进一步完善领导体制，部分企业实行厂长、书记“一肩挑”。1996年，境内企业开始试行股份制企业改造，一些区街企业开始组建股东会、董事会、监事会，实行国有股、职工持股和社会法人股的股权结构多元化。2009年，区直企业全面改革，许多企业或停产、或出让、或拍卖给个体私营业者，区直属企业与街会（居委会）企业大部分或全部拍卖转制成私营企业。2010—2012年，对区辖企业只提供服务，不直接管理。

第三节　企业管理

民国时期，各手工作坊生产、经营由私人管理。中华人民共和国成立初期，城区手工业开始由个体向合作化转化，成立供销生产合作小组或合作社。各手工业合作社、组实行自负盈亏的分配方式，生产经营开始建立领料、保管、记账、收付、报表等管理制度。1956年，经公私合营社会主义改造，手工业合作社、组逐步转化为高级社，实行党的一元化领导，企业内部生产、管理由党组织负责，产品则由供销社或国营商店统购包销。是年，企业内部管理机构逐步增多，各种规章制度逐步完善。1958年，手工业社合并升为各级工厂，企业原材料均由国家统一控制，按计划经济进行调配。企业没有经营权，也不承担任何风险。职工分配则按国家所定工资制度标准发放。"文化大革命"中，规章制度被视为"管、卡、压"，受到批判。1979年，恢复各种规章制度。

1984年，境内原有区街企业中，凡初具规模、经济效益较好的企业，均由市接收。留下的或新创办的区街企业，基础薄弱、条件差、技术力量缺乏，人员素质差。1986年，南区开展工业普查，针对区街工业企业存在的问题，采取调整产品结构、引进技术人才、培训学习、外引内联、科技兴工、加强政治思想教育等方法，加强对工业企业的管理。1987年，随着改革的不断深化，在区街企业中实行"厂长负责制"及各种经济承包责任制，并向企业下放人事、劳动、生产、经营等权利，企业增加了活力。1988年，区政府与各经济主管部门签订工业生产目标管理责任状，各主管部门与下属企业签订责任承包书、岗位责任制与目标管理合同书。1989年，进一步完善各种承包责任制，转变经营机制，承包方式有：班、组、车间集体承包，租赁招标承包，厂长承包，风险抵押承包等，把职工利益同企业效益紧密地联系在一起，调动了职工的积极性。区光华印刷厂实行厂长承包制后，厂长不仅考虑职工的利益分配，更多地考虑工厂的发展，在效益逐年增长的情况下，先后投资50多万元购进对开机、彩印机等30多台（套）设备，扩大企业再生产能力，增强企业发展后劲。由于各种原因，各企业在承包中的短期行业也较突出，某些承包人只顾眼前利益，开展"掠夺式"经营，危及企业发展。是年，全区工业企业开始进行第二轮承包，全区工业产值达到5318万元，比1984年增加1878万元，增长35.31%。

1992年，全面推行企业内部改革，对企业人事、劳动、分配3项制度进行改革，进一步深化承包制、租赁制、税收包干制、放开用工权等，加快实行职工养老保险、职工医疗费统筹、职工待业保险、住房制度等配套改革，重点推行集体企业实行股份合作制。

1996年，加大对区街企业、乡镇企业的改革力度，所有企业全部采用股份合作制、托管、兼并、租赁、拍卖、破产等各种方式，因企业制宜，强化管理，挖潜改造，调优搞活，以提高企业经济增长质量和效益。1999年始，区政府制订各种政策，推进国有集体企业改制，确保存量资产有效重组，将区街和乡镇集体企业逐步改制成非公有制企业。能破产的则破产，能拍卖的则拍卖，能实行股份合作制的则实行股份合作制。2000年，有9家区直企业改制成民营企业。2001年，有5家区直企业、20家乡镇集体企业顺利改制。2003年，区直33家企业，职工3573人，完成改制企业22家，共安置职工2124人。至2009年，全区所有区街企业、乡镇企业完成改制工作，264家企业由国有集体企业转为民营企业。其中，33家区直企业改制25家，占区直企业总数的75.7%。

1996—2009 年岳阳楼区改制工业企业

表 4-1　单位：人

企业名称	改制时间	安置人数
岳阳市铝型材厂	1996.10	38
岳阳市高温材料厂	1996.10	17
岳阳市洞庭非金属矿厂	1997.4	32
岳阳市物资装潢公司	1998.5	21
岳阳市东方宾馆	1998.7	53
岳阳市湘北饲料厂	1999.7	32
岳阳市水泥制品厂	2000.10	171
岳阳市通达制药厂	2000.8	119
岳阳市银桥工业贸易公司	2000.9	96
岳阳市新城预制构件厂	2001.2	90
岳阳市爱帆制衣公司	2001.12	200
岳阳市爱菲尔化妆品公司	2001.5	20
岳阳市碳酸钙厂	2002.1	32
岳阳市宏昌工业贸易公司	2002.7	44
岳阳市岩棉制品厂	2002.7	17
岳阳市汽配公司	2002.6	78
岳阳市新城印刷厂	2002.3	59
岳阳市新城物资公司	2002.7	20
岳阳市恒盛冷暖设备有限公司	2002.7	91
岳阳市幕墙玻璃厂	2002	63
岳阳市华厦墙体材料厂	2003.1	64
岳阳市乡企供销公司	2003.5	13
岳阳市长征服务楼	2005.2	28
岳阳市光华印刷厂	2005.10	56
岳阳市龙城实业总公司	2009.3	771

第二章 工业体制

第一节 私营企业

作坊工厂 清光绪八年（1882），城区吊桥街设有李大和制笔作坊，为近代城区最早的作坊工业。光绪三十年（1904），洞庭庙开设李树记碾米作坊。宣统元年（1909），曹典芪在竹荫街开办立生制皂厂，为城区最早开设的私营工厂。民国3年（1914），湖北人徐子健、徐声俊合资在竹荫街开办私营东海电灯公司。民国8年（1919），邑人高国俊在城区创办岳阳贫民工厂，为岳阳第一家私营专业纺织厂。民国24年（1935），全县私营作坊工业有：碓坊业10家、酱园业4家、粮食业13家、丝烟业9家、缝纫业70家、制鞋业5家、制袜业8家、染纺业6家、首饰业9家、铁器业10家、木器业9家、毛笔业4家、印刷业7家、雨伞业4家、贫民工厂1家，合计199家。1949年，城区共有私营作坊15个行业、198家，年产值236万元，占全县工业总产值的93.65%。

1951年5月，岳阳城区有私营工厂15家，资本金总额1075732.7万元（旧币），谷2000石，职工298人；城陵矶有私营工业19家，资本金448万元（旧币）。1956年，进行社会主义改造，城区私营工业全部转入国营工厂或手工业社，城区不再有私营工业存在。1979年改革开放后，允许私人办厂办企业。1982年，城区有个体私营工厂6家。1989年，城区有私营工业企业5家。1990—1995年，私营工业企业发展迅速，在区街工业经济中所占比重逐年上升。1996年，岳阳楼区个体私营工业完成9.9亿元，比上年增长138.59%；工业销售收入18.8亿元，增长115.8%。2002年，境内民营企业加快生产结构调整，形成以鲁良新元粮油、岳泰科技饲料、劲仔食品为代表的农副产品加工业；以中科、金诚电磁铁、吉祥燃烧器为代表的机械加工业。2004年，境内从事农副产品加工业的企业134家，从业人员约2390人，拥有固定资产4.5亿元，其中规模在500万元以上的企业8家，有6家产值超过1000万元。2007年，规模在500万元以上的企业从2004的23家增至32家，规模工业完成总产值52亿元。2009年，全区规模民营工业企业增至46家，企业产值过亿元的23家，其中岳泰、鲁良2个企业产值均超过10亿元。2012年，全区民营规模工业企业完成总产值165亿元。

手工业 民国时期，城区手工业较为发达。民国25年（1936），有7个行业、29家，从业280人，资本金153650元（银元）。

1950年1月5日，城区手工业发展至23个行业、280户，从业544人。1952年，城区17名手工业工人组织成立第一个生产合作社——岳阳县印刷生产合作社。随后，组建铁业、竹器、圆木、刻字等4个生产合作小组、3个供销合作小组，组员180人。1953年，有手工行业16个、495户，从业1473人。是年底，组织成立印刷、木器、铁业、棕业、篾业、缝纫6个生产合作社，有社员135人；组建白铁、机器修理2个供销生产小组，有组员23人。1955年底，城区共有33个手工行业、517户，从业1113人；组建8个生产合作社、12个供销生产小组，共有生产人员562人，占全镇手工业从业人数的50.4%；尚有个体手工业户353户、537人未加入合作社组。1956年底，实行社会主义改造，个体手工业者全部加入合作社、组。是年，全镇共建手工业生产合作社32个，从业人员1543人；合作小组 7 个，从业人员 78 人；社组共有资金 37 万元。

1958 年“大跃进”，岳州人民公社大办工厂，各街道居民与手工业者共创办 103 个工厂。在“一大二公”的影响下，手工业出现并厂升级热潮，五金、白铁、铜器、木器、砖瓦等 8 个行业初级合作社转为 12 个地方国营工厂，如金星铁业社升为地方国营岳阳县机械厂，木器社、圆木社、油漆社合并为地方国营东风木工厂，金器、铜器、衡器等社合并为五金合作工厂，缝纫、刻字、竹器、雨具、竹缆等社合并为岳州公社联合工厂。1959 年，103 家大小工厂整顿合并为 42 个工厂，有职工 1999 人。1961 年，恢复市手工业联社，将已变更隶属关系的工业组恢复原有名称，实行独立核算，自负盈亏。市手工业管理科收回管理的手工业社组 31 个，并对各社组实行“一条鞭”领导。1962 年，撤市恢复城关镇，镇手工业联社辖 34 个社、厂。

1963 年城关镇手工业社、厂一览

表 4-2

名　称	名　称
竹器生产合作社	机械修配厂
圆木生产合作社	五　金　厂
制线生产合作社	钟表眼镜修配合作社
刻字生产合作社	五金修配生产合作社
雨具生产合作社	第一缝纫生产合作社
制鞋生产合作社	第二缝纫生产合作社
鞭炮生产合作社	第三缝纫生产合作社
钢火生产合作社	第四缝纫生产合作社
红砖生产合作社	棕制品生产合作社
机面生产合作社	文化用品生产合作社
砖瓦生产合作社	炼硝火药生产合作社
芦席生产合作社	第二木器生产合作社
陶器生产合作社	第一建筑生产合作社
油漆生产合作社	第二建筑生产合作社
铁器生产合作社	第三建筑生产合作社
美术生产合作社	日用金属生产合作社
靴鞋生产合作社	第一木器生产合作社

1964 年，城关镇手工业共有 17 个行业 32 个厂、社，社员 1543 人，是年，完成总产值 309 万元。1968 年 11 月，将手工业 25 个社、厂与 5 个镇直属工厂合并为 7 个生产单位。1973 年，恢复手工业联社，全镇又发展手工业社、厂 25 个，社员 2086 人。1976 年，恢复岳阳市，城关镇手工业企业全部上升为市

级集体企业。1979年，允许恢复个体经营，城区出现个体手工业者77户、107人。1984年，南区个体手工业发展到100户、212人。1988年，发展到321户、625人。1989年，个体手工业户减至141户、154人。此后，个体手工业户改称个体工商户。至2012年，全区从事工业生产的个体工商户4869户。

第二节 区街企业

1957年前，城区工业仅有大米厂、酒厂、榨油厂、肥皂厂等4个地方国营小厂，3个公私合营红砖厂，共有职工321人，年产值51万元。1958年6月，城区掀起大办地方工业高潮，贯彻“小型、土法上马、群众性运动”方针，办起各类工厂103个。是年10月，岳州公社成立后，合并为50个，其中，手工业工厂10个、镇属工厂7个、城陵矶分社工厂10个、郊区分社工厂5个、商业分社工厂5个、机关家属工厂13个，共有职工4152人。是年底，调整为42个工厂。1959年4月，岳州公社又将工厂整顿合并为27个，其中，社属工厂18个，职工1754人；城陵矶公社工厂3个，职工170人；郊区分社工厂3个，职工143人；商业分社3个，职工124人。是年底，社属18个工厂企业：塑料厂、红旗造纸厂、制药厂、化工厂、木工厂、水泥厂、罐头厂、五金厂、炼铁厂、湘粉厂、玻璃厂、电机厂、火药厂、一砖瓦厂、二砖瓦厂、农机修配厂、供电公司全部变更为地方国营企业。公社仍有社属及街道工厂37个，职工3095人。

1959年岳州公社工厂一览

表4–3 单位：人

厂　名	人　数	厂　名	人　数	厂　名	人　数
服装厂	220	雕刻厂	20	城陵矶豆作厂	7
被服厂	300	棕制厂	60	城陵矶煤球厂	4
钟表厂	26	机械厂	272	城陵矶酒厂	12
制药厂	13	针织厂	61	城陵矶机械厂	49
机面厂	41	糖果厂	73	城陵矶被服厂	29
皮革厂	300	墨水厂	9	城陵矶机械厂	49
湘绣厂	45	雨具厂	40	城陵矶红砖厂	47
酒精厂	70	制酱厂	80	郊区农具修配厂	60
水泥厂	100	芦席厂	100	郊区砖瓦厂	53
一红砖厂	200	鞭炮厂	50	郊区棉织厂	17
二红砖厂	400	烟草厂	100	郊区榨油厂	15
家属工厂	40	化工厂	40	郊区打米厂	13
郊区化肥厂	80				

1960年，岳州公社改为岳阳市，将38个街道工厂合并为19个，县又下放11个工厂给市。至年底，全市有大小工厂57个，其中，中央、省、县国营工厂7个，职工6000多人；市属地方国营工厂19个，职工2424人；另有街道工厂13个，部门工厂18个，职工3500多人。1962年撤市恢复城关镇，原市属工厂全部由县接管，镇直属工厂仅余扇子厂、片石厂、机械厂、联合加工厂。1965年底，城关镇街道工厂发展至43个，其中，镇直属厂、场8个，职工493人；街道办厂、场、队、组35个，职工1744人；资产16.4万元，年产值148万元。1971年，全镇掀起学习长沙“婆婆妈妈不吃闲饭”的精神，贯彻土法上马、因陋就简、拾遗补阙、加工利废的原则，组织居民参加集体生产劳动，大力兴办街、会两级企业。1972年，镇、街（道）、（居委）会共兴办区街工业厂、队、组104个，从业4879人。其中，镇属工厂6个、650多人；街道办事处工厂17个、1100人；居委会办工业队、组51个、600多人；手工业生产单位27个、2100多人；郊区社办工厂3个、240人。

1976年，恢复岳阳市，原城关镇所属直属工厂及手工业工厂全部升为市属企业。1977年11月，全市有区街工厂41个，职工2319人；居委会办工厂、队组110个，职工1224人。1982年，全市5个城市区共有区街工业46个。1983年岳阳市升格为省辖市，原岳阳市5个城市区的72个区街工厂，有21个升为市属企业，51个隶属新成立的岳阳市南区管理，其中，原冷水铺区的石灰厂、七里山沙石场，东区的锦湘颜料厂、洞庭布鞋厂，北区的洞庭油毡厂、保温材料厂、长征电线厂、新征被服厂、人民制帽厂、光华印刷厂、江南包装厂、城北沙石场，南区城南沙石场，城陵矶区的城陵矶沙石场等14个厂、场，升为南区直属工业企业。至1989年，增加岳阳市建南化工厂、金属材料包装厂、有色金属材料加工厂、丰南纺织服装公司、岳阳市新城实业总公司、岳阳市汴河实业公司，使区直属工业企业增至20家。1984—1989年，郊区先后创办区直工业企业17家。至1995年12月，各街道及居委会所办工业企业在市场经济的冲击下，有的改行，有的解体，有的改制，有的拍卖，不再存在。1996年6月，岳阳楼区区直工业企业共有36家。2002年降至33家。

2010年，经过改制后，区直属工业企业仅剩岳阳市颜氏燃烧器厂、岳阳市石英滤料厂、岳阳市人民印刷厂、岳阳市宏达服装厂、岳阳市精细包装厂、岳阳市英德利服装鞋业公司、岳阳市凌云工贸公司等8家。

1989年南区街道居委会工业企业

表4–4

名　称	地　址	主管单位	主要产品
岳阳市湘丽机绣厂	乾明寺	解放路办事处	男女系列衬衫、童装
岳阳市南区饲料厂	郊区	解放路办事处	猪精饲料、乳猪饲料
岳阳市群艺针织厂	洞庭南路	解放路办事处	劳保工作服、军干服、校服
岳阳市南区解放涂料厂	茶巷子	解放路办事处	建筑涂料
岳阳市南区新欣化工厂	南津港	吕仙亭办事处	硅酸钠
岳阳市南区工矿劳保服装厂	南津港	吕仙亭办事处	羽绒服
岳阳市南区钢丝制品厂	先锋路	吕仙亭办事处	钢丝
岳阳市南区汽车保养厂	韩家湾	吕仙亭办事处	汽车修配

名　称	地　址	主管单位	主要产品
岳阳市民生竹器厂	太子庙	吕仙亭办事处	竹制品
岳阳市南区炉芯厂	南津港	吕仙亭办事处	节能炉芯、炉具
岳阳市洞庭石油化工厂	洞庭北路	洞庭路办事处	润滑油、金属清洗剂
岳阳市区星火橡胶厂	洞庭北路	洞庭路办事处	日用橡胶制品
岳阳市北门高效节煤炉厂	北门	洞庭路办事处	节煤炉
岳阳市佳美食品厂	洞庭北路	洞庭路办事处	中、西点心
岳阳市无损检测设备厂	洞庭北路	洞庭路办事处	探伤检测处理设备
岳阳市环保设备厂	洞庭北路	洞庭路办事处	环保设备、冷作加工
岳阳市城东彩印厂	德胜路	东茅岭办事处	彩印
岳阳市东兴服装厂		东茅岭办事处	服装
岳阳市洞庭石油化工机械厂	得胜路	东茅岭办事处	金属制液体贮藏罐
岳阳市下班钢材料厂	迎宾路	金鹗山办事处	玻璃钢
金鹗五金建材公司（含海绵厂）	金鹗山	金鹗山办事处	五金建材、海锦
岳阳市席梦思家具厂	青年路	金鹗山办事处	棕床、办公桌椅
岳阳市洞庭绝缘材料厂	青年路	金鹗山办事处	云母制品
岳阳市金鹗皮件厂		金鹗山办事处	皮革、服装
岳阳市南区金鹗羽绒厂		金鹗山办事处	服装、羽绒服
南区金鹗塑料包装厂		金鹗山办事处	塑料制品
岳阳市南区彩色包装印刷厂	五里牌	五里牌办事处	彩色包装
岳阳市潇湘蓬垫厂	五里牌	五里牌办事处	汽车蓬垫、沙发
岳阳市五里木器厂	五里牌	五里牌办事处	木制品
岳阳市湘君汽车配件公司	五里牌	五里牌办事处	汽车配件
岳阳市潇湘化工厂	冷水铺	冷水铺办事处	氯化铝、铝灰
岳阳市巴陵仪表厂	冷水铺	冷水铺办事处	温度计、玻璃仪器比重计
岳阳市湘北塑料厂	冷水铺	冷水铺办事处	农药瓶、硬塑水管
岳阳市冷水铺汽车修配厂	冷水铺	冷水铺办事处	汽车修配
岳阳市冷水铺机械修理厂	冷水铺	冷水铺办事处	机械修理
城陵矶油毡原纸厂	城陵矶	城陵矶办事处	油毡原纸
城陵矶蓄电池厂	城陵矶	城陵矶办事处	铝酸蓄电池
城陵矶制扇厂	城陵矶	城陵矶办事处	工艺扇
城陵矶金属编制厂	城陵矶	城陵矶办事处	钢丝

1996年区直属工业企业

表 4-5

名　称	地　址	建厂时间	主要产品
岳阳市铭型材料厂	冷水铺	1976.5	铝制品
岳阳市新征被服厂	洞庭北路	1979.3	军需用品、劳保用品
岳阳市丰南纺织服装国际公司	洞庭北路	1985.7	西服、中山装
岳阳市洞庭布鞋厂	金鹗山	1976.2	布鞋、拖鞋
岳阳市人民制帽厂	茶巷子	1970.5	帽、毛裤、彩旗
岳阳市高温材料厂	冷水铺	1990.6	面市温材料
岳阳市洞氮非金属矿厂	南岳坡	1977.02	压力沙
岳阳通达制药厂	北　门	1988.6	螺璇霉素
岳阳市水泥制品厂	五里牌	1979.7	预制构件
岳阳市湘江饲料厂	洛　王	1994.8	畜类饲料
岳阳市碳酸钙厂	冷水铺	1969.5	轻、重质碳酸钙
岳阳市爱菲尔化妆品厂	金鹗山下	1981.3	香水、化妆品
岳阳市银桥工贸公司	汴河街	1992.6	被服
岳阳市爱帆制衣公司	洞庭路	1983.7	西服
岳阳市工业物资装潢公司	五里牌	1998.2	装潢设计
岳阳市龙城物资公司	巴陵大桥	1986.4	建筑用品
岳阳市幕墙玻璃厂	北　门	1998.2	幕墙玻璃
岳阳市岩棉供应处	解放路	1990.1	保温材料
岳阳市新城实业公司	五里牌	1989.7	商贸物流
岳阳市恒盛冷暖设备公司	建湘路	1986.4	散热器
岳阳市宏昌工贸公司	洞庭北路	1992.3	商贸物流
岳阳市汽配公司	五里牌	1987.6	汽车配件
岳阳市华厦墙体材厂	洞庭北路	1992.5	空心砖
岳阳市乡企供销公司	五里牌	1986.7	商贸物流
岳阳新城预制构件厂	五里牌	1992.5	预制板
岳阳新城课桌印刷厂	五里牌	1992.5	办公用品
岳阳市华光印刷厂	茶巷子	1971.9	发票、账本
长征服务楼	南岳坡	1971.4	旅社
岳阳市颜氏燃烧器厂	九华山	1990.5	燃烧器节能品

名　称	地　址	建厂时间	主要产品
岳阳市石英滤料厂	北　门	1972.10	砂石建材
岳阳市人民制帽厂	观音阁	1972.11	帽子
岳阳市宏达服装厂	建湘路	1993.3	西服
岳阳市精细包装厂	洛　王	1991.4	物品包装
岳阳市砂石公司	北　门	1983.7	压力沙
岳阳市英德利服装鞋业公司	洛　王	1989.9	高档西服
岳阳市凌云工贸公司	五里牌	1991.6	保温材料

2007年岳阳楼区规模工业企业名录

表4-6

名　称	所在地
岳阳市兴达印刷有限公司	东茅岭办事处
岳阳市金健米业有限公司	城陵矶办事处
岳阳市永金起重永磁有限公司	城陵矶办事处
岳阳市康大饲料有限公司	城陵矶办事处
岳阳大兴化工有限	城陵矶办事处
岳阳鲁良新粮油有限公司	城陵矶办事处
岳阳市闽殊面粉有限公司	城陵矶办事处
岳阳市闽慧油脂有限公司	城陵矶办事处
岳阳市闽岳精米厂	城陵矶办事处
岳阳市城陵矶金属制品有限公司	城陵矶办事处
岳阳市克明面业有限公司	城陵矶办事处
岳阳大野天际农业开发有限公司	城陵矶办事处
岳阳经济技术开发区新胜纸业有限公司	城陵矶办事处
岳阳凯美特干冰有限公司	城陵矶办事处
岳阳市为天米业有限公司	城陵矶办事处
岳阳市三湘化工有限公司	城陵矶办事处
岳阳海德涂料厂	望岳路办事处
湖南岳阳楼酒业有限公司	望岳路办事处
岳阳群兴化工有限公司	望岳路办事处
岳阳巴陵精细化工有限公司	梅溪乡

名　称	所在地
岳阳市万力机械股份有限公司	梅溪乡
岳阳新宏饲料有限公司	梅溪乡
岳阳市元辉化工有限公司	梅溪乡
岳阳市丰益生化科技有限公司	梅溪乡
岳阳市巴陵炉窑有限公司	郭镇乡
岳阳市鸿仪实业有限公司	奇家岭办事处
湖南新磁机器有限公司	奇家岭办事处
岳阳市洞庭密封材料厂	洛王办事处
岳阳市洞庭山茶厂	洛王办事处
岳阳市丹华海绵制品有限公司	洛王办事处
岳阳市天平石化有限公司	洞庭办事处
岳阳市红锦鲮水产冷冻有限公司	洞庭办事处
岳阳市混凝土有限公司	洞庭办事处
岳阳市石英滤料厂	岳阳楼办事处
岳阳市金城起重电磁铁有限公司	岳阳楼办事处
岳阳市颜氏燃烧器厂	岳阳楼办事处
岳阳市江南棉麻土产有限公司	东茅岭办事处
岳阳市岳泰饲料股份有限公司	吕仙亭办事处
岳阳千盟电子有限公司	金鹗山办事处

第三节　乡镇企业

1958年，岳阳县城关镇掀起全民大办工业高潮。是年6月，郊区农业社兴办3个工厂，职工143人，为境内乡镇企业开办之始。至1971年，郊区办厂31个，有职工4879人，乡镇工业初具规模。1984年，郊区共有各种企业180个，其中乡村企业146个，主要是建材、建工、机械、轻纺、化工等行业，也包括部分商业服务，种养殖行业。1986年，境内共有各种企业725个，是1983年的6.5倍。乡办企业收入1466.9万元，村办企业收入1725.4万元，村以下企业完成产值1105.3万元。1988年6月，境内各级各类企业增至1019个，总收入7041万元，办起一批有一定规模效益的新工业企业，如五里制药厂、郭镇钒矿、北港汽车改装厂、望岳明胶厂、岳城铝制品厂、城陵矶机筛厂、洞庭渔品厂、北港园艺场海绵厂等。

1994年，境内乡镇企业总产值达到14.38亿元，其中工业总产值5.49亿元，占乡镇企业总产值的

38%，比上年增长43.94%，五里、北港、梅溪3个乡的乡镇企业总产值均突破3亿元，有14个村突破2000万元，滨湖村企业总产值达8500万元，上缴税费200多万元，为全市乡镇企业产值税费第一村。1996年，乡镇企业完成工业产值16.37亿元，其中冷水铺乡镇工业小区完成产值9.59亿元，其综合指标居全省15个定点小区之首，被农业部列为全国乡镇企业东西部合作示范区。1999年，岳阳楼区92家乡镇集体企业中，有74家实行租赁、风险、股份合作的改制。是年，乡镇集体企业完成总产值28.3亿元。2000年，18家区乡镇企业转变为民营企业。

第四节 工业园建设

2007年1月21日，区政府创办循环经济工业园。园址位于城区东北部，包括洞纺片区、滨湖片区、延寿片区、吉家湖片区，总面积12平方公里，规划开发面积4平方公里，总人口8.2万人。园区东临京广铁路、武广高速铁路、107国道和京珠高速公路，西临洞庭湖，北靠长江和城陵矶港口。园区内拥有京广铁路货运专线、9个大型贮运站和岳阳保税仓库，有巴陵石化公司、华能电厂、泰格林纸等17家中央、省属企业和25家市属企业。电力、工业用水、污水处理、供热、供气等基础设施完备。是年，园区引进5个项目，总投资8000多万元。2008年，引进投资额1000万元以上的项目10个，其中3000万元以上的项目6个，投资额在1亿元以上的项目3个，入园企业增至18家，其中有规模工业企业14家，完成工业总产值43.5亿元，完成税收2350万元，安排就业900多人。2009年，签约项目3个，总投资1.9亿元；新开工项目1个，投资2.8亿元；竣工投产项目9个，总投资2.24亿元。至2010年，园区企业总投资达7.84亿元，已完成总投资4.6亿元。完成工业产值13.58亿元，实现税收1023万元。2011年，园区内25家规模工业企业完成产值102亿元，实现销售收入96亿元，税收17亿元。2012年，实现工业物流仓储用地出让7.4公顷，投产项目2个，落实项目3个，总投资2.8亿元，工业聚集区全体管网基础设施新增投入1.4亿元。

第三章 工业生产

第一节 工业企业门类

一、造纸业

1958年，岳阳县渭洞造纸厂迁至城区北门九华山，更名为岳阳县红旗造纸厂。1960年，岳阳县红旗造纸厂更名为岳阳市红旗造纸厂。1962年，岳阳市南区创办纸盒厂。1970年，城南草帽厂更名为镇卫生纸厂。1976年，城南纸盒厂更名为市纸箱厂，北区又创办城北纸盒厂。1979年，创办北区包装厂。1984年，北区包装厂更名为南区直属江南包装厂。1993年7月，岳阳市汴河实业公司新上一个卫生纸、包装纸业生产线。2000年始，区属造纸业全部转为民营企业。

二、印刷业

清同治十二年（1873），城区有刻纸坊6家。民国10年（1921），城区建有私营文明印刷厂。民国14年（1925），在棚厂街创建飞鸿印刷厂，采用铅字代替木版雕刻印刷，为城区铅印之始。民国24年（1935），城区已有印刷厂、坊7家。1949年，城区有印刷厂、作坊8家。1950年，城区6名私营印刷者组织起来成立城厢镇印刷生产合作工厂。1952年，印刷合作工厂更名为印刷生产合作社，有社员26人。1966年，城关镇创办印刷厂。1976年，镇印刷厂并入市印刷厂。1984年，城北纸盒厂更名为光华印刷厂，属区直属企业。至1996年，城区范围（包括原岳阳市郊区在内）共有印刷业43家，其中区街印刷业9家。2002年始，全部改制为民营企业。

三、食品、饲料

食品　1949年后，由国营烟酒专卖公司扶持开办第一家玉泉酒厂和榨油厂。1953年，在洞庭庙扶持开办合兴加工酒厂、胜利加工酒厂。是年，城厢区成立第一豆作供销生产小组。1955年，成立第二豆作供销生产小组和机面生产小组。1956年，创办镇糖果糕点厂。1958年，2个豆制小组合并成立豆制品生产厂，机面小组更名为机面厂，并创办制酱厂、罐头食品厂、城陵矶豆作厂。1960年，豆制品厂、罐头食品厂、制酱厂升为市（县级）属企业。1963年，市属企业转为县属企业，镇食品企业，只有机面生产合作社。1976年，市（县级）属食品工业企业有：酒厂、糖果厂、湘绣厂、制帽厂、罐头厂、冰厂、小港米厂等7家。1984年，组建岳阳市南区时，已无食品加工企业。1989年，南区有食品企业4家。1996年，岳阳楼区有食品生产企业8家，酒厂2家。1997—2008年，上述企业改制。2012年，新上年生产1万吨挂面生产线。

饲料　1989年，南区发展饲料企业1家。1996年，南、郊两区合并后，有饲料生产企业6家，。1997—2008年，企业改制。2011年，引进年产1万吨预混饲料、6万吨膨化高档配合饲料2条生产线，新增产值4.24亿元、税收1200万元。2012年，九鼎农牧新上年产20万吨全价料，新宏新上20万吨全价料等生产线。

四、建筑材料

1954年，城区群营土产贸易商店与绸布业并店后，部分剩余人员合作创办七里山机瓦厂。1955年，城区共有瓦窑业44户、57人，生产砖瓦、石灰等建筑材料。1956年，城区有3个公社合营红砖厂。1958年，城区居民手工业者创办水泥厂、第一红砖厂、第二红砖厂、郊区红砖厂、城陵矶红砖厂。1963年，镇直属建材企业有采石场、红砖生产合作社、砖瓦生产合作社。城南办事处创办红砖厂，城北办事处创办拉丝厂。1970年，城关镇创办电机砖厂。1976年，城关镇制钉线材厂、电机砖厂、水泥厂、机瓦厂等转为市属企业，市创办预制构件厂。区街建材企业有：南区砂石场、冷水铺区石灰厂、七里山砂石场、北区油毡厂、采石场、城陵矶区砂石场、红砖厂、东区街河口砂石场。1982年，城区建材工业企业发展到24个，其中水泥及水泥制品企业7家，砖瓦石灰其他建材企业11个，砂石开采企业5个，耐火材料生产企业1个。1984年，境内有各类建材企业14个，街会5个，其余5个上交市属管辖。1996年，南郊两区合并区后，建材企业增至29个，其中郊区10个。2000年始，建材企业全部改制为民营企业。2005年，有各类建筑业个体经营33家，从业人数79人。2010年，关停拆除城陵矶一砖厂、二砖厂2家实心黏土砖厂，果断处理花果畈石煤加工场和城陵矶经贸建材公司非法加工含重金属的石煤事件。

五、五金机械

民国24年（1935），城区有铁器作坊10家，资金总额1000元；铜器作坊9家，资金总额3000元。铁器只能打造如锄头、菜刀之类的简单的日常生活用品。民国26年（1937），粤汉铁路岳阳火车站开设一铁路机械厂，有职工251人，车（钻）床3台，从事铁路车辆修理。1954年5月，城区11名铁业手工业者成立铁业生产小组。7月，9名五金工人成立五金修理生产小组。10月，铁业组转为铁业生产合作社。年底，成立白铁供销生产小组。1955年，五金修理小组转为五金生产合作社。并成立铜器供销生产小组、船舶修造供销生产小组、钟表修配生产小组、度量衡器供销生产小组。1956年7月，铁业社与五金社合并为城厢镇金属生产合作社。是年12月，分成金属一社、三社，白铁生产小组转为合作社，称第二金属生产合作社。1957年11月，金属一社转为县手工业联社金星铁工厂。1958年3月，金属三社（镇五金社）再次与金星铁工厂合并为地方国营岳阳县农业机械厂，钟表社更名为钟表厂。1960年，县机械厂更名为市机械厂，市属五金机械工业企业有机械厂、农业机械厂、电器元件厂，3个区属厂合并成立市机械修配厂，洞庭公社创办洞庭机械厂。1963年，市属机械工业企业由县接管，企业中的手工业部分划归城关镇管理。镇手工业联社下辖铁器、五金、日用金属、钟表、钢火、眼镜修配、机械修配厂等生产合作社、厂。1965年，城北街道办事处创办五金厂，城南办事处创办钢火厂、机械厂、电器厂；镇手工业社的五金、金属、铁业3个社合并成五金厂。是年，创办镇轻工机械厂。1969年，镇五金厂与城南机械厂、电器厂合并，更名为镇机械修制厂，手工业社第一木器社、圆木社合并更名为镇农具厂，白铁社改为冷作厂。1976年，镇属五金机械企业全部转为市属集体企业。市属机械企业有铸造厂、阀门厂、钢火社、钟表眼镜社、冷作机械厂、五金厂、电机厂、农机厂、衡器标准件厂等厂、社。1984年，南区街企业中仅有7个机械修理方面的街道小厂，其中，汽车修配厂3个、五金厂2个，冷作厂2个。至1996年，南郊合并时增至10个。2009年，全区机械五金制造业增至13个，其中具有科技含量的2个：颜氏燃烧器厂、恒盛冷暖设备有限公司。

六、化工

1958—1959年，岳州人民公社先后创办制药厂、酒精厂、硫酸厂、化工厂、糠醛厂、鞭炮厂等化工企业，郊区公社创办化肥厂。1960年，岳州公社所属企业转为市属企业，糠醛厂与市酒厂合并更名为市轻化工联合工厂。1963年，市属化工企业由县接管，镇化工企业仅有炼硝火药、鞭炮2个手工业生产合作社。1970年，城关镇创办化工厂，城北办事处创办镀锌厂，洞庭公社创办植酸钙厂。1975年，市属化学工业企业有化工社、油漆社、日用化工厂、制药厂。1982年，岳阳县氮肥厂更名为市氮肥厂。1984年，南区仅有5个街道化工企业。1989年，区、街化工企业增至7个。1996年，南郊两区合并后，增至11个。2009年，仅剩精细化工包装公司1家。

七、纺织工业

1956年12月，城关镇成立制线生产合作社。1958年，岳州公社创办针织厂，有职工61人，年产值2.8万元；郊区公社、洞庭分社亦办有棉织厂。1960年，岳阳市创办麻袋厂。1963年，市属纺织企业或由县接管，或合并停办，镇属纺织企业仅有制线生产合作社。1965年，城关镇创办棉织厂，城北街道办事处创办再生棉厂，城南街道办事处创办棉花厂，城陵矶街道办事处创办麻袋厂、弹花组。1969年，城关镇创办毛巾厂。1972 年，全镇居委会成立纺纱纺线队、组 12 个。1976 年，镇属制线厂、毛巾厂转为市属企业。1979 年，市卫生纸厂更名为化纤厂。1984 年后，南区街企业中已无纺织企业。1985 年，郊区创办天衣化纤厂，1998 年停产。至此，区直企业中再无纺织企业。

八、服装鞋帽

服装　民国时期，城区从事服装加工业者多为个体私营户，俗称“裁缝”。民国 8 年（1919），城区创办一所私营贫民工厂，内设缝纫科，生产服装。民国 24 年（1935），城区从事缝纫业的私营户达 70 家。中华人民共和国成立后，个体私营缝纫户开始由单个生产向合作生产转变。1953 年 10 月，城区 16 名个体裁缝在塔前街组建第一个缝纫实业小组。城区先后出现汤美丽、鐍兴、时新 3 家私营服装店，共有职工 20 人。是年底，城区共有个体私营缝纫户 129 家，从业 170 人。1956 年，经过社会主义改造，正式组建缝纫合作社，有社员 38 人，另有个体缝纫服装户 94 户，从业 116 人。1958 年，成立岳州公社，全镇所有个体缝纫户加入合作生产行列，公社建被服厂 1 个，有工人 300 人；服装厂 1 个，有工人 220 人；湘绣厂 1 个，有工人 45 人。1960 年，社属服装加工企业转为市属加工企业。1961 年，市属服装加工企业改为手工业社。1963 年，镇手工业联社辖 4 个缝纫生产合作社。1965 年，4 个缝纫生产合作社更名为大众、东风、立新 3 个服装社。1970 年，服装社更名为服装厂。1974 年，镇属及街道服装加工企业发展到 8 个。1976 年，城关镇所属服装加工企业大部分转变为市属集体企业，市属服装加工企业有营保用品厂、内衣厂、立新服装社、服装加工厂、东风服装厂、皮件厂等。1984 年，南区有新征被服厂、湘丽机绣厂 2 家服装加工企业。1985 年，创办的区直属企业丰南纺织服装有限公司，是区属企业中唯一与香港客商合办的合资企业。1986 年后，改由南区独家经营，更名为爱帆制衣公司，主要生产出口西服及中山装等高档服装。1989 年，全区服装加工企业增至 7 家，其中，区属企业 2 家，街道企业 5 家。

鞋帽　民国 24 年（1935），城区有 8 家制袜作坊、5 家制鞋作坊。1954 年，城区个体手工业者成立鞋业供销生产小组，有组员 13 人。1955 年 11 月，更名为制鞋业生产合作社。1958 年，岳州公社创办皮革厂，生产皮鞋、雨靴。1961 年，皮革厂更名为皮革社。1963 年，皮革社更名为城关镇制鞋生产合作社、靴鞋修配生产合作社。1968 年 11 月，城南办事处创办草帽厂。1970 年，城北办事处创办城北制帽厂。1976 年，原城关镇制鞋、靴鞋修配生产合作社更名为市制革厂、皮鞋厂。是年，东区创办了洞庭布鞋厂。1984 年，南区有洞庭布鞋厂、人民（原城北）制帽厂 2 家鞋帽生产企业。90 年代后，随着市场经济的发展，区街小型服装帽鞋企业关停并转。至 2012 年，区直属企业中有岳阳市宏达服装厂、岳阳市英特利服装鞋业公司。

第二节　产品　产量

1959 年，岳州公社社办工厂生产的主要产品达 102 种，以日常生活用品和农用产品为主，大型机械产品仅生产 1 台车床、1 台锯床、1 台电焊机。1960 年，全市工业产品种类达 187 种。1961 年，产品种类达 275 种，其中地方国营工业定点产品 19 种，其他手工业定点产品 26 种。1962 年，产品已达 394 种，花色品种达 928 个。1963 年，城关镇工业企业产品达 582 种，花色品种达 996 个。1973 年，镇工业企业产品已有 600 多种，花色品种 1800 多个。1976 年，全市区街工业企业产品相应减少。1979 年，全市区街工业有产品286种，花色品种1200多个。1984年，南区原5个城市区部分区街企业上交市管理，南区所属工业企业产品品种减少70%，郊区乡镇工业产品为建材产品或为农业服务的产品，品种数量少。1996年6月，岳阳楼区区街乡镇企业产品仍然不多，2004年改制后，仅剩8家区直企业，产品数量更少。

1984—1989年南区区街工业产品产量

表4-7

品　种	1984	1985	1986	1987	1988	1989
纸包装箱（万只）	68.98	75.43	100.45	97.12	113.89	—
玻璃钢瓦（块）	—	—	4976	10340	6271	—
硅酸钠（吨）	1680	2109	2405	909	792	—
氯化铝（吨）	—	80.8	148.5	268	357	—
脱胶剂（吨）	—	—	—	9.0	316.7	405.2
石灰（吨）	20900	17200	19970	4503	10263	1703
精石灰（吨）	—	—	3055	9920	7400	6416
重质碳酸钙（吨）	—	—	—	1115	3416	1429
保温材料（平方米）	1670	3389	3723	7317	5923	232.8
油毡（万卷）	9.07	10.06	7.93	6.17	6.4	2.5
纤维纸筋（吨）	—	403	1313	1196.7	650	—
家具（万件）	—	0.34	0.23	0.13	0.69	—
涂料（万吨）	—	256.43	253	362.4	497.6	132
服装（万件）	28.44	26.23	20.34	28.87	35.35	57.3
布鞋（万双）	27.76	38.23	49.20	54.14	38.04	15.07
绣花拖鞋（万双）	—	—	—	1.34	15.84	15.12
帽子（万顶）	24.98	24.56	24.97	24.46	22.56	8.6
再生革（万张）			6.07	9.15	5.62	—
钢芯铝绞线（吨）	250	110	197.95	44.95	—	—
铝塑包线（公里）	620	350	488	272.7	300	—
蓄电瓶（个）	824	825	913	1231	1056	—

品 种	1984	1985	1986	1987	1988	1989
贮油罐（个）	32	26	3	29	16	—
拧水拖把（把）	—	—	—	8400	1000	—
节煤炉（万个）	—	0.91	1.11	1.25	0.12	—
玻璃仪表（万支）	32.01	52.66	37.7	76.5	54.4	—
猪鬃（箱）	—	—	—	261	358	—
油毡原纸（吨）	807	659	964.3	1334	1082	1016.5

1990—1996 年南区区街工业产品产量统计

表 4–8

品 种	1990	1991	1992	1993	1994	1995	1996
纸包装箱（万只）	69.12	81.42	99.13	104.4	116.4	105.1	121.2
玻璃钢瓦（块）	—	—	—	4273	1015	6618	—
硅酸钠（吨）	1780	2201	2506	2512	742	737	—
氯化铝（吨）	820	151	272	380	—	—	—
脱胶剂（吨）	90.93	314.5	414.2	—	400	—	402
石灰（吨）	—	18400	19370	—	12245	—	18430
保温器材（吨）	1640	3289	3943	7517	6019	—	5312
油毡（万卷）	9.43	11.54	8.25	7.2	3.38	—	4.43
纤维纸筋（吨）	—	402	1215	—	—	—	717
家具（万件）	0.15	0.37	0.58	0.53	0.62	—	0.99
香料（吨）	43	28	22	15	18	—	19
涂料（万吨）	—	—	234.2	384.5	432.9	—	473.5
服装（万件）	22.14	29.18	23.54	29.48	37.35	—	69.24
布垫（万件）	—	19.2	51.3	64.2	—	—	—
绣花拖鞋（万双）	—	15.43	18.24	11.25	—	—	—

品　种	1990	1991	1992	1993	1994	1995	1996
帽子（万顶）	28.1	29.6	22.93	24.9	25.02	—	—
再生革（万张）	7.13	4.5	6.31	7.85	9.42	—	10.51
钢芯铝绞线（吨）	280	230	310	110	—	—	—
铝塑包线（千米）	520	330	510	292	350	—	—
蓄电瓶（个）	903	885	970	1340	1034	—	1550
贮油罐（个）	18	41	12	44	12	—	8
节煤炉（万个）	—	11	14	15	8	—	3
节能器（万个）	10	12	17	21	18	—	22
油毡原纸（吨）	705	883	921	1143	1042	1148	1212
红砖（万块）	1540	1210	1800	1930	2045	2123	2545
水泥制品（万件）	10.3	11.1	10.3	11.25	12.13	13.15	10.02
墙体材料（吨）	4300	4400	4210	4212	4100	4800	—

1996年，岳阳楼区主要产品产量：服装69.24万套，皮鞋3万双，食用植物油0.2万吨，饮料、酒1000吨，木制家具0.99万件，化学肥料7000吨，乙酰螺旋霉素44.51吨，幕墙玻璃15万平方米，钢制散热器10111米，印刷品300万令，水泥制品125万平方米，混合饲料5.5万吨，花岗岩5000平方米，红砖60323万块。2006年，增加科技含量的产品，如连铸电磁搅拌系统、混合电动汽车能源动力总成控制系统、电动雨刮器等。2007年，增加汽车锁芯、电动燃油泵和年产30万吨蛋白饲料。2012年，新投产年产30万吨绿色环保饲料生产线。

附　驻区工业企业

一、结构与布局

民国时期，境内工业主要以手工业与轻工业为主，结构较为单一。中华人民共和国成立后，随着城市建设的发展，境内逐步形成以石油化工、纺织、食品、饲料、机械、建材、电力、医药等支柱产业，拥有30多个工业行业，门类齐全，轻、重工业并举的现代化工业体系。区属街与乡镇工业则仍以轻工业为主，形成服装鞋帽、造纸印刷、建筑材料、食品饲料、五金机械、小型化工、手工业、纺织工业等八大门类。

民国时期，境内工业基础薄弱，且零、乱、散，缺乏统一规划。1958年，境内掀起全民大办工业高潮，建成城陵矶、东茅岭、金鹗山3个工业基地。1964年，岳阳专区设立后，在城北九华山一带创办地区所属的麻纺厂、氮肥厂、磷肥厂、制药厂及市属造纸厂，成为新的工业基地。20世纪70年代后，在七里山一带兴建洞庭氮肥厂（简称“洞氮”）、洞庭苎麻纺织厂（简称“洞纺”）等大中型工业企业，使这一带成为新的工业基地。2000年始，随着城市的东移北扩，在107国道以东至京珠高速之间，建成市属新的工业园区，成为境内新的工业基地。

二、企业规模

1951年，中南军区后勤部军需部岳阳总厂在城区动工兴建，为城区建设的第一个国营大型工厂。1957年，城区有国营工厂11个，其中，中央、省属2个，县属地方国营工厂9个。1961年，城区有国营工厂25个，其中，省、地区级5个，县、市属地方国营工厂20个。1963年，调整国民经济，国营工厂减至20个，其中，中央、省、地区5个，地方国营15个。1978年，城区共有国营工厂12个，市属集体工厂25个。1981年，城区共有国营工业企业7个，地区级工业企业13个，市属国营工业企业19个，地、市属集体工业企业41个。1984年后，一些国营大、中型工业企业从“三线”陆续迁到境内。1989年，驻区国有中央、省、市属工业企业共有105家。1993年，市政府在全市所有国营工业企业中推行改制工作，岳阳制冷设备总厂、岳阳酒厂、岳阳织布厂3家企业进行股份制改造；岳阳针织印染总厂实行产权有偿转让；岳阳制冷设备总厂、岳阳制革厂、岳阳塑化公司为无主管企业试点，只照章纳税，其余全部放开；二轻集体工业企业开始推行股份合作制。1996年，境内有大型企业11家，中型企业18家。其中，洞纺是亚洲最大的苎麻纺织厂，岳阳制冷设备总厂是当时全国最大的汽车空调生产厂，华能岳阳电厂是中南地区最大的火力发电厂，岳阳造纸厂是湖南最大的造纸厂，洞氮是湖南最大的氮肥厂。至2012年，经过进一步深化改革，仅剩巴陵石化公司、洞氮、华能电力集团、岳阳泰格林纸业集团、市氮肥厂、长江动力机械厂、四化建总公司7家中央、省、市属大、中型国营工业企业，其余98家企业分别以关、停、转或拍卖等各种形式而消失。

三、主要产品

民国时期，境内工业产品多为传统的手工业产品，仅满足人民日常生活所需。中华人民共和国成立后，工业发展迅速，产品增多。1956年，境内的工业产品有饮料酒、砖瓦、食品、纸张等27种。1961年，工业产品增至60种。1962年，大力发展支农工业，化肥、农药等工业产品增长较快，同时，机械、医药、造纸等工业产品亦有所增加。60年代末，岳阳地区拖拉机厂已能生产轮式拖拉机。70年代末，随着大批新的工厂陆续投产，境内工业产品达2000多种。1990年，境内有260多种工业产品获省以上优质产品称号，在全省14个地、市、州中居第一位。是年，全市工业产品增至4000多种，其中22种产品获省以上名牌产品称号，150多种产品远销80多个国家和地区。

1991—2012年，境内工业产品主要集中在造纸、电力、橡胶、化工等行业产品。

四、厂地协作

机构　2002年，区政府设立厂地协调办公室，为副科级机构，归口区政府办管理，主要职能是协调处理辖区中央、省属企业与地方纠纷矛盾。2007年，协作办升为正科级事业机构。2009年5月，更名为厂地协作局。

工作　2003—2005年，协调厂地纠纷矛盾120起。2006年，共协调处理纠纷矛盾32起，妥善处理华能电厂二期工程、巴陵公司煤代油项目部分纠纷协调、中石化长株成品油管道埋设、六九〇六厂安全隐患、延寿村50名以上带劳用工养老保险、联防联治保平安百日行动、望岳村村民阻路要求子女就近入学、市商务局住宅楼建设、市广电局数字楼建设、福泰园建设、胥家桥与洪源机械厂道路建设补偿等11项协调工作。2008年，共协调处理厂地、校地及重点建设项目矛盾120余起，对巴陵公司与梅溪乡延寿村发生纠纷的10个问题进行协调，协商解决8个问题。2009年，共协调处理厂地、校地及重点建设项目矛盾30余处，确保工厂、学校的正常生活及教学。2011年，共协调处理大厂、大校及其他纠纷70余起，应急处理堵门、堵路等重大突发事件20余起，参与协调市政重点项目2个、房地产建设项目1个。2012年，组建十大行业帮扶工作小组，安排34名区级领导联点34家重点企业，34名科级干部联点34家规模企业，开展“一对一”帮扶活动。

五、企业选介

湖南泰格林纸集团有限公司 位于境内城陵矶洪家洲。原名岳阳造纸厂，1958年建厂。1990年11月，通过国家二级企业评审，1997年10月，以该厂为龙头正式成立南方纸业集团暨岳阳纸业集团股份有限公司。主要生产新闻纸、凸版印刷纸、涂布纸、书刊纸、包装纸及纸板。产品获国家质量金奖、全国用户满意产品奖。2004年，公司通过改制重组，兼并省内2家纸厂，发展成为集制浆造纸、林业开发、板材生产、轻机制造、港口贸易、房地产开发、小化工等于一体的国有大型一类企业，下属10余家子公司。2010年，生产纸及商品浆180多万吨，年销售收入91亿元，实现利税5.5亿元。

华能湖南岳阳发电有限责任公司 位于境内城陵矶洪家洲，原名华能岳阳电厂，占地约358公顷。1988年8月，开工建设，1991年9月，投产发电。2012年，总装机容量为252.5万千瓦，是湖南省最大的火力发电厂。

湖南洞庭苎麻纺织印染厂 位于城区北环路。1979年兴建，1985年5月正式投产。是国内自行设计建造的大型苎麻纺织印染企业，主要生产“洞庭”牌7.5–7.0公支苎麻纱线等10多种纱线，及幅宽68英寸的苎麻布、大麻布、亚麻布及各类麻混纺布、交织布等。有20多个品种通过省级鉴定，其中4个获国家级新产品称号。有职工5000余人，拥有麻纺锭2万余枚、短麻纺锭1.4万余枚、气流纺1200头、布机704台，年产各类纱线6500吨、各类织物1000万米，为全国规模最大的苎麻纺织品生产企业。

湖南洞庭橡胶总厂 位于城区洞庭北路。建于1951年，是一家以生产橡胶制品为主的国有大型一类企业。工厂拥有16个分厂与车间，拥有胶鞋、皮鞋、雨衣、服装、充气床垫、印染布、水靴等多种产品，年产各种胶鞋、皮鞋3000万双、雨衣160万套（件）、印染布3500万米、服装30万套件、纱带15000万米、水靴69万双。工厂总资产4亿多元，年销售收入4亿多元。2012年，有工人4000多人，先后有2项科研成果获国家级科研成果奖。20多项获省、部级科研成果奖。工厂获全军质量管理奖，被评为全国质量效益型先进企业。

中国石化巴陵石化分公司己内酰胺事业部 己内酰胺事业部（简称“事业部”）隶属于中国石化巴陵石化分公司，位于岳阳市北郊，东靠京广铁路和京珠高速公路、107国道，北连对外开放的城陵矶港口，环境优越，水陆交通十分便利。事业部拥有固定资产33.1亿元，年销售收入60亿元（含税）。2012年，有职工1427人。其中高级工程师60人，工程师180人，高级技师20人。主要装置生产能力为：己内酰胺30万吨/年、环己酮12.4万吨/年、尼龙6切片5.2万吨/年、硫酸铵38万吨/年。己内酰胺、硫酸铵、尼龙6切片等产品连续多年获湖南省名牌产品称号。事业部生产装置于1992年9月建成投产，装置采用荷兰DSM公司斯达米卡本的专利技术，以苯为原料，用 HPO 法生产己内酰胺。在消化引进技术的基础上，自主研发出己内酰胺新技术，先后对装置实施一系列的扩能改造，将装置年产能从5万吨提升至30万吨，成为目前国内最大的己内酰胺供应商。至2012年，事业部拥有授权专利43项，17项成果获省部级、中国石化科技进步奖。其中，具有中国完全自主知识产权的己内酰胺绿色生产成套技术获国家技术发明一等奖、国家科技进步二等奖、中国石化科技进步一等奖。

第五篇　农　业

境内属综合性农业产区。早在新石器时代，先民已开始从事种植与渔猎活动，因渔猎收益高于农耕，故种植业未受重视。至民国时期，生产经营粗放，耕作技术落后，加之湖区气候、水旱灾害频繁，粮食难以自给。中华人民共和国成立后，经土地改革和农业社会主义改造，加固堤垸，兴修水利，推广农业新技术，生产得以发展。80 年代初，推行家庭联产承包责任制，加快商品经济发展进程，农业发展较快。1991—1995 年，郊区农业总产值（按 1990 年不变价计算）由 9152 万元增至 10015 万元，增长 9.43 倍。农民年人均纯收入由 1050 元增至 2083 元，增长 0.98 倍。

岳阳楼区建立后，适时调整农业产业结构，农、林、牧、渔及其服务业得到协调发展。在 1996 年战胜洪涝灾害的基础上，2004 年完成农业总产值 20914 万元，各业之间的比重为 24.6 ∶ 29 ∶ 39.1 ∶ 2.9 ∶ 4.4。至 2008 年，农业总产值增至 51133.2 万元，各业之间的比重为 34.4 ∶ 3.5 ∶ 38.69 ∶ 20.57 ∶ 2.84。2012 年完成农业总产值 130405 万元，各业所占比重 48.17 ∶ 2.7 ∶ 25.9 ∶ 18.58 ∶ 4.65。与 2004 年相比，种植业因实行粮食补贴增加 23.57 个百分点；林业因维护生态减少采伐下降 0.2 个百分点；畜牧业因城市郊区防止有机物污染，限制大型畜禽养殖而下降 13.3 个百分点；渔业减少在外湖捕捞，增加内湖饲养量，增加 15.59 个百分点；农林牧渔服务业 2012 年为 4.64 个百分点（2004 年未列此项，无法比较）。

第一章　农业综述

第一节　生产关系

封建社会及半殖民地半封建社会时期，境内 90% 以上的农民仅占有 10% 的土地，而 10% 的地主占有 60% 以上的土地。地主除自耕地，其他地则以地租形式剥削农民。另有 30% 公共土地，包括族地、寺庙、义庄、学校、公益事业等，冠名曰“公”，实则多被地主及富农控制。

中华人民共和国成立后，1950 年 7 月，根据《中华人民共和国土地改革法》，境内在城厢区金鸡、望城、附城 3 个乡开展土地改革运动，经过 7 个月土地改革，没收地主除口粮田之外的土地，分配给无地或少地的农民，农民拥有自己的土地，生产积极性得到提高。但由于经济基础薄弱，生产工具不全，尤其是无大中型农具、耕畜等，致使生产无法进行。特别是贫苦农民，更缺少必要的生产工具、经营资金，无力抗拒自然灾害侵袭，一遇天灾人祸被迫借高利贷，出卖劳力，以解困危。1951 年秋，城厢区按照“自愿互利，等价交换”的原则兴办 18 个互助组，其中常年性的 7 个，参加农户 42 户，

201人；季节性的11个，参加农户77户、148人，开始走合作化道路。互助组的生产关系是粗放型的原始生产组织形式，不具稳定性，往往出现“春组织，夏垮台，歇一歇，明年再来”的现象。1954年9月，境内18个农业互助合作组开始合并成属于半社会主义性质的初级农业生产合作社。

1955年8月，贯彻毛泽东《关于农业合作社新问题》的指示，批判“坚决收缩”的方针，执行“全面规划，加强领导”方针，合作化运动再次进入高潮。1956年1月，境内31个初级农业合作社合并成7个高级农业合作社，土地又转归合作社集体所有，农民则根据按劳取酬、多劳多得的分配原则享受劳动成果。至1958年4月，境内初步完成农业社会主义改造。是年8月，中共中央公布《关于在农村建立人民公社问题的决定》，10月，境内开展人民公社化运动，城厢镇与城陵矶镇合并成立岳州人民公社，下设郊区农业分社，7个高级农业合作社改为7个生产大队，其所辖土地全部收归公社所有，土地所有权由集体所有制转变为国家所有。社员（农民）仍根据按劳取酬、多劳多得的分配原则享受劳动成果。但人民公社的“一大二公”（即规模大、生产资料公有化）、“一平二调”（即搞平均主义，无偿调用生产队耕牛、农具和社员财力）共产风，打乱农业社集体所有制生产关系，放高产卫星、虚报浮夸、瞎指挥等违背科学、劳民伤财之风盛行，致使生产力遭到破坏。1959年3月，调整人民公社生产关系，开展清查“一平二调”账目，退赔原有农业社被公社及其他单位占有的土地、自留地、粮食、农具、畜禽、房屋、物资、家具和劳务工资等。1964年，对人民公社的规模进行调整，恢复原建制。“文化大革命”期间，分配制度上全面推行“大寨政治评分制”，搞平均主义，改变按劳分配原则，农民生产积极性再次遭受挫折。同时，掀起“割资本主义尾巴”风，收回农民自留地，禁止社员养殖畜禽等。1972年后逐步纠正。

1978年，中共十一届三中全会后，推行农村经济体制改革，将集体所有土地等生产资料或其他经营项目发包给农户（或承包者）经营，出现联产到劳、专业承包制等多种形式。1979年10月，贯彻《中共中央关于加快农业发展若干问题的决定》，农村经济模式开始突变。至1982年，城郊农村普遍推行以集体土地为基础、农户家庭分散经营与集体统一经营相结合的双层经营体制，即家庭联产承包责任制。1983年，政社分设，重建乡镇政府，生产队改为村民委员会（简称村委会）和村级合作社，结束长达28年的人民公社制度。1997年，根据中央、省、市关于做好第二轮土地承包工作指示精神，于次年开展试点，年底完成第二轮土地承包，并颁发土地承包权证，承包期限为30年。

第二节　农业生产条件

一、农村劳动力

1950—1952年，境内农业生产处于恢复阶段，大多数农民仍以家庭为生产单元经营农业，兴修水利、道路等公益事业则由乡政府或农民协会统一调配劳动力。1953—1957年，走互助合作化道路，境内农民按“各尽所能，按劳分配”的原则，劳动出勤率、劳动效率较高。1958—1962年，在“大跃进”影响下，境内农村劳动力编成团、营、连、排军事化建制，参加围堤垸、修水库、炼钢铁、修公路、大办（万、千、百头）猪场等“大兵团”作战。1963—1978年，随着行政区划的不断调整，境内农业劳动力有增有减。但仍局限在有限的耕地上作业，只注重粮、棉、油生产，经营单一，增产不增收，经济效益低；从事林、牧、副、渔业的仅占17%。80年代后，随着产业结构调整，有20%的农村劳动力脱离耕地，转入乡镇工业和其他服务业，30%的劳动力则充实家庭养殖业和林业、交通运输业。至2012年，全区农村人口增至5.5万人，城市化进程加快，大批土地被征收，各乡劳动力过剩问题逐步显现，就业困难。许多青壮年劳动力外出务工，田地荒芜较多，粗耕粗种现象严重，农业生产受到影响。农村产业结构出现新的变化，农民除种田外，主要靠外出务工增加收入。

二、耕地

1952年11月26日，城厢区金鸡、望城、附城3个乡共有田地385.13公顷，其中水田340.13公顷、旱田45公顷。1959年，岳州人民公社郊区分社有耕地411.73公顷，其中水田198.4公顷，蔬菜田112.6公顷，旱田100.73公顷。1988年，南区、郊区共有耕地2600公顷，其中水田1466.67公顷，旱地1133.33公顷。1995年，南、郊2区共有耕地1530公顷，其中水田1090公顷，旱地440公顷。

2006年，境内农作物总播种面积6620公顷，其中粮食播种面积1398公顷，蔬菜播种面积300公顷，其他种植面积4922公顷。2011年，全区农作物总播种面积5466.67公顷，其中粮食播种面积1866.67公顷，蔬菜总播种面积2360公顷，水果面积300公顷，其他种植面积940公顷。2012年，全区农作物播种面积5666.67公顷，其中粮食播种面积1940公顷，蔬菜播种面积2360公顷，水果面积300公顷，其他种植面积1066.6公顷。

三、农业科技

水稻为境内主要粮食作物。水稻种植推行改劣种为良种，改单一为早、中、迟熟搭配，改水秧田为湿润秧田，改稀植为合理密植，改深灌为浅灌，改冬泡田为冬种绿肥，实现水稻种植的第一次变革。

1958—1965年，引种和选育高产、耐肥、抗倒伏、生育期适宜的矮秆品种并推广配套的农业技术，实现水稻生产的第二次变革。

1966—1976年，引进和选育推广杂交水稻，攻克湖区种植杂交水稻的难题，开展晚稻超早稻，亩产过吨粮的各项配套研究，实现水稻生产的第三次变革。

1977—2004年，狠抓农林畜牧水产科技教育，大力推广新技术、新品种和科技兴林计划实施。

2005年，根据国家良种直补政策，在全区范围内继续实施优质稻工程，早稻金优402、金优904、中优974、中优71等优质稻面积达92%。一季稻、晚稻优质品质率达100%；继续推广水稻旱秧和抛秧技术。旱床育秧在早稻上应用面积达90%。早稻抛秧面积506.67公顷，占早稻面积的79.1%。全区中、晚稻面积886.67公顷，抛秧面积806.67公顷，达91%以上；加大优质油菜推广力度。把优质油菜推广作为油菜生产重点来抓，全区推广湘研7号、9号，湘油15号，中双8号等优质品种10多个，油菜优质品率达70%。

2006—2007年，针对全区柑橘品种单一、品质差、市场竞争力弱的缺点，区农林畜牧水产局聘请市农业局专家在梅溪乡进行柑橘品种改良实验，共改良面积6.67公顷，改良后每亩可为农民增收3000—4000元，积极推广德油、油研系列等多个油菜优质品种。

2008年，继续实施优质稻工程，早稻金优402、金优904、中优974、中优71等优质稻面积达92%。一季稻和晚稻优质品率达100%；进一步推广水稻旱秧和抛秧技术，旱床育秧在早稻上应用面积达90%。

2009—2010年，区农林畜牧水产局组织专业技术人员300人次深入各乡（办事处）开展送科技、送政策、送服务“三下乡”活动，联合郭镇乡、梅溪乡、北港办事处等举办农民课堂，聘请专家为农民传授超级稻栽培、马铃薯种植、秋玉米栽培等生产技术，培训农民1300多人次，发放宣传资料16种3000多份、早稻测土配方施肥等技术资料8000多份，发放敌虱蚜、三唑磷60件、400公斤，化肥等生产资料1.5吨，为广大农户面对面提供技术指导660多人次。组织举办渔民转产转业实用技术培训班5期，共培训156人次。

2012年，在3个基地开展葡萄标准化栽培、蔬菜设施栽培、食用菌菌种筛选试验。全区进行超级稻三定栽培，绿色防控、测土配方施肥等新技术试验示范。推广Y两优1号、丰源优227等水稻新品种，新肥料蔬菜瓜果专用配方肥，新农药吡蚜酮、烯啶虫胺、康宽、壮谷动力、护苗素等。通过新技术的推广、新品种、新肥料、新农药的应用，示范点肥料利用率普遍提高5%，农药检测合格率达98.8%。

第三节　农业区划与产业结构及调整

一、农业区划

境内地势东高西低，呈阶梯状向洞庭湖倾斜，地貌以岗丘地貌为主，间与平原、湖泊交错。适宜于农、林、果、牧、渔全面种养殖。

1985年，岳阳地、市农业规划办公室对全市农业用地进行调查研究，将全市综合农业规划分为4个区。第一区为城郊岗丘平原区域，适宜种植蔬菜、果木、牧业、渔业及农业。调查认为这一区域自然条件优越，交通便利，信息畅通，商品经济发达，产销两旺，具有得天独厚的近郊农业经济的发展条件，境内区划正处于这一区域。

二、产业结构及调整

1949年前，境内农业经济基本属粮、猪型结构，较为单一。粮食生产占农业的74.50%，生猪饲养为主的养殖业占10.38%。

1956年，根据全国发展纲要精神，各级党委、政府重视调整农业内部各业比例关系，播种粮食面积由1949年的84.45%降至77.65%，其他经济作物种植面积则由1949年的14.94%升至17.93%。1958年，在“大跃进”的口号下，生产上瞎指挥，所有制上平调风，分配上的平均主义，加上自然灾害，农民生产积极性下降，农村经济比例失调，农业全面减产。为解决严重缺粮问题，各地“大办农业”“大办粮食”，扩种粮食作物。1962年，贯彻中共中央、国务院关于发展农村副业生产的决定，开始对农业结构进行调整，境内恢复社员的自留地和家庭副业，农业结构不协调状况有所改善。“文化大革命”初期，境内农村把社员家庭副业当作资本主义进行批判，挫伤了农民发展生产的积极性，副业、渔业产值下降，仅占农业比重的7.28%和1.58%。1972年始，贯彻中共中央关于农村人民公社分配问题的指示，开始注意执行“以粮为纲，全面发展”的方针，在狠抓粮食生产的同时，全面安排好农、林、牧、副、渔布局，处理好粮、油、棉、麻、丝、茶、糖、菜、烟、果、药、杂的关系，开始设立多种经营办公室专抓多种生产，创办多种生产场队。

1981年冬，境内加快农业和林业、牧业、渔业比例的调整。在种植业内部，适当调整粮食作物与经济作物种植面积，把一些不适宜种粮食的耕地改种经济作物和经济林，办专业场队，发展专业户、重点户。坚持集体、个人一齐上，放手发展社员家庭副业，在完成国家任务后自产自销。同时，推广普及科学技术，提高多种经营的经济效益，供销、商业、粮食、外贸等部门组织生产培植人员深入社队指导农民开展各种生产。1984年，境内从种粮耕地中调整土地，开展多种经营。农村改革的重点由调整生产关系转为调整农村产业结构，大力发展农、林、牧、副、渔各业。各地强化农业产业结构调整的意识，农业由一般的发展多种经营转入产业结构的调整。1990年，农业在五业中的比例，包括种植业及种植业中粮食所占的比重逐步下降，养殖业经济作物大幅度提升，形成粮食、生猪、经济作物、乡镇企业为主的四大经济格局。

1991—2009年，境内各地面向市场，依靠科技进步，优化产业配置，大抓棉花、水产、水禽、水果生产，扩大优质品种生产规模，调整优化种植业与养殖业结构，提高精养和特养比例。单一的粮、棉、渔、猪型格局逐步向多元化生产迈进，零星分散的小规模生产向区域化大板块模式发展，常规种养品种逐渐淘汰，名、特、优、新比例不断提高。农业结构调整突出特色，形成规模，出现经济作物比重、养殖业比重、农产品加工转化率比重、优质品率、农产品商品率及农民收入构成中第二、第三产业的比重提高的局面。

2010—2012年，境内农业经济结构不断优化，都市农业经济迅速崛起，花卉苗木、休闲垂钓成为农业经济增长的新亮点，"无公害"绿色食品生产呈现高效农业特色，农产品龙头加工企业、种养大户的辐射和以协会为基础的多种农业生产经营组织形成，农业经济呈现出新的发展态势。

第四节　农村经营管理

一、机构

1984年11月，郊区设立经营管理科，为副科级事业单位，归口区政府办管理。1986年7月，更名为经营管理站，为股级事业单位。1990年6月，经营管理站升为副科级经营管理科。2002年，更名为岳阳楼区农林经营管理中心，为具有行政职能的正科级事业单位，归口区政府办管理。2007年，更名为区经营管理局，下设办公室、集体经济管理股、农民专业合作组织指导股、土地承包流转管理股。主要职能是对各乡、街道集体所有制企事业单位的经营实行管理和财务辅导、审计查证、合同管理、统计等工作。

二、财务管理

1984—1996年，村级财务由乡镇监管。1997—2004年推行村账乡管。2005年，岳阳楼区对36个集体经济组织进行全方位监管，全面实施年度财务审计工作，共查出违规金额23.32万元，更正错账12.94万元，挽回经济损失7.23万元；对2个乡，4个改制街道办事处所属村、居委会财务账目由经营管理审计站代管。2006年，查处郭镇乡双塘村新增债务情况，并作出处理。2007年，对2个乡，4个改制街道办事处的村、居委会财务运行状况和消赤减债、集体资产处置情况进行为期3个月的检查。2008年，指导梅溪乡严格执行村级财务管理规定，限制各种不合理开支。第六届村委会任期内，梅溪乡各村共减少债务122.35万元。是年底，该乡各村共化减债务459万元。2011年，区经管局认真调研社区财务现状，派出工作组进行全面摸底，清产核资，建立资金、资产、资源的"三资"动态资料库，对典型社区进行认真细致分析，寻求对策。区政府办出台《岳阳楼区村（居）账乡（街）代理实施办法》，区经管局出台《实施方案》和《实施细则》，为代理工作实施提供依据和操作指南。在梅溪乡试点，把组级财务纳入管理范围，为全国首创。2012 年，区经管会打造社区（村）财务代理平台，区、乡街两级投资 50 多万元配备电脑和打印机，建成网络化平台。16 个乡街建立经管站，争取全额事业编 52 名。财务代理实现 113 个社区（村）全覆盖。实行社区（村）财务“三晒”（即：财务收支晒科目，公务消费晒清单，职务消费晒明细）公开；16 个建制村均成立村务监督委员会。每村 3—5 人，设主任 1 人，经集中培训，16 个村监委会到岗履职。

三、减轻农民负担

1984—1995 年，农民上缴税费一年一定，亩均负担由 150 元增至 280 元。1996—2004 年，按照上级文件精神，对农民负担实行控制，增幅不得超过上年的 5%。2005 年，全区实施减轻农民负担“四项制度”（即领导责任追究制、涉农收费项目公示制、教育收费一费制、订阅报刊杂志限额制），并逐步得到落实。2007 年，发放“农民负担与补贴监督卡”9000 余份，为农民直接增收 190.8 万元。区财政对 2 个乡、18 个村发放 4 项补贴 29.91 万元，发放转移支付金 160.9 万元。免除农村中、小学 22411 人的学杂费 270 万元，为 8171 名进城农民子弟减免借读费 133 万元，为 1127 名低保户子女减免教科书费 14 万元，为 3049 名特困学生减免书籍费 18 万元。查出违规金额 172 万元，更正错账 20 万元，挽回经济损失 43 万元。2008 年，发放农民负担与补贴监督卡 1.5 万余份，发放率 100%。为农村学校学生减免或补助费用 1132 万元，免费提供教科书 303.9 万元，免除学杂费 681.1 万元，免费提供作业本费 132 万元。通过邮政储蓄“一本式”发放种粮补贴 75.88 万元，农资补贴 71.9 万元，发放惠农补贴 45.36 万元。森林生态效益补贴 1387.53 公顷，共 9.36 亿元。渔船油料补贴 50.3 万元，农业保险母猪政府补贴 56.4 万元，移民项目扶持资金 594 万元。2009—2010 年，共落实水稻良种补贴 45.59 万元，玉米补贴 5.24 万元，油菜补贴 5.2 万元。2011—2012 年，区经管局在减负管理上做到“三公开”，发放“农民负担与补贴卡”1.5 万份；发放惠民资金时自下而上 3 次张榜公布，共发放惠农资金 4639.4 万元。

四、农民专业合作组织

1984—1995 年，推行公司加基地加农户的经营模式，带有行政性，农民自主性不强。1996—2004 年，农业专业合作组织发展到 10 多个，但没有进行规范和予以合法登记。2005 年，全区在农村发动建立由农民自愿参加，以农户经营为基础，以某一产业或产品为纽带，以增加成员收入为目的，实行资金、技术、生产、购销、加工为互助经济组织、农业专业合作组织。先后成立东风湖渔业合作社、城陵矶养殖合作社、奇家岭畜旺养猪合作社等 6 个专业合作组织，会员近 1000 户，年实现产值近 9000 万元。2007 年，全区农民专业合作组织发展到 10 家。2008 年发展至 12 家。2012 年，发展到 13 家，有成员 2700 多人，年实现产值近 2.8 亿元，桑海蚕丝合作社等 3 家为省级示范合作社，建中油茶合作社得到中央财政支持。

第五节 新农村建设

2006年始，围绕“先行试点，逐步推开，先行规划，逐步建设”的工作方针，按照“生产发展、生活宽裕、乡风文明、村容整洁、管理民主”的标准，以城郊结合部为重点，在郭镇乡、梅溪乡开展新农村建设。

一、农村基础设施建设

2006年，筹措资金8245万元，硬化村组道路37.5公里，新建、维修渠道7公里，改造机埠、涵闸17处，改建小学3所，改造村部办公楼2栋，兴建垃圾池112个，完成改水改厕196户，完善沼气池建设203口。2007年，投入资金2618万元，硬化乡村公路148.6公里，投入490万元，用于水库加固、安全饮水、山塘整修、渠道护砌等水利建设，改扩建农贸市场4个。2008年，改水、改厕1049个。2009年，硬化乡村组公路12公里，改造小街巷6.6公里，新架设路灯500盏。郭镇乡新建垃圾收集屋108间、垃圾中转站1座、垃圾处理站1座、收集箱280个、卫生公厕25个。2011—2012年，审批一事一议筹资酬劳项目25个，修建通组公路3条，修建清洁山塘40处，修建垃圾屋283个。

二、示范村建设

2006年，郭镇、延寿、枣树、胥家桥4个省级示范村的发展规划均通过。2007年始，区委、区政府在梅溪、郭镇2个乡各选择2个村，作为新农村示范点，着重从基础建设、产业发展、村庄整治、公共事业、农民培训5个方面开展建设。是年，4个示范村共投入资金3164.5万元用于改善农村道路交通、电视通讯、供电供水、医疗卫生、文体场所、环境治理等公共基础设施。培训农村实用技术人员128人，职业技能务工人员306人。2010年，在郭镇乡示范村建设投入资金43万元，用于清洁工程，在核心示范区实施改厨、改厕、改水、改院28户，改栏4户，建污水处理池17套、垃圾池2个，配垃圾桶10套、清运车1台，建废物回收池1个、废物堆沤池1个，发放各种资料2000余份。

第六节 机 构

1949年8月，城厢区区公所设财粮助理，管理农业事务。1954年4月，城厢镇设粮食助理。1958年10月，岳州人民公社管理委员会设农林蔬菜部、粮食部，后增设畜牧水产部，管理农林事业。1960年1月，岳阳市人民委员会设农业科、畜牧水产科，管理农林水产事业。1962年2月，镇人民委员会设有农业副业办公室。1968年2月，城关镇革委会设生活组，管理工农业生产。1976年，岳阳市革委会设农林水产局。

1984年5月，郊区设农林科。9月，农林科更名为农林局。1996年，郊区农林局更名为岳阳楼区农林局，郊区畜牧水产局更名为岳阳楼区畜牧水产局。2002年，区农林局与区畜牧水产局合并成立区农林畜牧水产局。

第二章　种植业

第一节　粮食作物

境内农业生产以粮食为主，粮食作物主要以水稻为主。杂粮有玉米、高粱、绿豆、红薯等。1951年，土地改革后，农民生产积极性高涨，生产得以发展。1952年11月26日，上报“湘潭专区岳阳县城厢区人口田地产量劳动力调查统计表”统计，1951年，全区粮食总产量1133201公斤，其中水稻1115768.5公斤，杂粮17432.5公斤；水稻亩产218.5公斤，杂粮亩产25.8公斤。1952年，全区水稻亩产223.5公斤，杂粮（望城乡统计数据），亩产54.9公斤。

1958年，实行人民公社化，各行各业支援农业，大积肥料。1959年，郊区437.33公顷水田，总产量1395840公斤，平均亩产289公斤，分别比1957年、1958年增长31.4%、13.9%。此后，由于连续3年自然灾害，再加上生产瞎指挥，刮浮夸风，实行一平二调，生产严重受挫，粮食产量下降。1963—1965年，贯彻《农村人民公社工作条例（草案）》调整生产关系，兴修水利，推广双季稻、矮秆良种，改低产为高产。

1966—1976年，农村开展“农业学大寨”活动，战天斗地，开荒造田，大搞农田基本建设，大力使用农业机械，粮食作物尤其是水稻产量大幅度提高。

1977—1980年，继续大搞农田基本建设，改善水、肥、土等生产条件，推广杂交水稻，产量进一步提升。1980年，境内共产稻谷8675万公斤，亩均279公斤。1981—1985年，境内普遍实行家庭联产承包责任制，尊重农民生产自主权，生产积极性得到充分发挥，科学种田得到普及，粮食产量普遍提高，水稻平均亩产331公斤。1986—2004年，农作物播种稳定在8666.67公顷，粮食播种面积逐年减少。

2005年，全区农作物播种面积9840公顷，粮食作物播种面积2713.33公顷，经济作物播种面积7126.67公顷。其中早稻面积613.33公顷，中稻面积246.67公顷，晚稻面积640公顷，全年粮食总产量13499.5吨。2008年，全区农作物播种面积7365.33公顷，粮食作物播种面积1985.33公顷，经济作物播种面积5380公顷，其中早稻面积513.33公顷，中稻面积93.33公顷，晚稻面积513.33公顷，全年粮食总产量9331.8万吨。2011年，全区农作物播种面积5506.67公顷，粮食作物播种面积1866.67公顷，全年粮食总产量8658吨。2012年，粮食播种面积1940公顷，总产9206吨。

一、水稻

耕作　清代、民国时期，就有双季稻种植，但仍以一季中稻为主，稻田多数冬闲。1949年，中稻面积约占76%，双季稻面积约占24%。

1962—1966年，推行耕作制度改革，主要是扩大水田面积、双季稻面积和粳稻面积，结合推广草籽绿肥（主要是紫云英）；改高秆品种为矮秆品种，基本实现“矮籼晚粳”（早稻用籼稻品种，晚稻用粳稻品种）。1967—1984年，以两熟制为主，占水稻播种面积的70%。

1985年，稻田耕作制度转向以粮食为主的经济效益发展，梅溪乡试行瓜——稻两熟面积80公顷，前茬西瓜每公顷产值3802.5元，后茬稻谷每公顷产6375公斤，产值1912.5元，合计5715元，纯收入3765元，比双季稻增收2325元。

1992年后，随着农村劳动力转移、双季稻面积逐渐减少。2012年，双季稻面积仅占30%。

品种 中华人民共和国成立前，农家自选自留和互换调剂谷种。中华人民共和国成立后，注重引进或购买由农业科研单位研究开发的新品种。

农家自种的品种早稻有“扬花早”“大叶早”“华容早”；中稻有“湖南谷”“顶包齐”“扇子白”“桂花早”；糯谷有“红壳糯”“黑壳糯”“柳叶糯”（又名柳条糯）；晚稻有“青粘”“黄米粘”。

1963年，引进矮秆品种，推行“高秆品种改矮秆品种”，解决高秆品种需肥多、易倒伏、不利水稻单产提高的矛盾。引进的品种中，早稻有“莲塘早”“矮脚南特”；晚稻有“农垦五八”等。1967年“寒露风”早临，其他品种因低温冷冻害减产，唯独“农垦五八”普遍增产丰收，因而逐步成为双季晚稻的主要品种，种植年代达20余年。1976年引进杂交水稻组合，推行“常规稻改杂交水稻”，采取“一年试种，二年示范，三年推广”的办法。以“南优二、六号组合”为主，“矮优汕优组合”为辅，示范田亩产354公斤，农民称杂交稻为“三多”稻（即谷多、草多、饲料多）、“三好”（即好栽秧、好脱粒、米好吃）稻。1998年，引进扩大“中优早5号”“中优早81”“香两优80”“金优207”“金优225”等。2009年，以杂交水稻为主的新品种推广面积达7000公顷，占水稻面积的85%。2010—2012年，境内推行超级稻新品种。

种植 有育秧移栽、机械直播2种，育秧移栽有多种方式。

露地育秧为传统育秧方式。旧法采用清水淘种，茅包催芽，大块秧田，水播水育，常发生烧芽、烂秧。20世纪50年代初期，推广黄泥水选种（或用盐水、硫酸铵水选种），改用木桶或打墩催芽（以后推广土坑、蒸气催芽）。50年代中期，推广合式秧田，为防止烧芽、烂秧起到一定的作用。气候好的年份，可培育成壮秧，但遇上春季低温多雨、寒潮频繁的恶劣天气，烂秧仍然严重。

薄膜育秧是塑料薄膜育秧的简称，又称普膜育秧、尼龙育秧。薄膜育秧比露地育秧一般可提高气温6—7度，出苗率、成苗率均在90%以上，秧苗素质好。可提早播种，提早插秧，有利实现早稻“三保”。生产成本比露地育秧高，每亩需用薄膜60—70公斤，约150—175元，应用薄膜育秧持续20多年，促进了双季稻的发展。

地膜育秧具有透光性能好，升降温快，保水、保肥、保墒。土壤不板结，成秧率高，秧苗素质好，增产效果显著等优点。平均每公顷秧田用地膜约150公斤，成本600元，比普膜育秧降低成本70%左右。

播种移栽期因稻种、茬口不同，一般早稻在3月底、4月初播种，4月底、5月初插秧；中稻在4月中旬播种，5月中、下旬插秧；一季晚稻在5月上旬播种，6月中、下旬插秧；双季晚稻在6月上、下旬播种，7月底、8月初插秧。

二、杂粮

包括马铃薯、玉米、高粱、绿豆、红薯等。在粮食作物播种面积和产量中比例较小。1949年分别为7.11%和6.6%，1962年分别为13%和5.69%，1985年分别为9.28%和7.38%。2000年后，有零星种植。2005年提倡吃粗粮，杂粮面积略有增加。

马铃薯 明万历年间（1573—1620），马铃薯种苗由吕宋（菲律宾）传入，种者日多，民国时期，成为湘北重要粮食作物。1949年，全区马铃薯种植面积达266.67公顷。1985年为93.33公顷。品种有“胜利百号”等，多作蔬菜供应市场。后来大部分马铃薯由主粮转为饲料，面积、产量逐年下降。至2000年，种植面积为400公顷，总产量1.41万吨。

玉米　俗称苞谷，清康熙八年(1669)引进，境内都有分布。1965年种植“白马牙”，亩产140.5公斤。1966年引进“普杂12号”，亩产450公斤。1979年引进“豫农704”，亩产306公斤。1982年始，引进“华玉2号”，经小面积试种，比“豫农704”增产8%。境内玉米亩产322.5公斤。2000年后，试种甜糯玉米。2005年引进推广。2012年种植192公顷，主要用于鲜吃。

高粱　常见于间作套种，零星种植，用途主要为酿酒。1962年，境内种植面积333.33公顷；1985年220公顷，亩产120—180公斤。至2012年，成片种植少见。

绿豆　有“摘绿”“打绿”（又称藤绿、五朵梅）2种，是境内传统作物。1949年，种植面积126.67公顷，1962年，种植面积400公顷，1985年，种植面积40公顷。生育期短，一般60—70天成熟，常作为救灾作物和解暑用料。至2012年，仍有零星种植。

大豆　俗称黄豆，1949年种植面积1233.33公顷，总产量88万公斤。境内有春大豆(又称早黄豆)、夏大豆（又称迟黄豆）2种。耕作制度一年二熟（大豆芝麻），品种有“五月乌”“界豆”等。“界豆”又因成熟早，故称“六月爆”“早黄豆”。3月底至4月初播种，7月中、下旬成熟。夏大豆品种有“猴子毛”“八月炸”“九月寒”等。大豆在传统耕作上属旱地作物。1977年起，各地在水田试种，获得较好的经济效益。境内大豆多作蔬菜供应市场，青嫩带荚大豆称毛豆，去荚称青豆米，米嫩味鲜，为佐食佳肴。1978年，境内种植373.33公顷，产量34.2万公斤。1995年，郊区种植100公顷，产量17.9万公斤。至2012年，仍有零星种植。

蚕豆、豌豆　豌豆有麻豌豆、白豌豆2种。除安排大田面积种植外，农民常利用田边地角种植，亩产45公斤。近郊种植蚕、豌豆主要用作蔬菜，对蔬菜生产淡季起调剂市场供应作用。

第二节　油料作物

油菜　习惯在旱地与大豆、芝麻等作物连作，直（撒）播，少数播种在中稻田，单播或与草籽绿肥混播。农家品种多为白菜型（如浠水白）和芥菜型（如辣菜）。1949年，种植面积133.33公顷。50年代—60年代，油菜面积有所增加，产量也有提高，但幅度不大，仍沿袭传统耕作方法，耕作粗放，广种薄收。1970年，亩产25公斤。1971—1972年，推行育苗移栽，在水田种油菜、更换甘蓝型品种（甘油三号、五号，华油五号、八号）等3项措施，亩产35公斤。1995年，郊区种油菜540公顷，产油菜籽64.8万公斤。2012年，种植493.33公顷。

芝麻　1949年，境内芝麻播种面积600公顷，占油料播种面积的78.26%。70年代，发展油菜生产，芝麻比重逐渐下降。境内种植芝麻多为撒播，很少施肥，管理粗放。栽培技术改革甚少，亩产30—40公斤。芝麻在夏收作物收获后播种，有蚕豆芝麻、油菜芝麻等一年两熟制。芝麻有黑、白两种，以白芝麻为多。农家品种有“竹杆青”“霸王鞭”（又名“棍麻”）、“八股”等。70年代始，芝麻品种为“中芝5号”“中芝7号”等良种。1978年，境内种植26.67公顷，产芝麻1.1万公斤，亩均27.5公斤。至2012年，只有零星种植。

花生　境内花生占油料作物比重甚小。1949年，种植面积占油料播种面积4.35%，亩产仅100—150公斤，农家品种有“大红袍”。70年代引进“红梅早”“鄂花1号”“鄂花2号”等良种。至2012年，有零星种植。

第三节 经济作物

一、棉花

1978年，境内棉花种植173.33公顷，亩产19.23公斤。1981年，棉花种植面积246.67公顷，亩产28.1公斤。1959年后，部分棉田改种粮食、蔬菜。1995年，仅种植50公顷，亩产45公斤。

70年代，则以发芽、出苗温度指标和历史气候规律为依据确定播种期。1978—1980年，4月10日后抢晴朗天大播，至4月20日前后基本结束，连续3年一播全苗，不违农时。后因区划调整，土地面积减少，不再种植棉花。

二、水果

境内水果资源丰富，品种繁多，有柑、桃、李、葡萄、柿、石榴、枇杷等。30年代初，柑橘发展快，野生猕猴桃也开始作果品。

梨 是境内主要水果之一。在宋代开始种植。中华人民共和国成立后，梨生产继续发展。1989年，有梨园36.67公顷，总产量2.3吨。境内梨品种较多，其中质量较好的新品种有“杭青”“明月”“铁头”“黄花”等。梨树一般于10月施肥，在梨树根旁开洞施入人、猪肥或氨水等作基肥。梨树的主要病虫害有梨星毛虫、天牛、梨虎、梨二叉蚜、梨茧蜂、梨实心虫、梨赤星病、褐斑病、锈病、轮纹病等，防治措施采取冬季刮根部树皮用石灰水涂白，剪除病虫枝，人工捕捉及药剂防治等。

柑橘 境内属宽皮柑橘经济栽培次适宜区。50年代—60年代，开始有组织引进早熟温州蜜橘，在洛王知青场栽种。1989年，橘园面积达186.93公顷，总产柑橘326.5吨。零星种植的有橙、柚等。橘树主要病虫有潜叶蛾、红蜘蛛、蚧壳虫、柑橘凤蝶、吸果夜蛾、锈壁虱和树脂病、疮痂病等。

桃 境内以水蜜桃、苋菜桃、一点红等品种较多。70年代后期，引进部分新品种“砂子早生”“岗山早生”等。1989年，有桃树面积136.4公顷，产量82.5吨。

李 主要品种有红心李、桃李、麦李，为加工蜜饯的好原料。1989年种植面积17公顷，产量18吨。

葡萄 主要栽种在房前屋后。80年代后，引进“红富士”“先锋”“红瑞宝”“龙宝”“巨锋”“金皇后”等优良品种，还有加工酒类品种“北醇”等，在全区各地栽种。1989年，共栽种面积7.73公顷，产量10.2吨。葡萄主要病虫害有：黑痘病、炭疽病、霜霉病、白粉病和透翅蛾、红蜘蛛等。

杨梅 以种植在山脚地边为主，夏至前后成熟，境内有零星种植。

柿 品种有“红珠”“绿柿”“小柿”“油柿”数种，零星种植。

石榴 品种有银榴、水晶石榴、火榴和常规石榴，以常规石榴栽种较为普遍，零星种植。

枇杷 为零星种植，以栽植于路旁、屋旁为主，一般株产250—300公斤。

三、茶叶

境内素产茶叶，“北港毛尖”定为唐代十大贡茶之一。1949年，茶园面积为233.33公顷，茶叶总产量66.5吨。1978年，茶园面积420公顷，产茶109吨。1995年，茶园面积190公顷，产茶156吨。2005年，茶园减至100公顷。茶树品种主要为本地群体品种（细叶种），单产较低，茶叶品类以烘青为主。

施肥 中华人民共和国成立前，茶园基本上不施肥。1956—1957 年，以施土杂肥为主，施肥面积占总面积的 20%。以后有所扩大。1962 年始，重点茶园注重秋季施基肥，为翌年丰产打基础。1974 年，开始推行“一基三追”（即秋后施基肥，春茶前、夏茶前、秋茶各施一次追肥）施肥办法。肥料种类以氨水为主，还有尿素、硫酸铵、碳铵等，部分重点茶区还配施磷钾肥等。80 年代初，推广一年多次的根外追肥技术。

栽培 20 世纪 60 年代前茶园均为丛栽式，每公顷不足 7500 丛，茶叶产量低。1957 年，重点茶园在早春或秋茶后推广轻修剪技术，程度一般剪除 3—5 厘米。1958 年，开始推广单行条播新式茶园，行株距 1.5 × 0.33 米，每公顷 1.95 万丛以上，每丛 3—5 株，公顷株数可达 6 万以上。1977 年，学习速生密植经验。1981 年，全区有密植茶园 133.33 公顷。70 年代中期，普遍进行轻修剪。80 年代初从高位修剪向低位修剪发展。1985 年，为提高春茶比重，部分茶园采取在春茶后轻修剪。

治虫 50 年代，境内茶树虫害以食叶类和钻蛀性害虫为主，有茶天牛、吉丁虫等，使用农药以滴滴涕、六六六为主。60 年代后期，虫害以刺吸式口器的蚧壳虫类为主，有长白蚧、红蚧、蜡蛇眼蚧等，不少茶园内出现茶树成片枯死。农药以马拉松、亚胺硫磷等为主。70 年代后期，虫害以刺吸式口器的叶蝉类、螨类为主，主要害虫有茶小绿叶蝉、茶橙瘿螨、茶叶瘿螨等，尤以小绿叶蝉危害为重，还有茶毛虫、茶尺蠖、茶蓑蛾等在局部茶区发生，并有蔓延趋势，使用农药以乐果、敌敌畏等为主，1973 年，禁止使用高残毒农药滴滴涕、666 等，并在秋茶后用石硫合剂封园。80 年代，推广拟除虫菊酯类农药，如溴氰菊酯、杀灭菊酯等，治虫效果明显。

采摘与加工 中华人民共和国成立前，采茶用“一把”“一扫光”“留顶养标”等方法，一年只采一次或者“见茶就采”，严重影响茶树生机，产量很低。推广采养结合的方法，按一芽二三叶的标准，分批采。春茶一般在谷雨前后一二天开采，分 5—7 批，采期 20 多天；夏茶采 2—3 批；秋季留大叶采，分 4—5 批。50 年代初，茶叶初制加工均为手揉脚捻日晒等手工制作。1956 年，推广木制揉捻机、杀青机。70 年代中期，推广双锅杀青机。大型茶厂引入成套初制设备，实现杀青、揉捻、烘干等初制加工机械化。烘青茶初制加工分杀青、揉捻、烘干 3 道工序。

第四节 蔬菜生产

一、菜地

古代，境内即有菜农长年从事蔬菜生产，但种植面积不多，所产蔬菜除自己食用外，余者供应城区居民食用。清乾隆元年（1730），岳州知府李寿翰应府学教授王文清之请，将城东南一带 8 公顷淤地，划拨给岳州义学作供赋地。初始，小部分作菜地，雇人耕种，以供义学。民国后，全部改作菜地。

中华人民共和国成立后，城郊汴河园及南井等地共有菜地 9.9 公顷。1954 年，蔬菜地扩至 23.3 公顷。此后，随着城区人口不断增加，蔬菜供需亦不断增加。至 1962 年，城区周围常年菜地增至 167.2 公顷。1963 年，压缩蔬菜地面积，1964 年降至 120 公顷。70 年代，随着城市建设的发展，人口增多，市场需求骤增，蔬菜面积也随之扩大。至 1975 年，境内有商品菜基地 167 公顷。1986 年，城郊有专业菜业乡（村）13 个村、123 个组；种植户 6830 户、10035 人；劳动力 10274 人，其中菜业劳动力 6122 人；蔬菜种植面积 226.67 公顷，亩产 750 公斤。但因部分菜地被征用，或被村民建房占有，改作他用，存在对产销管理调控手段少、服务工作跟不上、生产上抗灾害能力差、生产发展缺乏后劲、菜地污染较为严重、一些菜农素质差、科学种菜水平不高等问题。80年代，政府为促进生产，加强管理，实行“以工补菜”政策，实行奖励、补贴宏观措施，以促进蔬菜生产，推行粮、油、化肥与上市蔬菜挂钩，国家平价供应政策落实到户。但存在专用物资配送少，菜农卖菜难、蔬菜基地保护难等问题，蔬菜生产条件差，单位面积产量低，科技兴菜水平低。

90年代初，实行科技兴菜，政府对蔬菜种植加强投入，行政管理日趋完善，加上多种形式的技术服务，蔬菜基地建设具有一定规模。荒园、改种等现象基本消灭。1991年，南区3乡1场有蔬菜一线基地，15个村、5个工业区、126个菜业组，共有11740人从事蔬菜种植，有常年蔬菜基地396.6公顷；市管二线基地120公顷，有49个钢架大棚、56个竹架大棚、840平方米温室；有抗旱机具60台、1064千瓦，灌溉渠道89502米，微型水泵79台；有山塘水池496口，面积为70.2公顷；4个乡场蔬菜技术推广站，168个农民蔬菜技术员，48个区级科技示范户，192个乡场级科技示范户。

90年代中期，由于城市的发展，近郊60多公顷老熟肥活菜地被征用、占用，还有10多公顷菜地被抛荒，蔬菜生产出现滑坡。为解决市场蔬菜需求量，特在远郊新扩基地。但新扩基地设施不配套，土地贫瘠，菜农技术水平低，劳力不到位，科技意识不强，仍制约着全区蔬菜生产的发展。区蔬菜管理部门加强全区种菜队伍建设，建立科学网络体系，做到区有蔬菜科学技术研究所，乡有蔬菜技术推广站，村有科技示范组，组有科技示范户。1995年，郊区有蔬菜面积920公顷。1999年，全区有蔬菜种植大户38户、典型户20户，菜业组179个、菜业村20个，菜地333.33公顷，年产蔬菜130万担。

21世纪初，因更新管理模式，采用多种方式促进蔬菜生产发展，蔬菜产业不断壮大，区域面积基本形成，品种结构不断优化，市场体系逐步完善，蔬菜加工也开始起步。精细叶类生产量成为城区市场建设的要点。境内蔬菜总面积达1333.33公顷，蔬菜总产量3.79万担，总产值0.71亿元，专业基地面积533.33公顷，季节性蔬菜基地面积200公顷，规模开发菜地面积120公顷，季节性菜地面积100公顷。2002年，菜地面积扩大到666.67公顷，但由于区划调整，城市扩展征用菜地。至2012年，菜地面积减至533.33公顷，其中专业基地总面积减至246.67公顷。

二、品种

境内常年种植的蔬菜品种达113个。由于叶类菜生产周期短，栽培历史悠久，年单产比其他蔬菜要高，加上多年来政府政策扶持，促使叶类菜数量增加，品种也相应较多。60年代，推广杂种一代对稳产高产作用明显。1992年，推广应用新品种15个，云南莴笋的推广种植面积均在33.33公顷以上。1996年，引进各类新优品种36个，推广面积近133.33公顷，改善市场供应花色品种。桐山韭菜的引种试验使蔬菜总产量达3750万公斤，年均增长8.7%。2001年始，推广清江小白菜、泰国香菜、成都莴笋、肉丝瓜。2007年，推广台湾番薯叶、紫背天葵、人参菜等蔬菜新品种。2009—2010年，推介引进龙须豇豆、白玉春萝卜、蔬研3号黄瓜3个新品种。

全区主要蔬菜品种：食茎类蔬菜有大蒜、洋葱、芋头、马铃薯、莴苣、芦笋、茭白等。食用叶类蔬菜有大白菜、青菜、卷心菜、菠菜、苋菜、蕹菜、生菜、齐心菜、芫绥菜、紫苏、香芹、韭菜、葱等。食果类蔬菜有番茄、青椒、茄子、辣椒、黄瓜、冬瓜、南瓜、丝瓜、瓠子瓜、毛豆、蚕豆、豌豆、菜瓜、苦瓜、西葫芦、扁豆、甜玉米等。食根类蔬菜有萝卜、胡萝卜。

三、栽培技术

80年代前，由于蔬菜种植科技知识欠缺，大面积使用敌敌畏等高毒高残留农药，造成土壤农药残留，蔬菜受农药、工业“三废”（即废水、废气、废渣）和医院污水等污染较严重。一些菜农在蔬菜上使用六六六粉、甲胺膦等高毒高残留农药防治病虫。随着城市的发展及蔬菜生产不断向产业化、商业化转型，蔬菜生产与城市发展不相适应，以蔬菜大棚为主的农膜覆盖面积小，科技含量低，蔬菜大棚50座，覆盖率不到1%。80年代，开始加强无公害蔬菜栽培技术，运用竹架简易棚、大棚、竹架棚、拱棚、浮面覆盖、地膜覆盖，推广农地膜、水泥钢架棚、遮阳网，推广生物农药的应用。“九五”期间，培植种菜大户，为种菜大户提供信息技术生资保险等服务。1990年，新建竹架棚53栋越冬，地膜覆盖面积达68公顷。塑料遮阳网覆盖10740平方米。1992年，推广植物激素在蔬菜生产上的应用，推广应用洞庭丰、植宝素、喷施宝等286.67公顷次，平均增产10%。1994年，建大棚100座，1995年，建大棚215座，1996年，建66.67公顷水泥竹架大棚，农地膜覆盖面积66.67公顷。推广竹架棚497座，占地面积2万平方米，日上蔬菜13万公斤；推广遮阳网19.7万平方米；推广植宝素3000多瓶，使用面积133.33公顷，草甘膦、地老虎必诱剂的应用和推广已普及。1997年，生物固氮肥开始在蔬菜上应用。1999年，全区自建蔬菜大棚100座，新增防虫网农地膜186.67公顷。2003年，放心菜基地全面推广诱杀灯应用，覆盖率100%，2006年推广诱杀灯80盏。2011—2012年，重点推广无公害蔬菜和新品种蔬菜栽培技术。

四、基地建设

1949年始，境内蔬菜基地随着城市的发展，不断被征收，历届政府为发展蔬菜基地，都进行基地扩建。1950—1960年，改菜面积0.37公顷，占基地的0.8%；1960—1969年，改菜面积22.15公顷，占6%；1970—1979年，改菜面积89.3公顷，占24%。1980—1989年，改菜面积252.33公顷，占68.8%。

至1990年底，老菜园仅存50%左右。1991年，建设基地7个：五里乡金鹗村科技兴菜示范基地、城郊村高档蔬菜示范基地、北港乡北港村二线蔬菜基地、蔡家村样板菜园基地、五里乡金鹗良种站良种繁育基地、梅溪乡冷水村速生菜生产基地、北港乡综合园艺场大桥工区渡淡菜生产基地。

1992年，在郭镇乡郭镇村、双塘村，梅溪乡胥家桥村新扩基地53.33公顷。1993年，在郭镇、梅溪扩改基地53.33公顷。1994年，全区改造蔬菜基地66.67公顷。1996年，新扩66.67公顷蔬菜基地。1999年2月，确立以北港蔡家村，梅溪乡胥家桥村、花果畈村为主的533.33公顷放心菜示范基地。2004年，获得666.67公顷无公害蔬菜生产基地的认证。至2009年，全区有常年蔬菜基地面积533.33公顷，季节性蔬菜基地200公顷。2011年，在郭镇乡中村建设66.67公顷无公害蔬菜基地。2012年，加大对蔬菜基地的保护力度，查处4处占用蔬菜基地的事件。

五、机构

1958年，岳州公社管理委员会设立蔬菜部。1983年，成立郊区鲜菜公司，实行生产、销售一条线。1984年4月，成立郊区蔬菜局。1996年，郊区蔬菜局更名为岳阳楼区蔬菜局。2002年，区蔬菜局合并到区贸易办，更名为区蔬菜办。2005年9月，区蔬菜办单列为副科级单位，重新更名为区蔬菜局，隶属区政府办。2008年9月，区蔬菜局归口区农林畜牧水产局，仍为副科级机构。

第五节 土壤肥料

一、农家肥料

境内农村历来有积造、使用农家肥料习惯，是主要肥料之一，来源广，种类多。

人粪尿 俗称粪肥。近郊农民除自家积蓄的粪肥外，还有夜间进城掏粪的习惯。1949年后，市区设有专门机构管理公共厕所，有专车、专船、专用码头，送粪下乡作农业肥料。人粪尿多用于水稻育秧、油菜育苗和秋冬播种麦，也用于其他作物。

畜禽粪 境内养猪，习惯放养，圈养少。农民将散失猪粪拾回作肥料。1957年，北港乡首先进行“五有建设”（即猪有圈、牛有栏、农业生产合作社有粪池、队有厕所、户有粪坑）。畜禽圈舍积肥，习惯将牛粪与土渣肥混合堆积，日晒夜露，自然发酵，下窖沤制少，肥效低。鸡鸭粪也拌入土渣肥，混合施用。

草木灰 俗称灶灰。农户普遍有专门灰屋或灰堂，长年储存、备用，主要用于春播大豆。大豆播种后，有随即用草木灰盖“铲子眼”的传统经验，沿用至今。此法施肥集中，防寒保苗、保墒，防止土壤板结。80年代，有的地方用草木灰盖谷芽，防止早稻烂秧；有的地方冬季有绿肥作物田撒施草木灰防冻保苗。

土渣肥 有塘泥、湖泥、陈砖土、地皮土（又称千脚泥）、渣滓等。境内历年来有在冬季挑塘泥、湖泥铺田，用作水稻底肥的习惯。50年代初、中期，结合兴修小型塘堰挑塘泥、湖泥肥田。50年代至70年代中期，由于冬春季节集中劳力投入农田水利建设，挑塘泥渐少。80年代初期，推行联产承包责任制，挑塘泥又逐渐恢复。

山青、湖草 利用山青、湖草作肥料，在30年代已成为重要的肥源。每亩用量1—1.5吨。50年代，随着围湖造田和大湖发展养鱼，湖草日益减少，利用山坡杂草肥田今仍采用。

秸秆、稻草 农民每年将秸秆和稻草还田，增加土壤中有机质，改善土壤理化性状。

饼肥 有豆饼、菜籽饼、棉籽饼、芝麻饼、花生饼、茶籽饼等，以豆饼为佳，主要用于西瓜、棉花地，也用于水稻田。粮油统购统销后，饼肥列入计划管理，统一调拨，由供销社经营。60年代，郊区农村恢复土榨坊，饼肥自产自用。供销社不再直接经营地产饼肥，只经营以化肥兑换的外地饼肥。

绿肥 境内农村历来有种植绿肥习惯。一种是“三合汤”绿肥（即大麦、油菜、萝卜混种），一种是草籽绿肥，有蓝花草籽（苕子）、红花草籽（紫云英）两种，以蓝花草籽居多。50年代，提倡种植草籽绿肥，1958年，仅占水田面积的0.08%。1962年始，配合稻田耕作制度改革，发展双季稻以红花草籽为主。1978年始，由于调整双季稻面积，草籽绿肥面积相应减少。

二、化学肥料

氮素化学肥料 30年代，境内有农民使用氮素化学肥料。50年代，市、区农业部门把化学肥料列为示范推广项目，品种以硫酸铵较多。70年代始，洞氮建成投产，加上进口化肥，农用以碳酸氢氨、尿素为主。其次是硫酸铵，亩均用量13.5公斤。70年代，用量逐年增多。1980年，亩均用量50.5公斤，1985年，亩均用量51.5公斤。1996—2012年，亩均用量控制在50公斤以内。

磷素化学肥料 1962年，梅溪公社对油菜、紫云英2种作物试验示范施用过磷酸钙，油菜增产

52%左右，紫云英鲜草增产67%—138%。此后，逐渐扩大磷肥示范进行推广，并用于水稻育秧和大田底肥。至2012年，使用面积占播种面积的90%。

钾素化学肥料　1978年，开始试验示范，品种为硫酸钾、氯化钾。1980年，用量75吨。2000—2012年，亩平控制在20公斤。

微量元素　有硼肥、锌肥、钼肥等。1983年试用，1996年大面积推广。至2012年，使用面积达98%，剂量按说明书使用。

三、施肥技术

配方施肥　80年代，针对土壤营养3个失调状况（即有机肥与无机肥比例失调，氮、磷、钾比例失调，大量元素与微量元素比例失调），根据各种农作物所需营养元素，进行合理配方施肥。1981年，市郊设置21个试验点。1982年，示范推广，境内施肥面积820公顷。1983年，施肥面积1000公顷，1984年，为1333.33公顷，1985年，达到1666.67公顷。配方施肥经济效益显著，早稻增产12.5%—13%，中稻增产10.5%—12%，常见晚稻增产12.5%，杂交晚稻增产14%—15%，棉花增产13%—14%，小麦增产20%—22%，油菜增产22%—26.5%，番茄增产25.5%—32.5%

根外喷施　1982年，境内示范推广在作物茎叶上喷施磷酸二氢钾促进农作物早熟早产。

第三章　畜牧业

古代，境内农户将畜禽养殖作为自给自足的家庭副业，多余部分出售。1949年，境内有存栏耕牛2708头，存栏生猪6042头。

中华人民共和国成立后，随着经济的发展与城市人口增加，对畜禽产品的需求日益增长。1952年生猪养殖比1949年增长5.6倍，耕牛增长1倍。1957年生猪存栏比1952年增长1.3倍。因合作化过程中出现滥杀耕牛现象，耕牛存栏数比1955年减少520头。1958年，各社队大建“万头猪场”。1959年，因遭遇自然灾害，生猪缺饲料而减少饲养量。1962年后，调整政策，贯彻以“私养为主”“公私并举”的方针，开放交易市场。至1966年，生猪存栏达20余万头，出栏14.80万头，比历史最高水平的1958年分别增长45%和189%，耕牛存栏比最高年份的1961年增加8%。

1979年后，农村进行经济体制改革和产业结构调整，畜牧业形成国营、集体、专业户多种经济并存，生产向商品化、集约化发展。1985年，生猪存栏3.2万头，出栏4.09万头；家禽存笼增长1.88倍，鸡蛋产量增长1.04倍，畜牧业产值增长1.2倍。

2006年，实现养殖业总产值30038.4万元。发展生猪28.5万头，出栏生猪20万头，全区基本实现种猪良种化；发展家禽170万羽，出笼120万羽；发展牛4700头，出栏牛800头，发展羊9700头，出栏羊2500头；完成禽蛋产量170吨，产鲜奶100吨；完成生猪品改人工授精2400头，冷配牛510头；水产品产量11500吨，其中名特优鱼2300吨。

2007年，共实现养殖业总产值33280.5万元。发展生猪36.5万头，出栏生猪28万头，发展家禽210万羽，出笼家禽150万羽；发展牛3500头，出栏牛1200头，冷配母牛800头次，产杂交小牛181

头，发展养牛大户5户；发展羊2210只，出栏羊1500只，发展养羊大户18户。在梅溪、郭镇等乡（办）人工种植牧草33.33公顷，利用秸秆氨化青贮饲料，建贮窖21个，年贮用量100吨。

2008年，共实现畜牧业总产值5.73亿元，占全区农业总产值的69%。共发展生猪41万头，出栏生猪32万头，其中无公害生猪8万头；发展生禽210万羽，出笼150万羽；出栏肉牛1560头，羊2500只。

2009年，共实现养殖业总产值3.9025亿元，占全区农业总产值的78%。发展生猪25.5万头，出栏生猪16.5万头，其中无公害生猪8万头；发展生禽110.49万羽，出笼60.14万羽；出栏肉牛700头，山羊1000只。

2010年，实现养殖业总产值3.4107亿元，占全区农业总产值的68.2%。全年发展生猪25.5万头，出栏生猪17.5万头，其中无公害生猪8万头；发展禽类110.43万羽，出笼62.5万羽；出栏肉牛800头，山羊1000只。

2011年，全区发展生猪26.5万头，出栏生猪17.6万头，其中无公害生猪8万头；发展禽类115.2万羽，出笼63万羽；出栏肉牛850头、山羊900只，共实现养殖业总产值3.92亿元，占全区农业总产值的68.6%。

2012年，全区发展生猪27.2万头，出栏生猪17.8万头，其中无公害生猪8.2万头；发展禽类117.4万羽，出笼64万羽；出栏肉牛620头，山羊400只，共实现养殖业总产值3.95亿元，占全区农业总产值的69.4%。

第一节　畜禽品种

一、生猪

中华人民共和国成立前，境内农民饲养的生猪没有本地著名猪种。中华人民共和国成立后，饲养从外地引进的监利猪、宁乡猪、通城猪等猪种。1952年，从湖北引进杂交白猪，境内猪种很快实现白猪化。通过杂交产生的后代，具有背毛白色、抗病、耐粗、增重快等特点，农民称为“武汉白猪”。后品质日趋下降，劣于地方猪种。1978年，从湖北引进大长通杂交商品猪，经屠宰测定，瘦肉率达54.5%，肉质细嫩。1981年，有“长白猪”“大型约克夏”“中型约克夏”“杜洛克”“苏联大白猪”等5个猪种共1920头，其中公猪529头，母猪1391头。国内良种猪除通城猪、监利猪外，还有大围子猪、宁乡郎猪等10个猪种共2457头，其中公猪21头，母猪2436头，并有大量杂交后代的生猪。1983年，引进美国“杜洛克”纯种繁殖和“两外一内”（即“杜洛克”“大型约克夏”地方良种）三品种杂交，其后代出栏率、瘦肉率分别提高30%、13%。

二、其他牲畜

滨湖水牛　属本地品种。毛色多为铁青，体型高大，健壮有力，性情温顺，易于调教使役，且耐粗抗病，日可耕水田0.2—0.27公顷，载重拉力可达1000公斤。淘汰牛的屠宰率为40%左右，净肉约30%，1985年，水牛存栏占耕牛总头数的99.5%。90年代，稳定在1800头。2000年后，根据市场需求发展冷配牛（人工杂交品种）。2012年，出栏冷配肉牛650头。

马、骡、驴　境内农民历来不用马、骡耕作，仅养有少量马、骡，仅集镇作坊养驴拉磨。城区早期有用马拉车作交通工具，此后，汽车增多，马车渐被淘汰。

羊　为本地黄羊和黑山羊，1983 年，全区共有羊 682 只，其中奶山羊 392 只。1985 年，存栏山羊 131 只，绵羊 33 只，随着市场需求加大，饲养量逐年增多。2007 年，发展到 9700 只。2010 年，因受草源限制降至 1000 只，均属平地肉用羊。

兔　1982 年，全区长毛兔存笼 1555 只。1985 年，养兔 3587 只，其中长毛兔 925 只，皮兔 2662 只。90 年代，兔品种改良由养殖户自发进行，“五花八门”。2000 年后，饲养本地菜兔。2012 年，受市场影响，有少量饲养，未予统计。

三、家禽

鸡　境内农户养鸡极为普遍，1985 年，全区养鸡 155.7 万羽，产蛋 43.67 万公斤。本地品种有土鸡，体型小，善觅食，年产蛋 80—120 枚，肉味鲜美，户养占 80% 以上。外省引进的品种有新浦东、九斤黄、狼山、乌骨鸡（丝毛鸡、泰和鸡、药鸡）、河南立足鸡、京白鸡及各种杂交鸡。国外品种有来杭、白洛克、澳洲黑、芦花洛克、新汉、澳平敦、红波罗、红色考尼西、白色考尼西、罗斯、星杂 5、7、9 及火鸡。2000 年引进乌骨鸡和雪山草鸡作药用，供不应求。至 2012 年，新增山东芦花鸡、斗鸡以及北方的柴鸡。

鸭　水稻种植地区和滨湖地区均有养鸭习惯，常养 3—6 羽不等。专业鸭民放牧鸭群，每群数十羽到数百羽，农业合作化后，有的农业社或生产队经营鸭群，国营农（牧）场多饲养良种肉鸭和蛋鸭。农户和生产队多养麻鸭，麻鸭善走，适于放牧，母鸭体重 1.5 公斤左右，年产蛋 100—150 枚，肉质欠佳，羽绒质优。引进鸭种有北京鸭、通山麻鸭、乌腿鸭、白莲鸭、绍兴鸭、萧山鸭等。农村改革中，出现养鸭专业户，鸭的饲养量和商品率都显著提高，1985 年全区养鸭比 1980 年增加 3 倍。随着市场的需求，现时饲养量也大幅增加。90 年代，主要引进的是北京肉鸭。2000 年，境内专业户饲养本地水鸭。

鹅　有白鹅、花鹅、狮头鹅，数量不多。

第二节　疫病防治

一、疫病

传染病　民国 19 年（1930），境内发现的畜禽传染病共 29 种，其中人畜共患的 5 种，有狂犬病、炭疽病、破伤风、结核病和布氏杆菌病；牛传染病有 6 种，马传染病有鼻疽。猪传染病先后发现的有 8 种。家禽传染病中，民国 36 年（1947），发现鸡瘟，后又陆续发现鸭瘟、禽出败病（也称禽霍乱）、鸡马立克病、鸡痘及鸡白痢共 6 种。兔传染病有出败病一种。

狂犬病　1983 年，梅溪乡一头猪被狂犬咬伤发狂而死，1985 年 9 月，病牛 5 头全部死亡，至 2012 年仍时有发生。

破伤风　1950 年，发现病畜 5 例，死亡 2 例。

牛瘟　民国 19 年（1930），梅溪乡暴发牛瘟（俗称烂肠瘟），此病新中国成立后未见发生。

牛气肿疽　1955 年 8 月，郭镇乡及附近农村黄牛发病死亡，经接连几年预防接种后未再发。

牛肺疫　1956 年，市商业部门自内蒙古买回宾洲牛，因检疫不严，带进病牛，传染到畜牧场，经紧急防治后，再未发生。

牛出血性败血症 1981年，境内发病40头，死亡7头。

鼻疽 1950年，发现病马8匹，全部死亡。其后，随着马、骡减少而绝迹。

猪喘气 1979—1985年，发病和死亡数分别在8183—27911头和687—3322头之间。

寄生虫病 牛有血吸虫病、牛肝片吸虫病、牛锥虫病、牛新蛔虫病、牛双口吸虫病、牛胰阔吸盘吸虫病、牛歧腔吸虫病、牛囊尾蚴病、牛棘球蚴病、牛肺丝虫病、牛钩虫病、牛疥螨病、牛虱、牛蜱等16种；马有锥虫病1种、羊有脑包虫病、结节虫病、羊疥螨病3种；猪有猪蛔虫病、猪弓形体病、猪姜片吸虫病、猪条虫病、猪囊虫病、猪细颈囊尾蚴病、猪鞭虫病、猪结节虫病、猪肾虫病、猪胃虫病、猪棘头虫病、猪肺丝虫病、猪刚刺颚口线虫病、猪小袋纤毛虫病、猪类圆线虫病、猪疥螨病、猪虱等17种。家禽有鸡蛔虫病、禽异刺线虫病、禽纽头饰带线虫病、华首线虫病（鸡胃虫病）、禽棘口吸虫病、鸡前殖吸虫病、鸡异刺吸虫病、四角棘和条虫病、鸡球虫病及2种体表寄生虫病等；兔有兔球虫病及兔疥螨病2种。

普通病 1979年，境内5231头猪患普通病，死亡178头。1981年，有病猪12914头，病死1979头；患病耕牛990头，死亡29头。

二、防治

民国31—32年（1942—1943），国民政府给狂犬注射狂犬疫苗。中华人民共和国成立后，人民政府重视兽防工作。1950年，在境内用猪瘟脏器苗预防猪瘟，但反应大，常死猪。1951年，近郊猪瘟流行，约死亡300头。1952年，结合抗美援朝反细菌战，对猪、牛注射猪瘟、炭疽等几种疫苗。1956年，境内猪病防疫注射密度为45.8%，生猪死亡率为17.1%。1958年，制成和推广使用猪瘟免化牛体反应湿苗及冻干苗。1960年始，每年春秋两季进行防疫注射。此外，市政府采取根治措施普查普治，消灭钉螺，血吸虫病逐步得到控制。是年，境内全面调查，发现市郊畜禽寄生虫病32种，对蠕虫病以敌百虫治疗，对猪疗效甚好，对鸡则反应大。1979年，举办寄生虫病查治训练班，接着开展普查普治，以后每年定期查治。2005年，共免疫猪口蹄疫5.56万头，免疫密度98.5%；免疫牛口蹄疫0.12万头，免疫密度100%；免疫鸡15.6万羽，免疫密度98.7%。2011—2012年，区政府、乡（办）、村（居委会）层层签订动物防疫工作目标责任状，确保高致病性禽流感、口蹄疫、高质行性猪蓝耳病、猪瘟、狂犬病等重大动物疫病免疫密度达100%。

第三节 新技术运用与推广

杂交改良 1949年，进行猪种杂交改良，引进外来良种猪与地方种猪杂交，并推广杂交技术。1957—1958年，大批引进外来猪种，全面开展杂交，境内迅速实现杂种白猪化。

养猪技术 1956年，推广自繁自养、猪苗自给、建圈关猪积肥、广采青料、节约精料和无病先防、有病早治的经验后，提高了生猪饲养管理水平。

人工授精 1967年，猪人工授精获得成功，境内乡、镇畜牧兽医站采用此方法给猪配种。但产仔率不高，未全面推行。2005年，草食动物发展办公室以液氮冷冻颗粒精液人工配种。每年600—800头，2012年冷配650头。

预防接种　1950年，先后开展给牛、猪注射防疫针。1958年，开始给鸡注射防疫针，随即给鸭注射鸭瘟疫苗。1959—1978年，实行统一预防接种。1982—1996年，发放疫苗到各养殖户。1997—2012年，专业户自行预防接种，散户统一发药接种。

耕牛血液寄生虫病诊治新法　1980年，用间接血凝试验诊断耕牛血吸虫病，检出率较粪浮法高。1982年，用硝硫氨静脉注射治疗耕牛血吸虫病，效果满意，反应也小。1976年，以补体结合反应方法检查耕牛锥虫病，较显微镜检查法检出率高。90年代，禁牧下湖。2000—2012年，肉牛圈养未做血吸虫病检查。

第四章　水产业

第一节　资　源

一、水面

境内天然捕捞水域包括东洞庭湖和长江城陵矶段部分水域，东洞庭湖是长江水系鱼类繁衍、栖息、越冬、索饵、育肥的主要场所。其中位于城陵矶三江口、桂花园一带，是经济鱼类的越冬场，面积约6666.67公顷；自三江口至君山洪道则是长江鱼类进入洞庭湖产卵繁殖、索饵、育肥和越冬洄游的重要通道，也是国家保护水生动物白鳍豚和江猪的主要活动场所。据《岳阳市志·水产业卷》《1999年岳阳市渔业水面分类与分布情况》统计，岳阳楼区有渔业水面1400公顷（未包括东洞庭湖与长江水面），其中内湖400公顷，水库66.67公顷，池塘533.33公顷、其他水面400公顷。后因城市建设发展，一些水面被填平改建为街道与居民区，养殖水面降至1000公顷。

二、品种

境内鱼类品种繁多。据清道光五年（1825）《洞庭湖志》记载，洞庭湖有鱼类28种。光绪十七年（1891）《巴陵县志》记载，洞庭湖有鱼类34种。民国时期，洞庭湖有鱼类64种。1972年，农林部组织长江流域渔业资源调查，查明境内有天然鱼类11目、22科、136种。天然鱼类经济价值高、产量较大的品种有青、草、鲢、鳙、鲤、鲫、鳊、鲂、鳡、鳜、鲶、黄颡、银鱼、鲴类、红鲌、鲚鱼、黄鳝、泥鳅、乌鳢、长吻鮠等。名贵鱼类有鲥鱼、胭脂鱼、鳗鲡、长吻鮠等。特别是鲟鱼类，它是白垩纪遗留至今的古老鱼类。中华鲟又名鲟鳇鱼，是一种大型经济鱼类，号称“鱼王”。据史料记载，小者重几十公斤，大者重达0.5—1吨。民国31年（1942），捕获一条体重达562.5公斤。1978年，洞庭公社“七一”渔场捕获16条，共重2600公斤。中华鲟主食底栖无脊椎动物，分布于长江上、中游，有时也进入大型湖泊。白鲟古代称剑鱼、象鱼，栖息于江河中、下水层，有时进入大型湖泊。它健游、性凶猛，主食鱼类，也食虾、蟹等，体形特大，体长达7米。中华鲟、白鲟均属国家一级野生保护动物。

境内特种水产资源丰富，有虾蟹类10种、蚌类47种、螺类24种、豚类2种，蛙类甚多，尚未明确分类。其中白鳍豚与江豚为国家一、二级野生保护动物。

白鳍豚 俗称江马、白豚，体长1.5—2.5米，中间粗，两头细，呈纺锤形。主要生存于长江中下游干流中，境内城陵矶及君山周围的东洞庭湖是其游弋的重要水域，最早出现在距今2000万年前的中生代，是比熊猫还古老的“活化石”，被国家列为一级野生保护动物，也是世界12种最濒危动物之一。春末夏初长江水位上涨时，白鳍豚便游入洞庭湖的各条小河中生活；冬季水位下降时，又游回长江深水区过冬。其肉可供食用、药用、炼油，其油脂则是治疗烫伤的特效药。为拯救这一濒临灭绝动物，国家已明令“严禁捕杀”。1980年春，城陵矶捕捞队在洞庭湖口捕获2头活白鳍豚，即送武汉中国科学院水生研究所进行人工驯养。

江豚 俗称江猪。其皮可制革，肝和脂肪可作药用，肉和骨头可提炼油脂作工业用油，也可照明和医治创伤。主要游弋于境内城陵矶三江口及君山与鹿角一带水域。清邑人任鹗《行舟要览》载：“江豚，多产于荆江、洞庭之处，吹浪可以卜风。故江豚出舞，舟人谓之拜风。”1980年后，随着洞庭湖生态环境的恶化，水质污染，人类的过度捕捞，挖沙修堤及水上交通运输的增多，江豚数量锐减，仅存百余只。1997年8月，设立岳阳市白鳍豚保护站，以保护白鳍豚与江豚。

第二节 养 殖

境内自古以来即是全国淡水鱼苗的主要集散地之一，鱼苗来源是捕捞江河天然鱼苗或人工繁殖鱼苗。每当鱼苗产销季节，韩家湾、吕仙亭、塔前街、梅溪桥等街道两旁摆满装鱼苗的帆布桶、鱼篓、鱼盆，韩家湾是江河鱼苗的主要交易场所。

60年代，省水产局、岳阳县人民委员会成立鱼苗生产指挥部，安排捕捞鱼苗的埠头和鱼苗的运输。每年捕捞鱼苗2亿—3亿尾，品种主要是青、草、鲢、鳙四大家鱼鱼苗，在韩家湾鱼苗生产服务站进行贸易，除供应当地客户外，还采用尼龙袋充氧气密封，远销全省各县及广东、江西和东北部分省区。1976年，境内完成水产品产量2155吨。1985年为3640吨，1987年达到4401吨。

90年代，鱼苗生产向集约化、规模化发展。渔业养殖从湖泊养殖、塘堰养殖向水库养殖、稻田养殖到网箱、网栏、网围的“三网”养殖，每公顷达到10500多公斤以上。1995年，境内有水产养殖面积1034公顷，水产品产量6534吨。2005年后，渔业生产以调整名贵鱼养殖为重点。全区放养水面1200公顷，投放鱼种1000吨，其中名贵鱼种450吨，完成水产品产量1.12万吨，完成渔业产值8900多万元，占农业总产值的25%。2007年，完成水产品1.17万吨，实现渔业总产值8620万元。2008年，全区放养水面1000公顷，投放鱼种1000吨。2009年与2010年，各投放鱼种1000吨，分别完成水产品1.06万吨和1.11万吨。2011—2012年，全区1000公顷养殖水面投放鱼种2520吨。

第三节 捕 捞

洞庭湖捕捞业历史悠久。清朝，巴陵城内鱼行兴起，分布于街河口、洞庭庙、鱼巷子等地，鱼货远销省内各地及长江沿线。但捕捞水域多被渔霸、湖主占有，渔民无固定捕捞场所，且要缴纳捕鱼费。

1949年后，江河、湖泊水域属国家所有，国家实行减免渔税，渔业生产迅速恢复发展。水产捕捞历来注重鱼汛期，洞庭湖区鱼汛可分为闯水期、上水期、禁渔期、盛鱼期。90年代后，由于湖场萎缩，水域污染，鱼类的洄游通道、产卵场和索饵场遭到破坏，加上过度捕捞，使用有害渔具等原因，水产品进一步减少，有的已经绝迹。近几十年来，在境内水域捕鱼的有湖南、湖北、四川、重庆、江苏、江西、浙江、山东等9省市、56县近万名渔民。

清代，境内捕捞渔具渔法多达80多种。民国时期，由于捕捞生产力受到摧残和破坏，渔具渔法减至30多种。中华人民共和国成立后，捕捞工具和工艺不断改进。尼龙（锦纶）、聚乙烯等化纤材料，柴油机、汽油机、发电机等机电设备先后融合到新的渔具渔法中，万能网、三层挂网、赶拦刺张，以及对船联合作业等逐步应用到捕捞生产中。提高了捕捞生产能力，减轻了渔民的劳动强度。

境内常见渔具有浮网、麻网、架子网、稀大网、撒网、拦网、赶罾、虾米罾、撑篙罾、船头罾、麻缱、麻罩、挂钩、流钩、卡钓、花篮、鱼叉等。清末至中华人民共和国成立初，因江湖鱼多体大，故盛行网目较大的网具和流钩。60年代后，网具多由棉、麻、棕线改用尼龙（锦纶）、聚乙烯线，网目逐渐改小，古老的虾缱、手坑、脚坑、花篮等捕鱼工具和方法逐渐淘汰，风网、大型围网、拖网等联合作业和三层刺网、张网、万能网、麻缱等渔具渔法随之兴起。90年代，天然捕捞水域管理较混乱，“迷魂阵”、高密网、虾阵、拦江网、电力捕鱼等渔具渔法乘虚而入，严重危害水产资源。2011—2012年，岳阳楼区贯彻落实《中华人民共和国渔业法》以下简称（《渔业法》），召开春季禁渔动员大会，聘请10名信息联络员，挂横幅标语89条，对789条捕捞渔船进行摸底核查、拍照、编号，加强对渔政执法的监管。

第五章　水　利

第一节　堤垸

岳阳城滨江临湖，三面环水，千百年来，迭遭洪水侵蚀，湖岸崩塌，城池逐渐后移。为保城池，从古至今，修各种堤坝7条，以御洪水。

一、古代堤垸

护城堤　唐朝，城西洞庭湖畔筑有堤防以御洪水。杜甫《过洞庭》诗中有“护堤盘古木，迎棹舞神鸦。”这是迄今为止，岳阳城区有文字记载的最早古堤。

白荆堤　清光绪《巴陵县志》载：“岳阳风土记，阁子镇有白荆堤，石壁潭在其下，旧志在县东南十五里，一名紫荆堤，宋筑。明成化八年（1472）知府吴节增筑。嘉靖十年（1531）知府肖晚重修。四十一年（1522）邑人方纯重修堤。”今仍存。

九龙堤　清光绪《巴陵县志》载：“在城东北附郭（今际华三五一七橡胶制品有限公司铁路东），明洪武初筑郡城既修，北凿便河，周千余丈，以卫城，堤即河岸，今河垦田，堤亦圮。”今际华三五一七橡胶制品有限公司内有九龙堤路。

南津堤　清光绪《巴陵县志》载：“在县南五里，明弘治时知府张金筑，今圮。”

孟家堤　在古城东门外东南方，明弘治年间筑，长三百多丈，连接九龙堤。今无存。

枫桥湖堤 清光绪《巴陵县志》载："在城东北三里，通武昌驿路，长百余丈。旧志初建时间不可考。乾隆五十二年（1787），里人徐国书，黄觐章、任起龙、徐运国等捐资重修，中有石桥行旅赖之。"今无存。

永济堤 清光绪《巴陵县志》载："在城北十五里，明成化二十年，知府李镜筑，又名李公堤。"自东门枫桥湖堤始，往北至城陵矶，往南连接九龙堤与孟家堤，全长四千零十五丈，主堤长十五里。清顺治十年（1653），知县王笃庆，康熙五年（1665）知县李炌，康熙五十三年（1714）知县王国英相继重修，后坍塌。

清代，近城还修建有永兴垸、近洪垸、护堤垸。

二、现代堤防

东风湖堤 1959年至1960年春，为消灭血吸虫，岳阳县人民委员会修建城区至城陵矶沿湖大堤，堤分两段，南段为东风湖堤。自北门磷肥厂码头起至七里山，全长3600米，宽7.5米，高35.8米。1995年，以此堤与吉家湖堤为基础，建成沿湖大道。大堤加宽至38米，加高至37米，使防洪标准达百年一遇。大堤建有底涵闸2座、电排站1座，电排站装机容量1240千瓦。

吉家湖堤 1959年至1960年春，修建城区至城陵矶沿湖大堤，北段为吉家湖堤。自七里山北段起至城陵矶粮库止，全长2456米，宽7.5米，高35.8米。1995年，建沿湖大堤，大堤加宽至38米，加高至37米，使防洪标准达百年一遇。吉家湖堤建有电排站1座，装机容量330千瓦。

南津港大堤 1964年冬，为防南湖水淹城区，岳阳县委组织4万干部、工人、农民、学生及居民群众，历时一年，建起长1857米南北走向的大堤，保护城区85个企事业单位和居民住宅。1995年，建电排1座，装机容量1320千瓦。1990年10月至1997年5月，将大堤加高至37米，堤面加宽至16米。2008年11月，大堤成为岳阳城区至荣家湾的岳荣公路组成部分，大堤堤面在原基础上加宽1倍至32米，使大堤成为既能防洪、灭螺、灌溉、养殖、交通，又能满足人们观光旅游的要求。

第二节 防汛抗旱

一、防汛

境内地域滨江临湖，千百年来，洪水漫溢，堤防失修。城郊田园庐舍常遭水淹，城区部分滨湖街道也年年遭水浸淹。民国20年（1931）、1954年、1998年特大洪水年，洪水涨至南正街十字路口。1949年和1954年，大水将街河口街、南正街、竹荫街、梅溪桥街等街道淹没，竟可行舟。城陵矶镇上街与下街也年年遭水浸淹。城区四周虽建有多座大堤，但堤防工程基础差，隐患多，堤身单薄，难以抵御7—10年一遇的洪水；且排涝设施严重不足，排涝能力仅4—5年一遇。每年汛期，洪涝交错，损失惨重，人民苦不堪言。

1954年4—7月，境内连降暴雨，降雨量达1846毫米，比年均降雨量1200毫米多出600多毫米。其中6月降雨量859毫米，仅16日即降雨246.1毫米，7月降雨386毫米，洞庭湖洪水漫涨。8月3日，岳阳北门水文站水位高达34.82米，城陵矶七里山水位高达34.55米，洞庭湖区发生百年罕见的特大洪水，沿湖一带尽成泽国。城陵矶街道全部被淹，城区洪水漫溢到南正街口。8月上旬，长江洪峰过境，南水北水互相顶托，高洪水位持续不下，造成严重的洪涝灾害。湘潭地委、岳阳县委抽调大批干部、民工投入湖区抗洪抢险。除将历年储备防汛物资器材全部用光外，省、地临时增调大批巨木、皮篙、楠竹、麻袋、油料、粮食等物资器材。

1996 年，境内遭受百年未遇的洪涝灾害。有 14 个乡场（办事处）、46 个村（居委会）受灾，受灾人口 15800 人，被洪水围困 5535 人；有 4 个城镇进水，损坏房屋 4500 间、14 万平方米。农作物受灾面积 906.67 公顷，成灾 480 公顷，绝收 450 公顷。洪水毁坏耕地 48 公顷，损失粮食 1370 吨，水产损失 1940 吨；103 家企业被迫停产。区政府组织大批劳力抗洪，处理险情 80 处，抢筑子堤 3000 多米，调运防汛编织袋 2.5 万只，启动东风湖老电排运行 20 余天，排除渍水 400 多万立方米，投入防汛抗灾资金 20 余万元，未垮一堤一垸一库。

1998 年 4—9 月，境内降雨量达 1394.8 毫米，其中城区 1129 毫米，洪水暴涨，水位长时间高位不降，为 1954 年以后最大洪水。6 月 26 日 7 时至 29 日 2 时，仅 67 小时，城陵矶水位从 31 米防洪水位猛涨至 33 米危险水位以上，陡涨 2 米多。8 月 20 日 4 时水位达 35.94 米，分别超过 1996 年和 1954 年最高水位 0.63 米和 1.39 米。从 6 月 29 日至 9 月 14 日高洪水位持续 78 天，方才回落。是时，江湖洪峰叠加，长江连续出现每秒 5.2—5.6 万立方米流量，先后形成 8 次大洪峰。长江和湘、资、沅、澧四水洪峰在洞庭湖出口相遇，互相顶托，使岳阳北门水位连续 5 次出现大洪峰，且一浪高过一浪。全区 14 个乡、街道办事处，56 个村（居委会）受灾，受灾人口达 9.7 万人，紧急转移人口 1840 人，农作物受灾面积 524.67 公顷，淡水养殖受淹 159.6 公顷，停产、半停产工矿企业 73 家，直接经济损失 1489.88 万元。受山洪影响，全区有 6 处水库发生较大险情。全区党政军民在长达 80 余天的抗洪抢险中，出动机关干部 8000 人次，出动抢险队突击队员 3 万人次，其中重大行动 3 次、3000 余人，外援行动 2 次、1000 余人；发现并及时处理各类险情 60 余次，其中重大险情 5 处；出动各类抢险船艇 2000 台次。耗用抢险救灾物资器材等折合人民币达 500 万元以上。

2002 年，遭遇百年罕见的持续强降雨天气，入汛早、雨量大、汛期长。区政府组织机关干部组成梅溪、郭镇、城区 3 个工作组，分赴基层一线指导、检查防汛工作，先后发布防汛指令 46 个，召开全区性的防汛紧急会议 8 次，及时排除各类险情 12 个。

2008 年，成立区、乡（街道）防汛抗旱指挥部，实行行政首长负责制，逐级签订防汛责任状，领导干部和工程技术人员包垸地、包涵闸、包水库；抓防汛工程治理，抓防汛物料落实。7—9 月，境内 2 次强降雨，14 个乡、街道办事处，50 多处地方受渍 ，1080 人受灾。全区出动干部 600 多人，转移群众财产 5000 多件，及时将受灾群众转移至安全地带。

2010 年 4 月入汛后，境内连续 4 次遭强暴雨袭击。6 月降雨量达 910.5 毫米，使 6 个乡、街道不同程度受灾，直接经济损失 2993 万元。全区组织防汛抗洪常备队，抢险队及预备队 16 支 680 人，储备沙砾石 700 立方米、块石 500 立方米、编织袋 2000 条、彩条布 3000 平方米，救生衣 200 件，便携式工作灯 200 只，调集武警和民兵 820 人，出动冲锋舟和皮划艇 510 台次，转移安置群众 1741 人。

2011 年，投入资金 58 万元，完成易渍地段下水管道疏通项目验收、审核 49 处；投入资金 260 万元，改造易渍地段下水管道 24 处，全区城市低洼地段改造合计总投资 318 万元。

2012 年，全区连遭 2 次暴雨和持续高汛限水位的双重考验，共调集武警舟桥大队、消防武警和预备役部队 100 人、干部 1000 多人，出动冲锋舟和皮划艇 25 艘次，协调处置灾情险情 44 次，转移安置群众 3752 人。

二、抗旱

境内历来多干旱，干旱年份比洪灾年份要多，主要干旱季节为夏秋旱。中华人民共和国成立前，境内水利设施少，仅有山塘水堰，规模小，抗旱能力低，且抗旱工具落后，稍遇干旱，溪沟断流，塘坝干涸，农民无力回天，只能望天兴叹。

中华人民共和国成立后，境内陆续兴建大、中型水库及配套灌溉渠道。1955—1958 年，农用排灌动力每 4667 公顷 1 台，增强了抗旱能力。各级政府十分重视农村抗旱工作，每遇旱季，抽调机关干部及其他人员分赴各乡帮助抗旱。

1959 年，境内遭遇百年未遇特大干旱，连续 130 多天未下雨，致使田地干枯，庄稼告急。岳州公社党委号召城区各分社支援近郊农村抗旱，终于战胜百年大旱。1960 年，增小排灌动力，每 6.67 公顷达 18 台。1968 年，每 46.67 公顷达 80 台套。1988 年，每 26.67 公顷达 318 台套，抗旱能力明显增加。1990 年，境内 800 多处塘坝干涸，受旱水田 930 公顷，菜地 286.67 公顷。全区出动干部 210 多人，劳力 1.5 万个；投入电动机 30 台、180 千瓦，新增柴油机 85 台、480 匹马力；投入资金 44.6 万元，抗御干旱，抢救粮食约 100 多万公斤。1997 年，境内又发生旱灾，水源短缺，抽水困难。全区 1000 公顷晚稻有 533.33 公顷受旱，133.33 公顷失收；533.33 公顷蔬菜有 66.67 公顷绝收；8 家砖厂因缺水停产。区水利部门针对旱情，确定“就近不就远，就低不就高，保青苗枯苗”的放水原则，实施“节调提转水工程”，遏制旱情的发展。2000 年夏，降雨量严重不足，天气持续高温，旱情严重。区水利部门改造维修骨干机埠 10 处，添置安置临时提水机械 20 余台套，使全区 800 公顷农作物保收保插保种，降低了旱灾损失。2003 年，旱情严重，境内水库塘坝蓄水严重不足，仅为应蓄水量的 30%。区、乡两级政府组织干部群众疏通渠系，抢修设备，减少灾害损失约 500 万元。2005 年 7—8 月，境内发生 10 年不遇的严重旱情，长达 40 天之久。全区 15 座水库蓄水量不足库容的 10%，80% 的塘坝干涸。533.33 公顷农田菜地受旱，580 人、1200 多头大牲畜出现饮水困难。区、乡领导干部和技术人员包干下到郭镇乡、梅溪乡指导抗旱，疏通渠系，维护机埠，合理调配水量，架设临时抽水机械引水保苗，及人工降雨等办法，缓解了旱情，降低了损失。2008 年，全区新开挖疏浚沟渠 20 条，长 22 公里，清挖坑塘 20 处，动土方 2000 立方米；新改造机埠 2 座，购进新电机 2 台、44 千瓦。2009 年，针对旱情，投入抗旱资金 150 余万元，建成应急水源工程 6 处，浇灌菜地、稻田 960 公顷。2010 年，投入抗旱资金 50 万元，抗旱劳力 680 人次，抗旱机具 2000 台套，建立应急水源工程 1 处，浇灌菜地、稻田 546.67 公顷。2011 年，春夏交接大旱，累计投入抗旱资金 150 余万元，劳力 3200 人次，防汛抗旱机具 2000 台套、车辆 14 台次、用油 5.5 吨，用电 20 万千瓦时，共建成应急水源工程 6 处，浇灌菜地、稻田 960 公顷。

第三节　工程建设

一、基础建设

1949 年，政府组织投劳 4410 个，修复堤坝。1960 年，投劳 79.8 万个，移动土石方 143.64 万立方米。1978 年，投劳 44 万个，移动土石方 66 万立方米。1988 年，境内水利工程建设逐步起步。是年，移动土石方 25 万立方米，投劳 30 余万个。1989 年，完成水利工程建设 1137 处，移动土石方 31.2 万立方米，投劳 37 万个。1990 年，完成水利工程建设 881 处，移动土石方 59.12 万立方米，劳动工日 63.05 万个，完成水利投资 234.2 万元，其中国家投资 68.85 万元；乡村自筹群众投劳（投入劳力）折资 165.35 万元。1994 年，投工投劳（即出工钱，请工人；出劳力，不出钱）40 万个，投资 300 万元，完成大、小水利工程建设 210 处，移动土石方 47 万立方米，维修改造水库 5 座，新建续建机埠 23 个，衬砌渠道 1000 米，农田改造 12 公顷，实现水产和农产业综合项目开发。1996 年，全区共有 400 处水利工程开工，投劳 1.5 万个，衬砌配套渠道 5000 米，维修改造机埠 80 处、1500 千瓦，新建塘坝 10 个，治理低洼田 20 公顷，移动土石方 80 万立方米，投资投劳共计 300 多万元。2006 年始，国家全面实施农村饮用水安全工程建设，投入建设资金 828.07 万元，其中国家投入 333 万元，完成 2.09 万人安全饮用水工程建设任务。2008 年，全区推进水利工程建设，投资 265 万元对黄洋水库除险加固，投入 120 万元完成黄洋水库渠系标准化建设，争取资金实施八仙台除险加固工程。投资 356.21 万元用于 5 处农村安全饮水工程建设。2009 年，争取安全饮水、节水灌溉、水库除险加固、防汛除险、水利血防等水利项目 10 多个，资金达 800 多万元。先后完成东洞庭湖岳阳楼片区水利血防、黄洋小型病险水库的整治设计及除险加固等工程，建中（小 2 型）水库除险加固，梅溪乡节水灌溉增效示范项目及总投资 400 万元的农村饮水安全工程。2010 年，共兴建各类水利工程 400 处，通过修复水毁工程、整治水库、新建集中供水工程等，新增农村供水受益人口 1.96 万人。渠道防渗 32 千米，渠道清淤 42 千米，山塘标准化改造 110 口，新修水池 4 口，新增及改善灌溉面积 373.33 公顷，新增旱涝保收面积 546.67 公顷。2011 年，投入 1800 多万元，完成水利工程项目 120 个，获全市水利"芙蓉杯"先进集体称号。2012 年，完成洞庭湖流域综合规划、内湖撇洪渠综合规划及枫桥湖防洪排涝、西瓜山排涝渠、莲花塘电排等 3 处设施的更新改造。

二、渠道治理

1949 年，清理遭洪水淤塞的渠道 34 条、29.92 公里。1958 年，清淤 44 条、38.28 公里。1979 年，清淤 19 条、16.72 公里。1989 年，完成各类渠道清淤整修加固工程 145 条、128.61 公里，衬砌干渠 7.5 公里。其中，梅溪乡红光村开凿一条 1200 米长的渠道，衬砌渠道 2 条、860 米，渠道清淤、维修近万米；1990 年，完成各类渠道清淤整修加固工程 93 条、108 公里，衬砌干渠 4.4 公里；1994 年，完成各类渠道清淤整修加固工程 600 余米，衬砌渠道 1000 米。2006 年，改造灌渠 1 万米，形成高效渠灌工程 65 处。2008—2009 年，完成公平水库维幕灌浆、建中水库上坝公路整修、涵管衬砌及新建高标准水渠 2 万米。对下王组地段、金东门地段下水道排渍系统进行升级改造，解决附近 1300 多人的出行问题。2011—2012 年，完成李家湖、西瓜山、莲花塘等渠道的改造，并结合水利血防工程，清淤硬化渠道 1600 多米。

三、蓄水工程

境内最早见于史料的蓄水工程是巴陵县白鹤池，系唐代修建，位于巴陵县东南 2 里（今吕仙亭山）。明清时期，个人投资兴修堤坝 20 多处。民国时期，因战乱，蓄水工程得不到保修。中华人民共和国成立后，政府重视蓄水工程建设。至 1978 年，共兴修塘坝工程 700 多处。

1989 年，境内全面整修蓄水工程，蓄水量增加。新建山塘 19 处，整修塘坝 870 处，完成抽水机埠维修防护保养工程 80 处，全年水利工程总蓄水量达到 1121.8 万立方米，占应蓄水量的 84%，比 1988 年增加 13.4%，其中梅溪水库超出历年 70 万—80 万立方米之间蓄水量，达到 134 万立方米。1990—1994 年，新增山塘 396 处，维修机埠 83 处；改建标准化山塘 120 个，蓄水能力达到 1459 万立方米，装机总容量达到 3552 千瓦，有效灌溉面积 1466.67 公顷。2006 年，新修山塘 2 处，打井 8 眼。

2008年，改扩建中、小型建筑物6座，其中新改造机埠2座，新购进电机2台、44千瓦。2011—2012年，完成建中、白鹤垅水库加固工程。

四、提水工程

民国时期，境内排灌设施不配套，提水主要靠人力或肩挑手提。中华人民共和国成立后，境内各级加大对提水工程的投入。1955年始，购配柴油机提水。1958—1968年，兴修沟渠搞田园化建设。至1978年，旱涝保收面积达30公顷。1989年，实施排灌设施的修复、配套，使提水能力增加，新增灌溉面积33.33公顷，新增旱涝保收面积46.67公顷，改善灌溉面积333.33公顷。1990年，蓄提水量增加54.2万立方米，新增灌溉面积12公顷，旱涝保收面积40公顷，改善灌溉面积86.67公顷，新增除涝面积446.67公顷，改造低产田300公顷，新增电排灌装机19处、468千瓦。2006年，新增灌溉面积33.33公顷。

第六章　农机农具

第一节　农　具

一、传统农具

从古至今，境内农民使用的农业工具，大部分为常用的传统农具，主要有：

犁　用于翻耕水田、旱土的农具。品种有板田犁、抄田犁、坡地犁。

耙　是农户用于碎土、整地的工具。有竖齿耙、代（耕）耙、浪耙、站耙、踏耙、钉耙。

滚　又称蒲滚，是轧草、烂泥的工具，滚齿有木质、铁质2种。

锄　是沿用至今、使用最多、最广泛的挖土整地、栽培、造林、兴修水利等农事生产活动的工具。

泥划子　是用于平整水田拖泥、运送农家肥的工具。用木板装配，状似船形。

龙骨水车　古称翻车，为木制，用于车水灌田。老式的灌溉提水工具有戽斗、手摇车、脚踏水车、畜力车等4种。

扮桶　人力水稻脱粒工具，与其配套使用的有扮摺、打板（扮刷）、扮桶为四方形，用杉木板制造。

手推车　又称鸡公车、土车子，由车架、把手、扁担和大小车轮各1个组成，由1人操作，是旧时农村最常见的运输工具。

人力胶轮板车　50年代城镇搬运工人运货时使用。1958年后，被推广到农村水利建设工地，载重量为400公斤左右，是农家短途运输工具之一。

人力脚踏三轮车　70—80年代传入农村，主要构造与驾驶方法与骑自行车相似，货厢有前置和后置2种，驾驶轻便有力，载重量一般不超过300公斤。

木划子　又称小木船，为农村湖汊、沟港水上短途运输工具，已不多见。

石碓　一种古老原始的舂米工具，后改手舂为脚踏，由石臼、踏板、大木体及装在木体上带铁齿的舂头及扶手架、拨米棍组成。

砻子　分竹、木两种，是稻谷去壳的专用工具，已被打米机所取代。

石磨　是加工粮食干粉或水浆类的传统工具，至今仍有部分农户保存与使用这种工具，用于家庭粉、浆加工。

木油榨　传统榨油工具，现已被机械榨油机所取代。

麦镰刀　用于割麦及秸秆作物的必备工具。

拌镰刀　又称打草刀，专用于打湖草，装有1.6—2米长的长木柄，使用时既省力工效又高。

茅镰刀　山区用来砍毛竹和灌木野草，也可收割硬秸秆作物。

此外，用于农产品加工的工具还有筛子、风车、碾、铡刀、刨丝板、刨片板、棉花弹弓等；运输工具还有木制板车、牛车、马车、渔船、农用船、箩筐、扁担、粪桶；还有砍伐木材用的斧头、锯子等传统工具。

二、新式农具

1950年始，境内大力推广改良农具和新式农具，重点推广七寸八步犁、改良水田犁、单管喷雾器、压力喷雾器等。1956年，重点推广双轮双铧犁和人力打稻机等。1958年6月，境内开始“深耕改良土壤运动”，推广使用各种深耕犁、快速割禾器、划行器、改良风车、新式步犁、绿肥开沟犁等。

1960年始，发展与推行人、畜力机械，如畜力水田犁、手动喷雾器、人力插秧机、畜力收割机和脚踏打稻机等。

第二节　农业机械

50年代—60年代，境内推行农业机械，因条件限制，发展缓慢。1961年，农用机械总动力0.1万千瓦。1968年为0.29万千瓦。1978年为1.17万千瓦。1988年为3.48万千瓦。1995年为4.0267万千瓦。2000年后，农业机械化进程加快，各种农业机械数量增加，使用范围更广。

耕地机械：翻转犁、旋耕机、微耕机、耕整机（水田、旱田）、田园管理机。

栽植机械：水稻插秧机。

植保机械：动力喷雾器、喷杆式喷雾器、手动喷雾器。

谷场收获机械：自走轮式谷物联合收割机、自走履带式谷物联合收割机、半喂入联合收割机。

采茶机械：采茶机、茶叶杀青机、茶叶炒干机。

籽粒作物收获机械：油菜籽收获机。

农产品初加工机械：碾米机、米机组合、压面机、榨油机。

饲料（草）加工机械：饲料粉碎机。

水产养殖机械：增氧机。

动力机械：轮式拖拉机、手扶拖拉机、小型盘式拖拉机、大中型拖机。

农田基本建设机械：农用挖掘机、挖坑机。

排灌机械：潜水泵。

第七章 林 业

古代，境内“民以渔猎伐为业”，森林保护历来受到重视，虽经历战争等人类活动的破坏，但因人口少，仍能处于一种原始的平衡状态。抗日战争时期，经历4次湘北会战，大量砍伐大松树、杂木构筑工事，沦陷期间，又遭日军的乱砍滥伐和焚烧，破坏殆尽。1951年始，对城区周边一带实施封山育林，1952年划分区域封山。1956年始，开展植树造林，森林得以恢复。1978年，境内有林地2266.67公顷，其中用材林1593.33公顷。1981年始，稳定山权、林权，实行山林承包责任制。开展大规模植树造林，但因管理没有跟上，成活率低，出现“年年造林，不见林”的局面。1984年，南区、郊区开展森林资源调查，把林业培养重点转向基地建设。1996年，岳阳楼区把林业工作重点转向林权制度的改革和野生动物保护。2012年，结合开展第二次湿地普查和创建全国绿色模范城市活动抓兴林工作，林业用地面积达3229.8公顷。

第一节 林木资源

1978年，境内有林木蓄积量1.94万立方米，竹材0.4万根。1985年，有林木蓄积量3.82万立方米，竹材124.27万根。随着城市的发展，植被人为干预影响大，但大部分区域保存完好，全区森林植被类型按植物学分类标准，分为马尾松次生天然林、杉木人工林、天然阔叶次生林、灌木草丛4种植物群落（农田植被未包括在内）。乔木主要是松科的马尾松、湿地松，杉科的杉木，樟科的樟树，壳斗科的白栎、麻栎、苦槠、茅栗，另外还有桃树、李树、柑橘、桑树等。灌木主要有金缕梅科的继木，杜鹃科的映山红，蔷薇科的山莓、山楂，冬青科的冬青（草本植物与藤本植物略）。岳阳楼区山林离中心城区近，由于生产集约化程度较高，原始生态类型基本上被人工营造形成的群落所取代，森林植被组成的群种是杉木、国外松、樟树。同时，街道林带也是营造的主要表现形式。此外还有一些稀有珍贵树种及具有科学文化和历史价值的古树名木。2012年，全区活立木蓄积量94935立方米，毛竹142400株。活立木年生长量6000立方米，林木平均生长率5.9%；林木蓄积91049立方米，占活立木总蓄积的95.9%；散生木蓄积86立方米，占活立木总蓄积的0.09%；四旁树蓄积3800立方米，占活立木总蓄积的4.0%。

第二节 植树造林

中华人民共和国成立后，境内各级重视植树造林。1978年，绿化覆盖面积2133.33公顷。1985年达3000公顷。1990—1993年，境内共完成造林绿化面积4713.8公顷，其中人工造林2440.6公顷，封山育林2273.2公顷，占“五八”造林绿化规划的119.80%，森林覆盖率由57%提高到59.6%。1994年

3月25—29日，经省消灭荒山核查验收组实地核查验收，确认境内郊区提前2年实现消灭宜林荒山的目标。2005年，完成植树造林143.33公顷、27.7万株。2006—2007年，完成植树造林433.33公顷。2008年，完成333.33公顷，植树26.3万株。2009年，完成666.67公顷。2010年，完成300公顷。

一、人工造林

境内农民素有栽杉造林、松树飞籽成林的习惯。70年代，大办集体林场，建成一批杉木丰产用材林基地，如郭镇乡郭镇林场、麻布村林场、马安村林场、枣树村林场，梅溪乡胥家桥村林场、花果畈村林场、延寿村林场等。1981年，实行林业“三定”（即稳定山林权、划定自留山、确定林业生产责任制），通过落实山林权，大大提高了群众造林的积极性，人工造林达到1533.33公顷。1990年始，全面实施“五年消灭荒山，八年绿化全境”造林绿化规划。1998年后，中德合作造林工程、林业血防造林、长江防护林工程的实施，为全区人工造林注入新的生机和活力，全区共完成人工造林1526.61公顷。

“五八”造林绿化规划　1989年6月，郊区制定《郊区“五八”造林绿化规划》，区人大一届二次会议通过《关于保护森林、绿化郊区的决定》，明确提出“三年消灭荒山，五年绿化郊区”的奋斗目标。1990年2月，区政府同各乡镇政府签订“五八”造林绿化责任书。

“七五”速丰林基地建设　1985年始，采取乡、村、组联营，执行联产承包造林、专业大户承包造林及股份合作造林等形式，大力发展以杉木为主的速生丰产林基地。1993年5月5—25日，区农林局组织开展“七五”丰产林成效评估，小班合格率74.5%，面积合格率77.1%。至1999年，共营造杉木丰产林231个小班1055.3公顷，总投资93.4万元。

一般造林　境内在重点抓好基地造林、规模经营的同时，鼓励农民开展零星荒山承包造林，发展庭园经济。验收起始面积为1/15公顷，2/3公顷以上造林为成片造林，1/15公顷至2/3公顷之间为零星造林，秋季检查时成活率达85%以上者列入当年造林实绩。一般造林实行谁栽谁有，以农民自投为主，国家适当补助苗款。1988—1993年，全区一般造林完成面积1363公顷。

林业血防工程项目造林　2005年，省林业厅下达岳阳楼区林业血防工程抑螺防病林建设任务为466.67公顷。岳阳楼区计划2006年实施完成133.33公顷，2007年为333.33公顷，2008年为133.33公顷。2011年，全区完成林业血防造林项目造林200公顷，优质苗木达95%，良种苗木达100%。2012年，全区完成林业血防造林项目造林133.33公顷。长江防护林项目连续两年通过省林业厅组织的检查验收，面积核实率、合格率均为100%。

二、部门绿化、义务植树

1984—1995年，南区、郊区组织机关干部完成每人5—10株的任务。1997年3月，区政府组织区直机关、事业单位700多人次，在郭镇乡郭镇林场义务植树4500株。1998年3月，组织区直机关干部200余人到梅溪乡胥家桥村造林绿化示范点义务抗旱保苗。2007年春，区直机关干部到郭镇乡麻布村山场植树，共栽植国外松、桤木16300株。2008年3月，区直机关干部200人在郭镇乡马安村植树，栽植国外松、木荷2000余株。1996—2008年，全区累计完成义务植树131万株，四旁植树95.5万株。至2008年，城区绿化面积80.87公顷。义务植树达463.14万株。2012年植树节期间，区委、区政府领导、机关干部和市民义务植树55万多株。

三、封山育林

境内历史上松杂林木多借助母树天然下种或萌芽更新，山区群众通过自封自育、联封联防，可培育成林。1985年，由郊区农林局设计，境内有重点封山育林18个小班，面积235.67公顷，一般封山育林5个小班，面积35公顷。至1990年底经验收全面达标。1991—1995年，全区共完成封山育林92个小班，封育面积1087.8公顷。1996—2008年，实施封山育林38个小班，封育面积744.5公顷。2009—2012年，全区封山育林面积1333.33公顷。

第三节 林业管理

一、森林防火

1992年，郊区成立森林防火指挥部，区农林局、郊区公安分局、区人武部、区交通局、区卫生局、区文化教育局、区物资局等部门为成员单位，下设办公室负责处理日常工作。乡、村、组均建立相应的护林防火机构。1996年，成立岳阳楼区森林防火指挥部，建立乡村护林组织13个，配护林员53人，形成区、乡、村三级护林体系。1997年，印制《森林防火职责》《山林安全用火须知》《护林防火奖惩办法》。对白鹤公墓、长山陵园、龙山、金鹗公园、液化气站等重点部位组织专门力量严防死守。2000年，投入2万元制作永久性宣传牌8块，宣传森林防火。2001年始，每年列支6万元预算用于防火设施建设。至2012年，修建防火公路3条，防火隔离带8条，购风力灭火机8台、割灌机3台、进口灭火水泵1台、二号工具587把，设置专用防火警报电话15台，配置森林防火互联网络系统。

二、病虫害防治

境内林木虫害有马尾松毛虫、思茅松毛虫、双条杉天牛、土栖白蚁、竹长尾小蜂、竹毒蛾、黄刺蛾、松褐天牛、栎天牛、金龟子等10种。病害有板栗疫病、杉木瘁倒病、杉木黄化病、板栗紫根病、叶枯病、煤污病、丝枝病、松针褐斑病等8种。1988年，郊区成立森林病虫害防治检疫机构，配专职检疫员2人，年均检林木6000立方米、苗木4万株，种子100公斤，年受理各类违章调运检疫事件30起，年销毁违章调运入境木制品100公斤，组织年度松材线虫病专项普查2次，普查松林面积533.3公顷。2002年，实施《岳阳市松材线病预防体系建设初步设计》，在全区初步建立起松材线虫病预防体系，建监测站1处、监测点3个、松褐天牛诱捕点10个、固定监测样地12个。2011—2012年，对全区森林病害进行预防监测，特别是马尾松、樟树等树种进行测报，测报面积166.67公顷，准确率100%，全区森林没有发生病虫灾害。

三、野生动物保护

中华人民共和国成立前，境内野生动物处于自生自灭状况，人为干扰少。1958年，食用野生动物的人群越来越多，人为破坏较严重。1978年，郊区乡、村禁捕青蛙。1996年，岳阳楼区印发《禁捕野生动物公告》。2001年始，禁捕野生动物，深入各农贸市场查处经营野生动物摊点。2005年，在全区开展各种形式宣传学习野生动物保护活动，打击非法运输、经营野生动物行动21次，收缴蛇类500公斤、青蛙500公斤、野鸭1906羽、鸟类450羽，共查办案件35起，其中刑事案件1起，拘留2人，判刑1人。2007年，共查处违法经营加工野生动物餐馆30余家，纠正违法宣传横幅300多条。2008年，在全区开展《中华人民共和国野生动物保护法》宣传学习活动。全年查处野生动物招牌与非法宣传横幅200余条，查处餐馆150余家。2009年，查处各种违法、违规经营野生动物活动，共进行各类执法检查12次，截获查处非法运输、销售青蛙5起，清理整顿主要农贸市场3个。2010年，共清理检查集贸市场4个，野生动物经营场所15处、酒楼餐馆30余家，查处非法经营野生动物案件9起，办结9起，结案率100%，行政处罚9人次。2011年，区农林畜牧水产局集中清查辖区内的集贸市场、酒家、餐馆等场所，查处非法经营野生动物案件16起，收缴放生野生活体蛇类250公斤、鸟类635羽、蛙类1150公斤；立案16起，办结16起，结案率100%，行政处罚16人次，为集体和个人挽回经济损失20余万元。2012年，参与国家林业局、省政府主办的"让鸟儿自由飞翔"第七届中国洞庭湖（岳阳）国际观鸟节活动，观测到鸟类177种。

四、林政管理

采伐管理　中华人民共和国成立前，多为分户采伐和合伙采伐，采伐数量由林主自行决定。1951年，实行计划采伐，凭采伐证交售木材。1953年8月至1954年8月木材自由采伐一年。1958年，由国营森工部门独家经营。1962年始，清理大跃进时期已砍未运的固山腐朽材。1964年始，专业采伐队相继撤销，恢复社队计划采伐、计划收购。1996年始，木材采伐制度日益完善，凡采伐胸径5厘米以上的林木均纳入森林采伐限额管理。采伐林木须申请林木采伐许可证，按许可证的规定进行采伐，农林居民采伐自留地和房前屋后个人所有的零星林木除外。商品材、农民自用材一户一证，造林清山材和抚育间伐材一班一证，烧材和毛竹一组或一村一证。采伐证由区农林畜牧水产局林业资源股具体办理，采伐工具主要是斧、锯。"十一五"规划期间，年森林采伐量3350立方米，折合木材1800立方米。

经营加工管理　1951年前，木材买卖自由。1951年始，实行木材计划采伐制度，发放木材采伐许可证，林农凭证采伐，凭证销售，木材经营者凭证收购。被批准收购木材的单位仅为国营木材公司，只有少量乡村林场和营林生产性采伐的木材经批准后允许自主经营。1953年，木材可以自由买卖交易。是年，设立木材交易所，凡外运的一切木材，由交易所查验勘发湖南省森林木材运输证。1984年，由郊区农林局签发木材外运证。1985年，开放木材市场，木材加工小厂日益增多、消耗资源严重。1989年，根据林业部和国家工商局的通知，对木材加工企业进行清理整顿，并明确归口管理，实行木材加工许可证制度，木材经营加工企业须先到区农林畜牧水产局领取许可证后，方可申领营业执照加工木材。1996年，木材运输证由区农林畜牧水产局签发，并设立林业稽查队，查验凭证运输木材。2000年，《森林法实施条例》颁布，木材经营加工实行许可制度，由区农林畜牧水产局批准，发给木材经营许可证后，方可领取营业执照。2003年7月始，在办理木竹运输证时，实行电子办证，严格控制在限额计划指标以内，执行凭采伐证签发证制度。对中转材运输证的办理，同样坚持凭运输证及有效证件换发签证制度。2007年，全区共发放经营、加工许可证122份，其中经营证82份，加工证40份。2011年，通过年审合格的竹木经营户178户，新办林竹经营加工许可证85份。至2012年，办理境内木材运输证12123立方米，出县木材运输证11054立方米。无一起违规核发运输证或因运输证办证差错造成运输受阻及事故现象。

基金管理　1964年9月，开始征收育林基金，甲种由收购单位按收购量缴纳，木材每立方米5元，毛竹每百根5元；乙种由林农缴纳，毛竹每平方米2元，毛竹每百根2元，篱竹每百根1.2元。1972年1月，开始提取林区更新改造资金，每立方米木林提取5元。1973年1月，征收育林基金的品种增加原竹、木炭、木柴、木竹制品或半成品。毛竹每50公斤缴纳0.2元，其余按收购价缴纳5%。1985年，开放木材市场，育林基金征收标准，国有林每立方米规格材和百根毛竹提高至15元，集体林提高至12元；林区更新改造资金，每立方米和百根毛竹提高至10元，皆由销售者缴纳。1986年，育林基金和更改金分别按林农第一次出售价的15%、10%计征，1988年4月，分别调至按第一次销售价的12%、8%计征，1994年，分别调至10%、5%，将更改资金改为维简费。1989年，开征出省木材森林资源补偿费，按第一次销售价杉木5%，松杂木、竹材4%，木竹成品、半成品3%计征。1994年，开征林业保护建设费每立方米5元。2004年，开始发放森林生态效益补偿基金。2005年，下拨森林生态效益补偿基金93658.5元。2011年，下拨补偿基金100700元，其中补助给农户74200元；用于护林员的管护费16960元，用于资源监测、森林防火、管护工作检查等其他费用9540元。

第六篇　财政·税务·金融

第一章　财　政

第一节　机　构

清代，未划分中央、地方财政，地方政府收支统归国库调拨。民国35年（1946），城厢镇镇公所设有经济干事，管理钱粮事宜。1949年8月，城厢区区公所设钱粮助理1人。1956年，城厢镇设立财政股。1958年，岳州公社设财政部，管理全社财政工商税务。1960年，岳阳市设财政局，内设预算、税收、房地产、企业财政、办公室等股室。1962年，镇设财政股。1968年，城关镇成立革委会，取消财政股，财政工作由生产指挥组负责。1973年，镇革委会撤销生产指挥组，成立工交财贸股，兼管财政工作。1976年，市设财政税务局。

1984年3月、4月，南区、郊区分别设南区政府财政科、郊区政府财政科。1985年4月，南区机关财务室从财政科分出，同时，成立国库券推销办公室。定编6名，其中财政科4名、国库券推销办公室1名、缺编1名。是年12月，成立南区控制社会集团购买力领导小组办公室。1988年6月，成立郊区财政局，实行独立核算。在编10人，负责预算、行财、综合计划、农财、企财、控购、人事、秘书、监察、会计事务管理及学会协会等工作。局机关内经编委同意设的8个股划分为4组：农财组3人，负责农业财务、农村税收、控购、农口事业、支农周转金；预算组2人，负责预算、行财、综合规划、国库券推销；企财组2人，负责企业财务、会计事务管理；办公室组2人，负责文书档案、学会协会及日常工作。是年7月，郊区财政局内设预算股、行政事业财务股、综合计划股、农业财务股、企业财务股、人秘监察股、会计事务管理股；是年11月，增设农业税征收管理股。是年9月，南区政府财政科更名为南区财政局，内设办公室、国库券推销办公室、控制社会集团购买力办公室。1989年2月，成立郊区控购办公室，归口财政局。4月，设立湖南省会计师事务所岳阳分所郊区办事处，属事业性质，实行独立核算，归口郊区财政局管理。是年，南区财政局增设企财股、农税股、行财股、财政监察股、会计管理股。1990年9月，设立郊区政府税收、财务、物价大检查办公室，为常设机构，挂靠郊区财政局。1991年4月，设立南区公费医疗管理办公室、国有资产管理办公室，各定事业编制2人。是年，郊区财政局内设业务机构9个，挂靠机构8个，在编人员14人。

1996年4月，南区财政局、郊区财政局合并成立岳阳楼区财政局。1998年，岳阳楼区财政局有干部职工117人。1999年，成立岳阳楼区财政监督局、岳阳楼区政府采购中心。2000年初，成立工资统发中心；财政性资金管理中心，进行调度财政预算资金，规范专项资金管理。2002年6月，区财政局内设办公室、综合规划股、税政法规财政监督股、预算股（加挂岳阳楼区控制社会集团购买力办公室牌子）、国库股、行政事业财务股、经济建设股、企业财务管理股（加挂岳阳楼区清产核资办公室牌子）、农业财务管理股（加挂岳阳楼区财源建设领导小组办公室牌子）、社会保障股、会计管理股、农业税征收管理股（加挂岳阳楼区农业税征收管理局牌子）、政工人事股。机关行政编制20名，下辖区财政资金管理中心、区政府采购中心、区财政工资统发中心、区会计核算中心。是年8月，撤销农税股，成立岳阳楼区农税局，为副科级事业单位，编制6名。2003年9月，区会计核算中心升格为副科级事业单位。2005年7月，企财财务管理股加挂岳阳楼区国有资产监督管理办公室牌子，增设财政统发办公室，增设政府采购管理股，对外加挂岳阳楼区政府采购管理办公室牌子。2007年4月，区会计核算中心更名为区财政国库集中支付局，为副科级行政支持类事业单位，核定全额拨款事业编制15名，负责全区财政国库支付的执行等工作。2009年7月，按照“两块牌子、一套人马”的管理模式，成立区城市建设投资有限公司、区城市建设投资管理中心。代表区政府全权负责城建项目的实施，履行项目业主职能。是年9月，区城市建设投资公司设置综合规划股、信息股。是年，岳阳楼区财政局内设办公室、人事股、预算股、综合规划股、信息股、财监股、国库股、社保股、行财股、企财股、农财股、经建股、会管股，下辖区政府采购中心、区国库集中支付局、区非税收入管理局、区乡镇财政管理局、区城市建设投资管理中心和16个财政所。在职在岗干部职工130人，其中，机关68人，财政所62人。

第二节　财政体制

1949—1959年，城厢区、城厢镇、岳州公社财政经费由国家拨给，执行“收入上缴，支出下拨”，收支两条线的财政体制。1949年8月，清查国民政府时期城厢镇资财，仅余积谷19.095石。1950年，国家实行财政统收统支，城厢区财政经费依靠省、地、县层层下拨，少部分靠各项预算外收入弥补。1960年，岳阳市定为市级财政，属县财政组成部分，受市政府、县财政局双重领导与监督。实行“收支下放，比例坐支，节余留用，超收分成，一年一变”的办法，超收部分，县、市各得10%，具体分成比例由县、市财政核算。凡未纳入国家预算管理的企事业单位财政预算由市自筹，市原则上只管集体收入部分，主要收入有：肥料收入、城市房地产租金收入、码头管理费收入、社办企业收入、城市公用事业收入、市商业利润提成收入、市自筹各项收入。1962年，镇财政收入仍由县级财政拨给，但仍实行收入“超额分成，一年一变”的原则。1964年，改为按全部收入的比例进行总额分成。1965年，改为“总额分成加固定”，将部分税收与其他收入按比例分成，作为地方固定收入，指标一年一定，超收部分归县。1967年，取消“固定”，实行“总额分成”。1969年，改为“收支挂钩，总额分成”，以核定的支出指标计算，按收支挂钩比例，由地方留成和上解。1971年，实行“收支包干，超收分成，支出超支，自求平衡”的财政体制。1974年，改为“收入按比例分成，超支另定分成比例，支出指标包干”。1976年，实行“定收定支，收支挂钩，总额分成，一年一变”的财政体制。1978年，岳阳市实行“定收定支，一年一定，收支挂钩，增收分成，下年使用”的办法。1980年，实行“划分收支，分级包干，分灶吃饭，一定五年”的财政体制。1984年，南区财政预算实行报帐制，由市财政拨给。1985—1987年，实行财政包干制，“收入上交，支出切块，超收分成，一定一年”的财政体制。1988年，南区列为一级财政，开始实行“定收定支，收支挂钩，超收分成，一定三年”的管理体制。按南区企事业隶属关系，核定收支基数，以1987年决算收入数加增长比例确定1988年收入基数，以1988年初市下达的支出预算加照顾数为支出基数。根据收支基数确定区级收支挂钩的留成比例和超收分成比例，

3年内按收入基数计算超收分成。是年6月，郊区建立一级完整财政，实行独立核算。市政府确立“定收定支，收支挂钩，超收分成，一定三年”的包干型财政体制。确定预算内收入基数为364.14万元，支出基数为237.7万元。1988年始，南、郊两区超收部分实行市与区2∶8分成。1989年，郊区财政局对5乡1场确定“定收定支，收支挂钩，超收分成，一定三年”的乡财政管理体制。1993年，郊区财政局对乡场实行“定收定支，收支挂钩，比例递增，超收分成，短收分担，一定三年”的管理体制。1994年，国家实行分税制财政体制改革，在1993年实际完成财政收入的基础上，从1994—1999年超收部分实行市与区4∶6分成。1997年，按照“一级政府一级财政”的理财原则，理顺区、乡两级财政关系，实行“分灶吃饭、分级理财”。1998年，岳阳市对岳阳楼区财政收入范围进行基本界定，确定1999年始，3年内岳阳楼区财政总收入分别达到1.5亿元、1.7亿元和2亿元时，其地方固定收入分别按上年台阶基数调整市区分成比例为3∶7、2∶8、1∶9进行分成。

第三节　财政收入

一、预算内收入

1950—1959年，城厢区（镇）、岳州公社各项税收及其他收入全部上缴，所需财政预算由上级核定拨发。1960年，岳阳市财政收入978万元，比1959年增长15.61%，其中：税收615万元，企业收入363万元。1962年，镇预算经费仍由县级财政拨发。1971年，县财政拨发预算内经费690.05万元。1977年，全市财政总收入任务2030.52万元，实际完成2409万元。1978年，全市财政总收入2887万元。1979年，财政收入3049万元。1980—1982年，财政预算体制规定，国营企业的纯收入以税收、利润形式上缴国家财政。1980年，收入3485万元。1981年，收入3720万元。1982年，收入5883.6万元。财政收入分企业收入、各项税收、企业上缴基本折旧基金、债务收入、筹集能源交通重点建设基金收入与其他收入等6大类。1983年，财政预算体制实行“利改税”办法，企业实现的利润依章交纳所得税，税后利润按规定比例留成和上缴调节税。实行利改税后，税收成为财政收入的主要来源。1984年，郊区实现财政收入378万元。是年，南区财政收入全部上缴，所需预算由市财政拨发，市财政核定拨发区财政经费37.18万元。1985年，省、市财政拨发预算经费350.2万元。1986年，国家对预算收入项目调整为工商税收、国有企业所得税、国有企业调节税、国有企业上缴利润、国有企业计划亏损补贴、农牧业税和耕地占用税、国家能源交通重点建设基金收入、国家预算调节基金、股份制企业所得税、专款收入、其他收入等14类。是年，下拨南区经费330.1万元。1987年，市财政拨发462.6万元，省专项款追加58.3万元，市财政追加112.1万元。1988年，市将部分财权下放，扶持区级财政，重新划分区级财政收入范围，按“定收定支，收支挂钩，超收分成，一定三年”的方式，预算内收入45%上缴，55%作为区级财政支出安排，税收超收部分20%上缴，80%留区财政使用。区内的省、市属企业税收收入由市收缴，区级税收范围内，既无预算内国营企业，亦无大、中型集体企业，仅有一些区街集体企业，收入甚少，上交折旧基金从未上缴，能源交通建设基金、教育附加费和工商各税中的部分税收仍由市直接征收，债券收入全部上缴。区财政收入主要以集贸税为主，辅以其他收入，财源渠道少，收入少。1989年，南区财政收入2276.6万元，1995年达到7184万元，比1989年增长2.16倍。

1990年，郊区财政总收入完成1056.6万元，占年度预算897.5万元的117.73%，比上年增长

24.64%。1991年，郊区共完成财政收入1283.6万元，占年度预算1022.5万元的125.54%，比上年度增长26.77%，按可比口径增长16.8%。1992年，郊区共完成财政收入1769.35万元，占年度预算1308.5万元的135.22%，比上年增长35.7%。1993年，郊区财政局完成财政总收入3041万元，占年度预算1772万元的171.6%，比上年增加1272万元，增长71.9%。1994年，郊区完成财政收入3434万元，占年度预算3417万元的100.5%；比上年增长12.92%。1995年，完成财政收入5209万元，比上年增长51.69%，比1990年增长3.93倍。

1996年，岳阳楼区财政总收入完成11728万元，为预算的101.19%，比上年增长4.2%。1997年，岳阳楼区财政总收入完成12273万元，为预算的100%，比上年增长4.6%。1998年，全区累计完成财政收入12827万元，为年初预算的100.2%，比上年增长4.5%。1999年，全区完成财政收入14079万元，比上年增长9.7%。2000年，全区完成财政收入15930万元，为年初预算的106.5%，比上年增长13.1%。2001年，全区共完成财政收入17834万元，比上年增长11.9%。2002年，全区完成财政收入20513万元，占预算调整计划20267万元的101.2%，比上年增长15%。

2006年，完成财政收入3.1972亿元，占年初预算的101.8%，比上年增长11.1%。2007年，完成财政收入4.0037亿元，占年初预算112.8%，比上年增长25.2%。2008年，完成财政收入5.7528亿元，占年初预算127.8%，比上年增长29%。2009年，完成财政收入6.2859亿元，比上年增长15%。2010年，完成财政收入7.6119亿元，比上年增长15.5%。2011年，完成财政收入9.3415亿元，占年初预算的106.7%，比上年增长30.4%。2012年，完成财政收入15.83亿元，占年初预算的101.3%，比上年增长20.4%，比1996年增长12.5倍。

1984—1995年南区部分年份财政收入

表6-1 单位：万元

年　度	合　计	工商税收类	企业收入类	农业税收类	专款收入类	省市拨入	其他收入类	上年结余
1984	37.18	—	—	—	—	37.18	—	—
1985	350.2	—	—	—	—	350.2	—	—
1986	335.14	—	—	—	—	330.1	—	5.04
1987	462.6	—	—	—	—	442	—	20.6
1988	1434	743.8	—	—	—	670.1	17.9	0.2
1989	2276.6	1177.4	—	2.1	—	999	97	1.1
1990	1509.6	1452.1	—	13	—	—	44.5	—
1991	1800	1702.7	—	19.3	—	—	78	—
1992	2366	2100	—	166	—	—	100	—
1994	3532	3338	87	3	—	—	104	—
1995	7184	—	—	—	—	—	—	—

1986—1995 年郊区财政收入

表 6-2　　单位：万元

年　度	合　计	工商税收类	企业收入类	农业税收类	专款收入类	省市拨入	其他收入类	增值税
1986	689.1	—	—	—	—	—	—	—
1987	874.001	827	—	44.6216	—	—	2.4667	—
1988	828.3	446.7	—	371.1	—	—	10.5	—
1989	847.7	579.4	—	203.4	—	—	64.9	—
1990	1056.6	688.4	—	323.6	—	—	55.5	—
1991	1283.6	857.3	—	408.27	—	—	34.6	—
1992	1769.35	1210	—	346.2	—	—	203.5	—
1993	3041	2495	12	414	10	—	110	—
1994	3434	1300.7	—	394.9	—	—	103.4	1616.5
1995	5209	—	21	393	—	—	124	—

1996—2012 年岳阳楼区财政收入

表 6-3　　单位：万元、%

年　度	财政总收入	比上年增长	财政总收入	比上年增长	上划中央“两税”收入	比上年增长
1996	11728	4.2	8616	5.3	3112	1.6
1997	12273	4.6	9111	5.7	3163	0.3
1998	12827	4.5	9662	6.0	3164	11.7
1999	14079	9.7	10543	9.1	3534	7.2
2000	15930	13.1	12141	15.1	3789	11.6
2001	17834	11.9	13522	11.4	4230	11.6
2002	20513	15	13604	0.6	6909	63.3
2003	21260	3.6	15824	16.3	5436	–22.3
2004	23569	10.9	17488	10.5	6081	11.9

年　度	财政总收入	比上年增长	财政总收入	比上年增长	上划中央“两税”收入	比上年增长
2005	26120	10.8	19355	10.7	6765	11.2
2006	31972	11.1	21585	11.5	10387	53.5
2007	40037	25.2	28253	30.9	11784	13.4
2008	57528	29	38213	27	12517	6.2
2009	62859	15	41835	9.5	12492	–0.2
2010	76119	15.5	39933	8	27830	33.1
2011	93415	30.4	49734	32.6	34112	22.6
2012	158300	20.4	73200	244.7	42105	23.4

二、预算外收入

1950—1959年，城厢区（镇）预算外资金收入主要靠公产管理，上级补助及其他收入。1960年，岳阳市财政自筹收入107万元。1971年，城关镇财政其他收入1.74万元。1977年，岳阳市预算外收入32.46万元，其中罚没和追回赃款赃物44307元，上级补助收入23万元，地方财政超收分成收入50318元。1978年，市财政其他收入款6万元。

1984年，南区财政预算外收入主要有：各种规费收入、国家资源管理收入、公产收入、基本建设其他收入、罚没和追回赃款赃物收入、税收超收分成。1985年，南区财政分得税收超收分成收入16万元。1986年，南区分得超收分成收入24万元。1987年，南区分得超收分成收入56万元。1987年，郊区预算外收入274985元，支出245565元，结存29420元。1988—1989年，南区在整顿市场经济、整顿市容卫生、稳定社会秩序、稳定物价等工作中，有关执法部门依法对某些单位和个人给予适当的经济处罚，罚没款上交区财政。1988年，共上缴罚没款175.9万元。是年，郊区预算外收入63万元，支出35万元，预算外结余28万元，减除提出周转金基金25万元，净结余3万元。1989年，南区上缴罚没款97万元；郊区预算外收入完成54.9万元，占任务的87.14%。1990—1995年，南区、郊区预算外收入在150万—200万元之间。1996年，南区、郊区财政预算外收入下降320%。

1997年，岳阳楼区按全额预算、差额预算、自收自支3种不同的预算管理形式确定3种不同的预算外资金管理体制，统一收支账户，确定超收分成比例为3 ：7，即区政府统筹30%，单位留存70%。2000年，按照“调整结构、保证重点、压缩一般、严格管理”的支出原则，对区直47家预算单位的预算内、外经费实行“双向核定、总额包干、超支不补、结余留用”的办法，从预算外抵顶预算内经费400多万元。

2000—2012 年预算外收支情况

表 6-4　单位：万元

年　度	项　目	金额	项　目	金额
2000	一般预算收入	12141	一般预算支出	11946
	预算外收入	—	预算外支出	—
2001	一般预算收入	—	一般预算支出	—
	预算外收入	—	预算外支出	—
2002	一般预算收入	—	一般预算支出	—
	预算外收入	3682	预算外支出	—
	基金收入	327	基金支出	327
2003	一般预算收入	15824	一般预算支出	21337
	预算外收入	3272.8	预算外支出	3166.8
	基金收入	—	基金支出	—
2004	一般预算收入	17488	一般预算支出	23450
	预算外收入	4290	预算外支出	4380
	调剂上年结余后预算外收入	4427	调剂上年结余后预算外支出	4427
2005	一般预算收入	19355	一般预算支出	26748
	预算外收入	5122	预算外支出	4745
	调剂上年结余后预算外收入	5109	调剂上年结余后预算外支出	5109
2006	一般预算收入	21585	一般预算支出	32919
	预算外收入	6389	预算外支出	6156
	调剂上年结余后预算外收入	6753	调剂上年结余后预算外支出	6753
2007	一般预算收入（非税收入）	6326	一般预算支出	46927
	预算外收入	6777	预算外支出	6243
	调剂上年结余后预算外收入	—	调剂上年结余后预算外支出	—
2008	一般预算收入	38214	一般预算支出	66837
	预算外收入	5813	预算外支出	6084
	调剂上年结余后预算外收入	6964	调剂上年结余后预算外支出	6964

年　度	项　目	金额	项　目	金额
2009	一般预算收入	41835	一般预算支出	77312
	预算外收入	8617	预算外支出	8931
	调剂上年结余后预算外收入	9498	调剂上年结余后预算外支出	9498
2010	一般预算收入	39933	一般预算支出	83271
	预算外收入	3011	预算外支出	3578
	调剂上年结余后预算外收入	3578	调剂上年结余后预算外支出	3578
2011	非税收入	10671	非税支出	5254
2012	非税收入	20118	非税支出	12817

第四节　财政支出

1950—1959年，城厢区（镇）财政支出为行政事业、卫生、教育、文化等公益事业支出。1960年，岳阳市财政预算内支出197.5万元。1971年，城关镇财政预算内支出68.55万元，其中卫生事业费7320元，社会救济费42477元，干部下放劳动安置费11328元，行政管理费97114元，工资总支出56351元及其他支出费用。1977年，支出425.59万余元，占预算的97.3%。1978年，支出1027万元。1979年，支出1336万元。1980年，支出1162万元。1981—1985年，地方财政支出分为经济建设支出、社会文教科学卫生支出、行政管理费支出和其他支出四大类。预算支出项目有：基本建设拨款，增拨企业流动资金，企业挖潜改造资金，新产品试制费，地质勘探费，支援农村生产支出，城市维护费，工业、交通、商业、农林、水利、气象、文化、教育、卫生、体育、新闻、出版、民政等部门的事业费，行政经费和其他支出等22项。1981年，支出1097万元。1982年，支出297.08万元。1984—1987年，南区预算内支出基数由市财政安排，区财政按照“量入为出，统筹兼顾，全面安排，厉行节约，讲求效益”的原则，尽可能压缩行政经费开支，实行人员经费编制定额包干目标管理，加强预算支出管理。1986年，国家对预算支出项目调整为基本建设支出、企业挖潜改造资金、科技三项费用、支农支出、城市维护费、教科文卫事业费、其他事业费（包括工业交通和商业部门事业费、城镇青年就业经费、抚恤和社会福利救济费、民兵事业费、其他部门事业费等，下同）、行政管理费、公检法支出、政策性补贴支出、专项支出（包括排污费支出、教育费附加支出，下同）、其他支出等24项。1988—1989年，设区级财政后，区财政预算内支出由财政部门安排，其中南区两年的财政支出1491.9万元。

1990年，郊区财政局用于文教卫生事业的经费220.6万元，其中教育事业费151.27万元，均超过年度预算指标，在全区文教系统基建投资269.9万元中，区乡两级财政投入78.2万元；用于支援农业生产和农林水利事业的经费175.2万元，其中用于普及农业科学技术的农业广播学校拨款69万元。1991年，郊区财政局完成财政支出1005万元（以拨款数为依据），比上年增长30.23%。1992年，郊区完成财政支出 2500 万元，占年初预算 1320 万元的 189.4%，比上年增加 926 万元，增长 58.8%。1994 年，按照国家统一规定，预算支出分为一般预算支出和基金支出两大类。其中一般预算支出包括基本建设支出、企业挖潜改造资金、科技三项费用、流动资金、支援农村生产支出、文体广播事业费、教育事业费、科学事业费、抚恤和社会福利救济费、行政事业单位离退休经费、行政管理费、公检法司支出、城市维护费、政策性补贴支出、专项支出、其他支出等 29 项；基金支出包括土地有偿使用支出、排污费支出、教育费附加支出、其他支出等 6 项。

1996 年，全区财政支出 7200 万元，为年度预算的 107.8%，比上年下降 1.7%。1997 年，全区财政支出共完成 7266 万元，为年初预算的 112.7%，比上年增长 0.9%。1998 年，全区完成财政支出 7732 万元，比上年增长 6.4%。1999 年，全区完成财政支出 9216 万元，比上年增长 19.2%。2000 年，全区完成财政支出 11946 万元，为年初预算的 104.5%，比上年增长 29.6%。2001 年，全区预算财政支出 14303 万元，比上年增长 19.7%。2002 年，全区完成财政支出 17248 万元，占调整计划 13654 万元的 126.3%，比上年增长 20.6%。

2009 年，完成财政总支出 7.3497 亿元，比上年增长 15.7%。2010 年，完成财政总支出 8.3271 亿元，比上年增长 13.3%。2011 年，完成财政总支出 11.0336 亿元，占年初预算的 104.4%，比上年增长 32.5%。2012 年，完成财政总支出 12.79 亿元，占年初预算 178.88%（含上级转移支付），比上年增长 16%。

1984—1991 年南区财政支出

表 6-5　　单位：万元

年　度	合　计	经济建设类	社会文教类	行政管理类	其他支出类	公检法	抚恤和救助
1984	46.108	—	2.568	26.86	15.2	—	1.48
1985	363.4	115.5	100.1	82.9	—	64.9	—
1986	350.5	69.2	123.1	73.7	8.7	56.9	18.9
1987	441.3	29.4	165.9	109.4	25.3	90.1	21.2
1988	579	109.4	186.4	114.7	20.9	117.3	30.3
1989	912.9	151.8	269.6	178.4	115.2	167.2	30.3
1990	1140.3	242.5	298.8	160.8	222.3	183.1	32.8
1991	1180.88	—	—	—	—	—	—

1996—2012年岳阳楼区财政支出统计

表6-6 单位：万元、%

年度	合计	比上年增长	基本建设建支出	企业挖改资金	科技三项费用	支农支出	城市维护费	教科文卫事业费	其他事业费	社保救助支出	行政政法支出	其他
1996	7200	1.7	248	79	12	329	—	2118	799	152	2121	1342
1997	7266	0.9	150	70	25	339	—	2292	651	194	1879	1666
1998	7732	6.4	207	—	20	360	32	2505	834	411	1705	1658
1999	9216	19.2	300	—	17	370	50	3300	936	1039	2442	762
2000	11946	29.6	480	—	22	345	698	4549	1284	1421	3196	154
2001	14303	19.7	458	598	23	379	526	5210	1835	1677	3457	140
2002	17248	20.6	680	130	25	389	300	5459	1837	3599	3514	1315
2003	21337	23.7	1273	567	26	412	212	5550	2343	4006	4917	2031
2004	23450	9.9	266	220	38	629	215	8157	2666	5239	4882	1138
2005	26747	14.0	306	120	78	679	415	8657	3495	5728	6028	1241
2006	32364	21%	586	230	65	854	612	10230	5425	7324	5176	1862
2007	46927	14.5%	1034	423	158	956	1852	14250	8536	8793	8123	2802
2008	66837	42.4%	4329	508	603	2523	3658	21081	12024	10263	7524	4324
2009	73497	10%	4247	564	1296	2608	4324	22191	14724	11365	8324	3836
2010	83271	13.3%	5032	687	1305	2983	5008	29693	15080	14957	6983	1543
2011	110336	32.5%	6065	1083	1695	3524	5924	40476	20235	19967	8023	3344
2012	127900	16%	6935	1256	1847	4823	7036	45741	24697	21929	9308	4328

第五节　财政监管

1963年，城关镇对全镇财政收入进行8次会审，2次大检查，4次重点检查。1970年，镇革委会生产指挥组清理行政经费开支回收借支，是年9月，回收单位借款25053元，干部借支481元。1978年，市财政局对全市512户企业进行3次财务、税收大检查，采取组织盘底、辅导、企业自查、互审、月检、季查，对国营企业财务、税收进行大清理，对集体企业年终汇算清缴，核算账物，核实利润。共查增利润36.7万元，查补工商税8647.81万元。同时，举办财会训练班，培训财会人员107人。

1984—1989年，南区每年秋、冬季节，均进行财务大检查。主要检查财会业务，看账表、账册、账据是否相符；检查单位私设“小钱柜”“小公家务”是否按有关规定处理；检查会计凭证，看有无滥发奖金、实物、请客送礼，提高开支标准；检查控购商品，看有无违章购买物品及其他违反财经制度的支出。是年，共检查出违纪金额98671元，其中会议招待费22715元，违控商品19件、3860元，罚没收入27711元，职工欠款144人、10367元，财经手续制度不符9348元，各项补贴3654元，超发奖金1900元，小钱柜10260元，偷漏税收8856元。1986年，全区财务大检查，自检31个单位，重点检查9个单位，共查出各种违纪金额273543元。1987年秋，南区对全区56个行政、企事业单位进行财务大检查，共查出各种违纪金额508904元，其中属于漏缴的工商各税156347元，少计销售收入而应补交的税金2373元，乱挤乱摊成本费用128957元，应提留而未提留的专项基金40412元，截留挪用国家罚没收入1718元，其他违纪及不合理开支金额65339元，全区应入库金额346854元，入库297893元，入库率85.88%。是年4月，全区开展清理小钱柜工作，清查行政、事业、区直企业、街道企业、居委会的110个单位，总计小钱柜收入53691元。是年11—12月，对部分行政、企事业单位进行财务控购大检查，共计申报控购品2326件，金额178.8998万元，其中：区控购办申报730件，批633件，对查出的344300元违纪金额作处理。是年，举办企业、行政单位财会训练班2期，培训会计人员170人；发放《中华人民共和国会计法》等资料700多份；帮助区直各行政、企业单位建立财务股室7个；统一核算制度，使计账规划、会计凭证、账簿、报表、核算方法、收款收据制度化、规范化；清理历年会计档案6337卷。1987年，郊区财政科设兼职财政监察员，乡财政所聘任兼职财政监察员，重点检查酒厂、塑料厂、汽车修配厂3家企业。全面检查8个单位的财务和2个专业项目的资金使用效益情况，发现1起贪污案，共查出违纪金额800428元。1988年，南区对143个单位进行自查和专业检查，查出有违纪问题单位88个，各种违纪金额242.52万元，应补交金额29.9万元。发现的各种违纪问题有越权减税免税，偷漏工商税，少计漏计销售收入，乱摊乱挤成本费用，多提企业留利和其他专项基金，转移截留各项应交收入，虚报亏损和骗取国家财政补贴，偷漏能源交通重点建设基金，截留、挪用、侵占、私分罚没收入，滥发钱物、请客送礼、挥霍浪费、乱摊乱收各种费用，违反国家物价政策和外汇法规，任意扩大收入等。郊区财政局开展税收、财务、物价大检查，自查出违纪金额107.97万元。抽查和重点检查76个单位，抽查出违纪金额232.99万元，入库金额103万元。1989年，南区对837个企事业单位进行检查，重点抽查285户，共查出违纪金额378.9万元，共上缴入库金额285.2万元，入库率74.9%。郊区财政局聘请11名兼职财政监察员，共抽出48人次，历时38天，共检查37个单位，查出违纪金额17.8万元。开展税收、财务、物价大检查，查出违纪金额126.1万元，应入库77.2万元，已入库64.2万元。开展“三清三查”活动，查出被挪用拖欠的公款

500多万元。是年，南区针对偷漏税、欠税、三乱现象巧立名目滥发奖金、实物和补贴，私设小金库等违纪现象，开展“三大检查”。重新调整区“三大检查”领导小组成员，恢复“三查”办公室，配有专人负责。全区应自查户2720户，已自查2717户，自查面99.9%，查出问题的有624户，违纪金额208.7万元，应入库192万元，已入库189万元。

1990年，郊区财政局进行乡场财务检查、农业事业单位财务检查、公安系统罚没收入检查、控购情况检查、乡场国土站财务检查、“小金库”清理检查等6项专题检查和1次全区财务大检查。共检查101个单位，查出违纪金额213.2万元。区公安系统8个单位挪用罚没收入11.29万元，已全部查缴入库。查出违控单位34个，违控889起，违控金额125.64万元。其中违控小车14台，违控金额62.44万元，经请示省控购办同意，对其中6台车做封存变价处理，对4台车予以罚款4.2万元。1991年，南区聘请16名兼职监察员，将专业监督与群众监督相结合，加强行政事业单位财务收支管理的监督检查，对8个街道办事处，南区卫生局、南区民政局1990年度财务账目进行检查，共查出违纪金额4.59万元。围绕治理“三乱、一刹三清”工作，配合区物价局、廉政办对城管系统的收费和罚款进行全面清理。收缴城管办自制票证5416本，票额31.28万元，对乱收费给予全部没收。以开展三大点检查为动力，促进财经政策的贯彻落实，督促全区868个行政、企事业单位进行自查，查出各类违纪金额48.03万元。郊区财政局开展经常性和突击性的财政监察活动，先后对7个企业单位、3个行政事业单位、3个乡财政所进行检查，共查出违纪金额15.4万元，收缴入库3.5万元，其中由个人承担1.9万元。1992年，南区财政局检查12个单位，共查出各类违纪金额44.93万元。抽调10人组成3个财务检查小组，对7个企事业单位进行重点检查，共查出违纪金额10.2万元，收缴入库1.53万元。郊区财政局对36个行政事业单位进行检查，重点检查公安分局系统、建委系统、教委系统、交通局系统，共查出违纪金额214.87万元。1993年，郊区财政局对8个行政事业单位的专项经费支出进行监督检查，收缴违纪金额10.3万元。“三大检查”自查746户，自查面100%，重点检查224户，查出和收缴违纪金额200多万元。1994年，郊区财政局对区民政局等7个单位进行财政监察检查，共查出违纪金额19万元，入库5万元。1995年，南区财政局加强对《会计法》《预算法》的宣传、贯彻，共出动宣传车8台次，在岳阳电视台和有线台进行报道。对43个单位开展财务检查，查处违纪金额107万元，入库41.4万元，在“小金库”的清理检查中，重点检查30个单位，共查处违纪金额15.6万元，入库6.3万元。

1996年8月，岳阳楼区在全区开展预算外资金的全面清理，共查处违纪金额1201万元，其中，收缴财政专户872万元，收缴财政预算329万元。“三大”检查的重点放在查处服务行业偷漏国家税收，联合区税务、审计、物价等部门抽调60多人，组成14个检查组，对全区105个单位进行检查，查处偷漏税收674万元，入库587万元。1997年4月，在税收、财务、物价三大检查中，共查处63个单位，查处违纪金额620多万元。岳阳楼区三大检查工作被省政府三大检查办公室评为目标管理先进单位。1998年8月，由区财政局牵头，联合国税、地税、工商等执法部门，成立税费督导办公室。通过查漏补缺，加大稽查，共查处入库税收440多万元。1999年，成立区财政监督局，7—9月，对1997年、1998年财政专项资金及追加经费使用情况进行全面检查，共查处31个单位，收缴违规资金30多万元。2001年7月24日至9月23日，组织21人，分成6个小组，对全区所有执收单位进行全面检查，查处违规金额607万元，收缴罚没款120.4万元，清理票据1300本，清理银行账户80个，撤销不合理账户14个。2008年，加大财政支出绩效评价力度，对全区6208名享受直扶的移民拨付的373万余元资金和14个村的392万元项目资金进行专项跟踪监督检查。2009年，重点对全区36

个单位进行“小金库”治理检查，对全区16个乡场办事处、财政所的收入、支出及津补贴发放情况进行全面检查，对区农保办、区农林畜牧局惠农资金进行全面检查。2010—2012年，建立税源监管机制，对重点企业、重点行业、重点税种的税源监控，推行重点税源专项检查，建立信息相互沟通、数据相互交流、情况相互通报的工作机制，随时掌握税收入库动态，及时协调征管中存在的问题。疏通税款流通渠道，加大督查、监控和催缴力度。

第二章　税　务

第一节　机　构

清初，各种赋税相继开征，各种税收机构亦应运而生。清咸丰三年（1853）三月，城区设立局卡抽收盐厘。咸丰六年（1856）一月，设立岳州厘金局，下设10卡，城西门外设有下水卡、城陵矶设上水卡、南津港设复查卡。同治三年（1864），设湘岸岳阳州盐务转运分局。光绪八年（1893），城陵矶设有临湘盐务缉私卡。光绪二十三年（1897），城陵矶上水卡改为城陵矶厘金局。光绪二十八年（1902），为限制谷米运输出口，城区设岳州米捐分局，局址设西门外，辖荆河脑、城陵矶、马家湾3个分卡。民国元年（1912），城区设岳阳榷运分局、食盐复查所、收税局，管理盐务行政、稽核、缉私事务。民国4年（1915）10月，谷米开禁，城陵矶置米捐分局，对过境米商船只征收米捐。民国11年（1922），裁撤米捐分局，设城陵矶、荆河脑2处谷米稽查专处，在县厘金征收局内附设稽查专业处。民国12年（1923）1月，裁撤米捐征收机构，设立米禁稽查处，禁止谷米外运出境。民国17年（1928）12月，裁废厘金附加，改办货物统税，岳阳统税局辖城区、君山等4卡，城陵矶统税局辖5卡（均在临湘县境内）。是年，还设立岳阳竹木临时复查处。民国19年（1930），设置岳州粮食查验登记分处。民国20年（1931）6月，裁撤厘金，城区设立岳阳征收专局，下辖车站征收所。民国24年（1935）7月，设立县税务局，设城区、火车站、城陵矶车站、南津港等征收所。是年8月，岳州粮食查验登记分处并入县税务局。民国35年（1946），设立岳阳盐务办事分处。

1949年8月，县税务局在城厢区设立城关税务所，是年11月1日，设立城陵矶税务所。1958年11月，城关与城陵矶税务所撤销，城区税收工作由岳州公社财政部管理。1959年6月，恢复城关与城陵矶税务所。1960年2月，岳阳市设立税务局，隶属县税务局领导，下辖城关镇和城陵矶税务所。1961年10月，市税务局撤销，并入岳阳县税务局。1963年，恢复城关与城陵矶税务所。1968年，城区税收工作由县财税市场管理站管理。1970年，撤销城关与城陵矶税务所，设立城关与城陵矶2个财政金融所。1975年10月，撤销城关税务所，设立城南、城北、城东3个税务所。1976年11月，设立市财政税务局，下设城东、城南、城北、城陵矶、冷水铺5个税务所。1984年3月，设立南区税务分局，内设国营企业股、集体企业股、集贸个体股、人事教育股、计划会计股、办公室和城陵矶税务所。1986年4月，增设征收管理股。是年7月，增设东茅岭、吕仙亭、洞庭路、青年路4个稽征站。1987年2月，城区4个稽征站改为税务所。是年10月，在城陵矶火车站、岳阳火车站、南岳坡分别设立税务检查站。1994年9月，岳阳市区国、地两税正式分设。

国税 1994年，国税在市区范围内设第一、第二、第五分局，负责国家税收的征收管理。第一分局负责南区行政区划内的国税征管；第二分局负责城陵矶地区的国税征管；第五分局负责郊区行政区划内国税征管。1997年3月，根据市区行政区划的调整，第一、第二、第五分局合并，成立岳阳市国税一分局。2005年，更名为岳阳楼区国税局，共有干部职工365人，下辖14个税务所。1998年3月，撤并为11个税务所，撤销冷水铺、鹰山、南湖、迎宾税务所，增设解放路税务所。2001年7月，继续撤并为7个税务所，即三江口、奇家岭、梅溪、五里牌、洞庭路、东茅岭、青年路税务所。2004年7月，将7个税务所合并为梅溪分局、青年路分局、洞庭路分局、东茅岭分局。2007年12月，市国税局将开发区火车站区域划归岳阳楼区征管，新成立站前路征收组，2011年，新增临港征收分局，负责城陵矶地区、临港新区的国税征管。内设办公室、人事科、工会、监察室、机关党委（2008年前为机关党总支）、收入核算科、征管科、税政法规科、财务科、信息中心、征收大厅和税源管理一科、二科、三科所得税征收组。

地税 1996年12月，岳阳楼区地税分局更名为岳阳楼区地方税务局（简称“区地税局”）。更名后的级别、职能、人员编制维持不变。至2012年，岳阳楼区地税局有干部职工254人，其中在职231人，退休23人；内设办公室、人事教育科、监察审计室、收入规划核算科、财务管理科、征管和科技发展科、税政法规科、税源管理一科、税源管理二科等9个科室，下辖办税服务中心、稽查局、信息中心等3个直属机构；下设第一税务分局、第二税务分局、第三税务分局、第四税务分局、第五税务分局、第六税务分局、第七税务分局等7个派出机构，主要负责全区4008户企业、9884户个体工商户的地方税收征管。

第二节 税 种

一、清代、民国时期

税收 清顺治三年（1646），城区开征盐税、茶税、渔课、牙税、契税、市肆门摊税、商税等税收。顺治九年（1652），开征当巾税。乾隆二十二年（1757），对酒铺发放执照，征酤税。咸丰六年（1856），开征百人纲厘金及茶厘、盐厘。咸丰十年（1860）八月，在厘金原税率外加征东征“协饷”。光绪二十五年（1899），城陵矶设海关，对过往船只征收关税。光绪三十年（1904）七月，在烟酒厘金之外，增设烟酒捐，按值百抽二认捐。宣统元年（1909）十月，试行印花税。民国4年（1915），开办烟酒税与烟酒牌照税。民国5年（1916），开征土地税。民国6年（1917），开办货物统税。民国16年（1927），开征煤油特税。民国17年（1928），开征卷烟统税。民国19年（1930），裁撤厘金以及类似厘金的一切税捐。民国20年（1931），开办营业税与特种物品生产税。是年11月，改为特种物品产销税。民国25年（1936）7月，开征营利事业、薪给报酬、证券存款3类所得税。民国27年（1938）11月，城区沦陷，各税种停止征收。抗日战争胜利后，恢复征税。民国35年（1946），开征一时所得税、综合所得税与货物税。民国36年（1947），开征土地增值税。

捐费 清光绪二十四年（1898），城区试办房捐，按租价纳捐十分之一。光绪二十八年（1902），在谷米厘金之外再抽收谷捐。清光绪三十一年（1905），开征车捐。光绪三十四年（1908），开征屠宰猪羊捐、船捐。民国8年（1919），岳阳设立纸捐复查分卡，开征纸捐。民国14年（1925），开征卷烟吸户公益捐，用作教育经费。民国 37 年（1948）4 月，开征自卫捐。

清末、民国时期税种一览

表 6–7

时　期	税　种
清道光二十年至宣统三年（1840—1911）	地丁、漕粮、契税、厘金、关税、牙税、当帖税、盐课税、茶税、竹木税、田房税、烟酒税、印花税、牲畜税
民国1—38年（1912—1949）	契税、厘金、关税、牙税、盐税、茶税、烟酒税、烟酒牌照税、印花税、统税、货物税、营业税、土地税、遗产税、营业牌照税、文化娱乐税、特种消费行为税、特种物品产销税、营利事业所得税、薪给报酬所得税、证券存款所得税、非常时期过分利所得税

清末、民国时期地方捐、费一览

表 6–8

时　期	税　种
清光绪元年至宣统三年（1875—1911）	纸捐、借捐、车捐、船捐、炮捐、饷捐、亩捐、井捐、房捐、商捐、屠捐、活捐、戏园捐、土药捐、谷米捐、门市捐、牙贴捐、筵席捐、茶箱用捐、洋药落地捐、土膏牌照捐、猪捐、羊捐
民国1—38年（1912—1949）	渔捐、纸捐、场捐、碾捐、妓捐、月捐、糖捐、篙捐、筵席捐、旅业捐、自卫捐、善后捐、挨户捐、茶叶捐、救国捐、防护捐、自治户捐、城堡户捐、铲共捐、油盐杂捐、粮食行捐、团款杂捐、盐斤口捐、茶饭桌捐、水贩渔利捐、卷烟吃户公益捐、戡乱捐、乡公所办公费、保甲办公费、自卫壮丁费、门牌费、受益费、抽烟费、身份证费、修架电线费、卷烟管理费、油桐管理费、碉堡建筑费、绥靖临时费

二、中华人民共和国成立后

1949 年 8 月，人民政府废除自卫捐、戡乱捐、绥靖捐等捐税，对原有的直接税、货物税及地方税等，暂时继续开征。开征的税种有屠宰税、酒税、营业税、所得税、车船牌照税、货物税、一时所得税、一时营业税、印花税等。1950—1952 年国民经济恢复时期，城区开征的税种有货物税、工商税、印花税、利息所得税、屠宰税、交易税、房地产税、车船使用牌照税等。1953 年 1 月，货物税、工商业税、印花税及工商业税附加合并为商业流通税，实行从产到销一次征收；取消特种消费行为税，开征文化娱乐税。1959 年 9 月，商品流通税、货物税、营业税、印花税合并为工商统一税，同时开征工商所得税、集市交易税，停征存款利息所得税。1973年，工商企业的工商统一税及其附加、城市记地产税、车船使用牌照税和屠宰税合并为工商税。1978年，对原来过于简单的税种进行调整和改革。1983年，开始进行利改税，对盈利和大、中型国营企业的利润，按55%的税率征收国营企业所得税；对国营小型企业的利润按超额累进税率征收，同时开征交通基金与建设基金。是年10月，开征建筑税。1984年10月，工商税按性质分解，开征产品税、增值税、营业税、盐税。1985年，开征国营企业、集体企业和事业单位资金税、国营企业工资调节税、集体企业所得税。1986年1月，开征个体工商户所得税，同时开征教育费附加。1987年1月，开征个人收入调节税。1988年，开征私营企业所得税。1989年，开征国家预算调节基金、彩色电视与小轿车特别消费税。至年底，城区实际征收的税种有：产品税、增值税、营业税、盐税、城市维护建设税、集市交易税、牲畜交易税、国营企业所得税、国营企业调节税、集体企业所得税、私营企业所得税、个人所得税、个人收入调节税、城乡个体工商业户所得税、建筑税、国营企业工资调节税、奖金税、集体企业奖金税、事业单位奖金税、屠宰税、房产税、土地使用税、车船使用税、特别消费税、印花税、能源交通重点建设基金、国家预算调节基金、教育费附加。

1994年，税制改革后国家确定22个税种：增值税、消费税、营业税、企业所得税、外商投资企业和外国企业所得税、个人所得税、资源税、城镇土地使用税、房产税、城市房地产税、城市维护建设税、耕地占用税、土地增值税、车辆购置税、车船税、印花税、契税、烟叶税、固定资产投资方向调节税、筵席税、关税、船舶吨税。其中、固定资产投资方向调节税和筵席税已经停征，关税和船舶吨税由海关征收。2008年1月1日开始实行的《中华人民共和国企业所得税法》，将内、外资企业所得税统一成企业所得税。至2012年，税务部门征收的税种还有17个，其中国税4个（即增值税、消费税、企业所得税、车辆购置税），地税13个（即营业税、企业所得税、个人所得税、资源税、土地增值税、城市维护建设税、房产税、城镇土地使用税、车船税、印花税、烟叶税、契税、耕地占用税）。

第三节　税收征缴

一、统一税收

1950年始，对凡没有在银行立户的商贩，由当地工商联、工会、农会等组织派出协税员协助税收专管员进行评、查征收，随收随入当地银行专户；凡在银行开户的国营、集体、私营企业，由税务专管员按该单位财务账表实际情况，依法计征，通过税票直入银行专户，现金不落税收员手。1980年，对集市贸易点或零散个体的税款征收，采取2人或3人一组，开票、收款二者分离，避免贪污、舞弊现象发生，税收征管逐步走向制度化、法规化、科学化。1958—1988年，实行税收包税制。1989—1993年，工商企业由税务部门征收。

二、国税征收

1994年，岳阳楼区国税以征收、管理、检查“三分离”为主。1995年，实行“申报、代理、稽查”三位一体的征管模式，成立征收大厅，改上门收税为纳税人送税上门，到征收大厅集中缴纳。是年，湖南国税征管软件开始推行，计算机管税在岳阳楼区开始应用。2005 年 1 月 1 日，全省联网的综合征管软件正式上线，岳阳楼区国税信息化管税正式开始。

2011 年，在辖区个体户中开展“阳光征管”工作，对所有个体户进行“规范定税，阳光征管”，先通过公开评税定税确定税额，然后向社会公开。2012 年，湖南省提高增值税起征点，由月营业额 5000 元提高至 2 万元，全区个体纳税人 9000 户。

2005—2012 年岳阳楼区国税收入情况

表 6-9　　单位：万元

年　度	合　计	增值税	企业所得税	消费税	其　他
2005	32900	—	6455	—	—
2006	42300	—	8866	—	—
2007	42400	—	—	—	—
2008	28000	—	—	—	—
2009	30129	25325	4301	143	360
2010	26580	24279	2063	156	82
2011	38539	30774	7447	276	42
2012	39581	32190	6878	505	8

三、地税征收

1994 年始，税务部门被分为国税局和地税局。地税管理城镇土地使用税、耕地占用税、固定资产投资方向税、土地增值税、房产税、城市房地产税、车船使用税、车船使用牌照税、印花税、契税、屠宰税、筵席税、农业税、牧业税及其地方附加。中央与地方共享税有：国内增值税，其中中央占 75%，地方占 25%；营业税，铁道部、各银行总行、各保险公司集中缴纳的部分和金融保险业提高 3% 税率缴纳部分归国税，其余部分归地税；企业所得税，中央企业、地方银行、非银行金融机构缴纳的部分，铁道部、各银行总行、各保险总公司集中缴纳的部分归国税，其余部分归地税；外商投资企业和外国企业所得税，外资银行缴纳的部分归国税，其余部分归地税。1995 年，完成地税征收 9189 万元。1997 年后，出现两位数增长。1999 年，为 14247 万元，比上年减少 2.3%。2001—2005 年，又呈两位数增长。2005 年，为 26795 万元，比上年增长 3.1%。2012 年，完成地税收入 74726 万元，比上年增长 19.2%。

1995—2012 年岳阳楼区地税收入情况

表 6-10 单位：万元

年度	总收入	其中			
		中央	省级	市级	区级
1995	9189	0	1899	2821	4469
1996	9655	0	1977	2971	4707
1997	12822	0	2036	4173	6613
1998	14583	0	2158	4808	7617
1999	14247	0	413	5353	8481
2000	14686	0	482	5496	8708
2001	16880	0	650	6110	10120
2002	19660	2315	1643	5243	10459
2003	22005	3157	1455	6176	11217
2004	25993	4422	1700	7463	12408
2005	26795	4424	1747	8285	12339
2006	29795	3972	1543	9263	15017
2007	36209	4328	2328	11567	17986
2008	46508	5917	2838	15965	21788
2009	52028	6213	2908	18285	24622
2010	59268	7236	8891	19309	23832
2011	62676	7578	9649	18291	27158
2012	74726	8842	11553	18395	35936
累计	547725	58403	55870	169974	263477
比重	100.0%	10.7%	10.2%	31.0%	48.1%

说明：1.2011 年，划临港 10088 万元、划直属局二手房 1670 万元；2.2012 年，烟草、电信划经开区税源减少 4091 万元

第三章　金　融

第一节　银　行

当铺　清同治十年（1871），城区有3家注册登记的当铺。当铺向贷款人发放银钱，贷款人以实物作抵押，限期6月，过期不取，被当铺没收。典当对进实物实行半价估当，岳阳民间常有“当半”的口头语。民国初年，城区大、中型当铺不少，较大的有“公济”“怡和”2家，各拥有职员百余人。中华人民共和国成立后，城区当铺改名寄卖商店。60年代，南正街设有1家寄卖商店，70年代取消。1991年始，当铺兴起。2000年，其名称改为寄卖部或寄卖店。至2012年，发展到60多家。

银楼　清末民国时期经营的金银店铺。民国35年（1946）10月，岳阳银楼业较为兴旺。民国36年（1947），城区成立金银同业公会，注册纳税银楼16家，有会员47人，金铺中较有名气的有南正街余振兴金号。

钱庄　专门从事钱兑业的店铺。清同治年间（1870年左右），城区街河口开设第一家“裕泰恒”钱庄，发行“一串文”纸币。民国4年（1915），城区专门从事兑换业务的钱庄有4家。民国24年（1935）10月，城区钱庄全部倒闭。日军侵占岳阳时，城区产生一种名为“香烟摊子”的钱摊子，作为交换日、伪票、币的媒体。抗日战争胜利后，开始恢复钱兑业。民国36年（1947），县商会发起成立钱兑业公会，城区登记注册的大、小钱庄共37家，多集中在街河口、竹荫街、羊叉街、梅溪桥、观音阁等处。民国37年（1948）10月，城区钱庄再次全部倒闭。2000年始，地下黑钱庄在民间兴起，因利息高违反国家金融政策，受到公安部门的打击，至2012年，地下钱庄活动受到控制。

银行　2012年，全区有农业银行、人民银行、建设银行、中国银行、工商银行、信用联社、交通银行、农业发展银行、华融湘江银行等9家区域性银行单位，银行分支机构86家。2家小额贷款公司已开业运营。

湖南省银行岳州支店　民国2年（1913），省银行在城区设立岳州支店，办理货币发行与兑换业务。发行钱票、银元票、两票，其中100文、200文、300文、1串文、5串文和1元、5元、1两、5两等纸票。民国27年（1938）1月，岳州支店改为岳阳办事处。是年7月，因时局动荡，办事处撤走。民国35年（1946）2月，重设岳阳办事处。民国36年（1947），办事处升格为岳阳支行。民国38年（1949）8月，岳阳支行由中国人民银行湖南省第一支行接管。

岳阳商业银行　地址设天岳山街。民国2年（1913），由商人刘文龙等人集股创办，发行与铜币相对的纸票，200文、1串文的票子流通量大，但只在城区流通。银行有资本金30万元，500元为一整股，50元为一小股。营业项目有储蓄、贷款、地金银及期票买卖、证书和物件保管、公债股券买入、兑换、物品兑换、兑换券发行等业务。民国4年（1915）年银行停办。

中江实业银行岳阳办事处　民国27年（1938），日本中江实业银行在城区设立办事处，发行日本军用票，垄断岳阳金融和贸易。

中国农业银行岳阳市分行　民国35年（1946），中国农民银行在城区设立办事处。1949年5月，办事处撤离。1964年8月，中国农业银行设立岳阳专区支行。1965年12月，农业银行并入人民银行。

1980年1月，农业银行岳阳专区支行恢复。1983年，更名为岳阳中心支行，在城区设有支行营业部，下设6个营业所。1986年，更名为农业银行岳阳市支行，原市支行更名为营业部。1992年，成立郊区办事处，6月更名为市城东支行。1993年，农业银行岳阳市支行更名为农业银行岳阳市分行。1996年1月，成立市东茅岭支行。2000年，农业银行岳阳市分行下辖14个支行级机构，有员工1682人。2002年末，存款余额41.03亿元，比年初增加7.12亿元；贷款余额37.2亿元，比年初增加1.82亿元；不良贷款下降4.5个百分点。2005年末，存款余额60.98亿元，比年初增加12.29亿元；贷款余额50.21亿元，比年初增加2.1亿元。2012年末，各项存款余额171.3亿元，各项贷款余额62亿元，比年初净增11.4亿元。

中国人民银行岳阳市中心支行　1949年7月，成立中国人民银行（简称“人行”）湖南省第一支行，8月迁往湘潭，境内另建支行。1964年8月，建立人行岳阳专区中心支行。1970年1月，岳阳地区财政局与地区人行合并为财政金融管理站，7月改名为地革委财政金融局，下设金融组。1974年8月，恢复人行岳阳地区中心支行，下辖6个县级支行及营业部、6个办事处、10个分理处、61个营业所、4个储蓄所。1979年，人行岳阳地区中心支行所属农村业务及机构，移交中国农业银行岳阳地区中心支行，人行主管城市金融业务。1984年12月，人行所管城市金融业务交由工商银行办理，人行专司领导和管理境内金融事业的责任。1985年，更名为人行岳阳分行。9月，成立国家外汇管理局岳阳分局，由人行代管，内设外汇管理科负责办理外汇业务。1991年，设立岳阳证券交易中心。1992年10月，成立岳阳金融市场及证券营业部。1996年，岳阳分行下辖6个支行，内设16个科室，成为一个机构较完备的中央银行。1997年8月，岳阳分行接管境内农村信用社。是年，证券营业部、金融市场与人行脱钩。1999年1月，岳阳分行更名为岳阳市中心支行（简称“市人行”），由人行武汉分行管辖，下辖6个支行，内设20个科室，有员工407人。2002年，以“监管求实效，服务上水平、管理更规范、调研出成果、工作创一流”的思路，狠抓50件实事的落实。至年底，存款余额为244.52亿元，比年初增长17.56%；贷款余额222.62亿元，比年初增长7.66%。2003—2005年，中心支行获中国人民银行文明单位称号。2012年，中心支行发挥金融核心作用，整合资源，支持地方经济发展，年末存款余额1136亿元，比上年增长19.68%；贷款余额590.17亿元。是年，获中国人民银行宣传思想工作先进单位等18项集体荣誉，14项得到上级领导的肯定批示，有21项工作成果在各媒体转载。

中国建设银行岳阳市分行　1954年12月，中国人民建设银行在城区设立岳阳办事处。1957年，撤销办事处。1962年10月，恢复岳阳办事处，隶属湘潭专区建设银行支行。1963年，设立城陵矶办事处。1964年，设立建设银行岳阳专区支行，“文化大革命”期间被撤销。1972年11月，恢复建设银行岳阳地区支行。1979年3月，更名为岳阳地区中心支行。1984年，更名为建设银行岳阳中心支行。1989年，下设4个支行、2个分理处、2个储蓄所。1990年，更名为建设银行岳阳市中心支行。1993年，更名为建设银行岳阳市分行。2000年，岳阳市分行共有县级支行11个，直派分理处1个，员工1163人。2002年末，各项存款余额36.6亿元，比年初增加5.8亿元；发放贷款14.3亿元，其中支持城市基础设施建设1.5亿元、企业和上市公司12.8亿元。2005年，完成全口径贷款时点余额52.62亿元，比年时点增加10.29亿元，上会审批信贷业务24.89亿元，回收不良贷款1391.76万元。2012年，全口径贷款时点余额179.23亿元，比年初增长3.48%，在全省排名第二；贷款总额71.91亿元，比年初增长28.18%。

中国银行岳阳分行　1982年10月，设立中国银行岳阳支行。1984—1989年，在城区先后设立9个储蓄所。1993年2月，更名为中国银行岳阳市分行。1997年1月，更名为中国银行岳阳分行。是年，湖滨支行更名为岳阳楼支行。2000年，中国银行岳阳分行共有县级支行11个，员工664人。2002年末，各项存款余额27.19亿元，比年初增加4.7亿元；各项贷款余额13.6亿元，比年初增加1.9亿元。

2005年末，存款余额37.46亿元，比上年增加4.7亿元；各项贷款29.38亿元，比上年增加6.6亿元；进出口贸易结算量1.504亿美元，比上年增加2807万美元。2012年末，新增人民币核心存款11.32亿元，零售贷款新增4.6亿元。

中国工商银行岳阳市分行　1984年12月，人民银行与工商银行分设，成立工商银行岳阳中心支行。1986年4月，工商银行岳阳中心支行更名为工商银行岳阳市支行。1989年，在城区设立1个营业部、2个办事处、6个分理处、9个储蓄所。1993年，工商银行岳阳市支行更名为工商银行岳阳市分行。2000年，工商银行成为综合性的商业银行，共有机构111个，其中县（市）支行营业部11个、分理处22个，储蓄所77个；有员工1247人。2002年，进入二级分行100强，年末存款余额49.2亿元，比年初增加5.55亿元；贷款余额52.7亿元，比年初增加7.5亿元。2005年末，各项存款余额60.0196亿元，比年初增加5.1958亿元。实行股份改制后，清收处置不良贷款16.9716亿元，不良贷款比年初下降13.85%。2012年，各项存款余额165.8亿元，比年初增加25.6亿元，新增额在全省工行系统排名第四，各项贷款123.6亿元，比年初增加6.9亿元，不良贷款率下降至1.64%。

岳阳楼区信用联社　1987年，人民银行岳阳分行与南区政府组建南区城市信用社。1990年3月，市区信用联社分为北区信用联社、郊区信用联社。1995年，郊区信用联社更名为岳阳楼区信用联社。2012年，岳阳楼区信用联社各项存款余额2.3784亿元，各项贷款余额1.6086亿元，各项收入1.257亿元，各项支出1.233亿元，实现利润3581万元。

交通银行岳阳支行　1988年，成立交通银行岳阳支行。1991年9月，正式开业，有员工78人，内设1室2科3部。1992年6月，成立桥西办事处。1993年4月，成立城陵矶办事处。1994年5月，成立东茅岭办事处。2000年，共有员工259人。2002年末，各项存款余额完成上级计划的244.4%，比上年增长21.1%；各项贷款增幅25.8%。2005年末，各项存款余额14.5545亿元，各项贷款10.9741亿元，完成中间收入251万元。2012年末，各项存款余额70.7亿元，比年初增加17.2亿元，各项贷款市场占比9.75%，比年初上升0.75个百分点。

中国农业发展银行岳阳市分行　1996年11月，成立中国农业发展银行岳阳市分行（简称“市农发行”），接管境内农业政策性金融业务。1998年4月，农业政策性业务范围作重大调整，市农发行除继续办理政策性粮、油收购、储备、调销贷款及开户企事业单位的存款和结算业务外，其他贷款业务划转农行和工行办理。1999年，有员工208人。2002年末，各项贷款余额51.15亿元，比上年净增6848万元。2005年末，投放粮、棉、油贷款11.97亿元，并首次投放产业化短期流转贷款16845万元。至2012年，累计放贷款44.9亿元，累收34.2亿元；年末贷款88.87亿元，比年初增加10.6亿元，增长13.56%；各项存款余额17.7亿元，比年初净增0.84亿元；中间业务收入851万元，账面盈利2.46亿元，比上年增长0.72亿元，增长40.81%。

华融湘江银行岳阳分行　1997年，成立岳阳市商业银行，内设11个部室，辖4个支行、16个银行网点，有员工262人。1999年，由四类行升为二类行。2010年，更名为华融湘江银行岳阳分行。

第二节　保　险

1950年，设立保险公司岳阳县代理处。1957年，并入人民银行。1980年1月，岳阳市设立保险支公司。1984年，设立岳阳地区保险公司。是年9月，升格为岳阳市中心支公司。1986年，设立南区保险公司，属中心支公司领导。1989 年，南区保险公司共揽各种保险金额 147.8784 万元。90 年代，境内设太平洋保险公司岳阳支公司。2000 年始，为各街道增设保险业务机构。2012 年，岳阳楼区有中国人民财产保险股份有限公司岳阳市岳阳楼区支公司、中国人寿保险岳阳楼支公司 2 家。驻区保险公司机构 32 家。

中国财产保险岳阳楼支公司 1984 年，中国人民财产保险股份有限公司岳阳市岳阳楼区支公司成立，前身为中国人民保险公司南区支公司。开办业务有：财产损失保险、责任保险、信用保险、意外伤害保险、健康保险、保证保险、人民币或外币保险业务；与上述相关的再保险业务；各类财产保险、意外伤害保险、短期健康保险及其再保险的服务与咨询业务。2005 年，完成保费收入 2014 万元，实现利润 297 万元。2010 年，完成保费收入 2421.8 万元，其中车险业务完成 1335.9 万元；全年支付赔款 1263.9 万元，其中：车险赔款 414.9 万元；非车险赔款 849 万元。

中国人寿保险岳阳楼支公司 1996 年 12 月，成立中国人寿保险岳阳楼支公司，内设综合管理部、团险部、中介部、个险部等部室，有员工 18 人。开办业务有：人寿保险、健康保险、意外伤害保险等各类人参保险业务；人身保险的再保险业务；国家法律规定允许或国务院批准的资金运用业务；各类人身保险业务、咨询和代理业务；国家保险监督管理部门批准的其他业务。2009 年，公司实现保费收入 8282.2 万元。2012 年，公司下设综合管理部、团险销售部、个险销售部、银行保险部。下辖君山、钱粮湖 2 个营销服务部。支公司共有在职职工 23 人，保险代理人 156 人。

1995—2010 年岳阳楼区保险业务情况

表 6-11 单位：万元

年　度	财产保险	人身保险	合　计
1995	781	59	840
1996	2343	7	2350
1997	3023	2157.5	5180.5
1998	1804.36	2024.2	3828.56
1999	4200.92	2703.2	6904.12
2000	5310.34	3612.3	8922.65
2001	6106.89	4262.51	10369.4
2002	6850.79	5865.67	12716.46
2003	8014.7	6862.87	14877.57
2004	9216.9	7861.47	17078.37
2005	10691.6	9045.34	19736.94
2006	1868	4300	6168
2007	1925	4350	6275
2009	2256	9588	11844
2010	1554	10770	12324

第七篇　旅游·商贸

境内山水形胜，历史悠久，古刹寺庙、革命遗址等旅游资源丰富。有三江口、文庙、圣安寺、吕仙道观，守备巷民宅、灵雾山、岳州关、岳阳教会学校、岳阳基督教堂、岳阳博物馆、岳阳楼、小乔墓、三醉亭、双公祠、仙梅亭、吕仙阁、怀甫亭、岳阳门、巴陵胜状门楼、点将台遗址、铁枷、铁梢、牌坊、碑廊、金鹗山、文昌阁、玉佛寺、玉兔亭、周瑜墓、金鹗书院、荷香楼、望岳亭、景明楼、翠谷亭、郭亮街、南湖、一龙赶九龟、三眼桥、方钝墓、白鹤山、谢登之墓、颜颐寿墓、桃花井、乾明寺、鲁肃墓、慈氏塔、擂鼓台等 49 处名胜看点。与此配套的有 28 家旅行社、4 家运输公司、27 家星级宾馆酒楼（其中二星级 8 家，三星级 16 家，四星级 3 家）。并以岳阳楼为中心开辟 14 条旅游线路。2012 年，境内接待游客 1500 万人次，其中入境游客 15 万人次。

境内不仅是旅游胜地，还是商贾云集之地。楚怀王六年（前 323 年），鄂君启“屯三舟为一舿”的庞大商船进入岳州长途贩运。汉高祖元年（前 206 年），蜀郡民间商贾已和岳州通商，并和境内商贾经洞庭湖过灵渠入珠江通海外，开始对外贸易。清光绪二十五年（1899）开商埠。清末民国时期，因战乱商贸受损。中华人民共和国成立初，经工商业社会主义改造，商贸得以恢复。“大跃进”“人民公社化”“文化大革命”时期，因政治运动受到冲击。1984—1995 年，形成国有、集体、个体、中外合资企业、外商独资“五个轮子”一齐转的商贸格局，城区商业形成十二大系统、40 个行业、145 个子系统。1996 年始，随着市场的逐步放开，私营、个体、外资企业占据主导地位。2012 年，商贸服务业增加值由 1996 年建区初的 29.91 亿元增至 315.25 亿元，增长 9.54 倍。

第一章　旅　游

第一节　景区景点

一、景区

岳阳楼景区　1956 年，设立岳阳楼公园。1958 年，岳阳楼公园正式设园开放。1986 年，面积由 1.86 公顷扩大至 3.3 公顷。1988 年 8 月，国务院批准设立岳阳楼洞庭湖风景名胜区，岳阳楼景区成为该风景名胜区五大景点之一。1991 年 6 月，《岳阳楼洞庭湖风景名胜区总体规划大纲》确定岳阳楼景区范围，北至九华山、南至吕仙亭、西至洞庭湖主航道，面积 11.5 平方公里，其中陆地面积 5.2 平方公里，包括岳阳楼、文庙、九华山、慈氏塔、吕仙亭 5 个景点。岳阳楼公园面积扩至 3.36 公顷。10 月，《岳阳楼历史文化公园规划说明书（讨论稿）》，将岳阳楼公园划为行政办公，楼史陈列、名胜古迹，安静休憩、花卉苗圃5个功能区。开辟供游人参观、休息、娱乐场所，建立楼史陈列、书画书社场地。1999年，岳阳实施“旅游兴市”战略，以岳阳楼景区为中心，建设沿湖风光带，景区计划向南北延伸扩展，是年，向北扩展至岳阳楼码头，扩展面积1.77公顷。2001年1月，岳阳楼景区被核准为首批国家AAAA级旅游景区。2005年被评为湖南省十大文化遗产，是长江黄金旅游线上湖南境内的唯一景点。2007年9月，岳阳楼新景区扩建竣工，景区面积由4.87公顷扩至44.67公顷，分为文物保护封闭式管理区、公益性开放式休闲区，新建瞻岳门、仿古城墙、角楼、洞庭风韵诗廊、汴河街、南大门、双公祠、五朝楼观、碑廊、吕仙祠等景点。

南湖景区 1980年，市政府批准设立南湖公园，修建双亭等园林景点项目。1988年，南湖景区成为岳阳楼洞庭湖风景名胜区的景区之一，面积达27.6平方公里，其中水面11.82平方公里。1992年，省政府批准设立南湖旅游度假区。南湖风景秀丽，山水相映，风光旖旎。南岸的赶山绵延起伏，似青龙跃水，湖中9个小岛一字排开，俗称九龟山，形成“一龙赶九龟”的奇观。环湖有三眼桥、方尚书墓、麋子国城址、圣安寺等古迹遗踪，又因湖水清澈，波光潋滟，故又被誉为“东方的日内瓦湖”。泛舟游湖是南湖的传统游览活动，自古以来引众多文人墨客到此聚会吟咏，游山玩水，留下许多名篇佳作。南湖旅游度假区成立后，在环湖相继兴建面积达9万平方米的南湖文化休闲广场、月牙湾沙滩度假村、九孔桥等游乐设施。恢复重建南津古渡，市政府在南湖北港附近，整修王家河（北港河），以王家河为纽带，将洞庭湖、南湖、王家河、芭蕉湖、长江连接起来，并将东风湖、吉家湖串入其中，实施“一河四湖”环城旅游开发项目，打造新的岳阳“水城”。

二、景点

金鹗山 位于城区中心，主峰海拔97米，峰峦盘结，树木葱茏，上有金鹗书院、周瑜墓、古炮台等古迹。1976年，开始创建公园，1982年，金鹗公园建成开放，为城市休闲型自然景区。

龙山 位于南湖南岸，长约4公里，自东向西延伸，形似巨龙。山上怪石嶙峋，山麓丘岗起伏，已开辟为旅游休闲景点。

甑荜山 位于南湖西南部，主峰海拔110米，群峰叠翠，山上有八仙台等古迹，山麓西南黄沙湾一带建有大片晚清民国时期的西式建筑，可供游人观赏。

九龟山 位于南湖南部水域，为自东向西一字排开的9座小岛，酷似9只乌龟，与龙山形成“一龙赶九龟”奇观。

艑山 位于南津港西南洞庭湖上，为一湖中小岛，面积0.6公顷，因形如扁舟，故名艑山。山上原有哑女塔及庙。

螺丝山 位于南湖北部港湾，面积约1公顷，因形似螺丝壳，故名。

南湖 位于市区东南部，面积12平方公里，环湖岸线60公里，港汊众多，风光秀丽，为全省首家省级旅游度假区，多次曾在此湖举办国际国内大型龙舟赛。

芭蕉湖 位于城区北部，面积13.3平方公里，因湖面形似芭蕉叶，故名。北岸有擂鼓台古迹，1987年5月在此湖举办过国际龙舟赛。

东洞庭湖 为洞庭湖主体部分，湖滨至城陵矶段，长达20余里，沿湖风景名胜众多。

三江口 位于城陵矶洞庭湖与长江汇合处，有清浊分明的水际奇观“江湖会”，东岸为湖南最大港口城陵矶港，此处也是古三国及历代主要战场之一。

古城遗址　位于城东北部梅子市，为古麇子国遗址。

文化遗址　岳阳楼古城墙及鲁肃点将台，巴陵西路古城墙遗址。

军事遗址　金鹗山吴三桂古炮台遗址、洞庭湖畔三国古战场遗址。

古塔　位于塔前街的慈氏塔与无名塔，南湖南部圣安寺的万福塔，艑山的哑女塔，七里山的清代宝塔。

桥梁　位于南湖东部的三眼桥和文庙山上的状元桥。

墓葬　位于金鹗山上的周瑜墓，际华三五一七橡胶制品有限公司内的鲁肃墓，岳阳楼内的小乔墓，南湖尚书山畔的颐寿墓、谢登墓，螺丝山的方钝墓。

古井　位于桃花井社区的桃花井、乾明寺街玉清观巷的玉清观井、邓家湾的观音阁井。

古渡　有南津港北岸的南津古义渡、城陵矶的古官渡、齐家岭理工北院东南方的羊角渡、花板桥的花板铺官渡。

宗教建筑　有洞庭庙、文庙、圣安寺、吕仙观、乾明寺。

西式建筑　有城陵矶海关、普济医院（今市二医院旧址）、贞信女中（今市三中）、塔前街基督教堂、洞庭北路天主教堂、湖滨黄沙湾原湖滨大学（今市委党校）建筑群。

楼阁　有江南三大名楼之一的岳阳楼和金鹗山文昌阁。

牌坊　有岳阳楼公园的“南极潇湘”“北通巫峡”牌坊和文庙的牌坊。

碑碣　岳阳楼诗词碑廊和洞庭湖沿湖诗词碑廊。

亭　有三醉亭、仙梅亭、怀甫亭、望岳亭、邕湖亭。

金鹗书院　位于城区金鹗公园内，清光绪十年（1884）创建，修于光绪末年，民国初期毁于南北军阀混战。1996年，由香港孔教学会汤恩佳捐资修复，改名孔子学院。

革命纪念遗址　有毛泽东在岳阳建党的“广东大院”、粤汉铁路工人俱乐部旧址、天主堂岳阳农民协会与农讲所旧址、翰林街罗家大屋中共湘鄂赣边特别委员会旧址、塔前街基督教堂中国工农红军第三军团司令部旧址、岳阳楼公园内岳阳县革命烈士纪念亭旧址、际华三五一七橡胶制品有限公司内岳阳市人民革命烈士陵园旧址。

历史街区　位于岳阳楼前的仿古楼前街、位于文庙下方的庙前街、塔前街古街巷、茶巷子、鱼巷子、观音阁街、乾明寺街、先锋路、吕仙亭街等均为岳阳古城老街巷。

广场　位于南湖北面面积达1万余平方米的南湖休闲广场；1964年修建的集体育运动与休闲娱乐于一体的东风广场；2007年修建的岳阳楼南门前面的楼前广场；位于南岳坡面积达1万余平方米的巴陵广场；圣安寺前门广场。

城市公园　岳阳楼公园、南湖公园、金鹗公园、尚书山公园及众多街心公园。

第二节　服务与设施

一、旅游线路

1984—1995年，境内在车站码头绘制旅游线路示意图。1996年，随着城市交通和景区景点建设的发展，旅游线路由3条增至10多条。至2012年，市旅游部门以岳阳楼为中心，共开辟14条旅游线路和5条节庆特色游，供中外游客观赏游玩。

春季游有岳阳楼、君山、金鹗山森林公园二日游；岳阳楼、君山、圣安寺二日游；夏季游有岳阳楼、君山、团湖荷花公园二日游；岳阳楼、君山、6501地下迷宫、江南大漠二日游；岳阳楼、君山、平江漂流二日游；秋季游有岳阳楼、君山、品白泥湖大闸蟹二日游；岳阳楼、君山、汨罗屈子祠二日游；岳阳楼、君山、湘阴柳庄、鹤龙湖品洞庭湖大闸蟹二日游；冬季游有岳阳楼、君山、东洞庭湖观鸟二日游；岳阳楼、君山、天下第一村—张谷英村二日游；岳阳楼、君山、华容“三国华容道”美食休闲二日游。乘坐武广高铁有岳阳、长沙、伟人故里韶山、花明楼三日游、岳阳、长沙、张家界武陵源四日游；武汉、岳阳、长沙三日游。节庆特色游有岳阳端午旅游文化节游、岳阳野生荷花节游、君山爱情文化节游、岳阳美食旅游文化节游、洞庭国际观鸟节游。

二、旅行社

1978年，境内建立首家旅行社，即岳阳中国国际旅行社。至2012年，注册登记旅行社发展到32家。

岳阳中国国际旅行社（简称岳阳国旅） 成立于1978年，位于云梦路25号，是经国家旅游局批准的首批国际旅行社。主要经营出国（出境）旅游、国内旅游、承接各类会议和专题旅游。

岳阳招商国际旅行社有限公司 成立于1994年，是经省、市旅游局批准的湖南省首批股份制旅游公司，先后被岳阳市委、市政府及省、市旅游局授予湖南省最佳星级（四星级）旅行社、岳阳市最佳旅行社、岳阳市旅游行业文明示范窗口单位、 岳阳市A级信誉旅行社、岳阳市重合同守信用企业、消费者信得过企业等称号。

岳阳南湖假日国际旅行社有限公司 成立于1997年，是经岳阳市旅游局批准，岳阳市工商局登记注册的一家从事国内及入境出境旅游业务的旅行社，公司有员工36名，其中有16人持有国家导游资格证，主要从事招徕和接待国内、国外游客旅游。

岳阳市教育旅行社 位于湖南岳阳教育局机关一楼，主要经营教育工作者旅行服务，注册资本10万元人民币。

岳阳天马旅游有限公司 成立于1992年，为三类旅行社，位于云梦路25号。主要经营长江三峡旅游。还经营17个省、市、自治区的国内各地旅游线路30余条。

岳阳金马旅行社 成立于2000年，是经市旅游局批准，在市工商行政管理局登记注册的旅行社。是一家集散客旅游、团队旅游、上午代订酒店房、旅游上午汽车租赁、车票销售、航空票务销售等服务于一体的责任股份有限公司。

岳阳市虹桥旅行社 位于岳阳市炮台山路，主要经营三类旅游服务。后被注销。

岳阳广之旅旅行社 位于岳阳市金鹗中路市老干局一号门面二楼。通过策划特色旅游活动，创新旅游产品，以满足游客个性化的需求；采用最新信息技术、改造业务操作流程，确保旅游服务的高品质；运用品牌注册、规范企业CI形象，使注册商标“湘行天下”成为旅游者心目中最具亲和力、最受青睐的旅游品牌。

湖南长天旅行社有限公司 位于岳阳市青年中路市工商局办公大楼108号，主要经营国内旅游业务，注册资本50万元。

华天国旅岳阳旅行社有限公司 是由湖南省华天国际旅行社在岳阳设立的分公司，位于岳阳市金鹗东路农委宾馆二楼。是全国百强国际旅行社、湖南省最佳旅行社、湖南省消费者信得过单位。开辟旅游观光、商务考察、会议接待、拓展训练、户外运动等高品质的服务产品。

岳阳三江风情旅行社　位于岳阳南湖大道494号。经省旅游局批准，岳阳市工商局注册的国内旅行社，隶属岳阳市城陵矶港，为广大旅游者提供国内旅游服务，承接来湘中转团队服务。

湖湘文化旅行社　成立于2003年，是由省旅游局批准成立，工商局注册，由岳阳楼管理处工会参股的具有独立法人资格的旅游企业。在开发国内旅游业务的同时开发特色旅游：商务旅游、会议考察、婚庆旅游、自驾车休闲探险，及大中小学生夏令营。春游、秋游、爱国主义教育游等服务。

岳阳中化旅行社有限公司　位于岳阳市云溪区巴陵石油化工公司工会文化宫8号门面，是由中国石化集团公司巴陵石化公司工会发起，湖南省总工会、岳阳市总工会等15个工会社团法人投资经营的国内旅行社。公司实行董事会领导的法人治理，依托国有特大型企业发展旅游业。

岳阳环球旅行社有限公司　位于岳阳市金鹗东路民乐苑6栋504号。主要从事旅游招待、会议接待和组织中国公民旅游参观考察等业务。分别在汨罗、临湘、平江等地设立部门，获年度旅游市场开发工作先进单位、最佳旅行社等荣誉。

岳阳飞扬旅行社　成立于2010年，位于岳阳市南湖大道金地小区。经营国内旅游业务、入境旅游业务；旅游车、船联系服务；会议接待服务；代购机、车、船票服务；工艺美术品（不含金银饰品）、百货的销售；户外运动、拓展培训。

岳阳现代旅行社有限公司　位于岳阳金鹗中路湘泰大楼1楼。经湖南省旅游局批准，由岳阳市工商局注册成立。是按照现代化企业的先进管理模式组建的高起点、高标准、高质量、重服务、守信用的旅行社有限责任公司。

岳阳华航国际旅行社　成立于2001年，从事旅游指南、旅游业务及各项旅游专业活动。连续4年被评为岳阳市最佳旅行社，多次被省、市旅游局授予优秀总经理、创建湖南信用单位先进集体等荣誉称号。

岳阳风光国际旅行社有限责任公司　是经湖南省旅游局批准设立、岳阳市工商行政管理局登记注册，足额交纳旅游质量保证金的旅游股份制企业。拥有一支对湖南历史人文、旅游景点、风土民俗熟悉的专线操作团队，能为游客提供去张家界、凤凰、长沙、韶山及岳阳的专线旅游。同时为自由行游客提供代订酒店、机票、门票业务。

岳阳市云梦旅行社　成立于2000年，经国家工商行政管理部门注册登记，具有独立法人资格。每年成功接待来自全国各地上万人的旅游团队，多次被市工商行政管理部门和旅游技术质量监管部门授予重信誉守合同单位、零投诉旅行社的荣誉称号。

岳阳长运旅行社有限公司　位于岳阳市云溪区长炼运输公司院内 。主要经营：国内旅游等产品。公司秉崇"踏实、拼搏、责任"的企业精神，并以诚信、共赢、开创经营理念，创造良好的企业环境，以全新的管理模式，完善的技术，周到的服务，卓越的品质为生存根本。

岳阳中国青年旅行社　成立于1990年，1997年改制为有限公司，1998年2月被国家旅游局批准为国际旅行社，是一个集招徕、接待国际、国内旅游和代办组织中国公司出境游等为一体的多功能、综合性的旅游企业。设营运中心、出境中心、销售中心、会议中心、票务中心、亚大部、特色部、策划部、外联部、财务部办公室等部室。1999年被评为岳阳市最佳旅行社，2000年被评为消费者信得过单位。

岳阳泰和旅行社　是经国家旅游管理部门批准成立，是湖南泰和集团股份有限公司（上市公司）的子公司。主要从事组织和接待旅游团体、散客及会务旅游，承办考察学习、经贸洽谈或举办文化、体育及学术交流，代售机、车、船票等方面的业务。

岳阳宏安旅游汽车运输有限公司 成立于2006年8月，是目前唯一一家经市委、市政府批准，注册成立的专业旅游运输企业。有规格不等豪华旅游车辆60多台，可承接各种会议、学生团体、景点旅游等租车、包车业务。

岳阳安达旅游汽车有限公司 成立于2004年1月，是有大型旅游车33台，车辆座位数达到1331个，小型旅游车17台，车辆座位数达327个，从业人员近200人的专业旅游运输公司。公司提供各类景点的旅游服务及各种型号的豪华旅游用车、会议用车、团体包车、单位上下班通勤等运输服务。有专业驾驶员120人、旅游专业管理人员30余人，承接着岳阳旅游40%的旅游运力。

2012年岳阳楼区注册登记旅行社名录

表7-1

名　称	名　称
岳阳中国国际旅行社	岳阳三江风情旅行社
岳阳招商旅行社	岳阳湖湘文化旅行社
岳阳天马旅行社	岳阳中化旅行社
岳阳南湖假日旅行社	岳阳环球旅行社
岳阳教育旅行社	岳阳飞扬旅行社
岳阳广之旅旅行社	岳阳现代旅行社
岳阳虹桥旅行社	岳阳阳光旅行社
岳阳金马旅行社	岳阳湘岳缘旅行社
湖南长天岳阳旅行社	岳阳站前青年旅行社
华天国旅岳阳旅行社	岳阳泰格文化旅行社
岳阳华航旅行社	省中青旅岳阳旅行社
岳阳风光旅行社	岳阳泰和旅行社
岳阳联合假期旅行社	旅游汽车公司
岳阳中讯旅行社	岳阳宏安旅游汽车运输有限公司
岳阳云梦旅行社	岳阳安远旅游汽车有限公司
岳阳长运旅行社	岳阳发运旅行汽车有限公司

三、宾馆酒楼

民国时期，境内沿湖一线老城区有酒店饭铺。中华人民共和国成立后，建国营酒店，上规模有影响的是岳州大饭店。“文化大革命”期间，酒店业不景气。1978年，酒店业得以恢复。1979年，发展到54家，1981年，发展到餐饮住宿，共79家。1996年，旅游酒店业的发展进入快车道。2000年，发展星级旅游。至2012年，上规模档次的酒店宾馆有30多家，其中二星级的8家、三星级的16家、四星级的3家。

2012年岳阳楼区部分宾馆酒店登记情况

表7-2

名　称	星　级	地　址
中运大酒店	四星	岳阳市站前路1号
南湖宾馆	四星	岳阳市邕园路天灯嘴
华天大酒店	四星	岳阳市南湖大道
华瑞丹枫假日酒店	—	岳阳大道枫树新村
泰和大酒店	—	岳阳市巴陵中路沃尔玛广场
帮臣国贸大酒店	—	岳阳市南湖大道1号
中银大酒店	三星	岳阳市站前西路1号
云梦宾馆	三星	岳阳云梦路25号
金海大酒店	三星	岳阳市南湖大道134号
中讯大酒店	三星	岳阳市站前路136号
洞庭之星宾馆	三星	岳阳市巴陵西路35号
电力大厦	三星	岳阳市站前东路
锦华中铁大酒店	三星	岳阳市站前路火车站东
金叶大酒店	三星	岳阳市巴陵东路金叶小区
粮都宾馆	三星	岳阳市巴陵中路
国际大厦	三星	岳阳市南湖大道
晓朝宾馆	三星	岳阳市炮台山路88号
阳光假日酒店	三星	岳阳市巴陵中路（岳阳军分区旁）
金东门大酒店	三星	岳阳市岳阳大道
兴天大酒店	三星	岳阳市巴陵中路（琵琶王立交桥旁）
万佳酒店	二星	岳阳市火车站出站口左侧
中兴宾馆	二星	岳阳市火车站洞庭大厦旁
农委宾馆	二星	岳阳市金鹗中路237号
联运宾馆	二星	岳阳市站前东路
岳阳楼宾馆	二星	岳阳市洞庭北路

专记　汴河街

2005年，市委、市政府决定开发洞庭湖风光带二期工程岳阳楼景区建设。景区规划由中国城市规划设计院规划，湖南大学设计研究院完成建筑方案设计。景区以岳阳楼公园为核心，北起北门渡口，南到南岳坡；东接际华三五一七橡胶制品有限公司内鲁肃墓，西临洞庭湖。用地面积3.3万平方米，投资3.2亿元。是集防洪、灭螺、旧城改造、景观建设为一体的多功能综合性工程，分为：岳阳楼公园（扩建部分）景观区域，传统风貌街区，一级平台景观区域，滨湖二级平台景观区域，城楼、城墙部分和楼前广场区。汴河街即为其中的传统风貌街区。

汴河街所处地域为柴家岭街。此街因滨临洞庭湖，常年遭洞庭湖水侵蚀，湖岸崩塌，房屋倾圮，街道仅余街南东风木工厂一带残存约20余米。2006年3月，景区工程建设全面启动。由香港凯恒房地产公司、岳阳市房地产开发有限公司在南岳坡至岳阳楼沿湖湖坡上依地势建起长1274米的城墙，并在城墙与旧街道之间填土夯实地基。投资4000万元，建成长280米，宽50米风貌街区。整个街区占地2公顷，总建筑面积1.8万平方米。内街为主街区，外街临洞庭北路巴陵广场至楼前广场段。内外街4排共有商业店铺161个，分为风味小吃、茶酒楼、客栈、工艺品商店等功能小区。

街道两侧房屋为上下两层仿明清古建筑，街道由青石板铺就，房屋飞檐斗拱，连廊曲径，错落有致。街区古树婆娑，街中有景，景中有街，古朴典雅。街区内店铺林立，旌幡招展，地方特产、传统茶艺、民俗表演、特色美食、酒吧住宿，应有尽有。既是湘北第一条仿明清风格古街，也是岳阳楼区的一个多功能商业服务区。

街道建筑融入一些反映岳阳历史与传说的文化景观，如饮马槽、防火缸、百富图、八仙过海浮雕、吕洞宾醉酒雕塑、岳舞台等。街南建有城门楼与角楼，城门楼长25.73米、宽15.13米、高11.2米；角楼为正方形，长15.6米、高22米。城南门楼上方嵌有华国锋题写的“瞻岳门”匾额，仿古岳州城南门楼名。

明代建的岳州城外有条护城河，自北经东向南、再向西，在瞻岳门西注入洞庭湖。古时，郡人习惯将伴城而过的护城河称为便河，后来某些文人将其改称“汴河”，并见诸史志图册。街东200米处原有汴河园地名，后此处改建为庙前街。而岳阳楼景区风貌街区建成后，因伴湖之滨，曾有汴河经此流过，故将此街命名为“汴河街”。

第二章　国内贸易

第一节　机　构

清光绪二十五年（1899），岳州开为商埠。清政府在岳州设立商务管理局，管理城区工商及外洋通商事宜。宣统元年（1909）十二月，撤销商务管理局，成立岳州商会，改为民间商业团体。商会通过各行业、行（帮）会、会馆管理城区工商业户，商会会址设下鱼巷子“水龙公所”内。

民国 8 年（1919），岳阳商会更名为商务公断处。民国 10 年（1921）8 月，更名为岳阳县商会，会址设南正街泰恒祥绸缎店内。民国 15 年（1926）12 月，在大革命影响下，岳阳商界成立商民协会，作为“国民革命商民的组织”，取代旧商会的职能。民国 16 年（1927）马日事变后，商民协会停止活动。民国 20 年（1931）4 月，岳阳商界重新成立商会，有会员 5100 人。民国 32 年（1943），城区商民迫于日军压力，组织“岳州商会”，管理城区商业。民国 34 年（1945），日本投降后，岳阳县政府指令商界成立岳阳县商会筹备委员会，同时，组织成立 18 个同业公会。是年 12 月，正式重建岳阳县商会。

1949 年 8 月，县政府设立工商所，城厢区配工商干事 1 人，管理城区工商事宜。1950 年 6 月，撤除旧商会，成立城厢工商联筹备委员会，配合政府工商部门管理工商事宜。1955 年，县政府设立商业科。1958 年，城区成立岳州人民公社，公社下设供销部管理城区及郊区零售商店及商品供销；蔬菜部管理蔬菜生产、市场供应与加工；福利部管理饮食、旅社、理发、照相等行业；粮食部管理粮食供应。城区商业机构统由市商业局管理。1962 年，撤市恢复城关镇，国营、集体、合作商店统由县商业局管理，城关镇无商业管理机构。1976 年，设立岳阳市商业局、粮食局。1978 年，设立服务局，管理全市饮食服务行业。1980 年 3 月，市商业局更名为一商业局，服务局更名为二商业局。1984 年，组建郊区物资局。是年，岳阳市升格为省辖市后，南区未设立商业管理机构。1986 年，南、郊设经济技术协作办公室。1988 年，明确为科级单位。1991 年，南、郊区成立对外经济贸易办公室和对外经济贸易委员会。

1996 年，成立岳阳楼区对外经济贸易委员会、加推中国国际贸易促进会岳阳楼区委员会、中国国际商会岳阳楼区委员会三块牌子一套人马。2002 年，由区财贸办、区物行办、区蔬菜办合并组建区贸易办。2005 年 8 月，改为招商旅游局，负责全区招商引资和旅游服务工作。

第二节 经济结构与行业分布

清末、民国时期，城区商业均属私营经济。清光绪二十五年（1899）岳州开关后，美、英、日、德等外国商家与资本渗入，始有外资成分。

中华人民共和国成立后，城区商业经济结构发生变化。1956 年，私营工商业社会主义改造基本完成，形成公私合营以国营商业为主体的市场格局。1966 年“文化大革命”开始后，公私合营全部转为国营，市场经济成分基本上形成国营商业和供销社占主导地位。

1978 年后，商品流通规模不断扩大，商业经济体制逐步放开，商业经济结构由单一经济向多元化发展，形成以国有商业为主体，集体、私营、个体、外资企业等五种经济并存的格局，城区商业形成十二大系统、40 个行业、145 个子系统。2000 年后，随着市场经济的逐步形成，国营、集体商业逐步萎缩，私营、个体、外资企业、合资企业逐步占据市场经济的主导地位。

一、私营商业

岳阳自古交通便利，商业繁荣。清同治十一年（1872），城区私商开设粮食、棉花、生猪、茶叶、土布、山果、山货、煤炭、油料、竹木器、水产等贸易行。光绪三十四年至宣统二年（1908—1910），城区有渔行 10 多家，鱼贩数百人，鱼划子 97 条，年产鲜鱼 4 万担。1911 年前后，城区商业发展迅速。是时，较有名气的店铺有戴协泰绸布店、裕昌祥绸布店；余振兴、宝成楼、五凤楼金银铺；景长春、漆永隆、李吉利百货店；严万顺、谢天吉中药铺；戴同兴、同兴泰 、鼎成南货铺；周德馨、王万裕酱园；同宝丰、湘南一书纸铺等。民国10年（1921），城陵矶有大小商店200余家。民国24年（1935），岳阳全县商业共有25个行业、226家店铺，其中绸布业9家、煤油业5家、京（百）货业20家、盐业17家、陆杂业8家、旅栈业20家、南货业17家、书笔业10家、面馆业9家、屠宰业20家、油漆业10家、瓷器业11家、筵席业17家、猪行业4家、药材业10家、皮革山货业3家、油业6家、煤炭石灰业9家、茶庄业2家、木材业2家、水果业4家、粮食业6家、纸业5家、鱼行业1家、船行业1家。这些店铺均集中在城区，城区商业渐趋繁荣。民国27年（1938）11月，日军侵占岳阳，城区各商界店铺，或遭日机轰炸损失殆尽，或纷纷迁往他乡。城区难民为生活所迫，靠摆摊设点维持生活。也有由小摊转为商店者，或外地迁到城区经营商业者。沦陷时期，城区先后有南货、布匹、百货、银楼、食品、药品、酒楼业、旅栈业、烟馆等9个行业开业经营，其中南货业12家、布匹业3家、百货业7家、食品业6家、酒楼业5家、旅栈业5家、贸易行栈5家、药业1家、烟馆1家、钱摊1家。民国34年（1945）12月，有绸布业13家、香烟业9家、百货业29家、渔业9家、金银首饰业14家、碾米业9家、酱园酥食业32家、牙行业16家、盐业11家、中药业18家、钟表业9家、窑瓷器业17家、钱兑业37家、照相业6家、镶牙业6家、文具业11家、屠宰业18家、山货业8家、旅栈业43家、米酒、陆杂业50家。

1949年11月，城厢区有商业户862家，其中南货业50家、百货业20余家、绸布业13家、药业29家、盐业19家、陆杂业83家、碾米业18家、香烟业8家、筵席业14家、茶馆业40家、旅馆业99家、照相镶牙业15家、五金电器业9家、瓷铁业9家、屠宰业58家、鸡鸭业28家、牙行71家、水果行69家、渔业156家、文具业19家、山货业2家；另有摊贩617人。这一期间，因新旧政权交替，物资匮乏，物价上涨，部分商业者歇业。为活跃城乡经济，政府调整对私营商业的政策，鼓励和扶持私营商业扩大经营，繁荣经济。1950年2月，有行商75户、坐商782家、摊贩1061人，从事商业人员3239人。1953年，国家对私营商业开始进行社会主义改造，随着国家对粮、棉、油、布等实行统购统销，某些行业的私营商业者或转入国营、集体、合作商店，或自动歇业转产。1955年，城区私营商业共有26个行业、1408户，从业人员2010人，其中工人284人，资金总额560832元。是年下半年，有464户、822人参加社会主义改造，过渡到国营、集体、合作商店。1956年，有1354户、1940人按行业进行公私合营。1958年，城区剩余的私营商业及小商小贩全部加入合作商店，个体私营商业不再存在。1961年，开放市场，陆续批准一些小商小贩开业。“文化大革命”期间，个体私营商业被取缔。1979年，开放市场经济，恢复个体经营，城区有小商小贩52户、60人；饮食个体户54户、65人。1984年，南区个体私营商业发展到1235户，2432人。1989年，南区共有个体私营商业者1647户、3347人，拥有资金437.13万元，其中，商业户1044户、2066人；饮食业285户、748人；服务业173户、321人；修理业124户、173人；其他行业21户、39人。1994年，郊区个体私营商业户发展到500户、930人。1996年，岳阳楼区私营商业得到快速发展，个体工商户发展到32076户、从业人员70043人，私营企业发展到630家。2006年，境内个体工商户达23193户、从业人员38932人，其中批发业1268户、2613人，零售业10778户、17830人，住宿业96户、216人，餐饮业2078户、6806人，租赁和商业服务业111户、190人，其他4331户、11277人。

2010年后，随着商业体制改革的进一步深化，个体私营商业逐渐占据主导地位，境内的商业十二大系统、40个行业全部向个体私营企业开放。2006年，区商务局登记的商业批发零售个体户达8187户，餐饮业374户，服务业683户。2012年，境内的个体私营纯商业企业即达13546户，主要从事商业、商贸、餐饮、服务业、房地产、文化产业、信息技术、中介等。

二、外商及买办商业

岳阳开埠后，英、美、日、德、俄等外商纷纷到岳阳开设公司，或托本地商店代为销售产品。在城区倾销的外国商品，主要有煤油、白糖、火柴、香烟、布匹等，国人称外国人为“洋人”，故外国商品均带“洋”字，如“洋油”“洋糖”“洋火”“洋布”等。民国27年（1938），日军占领岳阳，外商公司纷纷撤离岳阳；日军在城区开设有各种洋行，垄断城区市场。抗日战争胜利后，城区不再有外商开设的公司与代理商号。

岳州开关后进口商品在岳经销一览

表7-3

商　号	地　址	商品产地及商品名称
正　大	街河口	美国“鹰”牌洋烛、美孚洋油
亚细亚	街河口	“英国”牌帽髻洋烛、“铁锚”牌洋油、“虎牌”肥皂
松　昌	街河口	英国车糖、砂白糖、红糖
申　昌	茶巷子	俄国“光华”牌煤油
李吉利	南正街	美、英、日等国“老刀”“品海”“双刀”“称人”“樱花”等牌香烟
吉利分号	茶巷子	英、美等国“广生”丝袜、“双妹”香水、“白礼氏”洋烛、钢针等
永吉太	南正街	英、美、日等国羽绫、哔叽、标布、尺贡呢等
谦　益	南正街	美国“美孚”火油
锦太昌	南正街	英、美、日等国呢绒羽绫竹布、士林等布匹
戴协太	南正街	英、美、日等国呢绒羽绫竹布、士林等布匹
协成和	南正街	英、美、日等国呢绒羽绫竹布、士林等布匹
益丰太	南正街	英、美、日等国呢绒羽绫竹布、士林等布匹
裕昌祥	南正街	英、美、日等国呢绒羽绫竹布、士林等布匹
仁昌福	天岳山	英、美、日等国呢绒羽绫竹布、士林等布匹
锦长春	南正街	英、日等国东洋瓷器、钢针、火柴、儿童玩具等百货
漆永隆	南正街	英、日等国东洋瓷器、钢针、火柴、儿童玩具等百货
日清公司	南正街	日本仁丹、录宝丹、蒲荷锭等药物及布匹
爱理洋行	南正街	德国缝纫机、钢针、火柴等工业品
三井洋行	南正街	日本脸盆、口杯、香水、香皂等百货及化妆品
太古洋行	街河口	英国红白绵、砂糖
产生洋行	茶巷子	英国蜡烛、丝袜等百货
怡和洋行	南正街	英国白糖、海味
德士古洋行	南正街	美国煤油等
爱理司洋行	南正街	德国化工颜料等

1919—1938 年城区外商及代理商

表 7–4

外商公司名称	店　号	地　址	经营时间	经营项目
汉口英美烟公司	李吉利	茶巷子	1917	香烟
英商亚细亚煤油公司	福　记	下街河口	1919—1937	煤油
汉口英美烟公司	岳阳分公司	南正街	1920—1938	香烟
美商德士古洋行	和　记	南正街	1920—1925	煤油
	申昌号	茶巷子	1928—1938	煤油
美商美孚洋行	正　大	下街河口	1920—1938	煤油
英商太古车糖公司	岳阳经理处	上街河口	1920—1938	白糖
日商三菱、三井洋行	岳阳经理处	南正街	—	白糖
贡商怡和车糖公司	岳阳经理处	油榨岭	1923	白糖
日商湖南洋行	—	—	1938—1945	茶叶、百货、煤油等
日商德昌洋行	—	—	1938—1945	茶叶、百货、煤油等
日商三浦洋行	—	—	1938—1945	百货、南货
日商永户洋行	—	—	1938—1945	百货、南货
日商东亚洋行	—	—	1938—1945	百货、南货
日商中村洋行	—	—	1938—1945	百货、南货
日商三六食堂	—	—	1938—1945	百货、南货
日商东京号	—	—	1938—1945	百货、南货
日商来来屋	—	—	1938—1945	百货、南货
日商大冢号	—	—	1938—1945	照相
日商未来时	—	—	1938—1945	钟表
日商日人号	—	—	1938—1945	照相

1978 年，实施改革开放后，进出口商品实行代替制。至 2012 年，境内进出口公司发展到 23 家，进出口贸易公司 32 家。

三、国营商业

1949 年 8 月，城区成立第一个国营商业机构岳阳贸易公司，经营粮食、土特产、油脂、煤油、食盐、大小百货、纱布、杂货、西药、煤炭等。1954 年，城区有 12 个国营公司的经销商店或批发店，由县直接管理。1957 年，城区有 12 个国营公司。以后，商业体制虽多次变动，但国营商业作为社会主义商业体制仍占主导地位。1989 年，南区范围各大、中、小国营商场店铺及部分集体商店分别由市一商业局、市二商业局管理。郊区范围内的国营商业收归财贸办（后属经济技术协作办）管理。

1986—1992 年，随着计划经济体制逐步向市场经济体制转变，商贸企业经营机制，开始向以承包经营“国有民营”的改革进行试点运行。1993—1999 年，境内国营商贸企业进入以产权制度改革、资产重组为主要内容的改革时期。国有商业大幅度退出市场，商贸企业处理推销库存商品，商场柜台、门店，由个体、民营经济租赁经营，处于边缘地段、规模小、亏损大、设施陈旧的门店移租或被拍卖。市区商业大厦、一百大厦、九州大厦、九龙商厦、九方商厦、百货大楼成为“整体形象、个体经营、一企多制、各负盈亏”的民营方式。至 21 世纪初，国营商贸基本退出市场。

1993 年驻区主要国营大商店

表 7–5

名 称	地 址
南正街百货商店	南正街
市妇女儿童用品商店	南正街
市南货商场	南正街
东茅岭百货商店	东茅岭
先锋路百货商店	先锋路
市轻纺商店	梅溪桥
钱粮湖贸易商场	东茅岭
市副食品桥东市场	东茅岭
五交化股份有限公司	南正街
婚礼用品商店	五里牌
五交化大楼	东茅岭

名　称	地　址
三角大厦商场	巴陵西路
岳阳宾馆商场	洞庭北路
岳阳楼副食品商店	洞庭北路
城陵矶工矿贸易商店	城陵矶
纸厂贸易商店	城陵矶
岳阳楼百货商店	洞庭北路
先锋路副食品商店	先锋路
梅溪桥综合商场	梅溪桥
建湘商场	竹荫街
友谊华侨商店	竹荫街
迎宾商场	五里牌
四化建商场	花板桥
工艺美术品商场	东茅岭
商业大厦	洞庭北路
国际大厦商场	南湖大道

四、区街商业

1955—1956 年，城区私营商业经社会主义改造，组成 30 个合作商店、60 个经销小组；另有 813 户私营商业者加入公私合营商店，109 户作为国营商店代购供销点。1958 年，国营零售商业机构全部下放到公社，商业零售由公社统一包揽。岳州公社财贸系统共有从业人员 1419 人，设 5 个综合商店、80 个门市部、46 个供应点、2 个食品加工厂。1960 年，岳阳市市属商业服务业共有 13 个总店，2067 名从业人员。1962 年，撤市恢复城关镇后，原岳阳市所属商业店铺，统由县商业局管理，城关镇仅管理一些小商小贩。1975 年，城关镇有区街商店 8 个，从业人员 220 人，其中，经理部 1 个，饮食业 4 个，服务业 3 个。1984 年，南区先后办起区街商业公司 16 个，其中，区直 3 个、区建委系统 2 个、街道办事处 11 个。这些商业公司在市场竞争的冲击下，除少数公司外，先后关闭或被整顿。1993 年后，区街集体商业基本停止市场运作，全部被拍卖或改由民营经营的形式。

1984—1988 年南区区街商业企业销售情况

表 7-6　　单位：个、万元

项目		1984	1985	1986	1987	1988
企业数		16	22	27	33	29
销售总额		826	1310	1473	2159	3892
区直商业	企业数	3	8	8	6	3
	销售额	161	423	507	824	1555
建委商业	企业数	2	2	3	4	5
	销售额	82	160	172	434	952
街道商业	企业数	11	12	16	23	21
	销售额	583	727	794	901	1385

2012 年境内商业行业分布情况

表 7-7

系　统	行　业	细分行业（子系统）
商业局系统	百货业	大百货、小百货、文化用品、鞋帽、现代办公用品、工艺品
	纺织业	纺织品、针织品、服装、家庭装饰用品
	五交化业	五金交电、家电、化工、装饰建材
	劳护用品	劳保服装、特种劳动用品
商业局系统	肉食品业	猪肉、鱼、禽、蛋、海产品、冷藏、渔需用品
	糖酒副食业	食糖及糖制品、酒类、罐头小食品、蜜饯饮料
	蔬菜业	鲜菜、干菜、酱制品、调味品
	饮食业	酒席堂菜、大众餐、快餐、盒饭、早点、夜宵、茶馆
	服务业	宾馆、旅社、客栈、浴池、理发、美容、照相、印染、寄卖
	修理业	钟表、五金、电器、鞋类、塑料制品、车辆
供销社系统	农业生资	化肥、农药、农具、农机
	日用杂品	陶瓷、铁锅、鞭炮、土纸、现代厨房用品、卫生洁具
	棉麻土产	棉花、麻类、烟草、蚕茧、竹木、蜂蜜、土特杂品
	食杂果品	鲜果、干果、干菜
	废旧物资回收利用	废钢铁、有色金属、塑料、麻袋布片、废纸
	茶　叶	毛茶、成品茶

系　统	行　业	细分行业（子系统）
粮食系统	粮食油料	大米加工、植物油加工、面粉加工
	饲　料	猪饲料、禽饲料、鱼饲料
	粮食储运	
物资系统	金属材料	钢材、特种钢材、有色金属、废钢加工
	机电设备	机电、起重设备、汽车及配件、电力器材
	建筑器材	水泥及制品、玻璃、建筑陶瓷、防水隔热器材
	轻化产品	化工、油漆、染料、橡胶制品、炸药危险品、机制纸
	燃　料	煤炭、型煤加工、液化气
	石　油	汽油、柴油、煤油、润滑油脂
	木　材	原木、木制品、夹板、家具
	电讯器材	邮电器材
医药系统	中　药	中草药、中成药
	西　药	一般西药、兽药
	医疗器械	医疗器械、健身器材
烟草系统	烟　草	卷烟、烟叶
盐务系统	盐　业	食盐、生产用盐
农机系统	农业机械	农业机械、农机配件
文化系统	书　店	图书、杂志、字画
	文化服务	复印打字、书画装裱、牌匾制作
游乐		舞厅、旅游系列
其他		礼品、迷信品、租赁、喜庆、丧葬、搬家、清洗

第三节　粮油供应

米行　清代，城区粮油供应主要由牙行经营。光绪三十年（1904），城区开设第一家李树记碾米作坊，前面开店销售，后面设作坊加工。民国22年（1933），城区有李树记、利群、民生、仁和、济生、新生、大昌、恒康、文丰泰、孙宏泰、杨慎福、李怡顺、新盛、义丰泰、协义丰、三泰庄、利民等17家粮油行，其中，大部分粮油行属前店后厂形式。民国24年（1935）年，城区仍有粮行6家，油行6家。民国35年（1946），城区有粮行9家。

1949年8月，城区有粮行及碾米业9家。1953年，国家实行粮、油统购统销，成立粮油交易所，禁止私商经营粮食，城区私营粮行或转业或关闭。

粮店　1953年11月，城区居民实行粮食计划供应，城区按地域分设红船厂、油榨岭、岳阳楼、城陵矶4个粮油供应点。60年代后，增设南津港、东茅岭、梅溪桥粮店。70年代，增设青年路、四化建粮店，梅溪桥粮店迁往观音阁街，更名为新文路粮店。1984年，随着城市人口的增加，设立南区粮油公司，统一管理全区粮油供应。公司下设路东粮站，辖青年路、东茅岭、大桥、四化建、五里牌等5个粮店。路北粮站，辖洞纺、七里山、小湖湾、芭蕉湖、城陵矶等5个粮店；路西粮站，辖红船厂、小港、新文路、油榨岭、岳阳楼、九华山等6个粮店。

计划供应　机关、团体、学校、企业由单位统一购买，居民则发放购粮证，凭证购买。是年，岳阳县制定的供应标准分为4类：重体力劳动者（包括采矿、建筑、搬运、船工）每人每天供应大米1公斤，轻体力劳动者（包括机械、纺织、小手工业工人）每人每天供应大米0.75公斤，脑力劳动者（干部、老师、学生、店员）每人每天供应大米0.6公斤，居民不分大小每人每天供应大米0.5公斤。机关、单位与个人均按地域，分别到指定粮店购粮。1955年5月，开展节约粮食运动，整顿城镇粮食统销，将凭证买粮改为按户核实供应。是年11月，居民口粮定量分7等30级。

1955年居民口粮定量等级

表7-8　　单位：公斤

等级	类　别	一级	二级	三级	四级	五级	六级	平均（不超过）
1	特重体力劳动者	27.5	26	25	22.5	—	—	25
2	重体力劳动者	22	20.5	19.5	18.5	17.5	—	20
3	轻体力劳动者	17	16	15	14	—	—	16
4	脑力劳动者	16	14.5	13	—	—	—	14
5	大、中学生	16.5	15.5	14	13	—	—	16
6	居民与10周岁以上儿童	13.5	13	12	10.5	—	—	12.5
7	10周岁以下儿童	10.5	9	7.5	6.5	4.5	3	14

1960—1962年国民经济困难时期，城区居民口粮定量，由30个等级调至112个（工种）等级，定量标准每人每月平均降低1公斤。同时开展整顿城市粮食销售量，核实人口、工种、口粮定量，做到一人一份粮，人粮相符。1963年，再次对城区居民粮食供应进行调整，将工种分类重新划分为采矿、冶金、水电、机械、土木、森工、轻化、手工、交通、服务、退休、干部及脑力劳动者、公安、文艺、学生、居民及小孩等十六大类。因工种变更和10周岁以下儿童年龄增长升级，需要调整定量标准时，由用粮单位或个人提出书面申请，主管单位签署意见，粮食部门核实后，在购粮证上调整定量标准。如发生婚嫁、出生、死亡、迁出、迁入等人口增减变化，由粮食部门凭户口或有关证件办理粮食转移手续或注销手续，增加用量人数和定量标准。

1992年11月1日，全面放开粮油供销价，取消城镇居民粮油平价供应和农村粮食统销，定价平销供应，价格随行就市。各种粮油票、粮券、指标划拨证、居民粮证结存的粮油指标不再流通，取消各种粮食与食用标准。市民根据各自所需，在市场随意购买需要的粮油。

第四节　市　场

一、商业区域

境内地处洞庭湖畔，三面环水，水产富饶，渔业发达。岳州自古为漕粮、淮盐运转场所，米、盐交易颇盛，各种牙行林立。清代，沿湖洞庭庙、街河口、鱼巷子、油榨岭一带，鱼行兴起，有行号、店铺数十家。清同治年间，城区曾有“三街六市”之称。

清末民初，城区商业兴旺繁荣，南正街、街河口、竹荫街、天岳山、羊叉街、梅溪桥一带，商业店铺林立，尤以南正街最为繁荣。民国7年（1918），北洋军张敬尧部溃兵纵火屠城，南正街两边400余家店铺房屋尽成废墟。民国27年（1938），梅溪桥、天岳山、羊叉街等地被辟为“日化区”，日本洋行及各种商号多设于此。抗日战争胜利后，梅溪桥至观音阁一带，商店林立，为城区主要商业区。民国35年（1946），市区街道修复，绸缎布匹、百货商号多集中于南正街，南货、陆杂店铺多集中于竹荫街、天岳山、街河口等处。50年代，吊桥至南正街、竹荫街一带仍为主要商业区，市场繁荣，大、中商店多设于此。1950年，城区3.35万人口，有商业服务网点303个。70年代后期至80年代，东茅岭、巴陵西路一带逐渐成为新的商业区。

1978年，全市12.23万人，有商业服务网点330个。1985年，全区范围内有商业网点2509个，其中，国营460个、集体112个、个体1416个、街道开办的213个、工厂企业办的123个、其他单位办的185个。1989年，南区范围内共有商业网点1080个，个体商业网点2256户。

1991—1995年，建成巴陵大桥商业圈。2000年，建成以东茅岭为中心的步行街商业圈。2003年，建成火车站为中心的商业圈。2003—2011年，建成花板桥、八字门、太阳桥为中心的商业圈。

至2012年，境内共有各类商业网点3450个，总营业面积165.54万平方米，其中大、中型商业网点1865个，内有超市52个；各类服务网点1455个，内有餐饮业574个，宾馆54个；各类市场网点130个，内有农贸市场69个。

2006 年境内大型百货网点

表 7-9　　单位：平方米、万元

网点名称	地　址	营业面积	主营商品	年销售额
九州大厦	步行街	2000	服装家电日化	10000
康星百货	步行街	8000	百货服装鞋类皮具	866
九方商厦	步行街	3600	百货服装鞋类皮具	10000
中商百货	步行街	3000	百货服装家电	—
摩登百货	步行街	—	—	—
武商购物中心	步行街	8000	百货服装鞋类皮具	15000
百盛商业广场	东茅岭路	1800	百货服装鞋类皮具	8000
商大购物中心	巴陵西路		百货服装鞋类皮具	15000
九龙商厦	巴陵中路	11000	百货服装家电	15000
中铁购物中心	火车站广场东侧	500	百货服装	300
泰和大市场	火车站附近	—	—	—
心连心超市	机床厂	5000	食品、日用品	10000
福润多超市商大店	洞庭南路	4700	食品、日用品	1800
心连心超市步行街店	商业步行街	460	食品、日用品	2989
福满星超市	云梦南路	600	食品、日用品	50
万家福超市	夏万路	260	食品、日用品	20
家润多超市	机床厂	10000	食品、日用品	11000
九华山超市	九华山路	200	食品、日用品	38
心连心超市花板桥店	花板桥	900	食品、日用品	—
家乐福超市	长咀组	100	食品、日用品	12
爱家平价超市	先锋路	200	副食、百化	12
洞庭超市	捕捞村	600	日用、食品	22
业华超市	洪家湖社区	1500	日　杂	12
世纪海联七里山店	洞氮社区	500	食品、日用品	240

网点名称	地 址	营业面积	主营商品	年销售额
好朋友超市	洞氮	150	食品、日用品	200
冷水铺比一比超市	冷水铺	160	食品、日用品	20
国贸平价超市	冷水铺	1500	食品、日用品	300
上海如海超市冷水铺店	冷水铺	1500	食品、日用品	400
多来福超市	冷水铺	120	食品、日用品	16
铁棚子超市	郭镇	270	食品、日用品	50
步步高超市	巴陵西路	3000	食品、日用品	3000
世纪海联友谊市场店	土 桥	—	食品、日用品	—
九龙超市鹰山店	望岳	523	食品、日用品	156.2
雷锋山超市	雷峰山	100	百 货	12
天晶商行	高家组	100	烟酒、副食、小百货	28
刘记批发部	延寿村	130	烟酒、副食	14

二、集贸市场

清末民初，城区仅有几个群众自发性的集市贸易场所，主要进行粮、油、鱼、蔬菜等农副产品交易，如鱼巷子市场，主要进行水产品交易。民国27年（1938），日军侵占岳阳期间，在下观音阁城隍庙（今解放路联运售票处）设立蔬菜市场，准许城区市民采购蔬菜等生活必需的农副产品。

中华人民共和国成立后，鱼巷子、岳阳楼、乾明寺、吕仙亭等处设有4个蔬菜市场。1956年，由89户摊贩组成“建维蔬菜土果总店”，下设6个合作小组，3个蔬菜市场。一市场设鱼巷子，二市场设吕仙亭，三市场设梅溪桥。此后，在鱼巷子、梅溪桥、岳阳楼等地设立门市部。1965年，蔬菜门店增至7个，1975年增至15个。1956年，国营集体商业在城区设8个肉食水产零售门店，1965年增至12个，1976年增至25个。1986年，境内已有各类市场18个，总面积6万多平方米。其中，农贸市场13个，面积3836平方米；小商品市场5个，面积4万多平方米。1989年，增加洞氮、洞纺、五里街（仿古建筑群）等集贸市场。1990年，各类集贸市场增加至37个。1997年，集贸市场发展到47个，其中，较大市场9个，专业市场6个。2000年，新建螺丝港集贸市场、五里牌工业品市场，形成了梅溪桥、五里牌、花板桥、螺丝港四大市场群。

2003年始，随着城市街道建设及市场竞争，撤并搬迁了部分市场。2006年，境内集贸市场增至129个，其中，大型工业商品市场66个，农贸市场（含个体菜店）63个。2012年，各类集贸市场增至130个，其中工业商品市场61个，农贸市场（含个体菜店）70个。农贸市场中，由区工商部门管理的42个，岳阳经济技术开发区管理的4个，南湖风景区管理的4个，市直部门管理的16个，中央、省属企业管理的4个。

2012 年岳阳楼区农贸市场

表 7-10　　单位：平方米、户

市场名称	地　址	营业面积	经营户数
经编厂市场	建湘路	200	25
王胡子市场	站前路	600	22
站东市场	站前路	300	17
三五一七市场	三五一七工厂	1500	38
九华山市场	九华山北路3号	2260	63
园芳市场	东风湖路	1160	24
东湖菜店	九华山东湖社区	680	32
北门市场	上海如海超市旁	460	23
月冲路市场	城陵矶月冲路	4200	90
洪家洲市场	城陵矶光明路	3400	97
城陵矶市场	城陵矶桂花园路	2000	75
蔬菜公司市场	城陵矶桂花园路	1000	33
骆家坡菜店	城陵矶光头岭	1100	10
梅溪桥华达农贸市场	梅溪桥	4700	264
百信市场	梅溪桥	1100	12
佘家垅菜店	巴陵中路	300	17
新北菜店	康岳花园	600	16
许家坡市场	建湘路许家坡	1100	60
兴盛市场	枫桥湖路	2600	178
枫桥湖蛋禽批发市场	枫桥湖路	15000	44
马壕菜店	新胜社区（马壕）	500	5
锦宏农贸市场	北辅道	380	16
大桥农贸市场	大　桥	2000	104
娃娃塘农贸市场	娃娃塘	3233	150
土桥菜店	土桥巷	180	6
冷水铺市场	冷水铺望君路	600	28
冷水铺十字路市场	冷水铺十字路冷水铺村村委会旁	400	27

市场名称	地　址	营业面积	经营户数
工贸城市场	冷水铺花果畈村村委会旁	500	32
雷锋山集贸市场	北港北路	1900	28
湘北菜市场	冷水铺路瑶塘坡路口	1000	20
洛王菜市场	冷水铺路东边	1100	5
藕塘坡集贸市场	藕塘坡社区	1700	19
盖一市场	北环路社区	9500	42
七里山市场	七里山社区	8700	67
君成便民菜店	枫桥湖路鹰山社区3号门面	210	5
南湖市场	南湖游路西	2300	56
湖滨月欣菜市场	湖滨大道月欣小区	1200	31
良万菜店	求索西路下良巷2号	400	6
万家菜店	良万居委会万家组	200	7
奇家岭集贸市场	奇家岭岭上	2000	59
郭镇集贸市场	郭镇乡	2100	26
金仙菜店	蔡家村	400	7
东升菜市场	五里牌东路	1800	45
桃花山市场	桃花山路	700	28
求索东路市场	求索东路	1200	25
龙源菜市场	白杨坡路	450	19
交界岭菜店	交界岭路	120	7
枫树村菜店	普林巷	700	32
花板桥农贸市场	花板桥路	3200	119
五里牌农贸市场	五里牌路	3400	137
岳阳楼区新路口菜店	五里牌路佘家垅社区办公楼负一楼	290	13
南津港市场	云梦路	900	17
新桥市场	青年西路新桥巷	300	25
迎宾市场	南湖大道	600	48

2012 年岳阳楼区专业、综合集贸市场基本情况

表 7–11　单位：平方米、户

市场名称	地　址	营业面积	经营户数
长城市场	巴陵中路	10800	288
洞庭大厦	火车站立交桥	65000	380
华圣市场	站前动力	3000	82
泰和市场	巴陵中立	15000	1612
图书城市场	连云路	4800	104
钢材市场	建湘路	3000	20
汽配市场	琵琶王立交桥下	4000	78
丽珠陶瓷市场	九华山路13号	50000	78
巨基摩托车市场	琵琶王路	5000	61
东大市场	青年西路	4000	151
巴陵市场服装市场及附属商圈	巴陵大桥	4000	423
广福陶瓷市场	北环路洞麻纺西马路	30000	43
工业品批发市场	花板桥路	3600	235
的士修理市场	五里牌路	2500	76
梅溪桥茶叶市场	梅溪桥	700	25
副食批发市场	梅溪桥	6000	500

三、主要市场选介

鱼巷子市场　位于南岳坡与街河口之间，清道光年间，此处鱼行众多，成为城区鲜鱼主要集散交易场所，故名“鱼巷子”。1987 年，工商部门在此正式开设市场。1989 年，有场地面积 800 平方米，其中，加盖“顶棚”场地 450 平方米。市场分为食杂、水产、肉食、家禽、蛋品、蔬菜、其他物品等七大类，旺季每天上市鲜鱼等水产品 1 万公斤以上，日上市人数 1.5 万人次，年成交金额近千万元。2007 年，因兴建巴陵广场，该市场被拆除。

庙前街市场　位于巴陵西路。1986 年 10 月建成，占地面积 4.6 万平方米，建筑面积 2.86 万平方米，系仿宋古建筑群。市场内设工业品、百货副食、肉食水产、蔬菜、水果批发、五金、旧货等九大行业，有 60 多家国营、集体单位，8 个省市、22 个县（市）、170 多户个体经营者在内经营。上市品种 1000 多种，日上市人数 1000 余人次，日成交额 30 万元以上，是一个集批发、零售、仓储业务的综合性集贸市场。

巴陵大桥集贸市场　位于东茅岭。1985年建成，占地面积2.2万平方米，场内设固定摊位、临时摊位2000多个，以及批发仓库、保管室、地下储备仓库等设施。有26个省市、130个县（市）、5600户外地商贩长期在此经营；有54个国营集体单位、5000多户个体户在此摆摊开店。上市商品6.2万多种规格品种，日上市人数10万余人次，日成交额百万余元。市场分为小商品市场、农副产品市场两部分，是湘北地区最大的综合性集贸市场。

梅溪桥集贸市场　位于梅溪桥街。1986年建成开业，1990年扩建。占地面积5600平方米，设固定摊位350个、固定门面150个、临时摊位120个。场内配有50吨冷库1座，面积350平方米钢架大棚1个，总面积2400平方米的综合大楼2栋。市场以经营农副食品为主，常年上市商品约十大类，800多个品种，主要有蔬菜、禽蛋、水产、海鲜、炒货、粮油制品。日上市人数3万人次，年成交额过亿元，是城区最大的农副食品市场。市民戏称："穿在巴陵桥（巴陵大桥集贸市场），吃在梅溪桥。"

五里牌集贸市场　位于五里牌街转盘附近。1988年8月建成开业，占地面积2950平方米，市场建有中型钢架封闭式顶棚，场内分为肉食、蛋禽、水产、蔬菜、豆制品、食杂、水果、塑料制品、小百货和菜农自销区等10个经营区，共有摊位350个、门面50个。日上市5万人次，年成交额过亿元。

岳阳太阳桥建材大市场　太阳桥建材大市场是湖南泰和集团股份有限公司下属公司，位于岳阳经济技术开发区，占地面积41.87公顷，建筑面积30多万平方米，是中南地区规模最大的建材大市场。位临岳阳大道与107国道、京珠高速旁，距城陵矶国际集装箱码头4公里，距京广线岳阳货运编组站2公里，离武广高铁岳阳东站4公里。2003年开业，市场设有板线区、洁具区、灯饰区、铝合金区、玻璃区、油漆区、钢材区、五金区、布艺区、家私区和精品建材超市等12个单元组成建材购物群。建有可容纳2万多人置业经商的写字楼、生活服务区、金融服务区及仓储设施，大市场共建有8个近万平方米的停车场。共有门面3000多个，吸引数千家建材厂商入驻，每天吸引近万人客流，2011年，销售额达30多亿元。2012年，被评为全国诚信示范市场。

第五节　饮食服务业

一、饮食网点

民国初期，称饭店为"饭铺"或酒楼、饭庄。民国24年（1935），城区有筵席业17家、面馆业9家，还有一些挑担经营的小饮食摊担。次年，开设的味腴酒家，以经营江浙风味的高、中档酒席为主，兼营岳阳地方小吃，颇受顾客称赞。当时，城区一些饮食店铺经营的风味小吃，较有名气的有"泉园"的米粉、"九益"的馄饨、"味腴"的小笼汤包、"奇珍"的大刀面、"刘忠宜"的烧梅、回民清真馆的五香牛肉。民国27年（1938），城区遭日军飞机轰炸，各饮食店铺歇业或迁往他乡。沦陷时期，城区仅有5家酒楼开业。抗日战争胜利后，城区饮食业迅速恢复。

1949年8月，城区筵席业有店铺、酒楼11家。1950年6月，筵席业增至19户、86人。1956年，饮食行业进行社会主义改造，筵席业有67户、130人组成公私合营爱群饮食店，95户茶楼熟食户组成6个合作商店，75户组成7个饮食合作小组，58户饮食摊担组成5个经营小组。是年底，城区共有公私合营饮食店13个、门市部16个，从业人员131人；合作商店10个、门市部16个，从业人员131人；

合作小组10个、摊担134个，从业人员184人。1957年，城区有国营、公私合营、合作店组饮食服务业网点272个。1958年“大跃进”，集体商业过渡为国营商业，饮食网点合并撤减。1960年，城区仅有国营饮食网点47个。1963年，国营、合作饮食店分设，城区饮食网点恢复至74个，有从业人员500人。“文化大革命”时期，合作饮食店并入国营饮食店。1975年，城区饮食网点减至18个，从业人员440人。1979年，允许国营、集体、个体从事“第三产业”，城区饮食网点发展到99个，从业人员731人。80年代后，城区国营、集体、个体饮食店、饭店、宾馆、酒楼发展迅速。1987年，南区范围内共有个体饭馆197家，从业人员653人。1988年，发展到270家，从业人员961人。

1990年，境内先后兴建起湘苑宾馆、商业大厦宾馆、岳阳宾馆、国际大厦、滨湘酒楼等国营和中外合资企业，既从事餐饮服务，也从事住宿业务。1995年后，国营饮食业逐步退出市场，形成以公司制企业为主导、个体饮食店为主体、国内外大型快餐业连锁机构加入竞争经营的格局。2000年后，个体私营饮食店与各种快餐连锁机构逐步占领饮食服务业市场。

2004年，境内有各类酒店51家，餐饮网点281个。2006年，境内饮食服务网点，包括饮食饭店、快餐店、糕饼店、茶楼、学生餐厅、酒店酒楼996个。至2012年，各类饮食服务网点增至37600多个。

二、经营项目

岳阳地方菜自古为湘菜三大流派之一。菜谱有500多个，花色近千种。传统堂菜有天鹅抱蛋、虎皮扣肉、红煨狗肉、清炖甲鱼、红烧牛肉、三鲜杂烩、糯米茨丸、拔丝香蕉、松子鳝鱼、才鱼片、糖醋脆皮鳜鱼、粉蒸竹筒肥鱼、凤尾莴苣、香菇菜心、鱼糕藕丸等，火锅有四生牛肉火锅、银鱼火锅、三鲜火锅等。因濒江临湖，菜肴中尤以鱼类最多，如由30多个菜点组成的“巴陵全鱼席”，以及由鳝鱼烹制而成的炒鳝糊、溜鳝片、烧鳝桥、炸鳝球、松子鳝片、蝴蝶鳝片等。90年代后期，各种驴肉、马肉及山珍野味陆续搬上餐席。此后，绿色、环保、健康食品摆上餐席，深受大众喜爱。来自国外的肯德基、麦当劳快餐及韩国泡菜、日本料理也纷纷登堂入席。

自古以来，境内大多数市民没有吃早点夜宵习惯，一日三餐都是米饭，一些酒楼饭馆也兼营小吃。30年代，境内潇湘馆的大包、麒麟阁的米粉、爱雅亭的大刀面，潘春园的油饼和味腴酒家的小笼汤包、依俯面、鸳鸯饼等深受市民喜爱。40年代，奇峰阁的杠子面、水蒸蛋糕，天津馆的拉面、削面、大饼，九益的包面（馄饨），刘大有的戗面馒头，吴本卿的妙汤丸等，也颇有名气。60年代的猪血（米）豆腐、百粒丸（米豆腐制品）也颇有名。此后，随着工厂、机关、学校的增多，人们为节省时间，方便快捷，开始习惯于吃早点，一般称为过早。这一时期的早点有包子、馒头、油条、稀饭、面条、米粉、花卷、油饼、油砣、面包、牛奶、豆浆等。单位办有食堂的在食堂吃早点，没有食堂的则在街头巷尾的饮食摊点吃早点。90年代，人们的物资生活更为丰富，夜宵作为一种时尚饮食逐渐被人们所接受。夜宵食品一般有臭豆腐、羊肉串、牛肉串、麻辣烫、各式火锅、烧烤、龙虾等，夜市一条街，夜市大排档等宵夜场所应运而生。

三、旅栈业

清末和民国时期，旅栈主要是为过往旅客提供食宿。规模较小的称为饭铺或伙铺，以城乡普通居民为服务对象；规模较大的则称为旅馆，设施较好，主要对象为名流绅商、达官贵人，服务项目除住宿外，还有餐饮、沐浴、按摩、送信、接送行李、端茶递巾，甚至提供鸦片烟具、赌具，有的还利用明妓暗娼招徕生意。

民国 17 年（1928），城区有大小旅栈 163 家，从业人员 371 人，有客房 972 间，床位 1398 张。各旅栈根据所处地段、条件、设施，分为甲、乙、丙、丁 4 级。民国 23 年（1934），城区加强对旅栈业管理，旅栈减至 20 家。民国 27 年（1938），岳阳沦陷后，城区仅有 6 家旅栈开业。民国 34 年（1945）抗日战争胜利后，城区旅栈发展到 43 家，且多集中在先锋路、火车站一带，较有名气的有九如旅社、国民公寓等。

中华人民共和国成立后，旅栈业主要提供住宿、餐饮、保管行李、代发信函等。1950 年 6 月，城区有旅栈 142 家，从业人员 400 人，资本金额 2046.4481 万元（旧币）。1955 年，有旅栈 66 家，从业人员 122 人，床位 564 张。1956 年，实行公私合营，设立社会福利公司，管理旅栈等服务行业。其中，40 家旅社实行公私合营，26 家改为合作旅社。1957 年，城区有旅社 35 家，从业人员 145 人。1958 年仅 20 家，从业人员 153 人。1961 年，城区旅社减至 14 家，从业人员 219 人，客房 291 间，床位 997 个。1975 年，城区旅社、招待所增至 43 家，设有客房 493 间，床位 2459 张。1979 年始，允许集体、个体创办旅社，城区国营、集体、个体旅社、宾馆、招待所应运而生。

1984 年，全区共有各种旅社、招待所 248 家，其中，国营 56 家、集体 132 家，个体 60 家；集体旅社中，南区各街道办事处开设的 12 家。1989 年，国营旅社共设床位 5331 个，集体旅社设床位 2512 个。国营旅社、宾馆、招待所条件好、设施完备、干净、舒适，其中，颇有名气的有岳阳宾馆、国际大厦、云梦宾馆等高档次宾馆，可接待到岳阳的外国旅游客商。集体、个体旅社，条件较差，设施简陋，但价格便宜。各种不同档次、性质的旅社、宾馆、招待所互相竞争，互为补充。

90 年代后，旅栈业竞争日益激烈，一般旅社、招待所都设有电视、洗浴等服务项目。高档宾馆 还设有舞厅、录像厅、镭射电影厅、卡拉 OK 厅，并为旅客代购车船机票、代办酒席宴会、打字复印、洗熨衣服、咨询信息等服务项目，集住宿、餐饮、娱乐、停车等服务一体化。境内市直单位与企业先后兴建中银、中讯、中铁、中天、中达等大酒店，及南湖、粮都、金都、电力、汉森等三星级以上宾馆，此外，一些老宾馆、大酒店、招待所进行星级改造、扩建、提高服务设施档次，服务质量。

2000 年，境内提供住宿餐饮的宾馆酒店达到 49 家，有床位 3514 个。2006 年，境内提供食宿的宾馆酒店达到 65 家。2012 年，境内提供食宿的宾馆酒店达到 198 家。

四、其他行业

理发 民国时期，城区理发匠系个体经营，除少数开设店铺外，多数人肩挑摊担，走街串巷。民国 35 年（1946）5 月，城区成立理发业同业公会，有会员 78 人。民国 37 年（1948），理发摊担增至 149 人。1950 年，城区有理发店铺 7 户，从业人员 21 人。1955 年，有理发店铺 14 户，摊担 60 人。1956 年公私合营时，城关镇成立社会福利公司，下设公私合营理发店 14 家，从业人员 105 人；合作小组 42 人。1962—1969 年，城区理发店铺减少，仅有 63 个座位，每人日均理发 14 人，日理发 2310 人，一度出现“理发难”现象。有关部门除在城区适当增设理发网点外，动员各厂矿企事业单位开设理发室，解决职工群众“理发难”问题。80 年代后，各种发廊如雨后春笋般遍布城区。1983 年，城区有个体理发发廊 77 家。1986 年，有 81 家，从业人员 166 人。1989 年，增至 173 家。国营理发店由于经营机制等问题，难以与个体发廊竞争，仅剩 2 家勉强维持营业。90 年代后，国营、集体理发店全部被个人承包经营，服务项目除理发、洗发、烫发、染发外，还增加面部按摩、洗脸、文眉、做面膜、修指甲等。店堂设施日趋高档豪华，一般都配有电视、音响、空调等设备。并出现洗脚、桑拿、按摩、美体等休闲健体专业门店。2012 年，全区有发廊、美发店 1489 家。

照相　清光绪十七年(1891),岳阳人汪继真在羊叉街经营照相,为城区照相之始。宣统三年(1911),湖北人余松斋与汪继真在油榨岭开设城区第一家“玉壶冰”照相馆。民国2年(1913),城区人汪洁吾、汪慎吾兄弟在县门口(今际华三五一七橡胶制品有限公司)开设“容华”照相馆。民国4年(1915),蔡子卿在油榨岭开设“留真”照相馆。此后开设“楚化楼”“聚仙楼”“美光”“同升”“宛在轩”“华光”等照相馆。民国16年(1927),在岳阳楼三醉亭开设“天然”照相馆,始拍风景照。民国19年(1930),开设“荣华馆”。民国27年(1938),岳阳沦陷后,各照相馆被迫停业或迁往他乡。日本人在油榨岭开设“大冢”照相馆,在茶巷子开设“日人”照相馆。抗日战争胜利后,“容华”馆迁回城区,分设“福记容华”“合记容华”2家照相馆。此后,相继开业的有“天然”“金园”“银光”“湖山”“远东唯一楼”“银星”等照相馆。1949年8月,开设“光化”“良友”“星星”等照相馆。是时,城区已有照相馆10家,从业人员37人。1956年,实行公私合营,城区照相从业人员22人合并为“天然”“湖山”“容华”3个照相馆,成立照相、钟表、镶牙总店、隶属城厢镇福利公司管理。60年代,境内有6家照相馆、店。1975年,增至8家,其中,国营7家、集体1家、从业人员81人。1982年,城区照相馆增至11家,个体照相户发展迅速,巴陵大桥、君山、岳阳楼、城陵矶、南湖等风景区快照相点相继出现。

90年代后,国营照相馆先后退出市场,个体私营照相网点遍布城乡。照相设备也渐趋现代化,照相设备逐步被数码摄影机所取代,冲洗、扩印均采用电脑控制技术。随着人们生活的需要,一些具备条件的摄影店开始从事婚纱摄影,以满足年轻人的生活情趣,如巴陵摄影城、青春照相馆、喜洋洋照相馆、欧美影楼、长沙樱花婚纱岳阳分店等较大的婚纱摄影专店。2012年,全区有照相馆214家。

洗染业　清初,城区即有土布染坊。民国24年(1935),有染纺业6家,后发展到10余家。从业人员走街串巷,承接衣物洗染、熨烫,开展毛货翻新、绣花织补业务。1951年,城区有染织业26家,从业人员180人。1956年,城区洗染业组建公私合营东升洗染店,并在南正街设洗染门市部,接收洗染业务。80年代后,个体洗染门店陆续兴起,洗染设备也日趋先进。随着服装面料的不断更新,洗烫业务也日益拓展。1987年,吕仙亭和梅溪桥洗染店开始使用干洗机,专洗高档呢绒面料衣物。随后,个体干洗店相继建立,一些大型宾馆、招待所设立干洗部,对外营业。1990年,境内有干洗店12家,从业人员18人。1999年,境内干洗店超过100余家,从业人员300余人。2012年,全区有干洗店74家。

修理业　清末民国时期,城区有一批贫苦居民、残疾人专门从事补锅、修伞、修理钟表、补鞋、配钥匙、补凉席和补陶瓷器皿、磨刀剪等。起初,他们肩挑工具箱,走街串巷,上门维修,后来设点维修。民国初,城区有五金修理店9家,从业人员27人。

中华人民共和国成立后,修理项目逐步增多,但也仅限于自行车、钢笔、电筒、钟表、靴鞋、伞、刀剪及各种小五金制品。1956年,修理行业全体归于集体性质的手工业合作店组。70年代初,又开始修理缝纫机、收音机、电唱机等。80年代末,随着家用电器的普及,开始修理电视机、电饭煲、冰箱、洗衣机等。随着各种高新技术产品的不断出现,修理范围进一步扩大,如各种汽车修理厂店也随着汽车的普及增多也应运而生。

2012年,全区从事修理行业的725家,其中摩托车修理与维护121家,计算机和办公设备维修48家,家电维修444家,其他日用品修理112家。

典当业　清代,城区即有典当业存在。刘长发、马日兴、魏正记等估衣店以寄卖形式或以物变卖后付钱,或按当时议价预付部分现金,若寄物久卖不出则退还原主,店家均按20%抽取佣金。1949年,城区有估衣店6家,从业人员10人,另有估衣摊贩多家。

中华人民共和国成立后，城区有典当铺12家，1956年合并为天岳山、南正街2家寄卖店。80年代后，典当业经营放开，国营专业寄卖店先后歇业，个体寄卖店不断兴起。90年代，政府部门为规范寄卖行业，先后出台一些制约措施，对巴陵典当行等10余家非法经营场所进行查封整顿。1996年，登记在册的寄卖店60多家，典当业逐步进入正轨。同时还出现以寄卖方式的一批旧货市场。2012年，全区有寄卖店130家。

其他行业 2012年，境内家政服务80家，托儿所服务1家，洗浴服务128家，保健服务116家，婚姻服务26家，清洁服务59家，殡葬服务25家，居民其他服务787家，未列明细服务664家。

第六节 名优特产

岳州扇 产于明末清初。工艺精湛，美观耐用。品种有200多个，分纸扇、羽毛扇、戏剧舞蹈扇、装饰大扇、绢扇、骨扇、宫扇、帽扇、轻便扇和香木扇等类型，其中，羽毛扇以洞庭湖一带的天鹅、野雁、鹰雕、鹳鹤等名贵羽毛编制而成；纸扇以竹为骨，光亮轻巧，镂刻精美，构图新颖。1981年，岳州扇参加轻工部举办的全国16家扇厂产品评比展览获第三名，产品销往世界各地。

兰花萝卜 又名“蓑衣萝卜”。民国年间，由天岳山戴同兴南货号酱作坊掌柜冯鑫元制作。所需原料，采用湖区砂质土壤上生长的肉嫩皮薄、含水分少的优质萝卜，每个重2—3两，长5—8寸。置盐缸内腌1个月，脱水后，用麻绳逐个穿起，挂于避阳处阴干，拌以五香佐料，盛于酱缸压实封存3个月，取出切成蓑衣状。刀法要求：每寸切12刀，正反横斜切透，再经过脱盐脱水，和以豆麦汁、辣椒粉、小麻油即成。色泽橙黄，味辣香脆，能使人开胃增食。

龟蛇酒 岳阳市酿酒总厂酿造。选用清澈透明、甘润微酸的君山柳毅井水，配上香糯米酿出酒体，再加上洞庭湖区特产的金龟、银环蛇、眼镜蛇泡制的液汁，再配入当归、党参、杜仲、枸杞等十余种名贵中药材，经高温除毒去腥，窖藏一年以上即成。酒内含丰富的蛋白质等营养物质，具有滋阴补肾，行气活血、祛风除湿、健筋壮骨、延年益寿之功效，产品远销国内外。

巴陵全鱼席 80年代初，由味腴酒家名厨师张克亮研制而成。主料为洞庭湖出产的银鱼、鳜鱼、鳊鱼、鲤鱼、青鱼、鲫鱼、水鱼、鳝鱼、泥鳅、螃蟹、河虾等18种鱼类及小水产品，用本地特产嫩藕、莲子、冬笋、口蘑、香菇、豆皮、芝麻、银针等23种作为配料，并拌以茶酒、麻油、猪油、鸡油、奶油、酱汁、糟汁、葱花、大蒜、生姜、干椒、胡椒、八角、茴香、味精、精盐、白糖、白醋、料酒、淀粉等24种调料。根据原料特点和制作菜肴的要求，运用切、剁、斩、锲等不同刀法将原料切成片、丝、丁、条、块、段、粒、茸、球等多种形状，或雕刻成精巧生动、绚丽多姿的“虫鸟花卉”“洞庭山水”“名胜典故”；在烹制上采用煎、炒、爆、溜、炸、炖、烧、蒸、煨、烩、汆、烤、熏、卤、酥、炕、冻、拔丝、蜜汁等17种方法。制作出的鱼肴，有咸鲜、麻辣、酸辣、酸甜、糖醋、糟香、麻香、五香、怪味等13种味道，其色泽有红、橙、黄、绿、青、白、紫、酱等8种，其菜目由30多个菜点组成。全部菜肴色彩绚丽、香气宜人、味美可口、形态美观、营养丰富。

北港毛尖 产于原北港河（今王家河）一带。自唐宋以来，此地以产茶著名，因此处位于南湖北端，又名“银毫”“北港毛尖”。其芽尖匀称，白毛茸然，嫩绿似莲，有“雀舌”“银芽”之称。色鲜、味醇、香郁、形美，颇具提神醒脑、清心适脾、生津止渴之功能。1000多年前，就成为享有盛名的贡茶。中华人民共和国成立后，经挖掘、总结、推广“北港茶”的传统生产技艺，至80年代，年产茶万担以上。

春茶采摘后，经 8 道工序加工制成色鲜形美的毛尖茶叶，畅销全国，并进入国际市场。21 世纪后，因市场竞争，茶场改制，北港毛尖停止种植。

附　名店名号选介

周德馨酱园　清嘉庆二十四年（1819），长沙人周渤四兄弟到岳阳南正街租赁铺屋创办周德馨酱园。门前立金漆招牌，店内横置龙凤匾额，因生意兴隆，逐年盈利。咸丰元年（1851），资产已达万余两白银，遂购下全部租房，并兴建作坊。该店素以物美价廉、待客周到而著称。民国 19 年（1930），年销售额达 10 万余元，利润在万元以上，产值达 8 万余银元，为湘北酱园业中老牌名店。其经商理财之道是：讲求实效，面向顾客。其苦心创制的各种名品如五香干、五香豆豉、龙凤酱油、什锦甜酱、鲜味醣鱼、芝麻细酱、小麻油、梅酥、豆酱、腐乳等，色、香、味俱佳，颇有特色，产品南销长沙，北达武汉，乃至川、黔、闽、粤、浙等省，1956 年公私合营后，周德馨酱园这一百年老店不复存在。

戴同兴南货号　清光绪二十四年（1898），长沙戴同兴南货号到岳阳开设分店，在天岳山街开店营业，以经营酱业为主，建有一家面积 500 平方米的前店后坊式大型酱园。并在南正街设门市部，以经营南货为主。货号重视产品质量，规章制度严格，讲究市场信誉。除经营各种酱制品外，还有干、鲜、腌各种菜类，品种多，花色新，味鲜美，深受顾客欢迎。以至数十年生意兴隆，长盛不衰。滨湖华容、湘阴、临湘等县及岳阳农村一些店铺均前往该店进货。民国 7 年（1918），该店有员工 70 余人，资本金 6 万余元。民国 27 年（1938）日军侵占岳阳后，货号迁往湖北新堤（洪湖）。抗日战争胜利后，在梅溪桥街重开南货号，取名东方，戴同兴名号不再存在。

毛华盛绸缎匹头号　民国 12 年（1923），岳阳人毛芝圃与同乡在南正街合资开设毛茂盛绸布店。次年改由毛华盛独资经营，更名毛华盛绸缎匹头号，主营呢绒、毛料、绸缎、布匹等数百个品种，日销售额近千银元。不久增设分店，开辟货房，兼营批发，最高年销售额 30 万银元，年盈利最高达 8 万银元。该匹头号对批发商定价灵活，对讲究信誉的主顾实行优惠，临湘、平江、华容、南县客商多愿在此进货。民国 27 年（1938）日军入侵岳阳，毛华盛绸缎匹头号转至沅江县南大膳继续营业，后因时局不稳停业。

味腴酒家　民国 25 年（1936），由江苏扬州周氏三姐弟开办。店址初设鱼巷子，后迁南正街。主营酒店及江浙风味小吃，尤以苏味小笼汤包扬名，兼营岳阳地方风味小吃，后发展到制作京、苏、川、湘风味菜。日承办酒席 40—50 桌，日营业额最高 300 余银元。1956 年公私合营时，更名爱群饭店一分店。1965 年，更名木兰饮食店。1989 年，市饮食服务公司将位于竹荫街的岳阳饭店饮食部复名为味腴酒家。1994 年 3 月，获国内贸易部颁授的"中华老字号"金字招牌，成为岳阳市唯一获此殊荣的名店。

严万顺药店　清道光十四年（1834），江西樟树人严启才到岳阳修门面开药店。咸丰十一年（1861），其子严质飏正式更名为严万顺药店。地址设南正街。该店药材讲究货真价实，贵重药材专程采购，注重加工，炮制精细。岳阳、临湘、华容、平江等地的药业生意大部分集中在该店，日营业额达五六百银元。民国 27 年（1938）日军入侵岳阳，药店被抢劫一空。抗日战争胜利后，重新开业。1950 年公私合营后，严万顺药店不复存在，更名为为民药店，仍在严万顺药店原址经营，至 2012 年，是城区唯一仅存的百年老店。

第三章　外经外贸

第一节　对外贸易

汉高祖元年（前206年），境内商贾与海外诸国通商，主营布匹和茶叶。清道光年间，境内出口的大众产品多由湘江经湘潭、衡阳转往广州出口。同治元年（1862），汉口辟为商埠，境内进出口贸易逐渐由广州转汉口，再出口外洋，主要出口的大宗产品有稻米、芝麻、棉花、茶叶、植物油、纸张、皮革等。由上海、汉口输入境内的洋货有数十种，其中以棉货、煤油、食粮为主。

光绪二十五年（1899），岳州辟为商埠，设置海关。通商国有英、俄、日、美、德、意、荷、印度、朝鲜、越南、丹麦、瑞士等国和中国香港、澳门地区。其中英、俄、日、美为主要销入国。光绪二十六年（1900）至民国22年（1933），岳州海关贸易总值3.9亿关平两，其中出口2.95亿关平两，进口0.96亿关平两，占全省海关贸易总值的25.41%；出口商品十大类均为农副土特产品，进口商品十大类均系工业制成品。但岳州口岸进出口贸易均需通过外国洋行进行，进出口贸易受外国洋行及代理人的压榨和盘剥。

民国27年（1938）日军占领岳阳，进出口贸易完全停止。日商洋行逐渐垄断岳阳进出口贸易，日军将掠夺的农副产品运回日本，根本无贸易可言。抗日战争胜利后，境内仅有少数从事进出口贸易的老字号商铺重操旧业，将茶叶、粮食、油料、蛋类、生猪、畜产品等运至汉口、长沙或广州、香港出口，但货量不多。

中华人民共和国成立后，境内未设对外贸易机构，出口商品均由国营商业、供销社和私商代购或调拨出口。1956年，湖南省外贸在岳阳设立工作小组，开始验收、发运境内及附近各县的部分农副产品出口，年出口收购额仅数百万元。进口商品由国家统一输入，按计划调拨给生产企业或国营商业销售。进口商品，以生产资料为主，消费品数量为数很少。1960年，轻工部为岳阳造纸厂从芬兰进口1台日产100吨高速纸机，为当时进口的大型成套机械设备。

1959年后，岳阳县建立外贸公司，负责向湖南省外贸各专业公司组织收购出口货源。80年代，每年有上百家外贸公司和香港、澳门、台湾地区客商到岳阳考察，由当时的岳阳地、市外贸部门接待洽谈。

2005年8月，对区内18家外经外贸企业进行调查摸底，建立外经外贸企业信息档案库，扶持外贸出口品牌，支持产品升级换代，增强出口创汇能力。2009年，完成外贸进出口总额4808万美元，其中进口4612万美元，出口196万美元。2010年，完成进出口总额1978万美元，其中出口420万美元，进口1558万美元。2011年，检查备案登记24家企业，指导、协助符合条件的企业进行自营进出口权登记备案。2012年，组织全区外资企业参加市直有关部门年检，参检合格率100%；为万佳酒店等5家企业办理股权转让、变更经营范围、增资等事项；为友文贸易等11家公司办理对外贸易备案登记。

第二节　招商引资

一、机构

1984年，南区、郊区为发展经济，积极进行招商引资，以壮大区街经济。1987年3月，南区、郊区分别成立经济技术协作办公室。1989年6月，南区、郊区成立对外经济办公室，与经济技术协作办公室“两块牌子，一套人马”合署办公，负责全区对外经济贸易工作。1991年12月，南区、郊区分别成立财办，管理境内对内对外商业贸易工作。1996年4月，岳阳楼区成立财贸办，管理对内对外贸易。2002年5月，区财贸办、区物行办、区蔬菜办合并组建区贸易办。2005年10月，组建区商务局。

二、成效

1992年，南区对外引进技术14项，有27个产品参加广州春季交易会，先后与70名海内客商洽谈项目31个，签订协议18个，付诸实施的7个，投资总额9410万元，其中外商投资5785万元，实际到位资金753万元。1994年，郊区建成“三资”企业7家，合同利用外资金额310.4万美元，实际利用外资128.9万美元，出口创汇270.3万美元。全区“三资”企业完成产值5000万元。

1996—2000年，岳阳楼区共完成外贸进出口总额2408万美元，实际利用外资1990万美元。2000年，区属企业出口创汇760万美元。2001年，新批外商投资企业2家，项目总投资198万美元，“三资”企业出口创汇416万美元。2002年，合同利用外资1117万美元，实际到位外资近600万美元。2003年，利用外资610万美元。2007年，区工业园引进中国台湾客商实地考察，签约项目3个。2009年，新批外资项目2个，实际到位外资项目4个，合同利用外资810万美元，实际到位外资875万美元；完成外贸进出口总额4808万美元，其中进口4612万美元，出口196万美元。2011年，新批岳阳市中圣万力矿产能源投资有限公司等外资项目2个，合同利用外资3000万美元，实际到位外资1350万美元，实际进出口总额4680万美元，其中出口765万美元，进口3915万美元。2012年，实际到位外资1897万美元，完成市定目标任务1650万美元的115%，比上年增长27.3%；完成进出口总额7672万美元，完成市定目标任务的112%，增长34.3%。

第八篇　交通·邮政通讯

第一章　交　通

1958年10月，岳州人民公社设工交部，管理工业交通。1960年4月，岳阳市人民委员会设交通科。1962年9月，城关镇设工业交通办公室。1976年，设市工业交通局。1979年，市工业交通局分为市工业局、市交通局。

1984年2月，郊区设工业交通科，是年10月更名为郊区工业交通局。1986年9月，撤销区工业交通局，成立区交通局。1996年4月，郊区交通局更名为岳阳楼区交通局，内设办公室、公路建设股、票证结算股、安全管理股、交通战备办公室，下辖港口航务管理所、公路管理所、地方养路费征收稽查一所与二所等4个行业管理机构。是年12月，运输管理所成建制划归市运输管理处。作为中心城区交通局，根据市区交通运输管理权限，岳阳楼区交通局仅管理辖区内县、乡公路及部分区属企业码头，其他国道、省道、大型港口码头均由市交通局管理。

第一节　公　路

古道　岳州城设有马驿，明弘治《岳州府志》载：岳州自岳阳马驿往北、东、南、西等驿道通往四方。岳阳马驿旧址在岳阳门（今岳阳楼）内，明初迁北门外湖滨。清康熙初年迁城南旧县署（今竹荫街）、清康熙十八年（1679），迁城内学前街，乾隆十一年（1746），迁东门外双路口（际华三五一七橡胶制品有限公司铁路外），主要驿路有经东门外双路口，过枫桥湖桥至武昌府（官）驿道；经东门外双路口过花板桥、三眼桥至长沙府（官）驿道，以上驿道供人与马行走。

道路　民国27年（1938），侵华日军为便利军事运输，修筑临湘经岳阳、冷水铺、五里牌至新开塘的简易公路。

1962年，城区仅有5公里沙石公路。1983年，有水泥公路18公里。1995年，郊区共养护公路185.55公里，其中省道44.91公里、县道140.64公里。2000年后，加快高速公路建设。至2012年，有乡级以上公路32条、176.6公里。其中，高速公路联接线1条、5.4公里，国道1条、9.2公里，省道2条、45.5公里，县道9条、65.3公里，乡道19条、51.2公里，村道55条、295公里。境内道路纵横交错，四通八达，与全国公路网联接。

桥梁　境内公路桥主要分布在路经区内的107线、210线、211线、304线、907线等国道、省道，其中以国道107线最多。自国道107线1471公里11号桩至1487公里25号桩，近17公里的范围内有红光桥、跨国道107线立交桥、七公桥、花果桥、皇姑塘立交桥、北港一桥、北港大桥、戴家桥、长石立交桥、长石一桥、长石二桥、桥头一桥、桥头二桥、桥头三桥、万家一桥、胜天二桥、熊家坳桥、哑口二桥等18座桥梁，均为钢筋混凝土桥。

车站　1963年，湘潭专区运输局在城区设立汽车站，进行客货运输。1964年，岳阳汽车站与城关汽车站合并成立岳阳中心汽车站，属省汽车运输公司管理。1969年1月，岳阳汽车站与地区公路总段、粮运中队合并成立岳阳地区公路运输服务站。1970年，更名为省运输公司岳阳地区分公司。1985年8月，成立岳阳客运公司。1987年，更名为湖南岳阳汽车运输公司。1992年，更名为湖南岳阳汽车运输总公司。2001年9月，与市装卸运输总公司合并，组成岳阳神驰运输集团有限责任公司，下辖岳阳汽车中心站、洞庭汽车站2个一级车站和五里牌社会客运站、巴陵汽车站、汽车东站等5个营运站场。在册职工1481人，有营运客车315台，经营客运班线136条，其中省际班线60条，地方班线35条，县、区内班线41条。是年，完成客运量333.4万人次，旅客周转量31020万人公里。2006年，完成客运量313万人次，旅客周转量44339万人公里。2009年，完成客运量359.9万人，旅客周转量51001万人公里。2012年，完成客运量1.1亿人次，客运周转量49.4亿人公里。

货运　民国时期，境内货运业务主要为军事运输。1952年，三三六厂有货运汽车2台。1958年，城区各单位有货运汽车13台。1964年，岳阳汽车站有货运汽车27台、107吨位，运货拖车7台、19.5吨位。是年完成货运量6100吨。1970年，境内货运汽车增至95台、370吨位。1989年，岳阳汽车运输公司货车增至148台、761.5吨位，是年，货运量29.25万吨。50年代至1989年，境内大部分厂矿企业、机关团体均配备专门的货运汽车。90年代后，随着107国道及京珠高速公路的建成，公路货运量逐年上升，货运车辆从4吨增至数十吨，一些大型集装箱货运车辆的营运，加快城区各单位的货运周期。2012年，货运量1.78亿吨，货物周转量274亿吨公里。

第二节　水　运

境内水运主要是洞庭湖与长江。南自太平嘴，北至擂鼓台，全长约14公里，有岳阳港与城陵矶港。2012年，区内港口货物吞吐量突破亿吨大关，岳阳成为长江沿岸10个亿吨大港城市之一。

一、港口渡口

岳阳港　位于城区西面东洞庭湖畔，南起太平咀，北至七里山，岸线总长7.8公里。港区呈月牙形，有客货码头24个，泊位54个，货场18.52万平方米，4条铁路专线，可常年通航700吨级船舶，洪水期可通航1500吨级船舶。1989年，年货物吞吐量294.4万吨。1995年，有码头31个，泊位55个，1996年，年货物吞吐量196.11万吨。2012年，建设岳阳港道仁矶港区和成品油及化工品公用码头，新建3000吨级油品及化工品泊位1个，码头全长265米，码头前沿设计水深4.4米。

1956 年岳阳港码头情况

表 8-1

码头名称	产权单位	用　途
九华山码头	二一一工厂	橡胶、粮食
云溪庙码头	湘　航	客　货
岳阳楼码头	岳阳楼公园	旅　游
新码头	湘　航	人　渡
安化码头	湘　航	竹　木
南岳坡码头	湘　航	旅　客
街河口上码头	湘　航	客　货
街河口下码头	湘　航	客　货
炭码头	湘　航	煤　炭
红船厂上码头	湘　航	粮　食
红船厂下码头	湘　航	杂　货
韩家湾上码头	湘　航	粮　食
韩家湾中码头	湘　航	杂　货
韩家湾下一码头	湘　航	粮　食
韩家湾下二码头	湘　航	粮　食
三角线码头	岳阳集材场	竹　木
小港上码头	岳阳县粮食局	粮　食
小港中一号码头	岳阳县粮食局	粮　食
小港中二号码头	岳阳县粮食局	粮　食
小港下码头	岳阳县粮食局	粮　食
南津港码头	省联合供销社	竹　木

1995 年岳阳港码头泊位情况

表 8-2　　单位：米、吨

码头名称	结构形式	建成年度	码头长度	靠泊能力	主要用途	装卸设备	产权单位
南津港木材码头	直立	1976	80	150	装木材	人力	岳阳纸业集团
南津港窑湾码头	直立	1976	80	150	装木材	人力	岳阳纸业集团
五一粮食码头	斜坡	1977	50	150	装卸粮食	人力	岳阳市小港粮库
三角线码头	斜坡	1954	30	150	木材、沙石	人力	岳阳市林产公司
千吨级码头	直立	1992	128	1000	杂件、百货	机械	岳阳港务公司
大港池码头	直立	1985	160	500	杂　件	机械	岳阳港务公司
马家湾码头	直立	1985	150	500	杂　件	机械	岳阳港务公司
小港池码头	直立	1989	60	500	集装箱重件	机械	岳阳港务公司
洞庭庙煤码头	直立	1969	50	150	煤	机械	岳阳港务公司
五码头	斜坡	1985	30	200	木材、芦苇	人力	岳阳市装运公司
立式1号码头	直立	1963	25	200	煤、杂件	人力	岳阳市装运公司
街河口码头	斜坡	1949	40	200	杂　件	人力	岳阳市装运公司
立式2号码头	直立	1985	25	200	煤、杂件	人力	岳阳市装运公司
南岳坡码头	斜坡	1949	30	200	煤、沙石	人力	岳阳市装运公司
南岳坡客运码头	栈桥·趸船	1985	60	1000	客　运		岳阳市水运公司
南岳坡沙石码头	斜坡	1975	40	150	沙　石		岳阳市水运公司
岳阳楼客运码头	斜坡·趸船	1985	100	1000	客　运		岳阳港务公司
武警工作船码头	斜坡·趸船	1988	35	200	军　需		岳阳武警船舶大队
石英沙石码头	斜坡	1980	30	150	沙　石	人力 机械	岳阳市石英滤料厂
北门人渡码头	斜坡	1976	30	150	沙　石 （停客运）	人力	岳阳市水运公司

码头名称	结构形式	建成年度	码头长度	靠泊能力	主要用途	装卸设备	产权单位
北门汽渡码头	斜坡	1971	50	300	沙　石（停渡运）	人力	岳阳市公路局战备渡口所
船厂码头	斜坡	1976	20	150	停船造船	人力	岳阳市水运公司
磷肥码头	斜坡	1968	40	150	磷肥、煤	人力	岳阳磷化工厂
公安艇码头	斜坡	1987	50	150	沙　石	人力	洞庭乡派出所
趸船浮码头	浮码头	1995	30	150	木材检查	人力	岳阳市林业局木材检查站
水运综合码头	斜坡	1986	50	150	危险品、沙　石	人力	岳阳市水运公司(市港航局转让）
防汛物资码头	斜坡	1987	60	150	沙　石	人力	国家防汛岳阳定点仓库
东风湖1号码头	斜坡	1987	50	150	沙　石	人力	东风湖渔场
东风湖2号码头	斜坡	1987	50	150	沙　石	人力	东风湖渔场
堤防沙石码头	斜坡	1986	50	150	沙　石	人力机械	岳阳市城市堤防处
非金属沙石码头	斜坡	1985	30	150	沙　石	人力	个体联户（原非金属矿厂）

城陵矶港　位于洞庭湖与长江汇合处，自古为荆湖南路重要交通口岸。商贾客贩、漕粮输运、军旅往来，全靠舟楫往返。五代十国时，曾在此设邸店。元时，设有站赤，为长江沿线12个水站之一。清嘉庆时，设有义渡，摇棹长江两岸。清光绪二十五年（1899）11月，城陵矶开埠设关，正式开始现代客货轮运输。1965年12月1日，长江航运管理局在此设立城陵矶港务管理局。1968年，城陵矶港成为长江沿线八大港口之一，也是湖南省最大的港口。1980年4月，被列为长江沿线对外开放港口。有12座大、中型机械化客货两用码头，50000平方米仓库，可常年停靠1500—3000吨级客货轮船。1986年，货物吞吐量350万吨，1989年为413万吨，1996年，有码头泊位22个，最大靠泊能力5000吨级，最大起重能力40吨，全年货物吞吐量591.66万吨，旅客吞吐量47.6万人次。2000年后，货物吞吐增至1000万吨，旅客吞吐量减少。2012年4月5日，城陵矶港首班直航货轮抵达香港。

北门渡口　位于岳阳楼以北，是通往洞庭湖西与湘鄂西的重要公路渡口、湖南省最大的汽车轮渡之一。有载运汽车8台的钢质板渡轮2艘、12车钢质机动渡轮2艘、拖轮2艘，安装柴油机10台、1295匹马力，日渡运汽车2000车次。2000年，洞庭湖大桥建成通车，渡口停止摆渡。

二、轮船运输

清咸丰六年（1856）六月，外轮纷纷驶入长江内地。光绪二十三年（1897），湖北绅士吴锦章邀集两湖绅士筹办官督商办的鄂湘善后轮船局。光绪二十四年（1898）五月，善后轮船局湘汉线正式开航，岳阳楼与城陵矶各设一船埠，供上下客货之用，为岳阳轮船运输之始。此后，英商太古、怡和公司、日本湖南轮船公司（后与日商大阪邮船会社、日本邮船会社、日本大东轮船会社合并改称日清公司）、日商戴生昌轮船局、德商美最时洋行等外商纷纷开设湘汉航线，停靠岳阳与城陵矶。湖南的中国汽船公司、楚利公司、普济公司、外埠的民生公司、三北公司等数家中国轮船公司，相继开办湘汉、湘申、湘渝、湘宁、湘浔等航线。清末至民国18年（1929），仅湖北省内开入湘省航线的轮船公司就有70家、125艘轮船。其中，直接驶抵岳阳的有5家公司的5艘轮船，其他各公司轮船均在城陵矶停靠。

1950年，私营汉新转运公司首开湖北新堤至岳阳航班。1951年，湖南省轮船公司开设湘汉线、湘宜线。1953年，湖南省轮船公司增设监利至岳阳航班。1954年，湘江轮船公司开设岳阳至华容航班。1958年，除过境客货轮外，县帆运社有客轮1艘、拖轮8艘、木帆船504只，用于航运。至1989年，城区有城陵矶、岳阳楼、南岳坡3个客运码头。辟有城陵矶至宜昌、重庆、汉口、南京、上海5条航线，每天有4—5班次客轮停靠。岳阳楼码头辟有至宜昌、重庆、武汉、南京、上海、常德、益阳、沅江等9条航线，每天有7—12班次客轮停靠。1989年1月，新辟至重庆的旅游航道。2000年后，随着水上运输的进一步萎缩，洞庭湖区与长江沿线的客运逐渐停运，每年仅有少量旅游客船停靠岳阳楼客运码头。

1897—1937年驶靠岳阳中外轮船公司一览

表8-3

公司名称	航线	航运业务
鄂湘善后轮船局	湘汉	客、货
开济轮船公司	湘汉	客、货
英商太古洋行	湘汉	客、货
英商怡和洋行	湘汉	客、货
日本“湖南轮船公司”	湘汉	客、货
日商大阪邮船会社	汉宜	客、货
	沪宜	
日本邮船会社	—	客、货
日本大东轮船会社	—	客、货
日商戴生昌轮船局	湘省内河航线	客、货
英商鸿安公司	湘汉	客、货
德商美最时洋行	湘沪	客、货

公司名称	航　线	航运业务
民生轮船公司	湘　渝	客、货
三北轮船公司	湘　汉	客、货
普济轮船公司	湘　汉	客、货
荣昌轮船公司	—	客、货
美孚公司城陵矶油栈	—	货
汉冶萍城陵矶转运站	湘　汉	货
湘鄂拖轮公司城陵矶分公司	湘　汉	货
岳阳商运拖轮公司	—	货
湘汉拖轮公司城陵矶分公司	湘　汉	客、货
保商拖轮公司城陵矶分公司	—	客、货
岳阳永兴拖轮公司	—	货
湘岸淮盐转运公司岳阳分公司	—	客、货

三、帆船运输

古代，岳阳港、城陵矶港舟楫往返，帆樯如云。清代，岳阳与城陵矶港先后按地域组建各种船帮。岳阳土著渔民组成“铲子帮”；外籍客船组建“五七帮”“永和帮”；城陵矶埠船民组成“划子帮”，“划子帮”分上、中、下3帮，各有分工与停靠码头，“上正帮”行驶城陵矶至岳阳城，“中正帮”为停泊于江中轮船提驳过档，“下正帮”行驶城陵矶至荆河脑。省内湘、资、沅、澧水各船帮也经常驶入岳阳境内湖面与长江水域。抗日战争时期，湖北、河南、四川、江苏、浙江、安徽等省船帮涌入湖湘。抗日战争胜利后，境内主要船帮有：在岳阳楼一带活动的“山西帮”，在南岳坡一带接送旅客、货物的“五七帮”“永和帮”，把持西门、南津港、城陵矶渡口的“渡口帮”，把持沿湖渡口的本地船帮。

民国16年（1927），船民们成立岳阳县提驳业同业公会与民船业同业公会。民国26年（1937），成立湖南船舶总队第五大队。民国35年（1946）5月，成立岳阳县民船船员工会。不久，成立岳阳县船舶大队，后更名为船业同业公会。

1951年11月，成立湖南民船联合运输社岳阳支社。1953年，民船联运支社与航运管理站合署办公，共有机帆船696只、木划驳1314只，运输工人2328人，其中，民船运输支社有帆船459只、划驳33只，船员816人。1954年10月，成立船民协会。1956年上半年，成立岳阳县木帆船运输合作社。1959年，成立岳州公社运输分社。1963年，更名为岳阳县木帆船运输合作社。1976年11月，更名为岳阳县水运公司。1980年，水运公司有职工1749人，船舶255艘、10809吨，机动运输船60艘、2344吨；完成客运84.64万人次、货运63万吨。1981年12月，更名为岳阳市水运公司。1989年，水运公司完成货运量54.1万吨。2000年后，随着水运的进一步萎缩，市水运公司经改制破产，水路货运大部分由私人船舶承运，其中以挖沙运沙船为主。

第三节　铁　路

一、线路

主干线　清光绪二十二年（1896）九月，清廷议修武昌至广州的粤汉铁路。民国3年（1914）7月，武昌至岳阳路段动工兴建。民国6年（1917）9月，武昌至岳阳段试运行通车，每周一、周三、周五由武昌鲇鱼套开往岳阳，每周二、周四、周六由岳阳开往鲇鱼套，乘客不多，多为军运。民国7年（1918）9月，湘鄂段（武昌至株洲）通车，民国9年（1920）1月正式营运。民国25年（1936）8月，粤汉路广州至武昌全线通车。1957年4月，京广线武昌至衡阳段复线勘测设计。是年10月15日，武汉长江大桥通车。是年11月，京汉、粤汉铁路更名为京广铁路。1958年10月，岳阳县组织5.65万人参加京广复线岳阳段建设。至1968年，岳阳区间复线全部建成通车。2005年6月23日，武汉至广州的高速铁路在长沙开始动工，全长约1068.8公里，途经岳阳楼区，2009年12月9日试运行成功，26日正式运营。2012年10月16日，内蒙古西部至华中地区铁路煤运通道荆州至岳阳段开工。

专用线　1950年，中南军区后勤部在境内铺设第一条铁路专用线，长1921米。1952年，省集材场在南津港铺设铁路专用支线2条，长1251米。1957—1959年，先后修建城陵矶粮库、小港粮库、三角线协作线、岳阳电厂、岳阳港务局沿湖铁路等5条支线。1965—1969年，修建5条铁路支线。1977年，修建4条铁路支线。至1989年，境内共有企业自用铁路专用线21条，54股道，长46.093公里。2012年，企业自用铁路仍为21条。

二、铁路桥涵

南津港铁路桥　位于南津港南湖与洞庭湖汇合处。民国5年（1916）建，原桥为4孔、33.33米跨度穿架式桥梁。民国27年（1938），为阻挡日军南进，国民党军队撤退时将其破坏，抗日战争胜利后修复。1949年，国民党军队溃退时，再次炸坏该桥，后由解放军铁道兵修复。1966年，建成复线桥，桥长348.8米，15孔，桥孔总长339.4米，设计洪水位标高34.72米，系钢筋混凝土桥。

园艺路铁路立交桥　位于湖滨园艺路。2010年建，钢筋混凝土穿透式立交桥。

磨子山铁路立交桥　位于火车南站南端磨子山西，钢筋混凝土穿透式立交桥。

梅溪桥铁路立交桥　位于梅溪桥街与青年西路交汇处。民国5年（1916）建造。1996年扩建为钢筋混凝土穿透式立交桥，长29.5米，宽18米。

德胜北路铁路立交桥　位于德胜北路与马壕交汇处。建成年代较早，钢筋混凝土桥。

站前西街铁路立交桥　位于火车东站南端站西街。钢筋混凝土穿透式立交桥，长10.7米。

云山街铁路立交桥　位于火车东站北端云山街与枫桥湖路处。1993年建，钢筋混凝土穿透式立交桥，长31.2米。

通海路铁路立交桥　位于冷水铺通海路。1995年建，钢筋混凝土穿透式立交桥，长41.5米。

冷城路铁路立交桥　位于冷水铺铁路机务段与城陵矶交汇处。钢筋混凝土穿透式立交桥，由2座桥组成。

冷城支线铁路立交桥 位于冷水铺至城陵矶铁路支线处。钢筋混凝土穿透式立交桥。

武广高铁茅栗铺大桥 位于郭镇乡地域。2009年建，钢筋混凝土高架桥，由多桥组成。

三、车站

岳阳车站 位于先锋路与建设南路交叉口。民国5年（1916）8月动工，次年3月竣工，系粤汉铁路一等站。原名岳州车站。民国25年（1936）8月更名为岳阳车站，1988年7月升为京广铁路一等车站。有站房面积8400多平方米；月台2个，长1160米；到发线股道5条，调车线股道7条；日进出旅客列车23对，日客运量约2万人次。随着经济发展，客货运量的增加，原有车站已不相适应。1991年6月，在南湖大道北端新建岳阳车站，总面积13060平方米，有月台2座，到发线7条，大小候车室5个，可同时容纳3500人候车。1994年10月竣工启用，原车站改作火车南站，主要从事货运发送。

岳阳北站 原名城陵矶车站。民国6年（1917）6月建，为四等车站，站内仅1条到发线股道。1966年，股道增至5条。1969年增至20条。1985年，站内股道增至24条。日均调车节数2049节，日均装卸车2014节，升为一等区段站。1988年，更名为岳阳北站，成为湘北地区最大的货运列车编组集散场站。1989年，站内增开专用线10条、30.6公里。至2012年，专用线数量没有变，运量减少。

岳阳东站 又名岳阳高铁站，位于巴陵大道东端金凤桥村，为武汉至广州高速铁路二级站。2007年3月动工兴建，总面积5.09万平方米，站房15138平方米，车站广场占地6万平方米，有到发线5条，1座基本站台和2座中间站台，2009年6月，试运行站台最高聚集人数可达1000人，高峰小时可发送旅客2094人。

第四节 装卸搬运

一、沿革

宋代，城区城陵矶便有船主临时雇用伙计与挑夫，装卸、挑运船舶货物。清光绪三十二年（1906），汉冶萍煤运道在城陵矶开设煤栈。在江边开设“炭码头”，雇佣夫役装卸过档煤炭，这些夫役便成为正式码头工人。以后，随着各种船舶停靠，货物增多，码头工人也逐渐增多，码头业务分工愈来愈细，各种帮派、栈会、行业分会组成各种行帮。民国6年（1917）粤汉铁路通车，火车站出现专为火车装卸物资、为旅客拖运行李的装卸工人。此时，城内各种短途运输，如肩运业、挑运业、提驳业、推运业纷纷兴起。1927年，岳阳县总工会下属的24个分工会，属于装卸搬运的有箩业工会、上码头会、正码头会、西门码头会、四兴码头会、抬轿业会、挑水业会、推砂业会、提驳业会等，仅箩业工会就有工人500多人。民国35年（1946）4月29日，县肩运业职业工会在天岳山保校成立，划定地埠，制定宗旨。民国37年（1948），城区码头工人成立岳阳县搬运业公会。9月，城陵矶提驳业联合公会成立，有会员59人。

1949年8月，县政府组织搬运工人成立新联合码头工人委员会。9月，城陵矶搬运业与提驳业合并成立城陵矶码头工会委员会，1950年1月，岳阳县码头工会成立，5月更名为中国搬运工业湖南省岳阳县委员会，下辖城镇码头工人委员会、城陵矶基层委员会，领导码头工人进行生产学习。

1952年4月，县搬运工会更名为搬运公司，下设城内搬运站、湖滨搬运站、南津港搬运站、城陵矶搬运服务站。1953年2月，分别更名为城区第一办事处、湖滨第二办事处、南津港第三办事处、城陵矶搬运管理站，共有搬运工人近2000人。1954年5月，县搬运公司更名为县搬运管理处，仍辖城区、湖滨、南津港、城陵矶4个搬运管理站。1955年5月，搬运管理处与航管站抽调干部组成联合办公室，下设铁路搬运站、航运搬运站、市内搬运站、城陵矶搬运站、木材专业站。7月，仍改为县搬运管理处。1956年2月，湖滨、南津港2个搬运管理站所属业务及1038名职工移交省集材场；3月，县搬运管理处干部19人、工人560人移交县航运管理站；7月，另组建岳阳县搬运服务社，属集体企业，有职工166人，以后又管辖县属各乡镇搬运社。1958年6月，县搬运服务社更名为县交通运输局搬运服务社。是年12月，县搬运社与县帆运社合并组成岳州公社运输分社，其中，搬运工人504人。1960年初，更名为市搬运社，1961年，成立市帆搬运输联合管理站。1963年3月，更名为城关镇搬运联合社、城陵矶分社。1976年1月，分别更名为岳阳市装卸搬运公司、城陵矶装卸搬运公司。1984年5月，市装卸搬运公司更名为市第一装卸运输公司，城陵矶装卸搬运公司更名为市第二装卸搬运公司。是年，南区成立后，除吕仙亭街道办事处设有1个搬运管理站外，南区所属单位不再有搬运社队。1995年2月，市一、市二装卸运输公司经多次改组后，合并组成岳阳市联运总公司。2000年后，除大型企业内设搬运队外，其他搬运业务均是请临时工。2005—2012年，大型码头采用机械动力搬运。

二、装卸工具

民国时期，装卸搬运工具主要是箩筐、扁担、竹杠、绳索、铁丝、撬棍、跳凳、跳板及少量手推车，工具简单原始。

50年代后，开始使用木制轮板车，后改为胶轮板车。60年代后，开始使用人力脚踏三轮车、机动三轮车、小型拖拉机，以后使用汽车运输。至80年代，主要以汽车装卸运输为主。90年代后，各种机械吊车、皮带输送机、吸谷机、循环拉坡机、叉车、铲车等机械用于装卸作业。城陵矶港务局装卸货物完全实现机械化作业。

第二章　邮政通讯

第一节　机　构

邮驿　西汉时期，境内为秦楚大道水驿。唐代，岳州府设有洞庭驿、湖岸驿、西沙驿。陆驿备有马匹和驿员。宋朝，邮驿制度具有明显的军事性，“以军卒代民役”，在境内增设“金字牌急脚驿”。元承宋制，明改元站赤为水驿，境内站赤为长江中游重要站赤及道。湘（江）、灵（渠）、黔、桂和洞庭湖腹地各水道的站赤起点。明洪武年间，岳州洞庭驿更名为岳阳驿，并在北门渡设临江驿。清代全国驿道干线途经岳州府的有3路。一路以京都（北京）皇华驿为起点，途经湖北蒲圻入临湘，过长安驿、云溪驿，至巴陵岳阳驿、青岗驿；第二路以京都皇华驿为起点，经南下各驿过境，再往湘潭南岸驿、黄茅驿、衡山监蒸驿、衡州排山驿、郴州驿入广东；第三路以京都皇华驿为起点，向南至衡州排山驿后，转向西南经永州零陵驿入广西。康熙初年，巴陵岳阳驿改迁城南旧县署址。康熙十八年（1679）三月，又迁城内学前街。乾隆十四年(1749)，改建于东门外双路口，有驿马42匹，排夫65人。雍正四年(1726)，确定巴陵县铺递24个。咸丰四年（1854），邮驿毁于兵乱，后重建岳阳驿，有驿程20公里，设驿侠2名，排夫128名，马84匹。

民信局 是民间信件传递机构，明永乐年间（1403—1424）创建。清宣统元年（1909），岳州设民信局6家，属长沙民信局分局，与汉口、九江等地民信局有业务往来。由本府署址至邻府料金为12文，由此通过一府料金18文，通过二府料金20文，通过三府料金24文，通过四府料金28文，省外100文。各民信局因规章制度欠完善，设备简陋，随后国家实行邮政专营，对民信局的业务加以限制。至民国24年（1935），境内民信局全部停业。

邮政局 清光绪二十二年（1896），清政府批准由海关筹备邮政。光绪二十三年（1897）一月，正式创办大清邮政。光绪二十五年（1899），英国驻汉口领事根据清政府颁布的《内港航行章程》，开岳州为商埠，在城陵矶开设岳州海关，由岳州海关税务司韩森（挪威人）兼岳州邮政总局邮务总办，各县下设邮政代办支局，由当地殷实富商充任邮务经理人。光绪三十年（1904），湖南在长沙、岳州成立2个邮政总局，岳州邮政总局所管局分布湖南、贵州2省30多个州、府、县。宣统元年（1909），岳州邮政总局迁常德。宣统二年初，岳州邮界改为副邮界（设副邮政总局），划归汉口邮界管辖。宣统三年，岳州副邮界改名常德副邮界。1912年，建立中华民国，设交通部，由交通部统辖全国邮政。1913年，湖南邮区和湖南邮务制定一等、二等、三等邮局标准，岳州府（驻城陵矶）邮局和岳州城邮局分别厘定为一等邮局和二等邮局。民国6年（1917）11月，驻城陵矶岳州府一等邮局改设城内，将岳州城内二等局升格为岳州府一等局。民国26年（1937），临湘县境内7处邮案代办所划属岳阳邮局，陆城、路口铺邮案代办所划归城陵矶邮局所辖。民国27年（1938），日军入侵岳阳，城陵矶邮局奉命撤至华容。抗日战争胜利后，迁回原地。民国38年（1949），城内设吕仙亭、北门、天岳山、先锋路、南津港等邮政代办所。1949年7月至1951年初，中国人民解放军湖南军事管制委员会派人接管岳阳电信局和岳阳邮政局，并根据邮电部“邮电合一”指示，成立岳阳邮电局。

电信局 清光绪二十二年（1896），湖南巡抚陈宝箴与湖广总督张之洞商议，架设湘鄂间电报线路，南段从长沙经湘阴、岳州、临湘至湖北蒲圻县境，北段由蒲圻至武昌，于次年5月竣工开通使用。光绪二十三年，在岳州设官督商办电报分局。光绪二十四年，在城陵矶设立电报分局。光绪三十二年，清政府设邮传部，境内电报局均收归官办。光绪三十四年，湖南设9处电报机构，其中有岳州、城陵埠2处设在境内。1911年12月湖南宣布独立后，境内电报机构隶属省电报总局。民国2年（1913），交通部将全国划分13个电政区，岳州、城陵埠电政局属设在汉口的鄂湘电政管理局管辖。民国5年，各省设立电政监督处，境内岳州、城陵埠隶属湖南电政监督处管辖。民国17年（1928），成立湖南省电政管理局，岳州、城陵埠电报局改属湖南省电政管理局。民国23年（1934），将岳州电报局改名为岳阳电报局，城陵埠电信营业处改为城陵矶电信营业处。民国27年（1938），为适应抗日战争需要，岳阳第一行政督察区无线电台设在岳州洞庭路李氏家庙内。是年，日军入侵岳阳，岳阳、城陵矶电报局相继关闭。民国34年（1945），境内无线电恢复通信，11月初成立岳阳电信局。

邮电局 1951年4—8月，岳阳县邮电局成立。1952年，县邮电局在城陵矶、湖滨、黄沙街、新墙开设4个邮政营业处和28个邮政代办所。1954年，在南津港、九华山、洞庭路、吕仙亭增设4个邮政营业处。1955年，县邮政局将冷水铺、城陵矶、南津港、吕仙亭、洞庭路、九华山6个邮政营业处改为邮电支局。1958年始，按区、社建制调整农村分支机构。1960年，在岳阳县城关镇的基础上建立岳阳市邮电局（县级市局）。1962年，境内分支机构收归县邮电局，11月恢复县城关镇建制。1964年10月，撤销岳阳县邮电局，成立岳阳专区邮电局。1970年，邮政局与交通局合并。1973年，恢复岳阳县邮电局建制。1976年11月，恢复岳阳市（县级）后，冷水铺支局邮电所划归岳阳县邮电局管辖。1981年，撤销岳阳县邮电局，成立岳阳市农村邮电局。是年8月，恢复岳阳县建制，9月恢复县邮电局。1984年8月，设在城区竹荫街（今解放路）的岳阳县邮电局迁至荣家湾。1985年1月，市邮电局在洞氮开设七里山邮电支局。1991年，境内属市邮电局直辖的分支机构有城陵矶、冷水铺、竹荫街、鹰山、七里山、汪家岭6个邮电支局和岳阳楼、先锋路、南津港、老街（城陵矶）、305（新开上源村）、奇家岭等6个邮电所。1996年，市邮电局下辖193个邮电支局所、7个邮电企业，有员工3124人。1998年，邮政局与电信局分设。2001年，成立岳阳邮政通信行业管理办公室和邮政执法大队。2005年，出台《岳阳市邮政局中层干部管理办法》等5个规范性文件。2006年，建设6个移动专营厅，并实行服务前移、规范、升级近1000个“三农”服务站和“11185”客户服务平台。至2012年，岳阳市邮政局共有干部职工1800余人，下辖6个县（市）局，149个支局所，内设综合办公室、人力资源部、市场经营部、计划财务部、服务督察部、工会、安全保卫部、后勤支撑部、金融代理分局、保险代理分局、集邮公司、大客户服务管理部、信息技术分局、信息业务分局、信函广告分局、机要通信分局、分销业务分局、邮区中心距、发行分局、投递分局、城北邮政分局、城南邮政分局、君山分局、云溪分局、零售公司。是年11月16日，成立岳阳市邮政管理局，内设办公室、市场监管科、普通服务科（机要通讯）。

第二节　业　务

一、邮政业务

邮政业务由解放初期的四大类发展为函件、包裹、汇兑、报刊发行、机要、集邮、储蓄七大类。

函件　清光绪二十五年（1899），岳州城陵矶辟为商埠，开设海关，同时成立岳州邮政总局，所辖县邮局逐步办理平信、明信片、新闻片、新闻纸、印刷物、商务传单、货样、贸易契等寄递业务。至光绪三十一年，岳州邮政总局进出口函件业务量为897531件。宣统元年（1909），增至233.22万件，比1906年增长2.6倍。民国8年（1919），据岳州一等邮局呈文记载：民国6年（1917），岳阳县月平均出口函件597件。民国16年（1927）4月，岳州邮局、城陵矶邮局收寄的平信、明信片、印刷品等函件分别为9616件、1142件、1478件。民国27年（1938），增办流亡侨民邮件、国内报值挂号邮件、保价邮件等。民国27年（1938）11月至民国34年（1945）7月，岳阳城区沦陷期间，商人撤走，政府机关疏散，城镇居民逃离，函件业务量下降，部分邮政业务停办。1945年抗日战争胜利后，恢复邮政业务，据《湖南邮政视察岳阳报告》中记载：民国35年（1946）11—12月，月均出口函件30543件，较民国6年（1917）增长51.16倍。民国26年（1947），月平均普通挂号3038件、快递挂号3462件。1949年，因解放战争关系，部分函件业务停办。

1950年，岳阳邮局恢复办理国际航空邮件，增办国内保价信函业务。是年，函件量达20.9万件。1951年，群众用书信慰问抗美援朝战士，增加了函件量。1952年，岳阳邮局出口函件43.3万件，较1950年增长52.8%。1953年，开办装钞保价信函业务。1955年，开办银行联行汇款专用信函业务。1960年，岳阳函件业务量达182.8万件。1968年11月始，境内邮电局执行邮寄《毛泽东主席著作》实行免费的规定。1969年5月取消免费。至1973年，国内函件业务调整为信函、明信片、印刷品和盲人读物4种。1979年5月，扩大收寄中国台湾地区邮件。1984年，执行解放军总参谋部、邮电部通知，义务兵从部队发出的信件免费邮寄。1986年8月，开办国内、省内特快专递邮件业务。至1989年，收寄特快专递邮件818件。1990年，岳阳市邮政局函件量上升至64.9万件。1991—1996年，函件量达9522.08万件。1997年，函件量为400万件。1998年，转运邮件181万袋（捆）、抵押邮件61.47万袋（捆）、分拣封发邮件289.9万件、平常邮件6660.3万件。2000年，函件比上年增长11.6%。2002年，完成函件收入2063万元。2007年，函件收入规模突破1000万元，数据库商函、账单业务得到发展，贺年卡营销200余万枚。2008年，实现函件收入1050万元。2009年，贺年卡实现收入920万元，完成省公司下达计划的109.41%，开发客户近500户，贺卡规模、客户群体均刷新纪录。2012年，函件业务累计完成收入1835万元，其中账单收入60万元，DM收入202万元，日常贺卡收入30万元，分别比上年增长10%、75%、13%。

包裹　起初由内地民信局兼办。后随邮局的设立和邮务的推广，邮局逐步受理包裹寄递业务。清光绪二十五年（1899），岳州成立邮政总局后，办理包裹寄递业务，起初只办理普通包裹，后陆续开办保险包裹和代收货价包裹业务。上述包裹业务需海关查验后方可寄递。民国3年（1914），中国加入万国邮会后，邮会准许中国内地各邮局收寄外国包裹，并按包裹价收取5%的海关税。9月，湖南邮区长沙邮政局邮务长克立德和岳州海关税务司商定属地邮局寄往外国的包裹，均交岳州邮局代为报关。民国6年（1917），岳州收寄出口包裹144件。民国17年（1928）8月，岳阳经厘局（纳税单位）在岳阳邮局附近设立进、出口包裹征收纳费关卡，对包裹价值按3%征收落地（进口）和出境（出口）厘税，即百元抽厘税3元。民国23年（1934），岳阳寄出包裹多为农特土产品；不能作保险包裹寄递。1935年8月，包裹不再交海关查验，但对进出口邮包实行按件纳税，致使大多数商人改为自运。至民国28年（1939），岳阳税务局取消对邮包的纳费。民国36年，增办教育图书小包和特快包裹业务，次年，恢复办理保价包裹业务。1949年，因战争停办部分包裹业务。1950年6月，岳阳邮局恢复办理国内保价包裹和增办代购货物业务。是年10月，恢复收寄杂志及国际包裹。是年，岳阳出口包裹业务量为868件。1953年，停办代收货物包裹业务。1958年，增办快递小包、国际包裹和保价包裹业务。1960年，岳阳出口包裹业务量为20773件。1966—1976年，受"文化大革命"影响，包裹业务量增长缓慢。1985年，寄递大件包裹，包裹业务量增至14.1万件。1990年，达到17.5万件，其中岳阳市邮政局5.5万件。1991—1996年，累计出口包裹量398.52万件。1998年，完成出口包裹51.2万件。2000年，速递业务比上年增长28%。2001年，邮购业务的重点转向农村种子，岳阳市完成种子邮购209吨，在全省14个市、州排名第二。2003年，培育物流业务，与21家大客户建立合作关系，全年实现收入107.67万元，业务量居全省第三位。2004年，市邮政局开办农村农资用品邮购业务，为农村配送饲料260吨、喷施宝130件、洗衣粉10030件，同时在物流业务上实现低成本扩张，全年完成业务收入130万元。2006年，将包裹列入项目体系，完成包裹收入963万元。2010年，将大包小包转为直接配送，共配送化肥2000多吨、下乡家电2000余台。2012年，配送家电872台，完成配送额192万元，收入24.96万元，完成酒水配送128万元。

汇兑　清光绪二十五年（1899），岳州城陵矶辟为商埠后，岳州开办国内普通汇兑业务。至光绪三十年改用三联单汇票。民国3年（1914），将汇票限额分为甲、乙两类。岳州府邮局（驻城陵矶）、岳州城邮局均为甲类汇兑局。每张汇票以100元为限。民国6年（1917），汇票单由三联改为二联。民国9年（1920）7月，岳州城甲类汇兑局改为乙（一）汇兑局，岳州府甲类汇兑局改为丙（一）兑付汇票局，兑付汇票以300元为限。民国10年（1921）8—10月，共开发汇票3559张，月均1186张；汇款银元68148.6元，月均22716.2元，汇水费收入1146.38元，月均382.13元；兑付汇票13118.47元、月均4372.82元。民国14年（1925），汇款改为按10%比例收费。民国32年（1943），汇兑业务停办。民国35年（1946），汇票最高限额增至5000元，次年为1000万元（旧币）。

1950年，岳阳出口汇票6610张、汇金6528元。1953年，实行银邮分工，邮局以办理个人汇款为主，银行办理公款和大额汇款为主。1958年始，按汇金1%收取汇费。1960年，岳阳出口汇票6.9万张，金额6.7万元。1966年6月始，普通汇票每笔最高限额放宽到300元。1975年始，邮政代办所一般不办理汇兑业务。1981年，每张汇票限额由300元提至5000元。1990年，进出口汇票总数94.9万张，其中出口51.5万张，进口汇票43.4万张；开出与兑付汇款总金额24983.6万元，其中开出汇票12840.7万元，兑付12142.9万元。1991—1996年，进出口汇票3397598张。2002年，实行普通服务与企业效益有机统一，储汇收入为4979万元。2003年，储汇收入6317万元。此后，汇兑业务由邮政储蓄所办理。2012年，汇兑业务没有单列统计，统称“储汇”。

报刊发行　1949年12月，全国报纸经理会议和全国邮政会议决定报刊发行实行“邮发合一”。1950年，中央人民政府政务院批准实施。是年，省邮局与新湖南报社签订“邮发合一”合同，岳阳发行2467份。1953年1月，邮电部和出版总署联合发出《关于改进发行工作具体办法的联合决定》，明确邮电部门和新华书店经营的期刊发行业务移交邮局统一发行。1955年，岳阳县邮电局发行《人民日报》290份、《工人时报》106份、《中国青年报》349份、《中国少年报》422份、《新少年报》829份、《新湖南报》1849份、《湖南青年报》719份、《地委农民报》1981份、《政治学习》784份、《湖南农民》1454份。1956年，岳阳县委机关报《岳阳报》创刊。1959年，改名为《岳阳日报》并由岳阳邮局发行。是年发行5万份。1961年停刊。1966年“文化大革命”始，不少报刊停刊，发行量急剧下降。1970年开始回升，达29.5万份。1978年，报刊种类增加。1979年，完成46.3万份，其中报刊期发数20.7万份、杂志25.6万份。1983年，期发数73.5万份。1985年，建“村邮站”801个。1986年，市委机关报《岳阳晚报》试刊，全年发行35266份。1990年，订销报纸期发数43.88万份，杂志期发数35.68万份，比上年增长1.14%。1991—1996年，共订销报纸期发数442.34万份，订销杂志期发数622.29万份。2000年，将报刊杂志列为业务六大专业之一。2002年，强调市场化运作，发行收入1609万元。2003年，略有减少，为1006万元。2007年，一次性收订报刊流转额为3626万元，完成省邮政局下达计划的101.56%。2010年，报刊收订实现流转额4220万元，教育期刊流转额绝对值稳居全省前三位。2012年，报刊发行实现流转额4879.16万元。

机要通信　1921年，中国共产党诞生后，党中央根据革命斗争的需要，建立党的“秘密交通”“军邮”“机要交通”“机要通信”等机构。1930年，湘鄂西苏维埃县政府设立交通科，负责文件收投工作。1931年3月，机要交通员转入地下。1951年8月，党内机要交通与军邮合并，归中央军委通信部领导。1953年，党内机要与军邮分设。1957年3月，机要通信工作移交所属邮电局办理。是年，共收寄机要文件8695件，其中岳阳为2956件。1960年，派大批工作组深入农村整风整社，机要通信业务量增加。1961年，机要文件收寄量70749件，比1959年增长32.69%。1966—1968年，机要文件收寄量下降。1974—1978年，机要文件收寄量在1万—2万件之间。1983年，为18873件。1989年达到26944件。1990年，机要文件收寄量为27804件，机要收入38496元，分别比上年增长0.96%、1.27%。1991—1996年，机要文件收寄量为133319件。1998年，加强机要保密工作，做到机要邮件无泄密无丢失。2000年后，机要邮件突出服务质量。2012年，机要通信继续保持质量全优。

集邮　1981年始，岳阳地区开办集邮业务。1982年，在解放路邮电支局营业厅内设集邮门市部。1984年，市邮电局改革集邮机构，对外称邮票公司，对内为一个班组级机构。是年12月，成立岳阳市集邮协会，有会员200人、集邮爱好者1200人。1986年10月，举办首届集邮展览，展框258个，标准贴片1419个，参观人数达4000多人。1987年，成立集邮沙龙，举办邮票拍卖会。1988年12月，岳阳市首次邮票拍卖会在市邮电局邮政大礼堂举行，有159个品种，80%被卖出，成交额8000余元。1989年，全市集邮收入73.3万元，其中岳阳市47.6万元。1990年为97.9万元，比上年增长32.88%。1991—1996年，发行纪念邮票64620745枚。2004年7月，举行《柳毅传书》特种邮票首发式，是年集邮业务创收80万元。2006年，推出个性化邮票《邮票上的金色少年》，深受市民喜爱，是年完成计划的397%，在全省排名第一。2012年，创建岳阳全国集邮文化先进城市，完善"新邮预订＋主题销售＋定向开发＋邮品鉴赏会"模式，实现业务收入1239万元。

邮政储蓄　民国24年（1935）1月，岳阳邮局开办存簿储金业务，7月1日办理定期储金。民国26年（1937）7月，岳阳邮局开办邮政储蓄礼券业务，至次年末，储金存款达3万余元。抗日战争胜利后，货币贬值，业务清淡，于1949年6月停办。1950年9月，中国人民银行总行和邮电部邮政总局颁发《邮局储汇业务协议书》，确定邮局经营的储蓄业务为银行代理业务。1953年9月，实行"银邮分工协议"，邮政储蓄移交当地人民银行接办。1986年6月，复开邮政储蓄业务。1988年6月，岳阳邮局发行邮政定期定额有奖有息储蓄券30万张、金额600万元。12月发行邮政实物有奖储蓄券10万张，金额200万元。1989年2—3月，发行邮政保本保值摸奖储蓄券7.5万张、金额150万元。1990年，邮政储蓄所增至68个，年末储蓄余额9399.7万元，占社会储蓄总额的3.39%。1991—1996年，邮政储蓄年末余额分别为15580.75万元、18100.42万元、24092.01万元、41733.3万元、46238.63万元、48876.8万元。2001年，全市邮政储蓄平均余额为120642万元。2002年，储汇收入4979万元。2004年末，邮储余额为24767万元，累计余额达30亿元。2010年，岳阳邮储过亿元网点达10个，实现净增余额10.2亿元。2012年末，全市新增代理储蓄余额18.57亿元。

二、电信业务

电报业务　清光绪二十三年（1897）5月，长沙—岳州—武昌电报线路开通，岳州设立电报公局，正式对外开放营业。是年九月，岳州局有四等华文明码电报去报和四等洋文电报去报。民国7年（1918），境内岳州、城陵矶电报均改用莫尔斯机通报。民国16年，城陵矶电信工人紧密配合省、县总工会发动的收回海关权斗争，扣押阿克乐（英国人）。4月8日，向北京海关总税务司发出保护岳州海关的告急电报。民国37年，岳州电报业务量日均128份。1950年，电报去报份数为11962份，其中岳阳城区8913份。1957年，邮电部制定《电报业务规程》重新厘定电报为13个种类。1964年10月，岳阳专区邮电局成立，是年电报去报业务量达19.1万份。"文化大革命"期间，业务量在20万份左右徘徊。1976年，电报去报32.6万份，其中岳阳地区局（即岳阳城区）为12.6万份。1983年，为58.3万份。1985年升至60.7万份。是年始，市邮局开办真迹传真、用户电报、礼仪电报等新业务。1991—1996年，累计公众电报448.15万份，用户电报次数18.22万次，传真16.65万份。2000年后，随着互联网进入、手机的普及，公众电报、用户电报明显减少。至2012年，因电报业务量小，未列入重点业务统计。

长话业务　民国15年（1926），岳阳市区创建长途电话。民国22年，岳阳、城陵矶利用报线试办长话并对外营业。民国25年，开通苏、浙、皖、赣、鄂、湘、豫、鲁、冀9省长途电话。1950年，岳阳城区长话去话11678张。1952年，安装磁石式长途电话交换机，市区内为2部20门。1956年，长话去话业务量达43282张，比1950年增长63.22%，1957年，受机关企业紧缩开支影响，长话去话降至28653张，比1956年下降33.8%。1964年10月，岳阳专区邮局开办“会议电话”，新增业务量175张，其中计费159张。1966年“文化大革命”开始后，长话业务量下降，至1971年回升。1978年，达53.8万张。1984年，出口长话业务70.8万张。至1990年达194.46万张，比1980年增长224.6%。1991—1996年，累计长话12095.03万张。此后因移动电话介入，其业务统计有新的分类。

市话业务　民国36年（1947）10月，境内5家商行筹款集资建市内电话网，开办市内电话业务，至1948年，发展用户27户。1952—1955年，重新架设市话网络。1955年，市话用户为121户。1961年，明确市话使用范围，划定自岳阳县邮电局地址竹荫街（今解放路）起，东至铁路轨道，南至小港米厂，西至洞庭湖边，北至县一中（今市一中）为市话营业区。1962年，市话用户发展到409户。1967年11月，将东茅岭、城陵矶纳入市话范围，是年用户扩至540户。1978年始，安装纵横制交换机，开通市内自动电话。1986年，市话用户增至4613户。1991年，发展到11151户。1996年为136685户。此后市话概念发生变化，移动电话指本地通。

农话业务　民国时期，岳阳农村电话，称地方长途电话。当时岳阳城郊电话设备简陋、通话面不广，农话业务收入少。1953年，农村电话统一由邮电部门代管，军政机关免费通话，其余话费由地方财政决定。1955年，民用按次收费。1963年，颁布《湖南省农村电话营业试行规定》，岳阳城郊开办普通电话、同城电话、窗口零售电话、会议电话、农村电话联络国营长途电话、用户小交换机等业务种类。1965年，全市农村用户2160户。通话122.8万张。1970年，用户1631户，通话359.2万张。1980年为2447户，通话294.2万张。1985年为2584户，通话248.8万张。1990年为3985户，通话359.2万张。1996年为45386户，通话2416.3万张。

固定电话　移动电话未进入前的座机电话都称固定电话，包括长话、市话、农话。90年代末，固定电话得到快速发展。2001年，全市新增固定电话6.41万部，年末总量达到63.46万部，比上年增长11.2%。2005年，有固定电话103.55万部，比上年减少0.35万部，每百户固定电话普及率为38.9%，此后进一步下降。2010年末，固定电话为78.82万部，下降10.4%。至2012年，固定电话仅为69.01万部，比上年下降5.9%，每百户电话普及率仅为12.58%。

移动电话　90年代初，进入岳阳市场，因收费高发展缓慢。90年代中后期，因多家竞争收费降低，加上使用方便，发展迅猛。至2001年，新增移动电话用户6.07万部，年末总量达26.38万部，比上年增长29.8%。原郊区行政村全部通电话。2005年，移动电话发展到105.44万部，比上年净增20.67万部，每百人移动电话普及率为19.6%。2010年，移动电话用户发展到288万部，比上年增长25.1%。至2012年，用户达到355.26万部，普及率64.77%。

互联网宽带　90年代逐步进入市区，与移动电话同步。2001年，互联网用户达9.31万户，比上年增加5.62万户，增长1.5倍。2008年，国际互联网宽带用户为11.08万户，比2001年增长19.01%。2010年，互联网用户发展到25.14万户，比上年增长28.6%。至2012年，互联网用户增至42.27万户，比上年增长13.8%。

第九篇　城区建设·环境保护

第一章　城区建设

第一节　城市规划

民国27年（1938）秋，城区街道房屋大部被日军飞机炸毁，后陆续兴建一批简易房屋，因缺乏规划管理，布局零乱，功能混杂，建筑简陋，破败不堪。抗日战争胜利后，县政府为恢复城区建设，制订《岳阳县城区计划》《城区建筑物营造须知》等规划性文件，按功能将城区分为4个片区。商业区：洞庭路至吕仙亭、先锋路、观音阁、梅溪桥沿铁路一带，约占城区面积的50%；住宅区：吕仙亭东南地带，约占总面积的15%；工业区：岳阳楼以北，视工业之发展，可向北拓辟；鲁肃墓、文庙一带，用以建筑公园、机关、博物馆、图书馆、学校、医院、忠烈祠等，占城区面积的15%。同时，计划修建4条主街：吕仙亭街经塔前街、羊叉街、天岳山街、南正街、吊桥街、洞庭路至北门，其中，吕仙亭街至羊叉街路段更名为中正路，天岳山街至北门段命名为中山路；南岳坡经茶巷子至上观音阁街，更名为复兴路；街河口街至竹荫街，更名为中兴路；下观音阁街至上下梅溪桥，更名为新生路。街道宽32尺（两边人行道各4尺在内），并限期拆除街道规划内的建筑。岳阳楼西门正街、卫门口、提署街、中山公园、柴家岭、韩家湾、乾明寺街等支街，规划为26尺（含两边人行道6尺），小巷宽5—6尺。

民国36年（1947）2月11日，长沙《大公报》第三版《岳阳辟为出江港埠》载“湖南省政府市政技术小组拟定岳阳城镇规划原则，将岳阳建成港埠城，把岳阳城区和城陵矶区划为一个区，设立岳阳市，辟建大轮深水码头和民船码头各1座，修建住宅区以及城陵矶铁路支线等。”

1954年，县计委组织编制《岳阳城区建设初步规划草案》。1955年，编制《岳阳城镇建设十年规划草案》。1956年，编制完成《岳阳城镇建设规划》《岳阳县城市规划试行条例》。1965年，省设计院帮助制订岳阳《十年城市建设规划》，确定铁路以东为新市区，城陵矶、冷水铺为工业区，湖滨、黄沙湾为风景疗养区。城市规模计划在5年内，由6.74平方公里扩大到10平方公里，人口由5.3万人发展到10万人。1975年，成立地、县、镇城市规划领导小组，对《十年城市建设规划》重新修改。1978年11月，南京大学地理系规划班师生40人到岳阳，帮助修编《城市总体规划》。根据城市发展现状，首次确定为“湘北重镇、水陆交通，化工工业为主体的工业城市”。是年，国务院批准岳阳市为风景旅游城市，将风景旅游事业纳入城市总体规划。1982年，省建委规划工作组到岳阳帮助重新修编《岳阳市总体规划》。1987年，市规划处按照市区总体规划布局与要求，制订《岳阳市城镇体系规划》《岳阳市远景规划》等规划，确定城市性质为：湖南省对外贸易口岸，以石油、化工、轻纺、食品、风景旅游为主的综合性城市，长江中游经济贸易中心之一。城区作为岳阳市中心城区，规划为全市政治、文化中心和发展内外贸易旅游事业区。全区划分为 6 个片区；铁西区（老城区）为历史文化与商业旅游区；铁东区为行政区与文化区；铁北区为纺织与化工工业区；城陵矶区为对外贸易港口与港口工业区；冷水铺区为新工业区；奇家岭区为文化教育区；规划人口 33 万人。

1994 年，市政府组织新一轮城市总体规划修编。城市性质定为国家级历史文化名城、重要风景名胜旅游城市，湖南省北大门，重要工业基地和唯一的长江对外口岸，长江中下游城区现代化中心城市之一。城市建设则东移北扩。2008 年，开始编制《岳阳市城市总体规划（2008—2030）》。城市性质定为国家历史文化名城和优秀旅游城市、中部地区石化能源基地、湖南省通江达海口岸和现代物流中心、长江中游滨湖宜居生态城市。岳阳楼区作为中心主城区，南起湖滨、奇家岭，北至荆岳铁路，西起洞庭湖，东至随岳高速公路区域，以居住、商贸金融、旅游服务、文化教育、高新技术产业为主，采用紧凑发展的模式，用地布局分为金凤桥市级商业中心、东茅岭市级商业中心、七里山—冷水铺工业、木里港—康王工业、奇家岭—郭镇文教等 5 个片区。城区公共设施用地布局为：二轴、三中心。“二轴”即巴陵东路和金鹗路—岳阳大道公共设施轴，巴陵路是以商业为中心的公共轴，金鹗路—岳阳大道是以行政办公为主的公共轴；“三中心”即东茅岭、金凤桥、奇家岭公共中心。在未来 10 年间，将城区东部建成市民居住的主城区。是年，岳阳楼区规划局完成枫桥湖路、市五中、岳城、岳荣、湖南理工学院、金东门危房改建居民点及雷锋山居民点改造等 10 个居民点的详规编制工作。2009 年，完成齐家、郭镇 2 个村民安置点修建规划的调整；完成磨子山、青龙嘴、洛王 3 个集中还建点的修建规划编制和鲤鱼嘴拆迁安置点的修建规划编制。修建规划完成面积达 4.24 公顷。2010 年，配合市规划局全面完成区建设控制范围内控详规划编制，使区范围控详覆盖率达 100%。2012 年，完成梅溪乡胥家桥居民点、望岳路老垅坡居民点、郭镇乡敖里居民点、奇家岭办事处居民点、梅溪乡冷水铺还建点等 5 个居民点的修改性详细规划编制任务。

第二节　道　路

一、街道

城区属滨湖丘陵地带，古时街道多依地势而辟，高低起伏，凹凸不平，明清时，即有“九岭十八坡”之说。据明万历二年（1574）《湖广总志》记载：“岳州府巴陵县街十八”。清代县志记载，光绪年间“岳阳街二十二、巷三十六”。民国时期，虽号称“三十六条街，四十八条巷”，除几条主要街道铺垫麻石或卵石外，其余街巷均为泥土碎石路面，岳阳楼至吊桥段，无路可通。民国 20 年（1931）1 月，驻军旅长段珩召集各界联席会，筹措大洋 5000 元，修建洞庭马路。民国 21 年（1932）1 月 16 日正式动工，自岳阳楼西门正街经黄土坡至吊桥，拆除民房数百间，修成一条长 1000 多米、宽 9 米的泥石路。抗日战争时期，城区街道破坏严重。民国 35 年（1946）1 月，县政府为恢复城市建设，成立街道修筑委员会，并向省政府及中国农民银行申请贷款 1 亿元，作为城市修建基金。是年 8 月，正式着手修复城区街道，修复后的街道，能通行汽车的有洞庭路、南正街、羊叉街、先锋路。

中华人民共和国成立后，随着经济建设与城市建设的发展，城区道路逐步得到整治。1953 年秋，政府发动干部、居民义务劳动，拆除茅屋，翻修路基，改造芋头田路。1958 年，将芋头田路泥土路面改建为水泥路面。是年，组织 1000 多名干部、学生整治洞庭北路，拆除上柴家岭、下柴家岭、半边街居民住房 893 间，将路面拓宽到 15—18 米。同时，向南延伸至吕仙亭街小港米厂，定名为洞庭南路；在铁路以东开辟青年路、城东路。1959年冬，修建长7.5公里、宽12米的城区至城陵矶沿湖路。1964年，首次在竹荫街、梅溪桥街、洞庭北路铺设沥青路面。1966—1968年，在天岳山街、塔前街、红船厂、吕仙亭街、先锋路、乾明寺街、郭亮街铺设沥青路面，基本改变老城区“天晴扬灰路、落雨水泥路”的行路难问题。1970年，铁路以东开辟为新市区，开始修建东茅岭大道。1976年恢复市建制后，城市道路建设飞跃发展。1979—1988年，新建、改建、扩建枫桥湖路、青年堤路、铸冷路、冷冻路、太子庙路、四方井路、城东路、建工路、得胜路、五里牌路、殡仪路、七里山大堤、东环路、城陵矶上街与下街、煤炭路、君山路、长江路。市区道路纵横交错，构成棋盘网络格局。1988年，城区有道路75条，总长99.757公里，总面积118.54平方米，其中主干道6条，支道34条，总长25.86公里。1996—1999年，随着城区的东移北扩，先后兴建望岳路、枫桥湖路、沿湖路、冷水铺路、东环路、北环路、南环路等主次干道14条。至2012年，城区路、街、巷发展到371条，其中路205条，街22条，巷144条。

二、小街巷建设

1984年，南区成立城市建设管理科。是年3月，郊区成立乡村建设环境保护科。6月，南区城市建设管理科更名为南区城市建设环境保护局。9月，郊区乡村建设环境保护科更名为郊区城乡建设环境保护局。1988年3月、5月，分别改名为南区建设委员会（简称建委）、郊区建委。1996年4月，成立岳阳楼区建委。

1984—1986年，南区共修建“五小建设”（即小街巷、小坪院、小护坡、小沟渠、小水井）2137处，44.96万平方米；有760条背街小巷，740多处居民坪院修建水泥路面。1988年，对城区910条小街巷、1222个小坪院、121处小护坡、670多条小沟渠、65口小井全面调查、统一安排、重点治理。郊区加强下辖五乡三场（即五里乡、梅溪乡、北港乡、郭镇乡、洞庭乡，知青场、大湾芦苇场、君山芦渔场）的“五小建设”。

1995年6月30日，南区建委接管由区城市管理办公室承担的城市“五小修建”及街巷绿化工作。自此每年都要对小街巷进行维修或改扩建。1998年，对全区248条小街巷进行全面摸底、勘查，新修道路380平方米，疏通下水道300米。1999—2000年，修建、维护小街巷51条，硬化路面89512平方米，新修下水道4930米，修建污水井467个，绿化小街道2700多米。2001—2004年，新修、维修小街巷98条，完成硬化路面176548平方米，新修与改建下水道2.18万米，新增雨水井1980个，新增绿化面积7450平方米，疏通下水道2800米，架设路灯500盏。2005—2006年，硬化维修小街巷55条，硬化路面92139平方米。2007年调查统计，城区有360条小街未硬化，总面积814076平方米。是年，维修小街巷43条，总面积52696平方米；更换雨水井盖20块，疏通下水道2500米。2008—2010年，对城区152条小街巷进行维修、改造，面积165245平方米。2012年，对50条小街巷进行硬化和提质改造。

附一　光绪十七年（1891）城区街巷

有街道22条，巷36条，且街巷狭小，多为泥石路面，长宽以步计算。

街　府西街、府前街、铁炉街、卫前街、县东街、县前街、考棚街、学前街、学道岭街、西十字街、东门街、西门柴家岭街、土门街、吊桥街、南十字街、观音阁街、旧县前街、梅溪桥街、天岳山街、塔前街、羊叉街、营盘街。

巷　兵马司巷、报马巷、双井巷、萧家巷、麻家坡巷、颜家巷、隼提庵巷、护国寺巷、祁家巷、巴山巷、驿马巷、宪司巷、清平巷、文昌阁巷、守备巷、洗马池巷、洞肠宫巷、文明坊巷、鱼巷、全家巷、茶巷、油榨岭巷、万寿宫巷、君山巷、河巷、游击巷、长郡巷、金家岭巷、乾明寺巷、三教坊巷、马家湾巷、慈氏巷、鄢家冲巷、上达巷、白鹤寺巷。

附二　民国23年（1934）城区街巷

有街道36条，巷37条。除主要街道铺垫麻石或卵石外，其余街巷仍为泥土碎石路面。

街　府西街、铁炉街、府下坡、药王街、提署街、西门正街、府前街、县门口、上柴家岭、洞庭路、半城墙街、文庙街、下柴家岭、翰林街、学道岭街、棚厂街、吊桥街、上南正街、下南正街、上观音阁街、下观音阁街、上街河口街、下街河口街、半边街、竹荫街、梅溪桥街、县城隍庙街、天岳山街、羊叉街、塔前街、乾明寺街、芋头田街、先锋路、朱家大屋街、宝鸡山街、吕仙亭街。

巷　剪刀池巷、双井巷、易家巷、麻家坡巷、太平巷、颜家巷、提庵巷、交通门巷、中山公园巷、守备巷、上三巷、洗马池巷、关帝庙巷、鱼巷子、茶巷子、邓家巷、江苏会馆巷、金家岭巷、三教坊巷、南岳坡巷、油榨岭巷、万寿宫巷、洞庭庙巷、君山巷、河巷、游击巷、长郡巷、宝塔巷、上马家湾巷、下马家湾巷、红船厂巷、韩家湾巷、大鄢家冲巷、小鄢家冲巷、玉清观、印山巷、鲁班巷。

2012年岳阳楼区道路情况

表9-1

路　名	起止点
沿湖路	城陵矶粮库—北门路口
洞庭北路	北门渡口—巴陵西路
洞庭南路	巴陵西路—贮木场
建设北路	东风湖边—桥西铁道口
建设南路	桥西铁道口—先锋路
云梦路（原岳东路）	巴陵西路—南津港大堤
得胜北路	巴陵西路—建设北路(暂止站前路)
得胜南路	巴陵西路—求索西路
南湖大道	站前路—南湖广场
白杨坡路	花板桥路—南湖游路(暂止市八中)
建湘路	长虹路—求索东路(暂止五里牌路)
琵琶王路(原东环路)	琵琶王立交桥—花板桥转盘
学院路	花板桥转盘—湖南理工学院(奇家岭)
望岳路	长虹路—芭蕉湖路

路　名	起止点
七里山路	七里山—望岳路
延寿寺路	吉家湖—望岳路
冷水铺路	琵琶王立交桥—芭蕉湖路
桂花园路	城陵矶客运码头—望岳路
芭蕉湖路	107国道—通海路(暂止城陵矶粮库)
屈原北路(原通海路)	城陵矶火车站—巴陵东路
屈原南路	巴陵东路—庙坡(暂起冷水铺路)
白石岭路	花果畈路—金鹗东路
龙舟路	求索东路—南湖娱乐城
邕园路	求索西路—南岛宾馆
花果畈路	冷水铺铁路洞口—白石岭路
马壕路	塑料一厂—桥西铁道口
炮台山路	东茅岭路—炮台山
南湖游路	云梦路—求索东路
求索西路	云梦路—南湖广场
求索东路(原南环路)	南湖广场—学院路
金鹗西路(原南环路)	云梦路—得胜南路
金鹗中路	得胜南路—花板桥转盘
金鹗东路	花板桥转盘—107国道
青年西路	梅溪桥洞口—得胜南路
青年中路	得胜南路—琵琶王路
青年东路	琵琶王路—白石岭路
东茅岭路	得胜南路—五里牌转盘
花板桥路	五里牌转盘—花板桥市场(暂止市教委未通)
五里牌路	五里牌转盘—琵琶王立交桥
巴陵西路	南岳坡—得胜南路
巴陵中路	得胜南路—琵琶王立交桥

路　名	起止点
巴陵东路	琵琶王立交桥—皇姑屯塘
站前路	得胜北路—建湘路
枫桥湖路	得胜北路—长虹路
长虹路	洞庭大桥—琵琶王立交桥
先锋路	洞庭南路—建设南路
观音阁路	商业大厦—三角大厦
东风湖路	北门渡口—东风湖
营盘岭路	北港河汊—白石岭路
花园坡路	冷水铺路—花园坡
桐子岭路	冷水铺路—白石岭路
通海路	城陵矶码头—芭蕉湖路
九华山北路(原九磷路)	九华山集贸市场—磷肥厂大门
九华山南路(原九华山路)	洞庭北路制药厂—化肥厂长虹
西瓜山路	长虹路洞庭大桥东—西瓜山电排
吉家湖路	七里山路沿湖大堤北—吉家湖社区居委会
新胜路	炮台山路—德胜南路东
农工商路	云梦路—市农工商公司
金文路	金鹗西路以北市地税局东侧—市文化局家属院
寓园路	云梦路以西—南津港居委会
龙山路(原公园路)	求索西路—南湖游路9路车终点站
福颐路	康岳花园转盘—康复医院
工农路	巴陵中路—电业局东侧五里牌路
玉华路	花板桥路—五里牌派出所
韶峰路(原水泥厂路)	云梦路以西—水泥厂
常山路(原氮肥厂路)	云梦路以西—氮肥厂
科协路	金鹗中路以北市科协—五里小学
召家路	白杨坡路以西市中心血站—召家居委会

路　名	起止点
李家冲路	金鹗西路市信访局—求索东路
青龙嘴路	长虹路以北—青龙嘴居民点以南
晨曦路	长虹路以北—枫桥 湖路以南
大屋湾路	晨曦路以北—枫桥湖路以南
工农路	巴陵中路—电业局东侧五里牌路
交界岭路	琵琶王路—学堂坡
烟丹庙路(原城北路)	康岳花园转盘—望岳小学
凉亭山路	望岳路以北—凉亭山砖厂
老垅坡路	高家巷—望岳小学
孙家路	岳兴路（加油站）—孙家组
奇家路	孙家路—奇家岭付家组
奇木路	岳兴路—木鱼组
鹅公嘴路	学院路—南湖游路
畔湖湾路	奇木路—四化建农场
兰竹路	学院路以西—岳阳楼区卫生局
花板湖路	金鹗中路以南—求索东路以北
雷锋山路	巴陵中路—雷锋山
八字门路	岳阳大道以北—青年东路以南
旭园南路	岳阳大道—巴陵东路
旭园北路	岳阳大道—巴陵东路
姜家塘路	巴陵东路—八字门村八字门组
岳阳大道	王家河大桥—太阳桥市场
王家河游路	岳阳大道—王家河围堰
王家畈路	白石岭路—大桥河路
菜园坡路	巴陵西路步步高超市—水果仓库
凤凰路（原军干路）	花板桥路—十四中北围墙
汀澜路	冷水铺路—洛王变电站

路　名	起止点
北港路	岳阳大道—洛王
冷城路	冷水铺路洞口—冷水铺社区居委会
望君路	梅溪供销社—火车北站
芙蓉路（原冷站路）	望岳路—动力厂
洪源路	通海路—洪源机械厂
新港路	港务局办公楼—鲁良新元
月冲路	通海路—华能电厂生活区
骆家山路	光头岭—肉联厂生活区
雪松路	通海路—华能电厂生活区大门
上江陵路	桂花园路—冷城路
下江陵路	桂花园路—城陵矶客运码头
光明路	通海路南—纸厂内北
白陵路	桂花园路东—铁路二区
求学路（原五中路）	通海路—三公司五处
纺城西路	洞庭大道—洞纺生活区
纺城东路	洞庭大道—洞纺生活区
纺城南路	纺城西路—纺城东路
纺城中路	纺城西路—纺城东路
岳州北路	云中西路—岳阳大道（东）
岳州南路	岳阳大道（东）—学院路
洞庭大道	洞庭湖大桥（东）—花板桥转盘
学院路	花板桥转盘—岳州南路
金鸡路	求索西路—南湖游路（西）
巴陵东路	琵琶王立交桥—岳阳火车东站
鲁肃路	洞庭北路—建设北路
振兴路	花果畈路—康岳花园
奇康路	学院路—新园路（康王）

路　名	起止点
文康路	学院路—星光路
奇家路	奇康路—龙山路
长江大道	随岳高速公路—联港路
联港路	长江大道—岳州北路
城陵矶路	海关路—望岳路
岳阳大道（西）	云梦路—王家河大桥
岳阳大道（东）	王家河大桥—京港澳高速公路岳阳收费站
胥家桥路	岳州北路—新107国道
金凤桥北路	胥家桥路—巴陵东路
金凤桥南路	巴陵东路—黄岇山路
通海北路	振兴路—巴陵东路
通海南路	巴陵东路—民兴路
蔡家田路	学院路—岳州南路
硚石路	岳州北路—京港澳高速公路复线
鹰家坡路	钱家坡路—景湾路
罗家坡路	钱家坡路—梅溪港路
置田庄路	岳州北路—金凤桥北路
云景路	钱家坡路—梅溪港路
瓦子坡路	梅子市北路—金凤桥北路
云峰路	梅子市北路—梅溪港路
云祥路	梅子市南路—梅溪港路
孙家坡路	梅子市南路—金凤桥南路
何家冲路	梅子市南路—梅溪港南路
梅溪路	梅子市南路—金凤桥南路
松树岭路	喻家冲路—分水垄南路
邓坡路	中门路—冷水堰路
监申桥路	岳州南路—金凤桥南路

路　名	起止点
牛郎咀路	中门路—金凤桥南路
竹柏路	中门路—金凤桥南路
梅子市北路	砾石路—巴陵东路
梅子市南路	巴陵东路—岳阳大道（东）
景明路	砾石路—云峰路
景阳路	砾石路—云峰路
分水垄北路	砾石路—巴陵东路
分水垄南路	巴陵东路—岳阳大道（东）
景润路	砾石路—罗家坡路
景湾路	砾石路—梅溪港路
景秀路	砾石路—梅溪港路
米兰路	瓦子坡路—龙柏路
翠竹路	竹柏路—孙家坡路
中意路	云祥路—岳阳大道（东）
中门路	瓦子坡路—监申桥路
冷水堰路	孙家坡路—梅溪路
大塘北路	砾石路—巴陵东路
大塘南路	巴陵东路—岳阳大道（东）
钱家坡路	砾石路—梅子市北路
龙柏路	中门路—金凤桥北路
梅溪港北路	砾石路—巴陵路
梅溪港南路	巴陵东路—岳阳大道（东）
中兴路	云祥路—何家冲路
双拥路	通海南路—岳州南路
后头坡路	狮子山路—白石岭路
大坡路	白石岭路—岳州南路
对门山路	珍珠山路—岳州南路
盆山路	珍珠山路—冯家畈路

路　名	起止点
荷花池路	珍珠山路—冯家畈路
庙山路	岳阳大道（东）—珍珠山路
冯家畈路	双拥路—滨湖游路
太阳坡路	双拥路—民兴路
喻家冲路	监申桥路—分水垄南路
民兴路	珍珠山—岳州南路
狮子山路	岳阳大道（东）—庙山路
珍珠山路	庙山路—滨湖游路
龙山西路	滨湖大道—岳州南路
龙山东路	岳州南路—新107国道
增福桥路	湖滨大道—湖滨路
王子坡路	新村路—增福桥路
新村路	王子坡路—园艺路
车站路	湖滨大道—湖滨火车站
银坡岭路	湖滨路—园艺路
杨家垅路	湖滨路—园艺路
湖滨大道	京广铁路跨线桥—南津港大堤
南庄路	湖滨大道—湘北女子学校
橘园路	湖滨大道—八仙台山
学府路	黄沙湾路—甄璧山路
黄沙湾路	岳荣公路（西线）—市特殊教育学校
甄璧山路	京广铁路—飘尾
虎形山路	市警校—湖滨大道
双塘路	雷公湖路—岳州南路
雷公湖路	吕仙亭—双塘路
园艺路	滨湖路—湖滨大道
滨湖路	金星路—双塘路

2012 年岳阳楼区街道情况

表 9–2

街　名	起止点
连云街	站前路—巴陵中路
玉池街	站前路—巴陵中路
金竹街	站前路—巴陵中路长城市场旁
相思街	站前路—巴陵中路泰和市场旁
幕阜街	站前路—巴陵中路电力大厦西
云山街	站前路—枫桥湖路电力大厦东
梅溪桥街	青年西路洞口—下观音阁
土桥街（原解放路）	巴陵中路—东茅岭路
竹荫街（原郭亮街）	街河口—建设南路
翰林街（原北环路）	洞庭北路—市二中
万夏街	金鹗苗圃—南湖大道
庙前街（原小花板桥路）	巴陵西路—庙前街市场
黄金街（原府前巷）	琵琶王路西侧—花板桥转盘
运通街（原修防路）	巴陵中路—五里牌转盘
长乐街	五里牌路口以北—巴陵中路
长安街	琴棋巷—长江修防处旁
五里街	花板桥路—五里牌路
岳磁街	奇家岭以北—岳磁社区
书城街	玉池街—连云路
富民街	德胜北路以北—站前路
奇家岭街	理工学院天桥—孙家路
汴河街	瞻岳山—楼前广场

2012 年岳阳楼区巷情况

表 9-3

巷　名	起止点
津港巷	南津港—茅草街
吕仙巷	三角线—三角线桥头
茅草巷（原南站路）	三角线桥头—津港巷口
南冲巷	建设南路火车南站—原道口
宝塔巷	洞庭南路—洞庭湖边
游击巷	洞庭南路—洞庭湖边
君山巷	洞庭南路—洞庭湖边
洞庭庙巷	洞庭南路—搬运社区家庭区
街河口巷	洞庭南路—洞庭湖边
油榨岭巷	洞庭南路金琢玛公司—天华宾馆
南岳坡巷	水运码头—洞庭路
芋头田巷	梅溪桥街口—建设地路复退军人接待站路口
旭日巷	芋头田梅溪桥市场进口右转—旭日小学
老印山巷	旭日巷—乾明寺巷
乾明寺巷	梅溪桥街—洞庭南路基督教堂
新印山巷	建设南路老铁路派出所—先锋路
鄢家北巷（原小鄢家冲）	建设南路（小鄢家冲）—铁路俱乐部
鄢家南巷	建设南路右转—铁路俱乐部
邓家湾东巷	建设南路—观音阁街
邓家湾西巷	观音阁街—邓家湾东巷港务公司
观音井巷	邓家湾东巷—搬运公司家属路口
宠安巷	巴陵西路中段口—观音阁街入口
茶巷子	观音阁街—商业大厦
向群巷	先锋路—洞庭南路以南
南站巷	先锋路以东—铁路家属区

巷　名	起止点
红船巷	洞庭南路以西—原港务公司码头
韩家湾巷	洞庭南路以西—搬运公司家属区
新建山巷	洞庭南路以西—搬运公司家属区
大鄢家冲巷	建设南路—洞庭南路
金家岭巷	梅溪桥路口—副食品公司
玉清观巷	金家岭路—基督教堂
乾小巷	乾明寺路—天岳山电影院
寺庙巷	乾明寺—原彩印厂
三教坊巷	竹荫街—房产公司巷口
青年堤巷	青年堤路—市医药公司仓库
斗篷山巷	青年堤路—省中转冷库
汴河口巷	洞庭北路九华山小学—汴河居委会四组
风口巷	洞庭大桥元方市场—月红组
桃花井巷	洞庭北路—市直机关幼儿园
捕捞巷	东风湖路—捕捞社区居委会
桥北巷	巴陵大桥下铁山商场门口—东茅岭居委会家属区
东茅巷	步行街北铺道—制革厂办公楼
皮塑巷	步行街北铺道—制革厂家属区
陶家山巷	步行街北铺道—德胜村家属区
炮湾巷	东茅岭路市一医院东侧—巴陵中路
柴家山	东茅岭路东茅岭办事处—巴陵中路
文湘巷	学坡街南—广场小学
丁家塘巷	云梦路—学坡街北
年丰巷	德胜南路岳阳楼区国税分局—云梦路
团结巷	云梦路以东生资公司—市畜牧局
邮电巷	步行街—步行街南辅道
东井巷	大集贸市场—华利调味品厂后门

巷　名	起止点
桥东巷	云梦路口中商百货—邮电培训站
斑竹巷（原针织巷）	铁路（线厂南门）—针纺织品厂路口
娃娃塘	学坡街—大桥农贸市场
枫树坡	东茅岭路以西（市环保局）—市四中北门
螺丝港	德胜南路以东（原楼区政府）—青年中路（市工商局）
下太子庙巷	青年中路以西—（建筑一公司）—市纸箱厂
上太子庙巷	青年中路以西—太子庙九组
洞口巷	青年中路—洞口旅社
赵家湾巷	青年中路以西绿化处—赵家湾
金龙巷(原螺丝港小区)	德胜南路以西（螺丝港家居工程）—阳光幼儿园
金鹗山巷	青年中路恒立大门口—市电视转播大门
龟山巷(原审计巷)	求索西路—南湖游路岳阳楼区审计局
南苑巷	建湘路以东—南苑小区
法水坡巷	建湘路以西—长虹路
许家坡	建湘路以东—许家坡
长寿巷(原老干巷)	金鹗中路北侧—花板桥路
嘉美巷	五里牌转盘—五里牌煤店
吕家畈巷	五里牌路以北—巴陵中路
樟树巷(原四化建巷)	花板桥路北面—原四化建技校
保健巷	新路口—市妇幼保健院后门
陶瓷巷	新路口—四化建一处
土桥巷	南湖大道—四中东围墙
平安巷(原保险巷)	青年中路—高山坡新村组
荷花巷(原五里巷)	东茅岭路—人寿保险公司北围墙
文昌巷(原农科巷)	花板桥路—新路口办事处
高山巷	南湖大道—金鹗山东园东围墙
杨树塘巷	南湖大道市十四中门口—岳阳楼区妇幼保健院

巷　名	起止点
团山巷(原机床厂巷)	五里牌路南侧—机床厂家属区
新桥巷	青年路药检厂—朱家嘴
朱家嘴巷	云梦路—朱家嘴组
南津港	云梦路以西南津港变电侧—陈家叉路口
磨子山巷	云梦路市委党校家属区南侧—老火车站
陈家巷	韶峰路—铁路中学
白水巷	云梦路以西污水处理厂南侧—白水组
西塘巷（原小康巷）	云梦路—良种场
古井巷	新路口—琴棋巷
琴棋巷（原铁下巷）	长虹四化建生活区—北港下王组
东冲巷	岳兴路—蔡家小学
易家巷	岳兴路—易家组
马里铺巷	岳兴路—马里铺
蔡家连巷	岳兴路—万家组
长咀巷	岳兴路—四化建渔场
天灯嘴巷	岳兴路—长咀组
枫叶巷	学院路—金鹗东路
鲤鱼嘴巷	学院路（市公安汽修厂侧）—鲤鱼嘴
桃树山巷	金鹗东路—鲤鱼嘴
万家垅巷	花板桥转盘—北港一中
元叶巷	岳兴路—奇家路
学塘坡	交界岭路—北港路
白羊巷	交界岭路—易家巷
普林巷	金鹗东路—芦冲巷
芦冲巷	学塘坡路—易家巷
余家巷	交界岭巷—易家巷
桂花冲巷	巴陵东路以南琵琶王立交桥—6906厂

巷　名	起止点
鲁家巷	巴陵东路—鲁家居民区
高家巷	望岳啃噬 —铁路
潘岳巷	冷水铺路以北望岳小学—菜科所
下王巷	琵琶王路—下王组
廖家巷	奇西路—廖家组
干塘巷	廖家路—干塘路
许家桥巷	岳兴路—奇家路
老虎嘴巷	奇木路—南湖
蛇皮套巷	兰竹路以西—湖南日报岳阳记者站
农昌巷（原海关巷）	南湖大道东海关北侧—白杨坡路以西
李家巷	求索东路以北—农昌巷南铁炉居委会
金阳巷	求索东路—白杨坡路西
麦子巷	南湖游路—铁炉村
新宇巷	冷水铺路—老屋杨家
荷塘巷	汀谰路以北刘家组—印刷厂
警民巷	洛王变电站—武警支队机动中队
杨家巷	冷水铺路—市制药三厂
天桥巷	冷水铺路—花园坡路
梨园巷	站前路为民药店—书城街
新华巷（原花鼓剧团巷）	站前路—书城街
向阳巷	站前路以南—铁路新村居民区
龙湾巷（原文化巷）	站前路（城区供电局）—岳铁二小
高桥巷（原文明巷）	站前路（联运大厦）—铁路新村居民区北侧
回龙桥巷	屈原路—通海路中学
大桥河巷	暂起巴陵中路—亮山村南边的青年路
玉石巷	巴陵东路—大桥村四组
杨树巷	巴陵东路—营盼岭路

巷　名	起止点
海螺东巷	桐子岭以北—营盼岭路
海螺西巷	桐子岭以北—营盼岭路
小湖湾巷	机务段路—小湖湾二村
海坡巷	鹰山社区西北以北—枫桥湖路以南
锦绣巷(原入园巷)	枫树坡市四中后门—岳阳长途线路局
胡家巷	站前路中国银行—土桥派出所后面
新居巷	岳兴路—石咀还建点
石咀巷	岳兴路—石咀组桔园坡
新赵巷	岳兴路—新赵组
金桥巷	岳兴路—金桥组

附　老街巷选介

洞庭路　为城区南北主干道，民国 20 年（1931），凿通修建洞庭北路，1958 年拓宽修，由北门渡口至岳阳贮木场止，纵贯市中心。全长 4.163 公里，宽 15—24 米不等，面积 66.563 万平方米。分为北、中、南三段。洞庭北路从渡口至巴陵西路，长 2.13 公里，宽 22—24 米，面积 4.90 万平方米，原为麻石和泥结碎石路面，1989 年 5 月，重新翻修，改为沥青混凝土路面；洞庭中路从巴陵西路口至先锋路口，长 823 米，宽 7—14 米，面积 5761 平方米。此路段包括南正街、天岳山街、塔前街，1976 年铺设半贯式沥青路面，1981 年大修；洞庭南路从先锋路口至贮木场。长 1.21 公里，宽 8—10 米，面积 1 万平方米，1962 年修建，1980 年敷设为沥青双表结构，是居民密集区。

城东路　今更名为云梦路。从巴陵大桥至湖滨，全长 5.894 公里，为市区南北向主干道。其中东北段，由大桥至青年路交叉口，长 854 米、宽 24 米，（断面为 5—24—5 米），面积 2.05 万平方米，建于 1958 年，1978 年改为沥青双表路面；南段湖滨，长 5.04 公里，平均宽度 8.2 米，成型于 1979 年，1984 年重建，分别为泥结碎石和沥青双表结构。1989 年 7 月，从北端延伸至市委党校公寓，长 736 米，翻修沥青路面 1 万平方米，铺设行人道板 8096 平方米，新砌下水道 1.486 公里。

竹荫街　旧城区老街。清代街道即已形成，因此街南有竹荫寺，故得名。街道原为石板路面，从南正街口向南拐至梅溪桥口，全长 200 余米，宽约 10 米，街边唯一较好的房屋，是民国时期盐务局办公楼，其余均为砖木青瓦小铺屋。1963 年开始向东延伸，拓宽修筑为水泥混凝土路面。1982 年翻修，1987 年铺设为沥青路面，从街河口接建设北路，全长 5107 米，宽 22 米，面积 1.16 万平方米。两旁商铺众多，绿树成荫，优美洁净。1987 年，省辖六市文明卫生评比检查中，被誉为“最美的一条街”。

东茅岭路 民国时期即有便道可通行汽车。两旁是农田、菜地和丘陵。1964年岳阳专署建立后，东茅岭路成为通往地区机关的主要道路，1970年动工兴建，1976年完成沥青半贯式路面。从五交化大楼至五里牌花坛，全长2.216公里，宽35米，面积6.1万平方米，成为市城区东西向主干道。大道两旁楼房林立，花坛、花带、行道树郁郁葱葱，百货商场、五金大楼、新华书店、银行、邮电局、剧院、机关、学校、宾馆、招待所鳞次栉比。

南湖大道 原为荒山秃岭、野草丛生之地。1984年2月，经省建委批准兴建，是年7月破土动工，全长2180米，路幅宽50米。其中车行道15米，非机动车道各6.5米，行人道各9米，绿化隔离带各2米，三块板结构，双表白沙沥青路面。道路面积10.9万平方米，总投资780万元，为市区南北向主干道。大道中间两侧，设置绿化带2条，全长3451米，栽植广玉兰、七里香、樟树、石兰等2991株，细叶女贞绿篱6800米。共安装飞燕型双臂路灯102盏、棒灯46盏，连接南湖大道（今求索路）。

南正街 原名南十字街，清乾隆《岳州府志》载：南十字街，在南门外，西通街河口街，南通天岳山街，东通旧县前街，北通吊桥街。因位于南门外，故称南十字街。明时即已成街，数百年来，街道两旁商铺林立，为岳阳城区最繁华的十字街。70年代后，成为洞庭南路的一段，有关史料及老人们仍称此段街道为南正街。

巴陵大道 西起巴陵广场，东至武广高铁岳阳东站，全长6.7公里。全路分西、中、东三段。自巴陵广场至巴陵大桥西端为巴陵西路，长692米，宽3.5米，始建于1982年；自巴陵大桥东端至琵琶王立交桥西端，为巴陵中路，全长约2公里，为60—90年代先后扩建延伸；琵琶王立交桥东端至武广高铁岳阳东站，全长约4公里，为巴陵东路。其中，白石岭皇姑塘立交桥至岳阳东站广场，全长2140米，宽80米。巴陵大道是城区东西向主干道之一，大道两侧商铺林立，车辆川流不息，是城区最为繁华的街道。

第三节 桥 梁

清末，城区四周湖泊环绕，溪流、桥梁众多。清光绪《巴陵县志》载，城区建有11座桥，近郊和远郊建有15座桥，至今仍有三眼桥和文庙状元桥。这些桥大部分为石拱桥，少部分为木桥。多为民间集资或捐建，少部分为官府修建，时移世易，由于城市扩建，溪流填充，大部分早已坍塌或拆除。

民国5年（1916），粤汉铁路经过境内，在南津港南湖与洞庭湖交汇处修建钢结构铁路桥，成为境内近现代桥梁建造之始。中华人民共和国成立后，随着城市的东移北扩，新的桥梁逐步增多。桥梁也逐步向钢结构与钢筋混凝土结构发展，并由单一层面向立体交叉发展。建桥经费全部由政府承担。桥的使用功能逐步实行多样化。至2012年，境内先后建有各种道路桥梁25座，现存23座。

三眼桥 位于学院路奇家岭北，东西走向。又名通和桥、万年桥，横跨南湖与大桥湖水面。始建于北宋庆历年间（1041—1048），通长沙驿路，又名堤头渡桥。明万历十八年（1590）更名为万由桥。清乾隆七年（1742），更名为万年桥，俗称三眼桥。因多次坍塌，先后5次重修。同治十二年（1873），邑人钟谦钧第六次重修，至光绪元年（1875）竣工。桥基用麻石砌筑，2个桥墩并列为三孔，每孔跨径13米，高15米，桥长48.6米，宽8.8米，通高15米。桥面用麻石板铺垫，两边护以石栏，栏高80厘米。桥两头各有石狮一对，桥身浮雕1米长的蜈蚣12条，雕刻精湛，栩栩如生。整座桥建筑精美，构造坚固。

巴陵大桥　位于市中心，东西走向，横跨京广铁路，系钢筋混凝土结构，1979年8月动工，1982年9月建成。由铁道部广州铁路局和国家及地方财政合资兴建，工程总投资468万元。大桥全长460米，宽20米，其中车行道14米，人行道宽6米。主桥长122.3米，共4孔，引桥长133.65米，5孔，采用中国传统建筑双曲孔桥。主桥面为混凝土，引桥和南环线为沥青路面。供水管道和地下电缆敷设在两旁行人道下。引桥东西两端和两边梯级用花岗石雕刻各种飞禽走兽，奇花异草，大桥栏杆饰置各种图案，两边用大理石嵌刻有“巴陵大桥”镀金大字屏额4块。

洞氮行人桥　位于该厂生活区，1988年动工兴建，1989年5月竣工。岳阳市水利水电勘测设计院设计，水利水电工程队施工，工程投资26万元。桥全长90.32米，宽5米（中间自行车道2.7米，两边行人道各1.15米）。该桥为四跨钢筋混凝土拱桁架桥。全桥设有2个桥台、3个桥墩，每跨由三品拱桁桥组成，拱桁架之间设有联系梁，组成空间拱架的结构体系。拱桁架侧面用钢筋混凝土薄板封闭成管道廓，内安放有蒸气管2根、余热采暖管2根、下水管1根及电缆管线等，做到一桥多用。桥身为白水泥洗刷石，两边为预制花格栏杆，上装5盏乳白色双火腰鼓形庭圆灯。整个桥身色泽淡雅，造型精巧、宏伟壮观。

巴陵路火车站立交桥　境内首座互通式立交桥。位于南湖大道北端与巴陵中路交叉处，北通火车站，南连南湖大道，西接巴陵路，东接107国道。该工程由湖南大学土木系设计，岳阳工程公司承担施工，1990年3月破土动工。该桥设计为三层椭圆形立交桥，由石拱桥2座、非预应力大型空心板桥4座、砼钢构桥1座等组合而成，配制南北主机动车道全长300米，东西主机动车道350米，上、下机动车道600米，非机动车道1300余米，非机动车道两侧由片石和粗料麻石筑砌，下部主道两边配制花木绿化带。

七里山高架桥　位于沿湖大道中部七里山西北段，濒临洞庭湖。长662米，沿线跨越鹰山石化总厂给水车间、洞氮取水泵站、皮带传送带、铁道专用线及大件码头，地形、地质条件复杂，地下管线较多。由武汉城建学院设计院设计，中铁五局二处承建，1996年1月开工，1997年5月竣工，总投资4000多万元。该高架桥采用钻孔桩基础，按摩檫桩设计，桩端嵌入强风化板岩或中风化板岩中。全桥共有2台、33墩。枯水季节，所有墩台均在岸上；雨季及汛期，除厂区及挡墙上墩柱不被淹没外，其余墩台均在水中。

琵琶王立交桥　位于巴陵中路、巴陵东路、东环路、北环路、冷水铺路交汇处，占地13.2公顷，桥高13米，桥面3.06万平方米，总绿化面积3.67公顷，总投资1.2亿元。为湘北地区最大的人车分流、三层蝶式全互通立交桥。由长沙铁道学院勘察设计研究院设计，中铁五局、中铁十四局、岳阳市政公司等十几家单位承建。1997年4月开工，1999年12月竣工。设计采用三层全互通立交桥。第一层：冷水铺路至东环路、北环路至东环路下行线及非机动车道与人行道，机动车道路宽8米，双向2车道，非机动车道路宽7.5米；第二层：巴陵东路至巴陵中路，其中主桥宽18米，双向4车道，两侧分设南、北辅桥，辅桥宽9米，以便第二、三层间的车辆上下；第三层：东环路连接北环路、冷水铺路，中间采用高架桥跨过第二层，桥宽均为8米。

洞庭湖大桥　1996年12月19日，开工建设，于2000年12月26日竣工通车。桥名由中共中央总书记江泽民亲笔题写；国务院总理朱镕基对大桥建设给予关怀和支持。大桥位于洞庭湖水入长江出口处，东接洞庭大道、国道107线、京珠高速公路，西连省道306线，是目前国内最长的内河公路桥。大桥总投资8.669亿元，全长18868.82米，其中桥长5747.82米，引桥长13121米，桥宽20米，双向4车道。为首次在国内大型桥梁中采用三塔斜拉桥结构体系，位居亚洲之首。2004年，该桥获首届中国十佳桥梁称号；2005年，获国家土木工程领域最高奖项詹天佑奖。

南湖九孔桥 位于南湖千亩湖路堤西段。2010年动工，2011年竣工。全长158米，宽6.5米。桥上部采用钢筋混凝板拱结构，下部采用重力式墩台，基础采用泥浆护壁冲孔桩，桥面采用青石板，外部采用花岗岩拉线板，为传统拱形结构。全桥共设9孔，中间最大孔径12.8米，其余8孔分别为对称的11.8米+10.8米+9.8米+8.8米的跨径。桥两头设有共1200平方米的桥头公园，分别设有3个观景亭。总投资1600万元。由湖南华罡交通规划设计院设计，南湖风景区管委会投资兴建，岳阳市建工集团有限公司承建。

三角线跨线桥 位于洞庭南路吕仙亭下。1960年建，1983年重建，钢筋混凝土平面桥，长28.3米，宽12米。

建湘路岳化桥 位于建湘路与洞庭大道之间。1985年建，钢筋混凝土平面桥。

城东南路桥 位于今云梦路与求索路交汇处。1958年建，钢筋混凝土平面桥，后随着街道扩建而拆除。

东风湖大桥 位于北环路东风湖段。1990年建，钢筋混凝土平面桥，长83.13米，宽16.5米。

巴陵中路立交桥 位于巴陵中路与南湖大道交汇处。1992年建，三层椭圆形立交桥。

东茅岭人行天桥 位于巴陵大桥东。1994年建，穿透式钢结构高架桥

南湖大桥 位于学院路三眼桥东侧。1997年建，钢筋混凝土平面桥，长67.2米，宽23.5米，高5米。

市一医院人行天桥 位于巴陵中路市一医院处。1998年建，穿透式钢结构高架桥，长41.9米，宽2.4米，高5.5米。

螺丝港立交桥 位于青年西路与德胜南路交汇处。2001年建，二层全互通式立交桥，长78.38米，宽24米，高5米。

王家河大桥 位于金鹗东路与岳阳大道之间。2002年建，钢筋混凝土平面桥，长350米，宽60米。

润德桥 位于岳新公路职业技术学院处。2004年建，钢筋混凝土拱桥，长53.5米，宽9.3米，高7米，由3座同类型桥组成。

理工学院人行天桥 位于奇家岭湖南理工学院东院与西院之间，横跨学院路。2004年建，钢筋混凝土平面桥。长30米，宽6米，高5米。

巴陵中路行人桥 位于巴陵中路汽车总站与泰和商城之间。2010年建，穿透式钢结构高架桥，长41.2米，宽4米，高5.5米。

梅溪港大桥 位于巴陵东路武广高铁岳阳东站西，2008年建，钢筋混凝土拱桥。

市二医院行人桥 位于巴陵东路市二医院处。2011年建，穿透式钢结构高架桥，长62.8米，宽5米，高5米。

朝阳小学行人桥 位于求索东路朝阳小学处。2011年建，穿透式钢结构高架桥，长36.8米，宽5.3米，高5米。

青年路王家河大桥 位于青年东路王家河上。2011年建，钢筋混凝土拱桥，长168米，宽37米。

通和桥 位于南湖千亩湖堤路中段。2011年建，钢筋混凝土拱桥，长20米，宽6米，高6.5米。

赊月桥 位于南湖千亩湖堤路东段。2011年建，钢筋混凝土拱桥，长20米，宽6米，高6.5米。

附　古代桥梁名录

城区桥梁　竹荫桥、梅溪桥、吊桥、勿剪桥、普济桥、积善桥、孟家堤桥、九龙桥、滨阳桥、迎晖桥、枫柳桥、花飞桥、紫来桥、状元桥。

郊区桥梁　三眼桥、枫桥、永济桥、广通桥、花桥、胥家桥、高桥、康王桥、落马桥、金凤桥、监生桥、邓婆桥、增和桥、大桥湖桥、龟山湖桥、虎啸桥、四眼桥。

第四节　供水　排水

一、供水

岳阳城位于东洞庭湖畔，南湖、东风湖、枫桥湖、吉家湖、芭蕉湖环列四周。由于城垣建于湖边岗丘之上，取水上坡不易，且属板页岩地质结构，土质坚硬，地下水渗透不易。古时城区虽有72口古井，但大部分不能饮用。清嘉庆时，巴陵知县陈玉垣写道："巴陵城外水云窟，巴陵城内水不足。楼下肩磨挑水忙，瓮贮瓶藏供饮沐。"

民国时期，市民多雇人包水，几户或十几户由挑水夫承包供水，水价每担2—3个铜币。另有卖零水者，用木轮车装一扁圆形水箱，贮满河水，沿街叫卖，每担5个铜币，当时城区有挑水夫70余人。

40年代末，岳阳铁路机务段在红船厂建一小型抽水机埠，专供火车及旅客饮用水，少量供应附近居民。1950年，迁建于吕仙亭白鹤山上，称给水所。建有岸边水源井，用导水沟将湖水引入，以华氏蒸汽扬水，设有平流式沉淀池，是城区最早使用的自来水。1952年，三三六工厂在北门湖边建抽水机埠，供应本厂生产生活用水。城区机关、学校、企事业单位及居民饮用水，仍靠人力挑水，或雇人包水，少数单位自备水井。

1962年，日产500吨的吊桥水厂投产，正式开始供应自来水，铺设南、北、中3条管道，共长1534米，能供5000多人饮用。1964年，水厂更新改造设备，增加供水量200吨，铺设管线1500米。新建社会供水站8个，解决岳阳楼、青年堤、螺丝港等地居民与单位用水。1969年，新建北门水厂，日供水量1.5万吨，供应全城200多个单位、11万多人生产生活用水。1981年，北门水厂经扩建改建，日供水量达4.5万吨。随着城市建设的发展，人口的增多，1986年，提高到10万吨，供水管道总长202公里，有阀门检查井500多个，单位与居民用水表1920个，售水桩5处，消防栓43个，在城区26平方公里范围内，形成供水管网体系，将自来水引入各家各户。

1987年，扩建北门水厂10万吨工程。1990年竣工投产，日供水20万吨。同时，市政府拨款10万元，安装管道，接引城陵矶粮库自备水源，结束城陵矶居民挑水吃的历史；冷水铺居民从铁路给水所接引水源，解决部分居民饮水。1988年7月，每吨水价调高至0.25元。是年底，境内有116家厂矿企业与机关单位，在沿湖一带自建水厂，其中较大自备水厂23个，综合生产日供水能力91.52万吨，实际供水能力65.34万吨，为市自来水公司供水量的9倍。1990年，在北环路地段敷设1条直径为1.2米、长5.4公里的供水干管。城区干管共长218公里，供水紧张状况基本缓解。是年，市区大型、中型企事业自备水厂有20家，日综合生产能力117万吨，其中日产5万吨以上的自备水厂有洞氮、岳阳电厂、岳阳造纸厂、洞纺、己内酰胺厂、岳阳化肥厂、岳阳制药一厂、市黄麻纺织厂、市氮肥厂；1万吨以上的有三五一七工厂、岳阳磷肥厂、城陵矶粮库、城陵矶港务局、铁路给水工区、岳阳肉联厂、岳阳电磁铁厂、岳阳师专、市针织印染厂、市化纤厂、市机瓦厂等。

1992年，建成冷城路直径400毫米主干管4800米，解决城陵矶地区用水问题。同时筹建岳阳市第二水厂，水源选定铁山水库，厂址定在梅溪乡、北港乡内，共征地17.33公顷。水厂设计日供水能力为40万立方米，第一期工程为日供水能力20万立方米。1993年5月8日，岳阳市第二水厂开工建设。是年，铺设金鹗中路直径300—800毫米主干管1500米。1994年，铺设巴陵东路直径1200毫米主干管3968米。是年9月，岳阳市第二水厂竣工投产，并在第一、第二水厂建立微机自动化监控系统。城区形成2处水源、2个水厂同时生产的环状供水格局，日供水总能力达40万立方米。1997年，建成金鹗东路直径400毫米主干管600米。1998年，建成奇家岭直径500—800毫米主干管2840米，解决奇家岭地区水压不足、自备水源水质不好的问题。是年，巴陵东路直径600毫米、南环路直径400毫米管线相继建成。

2012年，城区供水全部喝上铁山水库的水，城市供水服务水平逐步提高。

二、排水

清末，城区溪流众多，城区排水主要靠明沟暗渠自由排泄。清光绪《巴陵县志》载："城区沟渠之水俱自西南来，一由东门左出城，曰：滨阳桥；一由东门出城，曰九龙桥。唯府学前洗牲池之水不与焉，洗牲池其堤下，有小闸径出便河。滨阳桥水上自大西门外枫柳桥入城内花飞桥，达颜家巷。南侧武庙后黄土坡之水注之，北则剪刀池之水注之。剪刀池水上源会府署后北门，诸水出勿剪桥，经铁炉街，合西门以内之水，出卫前街与颜家巷之水合。又卫前街东火药局之水出双井巷，麻家坡之水出火神庙巷合流。稍南至旧司狱司署前，由滨阳桥出城，至迎晖桥，南流入便河。九龙桥水自南门内守备署前来，北则合武庙考棚后之水，南则合府学宫山后之水，由县署前至九龙桥东流出城外，与滨阳桥之水合流至便河，屈曲西行，由孟家堤桥下出湖。此城内沟渠之大概也。至城外正街之水，柴家岭南北中分，北则出颜家巷入城内，内则由土门街出吊桥归便河。南门正街之水又东西而分，街西则由十字街西转归街河口入湖；街东则由十字街东转归梅溪桥，入太子庙前湖；再南则天岳山街之水，北流入十字街，塔前街之水南流归慈氏寺巷入湖，此城外大街沟渠也。"

民国时期，城区排水仍承旧时，主要靠明沟暗渠自由排泄，每逢大雨，阻塞不通，街巷成河，污水四溢。

1953年，政府在芋头田修筑街边下水道，污水不再积于路面。1956年，青年路与城东路修建明沟，洞庭北路用砖砌筑管道。1962年，成立街道维修队，下水道配备专人管理。此后，修建街道时，下水道建设同步进行，开始用混凝土管道作排水管道，城区排水状况有较大改善。1974年9月，修建梅溪桥涵洞，增建一座120.12平方米抽水机房，设排水提升站，装有抽水机泵2组，使青年路、建设路、梅溪桥3条街道积水1小时内可全部排入南湖。1987年，全城有下水道约3.5万米，有检查井558座、雨水井447座。城区排水分为铁路西与铁路东两大系统。铁路西（旧城区）工业废水、污水、生活用水分别排入洞庭湖、南湖、东风湖，排水管道全长2.24万米；铁路东（新市区）工业废水、污水、生活用水分别排入南湖、东风湖、枫桥湖、吉家湖，排水管道全长1.16万米；冷水铺、城陵矶2个工业区，各工厂企业自行铺设管道，污水、废水分别排入洞庭湖、东风湖、吉家湖、芭蕉湖及其他湖泊港汊。

1988—1990年，对洞庭北路、建设南路、鄢家冲、青年路、建设北路9处分段的排水沟渠进行修建和改造。至 1990 年，市区有下水管道 62 条，长 32 公里，其中涵沟 8.993 公里，圆管涵直径 300—1000 毫米的 27.75 公里，雨水井 1181 个，污水井 854 个，拱涵 345 米，日排污水 3 万吨，服务面积 127 平方公里。1991—1999 年，先后对青年中路、东环路、北环路、南环西路、望岳路、竹荫街、白杨坡路、马壕路、菜园坡路、南湖广场等 20 多处下水道进行修建和改造，并修建直径 2 米的市政府管涵、6.46×3.65 米的市政府拱涵、4.18×3.85 米的德胜路箱涵、3.4×2 米的土桥管涵。至 1999 年，城区有下水管道 72 条、长 88 公里，雨水井 2397 座、检查井 2185 座。建成洞庭湖水系、南湖水系、东风湖水系、枫桥湖水系四大排水系统。洞庭湖水系为雨水、污水及工业废水合流制，管网分布在洞庭北路、洞庭南路、洞庭中路、巴陵西路、鱼巷子、油榨岭及城陵矶等地，分别排入洞庭湖。南湖水系为雨、污水及废水合流制，管网分布在东茅岭路、新胜路、德胜南路、青年西路、城东南路、北路、学坡路、建设路、洞庭南路、金鹗路、南环路、南湖大道、竹荫街、金家岭、乾明寺、芋头田、先锋路、大鄢家冲等地，分别排入南湖。东风湖水系为雨水、污水及废水合流制，管网分布在九华山、洞庭北路、巴陵西路、建设南路、转盘路、城东北路、巴陵大桥、翰林街等地，分别排入东风湖。枫桥湖水系为雨、污水及废水合流制，管网分布在巴陵中路、德胜北路、东茅岭路、五里牌路、建湘路、南湖大道等地，分别排入枫桥湖。另外，四化建、市机床厂等单位自设管道，生产、生活污、废水排入南湖。中建五局二公司、七公司、市纺织印染厂生产、生活废水经建湘路下水道排入东风湖；洞氮、洞纺、市机瓦厂、石油公司等单位生产、生活废水排入东风湖和吉家湖；城陵矶、冷水铺两个工业区内各工厂企业自行敷设管道，分别排入洞庭湖、东风湖、吉家湖、芭蕉湖及其他湖泊港汊。2005 年，新修和改建下水道 3600 米，维修改建下水道 3600 米。2007 年，在对 40 条小街巷维修时，更换雨水井盖 20 块，疏通下水道污泥 2500 米。2008 年，区建设局督办各办事处疏通、改造下水道 111 处，投入资金 126.91 万元。2009 年，对原经编厂生活区和原瓷厂生活区的下水道进行维修改造。2011 年，投入资金 311 万元对杨树塘等 25 处下水道进行疏通改造。2012 年，完成对低洼渍水街巷和“12345”公众服务热线反映的下水道疏通改造项目 20 处。

第五节　电　力

一、机构

民国3年（1914），成立东海电灯公司，民国23年（1934），更名为东海电灯无限公司，民国26年（1937）6 月，更名为东海电灯有限公司。民国 37 年（1948）8 月，成立岳阳电气股份公司。1959 年 7 月，成立岳阳县供电公司。1960 年 2 月，成立岳阳市供电公司。1979 年 3 月，成立岳阳县供电所。1983 年 10 月，成立岳阳电业局岳阳县电力局。1984 年 1 月，岳阳电业局岳阳县电力局更名为岳阳电业局用电管理所。是年 4 月，组建郊区农机水电科，9 月更名为郊区农机水电局。是年 10 月，成立岳阳电业局农村供电所。1985 年 8 月，郊区农机水电局更名为郊区水电农机局，下设农机管理站、水电管理站农机安全监理站（所）。1987 年 1 月，岳阳电业局用电管理所、岳阳电业局农村供电所合并为岳阳用电管理所。1988 年，成立岳阳电业局供电部。1997 年 6 月，成立岳阳电业局城区供电局。2007 年 4 月，更名为湖南省电力公司岳阳城区供电局。

二、低压直供

民国3年（1914），湖北汉阳籍徐子建、徐声俊合伙投资1.4万元银元，在岳阳县城厢镇竹荫街第28号（现竹荫街51号岳阳市湘北女校巴陵分校）创办东海电灯公司。主设备：62匹马力卧式单缸煤气机1台，42千瓦110伏直流发电机1台。供电范围仅竹荫街、南正街、天岳山、梅溪桥一带。民国21年（1932），东海电灯无限公司购进80匹马力柴油机引擎及53千瓦发电机各1台，是年8月停旧用新。民国26年（1937），东海电气有限公司购入160匹马力单缸煤气机1台，爱迪生式三线制95千瓦交流发电机1台，安装在上观音阁供电。民国27年（1938）11月，日军入侵岳阳，公司停止供电，其设备尽遭破坏，至民国34年，境内仅有日军在岳阳城厢镇洗马池（现巴陵广场南侧）所建1座发电厂，发220伏三相交流电，供侵华日军驻地（金鹗山）用电，主要设备有英产6×24英尺火管锅炉1台、75匹马力双缸提篮式蒸汽机1台，船舶式50千瓦三相发电机1台等。是年，日军投降后，岳阳县政府组成岳阳县电气厂筹备委员会，接管日军所遗洗马池电厂，民国36年（1947）5月恢复供电。2个月后，因故障频繁而停止供电。此时，东海电气有限公司人员陆续回岳，从汉口陈建华电器行借来1台50千瓦三相交流发电机临时供电。民国37年（1948）11月，岳阳电气股份公司开机供电，发电机容量40千瓦。是年与岳阳县电气厂订立合约，租用洗马池电厂设备供电。此期间，岳阳城厢还先后建私营小火电岳阳县电灯厂和天岳山电灯厂。1951年3月，岳阳电气股份公司煤气机主轴折断，无法修理，加之公司欠外债5000元，无力恢复生产。是年6月，成立地方国营岳阳县发电厂。城厢区区长兼发电厂厂长马贺朋率胡海瑞等全厂14名干部职工，利用仅有的1部木轮板车做交通工具，将洗马池日军所遗废旧发电设备及时修复，保障新中国成立3周年前夕对城厢区居民实施供电。是年10月，岳阳电气股份公司报经岳阳县人民委员会批准正式停业，将全部厂房、设备、杆线作价1万元卖给地方国营岳阳县电厂。1951—1952年，岳阳城厢区每晚6—12点供照明用电，供电按灯头计算，亦称包制供电。供电范围东至梅溪桥竹荫街，西至鱼巷子街河口，南至吕仙亭，北至岳阳楼。至1953年，供电方式为小型发电机发电，实施低压直供，低压直供期达39年。

三、趸售转供

1953年11月，地方国营岳阳县发电厂与江零三三八工厂（今际华三五一七橡胶制品有限公司）签订趸售转供电合同，从该厂架设3000伏高压线路1100米至洗马池，在洗马池建简易配电室，装100千伏安配电变压器1台，变压比3300/405伏，对城厢镇实施趸售供电。至1960年10月，35千伏岳阳变电站投入运行，历时7年。

四、35千伏变电站供电

1960年10月，位于马壕里的35千伏岳阳变电站（城关变电站）建成投运。是年岳阳县供电公司亦从洗马池搬迁马壕院。35千伏岳阳变电站投运后，境内陆续增加35千伏梅溪、郭镇、光明等3座变电站供电。

五、110千伏及以上变电站供电

1999年8月，城区35千伏光明变电站最后退出运行，至此，境内全部采用110千伏或220千伏变电站供电。2011年，城区有110千伏变电站11座，220千伏变电站3座，500千伏变电站1座。以220千伏变电站为起点，向外延伸的110千伏输电线路38条，总长495.896千米；以220千伏巴陵变、奇家岭变、华能岳阳电厂、500 千伏昆山变为起点，向外延伸的 220 千伏输电线路 26 条，总长 907.275 千米。

六、10 千伏配电网络管理

1999 年 8 月，35 千伏光明变电站退出运行后，城区 10 千伏配电网络管理工作分别由城区供电局和经开区供电局承担。2011 年，城区供电局管理 10 千伏配电线路及电缆 104 条，杆基 5884 基，总长 461.685 千米；配电变压器 1751 台，总容量 709265 千伏安；环网柜 44 只；柱上开关 144 台；电缆分支箱 133 只。

七、企业经济效益

1978 年 11 月 25 日成立湖南省岳阳电业局，次年 3 月，岳阳县供电公司按 1978 年 12 月底在册数统一并入岳阳电业局。计有供电量 0.565 亿千瓦时，售电量 0.533 亿千瓦时，线损率 9.9%，供电均价 85.08/ 千千瓦时，销售收入 493 万元，固定资产原值 756 万元，年末职工 156 人。1984—1996 年，随着用户增加，销售收入增多。2000 年后，随城市亮化，增加了用电量。2011 年，城区供电局销售收入达 84223 万元。

部分年度供电企业经济效益情况

表 9–4

年度	单位名称	供电量（亿千瓦时）	售电量（亿千瓦时）	线损率（%）	售电均价(元/千千瓦时)	销售收入（万元）	固定资产原值（万元）	年末职工人数（人）
1978	岳阳县供电公司	0.565	0.533	9.9	85.08	493	756	156
1987	用电管理所	5.827	5.61	3.72	82.56	4631	1473	269
1996	用电管理所	9.648	9.483	2.27	293.82	27703	3842	183
1997	城区供电局	10.467	10.221	2.35	324.42	33158	4270	198
1998	城区供电局	10.2	9.948	2.5	331.76	33189	4684	222
1999	城区供电局	11.384	11.090	2.5	335.83	37274	6847	230
2000	城区供电局	12.504	12.116	3.1	351.08	42537	7261	252
2001	城区供电局	13.443	13.033	2.89	342.84	42536	7082	256
2002	城区供电局	13.9	13.5	2.9	400	54047	8042	229
2003	城区供电局	16.1	15.7	2.62	369.5	580.11	8623	228
2004	城区供电局	18.09	17.68	2.23	386.5	68333	18798	225
2005	城区供电局	19.37	18.29	5.58	411.9	75336.5	23004	224

年度	单位名称	供电量（亿千瓦时）	售电量（亿千瓦时）	线损率（%）	售电均价(元/千千瓦时)	销售收入（万元）	固定资产原值（万元）	年末职工人数（人）
2006	城区供电局	21.05	20.29	3.61	427.3	86699	19753	171
2007	城区供电局	21.65	20.88	3.53	443.7	92645	26160	164
2008	城区供电局	20.27	19.67	2.98	465.5	91564	37533	163
2009	城区供电局	20.74	20.25	2.36	560.72	113530	38008	157
2010	城区供电局	16.88	16.31	3.37	594.96	97047	41373	163
2011	城区供电局	15.55	14.24	5.39	591.3	84223	42388	135

说明：2010年7月16日、8月17日、9月16日起，城区供电局管辖的中国石油化工股份有限公司长岭分公司、巴陵石化有限责任公司岳阳化工总厂、长沙铁路总公司长沙供电段云溪变共3个大客户的供电业务移交云溪供电局管辖。

第六节　路灯　燃气

一、路灯

明、清时期，城区街道和铺屋多以茶油、桐油、茶油灯及蜡烛灯笼作照明用具。清光绪二十五年（1899）岳阳开埠设关后，煤油价格低廉、亮度大，很快输入境内。美孚公司“鹰”牌、德士古“幸福”牌、英国亚细亚“铁锚”牌煤油（时称洋油）充斥城乡，灯具也从外国进口，有玻璃罩灯、斗篷灯、煤气灯等。

民国3年（1914），湖北人徐子健、徐声俊合资在竹荫街创建东海电灯公司，装路灯10多盏，供应竹荫街、南正街、天岳山、梅溪桥一带店铺与殷实人家，每日18时30分至凌晨1时止，其余街巷用玻璃煤油灯或植物油灯照明。民国27年（1938），日军入侵岳阳，电灯公司遭破坏，路灯仍用煤油灯照明，每晚由更夫点燃，清晨熄灭。民国38年（1949）1月，电灯公司修复发电，全城有路灯11盏，均为小功率白炽灯泡，光色昏暗。

1953年，成立地方国营发电厂，供应城区照明用电。1954年，在商业繁华的南正街、竹荫街、街河口、天岳山安装100瓦白炽灯泡25盏，火车站至北门轮船码头也安有路灯。1964年，城关镇成立路灯管理委员会，负责路灯安装与维修，并采用第二代光源水银汞灯。是年，路灯线路延长5.5公里，增设路灯48盏。1965年春节前，将竹荫街、南正街、洞庭北路全部改装为水银汞灯。至1989年，共架设线路106.114公里，安装路灯1670盏，总功率274.605千瓦。光源由单一的白炽灯发展为汞灯、钠灯等多种光源。第二代、第三代光源占城区路灯的87%。灯具种类由50年代初单一的马路弯灯，发展至9种灯型，其中，庭院类灯具2种，功能性灯具3种，豪华装饰灯具3种，高杆照明灯具1种。另集资建设安装洞纺、青年堤、城陵矶等线路及路灯。

1990年，光源发展为汞灯（1184盏）、钠灯（364盏）、白炽灯（203盏）等多种光源，第二代、第三代新光源占全市总灯数的87%。至1996年，增加线路5.47万米、路灯1124盏，新立高杆灯27盏，更换灯泡8282盏，完成巴陵中路、火车站、金鹗路、沿湖路、南湖龙舟赛场、桂花园等路段的路灯建设。1998年，完成南湖大道106基、1060盏华灯改造，结束无华灯的历史；安装竹荫街34基、102盏不锈钢灯；完成东环路、巴陵东路（立交桥至王家河段）108基、216盏路灯的建设任务。1999年，完成琵琶王立交桥、南湖广场、东茅岭街心花园、金鹗东路、桥西、城陵矶14基高杆灯的安装及税务局球场、公用事业局庭院、市人大庭院路灯建设及东环南路路灯续建、工农路路灯改建工程等。至年底，中心城区共有路灯4709盏，线路长度350公里，高杆灯41基。2004年，完成公园路、农校路等30条小街巷和庙前街、巴陵大桥至巴陵西路、火车站广场的路灯建设及北港路、南环东路、南环西路、冷水铺路路灯续建工程。敷设电缆3.34万米，架空线路8900米，新立杆灯514基，装灯611盏。2007年，完成沿湖大道、学院路等路灯建设和洞庭南路、20条小街巷亮化配套、新立路灯858基，安装路灯2343盏。2008年10月，对城区“四纵六横”10条主街道临街建筑物夜间亮化改造，新增亮化景点140余处。2009年9月25日，为庆祝国庆60周年，城区主要街道临街100多家企事业单位和大型宾馆、酒店、房地产建筑群全部亮化，167处原已亮化的单位和户外广告完成提质改造。至2012年6月，城区共有各种类型路灯26529基，总灯数41922盏，路灯线路1121.2公里，专用变压器52台，路灯总功率4299.184千瓦。

二、燃气

清末，城区住户煮饭均使用木柴，取暖也用木柴或木炭。60年代初，城区居民煮饭开始使用煤。起初使用散煤、煤球，后改为蜂窝煤。70年代，岳阳地区五七干校开始使用液化气。90年代后，城区居民开始使用液化石油气，住户单位已普及。2002年3月，成立岳阳大明天然气有限公司，开始岳阳市城市工业、公建、民用天然气的开发、利用和推广。2005年7月，岳阳楼区在湖南省率先开通天然气。2006年，建成湖南省第一座天然气汽车加气站，第一批46台双燃料公交车用上天然气。2007年7月，由华润燃气（集团）正式接管。2008年7月，更名为岳阳华润燃气有限公司。建成天然气站1座，汽车加气站5座，日供气能力70万立方米，储气能力1.5万立方米；开发居民用户6万多户，公司用户76户，商业用户200户，工业用户10户，天然气汽车1600辆，实际日均供气量16万立方米。至2012年，境内气化率达60%—70%。

第七节　公共交通

一、公共汽车

1952年，江零三三八配有货运汽车2台、吉普车1台，作为生产公务用车在城区运行。1960年，岳阳县汽车站由荣家湾搬迁至城郊东茅岭，开设城区至公田、城陵矶2条营运线路，以作长短途客运。

1965年5月，县汽车站设立城市汽车站，由城关镇管辖，属大集体企业。7月1日正式营运，有公共汽车3台，司乘人员7人，营运线路2条。1条自火车站至北门渡口，1条自解放路至城陵矶，每条线路仅单车行驶。1966年，客运车辆增至6台。1969年1月，城市汽车站与湘运长途汽车站合并。

是年12月，仍恢复为城市汽车站，由城关镇管理。1976年，客运车辆增至15台，营运线路增至5条，全长67公里。1977年12月，城市汽车站更名为市人民汽车公司，隶属市城建局领导，车辆增至20台，营运线路增至7条，全长81公里。1989年，客运车辆增至67台，营运线路增至12条，全长152.4公里，日客运量约8万人次。

1989年市区公共汽车营运线路

表9-5 单位：公里、个

线　路	起讫地点	所属车队	线路里程	辆　班	日往返趟数
1	解放路—城陵矶	2队	17.8	17	68
2	火车站—麻纺厂	1队	5.5	11	106
3	解放路—新开塘	2队	23.5	2	6
4	火车站—四化建	1车队	5.5	11	107
5	解放路—奇家岭	1车队	9.7	2	12
6	南岳坡—七里山	2车队	10.7	10	60
7	解放路—郭镇	1车队	12.2	6	30
8	解放路—金凤桥	2车队	19	2	6
9	五里牌—岳阳楼	1车队	4.6	6	63
10	南岳坡—洞纺	2车队	7.5	4	28
11	解放路—湖滨	1车队	10.1	2	10
12	解放路—松阳湖	2车队	26.3	2	6

1999年底，市公共汽车总公司有营运车辆590台，营运线路38条，线路总长417.8公里，年行驶里程4000万公里，客运总量6700万人次，年产值4757万元，固定资产总值1.01亿元。2005年底，公司拥有总资产3987万元，职工2203人，运营车辆496台，线路38条，总长525公里，年产值7750万元，年行驶里程194万公里，年客运量8000万人次。2009年，公司拥有运营线路45条，运营车辆856台，年客运量1.54亿人次。至2012年，公司运营线路发展到56条，并开辟火车东站至南岳坡、理工学院南院至市一中的2条旅游线路。

2012年市区公共汽车营运线路

表9-6

线　路	起讫地点
1	解放路—纸厂
2	贮木场—锦绣河山
3	新开塘—南辅道
4	花板桥—火车南站
5	火车站—理工学院南院
6	洞氮生活区—南岳坡
7	南岳坡—职业学院
8	枫木椴—火车南站
9	望湖公寓—市一中
10	洞纺厂—麻纺厂
11	广济医院—湖滨二工区
12	松阳湖—解放路
13	洪源机械厂—解放路
14	土马—解放路
15	火车站—君山公园
16	巴陵桥西—岳化
17	湖滨—市一医院东院
18	市中医院—郭镇
19	太阳桥市场东—麻纺厂
20	市人大—火车南站
21	飘尾—市中医院
22	火车站—华能电厂
23	火车站—华能电厂
24	市一中—中南市场
25	长动医院—制药厂

线　路	起讫地点
26	郭镇—磨刀村
27	太阳桥市场西—望湖公寓
28	解放路—红光气站
29	尚书山—冷水铺
30	理工学院南院—火车东站
31	市一中—理工学院南院
32	太阳桥市场东—氮肥厂
33	火车站—洞庭汽车站
35	洞庭湖大桥—南湖宾馆
36	火车站—火车站
37	洞庭湖大桥—火车南站
38	白象集团—南岳坡
39	雷锋山—南岳坡
40	中大物流—金湖花园
41	会展中心—延寿洞口
42	公交总公司—解放路
46	南岳坡—白石岭
47	三店—火车站
48	平地—市中医院
49	康王新区—步行街
50	太阳桥市场东—市一中
52	岳化金盆社区—火车站
53	松阳湖—云溪火车站
55	南岳坡—火车东站
56	会展中心—市中医院
游1	火车东站—南岳坡
游2	理工学院南院—市一中

二、个体客运

清末，城区范围狭小，人们出行主要靠步行，官员或殷实富户则乘轿或骑马、坐马车。

人力车　民国6年（1917），名绅陈煊（又名陈小平）购置铁轮人力车30辆，在城区载客营运。后另一商人也购置铁轮人力车与之竞争。是年，岳阳《大公报》刊载："岳阳城区有人力车约三十乘，在火车站和轮船码头接送商贾旅客。由于铁轮车损坏车道，巴陵县知事出示告示，禁止行驶。后有人（陈小平）购置橡皮轮胎车（即黄包车，又称东洋车）六乘，在街上营运。"民国10年（1921），岳阳县商会会长陈煊在城区开设人力车行，备有人力车30余辆出租乘用。民国25年（1936），城区有马车32辆，在火车站等处经营客运。

三轮车　50—70年代，个体客运受到限制。80年代，城区出现三轮车客运。1984年，个体户王锦林筹资购置1台18座中巴车，运营线路为火车站至四化建，为境内第一台个体客运车。1985年，有个体汽车3台。是年，农场、乡镇、个体客运汽车进入市区营运，日发送旅客40余车次，日客流量5000人次。1986年后，随着交通运输市场的开放，出现私人出租车和个人承包车一齐运营。1989年，城市个体客运中巴车发展到110多台，运营路线遍及整个城区。但仍有机动三轮车（又称慢慢游、摩的）、摩托车参与客运。1997—1998年，三轮摩托、摩托车被禁止参与客运。

出租车公司　1984年12月，市出租汽车公司成立，1985年4月正式投入营运。有出租小客车13台，年客运量8万人次。1989年8月，岳阳市城市客运管理所成立，负责岳阳市中巴车的管理。1999年，市政府规定，出租车型必须是1.6升以上电喷系统和催化装置环保型的红色车身、银灰色车顶的双色车，车型为"桑塔纳""富康""捷达"3种小轿车。是年底，市出租车公司辖有华威、鑫河、阳光、龙之泉、桑榆平安、时运、华胜、立众、三维、邦田、新世纪、慈善等12家，共有出租车1286台，从业人员4000多人。2009年12月，市政府成立城市公共交通管理局，统一管理城市公共汽车与出租车运营。至2012年，拥有13家出租车企业、1700余台出租车，5000多名从业人员。

三、单位通勤车

70年代，境内大中型工厂、企业、事业单位相继添置交通车辆，往返接送职工、干部上下班。80年代中期，备有通勤车的单位达40余家。其中洞氮、岳阳造纸厂等单位约20余台、500余个座位，营运线路多数从工厂到市区。至2012年，仍有一些机关、企事业单位开设有通勤车，接送本单位人员上下班。

第八节　环境卫生

一、清扫保洁

民国时期，城区既无环卫管理机构，也无专职清扫人员。民国8年（1929），粪便由私人承包清运，后改由县救济院农圃公所管理。街道清扫由警察局代管，雇请社会劳力或指派收容的流亡人员清扫，身上穿着印有"清道夫"字样的马夹。居民生活垃圾，少数由清道夫承运，大部分倒在房前屋后，年复一年，堆积如山，臭不可闻。

中华人民共和国成立初期，城区环境卫生工作由卫生院代管，清扫工临时指派，每人每月大米 75 公斤。1953 年，成立岳阳县肥料管理所。1956 年，更名为岳阳县城关镇环卫管理所。街道清扫仍为个体作业，清扫工和挑粪工按劳付酬，由城关镇拨款开支。1960 年前，清扫范围仅城区几条主要街道。1962 年，组建清扫队，配备清扫工 40 余人，实行分组作业，划片包干，“一扫一保”。添置木制粪缸车清运粪便，修建贮粪池。1975 年，环管所首次向社会公开招收初中以上文化青工 50 人。1979 年，清扫工人增至 138 人，清扫 38 条街，总面积 70 万平方米，实行晚上、上午全面清扫，下午重点保洁。1985 年，清扫工作按定额标准建立岗位责任制，实行“一扫二保”与“二扫一保”相结合，减少白天清扫的污染。1987 年，学习北京环卫管理经验，清扫保洁实行市、区、街三级管理。主、次街道由环卫处负责；人行道纳入沿街单位“门前三包”（即包秩序、包绿化、包卫生），由南区政府组织实施。1989 年，南区设小街巷民办清扫员 200 人，“门前三包”专职清扫员 60 人。根据分工，市环卫处负责城区主次街道清扫工作，南区负责 910 条小街巷清扫工作。1999 年，市环卫处实施定时定点上门收集垃圾、密闭化运输、延时保洁等措施。是年，清扫道路 72 条，清扫总面积 197 万平方米，年清运垃圾 19.03 万吨。2005 年，对市委机关、金叶小区等 5 处试点进行垃圾分类收集，对接管的 250 多万平方米的小街巷全面加大“细扫”力度，根治“只扫面子、不扫底子”的弊端；对运输容器进行密闭化改造，杜绝运输途中的二次污染现象；对基建工地开展专项整治，硬化进出口路面，加强巡逻与监控，遏制基建车辆带泥上路；加大城乡结合部管理，整治望岳路、麻纺厂、南津港等处乱倒渣土的行为，大力改善城郊生活环境。2010 年，开展“五创”提质（即创建全国文明城市、国家交通管理模范城市、国家社会治安模范城市、国家绿化模范城市、国家环保模范城市，提高城市生活质量）活动。充实路段清扫保洁力量，改“一扫两保”为“一扫三保”，城区一级、二级街道全部实行 19 小时清扫保洁服务，每天对街道冲洗 2 次，每周对人行道冲洗 2—3 次，使市容卫生标准由无纸屑提升到无痰涕、无烟蒂、无油污；加强地下通道、人行天桥、道路隔离护栏的清洁维护，对金鹗路、求索路、东茅岭路等主要街道的门店发放不锈钢及塑料垃圾收集容器 7254 只，每天坚持定时上门收集 4 次；对城区 60 多处重点施工场全部按要求实行围挡作业。2012 年，开展为期 100 天的检查，共发现卫生问题近 400 处，查处城乡结合部及城中村新增卫生死角 52 处，对存在问题下发整改通知，整改率 100%。

二、环卫设施

公共厕所 民国时期，城区仅有公厕 4 处，蹲位少，且破烂不堪。岳阳楼、南岳坡、街河口、红船厂一带，芦苇盖的临时厕所到处皆是，居民多建私家厕所，或使用粪缸、马桶。1953 年后，城区公共厕所逐年增多，至 1978 年，共有砖木结构公共厕所 52 座。1989 年，城区有公厕 84 座，男女蹲位 1084 个，其中，水冲式厕所 23 座，为砖混结构，平顶屋面，水磨石块地面，墙裙、粪槽、蹲台、间板均用白磁片粘贴。建筑式样有俄罗斯式、仿清式、园林式、帆形式等，美观实用。1990 年，市区有公厕 85 座，其中水冲式厕所 51 座、旱厕 34 座。公厕建筑风格多样，学坡新村的公厕与垃圾站综合楼为现代格调的板面建筑；解放路口的公厕与垃圾站为俄罗斯风格建筑；宝塔巷公厕为仿宋式建筑，洞庭北路公厕为仿清式建筑；巴陵西路、青年路公厕为庭院式建筑，南湖大道、解放路、桥东、桥西公厕为帆形建筑，均为砖混结构，平顶屋面，水磨石地板，瓷片墙裙，粪槽、蹲台、间板、白瓷洗手盆，定时冲水。1999 年，有公厕 100 座，其中产权属环卫部门 84 座，社会自建自管 16 座；水冲式公厕 97 座，旱厕3座，水厕率为97%，水冲式公厕均采用三格化粪池。2005年，新建袁家小区、冷水铺路、海关等3站3厕。2008年，新建并接管朝阳小学、青年路等处高标准公厕18座，提质改造10座。2010年，新建公厕1座，并对105座公厕全部进行油漆粉刷。

垃圾容器　民国时期，街头无垃圾容器。20世纪50年代初，环卫工人用箩筐扁担沿街收集居民垃圾，倾于湖坎沟边。50年代中末期，改用木轮板车，装上木桶，沿街叫喊“倒渣子！倒渣子！”。1960年后，环卫部门在街头巷尾设置一些木垃圾桶，但木垃圾桶容量有限，容易损坏，脏物漫溢，后改建为砖砌垃圾围。一些机关单位也纷纷修建。70年代中期，城区共有砖砌垃圾围300多个。垃圾收运，由木轮车改为胶轮木箱车，沿街摇铃收集，运往南井、汴河及河坡下集中。1979年始，城区开始设置叉车式铁制垃圾箱，用垃圾自卸车和叉车配套收集、转运。1984年，增设多功能垃圾箱。至1989年，共设叉车式垃圾箱324个，多功能垃圾箱55个，多功能垃圾转运点8处，铁质果皮筒389只，磁坑式地痰盂144只。垃圾收集基本做到容器化。1993年，环卫处撤去沿街垃圾箱，建成密闭型的中转站，改30—50米1个箱为300—500米1个站，实现垃圾从产生到中转的全过程密闭化。1999年，城区有密闭化行吊式垃圾中转站30座，其中多功能箱式4座、集装箱式25个、高台式垃圾站1座；添置和补充式样美观、经久耐用的不锈钢和卷折式果皮筒1038只。2000—2008年，陆续新建垃圾站，城区垃圾站增至44座，小街巷垃圾屋343处。2010年，垃圾站增至47座。2011年，在北港南路、站前路等地新置、更换不锈钢果皮筒562个，在枫树岭社区等地新配置可移动密闭塑料垃圾桶655个；结合新农村建设一事一议项目在梅溪乡等地新建垃圾屋415座；结合小街巷提质改造，配齐幕阜街等10条小街巷、太子庙社区休闲广场等10个社区文化休闲小广场的果皮箱。2012年，在城区小街巷、城乡结合部、居民区垃圾塑料加盖垃圾桶900多个，在建湘路、火车站广场、站前路等路段新增替换果皮桶1000个。

垃圾处理场　1983年前，生活垃圾一直无固定倾倒场所，大多倾倒至湖边和郊区菜地。1985年10月，在郊区北港乡奇家村征地2.47万平方米，建立垃圾处理场。是年6月，建立化验室，对垃圾进行抽样化验和堆肥厌氧发酵试验。与菜业组、养殖场合作，利用厌氧发酵灭菌后的垃圾堆肥改良土壤或做鱼类饲料获得成功。1988年，在羊角山筹建全省第一座垃圾复合肥料厂。设计日处理垃圾200吨，总投资326万元，采取物理分选方式，分离筛选砖石弃物，回收金属、塑料后，将垃圾配以少量化肥，制成复合肥料。工程分4期建设，第一期工程1989年2月动工兴建，8月竣工投产，日处理垃圾50吨，垃圾肥销售供不应求。至1998年，随着城市垃圾量增加，羊角山垃圾场先后4次扩征土地，对堆肥系统、污水处理系统、导气系统逐步进行完善和改造。1994年，在梅溪乡花果畈村附近筹建第二垃圾处理场，占地近6.67公顷。1999年，完成土地征用、进出场道路建设、污水处理初步设计等前期工作。2008年，完善该场设施设备，建设称重计量地磅房，配制垃圾压实机、增设沥液处理装置，按标准设置监测井，使该场达到生活垃圾无害化处理II类以上标准。

运输机械　20世纪50—60年代，环卫运输工具为箢箕、箩筐、手推车、板车等传统工具。1973年，环卫所购进1台“丰收”牌拖拉机改装为粪罐车。1976年，购进1台小四轮车。至1990年，有环卫运输车40台，总功率3543千瓦，垃圾、粪便运输基本实现机械化。1997年，购置2台压缩车，1998年，购置1台垃圾清扫车。1999年，市环卫处30台多功能车改造成集装箱式垃圾车，解决垃圾裸露和二次污染问题。是年，城区有环卫车60台，其中生产车51台，生活车9台。2011年，各类环卫生产及检查车辆增至130余台。2012年，区环卫局投入100万元，配置小型多功能清洗车2台，小型可卸式垃圾清运车4台，配套移动式垃圾屋42座，督查车辆2台，对50多台清运车辆进行密闭式改造。

三、文明卫生竞赛

1984年，市、区政府组织南、郊两区人民认真开展爱国卫生运动，参加省辖6市文明卫生竞赛，“创建文明卫生城市”与“五讲四美三热爱”活动，获第四名。郊区五里乡、南津村、北港乡枫树村分别被评为省辖6市文明卫生竞赛活动城乡结合部环境优胜单位。1986年，结合6市文明卫生竞赛，开展以绿化、美化、净化为目标，“学三明，创三优，建设文明城市”活动。城区1062个单位，有868个成立爱国卫生组织，县团级以上单位成立爱卫办公室，各街道办事处成立爱国卫生办公室。至1986年，共修建“五小建设”2137处、44.96万平方米；消灭不卫生死角3741处；760条背街小巷中，有740处居民坪院修建水泥路面；植树45.5万多株，栽花15.2万多株（盆），建小花园7处，假山喷泉9处，绿化带4.1万米，花坛、花池430多个。1987年，在主要街道实行“门前三包”责任制，在小街巷与居民区实行“民办清扫”“周末卫生活动日”等制度，由日常的卫生保洁发展到消毒、杀虫、灭鼠。是年，全区城市管理与文明卫生活动在6市文明卫生竞赛中获第一名，岳阳市被评为全省卫生城市。1988年，在6市文明卫生竞赛中，再次获第一名。1989年，城区562个单位签订消毒、杀虫责任承包合同书，组织突击灭鼠4次，共投药1万多公斤，灭鼠率达93.7%，鼠密度由80%降至5%。重点整顿临街乱摆乱放摊点，对1000多个个体摊点实行定点定位，拆除违章搭建棚亭300多处，整理乱贴乱画、标语广告1000多处，清理乱堆乱放物品900多处。是年，在6市文明卫生竞赛中第三次获第一名。并代表岳阳市获全省卫生红旗城市、全国地级十佳卫生城市。1990年，全省6市文明卫生竞赛升级为7市文明卫生竞赛，是年，南、郊两区代表岳阳市再次获第一名与全国十佳卫生城市称号。至1999年，连续12年在全省文明卫生竞赛获第一名。2003年，市委、市政府结合全省文明卫生竞赛活动，在城区开展“文明在岳阳”活动，岳阳市获国家卫生城市称号。2011年，市委、市政府提出“五创”提质目标要求。2012年，岳阳楼区先后接受中央文明办对境内城市文明程度指数测评、国家爱卫会国家卫生城市复查暗访等重大检查68次，获得一致好评。

第九节 园林绿化

清末，城区建有各种楼、台、亭、阁。千百年来，历经战乱，大部分损毁，仅余岳阳楼与文庙。古时，城区树木竹林众多，随着城市的不断扩展，绿化面积逐渐减少。中华人民共和国成立后，经常开展大规模的群众植树造林活动，城区绿化面积逐年增加。

一、公园

清末，城区建有一些寺庙园林、书院园林、亭院园林、宅祠园林等，民国年间出现过官办园林中山公园。中华人民共和国成立后，境内园林得到保护。1958—1961年，推行毁林造田，园林遭到破坏。“文化大革命”期间，在“宁要社会主义草，不要资本主义的苗”口号下，园林遭到毁灭性的损伤。1978年改革开放后，加强对园林的修复工作。1996年，岳阳楼区加大对园林建设投入。至2012年，先后建成岳阳楼、金鹗山、南湖等3座市级综合性公园和儿童乐园、岳阳乐园、尚书山公园等3个专类园。并建成桥西北、花板桥、望湖、图书馆、琵琶王立交桥、新路口、三眼桥、五里牌等 8 个街道游园，供市民观赏、游乐、休闲。

中山公园　民国 16 年（1927）建，为城区首座公园。位于城北（今岳阳楼小学与鲁肃墓之间），面积约 900 平方米，内设花台、花带、花池、小亭，植有花草、林木。园内地势随山就势，有高有低，筑有围墙。临街高地上立有青石牌坊，上书“中山公园”四字。抗日战争时，毁于战火。

岳阳楼公园　1958 年，岳阳楼正式开辟为公园，供游人观赏。当时园内仅有岳阳楼、仙梅亭、三醉亭等楼台亭阁。1959 年，增设动物园。1962 年，在湖畔增建怀甫亭。后陆续增建花圃、苗圃、花坛、假山、喷泉等园林建筑，栽植花卉树木 1 万多株。70—80 年代，新建门楼、牌坊、文物展览室、碑廊等仿古建筑。2007 年，完成岳阳楼公园景区的扩建，占地 8.56 万平方米。新景区以“展示湖光山色，彰显名楼风采，恢复古城风貌，营造滨水空间，传承传统文化，重塑经济形态”为主线，使公园旧貌换新颜，更加壮观。

金鹗公园　位于城东南金鹗山上，面积约 58 公顷。1977 年筹建，1982 年正式对外开放。园内筑有望岳亭、翠谷亭、荷香楼、越古桥等楼台亭阁。建有地下电影院、旱冰场、儿童火车游乐场等娱乐设施。还建有观鱼池、石坊、玉兔亭等游览设施。开辟游览道路 15 条，林间休息坪 8 处。园内绿树成荫，鸟语花香，空气清新，环境幽雅。登上望岳楼，可俯瞰全城。主峰上高耸的电视转播塔，为公园增添了景色。1995—2009 年，增建东大门、北大门、南大门、文昌阁、樱花园、孔子书院及孔子雕像，1998 年，增建动物园，引进各类动物 46 种、300 多头（羽）。

南湖公园　位于城区东南部。沿湖风光秀丽，景色宜人，山中有湖，湖中有岛。1979 年，成立南湖公园筹建处。开垦绿地 108 公顷，育林 52 公顷，种花卉 4.5 公顷。1984 年始，先后修建南湖游路、风景古亭、大型雕塑、观礼台、公园广场，设有脚踏游船等娱乐设施。总面积 13.7 公顷，其中山林 9.63 公顷，水面 1 公顷，花卉苗木生产基地 1.6 公顷。开发营造各种树木 37 个品种、1.7 万余株成林竹木。1986—2012 年，兴建赊月亭、尚书亭、芳菲馆、野趣园、樱花园、中心游园、九孔桥等旅游设施。

儿童乐园　位于巴陵西路，1986 年 2 月建成开放，面积约 1 万平方米，为全省第一家中外合资的儿童乐园。园内有小火车、有轨快速车、小汽车、锁链转塔、蹦蹦床、电子电视游戏、秋千、泡泡怪兽等儿童游乐玩具，并设有商场、舞厅、溜冰场等娱乐设施。为市区少年儿童文化娱乐场所。1995 年修建巴陵西路及汉森宾馆时被拆除。

尚书山公园　位于南湖东北部与南环路南，2004 年建，以谢颐寿与方钝两位尚书而得名。总面积 5.87 公顷，原为岳阳市林科所苗木基地。园内山水相连、林郁葱葱，景观优美，风景秀丽。景区分为密林休闲区、水景区。密林休闲区有尚书亭、花架、玉兰隽秀、景观林荫道等景点；水景区有樵鱼诗韵、碧水澄月、赏溪桥、疏林清月、傍石嬉水等景点。

二、广场

2001—2012 年，为方便广大人民群众休闲娱乐，先后修建火车站东茅岭商业步行街、南湖、巴陵、岳纸、会展中心等 6 个大型广场。

东风广场　位于云梦路与青年西路交汇处。1966 年动工兴建，1967 年建成，成为城区大型群众集会与运动场所。原为市体委运动训练场所，占地 4 公顷。内设 400 米跑道、足球场、篮球场、游泳池、体操训练房、主席台设施。80 年代后，部分场地划归工人文化宫，场地面积缩至 3 公顷。先后举办过全国、全省、全市大型运动会。1995年后，改造为市民休闲游玩的绿化广场。广场的东、南、西三面被辟为绿地。东面人行道扩宽后改建为市民健身娱乐场所。

火车站广场 位于南湖大道北段火车站，1995年建。面积4.8公顷。属集散型广场，融交通、休闲、娱乐、集会功能于一体，分交通停车区和休闲活动区。设置有花坛、草坪、雕塑小品、景观建筑，是一处气势宏大、主题突出、特色鲜明、构图严谨、景观丰富的大型城市广场。

东茅岭商业步行广场 位于巴陵中路与德胜北路交汇处，2001年建。西起巴陵大桥东端，东至德胜北路，全长430米，占地面积6万平方米，集购物、休闲、娱乐、餐饮和商务、文化交流等功能于一体，绿地、花卉、音乐喷泉、雕塑、电子显示屏为主体，形成开放式城市休闲广场。2010年，因恢复拉直巴陵路和修建东茅岭地下商业广场，广场重新施工改造。

南湖广场 位于南湖北岸与南环路之间，2000年兴建，2002年8月，建成使用。是一个集文化集会、绿化旅游和市民休闲于一体的综合性广场。自北向南分为文化集会、主题雕塑、音乐喷泉、林荫休闲、凌波平台及东区绿化等6个功能区，总面积16万平方米，其中绿地面积6.8万平方米，喷泉区面积1.3万平方米，石料铺砌面积7.9万平方米

岳纸文化广场 位于城陵矶岳阳纸业集团岳纸社区中心。是岳纸近万名职工家属业余健身、休闲活动中心，面积2.4万平方米。内设主题塑石1座，铺装园路2600平方米，种植桂花、香樟等高档乔木200余株，茶花、樱花等花及灌木500余株，杜鹃、月桂等彩叶地被植物1.4万余平方米。

会展中心广场 位于岳阳大道文化艺术展览中心前，2008年建。总面积7.9万平方米，其中附属绿地面积54935平方米，水体面积1772平方米，游路面积668平方米，铺装面积1816平方米，绿化面积20679平方米。除进行园林绿化种植设计外，还设计了园林景观，包括喷泉、水池、溪流、园林小品等，园林小品主要有园桥、栈道、景墙等。

巴陵广场 位于巴陵西路西端南岳坡处，东临巴陵西路，西濒洞庭湖，北接岳阳楼核心景区，南至鱼巷子区，广场东西主轴线长280.1米，总面积4.8万平方米。2006年动工，2007年竣工。广场部分由入口广场（交通、集散广场）、过渡广场、市井活动广场、文化主题广场四部分组成。2010年，又在广场西南增建绿化广场。文化主题广场内设大型雕塑——后羿斩巴蛇。广场可容纳3800人集会，周边为疏林草地，南侧为面积8000多平方米的绿化带。西边为滨湖景观区，滨湖景观区由三层台阶组成，一层层台阶缓缓拾级而下，直抵湖边。

三、街头绿地小游园

1982年，修建巴陵大桥西端南北游园（又名蘑菇亭游园）。1991年，修建花板桥游园。1996年，修建望湖游园。2001年，修建螺丝港青年路立交桥游园。2002年，修建图书馆前游园与琵琶王立交桥游园。此外，还修建了火车站立交桥游园、新路口游园、三眼桥游园、五里牌游园。是年12月，完成南湖旅游走廊一期工程。2005—2006年，修建沿洞庭湖风光带（一期）工程，南起北门渡口、北至城陵矶桂花园，全长6.8公里，绿化面积23万平方米。2007—2010年，启动南湖旅游走廊“天灯映月”景点工程。至2012年，在一些主要街道与立交桥附近共修建9个绿地游园。

四、绿化

清代中期，城内绿化，除道旁多柏树的学道岭街（今郭亮街）、竹林葱郁的竹荫街外，天岳山街、西门柴家岭街、巴山巷、君山巷、油榨岭巷、金家岭、麻家坡巷等古街小巷，只有少量散生树木，灵官庙、

药王宫、观音庵、真人殿等祠庙周围都培植树木花草，宅内绿篱相围，绿荫覆盖。1949年，城区有树木2万多株，绿化面积不到6公顷。至1986年，市区共植树410万株，绿化覆盖率达12.2%，公共绿地面积78.72公顷，人均占有绿地面积5.8平方米。2012年，全区开展城乡造林绿化工作，共完成小街小巷、社区植树2万多株，全民义务植树55万株。

山地绿化　民国37年（1948）3月12日，县政府举行植树典礼及扩大造林运动大会，会后到九华山植树。1954年，岳阳县委、县政府发动干部、群众数千人上金鹗山开荒植树，培育风景林。1963年冬至1964年春，城关镇开展全党动手、全民动员、万人上山的群众植树运动，共栽植各种树17万余株，其中，果树47645株、经济林木38378株、风景林88619株、防护林2300株。1974年3月，地、县、镇各单位数万人到五里牌、洛王一带荒山植树造林。1988年，南区政府颁发《关于开展全民义务植树和种植纪念树有关问题的通知》规定：男12—60岁，女12—55岁（丧失劳力者除外），每人每年义务植树2株。凡新婚、生小孩、上大学、参军、调进、调出（城区）及60岁以上老人祝寿，都要去南湖左家山纪念林场植树纪念。至1989年，共植纪念树3530株，在六龟山植义务树1248株。随着城市的东移北扩，市、区政府每年3月12日，均组织各单位前往近郊与远郊植树。同时随着山林产权的开放承包，一些私人开始承包荒山植树造林。至2012年，境内绝大部分丘陵山地都已变成林地。

街道绿化　民国时期，街道两旁绿化树木很少。1958年，县基建局街道维修队成立绿化组，配备2名专业人员，在洞庭路、南正街、竹荫街植树绿化。1964年初，在城区街道植树615株。1984—1986年，在小街巷与居民区共植树45.5万株，植花卉15.2万株，造绿化带7800米，建花坛430个。至1989年，城区街道共有绿化植物72个品种、72455株；草皮3个品种、9208平方米，有杜英树（市树）739株，栀子花（市花）2871株，其中，绿化街道30条，总长31394米，植行道树13个品种，8975株；7条主街植细叶女贞、女贞、七里香绿篱36477株，总长12740米；建街道花坛9个，面积1.39公顷，植各类花木49个品种、16762株，其中小绿篱7824株。城区共有大小绿地7块，面积0.82公顷，植有34个品种的树木花卉4869株，其中绿篱990米、3870株。绿化车带、街道旁、堤旁10处，植木茶花卉6642株；绿化广场1个，面积1.52公顷，植树木花卉530株、草皮8608平方米。1998年，岳阳市被评为全国造林绿化十佳城市，1999年，被建设部评为全国园林绿化先进城市。至1999年，城区50多条街道，总长72公里，共植行道树2万株，分车带绿篱长4万米；建花坛28个、20883平方米；建富有现代都市气息的小游园12座，面积36893平方米；以行道树为绿色纽带，将分散的小块绿地400多处（组），面积25993平方米连接起来，成为完整的绿地系统；建成金鹗山、知青场、姜家咀、龙山、架子山等义务植树基地，累计造林530公顷，中心城区绿地总面积999.962公顷，城市建成区绿地率30.1%，绿化覆盖率32.8%，人均公共绿地面积6.3平方米。2005年，城区绿地率36.39%，绿化覆盖率38.15%，人均公共绿地面积8.37平方米。至2009年，城区70多条街道，总长100公里，共植行道树4万株，分车带绿篱长4万米；建28个花坛，面积20883平方米；道路绿化普及率98.5%，道路绿化达标率86.5%，道路绿化总面积138.53公顷。2012年，冷水铺路森林城市景观道路完成全部绿化提质工作，工程总计栽植樟树、杜英、玉兰、苏铁等乔木20余种、5000株，各种灌木10万株，栽种法国冬青、黄金香柳、杜鹃花、红叶石楠、桂花、栀子花、红继木、春鹃、七里香等大小苗木20万株，铺植草皮4万多平方米。

2012 年境内城市主干道道路绿化情况

表 9–7 单位：米、平方米、%

道路名称	总长度	已绿化长度	总面积	绿地总面积	绿地率
岳阳大道	3014	3014	361680	230000	63.6
洞庭大道	3210	3210	192600	8700	45.2
巴陵东路	4630	4630	370400	145582	39.3
巴陵中路	1803	1803	90150	62034	68.8
南湖大道	2100	2100	10500	3000	28.6
金鹗中路	1998	1998	159840	5940	37.5
金鹗东路	1110	1110	111000	3000	27.0
岳荣公路连接线	1600	1600	64000	27000	42.2
通海路	1550	1550	71300	18769.6	26.3
营盘岭路	1600	1600	32000	9805.1	30.64
桐子岭路	1860	1860	37200	9661.4	25.97
花果山路	200	200	3600	1564.7	43.46
沿洞庭湖风光带一期	6800	6800	428400	230000	53.69
王家畈路	1500	1500	75000	28502	38.0
奇康西路	150	150	7500	2614.1	34.85
白石岭路	2400	2400	100800	20340	20.18
茶园路	470	470	16450	7455.6	45.32
康王工业园道路	3600	3600	90000	29397	32.67

庭院绿化 民国时期，城区仅有普济医院、天主堂、福音堂、岳郡联中园内栽有少量树木。1954 年，岳阳县委、县人委、城关镇人委、供销社、粮食局、卫生防疫站、县人民医院、一中、二中、师范学校、二一一工厂等单位结合造林绿化，在单位院内栽植各种树木花卉，美化环境。1964 年 2 月，结合春季爱国卫生运动，各单位进一步绿化内部环境。1977—1982 年，城区庭院绿化工作全面普及，绿化面积逐年增加。1982—1986 年，全区庭院植树 180 多万株，种草 3000 多平方米，建花坛 1143 个。1987 年，洞氮等 26 个单位被评为岳阳市花园式单位。至 1989 年，先后有 48 个驻区中央、省、市、区属机关企业被评为市级花园式单位，其中，洞氮、三五一七工厂、市环卫处被省绿化委员会授予省级花园式单位称号。1994 年，市政府提出“个十百千万”绿化工程，要求全市创建 100 个示范单位。1997 年，兴建市政府机关大院，科学设计，精心施工，突出庭院绿化，进入省级园林式先进单位行列。至 1999 年，

城区绿化美化达标单位130个，巴陵公司、岳阳电业局、华能电厂等18家庭院，成为省级园林式单位。至2012年，境内共有省级园林式单位52家，市级园林式单位129家。

第二章　房地产业

第一节　房屋建设

一、公房

建设　民国时期，城区有官署、学校、善堂（保育院、育婴堂、救济院）、庙宇、庵堂、会馆等公产。教会产业有天主堂、福音堂、基督教堂、圣公会、贞信女中、湖滨学校、普济医院及城陵矶海关等。共有房屋413栋、975间，占城区房屋的15%。

中华人民共和国成立初期，岳阳县政府接管城区、郊区公房地产。学校、医院分配给原单位使用，部分公房划给机关企事业单位作办公用房，其余改出租房。

50年代初，中南军区军需部被服厂在剪刀池、鲁肃墓、九华山兴建一批砖木平房宿舍；一中、岳阳师范、铁路、搬运社、帆运社等单位在磨子山、东井岭、南津港、新印山、老印山、观音阁及北门湖边等地建房。1955年，房管部门在邓家湾兴建砖木平房4栋，建筑面积900平方米，为首批由国家投资建设的公用住房。此后在桃花井、洞庭路、棚厂街、吕仙亭、东井岭一带，兴建公房住宅，建筑先是单一的平房，后改为2—3层楼房。至1965年，城区共建房屋36.59万平方米，其中住宅20.91万平方米，是中华人民共和国成立前城区房屋的2.58倍。

“文化大革命”期间，城区房屋建设发展缓慢。1976年，成立岳阳市房地产公司。1978年，在东井岭新建2栋5层住宅楼，洞庭北路东侧新建1栋7层住宅楼，建筑面积7960平方米，为城区房屋多层建筑之始。1978—1987年，先后建设有东井岭、桥东、桥西、学坡、娃娃塘、德胜路、枫桥湖、斗篷山、桃花井、太子庙、杨树塘等住宅区。80年代中期至90年代初，城区高层建筑不断增多。大型高层建筑有商业大厦、九州大厦、楚天大厦、百货大楼、水产大楼、医药大楼、金三角、小龙城、五金大楼、工商银行、中国银行、建设银行、海关、保险公司、邮电大楼等，群体建筑有庙前街、楼前街、五里街及南湖大道东侧的群体商店铺面。至1990年，兴建房屋总面积554.35万平方米，其中住宅276.1万平方米，占房屋建筑总面积的49.8%，比中华人民共和国成立后26年的总和增长14.15倍，其中住宅增长12.2倍。房屋建设中，直管公房23.1万平方米，其中住宅18.2万平方米，非住宅建筑4.9万平方米。1990年，人均居住面积7.7平方米．

90年代始，房地产开发、住宅建设成为热点，住房成为商品，公产住房陆续出售变为私产。房地产开发公司纷纷成立，先后开发商业城、泰和商城及火车站附近的建筑群；银都大厦、金都大厦、中银大厦等高层建筑；枫树村小区、长炼花园等安居工程；分别对梅溪桥、鱼巷子、娃娃塘、观音阁等区域旧房进行改造，兴建花板桥蔬菜、药材批发市场，洞庭渔都，钢材市场，粮油批发市场等大型市场。至1999年，城区房屋建筑面积达1490万平方米，其中住宅961万平方米；因房改房出售和旧城改造拆除，直管公房降至16.4万平方米，其中住宅12.6万平方米；城镇人均居住面积13.2平方米。

管理 1949年秋，县政府宣布接管旧政权机关一切财产。1951—1952年，开展民主改革运动，凡属祠堂、庙宇、善会、会馆、行会及旧政府机关所属房地产概予接管；凡地主官僚的房地产全部没收；地主兼工商业或工商业兼地主的非工商部分予以没收。是年，共接管、没收房屋45栋，建筑面积12074.91平方米。1955年，开展公房普查，制定公房牌号，造册登记，全城有公房197栋。1963年，对公房进行第二次清理，全城共有公房679栋（不包括中央、省、地驻岳单位及铁路系统房屋）、5400间，建筑面积20.71万平方米；经常租赁房544栋、2379间、面积5.23万平方米。1975年，城区有公房1105栋、11.22万平方米，其中生活用房755栋、8.01万平方米，生产营业用房350栋、4.21万平方米；私改房687栋、4.583万平方米；接管、没收国民政府官吏、地主房产118栋、1.21万平方米；共和国成立后新建、改建、扩建铺面177栋、4.01万平方米；国家收购私房123栋、3949.15平方米。1982年，开展房屋产权、产籍、产业清理工作，至1983年8月，清查公房面积19.18万平方米。按行政区域对25个居委会、408个单位的房屋卡片、图纸、资料立卷，装订成册，共建档案卷宗6483册。1985年城区房屋普查统计，有公房883栋，建筑面积17.5万平方米，单位自建住宅279万平方米。90年代，单位住房折价归私。2000年后，兴建单位集资房。至2012年，全面走向市场，不再建公共住宅。

二、私房

民国时期，城区房地产多为私人所有。房屋建筑多为砖木结构或木构架建筑，贫富差距很大。官僚、富商为深宅大院，占地广，面积大，建筑豪华。民国10年（1921），岳阳商会会长陈煊在城区梅溪桥兴建1栋深宅大院，院后建有两层八角亭，花坛围绕，绿树长青。民国16年（1927），周德馨酱园耗银1万元，建店堂1300平方米，楼下为铺面，后面为作坊，楼上办公室，雕窗画栋，装饰典雅。国民政府岳阳行政督察区专员王翦波在北门剪刀池兴建1栋深宅大院，两进两出，共有房屋30余间，大门前设置一对石狮。一般居民为两层以下砖木建筑，或土砖瓦屋，贫困户是木架棚房、芦壁茅屋，更有甚者，为“马打滚式”蜗棚，略避风雨，栖身度日。

1956年，国家提出对私有出租房屋实行社会主义改造。1958年6月，城关镇对城区所有私房全面进行调查摸底。城区有私房业主3953户，房屋3355栋，建筑面积10.42万平方米；其中出租房1488户、1331栋，建筑面积近5万平方米。出租房占私有房业主总户数的37.64%。1958年，岳阳县人民委员会颁发《对私有出租房屋社会主义的改造方案》，并成立私房改造领导小组。至1963年，共改造私人出租房717户、2942间，建筑面积6.735万平方米。“文化大革命”中，取消部分定租息，部分房主未留足自留房，影响私改工作。1984年，省政府颁发《关于处理私房改造遗留问题的意见》。1985年，成立岳阳市落实私房政策领导小组。是年，城区私人房屋建筑面积达22.16万平方米。1986年，迁入城区工厂增多，枫桥湖、延寿村、冷水铺、岳城村、滨湖村等地私人建房成村、成片。至1988年，共落实私房政策677户、面积5.927万平方米。至1990年，私人建房16万平方米。1991年始，随着农民进城经商增多和住房制度改革的开展，城郊私人建房发展很快，洛王知青场、枫树村、铁炉村、城郊村等地建起鳞次栉比的房屋，有的独家独建，有的多家合建，并向空中发展，少则2层，多则5—6层。至1999年，城区私房达26090栋、489.55万平方米，是1990年前的10.95倍。

2006年，全市开展城市规划区私房普查登记发证统计。至9月30日登记私房46191栋、1116.46万平方米，其中岳阳楼区33213栋、817.53平方米；经济开发区8257栋、184.77万平方米；南湖风景区4721栋、114.16万平方米。

三、合资房

1985年，岳阳被定为对外经济开放城市，香港聚利发展有限公司、中国国际信托投资公司、日本沼津市友好游园株式会社、泰国正大集团等到岳阳合资建房，先后建成岳阳宾馆、岳阳乐园、国际大厦、少年儿童乐园、正大岳阳饲料有限公司、华能电厂。其中国际大厦系中国国际信托投资公司房地产公司与市饮食服务公司合资兴建，高21层，建筑面积2.8万平方米，拥有标准客房280套。岳阳宾馆为中国国际旅行社岳阳支社和香港聚利发展有限公司合资兴建，建筑面积2.15万平方米，主楼高10层，拥有客房265间，是集商业、饮食、旅社、娱乐与一体的涉外宾馆。

四、商品房开发

商品住房　1984年，国务院颁布《关于改革建筑业和基本建设管理体制若干问题的规定》，国家计委，城乡建设部联合印发《城市建设实行综合开发的暂行办法》。市委、市政府决定为综合开发城市建设，发展商品房，将原统建指挥部与房产局分离，成立岳阳市城市建设开发公司（又称中国房屋建设开发公司岳阳公司），专门从事经营商品房建设。1985—1989年，该公司在国家财政紧缩的情况下采取自筹资金、预收代建、银行贷款、发行债券等办法，共投资5449万元，兴建庙前街、五里街、湘北大厦、土桥住宅区等商品房55栋、建筑面积20.05万平方米，征收土地23.46公顷。出售住宅1250套、95057平方米；生产营业用房28处，面积61350平方米；代建住宅422套、25100平方米；生产营业用房2处、1800平方米。共创税利340.54万元。该公司按照《城市建设总体规划》，在土桥新建住宅商品房18栋、812套，面积6.15万平方米（其中配套设施0.26万平方米），总投资额1845万元。售予私人138套，面积0.91万平方米；单位购买及安排拆迁户674套，面积4.98万平方米。建筑布局分为二室户、三室户、四室户；大户80平方米，中户50平方米，小户30—40平方米；每户设有浴厕、厨房和阳台，供电为地下电缆，供水由主干道引进。每户配有电表、水表。布局合理，设施齐全，是较理想的住宅区。

90年代后，因政府控制土地一级市场，制定较合理的综合开发方针政策，至1999年，岳阳市共有综合开发公司112家，完成投资15.077亿元，建成商品房231.028万平方米，开发土地77.33公顷。2002年，湘天国际花园、城市绿洲花园、湖畔新村等一批智能化生态型小区建成。2005年，建成8万平方米以上的小区13个，高层、小高层项目6个。其中高大房地产公司开发建设的向阳水岸高层住宅楼建筑高度近100米，地上32层，总投资6000万元，总建筑面积4.2万平方米，住宅256套，为岳阳纯商品房住宅第一高楼。登峰房地产开发公司兴建的登峰雅典新城总投资10亿元，占地2.91公顷，建筑8栋小高层，建住宅800套，面积10万平方米。是年，全区常住人口67.8万人，居民住宅总面积1307.62万平方米，占总数的52.67%；国有直管公房16.51万平方米，占1.26%；人均建筑面积26.43平方米，户均住房建筑面积88.36平方米。私人自建房屋总面积1351万平方米。2006—2012年，先后开工建设景湖湾小区、天伦城、景秀南湖、新电园、锦城嘉园、兴悦花园、锦绣河山等精品住宅小区。

安居工程　1995年，实施《国家安居工程方案》，帮助解决中低收入家庭住房困难，建立起具有保障性质的住房供应体制。城区开发建设安居房865套、6.6万平方米，出售安排住房困难户665户。安居工程享受政府的优惠政策，减免多项税费，房价低于商品房，很受欢迎。1996年4月，岳阳被列入国家安居工程试点城市。1997年，安居工程枫树新村小区24栋、1100套住房交付使用，小区获建设部全国安居工程示范小区和物业管理优秀小区称号。至1999年底，先后有教师新村、城陵矶安居小区、螺狮港小区、长炼花园、岳华刘家冲小区、金湖小区等15个国家安居工程小区相继开工建设，总投资5亿元，总建筑面积100万平方米。2000年，不再建安居工程，提倡建经济适用住房。

附 部分小区简介

东井岭小区 岳阳市第一个实行综合开发的住宅小区。位于南湖大道，建于80年代初，建筑面积14241平方米，共有住户248户。

枫树新村 岳阳市第一个国家安居工程住宅小区，位于东城区。由枫树新村、城市绿洲花园组成，整个社区占地1.47公顷，建筑面积19万平方米，绿化面积4万平方米。小区园林式绿化、喷泉、雕塑、清心亭等构成多线景点，辉映成趣。物业管理前期介入。小区先后被评为全国优秀住宅小区、全国城市物业管理示范小区、湖南省治安管理示范小区。

长炼花园 是湖南省第一个全国优秀物业管理住宅小区。位于巴陵东路，占地总面积40多万平方米，建有职工住宅218栋、38万平方米。小区服务设施配套齐全，建有立体电影院、文化宫、体育馆、“七校一园”、有线电视台等100多个文体活动场所。小区绿荫环抱，四季常青。有1个中心绿地、2个入口景观、3个路景、5个苑景、7个景点。社区内共栽种大小花草树木99468棵，草地面积55269平方米，绿划覆盖率46.3%.并涵盖罗汉古松、银杏古树、华盛顿椰子等国内外驰名的58个品种，均匀分布在小区各个角落，错落有致，交相辉映，争鲜夺艳，构成一幅独特典雅、别具一格的绿色风景画。小区先后16次获国家绿色先进单位、花园式工厂等称号。

金湖小区 是岳阳市第一个公务员小区。位于求索东路以南，南湖公园西北角，占地面积9.33公顷，建筑面积10万平方米，总投资1.4亿元，小区容积率1.02，绿化率42.5%。

第二节 交易管理

民国时期，城区无房地产管理机构。房屋、土地多为私人占有，土地房屋出售、典当、转让，均由业主与事主双方协商、立定契约，或由中介人、担保人从中撮合，且充当双方证人。

中华人民共和国成立后，城镇居民私人房地产（除依法没收外）仍属私有。1950年，对公私房屋、宅地清理。1951年，开征房地产税，收入4.3万公斤大米（折合人民币6921元）。1952年，契税收入2.9665亿元（折合新人民币29665元）。1954年，成立城关镇房地产交易小组，负责城镇房地产的买卖、典当等鉴证过户手续。公房租金、集体单位和私人房地产租金由公房管理单位收取。50年代中期始，城镇开展公私合营和私房出租房屋进行社会主义改造。受“大跃进”“社会主义改造”及“文化大革命”的影响，房地产交易停止。

1976年，岳阳市成立房地产公司，直管公房租金、集体单位及私人宅基地地租由房地产公司收缴。1980年，成立市房地产管理局，取代房地产公司。1982年，城镇开展“三产”（即产权、产籍、产业）清查，建账、立卡，规范、加强房地产租金的收缴。1987年，成立房地产交易管理所，管理房地产市场，办理房地产交易鉴证手续收取契税，签订房屋租赁合同收取管理费。至1989年底，办理房产交易手续

723户、23.3万平方米，成交金额1433万元，收取契税和管理费22.55万元。

1993年，成立房地产评估事务所，评估房屋180多家，876栋，107.95万平方米，收取评估费64.61万元。1994年4月，市房地产产权市场管理处在南湖大道市体育馆旁临时购建1100平方米的房地产交易市场。组织开发商在场内设置商品房展示图和咨询服务台。是年，市房地产局办理房屋交易1072起，25.9万平方米，代征税费73.5万元。1995年，市区建成融房地产交易、抵押、租赁、评估和商品房销售为一体的市场网络。房地产交易面积达101万平方米，交易金额7.5亿元，为财政代收税费4000万元。1998年6月，新落成房地产市场，面积达3000多平方米，厅内设施齐全、信息灵通、服务到位，为交易者提供方便。2001年始，房地产评估、房地产中介脱离事业单位，改制成为独立企业。

第三节　住房制度改革

中华人民共和国成立后，国家行政机关、企事业单位均实行住房福利制。部分无公房的行政企事业单位职工及社会居民住房实行住房租赁制。50—60年代，直管公房根据个人申请和公房情况进行安排租赁。70年代，住房紧缺，安排住公房须由个人申请、居委会或单位签具证明，经房管部门调查，按家庭人口状况分配安排租赁。有建房能力的行政企事业单位干部职工，则按资历等情况排队等候安排自建公房。1979年始，国家、地方政府和单位增加住宅建设投资，新建住宅增加，但仍满足不了职工居民住房需求。1984年，试行住房制度改革。1988年2月，国务院印发《城镇分期分批推行住房制度改革实施方案的通知》，随后，省政府颁发房改实施方案。

1992年，市政府颁发《岳阳市城镇住房制度改革实施方案》。1993年，颁发《岳阳市城镇公有住房制度改革的补充通知》。明确公房租金按住房折旧费、维修费、管理费、投资利息、房产税五项计算，成本租金为每平方米1.56元；凡持有本市正式户口的职工家庭，以户为单位，允许按标准购买1套公有住房。至1998年，共有550个单位参加房改，出售公房7.9万套，面积600万平方米。是年，开始处理公有住房部分产权向全部产权的过渡工作，有18340户职工补办全部产权手续。2007年，共有46420户职工补办全部产权手续，占总数的93.5%。

第四节　房产管理

1950年，由房地产登记委员会对城区房屋产权进行登记，整顿契税。1952年，对房地产进行总登记，开展调查、测绘、评定产价、申请登记、审核公布、填写权证。共发放产权证4432本，其中房屋所有权证3424份，土地权证1008份。对产权不明的293户、无人管理的66栋房屋，暂由政府代管。1958年，对私有出租房进行社会主义改造，城区共有私房业主3953户、房屋3355栋，建筑面积近5万平方米，占私房总数的38%。1961年，清理房地产，换发房屋所有权证，以24个居委会为单位，对房屋进行丈量、建卡、立档、填发所有权证。至1963年，共改造私人出租房717户、2942间、67350平方米。至1966年三季度，共支付定租息88100元。由于受“左”的思想影响，改造起点由国家规定50平方米降至30平方米，以致错改私房。“大跃进”时期拆除私房，产权、产业、产籍变动大。至1965年

3 月，全区共发放私人房屋权证 2925 份。1982 年，开展清理产权、产籍、产业，对私房进行绘图、立卡、建档。1983 年，落实私房改造政策。1987 年上半年落实 611 户，其中维护改造的 359 户、4.39 万平方米；补发定租息 4.66 万元，补足自留房 1844 平方米，折价付款 5.45 万元；撤销改造 252 户、6209 平方米，折价付款 34 万元。另安排腾退住房 76 户；退还宗教房产 6 户、578 平方米，工商联代管房 15 户、300 平方米；"文化大革命"期间代管下放人员房产 35 户、3684 平方米；占用、没收、接管 5 户，291 平方米，尚待处理，支出落实经费 145.33 万元。1998 年 7 月 1 日始，换发全国统一房屋权属证书，至 2002 年，城区共发放房屋产权证 14 万本。

2006 年 7 月，岳阳楼区政府成立私房普查登记发证工作领导小组办公室，组织规划、国土、房管和乡街部门，在全区范围内进行私房普查。历时 2 个月，对 2 个乡、16 个街道的私房予以登记造册，内容包括现产权人、建筑面积、建成时间、层数等，查清全区共有私房 33042 栋，其中已发证 8899 栋，占 26.9%，至年底，补发产权证 647 栋。

2007 年初，区房产分局根据《中华人民共和国城市房地产管理法》《城市权属登记管理办法》《湖南省城市房屋产权籍管理条例》，结合区实际，决定采取房屋总登记形式进行房屋权属登记，要求凡列入总登记、验证或者换证范围，无论权利人以往是否领取房屋权属证书，权属状况有无变化，均应在规定的期限内办理登记，对从未发证的 24143 栋房屋进行确权，以澄清房屋数量，为城市建设提供依据。至 2007 年，共补发证件 7089 户、150.36 万平方米。

2009 年 3 月，市政府出台《岳阳市中心城区集中整治违法建设实施方案》，4 月底出台《关于严厉打击无资质房地产开发经营行为的通告》，要求房屋产权登记必须提供"国有土地使用证"和"建设工程规划许可证"，因自建房两证不全导致该年度产权登记量减少。是年，办理房屋所有权证仅 2212 本、52.2 万平方米。

2010—2012 年，市政府继续开展"控违、禁违、治违"工作，岳阳楼区房屋产权仅发证 3926 本、98.13 万平方米。

附　廉租房小区简介

苗圃廉租房小区　位于金鹗公园南边，占地面积 0.29 公顷。2004 年，投入资金 590 万元，建成 2 栋廉租住房，建筑面积 8500 多平方米，共 126 套，其中三室一厅一厨一卫 26 套，两室一厅一厨一卫 93 套。一室一厅一厨一卫 7 套。室内安装铝合金窗户与防盗门。

洛王廉租房小区　位于洛王湘北市场东边，总占地面积 1 公顷。2005 年，投入资金 1600 多万元，新建 5 栋廉租住房和 1 栋经济适用房，廉租住房总户数 212 套，建筑面积 17309 平方米，其中三室一厅一厨一卫 4 套，两室一厅一厨一卫 192 套，一室一厅一厨一卫 16 套；经济适用房 50 套，4800 平方米。

太子庙廉租房小区　位于青年西路太子庙地段，建于 2007 年，占地面积 2.13 公顷，建筑面积 27327 平方米，投入资金 3400 多万元。是继桃花井、苗圃、洛王廉租房小区后集中兴建的第四个廉租房小区。

第三章　环境保护

第一节　机　构

1984 年 3 月，南区、郊区分别成立城市建设科，兼管辖内区环境保护工作。是年 9 月，南区、郊区建设科分别更名为南区、郊区城市建设环境保护局。1985 年 8 月，城市环境保护局下设环境保护办公室（简称环保办），作为全区环境保护专职机构。1988 年 3 月，南区环保办内设环保监测站、环境工程研究设计室。是年，市环保部门将市二轻工业交南区监管。1989 年，将商业企业环保监督管理权限下放南区管理。1990 年 3 月，南区、郊区环保办分别更名为南区、郊区环境保护局（简称环保局），内设环境管理股、排污收费监理站。1996 年 5 月，南区、郊区环保局合并成立岳阳楼区环保局，主要管理辖区内环境管理、环境宣传教育、排污收费、污染纠纷调处、生态保护等工作。

第二节　环境状况

一、水污染

自古以来，境内湖泊众多，一遇洪水，即泛滥成灾，容易造成泥沙淤积；加上长期围湖造田，湖泊逐渐萎缩，调蓄功能减退，生态环境遭受破坏，但危害尚不厉害。

中华人民共和国成立后，随着城区工业企业增多，水污染加剧。城区水污染主要为工业废水、医院污水、城市生活污水，其中，以工业废水为主要污染源。1973 年 6 月，岳阳地区“三废”（即废水、废气、废渣）治理小组与有关部门对城区工业“三废”与污染危害程度进行调查，对“三废”危害较大的 21 个工厂统计，每天排放废水约 23.55 万吨。仅三五一七工厂、市制药厂、人民造纸厂 3 个单位每天排放废水约 2.96 万吨，每升废水中含硫化物 0.02—0.4 毫克、氰化物 0.66—1.3 毫克、酚 0.2—0.4 毫克、砷 0.8 毫克、铬 0.03—0.5 毫克等有害物质。80 年代后，城区化学工业比重增大，工业废水排放量越来越大。1985 年，城区总用水量 47524.57 万吨，其中，新鲜用水量 25366.70 万吨，重复用水量 22157.87 万吨，重复利用率 46.29%。废水排放总量 22846.72 万吨，其中，排入洞庭湖 3158.23 万吨，排入长江 19688.48 万吨，占废水排放量的 86.18%。随着城区人口不断增多，生活废水也日益增多。80 年代末至 90 年代，废水排放量相对稳定。2000 年后，随着城镇化、工业化的推进，废水排放量明显增加。2007 年，城区各类污染源排放废水 9738.89 万吨，废水中污染物主要是化学需氧量，共排放 39908.52 万吨。2011 年，废水排放量 11668 吨、化学需氧量 18029 吨、氨氮 6824 吨。2012 年，废水排放量 12120 吨、化学需氧量 19051 吨、氨氮 7231 吨。

二、废气污染

1949年前，境内仅有少量的手工业作坊，且大都以烧木柴为主，对大气环境构成污染小。50年代至60年代，工业发展，燃料煤、燃料油消耗量增加，废气排放量增加，局部环境受到污染。70年代，年均排放工业废气30多亿立方米，城区工矿污染严重。

1973年，对城区21个工厂进行调查，每天排放废气约11亿标立方米。1985年，境内有工业锅炉107台，总吨位1174.86吨；工业窑63座，年耗电30172.34万千瓦时，折标煤129439万吨；耗煤量（折标煤）56.0203万吨；耗油（折标煤）33.5591万吨。能源消耗量（折标煤）102.52万吨。年排放废气总量1096482.34万标立方米，其中燃料燃烧废气为1056053.81万标立方米，生产工业废气40428.63万标立方米，万元产值排放废气15.03万标立方米。排放有害物质总量为48777.92吨，其中氮氧化物9911.60吨、二氧化硫11501.94吨、烟尘20973.07吨、氟化氢43.04吨、粉尘1060.43吨、硫化氢16.25吨、氯化氢23.56吨、一氧化碳5248.04吨。

1995年，市区废气排放量3691834万标标立方米，其中工业废气排放量3660972万标立方米；二氧化硫排放量22736吨；工业粉尘排放量2444吨。

2007年，境内综合能源消耗3274701.2682吨标准煤，占综合能源消耗总量的95%；各类污染源排放废气4443055.61万立方米，主要污染物二氧化硫排放84895.71万吨、氮氧化物排放35749.29吨、烟尘排放22677.07吨，工业粉尘排放10274.4吨、氟化物排放8145.69吨。2011年，烟粉尘排放量27928吨、二氧化硫排放量30264吨、氮氧化物排放量50203吨。2012年，烟粉尘排放量18606吨、二氧化硫排放量31836吨、氮氧化物排放量44367吨。

三、固体废弃物污染

1949年前，城区生活垃圾任意堆置街巷低洼之处或倒于城区湖畔、江边，造成局部污染。50—60年代，境内工厂炉渣、粉煤灰及工业废料就近堆放或排入湖泊、江河，或占用成片土地，污染水体。

1973年，对城区21个工厂统计，每天排放物2460吨，倒弃于城市周围或洞庭湖、长江中。1985年，城区范围内排放各种废弃物18.21万吨，其中粉煤灰9.05万吨，煤渣5.511万吨，工业粉尘1.0686万吨、工业垃圾1.64万吨，赤泥、钢渣0.94万吨。是年，城区生产生活垃圾约8万—10万吨，全部堆放于南湖尾部羊角山，经雨水淋洗、渗漏，流入南湖，污染南湖水体。1986—1990年，产生工业固体废弃物881.5万吨，年均产生176.3万吨；累计堆存2472.85万吨，堆存占地面积568.89万平方米。1995年，市区产生工业固体废粉80万吨，处理生活垃圾9万吨。2007年，处理生活垃圾18万吨，处置医疗废弃物816.5吨。2011年，处理生活垃圾19万吨，处置医疗废弃物1210吨。2012年，处理生活垃圾20万吨，处置医疗废弃物1520吨。

四、噪声污染

1966年前，城区工厂不多，机动车辆少，噪声污染较微，环境比较安静。1966年后，工业、交通运输迅速发展，噪声源急剧增加，噪声污染逐渐成为城市环境的一大公害。

城区噪声污染主要为工业噪声、车辆噪声、建筑噪声、社会生活噪声。1985年，城区环境噪声平均等效声级为65.5分贝，超过适应居住环境标准10.5分贝。主要交通干线噪声平均等效声级为76.6分贝，超标6.6分贝。1986年，对巴陵大桥进行监测，日机动车最高流量达8432车次，桥下通过的火车23对列，城区大部分路段噪声等效 A 声级在 64—77 分贝之间，最高路段如东茅岭、五里牌大道、火车站等地段达到 80 分贝以上。1989 年，对 26 家企业调查统计，声源强度超过 100 分贝（A）的设备有 1196 台（件），噪声强度最高值为 120 分贝（A）；污染源最集中的地方为纺织行业，噪声源主要为织布机，总计有 1144 台，占全区域声源强度（最大）超过 100 分贝（A）噪声源总台数的 95.65%，声源强度一般在 101—104 分贝（A）之间，其他机械性的空气动力性噪声，如鼓风机、球磨机、气锤、电锯等，声源强度（最大）在 108—120 分贝（A）之间。随着城市的发展，机动车辆日流量增加，车辆噪声污染也日益增加。90 年代中期，城区环境噪声和交通噪声平均等效声级呈逐渐下降趋势，分别控制在 55 分贝、70 分贝左右。2008—2010 年，昼间平均等效声级值分别为 54 分贝、54 分贝、53.8 分贝。2012 年，岳阳市道路交通噪声等效声级为 68.9 分贝，全市道路交通声环境质量等级为二级，整体处于较好水平（68—70 分贝为较好）。

第三节　环境监测与调查

一、监测

1973 年，岳阳地区与县环保及防疫部门对城区“三废”进行调查，共调查 43 个工厂，其中属轻化工行业 23 个，机械行业 11 个，其他行业 9 个，“三废”污染危害较大的 21 个。1979 年 12 月，开展污染源调查，重点抽查岳阳地区氮肥厂、岳阳市人民造纸厂。1980 年 1 月，省、地、县环保部门对洞庭湖水污染情况进行调查。1982 年，市环境监测站对南湖、东风湖等内湖水质进行 2 次监测，获监测数据 300 多个。是年 7 月，市环保办对洞庭湖水质进行调查。1986 年 8 月，南区组成污染源调查小组，抽查驻区范围内的 82 家企业，其中，详查 26 家、普查 56 家；市属以上企业 70 家，区街企业 12 家；大型企业 5 家，中型企业 5 家，小型企业 72 家；化学工业 9 家，造纸工业 3 家，纺织工业 8 家，制药工业 2 家，橡胶工业 2 家，电力工业 1 家，其他工业 57 家。1991—1994 年，市环境监测站在城区新路口设点，对过往车辆尾气排放一氧化碳、氮氢化合物和黑度进行监测，共检测机动车辆 1943 台次。1995—1999 年，在市交委、洛王设检测线，对机动车辆排放废气进行检测。2012 年，对城区空气质量、声环境和污水处理等进行监测：空气质量一级天数 27 天，二级天数 297 天，三级天数 41 天，达到二级和高于二级的天数占全年天数的 88.8%；每立方米空气中二氧化硫、二氧化氮平均浓度分别为 0.041 毫克、0.028 毫克，达到国家二级标准。城区声环境质量处于较好水平。日污水处理能力达到 25 万立方米，污水处理率 86%，生活垃圾无害化处理率 100%；城镇人均公共绿地面积 9.3 平方米，城镇绿化覆盖率 40.1%。

二、调查

2007 年 8 月，全国开展第一次污染源普查，区政府组织 157 名普查员，对境内符合普查范围的 1000 多家单位进行调查。有工业染污源的单位 272 家，其中大型企业 5 家，中型企业 29 家，小型企业 238 家，以制造业企业为主，共 269 家，占企业总数的 99%；工业污染源中重点污染源 196 家，一般污染源 76 家，重点源中以非金属矿物制品业为主，占全区重点工业源的 29.1%；其次是农副食品加工业占 17.78%；化学及化学制品制造业，占 16.3%。工业源数量最多的是梅溪乡、郭镇乡、城陵矶街道办事处等，梅溪乡最多，郭镇乡次之。

2012年，经调查，境内共有生活污染源1566家，其中餐饮业862家、住宿业108家、居民服务与其他服务558家、医院26家、独立燃烧设施12家，主要集中在城区中心的五里牌、站前、三眼桥、东茅岭4个街道办事处范围内；境内有农业污染源979个，其中种植业329户、畜禽养殖业424户（场）、水产业226户（场），主要分布在郭镇乡、梅溪乡、奇家岭街道办事处等范围。

第四节　环境治理

一、环境宣传

1984年11月，南、郊两区环保局组织驻区近百个中央、省、市属厂矿企业负责人开办水污染防治学习班，专题讲解《中华人民共和国水污染防治法》，放映幻灯，散发宣传资料。1985年5月，境内结合排污收费工作，召开辖区内企事业单位负责人会议，宣讲学习环保法规。1986年6月，南区环保办在市政府大门外设置环保宣传窗，进行环保宣传。1987年6月，南区环保办在解放路、市六中等闹市区增设5个环保宣传柜窗。1988年4月，境内组织10多所小学校2000多学生进行“爱鸟周”游行活动。5月，组织驻区10多所中、小学学生开展环保班报编写比赛，编班报文章300多篇。是年6月，结合经济建设举办环保与经济为主题的宣传专刊。1989年4—6月，南、郊2区配合全市开展文明卫生城市创建工作，上街举办3次环保咨询活动。

1996年，岳阳楼区环保分局加大对环境保护宣传力度。2005年，区环保分局组织全区中、小学开展万人游行宣传系列活动，在金鹗公园东大门广场举办环保文艺演出和咨询活动，在各学校开展“使地球充满生机”大型宣传活动，邀请香港“地球之友”演讲团到鹰山社区、岳阳楼小学、南湖等地开展“建设潇湘、共建绿色家园”为主题的演讲活动。“六五”世界环境日期间，制作20多块宣传展板，悬挂横幅、条幅80多条、宣传画800多张，在辖区内进行巡回展览。2009—2010年，发动学校、家庭、志愿者开展全方位、多渠道、高频率环保宣传活动，制作固定宣传栏窗36个、固定标语74条、宣传牌86个，悬挂宣传横幅81条，发放宣传资料2.6万余份。向中、小学生及群众发放“爱我岳阳、保护南湖”倡议书3万余份，并在全区范围开展“绿色学校”“绿色酒店”“绿色家庭”“文明办公室”四大创建活动。2012年，区环保分局结合“六五”世界环境日、城乡环境同治等主题先后在郭镇、梅西、洛王等地开展8次大型宣传活动，现场发放资料3200份，制作展板15块，并将《环境知识读本》、宣传画册、《中国环境报》《湖南环境信息》等环保宣传资料送到企业、乡村。

二、监察治理

1960年，三五一七工厂对胶布车间溶剂废液进行回收治理。1978年，地区机床厂、三五一七工厂等对电镀废水进行治理。

1979年12月，环保部门贯彻《中华人民共和国环境保护法》确定的“谁污染，谁治理”原则，对城区污染较大的单位发出第一批限期治理通知单，限期治理单位有地区氮肥厂（废水）、地区水泥厂（粉尘、窑钾）、县人民纸厂（废水、烟尘），须在1980—1981年治理完毕。1985年，责令粉尘污染严重的区属企业市保温材料厂迁往冷水铺，并投资10万元，对粉尘进行治理；市政府对大量排放有机废气的严重污染单位区属洞庭油毡厂下达限期治理通知。工厂经过多次考察论证，结合技术改造，投资60万元，新建1条生产线，使废气污染程度有所减轻。1986年，驻境内中央、省、市企业建废水处理设施11台套，年处理废水17815.3244万吨，处理达标率80.67%；区属企业新建小型污水处理设备2套。至年底，全区范围内共建废气处理设施32套，年处理废气量612524.7016万标立方米，处理率55.86%。此外，对粉煤灰、煤渣及工业垃圾，采用综合利用处理法，制砖、制水泥，变废为“宝”，年综合利用14.265万吨，利用率40.38%。综合利用产品产值808.8085万元，创利润239.0085元。至1989年，对区辖范围内14家企业下达限期治理项目20个，新增废气处理装置14套、废水处理装置2套、噪声处理装置1套，并对2家污染严重的企业，实行关停措施。

1995年，市政府在南津港建设全市第一座城市污水处理厂，处理生活污水和工业废水17万吨。1999年，市制药厂建成一套高浓度有机废水生化处理装置，形成每小时600立方米的处理能力，减轻对东洞庭湖水域的污染。2005年，区环保分局共审批建设项目14个，处理污染投诉233件，征收排污费200多万元，组织执法人员检查企业500多人次，检查企业100多家，立案查处违法案件3起，取缔、关闭一批重污染企业，其中包括2家非法炼钒企业。2009年，在环南湖的综合整治中，组织专门队伍150人打捞漂浮物等680吨，并就辖区内湖水环境，通过调研排查，制订出南津港排污口和东风湖的整治方案。2010年，开展节能减排工作，实施蓝天工程清洁能源改造，将27台锅炉燃煤改为天然气，减少进煤锅炉50.2蒸吨，共减排二氧化硫2243.47吨；开展环南湖环境综合整治、洞庭湖沿线企业环境整治、区“三废两小”环境综合污染整治等专项行动，排查大、小企业及个体经营业主2000余家，关闭污染企业20余家，整治200余家，打捞南湖漂浮物520吨，在南湖投放RHP多功能水质改良菌52吨，一定程度上改善了南湖水质。2011年，开展各项专项行动6次，出动200余人次，检查企业120余家，特别是在“三废五小企业整治”中，共排查企业70余家，关闭16家，整治4家。2012年，全面开展“洞庭风雷”、打击不法排污，保障人民群众身体健康等9项环保专项整治行动，共排查企业1400多家次，整顿企业41家，关停城陵矶金属制品有限公司等13家企业。

第十篇　中共地方组织

第一章　组织机构

第一节　沿　革

1921年冬，毛泽东到岳阳城区火车站，在铁路工人中传播马克思列宁主义，发展铁路工人陆汉湖为中国共产党党员。后陆汉湖发展3名党员，并成立岳阳城区第一个党小组。1926年9月，共产党员刘士奇回岳阳，在原地下党组织的基础上，组建中国共产党岳阳地方委员会（代号“岳迪伟”），刘士奇任书记，办公地址设铁路街童南邦公馆。并在城区先后建立武庙、柴家岭、西门正街、提署街、县女校、铁路工会、县高校、韩家湾、塔前街、店员工会、黄沙湾、翰林街、棚厂街、梅溪桥等16个支部。1927年5月马日事变后，岳阳地下党组织遭到破坏，数百名共产党员惨遭杀害，一些党员被迫离开岳阳，党组织不复存在。6月，中共湖南省委派卜荣贞（女）到岳阳重建党团组织。1928年1月，卜荣贞被捕，党团组织再次遭到破坏。是年初，以郭亮为书记的中共湘鄂赣边区特别委员会在岳阳成立，岳阳地下党团组织再次恢复，特委办公地址设翰林街（今郭亮街）邓家大屋。3月，因叛徒出卖，特委机关遭破坏，郭亮被捕牺牲，党团组织再次遭到破坏。1929年9月，中共湖南省委派林仲丹、朱广义等到岳阳，在西门河边建立交通站。不久，因叛徒出卖交通站又遭破坏。1930年5月，中共中央长江局汉口办事处派邓培之到岳阳建立交通站，站址设塔前街杜育记牛碾米庄。7月，交通站更名为岳阳县行动委员会。11月，撤销县行委，建立中共岳阳县委。不久，武汉长江局机关遭破坏，岳阳交通站亦遭破坏。至1937年抗日战争爆发前，已无党组织存在，只有极少数隐蔽下来的党员各自坚持斗争，且与上级党组织失去联系。

1938年2月，中共湖南省委派彭援华回岳阳重建党组织，彭在洞庭路组建中共岳阳县临时工作委员会，彭任书记。至1938年11月11日日军入侵岳阳止，在全县建12个区委、4个特支、30多个支部。城区岳郡联立师范与县立高小均建党支部，书记李四谈、陈觉明。1947年春，中共湖南省委多次派人到岳阳发展党组织。1948年4月，在城区建立一个地下党支部。4月下旬，成立中共岳阳总支委员会，城区建岳郡联立师范学校、省立十一中学2个党支部。1948年10月，中共长沙特别支部派人到岳阳开展工作。1949年4月初，在城区建立中共岳阳特支小组，发展党员13人，7月，特支与总支委合并，成立中共岳阳中心区工作委员会。是年7月，成立由南下干部组成的中共岳阳县城厢区委员会。1953年10月，中共岳阳县城厢区委员会更名为城厢镇委员会。1958年10月，中共岳阳县城厢镇委员会更名为中共岳州公社委员会，1960年1月，中共岳州公社委员会更名为中共岳阳市委员会。1962年，中共岳阳市委员会更名为中共岳阳县城关镇委员会。“文化大革命”中，党组织瘫痪。1969年，中共岳阳县城关镇委员会党的核心领导小组成立，行使党委权力。1971 年 10 月，中共岳阳县城关镇党的核心领导小组更名为中共岳阳县城关镇委员会。1976 年，城关镇委员会升级为中共岳阳市（县级）委员会。1984 年 4 月，成立中共岳阳市南区委员会、中共岳阳市郊区委员会。1996 年 4 月，中共岳阳市南区委员会、中共岳阳市郊区委员会合并成立中共岳阳楼区委员会。

第二节　工作机构

办公室　1958 年 10 月，中共岳州公社委员会始设办公室。1960 年，岳阳市委下设办公室。1962 年，中共岳阳县城关镇党委下设办公室。1976—1983 年，岳阳市委下设办公室。1984 年 4 月，南区区委、郊区区委员会分别设办公室。1996 年 4 月，南、郊两区区委办公室合并为岳阳楼区区委办公室，下设政策研究室、督查室、机要科、保密局等二级机构。

组织部　1949 年 7 月至 1958 年 10 月，岳阳县城厢区委与城厢镇委未设组织部，仅设组织委员 1 人、干事 1 人。1955 年后，干事增至 2 人。1958 年 10 月，岳州公社党委设组织部。1960 年 1 月，岳阳市委设组织部。1962 年 10 月，撤市恢复镇后，中共城关镇委取消组织部，设组织委员 1 人、干事 2 人。1976 年，中共岳阳市委设立组织部。1984 年 4 月，南区区委、郊区区委分别设组织部。1996 年 4 月，南、郊两区区委组织部合并为岳阳楼区区委组织部。下设办公室、编制委员会、老干部局、党组织建设办公室（简称党建办）、远程教育办公室等机构。

宣传部　1949 年 7 月至 1958 年 10 月，城厢区党委、城厢镇党委未设宣传部，仅设宣传委员 1 人，后增干事 2 人。1958 年 10 月，岳州公社党委始设宣传部。1960 年 1 月，岳阳市委设宣传部。1962 年 10 月，岳阳县城关镇党委仅设宣传委员 1 人，宣传干事 2 人。1976 年 1 月，中共岳阳市委设宣传部。1984 年 4 月，南区区委、郊区区委分别设宣传部。1996 年 4 月，南、郊两区区委宣传部合并为岳阳楼区区委宣传部，下设办公室、新闻中心、精神文明建设指导委员会办公室等机构。

统战部　1976 年 10 月，在市委宣传部下设统一战线工作组。1986 年 10 月，南区区委设立统战部。郊区区委未设统战部。1996 年 4 月，南区统战部更名为岳阳楼区区委统战部，下设办公室、党派外干部办公室、经济联络办公室、民族宗教办公室等机构。

财贸部、工交部　1958 年 10 月，岳州公社党委设立财贸部、工交部。1960 年 1 月，岳阳市委设立财贸部、工交部。1976 年 10 月，岳阳市委设立财贸部、工交部。1984 年 4 月，南、郊两区成立，不再设立财贸部、工交部。

1949—1984年境内地方党组织主要负责人名录

表10-1

组织名称	职　务	姓　名	籍　贯	任职时间
中共岳阳县城厢区委员会	政　委	王　欣	河北定县	1949.7—1951.11
	政　委	毛天恒	山西五台	1951.11—1952.5
	政　委	韩本全	山西五台	1952.5—1952.11
	书　记	张月桂	山西五台	1953.9—1953.12
中共岳阳县城厢镇委员会	书　记	冀林玉	山西五台	1953.9—1953.12
	书　记	李惠林	山西孟县	1954.1—1954.4
	书　记	李云明	山西孟县	1954.4—1955.5
	书　记	杨先槐	山西五台	1955.5—1957.5
	副书记	邓志成	湖南岳阳	1955.5—1958.9
	书　记	柳金星	湖南岳阳	1957.5—1958.2
	书　记	王光荣	山西阳泉	1958.2—1958.9
中共岳州公社委员会	书　记	段志霖	江西萍乡	1958.10—1960.1
	副书记	吴家兴	湖南岳阳	1958.10—1960.1
	书　记	陈海泉	河北高阳	1958.10—1960.1
	书　记	张庆平	湖南华容	1958.10—1960.1
中共岳阳市委员会	书　记	李景川	山西孟县	1960.1—1962.10
	副书记	段志霖	江西萍乡	1960.1—1962.10
中共岳阳县城关镇委员会	书　记	李景川（兼）	山西孟县	1962.10—1964.5
	副书记	彭汉炎	湖南岳阳	1962.10—1964.5
	副书记	陈海泉	河北	1962.10—1964.5
	副书记	吴家兴	湖南岳阳	1962.10—1964.5
	书　记	彭汉炎	湖南岳阳	1964.6—1966.6
	副书记	吴家兴	湖南岳阳	
	书　记	王俊魁（兼）	山西	1966.6—1967.5
	副书记	吴家兴	湖南岳阳	1966.6—1969.5
	副书记	周美陆	湖南岳阳	1966.6—1969.5

组织名称	职　务	姓　名	籍　贯	任职时间
中共岳阳县城关镇革命委员会党的核心领导小组	组　长	李松芝	吉林省	1969.5—1971.10
中共岳阳县城关镇委员会	书　记	李松芝	吉林省	1971.10—1972.4
	副书记	杨培久	河南林县	1971.10—1972.4
	副书记	唐济美	湖南岳阳	1971.10—1976.12
	书　记	路顺源	河北秦皇岛	1972.5—1976.12
	副书记	陈国雄	湖南岳阳	1972.5—1976.12
	副书记	吴家兴	湖南岳阳	1972.5—1976.12
中共岳阳市委员会	书　记	王三明	山西榆社	1977.1—1979.9
	书　记	高峰	山西忻县	1979.9—1982.2
	副书记	陆顺源	河北秦皇岛	1977.1—1982.2
	副书记	罗仲柏	湖南浏阳	1977.1—1982.2
	副书记	刘敬农	湖南华容	1977.1—1982.2
	副书记	张玉琦	山西平定	1977.1—1982.2
	副书记	周保龙	湖南浏阳	1977.1—1982.2
	书　记	李朗秋	湖南岳阳	1982.3—1983.8
	副书记	文启龙	湖南醴陵	1982.3—1983.8
	副书记	陆顺源	河北秦皇岛	1982.3—1983.8
	副书记	罗仲柏	湖南浏阳	1982.3—1983.8
	副书记	李怀芝	山西五台	1982.3—1983.8
	副书记	李先佩	湖南湘潭	1982.3—1983.8
	副书记	李九洲	湖南岳阳	1982.3—1983.8
	副书记	张玉琦	山西平定	1982.3—1983.8

中共岳阳市南区委员会领导名录

表 10–2

组织名称	职 务	姓 名	籍 贯	任职时间
中共岳阳市南区委员会	书 记	唐济美	湖南岳阳县	1983.8—1985.4
	副书记	宋光清	湖南宁乡	1983.8—1985.4
中共岳阳市南区第一届委员会	书 记	宋光清	湖南宁乡	1985.4—1986.12
	书 记	高碧云	湖南桃江	1986.12—1988.5
	副书记	刘建华	湖南岳阳	1986.12—1988.5
	副书记	张云英（女）	湖南湘阴	1986.08—1988.5
	副书记	魏金存	湖北孝感	1986.12—1988.5
	副书记	谭煌湘	湖南平江	1986.12—1988.5
	副书记	袁荣华	湖南岳阳县	1986.12—1988.5
	常 委	魏金存	湖北孝感	—
	常 委	吴庆吉	—	—
	常 委	高巧莲（女）	河南平顶山	—
	常 委	童开国	—	—
	常 委	姜玉辉	—	—
	常 委	李水泉	江西南昌	1986.8—1992.8
	常 委	刘志恒	—	1986.12—1985.5
	常 委	陈荣昌	—	1986.12—1988.5
	常 委	白尊贤	湖南华容	1987.4任—1988.5
	顾 问	唐济美	湖南岳阳县	1986.12—1988.5

组织名称	职　务	姓　名	籍　贯	任职时间
中共岳阳市南区第二届委员会	书　记	高碧云	湖南桃江	1988.5—1990.11
	书　记	张治雄	湖南岳阳县	1990.12任
	副书记	魏金存	湖北孝感	1988.5—1990.1
	副书记	冯广泰	湖南临湘	1990.3任
	副书记	张云英（女）	湖南湘阴	1988.5—1990.12
	副书记	谭煌湘	岳阳平江	—
	常　委	白尊贤	湖南华容	—
	常　委	刘志恒	—	至1990.5
	常　委	李水泉	江西南昌	—
	常　委	张云峰	—	—
	常　委	陈荣昌	—	—
	常　委	苗富林	山西盂县	1989.1—1990.3
	常　委	冯广泰	湖南临湘	1990.3任
	顾　问	唐济美	—	1990.11—1990.12
中共岳阳市南区第三届委员会	书　记	张治雄	湖南岳阳县	1992.10—1994.7
	书　记	胡　亦	湖北监利	1994.6—1996.4
	副书记	胡　亦	湖北监利	1992.11—1994.6
	副书记	李水泉	江西南昌	1992.11—1996.8
	副书记	易癸巳	湖南岳阳县	—
	副书记	李小龙	—	1995—1996.4
	常　委	陈荣昌	—	—
	常　委	张云峰	—	—
	常　委	黎　明	—	—
	常　委	华　�	—	—
	常　委	瞿林文	湖南湘阴	—
	常　委	潘刚强	—	—
	常　委	漆林生	—	—
	常　委	石树林	湖南华容	—

中共岳阳市郊区委员会领导名录

表 10-3

组织名称	职务	姓名	籍贯	任职时间
中共岳阳市郊区委员会	书记	李志成	湖南岳阳县	1984.4—1985.4
	副书记	谭黑生	湖南岳阳县	—
	副书记	徐伯康	湖南临湘	1984.4—1985.4
中共岳阳市郊区第一届委员会	书记	李志成	湖南岳阳县	1985.4—1986.7
	书记	汪德辉	湖南汨罗	1986.8—1988.5
	副书记	张祖福	湖南岳阳县	1987.7—
	副书记	黄衍苗	湖南岳阳县	1985.4—
	副书记	徐伯康	湖南临湘	1985.4—1986.7
	副书记	王恩万	湖南安乡	1985.4—1986.7
	副书记	周爱芳（女）	江苏姜堰	—
	常委	叶迪泉	—	—
	常委	于其化	湖南汨罗	—
	常委	周林波	—	—
	常委	黄云霞（女）	—	—
	常委	付金翘	—	—1986.5
	常委	瞿运生	—	1987.7—
	常委	张岳凡	—	1987.8—

组织名称	职　务	姓　名	籍　贯	任职时间
中共岳阳市郊区第二届委员会	书　记	汪德辉	湖南汨罗	1988.6—1989.11
	书　记	刘石佑	湖南岳阳	1990.1—1992.11
	副书记	袁荣华	湖南岳阳	—
	副书记	周爱芳（女）	江苏姜堰	—
	副书记	黄衍苗	湖南岳阳县	—
	常　委	叶迪泉	—	—
	常　委	于其化	湖南汨罗	—
	常　委	瞿运生	—	—
	常　委	于醒民	—	—
	常　委	张岳凡	—	—1989.7
	常　委	辛桂泉	—	1989.1—1990.3
	常　委	宋再钦	湖南华容	1990.3—
	常　委	蒋亚雄	—	1990.10—
中共岳阳市郊区第三届委员会	书　记	刘石佑	湖南岳阳	—
	副书记	宋再钦	湖南华容	—
	副书记	黄衍苗	湖南岳阳县	—
	副书记	于其化	湖南汨罗	—
	常　委	毛绍继	湖南岳阳	—
	常　委	姚金旺	—	—
	常　委	王石生	—	—
	常　委	谈燕飞	—	—
	常　委	张欣喜（女）	—	—

中共岳阳楼区委员会领导名录

表 10–4

组织名称	职　务	姓　名	籍　贯	任职时间
中共岳阳楼区第一届委员会	书　记	胡　亦	湖北监利	1996.4—1999.4
	书　记	李湘岳	湖南岳阳	1999.4—2001.1
	副书记	陈国荣	湖南岳阳	—
	副书记	李少怡	湖南岳阳	—
	副书记	于其化	湖南汨罗	—
	副书记	王文军	湖南岳阳	—
	副书记	江巨涛	湖南临湘	2000.11—
	常委	华　筠（女）	江　苏	—
	常委	张欣喜（女）	湖南岳阳	—
	常委	胡尊雄	—	—
	常委	江巨涛	湖南临湘	—
	常委	宋受军	—	—
	常委	姚应秋	—	—
	常委	管新华	—	—
	常委	林绍义	—	—
	常委	欧阳思平	—	1998.8—

组织名称	职　务	姓　名	籍　贯	任职时间
中共岳阳楼区第二届委员会	书　记	李湘岳	湖南岳阳	2001.1—2002.11
	书　记	李劲夫	湖南汨罗	2002.11—2006.4
	书　记	钟小汨	—	2006.4任
	副书记	李少怡	—	—
	副书记	王文军	湖南岳阳	—
	副书记	江巨涛	湖南临湘	—2002.10
	副书记	华　筠（女）	江　苏	2001.2任
	副书记	张欣喜（女）	湖南岳阳	2001.12任
	副书记	刘岳华	湖南常宁	2001.12任
	常　委	华　筠（女）	江　苏	—
	常　委	张欣喜（女）	湖南岳阳	—
	常　委	胡遵雄	—	—
	常　委	宋受军	—	—
	常　委	葛涛志（女）	—	2001.2任
	常　委	欧阳思平	—	—
	常　委	胡晓阳	—	2001.2—2004.3
	常　委	易红卫	—	2001.2任
	常　委	何移兵	—	2001.8任
	常　委	王湘涛	—	2001.8任
	常　委	凌惠民	—	2001.8任
	常　委	李可波	—	2005.6任
	常　委	张德民	—	2005.6任

组织名称	职　务	姓　名	籍　贯	任职时间
中共岳阳楼区第三届委员会	书　记	钟小泪	—	2006.6—2007.12
	书　记	江巨涛	湖南临湘	2007.12—2010.10
	书　记	李可波	—	2010.10任
	副书记	李可波	—	至2010.10
	副书记	葛涛志（女）	—	—
	副书记	黄俊钧	湖南岳阳县	2009.1任
	副书记	秩　励	—	2010.12任
	常　委	何移兵	—	至2008.4
	常　委	黄岳山	—	—
	常　委	王湘涛	—	至2009.3
	常　委	贺景福	—	—
	常　委	邱虹（女）	—	至2008.7
	常　委	漆　胜	—	—
	常　委	彭端生	—	—
	常　委	朱平波	—	至2011.5
	常　委	许　永	—	至2007.10
	常　委	朱玉华	—	至2010.10
	常　委	余力行	—	2007.4任
	常　委	徐运华	—	2007.10任
	常　委	钟　辉	—	2007.10任
	常　委	程岳华	—	2008.9任
	常　委	王梦华	—	2009.3任
	常　委	李　峰（女）	—	2010,1任
	常　委	付明忠	—	2010.10任
	常　委	尤学庆	—	2011.5任

组织名称	职　务	姓　名	籍　贯	任职时间
中共岳阳楼区第四届委员会	书　记	李可波	—	2011.6—2013.3
	书　记	秧　励	—	2013.3任
	副书记	秧　励	—	2011.6—2013.3
	副书记	黄岳山	—	至2013.4
	副书记	黄俊钧	—	—
	副书记	黄伟雄	—	2013.3任
	副书记	尤庆学	—	2013.9任
	常　委	尤庆学	—	—
	常　委	漆　胜	—	—
	常　委	彭端生	—	—
	常　委	钟　辉	—	—
	常　委	程岳华	—	至2012.10
	常　委	李　峰（女）	—	—
	常　委	付明忠	—	—
	常　委	徐　平	—	—
	常　委	易兴建	—	2012.10任
	常　委	刘正光	—	2012.9任
	常　委	韩德科	—	2011.12—2013.12

第二章　重要会议

第一节　党员代表大会

中共岳阳市第一届代表大会　又称岳阳市城市人民公社首届社员代表大会，1960 年 2 月 11—13 日召开。到会代表 205 人，列席代表 85 人。会议总结 1958 年以来工作；讨论和制定 1960—1963 年全市国民经济发展规划；讨论加强党的组织建设；讨论关于在党员、干部中掀起学习毛泽东著作的学习运动；选举岳阳市委领导成员。会议选举市委委员 18 名，候补委员 2 名，常委 7 名。

中共岳阳县城关镇第一届代表大会　1971 年 10 月 5—7 日召开。到会代表 244 人。会议是在党的第九次全国代表大会“左”的思想影响下召开的，中心议题是：总结“文化大革命”以来巩固无产阶级专政的主要经验，落实党的九大提出的各项战斗任务；选举新的城关镇委员会。会议选举镇委委员 20 名，常委 8 名。

中共岳阳市第二届代表大会　1977 年 10 月 4—6 日召开。到会代表 310 人。会议虽然是在“文化大革命”结束一年后举行，但仍未脱离“左”的思想影响。会议的中心议题是：高举十一大旗帜，坚持无产阶级专政下的继续革命；调动一切积极因素，尽快把岳阳建成大庆式城市。会议选举市委委员 18 名，候补委员 7 名，常委 12 名。

中共岳阳市南区第一届代表大会　1985 年 4 月 22—25 日召开。到会代表 127 人。会议中心议题是：总结建区一年来的工作；部署当前和今后的工作，研究制定南区建设的规划和措施；选举新的南区委员会，委员 16 名，常委 9 名。

中共岳阳市郊区第一届代表大会　1985 年 4 月 22—25 日召开，到会代表 138 人。大会主要议题是：审议和通过区委工作报告；审议和通过区纪委报告，选举新的郊区委员会。

中共岳阳市南区第二届代表大会　1988 年 4 月 28—30 日召开。到会代表 150 人。会议的中心议题是：总结上届委员会的工作；确定今后三年区委工作的总任务、总目标；选举新的区委领导与区纪委领导。会议选举区委委员 19 名，候补委员 1 名；区纪委委员 7 名。

中共岳阳市郊区第二届代表大会　1988 年 6 月 1—3 日召开。到会代表 120 人。大会主要议题是：审议并通过一届区委工作报告和纪律检查工作报告，选举产生新的区委领导成员。

中共岳阳市南区第三届代表大会　1992 年 11 月 12—14 日召开，到会代表 161 人。会议的主要议程是：听取和审议第二届区委的工作报告；听取和审议区纪委的工作报告；选举第三届区委和区纪律检查委员会。会议选举产生区委委员 23 名，候补委员 3 名，常委 11 名。

中共岳阳市郊区第三届代表大会　1992 年 11 月 2—4 日召开。到会代表 170 人。大会主要议题是：听取并审查通过二届区委的工作报告和纪律检查报告；选举产生新一届区委领导成员。

中共岳阳楼区第一届代表大会　1996 年 4 月 15 日召开。会议的主要议程是：听取和审议区委工作报告和区纪委工作报告。选举产生岳阳楼区第一届委员会纪委。

中共岳阳楼区第二届代表大会　2001 年 1 月 13—14 日召开。到会代表 279 人。会议主要议程是：

听取和审议第一届区委的工作报告和区纪委工作报告；听取区委组织部作关于党费收缴、管理、使用情况的书面报告；选举岳阳楼第二届区委委员、候补委员，选举中共岳阳楼区纪委委员。通过关于区委工作报告和区纪委工作报告的决议。会议选举产生新一届区委委员39名，常委11名。

中共岳阳楼区第三届代表大会　2006年5月17日召开。会议主要议程是：听取和审议第二届区委的工作报告和区纪委工作报告。会议选举产生新一届区委常委13名。

中共岳阳楼区第四届代表大会　2011年6月15—17日召开。到会代表319名。大会主要议题是：听取并审查通过第三届区委的工作报告和纪律检查报告；选举产生新一届区委领导成员。

第二节　重要会议

1986年8月14—15日，郊区区委在新胜旅社召开全区党员负责干部会议。市委书记储波、市委特邀顾问李朗秋到会作重要讲话。会上宣布市委对郊区领导成员的任免通知：汪德辉任区委书记，王恩万任区长，王恩万、张祖福、黄衍苗任区委副书记，叶迪泉任纪检书记。

1988年7月27日，南区、北区、郊区党政主要负责人共13人，在东风湖渔场召开联谊会。围绕深化改革，加快建设，增强市属区服务功能，提高城市整体经济效益，促进岳阳开放与发展等问题广泛交换意见。

1991年8月8日8时，全市第一个市民学校南区杨树塘市民学校在市机床厂礼堂举行开学典礼并讲授第一课。各街道办事处，南区区委、区人大、区政府、区政协、区武装部领导及区直有关部门，市委、市政府及军分区有关部门负责人参加典礼与学习。此后创建市民学校57所。

1994年4月22日，南区区委、区政府在市工人文化宫举行建区10周年庆祝大会，市委、市政府、市人大、市政协及市直有关部门负责人出席大会。大会回顾、总结建区10年所走过的历程、取得的成绩。这次活动编印《辉煌的十年》画册，报告文学集《巴陵胜状看今朝》，拍摄电视专题片《辉煌岁月》，举办建区10周年成果图片展览，组织新闻报道。4月26日，郊区区委、区政府在区政府礼堂举行庆祝大会，庆祝郊区建区10周年，并开展联谊活动、十年成就巡回展，发行《光辉的里程》电视专题片，在此之前，还进行招商、剪彩、献礼工程等活动。

1996年7月17日上午，岳阳楼区区委、区政府筹备组连续召开常委会、全区党政干部负责人大会，号召全区人民迅速行动起来，投入防汛救灾第一线。成立南津港、东风湖、吉家湖、“垸内排涝、水库防汛及安全转移”4个分指挥部，由区委、区人大、区政府、区政协、区人武部领导成员担任领导。

1996年12月24日，岳阳楼区党政负责干部大会在区政府礼堂召开。大会宣布“1+1”部门班子组成成员。区委书记就班子调整的原则和干部队伍建设问题作重要讲话，区长就经济工作作具体部署。

1997年1月29日，区委举行向市级老干部工作汇报会。区委书记就新区成立后的工作、1997年的工作思路、目前全区存在的问题进行全面汇报。市老干部刘钢夫、陈秉芝等200余人到会听取汇报，并就新区发展提出建议。

1997年6月27日，区委召开“七一”庆祝大会，表彰11个党员示范典型、31个先进基层党组织、112名模范共产党员、36名“五好”领导干部和29名优秀党务工作者。

1998年12月4日，市委、市政府在岳阳楼区召开现场办公会。市委书记张昌平在会上强调，岳阳楼区要理顺与市直各部门的关系，放手发展第三产业，放手发展民营经济，放手发展高效高税经济，促进岳阳楼区经济再上新台阶。副市长罗碧升及市直有关部门负责人，区委、区人大、区政府、区政协负责人参加会议。

2000 年 3 月 15 日，区委召开“讲政治、讲学习、讲正气”教育动员大会，区委书记作动员报告。市委常委、宣传部部长罗典苏，省“三讲”教育巡视组负责人到会并讲话。此次“三讲”教育主要在县处级班子中展开，分 4 个阶段，为期 2 个月。

2000 年 9 月 15 日，区委在区检察院召开全区党政负责干部会，全面落实中央、省委、市委关于党风廉政建设的各项规定；对各级干部提出更加严格要求。28 日，推选出席市第四届党代会代表 13 名。

2001 年 5 月 15 日，区委召开第二批“三个代表”学习教育活动动员会，区委常委、指导组成员和区直 60 个部门单位的领导成员 450 多人参加会议。会议传达省委、市委农村第二批“三个代表”学教工作会议精神，宣读《区直部门“三个代表”学习教育活动实施方案》，市委常委、区委书记李湘岳作动员报告。

2005 年 1 月 6 日，区委二届五次全会召开。学习贯彻中共十六届四中全会精神，进一步研究部署加强党的执政能力建设，促进岳阳楼区经济社会全面协调可持续发展，区委书记作重要讲话，全体区委委员、区委候补委员及部分老同志代表参加会议。

2008 年 3 月 14 日，全区党务工作会议召开，首次采用组织、宣传、纪检、统战、办公室“五会合一”形式，节约会议经费，提高工作效率。

2009 年 6 月 29 日，区委召开庆祝中国共产党成立 88 周年大会。表彰先进基层党组织、先进党务工作者和优秀党员。

2009 年 10 月 15 日，区委三届三次全会召开。区委书记江巨涛作题为《深入贯彻十七届四中全会精神，努力实现科学发展，富民强区新跨越》的讲话。

2010 年 3 月 4 日，区委召开全区经济工作会议。会议表彰“民本岳阳楼区”建设红旗单位 18 个，先进单位 31 个，优秀民营企业 10 家，文明标兵单位 2 个，文明单位（文明社区）8 个，招商引资优质服务先进单位 14 个；第五届岳阳楼区道德模范 10 人，记三等功人员 63 人，嘉奖 545 人，为民营企业服务优秀特派员 17 人。

2010 年 3 月 13 日，区委召开全区党务工作会议。会议表彰先进单位和个人，对控建拆违不力的有关负责人作出纪律处分。

2011 年 7 月 7 日，区委召开常委（扩大）会议，专题研究人事编制管理等工作。会议听取区委编办关于加强和规范人事编制等管理工作的情况汇报，并就有关问题进行讨论，并形成一致意见。

2011 年 10 月 12 日，区委召开常委（扩大）会议，研究全区机关事业单位“三定”规定修订和深化乡（街）机构改革工作。会议听取区委编办关于修订全区机关事业单位“三定”规定和深化乡（街）机构改革工作情况的汇报，并就有关问题进行认真研究，形成一致意见。

2012 年 9 月 13 日，召开区委常委（扩大）会议，研究区人民武装工作。会议听取区人民武装工作情况汇报，并就有关问题进行认真研究，形成一致意见。

2012 年 11 月 29 日，召开区委会议，专题研究中共十八大特护期信访维稳工作。会议听取区信访局关于信访维稳工作情况的汇报，并就有关问题进行认真研究，形成一致意见。

第三章　重要活动纪略

第一节　借（征）粮支前

1949年7月岳阳解放后，人民解放军第四野战军途经岳阳分水陆两路向华南进军。10月，第二野战军途经岳阳分水陆两路向常德、湘西进军。岳阳城区成为人民解放军向华南、西南进军的后勤补给站。第四七五团、铁道兵团护桥部队、解放军第十四医院等16个单位7000余人驻扎城区。岳阳县委成立支前指挥部，县长任主任，县委书记任政委。城厢区组建支前领导小组，区长刘振生任组长，开展征粮支前工作。支前指挥部后勤部设城陵矶港，组建16支船队，分成班、排，每班10—15只小划子，运送部队3万余人、物资349吨和骡马1100余匹。两次共动员各团体、各行业市民、商人募集猪肉300公斤、鱼75公斤、烟100条、花生105公斤、蛋2000枚、菜100公斤、慰问信百余件。10月24日，岳阳县委召开区负责人会议，布置征购粮食任务；组织发动400多名小学教师、100多名从湘北建设学院毕业分配来的干部和县、区干部共800多人深入区、乡，按照合理负担政策，任务逐级分配下基层。城厢区金鸡、望城、附城3个乡发动群众，选出代表，召开区、乡代表会议，民主评议，把任务分到保甲，然后召开群众大会，发动大家自报公议，按要求完成借粮支前工作。

第二节　剿匪反霸斗争

一、清匪斗争

岳阳解放前，长沙军分区派部队对境内的大股土匪进行清剿，解放后，仍有一些股匪化整为零，继续从事各种破坏活动。这些土匪大致分三类：一是国民党军队溃逃时流窜到境内的散兵及原县、乡武装中的部分散兵游勇，对政策不了解，持观望态度，动摇性大者，争取收降；二是特务分子与农村恶霸勾结所组织的，既从事经济抢劫、破坏生产，又进行反动宣传，造谣惑众，暗杀干部，甚至组织暴动；三是惯匪，专靠抢劫钱物维持生活，昼伏夜出、从事破坏活动的。

为彻底肃清匪患，保卫人民生命财产安全，城厢区成立区中队，配合县大队与驻军迅速开展清匪斗争，并在城区设立第一、第二派出所与城陵矶水上派出所。组成由区长刘振生任主任的清匪委员会，向群众宣传人民解放战争胜利的大好形势，宣传“土匪一日不灭，我们一日不收兵”的剿匪决心，大讲“土匪不灭，人民不宁”的道理，号召人民提供线索，举报匪情。开展政策宣传，动员土匪坦白自首。强调“首恶必办，胁从不问，立功受奖”“改邪归正者，予以欢迎，缴枪投降者予以宽大，继续对抗者予以镇压”，动员土匪弃暗投明，重新做人。并发动其亲属做规劝工作，争取政府宽大处理。凡是有土匪活动的地方，均派武装配合工作队下到乡、保，一面剿匪，一面工作。当时除城郊一带有土匪活动外，城区尚无土匪活动，因此，城厢区的主要剿匪工作在城郊的3个乡进行。至1950年，肃清土匪46股、900多人。

二、反霸斗争

1949年12月，岳阳县委遵照长沙地委关于开展反霸斗争的指示精神，在县、区组成反霸斗争小组。城厢区组成由政委王欣、区长刘振生、区武装大队大队长陈海泉为主要负责人的反霸领导小组。1950年1月30日召开全县扩干会，传达省委关于开展“清匪反霸”斗争的指示精神，明确恶霸对象为：地主阶级当权派中最凶恶的、利用政治权力压迫和剥削群众最严重者；杀害人民、抢夺财产、夺人妻女者；掠夺国家集体财产最严重、为人民所痛恨者，具备其中一条即可作为恶霸对象。

县委扩干会议后，城厢区委召开干部会与群众大会，宣传有关反霸斗争政策，进行阶级教育，以村或街道开展诉（个人、家庭的苦难史）、算（本地恶霸的罪恶账）、看（今天的翻身是怎样得来的，反霸是为了谁）等活动，提高群众阶级觉悟，掀起城乡反霸高潮。具体做法：集中训练干部和积极分子，开展“学文件，谈认识”“清思想，查敌情”“忆家史，挖苦根”“报上当，查危害”的大讨论，进一步认清形势，划清界限，鼓舞斗志；进行诉苦教育，启发群众觉悟，以乡、村、街道、行业为单位召开反恶霸斗争动员大会，让受苦受难的人民群众上台“忆恶霸欺压人（农）民的罪恶史，控诉、批判恶霸的破坏活动”，让群众进一步认清恶霸的阶级本质，明确是非，开展对敌斗争；把握斗争重点，争取瓦解一般恶霸，采取集中力量，对重点恶霸、恶吏运用批判清算方法，迫使恶霸坦白自首，主动向政府交代罪行，争取宽大处理；严格政策界限，夺取反霸斗争胜利。为防止运动不力与过激倾向，县反霸领导小组发文至各区、乡，规定对恶霸罪恶大小、抗拒与坦白程度区别对待；区、乡捕人、杀人（除现行土匪暴动外），需报县反霸小组批准，推动反霸斗争健康发展。通过反霸斗争，有10多名罪大恶极的恶霸处以死刑和监禁，其他439名受管制。

第三节　“三反”“五反”运动

1951年1月，根据省、县委统一部署，集中区、乡干部在全区开展反贪污、反浪费、反官僚主义的“三反”运动。通过自查和揭发，给予犯有贪污腐化、违法乱纪、雇长工、出租土地等行为的30多名干部以行政处分。同时，在工商界开展反行贿、反偷税漏税、反盗窃国家资财、反偷工减料、反盗窃国家经济情报（通称“五毒”）的“五反”运动。

1952年1月，县、区两级均成立“五反”领导小组。“五反”是针对城区的不法工商户。考虑到城区仅是一个初级市场，“五反”运动以坚持正面教育为主。首先组织工商联筹委会委员及干部学习有关文件，端正态度，消除顾虑，争取骨干带头。之后在行业部门开展学习，全面铺开，至4月上旬结束，历时70天。通过坦白交代及检举揭发，发现存在的问题有：抽资减产以偷税漏税；销货不入账以偷漏税收；行商坐商互相勾结；避重就轻，装穷叫苦，抗拒缴税；利用职权，恶化劳资关系，破坏税收，印发重号发票，有计划地转移资金；毁灭账簿，假造账册；盗窃国家资财，拒缴所得税；阻挠或殴打检举人；克扣工人工资，虐待与解雇工人以达到偷税漏税目的。华强营造厂故意拖欠1951年所得税8000万元（旧币），偷工减料，虚报费用，盗窃国家资财计人民币100亿元。9个工商户销货不入账，偷漏营业税2132.5万元、所得税2.8亿元，及行商税等共3.5亿元。3家米厂将贸易公司委托收购的稻谷、加工大米货款转往广州做行商牟利。有家香烟店抽走资金，收购黄金、白银，偷运广州贩卖。针对城区工商户存在的问题，区委决定将工作重点放在补税上，对补缴税款人不划分定案。在政策感召下，工商户主表示，拥护政府税收政策，做到不欠税、不瞒税，将抽资所购黄金、白银向银行兑换人民币 5.7 亿多元投入生产经营，并补缴所欠各项税款。对税务局的官僚主义、主观主义及少数工作人员的渎职犯罪给予处置，保证国家税收顺利入库。

第四节　社会主义改造

一、农业社会主义改造

兴办互助组　土地改革后，广大农民有了自己的土地，经济地位得到提高，激发出空前的生产积极性，在一定时期内提高了农业生产力。但由于个体经济本身的局限性，很快就束缚了进一步发展。有些贫农因生产资料不足，生产生活仍有困难；有些贫农因疾病、天灾等原因，负债而重新失去土地；部分农民富裕起来成为富农，农村中又重新出现贫富分化。为摆脱贫困，广大贫下中农迫切希望走互助合作道路。中共中央顺应广大农民的要求，发布《关于农业生产互助合作的决议》，农业互助合作运动兴起。

岳阳农村旧时有互助合作习惯，土改后又发展许多临时性变工组，但因缺乏经验，至 1951 年秋，经省县总结互助合作化经验，进行系统教育，才使互助组迅速发展。城厢区所属 3 个乡兴办 18 个互助合作组，其中常年性的 7 个，参加农户 42 户、201 人，占全区农业人口的 10.3%；季节性 11 个，参加农户 77 户、148 人，占全区农业人口的 8.4%。

城厢区互助合作组发展初期，出现一些问题。有的互助组缺乏有力领导，有的互助组内未能实行民主评工计分，违背等价交换原则等。针对这些问题，区委组织互助组组长参加县委举办的训练班，学习 “自愿互利、等价交换、民主管理” 等三大原则。区委确定对常年性互助组进行重点扶助，指派干部专门负责，切实指导，将清工结算问题作为巩固互助组的中心环节，贯彻三大原则，改进议工方法。至 1954 年，望城乡就有常年互助组 30 个、组员 274 人，临时互助组 22 个、组员 164 人。城陵矶区建设、砑石、滨湖、梅溪、北港等乡，有常年互助组 116 个、组员 708 人，临时性互助组 211 个、组员 614 人。城厢镇所辖渔业互助组，1954 年前仅 10 个，1954 年发展到 44 个。

1953 年 2 月，中共中央《关于农业生产互助合作的决议草案》正式通过，推动农业互助合作运动的发展。城厢镇决定先在第二居委会的汴河园试办 1 个蔬菜生产合作社，然后作为经验在农业、渔业区各办 1 个合作社。要求每个合作社起码要有 2 名党员、5 名团员、5 名以上积极分子。镇党委动员党员汪周南，串连 13 个农户，其中贫农 9 户、中农 4 户，于 1954 年 9 月 10 日正式成立城厢镇第一个农业生产合作社——红光蔬菜生产合作社，汪周南任社长，全社共有男女社员 56 人，其中党员 3 人，团员 3 人，有耕地 1.2 公顷，收益分配属固定报酬制。12 月 1 日，镇党委在二居委会得胜门村，动员党员毛义秋串连 10 个农户，其中贫农 9 户，中农 1 户，兴办得胜农业合作社，毛义秋任社长，全社共有社员 20 人，其中党员 2 人，团员 1 人，有耕地 3.9 公顷，收益分配办法为固定制即劳力占 65%，土地占 35%。

在取得以上办社经验后，镇委决定在渔民中办 1 个渔业合作社。当时，岳阳滨湖一带共有渔民 1100 户、4100 多人。1954 年下半年，组建 44 个互助合作组。考虑到渔场辽阔，渔民流动分散，故决定选择渔民相对集中的君山作试点。1955 年 2 月，动员青年团员胡学斌串联 15 户渔民，其中贫农 11 户、中农 4 户，成立君山渔业生产合作社，胡学斌任社长，全社有社员 58 人，其中胡学斌在入社后发展为共产党员，还有 3 名青年团员，全社拥有捕鱼工具 2313 件。

农业、蔬菜、渔业3个合作社的试办成功，激发农民与渔民入社的积极性。至1955年9月，全镇兴办升光、明光、晓光、枫树、丰光、晨光、晴光、金星、金鸡、照光、白水、九华、岳城、小光等14个初级农业生产合作社，湘湖、城陵矶、月山、濠沟、洞庭等6个渔业生产合作社。在城陵矶区的滨湖、望城、梅溪、北港、硚石、建设等乡建有11个农业生产合作社。

1956年初，镇党委贯彻中共中央《关于农业合作化问题的决议》，根据试办高级社的初步经验，将得胜高级社408户扩并白水、九华2个初级社74户和周围单干户82户，全社共有564户、2327人；升光、明光、晓光3个初级社扩并为五里高级社，共196户，592人；枫树、丰光、晨光、晴光4个初级社扩并为枫树高级社，共198户，711人；金星、金鸡、照光3个初级社扩并为金鸡高级社。岳城与小光2个初级社暂未规划。8月27日，镇党委工作组深入各乡开展并社升级发动工作，广泛宣传高级社优越性和并社升级好处，重点总结得胜高级社办社8个月所显示的优越性。

水上运输合作化改造 境域滨洞庭、临长江，自古水域经济发达。木船是以前水上交通工具。依据不同的船型、水域与码头，组成各种帮派行会。1946年5月，成立岳阳县民船船员船业同业公会，但因各行业帮会组织依然存在，同业公会运转困难。1951年11月，成立湖南民船运输社岳阳支社，作为船民自己的组织。1952年，进行水上民主改革，船民自己当家做主。1953年4月，城厢区城市工作委员会调整城区居委会，将南津港至北门渡口一带渔民与船民组建成水上居委会，又叫第九居委会。是年，民船支社与岳阳航运管理站合署办公。1955年10月，成立岳阳县船民协会。是年，船工汪银波、冯志林等6人开始尝试成立水上互助小组。根据上级指示精神，岳阳航管站作出关于木帆船社会主义改造规划，在“自愿结合、互助互利”的原则下，采取不同形式，让个体船户通过走互助合作道路组织起来，为国家和社会主义建设服务。1956年1月，县委成立岳阳县木帆船互助合作委员会办公室，抽调8名干部组成工作组，着手建社工作。2月16—27日，举办岳阳港建社骨干培训班，培训骨干144人。2月下旬，成立洞庭、划驳、新墙3个木帆船运输合作社筹备委员会。3月28日，成立岳阳县洞庭木帆船运输合作社。4月1日，在红船厂召开岳阳县划驳木帆船运输合作社成立大会。是日，港口400多艘船舶，从红船厂一直排至南岳坡，1000多名船民汇集会场，港口红旗招展，鞭炮轰鸣，锣鼓震天。会后举行盛大游行活动。5月12日，正式成立湖南省岳阳县木帆船运输合作社。是年底，所有船只与船民全部入社，完成岳阳县水上运输社会主义合作化的改造。

二、手工业社会主义改造

新中国成立前，城区没有工业企业，手工业较为发达。1950年1月5日统计，城区手工业共有23个行业、280户，从业人员544人。手工业从业者自古以来就习惯于个体生产，基本上是前店后坊式的手工生产，资金少、工作场地小、产量不高、产品质量低廉，难以适应解放后日新月异的社会主义建设及人民群众的生产生活需要。在国家开始对手工业进行社会主义改造前，境内手工业者自发地实行互助合作。1952年7月，城区从事个体印刷行业的17名工人组织成立第一个生产合作社——岳阳县印刷生产合作社。随后，组建铁业、竹器园木、刻字等4个生产合作小组，3个供销合作小组，组员180人。1953年10月，相继成立木器、铁业、棕业、篾业、缝纫5个生产合作社，连同印刷合作社，共有社员135人；并组建白铁、机器修理2个供销生产小组，有组员23人。1954年7月8日，岳阳县手工业联合社筹委会成立，领导全县手工业改造工作。1955年，城区有33个手工业行业，517户手工业户，从业人员1113人，组建8个生产合作社，12个供销生产小组，有组员562人，占全镇手工业从业人数的50.4%，尚有个体手工业户353户、537人未加入合作社组。1956年底，全镇共建手工业合作社32个、从业人员1543人，合作小组7个、从业人员78人，社组共有资金37万元。城区私营工业和个体手工业户全部加入合作社、组，城区不再有私营工业和手工业存在，至此，手工业社会主义改造基本完成。

三、私营工商业社会主义改造

1954年2月，城区对私改造工作试行。当时，由于国家统购统销政策的实施，碾米、酿酒、机械、饮食、屠宰等行业货源断绝，难以为继。供销社与工商联协助酿酒业转为国营，机械业代粮食局做加工业务，屠宰业成员自愿转入农业生产，食品公司经营小组、碾米业等属淘汰行业，或歇业或转业。属于物资流通行业的群英土产贸易商店与绸布店合并后，含资方11人，劳方14人，其他行业资方8人，劳方6人，转营工业，创办七里山机瓦厂。至1955年11月，私营商业纳入代销店10户、经销店的129户、经销小组44户、经营小组393户、合作商店31户、代购2户，总计1091人，其中职工156人。私营商业初步由个体分散转向集体互助形式。各行各业营业额较前均有显著增加，南货业增长45%，绸布业增长40%，小商小贩合作商店购销增长4倍。

1955年12月25日，县委召开（扩大）财经干部会议，传达贯彻中央、省、地委关于对私营工商业全面改造的指示精神，决定在全县开展私营工商业改造运动。并对全城工商业户进行普查，城区私营工业企业4户；私营商业（含饮食业）1229户，从业人员1855人，其中职工221人，共计资金566.96万元。1956年1月5日，镇党委成立私改委员会，从有关单位抽调20多名干部组成8个工作组，确定私营商业的绸布、百货、文具、南货、烟酒、煤炭、饮食等7个行业为改造重点。

1956年初，城区对私营工商业者改造全面铺开。1月2日，县工商联召开工商界代表会，121人出席，会上贯彻全国工商联、省工商联关于对私改造的有关会议精神。镇党委分7批召集工商户开会，阐明政策，进行教育。县总工会召开私营企业职工代表会，号召大家遵守有关对私改造政策法令，搞好公私合营工作。镇团委、妇联分别召开私资业主子女和家属会议，听取与会人员意见，交代政策，消除顾虑。1月10—11日，工商联举办短期培训班，73名骨干和84名小商小贩参加培训，政府从有关部门抽调12名干部加强领导。由161名学员组成工作大队，分6个小队开展工作，并组织越、湘、楚剧团，运用戏剧、腰鼓、舞蹈、快板等形式，沿街演唱，进行轰轰烈烈的宣传鼓动。12日，绸布业首先申请全行业公私合营。接着在一星期内，33个行业和3个工厂分3期批准为公私合营（即由国家为公方，私人为私方）合作经营形式，共计748户；26个经销、经营小组为合作商店共计344户，两者总计1092户。1月19日，召开全镇工商户大会，由工商联翻印《大公报》《人民日报》刊发的有关文件供各组学习讨论。成立爱国守法改造学习委员会，组织各行业工商者学习。20日，最后一批行业被批准为公私合营。城区私营工商业社会主义改造基本完成。

第五节　“整风和反右派斗争”

1957年4月27日，中共中央发布《关于整风运动》的指示。8月20日，镇人民委员会作出《关于对城镇工商界开展反右派斗争问题的摸底报告》。9月，岳阳县委正式成立整风领导小组，在全县范围内有步骤地开展整风运动，至1958年，历时一年零三个月。参加整风运动的共有817个单位，以机关、学校、工商界为主，城区为主，农村为辅。整风以正确处理人民内部矛盾为主题，采取开门整风的办法，以反对“三个主义”（即官僚主义、宗派主义、主观主义）为内容，从学习毛泽东《关于正确处理人民内部的矛盾》讲话入手，动员各阶层人民群众帮助整顿党的作风，运用大鸣、大放、大字报、大辩论的方法向党组织提意见。

许多党团员、干部、职工从信任党、热爱党、拥护党的角度出发，提出了很多好意见，揭露了党内存在的一些问题。据统计共贴出大字报2212张，鸣放意见91369条。其中属于完全正确的有53731条，占58.8%；需要辩论的26132条，占28.6%；属所谓右派言论的11500条，占12.6%。针对整风中的右派言论，发动群众进行批判。在全体干部中开展大辩论，辩论粮食、油料、棉布、合作化、城乡关系、工农关系、干部政策、知识分子政策、肃反、党的领导和民主建设等7个问题。1957年10月13日至1958年3月上旬，开展反右派斗争，全镇设18个战场，组织斗争大会751次、斗争小会512次，贴大字报2万多张，漫画1.5万多幅。然后，根据右派分子的反党情节及斗争后的认识程度，分别给予处理。

在镇委整风领导小组布置下，各社（村）和城厢工商联成立整风工作委员会。1958年1月，各社（村）和城厢工商界开始整风和反右。其中城区工商联委员和在职工商业者，共130人集中学习。在农村整风学习针对党的领导、统购统销政策、合作化、人民民主专政、五大运动、三大改造、税务征收、生产经营管理、公私共事关系等各方面，共鸣放意见4887条，写大字报976张。有24人被划为右派分子，受到降职、降薪、撤职和劳教等不公正处理。此外，在全县小学教师集中整风会上，有几位城区小学教员提出意见后，也被划为右派分子。

1958年3月15日至5月底，在反右斗争取得初步胜利的基础上，又开展以反浪费、反保守为中心内容的整改运动，仍以大鸣、大放、大字报方式，集中而尖锐地批判领导干部官僚作风等不良习气，密切了干群关系与党群关系。

第六节　整风整社

1958年“大跃进”后，产生的一平二调的“共产风”相当普遍和严重。经过大搞“四献”、大办钢铁、大烧水泥、大办铁路、大修公路、大兴水利、大建猪栏、大建居民点，“大风”刮了8次，“小风”刮了28个月之久，刮的项目多达130个。据初步查实，平调土地20.87公顷，房屋3495间，衣服38件，被子285床，生猪31头，家禽家畜370头（羽），家具2186件，工具1397件，炊具1701件，金银及现金投资24517元，劳动日163509个，共折价185703元，人均29元。大烧水泥时，东茅岭220户居民的住房一夜拆尽，群众只好住在别人屋檐下，甚至住厕所和猪栏。有的三代、四代共居一室。有的今天搬到这，明天搬到那，多的一天搬几次。为大建猪场，层层包干，级级分派砖瓦、木料任务，搞得下面团团转。原二队（居委会）没办法，只得拆屋上交任务，第一次200根木料任务完成，第二次又下达200根，限当夜完成，并开展“比思想红，看接受任务快；比干劲大，看完成任务坚决；比钻劲足，看质量好”竞赛。刮得最多的是劳动力，北区观音阁社区1961—1962年共调走劳动力1200多人、基层干部50人，2个猪场、运输队、挑沙队全部调光。少数干部思想不纯，作风不纯，脱离实际，脱离群众，只听假话，不听真话，行不通就强迫命令，“五风”横行，严重破坏党群关系，挫伤了群众的积极性。公社1位干部对待群众，开口就骂，动手就打，被他亲自打吊的群众有44人。还有的干部逼死人命，贪污盗窃国家与集体财产。市区4个分社的687名干部，按省委关于干部划类的六条标准排队：一类干部245人，二类干部290人，三类干部111人，四类干部25人，五类干部8人，六类干部7人。根据省、地委指示，市委决定在全市（社）开展一场整风整社运动。由市委书记李景川挂帅，下设办公室，设综合、政策研究、组织处理、一平二调清理等小组。以北区为试点，抽调70多名工作队员，分成6个工作队，进入北区观音阁管理区等6个单位。试点工作自3月初开始至4月中旬结束。4月下旬，整风整社运动在全市各区、社，各企事业单位铺开。在全面开展整社时，对各分社和管理区按一、二、三类划分。洞庭分社、城陵矶分社为一类；南区分社、北区分社为二类；14个管理区，一类8个，二类4个，三类2个。6月上旬结束，整个运动历时3个月。

第七节　知识青年上山下乡

“文化大革命”开始，废除考试制度，大学停止招生，而参加“复课闹革命”的1966届、1967届初、高中毕业生尚未升学或就业，加上1968届初、高中毕业生，全国已积压有260多万毕业生等待升学或就业。1968年8月始，毛泽东发表一系列指示，指出：“我们提倡知识分子到群众中去，到工厂去，到农村去，主要是到农村去，由工农兵给他们再教育。”9月，镇革委会安置办更名为“四个面向办公室”（简称“四向办”），负责全镇招生与毕业生分配工作，动员知识青年去农村插队落户。10月16日，300多名1966届、1967届、1968届高、初中毕业生响应号召到岳阳县麻塘良种繁殖场接受贫下中农再教育，成为“文化大革命”中城区首批下乡知识青年。11月5日，城区有800余名知识青年到广兴洲等公社插队落户。

12月22日，《人民日报》报道甘肃省会宁县7月至12月中旬，有191户、995名城镇居民下放农村插队落户。并发表《“我们也有两只手，不在城里吃闲饭！”》的文章。该文编者按说：“毛主席最近又一次教导我们：知识青年到农村去，接受贫下中农再教育，很有必要。”镇革委会立即召开会议，传达精神。除少数因病或独生子女外，1966届、1967届、1968届（简称“老三届”）初、高中毕业生全部下放农村接受再教育，“四个面向”成为一个面向。至1969年，全镇下放3129人。其中，“老三届”毕业生、社会青年2208人，居民378户、921人，被送管制对象44人。至1971年底，全镇下放知识青年与城镇居民4800多人。1972年，城区知识青年开始定向分配，只有5%的升学就业，其余下放农村。

1976年12月21—25日，市委组成知识青年慰问团，下设4个分团，分别到五里公社、城郊公社、湖滨园艺场、君山农场慰问下放知识青年。1977年4月22—24日，市委召开第一次知青工作会议，研究、部署知识青年上山下乡工作。会后又在全市开展知识青年上山下乡动员、安置工作。至10月31日，有1631名知识青年上山下乡。1978年1月7—9日，市委召开全市首次知识青年上山下乡先进集体、先进个人表彰大会，参加会议代表345人。会议对10个红旗单位、35个先进集体和300名先进个人进行表彰。改革开放后，有60%的知青回城就业。

第八节　纠正冤假错案

1984年4月，南区、郊区分别成立落实政策领导小组及办公室，对历史遗留问题进行处理。并组织专门班子深入基层，采取查、访、听等办法，摸清各个时期被错处分人员情况，逐个分析，提出解决办法，建立岗位责任制。区委对疑难案件亲自把关，分类指导。郊区用10年时间先后到8个省市、25个县区，接触1800多人次，行程8000多公里，取得100多份调查材料。并以事实为依据，以党的政策为准绳，坚持集体审批制度，每处理一个案子，均将本人申诉、原处分材料及结论、旁证材料、调查报告、复查意见等进行整理后，交领导小组集体审批，形成统一意见后再发文，保证了案件处理质量。

1979—1987年，南、郊两区共复查各类案件1175起，平反纠正561起，占复查数的47.8%。

南区复查各类案件732起，平反纠正301起，占复查数的41.12%。其中复查党纪案件14起，纠正7起；复查政纪案件102起，纠正67起；复查刑事案件608起，纠正89起；复查拘捕戴劳案件208起，纠正138起。复查历次运动中受处分人员695人，纠正285人，占40.8%，其中反右派运动处分20人，纠正20人；“反右倾”运动处分2人，纠正2人；“四清”运动处分11人，改判10人；“文化大革命”时期处分144人，纠正87人；历史老案处分518人，纠正166人。复查五个时期职工出队人员84人，63人予以纠正安置。认定起义投诚参加地方武装人员身份64人；认定中原突围复员隐蔽掉队人员身份1人；调查落实港澳台“三胞”房产权5户，面积1550平方米；清退“文化大革命”查抄财物134户，清退金额12700余元；补发“文化大革命”中停发工资4人，金额7744元，为45名错处理人员调整工资或发放补助，为受株连家属子女64人解决城市粮食户口。

郊区复查各类案件443起，平反纠正260起，占复查数的58.69%。其中复查党纪案件72起，纠正14起；复查政纪案件52起，纠正45起；复查刑事案件275起，纠正172起；复查拘捕戴劳案件44起，纠正29起。复查历次运动中受处分的373人，其中反右派运动处分10人，纠正10人；“反右倾”运动处分2人，纠正2人；“四清”运动处分7人，纠正5人；“文化大革命”时期处分79人，纠正20人；历史老案处分294人，纠正180人。复查五个时期职工出队47人，43人收回安置。认定起义投诚参加地方武装人员身份48人；认定中原突围复员隐蔽掉队人员身份10人；调查落实港澳台“三胞”房产权4户，面积1139.5平方米；清退“文化大革命”查抄财物44起，清退金额5939.1元。补发“文化大革命”中停发工资25人，金额14612元，为21名错处理人员调整工资或发放补助，为受株连家属子女24人解决城市粮食户口。

据1987年年终调查，南区被落实政策人员中有18人入党，12人被选进各级领导班子，14人被评为先进工作者，3人立功受奖；郊区被落实政策人员中有48人被评为市、区、乡先进工作者，占被落实政策人员的37.8%。

第九节　“三个代表”重要思想学习教育活动

2000年12月，中共中央决定，用两年左右时间，在全国县（市）部门、乡镇、村级领导班子和基层干部中，有计划、有步骤地开展“三个代表”重要思想学习教育活动（简称学教活动）。

12月中旬，召开区委常委扩大会议，传达学习中央、省、市委“三个代表”重要思想学教活动会议精神，成立“三个代表”重要思想学教活动领导小组，由区委书记李湘岳任组长，领导小组下设办公室和督察组。14个乡（场）、街道办事处成立以党委书记为组长的工作机构。从区直部门抽调50名干部组成指导组，赴14个乡（场）街道办事处指导学教活动。

2001年1月16日，区委印发《关于在全区开展“三个代表”重要思想学习教育活动的实施方案的通知》，要求各乡（场）、街道办事处、乡镇“七站八所”、村级领导班子和基层干部，有计划、有步骤、分阶段地开展学教活动。2月6日上午，区委召开学教活动动员大会。区委书记李湘岳作动员报告，传达中央和省、市委关于在基层开展学教活动的精神，对全区的学教活动作出具体部署，并举办为期7天的培训班，全区135名乡（场）、街道办事处领导成员、50名指导组成员参加培训。共作学习笔记300多万字，写心得体会586篇。五里牌街道办事处把优化环境、发展民营经济作为重点，实行目标管理量化考核；洞庭路街道办事处建立学习“三个代表”的领导负责制、目标管理制、结对帮联制、跟踪督查制，推动学教活动与当前工作的紧密结合。

9月17—27日，区委“三个代表”重要思想学教活动办公室对全区71个部门的学教活动回访复查情况进行全面督查。共为外商介绍投资项目13个，为“三资”企业解决实际困难3个，处理用电故障135起，投资3.8万元开通电费语音查询系统，开展4次较大规模的医疗市场整治行动，没收非法药品650公斤，非法医疗器械21台（件），没收药柜16个，货柜18个，取缔非法诊所、药店36家；挤出资金30多万元退还大桥西区摊位集资款。

11月30日，区委下发《关于全区村、居委会“三个代表”重要思想学习教育活动实施方案的通知》。12月3日，区委组织由全区村、居委会500余名基层干部参加的“三个代表”重要思想学教动员大会。通过学习全区有100名乡镇干部自觉收回申调报告，有200多名干部向党组织递交决心书；有60多名村支部书记和村主任、居委会主任消除卸担子的思想，积极主动投入工作；区直单位干部职工人均下基层3—4次；乡镇机关干部人均下基层130余次，住农户22晚，共帮扶特困户1970户，发放科技资料18.4万份，帮助群众新上生产项目672个。2001—2002年，全区领导干部退交纪检部门红包礼金9.8万元；减少涉农收费项目33个，降低收费标准421项，减轻农民负担910万元。

2003年，区委下发《再次掀起学习贯彻落实“三个代表”重要思想新高潮的通知》，再次对贯彻落实“三个代表”重要思想，进行部署安排。编印资料2800份，组织宣讲30场次，听众达6000多人次。

第十节　学习实践科学发展观活动

2009年3月至2010年2月，全区开展学习实践科学发展观活动。参加学习实践活动的有2个乡、14个街道、55个区直单位，共71个单位、389个支部、11781名党员，党员参加率达100%。活动分两批进行，第一批从2009年3月开始，有54个单位、3181名党员参加，是年8月全面结束；第二批从2009年9月开始，有17个单位、8600名党员参加，于2010年2月上旬结束。

学习实践活动围绕“党员干部受教育、科学发展上水平、人民群众得实惠、富民强区新跨越”的总体目标，以“推动科学跨越、促进和谐崛起、实现富民强区”为主题，动员全区党员干部“争当科学发展先锋、争做学习实践模范”，坚持规定动作做细做实，自选动作创新创优，做到边学习边实践，边整改边提高，将开展活动与推动工作紧密结合。全年实现地区生产总值96.8亿元，比上年增长14.5%；财政总收入6.282亿元，增长15%。大力推进43所合格学校建设；全力打造15分钟医疗服务圈，社区卫生服务覆盖率达100%；推进民生实事实办，全区民生投入达3.9亿元；加大困难救助力度和就业再就业工作力度，全年发放低保等困难救助资金5000多万元，新增城镇就业7316人，下岗失业人员再就业4155人。全年排查各类矛盾纠纷716个，处理信访案件1091件；开展“百日平安行动”严厉打击犯罪，共立刑事案件3947起，破2648起，抓获各类违法犯罪嫌疑人2000人。

第四章 组织建设

第一节 党 员

1921 年，城区有党员 1 人，后增至 4 人。1926—1927 年，有党员数百人。大革命失败后，党员人数锐减。至抗日战争前，城区党的活动从未停止。1949 年初，城区有党员 13 人。中华人民共和国成立后，属城厢区委领导的党员仅区委机关 8 名党员。1952 年 7 月，区委在土改积极分子、居民中发展党员 4 人。1954 年始，注重在各次政治运动中涌现的积极分子及工农基本群众中发展党员。是年 7 月，城厢区党员已发展至 63 人，其中工人 22 人，农民 7 人，占党员人数的 46%；职员出生的 31 人，占 49.2%。1959 年，中共岳州公社党委《关于挑选培训积极分子发展新党员工作情况报告》规定发展党员的办法，提出“四挑选”（即从团员、大跃进骨干、老基层干部、福利事业单位挑选）、“一对照”“三审查”原则，主要从又红又专的积极分子中挑选培养发展对象。1963 年，工人、农民党员增至 344 人，占党员人数的 71.8%。1966 年，全镇有党员 582 人。“文化大革命”开始后，党员发展工作一度停顿。由于“左倾”路线的影响，一些党员被视为改造对象或开除出党。1968 年，全镇有党员 431 人。1969 年，开始整顿党的组织，恢复组织活动，党员发展至 510 人。1971 年，有党员 713 人，其中 1966 年 1 月后发展 16 人，1967—1970 年发展 58 人，1971 年发展 105 人。1975 年，全镇党员 958 人，其中工业交通系统 340 人，农业系统 330 人，财贸系统 9 人，文教卫生系统 73 人，机关 137 人，其他系统 69 人。中共十一届三中全会后，开始注重在知识分子及其他各界中发展党员。

南区 1984 年 4 月，南区有党员 753 人。至 1989 年，区委组织部先后举办 9 期建党积极分子学习班，培养入党积极分子 800 多人。按照“坚持标准，保证质量，改善结构，慎重发展”的方针，每年发展一定数量的优秀分子入党。在发展中，既注重吸收优秀知识分子入党，根据区街特点，注重吸收区、街道企事业单位第一线工人入党。共发展党员 677 人，其中，知识分子党员占 30%。1989 年底，全区党员已达 1430 人。

郊区 1984 年 4 月，郊区有党员 1829 人，1985 年发展到 1988 人，1990 年发展到 2716 人，5 年共发展党员 728 人。

岳阳楼区 1996 年 4 月，岳阳楼区有党员 5329 人。2001 年，全区党员发展到 7042 人，5 年共发展党员 1713 人，年均发展党员 342.6 人。2006 年，全区有党员 11257 人，5 年共发展党员 4215 人，年均发展党员 843 人。2011 年，全区党员发展到 15243 人，5 年共发展党员 4829 人，年均发展党员 965.8 人。2011 年，全区党员人数为 1996 年建区时的 2.86 倍。2012 年，因省、市属企业改制，大量的党员移交到岳阳楼区社区管理，全区党员人数增至 17072 人。

1984—1995 年南区基层党组织和党员情况

表 10–5　单位：个、人

年　度	党组织				党　员
	总　计	党　委	总　支	支　部	
1984	124	10	—	114	753
1985	136	14	—	122	897
1986	152	15	—	137	1075
1987	160	15	—	145	1193
1988	173	15	1	157	1279
1989	192	15	2	175	1430
1990	196	15	4	177	1479
1992	210	16	1	193	1681
1993	207	16	2	189	1781
1994	214	16	2	196	1865
1995	214	16	2	196	1924

1984—1995 年郊区基层党组织和党员情况

表 10–6　单位：个、人

年　度	党组织				党　员
	总　计	党　委	总　支	支　部	
1984	115	7	1	107	1829
1985	124	11	1	112	1988
1986	136	11	1	124	2150
1987	146	10	1	135	2361
1988	163	11	5	147	2493
1989	166	12	—	154	2608
1990	183	13	2	168	2716
1991	187	13	2	172	2851
1992	—	—	—	—	—
1993	—	—	—	—	—
1994	—	—	—	—	—
1995	—	—	—	—	5329

1997—2012 年岳阳楼区基层党组织和党员情况

表 10-7 单位：个、人

年度	党组织				党员
	总计	党（工）委	总支部	支部	
1997	—	—	—	—	5906
1998	—	—	—	—	6303
1999	—	—	—	—	6439
2000	—	—	—	—	6699
2001	—	—	—	—	7042
2002	—	—	—	—	7247
2003	—	—	—	—	7449
2004	347	23	3	321	8632
2005	445	23	22	400	10115
2006	431	23	23	385	11257
2007	434	20	23	391	11634
2008	452	18	21	413	12051
2009	454	18	21	415	13066
2010	447	9	22	416	13910
2011	485	10	30	445	15243
2012	641	25	30	586	17072

第二节 基层组织

城厢区（镇） 1949 年 7 月，城区解放时没有党的基层组织。1952 年，中共城厢区开始在土改积极分子与居民中发展党员，除区委和机关设立机关支部外，另在 8 个居委会中建立一个党支部，共有党员 12 人。1954 年有支部 4 个，党员 63 人。1955 年有支部 6 个，党员 81 人。

岳阳市（县辖市） 1960 年，全市有基层党委 3 个，总支 9 个，支部 16 个，党小组 4 个，党员 1402 人。

城关镇 1962 年，城关镇有基层党委 5 个，总支 1 个，支部 65 个，党员 522 人。1966 年，城关镇各行各业普遍建立党支部，有基层党委 2 个，总支 3 个，支部 85 个，党员 582 人，其中，农业公社党委 2 个，总支 1 个，支部 27 个；工业交通总支 2 个，支部 30 个；街道居民支部 30 个；文教卫生支部 5 个；财贸支部 2 个；机关支部 1 个。1971 年，城关镇有基层党委 6 个，总支 2 个，支部 98 个，党员 713 人。其中，镇委直属支部 18 个，农业支部 15 个，居民支部 29 个，渔业支部 5 个，手工业支部 22 个，建筑业支部 9 个。1974 年，城关镇有基层党委 6 个，总支 2 个，支部增至 102 个，党员 862 人，其中，工业企业支部 50 个，交通运输支部 3 个，农业支部 18 个，商业支部 1 个，文教卫生支部 9 个，机关支部 9 个，其他支部 12 个。

岳阳市（县级市） 1978 年，全市有基层党委 17 个，总支 8 个，支部 290 个，党员 3503 人，其中，市委直属机关支部 44 个，工业支部 54 个，农业支部 41 个，文教卫生支部 18 个，财贸支部 55 个，街道支部 55 个，其他支部 23 个。1980 年，全市有基层党委 30 个，总支 10 个，支部 364 个，党员 4257 人。

南区 1984 年，南区有基层党委 10 个，支部 124 个，其中，工业支部 18 个，文教卫生支部 12 个，街道支部 59 个，区直机关支部 15 个，政法系统支部 14 个，税务系统支部 6 个。根据党章规定，凡有党员 3 名以上的单位都组建党支部，全区有基层党委 15 个，支部 175 个。

郊区 1984 年，郊区设有基层党委 7 个，总支 1 个，支部 107 个，其中，农业支部 55 个，工业支部 11 个，建筑支部 1 个，交通支部 3 个，商业支部 10 个，文教支部 11 个，科研支部 1 个，机关支部 15 个。

岳阳楼区 2012 年，设基层党（工）委 25 个，总支部委员会 30 个，支部 586 个。

第三节　干部工作

1984—1987 年，纠正冤假错案，落实干部政策，复查案件 86 起，纠正 21 起；复查政纪案件 154 起，纠正 102 起，其中 12 人进各级领导班子。郊区复查政纪案件 52 起，纠正 45 起。1996 年成立岳阳楼区后，组织全区党员干部学习邓小平理论，扩大改革开放。2000—2003 年，结合开展“三个代表”学教活动，教育干部为民办实事。

2005 年，全区共有 380 个基层党组织、9495 名党员干部参加先进性教育活动。开展“三挂一扶”（即领导挂点、单位挂钩、干部挂职，部门帮扶）、“两联一为”（即党政机关联系社区、党员负责干部联系困难户，每名党员为社区办一件实事）活动，31 名区级领导每人联系一个社区，53 个区直单位分别对口帮扶一个社区，选派 74 名优秀中青年党员干部到社区担任党建指导员，取得明显成效。2006 年 12 月底，基本完成第六次社区党支部和居委会换届选举工作，居委会主任全部实行“海选”，“两委”班子成员全部实行交叉任职，76 个社区党支部书记、居委会主任实行“一肩挑”。2008 年，全区按照市委“不换状态就换人”和区委提出的“干部是干出来的，负责干部要负责”的要求加强干部队伍建设，开展解放思想、落实科学发展观等学习活动 12 次。举办“十七大”精神学习班、“践行两个忠诚”研讨班，对近三年新提拔的科级以上干部进行一轮学习培训，选派 100 多名领导干部到省、市、区委党校进行学习培训。切实加强基层班子和队伍建设，举办村（社区）干部培训班，邀请 8 位市、区领导和专家对全区 500 多名村（社区）干部进行国土、法律、综治、计生、民政等知识培训。2009 年，规范干部选拔任用，全年调整区管领导干部 3 次，干部群众对干部选拔任用工作满意率达 100%，对新提拔任用的主职领导干部满意率达 92%。推行竞争性选拔，全年实行“三差额”选拔干部 5 人，公开选拔科级干部 5 人。鼓励和支持岳阳楼区干部参加省市各级干部竞争性选拔，共有 43 人报名参加厅级和县处级干部竞争性选拔，有 1 人走上厅级领导岗位，6 人走上县处级领导岗位。2012 年，共派送 34 名干部到省委、市委党校参加主题班培训，选派 14 名干部参加市委党校“新时期群众工作研讨班”。调整干部 3 批次共 155 人，其中提拔、重用 69 人，平职调整或交流 86 人。公开选拔 80 后科级领导干部

5人，差额竞争性办法选拔街道党工委书记2人，办事处主任2人。面向社区（村）支部书记、主任“四差额”公开选拔6名干部到区直部门任副科级领导干部。从区直机关挑选9名干部到乡、办事处挂职；从区直机关挑选80名党员干部成立16个群众工作组派驻社区。指导10多个区直单位开展股级干部竞争上岗。

第四节 老干部工作

1988年5月，南区、郊区均设离休退休工作办公室，归口区委组织部管理，负责区属离休、退休干部的管理和服务工作。1996年4月，两区老干办合并为岳阳楼区委老干部局。老干部局先后成立岳阳楼区老干部大学、关心下一代工作委员会、老科技工作者协会、老年人保健协会、老年人体育协会、老年人书画协会、老年人钓鱼协会等组织。在螺丝港、新路口建有2个老干部活动中心。1997—2005年，每年组织老干部开展象棋、门球活动竞赛。2006年11月，组织33位处级实职老干部赴香港、澳门参观考察。2007年9月中旬，区老年书画协会承办市老年书协岳阳楼区、君山区、云溪区、屈原管理区会员优秀作品联展。2008年3月，区政府投入15万元购买老干部服务用车1台，改善老干部的用车条件。是年，区委老干部局为全区老干部举办各类形式报告会、情况通报会、专题讲座6场次，组织老干部就近参观考察活动2次，邀请老干部参加全区各类重要会议、重大活动110人次。2009年，组织老干部参加全市“唱响主旋律、红歌献祖国”的歌赛和“红歌进校园”活动。2010年，发动组织全区90多位离退休老干部、老教师、老模范等组建网吧义务监督员队伍，巡查网吧1500人次，劝阻300多人次未成年人进入网吧。成立区关心下一代“五老”报告团，为社区、学校、企业青少年作辅导报告12场次。成功承办全市社区关心下一代工作现场会。2011年，组织老干部参加全市第五届老年人运动会和“老少牵手颂党恩”才艺大赛。组织举办6次门球赛和1次象棋比赛。组织老干部文艺爱好者、老干部大学学员举办庆祝建党90周年文艺演出，与市老干部大学学员开展联谊活动。区老科协组织举办“庆祝中国共产党90华诞”大型文艺汇演。区老年书协组织举办“洞庭波涌”庆祝建党90周年书画作品展览，并出版书画集《清秋凝韵——岳阳楼区老年人书画作品选》。2012年，区委老干局以活动中心和老年大学为阵地，组织举办全区老干部象棋赛，区老年书协组织举办“喜庆十八大”会员笔会，区诗词楹联协会举办“岳阳楼杯”全国诗联大赛，区老年体协组织举办第十七届全区老干部门球赛。

第五节 党校工作

1959年，岳州公社各大队、厂矿企业开办小规模党校。是年初，岳州公社党委创办公社党校，校址设油榨岭，党校采取半工半读教育形式，共培训357人，其中，正式党员12人，预备党员28人，积极分子317人。1960年初，岳州公社党校更名为岳阳市委党校，并开办初级党校10所。1962年，市委党校举办培训班7期，训练党员、干部532人，对全市50%的预备党员进行轮训；开办业余党校8所，训练党员2000多人次。1963年，市委党校更名为岳阳县城关镇委党校。各级党校进行“做一个好的共产党员”的党课教育。镇委党校每月抽一个星期日下午，给全镇党员上一次党课；各基层党组织每月集中党员上3次党课，然后分散以支部或党小组组织讨论1—2次。全镇有29个单位开办党校，其中，有15个农业生产大队党校、8个企业党校、6个机关党校。“文化大革命”中，各级党校相继停办。

南区　1987年7月1日，南区区委党校成立。是年，举办党支部书记学习班3期，培训党支部书记256人次；举办科级干部学习班4期，培训干部578人次。至1989年，区委选送55名干部进市委党校培训，32名干部进省委党校培训，5名干部进中央党校培训。

郊区　1984—1989年，郊区以党委和党校为单位，进一步建立健全中级干部业余读书班，组织干部进行自学。同时，在7个乡、场党委建立基层党校。1991年10月，郊区区委党校成立。是年，举办科级干部党史读书班。

岳阳楼区　1996年4月，成立岳阳楼区委党校。每年均举办建党对象培训班和新任领导干部培训班。2002年，举办4期领导干部WTO知识学习班，开设5个专题讲座，共培训副科级以上干部447人。2007—2008年，举办全区科级干部学习贯彻中共十七大精神集中轮训班。2009年11月，对全区2007年11月10日后提拔和解决待遇的45岁以下的在职正科、副科级干部和全区组工干部，共140多人进行培训。2010年，举办4期建党对象培训班，300人参加培训。2011年，举办4期建党对象培训班，共培养入党积极分子近300人。2012年，举办2期建党对象培训班，培养入党积极分子457人；配合区委宣传部举办全省干部教育名师名课送教下基层活动，邀请省社会科学院副教授、国家二级心理咨询师曾文洁为全区领导干部作《领导干部心理健康与心理维护》讲座，培训领导干部800多人。

第五章　思想建设

第一节　党员教育

60年代初，党内普遍坚持“三会一课”的教育形式，即每月召开一次支委会、一次党小组会、一次党员大会，每一个半月上一次党课，使日常教育的内容、形式有所变更，增强党员凝聚力。1964年，组织全镇64个党支部、1211名党员参加《毛泽东选集》学习。是年，64个党支部组织生活会521次，每个支部平均上党课4次。“文化大革命”中，党内日常教育制度废弛，1970年后逐步恢复。1975年，组织工交系统党员干部脱产学习2天，重点学习贯彻中央9号文件精神和中央13号文件提出的“七个是不是”及邓小平在军委扩大会议上讲的“软、懒、散、奢、肿”5个字，开展“一学两批五大讲”，解决思想路线问题。1981年，党校教育重点放在联产承包责任制上，推介华容经验，解决思想认识问题。1983—1984年，学习的重点是稳定完善农业生产责任，解决姓社姓资的问题。至1985年上半年，开展真理标准大讨论的补课。

1985年6月至1986年6月，南区区委通过举办训练班对党员、干部进行教育，其中，副科级以上党员干部脱产学习10天，一般党员脱产学习7天，其他党员脱产学习5天。重点学习《中共中央关于整党的决定》《中国共产党中央委员会关于建国以来若干历史问题的决议》《关于党内政治生活的若干准则》等文件。开展批评与自我批评，以达到“统一思想、整顿作风、加强纪律、纯洁组织”的目的。1986年6月20日，南区区委发出《关于在全区统一实行党组织活动日制度的通知》，规定每月的第三个星期五下午为全区党组织活动日。全区各基层党组织利用经常性的组织活动，上党课，听报告，收看电影教育片，进行理论学习；开展典型教育，总结表彰先进党支部与优秀党员；开展四个现代化与经济体制改革的讨论。不断对党员进行党的纲领、宗旨、纪律、形势与任务的教育。1986年，郊区各基层党组织利用经常性的组织活动，上党课、听报告，收看电视教育片，进行理论学习，开展典型教育。1987年，组织党员参观市委举办的先进党支部、优秀共产党员事迹展览。1988年，区委把创先争优活动同民主评议党员制度相结合，焕发党员革命精神，发挥各级党组织的核心领导作用与共产党员的先锋模范作用。全区先后评选优秀共产党员612人，先进党支部63个，优秀党务工作者10人。组织优秀党员事迹报告团在全区巡回演讲12场次，参加听讲的党员群众5000多人次。1990年2月始，境内各级党校培训社教工作队，开展社会主义教育活动。郊区党校把学习培训对象放在农村，村支部调整后的班子和建党社对象。1991年，在党政机关、企事业单位、学校、街道进行系统的社会主义思想教育，涉及到100多个单位，受教育对象1万多人。1994年，郊区抽调机关干部30多人驻农村，以“五个好”为目标，对后进村进行整顿，开展农村社会主义教育，并将扶贫工作由过去的救济性转为开发性。1999年10月，岳阳楼区召开区级领导班子和领导干部开展“三讲”教育活动动员大会，会后在全区开展以“讲学习、讲政治、讲正气”为主要内容的党性党风教育。

2001年，在全区开展“面向新世纪宣传思想工作”研讨活动。联合区委组织部、区教育局、区总工会、团区委在全区开展“党在我心中”读书、征文、演讲、知识竞赛等系列宣传教育活动。2002年，以“加强思想道德修养，永葆党的先进性”为主题，在全区开展“万名书记讲党课竞赛”活动，共讲党课51堂次，有6000多人参加听课。2003年，共组织8个专题区委学习中心组学习，强化干部理论督查，兴建或恢复党校150个。2005年，在全区基层党组织中开展“创建学习型党组织，争当学习型党员”活动，精心组织“三级联创”“创优争先”“党员先锋岗”等主题活动，并对“十佳学习型组织”“十佳学习型党员”给予通报表彰。全年共组织12个专题的区委理论学习中心组学习。2006年，共组织10个专题理论学习。围绕重大理论和现实问题开展研讨活动，全区干部共撰写调研文章、论文239篇。2007年，创办《岳阳楼论坛》，全区领导干部撰写文章213篇。开办《岳阳楼论坛》网站，向社会推介岳阳楼区经济社会发展形势。2008年，组建“解放思想大讨论”宣讲团，深入开展“坚持科学发展，加快富民强区”大讨论。科级以上主职领导开展各类调研320多次，撰写解放思想理论文章80多篇。2009年，制定并下发《关于在全区开展“抓机遇促发展暨深入学习实践科学发展观”专题宣讲活动的通知》；组建8人区委宣讲团，集中到区委党校集体备课，全年，市、区宣讲团在全区宣讲70余场次。2012年，是全区“干部素质提升年”，完善出台《岳阳楼区深入创建“学习型城区”系列活动实施方案》。举办区委中心组（扩大）集中学习活动14次。

第二节　新闻工作

1984年，郊区建立新闻报道队伍，利用区电视台、区广播电台加大新闻报道力度。是年，南区区委宣传部组建通讯员报道队伍，发展30名骨干通讯员，下半年共投稿300余篇。1985年，业余通讯员扩至17个小组113人，各街道办事处、各战线均建立通讯小组，全年在报刊杂志上发稿461篇，其中上省级31篇、市级430篇。1986年，共编写刊发新闻稿411篇，其中，市级报刊杂志250篇、省级150篇、中央级11篇。《湖南日报》、湖南电视台报道洞庭布鞋厂的优质布鞋，使该厂在全省展销会上订货达 110 多万元。1987 年，围绕“坚持四项基本原则，反对资产阶级自由化”“增产节约、增收节支”组织新闻稿件，在报刊杂志上刊用 780 多篇，其中省级以上报刊刊用 80 多篇，市级 700 多篇。1988 年，围绕经济建设组织新闻稿件，共刊用稿件 650 多篇，其中省级以上报刊刊用 50 多篇，市级 600 多篇。协助湖南电视台拍摄《改革在区街》专题电视片，在湖南电视台与岳阳电视台播出，全面报道南区经济建设发展情况。1989 年，报道廉政建设、深化改革、精神文明建设、经济建设以及发展个体私营经济等方面的稿件 1430 篇，其中，中央级 30 多篇，省级 200 多篇，市级 1200 多篇，并组织《欣欣向荣的南区个体私营经济》专版，在《湖南日报》刊载。

1996 年，成立岳阳楼区广播电视局，从事本区范围内的新闻报道工作，并开办《楼区新闻》等自办节目。同时，区委宣传部组建区新闻中心，担负起对外新闻报道工作。2001 年，区广播电视局成建制并入市广播电视局，10 名工作人员加入区新闻中心，组建新的岳阳楼区新闻中心，行使新闻宣传、新闻管理、新闻协调等职能。至 2012 年，共在中央、省、市级新闻发稿突破 2000 条次。

第三节　精神文明建设

一、推进社会主义思想道德建设

1996 年，中共十四届六中全会通过《中共中央关于加强社会主义精神文明建设若干重要问题的决议》。区委召开常委扩大会，传达贯彻六中全会的精神。7 月 23 日，在中央电视台《新闻 30 分》播出《残疾人上抢险堤送水送饭》新闻。1997 年，成立岳阳楼区精神文明建设指导委员会；组织市民学习《市民“十不准”规定》《岳阳市民读本》；在农民中开展进市场奔小康、艰苦创业和形势教育；在农村开展评“四户”，刹“三风”，创“三村”活动；在窗口行业开展“推动文明用语、杜绝服务忌语”系列活动；摄制专题片《晨曦中的岳阳楼区》，反映岳阳楼区成立一周年精神文明建设取得的成就，引起较大社会反响。1998 年，开展“讲文明、树新风”活动，加强“三观四德”教育；重点宣传“湖南学雷锋标兵”、尊老爱幼先进模范，梅溪乡敬老院院长陈恢珍事迹。1999 年，创办市民学校，成立岳阳市市民文明学校岳阳楼区分校及 56 所市民文明学校，培训市民 4.5 万多户、近 20 万人次。2000 年，在全区组织“爱我湖南、爱我岳阳、爱我家乡”读书竞赛活动；掀起向舍己救人模范、洞庭乡渔民杨圣早父子学习的热潮。

2001 年，在全区开展“面向新世纪宣传思想工作”研讨活动；联合区委组织部、区教育局、区总工会、团区委在全区开展“党在我心中”读书、征文、演讲、知识竞赛等系列宣传教育活动。2002 年，在全区全展以“加强思想道德修养，永葆党的先进性”为主题的“万名书记讲党课”竞赛活动，共讲党课 51 堂次，6000 多人听课；恢复和新建市民文明学校 150 余所，授课 720 余堂次，受众人达 6 万余人；开展评选、表彰、推介“十佳公民道德标兵”活动。2003 年，强化干部理论学习督查，采取“一听二看三查”方式，对乡、街道办事处党（工）委中心组学习进行专项督查。2004 年，开展“改陋习、树新风”活动；开展“学习型单位”活动，推动党员干部理论教育。2005 年，在全区基层党组织中开展“创建学习型党组织，争当学习型党员”活动，精心组织“三级联创”“创优争先”“党员先锋岗”等主题活动，全区共涌现学习型单位 86 个，学习型社区 75 个，学习型家庭 1600 多户，对“十佳学习型组织”“十佳学习型党员”给予通报表彰，并重点推介全国精神文明建设先进单位区检察院。

2006 年，区文明办下发《关于开展“八荣八耻”宣讲系列活动的通知》，成立“八荣八耻”宣讲领导小组。4月29日，区文明办、团区委在东茅岭步行街广场共同举行“知荣辱、树新风，从我做起”万人签名启动仪式。2007年，开展“做文明市民、创文明城市”主题教育活动；创办“岳阳楼论坛”，旨在弘扬传统文化精髓，传承巴陵忧乐情怀，挖掘岳阳文化底蕴，提升市民文明素质。2008年，开展“当文明市民、迎奥运圣火”倡议、承诺签名等系列活动；“5·12”四川汶川大地震发生后，开展向四川灾区的募捐活动。2010年，107个社区成立市民学校，并开展以“学礼仪、知荣辱、树新风”为主题的教育活动，使文明礼仪进机关、进企业、进校园、进社区、进农村、进家庭。开展“崇尚文明、告别陋习”活动，在全区营造查找和改正不文明陋习的良好氛围。同时，开展10场道德模范巡讲报告会，进一步提高市民文明素质。2012年，以“学雷锋当好人，建设爱心城市”为主题，广发志愿者招募令，全区新增志愿者1.1万余人，登记在册志愿者人数达9万余人，开展各类志愿服务活动千余次。

二、加强未成年人思想道德教育

2002年始，全区中、小学持续深入开展“我做合格‘小公民’行动”，即在家庭做父母的“小帮手”，在社会做助人律己的“小标兵”，在学校做善于与同学合作的“小伙伴”，在社区和公共场所做保护环境的“小卫士”，在独处时做主宰自己的“小主人”，培养广大青少年的公民意识。组织全区5000余名中、小学生举行“文明在社会在校园”演讲大赛。2003年，确立以市科技馆、市博物馆为主的70多个爱国主义教育基地和革命传统教育基地，聘请30多名校外辅导员，形成校内外相互衔接的教育工作机制，在中、小学生中广泛开展爱国家、爱集体、爱社会主义，艰苦奋斗、勤俭节约，做有理想、有道德、有文化、有纪律的教育活动。2005年，区委将未成年人思想道德建设纳入经济和社会发展的重要内容，下发《关于进一步加强和改进未成年人思想道德建设的实施方案》，全力构筑学校、家庭、社会“三位一体”的工作网络，完善各类青少年活动基地和场所246个。在全区中、小学广泛开展“五项育人”活动（即：发挥师表作用，依靠榜样育人；搞好学科渗透，凭借教材育人；狠抓养成教育，通过礼仪育人；法律法规进校，学法守法育人；建设校园文化，借助环境育人）。推行“仿真社会”教育，把学校建成一个“仿真社会”，引导学生积极投入社会大课堂。2006年，区文明委组织启动“百名教师联系社区”活动，从区教育系统抽选100名优秀教师，下派到各个社区担任社区教师，进一步完善学校、家庭、社会“三位一体”工作网络。6月3日，《光明日报》以《从三尺讲台到社会大课堂，岳阳楼区编织立体教育网》为题，报道区未成年人思想道德教育工作。2008年11月，朝阳小学被评为全国未成年人思想道德建设工作先进单位。次年12月，该校被定为全国未成年人思想道德建设经验交流会现场，中共中央政治局常委李长春，中共中央政治局委员、中宣部部长刘云山亲临视察，并给予高度评价。2010年，拓展青少年活动平台，在郭镇乡、梅溪乡率先成立乡村少年宫。在108个社区相继挂牌成立青少年之家。2012年，开展“传递书香”活动，共捐赠图书1.5万多册，在3所偏远山村贫困学校捐建图书室。

三、开展文明创建活动

1996年，开展“文明在岳阳”宣传活动。1999年，在全区开展“八争创”活动（即文明街道、文明窗口、文明小区、文明市场、文明村镇、文明家庭、文明市民、文明单位创建活动），省委《学习导报》推介区加强农村文明建设经验。2000年，洞庭路街道办事处被评为全省文明街道，枫树新村居民生活小区被评为全省文明小区。2002年4月，区委办、区政府办下发《关于转发〈关于开展“做文明市民”活动实施方案〉的通知》，决定在全区深入持久地开展“做文明市民”活动。年底，举办“做文明市民、创文明单位”创建工作经验交流会，全区创建省级文明单位6个、市级文明标兵单位4个、市级文明单位23个、区级文明标兵单位25个、区级文明单位77个，24%社区达到区级文明社区，20%家庭达到区级文明家庭。2005年，区检察院被评为全国精神文明建设先进单位。2008年11月，举办全区精神文明创建现场经验交流会，区检察院、岳阳楼小学、区地税局等单位作典型发言。2009年，全区有各级各类文明单位162个，其中文明单位106个（国家级1个，省级2个，市级19个，区级84个），文明社区46个（省级1个，市级7个，区级38个），文明窗口单位10个（省级1个，市级4个，区级5个）。2010年，新增省、市级文明先进单位4个，区级文明单位（社区）45个。2011年，深入开展创建全国文明城市“五创”提质工作，挑选64名业务骨干组成创建指导组，全面指导社区（村）文明创建工作。2012年，争创各级各类文明单位33个、文明餐桌示范点200多家。

四、加强社区文明建设

“十五”规划期间，社区和广场文化丰富多彩，全民健身运动广泛开展。“十一五”规划期间，积极打造社区文化活动品牌，满足社区居民对精神文化生活的追求，推进社区文明建设。开展以健康为主题、以文化体育活动为载体、以社区为单元、以特色项目为品牌的健康文化“三进”活动（即健康理念进人心、健康知识进家庭、健康文化进社区）。各街道办事处及所辖社区广泛开展“红歌进社区”“红歌进敬老院”“红歌进企业”等文艺活动，逐步形成岳阳楼街道的“戏曲文化”、洛王街道的“民俗文化”、三眼桥街道的“爱心接力”、金鹗山街道的“金鹗乐万家”、东茅岭街道的“居民街心乐”、枫树新村社区的“四和在社区”等特色文化活动品牌。为满足社区干部、居民理论学习的需求，建立完善形势政策报告宣讲团队伍，指导各街道、社区举办“居民课堂”，普及科学文化知识。

2007年11月2—4日，首届“活力楼区”社区文化艺术节在岳阳楼新景区、南湖广场举办，3000多名演职人员、10多万社区居民参加。2008年5月16日始，举办为期38天的“雪花啤酒”岳阳楼区第二届社区体育文化艺术节。活动采取分散组织发动，集体表演竞赛的形式进行，营造“人人参与，从我做起，参与奥运”的氛围。2010年，108个社区全部成立社区文化活动中心。争取50万元经费用于完善市民学校的配套设施，建成5个市级标准社区市民学校。2012年，市民学校共授课千余次，受教居民群众近20万人次。

第六章　纪检监察

第一节　机　构

1949年8月，岳阳县城厢区委设有纪委，由组织委员兼任。1953年，纪检委员改为监察委员，仍由组织委员兼任。1958年，岳州公社设有监察委员会。1960年，岳阳市委设有监察委员会。1966年“文化大革命”后，党的监察工作中断。1975年，县城关镇党委设有专案组，处理党员的违纪问题。1984年3月，设立南区纪委。4月，设立郊区纪委。1996年4月，南区、郊区纪委合并成立岳阳楼区纪委。至2012年，区纪委下辖办公室、干部室、党风廉政建设室、执法监察室、纠风室、纪检监察室、案件审理室、信访室（举报中心）、行政效能监察室等科室。全区绝大部分基层党组织普遍设立纪检机构，并配有专职纪检委员分管纪检工作。

第二节　党风党纪教育

岳州公社　1959年，岳州公社党委开展整党，对全社党员进行党风党纪教育。是年6月，对全社基层党员干部进行考察，考察干部的政治思想与工作能力。是年四季度，结合整社全面进行整顿党风的工作，全社266名党员，有259人参加整党教育。整党期间，共鸣放意见2436条，其中，反映党的领导方面的254条，公社化方面的382条，大跃进方面的394条，总路线方面的249条，粮食方面的187条，市场供应方面的289条，工农关系的105条，公共食堂445条，其中，被认为对的或基本对的意见1990条，错的269条，恶毒攻击的197条。266名党员按其政治思想及表现，划分为四类：一类132人，二类81人，三类30人，四类23人。

城关镇　1962年，全市进行干部思想排队工作及清理整顿工作。1963年7月，全镇开展社会主义思想教育活动。9月，又进行干部考察工作，发现有94人在政治、思想、工作、生活等方面存在不同程度的问题。1968年9月，城关镇革委会进行开门整风。1970年至1971年初，全镇开展整党建党活动，采用毛泽东思想宣传队、学习班形式，对党员进行政治思想教育。

岳阳市　1978年，全市开展整党整风运动。1980年，市委组织党员学习《关于党内政治生活的若干准则》。

南区　1984年，南区区委组织全区党员开展党风大检查，经过检查，全区23个科、局级单位的党组织，党风明显好转的有22个。1985年，全区党风大检查，17个基层党委（组）中，达标的13个，接近达标的4个；全区122个党支部，党风状况明显好转的111个，存在问题的11个。1987—1989年，南区纪委结合整党活动，多次对党员干部进行党章、党纲、党纪方面的教育。

郊区　1985—1988年，举办党员培训班75期，培训党员6100多人次，在党员中广泛开展“争先创优”活动。有步骤地进行区、乡、村整党和“从严治党”试点工作，开展党性党风党纪教育，查处违纪案件，建立党风责任制，开展党内民主监督。1987年5月7日，区委一届二次全体会议通过《关于增强党性、端正党风的决议》，认真开展反对资产阶级自由化与坚持四项基本原则的教育。1988年2月，推行《党风建设责任制》，实行全党动手、综合治理、分级负责、明确责任，解决好在处理违法乱纪问题上的推、压、转、靠、拖等软弱涣散现象，以端正党风、严肃党纪。

岳阳楼区　1996年，各区直部门和乡（场）、街道办事处主要负责人，分别向区委、区政府签订《1996年党风廉政建设和反腐败工作责任书》。组织督查23次，对落实不力的单位督促整改，对相关负责人进行责任追究。各级纪检监察机关坚持纠建并举，综合治理，围绕群众反映强烈的热点难点问题，狠刹部门、行业不正之风。1996—2001年，对职工养老保险等五大社会保障基金使用管理和救灾款物发放的热点问题进行监督检查，深入开展对医药行业不正之风的建设工程领域专项治理，清理预算外资金和“小金库”，加强对财政专项资金的监管。将每年10月定为全区“党性党风党纪宣传教育月”，组织党员干部深入学习《邓小平论党风廉政建设和反腐败》《邓小平论领导干部廉洁自律》《警惕腐败》等20本书籍，观看《黄昏歧路》《铁窗下的忏悔》《胡长清案件警示录》等30多种录像带和影碟，通报北港乡原党委书记和区畜牧水产局原局长典型违纪案例，加强38名受处分的副科级以上干部的回访教育，推行对有轻微违纪行为的党员干部特别是领导干部的防范教育。区纪委2次组织党纪条规和政纪政法规知识测评，党员干部受教育面、参赛率均达到95%以上。2003年，开展以“艰苦奋斗、廉洁从政”为主题的党风党纪教育。2004年，开展以《中国共产党党内监督条例》《中国共产党纪律处分条例》为主要内容的党内法规知识竞赛。2005—2006年，运用反腐倡廉“大宣教”格局，加强对广大党员干部教育。

2007年，全年共上廉政课20堂；组织党政领导干部、单位负责人和执法部门工作人员共3000多人，通过职务犯罪服刑人员“现身说法”，参观服刑人员生产生活场所等方式，到岳阳监狱集中开展反腐倡廉警示教育活动。2008年，组织开展以《十七大重要思想反腐倡廉学习纲要》《建立健全惩治和预防腐败体系2008—2012年工作规划》为重要内容的专题培训和宣传活动，共有700多名科级干部参加培训，各单位党政“一把手”共上廉政课20堂。2009年，继续推进廉政文化“六进”活动，采取多渠道、多层面进行反腐倡廉宣传教育。在全区中、小学校开办廉政文化长廊；组织廉政文化进社区文艺演出活动，举办廉政文化书画展；编印《纪检与监察》6期。邀请市纪委副书记万光宇为党员领导干部上廉政课，开展向王瑛、汤杨学习活动，组织机关干部听取李一帆、贺秀连、汤杨先进事迹报告会10多场；组织党员干部到岳阳监狱开展警示活动6批次、300多人；组织党员干部观看《信天游》《铁人》等廉政电影20多场，2000余人深受教育。

2011—2012年，严格落实廉洁自律各项制度，认真落实廉政谈话和述廉制度，印发《关于2011年度落实廉政谈话制度有关事项的通知》，对9名乡科级党政主要负责人进行廉政谈话，对67名提拔、交流、重用的科级干部进行任前廉政谈话。

第三节　纠风工作

岳阳市　1981年，全市共查出1978—1981年弄虚作假进城落户的农转非（户口）28户、41人。

南区　1984年，南区纪委对3家党政机关与干部办的企业进行清理整顿，停办1家，将2家转变为企业性质的经济实体，5名参与经商的机关干部全部与企业脱钩；纠正乱涨价违纪案件2起，查处用公款请客送礼，大吃大喝的人员23人。1986年，对党政机关超面积、超标准建房进行清理。党政干部共补交各种差价款及税费1.8万多元，没收租金670元，作价收回2套私人住宅，并向全区干部群众通报，让群众监督。1989年，对全区党员干部长期拖欠公款进行清理。

郊区　1984年始，郊区着重清理机关经商办企业、查处倒买倒卖、买空卖空、转贷牟利、乱涨物价的行为，治理滥发奖金、补贴、浮动升级，清查“手续费”“介绍费”等回扣及兼职受聘领取报酬行为。1986年，郊区纪委集中抓中办57号文件精神的贯彻，召开狠刹不正之风的动员会和汇报会，对中办提出的六股歪风进行对照检查，清理整顿。对擅自批准“农转菜”、超面积建私房、利用职权安排亲友上企业、滥发钱物等不正之风进行清理和纠正。1988年12月，区委、区政府联合发出《关于防止和刹住几股不正之风的通知》，坚决防止和刹住请客送礼、多吃多占、化公为私、铺张浪费等不正之风。1989年，在全区开展“三清三查”（即清理乱建房，查以权谋私；清理乱落户，查损公利私；清理乱开支，查化公为私）工作，清理乱建房、乱落户、乱开支的底子。1993年7月，区委、区政府对在党风廉政建设中反映强烈的乱收费、乱集资、乱摊派、乱罚款，收受礼金、服装；用公款旅游、吃、喝、安装电话等问题进行处理。

岳阳楼区 1997年、1999年，2次对领导干部住房进行清理纠正工作，开展禁止国家公务员参与打牌赌博活动，清理规范领导干部公费配置通讯工具和公费报销通讯费用问题。1997年，一次性收回通讯工具折价款46.3万元，全区仅移动电话费一项一年就节约开支130余万元。对73个单位的335名正、副职领导干部，建立包括住房、用车、奖罚、礼品礼金收受上缴、个人重大事项报告等内容的个人廉政档案。1998年始，各单位认真贯彻落实中央、国务院关于厉行节约、制止奢侈浪费行为的规定，以及区委、区政府关于接待公务用餐管理等3项制度，实现话费报销规范化，公务用餐制度化，财务审批程序化。1999年招待费用比上年减少100余万元，下降32%。至2001年，全区党政领导干部拒收红包礼金约80万元。

2005年春秋两季期间，区纪委监察局会同教育、物价、财政部门对全区小学收费情况进行监督检查，清退违规收费5608元，对3名校长给予通报批评，并取消3所违规学校评优评先资格。2007年，对全区58所中、小学春、秋两季教育收费情况进行全面检查，对3个单位乱收费现象进行严肃处理。对涉农乱收费、乱罚款和集资摊派等违规行为进行查处，减轻农民负担5.67万元，打击哄抬农资价格、制造假劣农资坑害农民行为3件，涉及金额达168万元。通过各项支农惠农政策，让农民得到实惠376万元。对区人民医院、区妇幼保健院进行医药采购和医疗服务执法检查，查明医院采购药品90%来源于集中采购和网上采购。对医务人员收回扣、“红包”3万多元的违纪行为进行查处并全部收缴。2008年，区委召开专题会议，对红包礼金上缴情况进行认真督查。全区领导干部上缴红包礼金4.7万元，拒收20.07万元。突出治理公款吃喝、奢侈浪费问题。切实规范公务员津补贴发放、公务接待和会议经费的管理。继续推进乡、街道办事处机关公务消费货币化改革，对公务员津补贴发放、公务接待和会议费进行检查。全区92个单位可用财力17409万元，按标准可开支招待费957万元，实际列支招待费843万元，减少支出114万元，降低12%，对27个单位公务接待费超标金额13.9万元进行全额收缴。

2009—2010年，对全区25个社团组织进行全面清理整顿，发现问题2个，整改问题1个，全部实现“五脱钩”。查处梅溪乡社保站挪用5万元再就业专项资金的违纪行为；纠正区水利局套取水利专项资金20万元的行为；查办区农林畜牧水产局强行摊派购买政府免费提供的消毒药的案件，给予动检站站长建议党内警告处分。2011年，印发《岳阳楼区2011年民主评议政风行风实施方案》，确定8个单位及其二级机构和基层站所进行政风民风民主评议，从区人大、区政协、机关及群众中聘请热心行评事业的35名行评员。至11月底，各参评单位已完成动员部署、自查自纠、公开评议、整改落实和民主测评等环节。共发放调查问卷20560份，收集意见289条，发现问题32个，至年底，已整改29个，有3个问题正在整改。2012年，对全区58所中、小学春秋季教育收费工作进行专项检查，重点督查各学校落实岳市价〔2012〕7号和岳市教发〔2012〕2号文件精神情况。重点对16个乡、街道办事处民政优抚解三难专项资金及民政救灾资金使用情况进行抽查，查处8个单位存在挪用专项资金行为，收缴违纪资金12.18万元。

第四节　案件查处

城关镇 1962年，结合社会主义教育运动，在党风党纪监察工作中，共查处违纪案件23起，有9名党员干部受到党纪与行政处分，其中法办1人，开除党籍2人，开除干籍1人，留党察看2人，严重警告3人。受理人民来信来访17起，并及时给予答复。1963年，经过社会主义教育运动，全镇605

个大队、生产队干部，有478人存在不同程度的经济问题。经过教育，帮助他们放下了“经济包袱”，退赔所占集体财产。是年，中共城关镇委监察部门查处违纪人员244人，其中定案234人，结案10人。全年受理来信来访49起，及时处理答复45起。“文化大革命”中，各级党组织先后查处一批违纪案件，处理一批违纪党员干部，但也有许多党员干部遭到不同程度的错误打击。

岳阳市　1980—1981年，市纪委共查处各种违纪案件74起，其中，1980年39起，1981年35起；共查处党员干部77人，其中开除党籍1人，留党察看29人，撤职3人，严重警告17人，进行批评教育27人。1981年，市纪委接待群众来信来访178件，其中，控告信件或来访的117件。

南区　1983—1984年，南区纪委共查处各种经济案件41起，涉及国家、集体资财29万余元；通过打击处理，共查处29名党员干部，其中法办10人，监押1人，开除公职6人，审查12人。1984年，纪检部门受理群众来信来访49起，处理答复43起。1985年，查处与复查处理违纪案件9起，查处党员干部4人，其中开除党籍1人，党内警告2人，政纪处分1人。受理群众来信来访81起，查处回复77起。1986年，查处违纪案件22起，复查2起，有7名党员干部受到党纪处分，其中，开除党籍2人，留党察看2人，严重警告2人，警告2人，撤销党内职务1人。受理来信来访43起，办理31起。1987年，党员干部违纪现象减少，仅有3名党员受到党内警告处分。1988年，仅有2例党员干部违纪案件；受理来信来访69起。1989年，有5名党员干部受到党纪处分。

岳阳楼区　1996—2001年，全区各级纪检监察机关共受理群众来信来访1510件次，立案139件、150人，其中涉及党员111人，副科级以上干部50人，万元以上大案78起。结案111起，给予党纪政纪处分121人次，其中开除党籍，开除公职、撤销职务38人，移送司法机关追究刑事责任的16人，为国家和集体挽回直接经济损失500多万元。2005年，受理群众来信来访50多件次，立案查办21起，其中区纪委监察局自办案14起，基层办案7起。处分10名党员干部和国家工作人员。查办影响较大的案件有：区信用联社违规发放贷款1.785亿元，新路口办事处党员个体私营业主偷逃国家税款200多万元、北港办事处党员干部参与赌博等3起大案。2006年，受理来信来访363件次，立案调查违法违纪案件306件，受党纪政纪处分人员518人，挽回经济损失1900多万元。2007年，全区受理各类信访举报89件，共立案67件。其中区纪委监察局立案24件，受党纪处分38人（其中副科以上13人），受政纪处分5人（其中科级干部2人），移送司法机关追究刑事责任3人；区检察机关立案侦查贪污、贿赂、渎职等职务犯罪案件28件，28人；区法院审结贪污、贿赂、挪用公款等犯罪案件17件，17人；为国家、集体、经营企业和职工群众挽回经济损失2200多万元。2008年，共受理来信来访76件次（市纪委转办21件次），立案调查违法违纪案件21件，受党纪政纪处分22人（其中副科级以上3人），结案率、质量合格率、乡案县审率均为100%，优质率80%以上，为国家、集体、经营业主挽回经济损失800万元。共立案查处商业贿赂案件7起，涉案人员10人，涉案金额123.56万元。2009年，共立案查处违纪违法案件24件、24人，比上年增长33%，已结案19件，给予警告处分4人，严重警告处分5人，留党察看2人，撤职2人，开除党籍6人，其中立案查处的副科级以上干部4案、4人。2010年，立案查处违纪违法案件24件，结案15件，其中大要案6件；涉及党员干部24人，其中乡科级干部11人；给予党纪政纪处分22人，移送司法机关3人，挽回经济损失240万元。2011年，区纪委监察局共初核各类违纪案件线索34件，立案查处25件，其中自办案件17件，大要案8起，含区控违办系列违纪案件、区残联违纪案、奇家岭街道计生办违纪案、托斯卡纳损害经济环境案等等，涉及党员干部25人，其中乡科级干部8人，党纪政纪处分11人，移送司法机关5人，挽回经济损失126万元。2012年，区纪委监察局共立案查处违纪违法案件24件、24人，其中立案查处的副科级以上干部4案、4人，挽回直接经济损失80多万元。

第五节　落实政策

1979年，市纪委对1957年反右派、1959年反右倾、1964年社教运动及“文化大革命”等历史时期的案件进行复查。共复查案件270件，其中，1957年反右运动中受处分的21人，全部平反，原划85个“右派分子”摘帽改正；1964年，社教运动中受处分的18人，属于错案撤销原处分的1人，减轻处分或免于处分的12人，维持原处分的5人；“文化大革命”中受处分的146人中，属于冤假错案的44人，改变处分的9人，维持原处分的93人。1979年2月至1980年6月，市委在全市落实原国民党起义投诚人员的政策。全市有尉官以上起义投诚人员25人，其中，师级2人，团级3人，营级以下20人。在历次政治运动中，因历史问题受各种处分需落实政策的13人，占起义投诚人员的52%，经过复查，给12人落实政策，并给其中3人安排工作。1980年，市纪委对1977年后，在“一批两打”（即揭批江青反革命集团，打击阶级敌人的破坏活动，打击贪污盗窃、投机倒把分子和各种资本主义非法活动）中受到打击处理的案件进行复查，改变、撤销40人原定处分。至1984年南区成立时，岳阳市落实政策工作及遗留问题全部处理完毕。

第七章　统一战线

第一节　统战对象

南区机关与企事业单位中的统战对象为参加中国国民党革命委员会（简称民革）、中国民主同盟（简称民盟）、中国民主促进会（简称民进）、中国致公党、中国农工民主党（简称农工党）、九三学社6个民主党派的共63人；无党派知名人士11人；非党知识分子干部260人；起义投诚的原国民党军政人员64人；新老工商业者13202人；少数民族居民23人；宗教界人士14人；去台人员及其在域内的亲属1788人；港澳同胞及其在域内的亲属413人；归国华侨、海外侨胞及其在域内的亲属627人。2000年，党内的民主党派除台盟外，民革、民盟、中国民主建国会（简称民建）、民进、农工党、致公党、九三学社7个民主党均建立总支或支部，至2009年，全区共有民主党派总支2个，支部（社）18个，小组2个，各党派成员共291人。2012年，全区有民主党派总支2个，支部（社）19个，小组1个，各党派成员共322人。

第二节　统战宣传

1984年12月，南区举办首届统战工作座谈会。1985年，对全区统战干部进行培训。1988年11

月15日，南区区委召开党外人士座谈会，座谈学习中共十三届三中全会、省委五届七次全体（扩大）会议精神。1989年8—9月，区委统战部在全区基层党支部书记以上干部中进行党的统战教育，开展统战知识竞赛；召开统战理论研讨会，交流论文；组织形势报告会，宣讲统战政策；编发有关宣传资料，帮助征订有关刊物；组织观看有关录像，广泛宣传统战知识。

1996年始，区委坚持“长期共存、互相监督、肝胆相照、荣辱与共”的方针，加强民主党派工作，每年对民主党派成员组织2—3次集中学习。至2009年，组织各类培训班、专题讲座、学习观摩26次，参与千余人次，选送40余位民主党派成员参加省委、市委党校培训。2010—2012年，将民主党派成员按科、教、文、经济等不同界别划分，开办不同的主题教育活动。提倡党派成员参加与自己业务相关的学习，通过不断学习，在工作中充分发挥自己的优势和特长。

第三节　落实统战政策

1984年5月，南区重新编造统战对象表册，走访与接待统战对象120多人次。是年7月，成立落实政策领导小组，给统战对象解决部分遗留问题，其中落实城镇户口12户，认定投诚和迎接解放有功人员37人，撤销错误判决16人，纠正错误处理2人，发给统战对象经济补助费4450元。1985年，在进一步查清统战对象的基础上，为59名起义投诚人员颁发起义投诚证书，为9人改正错判为右派分子的问题，纠正冤假错案53起，澄清台湾同胞、香港同胞、澳门同胞、华侨同胞的房产757平方米。1986年，为70名统战对象落实政策，解决问题85个，处理有关事件110件，办理函调50件。

第四节　合作共事

1986年12月15日，经上级统战部门推荐，1名女性民主党派成员出任区政府副区长。1988年，区统战部推荐安排区政协委员21人、市人大代表4人、市政协委员8人，向区委推荐党外后备干部8人。1989年，进行区人大、区政协、区政府党外人士的增补工作，在区人大、区政协、区政府领导层中，各配备1名党外人士作为副职。

1987—1989年南区政府安排党外人士情况

表10-8　　单位：人、个

年　度	正副区长		政府部委办局		
	人　数	其中：非党	个　数	正副职总数	其中：非党
1987	5	1	19	63	1
1988	5	1	26	74	1
1989	6	1	26	73	0

1987—1989 年南区政协安排党外人士情况

表 10-9 单位：人、%

年度	区政协委员			区政协常委			区政协副主席			市政协委员		
	人数	非党	占比	人数	非党	占比	人数	非党	占比	人数	非党	占比
1987	50	33	66	15	11	73.3	4	2	50	4	3	75
1988	71	41	57.7	16	11	69	4	2	50	8	6	75
1989	74	44	60	15	11	73.3	6	3	50	8	6	75

1987—1989 年南区企事业单位安排党外人士情况

表 10-10 单位：人

年　度	区人劳局	区经委	区建委	区教育局	区卫生局
1987	8	6	5	5	2
1988	6	5	6	7	1
1989	4	4	6	7	2

1996 年，岳阳楼区吸纳全区科、教、文、体、卫及工商经济等诸多界别的一批中、高级知识分子和代表性人士。其中有市人大代表 1 人，市政协委员 5 人，区人大代表 12 人，区政协委员 42 人。处级党外干部 5 人，区级领导班子中配备人大常委会副主任 1 人、政协副主席 4 人，区政府及其工作部门、司法机关领导班子中民主党派干部 25 人。2001 年始，加大党外干部提拔交流力度。2006 年，选拔交流党外干部 8 人，其中提拔任用 4 人，交流使用 2 人，解决待遇 2 人。全区有副科以上党外干部 42 人。其中厅级 1 人，处级 6 人，科级 35 人。是年，全区有副科实职以上干部 37 人，区人大、区政府、区政协共配备党外领导干部 6 人，其中区人大常委会副主任 1 人，区政府副区长 1 人，区政协副主席 4 人。2008 年，区委下发《关于加强党外干部培养选拔和管理工作的意见》，区委组织部、区委统战部共同拟定《2008—2012 年党外干部培养选拔工作规划》，制定《党外干部教育培训规划》，不断加强党外干部培养管理工作。全区有党外后备干部 58 人，平均年龄 33 岁，本科以上学历 31 人，占 53.4%；有副科级以上党外领导干部 40 人，处级领导干部 6 人，12 个政府部门配备党外副职，16 个乡街领导班子配备 15 名党外干部。区工商联、区人大城环工委、城陵矶法庭、工业园选配党外正职 4 人。提拔 2 名党外人士任副科实职，1 名任正科实职，交流任职 2 人，解决科级待遇 1 人。2009 年，在增补区政协委员时，尽量照顾各民主党派，有 121 名民主党派、无党派人士担任区政协委员，占委员的 62.1%。推荐 3 名党外干部成功竞得市级部门领导职位，选送 3 名党外干部到省、市培训，推荐 2 名党外干部参加党派省委的任职考察。2010 年，区委组织部、区委统战部共同公开选拔 4 名 80 后副科级党外后备干部。开展 4 期党外干部培训讲座，近 300 人参加。推荐 9 人到省社会主义学院和市委党校学习。推荐 1 人到平江乡镇挂职副乡长，推荐 1 人担任区内正科实职岗位，推荐 7 人担任区政协委员。2012 年，政协委员有党外人士 172 人，少数民族 4 人，非公有制经济人士 69 人。

第五节　侨务工作

1984年，南区召开“三胞”（即台湾同胞、港澳同胞、海外侨胞）家属座谈会。1985年，依靠“三胞”亲属引进外资15万美元，合作项目2项，机械设备67台件。1987年，统战部门接待回乡探亲的“三胞”11人。1988年4月20日，南区召开第一次“三胞”亲属联谊会，选举产生第一届常务理事会。是年，接待回乡探亲的“三胞”50多人。1989年，接待回乡探亲的“三胞”48人，帮助1名台胞在南区定居。是年，引进台资60万元，引进科技项目1个。1991—1995年，通过宣传、贯彻、落实《中华人民共和国归侨侨眷权益保护法》，协助市外侨办查处各类侵犯侨权事件27起，解决历史遗留问题9起。通过归侨侨眷牵线搭桥引进资金2000多万美元，设备459台（套），技术29项。2001年3月，组织境内各大银行负责人参加台商座谈会议，出席会议有30多人。2002年，邀请台商吕添旺等20多人到境内考察，台湾金堂科技实业有限公司、香港中法水务公司洽谈到境内考察城建投资和建污水处理厂合作事宜。2005年，国民党主席连战、亲民党主席宋楚瑜、新党主席郁慕明先后到境内访问考察、交流和观光。是年，接待台胞1600人次。2006年，区台办走访49名有代表性的台胞台属，走访6家台资企业，健全台资企业档案。为台属上门服务21次，解决各种困难和问题20个，为困难台属解决低保23户，安排就业11人。2007年，为台胞台属办实事70多件，为台资企业协调处理问题6起，妥善处理台胞台属上访事件17起。2008年，主动走访慰问“三胞”及其眷属36人次，协调解决问题5个。9月中旬，区委统战部召开社会各界代表人士中秋茶话会。2009年，召开“三胞”及其眷属座谈会，征求“三胞”及眷属意见、建议50余条。2010年，共协调处理20多起台侨属上访问题，解决一批台侨属经济纠纷。配合省、市台办开展“在台湘籍台胞后裔湖南行”活动。在步行街广场开展隆重的庆祝侨法颁布20周年活动。2012年，区台办上门走访台胞台商台属60多人，接到求助投诉事件5起，深入了解台企、台胞、台属经营及生活中的实际困难和问题，维护台胞台属合法权益。协调有关部门处理台属李永杰大病救助和社保养老金等问题，为台属周公平做好拆迁还建和廉租房申请的政策解答工作，为台属易某、庄世栋、陶继前等协调房屋建设问题，切实做好辖区内的对台维稳工作。

第六节　民族宗教工作

2005年，成立民族宗教办公室，与区侨务工作办公室合署办公。2006年5月，召开全区少数民族代表人士学习贯彻《关于进一步做好新形势下民族工作的决定》的座谈会。成立由分管副区长任组长，统战部部长、民族宗教办主任任副组长，区宣传部、区委妇联、团区委、区民政局等相关部门负责人组成的民族工作协调领导小组，使全区民族工作建立起一级抓一级，层层抓落实的工作格局。2008年，全区已登记基督教场所5个，信徒2926人，私设聚会点32个，信徒908人。信徒占常住人口的0.58%。全区108个社区（村）有基督教信徒的68个。至2009年，按照区人大、区政协关于少数民族干部参政议政的有关文件要求，推荐1名少数民族干部当选区人大常委，2名当选区政协委员。2012年，区委统战部对全区12个宗教活动场所进行宗教政策法律法规理论学习，继续深入开展“创建和谐寺观教堂”活动。妥善解决一批涉及民族问题的突发事件。

第八章　综合党务

第一节　政策研究

1984 年 4 月，分别组建南区、郊区区委办公室。1996 年，南区、郊区区委办公室合并成立岳阳楼区委办公室，下设专职进行政策研究工作的政策研究室。

1985—1991 年，南区、郊区区委办公室仅为区委拟文稿和领导讲话。1992 年，区委办公室承担探索改革理论和设计改革方案。1994 年，政策研究致力于服务领导、参与政务。2001 年，就区委、区政府实施“两个置换”“两个解除”“两个走向”为主线的企业产权制度改革攻坚，拿出方案，提出建议。2003 年，政策研究室共撰写汇报材料 40 篇，撰写会议报告、讲话 48 篇，整理领导讲话录音 12 篇，撰写领导署名文章 40 篇，上报信息 280 条，下发业务通报 4 期，编辑《区委通讯》17 期、《情况摘报》12 期，共完成有效文字 116.8 万字。2004 年，共撰写汇报材料 55 篇，撰写会议报告、讲话 82 篇，整理领导讲话录音 16 篇，撰写领导署名文章 35 篇，上报信息 283 条，编发《区委通讯》《情况摘报》24 期，下发业务通报 4 期，编印《调查通报》5 期，撰写调查报告 15 个，共完成有效文字 165 万字。2005 年，共起草各类文稿 482 篇、340 万字，在国家、省、市级刊物发表稿件 50 多篇；广泛收集信息编发《区委通讯》5 期、《情况摘报》6 期，有 110 多条信息被市以上党委办公室采用。是年，区委政策研究室开展 8 次调查研究，共形成调研文章 12 篇，为领导决策提供有价值、有分量的参考意见。2006—2007 年，共撰写报告材料 260 多个，其中重要讲话、汇报材料 60 多个；为领导在市级以上报刊发表署名文章 28 篇，共形成有效文字 140 多万字；编发《区委通讯》27 期，有 281 条信息被市以上党委办公室采用。2008 年，区委政策研究室共撰写报告材料 130 多篇，其中重要讲话、汇报材料 30 多篇，市级以上刊物发表领导署名文章 16 篇，围绕经济社会重大问题开展专题调研 6 次，参与研究区委重大决策 8 项。2009 年，共撰写各种报告材料 280 多篇，其中重要讲话、汇报材料 90 多篇，市级以上刊物发表领导署名文章 24 篇；编印《区委通讯》10 期、《每周信息专报》27 期。2010 年，共起草各类文稿 140 多篇，其中领导讲话材料 40 多篇，汇报材料 30 多篇，市级以上刊物发表领导署名文章 12 篇；开展调研 6 次，形成调研报告 6 篇；编印《区委通讯》11 期。2011 年，共起草各类文稿 130 多篇，其中领导讲话材料 50 多篇，汇报材料 40 多篇，市级以上刊物发表领导署名文章 10 篇，形成调研报告 5 篇，编印《区委通讯》10 期、《每日要情》262 期。2012 年，共起草各类文稿 170 多篇，其中领导讲话材料 60 多篇，汇报材料 60 多篇，市级以上刊物发表领导署名文章 8 篇，形成调研报告 4 篇；编印《区委通讯》9 期、《每日要情》280 期。

第二节　机要保密

1990 年前，境内机要保密工作由区委办公室完成。1990 年，南区、郊区分别成立保密局，对全区范围内的各机关单位、乡、场及企事业单位的保密工作进行指导及监督、检查、执行党和国家关于保密工作的法令和方针、政策及规范、实施办法。1996年，岳阳楼区区委办公室下设机要科和保密局，分别从事机要和保密工作。

一、机要工作

1996年，建成区乡传真网络，在1996年、1998年抗洪救灾中发挥了重要作用。2001年，完成党政信息网络建设。2004年，开通区乡电子邮件系统。2005年，区委机要科共接受办理省、市、区直部门和街道办事处明报385份、1600多页，发电报260份、1150页，密保电报68份、323页，接受中央、省、市文件资料共2387份件，传阅758人次，接收、召开电视电话会议23场次。是年，区机要科建立专门网站，共报送信息262条，采用145条；报送文稿63篇，采用31篇。2006年，共接收办理省、市、区直部门和街道办事处明报388份，发电报280份，密码电报78份，接收中央、省、市文件资料共587份，传阅558人次，接收、召开电视电话会议33场次。2007年，共接收办理省、市、区直部门和街道办事处明报400份，发电报260份，密码电报60份，接收中央、省、市文件资料共560份，传阅720人次，接收、召开电视电话会议12场次。2008年，共接收办理省、市、区直部门和街道办事处明报388份共1700多页，发电报260份、1050页，密码电报89份、353页，接收中央、省、市文件资料共2385份，传阅768人次，接收召开电视电话会议22场次。2009年，共接收办理省、市、区直部门和街道办事处明报538份、1900多页，发电报158份、860页，密码电报257份、982页，接收中央、省、市文件资料共2208份，传阅895人次。2010年，共接收办理省、市、区直部门和街道办事处明报586份、2200多页，发电报190份共960页，密码电报286份共1080页，接收中央、省、市文件资料共2308份，传阅983人次。

二、保密工作

1988年，南、郊两区学习贯彻《中华人民共和国保守国家秘密法（以下简称《保密法》）》。1998年，以纪念《保密法》颁布10周年为契机，在全区开展《保密法》知识竞赛。1999—2004年，为贯彻《中共中央关于加强新形势下保密工作的决定》（简称《决定》），每年春秋对印刷行业、网吧网站和废品收购站点进行保密检查，组织实施每年“高考”“中考”的保密工作。2005年，对全区处级以上干部和重点涉密单位的领导编发《领导干部保密提示》100多份；对全区各乡、街道办事处、区直单位保密员进行培训，举办《保密法》宣传讲座80多人次；组织处级干部观看有关泄密题材录像片2场次。2006年6月，区保密局组织有关涉密单位参加市委组织的机要保密人员学习培训；7—8月，对全区领导干部涉密人员发放保密提示80余份，并组织观看宣传教育片。2008年，对10个重点涉密单位及区委、区人大、区政府、区政协领导班子办公室进行清理，对涉密载体进行登记造册，对未完善保密设施单位提出整改方案，并写出书面材料向上级保密部门进行汇报，敦促整改单位健全涉密长效管理机制。2010年，区保密局加强对计算机网络管理和执法检查，严格保密防范措施。2011年，完成《中共岳阳市保密委员会办公室 岳阳市国家保密局“六五”保密法制宣传教育规划》和“十二五”规划时期保密事业发展目标任务。2012年，在市保密局的统一部署下联合市公安局、市工商局对市区范围100多家废品收购站（店）、电子产品回收店、复印打字印刷行等进行全面检查，并对店主进行保密宣传教育。

第三节 机关党务

1984年4月至1990年12月，南区、郊区先后设区直机关党委，负责区直机关党建工作。1991—1995年，抽调机关干部30多人，参加基层社会主义教育活动。1996年，郊、南两区直机关合并成立岳阳楼区区直机关党委，共组织党建主题活动51次，举办党群干部专题培训21次，指导新建、改选基层党组织117个，审核发展新党员对象500多人。2005年，区直机关党委及时调整党组织，对56名上报的基层党(总)支部班子候选人进行认真考察、任命。发展新党员45人，按期转正党员37人。“七一”前夕，表彰6个先进基层党组织，7名优秀党务工作者，36名优秀共产党员。针对区直系统38个单位、81个基层党组织党费收缴管理工作检查中反映出的问题，进一步明确党费收缴的具体标准，全年区直系统收缴党费10万元。2006年，区直机关党委先后开展党风廉政知识竞赛、党建工作现场会等主题活动。2007年，区直机关党委举办党务干部培训班1期，调研党务干部54人；举办入党知识学习班2期，参训入党积极分子55人。区直机关各级党组织共举办各类培训110多个，上辅导课200多堂，撰写心得体会文章2200多篇。2008年，举办党务培训班1期，调训党务干部45人；举办入党知识学习班2期，参训入党积极分子62人，区直系统共举办各类培训班80多个，上辅导课200多堂，撰写心得体会文章2000多篇。2009—2010年，举办党支部书记培训班2期，调研机关党支部书记80余人；举办入党积极分子培训班2期，参训140余人；举办机关党务工作培训班2期，参训80余人。区直系统共举办各类培训班80多个，上辅导课200多堂，撰写心得体会文章2000多篇。2011年，区直机关党委将创先争优活动作为党建重点，由党委班子成员牵头，分别深入到区直各单位征求意见，主持召开座谈会10次，个别访谈78人次，发放问卷调查表1220份，征集意见132条，并在会上予以通报，提出整改方案。2012年，区直机各单位、各乡街、社区（村）把“百联万进”活动的组织实施放在党建工作的突出位置。88个市直部门、65个区直部门在110个联点社区共走访居民18600户，慰问“四有”家庭2210户，办理民生实事2160件，记录各类意见和建议682条。全年举办党务培训、中共十八大宣讲等党建主题活动5次，参训人员367人；通过省、市党建活动，外出培训13人；4个基层党组织、5名党务工作者、19名基层党员被评为市、区级先进。

第四节 督　查

机构 1995年前，境内未设督查室，其督查工作临时指派相关单位及负责人。1996年，岳阳楼区区委督查室成立，并配备主任1名（区委办副主任兼任），副主任2名，督查工作人员1名。1997年，督查室单列为正科级单位。至2012年，区委督查室配备主任1名（区委办副主任兼任），副主任3名，工作人员2名。

工作 1996—2000年，区委督查室进行了718次督查，内容包括发展地方工业、实施“科技兴区”“教育强区”、控制人口增长、创建文明卫生城市、招商引资等方面，承办市委、区委交办的批示件60多件，承办区人大、区政协决定建议42项、提案415条，其中督办342件，办复率100%。2001—2004年，承办议案328件、提案437件，办复率、满意率均达100%。2005年，区委督查室围绕“民本岳阳楼区”开展工作督查36次，向省委、市委督查室报送督查专报18期，编发《工作督查》13期，完成省、市、区委书记批件88件。被评为全市督查工作先进单位。对40多个区直单位，14个乡、街道办事处年度工作进行统一考评。组织9项工程承办单位对年度工作落实情况逐一检查验收。是年9月，区委督查室组织招商引资专项督查，对全区新引进的132个项目，上门进行核实，编发专项工作通报，杜绝虚报假报。全年收到信访批示件88件，其中，省委主要领导3件，市委主要领导73件，区委主要领导12件，全部按时办结。2006年，聘请10名督查信息员，并建立《岳阳楼区党委系统工作联系点制度》。是年6月7日、21日，10月11日、20日，市委督查室牵头组织对岳阳楼区控违拆违、招商引资、环境保护、贯彻落实市第五次党代会精神情况进行4次较大规模的督查。至2007年，各联点共向区委督查室报送信息199条。2008年，扩大信息人员和信息反馈点，从基层选定25人作为督查信息员，增选8个情况较为复杂的街道、社区作为信息直报点，共收到信息员和直报点信息87条，有43条为开展督查调研提供了参考；共处理回复38件，按时回复率达100%，市、区领导，信访人满意率达97%。2009年，对40余项重点工程开展100多次督查，编写《督查通报》20期、《督查呈阅卡》3期、《“三小五涉”专项整治行动专报》6期，下发工作督办函100余份，向市委督查室报送《督查专报》15期。2010年，共处理回复20件信访问题，按时回复率100%，市、区领导，信访人满意率96%。2011年，共处理回复30件，按时回复率达100%，市、区领导，信访人的满意率达98%。2012年，围绕推进市委、市政府“四三六”工程，开展文明创建、机关干部作风建设、“四联五包”责任制落实、环保创模、中心城区限炮、城乡环境同治、防汛抗旱等工作，开展督查活动80多次，暗访相关基层单位230多个次，座谈一线干部、群众2400多人，召开协调会议20多次，查阅台账资料3600多册，撰写督查报告23篇，形成督查专报8篇，下发督查通报21篇。共办理省委专项查办件1件，承办市委主要领导批示件11件，按期回复率100%。

第五节　机关事务管理

机构　1984年，分别成立南区、郊区行政科。1996年，两区行政科分别改为区委、区人大机关行政科和区政府、区政协机关行政科。是年8月，岳阳楼区政府机关后勤服务中心成立。2000年12月，区委机关行政科、区政府机关行政科合并成立岳阳楼区政府机关行政科。2002年4月，政府机关行政科、机关后勤服务中心合并成立岳阳楼区机关事务管理局，下辖机关后勤保障中心。主要负责管理区委、区人大、区政府、区政协机关后勤事务及住宅区的安全、卫生、绿化、维修、户籍管理和计划生育管理。

工作　1995年以前，机关事务由行政科管理。1996年合区后，成立机关后勤服务中心属事业单位，逐步向企业化经营过渡，机关人、财、物划归“中心”。通过分流人员，是年机关节约开支占上年35%。2002年，机关事务管理局建立健全8项管理制度。2003—2006年，在局内开展解放思想大讨论，学习实践科学发展观和争先创优活动，建立学习型、创新型、服务型和廉洁型机关。2007—2009年，对办公区域进行美化、亮化、净化，使机关文明、卫生得到有效改善，为创建文明卫生城市贡献了力量。2010年，对机关7个住宅区的水电设施、下水管道、绿化带、地面进行维修改造。2011—2012年，严守各项财政纪律，合理调配经费，发动机关节能降耗，每年实际经费开支比预算节约5%。

第十一篇　人民代表大会

第一章　区、乡人民代表大会

第一节　区人民代表大会

一、历届区、镇、市人民代表大会

1949年8月，城厢区召开首届各界代表会议。至1953年，先后召开三届六次各界代表会议。

1954年11月27日，城厢镇召开一届人大一次会议，出席会议代表50人。会议通过开展增产爱国运动、支援国家建设、维护社会治安等决议，选举出席县人民代表大会的代表41人。

1956年11月5—7日，城厢镇召开二届人大一次会议，出席会议代表90人。会议通过有关商业、农业、手工业、贯彻《兵役法》、文教卫生、民政、治安、人民代表大会会议制度等决议。决议规定：人民代表大会每季召开一次；代表小组组长会议1—2月召开一次。

1958年5月5—6日，城厢镇召开三届人大一次会议，出席会议代表90人。会议通过关于《动员全镇各机关团体和各界人民深入开展扫盲运动，苦战二十天，实现文化城的决议》。

1960年12月1—3日，城厢镇召开四届人大暨岳阳市第一届人民代表大会，出席会议代表249人。会议通过政府工作报告；发展生产，提高生产水平；动员全市人民，奋发图强，生产自救，过好日子，争取大丰收的决议。

1963年11月11—18日，城关镇召开五届人大一次会议，出席会议代表254人。会议通过政府工作报告，努力发展生产力，保障供给，为逐步改善人民生活而奋斗的决议。

1978年1月26—28日，岳阳市召开一届人大一次会议，出席会议代表342人。会议讨论通过岳阳市临时革委会的工作报告，选举产生第一届岳阳市革委会。

1979年11月5—9日，岳阳市召开二届人大一次会议，出席会议代表283人，实到279人。会议总结上届市人代会的工作，讨论和制定全市社会主义建设的规划，选举产生市人大常委会作为人民代表大会的常设机构。

二、南区历届人民代表大会

1984年4月27—30日，南区召开一届人大一次会议，出席会议代表221人，列席代表22人。会议通过政府工作报告，选举区人大常委会、区政府领导，选举85人为出席市第三届人民代表大会代表。

1987年2月24—27日，南区召开二届人大一次会议，出席会议代表176人，列席代表50人。会议通过政府工作报告与《关于“加强法制教育，维护安定团结”的决议》。选举区人大常委会与区政府领导。

1990年2月27日至3月3日，南区召开三届人大一次会议，出席会议代表161人。会议通过政府工作报告，选举区人大常委会与区政府领导。

1992年11月16—18日，南区召开四届人大一次会议，出席会议代表181人，列席代表118人。会议通过政府工作报告，选举区人大常委会与区政府领导。

三、郊区历届人民代表大会

1984年4月26—30日，郊区召开一届人大一次会议，出席会议代表181人，列席代表42人。会议通过政府工作报告，选举区人大常委会与区政府领导。选举出席市第三届人民代表大会代表38人。

1987年3月2—7日，郊区召开二届人大一次会议，出席会议的代表143人，列席代表45人。会议通过政府工作报告，选举区人大常委会与区政府领导。

1990年2月26日至3月2日，郊区召开三届人大一次会议，出席会议的代表150人，列席代表53人。会议通过政府工作报告，选举区人大常委会与区政府领导。

1992年11月24—26日，郊区召开四届人大一次会议，出席会议的代表155人，列席代表67人。会议通过政府工作报告，选举区人大常委会与区政府领导。

四、岳阳楼区历届人民代表大会

1996年8月22—24日，岳阳楼区召开一届人大一次会议，出席会议的代表192人，列席代表311人（含区政协委员147人）。会议通过区政府工作报告，选举区人大常委会与区政府领导。

2001年3月8—11日，岳阳楼区召开二届人大一次会议，出席会议代表195人，列席代表304人（含区政协委员171人）。会议通过政府工作报告，选举区人大常委会与区政府领导。

2006年8月28—31日，岳阳楼区召开三届人大一次会议，出席会议代表237人，列席代表316人（含区政协委员183人）。会议通过政府工作报告，选举区人大常委会与区政府领导。

2012年11月18—22日，岳阳楼区召开四届人大一次会议，出席会议代表261人，列席代表417人（含政协委员255人）。会议听取和审议区政府工作报告、区人大常委会工作报告、区人民法院工作报告、区人民检察院工作报告；审查和批准岳阳楼区2012年国民经济和社会发展计划执行情况及2013年国民经济与社会发展计划草案的报告、岳阳楼区2012年财政预算执行情况及2013年财政预算草案的报告，批准2013年国民经济与社会发展计划和2013年财政预算；选举产生区人大常委会主任、副主任、委员，区政府区长、副区长，区人民法院院长，区人民检察院检察长，驻区的岳阳市第七届人大代表。

第二节 乡人民代表大会

梅溪乡人民代表大会 1984年2月，梅溪乡召开一届人大一次会议。于1987年1月、1990年1月、1992年11月、1995年11月、1999年1月、2001年12月、2006年8月，先后召开8届乡人民代表大会，共召开乡人大会议27次。

五里乡人民代表大会 1984年1月，五里乡召开一届人大一次会议。于1987年1月、1990年1月、

1992年11月、1995年11月、1999年1月，先后召开6届乡人民代表大会，共召开乡人大会议20次。2002年，更名为街道办事处后，再未召开人民代表大会。

郭镇乡人民代表大会 1984年3月，郭镇乡召开一届人大一次会议。于1987年1月、1990年1月、1993年3月、1995年11月、1998年12月、2001年12月、2006年8月，先后召开8届乡人民代表大会，共召开乡人大会议26次。

洞庭乡人民代表大会 1984年1月，洞庭乡召开一届人大一次会议。于1987年1月、1990年1月、1992年11月、1995年6月、1999年1月，先后召开6届乡人民代表大会，共召开乡人大会议21次。2002年更名为街道办事处后，再未召开人民代表大会。

北港乡人民代表大会 1985年3月，北港乡召开一届人大一次会议。于1987年1月、1990年1月、1992年11月、1995年11月、1999年1月，先后召开6届乡人民代表大会，共召开乡人大会议20次。2002年，更名为街道办事处后，再未召开人民代表大会。

第二章　组织机构

第一节　常务委员会

1949年至1953年底，城厢区人民代表大会未设常设机构。1954年，各界人民代表会议改为人民代表大会，开始设立人民委员会，委员会不是常设机构。“文化大革命”期间，人民代表大会制度中断。1978年1月，人民代表大会制度恢复。1979年11月，岳阳市第二届人民代表大会选举产生了岳阳市人民代表大会常设机构——人民代表大会常委会（简称人大常委会）。1984年4月，南区第一届人民代表大会选举产生南区人大常委会，郊区第一届人民代表大会选举产生郊区人大常委会。1996年5月，召开岳阳楼区首届人民代表大会，选举产生区人大常委会。

南区历届人大常委会组成人员名录

表 11-1

届　别	职　务	姓　名	籍　贯	任职期间
第一届（1984.4—1987.2）	主　任	苗富林	山西孟县	1984.4—1987.2
	副主任	李湘儒	湖南岳阳	1984.4—1987.2
	副主任	袁绍基	湖南平江	1984.4—1987.2
	副主任	杨里仁	湖南岳阳县	1984.4—1987.2
	副主任	彭廉仲	湖南平江	1984.4—1987.2
	副主任	李国镇	湖南岳阳县	1985.5—1987.2
	副主任	张炳熙	湖南湘阴	1985.5—1987.2
	委　员	何七容（女）	湖南汨罗	1985.5—1987.2
	委　员	何　平	岳阳县	1985.5—1987.2
	委　员	杨光明	岳阳县	1985.5—1987.2
	委　员	杨尧峰	邵阳县	1985.5—1987.2
	委　员	瞿多珍	岳阳城关	1985.5—1987.2
	委　员	高巧莲(女)	河南平顶山	1985.5—1987.2
	委　员	邬德文	湖南醴陵	1985.5—1987.2
第二届（1987.2—1990.2）	主　任	苗富林	山西孟县	1987.2—1990.2
	副主任	李国镇	湖南岳阳	1987.2—1990.2
	副主任	袁绍基	湖南平江	1987.2—1990.2
	副主任	张炳熙	湖南湘阴	1987.2—1990.2
	副主任	高巧莲（女）	河南平顶山	1987.2—1990.2
	副主任	吴秋阳	湖南汨罗	1987.2—1990.2
	委　员	邬德文	湖南醴陵	1987.2—1990.2
	委　员	刘正兴	湖南岳阳	1987.2—1990.2
	委　员	孙慧湘（女）	湖南岳阳市	1987.2—1990.2
	委　员	杨光明	湖南岳阳县	1987.2—1990.2
	委　员	张建德	—	1987.2—1990.2
	委　员	何　平	湖南岳阳县	1987.2—1990.2
	委　员	何七容（女）	湖南汨罗	1987.2—1990.2
	委　员	瞿林文	湖南湘阴县	1987.2—1990.2

届 别	职 务	姓 名	籍 贯	任职期间
第三届（1990.2—1992.12）	主 任	李国镇	湖南岳阳	1990.2—1992.12
	副主任	刘正兴	湖南岳阳	1990.2—1992.12
	副主任	高巧莲（女）	河南平顶山	1990.2—1992.12
	副主任	吴秋阳	湖南汨罗	1990.2—1992.12
	副主任	李家玉	湖南岳阳	1990.2—1992.12
	副主任	杨光明	湖南岳阳	1990.2—1992.12
	副主任	李平霞（女）	湖南岳阳	1991.3—1992.12
	委 员	刘君波	—	1990.2—1992.12
	委 员	江淑义	湖南岳阳县	1990.2—1992.12
	委 员	杨金树	湖南岳阳县	1990.2—1992.12
	委 员	李平霞（女）	湖南岳阳	1990.2—1991.3
	委 员	何七容（女）	湖南汨罗	1990.2—1992.12
	委 员	何莲珍（女）	湖南岳阳	1990.2—1992.12
	委 员	邹木兰（女）	湖南汨罗	1990.2—1992.12
	委 员	张建德	—	1990.2—1992.12
	委 员	侯又满（女）	湖南岳阳市	1990.2—1992.12
	委 员	曹道成	湖南岳阳县	1990.2—1992.12
	委 员	瞿林文	湖南湘阴	1990.2—1992.12
第四届（1992.12—1996.8）	主 任	李国镇	湖南岳阳	1992.12—1996.8
	副主任	胡成元	湖南岳阳县	1992.12—1996.8
	副主任	刘正兴	湖南岳阳	1992.12—1996.8
	副主任	佘梅初	湖南长沙	1992.12—1996.8
	副主任	高巧莲（女）	河南平顶山	1992.12—1996.8
	副主任	李平霞（女）	湖南岳阳	1992.12—1996.8
	副主任	何七容（女）	湖南汨罗	1992.12—1996.8
	委 员	江淑义	湖南临湘	1992.12—1996.8
	委 员	朱振华	湖南岳阳市	1992.12—1996.8
	委 员	任建雄	湖南岳阳县	1992.12—1996.8
	委 员	袁小文	湖南岳阳县	1992.12—1996.8
	委 员	贾绍遂	湘西龙山县	1992.12—1996.8
	委 员	张轩敬	湖南华容	1992.12—1996.8
	委 员	卢岳平（女）	湖南岳阳县	1992.12—1996.8
	委 员	曹道成	湖南岳阳县	1992.12—1996.8
	委 员	廖庆其	湖南沅江	1992.12—1996.8
	委员	杨长青	湖南岳阳	1992.12—1996.8

郊区历届人大常委会组成人员名单

表 11–2

届　别	职　务	姓　名	籍　贯	任职时间
第一届（1984.4—1987.3）	主　任	辛桂泉	山　西	1984.4—1987.3
	副主任	刘水冰	湖南岳阳	1984.4—1987.3
	副主任	朱秀莲（女）	湖南岳阳	1984.4—1987.3
	副主任	黎福室	湖　北	1984.4—1987.3
	副主任	陈翰芳	湖南岳阳	1985.5—1987.3
	委　员	朱小霞（女）	—	1984.4—1987.3
	委　员	刘碧卿	湖南湘潭	1984.4—1987.3
	委　员	陈翰芳	湖南岳阳	1984.4—1985.5
	委　员	杨风雄	—	1984.4—1987.3
	委　员	林绍义	湖南岳阳县	1984.4—1987.3
	委　员	徐伯康	—	1984.4—1987.3
	委　员	黄云霞（女）	湖南醴陵	1984.4—1987.3
	委　员	于其化	湖南湘阴	1985.5—1987.3
	委　员	张正强	—	1985.5—1987.3
	委　员	苏统江	—	1985.5—1986.3
	委　员	毛绍继	湖南岳阳县	1986.5—1987.3
	委　员	胡文超	湖南岳阳县	1986.5—1987.3
第二届（1987.3—1990.2）	主　任	辛桂泉	山　西	1987.3—1990.2
	副主任	刘水冰	湖南岳阳	1987.3—1990.2
	副主任	朱秀莲	湖南岳阳	1987.3—1990.2
	副主任	陈翰芳	湖南岳阳	1987.3—1990.2
	副主任	胡琪保	湖南岳阳	1987.3—1990.2
	副主任	周林波	湖南岳阳	1989.3—1990.2
	委　员	于其化	湖南湘阴县	1987.3—1990.2
	委　员	王石生	岳阳县	1987.3—1990.2
	委　员	刘碧卿	湖南湘潭	1987.3—1990.2
	委　员	邹宝云	湖南临湘市	1987.3—1990.2
	委　员	张正强	—	1987.3—1990.2
	委　员	胡文超	湖南岳阳县	1987.3—1990.2
	委　员	高满秀	—	1987.3—1990.2
	委　员	黄云霞	湖南醴陵	1987.3—1990.2

届　别	职　务	姓　名	籍　贯	任职时间
第三届（1990.2—1992.11）	主　任	周爱芳	江　苏	1990.2—1992.11
	副主任	李玉华（女）	湖南汨罗	1990.2—1992.11
	副主任	陈翰芳	湖南岳阳	1990.2—1992.11
	副主任	周林波	湖南岳阳	1990.2—1992.11
	副主任	胡琪保	湖南岳阳	1990.2—1992.11
	副主任	隋湘岳	湖南岳阳	1990.2—1992.11
	副主任	廖月秋	湖南岳阳	1990.2—1992.11
	委　员	于其化	湖南湘阴县	1990.2—1992.11
	委　员	王石生	湖南岳阳	1990.2—1992.11
	委　员	许风生	湖南岳阳	1990.2—1992.11
	委　员	李熙华	湖南岳阳	1990.2—1992.11
	委　员	余剑辉	—	1990.2—1992.11
	委　员	易岳梅（女）	—	1990.2—1992.11
	委　员	夏　炎	湖南长沙	1990.2—1992.11
	委　员	黄云霞（女）	湖南醴陵	1990.2—1992.11
第四届（1992.11—1996.8）	主　任	黄衍苗	湖南岳阳	1992.11—1994.3
	主　任	于其化	湖南汨罗	1994.3—1996.8
	副主任	周林波	湖南岳阳	1992.11—1996.8
	副主任	侯循抬	湖南岳阳	1992.11—1996.8
	副主任	黄云霞（女）	湖南醴陵	1992.11—1996.8
	副主任	廖月秋	湖南岳阳	1992.11—1996.8
	委　员	冯元满	湖南岳阳	1992.11—1996.8
	委　员	刘寒光	—	1992.11—1996.8
	委　员	汤美煌	—	1992.11—1996.8
	委　员	李祖元	湖南岳阳	1992.11—1996.8
	委　员	侯炎生	湖南岳阳	1992.11—1996.8
	委　员	夏　炎	湖南长沙	1992.11—1996.8
	委　员	徐载满	湖南岳阳	1992.11—1996.8
	委　员	何柏松	湖南岳阳	1993.4—1996.8
	委　员	吴建新	湖南岳阳	1993.4—1996.8

岳阳楼区历届人大常委会组成人员名录

表 11-3

届　别	职　务	姓　名	籍　贯	任职时间
第一届（1996.8—2001.3）	主　任	黄衍苗	湖南岳阳	1996.8—2001.3
	副主任	刘正兴	湖南岳阳	1996.8—2001.3
	副主任	李紫华	湖南华容	1996.8—2001.3
	副主任	何七容（女）	湖南汨罗	1996.8—2001.3
	副主任	陈荣昌	湖南华容	1996.8—2001.3
	副主任	邹木兰（女）	湖南汨罗	1996.8—2001.3
	副主任	高巧莲（女）	河南平顶山	1996.8—2001.3
	副主任	杨长发	湖南岳阳	1997.12—2001.3
	委　员	毛礼根	湖南岳阳	1996.8—2001.3
	委　员	任剑雄	湖南岳阳	1996.8—2001.3
	委　员	李生龙	湖南岳阳	1996.8—2001.3
	委　员	李志刚	湖南岳阳	1996.8—2001.3
	委　员	李祖元	湖南岳阳	1996.8—2001.3
	委　员	吴建新	湖南岳阳	1996.8—2001.3
	委　员	何季如	湖南岳阳	1996.8—2001.3
	委　员	何柏松	湖南岳阳	1996.8—2001.3
	委　员	沈元和	湖南岳阳	1996.8—2001.3
	委　员	周元健（女）	—	1996.8—2001.3
	委　员	郭铁林	湖南双峰县	1996.8—2001.3
	委　员	彭新凤	湖南汨罗	1996.8—2001.3
	委　员	陈定鳌	湖南岳阳	1997.12—2001.3
	委　员	周石涛	湖南临湘	1997.12—2001.3

届　别	职　务	姓　名	籍　贯	任职时间
第二届（2001.3—2006.8）	主　任	黄衍苗	湖南岳阳	2001.3—2006.8
	副主任	刘应凯	湖南岳阳	2001.3—2006.8
	副主任	李紫华	湖南华容	2001.3—2006.8
	副主任	何七容（女）	湖南汨罗	2001.3—2006.8
	副主任	邹木兰（女）	湖南汨罗	2001.3—2006.8
	副主任	胡遵雄	湖南岳阳	2001.3—2006.8
	副主任	黄联荣	湖南岳阳	2001.3—2006.8
	副主任	胥驹龙	湖北通城	2002.1—2006.8
	委　员	任建雄	湖南岳阳	2001.3—2006.8
	委　员	刘　晖	—	2001.3—2006.8
	委　员	杨旅华	湖南岳阳	2001.3—2006.8
	委　员	李小庆	湖南岳阳	2001.3—2006.8
	委　员	李功义	湖南岳阳	2001.3—2006.8
	委　员	肖忠华	湖南益阳县	2001.3—2006.8
	委　员	沈元和	湖南岳阳	2001.3—2006.8
	委　员	陈定鳌	湖南岳阳	2001.3—2006.8
	委　员	周元健	—	2001.3—2006.8
	委　员	胥　敏	湖南岳阳	2001.3—2006.8
	委　员	郭铁林	湖南双峰县	2001.3—2006.8
	委　员	彭新岳	湖南岳阳	2001.3—2006.8
	委　员	吴建新	湖南岳阳	2002.1—2006.8

届　别	职　务	姓　名	籍　贯	任职时间
第三届（2006.8—2012.11）	主　任	李少怡	湖南岳阳	2006.8—2012.11
	副主任	王武中	阳　泉	2006.8—2012.11
	副主任	王岳华	岳阳楼区	2006.8—2012.11
	副主任	余岳良	湖南岳阳	2006.8—2012.11
	副主任	周幺龙	湖南岳阳	2006.8—2012.11
	副主任	施　敏（女）	江　苏	2006.8—2012.11
	副主任	胥驹龙	湖北通城	2006.8—2012.11
	委　员	卢红升	湖南岳阳	2006.8—2012.11
	委　员	兰志峰	湖南岳阳	2006.8—2012.11
	委　员	刘　晖	湖南岳阳	2006.8—2012.11
	委　员	刘　敏（女）	湖南岳阳	2006.8—2012.11
	委　员	许越波	湖南岳阳	2006.8—2012.11
	委　员	苏正明	—	2006.8—2007.3
	委　员	李大庆	湖南岳阳	2006.8—2012.11
	委　员	李立明	湖南岳阳	2006.8—2012.11
	委　员	李仲彬	湖南岳阳	2006.8—2012.11
	委　员	李　勇	河　北	2006.8—2012.11
	委　员	肖忠华	湖南岳阳	2006.8—2012.11
	委　员	余伟星	湖南岳阳	2006.8—2012.11
	委　员	宋北丽（女）	吉　林	2006.8—2012.11
	委　员	张太平	—	2006.8—2012.11
	委　员	张跃进	湖南岳阳	2006.8—2012.11
	委　员	陆敏刚	—	2006.8—2008.11月
	委　员	周和平（女）	湖南湘阴	2006.8—2012.11
	委　员	黎　炜	湖南华容	2006.8—2012.11
	委　员	罗春来	—	2007.12—2010.5
	委　员	付　萍（女）	湖南岳阳	2008.12—2012.11

届　别	职　务	姓　名	籍　贯	任职时间
第四届（2012.11—）	主任	贺景福	湖南岳阳	2012.11—
	副主任	周幺龙	湖南岳阳	2012.11—
	副主任	施　敏（女）	浙　江	2012.11—
	副主任	罗加粮	湖南岳阳	2012.11—
	副主任	卢红升	湖南岳阳	2012.11—
	副主任	李建国	湖南岳阳	2012.11—
	委员	黎　炜	湖南华容	2012.11—
	委员	易正祥	湖南岳阳	2012.11—
	委员	张跃进	湖南岳阳	2012.11—
	委员	李大庆	湖南岳阳	2012.11—
	委员	高晓瑞（女）	湖南岳阳	2012.11—
	委员	李仲彬	湖南岳阳	2012.11—
	委员	刘　敏（女）	湖南岳阳	2012.11—
	委员	李　志	—	2012.11—
	委员	付　萍（女）	湖南岳阳	2012.11—
	委员	许越波	湖南岳阳	2012.11—
	委员	刘　娟（女）	—	2012.11—
	委员	徐家骐	—	2012.11—
	委员	李崇民	湖南岳阳	2012.11—
	委员	余伟星	湖南湘阴	2012.11—
	委员	吴作文	湖南岳阳	2012.11—
	委员	陈金星	湖南沅江	2012.11—
	委员	李微微（女）	湖南岳阳	2012.11—
	委员	周和平（女）	湖南湘阴	2012.11—
	委员	张太平	—	2012.11—
	委员	吴　昊	—	2012.11—

第二节　工作委员会和工作机构

1979年11月，岳阳市人大常委会下设办公室和财政经济、教科文卫、法制等3个组。

1984年4月，南区人大常委会仅设办公室，有工作人员10人。1985年3月，增设联络科、法制科、经济城管科。1987年1月，增设教科文卫科、城建环保科。1990年3月，增设组织人事科。

1984年5月，郊区人大常委会仅设办公室。协助处理常委会日常事务。1987年，增设法制科。1989年，设置财经科和教科文卫科。是年，增设联络科。

1996年9月，岳阳楼区人大常委会内设办公室、财政经济农村工作委员会、代表联络工作委员会、内务司法工作委员会、城乡建设环保工作委员会、教科文卫工作委员会、组织人事科。1998年5月，办公室内设信访科。

第三章　行使权力

第一节　决定重大事项

一、南区

1984—1989年，南区人大常委会依法召开人大常委会会议41次，听取审议区政府关于政治经济、教科文卫、劳动人事、社会治安、民政优抚、普法教育、城建环保等方面的工作报告57次；审议区人民法院、区人民检察院关于审判和检察工作报告9次；并作出相应决议。常委会作出《关于加强青少年思想教育的决议》《南区政府“关于违反城市环境卫生管理处罚试行规定”的决议》等9个决议、决定。

1993年9—12月，南区各级人大代表开展公开评议公安工作的活动。区、街两级共召开动员会30场次，召开有代表、选民参加的座谈会24场次，走访、调查选民1700多户，企事业单位210多家，收集市民意见240多条。10月8—9日，在分别对各派出所工作进行评议的基础上，召开公开评议公安工作的会议，代表们共提出建议和批评意见165条。

二、郊区

1984年4月至1987年3月，郊区人大常委会共举行常委会议17次，听取和审议重大事项29项，作出一系列相应的决议。针对部分校舍和学生活动场所被占用，及部分学校教学条件差、办学资金少、教师流动大等现状，人大常委会组成由区教育局、乡文教组参加的联合调查组，对全区中、小学教育工作进行调查研究，督促区政府及时解决。1987年至1990年2月，共举行常委会议23次，听取和审议重大事项152项，作出《关于加强农业科学技术普及推广工作的决议》《关于稳步发展企业，提高社会经济效益几个问题的决定》《关于进一步贯彻实施<会计法>的决议》《关于加强血吸虫病防治工作的决定》《关于坚决惩治腐败，打击贪污贿赂犯罪的决定》《关于进一步清理整顿公司的决定》等决议、决定。

1990年7月，组织联合调查组，深入5个乡的14个村、32个村民小组进行调查，发现“三乱”（即乱收费、乱摊派、乱罚款）的现象非常严重。写出《郊区农民负担状况》调查报告，并督促区政府制定《岳阳市郊区关于减轻农民负担的几项具体规定》。1990—1992年，全区通过治理“三乱”，间接减轻和直接退给农民不合理收费100多万元。

三、岳阳楼区

1996—2001年，区人大常委会共召开会议33次，对全区经济建设中的重大问题提出审议意见50条，作出决议、决定42项。2001—2006年，就全区经济和社会发展的重大问题作出决议、决定48项，提出审议意见500多条。2006年至2010年1月，共召开人大常委会议26次，作出决定182项。2011年，共召开常委会会议7次，听取“一府两院”专项工作报告18项，开展执法检查6次，作出决议决定4项。2012年，召开常委会议7次、主任会议17次，听取和审议“一府两院”专项工作报告18项，开展执法检查5项，作出决议决定3项。

第二节　人事任免

1984—1989年，南区人大常委会制定《关于任免国家机关工作人员的办法》和《人大常委会人事任免的职权范围与审批程序》。先后任命区人民政府副区长和政府办、委、局、科主任、局长、科长40人，其中任命副区长3人，代理区长1人；免除副区长1人、局长1人；任命区人民法院副院长6人、正、副庭长33人、审判员20人，免除审判员9人，撤销审判员1人；任命区人民检察院副检察长2人、检察员13人，免除检察长1人；任命人大常委会科室负责人23人，免除4人。共任命国家工作人员137人，免除17人。凡被任命人员均正式行文，颁发任命书，并在任期中进行政绩考核。

1996年8月至2001年3月，岳阳楼区第一届人大常委会任期内，依法任免国家机关工作人员417人次，其中，任免区政府组成人员49人次，任免区人大常委会工作机关负责人17人次，任免区人民法院、区人民检察院工作人员343人次，接受辞职5人，撤销职务3人。

2001年3月至2006年8月，岳阳楼区第二届人大常委会任期内，依法任免国家机关工作人员232人次。其中，任免区政府组成人员55人，区人大常委会工作机构负责人65人次，区人民法院、区人民检察院工作人员112人次。常委会坚持对拟任人选进行调查了解和法律考试，要求被任命对象与常委会组成人员见面并作供职发言，经无记名表决通过后，当场颁发任命书。先后对区政府4名副区长、区人民法院院长和1名副院长，区人民检察院检察长和1名副检察长，以及“一府两院”部分部门负责人（共19人）进行述职评议。

2006年8月至2012年11月，岳阳楼区第三届人大常委会任期内，常委会依法任免国家机关工作人员216人次，任命人民陪审员20人。坚持实行任前调查了解、法律知识考试、供职发言以及颁发任命书等制度，增强被任命人员的法律意识、公仆意识。探索干部任后监督的有效途径。在审议特别是评议部门工作的同时，有针对性地了解任职人员的履职情况，提出具体建议，督促依法履职。

第三节　监督工作

一、南区

1984—1990年，南区人大常委会根据人民代表和人民群众反映执法中的一些问题，监督、督促司法部门正确执行法律。认真审议区政府、区法院、区检察院关于《义务教育法》《药品管理法》《食品卫生法》《治安处罚条例》《刑法》《民法》《行政诉讼法》等25个法律、法规贯彻执行情况的汇报。先后进行17次执法检查，纠正违法案件19起。

二、郊区

1990—1992年，郊区人大常委会听取和审议"一府两院"各项汇报59次，审议重大事项38项，依法纠正"一府两院"不适当的文件和事件6件。

三、岳阳楼区

1996年8月至2001年3月，岳阳楼区第一届人大常委会任期内，先后30多次听取和审议《环境保护法》《预算法》《农业技术推广法》《科学技术进步法》《产品质量法》《食品卫生法》《行政处罚法》《义务教育法》《防洪法》《审计法》等20多部法律法规的贯彻执行情况，并开展执法检查。共收到各方面来信600多件，接待来访1000多人次。1997—1998年，区人大常委会组织全区人大代表分别对法院、检察院进行工作评议，走访群众300多人次，调阅案卷60份，听取专题汇报8次，指出法院在队伍建设和审判工作中存在的突出问题并限期整改。对其中10个典型案件进行督办，调查组到各乡、场、街道办事处、公安局、法院、司法局、检察院所属科室广泛听取意见。通过调查、座谈、走访，共收集对检察院工作的批评建议80多条；1998年，常委会成立信访工作领导小组，下设信访室，由专人负责，建立、完善信访工作制度。

2001年3月至2006年8月，岳阳楼区第二届人大常委会任期内，常委会先后对《税收征收管理法》《水法》《动物防疫法》《环保法》《建筑法》《城市规划法》《教师法》《婚姻法》《人口与计划生育法》《行政监察法》《行政诉讼法》《民营科技管理条例》《物业管理条例》《信访工作条例》等40多部法律法规进行检查，配合省、市人大检查《农业法》《劳动法》《义务教育法》《科技进步法》及环保、国防、社会保障等方面法律法规的执法情况。听取计划、财政预算、专项资金管理、经济发展环境、财贸、企业改制、交通、城建城管、国土管理、房地产管理、低保、放心菜、经济侦查、民事审判、执行、审判监督、诉讼监督等工作情况的汇报。共受理人民群众来信来访和申诉控告879件，对其中的56件个案进行重点督办。

2006年8月至2012年11月，岳阳楼区第三届人大常委会任期内，先后听取财政、控建拆违（即控制建筑规模、拆除违章建筑）、教育、文化体育、城管、监察、交通、社会救助、社保医保基金管理等工作情况的汇报。对审议中提出的重要意见和工作建议，实行重点交办、跟踪督办和听取整改落实情况汇报，监督和支持"一府两院"改进工作。结合开展"三湘环保世纪行"活动，跟踪督促区政府和环保部门重点监控检查黄梅港、东风湖等水体周边排污情况，对15家违规排放废水单位下达整改通知，督促三湘化工、凯胜化工、广济医院完成废水处理工程。其间：2008年，常委会分别对区经济发展改革局、区房产局、区财政局、区卫生局、区人事劳动局进行工作评议，满意率均达96%以上；2009年，常委会出台《关于进一步规范和完善工作评议的有关要求》，对评议工作进行完善；2010年，通过综合运用人大常委会执法检查、工作评议、视察、审议、民主测评等监督方式，督促和支持政府及相关部门加强基层基础建设，完善服务方式，推动民生问题解决，区政府对评议意见高度重视，开展清理农资市场、打击滥用食品添加剂等专项整治工作，对800多名农民进行就业技能培训。2012年，常委会向区公安分局发出督办函，组织进行座谈调研，提出可行性建议，5月中旬，区公安分局抽调部门警力在中心城区3个派出所辖区范围内的重点路段，正式启动民警徒步巡逻。

第四节　议案建议办理

一、南区

1984年4月至1990年2月，南区第一届、第二届人民代表大会历次会议代表共提议案、建议、批评、意见294件，已办理206件，占70%。每年人大会议代表所提议案，由人大常委会归类、整理，送交区政府。由区政府召集区人大、区政协提案工作办理交办会，交政府各有关部门办理。各有关部门再将办理结果函告区人大常委会办公室及提案者本人。其间：1989年，区政府提出的“关于发展个体私营经济，维护个体私营企业合法权益”的议案，经区人大常委会讨论决议，通过《岳阳市南区人民代表大会关于发展个体私营经济，维护个体私营企业合法权益的决议》，责成区政府加强对个体私营经济的管理。

二、郊区

1984年4月至1987年3月，郊区第一届人民代表大会历次会议代表共提议案、建议185件，办理171件，占92%。第二届人大四次会议代表共提建议、议案意见85件，办理85件，达100%。1990年2月至1992年11月，第三届人民代表大会历次会议共提建议、提案、意见242件，绝大部分得到办理。

三、岳阳楼区

1996年8月至2001年3月，岳阳楼区一届人大历次会议代表共提出议案、建议、批评、意见194件，交由“一府两院”办理。2001年3月至2006年8月，二届人大历次会议代表共提出议案、建议和批评意见328件，交“一府两院”办理。2006年8月至2010年1月，三届人大历次会议代表共提出议案、建议和批评意见229件，交由对口委、室分线督办。2010年1月至2012年，四届人大历次会议代表共提出议案、建议和批评意见390件，及时向“一府两院”交办并督促落实。

第五节　代表联络工作

一、南区

1984—1990年，南区人大常委会组成人员分工联系代表联组、小组，并参加本组活动，仅常委会正、副主任参加代表小组活动300人次；定期接待代表来访，每月15日为代表接待日，由正、副主任和委员轮流接待代表，共接待代表580多人次，听取代表意见、要求1100多条；召开代表座谈会，就群众关注的“热点”“难点”问题，区人大常委会每年组织驻区省、市、区三级人民代表，对全区工商财贸、教科文卫、食品卫生、城建城管、社会治安、法律实施等工作视察10次，参加代表547人，视察单位208个次，提出建议、批评、意见900多条。就群众反映的“难点”“热点”问题，组织省、市、区三级人大代表开展专题调查研究，撰写调查材料197篇；监督、促进市、区有关部门解决工农、广场、南湖等小学校舍危房拆迁新建，城陵矶江陵路、洞庭北路等街道新修拓宽，1路车增加车次，4路车延伸路程，城陵矶、冷水铺、吕仙亭等农贸市场迁移新建等有关人民群众生活的实际问题。

二、郊区

1984—1996年，郊区人大常委会注重开展代表活动，采用专用信封纸开展一封信活动，给代表寄发《公报》、有关法律、法规文件和学习资料，邀请部分代表列席人大常委会、会议等多种形式，广泛地联系代表。

三、岳阳楼区

1996年8月至2001年3月，岳阳楼区第一届人大常委会任期内，人大常委会成员走访、看望人大代表800多人次，参加代表小组活动278次。组织代表开展活动，促使一些人民群众反映强烈的问题得到较好解决。如居委会建设、黄梅港血吸虫治理、城区小街巷建设、东风广场改建管理等问题。其间：1997年，常委会组织全区各级人民代表开展“人民选我当代表，我当代表为人民”争先创优活动。加强代表同选民的联系，积极反映人民群众呼声，带头搞好本职工作，化解社会矛盾，为人民群众办实事、好事。对侵犯代表合法权益的行为，严格依法制止。

2001年3月至2006年8月，岳阳楼区第二届人大常委会任期内，深入学习贯彻中央9号文件，为代表提供《人民之友》《人民导刊》和法律法规等学习资料，组织人大代表集中或持证视察142次，参加调查和执法检查900多人次。邀请市、区人大代表列席常委会会议135人次。开展人大代表“民情调查百日行”“政风监督百日行”“推进城区一体化，发展区域经济”等调研活动。

2009年，区人大常委会组织人大代表集中或持证视察86人次，参加调查和执法检查300余人次，邀请市、区人大代表列席常委会会议60多人次。是年11月，常委会组织驻区75名省、市人大代表对市环保、国土、交通、地方海事工作和区检察、教育、卫生工作进行集中视察。针对巴陵广场停车难问题，组织部分市、区代表视察沿湖风光带三期工程建设，向有关部门提出在巴陵广场区域建大型停车场的建议。是年12月，组织省、市、区代表中的房地产开发商座谈，征求对发展完善房地产市场的意见和建议。

2011年，邀请22名市、区人大代表列席区人大常委会会议。组织开展人大工作创先争优活动，对18名区人大工作先进个人进行表彰，向省、市人大常委会推荐4名人大代表为履职模范。推荐市、区代表参加政府有关部门优化经济发展环境测评、党风政风廉政建设座谈等活动80人次。推荐30多名区人大代表担任有关部门行风监督员。邀请代表参加区人大常委会组织的执法检查、视察调研、旁听法院庭审、评议调查等活动。组织6名市人大代表向区人大常委会进行述职。

2012年，成立7个换届选举工作检查指导组，在各个重要事件节点深入各选区进行指导。定期召开选举情况工作会，及时研究和解决选举过程中遇到的新情况和突出问题。10月16—19日，依法选举产生岳阳楼区第四届人大代表261人，新一届乡镇人大代表256人。11月18--22日，组织召开区四届人大一次会议，顺利选出36名区级国家机关领导人员和66名市七届人大代表。

第十二篇　人民政府

第一章　机　构

第一节　沿革与设置

一、沿革

民国19年(1930)4月，岳阳城区始设城厢镇，属第一区管辖，镇公所设黄土岭。民国27年(1938)10月，日军侵占岳阳，在城区设维持会。民国34年（1945），城厢镇镇公所恢复，地址在东门九龙寺。

1949年8月，岳阳县人民政府改城厢镇为城厢区，设区公所于油榨岭。1953年10月，城厢区更名为城厢镇，区公所更名为镇公所。1954年4月，城厢镇第一次人民代表大会后，选举成立城厢镇政府。1955年5月，镇政府更名为镇人委会。1958年10月，城厢镇更名为岳州人民公社，镇人委会更名为公社管委会。1960年1月，成立岳阳市（县级市），公社管委会更名为市人委。1962年10月，撤销岳阳市复为城关镇，市人委会更名为镇人委会，镇人委会地址设竹荫街。1966年“文化大革命”，镇人委会工作陷入停顿状态。1968年2月，岳阳县城关镇革委会成立，由军队代表、革命干部、群众代表组成三结合的临时权力机构。1975年12月29日，恢复岳阳市，镇革委会更名为市革委会。1978年，取消革委会称号，更名为市政府。1984年4月，分别成立南区、郊区政府，区政府分别设在德胜南路螺丝港、新路口。1996年4月，南区、郊区合并，成立岳阳楼区政府，地址设新路口。

二、设置

城厢区区公所　1949年8月成立，内设秘书、民政助理、财粮助理。1950年增加工商干事。

城厢镇人民政府　1954年4月成立，内设秘书、民政助理、财政助理、建设助理、文教助理、粮食助理、公安干事。

岳州公社管理委员会　1958年10月成立，内设工业交通部、供销部、农林蔬菜部、服务部（管理公共食堂、幼托组织、幸福院与福利事业）、武装部、粮食部、财政部、文教卫生部、内务部（管理劳动人事、优抚工作），后增设畜牧水产部。

岳阳市人民委员会　1960年1月成立，内设秘书室、人事监察科、民政科，编制12名；工业交通系统：工业局、手工业局、交通运输局、基建地质局、计划委员会、劳动科，编制45名；财经贸易系统：商业局、财政局、粮食局、银行，编制115名；文教卫生系统：文教科、卫生科、科学技术委员会，编制9名；农业系统：农业科、畜牧水产科，编制9名；政法系统：公安局、检察院、法院，编制14名。

城关镇人民委员会 1962年9月成立，内设秘书室、民政股、财政股、卫生股、工业交通办公室、农业副业办公室、法庭、房产股、劳动管理所、基建办公室、市场管理委员会、文化教育办公室，编制55名。1966年，卫生股与文教办合并为文卫股，劳管所更名为劳动站，增设广播站。

城关镇革命委员会 1968年2月26日成立，内设组织组、斗争批判改造组、宣传组、办事组、生产组（含工业组、物资组、城市建设组、安置组）。

岳阳市人民政府 1976年，成立岳阳市革委会。1978年，更名为岳阳市人民政府，内设民政局、工业交通局、轻工业局、城市建设局、物资局、文化教育局、卫生局、财政税务局、粮食局、商业局、公安局、法院、五七干部学校（后更名为市委党校）、体育运动委员会（简称体委）、人民银行等15个机构。后增加农林水电局、建设银行、爱国卫生运动委员会（简称爱委会）、计生办、人民防空办公室（简称人防办）、知识青年办公室、血吸虫病防治办公室（简称血防办）、广播站等机构。1979年，文化教育局分为文化局与教育局，工业交通局分为工业局与交通局。增加市职工教育委员会、第二轻工业局、服务局、农林水产局、科委、编委、人事局、房地产局、畜牧水产局，共37个机构。是年11月7日，设立市政府办公室。

南区人民政府 1984年4月成立，内设办公室、计委、劳动人事科、城建管理科、文化科、公安分局、司法科、财政科、文化教育科、卫生科、计生委等11个机构。后设立南区税务分局（1987年5月收归市管理）、南区工商分局（归市管理）。是年6—8月，南区增设科委、信访科、工业管理科、企业管理科、广播电视局（1987年3月改为文化体育广播电视局）。9月，增设区编委（后归党委系统管理），工业科与企业管理科改为经委、司法科更名为司法局、劳动人事科更名为劳动人事局、城建管理科更名为城市建设环境保护局（1988年3月更名为城市建设委员会）。1985年3月10日，设立档案科。1986年7月，设立食品工业办公室。1987年2月，设立人防办。是年3月，设立经协办，归口政府办管理。是年5月，设立国土局（1989年7月收归市管理，改为南区国土分局）。1988年2月，设立监察局。是年6月，设立物价局。至1989年底，共有31个委、办、局级机构。

郊区人民政府 1984年4月成立，内设办公室、计委、经委、科委、计生委、建设委员会（简称建委）、环境保护局、公安分局、司法局、民政局、财政局、农林局、水电农机局、交通局、文教局、卫生局、畜牧水产局、劳动人事局、国土管理局、监察局、食品工业办公室、经济技术协作办公室（简称经协办）、物价局、对外经济办公室、审计局、血防办、信访办、档案科等28个工作部门。

岳阳楼区人民政府 1996年4月成立，内设办公室、计委、建委、经委、乡镇企业经济委员会、计生委、财贸办公室、财政局、劳动人事局、教育局、卫生局、审计局、物价局、科技局、司法局、民政局、监察局、环保局、畜牧水产局、水利水电农机局、个体私营经济管理办公室、血吸虫病防治领导小组办公室、城市管理办公室、爱国卫生运动委员会办公室、冷水铺乡镇工业小区管委会等23个机构。

民国时期城厢镇镇长名录

表 12-1

机构名称	姓　名	籍　贯	任职时间
城厢镇镇公所	张秉武	湖南岳阳	—
	陶　咏	湖南岳阳	1932—1933
	张秉武	湖南岳阳	1934—1938
	胡　坤	湖南岳阳	1946（一个月）
	易善庆	湖南岳阳	1946（二个月）
	陶　诚	湖南岳阳	1946—1947
	彭　启	湖南岳阳	1947—1948
	冯大德	湖南岳阳	1948—1949.4
	李国权	—	1949.5—1949.6
	彭　启	湖南岳阳	1949.6—1949.7

1949—2012 年镇、市、区负责人名录

表 12-2

机构名称	职　务	姓　名	籍　贯	任职时间
城厢区区公所	区　长	刘振生	河北安平	1949.8—1951.1
	区　长	程玉良	河北武强	1951.1—1953.4
	区　长	杨克湘	湖南岳阳县	1953.5—1954.3
城厢镇镇公所	镇　长	杨克湘	湖南岳阳县	1954.4—1954.5
	镇　长	邓志成	湖南岳阳县	1954.5—1956.11
	副镇长	刘建国	长沙望城区	1954.4—1958.5
	镇　长	张炳熙	湖南湘阴	1956.12—1958.5
	副镇长	李梓芳	河北丰南	1956.11—1958.4
	镇　长	陈海泉	河北高阳	1958.6—1958.9
	副镇长	谢定南	湖南岳阳县	1958.6—1958.10
	副镇长	张　宏	山西定襄	1958.8—1958.9

机构名称	职　务	姓　名	籍　贯	任职时间
岳州公社管理委员会	主　任	吴家兴	湖南岳阳	1958.10—1959.12
	副主任	谢定南	湖南岳阳县	1958.10—1959.12
	主　任	廖月秋	湖南岳阳县	1959.10—1960.1
	副主任	张　宏	山西定襄	1959.10—1960.1
岳阳市人民委员会	市　长	段志霖	江西萍乡	1960.1—1962.9
	副市长	郭宪唐	山西盂县	1960.1—1962.9
	副市长	程玉良	河北武强	1960.1—1963.9
城关镇人民委员会	镇　长	钱　铭	河北省	1962.10—1963.10
	副镇长	曹渥瑜（女）	湖南长沙市	1962.10—1968.1
	副镇长	周代江	湖南岳阳县	1962.3—1962.9
	镇　长	谢定南	湖南岳阳县	1963.11—1968.1
	副镇长	刘湘运	湖南岳阳县	1963.11—1968.1
城关镇革命委员会	主　任	（缺）	—	—
	副主任	吴家兴	湖南岳阳	1968.2 —1969.
	副主任	张凤忠（军）	辽宁省	1968.2—1969.
	副主任	陈国雄	湖南岳阳	1968.2—1969.
	副主任	唐济美	湖南岳阳	1968.2—1969.
	主　任	王俊魁	山西省	1969.—1971.11
	副主任	李松芝（军）	吉林省	1969.—1971.11
	副主任	吴家兴	湖南岳阳	1969.—1971.11
	副主任	张凤忠	辽宁省	1969.—1971.11
	副主任	陈国雄	湖南岳阳	1969.—1971.11
	副主任	唐济美	湖南岳阳	1969.—1971.11

机构名称	职　务	姓　名	籍　贯	任职时间
城关镇革命委员会	主　任	李松芝（军）	吉林省	1971.12—1973.6
	副主任	杨培久	河南林县	1971.12—1973.6
	副主任	唐济美	湖南岳阳	1971.12—1973.6
	副主任	陈国雄	湖南岳阳	1971.12—1973.6
	主　任	陆顺源	河北秦皇岛	1973.6—1976.10
	副主任	唐济美	湖南岳阳	1973.6—1976.10
	副主任	陈国雄	湖南岳阳	1973.6—1976.10
	副主任	吴家兴	湖南岳阳	1973.6—1976.10
	副主任	付平生	湖南岳阳	1973.8—1976.12
	副主任	付勉生	湖南岳阳	1973.8—1976.12
	副主任	张庆生	湖南华容	1975.12—1976.12
岳阳市革命委员会	主　任	王三明	山西榆社	1976.12—1978.1
	副主任	罗贤威	湖南岳阳县	1976.12—1978.1
	副主任	陈顺源	湖南岳阳县	1976.12—1978.1
	副主任	张福茂	山西阳曲县	1976.12—1978.1
	副主任	刘敬农	湖南华容	1976.12—1978.1
	副主任	陈国雄	湖南岳阳	1976.12—1978.1
岳阳市人民政府	市　长	罗仲柏	湖南浏阳	1978.2—1981.10
	副市长	张大尧	湖南岳阳	1978.2—1981.10
	副市长	张玉琦	山西平定	1978.2—1981.10
	副市长	唐济美	湖南岳阳	1978.2—1981.10
	副市长	赖勤英	湖南平江	1978.2—1981.10
	市　长	罗仲柏	湖南浏阳	1981.11—1983.7
	副市长	唐济美	湖南岳阳	1981.11—1983.7
	副市长	赖勤英	湖南平江	1981.11—1983.7
	副市长	张大尧	湖南岳阳	1981.11—1983.7
	副市长	李九洲	湖南岳阳县	1981.11—1983.7
	副市长	李先佩	湖南岳阳	1981.11—1983.7
	副市长	夏国康	湖南岳阳	1981.11—1983.7

机构名称	职　务	姓　名	籍　贯	任职时间
南区人民政府	区　长	魏金存	湖北孝感	1984.4—1989.12
	副区长	付培儒	湖南岳阳	1984.4—1987.12
	副区长	刘志恒	湖南新化	1984.4—1990.3
	副区长	李升波	湖南岳阳	1985.5—1987.2
	副区长	任述初	湖南汨罗	1986.12—1990.3
	副区长	丁松（女）	湖南衡阳	1986.12
	副区长	任述初	湖南汨罗	1987.2
	副区长	丁松（女）	湖南衡阳	1987.2
	副区长	宋爱华（女）	湖南岳阳	1987.8—1989.11
	副区长	白尊贤	湖南华容	1989.5
	副区长	丁松（女）	湖南衡阳	1992.12—1994.11
	副区长	石树林	湖南华容	1992.9—1993.5
	副区长	龚梓忠	湖南岳阳	1992.9—1993.5
	副区长	易红卫	湖南岳阳	1992.12—1994.6
	副区长	易癸巳	湖南岳阳	1994.7—1995.2（代理区长）
	区　长	易癸巳	湖南岳阳	1995.2—1996.4
	副区长	石树林	湖南华容	1994.7—1996.4
	副区长	易红卫	湖南岳阳	1994.6—1996.4
	副区长	彭泽遗	湖南岳阳	1994.6—1996.4
	副区长	方斌英（女）	湖南临湘	1994.9—1996.8

机构名称	职　务	姓　名	籍　贯	任职时间
郊区人民政府	区　长	黄衍苗	湖南岳阳县	1984.4—1986.8
	副区长	谭黑生	湖南岳阳县	1984.4—1985.5
	副区长	胡琪保	湖南岳阳县	1984.4—1987.3
	副区长	张岳凡	湖南岳阳县	1984.4—1989.7
	副区长	宋洪才	—	1985.5—1987.3
	副区长	张桂菊	—	1985.5—1990.2
	副区长	胥驹龙	湖南岳阳县	1986.5—1990.2
	代区长	王恩万	湖南安乡	1986.8—1987.3
	区　长	王恩万	湖南安乡	1987.3—1988.6
	代区长	袁荣华	湖南岳阳县	1988.7—1989.3
	区　长		湖南岳阳县	1989.3—1992.5
	副区长	宋再钦	湖南华容	1987.3—1992.5
	代区长		湖南华容	1992.5—1992.11
	区　长		湖南华容	1992.11—1994.1
	副区长	毛绍继	湖南岳阳县	1990.3—1994.3
	副区长	李耀厚	湖南澧县	1990.3—1992.11
	副区长	刘衍华	湖南岳阳	1990.3—1992.9
	副区长	刘汉清		1991.11—1996.8
	副区长	刘应凯	湖南岳阳县	1992.11—1996.8
	副区长	黄国芳	湖南岳阳县	1992.9—1995.8
	副区长	张德明	湖南岳阳县	1992.11—1996.8
	副区长	葛涛志（女）	湖南岳阳县	1992.11—1996.8

机构名称	职　务	姓　名	籍　贯	任职时间
岳阳楼区人民政府	区　长	陈国荣	湖南岳阳县	1996.4—2000.1
	副区长	管新华	湖南桃源	1996.4—2000.1
	副区长	林绍义	湖南岳阳县	1996.4—2001.3
	副区长	刘应凯	湖南岳阳县	1996.4—2000.12
	副区长	张德明	湖南岳阳县	1996.4—2006.6
	副区长	方斌英（女）	湖南临湘	1996.4—2001.3
	副区长	易红卫	湖南岳阳县	1996.4—2005.7
	副区长	葛涛志（女）	湖南岳阳县	1996.4—2001.1
	区　长	李少怡	湖南岳阳县	2000.1—2006.6
	副区长	陈建红（女）	湖南岳阳县	2001.3—2012.10
	副区长	贺景福	湖南岳阳县	2001.3—
	副区长	兰定国	湖南岳阳县	2001.3—2010.4
	副区长	谢小晶	湖南岳阳县	2001.3—2004.3
	副区长	邱　虹（女）	湖南益阳	2003.10—2006.6
	代区长	李可波	湖南临湘	2006.6—2006.8
	区　长			2006.8
	副区长	王湘涛	湖南岳阳	2006.6
	副区长	王梦华	湖南湘阴	2006.8—2010.4

机构名称	职　务	姓　名	籍　贯	任职时间
岳阳楼区人民政府	副区长	贺景福	湖南岳阳县	2006.8
	副区长	徐兰喜	湖南岳阳	2006.8—2013.1
	副区长	刘　箴	四川广安	2006.9—2007.4
	副区长	余力行	—	2007.4—2010.4
	副区长	徐运平	—	2001.11—2008.11
	副区长	黄岳山	湖南岳阳县	2009.4—2011.6
	副区长	李青松	湖南岳阳县	2010.4
	副区长	殷　俊	湖南岳阳县	2010.8—2012.10
	副区长	漆　胜	湖南岳阳县	2011.6
	副区长	程岳华	湖南岳阳县	2011.6
	副区长	韩德科	湖南汉寿县	2011.12
	代理区长	秧　励	湖南花垣	2010.12—2011.1
	区　长			2011.1—2013.4
	副区长、代理区长	黄伟雄	湖南汨罗	2013.3—2013.12
	副区长	徐　利	—	2012.11
	副区长	黎建欣	湖南汨罗	2012.11
	副区长	白铭科	湖南华容	2012.11
	副区长	高鸽子	—	2012.10

第二节 基层政府

城厢区 1950年7月，岳阳县人民政府将城厢镇改为城厢区，城区分为8个保，城郊一带设金鸡、望城、附城等13个乡。1956年水上居委会更名为水上乡。

岳州公社 1958年10月，城厢镇与城陵矶镇合并成立岳州人民公社，按行业系统分为郊区（农业）、工业、居民、财贸、城陵矶、文卫6个分社。

岳阳市 1960年1月，以岳州公社为基础成立岳阳市，全市划分为南区、北区、城陵矶区，郊区分社、梅溪分社、洞庭分社。

城关镇 1962年，撤销岳阳市，恢复岳阳县城关镇，下辖南区、北区、城陵矶区与郊区分社、洞庭分社。1963年4月，南区、北区与城陵矶区分别改为街道办事处，郊区、洞庭分社分别改为公社。1969年2月，岳阳县五里公社划归城关镇。

岳阳市 1975年12月，城关镇升格恢复为岳阳市，属地辖市。下设南区、北区、东区、城陵矶区、冷水铺区等5个区，直属单位有湖滨园艺场、五七渔场、君山茶场、君山芦苇场。同时下设五里、城郊、洞庭等3个公社。1978年2月，由五里公社划出7个大队组成北港公社。1981年10月，撤销岳阳县，其行政区域全部划归岳阳市，全市辖17个区（其中5个城市区、12个农村区）、3个镇、51个公社。是年，撤销公社称谓，4个公社改为4个乡。1982年1月，岳阳市设立郊区，辖五里、北港、洞庭、城郊等4个公社。

南区 1984年4月，辖吕仙亭、解放路、洞庭路、金鹗山、东茅岭、五里牌、冷水铺、城陵矶等8个街道办事处。

郊区 1984年4月，辖五里、北港、洞庭、郭镇、梅溪等5个乡，及知青场、北港园艺场、大湾芦苇场。

岳阳楼区 1996年4月，辖8个街道办事处和5个乡。2005年，下辖郭镇、梅溪2个乡，新路口、北港、洛王、洞庭、金鹗山、岳阳楼、东茅岭、城陵矶、冷水铺、吕仙亭、三眼桥、五里牌等12个街道办事处。2007年，辖郭镇、梅溪2个乡，及枫桥湖、奇家岭、洛王、洞庭、金鹗山、岳阳楼、东茅岭、城陵矶、望岳路、吕仙亭、五里牌、三眼桥、站前路、王家河等14个街道办事处。

第二章 施政方式

第一节 区长分工责任制

1996年4月30日，岳阳楼区正式成立，是年8月22—24日，区一届人大一次会议选举产生区政府领导成员，设区长1人，副区长7人。2001年3月9—11日，区二届人大一次会议选举产生区政府领导成员，设区长1人，副区长6人。2006年8月29—31日，区三届人大一次会议选举区政府领导成员，设区长1人，副区长6人。

区政府正、副区长的分工，由政府常务会议研究决定。区长主持区政府全面工作，常务副区长协助区长管理全面工作，分管工业、交通、乡镇、企业、计划、物资、物价、统计、安全、计量工作；其余副区长分管蔬菜、城乡建设、环境保护、税务、工商、财政、供销、粮油、信用、保险；农林、畜牧、水产、水电农机、经营管理、民政；计划生育、科技、教育、文化、卫生、体育、广播电视；政府办、机关行政、公安、司法、劳动人事、兵役、防空、外事。按照分工，各司其职，各负其责，独立开展工作，对区长负责。属于分管副区长职责范围的工作，由分管副区长负责处理，遇有需要集体处理的，须拿出处理意见和方案，提交政府常务会议决定。正、副区长定期通报阶段工作情况。属于跨部门乃至跨地区的问题，分管副区长请常务副区长或区长研究解决，或提交政府常务会议解决。

第二节　依法行政

1996年4月，区政府办公室设法制办，负责政府系统行政执法主体单位依法行政，对政府制定和发布的决定、规定、规划、公告、通告、通知、意见、报告等进行审核与执法监督。

1999年8月10日，区政府颁布《岳阳市岳阳楼区依法治区实施办法》，全面加强行政法律建设，严格依法行政、依法管理地方国家事务、经济文化事业、社会事业，切实保障公民、法人和其他组织的合法权益。

2005年，法制办起草、审核区政府各类文件70件，其中规范性文件12件，审核各个行政许可项目的法律依据，审定全区继续实施的行政许可项目163个；受理行政复议案件6件；办理区政府应诉案件4件、法律事务8件；审查合同7个、法律意见书5份；指导乡、街道办事处及区直单位处理涉法涉诉事务9件。

2008年，区政府成立依法行政和行政程序建设领导小组，区长任组长，常务副区长、分管副区长、政府办主任任副组长，33个区直部门、16个乡、街道办事处均成立相应领导机构。召开全区依法行政工作会议，通过以会代训形式对全区各单位行政一把手、分管负责人、法制机构负责人进行培训，邀请专家解读《湖南省行政程序规定》，下发《岳阳楼区贯彻实施〈湖南省行政程序规定〉工作方案》《关于认真做好〈湖南省行政程序规定〉学习培训工作的通知》。认真做好规范性文件的备案、审查、清理工作，是年，审查规范性文件及其他文件100余件。清理2001年后规范性文件112件，其中宣布废止1件，有效32件，现行有效54件，重新公布的25件。对全区21个行政执法单位、546名行政执法人员进行考核持证上岗。对继续实施的91个行政许可项目进行全面清理，梳理行政许可流程，规范行政许可行为。

2009—2010年，推进政府法制建设。规范性文件违法和不当率，以区政府为被告的民事与行政诉讼案件，以区政府为被申请人的行政复议，办理的行政复议案件撤销、变更率，涉及行政执法的信访案件等5项全部为零。

2011年，区法制办在城市管理、征地拆迁、招商引资等方面为区政府决策提出法律意见建议书60余件次，审查修改各类合同文件70余件次，审查“三定”文件50多件，为区政府及各部门、各乡、街道办事处审查合同标的额10亿多元。

2012年，区政府按照《湖南省行政程序规定》要求，印发《岳阳楼区重大事项稳定风险评估暂行办法》，对各类会议纪要认真把好涉法事项审核关，全面落实规范文件“三统一”制度，区政府及部门所发规范性文件全部实行统一登记、统一编号、统一发布。区行政效能考核，依法行政的分值占比由25%提高到30%。

第三节 调查研究

2005年初，区政府经济研究室围绕全区改革发展稳定，确定发展民营工业、服务大厂、社区建设等重点调研专题，撰写调查报告5篇，所提意见均得到相关部门领导的重视和采纳。

2006年，确定发展循环经济、提升政府公信力、区划调整、财税体制调整、控建拆违、和谐社区建设等重点调研课题，先后撰写调查报告12篇。10月，配合市人大和环保等部门开展环南湖周边水环境调研，撰写《南湖水质污染情况调研报告》。

2007年，确定和谐建设系列调研课题，撰写调研报告14篇，在国家、省、市相关刊物上刊载8篇。

2008年，确定推进区域新型工业化、对接“两圈”城市群、落实科学发展观、规范行政行为、控违拆建等重点调研课题，撰写调查报告10篇。对岳阳火车站等11家铁路驻岳机构、15个居委会进行走访，撰写《关于城区内驻岳铁路机构及相关情况的调查》。

2009年初，确定经济发展、“五创”提质、社会管理、控建拆违、和谐社区等重点调研专题，撰写调查报告12篇。

2011年，围绕经济社会发展中的重点、热点、难点和焦点问题，开展专题调研20多次，撰写各类调查报告30多篇，如《大力实施“一核三优”工程，着力创建“四心”精品社区》等。

2012年，围绕城市管理、社区建设、招商引资、产业发展、税收征管等重大问题，开展调查研究20多次，撰写调查报告40多篇，推行“一个项目，一个方案，一名区级领导、一套班子、一抓到底”的工作新机制，确保冷水铺路三期、幕阜街、德胜北路、青年东路、安置房等重点工程建设顺利进行。

第四节 目标管理

一、南区

1984年7月中旬，南区成立落实岗位责任制领导小组。是年8—11月，全区35个单位全部建立单位和科室岗位责任制。是年，区直单位和各街道办事处分别制定相应的管理制度，在全区下发《南区机关岗位责任制考核记奖办法草案》，组织检查考试。1985年，全面修改岗位责任制，改月工作任务登记卡为《工作日志》，修改《奖罚条例》和其他各项管理制度。1986年，引进外地经验，将责任制和目标管理结合起来，对全区43个单位的岗位责任制执行情况进行检查评比，召开全区岗位责任制经验交流和表彰大会，将岗位责任制引向深入。提高了工作效率，达标率95%以上。

二、郊区

1984年，郊区38个单位有32个建立岗位责任制，并把责任制、考核制、奖励制相结合，不断完善和普遍实施岗位责任制。1988年4月，区政府发出《关于在全区推行社会治安承包责任制的报告的通知》。1990年，区政府发布《关于搞好1990年目标管理考核工作的通知》。

三、岳阳楼区

1996年，岳阳楼区政府在全区推行目标管理责任制，把年度工作计划层层分解到乡场与部门，逐级签署责任状。严格定量考核，坚持“一票否决”，并通过印发《目标管理考核方案》。2000年，引入竞争激励机制，强化工作绩效考核，奖勤罚懒，优胜劣汰，提高办事效率。2010年，印发《岳阳市岳阳楼区政府绩效评估实施方案》。2012年，区政府绩效评估由工作实绩、行政效能、满意度评价、加分及“一票否决”组成，实行定量及定性评估相结合，年度政府绩效评估总得分为工作实绩、行政效能、满意度评价得分及加分之和。评估程序由日常督促检查和年终评估组成，印发《岳阳楼区2012年政府绩效评估实施方案》。

第五节　办理议案提案

2005年，区政府共受理区人大代表建议、批评、意见59条，政府及各承办部门根据国家有关政策、法律、法规，紧密结合全区实际情况，进行认真办理，并一一向各代表作书面答复，办结率100%。其中已经解决或基本解决的22件，占37.3%；正在解决或列入规划逐步解决的32件，占54.2%；受党和国家方针政策、法律法规或客观条件限制，暂时不能解决的5件，占8.5%。收到86份代表反馈意见，满意和基本满意率100%。共受理区政协委员提案64件，全部作出书面答复，办结率100%。其中已解决或基本解决的32件，占50%；正在解决或列入逐步解决的28件，占44%；暂时不能解决的4件，占6%。收到71份委员回馈意见，满意和基本满意的70件，不满意的1件。

2008年，经区政府系统承办单位办理建议48件，全部办理回复完毕。其中财政经济类8件，政法类5件，城建城管类20件，民政保障类8件，教科文卫类5件，其他类2件。建议中所提问题已经解决或基本解决的18件，占37.5%；正在解决或列入规划逐步解决的24件，占50%；因目前条件限制或其他原因暂时不能解决的6件，占12.5%，办理结果表示满意和基本满意达100%。区政府及各部门承办区政协三届二次会议期间委员提案125件。全部提案于8月底办理完毕。提案中所提问题已经解决或基本解决的44件，占35.2%；正在解决或列入规划解决的69件，占55.2%；因目前条件限制或其他原因暂时不能解决的12件，占9.6%。办理结果表示满意或基本满意达100%。

2009年，共督促办理人大代表建议70件、政协委员提案105件，办结率、满意率达99%以上。2010年，共办理人大代表建议20件、政协委员提案25件，办结率100%，人大代表和政协委员满意率100%。2011年，共督促办理人大代表建议70件、政协委员提案105件，办结率、满意率均达99%。2012年，共督促办理人大代表建议40件、政协委员提案99件，办结率、满意率均达99%。

第三章　政事纪要

第一节　发展地方工业

中华人民共和国成立前，岳阳城区是以消费为主城镇，没有大型现代工业，仅有一个小发电厂和几个榨油、制皂、碾米厂及一些手工业小厂或作坊，共有工人102人，年产值约40万元。1956年，除二一一工厂、铁路、集材场等几个大中型国营企业外，地方工业有手工业社（组）32个。1957年底，调整合并为11个社（组），工人684人，产品82种。

1958年6月始，响应党中央全民大办工业号召，全镇各行业、各居委会在3个月内，创办大小工厂103个，有职工2080人，后合并为50个工厂，年底又合并为43个，有职工1999人。是年，全公社完成工业总产值77.69万元。1959年，完成生产总值299.5万元，1960年，完成生产总值1651.9万元，使岳阳从一个以消费为主的城镇逐步过渡到工业城镇。

1971年，大办街道、居委会两级企业，至1972年，镇、街道、居委会办工业企业发展到104个，有职工4879人，全年完成工业总产值1322万元。

1979年，有市属工业企业106个，职工1.16万人，固定资产2500万元，实现工业总产值8990万元，初步形成以轻化工业为主体的新兴城市。

1984年，南、郊两区68个企业，在基础薄弱、条件差，技术力量缺乏，人员素质差的情况下，完成工业总产值3440万元。1985年，推行厂长（经理）负责制，两区完成工业产值4400万元。1987年，区工作重心由“城市管理”转向经济工作。依托境内中央、省、市属大中型企业，采取内引外联、横向联营、生产责任承包制等措施，发展区街工业和乡镇企业，南、郊两区完成工业产值6897万元。1988年完成工业产值10046万元。1990年，南、郊两区完成工业总产值9550万元。1991年，南、郊两区完成工业产值21380万元。1992年，两区完成28950万元，1993年完成53577万元，1994年完成76994万元，1995年完成106912万元。

1997年，岳阳楼区完成工业产值3.87亿元。1999年，完成工业总产值3.9亿元。2004年，完成区工业企业全部改制。2005年，境内共有工业企业301家，其中中央、省、市属企业37家，区属企业28家，区以下企业236家。全年实现工业增加值35.65亿元。2006年，年产值500万元以上规模企业达28家，完成产值34亿元，占工农业总产值的91.39%。2008年，围绕“发展、改革、稳定”目标，主抓有效投入、注重企业培训、扩大招商引资、强化节能降耗。全年完成民营经济增加值62.8亿元，民营企业达到1261家。2009年，抓技改，壮大工业发展后劲。完成技改项目36个，投入技改资金8亿元，有效实现节能环保，区万元GDP能耗下降5%。2010年，抓项目建设，促企业做大做强。申报项目27个，争取技改资金80万元，中、小企业发展资金40万元。新增规模工业企业5家，产值过亿元企业达25家。2011年，区规模工业企业完成总产值150亿元，高新技术产值达65.8亿元。高新技术企业新增3家，达到18家。规模工业企业达42家，产值过亿元的工业企业达13家。2012年，区规模工业实现总产值160亿元，全区高新技术产值达85亿元；规模工业企业新增5家，高新技术企业新增2家，专利申请195件，专利授权110件。

第二节　实施“科技兴区”“教育强区”

1996年，区政府提出“科技兴区”“教育强区”战略思想。

一、“科技兴区”

“十五”规划期间，争取国家、省、市科技项目68个，申请专利372项，争取上级科技开发资金1120万元，连续五年被评为全国科技工作先进城区。“十一五”规划期间，科技成果转化不断加快，共组织实施国家、省、市科技计划项目134项，获专利625项。2005年，科技投入1.65亿元，实施科技项目36项，争取国家、省、市科技项目资金212万元；专利申请139件，比上年增长128%；有13项科技成果推广应用。2006年，区科技计划项目投入资金8636万元，组织实施科技计划项目27项，争取上级科技部门计划项目资金198万元，其中国家科技计划项目3项，分别列入国家新产品计划与“星火计划”；13个项目列入省新产品计划；11个项目列入区科技计划。科技专利申请92件，科技成果推广6项。2007年，区科技计划项目投入资金8786万元；组织实施科技计划项目22项，争取上级科技部门计划项目资金219万元；新增国家授权专利92件，项目总投资8786万元。2008年，共完成专利申请116件；完成各项科技投入1.44亿元；高新技术产业总产值达18.2亿元，增加值达8.44亿元；为24个科技项目争取上级部门资金297万元。2009年，依照“消除金融危机影响、促进高新产业增长”这条主线，以拓展科技合作领域、实施科技项目为抓手，引导企业应对金融危机。实现高新技术产品产值27.17亿元，有83个项目被列为国家、省、市科技计划项目，争取上级科技计划项目扶助资金526.6万元，完成专利申请148项。2010年，组织实施科技计划项目64项，争取上级资金1099.95万元；完成专利申请150项。高新技术产品总值50.2亿元。2012年，区科协与区工信局、区农林畜牧水产局、梅溪乡政府等单位举办岳阳楼区2012年科技活动周暨科技下乡活动。区科协、区工信局、三眼桥街道办事处等单位承办的岳阳市2012年科技活动周活动启动仪式在步步高广场举行，组织各乡、街道科普服务站参加科技活动周活动。发放科普宣传资料1000余份，展出科普展板18块，提供科普咨询服务60余人次。

二、“教育强区”

1996年，为推进教育事业稳步发展，共投入资金5000多万元，完成30多所学校校园和校舍改造，新建东升小学，接收18所中央、省、市属企业子弟学校，被评为全省素质教育实验先进县(区)。“十一五”规划期间，共投入3亿多元，完成东方红小学校区、洞庭湖小学、基础教育科教大楼和43所合格学校建设，维修校舍21万平方米。

1999年至2002年8月，岳阳市区企业学校（含部门办学单位）先后有25所学校从原单位剥离出来，移交岳阳楼区政府。至2005年，全区有学校65所，其中，初级中学7所，九年一贯制学校2所，小学56所。2006年，共争取、筹措资金2400万元，其中勤工俭学收入705万元。投入资金120万元用于郭镇中学寄宿制学校建设，寄宿部新改建面积1842平方米。启动九华山小学重建工程，投入资金540万元，建筑面积2800平方米。2008年，区财政预算内教育拨款18428万元，比上年增长35.7%；教育支出占财政支出比重由上年34.9%升至41.1%。投入经费1650万元，对花板桥等10所薄弱学校进行重点改造，对41所学校进行维修、添置，共装备多媒体教室8个，校园广播系统9套，校园网1个，科学室8个，计算机室18个。2009年，教育投入2.66亿元。2010年，教育投入2.78亿元。先后建设43所合格学校，区所有学校实现互联网光纤接入，在全市率先实现“班班通”。

2012年，预算内财政教育支出18527万元，比上年增长25.1%。追加经费1345万元，实现教师工资与市直学校教师“同城同酬”。先后投入3000万元，新建岳阳楼区第一所公办寄宿制完全小学郭兴小学。投入4000多万元，完成岳阳楼小学校园改造、洛王中学挡土墙等校园提质项目120余个。投入资金230万元，完成中、小学校园监控系统、区教育局中心监控室建设。投入资金270万元，对全区近30所学校现代教育技术装备进行升级改造。建设公办幼儿园12所，规范提质民办普惠性幼儿园53所，发放补助139万元。

第三节　控制人口

1979年，境内市、镇人口19.38万人。1984年，南、郊两区人口达22.52万人，比1979年净增长162%。是年，区政府颁发《关于二胎生育的暂行规定》。1985年始，南、郊两区认真贯彻计划生育法规，有计划地控制人口增长。成立区计划生育领导小组，由区长任组长，各级党政一把手亲自抓、负总责。各级党委、政府均向区政府递交计划生育工作责任状，坚持把人口计划完成情况作为考核领导干部政绩、单位双文明评比、干部评先评奖提拔晋级的重要条件。形成党政主要领导负责，主管领导主抓，部门配合抓的工作格局。1986年，区政府颁发《关于划分“主户”人员〈半边户、个体户、进城户、专长户、纯居民户〉计划生育管理范围的规定》。1987年，发布《关于加强对计划生育罚款的通知》。1988年和1989年，分别发布《关于计划生育指标申报使用的有关规定》《关于继续抓好计划生育工作的意见》。至1995年，南、郊两区人口为414630人。

1996—2006年，符合政策生育率控制为98.9%—99.2%。2007年至2009年8月，全区共施行手术16502例，上环14392例。发放纯村（居）民独生子女保健费91.66万元。“十五”期间，连续5年被评为全省优质服务先进单位。2009年10月至2010年9月，全区出生3742人，出生率6.92‰，人口自然增长率1.33‰，符合政策生育率97.73%。2011年，区人口计生局把突出基层工作作为工作重点，在全区部署2次以落实节育手术和政策外现孕补救手术为主的重点服务活动。完成各类手术2308例。2011—2012年，全区共出生4936人，出生率7.35‰，人口自然增长率2.43‰，符合政策生育率86.63‰。2012年，进一步落实联点责任制，实行网格化管理，包片包栋到人，区人口计生领导小组采取“长流水不断线”的抽样调查方式，督促工作落实到位，计划生育率为99.5%。

第四节　创建文明卫生城市

1984年，南区、郊区参加全省七市文明卫生竞赛，至1997年，连续13年夺得全省文明卫生竞赛第一名。1990年始，全力参与创建国家卫生城市活动，2003年12月，岳阳成功获得国家卫生城市称号。

2000—2005年，全区共争取和筹措资金2700多万元，完成对城区160条背街小巷改造，完成对35条、80多公里农村公路改造；农村改水改厕、沼气池建设、水电网改造、平垸行洪等工程均取得成绩。2006—2010年，投融资3.5亿元，完成五里牌东路等3条道路提质改造；筹资5200万元，修建、提质改造小街巷325条、270公里；投入5500多万元，改造农村道路113条、227公里；投入1.2亿元，改造城市低洼渍水地段，疏通、改造下水道800多处，安装便民路灯2000多盏；投入4000多万元，新建、改建社区办公用房79个；并新建东风广场健身走廊和社区文体休闲小广场10处，绿化庭院6万多平方米。2012年，完成洛王西路、长寿巷、冷水铺路一、二、三期道路油化提质改造、郭镇集镇提质改造，翻新、硬化50条道路，疏通、改造低洼渍水项目20处。是年，被授予“五创提质”工作先进单位。

第五节　招商引资

2005年，岳阳楼区政府共引进内、外资项目129个，协议引资41.99亿元，实际到位资金17.68亿元。市里核定的500万元以上项目97个，协议引资23.2亿元，实际到位资金13.5亿元。2003—2005年连续三年被评为全省招商引资先进单位。2006年，岳阳楼区招商引资立足产业兴旺，创新工作思路；延伸“二产”链条，力求深度推进；拓宽发展领域；做大做强“三产”，续建、引进项目121个，协议引进内资267284万元，到位207964万元。共引进省外境内项目28个，协议引资14.3亿元，到位资金9.9亿元。引进外资项目2个，合同利用外资617.03万美元，实际到位561.7万美元。2007年，全区引进投资额在500万元以上省外境内项目32个，累计协议引资41.86亿元，到位资金12.97亿元。全区续建和引进项目97个，累计协议引进内资54.24亿元，到位资金18.13亿元。2008年，共引进投资额500万元以上省外境内项目23个，累计协议投资38.75亿元，到位资金10.09亿元。全区续建和引进大、小项目61个，其中一产业项目2个，二产业项目7个，三产业项目50个，外资项目2个，累计协议引进内资53.97亿元，到位资金15.62亿元。2009年，引进投资额在500万元以上省外境内项目30个，累计协议引资54.36亿元，到位资金13.54亿元；续建和引进大小项目52个，其中二产业项目8个，三产业项目44个，累计协议引进内资57.37亿元，到位资金16.76亿元。2010年，按照“提速、升级、增效、惠民”统一部署和要求，加大招商引资力度。续建和引进大、小项目54个，累计协议引进内资817394万元，到位资金254136万元，其中投资额在500万元以上省外境内项目43个，累计协议引资784600万元，到位资金229772万元；省内项目11个，累计协议引资32794万元，到位资金24364万元；全区二产业项目6个，累计协议引资35500万元，到位资金17200万元；三产业项目48个，累计协议引资781894万元，全年到位资金236936万元。2011年，引进投资额在500万元以上省外境内项目43个。续建和新引进大、小项目48个，其中二产业项目4个，三产业项目44个。共内联引资16.352亿元，外资引进1310万美元，完成年计划的116.8%。2012年，新引进和续建项目55个，协议引资141.2亿元，新签约项目当年开工率达85%以上。

第四章　综合政务

第一节　安全生产工作

一、机构

1984年4月，南区、郊区劳动安全监察工作归口区劳动人事局负责。1996年4月，岳阳楼区成立安全生产监督管理办公室，为区政府办内设二级机构。

2004年4月19日，区安全生产监督管理办公室正式更名为区安全生产监督管理局（简称安监局），为正科级事业单位。内设办公室、综合法规股、安全生产监督股3个职能股室，下设安全生产监管稽查大队（正股级），核定全额事业编制2名，股级职数1名。

2005年10月20日，加挂安全生产委员会办公室牌子，为区政府直属机构。内设办公室、法规股、综合协调股、危险化学品监管股、矿山安全监管股、烟花爆竹监管股、作业场所安全生产监管股7个职能股室，核定行政编制20名。下设安全生产监察执法大队，为行政支持类事业单位，核定全额拨款编制5名。

二、宣传教育

1996年始，每年春节、劳动节、国庆节前夕，结合“安全生产月”大力开展安全生产宣传教育活动。2004年，在全国“安全生产月”活动中，区安监、交警、消防等部门深入单位、企业（门店）进行安全生产法律法规、《中华人民共和国道路交通安全法》和消防知识宣传。2006年6月11日，配合市安监局在步行街广场进行安全生产月咨询日活动，展出展板21块，就安全生产法律法规、工伤保险、职业病防治、烟花爆竹管理条例、建筑施工安全、企业安全生产等内容进行宣传。2008年，“奥运火炬传递”期间和国庆期间，对全区公众聚集场所、交通线路、烟花爆竹、非煤矿山、建筑施工现场、危险化学品领域等进行大力宣传与监督，确保奥运火炬在岳阳顺利传递和国庆节平安。2010年，开展4次集中打击行动，共查封、取缔非法储存烟花爆竹仓库11处，没收各类烟花爆竹4500余件。对中心城区14个在建项目进行检查，共下达安全隐患指令12份。对全区211家幼儿园及学校教室、围墙道路及周边安全隐患进行排查。2011年6月，在全国第十个“安全生产月”活动期间，开展“安全文化进工地、安全知识进企业、安全电影进厂矿、安全咨询进社区”的“四进”活动。共发放《建筑施工企业安全应急预案》200余份、《企业从业人员安全生产权利与义务知识手册》300余册、《专家谈安全——一堂危险化学品安全生产专家课》光碟50余张，播放警示教育片18场次，群众达2000余人。2012年，组织开展以“科学发展、安全发展”为主题系列宣传活动。区安监局、君山消防大队、区卫生局、区工信局、区教育局、君山公安分局等11个部门，设立咨询台12个，展出宣传版40余块，在步步高商业广场开展宣传咨询日活动，共向群众发放宣传资料1500余份，接收群众咨询700多人。

三、监管监察

1、专项整治

1991—1996年，全区工业企业把安全生产设备管理作为工作目标管理内容，层层分解到车间、班组，每年伤亡人数控制在省定指标之内，设备完好率在95%以上。1998—1999年，认真贯彻中共十五届四中全会精神和江泽民关于安全生产的重要指示，加大专项整治力度。2002—2004年，开展非煤矿山、危险化学品、道路和水上交通、公众聚集场所、消防安全、烟花爆竹、民爆器材等专项整治，事故起数和受伤人员均下降15.9%。2005年，对郭镇乡范围盗采矾石进行现场检查、监察120余次，下达整改令15份，炸毁非法采矿点1个，关闭砖厂1家，对省、市、区挂牌督办的16处重点隐患进行整治。2006年6月，要求全区35家非煤矿山企业全部申报办理安全生产许可证。对已申报办证但存在重大安全隐患的梅溪乡滨湖二砖厂实行强制关停。2007年，关停不符合条件非煤矿山企业3家，整改安全隐患40多处。2008年，关停不符合条件非煤矿山企业1家，整改安全隐患15处。2009年，对建筑工地违章操作、无证上岗、安全防护措施不到位等问题进行查处。排查建筑工地22个，下达整改文书18份，查处因安全措施不到位引起的工伤事故4起，从严从重追究相关人员责任。2012年，开展道路交通安全专项整治，出警4330次，查处涉牌涉证车辆400台次，查处无证无牌车辆357台次、报废车辆103台，农用车非法营运450人次，酒后驾驶100余次。

危险化学品专项整治　2004年，通过普查，确定全区有危险化学品从业单位152家（含专营及兼营门店），其中，生产企业4家，使用企业2家，经营户146家。完成对4家危险化学品生产企业的安全评估工作，重点对五里牌危险化学品经营户进行整治，下达整改通知180份，整改隐患100处。查封2家危险化学品储存仓库。2005年，强制关闭停产3家，下达整改令41份。2007年，共取缔、关闭无证或无条件经营10家，查封不规范储存仓库2家，有效整改安全隐患264处。2008年，对境内油漆、液化气站、加油站等经营单位的安全状况进行全面检查，共取缔、关闭无证或无条件经营户9家，有效整改安全隐患90多处，对8家违法经营户进行停产停业整顿。2009年，关停5家违章经营氧气、乙炔、氩气和油漆的经营门店。2012年，对五里牌、长城市场共67家油漆门店进行全面排查，对11家无任何资质经营户下达补办危险品经营许可证整改指令；对17个货物储存点、4家未及时按“三同时”要求进行申报的单位实行停产整顿，对安全生产条件不达标的富兴化工厂下达停产通知。

烟花爆竹专项整治　2004年，境内有烟花爆竹经营户800余家，大部分为无证非法经营，区政府组织开展烟花爆竹专项整治行动3次，关闭非法经营户300多家，收缴、销售烟花爆竹4车，对符合条件的82家发放经营零售许可证。2005—2009年，取缔非法经营户357家，端掉烟花爆竹非法储存点22个，缴获销毁烟花爆竹18433件，价值近50多万元。2012年，在春节、清明节、国庆节用烟花爆竹的高峰期，先后开展3次集中打击行动。出动消防车4台次、货车16台次，对梅溪桥、观音阁、学院路市场非法储存销售烟花爆竹行为进行现场集中整治，查处非法储存销售烟花爆竹窝点9个，非法储存仓库10个，收缴非法经营的烟花爆竹5000多件。

2、隐患排查治理

1985年，郊区劳动局对辖区内工业、乡镇企业进行全面安全检查，订立安全责任制，落实安全措施，改造安全隐患。1990年，郊区进行3次安全大检查，检查34家企业，查出事故隐患7处，处理重大伤亡事故2起。1991—1995年，配合市矿产管理局对非法采矿及历史遗留问题进行清理。

1996—2000年，工业部门下到车间查处解决事故隐患1300多处，组织大规模安全检查15次，查出大、小安全隐患2100多处，全部整改到位。2001—2003年，组织排查7次，整改1500多处。2004年，共排查3972个单位、企业（门店），查出大、小安全隐患1891个，整改到位741个。2005年，组织大规模安全检查8次，排查安全隐患1000余处，整改到位800多处。对梅溪桥、巴陵大桥集贸市场等6处安全隐患进行整治。2006年，开展大规模安全检查4次、各项专项行动6次，排查出安全隐患600多个，整改580多个。2007年，开展大规模安全检查8次，检查生产经营单位10500个，查出安全隐患2000多处，现场整改800余处，限期整改1600多处。2008年，开展大规模安全检查与督查6次，共排查生产经营单位8000多家，排查安全隐患1000多处，现场整改700多处，限期整改到位300多处。2009年，排查单位（企业、门店）1031个，查出占道经营、堵塞消防通道、市场私拉乱接电线、线路老化、消防设施设备不完善、危房、地基下沉开裂等安全隐患370处，下达整改指令128份，责令被查单位对352处安全隐患进行现场整改。2012年，完成非药品类易制毒化学品备案23家，换证、变更、审查办证22家，组织申报26家；进行3项专项隐患排查，共查出安全隐患17起，整改12起，关停加油站1家。对31家实心黏土砖厂加强停产后的隐患排查整治工作，排查隐患33处，整改26次。

3、安全事故

境内地处中心城区，具有人口密集场所多、大型集贸市场多、各类商业经营门店多、建筑工地多等特点，是安全事故易发地区。按照国家和省、市安监局的要求，区安监局定期进行事故情况分析和通报。2004—2012年，境内共发生各类大小安全事故1163起，死亡101人。

2004—2012年岳阳楼区安全生产事故统计

表12-3 单位：起、人、万元

年　度	事故起数	死亡人数	直接经济损失
2004	72	7	143
2005	128	4	139.32
2006	230	26	460
2007	75	2	146.6
2008	196	15	104.5
2009	252	12	314
2010	93	15	393
2011	65	11	294
2012	52	9	239
合　计	1163	101	2233.42

第二节　信访工作

一、机构

1976年11月，岳阳市成立信访科。1982年8月，更名为市信访办公室。1984年，南区、郊区政府分别设立信访科，两区区委、区政府分别成立信访工作领导小组，由区委副书记任组长。1987年，两区区直各单位与各乡、街道办事处均建立信访领导小组与信访机构，确立专（兼）职信访员。1996年，南、郊两区信访科合并成立岳阳楼区信访办公室。2002年，更名为区信访局，属正科级单位，由区委、区政府双重管理，编制7名，内设办公室、接访室、办信室、矛盾协调室、督查督办室、复查复核办。区信访工作领导小组由区委副书记及常务副区长分别担任正、副组长，负责研究处理信访工作和重大信访问题。

二、来信来访处理

中共十一届三中全会后，信访部门主要抓落实政策，解决历史遗留问题。1984年后，随着党的各项政策的落实，经济体制改革的深化，信访内容发生变化，历史申诉案件逐年下降，有关经济建设方面的来信来访逐年增加。

南区　1984年6月，南区信访科建立人民来信来访的接待、受理、立案、查办、回复制度。1985年，设立区领导干部信访接待日制度，确定每月15日为区委、区政府、区人大、区政协、区纪委领导信访日，开门挂牌接待办理群众来信来访。1986年1月，南区区委办发布《关于坚持信访接待日制度的通知》，要求各级领导坚持参加信访接待日，密切党和政府同人民群众的联系，确定每年1月均以区委办公室、区政府办名义联合发布1号文件，做好信访工作。8个街道办事处、61个居委会共调处各类纠纷491起，处理信访问题695起、化解集访苗头21起、提供信访信息41条。1993年，信访工作着重抓基层建设、基层信访干部培训，确保信访问题落实在基层，有效地控制越级上访。

南区部分年度群众来信来访处理情况

表12-4　单位：件次、人次

年　度	来信来访	立　案	查　办
1984	241	12	12
1985	478	46	46
1986	348	44	44
1987	321	44	42
1988	107	20	20
1989	160	27	27
1990	—	—	—

年　度	来信来访	立　案	查　办
1991	2210	32	30
1992	1054	18	17
1993	964	7	7
1994	—	—	—
1995	344	2	2

郊区　1984年7月，郊区区委、区政府建立每月15日为领导信访接待日的轮流值班制度。1989年，郊区信访办制定《岳阳市郊区乡（场）、区直单位信访工作达标创优考核细则》，对信访工作实行量化考核。1990年，区级领导12人轮流参加每月15日的信访接待日，专题研究信访问题并参与办案20起，接待来访群众36人次。1993年，郊区信访办将《国务院关于维护信访工作秩序的几项规定》等有关制度印发上墙，维护基层信访工作秩序，加强信访工作制度建设。1994年，郊区区委办、区政府办联合发布《引导群众逐级上访的规定》。1995年，国务院颁布《信访条例》，郊区出动宣传车6台，张贴标语、横幅154条，建《条例》宣传窗12个，其中梅溪乡组织36人的《条例》宣传小分队，分成6个小组进村进组宣传。

郊区部分年度群众来信来访处理情况

表12-5　　单位：件次、人次

年　度	来信来访	立　案	查　办
1984	565	25	25
1985	489	32	32
1986	185	41	41
1987	—	—	—
1988	264	39	39
1989	249	56	56
1990	356	32	32
1991	365	43	43
1992	283	15	15
1993	834	72	71
1994	241	98	96
1995	678	57	54

三、岳阳楼区

1997年，岳阳楼区在《湖南信访》第一期刊发《抓住信访热点，服务经济工作》《干戈化玉帛》《厂地鱼水情》《雷厉风行的管区长》等10篇文章。并根据省、市指示，对境内12家企业信访热点问题进行专题调查。制定《领导接待日制度》《领导定期研究信访工作制度》《定期报告制度》《检查督促制度》《热点问题排查制度》《群众合理化建议征集制度》《领导包案制度》《责任追究制度》。2000年，区委、区政府3次召开信访工作大会，把信访工作列入全区双文明考核，实行“一票否决”，并授予信访部门立案交办、指导督查、通报批评、监督查办、协调复议、综合管理、保护追究等7项职权。2001年，信访办成立民情专线电话中心，接听82次，做到事事有答复、件件有回音。2003年，积极推进“电子信访”工作，区、办事处、社区居委会三级初步实行信息联网，成功开通“电子信访”邮箱，接收电子邮件200多个。2005年，共接待群众来信来访649批、1932人次，其中集体上访69批、1466人次，群众来信51件，信访立案70件，件件办结。2006年，共接待处理群众来信来访519批、2162人次，其中赴京上访7批、7人次，集体上访70批、1593人次，赴市集访8批、451人次，赴区集访62批、1142人次，立案83件，办结率100%。2007年，妥善处理集体上访60批次，未发生一起矛盾激化事件。2009年，共接待处理信访群众2012批、8792人次，其中集访269批、6574人次。共处理信访案件1091件，其中处理中央、省、市、区领导批示件85件，信访立案调查终结处理80件。2010年，共接待处理来访群众1311批、6391人次，其中集访241批、4842人次，进京访40人次，处理来信107件，妥善处理信访案件307件。2011年1月至11月25日，共受理群众来访972批、2806人次，其中集体访96批、1658人次，办理省、市、区网上信箱信件85件，上级转办信件190件，全部办理结案。2012年，接待群众来访981批、4259人次，其中集体访121批、2563人次；受理群众来信106件；信访总量比上年下降8%。

第三节　史志档案

一、机构

1949—1958年，城厢区、城厢镇均未设立专门史志档案管理机构。1959年，岳州公社建立档案室，由公社党委办公室管理。1960年，岳阳市委设立档案室。1963年，城厢镇党委设立档案室。1976年，岳阳市委设立档案室。1981年，岳阳县档案科（馆）与岳阳市委档案室合并，改为岳阳市档案科（馆）。1984年4月，南区、郊区分别设立档案科（馆），属区委办管理，1988年均移交区政府办管理。1996年，南、郊两区档案科合并成立岳阳楼区档案科，属区政府办内设机构。2002年，档案科升级成立岳阳楼区史志档案局（馆），为正科级事业单位，属区政府办管理，集党史、地方志、档案三项职能于一体，内设办公室、史志股、档案股3个股室，在编9名。2012年，内设办公室、党史股、方志股、档案业务指导股、档案馆藏管理股，人员编制12名。

二、档案管理

1、档案建设

馆（室）建设 1949—1964年，城厢区、城厢镇档案由岳阳县档案馆收藏，长沙地委、湘潭地委保留部分城厢区（镇）档案。“文化大革命”时期，许多档案被销毁、烧毁。1965—1975年，岳州公社、岳阳市、城关镇档案由市档案馆移送收藏于岳阳县档案馆。

1985年3月，分别设立南区档案馆、郊区档案馆。南区档案馆先后接收原岳阳市（地辖市）南区、北区、冷水铺区城陵矶区、岳阳楼居委会及南区整党办、落实政策办、人口普查办、房屋普查办档案9个全宗900多卷，资料400多卷册。郊区档案馆库房面积40平方米，档案柜23个，先后接收档案17个全宗1576卷，资料633卷册，主要是1984年以郊区境内乡场文书档案，区委、区政府、区人大文书档案和撤销单位档案。1994年底，郊区有立档单位55个，建立档案室45个。

1997年，南、郊两区档案馆合并成立岳阳楼区综合档案馆。2002年12月，岳阳楼区有各级各类档案馆室104个，其中区综合档案馆1个，乡、街道办事处档案室14个，企事业单位档案室26个，各类机关档案室63个。共收集各类档案资料5.3万多卷册，其中区综合档案馆藏档案6532卷册，全宗59个，档案目录86卷，全引目录110卷，专题目录7卷，重要文件索引8卷。2009年12月，全区有各级建档机构210个，区综合档案馆1个；一级建档机构71个，其中乡、街道办事处档案室16个，区直单位档案室47个，垂直管理单位档案室8个；二级建档机构110多个，其中行政村档案室15个，社区居委会档案室93个；民营企业档案室29个。全区有专（兼）职档案工作人员210多人。区综合档案馆有库房2间，分别位于区政府南北两办公楼的五楼、八楼，面积160平方米，有铁质档案柜240个，木质档案柜240个，收集档案全宗75个，档案15368卷，图书资料5000多册，报刊4份：《人民日报》（1988-2009）、《湖南日报》（1988-2009）、《岳阳晚报》（1988-2009）、《中国档案报》（1988-2009）。

升级达标 80年代末，开展档案馆（室）升级达标活动。1985—1993年，郊区财政每年下拨区档案馆经费8000元。1994年，郊区7个达省三级档案室。1995年，郊区档案馆达省四级档案馆。2003年，区综合档案馆晋升为省三级档案馆，8个机关档案室晋升为省一级档案室，城区供电局档案室晋升为国家二级档案室。1996年始，区财政每年下拨区档案局档案经费8.1万元。2007年，区检察院档案室晋升为省特级档案室，国税局档案室晋升为省一级档案室。2008年，三眼桥街道办事处档案室、湖南白杨投资（集团）有限公司档案室分别晋升为省二级档案室。至2009年，区政府先后投入10多万元，加强区国家综合档案馆建设，改善档案保管和利用条件。2010年，区政府投资11万元，为区国家综合档案馆更新添置设施设备，提高区国家综合档案馆整体水平。2012年，经过库房清理、健全制度、完善台账，完成档案馆整改工作。全区有16个乡、街道办事处，65个区直单位，15个村，107个社区、81个机关全部建档，配备专室或专柜，档案实行集中统一管理；其中省特级档案室1个，省一级档案室1个，省二级档案室3个，21个单位配备密集架，区粮食局、洞庭路街道办事处、区信访局等单位对档案室进行升级改造；其中15个单位配备专职档案员，66个配有兼职档案员。122个社区（村）全部建档。

档案利用 南区、郊区期间，档案为编史修志、落实政策、确定企业性质、解决土地权益、解决纠纷等提供可靠资料。1986—1989年，南区档案馆提供利用档案约500卷次。1986—1995年，郊区档案馆为编史修志、处理各类纠纷提供利用档案1.47万人次，间接创造经济效益300万元。1987—2002年，全区共编纂档案参考资料10多种、10多万字。2004年，成立现行文件中心，开展现行文件收集利用工作，利用档案服务经济、服务民生。至2012年，全区档案馆（室）接待查档人员6万多人次，提供利用档案11万件次。

2、档案执法

1995年以前，每年开展1次档案执法检查。1996年始，加大依法治档力度，成立区档案工作领导小组，明确1名副区长分管，区史志档案局主管，归口区政府办系统；基层一级单位成立相应的档案工作领导小组，各单位明确1名副职分管，归口办公室，配备（专）兼职档案人员，加强管理。史志档案工作纳入区委常委会议事日程，纳入区人大执法工作，纳入“民本岳阳楼区”年度综合考评，专项资金纳入区财政预算，工作经费有基本保障。至2004年，进一步理顺体制，改变过去以局部推动整体的被动局面。对全区的业务指导，明确能级管理职责和岗位职责，构建工作网络，实行目标管理，开展业务培训，实行“分类指导，能级管理，以点带面，全面推进”。2005年，大力宣传《档案法》，增强法制意识。区政府将《档案法》纳入“五五”普法规划。区史志档案局坚持组织开展形式多样的《档案法》宣传月活动；举办培训班贯彻《档案法》及国家档案局8号令。是年被评为全省档案宣传工作优秀单位。至2012年，9次组织对全区机关企事业单位进行档案执法检查，对存在突出问题20多个单位发放整改通知书，限期整改，及时通报检查情况。

3、业务指导

农村、社区建档 1996年，岳阳楼区建立后着手农村、社区建档工作。2003年底，全区村级建档率100%。2004年后，按照“五有”标准规范村级档案管理，将档案工作纳入社会主义新农村建设整体规划。2005年，全区社区建档率达95%，被评为全市社区建档先进单位。2006年，采取统一标准、现场指导、典型引路、以点带面等措施，加快社区建档工作规范化步伐，社区建档率达100%。2008年，三眼桥街道办事处桃花山社区作为全市唯一社区建档示范点接受省档案局检查。2009年底，全区村级建档规范化水平全面提高。

家庭建档 2004年8月，区史志档案局会同区委组织部，金鹗山街道办事处向省档案系统科研项目评审委员会申报“《家庭档案》模本研发的战略构想”课题，为省级科研项目，2008年结题。李蕙兰编著的《家庭档案》模本由中国档案出版社出版，获中国档案学会第六次优秀成果著作类三等奖，为全国17个著作奖之一。2006年，家庭建档试点工作开始，周玲、邓红梅成为家庭建档典型示范户，金鹗山、吕仙亭、五里牌街道办事处2000多户家庭建档。2009年，岳阳楼区被评为全市家庭建档工作先进单位。

企业建档 21世纪初，启动民营企业建档工作，华夏集团档案室率先使用密集架，规范档案管理工作，有档案2000多卷册。2005年，民营企业建档工作蓬勃开展，采取典型引路、分类指导、规范管理等措施。2007年，鲁良新元等一批民营企业逐步规范档案管理，湖南白杨（投资）集团有限公司档案室晋升为省二级档案室，是岳阳市首获省二级档案室的民营企业。是年，区史志档案局被评为市民营企业建档工作先进单位。2009年，29家规模民营企业开展建档工作。

三、史志编纂

党史编修 2001年5月，成立岳阳楼区党史联络组，由42名离、退休老干部组成，组长苗富林。2010年8月，调整区党史联络组成员，顾问苗富林，组长李水泉，副组长陈荣昌，成员2人。党史联络组成员组织发动全区老同志征集党史资料，撰写回忆文章。

2001 年，区委办主持编辑出版《中共岳阳楼区历史大事记》，主要记述从 1919 年 5 月至 2001 年 12 月中共党组织在岳阳楼区的创建和发展，及城区党组织在各个历史时期贯彻中共中央路线、方针、政策，领导城区人民进行新民主主义革命和社会主义建设的重要活动、重大事件，是重要的党史资料。2002 年 10 月至 2004 年 12 月，区委办、区史志档案局、区党史联络组主持编辑出版老干部回忆录《风采忆当年》。2006 年 6 月至 2012 年，区史志档案局、区党史联络组编辑出版干部文集《激情岁月》第一、二、三、四辑。该书分领导言论、烽火年代、领导风范、创建之歌、调研集锦、人文之旅等栏目，是生动翔实的党史资料汇编。2007 年，根据省、市要求，收集整理资料，开始为编纂《中国共产党岳阳市岳阳楼区历史》做前期准备。2009 年正式启动，2010 年 8 月形成第一稿，2011 年 5 月形成第二稿，2012 年 5 月形成第三稿。全书共 3 篇、24 章、82 节、254 目，约 34 万字，记述 1921—2011 年，中共岳阳楼区地方组织创立、发展、壮大和领导境内人民进行新民主主义革命、社会主义革命与建设的历史。

地方志编纂 1987 年 7 月，南区区委、区政府决定编修《岳阳市南区志》，成立岳阳市南区志编纂委员会，胡亦任编委会主任，陈光荣任区志办主任，邓建龙为副主任、主编，并聘请高碧云、张治雄、李水泉、易癸巳、李国镇、吴庆吉、苗富林为顾问，经过 6 年时间撰写修改，1993 年 12 月由中国文史出版社出版。该志共 32 章、131 节，约 55 万字。记述南区 1840—1989 年间自然、政治、经济、文化、社会的历史与现状。被省地方志编纂委员会评为省修志成果二等奖。2008 年，开始收集资料，编纂《岳阳市岳阳楼区志》，该书设 22 篇，约 85 万字，记述 1746—2012 年岳阳楼区行政区划范围内自然、政治、经济、文化、社会的历史与现状。

2006 年，正式启动年鉴工作。至 2012 年，编辑出版《岳阳楼区年鉴》2006 卷、2008 卷、2009 卷、2011 卷。《岳阳楼区年鉴》是系统记述全区自然、政治、经济、文化、社会等方面情况的年度资料性文献。《岳阳楼区年鉴・2006》为区首部年鉴，系统记述了建区 10 年来的重要活动、重大事件，较为全面地反映 2005 年度工作。

第十三篇　人民政协

第一章　政协委员会议

第一节　岳阳市委员会

1979 年 11 月 3—10 日，政协岳阳市委员会召开一届一次会议。参加会议委员 86 人。会议听取并通过王光荣《做好人民政协工作，为促进社会主义现代化建设和统一祖国而共同奋斗》报告；选举产生政协第一届委员会。

第二节　南区委员会

1987 年 2 月 23—28 日，政协南区委员会召开一届一次会议，出席会议委员 50 人，分属 22 个界别。会议通过政治决议；选举副主席 4 名（主席暂缺），秘书长 1 名，常委 11 名。

1988 年 1 月 2—5 日，政协南区委员会召开一届二次会议，出席会议委员 71 人。会议通过政治决议和提案审查情况报告决议，增选常委 1 名。

1989 年 3 月 27—30 日，政协南区委员会召开一届三次会议，出席会议委员 74 人。会议通过有关决议，选举主席 1 名，增选副主席 1 名。

1990 年 2 月，政协南区委员会召开二届一次会议，选举产生常委 17 人，其中非中共人士 11 人。

1992 年 12 月，政协南区委员会召开三届一次会议，选举常委 19 人。

第三节　岳阳楼区委员会

一、第一届委员会全体会议

一届一次全会　1996 年 8 月 21—23 日在炮台山宾馆召开，出席会议委员 155 人。会议学习《中国人民政治协商会议章程》；听取区委、区政府领导讲话；听取当选的岳阳楼区第一届委员会主席代表常委会讲话；审议通过政协岳阳楼区一届一次会议政治决议；选举李水泉为区政协主席，选举副主席 7 人、秘书长 1 人、常委 17 人。全体委员列席区人大一届一次会议。

一届二次全会　1997 年 1 月 20—23 日在炮台山宾馆召开，大会应到委员 160 人，实到委员 142 人。

会议学习《中共中央关于加强社会主义精神文明建设若干重要问题的决议》；听取和审议区政协第一届委员会常委会工作报告、一届一次会议以来提案工作报告和提案审查报告；听取协商区政府工作报告、计划工作报告、财政预决算和执行情况报告；通过常委会工作报告、一届一次会议以来提案工作报告和提案审查报告的决议；增补6名区政协委员。会议号召：围绕发展区域经济，发动委员献计出力；着眼于建设与发展，努力推进精神文明建设；深入调查研究，认真履行基本职能；开展委、组活动，发挥政协的整体功能；维护大局稳定，积极反映社情民意；加强自身建设，努力开创政协工作的新局面。

一届三次全会 1997年12月15—17日召开，大会应到委员161人。听取和审议区政协第一届委员会常委会工作报告、一届二次会议以来提案工作报告和提案审查报告；听取协商区政府工作报告、计划工作报告、财政预算和执行情况报告；通过常委会工作报告、一届二次会议以来提案工作报告和提案审查报告的决议。同意2名常委辞职，减少4名委员，增补8名委员。表彰6个先进政协联络组（委）、19名优秀政协委员、10个优秀提案、5个提案办理工作先进单位。

一届四次全会 1999年1月17—19日在市政协会议室召开。会议学习江泽民在中共十一届三中全会二十周年纪念大会上的讲话；听取和审议区政协第一届委员会常委会工作报告、一届三次会议以来提案工作报告和提案审查报告；听取协商区政府工作报告、计划工作报告、财政预算和执行情况报告；通过常委会工作报告、一届三次会议以来提案工作报告和提案审查报告的决议。同意3名常委辞职，减少14名委员，增补15名委员，增选5名常委。表彰5个先进政协联络组、20名优秀政协委员、7个优秀提案、7个提案办理工作先进单位。

一届五次全会 2000年1月10—13日在市政协会议室召开，大会应到委员156人。会议学习中共十五届四中全会决议和江泽民在庆祝人民政协成立五十周年大会上的重要讲话；听取和审议区政协第一届委员会常委会工作报告、一届四次会议以来提案工作报告和提案审查报告；听取协商区政府工作报告、计划工作报告、财政预算和执行情况报告；通过常委会工作报告、一届四次会议以来提案工作报告和提案审查报告的决议。同意2名常委辞职，减少7名委员，增补9名委员，增选1名常委。表彰6个先进政协联络组、28名优秀政协委员、9个优秀提案、7个提案办理工作先进单位。

二、第二届委员会全体会议

二届一次全会 2001年1月8—11日在岳阳楼区机关办公楼会议室召开，大会应到委员171人。听取和审议区政协第一届委员会常委会工作报告、一届五次会议以来提案工作报告和提案审查报告；听取协商区政府工作报告、计划工作报告、财政预算和执行情况报告；通过常委会工作报告、一届五次会议以来提案工作报告和提案审查报告的决议；列席区人大二届一次会议，听取并协商讨论岳阳楼区国民经济和社会发展"十五"计划纲要。选举于其化为区政协主席，选举副主席8人、秘书长1人、常委16人。

二届二次全会 2002年1月14—17日在岳阳楼区机关办公楼会议室召开，大会应到委员171人。听取和审议区政协第二届委员会常委会工作报告、二届一次会议以来提案工作报告和提案审查报告；听取协商区政府工作报告、计划工作报告、财政预算和执行情况报告；通过常委会工作报告、二届一次会议以来提案工作报告和提案审查报告的决议；列席区人大二届二次会议。同意2名常委辞职，减少7名委员，增补8名委员。

二届三次全会 2002年12月2—5日在岳阳楼区机关办公楼会议室召开，大会应到委员170人。听取和审议区政协第二届委员会常委会工作报告、二届二次会议以来提案工作报告和提案审查报告；

听取协商区政府工作报告、计划工作报告、财政预算和执行情况报告；通过常委会工作报告、二届二次会议以来提案工作报告和提案审查报告的决议。同意4名常委辞职，减少14名委员，增补13名委员，增选2名常委。

二届四次全会　2003年12月28—31日在岳阳楼区机关办公楼会议室召开，大会应到委员171人。听取和审议区政协第二届委员会常委会工作报告、二届三次会议以来提案工作报告和提案审查报告；听取协商区政府工作报告、计划工作报告、财政预算和执行情况报告；通过常委会工作报告、二届三次会议以来提案工作报告和提案审查报告的决议。同意2名常委辞职，减少1名委员，增补11名委员，增选1名秘书长、4名常委。

二届五次全会　2005年1月10—13日在岳阳楼区机关办公楼会议室召开。听取和审议区政协第二届委员会常委会工作报告、二届四次会议以来提案工作报告和提案审查报告；听取协商区政府工作报告、计划工作报告、财政预算和执行情况报告；通过常委会工作报告、二届四次会议以来提案工作报告和提案审查报告的决议；列席区二届人大五次会议。同意1名常委辞职，减少13名委员，增补13名委员，增选1名常委。表彰4个先进政协联络组、32名优秀政协委员、5个优秀提案、5个提案承办先进单位、5名提案办理先进个人。

三、第三届委员会全体会议

三届一次全会　2006年8月28—30日在岳阳楼区机关办公楼会议室召开，大会应到委员183人。听取和审议区政协第二届委员会常委会工作报告、二届五次会议以来提案工作报告和提案审查报告；听取协商区政府工作报告、计划工作报告、财政预算和执行情况报告；通过常委会工作报告、二届五次会议以来提案工作报告和提案审查报告的决议；列席区三届人大一次会议。选举王文军为第三届委员会主席、6名副主席、1名秘书长、22名常委。

三届二次全会　2007年12月3—6日在岳阳楼区机关办公楼会议室召开。听取和审议区政协第三届委员会常委会工作报告、三届一次会议以来提案工作报告和提案审查报告；听取协商区政府工作报告、计划工作报告、财政预算和执行情况报告；通过常委会工作报告、三届一次会议以来提案工作报告和提案审查报告的决议；列席区三届人大二次会议。减少9名委员，增补27名委员，增选4名常委。表彰7个先进政协联络处、24名优秀政协委员、5个优秀提案、5个提案承办先进单位、5个提案办理先进个人。

三届三次全会　2008年12月28—30日在岳阳楼区机关办公楼会议室召开，大会应到委员219人。听取和审议区政协第三届委员会常委会工作报告、三届二次会议以来提案工作报告和提案审查报告；听取协商区政府工作报告、计划工作报告、财政预算和执行情况报告；通过常委会工作报告、三届二次会议以来提案工作报告和提案审查报告的决议；列席区三届人大三次会议。减少9名委员，增补16名委员，增选3名常委。表彰6个先进政协联络处、30名优秀政协委员、5件优秀提案、5个提案承办先进单位、5个先进个人。

三届四次全会　2010年1月5—7日在岳阳楼区机关办公楼会议室召开，大会应到委员219人。听取和审议区政协第三届委员会常委会工作报告、三届三次会议以来提案工作报告和提案审查报告；听取协商区政府工作报告、计划工作报告、财政预算和执行情况报告；通过常委会工作报告、三届三次会议以来提案工作报告和提案审查报告的决议；列席区三届人大四次会议。表彰8个先进政协联络处、5名优秀政协联络处主任、34名优秀政协委员、5个优秀提案、5个提案先进承办单位、5个提案办理先进个人、4 个特派监督工作先进单位、8 名优秀特派监督员。

三届五次全会 2011 年 1 月 4—6 日在岳阳楼区机关办公楼会议室召开。听取和审议区政协第三届委员会常委会工作报告、三届四次会议以来提案工作报告和提案审查报告;听取协商区政府工作报告、计划工作报告、财政预算和执行情况报告;通过常委会工作报告、三届四次会议以来提案工作报告和提案审查报告的决议;列席区三届人大五次会议。同意 2 名常委辞职,减少 4 名委员,增补 18 名委员,增选 5 名常委。表彰 8 个先进政协联络处、5 个提案承办先进单位、4 个特派监督工作先进单位、5 名优秀政协联络处主任、34 名优秀政协委员、8 名优秀特派监督员、17 名经济建设先进个人、5 个提案办理先进个人、5 个优秀提案。

四、第四届委员会全体会议

四届一次全会 2012 年 11 月 17—20 日在岳阳楼区机关办公楼会议室召开,大会应到委员 255 人。听取和审议区政协第三届委员会常委会工作报告、三届五次会议以来提案工作报告和提案审查报告;听取协商区政府工作报告、计划工作报告、财政预算和执行情况报告;通过常委会工作报告、三届五次会议以来提案工作报告和提案审查报告的决议;列席区四届人大一次会议。选举王梦华为第四届委员会主席、5 名副主席、1 名秘书长、25 名常委。表彰 10 个先进政协联络处、5 个提案承办先进单位、5 个特派监督工作先进单位、8 个优秀政协联络处主任、34 名优秀政协委员、8 名优秀特派监督员、5 名提案办理先进个人、5 个优秀提案。

第二章 组织机构

第一节 常务委员会

1979 年,政协岳阳市第一届委员会成立。1986 年 6 月,市委批准成立政协南区委员会。郊区因人口少,界别少,没有成立政协,其工作由郊区统战部负责。至 1996 年 4 月,南区政协共选举产生 3 届常委会。第一届有常委 15 人,第二届有常委 17 人,第三届有常委 19 人。1996 年 4 月,南、郊两区政协合并成立岳阳楼区政协。至 2012 年,共选举产生 4 届常委会。

政协岳阳市第一届常委会委员名录

主 席: 周保龙 李怀芝 张玉琦

副主席: 张福茂

常 委: 王光荣 文家驹 杨兴汉 吴晓霞 袁 浚
徐长庚 裴 敬 樊友芝 廖莘耕

政协岳阳市南区一至三届常委会委员名录

（按姓氏笔画排列）

第一届

刘应凯 吴庆吉 吴守江 李英达 杨尧峰 胡成元 陶孟璜 敖发原 梁启铿 童开国
喻文星 蒋治才 程予钦 蔡炳钧 谭平平 蔡明谱 戴宝萍

第二届

王承佑 刘应凯 刘渝芬 朱小露 吴庆吉 吴家文 严克谐 李晓梅 张炎元 陶孟璜
梁启铿 童开国 蒋治才 程予钦 蔡炳钧 谭平平 魏国根 戴宝萍

第三届

万北景 文光楚 兰定国 朱兰英 刘渝芬 吴庆吉 李永珠 陈 文 吴家文 汪瑞瑾
杨 俊 杨尧峰 杨雍钦 杨长发 周铁军 胡兰桂 费异常 童开国 戴烈光

政协岳阳市岳阳楼区一至三届常委会委员名录

第一届

王天一 文光楚 叶迪泉 兰定国 刘衍清 刘渝芬 刘寒光 刘方平 任晓波 邬炳鑫
江淑义 李 峰 李水泉 李平霞 李永珠 杨长发 杨中安 张世友 张湘闽 周务农
郑冷横 周述佩 赵湘华 范雄建 姜郁松 费异常 段德森 徐载满 曾和平 谢智慧
廖德保 廖庆其 戴烈光

第二届

于其化 方正秋 邓群政 仇国辉 刘方平 刘 刚 刘寒光 任晓波 李 玲 李平霞
李 峰 李应征 张世友 杨长发 何柏松 吴怡红 刘岸芳 陈松梅 陈石军 罗文彬
周石山 周述佩 范建雄 钟文蒙 胡文超 施 敏 郭跃佳 黄若红 曾和平 雷向红
廖庆其 黎千驹

第三届

王文军 王德华 王令辉 邓群政 仇国辉 付 萍 刘岸芳 刘惠利 许重农 许聪明
邓晓玲 苏菊辉 李 利 陈 龙 陈晓兰 陈松梅 李全学 肖 辉 陈金星 杨骅罡
林 辉 欧正良 罗文彬 郑绍华 柳继良 周 灵 周 瑜 胡小秋 姚正全 郭跃佳
袁公平 袁小文 秦 伟 戚国祥 彭岳斌 彭 魏 鲁 克 雷向红 廖庆其

第四届

方新辉 邓晓玲 刘晓红 许聪明 苏 甜 苏菊辉 李 勇 李水平 李白薇 李全学
杨 波 杨 峰 肖 辉 邹宏发 张 强 张泽民 陈晓兰 周生平 胡维岳 洪国明
秦 伟 晏 琴 徐晓浪 曹 勇 彭 魏 黎雄兵

政协岳阳楼区历届常务委员会正、副主席名录

表 13-1

届 别	姓 名	籍 贯	职 务	任职时间
第一届	李水泉	江西	主 席	1996.08—2001.03
	王天一	湖南岳阳	副主席（兼）	1996.08—2001.03
	叶迪泉	湖南益阳	副主席	1996.08—2001.03
	刘渝芬	湖南岳阳县	副主席（兼）	1996.08—2001.03
	李平霞	湖南岳阳	副主席	1996.08—2001.03
	李永珠	云南	副主席	1996.08—2001.03
	段德森	湖南岳阳	副主席（兼）	1996.08—2001.03
	戴烈光	湖南岳阳	副主席（兼）	1996.08—2001.03
	兰定国	湖南岳阳	副主席	1996.08—2001.03
	李 峰	湖南岳阳	副主席	1996.08—2001.03
第二届	于其化	湖南汨罗	主 席	2001.03—2006.08
	李平霞	湖南岳阳	副主席	2001.03—2006.08
	李 峰	湖南岳阳	副主席	2001.03—2006.08
	杨长发	湖南华容	副主席（兼）	2001.03—2006.08
	何柏松	湖北监利	副主席	2001.03—2006.08
	施 敏	浙 江	副主席（兼）	2001.03—2006.08
	黎千驹	湖南长沙	副主席（兼）	2001.03—2006.08
	郭跃佳	湖南岳阳	副主席（兼）	2001.03—2006.08
	方正秋	湖南岳阳	副主席（兼）	2001.03—2006.08
第三届	王文军	湖南岳阳	主 席	2006.08—2012.11
	郭跃佳	湖 南	副主席（兼）	2006.08—2012.11
	姚正全	湖南岳阳	副主席	2006.08—2012.11
	王德华	湖南岳阳	副主席	2006.08—2012.11
	袁公平	湖南岳阳	副主席	2006.08—2012.11
	邓群政	湖南岳阳	副主席（兼）	2006.08—2012.11
	袁小文	湖南临湘	副主席（兼）	2006.08—2009.01
	刘岸芳	湖南岳阳	副主席	2009.01—2012.11

届　别	姓　名	籍　贯	职　务	任职时间
第四届	王梦华	湖南岳阳	主　席	2012.11—
	张雪梅	湖南岳阳	副主席	2012.11—
	袁公平	湖南岳阳	副主席	2012.11--
	邓群政	湖南岳阳	副主席（兼）	2012.11—
	刘岸芳	湖南岳阳	副主席（兼）	2012.11—
	吴怡红	湖南岳阳	副主席	2012.11—

第二节　专门委员会

1987年，政协南区常委会设立学习委员会、联络委员会、提案委员会。1988年1月，联络委员会更名为工作组委员会。1989年3月，设立办公室、法制群团委员会、经济委员会、文教卫体委员会、提案委员会。1991年3月，设立办公室、学习委员会、提案委员会、文史资料委员会、经济委员会、祖国统一联谊委员会、文教卫体委员会、法制群团委员会。1996年8月，岳阳楼区政协设立经济科技委员会，法制群团委员会，文教卫体委员会，学习文史委员会，祖国统一、对外联谊委员会、提案委员会。

第三节　工作组

1987年2月25日，政协南区一届一次会议通过《关于政协岳阳市南区委员会机构设置的意见》，决定在南区政协联络委员会指导下，设统一祖国工作组、科技工作组、教育工作组、文化体育工作组、医药卫生工作组、社会工作组6个工作组。1988年1月，政协南区一届二次会议决定，将联络委员会更名为工作组委员会、增加工商工作组，统一祖国工作组更名为祖国统一工作组，文化体育工作组改名为文体新闻工作组。1989年3月，政协南区一届三次会议决定，将三委七个工作组调整为二委七个工作组，即学习委员会、提案委员会；工商组和科技工作组改名为工商科技工作组，增加个体私营经济工作组。1990年3月，政协南区第二届一次常委会决定设立一办、四委，法制群团委员会下设社会工作组、祖国统一工作组、学习指导小组；文教卫体委员会下设医卫工作组、教育工作组、新闻文体工作组、文史工作组。

第四节　政协委员联络小组

1989年3月，政协南区第十一次常委会研究决定，报区委同意，以办事处为单位将所在地区政协委员组织起来，成立南区政协委员联络小组，分为城陵矶办事处联络小组、冷水铺办事处联络小组、五里牌办事处联络小组、东茅岭办事处联络小组、金鹗山办事处联络小组、吕仙亭办事处联络小组、解放路办事处联络小组、洞庭路办事处联络小组、区直机关联络小组。1996年8月，经政协岳阳楼区一届常委会一次会议决定，设立五里乡联络组、梅溪乡联络组、郭镇乡联络组、洞庭乡联络组、北港乡联络组、知青场联络组、洞庭街道办事处联络组、解放路街道办事处联络组、吕仙亭街道办事处联络组、金鹗山街道办事处联络组、东茅岭街道办事处联络组、五里牌街道办事处联络组、冷水铺街道办事处联络组、城陵矶街道办事处联络组等14个联络组。2002年1月，政协岳阳楼区二届二次会议期间，设立金鹗山办事处政协联络组、岳阳楼办事处政协联络组、东茅岭办事处政协联络组、城陵矶办事处政协联络组、冷水铺办事处政协联络组、吕仙亭办事处政协联络组、三眼桥办事处政协联络组、五里牌办事处政协联络组、五里乡政协联络组、梅溪乡政协联络组、北港乡政协联络组、知青场政协联络组、洞庭乡政协联络组、郭镇乡政协联络组等14个联络组。2002年12月，政协岳阳楼区二届三次会议期间设立五里乡政协联络组、北港乡政协联络组、知青场政协联络组、洞庭乡政协联络组分别改为新路口政协联络组、北港办事处政协联络组、洛王办事处政协联络组、洞庭办事处政协联络组。2006年9月，政协岳阳楼区三届一次会议期间设立16个联络组，新增站前路街道办事处政协联络组、经开区政协联络组。2007年，政协工作组、联络组统一更名为政协联络处，设立16个政协联络处北港办事处政协联络组更名为奇家岭街道办事处政协联络处，冷水铺办事处政协联络组更名为望岳路街道办事处政协联络处，新路口政协联络处更名为枫桥湖街道办事处政协联络处等。2008年，设立17个联络处，新增王家河办事处政协联络处。

第三章　职能行使

第一节　政治协商

1979年，岳阳市政协成立后，组织各界委员定期列席人大会议，听取政府工作报告并提出建议和意见。1984—1995年，南区区委、区政府就全区政治、经济等方面的文件制定、人事任免主动征求区政协意见。

1996年，在区政协一届二次常委会议上协商通过《政协岳阳市岳阳楼区委员会关于政治协商、民主监督的暂行规定》。1999年7月，区政协召开常委扩大会，就房产税、零散税征缴现状反映出的体制问题进行专题协商。写出《从房产税、零散税征缴中的问题看理顺体制、加强管理的紧迫性》调查报告，得到市政协、区委的充分肯定。2000—2006年，区委召开专题协商政协常委会议2次，区委、区政协领导参与政协全会小组讨论5次，参加政协常委会20余次，征求意见、通报情况近100次。区委研究解决乡、办事处政协联络组组长的职级待遇等问题。至2006年，区委先后到区政协召开主席会议听取意见3次，与政协党组协商通报情况4次，个别征求正、副主席意见10余次。2007—2012年，历次政协全会，委员们都以分组讨论、撰写提案、反映社情民意、大会发言等形式围绕区政府工作报告及区经济社会建设中的热点、难点问题建言献策，共向区委、区政府提出建设性意见、建议320多条，许多建议、意见得到办理落实；共召开8次专题协商常委会议，审议通过8份建议案。

第二节　民主监督

1984年始，南区政协通过参加会议、聘请特约监督员、征集社情民意、调查、视察、检查、评议、提提案以及委员举报等形式进行民主监督。

1987年6月13日，南区政协教育工作组就区属9所小学的教师工作条件与生活待遇问题进行调查。是年，对城市个体户雇请女帮工问题进行调查并向有关部门反映得到处理，使女帮工的合法权益受到保护。1989年9月，南区政协对全区范围内个体私营经济现状进行调查，写出《关于重点发展南区个体私营经济的调查》，提出发展个体私营经济的5条建议。1990—1994年，先后对绿化、区街企业、居委会、干部福利待遇、劳教劳改释放人员就业、打击卖淫嫖娼活动等进行专题调查。1996年，岳阳楼区政协组织委员对区直企业改革现状进行视察，针对区直企业在改革中存在的主要问题提出要加强与市、区各部门的工作协调，加强与驻区大厂的协作，加大招商引资力度，加大资金投入力度等建议。1997年，组织委员针对“乱收费”屡禁不止、个体工商户负担反弹问题进行专题视察调查。重点调查观音阁等8个集贸市场、20多户个体工商户和私营企业主，召开5次座谈会，收集各种意见、建议270多条。1998年，组织委员对区城管办、君山公安分局、市国税一分局、君山工商分局等13个行政执法部门的工作进行评议，发放调查问卷1000份，走访群众132人次，召开各类座谈会14个。至1999年，岳阳楼区政协组织委员开展视察监督活动16次；共向区检察院、法院、城管、税务等部门推荐18位委员担任部门执纪执法监督员，监督部门工作。2000—2006年，区政协先后选派38名政协委员分别担任公安、工商、教育、交警、法院、检察院的特约监督员，共开展调研视察活动32次，听庭15次，参与陪审8次，进行民主评议6次。2006—2007年，成立由56名委员组成的14个特派监督小组，分别派驻到君山公安分局、区检察院、区法院、君山工商分局、区教育局、区民政局、区财政局、区税务、区劳动人事局等14家单位。2007—2012年，不断完善社情民意的征集、报送、跟踪督办与反馈机制，共采集各类信息175条。2012年，分别对区计生局、区城管局、区禁违拆违治违办公室、征收安置局等部门增派监督员16人。

第三节　参政议政

1996—1999年，区政协一届一次至五次会议期间，共举行全体会议5次，常委会议24次，主席会议38次，各民主党派、工商联负责人及“三胞”亲属等各类座谈会12次。先后协商讨论区政府“九五”计划和2010年远景目标纲要，每个年度的政府工作报告、计划工作报告和财政预决算报告，对全区大政方针的制定和实施提出重要意见和建议。组织委员开展视察调查共28次，形成调查报告23份、建议案1份。报告中提出的意见、建议和批评，大部分被区委、区政府采纳。2000—2006年，通过口头、书面或会议形式向各级各部门反映社情民意600多条次，提出提案636件。其间：2002年，召开民情报告会，由区政协委员就群众关心的社会热点、难点和政府部门工作的缺点、弱点问题进行专题发言，邀请区委、区人大、区政府及相关部门的主职领导当面听取意见，并要求相关部门的主职领导现场解答有关问题。2011年始，区政协围绕“四三六”工程任务和要求，开展专题调研工作，破解发展难题，献发展良策。2012 年 7 月，区政协将食品安全专题调研作为年度重点工作，组织开展走访调查并形成调研报告上报区委。至 2012 年，共完成调研报告 39 篇，其中 6 篇评为优秀调查报告，提出的意见和建议大部分都被采纳。

第四节 提案办理

南区政协一届一次全会共收到委员提案 63 件，一届二次全会收到 84 件，一届三次全会收到 64 件。经整理合并，3 次全会共立案 142 件，其中 40 件属上级单位承办，南区承办的 102 件，均已承办完毕。对一届一次全会李晓庆提出“解决城市街道居民子弟当义务兵期间优抚费”问题的提案，1987 年，区政府颁发《岳阳市南区政府关于做好城市义务兵家属优待工作的通知》。是年 12 月 11 日，召开义务兵家属优抚兑现大会，为第一批 480 户义务兵家属发放优抚金 9.6 万元。1995—1999 年，共收到委员提案 415 条，立案 342 件，交市政协委员转提 45 件，其余 28 件作为委员来信处理。立案的 342 件提案已办复，办复率 100%，其中列为 A、B 类的 285 件，提案落实率 83.3%，委员满意率 90% 以上。342 件提案中，涉及经济建设方面的 153 件，占 44.7%；科教文卫体方面的 82 件，占 23.9%；党群、政法、劳动等方面的 107 件，占 31.4%。其中一部分提案被区委、区政府采纳。如《切实改善厂地关系》《整顿观音阁市场秩序》《加强全区农电管理工作》《坚决制止联防队员单独执法》等均已付诸实施。其间：1996 年，对韩红委员提出的《东风广场必须专管专用》提案，区委、区政府召开现场办公会，成立东风广场管理办公室，提出整治东风广场的具体措施；1998 年，对田德年等 3 名委员提出的《进一步规范定点屠宰》提案，被列为当年重要提案予以督办，组织提案人与区财办负责人一起连续一个星期开展夜间稽查，收缴病死肉品，打击私屠滥宰行为，规范定点屠宰。2000—2006 年，共收到委员提案 636 件，立案 437 件，交市政协委员转提 95 件。所有提案办复完毕，已解决或基本解决的 242 件，占 55.4%；正在解决或已列入工作计划逐步解决的 133 件，占 30.4%；因客观条件不能解决的 62 件，占 14.2%；委员满意率 91.6%。2007—2012 年，共收到 1022 件提案，立案 931 件，立案率 91%，交市政协委员转提 169 件。涉及经济发展方面的 107 件，占 14%；社会事业保障方面的 97 件，占 12.7%；城市建设管理方面的 210 件，占 27.6%；教科文卫方面的 160 件，占 21%；法制综治纪检监察方面的 117 件，占 15.4%；其他方面的 71 件，占 9.3%。所有提案全部办复完毕，满意率 95%。

第五节 文史征研

南区政协未成立文史资料委员会。1988 年，组织委员向中央、省、市政协文史刊物提供资料 10 篇、照片 4 张，被录用稿件 5 篇，其中中央级 1 篇、市级 4 篇。1996 年，岳阳楼区政协学习文史委员会撰写各类材料 23 份，在省、市报刊发稿 20 余篇。1997 年，征集文史资料 21 万字；完成《岳阳楼区文史资料第一辑》编撰工作。1998 年，征集史料 56 篇、30 多万字。1999 年，《人民政协报》2 次刊发区政协文章，省政协《湘声报》多次刊载区政协消息、调查报告和理论文章。2005 年，征集史料 15 万多字、图片 20 多张，撰写《岳阳楼区近代历史文化名人录》10 余万字，为省政协提供稿件 2 篇、6000 多字，为市政协及各新闻媒体提供稿件 4 篇、1 万多字，编印《政协信息》1 期，摘编文章 12 篇、

1万多字，设《会议专栏》《大事摘要》《委员足迹》等栏目，内容涉及经济、社会、发展等方面。2006—2007年，区政协为省政协出版《湖南百年老照片》征集文史资料。编印《政协信息》3期，摘编文章7篇。2008年，区政协退休干部、文史委原主任邓建龙收集整理抗日战争时期老照片300多幅；为宣传政协委员中优秀事迹，撰写报告文学1篇在市政协编辑出版的《湘商岳家军》发表。2011—2012年，区政协学习文史委参加省政协《锦绣潇湘》的《巴陵胜状》（岳阳楼区卷）文史资料的编撰工作；先后参加市政协组织的《湘商岳家军》、市政府组织的《岳阳故事会》等文史资料的编写工作。

第六节　“三胞”联谊

1988年，南区政协对政协委员中的“三胞”亲属进行摸底，委员中在香港、澳门、台湾地区及国外的亲友共有900多人，全区有“三胞”亲属2828人；区政协领导走访台属125户，组织对台“寻人启事”8起，受理“寻人启事”12起，接待回大陆探亲台胞50多人。1996年，岳阳楼区政协印发《关于编印岳阳楼区籍寓外人士通讯录的通知》，广泛收集岳阳楼区籍寓外人士名单。1997年，收集寓外人士通讯名单3700多人。1999年5月18—21日，举办湘鄂赣边境毗邻县（市）区政协联谊会第二十一次会议。是年6—9月，开展“庆国庆、迎回归”纪念征文活动，共有9件征文作品获奖，其中3篇选送省、市报刊发表。2002年，各联络组组织政协委员围绕“报国爱乡”活动，走访“三胞”亲属20余次。2004年，看望生活有困难的“三胞”亲属，吕仙亭街道办事处政协联组委员上门慰问台属马必为，促成民政部门将付学文等3户生活有困难的港属纳入低保。2005年，走访“三胞”华侨、侨眷30多人，帮助解决实际困难28个。2007年，进一步建立和完善《联系走访“三胞”制度》《政协联谊制度》。2008年，共走访“三胞”及其家属20多人，帮助解决生产生活问题5个。2012年，全区共有登记注册华侨华人116人，侨眷侨属3361人，台资企业6家，定居台胞13人，台籍居民17人，暂住台胞117人，台属417户、1700余人。区政协与香港、澳门、台湾地区商户及各阶层人士联络联系，加强与出国留学生的联系，开展为“侨”服务活动，走访“三胞”及其家属，帮助“三胞三属”解决生产生活中的难题。

第十四篇　其他党派·群众团体

第一章　民主党派·工商联

第一节　中国国民党革命委员会岳阳楼区总支

1997年11月，民革岳阳楼区支部成立，有党员4人。2006年，发展为岳阳楼区总支，下设3个支部，有党员39人。至2012年，有党员51人，其中大专以上文化38人，占党员总数的88%，平均年龄43岁，主要由公务员、教师、医务工作者、法律工作者、私营业主等构成。

2004年、2010年，被民革中央评为全国先进基层支部，2008年，被民革省委评为抗震救灾先进基层支部。

政治学习　支部每年按计划组织新党员培训班、时事座谈会等多种形式的学习。2005年，邀请专家讲授《反分裂国家法》及中国台湾地区相关知识。2007年，先后对全国"两会"精神、孙中山革命精神、中共十七大精神、"坚持中国特色社会主义道路"等内容组织学习。2008年，3名党员参加民革省委在省社会主义学院举办的新任人大代表、政协委员培训班学习。2009—2012年，有8名党员到岳阳市委党校、省社会主义学院培训学习。

参政议政　1998年，1名党员选为区政协常委、3名党员当选为区政协委员。1999年，党员提交的《关于解决城乡教师一区二制待遇的建议》受到区委、区政府重视，并得到解决。2000年，党员提交《取消对抗、化解群众矛盾的建议》《关于解决城区中小学生横跨马路交通安全的建议》。2006年，3名党员当选为政协岳阳楼区第三届委员、1名党员当选为常委、2名党员被聘为特约监督员。党员欧阳拥军提交的《关于废止向房屋交易买受人收取价格金相关规定的提案》被市政府采纳。2008年，由总支组织撰写的调研报告《关于我市城镇居民医疗保险体系建设的调查与思考》，获民革省委调研报告二等奖、岳阳楼区调研报告评比二等奖。是年，1名党员被补选为市政协委员，1名党员被补选为区政协委员。2012年，8名党员被选为区政协委员（其中3名区政协常委），3名党员当选为市政协委员（其中1名市政协常委），党员提交《请还我们一个完整、文明、美丽的琵琶王立交桥》《优化青少年成长环境》等被市政府及相关部门采纳。

公益事业　1998—1999年，党员为抗洪救灾捐赠衣物200多件、现金3500元。2001年，党员陈皓拿出自己公司的产品义卖，所得1.4万元现金全部用于助学和作为贫困地区教育基金。2002年，总支捐赠梅溪乡监申桥小学7名困难学生学费，为华容县东山镇牌坊小学捐书2000多本。2007年，多名党员利用自办的经济实体为社会提供就业岗位近100个。2008年5月，组织党员为汶川地震募捐，筹集资金10050元，通过市慈善总会捐向灾区，党员曾斐发动全园教职员工捐款1.46万元，通过区教育局捐向灾区。2009年4月，参与区委统战部举办的"党派联社区、共建促和谐"活动，在联点社区开展法律服务、医疗服务等活动10多次。2012年，到岳阳县张谷英镇天龙村敬老院看望孤寡老人，到岳阳楼区残疾人日间照料中心看望残疾人，向“郑同国爱心基金会”等共捐款1.5万多元，捐书1000多册。党员程岳新长期坚持爱心助学，赞助平江县冬塔乡2名学生，总支每年对冯张海、孙相蓉2个小朋友进行捐资助学。

第二节　中国民主同盟岳阳楼区支部

1997年7月，民盟岳阳楼区政府机关支部第一届支委成立，有盟员8人，曾和平任主委、袁小文任副主委。2001年11月，换届选举产生民盟岳阳楼区政府机关支部第二届支委，李岳君任主委、陈晓兰任副主委，有盟员13人。2006年7月，换届选举产生民盟岳阳楼区政府机关支部第三届支委、陈晓兰任主委、唐国华任副主委。至2012年，盟员发展到15人。

政治学习　1998年9月，支部成员集中观看电视专题片《肝胆春秋》。2002年，集中观看厉以宁教授《我国加入WTO后湖南经济发展态势》讲座录像。2006年12月，组织全体盟员集中学习中共十六届六中全会精神。2007年12月，组织全体盟员在汉森宾馆参加民盟市委组织的中国民主同盟十大精神报告会。2008年6月，组队参加民盟市委组织的政治交接学习教育活动抢答赛，获团体三等奖。11月，组织盟员参加民盟市委组织的“明达杯”演讲比赛。支部出资征订《湖南联合》《人民政协报》《学习与参考》《湘声报》《群言》等报刊杂志。2012年，组织和选派部分盟员外出考察学习，并先后组织全体盟员到毛泽东故居、任弼时故居、雷锋纪念馆、平江起义旧址参观学习，选派3名盟员到云南闻一多居住旧址等地缅怀先烈，接受革命传统教育。

参政议政　盟员曾和平先后担任政协岳阳市第三届、第四届委员，政协岳阳楼区第一届、第二届常委，岳阳楼区工商联主席，岳阳市工商联常委。在此期间，提交提案36份、调研报告26篇，出具《按经济规律办事》建言献策专著一部。2001年4月13日，民盟支部在市一医院发放《婚姻法》《劳动法》和社会保障、计划生育等法律政策宣传资料1200多份，接待咨询100多人。2012年，组织盟员在王家河办事处枫树新村社区开展城市管理和社区管理调研活动，并在王家河办事处枫树新村社区举办“民盟送文化进社区”活动，受到居民热烈欢迎。

公益事业　2007年9月2日，支部组织全体盟员到平江县安定镇江东村进行法律知识宣传活动。2008年，支部成员参与民盟市委和区委统战部组织的抗“冰灾”和抗震救援活动，捐款3550元，捐物约3000元。4名盟员律师为40多家民营企业先后担任法律顾问，参与调处各类纠纷50多起，为民营企业挽回经济损失近1000万元。2009—2012年，支部联点帮扶杨树塘社区，先后对弱势群体进行法律援助60多人次。

第三节　中国民主建国会岳阳楼区支部

2000年4月，民建岳阳楼区支部成立，施敏任支部主委，有会员7人。至2012年，有会员16人，其中男会员8人，女会员8人；经济界会员6人，具有中、高级技术职称的11人；有区人大代表1人、市政协委员1人、区政协常委1人、区政协委员2人。

2010年，支部被民建中央评为全国先进基层组织，2012年，支部被民建市委评为先进支部，1人被评为省优秀会员，2名会员荣记市三等功。

参政议政 2001年3月7日，区政协召开二届一次全会，支部主委施敏当选为区政协副主席，邓群政当选为委员。2006年8月，支部主委邓群政当选为区政协副主席，黄英当选为区政协委员。是年，施敏当选为区人大常委会副主任。2008年2月，邱玉强当选为市政协委员。2012年，支部向各级各部门提交《关于改善我市农村幼儿园教育环境的建议》《如何解决教育体制中存在的问题》等意见建议。

社会服务 2001年4月，支部成员深入松阳湖农场，就农业产业结构调整进行调研。2008年8月，支部整合资源，发挥优势，提高服务社会的能力。召开以"奉献爱心，从我做起"为主题的向地震灾区人民奉献爱心，缴纳特殊党费的活动。是年10月25日，支部联合劳动部门，筹划并举办以"携手民营、创业人生"为主题的区首届民营企业大型招聘会，92家用人单位入场招聘，提供岗位2500多个，求职登记3280人次，达成意向1902人，介绍成功835人。2009年，支部联点城陵矶街道办事处桂花园社区，开展"党派联社区、共建促和谐"系列活动，分别开展送岗位进社区、技能培训进社区、理财知识进社区、扶贫帮困进社区等服务。2010年，支部联点吕仙亭街道办事处三角线社区，开展"文化服务进社区"活动，为社区争取上级拨付价值5万元的文体设备。2011年，联点金鹗山街道办事处万家坡社区，开展送政策、送技能、送岗位、送服务的"四送"进社区活动，2012年，联点奇家岭街道办事处奇家社区，开展"健康知识大讲堂"活动，并向市残联康复中心残疾儿童捐款2000元。

会员风采 会员戴宝萍编排的少儿舞蹈《故乡的雨季》获2012年度湖南省群星创作表演金奖，舞蹈《浏阳河》获中国社区舞蹈比赛韩国站表演赛中老年组金奖。会员刘忠梁、黄英扩大企业规模，分别创立岳阳长宏汽车销售服务有限公司、岳阳贝仔早教机构，为社会提供40个就业岗位。

第四节　中国民主促进会岳阳楼区总支

1998年，民进岳阳楼区机关支部成立。2006年，民进岳阳楼区机关支部发展为民进区总支，下辖政府机关支部、教育支部、医卫支部。至2012年共有会员164人，分布在区直、乡、街、学校等20余个部门工作。在区委统战部和民进市委的领导和关怀下，发挥特长，凸显特点，抓住重点，适时适量地开展活动，取得一定成绩，产生了积极的社会影响。

第五节　中国农工民主党岳阳楼区支部

2004年4月，农工党岳阳楼区支部成立。至2012年，有党员27人，分属在19个单位和部门，支部主委卢四海。支部有市政协委员2人、区政协委员3人、区人大代表3人。

支部党员积极参政议政，认真开展社会实践活动，先后与区残联组织开展全市"国际科技与和平周"活动，为梅溪乡梅子市小学、白石岭小学、胥家桥小学学生体检，捐书捐款，举办知识讲座。多次协同农工党市委组织的专家医疗队到冷水铺街道、梅溪乡敬老院开展义诊咨询、知识讲座、送药下乡活动。2009年始，响应区委统战部组织开展"党派联社区，共建促和谐"活动，开展以"问需解难促发展、贴心服务进社区"为主题的走访、调研活动，走访居民120余户，现场收集意见20多条。2012年，被农工党市委评为先进基层党组织。

第六节　中国致公党岳阳楼区支部

2003年11月，致公党岳阳楼区支部成立，至2012年，有党员21人。主委刘岸芳、副主委李微微、胡维岳、苏正杰。支部党员均为本科以上学历，有中、高级职称的10人，市、区人大代表、政协委员8人。

2003—2012年，先后选派支部成员参加省、市、区组织的统战知识学习25次，组织较大规模的支部学习活动26次，人均撰写学习心得近万字，在省、市各级刊物发表理论文章20篇；围绕经济发展，改善民生、交通、卫生、社会稳定方面内容，开展调研，共提交提案30条、社情民意50多条，受到各级党委、政府的高度重视；参加各级各类扶贫帮困、捐资助学等社会公益活动，其中汶川地震组织支部成员捐款1.5万元，累计捐款5万多元；发挥党派优势，大力招商引资，引进房产、教育类项目8000多万元。

第七节　中国九三学社岳阳楼区支社

九三学社岳阳楼区支社前身是1993年9月成立的九三学社岳阳市郊区支社。2012年，有社员28人，其中男18人，女10人，高级职称8人，中级职称19人，成员分布在科技、经济、教育、卫生等战线。

1993年始，支社加强自身建设，履行参政议政、发挥人才优势，积极服务社会，有6人次任市、区人大代表、区政协常委、委员，1人任九三学社市委委员、九三学社省委经济委员。1993年后，共向市、区人大、政协提交议案、提案38件，其中"加强城市养犬管理""加强废品收购管理""关于尽快启动城区京广铁路沿线旧城改造"和"关于尽快启动'城中村'的改造"等提案建议，受到相关部门的高度重视和认真办理。专题调研报告《关于加快我区高新技术产业发展的调研报告》得到区政府的高度评价。2008年，组织医疗专家义诊23人次，接待群众500人次；送科技下乡农艺师5人，现场解答农民种养殖疑难问题50多个。2012年，先后到梅溪乡花果畈村、胥家桥村，走村串户，下到田间地头为农民朋友进行技术指导和服务，解决种养殖方面疑难问题。先后在站前路街道办事处新站社区和吕仙亭街道办事处岳港社区开展"党派联社区、共建促和谐"活动，在居委会办公楼建设、改善社区民生方面做了工作。

第八节　工商业联合会

一、机构

民国15年（1926）12月，岳阳县商民协会成立，会址设在鱼巷子原县商会内，原商会会长余云臣任会长。1927年5月，商民协会停止活动，恢复县商会。

1950年6月22日，废除原商会，成立城厢区工商联筹备委员会，筹委会成员15人，李凤麟为主任，李庆福为副主任，会址设原商会会址鱼巷子水龙公所二楼。1953年3月10日，城厢区工商联筹委会召开全县工商界第一次代表大会，成立岳阳县工商联。下设6个分会及2个办事处，城区的34个同业公会作为该会的基层组织。1960年，在县工商联基础上成立岳阳市工商联，人员编制仍是县工商联原有编制人员，两个机构，一套人员。1963年，城关镇设立工商联机构，编制2名。1966年"文化大革命"开始后，工商联机构不再存在。

1992年，南区成立工商联。1993年，郊区工商联成立。1996年，成立岳阳楼区工商联。第一任会长徐载满，第二任会长曾和平，2002年7月换届后由邓群政担任会长，两个机构，一套人员。2011—2012年，行业商会从2个增至6个；基层分会建设从无到有，成立金鹗山办事处分会。

二、代表大会

1992年9月7日，南区工商联第一次会员代表大会召开，选举产生第一届执行委员会，欧阳当选为主任委员。

1993年5月，郊区工商联第一次会员代表大会召开，选举产生第一届执行委员会，徐载满当选为会长。

1997年5月8日，岳阳楼区工商联第一次代表大会召开，选举工商联执行委员会，曾和平当选为会长。

2002年7月11日，岳阳楼区工商联第二次代表大会召开，选举工商联执行委员会，邓群政当选为会长。

2006年12月29日，岳阳楼区工商联第三次代表大会召开，选举工商联执行委员会，邓群政当选为会长。

2011年11月23日，岳阳楼区工商联第四次代表大会召开，选举工商联执行委员会，邓群政当选为会长。

三、主要活动

1948年10月，中共长沙特别支部派毛程省到岳阳，发展组织，建立据点，开展迎解工作。毛程省在岳阳开办同仁药房，附设诊所作掩护。12月，毛利用其堂兄毛程敏任岳阳商会理事长身份，在城区店员和工商界中开展革命活动，在天岳山小学办了一所有30多名学员的夜校，又叫会计学习班，进行革命道理及工商政策教育。是年12月，国民党军舰"永安号"停泊城陵矶，官兵上岸购买商品，不付款并殴打商民，激起全镇商民的抗议。在商会组织下，全镇商民举行罢市，并广为散发和张贴传单，迫使该舰舰长向商民赔礼道歉。

1949年5月，地下党推动岳阳商会开会，商讨保卫工商业者财产安全的方法，决定成立岳阳工商自保队，由商人李湘林任队长。1950年3月，县工商科指示旧商会对城区摊贩进行整顿，成立摊贩管理委员会，后更名为城厢镇摊贩业联合会筹委会。1951年11月，出席城厢区抗美援朝动员大会的工商界代表响应大会号召，为捐献"岳阳"号战斗机，代表工商界认捐人民币（旧币）6亿元。工商联筹委会成立抗美援朝支会。以后，工商界人士响应共产党与政府号召，参加土地改革、镇压反革命运动。1952年初，工商界人士参加反行贿、反偷税漏税、反盗窃国家资财、反偷工减料、反盗窃国家经济情报的"五反"运动。

1950—1954 年，工商界人士积极参加救灾、抢险、赞助公益活动，先后捐款 6500 多万元（旧币）、棉衣 1000 套、被絮 300 多床等物资。

1953—1955 年，广大工商界人士参加社会主义公私合营运动，改造成为社会主义工商业劳动者。

1958 年后，在“以粮为纲”的口号下，工商业没有得到应有的重视。“文化大革命”期间，工商业遭到批判，成立所谓“割资本主义的尾巴”。1978 年始，个体工商业发展迅速。90 年代初，商会组织活动得到重视。

1998 年 4 月，区工商联会长曾和平在全省工商联组织工作会议上的典型发言《基层工商联组织建设面临的困难与对策建议》，被全国工商联机关报《中华工商时报》以内参形式发表。1999 年 5 月，岳阳市第一家行业商会——解放路商会成立。2005 年，先后成立供应商协会、陶瓷经营商会。2006 年 4 月，成立岳阳楼区非公有制经济维权服务中心。是年 7—8 月，在区工商联设立一个选区（146 选区），选举产生人大代表 1 名。是年 12 月，成立岳阳楼区五里牌工业品市场商会。2007 年，商会牵线搭桥，以民营企业投资开发项目为主，引导 17 家产业突出、竞争力强、带动作用大的优势骨干企业与郭镇乡 8 个村进行项目对接，通过多联的形式开展村企合作。2008 年，会员中担任市人大代表的 9 人，市政协委员的 6 人，区人大代表的 5 人，区政协委员的 43 人。2009 年 3 月，成立岳阳楼区陶瓷制品经营行业商会，有会员 124 人，占陶瓷制品经营行业的 63%，年销售额约 6000 万元，年纳税约 200 万元。12 月，组建岳阳楼区工商联金鹗山街道分会，有会员 80 余人。2011—2012 年，区工商联积极推进“非公党旗红”工程，在服务行业开展为民服务争先创优活动。组织非公有制入党积极分子赴革命圣地韶山宣誓。先后成立工商联属会员单位党委、区非公有制经济组织党工委、区非公有制经济组织纪工委。

第二章　群众团体

第一节　工　会

一、机构

1922 年 8 月 15 日，粤汉铁路岳州站工人在共产党领导下成立工人俱乐部，陆汉湖任委员长，郭亮任秘书兼驻部干事。是年 10 月中旬，岳州火车站工会宣告成立，陆汉湖任工会委员长，郭亮任秘书。1926 年 10 月，岳阳县总工会筹备委员会成立，负责人杨子明，下辖 11 个行业工会、2 个集镇工会。1927 年 2 月，岳阳县工人代表大会召开，正式成立岳阳县总工会，戴立本当选为委员长。马日事变后，工会骨干惨遭杀害，县总工会被迫解散。

1928 年 4 月，国民党控制的县总工会成立，周浩任理事长。1934 年，城区百货业等 17 个同业工会成立。1935 年，又有木业等 9 个同业工会成立。1938 年 11 月，日军占领岳阳，工会活动中断。1946 年 2 月，岳阳县总工会恢复，陈嵩任理事长。

1949 年 7 月，岳阳解放。8 月，中共岳阳县委城工部派解克全、王持久接管县总工会。是年 9 月，岳阳县总工会筹备委员会成立，会址设油榨岭。1950 年 12 月，岳阳县总工会成立，设有正、副主席，组织、生产劳保、女工、财务专干及经费委员会。城厢区设工会，管理城区厂矿企事业工会工作。1954年始，城厢镇再未设立工会，各厂矿企业工会直属县总工会领导。

1958年，城乡普遍成立人民公社，工会工作逐渐被公社所取代。当时还提出“为工会消亡而斗争”的口号，县总工会除留2人驻守外，其余人员均被抽调从事其他工作。

1960年1月，成立市总工会，隶属县总工会领导，实际工作仍由县总工会管理。1962年12月，城区厂矿企业工会仍直属县总工会领导。“文化大革命”初，工会工作停止。1967年2月，岳阳县工人阶级造反派代表大会筹备小组（简称县工筹小组）成立。1968年2月28日，县工筹小组召开岳阳首届工人阶级代表大会，成立岳阳县工代会。1970年初，工代会消亡，工会工作由县革委会群工组接管。1973年5月，县总工会恢复工作。1975年12月，成立市总工会，会址设青年路广场。1978年后，工会负责人由主任改称主席。

1981年10月，县总工会并入市总工会。1984年5月，南区总工会成立。南区范围内的区、街集体企事业单位的工会由南区总工会领导，中央、省、市属厂矿企事业单位的工会由市总工会领导。1997年1月，岳阳楼区总工会成立，原南区、郊区范围内的乡、街、社集体企事业单位工会以及区直各单位工会由岳阳楼区总工会领导。

二、职工队伍

清光绪二十五年（1899），岳州开埠后，岳州开始有航运工人与码头工人，为岳州近代史上首批产业工人队伍。民国3年（1914），湖北人徐子建、徐声俊在城区开办东海电灯公司。民国7年（1918），粤汉铁路建成通车，机电、铁路、纺织、机米等行业相继出现，产业工人队伍逐渐扩大。民国24年（1935），县城区手工业即有酱园艺、糖食、香烟、缝纫、制革、织袜、染坊、铁器、木器等18个行业，从业人员2300余人。1938年11月，日军占领岳阳，城区产业工人与手工业者大部分被迫逃亡。1945年9月，抗日战争胜利后，由于外国货物倾销，官吏盘剥，城区手工业者破产的较多，从业人数不断减少。1949年，城区有手工业者2100多人，产业工人1379人。

中华人民共和国成立后，1952年城区职工人数达6103人，1956年增至8505人，1966年为13735人，1979年达16520人，主要分布在工业、交通、财政、文教、林业等行业。

1984年，南区有职工3672人，基层工会14个，工会小组65个，会员1013人。1986年，有基层工会23个，工会小组130个，会员1871人。1989年，职工人数增至5925人，基层工会发展至35个，工会小组257个，会员3426人，其中，男会员1340人，女会员2086人，全民所有制职工会员1529人，集体所有制职工会员1897人。其中，建筑系统会员475人，卫生系统会员300人；教育系统会员505人，财政金融系统会员589人，国家机关会员192人，工业系统会员1142人，商业系统会员236人。郊区没有成立工会，无统计资料。

1997年，基层工会发展到129家，会员增至13265人。2000年，基层工会增至388个，会员发展到21932人。2004年，基层工会发展到783家，会员增至32255人。2007年，基层工会增至995家，会员发展到48676人。2009年，会员增至64038人，基层工会发展到1101个，涵盖法人单位1741个，其中，男会员34612人，女会员29426人，全民所有制职工会员10871人，农民工会员53167人。2011年，全区已建工会组织1756个，涵盖独立法人单位2144个，工会会员90172人，工会组建率93.1%，职工入会率92.3%。其中非公有制企业建会956家，涵盖独立法人单位1697家，会员69173人。2012年，全区共有基层工会2900个，会员9万余人。新增非公有制企业工会102个，其中区域性工会8个，行业性工会5个，覆盖企业单位460个，发展会员10170人、农民工会员624人。

三、代表大会

1950—1973年，岳阳县总工会先后在城区召开8次代表大会，城厢区(镇)及岳阳市均选派代表参加会议。

1978年12月28—30日，市总工会召开第一次工人代表大会，参加会议代表330人。会议学习《中共中央十一届三中全会公报》和中央领导对全国工会“九大”的题词；听取工作报告；选举产生岳阳市总工会第一届委员会，罗贤威当选为主任，徐长庚、田翕如为副主任。

1982年3月26—28日，市总工会召开第二次会员代表大会，到会代表300人，列席代表20人。会议的主要议题：讨论以企业民主管理为重点，充分发挥工人阶级在四化建设中的积极作用；选举产生由27人组成的市总工会执行委员会，黄翠定当选为主席，蔡炳钧、古兰亭、田翕如、凌水祥、游英华、杨映桃为副主席。

1987年5月19—20日，南区总工会召开第一届工人代表大会，到会代表59人。会议的主要议题：坚持改革开放，振兴南区经济，选举严克谐为南区工会副主席，主席空缺。1988年3月17日，区总工会召开第一届三次会议，严克谐当选为总工会主席。

1997年1月7日，岳阳楼区召开第一次工人代表大会，到会代表105人。会议主题：坚持改革开放，深入贯彻落实中共十四届五中全会、六中全会精神，建设新岳阳楼区，选举周务农为总工会主席。毛碧松、谈艳萍当选为副主席。

2002年7月10日，岳阳楼区召开第二次工人代表大会。会议主题：各级工会组织始终坚持以开放兴区为己任，坚持以大局为重，充分发扬主人翁精神，为全区经济发展、社会稳定和“九五”计划的实现做出贡献。陈贵兴当选为工会主席，李功义、谈艳萍、罗银关当选为副主席。

2007年10月18日，岳阳楼区召开第三次工人代表大会，会议主题：坚持党的领导，坚持经济建设为中心，勇于实践，敢于创新，不断开创工会工作新局面，为全区经济建设做出积极贡献。选举陈贵兴为工会主席，罗银关、李勇、孙辉虹为副主席。

四、工会活动

工人运动　1922年9月5日，中国劳动组合书记部利用北京召开国会之机，发起劳动立法运动，提出《劳动法大纲》19条，上书请愿众议院交大会决议施行。消息传来，岳州铁路工人俱乐部致电参众两院，声明完全赞同《劳动法大纲》19条，并请愿国会从速通过劳动立法案。9月9日7时，因监工张恩荣虐待工人，路局又拖欠工人工资不发，而物价飞涨，工人生活异常困难，岳州铁路工人在工人俱乐部领导下，举行罢工斗争，工会秘书郭亮发表演讲，宣读罢工宣言，武长路交通中断。10日晚，吴佩孚命肖耀南带兵一连，武装押运一列火车自武昌开至岳阳，郭亮率200多名工人卧轨阻止列车通行。军阀肖耀南下令开枪屠杀工人，当场打死卧轨工人6人，伤数十人，郭亮与20余名工人被捕。惨案发生后，安源、武汉及湖南各地工人团体与京汉铁路全体工人均致电声援。9月27日，京汉、粤汉铁路全体工人通电吴佩孚，若48小时内不答复工人要求，就举行全体大罢工。吴佩孚被迫答应工人的全部要求，罢工取得胜利。1926年秋，北伐军攻占岳阳，岳阳人民开展要求收回城陵矶海关的斗争。1927年4月8日，省总工会代表聂明等4人到达岳阳，与岳阳县总工会会商，决定发动4万工农群众，调集大、小民船300艘，分水陆两路向城陵矶进发，要求收回海关。4月10日清晨，工会代表与海关税务司、英国人阿克乐举行谈判，阿克乐理屈词穷，企图乘船逃走。从岳阳赶来的数万群众将阿克乐团团围住，迫使阿克乐回到谈判桌旁，交出海关印章，写出移交书，城陵矶海关正式收回。1948年10月，岳阳铁路工人组织反饥饿大罢工，列车停开。粤汉铁路局派“特别党部”执行委员袁希曾到岳阳调解，预支半月工资给工人，罢工方告结束。

参加企业管理 1950年6月，中央人民政府主席毛泽东签发颁布《中华人民共和国工会法》后，境内各企业成立工会，为恢复企业生产、参与企业管理做了工作。1958—1961年，因受“左”的指导思想影响，境内各企业工会一度停止活动。1962年始，境内各企业工会组织逐步恢复。1964年，推行职工代表大会制度，工会参加企业民主管理。“文化大革命”期间，工厂停工，企业工会组织瘫痪。中共十一届三中全会后，动员职工参加经济体制改革和企业整顿。1981年，组织职工参加企业管理。1985年11月，南区总工会印发《岳阳市企业民主管理工作试行标准》，强调进一步健全职工代表大会制度，落实职代会职权，提高职代会素质。1986年，区属企事业单位先后召开职工代表大会。职工代表提出提案、建议、意见，民主选举领导，评议领导，直接参加企业管理，并逐步形成制度化。1988年3月，南区区委同意并转发区总工会《关于开展领导与职工民主对话活动的报告》。是年，教育工会、湘丽机绣厂等6个单位实行民主对话。2002年6月，岳阳楼区总工会根据中央、省、市总工会精神《关于在国有企业、集体企业及控股企业深入实行厂务公开制度的通知》，成立由区委、区政府、区纪委、区工会相关负责人组成的厂务公开领导小组，领导小组下设办公室，负责日常工作。2003年8月，区总工会对全区所属企业进行职工董事、职工监事制度情况调查，区属153家集体企业，已建职工董事制度26家，董事会人员总数124人，进入董事会职工代表72人，建立监事会企业26家，监事会人员总数104人，进入监事职工代表78人，实行职工董事、职工监事制度非公有制企业70家。2004年5月，岳阳楼区总工会贯彻落实市政府、市委办关于进一步推进厂务公开工作，对全区企业厂务公开管理情况进行督查，全区集体企业23家，实行厂务公开企业18家，内容是：坚持把企业的重大决策、生产经营管理方面的重要事项、涉及职工切身利益和企业领导班子建设及企业改革、改制、兼并、破产方案，职工裁员、分流安置，财务预决算工程建设项目的招投标，大件物资采购供应，产品销售，企业盈亏，职工收入，生产安全措施等公开，通过督查，规范企业改制，使8家企业扭亏增效，5家企业脱困，5783名职工脱困。

职工教育 1986年4月，南区总工会组织职工参加省学习中共十三大文件学习班。1987年，与区普法领导小组联合举办法律知识竞赛，有2000多名职工参加竞赛。是年建军节前夕，动员各基层工会开展拥军优属活动，全区职工写慰问信1402封，购买毛巾、布鞋、针线、钢笔、日记本等20多种生活用品，寄往云南边防老山前线。1988年，全区职工参加文化、技术学习的达1326人，其中，结合本职工作学习的1211人，成立自学小组45个，有些基层工会成立自学委员会。至1989年，全区基层工会举办技术培训讲座112次，参加人数1993人。1991年，为提高女职工素质，根据省总工会、市总工会要求，在全区开展女职工“芙蓉杯”竞赛活动。2007—2009年，岳阳楼区总工会联合区委组织部开展为期三年“明灯工程”（即岳阳楼区对下岗失业党员及其家属子女，免费进行实用技术培训的就业与再就业工程），开展社区就业与再就业培训，共为1920名下岗职工、残疾人、失业党员免费进行家电、维修、花卉栽培、厨师、电脑操作等技能培训，为489名下岗职工安排再就业。2009年7月，区总工会正式授牌给下岗职工邹小梅创办“帮您家政服务中心”为岳阳楼区职工培训基地。是年，培训基地共为290名下岗职工、320名农民工进行家政、月嫂、保姆等免费培训，并为受训的599名困难职工找到就业岗位。2010年，同劳动部门挂钩联系，进一步加大就业培训，新增就业8315人，其中困难人员就业 2346 人、失业再就业 4316 人。至 2012 年，通过职工教育，新增就业岗位 9000 多个。

劳动竞赛　1950 年 6 月《工会法》颁布后，境内高级工会组织动员和带领广大职工，为国民经济恢复开展工作。在开展抗美援朝、“三反”“五反”、社会主义三大改造、完成第一个五年计划中开展劳动竞赛。1964 年，发动广大职工大办社会主义企业，在“学大庆”“学解放军”和“五好”企业、“五好”职工竞赛中争作贡献。“文化大革命”期间，在“宁要社会主义草，不要资产阶级的苗”的口号下，劳动竞赛活动停止。十一届三中全会后，开展“为四化立功”活动。1981 年，组织职工开展“五讲四美”活动。1985 年，区总工会指导基层工会协助各单位行政领导大抓技术革新，引导职工提合理化建议。1986 年上半年，全区职工提合理化建议 1211 条，采纳 150 条，创经济效益 44.3 万元，节约资金 10.8 万元。是年，发动各基层工会组织职工开展小指标、小型多样的劳动竞赛。1987 年，全区开展争创 100 个挖潜革新、勤俭办企事业能手的竞赛活动。1988 年，全区开展以提高经济效益为中心，以优质、高产、低耗、创新、安全为目标的劳动竞赛，仅低耗一项，便节约资金 57 万元。至 1989 年，全区成立技术协作委员会 20 个，会员 54 人，攻克技术难关 37 项，创经济效益 49.4 万余元。是年，开展“双增双节”为中心的劳动竞赛，促进了区街经济发展。1998 年，区总工会在全区推出“三模、两岗、一星”（即：3 名市级劳模，2 名两岗明星，1 名下岗再就业明星）。2000 年，区总工会向各基层工会、广大会员发出号召，开展“天卓杯”劳动竞赛，全区成立劳动竞赛领导小组 97 个，参加人数达 12740 人。2002 年 5 月至 2003 年 5 月，在全区工业、交通、建筑、金融、保险、电信科教、商贸、文化、卫生等企事业单位，开展“创新杯”群众性经济技术竞赛，创经济效益 2000 多万元。2003 年 4 月，岳阳楼区总工会开展首届劳模评选工作，评选出吴波、李静等十大劳模。吴波被评为“全国五一劳动奖章”获得者。2008 年 4 月，区总工会开展第二届劳模评选工作，区政府授予钟红卫、朱学军、赵平、周军、张晓晖、苏帅军、周学彬、万移海、黄伟良、钱前等十大劳模。2011—2012 年，开展争创职工之家、劳动模范、岗位能手、巾帼建功标兵、工人先锋号等品牌活动。举办岳阳楼区首届“巴陵春杯”职业技能大赛，评选金牌厨师、金牌茶艺师、金牌服务员。评选非公有制企业洞庭山茶叶科技发展有限公司为工人先锋号。区粮食局退休职工刘雄辉纳入省级劳动模范管理。

帮扶工作　1984 年，南区总工会、区妇联、区团委联合创办婚姻介绍所，为大龄青年解决婚姻问题。1986 年，针对部分职工就餐难、洗澡难、读书看报难、小病小伤就医难、生活较枯燥等情况，要求各基层工会设法办好职工食堂、洗澡堂、阅览室、医务室、活动室等“五小设施”。1987 年，要求各基层工会大力抓好扶贫工作，对人均生活费在 25 元以下的特别贫困户给予扶助，当年脱贫 13 户，脱贫率 61.9%。是年 10 月 26—31 日，发动各基层工会开展为老年人送温暖、办实事的活动。全区职工给退休老工人买米 3200 公斤、煤 5200 公斤；为 50 多户孤寡老人修整房子、修理电气和水管。1997 年，元旦节、春节送温暖发放慰问金 7 万多元。2006 年 12 月，区总工会开展元旦节、春节送温暖活动，各级工会组织慰问困难企业 12 家，困难职工 1190 人及 33 位困难劳模，慰问资金 23.5 万元、大米 2.5 万公斤，折合人民币 33.8 万元。2007 年 8 月，区总工会自筹 5 万元，在全区开展金秋助学活动，各级工会组织资助困难学生 130 人。10 月，区总工会多方筹措 11.8 万元，对 190 名困难职工进行人均 300 元生活救助和人均 500 元大病救助。2008 年 1 月，元旦节、春节送温暖期间，共帮扶困难职工、劳模 3200 人次，发放困难资金 28.5 万元、大米 3 万公斤。5 月，组织 48 家参联单位，16 个乡、街道办事处联合工会对汶川地震灾区进行“支援灾区、再献爱心”募捐活动，现场募捐 8.9 万元，捐给灾区，区总工会从有限的经费拿出 2 万元，通过团省委青年基金会直接捐给受灾最严重的映秀小学。8 月，建立困难职工帮扶中心。帮扶困难救助、职业介绍、技能培训、法律援助、信访接待等。已建档的困难职工 13800 人，全部录入全国困难职工帮扶网站，实行实名制帮扶，共有 3300 多人接受过生活、医疗、职工培训方面的救助。2012 年元旦节、春节期间，筹措帮扶资金 63.5 万元，物资大米 2.7 万公斤，慰问困难职工（含农民工）525 人，发放慰问金 28.9 万元。对 36 名省、市级劳模发放工资补差和困难补贴 15.8 万元。发放金秋助学金 4.2 万元，资助 13 名特困职工子女上大学。

维权工作 2002 年 6 月，区总工会联合区劳动保障部门切实抓好平等协商，签订集体合同和劳动合同工作，督促和指导企业签订集体合同和指导职工与企业签订劳动合同，并督促企业经营者为职工办理养老、失业、医疗等社会保险。2003 年 8 月，组织专人对关停倒闭工厂进行调查，为宏达服装厂送信息、抓培训，帮助年老体弱职工办理城市居民最低保障金额，为下岗职工再就业寻找门路。2004 年 5 月，区总工会开展“情系贫困残疾职工、帮扶我的兄弟姐妹”活动，512 名残疾职工受到帮扶救助。2008 年 7 月 24 日，区总工会在华天大酒店举办全省女职工专项集体合同经验推介，来自全省各地、州、市女工部部长，省总工会、市总工会领导 300 多人参加交流会，全区 16 个乡、街道办事处全部签订区域性女职工专项集体合同，90 个社区、13 个村覆盖 150 家中、小型企业，11 家行业性、42 家独立性企业单独签订女职工专项集体合同，共覆盖女职工 6698 家。2011 年，区总工会被评为全国职工特殊权益保护先进单位。2012 年，依托区域性行业性工会组织开展工资集体协商工作，有 600 多家非公有制企业签订工资集体协议和女职工特殊权益保护协议。

第二节 共青团

一、机构

1922 年 5 月，共产党员郭亮在粤汉铁路岳州车站发展 20 多名中国社会主义青年团团员（后更名为中国共产主义青年团），并组建岳州铁路团组织，负责人陆汉湖。1926 年 9 月，中国共产主义青年团岳阳地方委员会成立，团委书记曹瑛（后为邹之谟、阎维华），办公地点设铁炉街童南邦公馆中共岳阳地委内。团的基层组织有铁路支部、县中支部、联中支部等。

1927 年 5 月马日事变后，共青团组织遭到破坏。8 月，共青团湖南省委派卜荣贞、胡波到岳阳重建团组织，组建中国共产主义青年团岳阳县委员会，胡波任书记，城区成立 1 个团支部。1928 年 1 月，共青团岳阳县委遭国民党反动派破坏，胡波离开岳阳。1928 年 2 月初，中共湘鄂赣特委又在岳阳重建团组织，阎维华任团县委书记。是年 3 月，岳阳地下团组织又遭破坏。城区共青团组织停止活动。

1949 年 8 月，中共岳阳县委组建临时中国新民主主义青年团岳阳县委。城厢区未设立区团委，仅有 1 名青年干事兼管青年团工作。1951 年冬，城厢区 8 个居委会团员组成 1 个团支部。1953 年，城厢区始设团委，陈魁奇任副书记。1957 年 8 月，城厢镇团组织更名为中国共产主义青年团城厢镇委员会。1958 年人民公社化，镇团委更名为岳州公社团委。1960 年 2 月 25—26 日，共青团岳阳市首届代表大会召开，成立共青团岳阳市委。1962 年 9 月，团委仍更为共青团城关镇委员会。“文化大革命”中，团组织瘫痪，团的工作与青年工作由镇革委会群众工作组接管。1972 年，恢复共青团城关镇委员会。1976 年，共青团城关镇委员会更名为团市委。1984 年 7 月，共青团岳阳市南区委员会与郊区委员会相继成立。1996 年 4 月，两区团委亦合并成立共青团岳阳楼区委。

二、基层组织

1953年，城厢区8个居委会仅有1个团支部、团员8人，随着社会主义建设的不断发展，城区广大青年积极参加革命与建设事业，团组织不断扩大，团员人数不断增多。1960年，岳阳市人民公社有团总支9个、支部106个，团员872人。1962年，全市有直属团委49个，基层支部179个，团小组330个。是年9月，恢复城关镇团委后，各行各业均建立共青团组织，团员队伍不断扩大。1963年2月至1965年1月，全镇共发展团员427人。1965年，城关镇建有7个团总支，64个基层团支部，有团员647人。1971年，城关镇整顿共青团组织。至1972年，共青团城关镇第六届代表大会，全镇有9个团总支，91个团支部，1406名团员。1976年，团总支发展到17个，团支部231个，团员3893人。

南区　1984年，有基层团总支12个，支部77个，团员461人。以后，各街道、厂矿、学校、机关及个协相继成立团组织。1989年，团基层总支发展到14个，支部86个，团员890人。1996年，南区基层团委12个，团总支16个，支部106个，团员2186人。

郊区　1984年，有基层团委6个、团总支3个、团支部89个。1989年，基层团委发展到10个、团总支4个、团支部86个。1996年，有基层团委13个、团总支7个、团支部90个。

岳阳楼区　1996年4月，有基层团委16个，团总支2个、团支部82个，团员4237人。2002年底，有基层团委39个，团员6128人。2010年，全区已建立“两新”（即新经济组织和新社会组织）团组织52个，吸收“两新”组织团员3281人。2012年，新建“两新”团组织137个，覆盖团员青年10258人。梅溪乡、郭镇乡建直属团组织56个，覆盖团员1150人、35岁以上青年2380人。

三、代表大会

城关镇与岳阳市　1949—1959年，城厢镇先后召开3次团代会。

1960年2月25—26日，岳阳市召开第一届团代会，参加会议代表43人。会议号召全市团员、青年，为尽快把岳阳市建设成为新型的工业城市而奋斗，选举产生共青团岳阳市第一届委员会，杨绍珊当选为团市委书记。

1962年1月8—9日，岳阳市召开第二届团代会。会议总结上届团市委的成绩，讨论决定今后团的工作，选举产生共青团岳阳市第二届委员会，刘金保当选团市委副书记（书记暂缺）。

1963年3月26—28日，城关镇召开第四届团代会，参加会议代表94人。会议号召全体团员、青年长志气，鼓干劲，为完成和超额完成1963年党的各项任务而奋斗，选举产生共青团城关镇第四届委员会，傅勉生当选为团委书记。

1965年1月14—15日，城关镇召开第五届团代会，参加会议代表110人。会议号召团结全镇广大青年，积极投入阶级斗争、生产斗争、科学实验三项革命运动，选举产生共青团城关镇第五届委员会，傅勉生当选为团委书记。

1972年4月3—4日，城关镇召开第六届共团代会，参加会议代表198人。会议总结了“文化大革命”后共青团建设经验，讨论今后的工作任务，选举产生共青团城关镇第六届委员会，傅勉生当选为团委书记。

1978年10月20—22日，岳阳市召开第三届团代会，参加会议代表340人。会议揭批江青反革命集团摧残共青团和青少年的罪行，交流工作经验，研究今后工作任务，选举产生第三届团市委，朱佳舜当选为团市委书记。

南区 1986年3月27—28日，南区召开第一届团代会，参加会议代表应到101人，实到87人。会议总结建区后团的工作，讨论第七个五年计划期间团的工作任务，选举产生共青团第一届委员会，万丽平当选为团委副书记（书记暂缺）。

1990年1月11—12日，南区召开第二届团代会，参加会议代表89人。会议听取并审议《发扬艰苦奋斗精神，努力培养“四有”无产阶级革命事业接班人》的工作报告。发出《关于动员全区青年以实际行动维护大局稳定，为加速南区经济与社会发展作贡献的倡议书》。

郊区 1985年11月19—22日，郊区召开共青团第一届代表大会，参加会议代表209人。会议选举产生共青团第一届委员会，王岳华当选为团委书记。

1989年1月12—14日，郊区召开共青团第二届代表大会，参加会议代表150人。会议选举产生共青团第二届委员会，刘海波当选为团委书记。

1992年12月下旬，郊区召开共青团第三届代表大会，参加会议代表101人。回顾总结3年来共青团工作；选举产生共青团第三届委员会，冯元满当选为团区委书记；动员全区团员青年为建设两个文明而努力奋斗。

岳阳楼区 1996年12月底，岳阳楼区召开第一届团代会，参加会议代表130人。大会学习中共十四届五中、六中全会精神；确定“九五”期间区共青团工作任务，制定区共青团发展规划；选举产生共青团岳阳楼区第一届委员会。

2002年7月5日，岳阳楼区召开第二次共青团代表大会，参加会议代表130人。团代会以邓小平理论和“三个代表”重要思想为指导，总结第一次团代会以来的工作，讨论并制定今后三年团的工作方针和任务，动员广大团员青年为把岳阳楼区建设成为富强、文明、秀美的全省经济强区做出新贡献。

2007年10月26日，岳阳楼区召开第三次共青团代表大会，130名代表参加会议。大会的主题是：高举中国特色社会主义伟大旗帜，以邓小平理论和“三个代表”重要思想为指导，认真落实科学发展观，深入学习贯彻中共十七大及区第三次党代会精神，立足新起点，肩负新使命，实现新目标，团结带领广大团员青年为构建强势、活力、和谐岳阳楼区奉献青春和智慧。会议选举产生共青团岳阳楼区第三届委员会，宋辉当选为团区委书记。

四、主要活动

1923年6月初，日本海军陆战队在长沙枪杀学生、商人，消息传到岳阳，学界群情激愤。6日9时，县立中学、第三联合中学两校学生100多人上街游行，高呼“反对倭寇、抵制仇货”等口号，并将国旗、校旗垂地而行，以示志哀。自是日至月底，城区13所中、小学及工商各界纷纷举行游行集会，声援长沙人民，并组织检查、抵制、焚毁日货行动，1925年6月9日，为抗议英人制造青沪“五卅”惨案，岳阳学生联合会组织学生、工商界人士举行游行示威，声援上海人民。1926年，共青团岳阳地委组织领导城区青年参加革命活动。组建儿童团，监视土豪劣绅的破坏活动；检查禁止吸食鸦片与赌博；组织团员、学生进行革命宣传；教唱革命歌曲，张贴标语口号；协助工人纠察队维护社会治安。1937年，城区党、团组织领导广大青年开展各种抗日救亡活动。1949年4月13日，城区党、团组织领导青年学生开展“反饥饿、反内战、反迫害”游行，遭国民党军警镇压。19日，岳阳和湖南大学学生代表一道赴省政府请愿要求处理。省政府即派员至岳阳查处，慰问受伤师生，并赔偿医药费用。

中华人民共和国成立后，城区广大青年积极参加各种政治运动。1950年10月，为支援抗美援朝战争，城区几百名青年参加志愿军赴朝作战；800多名学生、工人考入军事政治干部学校。以后，在党团组织领导下，广大青年又积极参加社会主义革命与建设事业。1963年，各级团组织组织团员、青年开展“学雷锋”运动。1968—1978年，先后有1.26万多名知识青年上山下乡，参加农村社会主义建设。

1984年，区团委积极组织广大团员青年参加各种社会活动。是年9月，为迎接省辖6市文明卫生竞赛，各街道办事处团委组织治理脏、乱、差卫生突击队30多个。1986年，兴办52个“青年之家”，发动青年植树11万多株，修路40多公里，有2000多名团员青年参加市青少年绿化工程。7月，团员青年向边防前线指战员写慰问信480多封，送慰问品3420多件。

1990年，组织万名少先队员开展“红领巾助残”活动，为残疾人捐献木炭5500公斤，柴火6500公斤。联合南区人武部组织“学雷锋为民服务一条街”活动，上街进行服务的人数过万人，提供服务项目100多项，为市民免费修理家用电器、钟表、自行车等2.4万多件。

1991年3月，联合区经委在企业青年员工中开展以“岗位学雷锋，争当主人翁”为主题的劳动竞赛。活动累计创价值158.3万元，涌现出40名优秀青年能手。

1993年，抓基层组织建设，先后在南区工商局、南区法院、颜氏燃烧器厂等单位建立团组织。成立共青团南区个体劳动者委员会，吸收1000多名从事个体私营经济业主为团员。

2002年4月22日，区团委发出倡议，号召全区广大青年积极投身“做文明市民”活动，推动文明城市创建工作，并开展以“争做文明青年”为主题的系列活动。

2006年3月，组织全区广大青少年开展“学雷锋见行动，我做社会公益使者”活动。近万名青少年到火车站、汽车站、敬老院、福利院、社区、步行街等窗口服务单位公共场所开展为民服务活动。

2008年湖南发生冰冻灾害后，组织青年破冰团、青年抗冰救灾突击队、青年志愿者应急救援队等10多支队伍，深入车站、码头、路口、街巷等重点地段开展铲冰除雪、清扫积雪，并深入京珠高速公路、107线国道等重要通道为受阻旅客送面食、矿泉水、棉衣、棉被，累计提供各类志愿服务近5000人次，为受灾群众捐款3万余元。5月12日汶川大地震发生后，开展抗震救灾献爱心活动，共募集善款81366元。

2009年6月，团区委组织30支志愿者队伍、6000多名志愿者，深入社区，走进困难居民家中，开展卫生清扫、家电维修、义务就诊、法律咨询、关怀慰问等活动。

2010年6月，团区委与安普瑞餐饮服务有限公司合作建立城市新青年创业学校，调动和整合社会资源，组织青年进行素质拓展、创业理念和技术培训、岗位见习等活动，提升青年素质和能力，促进青年就业创业。

2011年，团区委联合各乡、区直各单位、各学校青年志愿者与农民工子女和留守儿童结对，共同开展“伴你成长”——关爱农民工子女和留守儿童行动，为200多名农民工子女和留守儿童提供学业辅导、亲情陪伴、自护教育、感受城市、送温暖等服务。

2012年，团区委配合文明城市创建，开展志愿者服务活动。组织吕仙亭、王家河、三眼桥团工委及郭镇乡、区工信局团委等开展清除白色垃圾、文明交通劝导、环保知识宣传等活动。组织湖南理工学院、三眼桥卫生服务中心、奇家岭街道办事处等70名志愿者，在奇家岭敬老院为老人打扫卫生、表演节目、义诊、理发。

五、少年先锋队

沿革　1950年3月，城厢区各小学开始组建中国少年儿童队组织。各校举行“六一”国际儿童节庆祝活动。1953年8月，中国少年儿童队更名为中国少年儿童先锋队（简称少先队）。聘请社会上热爱、关心少年儿童的社会优秀人士担任校外辅导员。至1954年底，城厢镇各小学少先队员发展到975人，占学生总数的43.3%。“文化大革命”时期，少先队组织由红小兵取代。1978年10月，少先队恢复活动。1979年，城区19所小学恢复少先队组织，共有队员1264人，兼职辅导员80多人。1982年，根据团中央吸收7周岁以上儿童入队的指示，各校少先队组织进一步发展壮大。至2011年，全区65所中、小学均设有少先队组织，除小学一年级学生外，绝大部分适龄学生均已加入少先队组织，其中岳阳楼小学少先队下辖36个中队，有少先队员1806人，超过1979年城区19所小学少先队员人数。东方红小学有68个中队、4265名少先队员，是全区各中、小学中少先队员最多的学校。

活动 境内少先队成立后，在共产党与共青团的领导下，广大少先队员爱祖国、爱人民、爱劳动、爱学习、爱科学，积极参加各项健康有益的活动。1963年，境内少先队员投入学雷锋活动。1981年，各校少年儿童参加全国第一个文明礼貌月活动。1984年始，境内少先队员参加“知我中华、爱我祖国”“爱鸽周”“健美操”等比赛活动。

2011年5月31日，为迎接建党90周年，以庆祝第六十二个国际儿童节为契机，组织全区各小学开展少先队日活动。东方红小学开展“在您的旗帜下”红歌会，花板桥小学开展“在您的旗帜下”主题升旗仪式，青年路小学开展“红领巾心向党”暨“双节”（即艺术节、英语节）文艺汇演，新路口小学开展“红领巾心向党，祖国发展我成长”主题活动，学院路小学开展“红星闪闪跟党走”庆“六一”主题升旗仪式等等。2012年，开展“红领巾心向党——学雷锋、找榜样、争四好”主题活动。全区45所学校到各类场所开展学雷锋活动60余次，为百余名贫困学生、重症学生等筹集爱心捐款近14万元。

第三节 妇女联合会

一、机构

1926年9月，在共产党的领导下，岳阳县女界联合会正式成立。会址设县城西门正街群仙旅馆，主席唐智仁。全县12个区均建立女界联合会。马日事变后，女界联合会不再存在。

1950年10月，城厢区成立民主妇女联合会，下辖9个居民妇女代表委员会、1个搬运工人家属委员会。1953年，调整为8个妇代会。1957年，城厢镇民主妇女联合会更名为妇女联合会（简称妇联）。1958年10月，岳州公社设妇联。1960年，成立岳阳市妇联，下设3个区妇联、2个公社妇联、10个女工委员会、44个妇代会。1962年10月，市妇联更名为镇妇联。1968—1973年“文化大革命”期间，镇妇联工作由镇革委会政工组下设的群众工作组接管，1973年后恢复镇妇联。1976年恢复岳阳市建制，镇妇联升级为市妇联。下设5个区妇联、38个居民妇代会。

南区 1984年4月，南区妇联成立。8个街道办事处妇联、76个居委会的妇代会，317个居民小组的妇女小组相应成立。会员人数7925人。1996年，妇代会增至94个。

郊区 1984年4月，郊区妇联成立。至1995年底，8个乡、场均成立妇联，建立村级妇代会45个、机关妇委会7个、乡政企业妇代会5个、妇女联谊组织1个。

岳阳楼区 1996年4月，南、郊区妇联合并，成立岳阳楼区妇联。下设16个妇联、13个妇代会。2006年，新建和调整社区、村妇代会43个。全区16个乡（街）办事处、14个区直单位、107个社区（村）均建立健全妇联组织。至2009年6月，全区14个街道办事处、2个乡场均建立妇代会，107个社区、15个村委会建立妇代会，区直单位建立12个妇委会，全区妇女组织覆盖率100%，妇女专（兼）职女干部 150 多人。

二、代表大会

镇、市　1953 年，城厢镇召开第一届妇女代表大会（简称妇代会），赵林清当选为镇妇联主任。

1960 年 2 月 27—28 日，岳阳市召开第一届妇代会，参加会议代表 170 人。会议总结了大跃进以来的妇女工作，部署 1960 年妇女工作规划与工作任务，选举执行委员会。谢世田当选为副主任（主任暂缺）。

1962 年 1 月 7—9 日，岳阳市召开第二届妇代会，参加会议代表 200 人。会议的中心议题是："高举三面红旗，鼓足革命干劲，发愤图强，为迎接新的胜利而奋斗"。陈海泉当选为妇联主任。

1973 年 6 月 2—4 日，城关镇召开第二届妇代会，参加会议代表 300 人。会议以"批判修正主义、整顿思想作风为纲"，总结交流"文化大革命"以来的妇女工作经验。当时未设妇联主任，由镇革委会群众工作组组长李锋负责妇女工作。

1978 年 10 月 16—18 日，岳阳市召开第三届妇代会，参加会议代表 314 人。会议讨论了工作报告，围绕现代化建设，妇女工作经验。樊菊生当选为妇联主任。

1982 年 11 月 10—12 日，岳阳市召开第四届妇代会，参加会议代表 472 人。大会中心议题是：开创妇女工作的新局面，为实现新时期的总任务而奋斗。肖杏珍当选为妇联主任。

南区　1985 年 1 月 8—9 日，南区召开第一次妇代会，到会代表 127 人，会议的中心议题是：奋发自强，锐意改革，努力开创南区妇女工作新局面。选举执行委员会，樊菊生当选为妇联主任。

1991 年 12 月 3—4 日，南区召开第二次妇代会，到会代表 159 人。会议的中心议题是：发扬四身精神，投身巾帼建功，为建设稳定、繁荣富庶、文明的新城区而奋斗。选举产生新的执行委员会，邹木兰当选为妇联主任。

郊区　1986 年 2 月 27—28 日，郊区召开第一次妇代会，到会代表 136 人。会议的中心议题是：奋发自强、改革创新、为振兴郊区，充分发挥"半边天"作用。会议选举执行委员会，黄云霞当选为妇联主任。

1993 年 1 月 7—8 日，郊区召开第二次妇代会，到会代表 125 人。会议的中心议题是：团结奋进，自强不息，为郊区的改革开放和经济建设贡献力量。会议选举新的执行委员会，张炎生当选妇联主任。

岳阳楼区　1997 年 8 月 12 日，岳阳楼区召开第一次妇代会。到会代表 168 人。会议通过《岳阳楼区妇女发展纲要（1996-2000）》，选举产生执行委员会，邓月娥当选为妇联主席。

2002 年 7 月 12 日，岳阳楼区召开第二次妇代会，到会代表 173 人。会议的中心议题是：以"三个代表"为指针，推动我区妇女运动全面发展。会议选举新的执行委员会，邓月娥当选为妇联主席。

2007 年 10 月 30 日，岳阳楼区第三次妇代会在区政府机关一楼会议室召开，到会代表 120 人。会议中心议题是：以科学发展观为指导，团结动员广大妇女，为构建和谐岳阳楼区而努力奋斗。会议选举产生新的执行委员会，周和平当选为妇联主席。

三、主要活动

1924 年，城区国民党员领导岳阳联中学生成立"天足会"，开展反封建斗争。1926 年，北伐军攻占岳阳后，在国民党县党部领导下，城区女学生戴德、戴珍、周德华、周德英走上街头，宣传放足，男女平等，婚姻自由，禁止纳妾、蓄婢，反对虐待童养媳，开岳阳妇女运动之先河。县立女子学校教师李慧带领全校300多名学生上街游行、演话剧，发表演讲，宣传放足、剪发。是年9月，岳阳县女界联合会成立后，妇女运动蓬勃发展，广大妇女冲破封建枷锁，走向社会，投入到轰轰烈烈的大革命洪流中。是年秋，城区彭援华、陶桓馥等4位女青年考入武汉中央军事政治学校女生队学习。抗日战争爆发后，广大妇女纷纷投入抗日救亡活动，参加抗日民族解放先锋队、抗日宣传队、伤兵慰劳队等组织，进行抗日救亡宣传，慰劳前线及救治伤兵。1938年日军侵占岳阳后，柳勉之、李开桂、刘淑慎、赵绿吟等10多位女学生奔赴延安，进入抗日军政大学学习。

中华人民共和国成立后，广大妇女积极参加土地改革、借粮支前、清匪反霸、镇压反革命、抗美援朝等运动。1953年后，各级妇联组织引导广大妇女参加社会主义革命与社会主义建设，充分发挥妇女"半边天"作用，为革命与建设事业做出贡献。1960年，境域4.69万名妇女中，有劳动能力的妇女14892人，其中参加农业生产的7916人、交通运输的766人、商业财贸系统的660人、工厂职工4113人、畜牧水产业的403人、中学生1034人。

60年代至70年代末，全国掀起的"农业学大寨"运动。区妇联组织响应落实全国妇联的号召，以大庆、大寨妇女为榜样，为实现第三个五年计划而奋斗。在"农业学大寨"运动中，广大农村妇女与男社员一道积极生产，许多地方妇女成为田间劳动的主要劳力。农村基层妇女在劳动中组织"妇女突击队""铁姑娘队""红色娘子军连"，在治山、治水、治田及植棉、造林等生产方面成为一支重要力量。

1995年8月、由岳阳市委宣传部、市总工会、市妇联联合组织举办的岳阳市各界妇女庆祝第四次世界妇女大会，参加单位58家，其中方阵队伍39支，秧歌队7支，礼仪队4支，彩车8台，游行人数达3000多人，其中南区、郊区妇联各组织100余人参加方阵，均获市组织二等奖。

1996年4月，岳阳楼区妇联不断深化三大主体活动，即"双学双比""巾帼建功"、创"五好文明家庭"；维护妇女儿童合法权益，服务经济大局。

2005年，区妇联把"巾帼建功"活动开展重点放在社区服务上。冷水铺街道办事处在鹰山社区创办"130"社区服务女子清洁队，并在其他9个社区相继成立"130"服务中心。岳阳楼街道办事处在九华山成立"爱心超市"，为困难家庭妇女送去爱心卡50张，送去慰问金和物品3000余元。

2008年，全区总人数为653862人，其中女性312412人，占总人口数的47.79%。在职行政事业女干部3797人，占干部的49%。在农村投入"双学双比"活动的妇女10560人。在城镇投入"巾帼建功"活动的女职工53630人。有个体经营妇女劳动者52300人。妇女在岳阳楼区社保局参保7938人。参加生育医疗保险的5657人。

2011—2012年，开展全区工商界巾帼精英评选活动，共评选表彰10个巾帼精英团队、100名巾帼精英。2012年，区妇联向女企业家、单位和社会爱心人士筹集爱心款6万多元，帮扶贫困学子30余人。

四、培养选拔女干部

中华人民共和国成立初期，仅有少数妇女参加居委会领导工作。随着革命与建设事业的不断发展，许多妇女走上各级领导岗位。1977年，全市共有女干部1702人，其中公社党委副书记2人，党支部书记28人，党支部副书记19人，党支部委员113人。副主任60人，民兵营长6人，生产队长18人，班长、会计、出纳等1082人；有694名妇女加入中国共产党，2862名女青年加入共青团。1983年3月，郭镇乡妇联主任张炎生被省妇联授予"三八"红旗手称号。是年9月，南津港居委会主任瞿多珍被全国妇联授予"三八"红旗手称号。

南区 1984年，南区有女干部37人，女党员335人。1988年，女干部增至412人，其中有3人担任副处级领导干部。至1989年，驻区范围内，先后有女全国人大代表2人、省人大代表7人、市人大代表14人、区人大代表55人、区人大常委会副主任1人，省政协委员1人、区政协委员14人，区委常委3人、副区长2人。1991年，南区女干部592人，处级女干部5人，副科级以上女干部48人，区直48个单位中30个单位有女领导成员，女党支部书记115人，女校长15人，女厂长（经理）38人，医院女院长4人。区党代表45人，区人大代表45人，政协委员25人。1994年底，全区有女干部819人，其中处级干部9人，科级干部78人，建区后，每年均举办女干部政治业务等培训班。先后有654人参加，选送37名女干部到省委、市委党校培训，88名女干部参加大专院校学习培训。156名女干部参加各类成人自学考试。至1994年，共向组织推荐女干部108人，其中启用78人，录用女干部11人。

郊区　1984年，郊区有女干部178人。1990年增至376人。1990—1992年，新提拔女处级干部3人、科级干部11人。1993年，全区有女党员453人。

岳阳楼区　1996年，岳阳楼区共有女处级干部11人、正科级干部34人、副科级干部123人。2002年，全区有女干部1726人，副科级以上女干部238人。2008年，全区在职行政事业干部7672人，其中女干部3797人，占49%。其中45岁以下女干部2229人，大学本科以上学历938人，处级女领导13人，其中在职6人，副科级以上女干部270人，其中正职一把手11人。14个乡（街）办事处进入党政班子的26人，其中副职5人。区直61个科级单位中有40个单位配备女干部。是年，发展女党员73人，占发展数的36.5%。2012年，共有女党支部书记83人、女校长31人、女厂长（经理）16人、女医院院长5人。

五、维护妇女权益

南区　1984年，南区妇联系统先后建立法律顾问室，办事处配备70多名法律咨询员。为妇女儿童排忧解难99人次。8月，区妇联在冷水铺办事处召开维权工作现场会。1990年，在全区对城市妇女家庭婚姻状况进行调查。区妇联共接受来信310起，处理235起，办结率76%。1992年，区妇联宣传《妇女权益保障法》，组织200名妇女参加全市妇女权益保障法宣传月动员大会。全区共发放法律学习资料2500册，购买宣传挂图150份，出动2台宣传车在市内大小街道巡回宣讲《妇女权益保障法》。全区妇联接待信访128起，办结率96%。1994年，贯彻执行《妇女权益保障法》的同时，抓好《劳动法》《母婴保健法》的宣传落实。区妇联接待来信来访35起，各办事处120起，办结率95%。

郊区　1986年6月，郊区妇联对北港乡北港村进行为期5天的婚姻登记调查。自1981年新《婚姻法》颁布以来已结婚73对，符合新《婚姻法》的49对，违背法律的29对，违法率39.72%，其中未办结婚证的17对，未达到法定结婚年龄的4对，近亲结婚的4对。8月，根据不同情况进行整改。是年，配合区法庭解决婚姻家庭纠纷案47起，处理41起，其中调离31起、判离1起、调和9起。1990年，郊区各乡、场举办《婚姻法》《继承法》《经济合同法》为主要内容的法律知识学习班38期，共有4121名妇女参加学习。区妇联协助司法部门处理虐待妇女案件9起。1994年，全区各级妇联组织举办《婚姻法》《未成年人保护法》《经济合同法》《妇女权益保障法》《税法》等法律知识培训28期，印发辅导资料3600份，购买法律知识课本4450册，受教育妇女2500多人次。配合民政部门对18起违反《婚姻法》的案件分不同情况给予处理。配合公安部门解救3名被拐骗的妇女儿童。法庭对5名强奸幼女、妇女的犯罪分子判处有期徒刑。接待来信来访98起，已办结95起。区妇联为来访群众提供法律帮助15人次。

岳阳楼区　2001年4月，新《婚姻法》颁布后，区妇联发放《婚姻法》2万多册、宣传挂图200张，张贴宣传标语1000多张，设宣传咨询点6个，出动宣传车2台，并对上访有关违犯《婚姻法》的案件及时处理。是年，全区各级妇联共接待群众来信来访89起，其中婚姻家庭54起，结案率96%。2002年，12家单位成立岳阳楼区维护妇女儿童权益工作协调小组，调整区政府妇女儿童工作委员会。至2003年，区妇联先后召开有关反家庭暴力专题会议5次，发放宣传资料1100多份，接待有关案件49起，办理46起。是年，配合省、市妇联社会调查，到梅溪乡、郭镇、北港等乡走村串户，解决妇女儿童权益、村民自治等情况。全年共接待群众来信来访38起，办理36起。2004年，岳阳楼区18个派出所建立家庭暴力报警站，法院建立家庭暴力伤情鉴定中心、妇女维权合议庭、妇女法律援助中心。2006年，成立妇女儿童维权中心。是年，在全区开展以《妇女权益保障法》为重点，《婚姻法》《湖南省人大常委会关于预防和制止家庭暴力的决议》等法律法规的宣传落实活动。2010—2012年，进一步完善妇女儿童维权联席会议制度、信访制度和妇联干部特邀陪审员制度；建立健全预防和制止家庭暴力的网络预警机制。

第四节　残疾人联合会

一、机构

1996年6月前，南、郊两区民政局分别设有残联机构，为股级单位。1998年6月，残联从民政局分离，升格为正科级单位。编制11名，内设办公室、财务股、康复股、服务总社等机构，区民政医院更名为康复医院。2012年，区残联在16个乡（街）成立残联，配备残疾人专职委员，并由组织部下文明确乡（街）残联专兼职理事长。全区113个村、社区均建立基层残疾人协会。

二、主要活动

1997年前，由民政部门组织开展残疾人扶贫。1998年12月，残联组织开展“一帮一”“一带一”扶贫助残活动，解决一批残、特困对象的生活困难，上门入户，对上访对象进行帮教。1999年，投入中国残联扶贫款130万元，开展残疾人扶贫。是年，根据全市创建国家级卫生城市的要求，市公安、交警、工商、客运、城管、民政、残联和区政府、区残联联合组成“四车”整顿执法办公室，开展城区交通秩序整顿，取缔非法营运残疾人三轮摩托车近千台，核销执照营运的残疾人专用摩托车250台，对执照残疾人营运车主予以办理城区公交车辆乘车免费证，发放生活过渡费50万元（纳入城区“低保”范畴），发放代步轮椅等善后配套措施，妥善安置残疾人就业，确保了社会稳定。

2001年5月，由区委宣传部、区委组织部、团区委、区民政局、区财政局联合，向全区党员、干部、职工群众发出助残倡议。区工商分局、区个协、区残联在城区设立8个宣传咨询点，展开助残宣传，共向社会各界募集爱心助残款物价值9万元。2003年3月，落实“扶残助学”政策，解决300余户入学经费紧张残疾人家庭子女读书问题。2004年，改建残疾人危房50户。2005年，集中安置残疾人就业45人，是年5月29日，在步行街举行500辆助残轮椅爱心捐赠。2007年，扶持50名困难残疾人就业，全年安排110名残疾人就业。2009年，投入康复经费20.6万元，为40名肢体残疾人免费赠送代步轮椅；落实100例精神病人康复免费服药；为10名下肢残疾人大小腿安装假肢；为12名肢残患者进行肢体康复训练；专项救助聋儿1人；聋儿语言培训12人；家长培训10人；发放辅助器具250件；培训社区康复协调员 30 人。

2010 年，区残联与区委组织部、区就业局联合开办花卉、苗木种植、水产养殖、计算机应用等 2 期培训班，100 名残疾学员拿到劳动人事部门颁发的证书；与区劳动就业局开办助残扶弱招聘会，为残疾人提供 50 个就业岗位。组织资金 30 万元，走访慰问困难残疾人 800 户；为特困残疾学生减免学杂费 200 人次，金额 5 万元，发放助学金 4 万元；与区民政局协调，落实残疾人低保，使全区一、二级残疾人全部纳入医疗保险统筹范围；取缔非营运残疾人摩托 196 台，为下肢残疾人购置代步车 160 台。2011 年，完成 1.23 万残疾人康复需求摸底工作并建立康复服务档案。通过长江助学行动，资助 6 名参加特教培训的学生，给予每人每年 500 元的资助。2012 年，区残联筹资 30 万元，为全区 932 名残疾人提供不同形式的康复服务，免费发放轮椅、盲杖、闪光门铃等残疾人辅助器具 1100 余件。组织 118 名残疾人参加就业培训，通过就业援助安排残疾人就业 120 余人。

第五节　科学技术协会

一、机构

1987 年 3 月 23 日，郊区政府设立科学技术协会（简称科协）。1988 年 1 月，南区设立科协。1996 年，南区与郊区科协合并成立岳阳楼区科协。1997 年 1 月，区科协第一次代表大会召开，选举新的科协主席。

二、主要活动

科协成立后，积极开展科技咨询、技术交流、科学论证、科学技术普及活动，进行技术推广和技术中介服务，维护科技人员的合法权益。

1997 年，科协引进、推广新技术、新产品，推广 EM 有效微生物制剂，促进无公害食品的开发利用。1998 年，成立农业函授大学岳阳楼区分校。1999 年，成立老年科技工作者协会。

2000 年，成立科技巡回报告团，巡回报告 8 场，参加听课农民 1100 多人次，向农民赠送科技资料 10800 多份。向社会推介 10 位有影响的科技示范户，其中 7 人入选市委组织部、市科协组织的全市《科技人物》大型图文展览。建立以站前小学为主体的青少年科技活动示范基地。该校全年有 50 多篇（件）科技论文和作品在全国、省、市科技竞赛中获奖，喻红阳等 2 人成为全国科技新苗。岳阳楼小学被中国科协、国家青少年科技辅导员协会等单位授予全国科技活动示范学校称号。

2002 年，区科协会同有关部门实施科普示范工作和创建乡镇农村党员、基层干部科技示范带头人，推动农村产业结构调整。梅溪乡被评为岳阳市科技示范乡（镇），全区确定科普示范基地 2 处，发展科技示范户 200 多户，逐步形成区指导、乡服务、村（会）组织、户示范的四级农村科普网络。

2003 年，组织开展科技进社区活动。开展“依靠科学、战胜‘非典’”为主题的科普宣传活动，发放 2 万余份预防“非典”科普宣传资料。东茅岭街道办事处、五里牌街道办事处被确定为岳阳市科普示范街道办事处。

2004 年，区科协以“六二九”全国科普日活动为契机，在商业步行街与市科协一起举行科技志愿者宣誓活动，宣传“科学普及，你我共参与”的科普工作主题。组织开展巡回科普展览，制作宣传展板 230 多幅在城区展出，参展 3 万余人。组织城区居民、学生 1.5 万余人参观大型机器人演示展出。

2005 年 9 月 15—17 日，由市、区科协等单位承办的大型“普及科学知识，共建和谐岳阳——让科学走进社区”活动，在鹰山社区开展，参与人数达 2000 多人。活动内容有专家现场咨询答疑、艺术舞蹈、时装模特表演、科普展板巡回展览、全国科普示范画廊展示、科技知识现场竞答等。是年，枫树新村、鹰山社区科普示范画廊被中国科协确认为“全国科普示范画廊”。区科协组织与配合有关单位开展“祝君活到 120 岁”“洞庭湖爱鸟周”“环境与健康知识 ”等活动。

2006 年，全区开展科普惠农活动。12 月，区群贤科普示范基地被中国科协、财政部评为全国科普惠农兴村先进单位。

2007 年，金鹗山街道办事处被确定为岳阳市科普示范街道办事处。全区已有基层科协组织 15 个，各类专业技术学（协）会 12 个，建立社区科普活动室 39 个、农村科普示范基地 3 个、科普特色学校 2 所、提升全民科学素质教育示范基地 5 个、现代远程科普教育网点 28 个，科普志愿者队伍 1200 余人。是年，中国科协正式命名岳阳楼区为全国科普示范城区。

2009 年 9 月 22 日，在市三医院举行岳阳市“全国科普日”活动暨市民健康大讲堂启动仪式。由市科协主办，区科协、市大众健康协会承办的科普活动吸引广大人民群众的积极参与。区科协发放预防甲型 H1N1 流感等资料 1500 余册。是年，岳阳楼区参加岳阳科技论坛获奖论文 11 篇，参加岳阳市自然科学论文征集活动获奖论文 7 篇。

2010 年 6 月，金凤苗木花卉科学技术普及示范基地被评为全国科普惠农兴村先进单位。

2012 年，由市科协、岳阳楼区政府主办，岳阳楼区科协承办的以“食品安全与公众健康”为主题的岳阳市 2012 年全国科普日活动在枫桥湖街道康岳社区举行。80 名科普志愿者代表在科普志愿者旗帜下庄严宣誓。现场共展出科普展板 120 块，发放科普宣传资料 8000 余份，接收义诊和咨询服务 500 多人次。

第六节　文学艺术联合会

一、机构

1989 年 3 月 30 日，郊区召开文学艺术界代表大会，成立郊区文联。1992 年 12 月 22 日，南区召开文学艺术界代表大会，成立南区文联。2002 年 7 月 10 日，岳阳楼区召开文学艺术界代表大会，成立文联。至 2012 年，下辖作家协会、书法家协会、美术家协会、摄影协会、音乐家协会、舞蹈家协会、戏剧家协会。

二、主要活动

为丰富社会文化生活，每年春节前夕，邀请市内部分书法家举办义务写春联送春联活动。

2006 年，举办岳阳楼区“信用社杯”摄影、美术、书法比赛，共征集作品 838 幅，其中摄影作品 516 幅，美术、书法作品 322 幅。评出获奖作品 71 幅，并将所有获奖作品制成展板展出，比赛所有获奖作品编印成画册。是年，在南湖广场举办一场大型广场文艺晚会。

第十五篇　武　装

第一章　机构　驻军

岳阳楼区位于洞庭湖与长江汇合处，扼长江，锁洞庭，为湘北重镇，湖南锁钥，自古为兵家必争之地。水路，溯江西上可达巴蜀，顺流东下可抵沪宁；陆路，京广铁路纵贯城区，武广高铁伴城而过，北趋中原，南至岭南；公路四通八达，107线国道绕城而过，联结湘、鄂、赣诸省。为长江中下游与湘北地区交通枢纽，战略地位十分重要。民国2—15年（1913—1926），北洋军阀与西南军阀为争夺湖南，曾7次在岳州展开拉锯战，湘军曾臂缠白布，上书“夺得岳州，湖南必生；不夺岳州，湖南必死”。

岳阳城东、南、西三面环水，湖汊纵横，城北为低缓丘陵，属典型的水网地带，易守难攻，不利于大兵团与机械化部队作战，但交通便捷，便于输送兵员、物资、疏散人口；且物产丰富，兵员充足，工业发达，是重要的兵站转运基地。民国28—33年（1939—1944），侵华日军利用岳阳城作为其南进兵站基地，4次进犯长沙。城区滨湖一带，水流缓慢，湖面宽阔，港区呈月牙形，是海军水面舰艇锚泊的天然港湾。城陵矶港雄峙三江口，为通向大西南的重要口岸。城中金鹗山，海拔97米，为全城最高点，可俯瞰控制全城。清初，山上设有炮台，多次发生激战。

第一节　军事机构

一、岳州卫、岳州营

清代沿用明制，一直保留岳州卫，设守备，职司运粮。清初，岳州有参将镇守。康熙十八年（1679），设岳州营，驻府城，始受湖广水陆提督节制，嘉庆六年（1801），改归湖南提督统辖，岳州营下设汛，共有568人；后减至403人，计参将、守备、千总、把总等职官10人，兵丁393人，分守巴陵、平江、临湘、华容4县重要村镇、关卡、码头塘汛48处。康熙二十八年至同治八年（1689—1869），岳州营参将还兼辖岳州水师营。光绪二十九年（1903），岳州营分期裁剪，至宣统三年（1911）自行消失。

清代岳州营参将名录

表 15-1

姓　名	籍　贯	任职时间
唐调鼎	四　川	—
赵世朝	四　川	—
廖贵一	四　川	—
李世兴	四　川	—
哈尔库	满　洲	—
张　俄	福　建	—
刘朝进	河　南	—
王国兴	陕　西	—
王承恩	山东历城	康熙二十六年
胡　琨	宁　夏	康熙四十三年
李　清	福建海澄	康熙四十七年
屈大亨	四川成都	康熙五十五年
李登云	安徽颖川	—
杜元生	宁　夏	雍正二年
李佐喜	山西大同	雍正五年
江之湛	宁　夏	雍正九年
陈有功	福建平和	雍正十年
王守乾	陕西乾州	乾隆八年
桂栖凤	山西临汾	乾隆九年
桂　保	满　洲	乾隆十二年
胡　楷	福建沙县	乾隆二十年
戴青气	山东历城	乾隆二十二年
阿克东	—	—
萨穆伦	满　洲	乾隆二十七年
刘永宁	山西偏关	乾隆二十八年

姓　名	籍　贯	任职时间
桂栖鹦	山西临汾	乾隆三十一年
记档阿	满　洲	乾隆三十三年
龚学盛	湖北监利	乾隆四十三年
西　成	满　洲	乾隆四十七年
豆　澍	甘肃固原	乾隆五十三年
诺音保	满　洲	乾隆五十八年
白大冲	甘　肃	乾隆六十年
陈占鳌	湖北黄岗	嘉庆五年
文　浩	蒙　古	嘉庆七年
吉　凤	满　洲	嘉庆八年
王　贵	湖北谷城	嘉庆十年
苏　朝	陕西长安	嘉庆十五年
福注礼	蒙　古	嘉庆十九年
王兴基	湖南永绥	咸丰四年
梁开国	湖南长沙	咸丰七年
荣　山	满　洲	咸丰七年
文汉章	湖南凤凰县	同治四年
常　明	满　洲	同治八年
于高胜	湖南浏阳	同治十一年
陶国喜	湖南益阳	同治十一年

说明：道光、光绪年间未设参将。

二、其他驻军机构

太平军进军湖南期间，清政府为加强镇压太平军，自咸丰十年至同治八年（1860—1869），先后在岳州设立中军守备署、水师千总署、水师营把总署、岳州卫守备署、岳州总镇署、长江水师等驻军机构。同治十二年（1873），设立岳州营游击署。

1860—1883 年岳州驻军军官名录

表 15–2

机构名称	职　务	姓　名	任职时间	衙门位置
中军守备署	军　备	廖珙顺 陶延梁 张五魁	咸丰十年（1860） 同治元年（1862） 光绪八年（1882）	考棚街南 （今桃花井）
水师营守备署	守　备		同治八年（1869）撤	
水师千总署	千　总		同治八年（1869）撤	
水师营把总署	把　总		同治八年（1869）撤	
岳州卫守备署	守　备	叶　培	同治三年（1864）	
岳州总镇署	镇　台	彭昌禧 陶立忠 张澍霖 刘　得	同治八年（1869） 光绪四年（1878） 光绪十二年（1886） 光绪十二年（1886）	竹荫街
长江水师	提　督	黄翼升 潘长顺 李成谋 程允和	同治八年（1869）设提督行 同治八年（1869） 同治十二年（1873） 宣统三年（1911）	
岳州营游击署	游　击	田明山 邹得泰 张澍霖	同治十二年（1873） 光绪五年（1879） 光绪九年（1883）	游击巷

三、前路巡防营

宣统三年（1911），全省巡防营整编为中、左、右、前、后五路。前路巡防营驻岳州，统领吴耀金，归湖南巡抚、提督直接统辖。下设 6 个步兵队，每队 3 哨，有官兵 301 人。各队分守要地，府城、城陵矶、华容各驻 1 队。

民国元年（1912）10 月，湖南都督谭延闿将五路巡防营改为 6 个守备区司令部，前路巡防营改为第三守备区，司令陶忠洵，驻岳州，辖 5 营（队改营），分驻巴陵、临湘、平江、湘阴、华容、南县等地。次年初遣散各区守备队，岳州 4 营调长沙，余部划归岳州镇守使节制。

四、岳阳镇守使署、警备司令部

宣统三年（1911），岳州光复时设岳州镇守司令部，统率驻岳州常备军与巡防队，司令部驻府城竹荫街。民国元年（1912），岳州镇守司令部更名为岳州镇守使署。民国 15 年（1926）撤销。岳州镇守使署系地方性军事组织，设镇守使 1 人，参谋长（或副官长）1 人及副官、执法官、稽查、军械、军需、军医、书记等10余人。镇守使多由驻军师、旅长兼任。所属兵力不等，一般为2个团。

民国12年（1923）11月，湖南督军赵恒惕将湘东清乡司令部更名为岳州警备司令部，驻长沙。次年1月12日迁岳阳，辖2个守备团，民国14年（1925）3月裁撤。民国15年（1926）8月，唐生智任命北伐军团长为警备司令，次年6月停设此职。民国19年10月，湖南省再以驻军旅长兼警备司令，次年12月撤销。民国27年8月，岳阳列为江防要塞，恢复岳阳警备司令部，设正、副司令和参谋、副官、军法、秘书、稽查等处，司令由区保安司令兼，11月，因日军入侵岳阳，撤销。

岳阳（长岳）镇守使、警备司令名录

表15-3

姓　名	籍　贯	职　务	任职时间
任　震	湖南巴陵	镇守府司令	1911.10
唐　蟒	湖南浏阳	镇守府司令	1912
曾继梧	湖南湘乡	镇守使	1912
程子楷	湖南资兴	镇守使	1913.8.12
伍祥祯	—	镇守使	1913.9.—1914.8
车　震	—	镇守使	1916.5—1918.11
吴新田	—	镇守使	1918.11—1919.6
车　震	—	镇守使	1920—1922
邹序彬	湖　南	镇守使	1923—1926.4.
龚仁杰	湖南祁阳	代镇守使	1926.4—1926.8
邹　礼	湖　南	警备司令	1923.11—1925.3
周希武	湖南醴陵	警备司令	1926.9—1927.6
段　珩	湖　南	警备司令	1930.10—1931.12
魏镇藩	湖南邵东	警备司令	1938.8—1938.11

五、第一保安区司令部

民国22年（1933）4月，湖南省成立保安司令部，下辖保安区。境内属第一保安区（司令部驻醴陵），下辖保安团。平江保安队编为第六团；岳阳、湘阴、临湘三县合编为保安第三团。民国23年（1934）2月，司令部移驻岳阳，设正、副司令各1人，参谋、副官、书记、军需、军医、司书等XX人，原区辖保安团、营编并归省。日军占领岳阳时，区保安司令部迁浏阳，抗战胜利后迁回岳阳。民国29年（1940）4月，保安司令部并入行政督察专员公署，司令由专员兼。民国38年5月，专署移长沙。

第一保安区司令名录

表 15–4

姓　名	籍　贯	职　务	任职时间
罗树甲	湖南	司　令	1933.4—1938.8
魏镇藩	湖南邵东	司　令	1938.8—1940.6
蒋肇周	湖南祁阳	专员兼司令	1940.6—1942.10
周仲衡	湖南常宁	专员兼司令	1942.10—1943.2
邓为仁	湖　南	专员兼司令	1943.2—1947.10
王翦波	湖南临湘	专员兼司令	1948.10—1949.5
焦达悌	湖　南	代司令	1949.5—1949.7

侵华日军驻岳阳部队一览

表 15–5

时　间	部队番号	历任主官	驻　地	备　注
1938.11.9—1939.5	第九师团	师团长： 中将吉佳良辅	临湘 岳阳	只驻1 个旅团，后回日本
1939.5—1942.11.2	第六师团 第一一旅团	师团长： 中将稻叶四郎 中将町尻量基 中将神田正种 旅团长： 少将今村胜次 少将池田直三	临湘 岳阳	平岛文雄第十三联队驻岳阳，其第一大队、第二大队驻新开塘；第三大队驻小桥坳；岩奇民男第四十七联队驻临湘桃林一带
1939—1945.9	野战医院、汽车、弹药库	—	岳阳	—
1943.3—1944	第四十师团	师团长： 中将木青成一 中将宫川清三 旅团长： 少将河野毅	临湘 岳阳 华容	户田义直第二三四联队驻华容；仁科馨第二三五联队驻临湘、岳阳
1943.3—1945.9	独立混成第十七旅团	旅团长： 少将高品彪 少将蜂川占一 少将谷实夫	岳阳 临湘 华容	辖5个（87—91）大队，投降时为7000人
1945.9	第一一六师团	师团长： 中将菱田元四郎	岳阳	由长沙至岳阳受降，共1.6万人

六、岳阳市人民武装部

1960年10月2日，成立岳阳市（县辖区）。1961年8月，建立岳阳市人武部（副团级），1962年7月撤销。1976年2月，成立岳阳市人武部（正团级）。1983年8月，岳阳市升为省辖市，是年11月5日，岳阳市人武部升为正师级单位，直隶湖南省军区，驻洞庭北路，机关设军事、政工、后勤3科，下辖岳阳县人武部。1984年6月增辖南区、北区、郊区3个县级人武部。1984年，设干部文化轮训队。1985年7月始，市委书记不兼市人武部第一政委，只兼党委书记。1986年，设教导队。是年1月1日，岳阳市人武部扩编为岳阳市军分区，设司令部、政治部、后勤部、管辖单位和任务未变。是年10月1日，撤销岳阳市军分区，其机构、人员并入岳阳军分区。

岳阳市人民武装部、岳阳市军分区领导名录

表15–6

	姓　名	籍　贯	职　务	任职时间
岳阳市人民武装部	赵纯乾	湖南宁乡	部　长	1983.11—1986.1
	李朗秋	湖南岳阳	第一政委	1983.11—1985.6
	文海萼	湖南宁乡	政　委	1983.11—1986.1
	樊德洪	湖南华容	副部长	1983.11—1986.1
	陈定良	湖南祁阳	副政委	1983.11—1986.1
岳阳市军分区	赵纯乾	湖南宁乡	司令员	1986.1—1986.10
	段良久	湖南	政　委	1986.1—1986.10
	樊德洪	湖南华容	副司令员	1986.1—1986.10
	李家金	湖南祁阳	参谋长	1986.1—1986.10
	陈定良	湖南耒阳	政治部主任	1986.1—1986.10
	朱芳地	湖南常德	后勤部部长	1986.1—1986.10

七、城厢区、城厢镇、岳阳公社、城关镇人民武装部

1949年，城厢区成立区武装大队。1953年7月，区武装大队改为武装部。是年10月，更名为城厢镇人武部。1958年10月，镇人武部改为岳州人民公社人武部，编制2名。1961年8月，组建岳阳市人武部，编制3名，属岳阳县人武部领导。并在城南、城北、城陵矶3个区与郊区、洞庭2个公社

建立基层人武部。1962 年 10 月，市人武部撤销，恢复为城关镇人武部，各区人武部改为街道办事处人武部。1976 年 2 月，恢复组建岳阳市人武部，各街道办事处人武部又改为区人武部。共设置南区、北区、东区、城陵矶区、冷水铺区、城郊公社、五里公社、洞庭公社、北港公社及湖滨园艺场等 10 个基层人武部；此外，驻区范围内大、中型厂矿企业也都设立人武部。1981 年 12 月，岳阳县撤销，原县人武工作由市人武部接管，共辖有 5 个城市区、12 个农村区，51 个公社人武部。1982 年，重新设立岳阳县人武部，农村区设人武部仍划归岳阳县。

历届镇、区、公社人武部领导名录

表 15–7

机构名称	职　务	姓　名	任职时间
城厢区区大队	大队长	陈海泉	1949.8
城厢区人民武装部	部　长	王纯佑	1953.7
城厢镇人民武装部	部　长	高本禹	1957
岳州公社人民武装部	副部长	方家礼	1959
城关镇人民武装部	部　长	李春保	1963—1965
	部　长	高本禹	1965—1969
	部　长	王喜成	1969
	部　长	付平生	—
	部　长	陶恒和	1972

八、南区、郊区、岳阳楼区人民武装部

1984 年 6 月，南区、郊区人武部组建，下设军事、政工、后勤 3 科。根据行政区划的重新划分，原 5 个城市区改为 8 个街道办事处，各街道办事处设有人武部，原隶属市人武部的乡（社）人武部改属郊区人武部管辖，南、郊区人武部隶属市人武部管辖。1986 年 3 月，南区人武部脱离军队序列，改归地方建制，下设军事、政工、后勤 3 科，1988 年 1 月增设办公室。其建制人员的隶属关系随之改变，由以军队为主的双重领导改为以地方为主的双重领导。1996 年 4 月，南区、郊区人武部重新收归军队建制。

1996 年 4 月 30 日，撤销南区人武部和郊区人武部，成立岳阳楼区人武部，驻地在岳阳市洞庭北路。2005 年 8 月，岳阳楼区人武部搬迁至岳阳市青年东路与屈原路交汇处的新营房办公。

南区、郊区、岳阳楼区人武部领导名录

表 15–8

机构名称	姓　名	职　务	任职时间
南区人民武装部	张方金	部　长	1984.11—1985.7
	瞿林文	部　长	1985.7—1996.4
	唐济美	第一政委	1984.11—1985.7
	李水泉	政　委	1984.11—1991.8
	姚应秋	政　委	1992.5—1996.4
郊区人民武装部	傅金翘	部　长	1984.10—1986.3
	王石生	部　长	1986.3—1992.12
	苏统江	政　委	1984.10—1986.3
	瞿运生	政　委	1986.3—1992.11
	李紫华	政　委	1992.11—1996.3
岳阳楼区人民武装部	欧阳思平	部　长	1996.4—1998.4
	凌慧民	部　长	2003.3—2007.2
	付明中	部　长	2007.2—
	姚应秋	政　委	1996.4—1998.4
	熊赞国	政　委	1998.4—2003.3
	余良成	政　委	2003.3—2006.1
	朱玉华	政　委	2006.1—

九、　岳阳地区武装警察支队

1964 年 9 月，岳阳专署组建公安大队，辖 5 个县公安中队。1966 年 11 月，岳阳地区公安大队改编为湖南省岳阳军分区独立营，辖 3 个连，各县公安中队同时改为县中队，归所在县人民武装部建制。1975 年 12 月，各县中队又改为人民武装警察中队，隶属所在县公安局。1982 年 9 月，岳阳军分区独立营移交地方，是年 10 月，组成中国人民武装警察部队岳阳地区支队，1986 年 4 月撤销。

十、岳阳市武装警察支队

1984 年 6 月，成立中国人民武装警察部队岳阳市支队，受湖南省武警总队和岳阳市公安局领导。支队机关设司令部、政治处、消防处、后勤处。1986 年 4 月 20 日，岳阳地区武装警察支队并入岳阳市武装警察支队。1990 年始，市武装警察支队辖直属大队、船艇大队、教导队和 8 个县（市、区）中队。

第二节 驻 军

一、清王朝时期（1676—1911）

岳州水师营 康熙十八年（1676），岳州设立水师营，设参将、守备、千总各1人，把总2人，马兵60人，战兵94人，守兵409人。同治八年（1869），设长江水师，裁撤岳州水师营，留马兵5人，守兵57人。

庆字右营 光绪二十四年（1898），湖南防军庆字右营驻守岳州。

信字营 光绪二十六年（1900），信字营驻岳州。宣统三年（1911），信字营被裁撤。岳州驻有前路巡防营200人，新军第十九标第一营、第三营共800多人。

二、中华民国时期（1912—1949）

张福来师 民国10年（1921）年7月，湘鄂战争爆发。8月，吴佩孚部第二十四师师长张福来率3个混成旅袭占岳阳，其师部驻南正街，第四混成旅刘佐龙、第四十九旅王启贵部驻守城内外。

黄友鹄旅 民国11年（1922）7月，湘督赵恒惕派黄友鹄武装500多人接管岳阳。

马济旅 民国12年（1923）10月，吴佩孚派其混成旅马济部攻占岳州。10月，在岳阳组成两湖警备总司令部，吴兼总司令，马济任参谋长。由萧耀南第二十五师改编的2个混成旅担任防务。

余荫森旅 民国15年（1926）6月，北洋军第二十五师四十九旅余荫森部与依附吴佩孚的湘军第三师叶开鑫部重占岳阳。

海军第二舰队 民国15年6月，北洋军海军第二舰队10余艘舰艇协助余荫森部逼占岳阳，停泊岳阳楼下。

危宿钟团 民国15年（1926）8月，国民革命军第八军二师危宿钟团攻克岳阳。

炮兵团 民国15年（1926）8月，国民政府中央军事政治学校炮兵团进驻岳阳。

张国威师 民国16年（1927）5月，第三十五军一师张国威部进驻岳阳，张国威被唐生智枪决后，叶琪任师长。叶琪因伤住院，由一团团长周磐代理师长。该师下辖3个团，第一团由该团一营营长彭德怀代理团长，驻城陵矶；第二团团长兼岳阳警备司令周希武，第三团团长李仲任，均驻岳阳城内。

第三十六军 民国16年（1927）1月，“宁汉战争”爆发后，何键率第三十六军退驻岳阳。

第四路军 民国17年（1928）1月20日，白崇禧、程潜率“西征军”第四路军追剿唐生智部，程潜其第六军、夏斗寅第十四军、叶开鑫第四十四军到达岳阳。

叶琪部 民国17年（1928）4月，依附桂系的湘军叶琪第十二军进入岳阳。

夏威部 民国18年（1929）2月，桂系军阀驱逐湖南省政府主席鲁涤平，叶琪部离岳，桂系第七军夏威部进入岳阳。

王东原旅 民国18年（1929）3月，“蒋桂战争”爆发，中央军“西征军”再度入湘，何键倒桂附蒋，湘军第十五师四十五旅王东原部驻防岳阳。

张桂联军 民国19年（1930）5月，蒋、冯、阎中原大战爆发，桂军倾巢犯湘。6月4日，何键率四路军总指挥部、省政府败退岳阳。8日，桂军唐哲民部、第四军张发奎部占岳阳。

夏斗寅师 民国19年（1930）6月3日，夏斗寅率第十三师驻守岳阳，被张桂联军打败，退往蒲圻。

钱大钧部 民国19年（1930）6月13日，张桂联军撤出岳阳，中央军钱大钧教导第三师进入岳阳，月底调往武汉，7月5日，红三军团自岳阳撤退后，钱部又返回岳阳。

陶广师 民国19年（1930）7月初，湘军第八军第二十三师陶广部与第二十一师进入岳阳。

汪文斌团 民国19年（1930）7月5日，红三军团撤离岳阳后，湘军第十五师四十五旅汪文斌团自荣家湾进占岳阳。

陈诚师 民国19年（1930）1月，中央军第十八师陈诚部进驻岳阳。

罗卓英师 民国20年（1931）1月，中央军第十一师罗卓英部接防岳阳。

刘济人旅 民国20年（1931）3月，湘军第十六师四十六旅刘济人旅驻防岳阳。

袁英部 民国20年（1931）4月，陆军新编第十二师袁英部3个团自武汉调岳阳驻防。

张振汉师 民国20年（1931）8月，陆军第四十一师张振汉部到岳阳驻防。

段珩旅 民国20年（1931）10月，湘军第十九师五十五旅段珩部驻防岳阳，段兼任岳阳警备司令。

十九路军补充大队 民国21年（1932）3月，十九路军补充大队北上抗日到达岳阳，在岳阳补充兵员2000多人。

钟光仁旅 民国21年（1932）10月，湘军陆军第六十二师钟光仁旅驻防岳阳。

五十七旅 民国22年（1933）4月，湘军陆军第十九师五十七旅奉调岳阳驻防。

汤恩伯部 民国24年（1935）12月，中央军陆军第一军汤恩伯到岳阳，军部驻城陵矶，其第四师师部驻城区县党部内。

邹洪师 民国25年（1936）3月，陆军第十三师邹洪部到岳阳驻防。

霍揆彰师 民国26年（1937）3月，陆军第十四师霍揆彰部到岳阳驻防。

五十八师 民国26年（1937）5月，陆军第五十八师到岳阳驻守。

海军总司令部 民国26年（1937）12月，国民政府海军部搬迁岳阳，并奉命在岳阳改编为国民革命军海军总司令部，总司令陈绍宽，总司令部设竹荫街盐仓库内。海军雷电学校设城陵矶海关。海军太湖炮队改编为洞庭湖炮队，部署城陵矶洪家洲。1938年1月，海军总司令部迁往湘阴。

三、中国工农红军

红三军团 1930年7月3日，彭德怀、滕代远率中国工农红军第三军团攻占城陵矶、岳阳。军团司令部驻塔前街基督教堂，政治部驻乾明寺街贞信女中。5日，红三军团撤离岳阳转进平江。

四、中国人民解放军

第四七五团 1949年7月20日，第四十六军一五九师副师长兼参谋长杨力率四七五团进入岳阳城，参加湘北剿匪，团长乔雨生，政委王衍铎。

中南军区后勤部军需部第一办事处 1951年5月，中南军区后勤部军需部第一办事处在岳阳城组成，筹建军需工厂。工厂投产后，办事处于1953年4月撤销，后设军代室。

中国人民解放军三零五工程指挥部 1964年5月成立，驻岳阳县新开塘，主任赵本全，政委刘春辉。1970年8月工程竣工，定名为中国人民解放军第6906工厂（简称6906工厂），撤销指挥部，设军代室。

湖南省陆军预备役步兵师第三团 1999年9月9日成立，团部设在岳阳楼区湖滨，全团4个营。岳阳军分区副参谋长兼任团长，岳阳军分区政治部副主任兼任政委。

第二章 重大战事

第一节 清 朝

一、太平军攻占岳州

清咸丰二年（1852）十二月十三日，太平军进攻岳州城，府城百姓与原府衙所募乡勇打开城门，迎接太平军进城，清军提督博勒恭武与知府廉昌闻讯逃窜。太平军缴获清军大批粮饷、枪械、火药及清初吴三桂所遗铜炮，并获得数千艘民船。太平军将民船改造成战船，招收大批船夫、渔民组成水营，以新参军的船主唐正财为典水匠（水师将领），在洞庭湖操练水师，七日，太平军从岳州启程，顺流东下，开始东征。

二、太平军西征争夺岳州

清咸丰三年（1853）四月，太平天国定都金陵后，为巩固政权、扩大势力，开始北伐、西征。西征军于咸丰四年正月攻占汉口后，分一路由国宗提督军务石祥祯率领征湘，于二月二十七日进抵城陵矶。清水师一营接战即溃；知府贾享晋等弃城走，太平军重克岳州后休整5天，继续南进。太平军进入宁乡后，遭曾国藩部将塔齐布等水陆营分道迎击，退回湘阴，再从岳州退往蒲圻。王鑫、朱孙贻等率湘军陆营2600余人扼守府城。三月二十三日，曾国藩亲率水师1600余人进驻岳州，搜查湖区。

三月，太平天国春官又副丞相林绍璋等率3万余人经蒲圻南援，企图阻止湘军北上。十日（4月7日）晨，太平军从北、东、南三面猛攻岳州城，数千守军溃逃，太平军再次收复岳州。

林绍璋长驱直入，与强敌硬拼，结果惨败湘潭，于四月初八退保岳州。六月初六，曾天养将分驻常德的太平军调集岳州，加强城区防卫，并在城东南添筑土城，在新墙、郭镇筑垒设卡。

六月中旬，湘军2万余人从长沙分三路攻岳州。东路林源恩由平江趋通城，西路胡林翼趋常德。中路署提督塔齐布率主力由湘阴攻新墙。太平军凭垒抗击，终因兵力单薄，连失新墙3座土营，只得退守府城。

六月二十三日，曾国藩令湘军水师统领褚汝航率水师4营2000余人，由长沙进泊鹿角，切断太平军水上南进之路；同时派知府罗泽南、魁联分率湘勇、宝勇各1000增援塔齐布，并将西路周凤山壮勇1600余人调集新墙，赶搭浮桥。湘军探明太平军船只多停泊在君山一带，水师遂趁暗夜分5队秘密开进设伏。六月三十日午刻，湘军发起攻击，陆营在新墙一带骚扰，水师夏銮以舢板佯败相诱。太平军误入伏击圈，遭到截击，秩序顿乱，损失战船百余只。曾天养主动放弃府城，退守城陵矶。

七月初三，曾天养趁湘军立足未稳，督战船400只，在陆路配合下，反攻岳州。湘军水师从南津港、君山一带分5路迎战。太平军英勇出击，杀敌甚多，但因战船多系商船，突遇北风，运转不灵，挡不住湘军巨舟洋炮攻击。当湘军从湖西抄尾而来，阵势自乱，误伤不少。湘军乘胜追至白螺矶，曾天养败退临湘。是役，陆路也败于塔齐布，共损失战船76只，炮280余门，伤亡逾千人，丞相汪得标牺牲。

七月初，太平军国宗提督军务韦志俊、石镇仑和殿右三十检点陈玉成从武昌率水陆大军南援。七月初五，援军与曾天养会合，泊舟于擂鼓台一带，准备反攻，被湘军发觉。次日，褚汝航将水师分成前后两队，主动迎击于道人矶。太平军卸帆靠岸，以逸待劳，击沉敌船若干。湘军在进退两难时，右营杨载福率舢板抄后，乘北风纵火，褚汝航、夏銮又拦腰攻击，太平军失去主动，战船被烧400余只，殿左十三检点黎振晖阵亡，撤出战斗。

七月十五日（8月8日），曾国藩率湘军水师余部及陆营2000余人，总兵陈辉龙率广东水师400余人，知府李孟群率广西水师1000余人，赶到岳州，急于扼控城陵矶。次日，太平军继续反攻，陈辉龙率湘、粤水师迎战，双方前锋交战于城陵矶，太平军稍挫，退至象骨港。时南风大作，水流迅急，湘军顺流而下，难以自控。曾天养发现敌人犯了水师大忌，速令大队战船埋伏于旋湖港，另出舢板诱战。湘军游击沙镇帮率船跟追，陷入重围；陈辉龙率拖罟赶往抢救，船重搁浅。曾天养挥师上阵，伏船四出，立斩陈辉龙、沙镇帮。湘军各船奔往抢救，也被大风横吹而下，水师总统褚汝航、同知夏銮受重伤落水而死；广东千总何若澧率兵增援也被击毙。余船经彭玉麟、杨载福两营接应脱险，逃回岳州。曾国藩经营多年的水师，一天之内“损失将半”。

七月十八日，曾天养率3000人由城陵矶登岸，准备据险扎营，不料塔齐布分三路突然攻来。年近花甲的曾天养（广西浔洲人）发现塔齐布在阵前督战，即单骑飞刺，仅伤坐骑。曾正待举矛，被湘军刺落马下，不幸牺牲。二十一日，埋伏在沿江湖汊的太平军击溃塔齐布一路，并击毙都司褚殿元、千总刘士宜。

西征军为打破湖南战事胶着状态，石镇仑从武昌领一万数千人增援，驻营高桥。七月二十六日，太平军从高桥进攻湘军凤凰山大营，主力分为10余路，更番迭出，猛打硬拼，遭塔齐布、周风山多路抗击，未胜回营。接连两日再战，均无进展。此时，曾国藩趁太平军集中陆战，水师疏于防备之机，令杨载福、李孟群率水师突然发起进攻，仅3小时，太平军伤亡逾千人，战船退至城陵矶下游。太平军远离武昌后方，连日与强敌硬拼，粮尽力衰，遂于八月二十五日撤出城陵矶，退往湖北。

第二节 民国时期

一、辛亥革命光复岳州

武昌首义后，1911年10月24日，湘鄂义军总司令阎鸿飞率湖北新军李树芝标（团），乘“吉星”“立中”“翔欧”等4艘小火轮，由汉口到达岳州，起义军向岳州清朝官吏下达檄文，檄文用一丈二尺白竹布写成，呈折叠式，上书隶书“露布”二字。清朝岳州官吏接到檄文，恐慌万状。眼见兵临城下，大势已去，由镇台鲁某、岳常澧道道台卓孝复、知府魏景熊、知县梁鸿藻等率领徒步出城，到北门堤上迎接义军。全城百姓家家户户遍插白旗，燃放鞭炮，以迎义军。岳州城乃高悬18星革命旗帜，宣布光复。

二、南北军阀7次争夺岳阳

民国2年9月至民国15年8月（1913年9月至1926年8月），北洋军阀与西南军阀为争夺湖南，先后7次在岳阳展开拉锯战，岳阳城垣被焚，黎民涂炭，历尽劫难。当时，岳阳城仅2平方公里，人口不到4万人，如此弹丸小城，迭遭兵祸战乱，在中国近代史上也属罕见。

反袁独立　北军攻占岳州城　民国2年(1913)5月，江西、安徽、广东等省爆发反袁世凯独立的“二次革命”。7月，湖南亦宣布独立。8月，“二次革命”失败。9月17日，袁世凯派汤芗铭为湖南查办使，率“楚有”“楚同”等4艘军舰自江西九江开往岳阳。同时，又命自己的亲信、“虎威将军”、北洋军第三师师长曹锟率部前往岳阳县。当时防守岳阳县的湖南民军要塞司令林修梅仅两连兵力，众寡悬殊，乃退出岳州。岳阳县第一次为北军所攻占。

护国讨袁　南军攻克岳阳县城　民国4年（1915）12月25日，为反对袁世凯登基称帝，湖南人蔡锷在云南宣布独立，组织护国军，举兵讨袁。次年1月5日，驻守岳阳县的北洋军第三师、第三十九混成旅奉调入川。岳阳县东乡渭洞人李绍广也揭竿而起，组织反袁护国军。5月29日，袁世凯的宠臣汤芗铭宣布反袁独立，袁世凯急令前已退出岳阳县的倪嗣冲安武军回攻岳阳县。6月4日，安武军攻占岳阳县。6日，袁世凯病死，安武军致书湘军，愿停止战斗，撤离湘境。湘军李佑文旅遂兵不血刃进入岳阳县。

湘人治湘　北军又占岳阳城　民国5年（1916）8月，湖南军民赶走北洋军阀汤芗铭，在一片“湘人治湘”的呼声中，推举七旬老人湖南人刘人熙为督军。北京段祺瑞军政府将北洋军第三师从四川调回岳阳。湘军李佑文旅因不敌北洋军第三师，乃退出岳阳。北洋军阀吴光新率3个混成旅、2个团再次占领岳阳。

护法军兴　南军又克岳阳城　民国6年（1917）8月，孙中山在广州举旗“护法”，湘、粤、桂军部分将领响应，组织护法联军。次年1月，护法联军与北洋军隔新墙河相峙于新墙、鹿角一线。护法联军为程潜部湘军及部分桂军；北军为第二师、第八师、第十一师及第二十师，王金镜为岳阳防守司令。1月19日，湘军开始进攻，23日占新墙。27日，桂军韦荣昌部配合湘军进攻岳阳。湘军攻城时，臂缠白布，上书“夺得岳阳，湖南必生；不夺岳阳，湖南必死。”当时，正值雨雪过后，道路泥泞，南北军在南津港一带交锋。南兵麻布草鞋，身轻敏捷；北军人高马大，脚蹬马靴。短兵相接时，南军灵活异常，枪打刀挑，北军不支，兵败如山倒。岳阳人民痛恨北军残暴，手持扁担、锄头、棍棒群起攻之。27日上午，联军攻占岳阳，俘虏北军1300多人，缴获飞机2架、火炮40余门，以及大批枪支弹药。

大举兴兵　北军再占岳阳城　岳阳失守后，北京政府大为震动。民国7年（1918）2月上旬，冯国璋以大总统职下达讨伐令，决定出动50万兵力，分4路进攻湖南。派张敬尧为攻岳前敌总司令，率皖系第七师正面进攻岳阳。3月17日，北军水陆两路直逼岳阳城下。当时，防守岳阳的为湘军第一师第二旅林修梅部。正在岳阳督战的该师师长赵恒惕，先后闻前方败绩，继又见北军水陆两路逼近城下，乃仓皇出逃，林修梅率部退出岳阳。北军攻占岳阳后，适逢湘军一部自前线败退，北军疑为中了埋伏，遂退入洞庭湖中军舰上，用舰炮向城中狂轰了整整一夜。炸毁城中无数房屋，百姓死伤惨重。18日，北军再度攻入城内。

驱逐暴张　南军再克岳阳城　民国8年(1919)12月，湖南人民因不堪北洋军阀张敬尧的残暴统治，发起“驱张”运动。次年5月，湘军向张敬尧部发起攻击，张部所属北军第七师及暂编一、二师一触即溃。数万溃兵分乘火车、轮船、帆船败退岳阳。北军在岳阳进行半个多月的烧杀奸抢，于6月26日逃离岳阳。湘军、赣军、滇军各一部进入岳阳。

援鄂失败　北军重占岳阳城　民国10年(1921)7月初，鄂省发生兵变，湖北各界苦于北洋军阀暴政，派代表到湖南要求出兵“援鄂”，驱逐鄂督王占元。7月29日，湘军攻入鄂境。8月下旬，北洋军阀吴佩孚出兵5路攻打湖南。8月28日，北洋军第二十四师师长张福来率3个混成旅乘军舰奔袭岳州，于16时抵达岳州城下。当时，岳州仅有湘军第二混成旅2个连防守。北军军舰用舰炮轰击南津港铁桥，将大桥炸成两节，正在桥上南逃的湘军死伤1000多人。前方4万湘军闻后路被切断，似潮水般败退下来，岳州又落入北军之手。

三、北伐军收复岳阳城

民国15年（1926）8月21日，攻占平江的国民革命军第四军叶挺独立团在农民引导下，沿小路直扑岳阳城。22日拂晓，国民革命军第八军第二师危宿钟团突破新墙河防线，自荣家湾沿铁路猛追逃敌，在南津港击败依附吴佩孚的湘军第三师叶开鑫部龚仁杰团的抵抗，于11时攻占岳阳城。驻岳北军各部向北仓皇溃逃，停泊在洞庭湖中的北军海军第二舰队十余艘军舰也仓皇退往湖北白螺矶、新堤。

四、彭德怀渡江攻击川军

民国16年（1927）5月，国民革命军第十四师夏斗寅部叛变革命，自宜昌向武昌进攻。四川军阀杨森派兵配合夏部进占监利、朱河、白螺矶等地。5月，国民革命军第八军一师一团代理团长彭德怀率部到达城陵矶，隔江佯动，牵制长江对岸杨森部。某日黄昏，彭德怀率该团一营强渡长江，一鼓作气攻占白螺矶。杨森部毫无防备，当即溃退，彭德怀率部穷追20公里，第二天返回城陵矶。

五、岳阳“秋收暴动”

民国16年(1927)9月1日。中共湖南省委特派员何资琛奉省委命令到岳阳组织秋收暴动。4日、5日，何主持召开岳阳党的会议，传达中央“八七”会议精神，组织秋收暴动。10日晚，中共岳阳地下党组织在城区举行暴动，散发传单，张贴标语；派特务队去南津港炸毁铁桥，因组织不力，炸桥未能成功，仅炸毁7根枕木。11日组织第二次暴动，12日组织第三次暴动，均未成功。

六、“西征军”攻占岳阳

民国17年(1928)1月，“宁汉战争”爆发，南京国民政府决定以武力解决湘事，由程潜、白崇禧率“西征军”向湘省进攻。15日夜，“西征军”第四路军叶开鑫第四十四军，在海军第二舰队协同下攻占城陵矶。17日，海军第二舰队司令陈绍宽率舰队攻占岳阳城，收降唐生智部江防舰队“楚振”号军舰。并出示安民公告，维持城市秩序，派舰扼守布防。

七、蒋桂战争，蒋军攻占岳阳

民国18年(1929)3月19日，以李宗仁为首的桂系武汉政治分会挤走亲蒋的湖南省政府主席鲁涤平，蒋介石派兵进攻武汉，蒋桂战争爆发。4月8日，蒋介石派海军第二舰队司令陈绍宽率舰队攻占城陵矶，桂系叶琪师自岳阳败退，中央军再度入湘，湘军第十五师四十五旅王东原部进驻岳阳。

八、中原大战，桂军攻占岳阳

民国19年（1930）5月，蒋、冯、阎等国民党新军阀之间的中原大战全面爆发。桂系军阀及张发奎部北上反蒋，倾巢犯湘。6月4日，湖南省政府主席何键率省政府、四路军总部、清乡司令部及各机关乘车、船逃到岳阳，在岳阳城区设立临时办公处。8日，桂军唐哲民部攻占岳阳，何键率部离开岳阳赴常德。13 日，桂军及张发奎军退出岳阳。15 日，蒋军在海军第二舰队及外国军舰配合下，再次攻占岳阳。

九、红三军团攻占岳阳

1930 年 6 月，中国工农红军第三军团在总指挥彭德怀率领下，在鄂东南一带佯动，虚张声势做出攻打武昌的姿态。此时，防守岳阳的中央军钱大钧部 3 个师 12 个团，星夜轮运武汉，岳阳仅剩下湘军第十五师四十五旅王东原部直属队及 1 个团。彭德怀乃指挥红三军团横扫鄂东南 6 县，然后直扑岳阳。7 月 2 日，红军攻占城陵矶。3 日凌晨，红军沿冷水铺铁路到达岳阳北门。红八军一部从北门翻过城墙，进入城内。然后，夺得一个火车头与几节车厢，驾着机枪一直追到湖滨。红五军一部则从城东进城，在金鹗山与守敌激战 2 个多小时，歼敌一部，俘敌 300 多人。红军攻占岳阳后，切断武长路交通，震动全国。红军在岳期间，开启粮仓、赈济城乡贫苦人民，烧毁县监狱，释放被囚禁的工农群众；并筹集款饷，进行革命宣传，扩充部分兵员。缴获国民党军队大批军用物资，缴获 4 门七五野炮和几门山炮。彭德怀与某团团长武亭亲自操炮，回击在洞庭湖中游弋骚扰的英、美帝国主义军舰的挑衅，击伤敌人军舰。红军在岳阳期间，军团司令部驻塔前街基督教堂内。7 月 5 日，红军撤离岳阳城前往平江。

十、抗击日军

击落日军飞机 1938 年 7 月 17 日，一架日机轰炸城区，被南津港守桥部队高炮击中，坠毁在南津村。是年 10 月 15 日，日军飞机两度轰炸县城，其中一架九三式重型轰炸机被中国军队高炮击中，坠入城东大桥湖中，机上 7 人全部毙命，敌机残骸被运往城区展览。

洞庭湖海军抗战 1938 年 7—10 月，武汉会战时期，中国海军舰队集中在金口、新堤、岳阳和长沙等地，防卫洞庭湖及长江江面，主力集中于岳阳与城陵矶。7 月 20 日，27 架日机空袭驻守岳阳的海军舰队，各舰联合开展对空射击。“民生”舰被炸搁浅，刚由汉口驶抵城陵矶的“江贞”舰两舷中弹，前段各舱进水，驶至岳阳楼下搁浅。“江贞”舰副舰长张秉崑等 4 名官兵阵亡，两舰共阵亡官兵 6 人，伤 34 人。

7 月，中国海军太湖区炮队更名为洞庭区炮队，配舰炮 25 门，在城陵矶洪家洲及临湘矶、道人矶、白螺矶等地构筑工事，安设火炮，布设水雷，集中舰艇。陆军也利用城陵矶要塞，集结重兵防守。11 月 9 日，日机轰炸洪家洲炮台，日海军陆战队乘汽艇从湖上进攻炮台，被炮台火力击退。是日晚，日海军陆战队乘橡皮艇抄入洪家洲后背的芭蕉湖。驻守该处的中国陆军部队后撤，炮台后路断绝，洞庭湖区炮队溃退，城陵矶要塞失守。

10 月 21 日，日机再次空袭驻泊岳阳的中国海军，“江元”舰中弹受伤。24 日，日机又大举出动，在武汉金口至岳阳城陵矶的长江航道上搜寻中国舰艇，对正在该航道上的“中山”“楚谦”“楚回”“勇胜”“湖隼”等舰艇进行轰炸。26 日，中国海军为阻塞长江与洞庭湖区航道，粉碎日军“扬子江溯江作战”攻势，在武汉上游段江面布放水雷 300 枚，新堤至城陵矶江面布放水雷 500 枚；并将沿江航道标志全部撤除；是日晚，在城陵矶三江口将负伤搁浅的“江贞”“民生”二舰自行焚毁，以阻塞航道。

三次攻占君山 1939 年 4 月，中国军队攻克被日军侵占的洞庭湖中的君山岛。6 月 23 日夜，中国军队某部乘战船多艘，夜袭君山，盘踞君山的日军遭受沉重打击后，乘汽艇仓皇逃出岳阳城，中国军队第二次收复君山。7 月 24 日，盘踞君山的敌人遭中国军队打击后再次撤出，中国军队第三次收复君山。

袭击冷水铺日军 1939 年 7 月 16 日 14 时，中国军队某部袭击驻冷水铺、陈家坡的日军，生俘敌宣抚班班长炮兵军曹中村鹤雄、骑兵军曹有村义守。

炸死日军少将　1940年4月24日，驻岳日军少将旅团长池田率领一队日军乘装甲车经过望城岭时，被游击队埋设的地雷炸成重伤，不久毙命。

洞庭湖中炸日舰　1942年3月2日晨，日军军舰2艘由湖滨驶向岳阳，其中一艘在南津港撞上中国军队投放的水雷，爆炸沉没。

炸毁日军机车车辆　1943年6月2日，中国军队某部在城陵矶（今冷水铺）车站北5公里处埋设地雷，炸毁日军火车机车头一个，车厢6节，日军兵员弹药损失惨重，该段交通堵塞。

捣毁日军司令部　1943年6月11日夜，中国军队一部攻进岳阳城，捣毁日军司令部，焚烧观音阁、茶巷子等处敌粮弹仓库3座，一时火光冲天，数十里外可见烈焰升腾之状。是役，共毙伤日军400多人，毁粮弹无数，缴获战利品甚多。

十一、中、美空军轰炸驻岳日军

抗日战争初期，弱小的中国空军在经过艰苦的抗战后，损失大半，日本空军凭借其强大空中优势，掌握了中国战场制空权，在中国领空肆无忌惮地横冲直撞。1941年，美国空军志愿援华第十四航空队到中国帮助抗击日军。自1938年11月岳阳沦陷后，日军以岳阳为基地，先后发动四次进犯长沙战役。中国军队则以新墙河为天然屏障，三次打退了日军进攻。为配合地面部队作战行动，中美空军多次出动机群，对驻岳日军基地的营房、车站、码头进行轰炸，以消灭其有生力量，摧毁其物资装备，取得了辉煌战果。

1942年8月13日，盟军史迪威将军总部发表本年度第36号战报称：11日，美军战机轰炸岳阳，在市区投掷高爆炸弹及燃烧弹，重创驻岳日军。

1942年11月，盟军史迪威将军在华总部第136号公报称：美国援华第十四航空队B–25轰炸机与P–40型战斗机，在华中洞庭湖地区，直接协助中国军队向驻岳日军基地投弹8吨，击中仓库及火车站5处，护航的战斗机低飞攻击日军高射炮阵地。、

1943年5月31日，盟军史迪威将军在华总部发表本年度第76号公报称：美国援华第十四航空队的轰炸机与战斗机，为继续攻击洞庭湖长江流域日方供给线、交通与军队集中地，协助华军作战，于5月30日、31日作10次攻势出击。30日完成下列任务：岳阳方面，有装运货物的火车3列，被美机以机枪扫射，火车头被毁，车厢3节受创，大型货船2艘已沉没。

5月31日，史迪威将军总部发表公报称：过去三天中，美国第十四航空队在洞庭湖及扬子江流域，与中国空军及地面部队配合，袭击日军主要供应及部队集中地。28日，轰炸日军驻岳阳仓库、车站，30日，袭击码头及航运设备。

6月6日，中央社长沙电：自上月28日起，盟军飞机迭袭岳阳城及冷水铺等地日军据点，使敌遭重大损失。尤以28日袭击张家岭日军营房、仓库，重磅炸弹数十枚直接命中。仓舍悉数焚毁，守敌400余人、马百余匹，及大批粮秣弹药无一幸免。

8月27日，盟军第十四航空队机群轰炸驻岳日军。第一波攻击炸毁洞庭湖中日军运输船2艘、炮艇及小汽艇各1艘，击毁火车车厢4节、卡车2台；第二波攻击炸毁日军辎重车队卡车4台，重创日军。

1944年7月23日，中美空军混合团战斗机21架，掩护轰炸机6架，由湘西芷江机场起飞，前往粤汉线上的羊楼司车站，轰炸日军仓库。11时，机群返航时，在城陵矶上空遭日军40架战斗机拦截。双方在三江口与城陵矶上空展开激烈空战，日机10架被击落，中美空军无一损伤，安全飞返基地。

1945年5月30日12时，中美空军大编队机群空袭岳阳，投下大吨位炸弹，炸毁正在车站卸载的日军弹药列车，战机返航时，岳阳城黑烟蔽天。16时，中美空军再度飞临岳阳、临湘，轰炸日军军事设施。

十二、日军投降

1945年9月，中国陆军第十八军十八师师长覃道善率部到达岳阳，接受驻岳日军独立第十七混成旅团投降。22日，该旅团长长谷少将率部7000多人放下武器；23日、24日接收城内货物、工厂；26日、27日接收冷水铺械弹仓库；28日、29日解除日军配属的自卫武装；10月1日接收完毕。缴获步枪4000多支、山炮21门、重机枪39挺、轻机枪100多挺、掷弹筒100余个，军马200多匹以及橡皮艇、摩托木船、小汽艇、马拖弹药车100多辆、汽车1000多台、汽油1000多桶（约4万加仑）以及大批枪炮弹、地雷、炸药、通讯器材。受降日军在城南10余华里铁路沿线集结，等待遣返回国。

接着，第六战区长官司令部又电令该师接受由长沙开往岳阳的日军第一一六师团投降。10月1日，第一一六师团集中岳阳；4日，该师团师团长菱田中将率下辖的7个联队及直属部队共1.6万多人，在南津港、湖滨向中国军队投降，交出武器：步枪6000多支，山炮20门，轻重机枪300多挺、军马2000多匹、马拖弹药车300多台及大批工兵器材。8日全部接收完毕。

十三、国民党海军舰艇起义

1949年5月16日，人民解放军解放武汉。国民党海军汉口巡防处的64号、65号炮艇与50号、66号、70号巡逻艇逃到岳阳。5月23日，艇队业余足球队员张慎平，徐甫庭、顾杰、胡营、陈燕明、曹学海、徐大举等以踢足球为名，在城陵矶附近一所学校的草坪上策划起义。次日凌晨，大雾弥漫，张慎平等冲入64号指挥艇，打死巡防处上校处长陈文惠，控制该艇。于是，5艘艇高悬白旗，汽笛长鸣，掉头驶向武汉。解放军第十二兵团司令员肖劲光等领导在汉口接见起义人员。

附　日机对城区的狂轰乱炸

岳阳，自古是湘北门户，湖南锁钥，战略地位十分重要。抗日战争时期，日军为夺取岳阳，南进长沙，对岳阳城区进行30多次狂轰滥炸，岳阳城垣被毁，街道、房屋几成废墟，百姓死伤惨重，千年古城遭受空前浩劫。

1937年8月21日15时，日机4架飞经岳阳上空向长沙方向飞行，因大雨倾盆折返，遇雷电坠毁于洞庭湖中，其机骸与飞行员尸首被居民发现。21时，日机3架沿长沙飞临岳阳，投掷燃烧弹2枚，落于城西湖岸，未造成伤亡。

1938年6月，武汉会战开始后，日军为断绝大后方对武汉的支援，又开始对岳阳进行突袭骚扰。2日17时，日机2架沿长江飞临岳阳上空，在城区上空盘旋窥伺，然后飞往汨罗方向。

7月17日，日机1架突袭岳阳，被守卫南津港铁桥的中国军队高射炮击中起火，坠毁在南津村百箩丘水田中（今市水泥厂大门前）。敌机坠毁前，驾驶员仓皇将所携6枚炸弹扔下，炸中马家湾宝鸡山上的天然防空洞，炸死在洞内躲藏的市民60余人。

7月20日10时，日机27架经岳阳飞往荣家湾上空，再复北返。11时20分，日机再度飞临岳阳上空，轰炸停泊于洞庭湖边的中国海军舰艇。刚由汉口驶抵岳阳的“江贞”舰与停泊在港湾的“民生”舰均中弹搁浅，两舰共伤亡官兵40余人。日机还在岳阳楼附近的洞庭路、天皇堂、交通门、柴家岭一带投弹轰炸，龟山、月山河岸也落弹多枚。空袭结束后，岳阳防空自卫团从东门沿滨阳门一路逐户检查，发现洞庭路、柴家岭等几条街道死伤市民200余人，南岳坡、街河口、油榨岭等几条街道死伤市民200余人，印山上一简易防空洞被炸，洞内200余市民全部遇难，全城总计炸死市民800多人，炸伤数百人；炸毁及烧毁民房商店300多栋，炸沉小汽艇3艘，帆船多只。

7月27日，日机9架于11时20分侵入城区上空，在火车站附近大肆轰炸，投弹20余枚，月台、机房及站长室被炸毁。日机还在先锋路投燃烧弹10余枚，乾明寺、印山投弹3枚，炸死市民40余人，炸伤40余人。

在此期间，日军还从武汉派遣大批汉奸到岳阳，为日军空袭施放信号。据岳阳《大公报》1938年8月8日报道：“本市潜伏汉奸败类甚多，前曾捕获数要犯，唯未能一网打尽。及暴寇第一次狂炸本市，即发现四处有汉奸施放信号。轰炸时及轰炸后，经各军政机关及民众自动捕获者达数十人，大都由保安一区司令部处决，并公布罪状。记者昨晤一区司令部王军法官，承告记者，截至上月末止，已枪决汉奸38人。第二次暴寇轰炸后，又捉获男女汉奸不少，闻正在一区司令部及县府两机关审讯。”

9月5日13时9分，日机9架由江西方向飞抵岳阳上空，投掷重磅炸弹、燃烧弹30余枚。其中，梅溪桥中弹1枚，马路街中弹2枚，印山中弹1枚，铁路旁落弹7枚，铁路外落弹6枚，东茅岭中弹2枚，丁家塘中燃烧弹2枚，火车站中燃烧弹2枚，梅溪桥铁路边中燃烧弹7枚，共炸毁民房10余栋，炸死7人，炸伤6人。

9月24日，日机18架再次突袭岳阳城，炸死市民、伤兵数百人，炸伤数百人，炸毁民房数百栋。

10月15日13时许，日机9架从鄂东南经城陵矶飞抵岳阳上空，在火车站附近大肆轰炸。2时38分，又有日机9架侵入岳阳上空，轰炸投弹20分钟。是日，日机在火车站附近共投弹100多枚，炸死市民100多人。

10月15日，日机59架分成8批侵袭湖南。其中第七批9架自鄂东南循粤汉铁路直趋岳阳，在火车站投弹多枚后遁去。是日，1架日机被击落，从飞行员尸体上搜出的文件中注明，日军轰炸湖南的目标，第一为岳阳，第二为衡阳、长沙，第三为株洲。

10月17日，日机150架分批犯湘。其中44架由鄂东飞抵汨罗、黄沙街等处投弹轰炸，旋又侵入岳阳城区上空，在火车站附近投弹12枚，炸毁民房25栋，炸死市民1人，炸伤5人。羊叉街、塔前街福音堂、长沙会馆、洋油厂（即红船厂）等处中弹。

1937年8月至1938年11月岳阳沦陷前，日机先后在城区投弹轰炸达30多次，炸死中国军民1900余人，炸伤1000人。城区房屋大部被毁，许多街道成为废墟。尤以1938年7月20日、9月24日两次轰炸造成的损失最大。

第三章　兵　役

第一节　清代兵役

一、绿营募兵制

清末，湖南绿营兵役承袭清初定制，实行世兵制。其中主要特点为土著制。士兵一律募本地人充任，不得由外来或无固定籍贯的人充当。在本地确无兵丁可招时，将应征兵丁的家迁往军营所在地居住，使其成为本地土著人。绿营兵各营都冠以驻地名称，一般不迁移。康熙十八年（1679），岳州府招募绿营兵563人，建立岳州营，以后陆续拨补余丁补充缺额，至宣统三年（1911）自行消失，前后经历200多年未曾易地。

绿营由于长期实行终身制，加上待遇菲薄，差操不分等原因，使得营兵“羸老罢病，不称行列”“坐吃空额”“兼营他业”以及钻营取巧、“油滑偷惰”等恶习潜滋暗涨，积弊日重。道（光）咸（丰）以后，岳州绿营由于极端腐败，加上受太平军打击，兵役制度开始崩溃。从光绪二十三年（1897）开始，岳州绿营陆续裁撤，士兵的补拨、招募基本停止。

二、湘军募勇制

咸丰三年（1853），曾国藩为对抗太平军，在湖南招募湘人1.2万人组成湘军，境内部分青年被招募入伍。次年，湘军水师统领杨载福到岳州招募水师勇丁数百名，组成一水师营。光绪三十一年(1905)，湘军腾字营远征辽东抗击日军，又在境内招募原湘军各营子弟入伍。

三、太平军征兵制

太平军采用“寓兵于民”的征兵制。在其建立政权的地方实行这一制度，以家庭为最基层，每年每户一人为伍卒，有战斗任务就去作战，无战则务农并参加军事训练。同时建立兵册、家册制度，掌握兵源情况。咸丰二至四年（1852—1854），太平军与湘军多次争夺岳州，并未组建地方政权，因此其在岳州仍采用募兵制。咸丰二年（1852），太平军占领岳州，招募5000余名渔民入伍，组成水师，随军东征。

第二节　民国兵役

一、募兵制

民国初期，仍沿袭清末募兵制。南北军阀混战争夺岳州，为扩充兵员，四处招募壮丁。招募办法，插招兵旗，贴通告。初时，所募兵勇给一定数目的安家费，故一些无以为生者或家贫者，为生计或养家糊口应募入伍。岳州为南北要冲，南来北往的军队，常在岳州插旗招兵。民国 15 年（1926），国民革命军进入岳阳，大量招募新兵。其募兵则建有统一的招募机构与订有相关规则；并规定较严格的兵役条件；征募实施时，设置招募处，出示招募布告，详列应聘条件及待遇。境内一批青年踊跃应募入伍，参加北伐战争。是年 10 月，还有一些女青年报名投考武汉中央军事政治学校女生班学习。

二、征兵制

民国 13 年（1924），改募兵制为征兵制度。民国 22 年（1933），国民政府颁布《兵役法》，凡年满 18—45 岁男子，均需服国民兵役，平时接受训练，战时应召作战。兵役分为国民兵役与常备兵役两种，20—25 岁男子服常备兵役，役期 3 年，期满退入国民兵。民国 26 年（1937）10 月，公开抽签，抽中者即应征。每遇抽丁，富实人家，以钱买丁，免服兵役；贫苦人家如蒙灾难，或逃丁，或自残，乃至倾家荡产。政府与军队为补充兵员，还沿路大抓壮丁。

国民兵役分初、前、中、后 4 期，初期 2 年，前期 5 年，中期 15 年，后期 5 年，期满退役。常备兵役分现役、正役、续役 3 期，现役 3 年，期满后归休；现役期满后改为正役，役期 6 年，平时在乡应时训练，战时则动员入营；正役戎满转入续役，至 40 岁止。民国 26 年（1937）始，始设兵役机关，岳阳属长岳师管区，各县又成立团管区，由团管区每年征抽壮丁，或训练民众，组成国民兵团，以备征用。

三、志愿兵役制

1930 年 7 月初，红军攻占岳阳，一批思想进步的青年志愿参军。1944 年，岳阳许多青年学生响应国民政府号召，参加“青年军”，走向抗日战场。1949 年 7 月，中国人民解放军进入岳阳后，境内又有一批青年报名参军，奔赴前线。

第三节　中华人民共和国兵役

一、志愿兵动员

1950 年朝鲜战争爆发后，各级政府动员广大青年参加中国人民志愿军，入朝参战。境内成立扩兵委员会、审查委员会、交接委员会、扩兵站等机构，动员政治纯洁、身体健康、无传染病和不良嗜好，年龄在 18—28 岁，以及家庭负担不重的适龄青年志愿参军。城区有 1000 多名青年工人与学生报名参加志愿军或报考军政干校。还有一些青年加入县大队、区中队等地方武装。1978 年后，部分服役期满的义务兵，根据部队需要与本人志愿，改为志愿兵，继续服役。

二、义务兵役制

1955 年 7 月，国家颁布《中华人民共和国兵役法》，规定凡年满 18 岁的公民，都有应征服役的义务。1950—1981 年，境内（含岳阳县）共征集兵员（含志愿军）XX 人；1996—2005 年，全区共征集义务兵 XX 人。城区每年都有一批适龄青年踊跃报名，应征服役。1963 年始，国家在城区各学校陆续招收飞行学员与军事院校学员。80 年代前，对应征青年的文化要求不高。80 年代后，随着科学技术的发展，武器装备的更新，应征兵员的文化相应提高。应征青年必须具有初中毕业文化方能入伍。后改为必须具有高中毕业文化才能入伍。2006—2012 年，报名应征服役青年 XX 人，每年报名数超过实际新兵人数几十倍。

三、预备役

1955 年，根据国家《兵役法》规定，境内对复原、专业军人进行预备役登记。1958 年，预备役工作和民兵工作合二为一，境内对复员退伍军人进行 3 次预备役登记，但未形成制度。1962 年，因强调大办民兵师，预备役工作终止。1980 年，根据国务院、中央军委关于转发《退伍军人预备役登记统计管理规定》精神，全面恢复退伍军人预备役登记。境内人武部派干部参加复退军人安置办公室工作，利用退伍军人报到时间及时进行预备役登记。对农村的退伍兵一次进行登记；对城市退伍兵先登记有关项目，待工作安排后再填写工作单位，将卡牌转交人武部。1986 年，把预备役登记、民兵整组、确定民兵对象相结合，采用微机统计，储存退伍军人预备役资料。1996 年，根据中央军委《关于评定授予预备役军官军衔工作的指示》精神和省委组织部等 6 部（厅）【1996】湘联字第 2 号文件的具体部署，对全区预备役军官分别授予预备役上校、中校、少校、上尉、中尉军衔。1996—2005 年，全区登记预备役军人 XX 名，其中技术人员 XX 名。2006—2012 年，每年更新建立 5 年内退役军人服兵役登记。

1999 年 9 月，岳阳市预备役官兵被编为湖南省陆军预备役步兵师第三团，境内预备役官兵被编为第一营。

第四章　民兵　人防

第一节　民　兵

一、组织

1949 年 11 月，城厢区成立武装大队。1951 年，城区各单位普遍建立民兵组织，当时尚未编组民兵连、营、团等编制，统称民兵队。1952—1953 年，城厢区民兵编为 1 个基干营。1958 年，岳州人民公社成立民兵师，下编 9 个团、1 个突击团。不久，以航运系统为基础，包括部分船民与渔民组成岳州公社民兵海军团（又称第六团）。1959 年 4 月，整编为 8 个团，有民兵 XX 人，并配备一定数量的步枪。

1962 年，开展民兵组织、政治、军事“三落实”整顿。1963 年，全镇编有民兵团 3 个，下瞎 23 个营、108 个连、236 个排、1064 个班，XX 人。民兵分为普通民兵、基干民兵、武装民兵 3 种。18—28 岁经过基本军事训练的民兵为基干民兵，其他为普通民兵。是年，全镇有基干民兵 XX 人，设武装基干连 3 个，排 12 个，武装民兵配有武器。

“文化大革命”初期，民兵工作陷入瘫痪。1971 年，民兵工作恢复，全镇民兵经过整顿，共有民兵 XX 人，其中，基干民兵 XX 人（男 XX 人，女 XX 人），编为 38 个营、141 个连、675 个排。1972 年，全镇民兵经过精简整编，共有民兵 XX 人，其中基干民兵 XX 人，编为 1 个团、20 个营、另 4 个连、

162 个排。1981 年，全市对民兵进行调整，分普通民兵、基干民兵两种，缩小组建范围，压缩参加民兵的年龄，简化组织层次，严格民兵的政治和身体条件，并把民兵制度、预备役制度结合起来，女性公民不再参加民兵组织，经过调整，民兵总数减少 65%。取消民兵师建制，编组民兵基干团和高炮（高机）营。全市有民兵 XX 人，其中，基干民兵 XX 人。1989 年，南、郊二区共有 10 个基干民兵团、26 个营，XX 人，其中，基干民兵 XX 人。

1993 年 5 月，南区进行战时兵员动员，组建一个陆军师机关及直属高炮、防化连，步兵二团、第三团防化排、1 个防化团机关及直属队，第三十五后方医院，共动员 XX 人，其中军官 XX 人，士兵 XX 人。1996 年 5 月，岳阳楼区设基层人武部 29 个，专（兼）职人武干部 XX 人。在 75 个单位建立民兵组织，有民兵 XX 人，编有基干民兵连 39 个、独立排 15 个，共 XX 人。编有民兵应急分队 3 个，XX 人，装备摩托车 52 辆，编有舟桥连 1 个、XX 人，各类装备器材 1032 件。1997 年，全区民兵 XX 人，其中基干民兵 XX 人，普通民兵 XX 人。2000 年 6 月，全区民兵完成组织整顿工作，共编有民兵 XX 人，其中，基干民兵 XX 人，应急分队 XX 人，专业分队 XX 人。

2004 年，经调整改革后，全区有民兵 XX 人，其中基干民兵 XX 人，普通民兵 XX 人，建有基干民兵组织 3 个营、49 个连。2005 年，全区民兵组织调整后，在编民兵 XX 人，其中基干民兵 XX 人，设基干民兵营 3 个、连 19 个、排 143 个；基干民兵队伍调整编为作战队伍 XX 人，勤务保障队伍 XX 人，应急队伍 XX 人，其他队伍 XX 人。全区管辖 25 个基层人武部，其中岳阳楼区 12 个街道、2 个乡共 14 个基层人武部，岳阳经济开发区 2 个管理处、3 个乡共 5 个基层人武部，南湖风景区 1 个街道、2 个场共 3 个基层人武部，及泰格林纸集团、理工学院 2 个企事业单位人武部。

至 2012 年，通过整组，全区民兵总人数达 XX 余人，完成组建各类基干民兵 XX 人。

二、军事训练

中华人民共和国成立初期，民兵武器简陋，训练不多。1958 年大办民兵师，实行全民皆兵后，武器装备有一定程度的改善。开始由人武部组织进行射击、刺杀、投弹等项目训练。1963—1965 年，开展群众性大练兵活动后，广泛开展以民兵干部和武装基干民兵为重点的训练，训练内容在突出技术的基础上，增加战术、紧急集合等科目，并结合城市防卫作战的特点，开展对空射击、侦察、通信、防化等专业技术训练。普通民兵则在闲时进行队列、刺杀、投弹训练。“文化大革命”期间，训练活动多采取小型、就地、分散形式，即大厂自训、小厂联训的方式进行，主要进行城市“三战”（即巷战、街垒战、地道战）、“四防”（即防空、防化学武器、防原子弹、防细菌武器）等知识教育。1977—1980 年，对民兵军事训练进行调整改革，缩小训练范围，减少训练人数，缩短训练周期，改进训练方法，精简训练内容，每年参训的人数不足 200 人。1985 年后，训练内容以高射炮、高射机枪和防化学武器专业为主。1987 年 9 月，区民兵高炮队参加省军区组织的考核，取得命中航模拖靶 2 个，16 个班单炮射击和 4 个连放队列射击全优的成绩。1988 年参加集训的高射机枪民兵取得击中 14 个空飘气球的好成绩。从单一步兵训练扩大到多种专业兵种训练（高机、高炮、地炮、防化、通讯、侦察）。由基础科目训练增加“三打”（即打飞机、打坦克、打空降）、“三防”（即防原子弹、防化学武器、防细菌武器）训练，并由普训改为只训基干民兵。训练形式采取集中与分散相结合的方法进行。训练时间按照每年 15 天进行。

1989—2005 年，民兵训练改为减少训练人数，精简训练内容，改进训练方法，提高训练质量。由基干民兵年年训改为主要训练新入队的基干民兵和民兵分队成建制训练。训练人数由 1980 年的 2000

多人调整到2005年的410人。训练对象由步兵分队为主改为训练民兵骨干和专业技术兵为主。2010年春节前和两会期间，组织220名民兵实行整连带装应急拉动演练；5月，组织舟桥分队77人在南湖进行防汛抢险综合演练。2011年春节，组织100名民兵实行整连带装应急拉动演练。2012年，共组织5期、XX名民兵训练。

三、政治教育

政治思想教育 50—70年代，民兵教育结合各项政治运动，以阶级斗争、革命传统、爱国主义、时事教育为主。教育方法为队列训话、集中学习、作报告、听英模讲传统。80年代，民兵教育以基本知识、时事政治、国防知识、四项基本原则、革命英雄主义与爱国主义教育为主，教育方法为集中上课，分散讨论和函授、刊授、问答相结合方式，并坚持每月一堂政治课制度。1981年始，民兵政治教育以建设社会主义精神文明为主要内容，发动和组织民兵参加精神文明与物质文明建设。在民兵中开展“五讲四美三热爱”活动，每年3月举办“文明礼貌月”“学雷锋”活动。每年文明礼貌月的星期天，均组织1500多名民兵组成100多个“为您服务队”，上街为民服务。三五一七工厂组织数百名民兵分成XX个服务小组，开设近40个服务项目，上街开展学雷锋活动。1984年始，政治教育课改为每季度一堂，教育内容不变，方法则有所改进，如举办各种学习会、报告会、参观展览、看电影、电视录像等。1985年，将基干民兵政治教育改为每季度一次，普通民兵每年结合民兵整组和年终总结进行1—2次以增强国防观念为主要内容的教育。1987年后，民兵军训期间的政治教育开始实行电化教学，采取幻灯、投影、录像、配合挂图、图片等手段实施，使教育质量有较大提高。1989年始，民兵政治教育主要结合全民国防教育进行，仅在民兵整组、征兵和军训期间，单独对民兵进行有关内容教育。1997年始，随着社会主义市场经济的不断深入和“两个文明”建设的发展，民兵政治教育以国防教育和党的路线、方针、政策教育为主要内容，采取组织民兵参观厂矿、企业、街道、乡镇和请英雄代表、地方领导、专家教授作报告等方法，在民兵整组、训练和重大活动期间进行。2003—2005年，在坚持上政治教育课的基本教育形式基础上，广泛开展形象化教育、函（刊）授教育、分层次教育、网络化教育和自我教育，拓宽教育面。21世纪初，进行“三讲”“三个代表”重要思想、科学发展观、建设和谐社会、社会主义荣辱观、历史使命内容为主题的政治教育。2011年，开展以“学习党史军史、感党恩、跟党走”主题教育活动，大力推动“在党旗下成长”读书活动开展。2012年，组织开展“学雷锋做好人，建设爱心城市”活动，全体干部、3000名基干民兵注册成为志愿者。

人民战争思想教育 1950年，根据湖南军区政治部编印的人民战争思想教育课本，结合民兵思想实际，境内各级人武部门组织民兵集中上课、讨论，帮助大家认清人民群众掌握枪杆子的重要性，引导大家自觉自愿参加民兵组织。

50年代初，各地利用民兵冬训，以《民兵组织条例》为基本教材，结合学习总政治部颁发的《民兵入队誓词》《民兵手册》，针对部分民兵存在的怕远离家乡、怕匪特报复、怕影响生产等思想顾虑，从阶级教育入手，广泛进行民兵性质、任务教育。土地改革后，针对少数民兵中出现的松劲思想，进行“将革命进行到底”和党的总路线教育。在民兵中开展“为什么要当民兵”“怎样当好民兵”的讨论，激发广大民兵为保卫胜利果实、争取彻底翻身解放而当好民兵的积极性。1955年，在民兵中广泛开展《兵役法》宣传活动。60—70年代，在传达贯彻上级民兵工作会议精神、开展纪念毛泽东关于大办民兵师与民兵工作三落实活动和征兵、整组以及集训教育中，各级人武部门对民兵进行人民战争思想教育。1984年，结合学习国家新颁布的《兵役法》，教育大家在和平时期要居安思危。1985年，各级人武部门组织民兵学习中共中央《关于民兵问题的决定》。

1989年，北京春夏之交政治风波事件及1990年苏联解体、东欧剧变后的一段时间里，各级人武部及时对民兵进行反腐蚀、反渗透、反和平演变教育，开展“只有社会主义才能救中国，只有走社会主义道路中国才有发展”“社会主义性质与民兵性质”的大讨论，帮助民兵清除资产阶级自由化思想，坚定建设有中国特色社会主义的信心，增强民兵用实际行动巩固国防、捍卫社会主义制度的决心。1998年，针对民兵中出现“社会主义市场经济越发达，民兵的作用越小”的错误认识，人武部迅速组织民兵学习中共十五大精神，并以1996年、1998年、1999年民兵在抗洪抢险中发挥的重要作用为例，引导教育民兵正确认识自身价值，增强当民兵的光荣感和责任意识，鼓励广大民兵以实际行动增强国防实力和振兴岳阳楼区经济。

战备形势教育　50年代抗美援朝、1958年美国制造台湾海峡紧张局势、1962年台湾国民党当局叫嚣反攻大陆、印军入侵中国、1969年苏军入侵珍宝岛以及1979年对越自卫还击作战时，对民兵进行形势战备教育。开展回忆对比活动，举办敌人罪行展览，激发民兵对敌人的仇恨。1979年3月，对越自卫还击作战中，在境内民兵中征集一批新兵入伍。1989年“六四”事件、1999年以美国为首的北约野蛮轰炸中国驻南联盟使馆等期间，均对民兵及时进行形势战备教育。2005年，反“台独”军事斗争准备中对民兵进行战备形式教育。2012年，针对日本购买钓鱼岛事件，在民兵中开展保岛卫国的战备形势教育。

第二节　人　防

一、机构

民国26年（1937），抗日战争爆发后，岳阳成立市民防空委员会，并组织防护团，下设警卫组、交通组、救护组、消防组、灯火管制组、警报组、侦缉组，如遇空袭警报，即出动防护。

1950年5月20日，湖南省临时政府在岳阳设有防空哨，编制4名。1951年5月，岳阳县人民防空委员会成立。1954年，更名为人防办，统一指挥全县城乡的防空。

1965年4月，城关镇设有防空指挥部分部，由镇委书记任指挥长，下设办公室与4个防空指挥所：城南区为第一指挥所，城北区为第二指挥所，城陵矶区为第三指挥所，洞庭公社为第四指挥所；公安局瞭望台上设有警报器，城北区二一一厂、城南区铁路机务段、集材场的汽笛都作为防空信号；并从境内12个单位，挑选XX名持枪民兵组成XX个对空射击组；还组织消防、抢救、通讯运输、抢修、治安警卫等XX个防空专业队。1969年，县人防办更名为备战指挥部。1977年，更名为县人民防空领导小组。1983年，更名为市人民防空委员会。1985年，南区成立人民防空委员会，下设办公室，配专职干部2—3人。至1989年，全区组建抢险抢修、医疗救护、消防治安、防化、通讯、运输等6支专业人防队伍共XX人，进一步完善防空指挥、战时工程、通讯警报、交通运输、医疗救护、消防治安、交通管理、生活物资等管理事项。1996年，成立岳阳楼区人防办，归口区政府和区国防动员委员会双重管理。2012年，区人防办在全区充实建成人防专业队伍7支，分别为通信专业队、消防专业队、治安专业队、医疗专业队、防化防疫专业队、抢险抢修专业队、交通运输专业队。

二、人防设施

工程设施 民国26年（1937），城区曾修建过一些防空洞，但质量差，其中较大的一个防空洞修在普济医院（今市二医院前门）旁，至今仍在。马家湾、印山等处也筑有简易防空洞。

1969年，全镇组织广大群众开展大规模的人防工事建设。是年10月至1971年9月，城区共挖防空工事43076平方米，被复工事37118平方米。1971年9月，县战备指挥部制定《三年人防工程规则》，至1973年，构筑的人防工事增至9万多平方米。

1973年，人防工程重点抓金鹗山指挥所、文庙山指挥所和城区主干道工程建设。铁路以西工程1974年4月开工，铁路以东工程1977年开工，按人均0.14平方米的任务分配给165个单位负责承建。横穿京广铁路地下隧道由广州铁路部门工程队施工，整个工程于1980年基本完工。公共干道工程共分4条主干道，贯通岳阳老城区。往东横穿京广铁路至金鹗山下；西至湖边南岳坡；南通火车南站、岳阳港务局、吕仙亭；北达岳阳一中、北门轮船码头。整体干道与市政府原驻地、市人大、市政协、市二医院、市中医院、南区人武部、岳阳楼公园、XX工厂等28个单位、部门的人防工事连通，共有出入口几十处。该工程的建成，使市 城区人防工事的相互连通程度居湖南省第一。

1979年，人防工作贯彻“集中统一、快速及时、正确指挥、稳定可靠”，在6号工程处修建一个防护能力较强、XX多平方米的屯兵室，1985年根据省人防办指示，在老城区丁家塘修建平战结合管理楼，1987年4月竣工投入使用。总面积1000余平方米，其中具有防护等级的人防工事占60%多，其余为配套面积。1987年5月，广州军区人防委提出、经国家人防委批准，岳阳市在“结合民用建筑修建防空地下室”的工作上按国家二类人防重点城市对待。

1989年，除部分人防工事因建造质量低而遭损坏外，共有人防工事总面积XX平方米，口部X个。其中属坑道型的XX平方米，属地道型的XX平方米，属区人防办实际管辖的XX平方米。至1989年，共建 岳阳火车南站，新新地下商场等12处防空地下室，计XX万余平方米，达到五级要求的占39.5%，简易工事占60.5%。其中1987—1988年建防空地下室XX平方米。

1992年9月，开工建设岳阳火车新站人防工程。项目为全市最大的平战两用工程，北通火车客站主楼，南接站前路东西和南湖大道北端，融商场、行人过街道于一体，建筑总面积近XX平方米，其中主体工程占63.42%，按六级人防工事设计。为人员隐蔽部和物资储备库，平时为地下商场和行人过街道，有多处出入口，并有各种专用管线和电话电缆。配套工程地面管理楼，地下2层，地面4层，建筑面积共XX多平方米，与主体工程地下通道连通。整个工程配套齐全，具有平战转换功能，是较先进的平战结合人防工程，总投资2800多万元。

1996年《人民防空法》颁行后，人防工程建设的主要内容调整为结合民用建筑修建防空地下室。中心城区建筑高度10层以上楼房大部分安排了防空地下室。1999年后，随着城市建设的快速发展，以防空地下室为主要内容的人防工程建设快速增长。

2012年，新建人防工程达XX万平方米，更新老化陈旧设施，完成修缮维护早期人防工程任务XX万平方米。拥有人防工程维护任务XX万平方米，完好率98%。

通讯设施 1969年，建有省对县有线电警报传递系统。1976年，改由邮电局有线电话传递警报。1982年，在人防工程内架设地下电缆X里，有X门供电交换机X部，并为市、党、政、军及重点单位安装专用电话X部；租用市邮电局中继线X对；安装警报器X台，总功率X千瓦，市区音响面在70%左右。1991年，淘汰电话总机，指挥所新安装250型数字程控电话交换机，配备100瓦短波无线电台X部。1995年，埋设地下电缆X米，架设坑道电缆X米，给指挥领导机关与重点部门的联络提供了可靠的保障。

工程利用　70年代后期，人防部门执行“平防结合”的方针，积极开发利用人防工事，充分发挥人防工事的经济效益与社会效益。在搞好重点建设工程的同时，把分散的中、小型工程和早期矮小工事开发利用起来，开办旅社、商店、种植、养殖、仓储、娱乐等生产服务项目。1985年，利用面积X平方米，创产值33万元，安置就业人员X人。1987年，城区范围内的人防工事有香蕉存放处50处，近6630平方米，年批发量600多万公斤。1989年，共开发利用人防工事X平方米。洞氮投资2万元，利用近X平方米人防工程布置“洞庭地宫”，开展娱乐活动。

三、防空演习

1969年、1971年、1976年、1977年、1980年，城区依次举行5次“防空、防原子弹、防化学武器”演习。1969年，第一次演习是以街道居委会组织居民疏散为主要形式的防空演习。当听到警报声后，2分钟内市民全部进入防空洞。1971年8月29日的演习以人防专业队为主，参加演习的有三五一七工厂、湖南省血防所、岳阳一中、铁路工务段岳工一班等25个单位、567人。演习项目有救护、消防、急救、防化、洗消、供电抢修、供水抢修、铁路抢修、滤毒试验等11项。1976年10月，在市区举行防空演习。演习项目有人员疏散隐蔽、原子弹爆炸（模拟）、“三防”演练及人防专业队伍的救护、抢修等项目。1977年、1980年，城区依次举行“防空、防原子弹、防化学武器”演习。1984年9月，市人防办编制全市《防空预案》，内容包括城市人口早期、临战疏散方案、人防工程、人防通信警报、医疗、物资、供水、供电、交通运输、道路桥梁、堤坝抢修、消防、治安、政治工作、“三防”等保障计划，及城区和周边16个防护目标的空袭预备方案。根据《防空袭预案》，围绕重点防护目标，由城区对空射击队伍进行一次防空袭演练。1987年9月，对城区周边核化危险源和救援力量进行普查。

1998年7月，针对城区区划、面积、人口、道路交通，重点经济目标的变化，对《防空袭预案》进行修改。2000—2011年，市、区人防办多次在南津港大堤举行抗洪救灾及人防空袭警报鸣响演练。2009年，岳阳市一中、五里中学等学校分别组织防空袭学生疏散演习。2011年11月1日，全市组织防空警报器试鸣暨中、小学生疏散演练活动。9时30分，防空警报鸣响，城区各街道组织群众疏散。所有中、小学生在学校统一组织下，3分钟内全部疏散完毕。警报鸣响率、覆盖率均为100%，人防志愿者现场演习自救互救防空知识。2012年，区人防办开展年度放空警报试鸣演练，结合平时防灾、防火等时机需要，分别在锦城嘉园、东升小学开展防空袭演练。

第五章　军民共建

第一节　国防教育

1996—2004年，通过向中、小学生发放《国防教育》课本，利用大型节目开展各种文艺汇演等形式开展国防教育。

2005年，组织各级领导干部学习《兵役法》《国防法》《民兵工作条例》，强化国防意识，主动和区委协调，聘请地方专家给干部群众作形势报告。组织区领导过军事日。2006年，按照进机关、进学校、进企业、进社区、进乡进、进军营的“六个进入”要求，重点抓好党政领导、中小学生和民兵预备役人员国防教育。组织区领导和国防动员委员会、国防教育委员会成员听国防教育课、过军事日。利用区党员远程教育系统，广泛开展爱国主义教育、使命教育和荣辱观教育。4月，在岳阳市组织的学生国防知识竞赛中，区代表队获第二名。2008年，区人武部调整国防教育委员会成员，健全国防教育规章制度，扎实推进国防教育“六进入”。先后组织民兵200人次参加全市万人长跑、迎奥运、“双拥”文艺晚会，开展“爱国拥军”之家和关心支持国防建设新闻人物评选。基层单位利用远程教育网开展全民国防教育。2009年，积极探索拓展民兵教育渠道和推进国防教育“六个进入”方式方法。编印下发年度政治教育讲课提纲，利用民兵训练、整组、征兵和执行战备执勤活动等进行XX人次的基干民兵国防教育。组织开展国防教育知识网上答题，共接收答卷1000余份。参与国防教育征文活动，上交5篇理论文章。定期开办2期国防教育宣传栏，在营区周围张贴国防教育挂图和标语。2011—2012年，推进国防教育进地方党委中心组，进各级党校，进工厂、社区、农村，进新闻媒体，宣传形式拓展到短信群发，公益广告等方式，所属街道均制作国防教育宣传栏，3套青少年国防教育专题片在全区学校播放。洛王街道办事处被评为省级国防教育先进单位。

第二节　拥政爱民

一、支援地方经济建设

1951年，中南军区后勤部军需部被服厂在城区破土动工，驻境解放军某工程部队参与施工建设。1952年2月、11月，驻境部队先后参加荆江分洪和整治南洞庭湖建设。1958年，参与修建京广铁路复线。1968年，参加长江上车湾改道与岳化总厂基建。1972年，参与修建枝柳铁路。1981年，参加修建铁山水库。1995年初，区人武部派多名干部，深入到12个乡（街）调查摸底，选点建点，确定扶贫联系点，帮助乡街基层调整领导班子，制定生产规划，帮助办点村组解决一批农药、化肥、资金。帮助民兵制定致富措施，指导民兵大力发展乡镇工业、村组工业、家庭工业，鼓励民兵率先致富。2005—2012年，区人武部加强对民兵预备役人员的市场经济知识培训，使基干民兵80%成为经济能手或管理骨干。

二、支援地方建设

中华人民共和国成立后，驻境部队及各级人武部积极支持地方政权建设与巩固工作，参加保卫土地改革运动。配合政府组织粮食统购统销，打击奸商破坏活动。1960—1965年，积极参加境内的社会主义教育运动、学雷锋活动。1966年5月“文化大革命”开始后，遵照中央指示，驻境 部队及人武部派出XX多人，参加“三支两军”（即支左、支工、支农，军管、军训）工作。组成联络宣传队，进驻境内地、县、镇三级党政机关、大型厂矿、重点学校，调查群众组织状况，促进各派联合，恢复正常秩序。1967年初，驻境部队官兵又挺身而出，积极制止两派群众组织之间的武斗。并执行中央“七三”布告和“九五”命令，收缴被抢武器弹药，保护广大人民群众的生命财产，稳定社会秩序，恢复生产。

1968年2月，境内驻军与人武部协助地方建立地、县、镇三级革委会，根据一元化领导原则，由军队干部出任革委会主任。此外，还对各级公安、检察、法院实行军事管制。对各大、中学校学生实行军事训练。1973年，根据形势需要，“三支两军”人员全部撤回部队。

1984年始，区人武部与驻地村庄、街道、学校、企业挂钩，以各种形式开展军民共建社会主义精神文明活动。开展讲文明、树新风、敬老助残活动；派人担任校外辅导员，帮助街道改善环境等。并结合地方专项斗争，维护社会秩序，开展军民共建文明路活动。1995—1997年，区人武部与区乡共建107国道文明路。2010年，发动民兵预备役人员参加城市综合治理活动，各乡、镇、街道人武部分别组织XX个民兵分队执行巡逻执勤、控建拆违、打击非法传销等任务。2011年，出动区人武部干部和常驻应急分队XX人进行夜巡。2012年，组织民兵参加文明城市创建和“五创”提质活动，每个街道组编成立XX人的民兵常态化巡逻分队。

三、抢险救灾

1954—1995年，驻军部队多次参加抗洪抢险救灾活动。1996年7月中旬至8月上旬，境内遭遇特大洪涝灾害，城陵矶水位突破35.31米，超警戒水位2.31米，比1954年最高洪水水位高出0.76米。奉中央军委命令，驻省53010部队、53200部队、39731部队、国防科技大学、长沙政治学院、长沙炮兵学院和驻省武警部队官兵XX余人，赴岳阳防洪抢险。区人武部组织民兵应急分队，与全区干部群众一起，日夜奋战，抢修大堤，保护了南津港、东风湖、吉家湖大堤和22个小型水库，未垮一堤一垸，保住城区安全。区人武部被省政府评为抗洪救灾先进集体。

1998年6月中旬至9月初，洞庭湖流域及长江流域连降暴雨，形成历史上罕见的特大洪水。长江8次洪峰与洞庭湖5次洪峰相连，互相顶托，城陵矶水位一路狂涨至35.9米，中央军委与国务院调集广州军区，北京军区和驻省空军、武警、军事院校、预备役师，省军区直属队等近XX余名官兵，奔赴岳阳各地抢险救灾。区人武部也先后调集民兵抢险突击队员XX人次，出动各类抢险车辆、船艇2000台次，发现并及时处理各类险情60余处，其中重大险情5处。7月26日6时30分，南津港大堤告急，区人武部出动民兵抢险队XX余人赶到湖滨关门湖大堤抢筑子堤，经8小时奋战，抢筑一条长1100米、高1.5米、宽2米的子堤，保住了大堤。8月3—4日，区人武部率领XX名民兵突击队员，增援华容县团洲与建设垸抗洪抢险。

2010年7月，先后4次集中出动民兵XX人次执行城区内渍抢险和支援临湘、湘潭、湘阴抗洪救灾任务。2011年6—7月，先后4次集中出动民兵XX人次执行城区内渍抢险，转移困难群众1000余人。2012年，跨区支援平江县抗击“5·12”山洪灾害和跨桥事故救援；6月，出动民兵XX人次、橡皮艇3艘先后到4个社区参与内渍救援，转移群众500多人次。

第十六篇　法　治

第一章　社会治安综合治理

第一节　综合治理

1951 年 5 月，城厢区派出所以居委会为单位组建 6 个治安保卫委员会（简称治保会），有治安人员 201 人，协助公安机关担负街巷治安巡逻保卫工作。1955 年，城区治保会发展到 9 个，人员 230 人。1958 年，33 个厂矿企业组建治保会，配备治保主任，担负本单位治保工作。“文化大革命”前，各居委会在大街小巷普遍组建离退休人员与居民老太婆组成的“老人治保组”“婆婆治保组”。

1981 年，中共中央提出对社会治安实行综合治理。1984 年 4 月、七月，南区、郊区政法委分别成立，协调政府部门工作，协助党和政府组织、推动全党全社会对社会治安进行综合治理，办理党委和上级交办的事项。是年，南区建治保会 629 个，有治保委员 2981 人。郊区 5 乡 3 场设治保办，1 名党委委员分管治保工作，各村设治保主任 1 人。1985 年，南区建立健全治保会 536 个，配备治保人员 3277 人。治保会向公安机关提供线索 173 条，协助破案 48 起，查处治安案件 84 起，抓获违法犯罪人员 133 人，挽回经济损失 8284 元。

1986 年 4 月，境内以区为单位成立南、郊区治安联防指挥部。南区在 8 个街道办事处成立 13 个专业巡逻队，有巡逻人员 187 人，护厂、护店、护校等防护组织成员 1580 余人。全区各厂矿企事业、商业、学校、机关和居委会共有治保会 368 个，治保人员 2568 人，有调解会 198 个，成员 1606 人，形成一个治安联防网络。郊区各乡成立指挥分部，以村组为联系点，定期不定期召开联络会议，形成联防网络。7 月，南、郊两区实行社会治安责任承包制。其中南区有 540 个单位直接与各办事处签订治安承包责任状。1988 年初，乡、街道办事处成立治安协会。本着“社会治安社会治，综合治理综合抓”的原则，以乡、街道办事处为单位参加，自发组成民间治安防范组织。共有治安协会 13 个，常务理事 300 多人。1993 年，推行“三防三治”（即联防联治、自防自治、群防群治）群众性防治方法，构筑以派出所为“龙头”，以联防队为依托，以加强治安薄弱环节和“死角”整治为重点，以挂牌管理为手段的全方位、多层次、全天候治安防范网络。1994 年，以加强进城农民管理为重点的城区暂住人口管理。增强共防意识，人防与技防相结合。在人防上增设巡警大队，实行 24 小时巡逻值班。区司法局加强“两劳”人员帮教，设立档案卡。在全区推广技术防范，共投入资金 150 余万元，用于安装防范设施。1995 年，南区制定《关于开创社会治安工作新局面，创建社会治安模范城》实施方案，并提出“2358 工程”。贯彻落实中共中央办公厅、国务院办公厅转发的中央综合治理委员会（简称综治委）《关于加强流动人口管理工作的意见》。设立专门管理机构，配备专人加强对暂住人口和流动人口管理。3 月，开展清理整顿城镇暂住人口行动。

1999年，深入推进基层“创安”活动，加强政法队伍建设。全区建成安全文明小区308个、安全文明单位153个、安全文明村组99个，覆盖率达54%。2000年，强化基层政法综合治理组织建设。全区14个乡（场）、街道办事处配齐分管政法的副书记、综治主任和综治专干，实行专人专职负责，参照省有关文件精神的津贴标准享受岗位津贴。每个村（居）委会均成立综治办公室，配备专抓的副书记、治调主任。2002年，建立社区警务室、治安巡逻队等综合治理“八件实事”得到初步落实，全区103个社区均配备1名社区民警，并兼任社区居委会副主任，分管治安防范工作。派出所民警充实到219人，占区公安分局民警数的56.5%。其中社区民警占该局民警总数的25%。8月始，在城区10个主要乡、街道构建四级联防、打防控一体化网络建设。全区68个社区居委会及辖区单位、行业建立治保会153个，民事调解委员会151个，护院、护厂、护校等义务巡逻队伍376支、2408人。社区普遍建立法制宣传员、矛盾纠纷调解员、维稳信息员、刑释教人员的安帮员、重点对象监控人员等“五员”队伍。境内1039个行政、企事业单位建立保卫科、股860个。2003年3—5月，开展整治“两站”（即火车站、汽车站）周边治安环境专项行动。全年共开展专项整治行动9次，出动警力200余人，党政干部、治保力量180人次，清查旅社、美容美发、娱乐场所、个体诊所116家，清查出租房屋260套，查获遣送“三无”（即无身份证、无暂住证、无用工证明）人员26人。是年4月，地下“六合彩”赌博活动传入城区，在全城迅速形成蔓延之势，9—11月，连续开展“铁拳”行动156次，共抓获涉码赌博人员1092人，依法打击庄家、写单人员575人，其中治安拘留448人，劳动教养73人，判刑54人。参赌的21名中共党员和国家工作人员给予开除党籍、开除公职等纪律处分。数以万计的码民主动放弃投注买码，95%以上的写单人员被处理和自行解脱，95%以上的大庄、黑庄被捕获或分崩离析，95%以上的群众对地下“六合彩”深恶痛绝，自觉参与对地下“六合彩”的围追堵截。

2004年，按照中央综治委提出的工作要求，全区各级党政组织和基层综治部门建立矛盾纠纷排查月报告制度和矛盾纠纷调处责任制。通过摸底排查，共调处因城市建设、征地拆迁、企业改制、医患纠纷、山林纠纷、经济纠纷、财务公开、安全生产等引发的各类矛盾纠纷1200余起，调处率94%，矛盾纠纷化解率93%，防止民转刑案件90余起，没有发生一起因调解不及时、处置不力导致矛盾激化、升级的案件。

2005年，以创建“平安岳阳楼区”为契机，实施以“创建安全文明铁道线”为主题的畅通工程。境内京广铁路延伸8个乡、街道办事处，20个村（居）委会，全长23.4公里，人行道口30处。1—6月，开展以打击地下“六合彩”和“扳坨子”为重点的“风雷”活动，抽调40名干警组成打击赌博活动特别行动队，持续开展行动26次，端掉赌博窝点70多处，抓获涉赌违法犯罪嫌疑人1200多人，其中刑事拘留4人，治安拘留341人，教育警告上千名参赌人员。组织专门力量，开展5次大规模清缴行动，共收缴码书报5万多册，依法取缔非法印刷码书、码报窝点28个，处罚非法商贩31人。3—6月，集中开展整顿全区境内铁路沿线及其周边治安秩序，整顿危及列车安全行驶的突出问题，沿线开展爱车护路活动16次，在巡路过程中累计行政处罚433人，治安拘留2人，共收回被盗铁路器材760件。开展“净化工程”和“免疫工程”。针对学校周边违规经营网吧、录像厅严重影响学生正常学习和学校正常教学秩序的情况，由全区学校及周边地区社会治安综合治理领导小组牵头，组织有关职能部门开展4次专项整治行动，依法取缔学校周边200米以内的非法网吧148家、录像厅11家，收缴黄色淫秽出版物9100多册。

2006年，开展“打黑除恶”专项斗争。出动宣传车30台次，张贴省法院、省检察院、省公安厅、省司法厅通告130份，悬挂横幅张贴标语1000多条幅。收集各类情报信息210条，其中有价值的线索20条。开展5次行动，共摧毁犯罪团伙3个，逮捕5人，刑拘26人，收缴黑枪2支、子弹5发，砍刀类管制刀具数件。开展打击地下“六合彩”等赌博违法活动集中行动6次，抓获涉赌违法犯罪人员326人，行政拘留106人，刑事拘留26人，劳动教养18人。开展学校及周边治安综合治理工作。全年共排查学校187所，整治校园周边地区电游室75个、歌舞厅6个、网吧87个、乱搭乱设摊点243处，没收非法书刊501册、光盘626张，调处校园周边矛盾纠纷41起，消除校园安全隐患15起。

2008年，摘掉“全省禁赌重点整治县（市、区）”的黄牌，被评为全省禁毒宣传工作先进县（市、区）。全省综治民调上半年排名第九十一位，下半年排名第五十三位，全年综合排名第六十九位，首次进入全省100位以内，被评为全省社会治安综合治理工作先进县（市、区）。

2009年，组织开展“打盗抢反扒窃”“打黑除恶”“打击碰碰胡”“禁赌、禁毒”“风暴行动”等专项整治行动，抓获各类违法犯罪嫌疑人2000人，强制戒毒309人，打掉恶势力团伙2个。

2010年，坚持每周开展一次“黄、赌、毒”集中整治行动，抓获网上逃犯80人、卖淫嫖娼人员300多人，关停麻将馆600多家，收缴麻将机升降板3800块。组织开展“三小五涉”专项整治行动，抓获各类违法犯罪嫌疑人525人，清查出租房屋7800多户，流动人口1.8万余人，盘查可疑人员865人，整改消防安全隐患92处，关停涉黄小休闲场所31家，整治小发廊120余家，整治小旅馆210余家，抓获拉客招嫖涉黄人员35人。

2011年，开展“天网行动”“清网行动”、整治“三小五涉”行动、“打击传销”行动。破获刑事案件569起，查处行政案件2419起，抓获各类违法犯罪嫌疑人2940人；上网追逃156人，清理信息不全人员71人；关停涉黄小休闲场所60余家，整治小发廊160余家，整治小旅馆300余家；捣毁传销窝点425个，抓获传销骨干40人。

2012年，先后组织开展“利剑行动”“蓝剑行动”“亮剑行动”“打四害除四黑”、打击经济犯罪破案会战及公安部部署的“打盗抢、保民安”等专项行动，破获刑事案件514起，其中命案7起；抓获各类违法犯罪嫌疑人2798人，强制戒毒475人；打掉涉黑恶团伙4个，抓获团伙成员46人。综治民调全省排名第五十五位，比上年前进58位；信访总量比上年下降17.7%，人数减少30%。

第二节 维稳工作

1993年，区政法机关先后担任春运、岳阳国际龙舟节大型经贸活动、征兵、市区换届选举等重大会议和重要活动的安全保卫工作及执行重大警卫20余次。国际龙舟节期间，调处纠纷1321起，控制危险分子27人。

1994年，对不稳定因素进行排查，调查重点对象85人，“三资”企业48家，重点单位、重点问题、敏感部位18个，区属企业97家，大、中专院校4所。共发现敌情线索2条，发现重点人口5人，掌握情报信息96条。通过做工作，共发现预防制止游行、罢工26次，宗教违法事件5次，其他闹事34件。

1996年7月，全市发生特大洪涝灾害，政法机关超前预测、超前防范、打击犯罪、化解矛盾纠纷，积极妥善地预防和处置各种闹事苗头115起。

1998年，富盛公司非法集资案发，该案集资数额大、影响广、危害深，为全国第四大案，集资金额达1.2亿元，涉及群众数千人。从7月中旬起，集资群众少则上百人，多则上千人，频频上访市、区两级党委政府机关，少数人扬言卧轨游行、上访北京。在省、市领导的直接指导下，区政法委全力以赴做好清算核资、查办案件、追回损失，面对现实，深入群众，积极劝导、抚慰，基本控制大局稳定。

2002年，进一步落实稳定工作领导责任制和责任追究制。全区共及时调处化解各类矛盾纠纷1100多起，处置群体性闹事事件32起，防止民转刑案件21起，同时还确保中共十六大和省、市“两会”期间稳定与安全。

2006年，共排查出影响治安稳定的问题八大类117个（件），共调处各类矛盾纠纷2180起，防止民转刑案件93起，妥善处置各类突发性、群体性上访闹事事件82件。

2007年，加强预警预防，妥善处置群体性事件。加强对情报信息的收集反馈和快速反应，制定群体性事件现场应急处置工作预案和联络、协调等相关工作制度，落实“一个问题、一名领导、一个班子、一套方案、一抓到底”的“五个一”包干化解责任办法。

2009年，区维稳办采取主动介入，真情劝导、“一对一”的工作办法，积极稳妥的化解矛盾纠纷，共处置各类突发事件92起。

2012年，成功化解群体性事件156起，“九一五”“九一八”市民保钓游行示威活动期间，未发生1起打、砸、抢暴力事件。

第三节 防范和处理邪教

一、会道门

中华人民共和国成立初期，城区有“一贯道”“金丹门”“三期普渡”“同善社”“宗教哲学研究社”等反动会道门组织，其中“一贯道”规模较大，人数最多。1952年10月，境内开展打击和取缔反动会道门组织的斗争。1953年，政府取缔这些反动会道门组织。破获反动会道门的各种“坛”“堂”“宫”45个，查出道首342人，镇压5人，打击处理与逮捕77人，对6784名道人，劝其退道，彻底取缔了境内的各种反动会道门组织。1987年，少数残存的道徒乘落实宗教政策之机，图谋复活，境内公安机关迅速给予打击处理。

1、“一贯道”

“一贯道”起源于山东，有“孔圣教”“孔孟道”“中圣道”等70多个名称。后取《论语》“参乎道一以贯之”，改名为“一贯道”。民国32年（1943），传入境内，有“明理道”“仙理道”“善一道”“真一道”“性理道”“忠信道”“中庸道”“无为道”等8支。

“无为道” 1949年2月，该道汉口总坛派张金贵到岳阳，在吕仙亭设立佛堂，后迁至洞庭路、街河口，发展道徒数人。1950年7月，浙江宁波人张翠娣、张庆和等4人到城陵矶传道。是年9月，在街河口设立佛堂，后迁至塔前街，发展道徒20余人。1953年被取缔。

“明理道” 民国22年(1933)3月，河北镇定人黄希恒到岳阳，在驻岳日本军队的支持下，传道办教，在洞庭路慈园设立佛堂，后又迁至梅溪桥、警察局、观音阁等地，并在城陵矶设立佛堂。1945年，城区道徒发展到3000多人，城陵矶道徒发展到2500多人。抗日战争胜利后，道徒大部分消散，道务停顿。1946年6月，“明理道”再次在城区恢复传道，在城陵矶设“同德堂”佛堂，在城区西门刘公矶、西门河下设2个佛堂。1947年6月，又在汴河园设“德园”佛堂。至1953年，“明理道”在城区共设佛堂22个，有道教徒6000多人。1953年被取缔。

“仙理道” 民国37年（1948）8月，长沙人张舟新、田建勋到岳阳城区传道，在洞庭路设立中致总坛，发展道徒。1953年取缔时，有总坛1个，佛堂6个，坛主8人，点传师10人，道徒220余人。

“善一道” 1950年2月，长沙人黄建章、步雨亭到岳阳城区传道，在塔前街设立坛堂，坛主骆全圣，发展道徒26人。1951年被取缔。

“真一道” 1950年2月，该道点传师夏载生由汉口到岳阳城区传道，发展道徒32人。1952年取缔。

“性理道” 民国37年（1948）10月，该道汉口总坛派赵汉臣、莫凤英到岳阳城区，在南正街设立佛堂，发展道徒50多人。1950年3月，长沙总坛派段灵端、王世明到岳阳，在金家岭设立佛堂，发展道徒19人。1952年被取缔。

“忠信道” 1950年9月，衡阳人项集云到岳阳，在街河口设立坛堂，发展道徒30多人。1952年被取缔。

“中庸道” 1950年3月，该道汉口总坛派牛亭芳、张克勤到岳阳，在梅溪桥设立佛堂，发展道徒30多人。1951年被取缔。

2、“同善社”

“同善社”又名“同善堂”“神兵大刀队”“洪信大同社”，由总社、省社、区社、县社、事务所5级机构组成，道级共分16层，主要道务规则有入社、三皈、五戒、入柴门、龙华三会、打醮、开张示神、三期末劫、上天梯、练功、三宝、符水治病、封佛号等13项。民国7年（1918），同善社道首汉萍矿物转运局局长杨伯清到城陵矶传道，在市民张学益家中设立“事务所”，发展社众20余人。民国13年，同善社在城区翰林街开办“国学专修馆”，学习“四书五经”，宣讲道义。民国19年，在紫道岭设立岳阳区社，管理岳阳、平江、华容、湘阴，临湘5县道务，同时在先觉祠成立岳阳县社，并在翰林街戴子佳家中建立“事务所”1处。民国20年，在学道岭周家祠堂设立“事务所”1处。民国27年（1938），县社迁往宝塔街，社长由江凯模担任。民国30年（1941），江凯模死后，由善长毛正兴负责。同善社在城区先后发展道徒200余人。1953年被取缔。

3、“宗教哲学研究社”

“宗教哲学研究社”前身系“天德圣教”，民国7年（1918），由肖昌明在湖南南县创立。该社组织设省社、县社、分社(或佛堂)，道内职务分尊师、圣师、老师、元师、开道师、点道师、光师、坛主、道友、众生等，主要道务活动有入社、立坛、烧宝光火、敕水、敕符、看光、以神治病、祷期、渡气、经书等10项。民国15年，北洋军军官杨凤伍在城区建立“忠信文社”，开展道务活动。19世纪30年代，宗教哲学研究社在城区有过发展，详情无以考证。民国37年（1948）初，宗教哲学研究社湖南省社“开导师”阎仲儒到城区成立岳阳县社，在乾明寺建大同文化社址，唐光勋任“开导师”，先后发展道徒30余人。民国38年（1949）6月，道首李子荣在金家岭汪凤仪家中开辟“天德堂”，任命王凤仪为坛主，先后发展道徒20余人。1953年取缔时，该社在城区有道徒80余人。

4、“金丹门”

“金丹门”又称“正中门”“瑶池金丹门”“艮水门”“福寿门”“太和门”等，道内职务有家长、十地、顶航、保恩、引恩、证恩、天恩、执事、众生9个级别，加入金丹门，要吃斋一年以上，然后履行敬香、点香、圆香仪式。主要道务活动有入道、降乩、合性命、赐仙丹。清光绪二十六年（1900），临湘白云庵“十地”吴道善到城区传道，先后接任“十地”的有杨老姑太、周洛、郑道政、易道康、李道升、骆运册、李炳华、杨步云、付运乾、郑炳凡等人。民国19年（1930）后，先后在城区府下坡设有“清和堂”、守备巷设有“明善堂”（附设“明善书局”）。民国34年（1945）前后，在城陵矶桂花园设“南狱堂”、城区三教坊设“会道堂”、汤家镇设“养性堂”。金丹门先后在城区发展道徒

100余人。1953年，被依法取缔。

5、“三期普渡”

又名“三期儒门普渡”“普渡文化”“积善堂”等，该道内佛职、职级纷繁复杂，道务活动主要有劝道、入道、封佛定位、拜佛念经、六戒、开班讲道等6项。民国元年（1912），长沙“小普善堂”道首到岳阳城区传道，在洞庭路方珍秀家立佛堂，后搬衙门口董南常家，以后又迁茶巷子湖北会馆、紫道岭、洗马池等地，先后接任坛主的有鲁八哥、袁八爹、袁八娭毑、肖慈先等人。该道在城区发展道徒不多，规模不大，1953年取缔时，仅有坛主1人，道首6人，道徒4人。

二、邪教

90年代后，境内有“法轮功”“门徒会”“呼喊派”“际神”“主神教”“新约教会”“圆顿法门”“被立王”“中华大陆行政执事站”等9种邪教组织，有非法宗教堂点24处。邪教组织加强内部控制，大肆发展成员，活动诡秘，政治纲领十分反动。经过打击防范，至2009年，邪教组织得到控制。

2002年，区委针对境内“法轮功”邪教组织活动猖獗的“重灾区”，练功人员多，顽固分子多，辖区单位多的实际情况，以帮教骨干为主的“四盯一”“四帮一”措施，对帮教对象实行台账式管理。列管的“法轮功”对象80%以上得到转化，走上正常的生活轨道，并且实行不定期回访制度，解决社会救助、再就业等实际困难，防止反转化，确保巩固率达98%。在全区97个村、居委会开展“无邪教社区”创建活动，以学校邪教警示教育工作为依托，让青少年远离邪教。防范处理境内“门徒会”“呼喊派”“际神”“主神教”“新约教会”“圆顿法门”“被立王”“中华大陆行政执事站”等9种邪教组织活动；严密监控非法宗教堂点24处，非法活动骨干24人，参与非法活动人员1670人。

2003年3月，区委成立防范和处理邪教办公室。在全区建立三级联动根状立体化防控网络：社区居民组建义务巡逻队作为日常防控第一级；以防范和处理邪教办公室骨干、社区治保队员、各单位内保队伍为主的队伍，针对重点地方的防控为第二级；以防范和处理邪教办公室专干、社区民警对特护期、重点地段的防控为第三级。形成三级联动，双向多级情况信息报送体系。加强对反宣传活动的情报信息的收集掌握，公安分局坚持露头就打和专案经营相结合，做到立案快、破案快、结案快，深入持久开展“灭鼠”“端血”“天网”“铁铲”行动。

2002—2008年岳阳楼区打击“法轮功”处理情况

表16-1　单位：起、人、份

年度	立案	破案	刑事拘留	治安拘留	劳教	收缴反宣资料	判刑
2002	28	20	26	3	8	10000	1
2003	57	46	12	3	3	7000	
2004	27	24	10	3	9	4000	
2005	57	48	12	3	2	3000	
2006	15	12	6	6		1200	
2007	4	4	2		1	2800	
2008	8	6	12		2	3847	6

至2008年，境内95%以上“法轮功”练习者认清“法轮功”的反动本质，放弃“修炼”，与“法轮功”邪教组织划清界限，回归正常社会生活。

2012年，按照“三盯一”的模式对全区65名“法轮功”“中功”“全能神”邪教组织重点人员进行严密监控。

第二章 公 安

第一节 机 构

一、局级机构

清光绪二十六年（1900），岳州府开始设警察科，管辖巴陵、平江、临湘、华容等县警察事务，巴陵县设警务公所。光绪三十三年（1907），县警务所改称警务局。宣统二年（1910），县警务局更名为县警务所，在县治城内又设巡警局，为警务长督率所属各员办事之所。

民国元年（1912），县警务所更名为县警务公所。民国2年（1913），县警务公所更名为县警察事务所，后又更名为警察所。民国11年（1922），县警察所更名为县警察局。民国18年（1929），县警察局更名为县公安局，属一等公安局。民国19年（1930），城陵矶警察所更名为公安分局。民国22年（1933）6月，湖南省裁撤公安局，岳阳县公安局更名为县公安科。民国23年（1934），撤销县公安科，重设县公安局。民国26年（1937）9月，县公安局更名为县警察局。民国35年（1946）5月，县警察局被省警察厅列为一级警察局。

1949年7月，岳阳和平解放，中国人民解放军与新成立的民主政府接管原县警察局。8月10日，县政府设立公安局，局址设翰林街。1954年4月，镇政府内设公安干事，管理城区治安。

1960年2月，设市公安局，属岳阳县公安局领导，人员由县公安局抽调。1962年底，岳阳市撤销，市公安局归并县公安局。1966年“文化大革命”开始，由于“左”倾错误路线干扰，公安工作处于瘫痪状态。1967年9月，解放军对县公安局实行军管，成立县公、检、法军事管制委员会。1968年8月，成立县革委会人民保卫组，与军管会一起领导公、检、法工作。1973年8月，撤销军管会，恢复县公安局。1975年10月，城关镇升级为岳阳市（地辖市），设市公安局，与岳阳县公安局正式分开办公。1981年10月，撤销岳阳县，原县公安局并入市公安局。1984年8月，设立岳阳市公安局南区分局，分局机关驻竹荫街原县、市公安局旧址。下设纪检组、政工股、秘书股、治安股、预审股、政保股、保卫股、治安中队。是月，郊区公安分局成立，下设纪检组、政保股、秘书股、预审股、刑侦队。

1996年8月，南区公安分局、郊区公安分局合并成立岳阳楼区公安分局。下设办公室、政工室、纪委、工会、督查室、法制办、户籍室、行财装备室、计算机通讯室、预审警察大队、经济保卫大队、政治保卫大队、治安大队、刑事警察大队和消防警察大队（武警系列）等15个内设机构。

2009年，内设机构调整为办公室、政工室、纪委、警务保障室、信访室、工会、法制、禁毒、国保、人口与出入境管理、经侦、治安、巡逻防暴、刑侦、消防（武警系列）等15个。

二、派出所

民国2年（1913），巴陵县警察所在城内设有分驻所，城陵矶设有警察分所。民国19年（1930），城陵矶警察分所更名为警察分局。民国20年（1931），城内增设警察分局与城南警察分所。民国21年（1932），警察局更名为公安分局后，各警察分局更名为公安分局。民国23年（1934），各公安分局又更名为分驻所，并增设城陵矶萍矿局分驻所、南津港分驻所。民国27年（1938）10月，岳阳沦陷后，县警察局撤出城区，将全县划为若干警区，每区设有警察所与分驻所，城内仍保留一警察所机构。抗日战争胜利后，县警察局在城内与城陵矶各设一警察所。1949年8月，人民政府成立后，接管原县警察局机构及人员，在城厢区分设第一派出所、第二派出所，城陵矶设水上派出所。1950年5月，第一派出所、第二派出所合并为城厢派出所。1954年3月，将城厢派出所分为第一派出所、第二派出所，第一派出所设玉清观巷原大同文化社（今乾明寺庙址）；第二派出所设洞庭中路麓山社。1960年2月，第一派出所更名为城南派出所，第二派出所更名为城北派出所，并增设一水上派出所，管沿湖一带水上治安。1965年3月，在东茅岭增设城东派出所。1975年增设七里山、冷水铺派出所。

南区 1984年4月，南区公安分局在8个街道办事处各设一公安派出所，即吕仙亭（原城南）派出所、洞庭路（原城北）派出所、东茅岭（原城东）派出所、五里牌派出所、冷水铺派出所（与七里山派出所合并）、城陵矶派出所，新增设解放路、金鹗山派出所。1989年底，全区共设9个派出所（又重新设立七里山派出所）；6个由区公安分局负责指导业务的企业派出所：即1970年组建的九华山（三五一七工厂）派出所，1985年组建的汽车站派出所、洪家洲（岳阳造纸厂）派出所，1986年组建的青苗嘴（岳阳师专）派出所，1987年组建的岳阳楼公园派出所，1988年组建的鹰山（苎麻纺织印染厂）派出所。

郊区 1984年，郊区公安分局下辖土桥派出所、梅溪派出所、北港派出所、洞庭派出所（原水上派出所）、郭镇派出所、君山派出所、湖滨派出所、洛王派出所等8个派出所和自成垸派出所（君山农场）、茅斯铺派出所、渡口派出所、港口派出所、公路派出所等5个企业派出所。

岳阳楼区 1996年，岳阳楼公安分局下辖洞庭路派出所、吕仙亭派出所、东茅岭派出所、解放路派出所、五里牌派出所、七里山派出所、冷水铺派出所、城陵矶派出所、金鹗山派出所、南湖派出所、洞庭路派出所、土桥派出所、梅溪派出所、北港派出所、郭镇派出所、湖滨派出所、洛王派出所。后经省公安厅批复，成立三眼桥派出所，撤销解放路派出所、七里山派出所。2006年，企业派出所由公安收编，九华山派出所（后更名为剪刀池派出所）、洪家洲派出所编入区公安分局；岳阳楼公园派出所撤销，人员编入区公安分局，业务范围划归洞庭路派出所（后更名为岳阳楼派出所）管辖。2009年9月，原属白石岭公安分局的站前派出所、大王山派出所、长虹路派出所正式编入区公安分局。2010年1月，境内共有岳阳楼、吕仙亭、东茅岭、五里牌、三眼桥、冷水铺、城陵矶、金鹗山、南湖、洞庭、土桥、梅溪、北港、郭镇、湖滨、洛王、剪刀池、洪家洲、站前、长虹路、大王山等21个派出所。2012年，楼区公安分局下辖17个派出所、11个业务大队、6个机关科室。

第二节　打击刑事犯罪

一、镇压反革命

1949年8月至1950年4月，境内城乡开展轰轰烈烈的清匪反霸运动，城区先后镇压原国民党洞庭湖区警备司令汉奸周烈等一大批罪大恶极的土匪、汉奸、恶霸。1950年10月至1953年10月，开展大规模的镇压反革命运动。打击处理一大批土匪、恶霸、特务、反动党团骨干、反动会道门头子。民国时期与日伪统治时期曾横行城区的大恶霸“亚县长”杨弟琪、“小巴陵王”篡舟、屠杀共产党人与工农群众的原县长“杀人魔王”侯厚宗等被人民政府镇压。

中华人民共和国成立初期，城区有反动会道门威胁新生政权。1952年10月，境内开展打击和取缔反动会道门组织的斗争。1953年，政府明令取缔反动会道门组织，破获反动会道门的“坛”“堂”“宫”45个，查出道首342人，镇压5人，打击处理与逮捕77人，对6784名道人，劝其退道。1987年，残存道徒乘落实宗教政策之机，图谋复活，境内公安机关及时打击处理，控制了事态发展。

二、刑事案件侦破

中华人民共和国成立后，境内刑事案件的侦破由县公安局刑侦队负责。1975年后，由市公安局刑侦队负责。1984年后，由南区公安分局、郊区公安分局和市公安局刑侦队负责。1996年后，由岳阳楼区公安分局负责。至2009年底，区公安分局配有刑侦人员22人，各派出所均配备一定数量的刑侦民警。同时还装备了一批较为先进的刑侦技术器材与交通工具，刑事案件侦破率逐年提高。案件立案后，一般案件由属地派出所侦破，重、特大案件则由区公安分局刑侦队侦破。

50年代，社会治安秩序较稳定，城区在1957年开展过一场声势浩大的打击刑事犯罪分子的群众性斗争。“文化大革命”开始后，公安机关受到冲击，社会治安秩序较为混乱，刑事案件逐渐增多。80年代后，随着商品经济的发展，人口增多，就业困难等因素，治安形势日趋严峻。1983年3月始，先后组织3次大的打击严重刑事犯罪的战役，打击的重点对象是强奸、杀人、放火、流氓犯罪团伙，重大盗窃团伙，拐卖人口的人贩子及现行反革命分子，抓获各类严重刑事犯罪分子1575人。1985年10月10日至11月10日，开展为期1个月的侦破战役，破案215起。1986年2月，开展反盗窃斗争，破案370起。1987年4月，开展反盗窃自行车的斗争，破自行车被盗案183起。1988年3—4月，开展为期40天的侦破战役，破案414起。1989年，全年侦破各类刑事案件1446起。1990年5月，按照中央政法委和省委、市委统一部署，开展历时10个月的严厉打击刑事犯罪的专项斗争。2011年，在原巡逻防爆大队组建便衣侦查中队，便衣侦查中队全年共抓获街面扒（盗）窃、“碰碰胡”等嫌疑人136人，抓获网上逃犯4人，收缴火铳1把、管制刀具20把，镊子等作案工具100余把，为群众追回手机21部，挽回经济损失10万元。2012年，开展打黑除恶专项斗争，“3·10”杀人案和“4·1”杀人案均在48小时内破案。成功摧毁恶势力团伙3个，侦破寻衅滋事、故意伤害、敲诈勒索、聚众斗殴、开设赌场、非法持有枪支等案件30起。

1996—2012 年境内破获刑事案件统计

表 16-2 单位：起、人

年 度	发 案	破 案	查获犯罪嫌疑人
1996	2571	1536	2044
1997	2527	1695	1626
1998	2882	2041	1257
1999	3103	1823	873
2000	2617	1779	1097
2001	2606	2347	1130
2002	2795	1285	647
2003	2532	849	351
2004	2067	1296	534
2005	2340	1197	475
2006	2695	1499	393
2007	3912	1796	497
2008	2974	1250	478
2009	4070	2633	526
2010	4939	2294	2568
2011	4594	569	2940
2012	4818	673	3324

第三节 治安管理

一、禁烟禁毒

民国 9 年（1920），县政府在城陵矶设立禁烟分局，对过往船只进行严格盘查。驻军部队则在火车站设军警稽查处，查禁烟土。民国 19 年（1930），境内遵令铲除烟苗。民国 21 年（1932），又将所有烟馆查禁封闭。民国 24 年（1935），县政府设禁烟委员会，县长兼任委员长。城区设戒烟医院 1 所，勒戒所与禁烟所各 1 所，将烟瘾大者强行送往医院，进行限期勒戒。但直到中华人民共和国成立前，烟患仍未能根除。

1952年7月，县政府成立由县长任主任的禁烟委员会。经广泛宣传发动，群众检举揭发，摸底清查，查出城区仍在吸食、销售、贩卖烟土的毒犯157人。8月26日至9月20日为毒犯悔过登记周，城区设立3个登记站，有37名毒犯到案登记，上交鸦片2.3两，吗啡针5支，含毒针6支，毒具33件。逮捕罪大恶极、顽固不化的毒犯21人，处决1人，彻底根除吸毒现象。

80年代后，境内吸毒现象死灰复燃。1992年，境内成立戒毒中心。1998年，境内设立戒毒所。2000年，区公安分局设立禁毒大队，专司查禁吸毒贩毒案件。2009年10月14日，禁毒大队在洛王社区摧毁一个制贩毒团伙，破获全市首例制造毒品案件，抓获犯罪嫌疑人4人，收缴毒品麻古664粒、冰毒13.6克、海洛因0.7克、麻古粉220克、冰片粉78克、硼砂等制毒原料300余克，制毒工具若干。2010年，强制戒毒239人。2012年，收缴毒品麻古120克、海洛因150克。

二、禁娼禁赌

禁娼 民国12年（1923）3月，县警察局通令严厉取缔娼妓。民国21年（1932），县政府又令查禁土娼、地痞。但民国时期，政府对禁娼之事时紧时松，或明禁暗不禁，甚至允许娼妓登记营业，从中抽捐收税，致使娼妓这一社会陋习无法禁绝。中华人民共和国成立后，政府对娼妓采取严格禁止、坚决取缔的方针。对那些以组织暗娼卖淫为业的老板逮捕法办；妓女则经过集中学习教育，让她们转业从良，或参加生产。1950年，南津港一带原有妓女59人，经过取缔、打击，有46人迁离岳阳，8人改业，5人从良改嫁。1985年始，城区的暗娼卖淫活动沉渣泛起。1987年3月28日，市委、市政府领导对《岳阳晚报》社披露境内暗娼活动猖獗的《内参》材料作出重要指示，境内公安机关立即开展清查整治卖淫嫖娼活动专项行动，经过75天的工作，共查获引诱、容留妇女卖淫的犯罪分子和卖淫妇女、嫖客175人，挖出流氓团伙5个，破获以色情勾引的重大抢劫案件4起，重大淫秽物品走私案1起。2002年3月，岳城白石组涉黄问题被中央媒体曝光后，区公安分局开展专案侦查，涉案嫌疑人全部到案。是月22日，区委、区政府组织公安、工商、税务、司法、劳动、民政等部门和单位420人，对该地段展开集中拉网整治行动，抓获一批违法犯罪嫌疑人。2010年，抓获卖淫嫖娼人员300多人。2012年，关停涉黄小休闲场所60余家，整治小发廊120余家、小旅馆160家，抓获拉客招嫖涉黄人员46人。

禁赌 民国时期，境内赌博盛行。民国17年（1928），国民政府公布《违警罚法》，禁止群众在道路或公共场所赌博。中华人民共和国成立后，境内公安机关根据1953年省政府《严禁赌博和变相赌博的命令》，取缔公开的赌博场所，禁止套圈设彩等变相赌博活动，并采取禁止与销售赌具等措施，赌博这一丑恶现象得到遏制。80年代始，赌博活动在境内一些地方开始泛滥。2007年4月21日，中央电视台二台曝光岳城社区白石组“扳砣子”赌博问题后，境内公安机关迅速成立专案组，对曝光事件中的重点嫌疑人实施抓捕；同时强力整治城区赌博违法犯罪，全年共刑事拘留涉赌人员35人，行政拘留380人。2010年，关停麻将馆600多家，收缴麻将机升降板3800块。2011—2012年，刑拘黄赌犯罪嫌疑人24人，行政拘留涉黄涉赌嫌疑人458人。

三、户籍管理

机构 民国时期，户口由县民政部门管理，县民政科设有户籍室，下设科员、书记各1人，办理各项人事人口登记。民国20年（1931）《户籍法》公布后，始确立户籍制度，县政府第一科（民政科）设户籍股，城关镇设户籍干事，保、甲设户籍员，由保公所办理城区市民户籍身份登记。

中华人民共和国成立后，户籍工作由公安机关接管，具体工作由治安股办理。各公安派出所设专职户籍内勤 1 人，承办户口登记与统计工作，以居委会为 1 个户管区，每个户管区配户籍民警 1 人，监督管理居民户口。各户管区的居民户口登记、统计、暂住人口申报工作则由居委会负责。1984 年，户籍工作由区公安分局治安股负责。1989 年，户籍工作归属治安一科管理，一科设分管户政警 1 人，身份证发证员 1 人。1989 年，全区 9 个派出所共设 61 个（居委会）户管区，其中企业派出所户管区 6 个；有户籍民警 52 人，其中户籍内勤 9 人，身份证内勤 4 人，户管区户籍民警 39 人，平均每名户籍警管理 1.8 个户管区。至 2012 年，各派出所均设有户籍室，各设 1 名户籍干事。

登记　民国 19 年（1930），县政府责成城区各保、甲长在城区实行五户联坐，定期清查户口。民国 20 年（1931），整顿城区户籍，逐甲逐户编造人丁册籍，订立户口门牌。

1950 年 1—4 月，境内 2 次进行户口大登记。是年 12 月，填发户口备查簿，吸收群众积极分子，组织户口整理工作委员会，搞好城市户口申报工作。1955 年，境内公安机关对城区居民正式建立公共户口卡表，实行公共户口管理。1960 年 3 月 7 日至 4 月 8 日，城区又进行人口登记核实，并对农村人口迁入城市定居开始实行严格控制。1984 年，户口登记的管理权限改为以派出所为辖区，居委会为分管区，派出所户籍内勤实行常住、暂住、出生、死亡、迁入、迁出、变更、更正等项登记制度。

1987 年 8 月，城区进行颁发居民身份证工作，给常住人口中 16 周岁以上居民颁发身份证。经过近 1 年的宣传发动、制证等工作，1988 年 4 月 29 日，市公安局与区政府在解放路街道办事处举行岳阳市首批居民身份证颁发仪式，将 1.1 万多份居民身份证颁发给到会的居民代表。随后发证工作全面展开，全区共有 135118 人领取居民身份证，有 4059 人因病或其他原因不发或迟发身份证。1989 年，全区共设暂住人口申报站 990 个，居住在单位的暂住人口，由单位登记并报派出所备案。2007 年，全区换发第二代身份证，至 2012 年，第二代身份证全部取代第一代身份证。

四、教育改造“五类分子”

中华人民共和国成立后，对在土地改革与镇压反革命等政治运动中被划为地主、富农、反革命分子和依附他们的坏分子（统称“四类分子”）实行监督。1949 年 12 月，城厢派出所对 439 名受管制对象，采取思想改造和劳动改造相结合的办法，依靠广大群众和基层治保会实行监督管制，使他们在劳动改造中成为新的有益于社会的人。1951 年，长沙地区公安处批复同意岳阳县关于管制问题的报告，对恶霸地主与破坏土改的不法地主加以管制；对表现老实、历史上无罪恶、土改后在家劳动生产者则不予管制。1956 年 12 月始，对已参加生产的“四类分子”采取政治上区别对待，经济上同工同酬的政策。1957—1958 年，将“整风反右”运动中被划定的右派分子与“四类分子”统称“五类分子”。1958 年 12 月，城区集训“五类分子”489 人，建立 1317 人的监督改造小组。“文化大革命”时期，教育改造“五类分子”的政策受到冲击，城区的“五类分子”普遍受到批斗。1969 年 8 月 22 日，城区有 454 名“五类分子”被遣送农村监督劳动改造，其家属子女也受株连。1978 年 2 月，为 427 名“四类分子”摘除帽子；为 85 名错划为右派分子的人员平反，恢复名誉；为被遣送农村的 439 名“五类分子”及其家属子女落实政策，返回城镇并安排工作。

五、治安处罚

中华人民共和国成立初期，对违反治安管理的行为，一般采取批评教育、罚款、拘留、判刑等处理办法。1957 年 10 月 22 日，《中华人民共和国治安管理处罚条例》（简称《治安管理处罚条例》）颁布后，对违反治安管理条例，情节较轻，尚不够刑事处分的人，进行警告、罚款和行政拘留。1960 年，

《治安管理处罚条例》停止实施。“文化大革命”期间执行中断。1979年，恢复执行《治安管理处罚条例》。1980年始，对违反《治安管理处罚条例》，情节严重者，但不够刑事责任者，16岁以下的青少年送少年犯劳动教育管理所劳动教养，16岁以上的送劳教所劳动教育。2006年。《中华人民共和国治安管理处罚法》颁布实行，《治安管理处罚条例》废止。

1996—2012年岳阳楼区治安处罚统计

表16-3 单位：起、人

年度	查处治安案件数	治安处罚人数	其中		
			拘留	警告	罚款
1996	2562	3169	206	1651	1312
1997	2196	2588	288	1340	960
1998	1719	1766	334	928	404
1999	1284	1462	497	839	126
2000	1650	2100	603	926	571
2001	1619	1469	546	576	347
2002	1828	1160	486	362	312
2003	1052	746	370	207	169
2004	1332	1133	662	262	209
2005	1728	1322	948	211	163
2006	1530	848	713	55	80
2007	1987	1937	1145	232	560
2008	4180	2441	1448	4	989
2009	4483	1595	1312	44	239
2010	7467	4730	1619	33	228
2011	5658	2545	2034	101	410
2012	5631	2636	2517	111	314

第四节　交通管理

清末、民国时期，境内交通安全工作由县警察局管理。但因公路少，街道简陋，运输工具少，所以管理任务不大。

中华人民共和国成立初，境内公安机关未配备交通民警，随着城区街道发展，各种车辆大量增加，交通民警应运而生。1961 年，境内成立交通消防队，共有干警 20 人（交通警察 5 人，消防警察 15 人），隶属岳阳市（县级）公安局，后并入岳阳县公安局。1976 年，境内交通队及交通管理职能移交市公安局管理。

60 年代，境内交通警察指挥交通时，统一使用手势，兼用口令指挥；后采取手势兼指挥棒指挥。70 年代初，陆续建起一些交通岗亭，并建有少量交通指挥信号灯，由交通民警在岗亭里手工操作。80 年代始，城区主要路口设置交通指挥信号灯，为疏导交通，指挥车辆、行人通行，创造了安全、便利的条件。根据国家历年颁布的有关规定和 1979 年公安部提出的“交通分流，各行其道”原则，根据道路和交通流量的不同情况，采取施划交通标线，增设机动车辆和左右拐弯导向车道，开辟单向行驶车道，设置隔离设施，以及实行夜间运输制度，限制拖拉机白天进入城区通行等多种方法，从空间和时间上实行交通分流，调整和疏导流量。80—90 年代，城区主要十字路口开始设置红绿灯交通指挥设施。21 世纪始，城区各十字路口普遍安装红绿灯交通指挥信号。

第五节　安全保卫

一、机构

1950 年 3 月，根据中央人民政府政务院关于《国家财政经济部门建立保卫组织的决定》，县公安局在机关、厂矿、企事业、学校等单位内部建立保卫组织，业务上接受公安机关经济文化保卫部门领导。保卫组织的设置，由各内部单位根据本单位规模大小、职工多少和重要程度等实际情况，分别设立保卫处、科、股。在没有设立保卫组织的单位，配备专职保卫干部。2009 年底，全区设保卫机构单位 249 个，其中保卫处 68 个，保卫科、股 181 个，几个单位合建的保卫机构 26 个，配专职保卫干部 186 人，兼职保卫干部 63 人。

二、保卫工作

50 年代始，境内各内部单位普遍建立以岗位责任制为中心的各项安全制度，落实安全检查，抓好治安联防。80 年代始，在内部单位，由主管领导和保卫、宣传、共青团、工会、劳资等部门负责人，组成治安综合治理领导机构，在各科室、车间、工段、班组设立由各级负责人参加的治安综合治理小组或确定专人负责，形成上下左右齐抓共管，从组织上落实治安综合治理工作。同时，境内各大、中型企业逐步建立完善内部治安责任承包制，企业各级负责人不仅对本部门的生产经营负有直接责任，而且对治安保卫工作也负有直接责任。

龙舟赛安全保卫　1987 年 5 月 29 日至 6 月 1 日，岳阳市首届“屈原杯”龙舟赛在境内芭蕉湖举行，有 20 个代表队、800 名运动员参赛，观众 20 多万人，其中外国游客 300 人。公安部门投入警力 700 余人做保卫工作。1988 年 6 月 17—19 日，国家体委、中国农民体协、中国龙舟协会在境内南湖举行第四届全国“屈原杯”龙舟赛，有来自 10 个国家和 20 个省、市代表团，国家副主席王震等 50 多位中央、省、市领导出席，观众达 60 余万人。公安部门抽调 1500 多名干警参加保卫，确保活动的绝对安全。1991 年 6 月 16—18 日，国际龙舟节开幕式在境内举行，公安部门投入安保力量 8500 人，其中公安干警 3200 名、群众 5300 人，保证各项赛事顺利进行，得到省、市政府和省公安厅的高度评价。1992 年 5 月 5—7 日举办的’92 国际龙舟节，1993 年 8 月 4—14 日举办的“炎黄杯”华人华侨龙舟赛。1994 年 6 月 5—13 日举办的第七届全国“屈原杯”国际龙舟节等，境内均打破警种单位界限，协同作战，确保龙舟赛事的安全。

大型集会及活动安全保卫 1990 年 9 月 9 日 14—18 时，第十一届“亚运之光”火炬传递交接活动在境内举行，公安部门抽调 600 多名干警和武警官兵参与安全保卫工作。南区政府为联合行动，抽调民兵 60 多人部署在国际大厦至岳阳楼主会场线路上站岗值勤、维护治安。1992 年 8 月 18—21 日，全国第五届中学生田径赛在境内市一中体育运动场举行，市公安局和南区、郊区公安分局抽调 500 多名干警实行全方位安全保卫。1994 年 10 月 8 日，岳阳新火车站举行通车典礼，南区、郊区全体干警到场站岗、维护秩序。2000 年后，境内文化广场逐年增多。至 2012 年，每年都有大型集会在广场举行，公安部门均出动警力，全力以赴、精心组织指挥，确保每次活动安全进行。

三、保安服务

1988 年 4 月，成立南区保安服务公司，为社会提供有偿安全防范服务，提供安全守护服务，为展览、展销、文化、体育、旅游等活动提供安全服务；为贵重、危险物品以及其他需要押运的物品提供安全押运服务；按照国家有关规定，提供安全技术防范设备设计、安装、咨询和维修服务。保安业务接受公安机关指导和监督。1996 年，南区保安服务公司更名为岳阳市保安服务公司，由市公安局负责指导和监督。

第六节 消防管理

一、机构

清光绪三十三年(1907)，城区设有由商业、手工业捐款兴办的“水会”“救火会”等民间消防组织，消防事务由县警务局管理。

民国 18 年（1929），县公安局始建消防组，指挥工商民团自办消防组织。民国 24 年（1935），设水龙公所（驻鱼巷子），配消防队员 26 人，经费开支由商民筹集解决。民国 35 年（1946）水龙公所因经费拮据，由县防护团增配义勇消防队员，协助地方扑救火灾。民国 37 年(1948)，改水龙公所为义务消防队，担负城区救火事宜。

1949 年，人民政府在县公安局治安股设消防干事 1 人，专管消防。同时，改组民间义勇消防队，发动工商联组成义务消防队，配队员 15 人。1952 年，县委、县政府成立防火保卫领导小组。1958 年，由公安派出所与居委会负责，以街道为单位，建立居民防火小组；重点单位确定 1 名负责人主管防火工作，并配备 1 名专职防火员。1961 年，县公安局设立交通消防队，其中消防队员 15 人，驻洞庭北路。1962 年，县公安局增设消防股，主管全县消防监督，城区各机关、团体单位共建防火领导小组 30 个，配专职防火员 132 人，防火小组 823 个。1965 年，建立民兵消防队 30 个，配消防民兵 691 人。是年 5

月1日消防队实行义务兵役制。1967年，“文化大革命”期间，消防股被撤销，保留消防大队。1974年，消防队更名为县公安局消防警察中队，并在东茅岭建立消防执勤点，派驻一个消防分队。1983年1月，消防队正式划归中国人民武装警察部队岳阳支队建制，城区消防灭火由武警支队消防大队负责。1981年始，实行重点防火单位分级管理制度。2010年，境内有消防支队列管的一级消防防火单位120个，消防大队列管的二级消防防火单位150个，其余单位属派出所三级管理。

二、消防工作

民国时期，发生火灾后，人们往往以鸣锣为号，作为报警信号，或传呼为号；消防工具主要为木桶、钩锯、铁爪等。民国24年（1935），县水龙公所始配电动水龙2架、人力水龙3架。

1949年，人民政府增设3部手摇消防车。50年代始，县公安局消防股专设“09”号电话，作为火警报告专线。城区所有单位均准备了沙箱、沙包、消防桶、太平罐、灭火器、消防泵、火钩、消防枪等消防工具；各企业单位均设消防水池；居民用户则准备沙包等灭火工具。1962年，增设消防车1台，20马力机动泵1台。1965年，又购消防车1台，酸碱灭火器445个，二氧化碳灭火机52个，化学冷气泡沫管枪和消毒面具等。1966年，购消防车1台。1971年，在城区修建3层瞭望消防塔1座，购消防车1台。1975年，购消防车1台。1984年，火警电话改为“119”号。1988年，南区公安分局消防股帮助城区部分三级重点防火单位建立防火档案45份，制定防火制度125份。2000年始，消防设备更为先进，各种消防车并配有升降云梯，消防员配有专业的头盔、防护服装、鞋袜、防护面具。

2000—2012年境内火灾统计

表16-4　　单位：起、人、万元

年　度	火灾数	死　亡	受　伤	经济损失
2000	92	2	8	43.44
2001	53	3	2	42.4
2002	56	1	—	79.73
2003	43	—	—	60.89
2004	73	2	5	78.93
2005	58	—	—	76.38
2006	53	3	—	44.95
2007	92	—	—	151.70
2008	80	1	—	132.1
2009	31	1	1	91.58
2010	147	—	—	94.2
2011	289	1	3	239.45
2012	351	—	—	885

第三章 检 察

第一节 机 构

1955年7月，岳阳县成立人民检察院（简称检察院），负责城乡检察工作。1960年1月，岳阳市（县级市）成立后设置市检察院，编制1名，1961年增至3名，业务与人员仍隶属县检察院领导。1962年，市检察院撤销。1978年，恢复成立市检察院。

郊区 1984年4月，成立郊区检察院，内设办公室、刑事检察一股、刑事检察二股、经济检察股、法纪检察股、监所检察股。1990年10月，撤销经济检察股，设立反贪污贿赂工作局。

南区 1984年10月，成立南区检察院，内设机构5个，干警13人，正、副检察长2人，办公地址设原市自来水公司院内。1985年10月，院址迁至原市委一招待所，内设机构7个，干警32人，正、副检察长3人。至1994年，内设机构增至12个，即刑事检察一科、刑事检察二科、反贪污贿赂工作局、法纪检察科、监所检察科、控告申诉检察科、民事行政检察科、技术科、政工科、办公室、工会、纪检监察室，另设有工商和税务检察室各1个，全院在编干警55人。

岳阳楼区 1996年8月，南区、郊区检察院合并成立岳阳楼区检察院。1997—1998年，内设机构12个，即刑事检察一科、刑事检察二科、反贪污贿赂工作局、法纪检察科、监所检察科、控告申诉检察科、技术科、民事行政检察科、政工科、办公室、工会、纪检监察室，另设工商和税务检察室各1个。1999年，撤销工商和税务检察室。至1999年，全院在编在职干部101人、职工2人。至2012年，内设机构逐步调整为17个，即政治部、反贪污贿赂局、反渎职侵权局（以上三部门为副科级内设机构）、重案侦查大队、侦查监督科、公诉一科、公诉二科、监所检察科、民事行政检察科、控告申诉检察科、职务犯罪预防科、案件质量管理中心、司法警察大队、办公室、行政装备科、工会、纪检监察室。全院核定政法专项编制107名，在职人员93人。

第二节 反贪污贿赂检察

1984年至1996年7月，南区、郊区检察院共立案查办贪污贿赂等职务犯罪案件696起、841人，其中，大、要案件342起、465人。

1996年8月至1999年，岳阳楼区检察院共立案查办贪污、受贿等职务犯罪案件85起、98人。2000—2009年，区检察院共立案查办贪污贿赂犯罪案件243起、256人，通过办案为国家挽回经济损失6940余万元，其中贪污罪案27起、31人，贿赂罪案184起、193人，挪用公款罪案14起、14人，其他罪案18起、18人；查办的大案要案中副处级至副厅级干部犯罪要案58起、58人，其中100万元以上特大案7起、7人，其中，省检察院交办的珠海协利租赁有限公司原总经理王京受贿1245万余元案；查办发生在党政机关、行政执法机关、司法机关和经济管理部门（三机关一部门）的贪贿罪案86起、90人。

2010—2012 年，查办贪污贿赂案 47 起、49 人，其中副处级以上干部犯罪要案 10 起、10 人；10 万元以上特大案件 29 起、32 人。

第三节　反渎职侵权检察

1984 年至 1996 年 7 月，南区、郊区检察院共立案查办渎职侵权犯罪案件 149 起、161 人。

1996 年 8 月至 1999 年，岳阳楼区检察院共立案查办渎职侵权犯罪案件 17 起、18 人。2000—2009 年，区检察院共立案查办渎职侵权犯罪案件 34 起、37 人。涉案人员中，包括行政执法机关、政法部门工作人员，案件类型有滥用职权案、玩忽职守案、徇私枉法案、帮助犯罪分子逃避处罚案等。

2010—2012 年，共立案查办渎职侵权犯罪案件 19 起、20 人。

第四节　刑事检察

1984 年至 1996 年 7 月，南区、郊区检察院共审查批准逮捕各类刑事犯罪嫌疑人 4391 人，审查起诉 4545 人。

1996 年 8 月至 1999 年，岳阳楼区检察院共审查批准逮捕各类刑事犯罪嫌疑人 817 人，审查起诉 692 人。2000—2009 年，区检察院共受理公安机关提请批准逮捕的各类刑事案件 3768 起、6547 人，经审查批准逮捕 3260 起、5510 人，不批准逮捕 508 起、1037 人；共受理公安机关移送审查起诉的各类刑事案件 3777 起、6106 人，经审查提起公诉 3250 起、5101 人；共批准逮捕黑恶势力犯罪，以及杀人、故意伤害、抢劫、抢夺、重大盗窃等严重暴力犯罪与多发性犯罪案件 1831 起、3318 人，提起公诉 1807 起、3044 人；批准逮捕贩卖毒品等涉毒犯罪案件 338 起、465 人，提起公诉 378 起、493 人；对“法轮功”、“六合彩”、聚众赌博、传销等新型犯罪，提前介入、从快打击处理，共批准逮捕案件 119 起、210 人，提起公诉 109 起、195 人。如张昌华、黄白等多人特大贩卖码书码报案，涉案金额分别为上亿元和数千万元，影响较大。对未成年人犯罪和犯罪情节轻微，且有明显悔改表现的初犯、偶犯，以及由家庭、邻里矛盾和经济纠纷引发的轻微刑事案件，依法适用宽严相济的刑事政策不批捕 294 人，不起诉 105 人。

2010—2012 年，共审查批准逮捕各类刑事案件 1749 人，提起公诉 1833 人。

第五节　民事行政检察

1984—2009 年，南区、郊区检察院与岳阳楼区检察院共受理各类民事行政申诉案件 201 起，其中提请市检察院抗诉 52 起，督促调解或执行和解 101 起，配合本院自侦部门初查法院审判和执行人员职务犯罪案件 8 起，办理市检察院交办案件 28 起，所抗诉案件经人民法院审理改判 49 起。对民事行政申诉案件的立案，做到全面了解，深入分析，能息诉的息诉，能调解的调解，确需抗诉的找准抗诉理由，依法提请抗诉，切实维护当事人合法权益。

2010—2012 年，受理民事行政申诉案件 38 起，其中提请抗诉案件 16 起，督促调解或执行和解 17 起。

第六节 监所检察

1984—2009年，南区、郊区检察院与岳阳楼区检察院共办理监外执行罪犯又犯罪案件29起、29人；开展核查、纠正监外执行罪犯脱管、漏管专项行动20次，考察监外执行罪犯2500多人，发出检察建议书2800余份，建议并督促收监监外执行罪犯90余人。其间：2007年，针对人民群众反映强烈的违法保外及缓刑、假释等监外罪犯脱管、漏管等问题，加大监外执行监督力度，改一年一度例行检察为每季度考察一次，并加强与公安派出所日常联系，减少脱管问题的发生。2010—2012年，监所检察部门共发出纠正违法通知书118份、检察建议书21份，纠正监外执行罪犯脱管、漏管63人，建议并督促收监执行32人。

第七节 控告申诉检察

1987年，检察机关设立控告申诉检察部门，专门受理和处理人民群众的来信来访和举报。至1989年，南区、郊区检察院共办理各类控告、申诉案件313起，其中来信件220起，来访件93起。通过立案、自办或转办，为国家、集体、个人挽回各种经济损失76万余元。1990—2000年，南区、郊区检察院与岳阳楼区检察院共接待来信来访、受理举报489起，初核移送侦查部门立案96起，有效预防涉法涉检上访案件36起。2001—2012年，岳阳楼区检察院共接待来信来访、受理举报512起，初核移送侦查部门立案48起。以推进社会矛盾化解为重点，健全、创新社会矛盾化解处置机制，稳妥处理涉访案件，确保无一起涉检上访、无一起越级上访、无一起赴省进京上访案件发生。

第四章 法 院

第一节 机 构

一、县、市、区级机构

民国时期，岳阳县设司法科行使审判职权。

1949年7月，县政府设司法科。1950年8月，县司法科撤销，成立县人民法院（简称法院），负责全县城乡刑事、民事案件的审判工作。

1960年1月，设立岳阳市法院，编制4名，由县法院抽调人员组成，办公地点设县法院内。1962年9月，撤销市法院。1963年9月，县法院在城区设立城关镇人民法庭，负责城关地区的民事与一般刑事案件的审理。“文化大革命”期间，镇法庭中止工作。1973年7月，恢复工作。1974年11月，恢复后的岳阳市成立市法院，编制 11 名，内设刑事审判庭、民事审判庭、办公室。1981 年 4 月，增设经济审判庭，人员增至 36 人。

南区　1984 年 4 月，南区法院成立，编制 42 名。内设刑事审判一庭、刑事审判二庭、民事庭、经济庭、办公室、政工股。1986 年 7 月，增设执行庭、司法警察大队，1987 年 3 月，增设行政审判庭。1988 年 11 月，增设告诉申诉庭。至 1995 年底，共有干警 80 人（其中退休 2 人）。

郊区　1984 年 4 月，郊区法院成立，编制 34 名。内设刑事审判一庭、刑事审判二庭、民事庭、经济庭、办公室、政工股。1986 年 7 月，增设执行庭、司法警察大队，1987 年 3 月，增设行政审判庭，1991 年 11 月，增设告诉申诉庭，至 1995 年底，共有干警 51 人（其中退休 3 人）。

岳阳楼区　1996 年 4 月，南区、郊区法院合并成立岳阳楼区法院，内设刑事一庭、刑事二庭、经济一庭、经济二庭、民事庭、行政庭、审判监督庭、立案庭、执行庭、司法警察大队、办公室、政工科、监察室；编制 124 名，实有 131 人，其中在职 126 人。至 2009 年，区法院共有干警 121 人，其中在职干警 100 人。2010 年，区法院共有干警 135 人，其中在职干警 114 人。2011 年，共有干警 133 人，其中在职干警 110 人。2012 年，共有干警 137 人，其中在职干警 111 人。

二、基层法庭

1977 年 3 月，岳阳市法院在南区、东区、北区、城陵矶区、冷水铺区设立 5 个人民法庭，每庭 1 人，人员编制与经费由当地行政负责，司法业务属市法院领导。1984 年 10 月，南区法院将 5 个城区法庭按新的行政区划更名为吕仙亭、洞庭路、东茅岭、城陵矶、冷水铺等 5 个法庭，每个法庭配 2—5 名干部。1986 年 1 月，郊区法院设立北港、五里 2 个法庭，每法庭 1—3 人。在建新农场、君山农场、湖滨园艺场设立茅斯铺、君山、湖滨 3 个企业法庭，法庭人员编制与经费由当地行政负责，司法业务属郊区法院领导。是年 7 月，南区在岳阳造纸厂设企业法庭——洪家洲法庭，人员编制与经费由造纸厂负责，司法业务属南区法院领导。

1996 年 9 月 1 日，基层法庭有吕仙亭、洞庭路、东茅岭、城陵矶、北港、五里等 6 个城区法庭及洪家洲、湖滨 2 个企业法庭。2001 年 12 月，除保留城陵矶法庭外，其余 5 个城区法庭和 2 个企业法庭全部撤销。2006 年 1 月，岳阳县西塘镇划归经开区，岳阳县康王法庭的 4 个编制及 3 名干警整体移交岳阳楼区法院。2007 年，恢复吕仙亭法庭。至 2009 年，区法院共有吕仙亭、城陵矶、康王等 3 个法庭。2012 年，区法院共有 3 个派出法庭。均为副科级单位，庭室设置均由 1 名庭长、1 名副庭长、1 名审判员、1 名书记员组成。

第二节　刑事审判

1978 年前，刑事案件的审判，其审阅案卷、询问当事人、复核证据、提审被告、听取被告申辩意见等，均由 1 名审判人员执行。如事实不清、证据不力，则退回公安机关补充侦查；如事实清楚，证据确凿，即写出结案报告，填写结案审批表，提出处理意见，由院长或庭长主持召开审判人员会议，讨论判决结果，报岳阳市委批准，处刑 10 年以上的，再报岳阳地区中级人民法院批准。1978 年 3 月后，法院对刑事案件除涉及国家机密、个人隐私和未成年人犯罪案件外，一律实行公开审判。适用普通程序审理的案件，由 3 名审判员组成合议庭，或由审判员与人民陪审员组成合议庭，1 名书记员担任庭审笔录。

判决结果由合议庭讨论决定。遇到重大疑难案件，由庭长、或院长提交法院审判委员会讨论决定，实行少数服从多数的原则。审判委员会组成人员，一般由院级领导、有关庭室长、或资深审判人员组成，由同级人大任命。适用简易程序的案件，由审判员1人独任审判。回避、辩护等各项制度日臻完善。

1984年3月至1995年12月，南区、郊区法院共审结各类刑事案件3556件、4878人。1996年1月至2009年12月，岳阳楼区法院共审结各类刑事案件4662件、6739人。其中判处10年以上有期徒刑的占5%、判处3年以上10年以下有期徒刑的占61%、其余情形的占34%。2010年，区法院共受理刑事案件442件、721人，审结422件，结案率95.7%，判处罚金和没收犯罪所得2500万元上缴国库，判处罪犯694人，其中判处3年以上有期徒刑139人，判处5年以上有期徒刑77人。2011年，区法院受理各类刑事案件435件，审结423件，结案率97.2%，共对591人作出有罪判决，其中判处3年以上有期徒刑260人。2012年，区法院受理各类刑事案件416件，审结404件，结案率97.1%，共判处罪犯533人。

第三节 民事审判

1963年，城关镇法庭未建立前，城区的民事案件由县法院审判，镇法庭建立后，由镇法庭审判。案件大部分采取就地调解的办法结案。1964—1965年，镇法庭在全镇建立40个基层人民调解委员会，共审结民事案件107件，除2件判决外，其余均为就地调解结案。

"文化大革命"中，审判调解活动中止。1973年，镇法庭恢复与健全基层调解组织，调处大量民事纠纷。至1977年，共建立调解组织386个，调处各类纠纷3750件。市法院民事庭审结民事案件53件，其中调解结案43件。因"文化大革命"而积存下来的大量的民间纠纷，在这期间得到妥善调处。1978—1983年，审结民事案件2100件，其中调解处理的占70%，婚姻家庭案件位居首位。1984—1995年，南区、郊区法院共审结各类民事案件8303件，其中调解处理的占65%。2005—2009年，岳阳楼区法院共审结各类民商事案件9563件，标的9.87亿元。2010年，共受理各类民商事案件3097件，涉案标的2.7亿元，审结2908件，民事结案率93.9%。2011年，共受理各类民商案件2877件，审结2580件，标的额1.3亿元，其中调解结案1677件，调解结案率65%。2012年，共受理各类民商案件2487件，审结2338件，结案率94%。

第四节 经济审判

1978年前，经济案件的审判由刑事庭审理。1979年1月至1980年7月，全市有69个企业与外单位签订经济合同2647份，总金额12355.85万元。因各种原因，发生经济纠纷130多起，损失227.62万元。1981年4月，市法院设立经济审判庭，专门审判各种经济案件。1984—1995年，南区法院和郊区法院共审结经济案件3767件，标的达23251万元，涉及的案件类别有：商业购销、建筑工程、加工承揽、货物运输、财产租赁、借款贷款、企业承包、环境污染等。1996—2004年，岳阳楼区法院共审结经济案件3881件，标的153930万元。2005年始，将经济案件纳入民事案件范畴，统称民商事案件。各级法院的经济庭均更名为民事审判庭。

第五节　行政审判

1986年3月，南区法院、郊区法院分别成立行政审判庭。至1995年，南区、郊区法院共审理行政案件141件，受理行政单位申请的非诉行政执行案件80件。1996—2009年，岳阳楼区法院共审理行政案件378件，受理行政单位申请的非诉行政执行案件995件。主要涉及治安、国土、环保、工商、计划生育等方面的案件；非诉行政执行案件主要是强制拆迁、计划生育处罚决定的执行等。2010年，受理行政诉讼案件16件，审结14件；受理非诉行政执行案件98件，执结88件，执结率90.3%。2011年，共审结行政诉讼案件24件，执结非诉行政案件79件，其中，判决维持行政机关具体行政行为和驳回原告诉讼请求5件，判决撤销具体行政行为1件，当事人自动撤诉18件。2012年，共受理行政诉讼案件31件，审结19件；受理非诉行政执行案件161件，执结161件。是年4月，区法院成立非诉行政案件执行局。

第六节　案件执行

1986年3月，南区法院、郊区法院先后成立执行庭，将由审判庭自审自执的案件交由执行庭执行。1986—1995年，南区法院、郊区法院共执行案件2110件，标的4045万元。1996—2009年，岳阳楼区法院共执行案件8977件，执行标的8.6857亿元。2009年，启动执行联动机制，将2007年以后所有执行案件信息全部录入全国法院执行信息网，对执行案件的基本情况，实现上网及时查询。通过上网查找被执行人信息、在岳阳电视台播放限期执行通知，公开曝光、在所在单位张贴公告查找被执行人财产线索等方式，全方位打造执行信息平台。2010年，共受理执行案件1357件，执结1303件，执结率96%，执结标的1.17亿元。2011年，共受理执行案件1314件，执结1071件，执结率81.5%。2012年，共受理执行案件301件，执结301件，净执结率100%。

第七节　审判监督

1984—1986年，为平反冤、假、错案，落实政策，南区法院和郊区法院本着“实事求是、有错必纠”的原则，对历年来原市、县法院判处的、属两区法院管辖的2704案、3256人，逐案进行清理。其中、复查审结历史老案707件，维持原判326件，撤销改判381件、402人。1996—2009年，岳阳楼区法院审理再审案件368件，其中维持原判的占26.2%、全部改判的占43.3%、部分改判的占5.4%、调解结案的占14.3%、撤诉和终止审理的占10.8%。2010年，对被中院通报讲评的13件差错案件的13名承办法官给予经济处罚，1名审判人员调离审判线，2名审判员给予警告处分。2011年，受理再审案件10件，办结10件，其中改判1件，受理监外执行案件29件，办结21件。2012年，受理各类案件28件，其中抗诉案件3件，发回重审案件1件，执行异议15件，监外执行9件。

第五章　司法行政

第一节　机　构

民国16年（1927），岳阳县设司法委员公署。民国25年（1936），成立司法处。

1949年7月，县政府设司法科，办理民事案件。1958年，司法机构撤销，业务归法院兼理。1976年11月，岳阳市设司法局。1984年3月，南区、郊区分别设司法科。是年8月，南区、郊区司法科分别更名为南区、郊区司法局。1985年3月，南区、郊区司法局分别设法律顾问处、公证处；同时在南区8个办事处各设1名司法员，负责民事调解工作。1989年，南区在8个街道办事处设街道司法所，郊区在6个乡设司法所。

1996年，岳阳楼区司法局成立，内设办公室、宣教股、基层股、公律股、行政执法检查股、政工股，下辖14个乡街道司法所，1个公证处，3个律师事务所。

第二节　民事调解

一、机构

清末、民国初期，民事纠纷多由保正与地方绅士进行调处，民国22年（1933）5月，全县各乡镇均成立调解委员会。

中华人民共和国成立后，司法民调工作由县法院兼理。至1955年3月，县法院已建立调解委员会100个，有调解委员915人；至年底，调解委员会增至132个，调解委员增至1100人。1965年，城关镇法庭在25个居委会、3个工厂与农场中，建立基层调解委员会40个，公社与办事处调解委员会5个，共有调解委员300多人。共调处各类纠纷133件，处理治安案件57件。“文化大革命”期间，调解工作陷入停顿。1973年，调解工作恢复，全镇25个居委会、16个农业大队全部恢复调解委员会，共有调解委员382人。1978年，全市范围内的862个中央、省、地市属厂矿企业共建立调解组织736个。1984年，南区司法局加强居委会调解委员会、厂矿企业调解委员会或调解小组的三级调解网络建设。至1989年，全区共有村（居）委会调解委员会273个，其中居民调解委员会61个，村调解委员会67个，企业调解委员会151个，调解小组2212个，有调解员3929人。1996年，岳阳楼区共设置村（居）委会调解委员会103个，调解小组1350个，有专（兼）职调解员1600人。2007年，共设置140个基层人民调解委员会，其中乡街办事处调解委员会16个，社区调解委员会104个，村调解委员会13个，行业协会调解委员会7个，有专职调解员476人。

二、业务培训

1984年11月，南区司法局召开第一次司法调解工作会，对到会的办事处、厂矿企业调解单位150人次进行业务培训。1989年，郊区司法局举办村场调解主任培训班88场次，培训672人。1992年7月，南区举办驻区中央、省、市属企业司法办主任培训班，培训30人次。1993年，郊区司法局统一制作调解主任证，颁发给村（居）民调解委员会主任。1997年4月，岳阳楼区司法局在德胜旅社举办首届调解主任培训班，对130名调解员进行为期3天业务培训。

三、主要工作

1984—1989年，南、郊两区共调处各类民事纠纷9985起。1990—1996年，两区坚持开展无民转刑、无非正常死亡、无聚众斗殴、无因调节不当引起的上访“四无”活动，每年排查治理纠纷1000件以上，调解成功率达98%以上。2007年，开展“化解矛盾促和谐”专项维稳活动，全区共排查治理各类纠纷1756起，其中预防化解重大纠纷150起。2009年，调处各类民事纠纷1900起，其中，预防调处重大纠纷22起。2010年，全区各级调解组织开展矛盾排查活动625次，排查矛盾纠纷468起，调处各类纠纷1625起，调解率100%，调解成功率96.6%。2012年，全区共建有人民调委会140个，三调联动室17个，受理调解民间纠纷381起，调解成功328起，调处率86%，防止群众性上访68起，涉及3363人次，制止群众性械斗3起，防止民转刑16起。

第三节　帮　教

1994年，城区开始启动对刑满释放、解除劳教人员安置帮教工作。1996年，全区相继建立安置帮教工作三级网络，即区设领导小组及办公室，乡、街道办事处设工作站，社区（村）设帮教小组。

2002年，在郭镇乡飞龙砖厂、梅溪乡玻纤厂建立刑释解教人员过渡性安置基地。2008年下半年，全省开始试点社区矫正工作，矫正对象为管制、缓刑、暂予监外执行，假释和剥夺政治权利的五种人，9月，岳阳楼区被确定为全省15个试点城区之一。至2009年，安置基地共安置510人次。是年，建立健全回归人员接受和帮教制度，实行电子档案管理，并将帮教工作纳入综治工作年度考核目标管理。至2009年，全区先后帮教转化刑释解教人员1682人，其中重点帮教2004年以后登记在册回归人员581人。是年，全区登记在册的近五年内刑释人员和近三年的解教人员共680人。

2009年2月，区委、区政府成立社区矫正试点工作领导小组，日常工作由区司法局负责。各乡、街道办事处相继成立社区工作站，由司法所负责实施。至年底，全区共接管113名社区矫正对象，其中矫正期满解除矫正的17人，正在接受矫正教育的96人。2010年，与市中级人民法院联合探索“中院与基层安置帮教、社区矫正联动工作”，全区16个司法所全面完成社区矫正移交工作，全区摸排出社区矫正对象385人，对人档齐全的对象进行交接，移交矫正对象103人。2012年，全区在册刑释解教人员275人，接收并帮教270人，帮教率98%。

第四节 律师 公证

一、律师

机构 民国时期，城区诉讼案件由“刀笔师”“刀笔吏”等“土律师”或“讼棍”充任。民国6年(1917)，毕业于湖南公立政法专门学校律师别科的邑人张世骏，经司法部考核获律师资格证书，为岳阳第一位正式律师。民国36年（1947），张世骏在塔前街忠信商号开设律师事务所。

中华人民共和国成立后，废除旧的律师制度，改革司法行政制度。1952年，县法院建立问事代办处，代行律师事务。1956年11月，县法律顾问处成立，配律师1人，后增加1人，另配会计1人，正式开始办理民事代理和刑事辩护工作。1957年，律师制度受到批判，2位律师，1位被打成“右派”，1位被开除留用，法律顾问处瘫痪。1981年，岳阳市重新设立法律顾问处，配律师9人。

1985年5月，南区、郊区成立法律顾问处。1989年7月，南区、郊区法律顾问处更名为南区、郊区律师事务所。1990年，南区律师事务所更名为岳阳市经贸律师事务所。1995年，经贸律师事务所更名为湖南昌言律师事务所，郊区律师事务所更名为湖南民望律师事务所，均为国资所。是年，成立湖南辉煌律师事务所。2011年，岳阳楼区司法局下设3家律师事务所，分别为湖南民望律师事务所、湖南昌言律师事务所、湖南湘北律师事务所，共有律师工作人员85人，其中注册专职执业律师51人，兼职律师3人，实习律师18人，行政辅助人员13人。2012年6月，岳阳楼区司法局增设湖南泽湘律师事务所，增加律师工作人员5人。

主要工作 1996—2009年，全区律师事务所共办理民事行政诉讼或非诉讼代理案件4890件，担任刑事辩护案件2400件，代书1800份，提供法律咨询1.5万人次。2010年，安排参访律师94人次，接待来访群众325人次，引导上访案件走法律途径息访20件，平息群众集体性上访5件，解答法律咨询500人次。2011年初，湖南湘北律师事务所率先在岳阳楼区三眼桥办事处下属的7个社区建立律师会客厅，创建一整套律师会客制度，服务社区居民。2012年，湖南民望律师事务所被省司法厅评为为农民工提供法律援助先进集体，湖南昌言律师事务所被省司法厅评为优秀基层党组织。

二、公证

机构 1952年，岳阳县法院设立公证室，办理公证事项。1959年，公证业务停办。1981年，市司法局设立公证处，恢复公证业务。1984年12月，南区、郊区分别成立公证处，各定编制1名。至1995年，城区公证处共有编制人员6人。1996年4月，合并成立岳阳楼区公证处，共有编制人员8人。2011年3月，岳阳楼区公证处更名为岳阳市岳阳楼公证处，共有注册公证员7人。

主要工作 1990年，经省、市批准，区公证处可以承办港、澳、台公证，年办理涉港台公证30件。1992年2月，成为全市第一家试办婚前财产公证的县区。1991年始，年办证量300多件，其中经济权益公证事项占70%，建立常年公证单位20家。1996年，办证量800多件，常年公证单位发展到35家。2004年始，年办证量升至1500多件。2008年，共办理各类公证事项2691件。2009年，共办理各类公证事项1143件，其中国内公证1128件，涉港、澳、台公证15件，接待咨询1168人次，公证合格率99%。2010年，共办理公证件470件，其中涉港、澳、台10件，签订常年公证服务单位4家。

2011—2012 年，共受理各类公证事项 1097 件，其中服务政府民生项目公证 20 件，法律援助类公证 70 件，接待咨询 1220 人次。

第五节　基层法律服务

一、机构

基层法律服务所　1987 年，南区设立基层法律服务所，与司法所两块牌子、一套人马。并成立五里牌、城陵矶 2 个街道法律服务所，有 12 名法律服务工作者。1988 年，发展到 6 家法律服务所。1989 年，创办第一街道联合司法所，有 2 名律师安排在该所从事法律服务工作。1996 年，先后成立 12 个乡、街法律服务所，由司法所所长兼任法律服务所所长。2002 年，实行司法所和法律服务所两所分离，司法所所长不再兼任法律服务所所长。至 2009 年，全区有城中、洛王、吕仙亭、三眼桥、岳阳楼、枫桥湖、城陵矶、王家河等 8 个法律服务所，有注册法律服务工作者 25 人。2010 年 4 月，城中法律服务所、三眼桥法律服务所注销。

法律援助中心　2002 年，成立岳阳楼区法律援助中心，为行政机构，配置行政编 6 名，全额拨款事业编 1 名，共有 8 名工作人员。2006 年，区法律援助中心分别在区总工会、区妇联、区残联、团区委成立法律援助工作站。2007 年，16 个乡、街办事处均成立法律援助工作站，在 118 个社区（村）挂牌成立法律援助联络点。2007 年，配合区民政局在全区设立 32 个社区救助站，开辟法律援助服务窗口，将法律援助列为 6 个社区救助项目，就近受理和审查符合条件的求助对象的援助申请。2009 年，在区劳动人事和社会保障局劳动用工执法监察大队挂牌设立法律援助工作站。形成区设中心、街道设站、社区（村）设点的三级法律援助网络。

二、主要工作

基层法律服务所　2007—2009 年，基层法律服务所共办理诉讼或非诉讼案件 605 起，调解纠纷 450 起，办理见证 120 件，代书 480 份，提供法律咨询 1500 人次。被省司法厅评为全省十佳法律服务所。

法律援助中心　2007 年，对进城务工农民工开辟援助绿色通道，共有 150 人次农民工在劳动争议方面获得法律援助。是年始，年均办理援助案件 200 件以上，办案数量居全市县级法援中心之首。2009 年，针对化解金融风险，开展法律援助暖民心工程，重点做好维护社会稳定工作和为城区下岗失业工人提供法律援助，成功化解天伦城群体上访、步行街百汇服装城火灾损失群体闹事等 20 余起群体纠纷。2010 年，受理法律援助案件 209 件，其中民事案件 188 件，刑事案件 21 件；接待来访、来电咨询 1200 多人次，为受援人避免和挽回经济损失 500 余万元。2012 年，区司法局通过参与普法办的社区法制课堂，安排援助律师下到各社区、乡居民群众宣传法律援助的公益性、申请程序、条件等，共上辅导课 50 余场次，解答法律咨询 500 余人次，发放宣传资料 600 余份。共回访案件 60 多件，满意率 98%。共受理、指派各类法律援助案件 169 件，其中民事案件 112 件，刑事案件 22 件，行政案件 35 件，诉讼案件占案件总数 75%。

第六节　普法工作

中华人民共和国成立初期，城区的法制宣传工作由县司法科与县法院兼理。主要宣传《婚姻法》，宣传的方法是到群众中作报告、办讲座。1958 年，县法院将法制宣传列入工作日程，改进宣传方法，如出黑板报、宣传窗、广播、图片展览、散发宣传资料、讲法律课、召开法制讨论会。通过宣传教育，提高群众觉悟，检举揭发犯罪分子。1965 年始，镇法庭运用典型案例，对群众进行法制教育。1982 年，市司法局在全市进行大范围、多层次法制教育，着重普及全民法律基础知识，增强人民的法制观念。1984 年 4 月，郊区司法科（9 月更名为司法局），运用农村广播和村民住房墙壁开展普法宣传工作。是年，南区司法局为普及法制宣传教育，组织报告会 710 场，播放录音 580 场，放映幻灯片 500 场，办法制宣传栏 105 个、黑板报 196 块，设广播室 25 个，出动宣传车 9 台次，使 5000 多人受到教育。1985 年始，重点抓普及法律知识教育。南区区委召开法制工作会议，进行普法动员。是年，全区有 113 个单位成立普法领导小组。1986 年，各街道办事处与驻区范围内各企业共成立 912 个普法机构，有普法工作人员 4560 人。宣传普及《宪法》《刑法》《刑事诉讼法》《民事诉讼法》《婚姻法》《经济合同法》《森林法》《兵役法》《继承法》《治安管理处罚条例》等“九法一条例”。共购买“九法一条例”选编 6 万册，《法律知识百题解答》1.78 万册，编印讲演稿 1500 份，其他各种案例宣传资料 2.54 万份，上法制辅导课 5420 节，听众达 62 万多人次。1988 年，全区 15 万普法对象，有 12 万多人参加普法学习。1989 年春夏，南区司法局出动宣传车 7 台次上街宣传《宪法》。开展大规模的“法制宣传突击周”活动，举办法律常识讲座 90 多次，印发各种宣传资料 8000 份。在东茅岭组织开展法制一条街活动，发动 97 个单位办宣传栏 26 处、黑板报 28 处，贴标语 214 张、横幅 18 条，使 10 多万人受到教育。是年，南区共有 37 万多人参加普法学习，其中，普及率干部为 100%，企业职工为 99%，街道居民为 90%，个体户为 93%。郊区组织 5 乡 3 场干部参加普法培训，普及率、合格率均达 100%。

1991 年始，南、郊区开展“二五”普法工作，主要宣传普及专业法和地方法。其中南区共举办各种专业法培训班 800 期，参训 7 万人次。举办专业法部门法为内容的法律知识竞赛 55 场次，有近 10 万人参赛。1992 年，南、郊两区组织 2 万多人参加全省“三湘杯”普法大赛，南区获省组织一等奖；1993 年，境内各区开展市场经济法律法规学习普及，其中南区办班 100 期，培训 3000 人次。1994—1995 年，将培训延伸到工矿企业负责人。

1996 年始，启动全区“三五”普法工作，重点学习对象为领导干部、执法干部和青少年。1997 年始，全区开始建立并实施干部学法用法考试考核制度，共有 2800 人次参考；举办不同形式的科级以上干部法制培训班 32 期，有 1786 人次参训。1998 年，组织 5000 人次参加全省百万公民法制知识大赛，并组队代表岳阳市参加全省普法大奖赛。1999 年，成立 104 个单位部门依法治理领导小组，有成员 312 人。并成立区依法治区督查团，对 24 个单位进行普法督查。是年，向村民赠送《农民普法读本》3.12 万册。区属 42 所中、小学均聘请法制副校长。

2001 年始，全区开展“四五”普法教育，举办《公务员法》《行政诉讼法》《行政复议条例》等科级干部培训班数期，举办区委中心学习小组普法学习 3 次。每年下半年组织一次全区干部学法用法考试考核年度统一考试，发行干部《“四五”普法读本》5000 册。2007 年，组织开展全区禁赌、禁毒、打击地下“六合彩”、打击非法传销等专项法制宣传活动 12 次。2008 年 5 月，开展迎奥运火炬传递法制宣传周活动。2009 年，全区重点围绕迎战金融风暴和社会治安综合治理专项整治行动开展法制宣传教育。区法治办特邀省人大常委会委员、湖南大学法学院副院长徐涤宇在“岳阳楼治坛”作《新形势下法治政府架构》讲座；聘请中南林大法学院副院长、硕士生导师蒋兰香为政法系统干部职工上《金融风暴下的犯罪新倾向》法治课。发行《“五五”普法干部读本》5400 本，赠送《简明普法读本》1 万册；编印《新法速递》3 期；以提问解答形式编印发放居民普法常识宣传资料 3 期、15 万份。2010 年，组织第八届法律进社区、第九届农村法制教育月、“12・4”法制宣传日、打传禁毒专项法制宣传周、打击传销宣传月等普法宣传活动 36 场次，出动宣传车 350 台次，办宣传展报 520 块，悬挂横幅 231 条，张贴标语 8950 张，发行干部普法读本和免费发行居民、农民简明普法读本 3.5 万册。2012 年，举办“社区法治课堂”法制宣传咨询活动 80 余场，各成员单位、各街镇、各社区举办法制宣传活动 100 余场，出法制宣传专栏 200 多版，制作各种宣传展板 20 多面，散发各种宣传资料 8000 多份。

第十七篇 编制·人事·民政·劳动与社会保障

第一章 编 制

1984年9月，南区、郊区分别设立编制委员会（简称编委），负责区委、区政府的机构编制管理工作。下设编办，归口组织部管理，日常工作由1名专职干部负责，至1986年，配专职副主任1人。1996年4月3日，设立岳阳楼区委机构编制委员会。

第一节 行政单位

1995年前，虽设有编委，但编办工作归口组织部。1996年12月底，岳阳楼区区直党政群机关有行政编制412名（不含检、法、司人员编制），实有143人；5个乡共有行政编制125名，实有155人。根据市委、市政府指示精神，公安分局机构和人员于1996年3月由市局直接管理。岳阳楼区只设区检察院、人民法院、司法局，共有行政编制266名，其中区检察院104名、法院124名、区司法局38名（含公证处、司法院、律师事务所），实有299人。

2002年机构改革后，区直党政群机关共有机构39个，其中区委11个、政府19个（未含司法局）、人大1个、政协1个、人民群团7个。区直机关有行政编制314名（实有315名），实有在职人员347人。

2012年，全区共有党政群机关57个，包括区直党委行政机关11个，区人大机关1个，区政协机关1个，区人民法院1个，区人民检察院1个，政府行政机关16个（不含区监察局），统计局机关1个，乡镇行政机关2个，街道办事处行政机关11个，使用事业编制的街道办事处机关3个，以及9个使用事业编制的群团组织。

1996年，区委设工作部门8个：区委办公室、区委组织部、区委宣传部、区委统战部、区委政法委（综治委与政法委合署办公）、区委机构编制委员会办公室（简称编办）、区委老干局、区党委机关。依法按章程设置部门5个：区纪委（区监察局与区纪委合署办公）、区人大常委会办公室、区政协机关、区人民法院、区人民检察院。区政府部门32个：区政府办、区计委、区经委、区科技局、区财政局、区劳动人事局、区建委、区民政局、区监察局、区审计局、区环保局、区物价局、区交通局、区乡企局、区农林局、区水电局、区文体局、区教育局、区卫生局、区计生委、区财贸办、区信访办、区人防办、区行政科、区蔬菜局、区广电局、区畜牧局、区个经办、区爱卫办、区外经委、区血防办、区司法局。群众团体6个：区总工会、区团委、区妇联、区工商联、区科协、区文联。

2002年4月12日，根据上级批复下发《关于区直机关机构改革实施意见》《关于机构设置的通知》

《关于岳阳楼区区直机关机构改革方案和乡镇机构改革方案的通知》确定区委工作机构 11 个，区政府工作机构 19 个。

2012 年，根据《关于印发〈岳阳楼区人民政府机构改革方案的实施意见〉的通知》，确定区委工作机构 11 个，包括区纪委（区监察局）、区委办公室、区委组织部、区委宣传部、区委统战部、区委政法委、区老干局、区 610 办、区直机关党委、区信访局、区委编办。区政府组阁局 16 个，包括区政府办、区发展和改革局、区工业和科技信息化局、区教育局、区民政局、区司法局、区财政局、区人力资源和社会保障局、区交通建设局、区水利农机局、区农林畜牧水产局、区商务局、区文体新局、区卫生局、区人口和计划生育局、区审计局；其他政府工作机构 1 个，区统计局；区人大、区政协、区法院、区检察院机关各 1 个；区群团机关 9 个，包括区文联、区工商联、区科协、区妇联、区总工会、团区委、区残联、区计生协会、区红十字会。

乡、街道办事处 16 个，包括梅溪乡、郭镇乡、枫桥湖街道办事处、奇家岭街道办事处、洛王街道办事处、洞庭街道办事处、金鹗山街道办事处、岳阳楼街道办事处、东茅岭街道办事处、城陵矶街道办事处、望岳路街道办事处、吕仙亭街道办事处、三眼桥街道办事处、五里牌街道办事处、站前路街道办事处、王家河街道办事处。

第二节　事业单位

1997 年，岳阳楼区事业单位登记管理办公室成立，加挂在区委编办，配备一名专职工作人员。

1997 年底，全区 260 家事业单位，登记公告 256 家，其中法人 161 家，非法人 95 家。至 1998 年，对区内 132 家事业单位进行年检，31 家事业单位进行变更登记，1 家事业单位被注销。

1999—2001 年，年检结合换发全国证书和非法人过渡法人等工作进行。2002 年，年检单独进行。2003 年后，对进行法定代表人变更登记的科级单位，均委托审计部门对离任的法人代表进行离任审计，股级事业单位则要求主管单位提供内审报告，明确离任法定代表人的经济责任；对新设的机构在其批复文件中明确提出必须及时进行注册登记，在机构调整中对于法人证书遗失的单位要求其登报发布遗失作废声明才予以补证。各机关、事业单位制作牌章必须以机构编制部门核定的机构名称、规格为依据，由机构编制部门统一委托刻制并备案、启用。注销的单位则由机构编制部门统一收缴其牌、章和“事业单位法人证书”。

2009 年，全区应登记事业单位 238 家，登记 193 家，登记率 81%，应年检单位 188 家，年检 135 家，年检率 72%，年检合格单位 135 家，合格率 100%，变更登记 29 家，注销登记 5 家。

2012 年，全区应登记事业单位 305 家，登记 220 家，登记率 72%，应年检单位 172 家（另有不需年检单位 48 家），年检单位 147 家，年检率 68%，年检合格单位 147 家，合格率 100%。

至 2012 年，全区共核定事业编制 6494 名，实有 5880 人。

第二章 人 事

第一节 干部队伍

1949年8月，城厢区成立时仅有干部9人。1951年8月增至20人。1953年，区机关与7个居委会共有干部30人。1959年，岳洲公社有干部170人。此后，随着行政区划的不断变动，干部人数有增有减。1961年，岳阳市有干部439人。1963年，城关镇有干部137人。1969年，有干部99人。1978年，全市各行业、各系统共有干部1063人。

南区 1984年，南区有干部741人，其中，党群系统62人，政府系统296人，全民事业单位316人，其他部门67人.1989年，南区干部增至1015人，其中，党群系统85人，政府系统543人，全民事业单位380人，其他部门7人。有（县）级干部12人，享受（县）区级干部待遇22人，副科级以上干部107人，一般干部600人。

郊区 1984年，郊区有干部686人。1988年，随着行政区划的部分调整，降至469人。1989年，郊区干部增至1210人，1990年，增至1328人。

岳阳楼区 1996年，岳阳楼区共有干部3146人，其中公务员606人，企事业干部2540人；区直系统2338人，乡镇71人，企业单位131人。1999年，全区共有干部3672人，其中公务员681人，事业与专业技术人员2991人。2006年，对全区行政机关、群团事业单位的人员花名册及人员身份、编制情况进行认真、细致的审核。共登记公务员1285人，公务员管理及“参公”（即参照《公务员法》管理的单位）单位95家。2012年，全区有公务员1647人，上报“参公”单位40家，参照管理公务员751人。

一、干部来源

中华人民共和国成立初期，区机关干部来自老解放区（南下干部）。此后，来自本地学生、知识分子与工农积极分子，其中工农出生的干部占多数。“文化大革命”中强调老、中、青三结合，并适当选拔妇女干部。1984年，南区干部绝大部分来自原城关镇系统，郊区则来源于乡、镇、村及调入干部。此后，干部来源趋多样化。1989年，南、郊两区干部中，增加从部队复员转业干部，从大、中专院校毕业分配的干部，从社会待业青年中招生考试录取的干部，从外地引进或调进的干部。1996—2012年，所有公务员坚持“凡进必考”制度，确定新增人员采用公开招聘，择优录取。

二、文化构成

南区 1984年，南区741名干部中，大专以上文化程度仅36人，占干部人数的4.85%；中专文化程度的211人，占28.48%；高中文化程度的155人，占20.91%；初中以下的339人，占45.76%。1989年，全区1015名干部中，大专以上文化程度的196人，占干部总数的19.31%；中专文化程度的417人，占41.08%；高中文化程度的263人，占25.91%；初中以下的139人，占13.7%。

郊区　1984年，郊区686名干部中，大专以上文化程度86人，占干部总数的12.5%；中专以上文化程度的221人，占32.2%；高中文化程度的163人，占23.76%；初中以下文化程度的216人，占31.49%。1989年，干部的文化素质相应提高，全区1210名干部中，大专以上文化程度的398人，占干部总数的32.89%；中专文化以上的414人，占34.21%；高中文化程度的236人，占19.5%；初中以下的162人，占13.4%。

岳阳楼区　1996年，岳阳楼区干部文化构成大幅提高。1999年，全区681名公务员中，研究生13人，占1.9%，大学本科99人，占14.5%；大学专科293人，占43 %；中专学历150人，占22%；高中学历100人，占14.7%；初中及以下学历26人，占3.8%。2005年，区直机关公务员大专以上文化程度达85%。2006年，区直机关公务员大专以上文化程度达89%。2012年，区直机关公务员大专以上文化程度达95%。

三、年龄构成

1984年，南、郊两区干部年龄偏大，25岁以下的占11.47%，26—30岁的占15.52%，31—40岁的占34.55%，41—50岁的占28.61%，51岁以上的占9.85%。两区合并后，一大批年轻干部陆续调入各级机关，干部的年龄结构相应降低。至1999年，全区681名公务员中，30岁以下的112人，占公务员总数的16%；31—35岁的113人，占16%；36—42岁的147人，占22%；43—50岁的201人，占30%；51—59岁的106人，占15%。至2012年，全区1647名公务员中，35岁以下的328人，占20%；36—42岁的289人，占18%；43—50岁的702人，占43%；51—59岁的328人，占19%。

第二节　实施国家公务员制度

1993年10月，《国家公务员暂行条例》实施。1996年，制定《岳阳市国家公务员制度实施意见》。全区界定实施国家公务员制度范围，严格按编委会核定的“三定”（即定职能、定机构、定编制）方案，执行职数设置。2002年，全区推举公务员过渡人数1231人。2006年1月，《中华人民共和国公务员法》颁布实施，全区有行政事业单位329个、6300人；实施（依照）参照公务员管理的单位96个、1426人。进入公务员模拟登记范围的单位48个，区政府办、区发展和改革局、区经济发展局、区教育局、区科学技术局、区民政局、区司法局、区财政局、区人事劳动和社会保障局、区建设局、区水利农机局、区农业畜牧水产局、区商务局、区文体局、区卫生局、区人口与计划生育局、区审计局、区安监局、区交通局、区信访局、区委办、区委组织部、区政协、区机关党委、区委政法委、区防范和处理邪教办、区老干办、区宣传部、区人大、区委统战部、区纪委、区编委办、区检察院、区法院及3个乡、12个街道办事处。模拟登记人数948人。其中：区委、区人大、区政协系统292人，区政府系统368人，乡、街道办事处288人。已参照（依照）公务员管理的群团组织和其他事业单位48个、478人；尚未纳入参照（依照）公务员管理，但具备行政职能的事业单位13个、238人；部分行政单位使用的事业编制人员167人。2008—2009年，在全区14家行政事业单位推荐公务员195人。至2009年，全区有公务员1490人，公务员男女比例为71 ：29。学历结构，研究生占公务员总数的0.1%；本科学历者占34%；专科学历者占42%；中专及以下学历者占17%。至2012年，全区有公务员1647人，公务员男女比例为66 ：34。学历结构，研究生占公务员总数的0.1%；本科学历者占45%；专科学历者占46%；中专及以下学历者占9%。

第三节 考核 奖惩

一、考核

1993年，按《国家公务员暂行条例》对全区干部进行考核，考核内容为德、能、勤、绩，考核分平时考核和年度考核，考核工作按干部管理权限进行，年度考核结果分优秀、称职、不称职3个等次。1998年，将年度考核结果改为优秀、称职、基本称职、不称职4个等次，是年，全区3517人参加考核，其中优秀493人，称职3002人，基本称职18人，不称职4人。

2012年初，组织开展2011年度机关事业单位工作人员的考核奖惩工作，对全区机关事业单位共4278人进行全面考核，全区考核评定为优秀的人员549人，称职3703人，基本称职20人，不称职6人，审核申报区级表彰项目47个。

1999—2012年岳阳楼区公务员考核情况

表17-1 单位：人

年度	优秀	称职	基本称职	不称职	未定等次
1999	451	3166	13	16	—
2000	481	3287	4	11	—
2001	562	2996	6	9	—
2002	490	3583	14	12	—
2003	503	3035	2	9	—
2004	401	2987	—	—	—
2005	478	3286	3	11	—
2006	449	3218	1	2	—
2007	584	3567	12	18	—
2008	550	3772	4	26	—
2009	—	—	—	—	—
2010	557	—	2	1	9
2011	549	3703	20	6	—
2012	595	4031	2	3	5

二、奖励

1985年，南区34个科级单位、3个二级机构616人参加评比，评出先进工作者99人、记功人员22人。1987年，南区参加评比581人，评出先进工作者87人、记功18人，记大功3人，浮动一级工资1人；郊区评出先进工作者117人，其中记功5人，记大功2人。1988年，南区评出先进工作者137人，记大功2人；郊区评出先进工作者154人，记功8人，记大功2人。1990年，南区评出先进工作者262人，其中浮动升级2人，记大功6人，记功49人；郊区评出先进工作者176人，记功48人。1991年，南区评出先进个人411人，其中浮动升级1人，记大功4人，记功72人，先进工作者334人。1992年，郊区评出先进工作者207人，记功65人。1993年，南区评出先进个人536人，其中浮动升级7人，记大功9人，记功105人，先进工作者415人。1994年，南区评出先进个人360人，其中，浮动升级9人；记大功12人，记功88人，先进工作者251人；郊区评出先进工作者303人，优秀工作者73人，记大功4人。

1996年，干部奖励按《国家公务员暂行条例》执行，奖励种类为嘉奖、三等功、二等功、一等功和授予荣誉称号5种。1996—1999年，全区受到奖励的各级公务员1944人，其中嘉奖1325人，记三等功514人，记二等功105人。2000年，全区受表彰的581人，其中记二等功4人，记三等功46人，嘉奖481人。2001年，全区受表彰的462人，其中记二等功2人，记三等功48人，嘉奖412人。2002年，全区表彰公务员510人，其中记一等功2人，记二等功25人，记三等功49人，嘉奖434人。2003年，全区表彰503人，其中记二等功5人，记三等 功51人，嘉奖447人。2004年，全区表彰公务员442人，其中记二等功3人，记三等功38人，嘉奖400人。2005年，对全区3388名机关事业单位工作人员进行考核，评出优秀442人，给予记二等功3人，三等功38人，嘉奖401人。2006年全区表彰519人，其中嘉奖460人，三等功52人，二等功7人。2007—2009年，全区共表彰公务员（工作人员）1628人，其中记三等功179人，嘉奖1449人。2010年，表彰557人，其中记三等功63人，嘉奖494人。2011年，表彰620人，其中记三等功63人，嘉奖557人。2012年，表彰621人，其中记三等功62人，嘉奖559人。

三、惩戒

中华人民共和国成立后，机关事业单位工作人员和企业干部有违法违纪行为尚未构成犯罪的，一般给予行政处分。行政处分分为批评、劝告、警告、记过（分小过，大过，3个小过为一个大过，3个大过即降职）、降职、撤职查办。1989—1991年，南区共处分25人，其中：警告2人、记过1人、记大过4人、降级6人、开除留用5人、开除公职7人。1992—1995年，国家行政机关工作人员惩戒按《国家机关工作人员惩戒暂行条例》执行，行政处分分为警告、记过、记大过、降级、降职、开除留用、开除8种。1999年，党纪处分16人；政纪处分23人，其中：警告5人、记过5人、记大过4人、降级5人、降职2人、开除留用2人。2000年，共有14人受到惩戒，其中：行政警告3人、记过3人、记大过1人、降级3人、撤职4人。2002年，行政处分11人，其中：警告3人、记过1人、记大过2人、降级1人、撤职4人；党内处分21人，其中：警告8人、严重警告6人、留党察看3人、开除党籍4人。2004年，有13人受到惩戒，其中：警告2人、记过2人、记大过3人、降级2人、撤职3人、开除公职1人。2005年，党纪处分10人，其中：警告3人、免于处分1人、严重警告4人、留党察看1人、开除党籍1人；行政处分5人，其中：记过1人、记大过1人、降级3人。2006年，党纪处分23人，其中：警告2人、严重警告7人、撤职2人、留党察看5人、开除党籍2人；政纪处分4人，其中：记过1人、降级3人。2007年，党纪处分36人，其中：警告9人，严重警告11人、撤职2人、留党察看3人、开除党籍11人、免于处分5人；政纪处分8人，其中：警告3人、记过1人、记大过1人、降级3人。2008年，党纪处分22人，其中：警告2人、严重警告8人、撤职1人、留党察看2人、开除党籍9人；行政处分7人，其中：警告1人、记大过1人、降级1人、撤职3人、开除1人。2009年，党纪处分5人，其中：警告1人、严重警告3人、开除党籍1人；受行政处分3人，其中：记过1人、撤职2人。2010年，党纪政纪处分9人。2011年，党纪政纪处分13人。2012年，党纪政纪处分23人。

第四节　任免　培训　职称评定

一、任免

干部管理分属党、政两个系统。副科级以上干部的调出、升级、补缺、迁入由区委组织部门负责，一般干部由政府人事部门负责。政府系统各委、办、科、局副科级以上干部的任免由区委组织部负责，其中应由政府、人大任免的，先由区委提名，再由区政府任免或以区政府名义提请区人大审议任免。机关股室及股以下干部，由所在单位或主管部门管理，股级干部考察、任免工作由各战线党组及正科级以上单位负责，报区人事部门备案。1996年，对公务员和参照公务员实施国家公务员制度的单位人员的任免，仍按以上干部管理权限办理。

二、培训

1992年，南区举办新干部入门和劳资政工人员培训班，共培训94人，授课100小时，考试成绩平均为85分。郊区组织干部培训1个月，培训新干部48人，组织全区人事干部岗位培训21人，考试成绩平均为87分。1993年，南区举办新干部岗位培训班，共培训52人；郊区培训新干部40人、乡镇聘用干部9人。1994年，南区组织56名大、中专毕业生参加市人事局举办的新干部入门培训；组织130多名干部参加自学考试，取录学员50余人。郊区新进干部入门培训97人，荐送38名科技干部参加省、市组织的外语、涉外经济等专业培训。

1997年，岳阳楼区举办干部培训班11期，其中新进干部入门培训197人，计算机知识普及培训410人。1998年，新进干部入门培训2期，培训274人，开办经济规律和法律知识、微机知识普及培训办班9期，培训440人。1999年，举办新干部入门培训2期，培训学员116人，微机知识普及培训8期，培训500多人。

2000年，举办新进干部培训班2期，培训131人；举办计算机应用能力培训班2期，培训126人。2001年，举办新进干部入门培训78人，举办计算机应用能力培训6期，培训312人。2002年，举办计算机应用能力培训班11期，培训600人；组织60名国家公务员（干部）参加依法行政和WTO（世界贸易组织）知识培训；举办政工人员业务培训班，培训78人。2003年，举办计算机应用能力培训班5期，培训352人；举办国家公务员过渡培训班6期，培训582人。2004年，组织79家副科级以上机关事业单位84名政工干部培训，对新进人员入门培训110人，组织1998年后进机关的130名工作人员公务员考试培训，组织全区1243名公务员进行《公务员行政许可法》培训。2005年，举办电子政务培训班6期，培训322人；举办普法培训班2期，培训158人。2006年，举办《公务员法》培训班8期，组织全区1232名公务员学习《公务员法》和《国家公务员暂行条例》。2007年，分5批次对区直机关633名公务员进行普通话培训班。2008年，组织公务员普通话、新聘人员上岗培训等多个培训班，培训1000多人次。2009年，对全区1200多名公务员进行“职业道德和政务礼仪”培训。2011年，培训卫生系统、教育系统专业技术人员3702人，其中培训高级职称人员181人、中级职称人员1786人、初级职称人员1735人。2012年，开办各类培训班38期，培训各类人员7535人；开展公务员职业道德培训班3期，培训2010人。

三、职称评定

中华人民共和国成立后，专业技术职务基本实行任命制，主要按照其担任的业务技术管理工作确定。1978年，恢复技术职称，建立考核制度，实行技术岗位责任制。1981年，职称评定工作改由各级人事部门负责。1984年，南区有国家干部741人，科技人员仅25人，有各类技术职称的19人，技术人员仅占干部总数的6.17%。郊区有各类技术干部104人，其中农艺师2人，助理工程师20人，技术员82人，未取得技术职称的25人。1990年，南区有科技人员947人，其中工程技术人员48人，高级工程师2人，工程师11人，助理工程师20人，未聘专业技术职务的15人；卫生技术人员256人，正副主任医师4人，主治医师39人，医（护）师（士）188人，未聘任专业技术职务的25人；教学人员584人，中学高级教师3人，小学高级教师244人，一、二、三 级教师316人，未聘任专业技术职务的21人。郊区共有科技人员1139人，其中，工程技术人员85人，工程师10人，助理工程师、技术员75人，农业技术人员29人，高级技术人员93人；正副主任医师1人，主治医师4人，医（护）师（士）88人；教学人员839人，中学高级教师12人，一级教师118人，二、三级教师238人，未聘任专业技术职务的72人；小学、高级教师48人，二、三级教师276人，未聘任专业技术职务的75人。

1999年，全区有各类专业技术人员2499人，其中工程技术人员74人，高级工程师3人，工程师21人，助理工程师、技术员47人，未聘任专业技术人员3人；农业技术人员29人，农艺师3人，助理农艺师、技术员24人，未聘任专业技术职务82人；卫生技术人员249人，副主任医师4人，主治医师50人，医（护）师（士）167人，未聘任专业技术职务的28人；教学人员2017人，副教授、高级讲师44人，讲师977人、助教996人；经济人员23人，经济师1人，助理经济师、经济员22人，会计人员54人，会计师2人，助理会计师、会计员52人，统计人员1人，助理统计员，统计员1人；图书档案、文博人员18人，馆员3人，助理馆员、看理员10人，未聘任专业技术职务的5人；新闻出版人员1人；助理编辑记者律师、公证人员14人，三级律师、公证员6人，四级律师公证员8人；播音人员2人，二、三级播音员2人，体育人员12人，一级教练3人，二、三级教练8人，未聘任专业教术职务的1人，政工人员5人，政工师3人，助理政工师、政工员2人。2001年。全年评审高级职称19人，其中中小教12人，卫生3人，群文1人，土建2人，工程1人；中级职称205人，其中中小教106人，卫生1人，土建工程2人；群文3人，计划生育1人，党教1人，农业2人，评审初级职称330人，其中助理235人，原级95人。

2002年，评审大、中专毕业生专业技术职务120人，审核乡镇企业级和私营企业转评106人，申报材料审核和推荐教育、工程等副高、中级专业技术人员申报127人，评审通过各类专业技术人员专业资格的发证632人。

2003年，完成各类专业技术人员专业资格考试132人，其中工程师6人，教育系统中级任职资格

114人，各类初级任职资格12人。2004年，组织建筑系列初级职称呈报28人，评审通过27人；组织教师系列初级专业技术职务评审220人，完成180人；申报中、高级职称评审，其中高级20人，中级160人；民营企业职称评审64人。2005年，全区共报送审查初级职称201人，中级职称176人，高级职称82人，通过率100%。2006年，全区教育职称资格评审通过高级职称34人，中级职称162人。2009年，推荐上报参评高级职称30人，参评中级职称210人，评审通过初级职称95人。2011年，共推荐上报28人参评高级职称，252人参评中级职称，评审通过初级职称106人。2012年，共推荐上报1人参评高级职称，55人参评中级职称，评审通过初级职称110人。

第五节　军转安置

1985—1986年，南区安置35名军队专业干部在组织、武装、司法等部门工作。1986年，郊区安置军队转业干部5人、家属3人。1987年，南区分配23名军队转业干部。1988年，南区安置25名军队转业干部；郊区安置军队转业干部2人、随军家属2人。1989年，南区安置军队转业干部4人；郊区安置军队转业干部2人、家属1人，并设法解决他们的住房与子女就业读书问题。1990年，南区安置军队转业干部2人；郊区安置军队转业干部2人。1992年，南区安置军队转业干部2人。1993年，南区安置军转对象18人，其中转业干部7人、复员军人11人；郊区安置4名军队专业干部。1994年，南区安置5名军队转业干部。

1997—1998年，岳阳楼区安置退伍军人28人。1999年，安置军队转业干部8名及其家属。2000年，安置军队转业干部6人、家属1人。2001年，安置军队转业干部4人，家属4人。2002年，安置军队转业干部1人、随军家属4人。2003年，安置军队转业干部3人。2004年，安置军队转业干部4人。2005年，安置军队转业干部7人。2006年，安置军队转业干部8人。2007年，安置军队转业干部5人，2008年，安置军队转业干部5人。2009年，安置5人。2011年，安置军队专业干部1人、随军家属2人。2012年，安置随军家属3人。

第六节　落实离退休待遇

1991年7月，南区按照中组部《关于加强老干部工作的几点意见》，成立由人事、财政、民政、卫生等工作部门组成的退休、退职工作小组，由人事部门承担退休手续的审批管理工作，乡、街道居委会成立相应机构。1996年，全区有离退休干部职工526人，其中，离退休干部24人，退休干部252人，其中享受处级待遇5人，副处级待遇14人，科级待遇116人，其他待遇的391人。2009年，全区离退休干部职工2568人，其中离休干部3人。2012年，全区离退休干部职工2671人，其中离休干部3人。

1988—1989年，先后2次给未参加1985年工资改革的离退休人员每月增发20元退休生活费，将退休干部的一般退休生活费由30元提高至50元，将因公致残退休工作人员的一般退休生活费保证数由40元提高至60元，为1957年后未升过工资级别的退休人员在提高一般工资待遇的基础上，再接着调一级工资的办法增加退休生活费。1993年，退休人员实行职级工资制的按退休时本人当月基础工资与工龄工资之和，以及职务工资与级别工资，按工作年限满15—35年的按70%—95%发给基本退休费。

事业单位按退休时本人当月职务工资与津贴两项之和以及工作年限满15—35年的按70%—95%发给基本退休费，生活补贴继续享受。对从教30年以上的教育工作者和连续从事血防工作20年以上的血防工作者增发5%退休费。1994年，对已退休的工作20年以下的人员计发退休费的比例改为：实行职级工资制的工作年限满10年不满20年的，按基础工资和工龄工资金额发给；职务工资和级别工资按40%发给。事业单位工作人员和机关工人工作年限满10年不满20年的，按本人原工资的70%发给。至1999年，离、退休人员5次增加生活费，人均增228元。2006年，增加离退休费标准，行政管理人员厅局级正职1220元，厅局级副职940元，县处级正职670元，县处级副职490元，乡科级正职及以下职务350元。专业技术人员，教授及相当职务990元，副教授及相当职务540元，讲师及相当职务及以下350元。增加退休费标准，行政管理人员中，厅局级750元，县处级450元，乡科级275元，科级及办事员180元；专业技术人员中，教授及相当职务700元，副教授及相当职务400元，讲师及相当职务275元，助教及以下职务180元，工人技师275元，高级工以下及普通工180元。

第三章　民　政

第一节　机　构

清末民初，巴陵城区的民政工作由知县和县政府直接管理，管理职能包括地方行政、警政治安、疆里版图、赈灾救济、户口户籍、风俗礼教、检医防疫、建置病院、保守古迹等。民国28年（1939），县政府正式设立民政科，各区、镇、乡设民政干事，因城区被日军占领，暂未设民政干事。抗日战争胜利后，城厢镇镇公所设民政干事1人，管理城区民政事宜。民国37年（1948），民政干事与经济干事合并，称民政经济干事。

1949年7月下旬，城厢区区公所设民政助理1人，专管优抚、救济、户籍、治安、支前、民事纠纷等事宜。1953年10月，城厢镇设民政股，编制2名。1958年10月，岳州人民公社设内务部，管理全社劳动调配安置与优抚工作，社会福利事业则由服务部管理。1960年1月，岳阳市人委会下设民政科，编制4名。1962年10月，城关镇设民政股，编制2名。“文化大革命”初期，民政工作瘫痪，由镇抓革命促生产指挥部办事组兼管民政工作。1968年8月，城关镇革委会办事组下设民政组，编制2名。1973年5月，办事组撤销，民政组更名为民政股，编制2名。1975年12月，岳阳市革委会下设民政局，编制5名；市属5个行政区，每区配民政干事1人。1979年8月，市革委会民政局更名为市政府民政局。1980年10月，撤销岳阳县，县民政局并入市民政局。1983年，恢复岳阳县民政局。

1984年4月，南区、郊区分别设立民政科。1988年9月，南区民政科更名为区民政局，编制6名，区属8个街道办事处均配有1名民政助理，管理行政区划、基层政权建设、优抚安置、社会救济、婚姻登记、殡葬等工作。是年10月，郊区民政科更名为区民政局。

1996年4月，南、郊两区民政局合并为岳阳楼区民政局。至2012年，内设办公室、计财股、政工股、监察室、救灾减灾股、优抚股、社会事务股、基层政权建设股、退伍安置办、民间组织管理办公室、老龄办、慈善办、福彩募捐办，下辖社会救助管理局、婚姻登记中心、白鹤陵园、光荣院。

第二节 社会救助

一、灾害救济

岳阳城滨江临湖，历史上水旱灾害频仍。每遇水灾，房倒屋塌，人民迁徙流离；每遇旱灾，饿殍遍野，啼饥号寒。滨湖各州、县灾民流入城区者络绎不绝。清代、民国时期，每遇灾害，政府虽减免田赋，但仍难救民于水火，解民于倒悬。是时，政府与教会及各同乡会馆在城区设办各种慈善机构，办粥厂、施布衣、埋死者、救贫孤。但各种慈善机构多把持在官吏豪绅手中，他们贪污成风，灾民怨声载道。清光绪元年（1875），各县遭大水，原缓征与旧欠，尽行蠲免。光绪三十一年（1905），岳州淫雨成灾，州府县衙动支常平仓谷 5768 石，赈济灾民。宣统三年（1911）3 月，城区 3 万多饥民愤起捣毁厘卡分局。民国 20 年（1931）5 月，洞庭湖发生特大水灾，附城南北各区，淹灭田丘约 2.67 千公顷，灾民达 47 万多人。国民政府水灾救济委员会在岳阳设办事处，发放小麦、面粉 2.2 万多吨，赈济灾民。民国 25 年（1935），岳阳再遭大水，县政府在城区及城陵矶各设粥厂 1 所，赈济灾民。民国 34 年（1945），联合国善后救济总署在岳阳设立急赈队，分发救济物资赈济灾民。民国 36 年（1947）3 月 13 日，洞庭路大火，烧毁房屋 182 栋，受灾难民 1757 人。岳阳善后救济处拨发赈灾款 1000 万元（旧币）、麦粉（面粉）7500 公斤、罐头 150 箱。

中华人民共和国成立后，党和政府每年都要对遭受水、火灾害的居民给予救济，帮助他们渡过难关。1954 年 3 月 18 日，城陵矶发生反革命分子纵火案，烧毁机关房屋 89 间、民房 742 间，损失财产折合旧币 8.626 亿元（合新人民币 8.626 万元）。灾情发生后，省、地、县各级领导前往灾区指挥救灾，拨发救灾款旧币 4 亿元、大米 9472.5 公斤，为 112 户灾民修建房屋，为 95 户灾民整修房屋；各机关团体、人民群众捐献衣服 2145 件、家具 1920 件、钱 5350 万元（旧币）。1964 年，城区遭遇百年未见的特大秋汛，倒塌民房 216 间，损坏民房 398 间，直接经济损失 9.92 万余元。政府拨发救济款 5.18 万元，生活用煤指标 25 吨；社会捐款 18445 元，粮票 1640 公斤，衣服 916 件，帮助灾民恢复生产，重建家园。1990 年，社会救济工作从单纯救济型逐步向社会福利保障型转变，对春夏荒及冬令救济，坚持专款专用，钱物发放落实到人。1992 年，临时救助 200 多人次，金额 2.28 万元；发放冬令救济 3.08 万元，发放棉衣 130 多件、棉絮 131 床。

1996 年 7 月，岳阳遭受百年未遇洪涝灾害，在境内共设 3 个集中安置点，安置华容、钱粮湖等重灾区灾民 11855 人，开支安置经费 26.69 万元，市民政局下拨救济款 6 万元、大米 9 吨。全区共募集资金 56 万元、衣物 7.8 万件、粮食 92 万公斤。其中救济钱粮湖农场灾民大米 35 万公斤，衣服 8687 件；岳阳县衣物 2.5 万件；汨罗市衣服 1.3 万件；救济境内灾民 612 户，发放救灾款 9.7 万元、救济大米 3 吨、衣服 5000 件。1997 年上半年，境内部分乡场春夏灾害严重，全年先后下拨春荒救济粮 5 万公斤、救灾款 10.87 万元。1998 年，境内遭遇特大洪灾，全区共募集现金 26 万元、大米 1.35 万公斤、食品折款 15 万余元、衣服 1.5 万多件；对因灾倒房的 69 户，每户资助 800—2000 元不等救济款，帮助倒房户重建住房。1999—2004 年，境内因洪涝与春夏旱灾共发放救灾款 264.15 万元、大米 4060 公斤、衣服 5369 件。2007 年，对 290 多户受灾群众提供 20 多万元临时救助，对 250 多户突发事故受害家庭发放救济金 18 万元。2008 年，下拨自然灾害生活补助款 2 万元、救灾资金 30 万元。2009 年，发放救灾资金 85 万元。

2010 年 7 月，境内发生强降雨，全区设立 3 个灾民安置点，转移安置灾民 1759 人，发放救灾补助 320 万元，筹备救济大米 10980 公斤、方便面 1800 件、食用油 400 公斤、矿泉水 3200 件、棉被 800 床、衣物 4000 件。是年，还发放春荒救济金 12 万元、冬令补助 10 万元，灾后重建、农村危房改造资金 123 万元。2011 年 6 月，境内再次遭特大暴雨灾害，全区转移安置灾民 16032 人，发放矿泉水 2000 箱、棉被 800 床、大米 3500 袋、食用油 3500 壶，发放生活救助金 350 万元，拨付救灾资金 254 万元，对 304 户因灾倒房和农村危房进行改造和重建，并在区党代会上募捐 7.36 万元，支援临湘市。2012 年，拨付救灾资金 557 万元。

二、失业救济

失业工人救济　1950 年 7 月 15 日，县政府成立救济失业工人委员会（简称救委会），下设登记、辅导、工程股室，采取以工代赈、转业、还乡生产、生产自救等方法，帮助失业工人解决困难。是年，救委会共发放救济大米 1.51 万公斤；组织部分失业工人整修洞庭路与梅溪桥街，以工代赈发放大米 7350 公斤；组织 16 名工人建立 2 个生产合作社，开展生产自救；对还乡生产者每人发放 200 公斤大米。1986 年 7 月，国务院颁布《国营企业职工待业保险规定》，不再给失业工人发放救济金，而代之以失业保险。

精简、退职职工救济　1965 年，对 1957 年底以前参加工作、1961—1965 年期间精减的退职职工，后因丧失劳动能力，或年老体弱、长期患病而家庭生活无依无靠者，由民政部门按月发给原工资标准的 40% 的救济金。是年，经评定城区有 4 人属救济对象。1986 年，全区有 29 人；1987 年，全区有 22 人；1989 年，全区有 27 人。对不符合规定，但又丧失劳动能力，生活无依无靠的退职老职工，则发放临时生活困难补助费；企事业单位精简的，由原单位支付；单位已合并的，由合并后的单位支付；原单位撤销的，由其上一级主管单位支付；党政机关、人民团体及中、小学精简的，由财政部门按实拨给民政部门发放。

其他人员救济　中华人民共和国初期，对投诚起义的原国民党军政人员，除部分安排到各部门工作外，其余都安排回原籍参加劳动生产。1982 年，对被宽大释放的原国民党县团级军政人员实行定期定量救济，并对部分被错误处理的投诚起义人员落实政策。1987 年，全区领取救济补助的起义投诚与宽释人员及其他人员共 18 人，领取救济补助 4644 元；1988 年共 15 人，领取救济补助 4746 元；1989 年，有 15 人领取救济补助 5374 元。2003 年，拨付城镇社救对象 184 人、救济款 144840 元。

三、贫困户救济

临时救济　中华人民共和国成立后，政府对境内贫困户、无固定职业者、无依无靠者给予临时救济，帮助他们解决生活困难。1955 年，全镇临时救济困难户 385 户、1030 人。1956 年，临时救济 353 户，1328 人，发放救济款 4051 元。1958 年，救济 368 户、2551 人，发放寒衣补助 800 元。1962 年，临时救济 760 户、2982 人，发放救济款 9905 元、布票 5779 尺、棉花 120 公斤，使 511 人得到棉衣棉被。1963 年，救济 165 户、434 人。1984 年 8 月，南区民政科一次性下发临时救济款 1200 元，全年共下发 3000 元。是年，为贫困户中的精神病与麻风病患者解决全部医疗费用。1987 年，为因灾害造成困难的 58 户居民发放救济金 9000 元，帮助重建家园。1989 年，发放救济款 2.2 万元，帮助因灾害造成困难的 263 户居民重建家园。2003 年，临时救济 49 户，发放救济金 3.59 万元。2004 年，发放临时救济款 9.54 万元、物资 500 万元。

双定救济 中华人民共和国成立后，政府对无依无靠的孤寡老人，残疾人，幼儿，无主要劳动力家庭或长期患病、需常年救济者，长期给予救济。1954年，城区有长期固定救济户42户、57人，全年发放救济款折合人民币2000元。1955年，有134户、261人。救济标准为每人每月3元，长期救济者须先个人申请，群众评议，居委会签发意见，报镇民政股复查，按月发放。1957年，救济92户、123人，发放4428元。1962年，救济116户、345人，发放救济款6900元。1963年始，对常年困难户（五保户）实行定期定量救济，救济标准为每人每月4—6元，当年评定“双定”户88户、148人。1965年，全镇有“双定”户87户、157人，补助8184元。除对“双定”户给予定期经济补助外，每年还给他们发放一定的物资补助。1970年，发放布票3000尺、现金4000元，给“双定”户做御寒衣服。孤老残幼（五保户）每人每月的补助标准，1984年前为12元，1987年为25元，1988年为30元，1989年为60元。1984年，为“双定”户及其他特困户发放棉衣150件、棉裤30条、棉被60床、棉絮60床，现金3202元。1987年，区政府为137户“双定”户赠送食油62.25公斤、木柴1250公斤，4100元的过年物资。1986年，组织50位年逾六旬老人到君山公园旅游，并给160位老人各赠送一双棉鞋。1989年，全区开展社区服务工作，为孤寡老人买煤186次、41070公斤；买粮589次、39070公斤；洗衣服379次，看病192人次，修房屋80次，搞卫生315次。

1984—1989年南区双定救济统计

表17–2 单位：人、元

年度	人数	金额
1984	253	89185
1985	276	94135
1986	273	94916
1987	212	58550
1988	197	60990
1989	183	84122
合计	1394	481898

说明：1984—1986年，救济款项由市民政局拨发，双定救济对象包括精简、退职职工，起义投诚、宽释人员，五保户，困难户，残疾人，孤儿等。

1991年，全区有五保户供养对象296人，共发放五保供养金118275元，人均（月）41.5元。1993年，发放社会救济“双定”金156824元，物价补贴19740元，粮油补贴21714元。是年，全区各类社会救济对象5690人，其中享受政府定期定量救济对象191人，定期定量救济对象孤老64人、残幼27人、特困户58人、挂靠退休职工16人、老职工“双定”11人，起义投诚人员15人，全年共安排社会救济经费18.6万元。1995年1月始，每年增拨专项社会救济经费7.2万元，将五保户等社会救助“双定”对象的月生活费标准由56元增至106元。1997年，发放乡村及城镇临时救助金4.5万元，对全区168

名五保户中的88人实行集中供养，另外80人实行分散供养。2010年，发放五保资金89.9万元，供养标准达到2800元，超过全省平均水平。2011年，对16249名困难对象进行救助慰问，共发放救助金1000.05万元。2012年，发放春节救助慰问金1500万元。

四、低保

1999年，全区确定区级保障对象489户、978人，市级保障对象486户、1306人，区财政每月发放保障金38289元。2000年，实施保障低保2551户、6484人，发放低保金640万元；制定《岳阳楼区城市居民最低生活保障制度实施办法（暂行）》，建立定期申报和年审制度，通过年审取消70户、180人享受低保的资格。2001年，完成新增低保对象3385户的审批和4627户原有低保对象的年检复查。将低保标准由人均120元提高至156元；将低保户居住乡场的非农人口，由1.5万人扩充至2.7万人。2002年，全区保障对象发展到14663户、37137人；年保障资金从启动时的208万元增至1560.5万元。是年，共取消166户保障资格，降低84户月保障标准。2003年，全区有低保对象14656户、36026人，月发保障金151.8307万元。2004年，全区有低保对象1.64万户、3.99万人，月发保障金177.8万元。2007年，实际审批低保对象从4.1万人降至2.7万人，城市低保人均月补差从63元提至87.3元，月保障线达200元。共审批农村低保1241户、1711人，月保障线为90元，月人均补差达72元。2010年，通过"阳光行动"，全区清退低保对象3336人，全区低保、医疗、就学、住房等各类救助对象由6.9万人降至3.8万人，社会救助网络覆盖率达100%，救助率达92%以上。保障城乡低保对象1.99万户、3.6万人，发放城市低保金6768万元，人均月补差155元；发放农村低保金155.6万元，人均月补差62.5元；发放一次性补助162万元；边缘户救助307万元，休渔期渔民短期低保25万元。2011年，共有城乡低保对象21434户、36479人，发放城市低保金6450万元、农村低保金302万元、物价补贴401万元、春节生活补贴503万元、代发电费补贴103万元。城市低保月均补差196元，农村低保人均补差110元。为11497名救助对象解决医疗救助资金573万元。春节期间，开展大规模送温暖活动，对16249名困难对象发放救助金1000万元。

五、医疗救助

2005年8月，境内启动城乡大病医疗救助工作试点，全年共救助大病对象124人，发放救助资金32万元。2008年，为350人实施大病医疗救助，发放救助资金6867万元。2009年，为解决困难群众看病难、看病贵的问题，协调卫生、劳动、财政等职能部门，建立住院医疗救助、门诊医疗救助、临时医疗救助、慈善医疗救助、资助参保"五位一体"的新型医疗救助模式，全年共对800多人次实施医疗救助，发放医疗救助资金179万元。2010年，解决优抚对象门诊、住院医疗补助等153万元，大病医疗救助资金达10多万元。2012年，为11497名救助对象解决医疗救助资金573万元。

第三节　优抚　安置

一、烈士褒扬

1950年10月，县政府在岳阳楼东南侧地坪修建岳阳县革命烈士纪念亭，亭内的烈士纪念碑上刻有岳阳县东乡人，省军区副司令员文年生的题词：“革命烈士是人民胜利的先驱，死者精神将永远活在人民心中”。碑的反面镌刻着410名在第一次国内革命战争、第二次国内革命战争、抗日战争、第三次国内革命战争中为人民革命事业而英勇牺牲的死难烈士。1969年，纪念碑被“造反派”砸毁，至今仍未修复。

1949年9—10月，在衡（阳）宝（庆）战役中英勇负伤的解放军指战员送到岳阳后方医疗治疗，其中124名重伤员因医治无效而牺牲，葬在医院附近（今际华三五一七橡胶制品有限公司内）。1964年8月，城关镇人民委员会为烈士们修建烈士陵园，陵园占地0.2公顷，修建一座高3米的烈士纪念碑，上刻“永垂不朽”几个大字，并重修烈士坟墓。每年清明节，广大人民群众、学生都要到陵园凭吊扫墓。陵园成为向青少年进行革命传统教育的重要场所。1997年，陵园被征收作商品房建设，将烈士遗骨迁往火葬场暂时安放。

二、抚恤

烈士抚恤 1953年，全镇登记有烈士17人，烈属17户、52人。1962年，有烈属22户、103人。1979年，全镇有革命烈士97人。1989年，南区有烈士120人。1991年，有因公牺牲军人9人，失踪军人4人，病故军人22人。1993年，南区共有荣誉、复员、转业、退伍军人和革命烈士家属，因公牺牲军人家属，病故军人家属15564户、19193人，其中享受政府定期定量抚恤354人，年抚恤13.79万元。2001年，全区共有烈属89人，因公牺牲军人家属80人，病故军人家属64人。2005年，发放抚恤金150多万元。2006年，发放抚恤金350多万元。2007—2009年，落实优抚政策。2010年，为全区2268人发放抚恤补助1130万元。2011—2012年，年发放抚恤补助控制在1200万元之内。

伤残军人抚恤 1951年4月，县政府给在革命中致残的人员进行发证和怃恤。1953年，全镇有荣誉（残废）军人2人。1962年12月，镇民政股给城区的革命残废军人进行换证和调级。1964年始，将原来一次性抚恤改为长期抚恤：在福利上，致残人员的口粮与副食品与地方干部一样对待；在医疗上，享受公费医疗；对行动不便的致残人员配备手摇车，安装假肢等辅助器械，乘坐车船享受半价优待。1981年11月，全市残疾军人换发新的残废证书。至1982年，政府曾4次提高抚恤金标准。1985年，南区有残废军人193人。1989年，有241人。革命残废人员的抚恤金由民政部门按照致残等级发给一定数量的抚恤金。

1987年前，南、郊两区优抚对象的定期抚恤与定期补助由市民政局发放。1987年始，由南、郊区民政局发放。至1989年，南区共发放烈属定期抚恤金40110元，因公牺牲军人家属抚恤金6620元，病故军人家属抚恤金35870元，其他各种优抚对象定期补助金64651元。

2001年，岳阳楼区有在乡伤残军人209人、在职伤残人员310人、带病回乡退伍军人99人、红军失散人员131人。2003年，全区为285名失业伤残军人申请改领在乡伤残军人抚恤金。2006年，共对800名军烈属、伤残军人发放抚恤费350多万元。2007年，发放抚恤费210多万元，并将六级以上符合条件的伤残军人优先纳入低保，对60多名伤残军人的低保提高发放标准，帮助10户重点优抚对象解决住房困难。2009年，出台《岳阳楼区优抚对象医疗保险实施细则》，审批参战、涉核和带病回乡人员136人，审批上报复员军人、伤残军人提残27人，提高伤残20人。2010—2012年，安排10多名生活特别困难的残疾军人重新上岗。

三、优属

50年代，境内青年应征入伍后，各级政府对现役军人家属按政策给予一定照顾，如悬挂“光荣军属”牌，生活上给予优先照顾与补助；逢年过节，各级政府与单位领导对军属进行慰问。1962年，城镇共有优抚对象1247户、2079人，其中列属22户、95人；军属294户、1053人；荣复、转业、退伍军人931人。是年1—10月，共发放优抚款4890元、针棉织品395件，为142户、310人烈军属解决缺衣少穿问题。春节期间，发放慰问物资猪肉200公斤、面条200公斤、红枣200公斤，慰问烈军属，县人委、镇人委发出慰问信1000封。

1987年，规定对城镇入伍的义务兵家属进行优待金补助。入伍前有固定工作的青年，按入伍前标准工资的70%，由原单位按月代储或发给义务兵家属优待金；待业青年、学生入伍后，每人每年按50元、100元、200元的标准给其家属优待金。优待金由地方群众、企事业、厂矿单位筹集，在征兵、春节期间发放。是年，全区筹集11.8万元，发放给560名义务兵家属。1988年11月，南区、郊区政府下发《关于改进城区义务兵家属优待金筹集的办法的通知》，实行单位包干制，是年，南区发给565名现役军人家属优待金13.557万元。1989年，给678名现役军人家属发放16.2万元优待金；为照顾纯居民军人家属，发放优待金48620元；为鼓励广大适龄青年应征入伍，入伍青年的优待金提高到240元，报考军校学员兵优待金提高到120元。是年，共成立各类优抚网络小组9个，居委会服务中心57个，承包服务小组91个。承包优抚对象212人（户），开展各种优抚活动2320次，为优抚对象修理房屋25次，送粮14450公斤，送煤9万公斤。

1990—2004年，每年对现役军人家属进行优抚，或发放物资，或发放优抚金。2005年元旦、春节及“八一”期间，走访部分优抚对象，发送慰问金10多万元。2006年，为重点优抚对象发放解“三难”（即生活困难、医疗困难、住房困难）资金60万元，为光荣院发放优抚事业单位建设资金90多万元，“三节”期间走访慰问100多名优抚对象，发送慰问金10万元。2009年，为165人发放义务兵父母优待金30多万元；“八一”和春节期间，对全区108名重点优抚对象进行慰问，发放慰问金50多万元；为49名生活特困优抚对象发放临时救助金7.9万元，为105名生活困难的重点优抚对象发放“解三难”资金10万元，为340多户困难优抚对象解决低保资金9万多元，帮助200名重点优抚对象实现再就业。2010年，为131户义务兵家属发放家庭优待金38万元。2011—2012年，为生活、住房、医疗特别困难的优抚对象发放临时困难救助金222万元；春节与“八一”期间，对1339名重点优抚对象发放慰问金75万元。

四、退伍军人安置

50年代，境内退伍军人逐步得到安置。1950年至1955年4月，城区共安置复员退伍军人110人。1956年，安置37人。1960年，岳阳市对入伍时系城镇户口的学生与待业青年、入伍时系在职国家职工、虽属农村入伍，但根据国家有关安置政策规定可按城镇退伍军人安排工作。是年，安置城镇退伍军人74人。1963年，城关镇安置退伍军人37人，其中符合规定条件的农村退伍军人14人。1984年，南、郊区成立后，区属范围内的退伍军人由市民政局统一分配安置。1987年，南区安置154人。1988年，国家规定城市待业青年入伍后退伍回城，可安排进全民企业，享受全民企业职工待遇。1989年，南区安置退伍军人117人。

1990—1995年，每年都有退役士兵回城，根据政策，均给予妥善与适当的安排。1996年，退伍军人安置实行“按系统分配任务，包干安置”的办法，一般由退伍军人（父母、配偶）所在单位予以安置，三级以上转业士官、立二等功以上者、因公因战八级以上伤残军人由政府优先照顾安置，其他由安置部门统筹安排或自愿选择货币安置。2005年，坚持“政策安置与自谋职业相结合”原则，接受退役士兵172人，其中农村兵12人、城镇兵160人；140人由市、区两级实行指定性安置，20人自谋职业。2006年，接受安置退伍士兵177人，其中农村兵13人、城镇兵164人。2008年，共接收退役士兵188人，安排就业140人，自谋职业30人。2009年，接收退役士兵240人，发放自谋职业补偿金58.5万元，安置就业139人。2010年，接收退役士兵262人，安置105人。2012年，在退役军人安置工作中引进择优机制，选拔80人从事协警工作。

第四节　社会事务

一、地名管理

地名普查　1981—1982年，全市开展地名普查工作，对境内行政区划名称和重要自然村名称，城镇街、路、巷名称，主要山、河、湖、岛等自然地理实体名称，著名纪念地、名胜古迹、古遗址、游览胜地的名称，进行全面摸底和查证。普查内容包括地名的类别、地名标准名称的汉字书写和汉语拼音、地理位置与经纬度、地名所处地图图号，图上原有名称、别名、曾用名、行政区划单位驻地、名称的来历、含义、沿革、基本概况等。1982年7月，编印出版《岳阳市地名录》。

地名标志　1994年6月，市政府将城区路牌、街牌、巷牌的设置列入创建国家级文明城市硬件任务之一，依法规范城区地名标志及路、街、巷牌设置，全面更新安装整齐、规范、醒目的路、街、巷牌，至1999年，城区路、街、巷牌全部更换。1997—1999年，市政府先后4次召开地名工作专题会议，研究、协商和确定城区53条主要路、街、巷，重新规范命名。

2005年10月，开展路和门牌设置工作，按照“统一标准、统一规范、统一组织、统一制作”的要求，对280条路、街、巷的居住户、门面、单位和其他分散居住户进行楼栋、门牌的摸底和编码，2006年3月，完成中心城区门牌编码工作，建立数据库。2007年，完成280条路、街、巷的门牌编码工作，编码3.2万个。

勘界　1998年3月，成立区界勘界工作领导小组，对岳阳楼区与岳阳县、云溪区之间的行政区划界线实地勘定、界桩埋设、外业测绘和资料汇总整理。2000年7月，经过4个月勘测，完成与岳阳县之间84.5公里、与云溪区之间15.9公里的行政区域界线的勘界工作。其中芭蕉湖勘界后，三分之一水域划归岳阳楼区管辖，三分之二归云溪区管辖；与岳阳县交界的洞庭湖水域全部归岳阳县管辖。2005年上半年，对境内部分乡界进行重新勘测和认定，下半年，按省政府要求对县界重新进行勘测和认定。

二、婚姻管理

境内婚姻　中华人民共和国成立前，境内尚无婚姻登记制度。男女双方结婚，全凭父母之命，媒妁之言，择吉办理，无登记手续。指腹为婚、幼年订婚、收养童养媳、早婚、重婚、纳妾等现象较为普遍。民国20年（1931），《民法》规定：男18岁、女16岁为结婚年龄。

中华人民共和国成立后，废除包办强迫婚姻，禁止纳妾、重婚、养童养媳、干涉寡妇的婚姻自由，实行一夫一妻、男女平等的婚姻制度。明确规定：男20岁、女18岁为结婚年龄；结婚须男女双方自愿，并到当地政府机关申请领取结婚证书。1953年，城厢区设立婚姻登记处，由区公所秘书办理婚姻登记，后改为由民政助理办理。1955年，《婚姻登记办法》公布后，结婚登记须经过双方申请，双方单位审查证明，婚姻登记机关登记发证等手续。1987年后，增加婚前身体检查手续。1987年，南区8个街道办事处和郊区5乡3场的婚姻登记机关，整理与新设置婚姻档案。凡离婚者，除须履行申请、批准、发证手续外，须将原结婚证书上交；离婚后再婚或复婚者，须将原离婚证书上交登记机关，方可领取结婚证书。1987年，南区办理结婚登记手续2526对，办理离婚登记237对。1997年岳阳楼区成立后，办理结婚登记4676对、离婚登记930对。2003—2005年，办理结婚登记10632对，离婚登记3581对。2007—2011年，办理结婚登记33135对，离婚登记11499对。

2003—2011年岳阳楼区办理结婚、离婚登记统计

表17-3　单位：对

年　度	结　婚	离　婚
2003	1470	338
2004	4657	1580
2005	4505	1663
2006	—	—
2007	5766	2024
2008	6679	2293
2009	7150	2493
2010	6619	2379
2011	6921	2310

涉外婚姻

1949—1988年，境内共办理涉外婚姻15例，其中：1987年登记11例，1988年4例。2004年始，结婚登记实行全省联网，并与互联网、公安人口信息网、计划生育的婚育人口网全部对接。

1989—2011年境内涉外婚姻情况统计

表17-4　单位：例

年　度	例　数
1989	10
1990	20
1991	23
1992	26

年　度	例　数
1993	27
1994	24
1995	26
1996	30
1997	28
1998	29
1999	16
2000	18
2001	17
2002	18
2003	29
2004	16
2005	17
2006	16
2007	20
2008	19
2009	9
2010	6
2011	5

三、殡葬管理

50年代，郊区以屋场共有丘岗地为公墓。城区公墓有枫桥湖、五里牌、大桥湖、金鹗山等处。随着城市建设的不断发展，这些地方逐步成为工厂区、城市区、风景区。1963年，镇人委会选定郊区琵琶王荒山一座，面积13.33公顷，作为公墓。

1981年，市政府发布废除棺葬，实行火葬的通告后，封山停止土葬，火葬在全市（区）正式全面推行。1987—1989年，全（市）区共火化遗体4481具。1999年，全市（区）火化遗体3021具。2005年，区民政局贯彻市政府出台的《岳阳市殡葬管理规定》，明确划分岳阳楼区火葬区和火葬过渡区。2009—2010年，区民政局制定年度工作方案，建立24小时值班制和群众举报制，与各乡、街道办事处签订责任状，落实殡葬改革。累计发放《殡葬管理文件汇编》300余册，在各社区悬挂宣传横幅100多条，张贴标语3000余张，发放宣传单2000余份。2012年，境内完全实行火葬，处理违规殡葬及殡葬扰民行为158起。

第五节　社会福利

一、慈善机构

岳州救生局　清乾隆二年（1737），湖广总督高其倬奏请设置。经抚院及两湖乐善者赞同捐资，募集纹银13848.8两，存入藩库、发典生息，水田200石、作洪船16只，做救生局经费开支之用。局址设城区鱼巷子原敦善堂旧址，以洪船救生为主旨，并附设棺木、收埋水上浮尸，插设险滩标志。乾隆九年（1744），救生局在沿湖地段设立许多停船埠头，备有洪船，日夜驻守，其中，君山、艑山埠头由岳州府管辖；岳阳门、南津港、刘公嘴、城陵矶等处埠头归巴陵县管辖。清末时，救生局由岳州府管辖。民国时，由省民政厅管辖。人员编制有：局长、事务主任、文书、会计、田庄经理、船厂管理员、巡查等，共分设11埠，各埠设救护长。1950年5月，救生局由县政府接管，业务工作由民政科负责，岳州救生局遂告结束。

养济院　清同治八年（1869），巴陵知县严鸣琦以西门内官屋一所改建养济院，定养贫孤36人，经费从漕粮存留项下拨给。

岳郡四邑民育婴堂　清光绪三年（1877）创办，地址塔前街，以田庄、房租自给，专收私生无依靠婴儿。1950年，由政府接管。

岳州育婴堂　清光绪八年（1882），巴陵知县黄春伯在城区筹设，收留贫孤婴幼儿。

天主教育婴堂　民国21年（1932），由天主教湘北教区举办，堂址设塔前街。民国23—24年（1934—1938），共收贫孤婴儿185人。抗日战争时停办，抗战胜利后恢复。民国35—38年（1945—1949），共收婴儿189人。1951年停办。

岳阳孤儿院　民国初期，由城陵矶汉冶萍矿物转运局局长杨伯英创办。

民食维持会　民国初期创办，主持人葛豪、戴光龄、陈静轩，经费来源：吴佩孚捐5000元，地方筹集5000元。在柴家岭、塔前街各设一公卖所，平粜大米，赈济灾民。

救济院　民国17年（1928），县政府将清朝的普济院、保节堂和育婴堂合并为救济院，收养无依无靠的孤、寡、老、残和幼婴，院下分设育婴、孤儿、残废3所。院址设翰林街。设正、副院长各1人、所长1人、财务1人、教师2人、临时收租工1人、公务员4人。基金来源：山田70石7斗5升、湖田222.59亩、洲土一块，县政府每年补津贴光洋3600元，商会捐资1800元。民国27年（1938），日军侵占岳阳，救济院迁河西全义乡，旋即停办，1945年恢复。次年，安老所收养44人、残废所收养48人、育幼所收养50人，共142人。人数最多时为197人，因经费困难，曾多次向社会募捐。社会上孤老残疾欲入院者，须事先挂号登记，待院民死后方可补缺入院。1949年7月，救济院由解放军第四七五团政治处接收。是年8—11月，先疏散育幼所和孤儿所。1952年，土改时，安老残废院收养对象陆续遣散回原籍参加生产，救济院停办。

敬老院　1959年，岳州公社兴办敬老院，收留82位孤寡老人，由敬老院供给衣食住行，经费统一由公社支付。并安排64名老人从事轻微劳动，改善办院条件。1962年，全镇有敬老院2所，收留孤残老人48人。

幼儿院 1960年，岳阳市兴办幼儿院。1961年，全院收容处理弃婴幼儿50多人。1962年，幼儿院改为孤儿、婴儿站，是年，收留弃婴幼儿38人。

岳阳市福利院 1984年，由南区民政科发起，向社会募捐15.89万元，省民政厅拨款30万元，1986年8月建成。原名南区社会福利院，院址设五里牌，总面积1500平方米，是年安置五保老人50人。1988年，由市民政局接管。

区慈善总会 2009年，召开岳阳楼区慈善总会成立大会，正式成立区级慈善机构。会议现场募集善款200多万元。

二、赈灾救灾机构

义赈会 民国7年（1918）11月，由岳阳县政府设立，地址在梅溪桥街靖江王行官。民国16年（1927）后停办。

粥厂 民国7年（1918）11月，由慈善家任青国在城区设立，专门赈济灾民。

湘赈部 民国8年（1919）1月，中国上海红十字会特派干事武兆桐到岳阳设立，并开设碾米厂施米，赈济灾民。

湖南义赈会岳阳分会 民国15年（1926）1月，湖南义赈会派人到岳阳设立，会址设梅溪桥街。

收容所 民国8年（1919）2月，县知事公署在大化积善堂、公济典、灾荒救济会设立3个收容所，收容湘鄂两省各地到岳阳难民近万人。

国家水灾善后会岳州粮站 民国21年（1932）设，办事处主任古德温（英国人），粮站设城陵矶，发放救灾粮食，赈济湘省灾民。

岳阳善后救济处 民国35年（1946），由联合国善后救济总署设立，负责人葛晖南，负责发放联合国运来的救济物资。

三、福利工厂

贫民工厂 民国8年（1919），由县邑平地乡人高国俊创办，工厂为贫民习艺之所，含慈善性质。艺徒限定县内赤贫子弟，或由教养所贫民院保送。资金来源：有军民长官与当地富绅捐助款、地方捐款、县拨款、省赈会拨发的赈灾款、提拨逆款或罚没款、省府拨款津贴、独资捐款等，生产各种花格呢布、袜、鞋、伞等。民国28年（1939）遭日军焚毁而停办。

枫桥湖水产养殖场 1959年7月，由县民政科创办，由省民政厅拨款2万元，县民政科拨款2.45万元作为建设资金，主要从事水产、农作物、畜牧生产。是年有职工32人，其中残废、复员、退伍军人9人。

街道福利工厂 1958—1961年，城厢镇兴办44个街道福利工厂，共安排职工3187人。其中岳州公社创办33个。

市社会福利工厂 1960年1月创办，原名岳阳县盲人工厂。1974年，更名为岳阳县社会福利工厂。是年11月，划归市民政局管辖，厂址设上观音阁。建厂时有职工28人，1976年，有职工79人。生产毛巾、围巾等纺织品。

南区福利工厂 1984年11月，解放路街道办事处所属湘丽机绣厂转为社会福利企业。1987年7月，洞庭路街道办事处所属洞庭废油加工厂转为社会福利企业。1989年3月、6月，冷水铺街道办事处所属萧湘化工厂、巴陵仪表厂先后转为福利企业。至1988年，全区福利工厂共安置“四残”（即盲、聋、哑、残疾）人员86人。1993年，岳阳铁路机务段福兴米厂、南区福利塑料工艺厂、岳阳电器开关厂、岳阳市酿酒总厂劳动服务公司包装彩印厂转为社会福利工厂。

第六节　基层组织建设

2000年10月，区政府在高山居委会进行试点，进行现代社区建设。11月，岳阳楼区被正式列为湖南省社区建设实验区。2001年，按照1000—2000户的规模，将75个街道居委会调减为55个社区居委会，并根据群众认可、体现地域特色的原则，对各社区命名。2002年，五里乡、北港乡、洞庭乡、知青场整体改制为4个街道办事处，其所辖15个村直接改制为社区居委会。解放路街道办事处并入吕仙亭街道办事处，新成立三眼桥街道办事处，境内社区居委会增至70个。2005年，市、区共投入360万元，新建、改造、扩建22个社区居委会办公用房。2006年，投入265万元，新建、改扩建31个社区居委会办公用房。2007年，投入590多万元，新建、改扩建23个社区居委会的办公用房。2009年，完成6个社区居委会办公用房的改扩建。至2010年，全区在各社区设立劳动保障服务站117个、社会救助工作站16个、社会救助服务站32个，建成社区卫生服务中心14个、卫生服务站33个。2011年，完成全区15个行政村村委会换届选举工作；出台《岳阳楼区社区工作管理绩效评估办法》。2011—2012年，选派80名机关优秀党员干部组建驻社区（村）群众工作组，担任社区工作指导员；组织“十元素进社区”“三本台账进社区”等活动。

第七节　老龄工作

2008年，为全区7位百岁老人按每人每月200元的标准发放长寿金，为65周岁以上老年人办理老年证3400多本。2009年，看望特困老人，慰问对象300人，发放慰问金4万多元。办理老年证5400多本。2010年，为65周岁以上老年人办理老年证6000多本。重阳节期间，区老龄办组织区级领导慰问看望特困老人、劳动模范和百岁老人，发放慰问金4万余元，慰问老年对象156人。为65周岁以上老年人办理老年证11000多本。2012年，组织开展“孝亲敬老月”系列活动，对全区5006名老人全部进行走访慰问，发放慰问金57.66万元。办理老年证2.5万本。2012年，启动区老年服务中心项目建设，项目用地面积23.33公顷，总投资3亿元；全区五保、城市“三无”人员供养标准达每年4800元，比省定供养标准高出3000元。全年办理老年优待证2万多本。

第八节　民间组织管理

2005年，按照新“五法”（即正常程序登记、备案登记、降低门槛登记、特殊登记、不予登记）开展调查，全区共有民间组织130家，从业人员4600多人，年经营收入130万元。2008年，新登记民间社团和民办非企业7家，办理年检20家，参检率100%。2009年，下发《关于整顿规范社团组织工作的方案》,对已登记的26家社团组织进行全面检查,对7家有问题的社团要求限期整改或责令注销。全年，新登记民间组织15家，其中社团4家，民办非企业11家；办理年检35家。2010年，办理社会组织年检47家，其中民办非企业34家，社团13家；注销3家，变更1家，新登记12家。2011年，对187家民办幼儿园进行年度考核。新登记社会组织10家，共办理年检单位95家。2012年，对全区187家民办幼儿园进行年度考核；对95家民办非企业、社团进行年检。

第四章　劳　动

第一节　机　构

民国时期，城区无劳动管理机构，劳动就业与安置由各创业工会、商会、业主自己做主，或由就业者自谋生路。

中华人民共和国成立后，城区劳动就业与安置工作由城厢区管理。1950年，城厢区始设手工业联组与区工商联共同管理城区就业安置工作。1951年，由区民政助理监管就业安置工作。1954年，成立镇劳动管理处，管理劳动就业工作，管理处仍由民政助理监管。1958年，岳州公社设立内务部，管理全社劳力调配，安置优抚工作。1960年，岳阳市设劳动科。1963年，撤市恢复城关镇，市劳动科改为镇劳动服务站。同时在城北、城南、城陵矶3个街道办事处各设有劳动站。1965年1月，镇劳动服务站更名为劳动管理所。是年8月23日，城关镇党委成立城市知识青年上山下乡安置领导小组，下设办公室负责知识青年下放工作。1968年10月12日,城关镇革委会成立,下设四个面向(即面向工厂、农村、边疆、基层)办公室（简称“四向办”），由“四向办”接管劳动管理所工作，负责招工、劳力调配与知识青年上山下乡工作。1976年,恢复岳阳市,成立市计委,内设劳动工资组负责全市劳动工资工作。是年，岳阳市委设立知识青年上山下乡领导小组办公室（简称市知青办），负责知识青年（简称知青）下放工作。1979年6月，撤销市计委劳动工资组，设立市劳动局，内设办公室、计划调配股、工资劳保股，1980年11月，市知青办并入市劳动局。1984年5月，南区、郊区均设立劳动人事科，管理南区、郊区劳动就业安置事宜。9月，更名为南区、郊区劳动人事局。1996年4月，南区、郊区劳动人事局合并为岳阳楼区劳动人事局。原两局二级机构劳动服务公司、社会保障事业管理站亦随之合并与更名,南区老龄工作委员会办公室更名后挂靠在区劳动人事局。2000年9月,成立区医疗保险服务中心。2003年9月，设立区工伤保险管理站。

第二节　劳动就业

一、就业安置

民国时期，城区人多从事个体手工业、商业、渔业、蔬菜种植等业，政府不安排就业。1950年7月，政府组织失业工人与城市贫民开展生产自救，用以工代赈、转业、还乡生产等方法，帮助266名失业工人与贫民解决生活困难问题。1952年，城区有失业人员261人，其中工人93人、知识分子24人、小业主摊贩48人、旧政权军政人员62人、城市贫民34人，除少数安排工作外，由6个居委会组织21个互助生产组，开展各种生产自救。1953年5月，互助组增至60个，主要从事加工、搬运、服务等临时性工作。1956年，随着经济建设的迅速恢复，全镇安置待业人员586人。1958年大跃进，全民大办企业，大批农村劳动力涌入城区，职工人数急剧膨胀，岳州公社有国营厂矿工人9155人、社属工厂工人4684人、商业职工2183人、文艺团体189人、郊区农业劳动力2218人、城陵矶有劳动力580人。1961年，调整国民经济，精简厂矿职工，压缩城市人口，至1963年8月，动员近1000人上山下湖或返乡参加生产，但因失学、精简机构、复员退伍等原因，城区仍有2546人待业。1963年始，城区劳动就业须经劳动管理部门介绍审查，有计划地招工，每年都有一批待业人员安置就业。至1964年4月，由于经济发展跟不上人口的发展，安置841人就业。1965年，安置244人就业，仍有5499人待业。1966—1968年，3届初、高中毕业生，被动员下放农村。1969年，随着经济建设的发展，一次从农村招收1000多名下放知青回城工作。此后每年均有知青与复员转业军人被安置在城区就业。1976—1981年，城区共安置就业人员3.5万多人，就业矛盾得到一定程度缓和。1984年，南区、郊区分别建立劳动服务公司，规定待业人员必须领取“待业证”，经劳动培训后方能就业。是年，南区、郊区共有各类待业人员2040人，其中南区1950人，郊区90人；安置864人，其中南区827人、郊区37人；南区临时安置318人；清理无计划用工1170人，农村劳动力870人。1985年，南区、郊区共有待业人员5150人，其中南区2050人，郊区3100人，是年安置3477人，其中南区815人，郊区2662人，乡村企业安置2100人，郊区清退计划外用工2680人。1987年后，企业深化劳动制度改革，打破统包统配招工模式，改为“自愿报名，公开考试，择优录取”的用工分配制度，实行全员劳动合同制，就业制度渐趋合理。至1989年，南区、郊区共有待业人员11073人，其中南区7200人，郊区3873人；共安置3948人，其中南区3078人，郊区1870人。1990—1993年，南区、郊区共有待业人员10315人，其中南区5515人，郊区4800多人；安置6074人，其中南区安置2605人，郊区安置3469人，乡村企业安置1960人；先后组织劳动力输出2191人，其中南区811人，郊区1380人；两区清退农民工2385人，其中南区清退1016人，郊区清退1369人；安置城镇待业人员1091人，其中南区355人，郊区736人；南区各级劳动服务公司安排待业人员217人。1994—1995年，南区、郊区共登记城镇待业人员8200人，其中南区4200人，郊区4000人。由于城市的拓展，郊区农村富余劳动力近2万多人，就业压力越来越大。共安置待业人员5093人，其中南区1806人，郊区3287人。南区城镇登记失业率为5.2%。是时，劳动就业倾向发生变化，两年内劳务输出占就业人员的32.75%，达到1668人，其中南区854人，郊区814人。1996—1999年，全区逐步规范劳动力市场，强化管理服务，建立网络信息发布劳动力供求价位信息，接受求职者登记，为学校、企业开展劳动力招聘活动，共安置待业人员3268人，其中区直企业329人，街道小集体企业126人，乡村企业628人，自谋职业315人，其他1870人。1999年，全区失业率为5.1%。2000—2002年，发挥社区、乡、村就业优势，共安置待业人员4607人，其中社区安置1448人，自谋职业450人，民营企业、合资企业、个体工商户安置2130人，乡村企业安置579人，全区失业率降至4.81%。2003年，全区下岗失业人员13780人，其中“4050”人员2578人，另有中央、省、市企业下岗失业人员3.7万人，通过寻找就业机会提供各类就业岗位安置待业、下岗人员19876人，全区城镇失业率控制在3.6%以内。2004—2009年，城镇待业人员不断增加，企业下岗人员需要再就业，年均待业、失业人员4589人，失业率增至5%。各级劳动部门开办劳动力市场，举办大型劳务招聘会共安置城镇待业青年和下岗失业人员 17061 人，其中失业人员再就业 8656 人，其中“4050”人员 4364 人。2010 年，共召开 25 场招聘会，提供岗位 13750 个，进场应聘 3.5 万人次。新增就业 8315 人，完成年目标任务 115%。其中农村劳动力转移技能培训 410 人，完成年目标任务 102.5%，新增农村劳动力转移就业 2611 人，完成年目标任务 130.5%。2011 年，召开大型招聘会 26 场，“四送”进社区活动 72 场次，提供岗位 16670 个，进场应聘 10 万人次。新增就业 8274 人，完成年目标任务 101%。其中农村劳动力转移技能培训 4645 人，完成年目标任务 100.2%；新增农村劳动力转移就业 2018 人，完成年目标任务 100.9%。2012 年，通过“春风行动”“民营企业招聘周”“四送”进社区等大型系列就业服务活动，提供就业岗位 9125 个，吸纳各类求职人员 4.3 万人。新增城镇就业 8258 人，完成全年任务 100.7%。其中新增农村劳动力转移就业 1042 人，完成全年任务 104.2%。城镇登记失业率控制在 4.2%。

二、再就业工程

1985 年前，劳动管理实行“统包统配”体制，人员“能进不能出”，企业普遍存在隐性失业现象，基本上不存在再就业问题。随着计划经济体制向市场经济体制转换，劳动用工发生变化，显性失业开始暴露，再就业问题随之出现。1986 年，转招工人实行劳动合同制，固定工人实行优化劳动组合，企业被组合下来的富余职工，有的由企业自办劳动服务公司开辟第三产业予以安置，有的被推向社会。当年南区建成 120 平方米就业培训中心，至年底共培训各类人员 126 人。郊区建成总面积 1423 平方米的就业培训中心。1987—1990 年，两区为下岗失业人员建立档案，登记待业人员 612 人，其中南区 305 人，郊区 307 人。两区就业培训中心采取自培、联培及岗位培训等多种形式共办培训班 25 期，培训会计、电工、塑料制品、旅业服务、印刷、缝纫、打字等学员 289 人，重新就业转业 658 人，向沿海输送劳动力 564 人。1991 年始，本地企业处于半停产、停产、破产、改制状态，绝大部分职工下岗失业。至 1993 年，各企业在南区登记下岗失业人员 1754 人，办理待业证 1109 人，至 1995 年底，两区登记速卡发证失业人员 1938 人，其中南区 1036 人，郊区 902 人。5 年中，组织转业培训 806 人，帮助重新转业就业 573 人。1996—1997 年，办理就业证 3500 个，就业卡 21 张，举办各种职业培训班 15 个，培训学员 869 人，培训后重新转换工作的 223 人。1998—1999 年，全区建立 8 个再就业服务中心，227 名下岗职工进入中心并签订托发协议，全年按“三三”制共筹措下岗职工基本生活费 136 万元，其中财政拨付 108 万元，企业自筹 17 万余元，社会筹措 11 万元。对进入中心并签订协议的下岗职工拨付基本生活费 55 万元，拨补足费 4 万多元。至 1999 年，全区企业在职工人 5652 人，下岗职工 2712 人，下岗率 48%。下岗职工已发生活费 549 人，未发生活费 2163 人，再就业者 1094 人：其中自办实体 170 人，劳务输出 136 人，自谋职业 788 人。2000 年，全区 19 家企业，在岗职工人数 1710 人，下岗职工 982 人，下岗率 57%，全年实现重新就业 1018 人，其中通过人才市场介绍 196 人，社区安置 311 人，自谋职业 150 人，民营、合资、私营安置 361 人。2001 年，对城区 23600 多个门面摸底调查，有 11700 多名下岗职工实现再就业(包括中央、省、市属企业下岗职工)。筹措再就业资金 166.9 万元：其中财政拨付 142 万元，社会筹集 10 万元，企业自筹 14.91 万元，发放下岗职工。全年安置下岗失业人员 1110 人。2002 年 5 月，组织 21 场大型招聘会，有 204 个用人单位、企业向社会提供 6058 个工作岗位，参加的求职者达 5 万人次，达成意向性求职协议 7630 人，有 2790 人成功就业，其中安置下岗职工 860 人。2003 年，实现再就业 13233 人，其中“4050”人员 1200 多人；核发“再就业优惠证”6625 个，为 2381 名下岗失业人员减免各种税费 96 万元，安置补贴经费 80 多万元，提供信贷支持 500 多万元；

全年城镇失业率控制在3.6%以内。2004—2007年，新增就业人员分别为4013人、2691人、2883人、3527人，其中"4050"人员分别为1806人、927人、1642人、686人。免费为符合条件的人员发放"再就业优惠证"21228本。2008—2009年，实现再就业8172人，其中"4050"人员2284人。办理"再就业优惠证"18289本。2009年，对外湖捕捞作业渔民3063人进行帮扶，仅西瓜山社区就有145名上岸渔民安置就业。2010年，下岗失业人员再就业安置4316人，完成年目标任务的105%；"4050"人员再就业安置2346人，完成年目标任务105.4%。2011年，下岗失业人员再就业安置4189人，完成年目标任务102%；"4050"人员再就业安置2525人，完成年目标任务113%。2012年，下岗失业人员再就业安置4162人，完成年目标任务101.5%，其中就业困难再就业安置2120人，完成年目标任务102.9%。

三、知识青年上山下乡

1957年10月，城厢镇首次动员72名中、小学毕业生到农村安家落户。1961—1963年，共动员350户、1039名居民与职工家属返乡参加生产。1962—1963年，动员153名知青上山下湖。1964年，城区29名知青下放镇解放园艺场，19名下放城郊古井大队，从事农业生产。1965年8月，城关镇党委成立知青上山下乡安置领导小组，动员城区知青上山下乡。1968年，全镇掀起动员知青上山下乡高潮。10月16日，首批知青300余人分别下放广兴洲区、麻塘良种繁殖场。随后，1966年、1967年、1968年三届初、高中毕业生（简称"老三届"）除极少数外，全部下放农村接受再教育。至1969年，全镇共下放3129人，其中，"老三届"毕业生与社会青年2208人，居民378户、921人，遣送管制对象44人。至1971年，共下放知青、城镇居民4800多人。下放知青绝大部分在农村社队插队落户，部分下放农林茶场。有些知青则投亲靠友，下放到外省外地。1971年后，城区知青开始包分配，部分升学、就业，大部分下放农村。1976年，学习株洲市厂、场挂钩，对口下放的办法，各单位知青与农村社、队、场挂钩，集体定点下放，由单位派人领导，加强对知青的管理，全市先后有4000多名知青集体安置在233个农、林、茶、果场。

1977年4月，全市第一次知青工作会议统计：1962—1965年下放知青793人，1968—1969年下放知青4309人，1970—1973年下放2032人，1974—1976年下放6320人，14年共下放知青13454人，加上集镇及外地知青共下放16566人。至1977年，全市共下放知青18434人。1978年，下放知青病退回城或滞留城市的日渐增多。1979年，落实下放知青政策，下放知青陆续回城就业。是年，全市在乡知青仍有4327人，其中1972年以前下放的667人，加上留城待业青年3243人，共7570人。市委安排各行业、各战线优先安置1972年以前的下放知青就业，以后逐年安置1973年以后历年下放知青。至1982年，下放知青陆续回城就业。

第三节　劳动工资

清末民初，境内工人无一定的工资制度，职员与工人工资由业主自行做主。发放标准不一，发放方式或付银元、纸币，或发大米；发放方法，或按日付给，或按月计算。清光绪二十五年(1899)出版的《商报》载；湖南岳州木工、民工、石工每日用银，自食160文，给食100文。是时每升中等白米价格30文，雇工每日所得折合粮食3—5升（每升0.75公斤），工作时间在10小时以上。民国11年(1922)7

月19日岳阳《大公报》记载岳阳劳动工资“制造器具之劳动者，木器家具，日给供食，工资普通三角，普遍二角……。男仆月给供食，工资三元三角，女仆月给供食，工资最高三元。以上工资均以银元折算。民国37年（1948），工资大都以法币计算，由于通货膨胀，法币贬值，物价飞涨，职员工人以微薄工资难以糊口。

中华人民共和国成立后，政府实行按劳付酬的分配制度。南下干部实行供给制，伙食、服装、津贴由国家包干供给；新参加工作的国家机关工作人员，比照供给制实行，职工实行实物薪金制，一般以大米折算。1952年，第一次工资改革，全省实行“工资分”标准。每一工资分合三机米1市斤，龙头细布0.13市尺，植物油0.025市斤，食盐0.025市斤，煤2市斤。国家机关工作人员改为供给制加津贴制度，厂矿企业职工实行八级工资制。1959年，调整部分职工工资。1963年，给部分工资偏低的干部职工调整工资，调整面为40%。1965年，第二次工资改革，取消工资分与津贴制，全部改为工资制。是年，城厢镇机关与全镇工人均进行工资级别调整。镇机关参加工调的23人，调整前年总工资为919元，调整后为1369元，人均59.52元。工人则按技术等级确定工资等级。是时，国家规定十一类地区工资标准，岳阳属二类工资地区。1971年，给低等级干部职工调整工资。1975年，对1975年前参加工作的三级工，1960年前参加工作的二级工，1966年参加工作的一级工和低于一级工的工人调高一级；1975年参加工作的二级工，1960年参加工作的一级工和低于一级工的可提高两级。是年，城关镇419名机关干部职工属调整范围的143人，占43%，实际调级137人，其中，调两级的30人，调一级的107人；镇属集体企业事业单位5403人，应调级的1423人，实调1381人，调整后月工资总额20.68万余元，比调整前增长10.1%。1977年、1978年、1979年、1981年、1982年，国家先后5次调整工资级别。1983年，全体干部、职工普调一级。1985年，实行工资改革，国家机关与全民事业单位职工实行结构工资制，按基础工资(40元)、职务工资(职务等级)、工龄工资(每年0.5元)三项合计为标准工资。是年，还有790名区属企业职工靠级。1986年，有589名企业职工升级。1987年，有2989人调整工资类别。1987年，推行企业责任制，工资与企业劳动效益挂钩，上下浮动。同时，各单位还发放各类奖金、粮食补贴、补助津贴等，各种奖金津贴的总和，有的超过工资数倍。

1990年，南、郊两区劳动局为79家全民集体企业、83家街道小集体企业，共5222名职工调整1—2级工资，月增资金额52481元，人均月增资10.05元。

1991年，南区实行工资总额同经济效益挂钩，挂钩面扩大到29家企业，挂钩户数占60%以上，核定挂钩工资总额基数229.4万元，实现税利基数207.3万元。是年，郊区在区供销社实行工资储备制度，规定企业当年新增效益的30%用于储备、不准挪作他用，以备企业以丰补歉稳定职工收入。

1992—1994年，南、郊两区推行工资总额与经济效益挂钩企业达106家，其中南区61家，郊区45家，为4228名企业干部职工浮动工资标准，为2442名职工办理效益升级工资。

1995—1996年，区属全民企业、集体企业、街道小集体企业的干部职工均实行工资总额与企业经济效益挂钩，共为121家企业、4236名职工浮动工资标准，为1896名职工办理效益升级工资。是年，全市最低工资标准为人月均175元。

1998年，全区实施企业工资指导线，为24家企业审核工资增加量计划，共为1433人增加档案工资。1998年7月至1999年6月最低工资标准确定为人月均215元。

1999—2000年，企业工资按照“市场机制调节，企业自主分配，职工主动参加，国家监控指导”原则，共为60家企业，5956人次套改升级，人均增资86元；为4家经济效益较好的企业187人办理效益升级。2001—2003年，对经济效益较好的企业职工按“企业工资指导线”为2386名职工调资升档。

2005年，按照市劳动局下发全市工资指导标准，为区属23家经济效益好的企业职工752人提升工资，并核定改制企业职工的档案工资120人。2008年，对全区67家单位、7362人进行工资普调，对全区行政事业单位6000多人的津补贴发放进行考核，对考工定级合格的358人和新晋级的60名专业技术人员进行工资调整。2009年始，逐步推进企业工资集体机制。2012年，全区签订工资集体协议266份，覆盖企业827个，覆盖职工41118人。其中，单独签订工资集体协议的企业244个，覆盖职工22651人；签订区域性工资集体协议17份，覆盖企业541个、职工12087人；签订行业性工资集体协议5份，覆盖企业42个、职工6380人。建工会组织工资集体协商建制率达80%。

第四节　劳动保护

一、安全生产

民国时期，各工场、作坊均无安全生产机构与设施，工人劳动时间长，劳动条件差，工伤事故频繁，工人因工伤得不到治疗或抚恤，反而被工场解雇。

1952年，国营二一一工厂、省集材场建立厂（场）、车间、组三级安全生产管理制度。1956年，县、镇生产单位开始建立工人伤亡事故统计报告、安全生产检查等规章制度。1964年，镇属各企业在厂、车间、班组成立安全领导小组，各工厂、车间安装防暑、通风、防寒、防冻、防尘、防毒、防火、防水等安全设施。1980年，开展“安全月”活动，开展安全生产大检查，消除一批隐患。1986年4月，区委与南区劳动局对全区21家企业进行安全大检查，进一步落实主管安全生产的领导人，设立兼职安全员22人；郊区督促各单位成立安全生产领导小组，指派专人抓安全生产，并转发劳动部、最高人民检察院《关于查处重大责任事故的几项暂行规定》。1987年，两区对特种作业人员进行摸底，举办6期电工学习班，给114名电工发放操作证，培训锅炉安装工23人。1988—1989年，两区共办各种特种作业人员与安全生产培训班22期，培训1100多人。1989年，结合“安全质量月”活动，再次对两区企业进行安全生产大检查，清除隐患30多处；通过发放安全生产资料、图片展览、参观学习等，讲授《劳动保护法规》《安全生产与法制》《事故防患与处理》，开展各种形式的安全生产教育。1990—1994年，南区共配备安全员110余人，有12家企业获市劳动局颁发的“安全资格证”，对9家合格建安企业13台蒸汽锅炉进行全面检查、整顿、验收，共查出事故隐患131起，整顿130起；举办特种创业和安全培训班4期，培训学员210多人次。1991—1994年，郊区共配备安全员93人，有7家企业单位获市劳动局颁发的“安全资格证”，评选出3家合格建安企业，对9台蒸汽锅炉进行全面检查、整顿、验收，共查处事故隐患78起，整改78起，举办特种创业和安全培训班4期，培训学员160多人次。1998年，联合消防大队对辖区200多家企业的消防设施进行检查，对69家建筑施工单位的安全生产资格进行年审，检测大型起重机械2台，定检在用锅炉15台，检查整顿液化气和乙烷供应点50多家，处理生产事故11起。1999年，开展春节安全生产大检查，5月开展“安全生产周”，年底举行“日日安全生产”无事故活动。2000年，对9台微压生产锅炉进行检查，对特种作业人员进行培训，核发证件110人册；检查施工现场30个，下发整改通知10份，检查燃气充装点70家，没收不合格气罐25只；对20名爆破手进行培训，对南津港渡口进行安全检查，对存在安全隐患的白马渡实行停渡；对17台果洛压力容器进行检查，对8家企业的安全隐患下发整改通知7份。2001年，对全区400多家各类容易出事单位要求配专（兼）职安全员；举办2期电工、3期焊工培训班，培训学员169人，培训采石场爆破手30多人；对12家企业、11家中外合资企业、58所学校、41家石头厂、23家采石场、26处建筑工地、96家液化气充装点、260个烟花爆竹储存点、25台在用锅炉、187座中小型水库进行检查，排除事故隐患300多处，下发整改通知363份，销毁过期炸药415公斤、雷管1550支、导火线1200米。

2005年，区委、区政府将安全生产纳入年度综合考评，并实行“一票否决制”，有43个单位向区政府递交安全生产责任状；组织对烟花爆竹、危险化学品、建筑施工现场、道路交通、非煤矿山、消防安全、电力线路、食品安全等专项整治，共整治重点隐患21处。

2006年，开展安全检查4次，进行专项整治6次，排查安全隐患600多个，整改安全隐患580多个。2007年，开展安全生产检查8次、专项整治6次，共检查生产经营单位1.05万家，查处安全隐患2000多处。

2010年，对33家涉危企业、加油站进行执法检查，排查隐患60余处，有效整改隐患54处；对大型集贸市场进行3次排查和集中整治行动，共排查1031个单位（企业、门店），排除安全隐患370处，下达整改指令128份。2011年，检查企业、门店660余家（个），排查隐患150余处。

2012年，对全区建筑施工企业、交通港口码头和环卫一线劳动场所以及城乡结合部砖窑、小作坊等领域进行地毯式的夏季高温劳动保护专项检查。共检查49家相关企业，涉及劳动者800多人。对全区范围内企业开展了为期一个月的用人单位遵守劳动用工和社会保险法律法规情况专项检查。检查涉及建筑、制造、餐饮企业以及其他劳动密集型企业23户，涉及劳动用工人数1039人，共发放《社会保险法》、工伤保险政策简要告知以及相关文件等宣传资料共3000多份。

二、劳动福利

1953年，城区各企业普遍实行“三八”作息制度（即八小时劳动、八小时学习娱乐、八小时休息），节假日（元旦、春节、“三八”妇女节、“五一”劳动节、国庆节）休息制度。1958—1961年“大跃进”时，实行大强度大兵团连续作业，全镇有4000多名妇女与女工患妇科病，各级政府立即采取措施，发放妇女卫生用品，减少妇女劳动强度，增加营养，调换适当工种，使妇科病发病率得到控制。1964年，镇属各企业开始发放工作服、鞋帽、毛巾、肥皂等劳动防护用品，职工生病享受工资照发的待遇，6个月后可领取月工资40%—60%；丧失劳动能力的，可享受退休待遇；职工因公死亡，按比例发给家属救济抚恤费，其子女可优先安排或顶替工作；女职工生育可给产假56天，工资照发。1984—1987年，南区集体企业用于职工劳保福利经费共134.9万余元，其中，离退休、退职费68万余元，职工丧葬抚恤、医疗、卫生、生活补贴及其他各项病列补贴66.5万元。1987—1989年，南区劳动局举办劳动保护班7期，为企业培训劳动保护骨干。1989年，督促污染较严重的洞庭油毡厂、光华印刷厂铸字车间进行改造，改变生产环境。将新征被服厂、吕仙亭街道办事处工矿服装厂、郊区洛王服装厂、君山手套厂为劳保用品定点厂。

1992年后，随着市场经济的确立，区街与乡村企业先后改制为民营企业，各企业对职工的劳动福利有所降低，以前国家颁布的劳动福利法规得不到良好的执行，各种劳保费用被减或停止发放，工伤事故不断，劳动纠纷增多。

第五节　劳动调配

1950—1983年，城厢镇、岳阳市工人劳动调配须服从工厂或劳动管理部门统一调整或分配，工人与干部不能随意要求调换工厂或工作岗位，否则便会遭受开除等处理。1984年，企业临时用工缺乏统一管理，人力、财力浪费严重，南区各工厂企业共调入职工37人，调出8人，区内调整11人。1985年，由劳动服务公司制定用工计划，统一调配劳动力，南区各工厂企业调入职工35人，调出11人。1986年，南区、郊区管理“劳动用工合同鉴证”共920份，其中南区471份、郊区449份；安排临时用工26239人，其中南区15299人、郊区10940人。1987年，南区、郊区各工厂企业共调入职工226人，其中南区126人、郊区100人；调出158人，其中南区111人、郊区47人；办理“劳动合同鉴证”320份，其中南区200份、郊区120份；安排临时用工6578人，其中南区3678人、郊区2900人。1988年，南区、郊区各工厂企业共调入262人，其中南区107人、郊区155人；共办理劳动合同鉴证152份；安排临时用工6798人，其中南区3678人、郊区3120人。1989年，南区、郊区各工厂企业共调入221人，其中南区137人、郊区84人。1990—1993年，南区、郊区共调入职工326人，其中南区217人、郊区109人；调出职工196人，其中南区104人、郊区92人；共办理劳动合同鉴证986份，其中南区489份、郊区497份；安排临时用16789人，其中南区6920人、郊区9869人。

1994年始，随着经济体制改革的深入发展，统一调配职能逐步消失，调剂性流动劳力主要依据市场机制对劳动力的配置，劳动力按市场经济运作，“双向选择”（即企业根据生产需要选择职工，职工按本人意愿选择企业）。越来越多的职工开始选择劳动条件好、工资高、福利待遇好的企业。

第六节　劳动执法监督

1996年，南区劳动局成立劳动监察中队，配备劳动执法监督员5人。劳动监察中队广泛实行劳动法律、法规，建立举报投诉制度，执法检查制度。全面清理整顿全区民办职业中介机构26家，取缔违法、违规中介机构12家。

1997年，岳阳楼区劳动局对辖区内的“三资”私营企业劳动用工进行全面检查，共检查16户，查处有损职工权益行为13起，对7家产生问题的企业下发整顿通知。1998年，对全区220个单位进行劳动用工年检，发放年检合格证203个。对区政府汽修厂等19个单位违反《劳动法》的情况进行整改，补签劳动合同379人。处理劳动纠纷案5起，结案率100%。1999年，对210个单位进行用工年检，发放年检合格证205个，续签劳动合同书472份，调解各类劳动纠纷65起，处理违法案件15起，劳动合同鉴证328人，解除劳动合同200人。

2000年，对境内用工单位进行年审、年检，受检单位223个，合格率90%以上，补签劳动合同600余份，全年共接待群众咨询、投诉300多人次，调处大、小劳动纠纷40余起，调解劳动争议案件10起。2001年，对辖区内沿街门面、私营企业、个体工商户在劳动用工、工资福利、职业技能培训、遵守工时、女工保护、未成年人保护及安全卫生条件等进行全面检查，对175家用人单位发出检查通知，已督检106家，下达限期整改通知书95份，下达劳动检查询问通知书27份，完善劳动用工16家。

2002年，对106个在建工地下发整改指令书83份、询问通知书20份，完善签订劳动合同8232份，接受工资投诉案件138起，结案135起，退还押金7万多元，补发拖欠工资12万多元，查处违法从事职业中介机构和单位74户。2003—2004年，共检查用人单位860家，查处违反劳动合同案件76起，清退童工13人，支付拖欠工资27.6万元，清退非法收取押金11.4万元，纠正加班不支付工资行为63起，查处72家存在劳动安全隐患企业和建筑施工单位。

2005年，开展专项监察、巡视督察，涉及劳动者3500人次，查处违法案件112起，受理拖欠克扣工资举报案件42起，为农民工追讨工资44.59万元，清退押金3.2万元，督促用人单位补签劳动合同5560份。2006年，对23个单位劳动执法监察，督促企业缴纳社会保险费400万元，补签劳动合同3494份，补发拖欠职工工资108万元，受理拖欠农民工工资举报案件243起，涉及农民工641人，追回拖欠农民工工资94万元；查处使用童工2起；清退童工2人，依法取缔11个非法职业中介机构，清退被骗钱财2200元；发放劳动保障法规资料1.8万余份；接受政策咨询1200人次。2007年，清理整顿职介机构，明察暗访砖瓦窑，对禁止使用童工进行5次检查。先后监察用人单位291个，督促企业缴纳社会保障费195万元，补签劳动合同8500份，补发拖欠工资158.6万元，受理拖欠农民工工资举报案件92件，涉及农民工1593人，追回拖欠农民工工资117.69万元。2008年，举办《劳动合同法》培训班，153家行政事业单位、479家区直企业与个体私营企业参加，发放劳动合同范本1万余份，全年督促签订劳动合同4323份。设立开通“12333”劳动维权热线，接待受理群众举报投诉案件123起，开展打击小煤窑、小矿山、小砖厂、小作坊用工执法专项行动，督促全区21家“四小”企业单位建立用工台账；有714名农民工与用人单位签订规范劳动合同；处理拖欠农民工工资案件17起，为44名农民工追讨工资押金21.83万元。2009年，对360多家用人单位开展执法检查，督促签订劳动合同350份，协助养老保险扩面2600余人，督促用人单位缴纳社会保险金200余万元。

2010年，检查用工单位1301家，涉及劳动者7852人，签订劳动合同3715份，督促企业缴纳社会保险费156万元。配合有关部门关闭城陵矶砖厂，对121名贵州、云南、四川籍民工给予经济补偿与返乡路费28万余元。2011年，共受理投诉和举报案件186件、625人，追回拖欠工资和押金56万元，举报投诉案件的处理率、结案率达100%，处理群众性劳资纠纷事件15起。2012年，开展劳动年检367家用工单位，涉及劳动者7350人；签订劳动合同鉴证186家，涉及劳动者1360人；签订工资集体协议266份，覆盖827家企业、41118人。全年受理举报投诉62起，立案处理62起，涉及劳动者158人，追回工资、押金15万元，结案率100%。

第七节　劳动争议仲裁

1992年，南、郊两区成立劳动争议仲裁委员会，两区劳动人事局设劳动争议仲裁股，宣传劳动法律法规，签订劳动合同2327份，其中郊区906份。1993—1994年，督促137家企业签证劳动合同3272份，其中郊区1523份，纠正无效劳动合同463份，受理劳动争议案件6件，结案6件。1995—1996年，督促264家区直“三资”企业、个体私营企业鉴证劳动合同4876份，其中郊区2132份。纠正无效劳动合同632份，其中郊区265份；受理劳动争议仲裁案件21件，其中郊区9件，结案率100%。

1997—1999年，督促鉴证劳动合同1473份。接待劳动纠纷案75起，处理违法案件3起，调处劳动纠纷案2起，受理劳动仲裁案件3起，处理违法案件5起，解除劳动合同200余人。2000年，接待劳动者咨询，投诉300多人次，调处大小纠纷40余起，调解劳动争议案件10起，受理劳动争议仲裁案件8起，开庭仲裁5起。2001年，受理劳动争议仲裁案件18起，结案16起，鉴证劳动合同1000余人次，续签劳动合同鉴证2000余份。2002—2004年，接受劳动争议案件36起，下达不予受理通知书14起，受理立案12起，通过仲裁裁决结案8起，调解结案3起，裁决处理遗留案件4起，仲裁时效内结案率100%；处理劳动纠纷12起，接受并回复当事人咨询160余人次，调解协议解除改制职工劳动关系270人。2005年，受理劳动争议仲裁案件19起，裁决调解结案11起，下达不予受理通知书6起，裁决处理遗留案件4起，仲裁案件时效内结案率100%，接受回复政策咨询60余人次，全程参与3家企业改制。2006—2007年，共受理劳动争议案件54起，立案49起，结案27起，调解22起，结案率96%。2008—2009年，共接待来访1000余人次，为2000多人次提供劳动法律咨询服务。受理劳动争议案件101起，立案101起，结案87起，结案率92%。其中调解处理45件。

2010年，受理劳动争议案件108起，结案93起，为劳动者挽回经济损失350余万元。2011年，受理案件213起，结案率100%，调解率保持在70%左右；通过劳动仲裁，432名劳动者合法权益得到有效保障，挽回劳动者经济损失966.3万元。2012年，仲裁受理劳动争议案件65起，涉案金额260.5万元。结案60起，其中调解结案41起，调解率保持在70%左右；裁决19起，不予受理方式结案5起，结案率100%。

第五章　社会保障

第一节　养老保险

1951—1952年，全民所有制企业职工养老保险按《劳动保险条例》执行，凡年满60岁、一般工龄满25年，在本企业工龄满10年的男职工；年满50岁、一般工龄满20年，在本企业工龄满10年的女职工，可以退休。退休养老金按本人原标准工资60%发给，发至死亡为止。

1953—1958年，按修正后的《劳动保险条例》执行，企业工龄由10年改为5年，养老金的标准调至50%—70%。1958年2月，退休条件有所放宽，一般工龄男职工为20年，女职工为15年；男满50岁，女满45岁，连续工龄5年，一般工龄满15年，或虽未达到这个年龄但连续满5年，一般工龄满25年，身体衰弱，丧失劳动能力的，可以退休。职工丧失劳动能力退休，退休金为本人原标准工资的40%—60%。

1978年，职工退休条件连续工龄由5年改为10年，取消一般工龄的规定，退休金由40%—70%提高到60%—90%。1989年6—12月，郊区社会劳动保险事业管理站共征缴72个单位、256名全民合同制工人养老保险基金38.2万元，征缴率80%，征缴标准为用人单位每人每月17元，职工每人每月2元。1992年7月，成立郊区养老保险委员会。养老保险社会统筹基金征缴标准由12%提高至14.5%。征缴额每人每月由20.5元增至22.5元。1993年，基金征缴标准提高到到16.5%。征缴额每人每月增至31.5元，另外多种形式用工（集体合同制工人、临时工、乡镇企业职工）开始投保，全年新增参保人数436人，征缴基金7.88万元。

1991年，南区社会劳动保险事业管理站征缴全民合同制工人(行政事业单位中的全民合同制工人)单位201家、242人养老基金6.7万元，征缴集体制企业38家、582名集体合同制工人基金8.63万元。1992年，将全区大集体企事业单位(含居委会)中的国家干部、全民固定工、大集体职工、在岗的1971年底以前进单位的临时工、居委会干部和离退休退职人员全部纳入养老保险统筹范围，基金征缴标准按统筹单位职工工资总额与退休费用总和的18.8%，征集标准每人每月为26.5元。是年，从68家企事业单位、1664人征缴统筹基金15.82万元，为251名离退休人员拨付离退休费87.1万元。1993年3月，成立南区养老保险基金委员会，根据“以支定筹，略有结余”的原则，全年征缴基金48万元，拨付离退休费43万元。是年5月，根据南区政府《关于试行〈岳阳市南区直企业职工大病医疗费用统筹暂行办法〉的通知》，对需抢救的急病，住院治疗的各种内脏疾病(器官移植除外)、恶性肿瘤、严重外伤(违反《治安管理条例》除外)、女职工生育难产所引起的并发症手术后规定的恢复期治疗等，都属大病统筹病种。全年在23家单位1480多名在职和离退休人员中征缴基金3.3万元，为26名大病住院人员拨付大病费1.58万元。至1996年6月，共征缴基金14.16万元，拨付费用10.62万元。

1996年，全区企业参保单位149家，参保人数18825人，其中国有企业28家，参保人数2908人；区直集体企业46家，参保人数15567人；其他单位75家，参保人数350人。企业离退休人员517人，其中国有企业139人，区直集体企业372人，其他单位6人。是年，征缴养老基金138.56万元，拨付离退休费63.73万元。南郊两区合并后基金结存640.67万元，其中郊区449.3万元，南区191.37万元。1997年，企业养老保险统筹征缴基金141.87万元，拨付退休费226.03万元，出现基金缺口84.16万元。是年，从全区122家参保单位、4532名工作人员中，征缴基金316.13万元。1999年，企业养老保险统筹费缺口126.79万元。12月底，补发企业历年拖欠32家单位、513人退休费8.67万元。

2002—2003年，共征缴企业养老保险金1000.23万元，拨付退休人员退休费1141.56万元。2006—2007年，共征缴企业养老保险基金2986万元，拨付退休人员退休费2260万元。2007年，新增参保人员2318人，新增参保人员中主要是个体工商户、私营企业雇员。是年，有企业退休人员1898人。2009年，从438家企业、13177人中，征缴企业养老保险金3826.71万元，其中以个人身份缴纳的参保人数10783人，征缴基金2138万元，企业退休人员2568人，拨付退休费用2472.2万元，企业退休人员的退休费用100%实行社会化发放凭存折到银行领取。至2009年，企业退休人员连续6年增加退休金；中央和地方财政补助企业养老金3702.73万元。

2010年，企业基本养老保险新增参保5078人，征缴基金6491万人；机关事业养老保险共征缴基金2512万元；共为2605名企业离退休人员发放养老金3249万元，为2387名机关事业单位离退休人员发放养老金3290万元，社会化发放率达100%。积极筹备被征地农民养老保险的实施，完成《岳阳楼区被征地农民养老保险实施方案》起草。2011年，基本养老保险新增参保3256人，征缴基金7503万元；机关事业养老保险共征缴基金3288万元。共为3484名企业离退休人员发放养老金4210万元，为2503名机关事业单位离退休人员发放养老金3701万元，社会发放率达100%。2012年，企业养老保险征缴基金12236万元，同级财政补助100万元；机关事业养老保险参保7622人，征缴基金2966万元。共为3484名企业离退休人员发放养老金4210万元，为2503名机关事业单位离退休人员发放养老金3701万元，社会发放率达100%。

第二节　失业保险

1986年7月，国务院颁布《国营企业职工待业保险规定》，将失业保险的覆盖范围规定为宣告破产企业的职工、濒临破产的企业在法定整顿期间被精简的职工、解除劳动合同的职工、企业辞退的职工。待业保险基金的缴纳标准，企业按全部标准工资总额的1%逐月缴纳，在规定时间内不缴纳的，每延迟一月加收5%的滞纳金。

1987年，先后在南、郊两区劳动人事局下属劳动服务公司成立待业职工管理股，按照《湖南省待业职工组织管理暂行办法》收缴和发放待业保险费。是年，南区待业保险股征缴43人、基金328.94元，发放16名待业人员费用2032.89元。1988—1992年，南区有56个单位、936名职工参加待业保险，征缴基金1.34万元，发放16人待业保险费0.98万元。1993年5月，待业保险范围由全民企业扩大到"三资"集体企业，待业职工登记的对象由4种人扩大到8种人，征集待业保险基金的标准为职工工资总额的1%。1993—1995年，南区共征缴4998人待业保险金13.49万元，发放待业保险费7.55万元。

1996—1998年，全区有129个单位、7685名职工参加待业保险，收缴基金18.9万元，发放待业保险费15万元。1999年1月，国务院颁布《失业保险条例》，将待业救济金改为失业保险金，调整失业保险费的缴费比例，确立单位与个人保险费分担机制，单位承担失业保险费率由1%提高到2%，个人由不缴费改为按本人工资的1%缴纳。将失业保险金的给付标准与最低工资和城镇居民最低生活保障线挂钩。《失业保险条例》规定失业保险限量水平低于当地最低工资，高于当地城镇居民最低生活保障线。

2000—2001年，共在222家单位、3100人中征缴企业职工失业保险金40.43万元。为7家企业28名失业人员发放生活费7万元。一次性救济特困企业6.6万元，为下岗职工支付再就业培训费4万元，共计拨付17.61万元。2002—2003年，共征缴4689名企业职工失业保险金44.31万元，发放失业保险金23.7万元。2004—2006年，共征缴18668名企业职工失业保险金280.94万元，发放失业保险金310.63万元。2007—2009年，共征缴12119名企业职工失业保险金465.71万元，发放失业保险金358.99万元。

2010年，失业保险参保人数1611人，收缴失业保险费173万元。2011年，新增参保1198人，占年计划的140%，完成基金征缴额245万元，占年计划的153%。2012年，完成新增参保893人，占年计划100.5%，完成基金征缴438万元，占年计划200.8%。

第三节　工伤保险

2003年9月，设立区工伤保险管理站，负责全区工伤保险基金征缴和工伤费用发放工作。2005年11月底，全区工伤保险参保职工达2289人，基金征缴7万多元。2007—2008年，从集体企业208名，灵活人员1023名参保人员中征缴工伤保险基金99万元。2009年4月，全区全额拨款事业单位的工伤保险基金纳入财政预算，由区财政一次性缴纳工伤保险基金专户。是年11月，《岳阳市职工因患血吸虫病享受工伤待遇实施办法》规定，血吸虫病享受工伤保险范围，工伤保险交费在原有标准基础上提交0.5%，用以解决血吸虫工伤保险费用。是年，从1608名参保人员中征缴工伤保险费120万元，其中，财政事业单位20万元，集体企业28万元，灵活人员72万元。同时扩大工伤保险覆盖范围，将城区建筑、矿产、房产等企业改制纳入工商保险缴费，以确保劳动者基本权益不受侵害。

2010年，新增工伤保险参保职工1968人，全年征缴基金260万元。2011年，加大对建筑行业、商业服务业、农民工的参保扩面力度，全年新增参保人数3163人，全年征缴基金293万元。2012年，参保人数达3.77万人，全年征缴基金471万元。

第四节 医疗保险

2000年9月，成立区医疗保险服务中心。根据“先易后难，严稳起步，以点带面，逐步推进，不断完善，平稳推进”的原则，启动医疗保险。是年，共发放IC卡5600多张，全区参保单位170个，参保人员5000余人，缴纳医保基金100多万元。2001年，参保单位190家，参保人数6400人，启动145家、5500人，征缴医疗保险金400多万元。完成近1万多人的登记造册、填表制证、照相制卡、接待400多名医疗病人和特殊病种病人。住院病人216人次，统筹基金支出580368元；转诊转院23人次，大病8人，其中癌症5人，尿毒症2人，脑溢血后遗症1人。2002年，全区医疗保险参保单位252家、7243人，征缴医保基金收入352.15万元，其中铺底资金13.78万元，大病互助资金41.83万元。全年医疗保险费用支出271.17万元，门诊及买药50553人次，费用支出152.11万元；住院276人次，费用支出110.76万元；特殊病种人数78人，费用支出8.3万元。是年增加参保单位32家、1100人。2003年，全区医疗保险参保单位300家、11042人，征缴医保基金收入606.18万元，全年住院409人，转诊转院18人，特殊病种164人，大病互助16人，特殊人群住院、普通门诊共91人。大病保险费用支出373.36万元。2004年，全区医疗保险参保单位310家、16012人，征缴医疗保险基金收入779.33万元。是年，医疗保险覆盖范围扩大到城镇灵活就业人员，参保人数2100人，征缴医疗保险基金96.31万元。全年医疗保险费用支出665.53万元，其中，统筹支出390.99万元，个人账户支出127.59万元，大病互助支出65375万元；特殊病种支出55.2万元，公务员补助支出26万元。

2005年，会同区卫生局、区物价局对全区定点医院、卫生院、药店进行抽样考核。全区医疗保险参保单位333家、16880人，征缴医保基金收入860万元，全年医疗保险费用支出766万元，其中统筹支出320万元，个人账户支出300万元，大病互助支出50万元，特殊病种支出46万元，公务员补助支出50万元。2006年，发放医保政策宣传资料2万多份，免费义诊2000多人次，免费发放药费3000多元。全年参保单位335家、18040人，其中灵活就业人员参保14583人，征缴医疗保险基金1179.42万元（单位按工资的0.7%，个人按工资的2%计征），医疗保险基金支出858.91万元，其中大病互助支出50万元，特殊病种支出37.19万元，公务员补助支出43.64万元。全年查处违纪违章107例，拒付医疗保险基金312351元，为69名离退休干部和61名二等一级伤残军人进行全面体检。2007年，参加医疗保险人数21365人，其中灵活就业人员5422人，征缴医疗保险费1560万元，医疗保险基金支出1049万元。与170家零售药店签订协议，参保人员门诊就医刷卡58971人次。查处未达入院指征病人40人，挽回医保基金损失8.5万元；查处不合理费用20起，挽回损失9万元。2008年，征缴医疗保险基金2462万元，其中城镇职工23721人，征缴基金1596万元；城镇居民116158人，征缴基金866万元。医疗保险基金支出776.5万元，其中城镇职工基金支出505.7万元，城镇居民基金支出198

万元，特殊病种基金支出63.8万元，伤残军人基金支出9万元。

2009年，新增医疗保险参保人员1504人，征缴基金1145万元。2010年，新增参保人员2243人，监管医院622院次，监管病人7957人次，监管覆盖率60.89%。2011年，新增医疗保险参保人员916人，征缴城镇职工基本医疗保险金2538万元。2011年，新增参保人数916人，征缴城镇职工基本医疗保险金2538万元。2012年，全区城镇居民医保登记参保22.1万人，征缴基金4389万元，门诊统筹率100%；城镇职工医疗征缴基金1908万元。

第五节　生育保险

2004年9月，生育保险启动，全区参保单位169家，5000多人纳入生育保险。2005年，征缴生育保险基金40万元，支付生育保险基金12万元。2006年，生育保险参保人数9450人，征缴生育保险基金23万元。2007年，生育保险参保单位251家、11495人，征缴生育保险基金48万元，生育保险基金支出11.7万元。2008年，生育保险参保人数14030人，新增2535人；征缴生育保险基金40.8万元。2009年，新增生育保险参保人员1515人，征缴基金38万元。2010年，新增参保人员1758人，征缴基金83万元。2011年，新增参保人员828人，征缴基金70万元。2012年，征缴生育保险基金106万元，完成全年任务118%。

第十八篇　文　化

第一章　群众文化

第一节　群众文化团体

30年代，境内成立京剧票友社——三益社，有社员30多人。1956年上半年，组建手工业联社文工团，有团员30多人，以城、郊区为主要活动范围，业余时间排练演出。1956年，组建二一一工厂文工团，为当时著名业余文艺团体。1958年，组建岳阳一中红旗文工团，以学生为主，在当时颇有影响。1977年5月，组建向阳花红领巾演出团，由城区各小学抽调的文艺骨干组成。

70年代至80年代初，北区（今岳阳楼街道办事处）组织皮影戏剧团，原南区（今吕仙亭街道办事处）组织木偶戏剧团、青年歌咏队、老年京剧队、铜管乐队、杂技魔术队，城陵矶区组织光明剧团，市文化馆组织“洞庭春”演唱团。80年代后，一些新的文艺团体相继出现，有铁路俱乐部、岳阳造纸厂、市委老干局3个“京剧沙龙”，代代红小学“红领巾”歌舞团、青年路小学“小青螺”歌舞团、岳师附小“百灵鸟”小乐队、南区实验小学合唱队。

90年代，群众文化活动进一步普及与发展，全区普遍建立社区老年活动室与社区文化中心。一些市民和业余爱好者自发成立小剧团、小乐队和小俱乐部等活动群体，活动开展得好的有郭亮社区京剧票友社、金鹗山社区“夕阳红”俱乐部、三五一七工厂“青松俱乐部”。

2012年，全区社区文体活动队伍发展到106支，有活动骨干7700人，常年参加活动群众超过30万人。

第二节　群众文化活动

一、文艺汇演

自古以来，岁时节日，喜庆丧葬，祭祀庙会，城区人们都要击鼓弹唱，形式不拘。北宋范致明《岳阳风土记》载：“民好歌吹管”“岁时集合，祷词击鼓，男女踏歌，谓之歌场。”这些传统民歌形式多样，题材广泛。多反映劳动人民生产、生活、爱情及对统治者的反抗。以声乐为主，器乐则以传统的打击乐、吹奏乐、丝竹乐为主。打击乐器有锣、鼓、钹、铙等；传统吹奏乐器有唢呐、笛子、箫。以后，西方的军号、小号、铜号、单双簧管相继传入；传统的丝竹乐器有二胡、板胡、京胡、琵琶、三弦、月琴、秦琴、扬琴等，以后西方乐器大、小提琴传入城区。

民国26年（1937）冬，城区青年汪芳桂、徐松林组织各校青年学生30多人，组成叱咤歌咏队，在城区街头巷尾演出《义勇军进行曲》《放下你的鞭子》等抗日救亡歌曲和街头剧，唤起民众，开展街头教歌活动，每周2次。

1956年，县文化馆在城区举办岳阳县首届业余文艺汇演，城关镇、县商业系统及13个农村代表队共462名业余演员参加汇演，共演出花鼓戏、皮影戏、合唱、山歌、舞蹈等105个节目，6天内，城区有8000多人次观看演出。1963—1965年，县文化馆组织“乌兰牧骑”式文艺轻骑队，深入工厂、机关、农村、部队，为广大工农兵群众演唱。城区各机关、单位、学校普遍开展革命歌曲教唱活动。

1966年，“文化大革命”开始，城区普遍教唱“毛主席语录歌曲”与革命歌曲，其他中外歌曲被列为禁唱之列。“岳阳工联”“湘江风雷”“红卫兵一中第三司令部”等组织的文艺宣传队，经常举办各种文艺演唱会。1970年后，城区各大、中型厂矿企业单位组织文艺宣传队，演出各种文艺节目。城关镇革委会成立毛泽东思想文艺宣传队。1971年7月，城区举办岳阳县首届中学生文艺汇演。1972年，举办全县业余文艺汇演。1975年，举办全县工农兵文艺调演。1976年，举办中学生文艺汇演。这一时期，城区文化活动异常活跃，丰富了人民群众文化生活。

1978年12月，全市举办第二届中、小学生文艺调演。是年中秋节，市文化馆在君山附近的洞庭公社风网大队组织大型洞庭渔歌会，用3艘大型运输船组成歌台，周围聚集100多条渔船，参加渔歌会的有湘、鄂、皖3省渔民2000余人，演唱了41首渔歌及其他文艺节目。省、地、市宣传部门、新闻机构、省会专业艺术团体专业人员100多人参加盛会。1980年国庆节，5个城市区及市直各战线组成12个代表队，共1400多名歌手在岳阳影剧院登台比赛。1985年，南区掀起群众性歌咏活动热潮，全区共组成11支歌咏队，1900多人参加演唱。是年10月6日，在岳阳影剧院举行南区国庆群众歌咏大赛。1989年春节期间，南区组成区机关、街道老年人与少儿3个合唱队，在工人文化宫参加全市革命历史歌曲演唱大奖赛。

1991年，城区举办国际龙舟赛中外联欢晚会、洞庭渔歌会、赛龙会。1993年，举办世界华人华侨“炎黄杯”国际龙舟赛开幕式文艺晚会、壮哉华夏中华联谊文艺晚会。1994年，举办庆祝国庆45周年的系列活动《走向辉煌》文艺晚会、《巴陵雄风》文艺晚会、《百灵鸟之歌》演唱会。1995年，举办纪念抗日战争胜利50周年“中华魂”抗战歌曲演唱会。1996年，举办十六月圆南湖夜迎春文艺晚会、纪念红军胜利60周年文艺晚会、风雨同舟赈灾义演文艺晚会。1998年，举办春节团拜文艺演出、“三八”节文艺比赛。1999年，庆祝国庆50周年，举办《祖国颂》大型群众演唱活动，各个单位层层选拔比赛，选出精品，进行决赛，共有近十万人参加，掀起“万众高歌颂祖国、群情激奋唱今朝”的热潮。

2001年9月，举办全区群众歌手大赛。2002年，区文化部门先后举办与参与“迎新年百姓大联欢”广场文艺演出、“五月南湖”专场文艺演出、“庆‘六一’花儿朵朵”专场演出、“隆力奇”杯职工卡拉OK大赛“夕阳美”专场文艺晚会、迎“十六大”庆“重阳节”社区中老年文艺晚会。2003年，举办“周周乐”广场文艺汇演活动、“祝福祖国”大型广场歌舞晚会。2004年，举办参与“劳动者之歌”庆祝“五一”国际劳动节文艺晚会、“情系农民”送文化下乡活动、“龙城欢歌”大型广场文化活动、第四届“蒲公英奖”颁奖晚会、庆祝教师节“园丁之歌”大型广场文化活动、“夕阳红”演出队“打码”宣传演出活动。2005年，举办参与“民本岳阳、振兴楼区”文艺演出、“计划生育”宣传、“保持共产党员先进性教育活动”文艺宣传下乡、“金色晚秋”老人节文艺晚会等活动。2006年，举办参与全市元宵节社区万家乐广场文化活动、岳阳楼区廉政文化“六进”活动主题文艺晚会。2007年，举办岳阳楼区首届社区文化艺术节活动。2008年，举办参与迎接奥运火炬文化活动。2009年，举办益丰大舞台社区才艺演出、“庆祝中华人民共和国成立六十周年爱国歌曲比赛”等活动。2010年，举办“社区万家乐”“市民大课堂”“南湖文化广场”、爱卫文艺调演、洞庭秋月大型水上实景诗文朗诵会和步行街广场“五创”提质、传承文明大型文艺活动。2011年，共组织大型广场文化活动5场次，送文艺下乡进社区演出30场次。全区各单位、各社区举办各类文化活动682场次。2012年，共组织大型广场文化活动4场次，送文艺下乡进社区演出35场次，各社区累计开展各类文化演出活动530场次。

二、民俗文化活动

民间舞蹈 城区流传的民间舞蹈有狮舞、龙舞、采莲舞、楚鼓舞、采莲船、腰鼓、踩高跷、打花棍、大头舞、扎天星等形式，多在新年、庙会或祭祀时演出。50年代初，开始盛行北方流传过来的秧歌舞。“文化大革命”中，民间舞蹈大部分被禁止。1976年始，民间舞蹈开始活跃，每年正月新春，城区许多单位、城郊农民，乃至各县都有龙、狮队到城区玩龙舞狮，至正月十五日形成高潮。1987年正月，城区各单位及各县组织的龙狮队在各种彩车引导下，沿城区主要街道尽情玩耍，全城人流如潮，观众如堵。1991年2月，南区在市体育馆举办羊年龙狮大赛，8个代表队3000多名队员舞出80多条彩龙、彩狮和40对采莲船，蚌壳模型，赛后龙狮队沿城区主要街道进行表演，沿途数十万市民观看。1994年，市区举办“屈原杯”民间龙舟祭龙活动，参加游行人员达2万多人，数十万市民上街观看。1998年，区文化部门先后举办正月龙狮彩车拜年、龙舟节龙狮彩车游行展演。2002年3月，举办“百姓元宵大联欢”文化活动。2004年，组织参与岳阳市首届民俗文化节演出活动。2005年2月，南湖广场举办龙狮队闹元宵活动。2006年2月，举办“社区万家乐”新腰鼓邀请赛活动，5月，参与岳阳市第二届民俗文化节演出活动，组织大型腰鼓队在南湖广场进行湖南省第三个道德宣传日活动。2007年2月，组织10个社区参加全市元宵节社区万家乐广场文化活动。2008年6月，组织腰鼓队、扇舞队参加端午民俗文化艺术节。2009年3月，举办“社区万家乐新春万民闹元宵”活动，进行龙、狮表演。2011年，组织花鼓小戏“洞庭谣——倒板浆”参加湖南省首届地花鼓艺术节，举办“岳州大舞台”送戏下乡京剧节目活动。

洞庭渔歌 洞庭渔歌是一种源于古代原始图腾、具有亦歌亦舞表演特征的水泽文化现象。清末民初，每年晚秋渔民集中在北门渡水域，歌手在渔船互答或对唱渔歌。主要分布在湘北洞庭湖水域，集中分布在今岳阳楼区的洞庭乡、五里乡、北港乡、郭镇乡、梅溪乡一带，以洞庭乡的流传更为普遍和具有代表性。60—70年代，将渔歌词改变成红歌。80—90年代，将渔歌搬上舞台，参加一年一度的文艺汇演。渔歌为数浩繁，旋律音乐丰富多彩，表现形式质朴自由，对洞庭湖区渔民部族的发祥、渔民迁徙、生产生活、风俗禁忌及原始质朴的自然观、道德观等都做了宝贵而翔实的记述。2006年后，将洞庭渔歌汇编到岳阳文学艺术作品精选中，成为一部渴望人与自然和谐共存的祝愿诗，一部天人合一、人神合一的畅想曲，一部丰富的巴陵土语辞典，一部湖区渔民生产生活的百科全书，凸显出珍贵的历史文化价值。洞庭渔歌演唱风格独特，从内容上，可分为劳动类、生活类、爱情类、送别类和祈祷类五种类型。演唱形式，有对唱、独唱、合唱等。洞庭渔歌作为渔民生存状态的真实写照，具有原生性、即兴性、地域性等鲜明特色和广泛的群众基础。

现代舞蹈 40年代末期，城区已有营业性交谊舞厅。50年代初，城区一些机关单位开始举办交谊舞会。1963—1965年，城区交谊舞会较为活跃，二一一工厂俱乐部、县工人俱乐部、铁路工人俱乐部等文娱场所每周六举行舞会。“文化大革命”中，交谊舞被禁止。1969年4月，为庆祝中共九大的召开，城区各机关、企事业单位开展表“忠”心，跳“忠”字舞活动，男女老少上街游行，跳“忠”字舞。1976年后，交谊舞得以恢复，许多单位为活跃职工业余生活，纷纷举办舞会，各文娱场所、宾馆饭店纷纷举办营业性舞会。80年代后，西方流行的迪斯科舞、霹雳舞逐渐传入城区，迪斯科舞多在青年中流行，并逐渐为中、老年人所接受，霹雳舞则只在部分青少年中流行。1985年五四青年节，南区文化馆在竹荫街原市政府礼堂举办青年集体舞比赛，区属16个单位、205人参赛。1987年5月下旬，南区文化馆与解放路街道办事处举办“新星”迪斯科舞大赛。1988年4—5月，南区文化馆与城区一些企事业单位举办“YLS”杯交谊舞大赛。2000年始，在青年人中开始盛行拉丁舞、钢管舞。许多老年妇女出于健身的目的，跳起广场舞，既娱乐，又健身。各级政府给予大力支持，有些社区舞蹈队多次代表岳阳市赴省参加广场舞比赛。

第二章　文学艺术

第一节　文　学

小说　最早写岳阳的小说故事源于神话，春秋战国时期的《山海经》《楚辞》《庄子》，汉代的《史记》《古列女传》等，即写有黄帝张乐洞庭、巴蛇吞象、后羿斩巴蛇等故事。魏晋时有《洞庭山》，唐朝有《柳毅传书》，宋、元、明、清时有《节义双园》《七侠五义》《小五义》等传奇话本，无一不涉及岳阳。

中华人民共和国成立后，写当代岳阳人生活的小说不少。80年代后，境内一批文学新人应运而起，创作出许多颇受国内外好评的小说名作，并由此而形成一支蜚声国内外的文学新军“岳家军”。2000年4月，岳阳市作家协会专门举办发行《观潮文学报》（现更名为《岳阳文学》），为双月刊。2007年，区文联主席徐喜德创作长篇小说《蟹黄》由湖南人民出版社出版，是中国第一部农村卫生改革题材小说。2010年，出版长篇小说5部。

诗歌　自汉代起，境内便开始有诗歌创作吟咏活动，《汉乐府诗集》收录往返城陵矶一带的商人写下的《三州歌》。南北朝时，诗人颜延之写作的《始安郡还都与张湘州登巴陵城楼作》，最早提出“岳阳”这一词组。自此，岳阳作为历史地名开始见诸史册图志。唐时，李白、杜甫、白居易、李商隐等著名文人途经岳阳，写下许多有关洞庭湖、南湖、君山、岳阳楼的诗歌，篇篇都是脍炙人口的名篇佳作。宋时，苏东坡、陆游等著名文人，创作了不少赞咏岳阳湖光山色的词曲。明清时，又有不少诗词歌赋问世。截至2012年，收集各朝代吟咏岳阳的诗词佳作2000余首。

中华人民共和国成立后，古体诗词进一步发扬光大。境内分别成立岳阳市诗词协会、岳阳楼区诗词协会。此外，一批文学新人用白话文创作新诗，取得丰硕成果。许多作者纷纷出版或自费印刷诗歌集。如熊楚剑的古体诗词集《鹿洞吟草》、杨孟芳的新诗集《红地毯》等。

境内中国作家协会会员名录

艾湘涛	刘祖保	陈　瑶（女）	李自由	李　丹（女）	沈　念	闵和顺
杨孟芳	吴东明	余三定	罗石贤	张步真	张阳球	周　迅
段　华	翁新华	梅　实	彭东明	谢作文	蔡世平	潘刚强

境内国家一级作家名录

艾湘涛　陈　瑶（女）　闵和顺　杨孟芳　吴东明　张步真　张阳球
周　迅　段　华　翁新华　隋国庆　黄建军　梅　实　彭东明
谢作文　蔡世平

1998—2011 年境内部分作家作品一览

表 18-1

书　名	作　者	出版时间	出版社
《人生不欲满》	陈国荣	1998年	安徽人民出版社
《春华秋实》	李春生	1999年	个旧文艺出版社
《千年古城话岳阳》	邓建龙	2003年	华文出版社
《流淌的乡情》	方斌英	2004年	香港天马出版社
《晚红舒俳句集》	李兵书	2004年	华夏出版社
《坐在千年的门槛上》	李年明	2004年	海潮出版社
《有一种寂寞叫幸福》	叶菊如	2007年	作家出版社
《守望》	方斌英	2008年	中国青年出版社
《学海泛舟》	于其化	—	—
《蟹黄》	徐喜德	2008年	湖南人民出版社
《女村官》	王天明	2009年	人民日报出版社
《放牧秋天》	李年明 李新文	2009年	大众文艺出版社
《光明——海山诗集》	周念科	2009年	湖南文艺出版社
《十八个春天》	王天明	—	作家出版社
《俗语浅释》	何柏舟	2010年	湖南文艺出版社
《岳阳文学艺术作品精选——岳阳楼区卷》	区文联	2011年	湖南文艺出版社

第二节　艺　术

一、美术

城区传统绘画以国画为主。民国初期，西方油画、版画、水彩画、水粉画逐渐传入，一些中、小学始设美术课。1952年，县文化馆利用幻灯、黑板报在街头宣传时事与党的政策。1954年9月下旬，城区举办迎国庆美术作品观摩展览，展出国画、油画、雕塑、剪纸等作品150幅。1958年，城区出现诗画廊热潮，岳阳楼、南正街、茶巷子等沿街墙壁上绘制许多大幅宣传画。“文化大革命”中，各种宣传栏、漫画充斥街头。1974年，城区举办业余美术展览，共展出作品95幅，其中年画《及时雨》选送全国美展，后由湖南美术出版社出版。1978年8月，城区举办岳阳市首届美术、书法、摄影作品展览，展出作品205幅。1989年，南区文化馆创作的油画《天井》被选送参加全国第七届美术展览。区文化馆辅导的初中学生李克绘画的科幻作品《机器人会餐》获全国首届千名小画家竞选大赛“小画家称号”。此后，区文化馆美术专干创作的作品多次获奖。2002年12月，美术作品《绿色的记忆》获湖南省第二届“三湘群星奖”优秀奖。2004年7月，美术作品《港湾静悄悄》《时光》获第十届美术作品展湖南省优秀作品奖。2005年11月，美术《山水画》获全省群众艺术馆、文化馆业务技能竞赛优秀奖。2006年10月，美术作品《闲逐野云归》获第六届“群星奖”银奖。美术作品《国画》获纪念长征胜利70周年中国书画美术大展银奖。2007年，《乡村四月户户勤》获湖南省“和谐湖南”美术作品展优秀奖。2009年，美术作品《签约》《山水》获第六届“三湘群星奖”优秀奖；《清夏图》获纪念人民政协成立六十周年·湖南书法、美术、摄影优秀作品展二等奖。2010年，文艺协会会员创作美术作品200多幅。2011年，国画《晓》获纪念辛亥革命100周年书法美术邀请赛作品展优秀奖。

二、书法

民国时期，书法爱好者只能泼墨自赏。1978年8月，城区举办首届美术、书法、摄影展览后，练习书法艺术的人越来越多。1979年4月，城区部分书画爱好者成立岳阳楼书画社，社址设岳阳楼内，有社员10余人。至1984年，书画社多次接待海内外来访的书画团体和爱好者，共有2000多件书画、金石作品及拓片销往海外，其中指画家谭文瑞的指画作品深受中外人士好评。1987年4月，城区部分书法爱好者设立中国书法函授大学岳阳分校，先后招收普通班、专业证书班、老年班学员共800余人。1987年，南区举办首届书法比赛。1988年，又举办第二届书法比赛，参赛者达300多人。2001年9月，区文化部门在市博物馆举办迎国庆“乐凯杯”首届群众美术、书法、摄影大赛。2004年5月，举办纪念毛泽东《在延安文艺座谈会上的讲话》发表六十三周年全区书法爱好者笔会交流会。此后，每年全区书法爱好者都要举办或参加各种书法交流活动。2010年，文艺协会会员创作书法作品100多幅。

三、摄影

1954年3月，城区举办“纪念斯大林逝世一周年”展览，展出有关斯大林生平事迹及苏联经济建设成就图片200余幅。1955年，举办“互助合作展览”，介绍全县最早建立的2个农业合作社事迹。1959年10月，举办岳阳“十年成就展览会”，用大量图片、模型介绍岳阳社会主义建设成就与革命历史。1963—1965年，利用照片及实物举办阶级教育展览。1978年8月，岳阳市举行首届美术、书法、摄影作品展览。1987年5月，城区57名青年摄影爱好者成立岳阳市青年摄影学会，并在东茅岭与德胜路口宣传柜窗里，举办第一次摄影作品展，共展出作品57幅。是年6月，市文化馆摄影专干王巧书首次举办个人摄影作品展。1988年6月，青年摄影爱好者罗晓羽在岳阳楼举办“罗晓羽摄影作品展”。是年，市青年摄影学会举办第二次作品展。1994年，南区庆祝建区10周年，编印《辉煌的十年》画册。1997年，岳阳楼区庆祝建区一周年编印纪念画册。此后，随着照相机的普及，人们越来越多地进行各种风光与人物摄影，丰富自己的生活。2006年，在全区“信用社杯”摄影比赛中，共征集摄影作品516幅。2010年，全区文艺协会会员共创作摄影作品200多幅。

1996—2012年岳阳楼区获国家级奖项的文艺作品

表18-2

作　品	类　别	作　者	奖　项
《踏水谣》	舞　蹈	熊玉辉、蔡淑群 刘　畅、任　力	1996年获全国第六届“群星奖”金奖
《我的洞庭》	诗　歌	李永平	1996年获“中国散文诗大赛”新人奖
《搏》	摄　影	罗小羽	1997年获《人民摄影报》优秀奖
《风雨铸军魂》	摄　影	罗小羽	1997年获《人民摄影报》优秀奖
《本色》	摄　影	罗小羽	1998年入选《全国抗洪抢险摄影画册》
《一方天地》	摄　影	罗小羽	1998年入选《中国现代艺术精品集》
《高原恋曲》	歌　曲	任　力、方国平	1998年入选全国西藏风格歌曲比赛
《恋不够的热土》	摄　影	罗小羽	1999年获全国“群星奖”
《和平颂》	歌　曲	—	1999年获全国水上大赛优秀创作奖
《洞庭渔歌》	舞　蹈	—	1999年获全国舞蹈创作一等奖、表演奖
《春天你好》	合　唱	区文化馆、站前小学	2000年获全国第二届“蒲公英”铜奖
《筒车谣》	舞　蹈	—	2001年获全国首届大学生舞蹈比赛一等奖
《秋天的花鼓》	戏　剧	—	2001年获全国“五个一工程”奖
《搏图网杯》	摄　影	—	2001年获摄影与网络全国摄影大赛优秀奖
《雪域家乡》	歌　曲	—	2002年获全国民歌创作比赛二等奖
《大堤卫士》	摄　影	—	2002年获第二十届全国摄影艺术展优秀奖
《今非昔比》	摄　影	—	2003年获全国第十届国际影展银奖
《下岗馒头》	摄　影	—	2004年获第二十一届全国摄影艺术展优秀奖

作 品	类 别	作 者	奖 项
《沙滩的阳光》	舞 蹈	—	2007年入围中央电视台儿童舞蹈作品展演
《谋职》	摄 影	—	2009年获全国群艺杯优秀奖
《暮归》	摄 影	—	2009年获全国群艺杯优秀奖
《洞庭渔歌》	舞 蹈	区文化馆、湖南理工学院	2009年获全国第二届大学生艺术节音乐舞蹈一等奖
《才艺非凡》	摄 影	谢湘波	2009年获全国摄影作品展优秀奖
《我唱妈妈儿时的歌》	歌 曲	丁 怡	2009年获北京“祝福祖国”庆祝新中国成立60周年暨美丽校园合唱汇演一等奖
《辛勤的园丁》	摄 影	谢湘波	2009年获“发现你身边的真情人物“全国网络摄影大赛”优秀奖
《今天有客来》	小 戏	付雷鸣	2010年获第九届全国艺术节金奖
《洞庭渔歌》	舞 蹈	—	2010年获全国音乐舞蹈大赛金奖
《桃花盛开》	小 品	—	2011年获中华颂全国第三届小戏小品曲艺大赛三等奖
《魅力国球》	摄 影	—	2011年获“绿色北京”全国摄影赛三等奖
《洞庭渔歌》	舞 蹈	—	2011年获全国大学生艺术节一等奖
《岳阳老人靓又帅》	歌 舞	金鹰艺术团	2012年获2012年央视《微笑》杯银奖

第三节 戏 剧

一、剧种

巴陵戏 原称“巴湘戏”，因艺人多出自巴陵、湘阴和临湘而得名。巴陵戏源于明末，流行于湘北及湘鄂赣毗邻地区，至今已有300多年历史。又因形成与主要活动地区是旧岳州府境内，故民间又称为“岳州班”。民国时期，巴陵戏的戏班分江湖班、官班、案堂班、6人班及围鼓串堂5种。江湖班，由乡绅或艺人合股经营，行当齐全，设备较好，常年演出于城乡戏台，多演神戏、愿戏；官班，由官绅或官家子弟主办，类似“家乐”，演员系选聘江湖班中著名艺人，行箱砌末（道具）齐全，主要为官府商绅迎宾宴客，唱喜庆寿戏，有时也唱神庙愿戏；案堂班，多为艺人合伙，以一个地方信奉的一个菩萨为一案，抬着菩萨游傩，以唱神案戏为主，演出场地简陋，几张方桌拼拢即可演出；6人班，俗称围鼓戏，由艺人组成，无正式班名，不登台演出，只需一堂乐器，围鼓演唱，专为乡绅堂会、接送客人或开宴时吹奏；围鼓串堂，为业余演唱形式，成员以官绅子弟、小商小贩及手工业者居多，也有文人学士参与演唱，日间从业，夜间献唱，自娱为主，年节喜庆，偶或登台演唱。1953年定名为巴陵戏，唱腔以弹腔为主，兼唱昆腔、杂腔、小调，用湖广音结合湘北方言为其舞台语言，以内外八功塑造人物及粗犷质朴风格著称。有剧目423个，以传统剧目为主，分为整本、半本、折子、小戏四类，以半本戏居多。先后移植编演《白毛女》等50多个现代戏剧目，创作演出《幸福邮路》等30多个现代戏剧目。1958年11月，岳阳县巴陵戏剧团在武昌为中共八届六中全会演出优秀传统戏《打差算粮》，毛泽东等中央领导观看演出。

岳阳花鼓戏 俗称花鼓子、瓮琴戏，由岳阳县新墙河流域民间歌舞发展形成的小戏剧种。有锣腔（打锣鼓）、琴腔（川调）2种声腔，以岳阳、临湘一带地方语言为舞台语言，流行于湘北及湘鄂赣毗邻地区，成戏于清同治年间。同治十一年（1872）《巴陵县志》载："乡民搬演小戏，终岁不休"。民国时期，花鼓戏主要在农村演出，分2种组班形式：一是常年固定班主，聘请艺人演出；二是由艺人组班。但不管哪种形式，均在正月、五月、八月、腊月起班散班，其余时间务农。1955年，曾移植过《三里湾》等4个现代戏剧目。1985年，有传统剧目123个，多取材于民间生活与神话传说，通俗易懂，具有浓郁的地方特色和生活气息。至2012年，先后创作演出《铁树开花》等17个现代戏剧目。

二、剧团

巴陵戏剧团 明末，城区较有名气的巴陵戏班有"洪胜班"、清代，有乾隆年间的"楚玉部"、嘉庆末年的"楚南楚胜班"、道光初年的"九余科班"。民国3年（1914），城郊"清河班"入玉清观"岳阳商办岳舞台"演出，汇集当时各戏班名伶，轰动湘北。民国8年（1919），"岳舞台"正式称为"巴湘戏班"。民国20年（1931），部分艺人从岳舞台分出，另组"六合公岳舞台"。民国27（1938）11月，岳舞台于汉寿成立岳舞台抗敌化装宣传团，进行抗日救亡演出。民国31年（1942），"六合公岳舞台"与"岳舞台"合并。民国33年（1944），艺人杨岳红等组建新岳舞台。1952年10月，新老岳舞台在城区合并，更名为岳阳岳舞台湘剧团。1953年初，更名为岳阳巴陵戏剧团。1969年3月，剧团解散。留下22人与花鼓戏剧团部分演职员合并，组建岳阳县毛泽东思想宣传队。1977年7月，剧团恢复。

花鼓戏剧团 1952年春，18位艺人组班进入城区，在岳阳大戏院（今茶巷子巴陵影剧院）演出，剧团定名为"新舞台"。是年12月，更名为新岳楚剧团。1953年3月，更名为岳阳花鼓戏剧团，由县文教科直接领导。1955年，省文化局正式承认岳阳花鼓戏剧团为自负盈亏的专业表演艺术团体，发给营业执照。1956年6月，剧目《补背褡》参加湖南戏曲艺术团赴京汇报演出，演员受到国务院总理周恩来接见。1969年3月，剧团被解散。1981年1月，剧团恢复。

三、剧院

清末民初，城区有县城隍庙、府城隍庙、南岳庙、洞庭庙、火神庙、天王庙、李公庙（长沙会馆）、万寿宫（江西会馆）等8座庙台，每逢庙会或行会祭祀活动，均有戏班酬神还愿演出，但不售票，任由市民观看。咏霓、怡和、怡园、和平等4个剧院，常有各地班社挂牌演出。

咏霓戏园 在金家岭。清光绪二十六年（1900），由陈汉溪等5人合资兴办，可容纳观众500人，设木制条椅，前两排叫优座，增设条桌。民国6年（1927）毁于大火。

和平戏院 在梅溪桥三教坊巷。民国2年（1913），由陈小平、黄雪生、李正银等绅商为首合股兴办。修一圆形舞台，以墙隔开，分内台与外台，外台用于热天唱露天戏。民国38年（1949）停办。

岳阳岳舞台　位于玉清观巷。民国3年（1914），岳阳商会会长周吟鹤（周家淦）邀集绅商学界40人合股组建戏班，并改天王庙为戏园，取名“岳阳商办岳舞台”，是年7月7日开演。民国9年（1920）更名为岳阳大戏院。民国27年（1938），被日机炸毁。

朗吟戏院　位于洞庭路。民国37年（1948），由私人合股兴办，由民房改建而成，可容纳观众500多人，一年后停办。

巴陵影剧院　位于茶巷子。民国38年（1949）5月，由黄龙、李治安合股兴办，改一新茶园为戏院。分设内、外场，可容纳观众800多人。1956年改为公私合营。1967年大修改建，拆除楼座，设厅座960个，更名为岳阳剧场。1970年更名为巴陵影剧院，加映电影。为岳阳巴陵戏剧团基本演出场所，亦接待外地各类表演艺术团体上演。1988年，成立岳阳市文化娱乐中心时，将影剧院拆除。

群乐剧院　位于梅溪桥街。1951年由私人入股集资兴建，属砖木结构，设座位900多个，属城厢镇公所领导。1956年，改为公私合营。剧院改修后，座位增至1200个，由县文化馆管理。剧院主要接待外地到岳阳剧团演出。1971年下半年，毁于大火。

新岳剧院　位于洞庭南路吕仙亭街。1952年12月，由吕仙亭街居民集股投资，辟一民房为剧院，可容纳观众300多人，为岳阳花鼓戏剧团固定演出场所。1956年，旧址改为仓库。

百香园剧院　1956年，新岳剧院集股人员再次集资，城厢镇人委会投资5000元，公私合营在先锋路修建百香园剧院。剧院为砖木结构，设有座位600多个，属城厢镇领导，作为岳阳花鼓戏剧团基本演出场所。1966年后停办，用作展览与储藏货物仓库。1972年，恢复演出。1980年，兼映电影。1982年，增收楼座，座位增至1050个。90年代初期，承包给私人经营，后被拆除。

云梦剧院　位于洞庭中路。建筑面积2614平方米，1985年2月建成。设有楼座，共有座位1230个，主要接待外地到岳阳剧团演出，后改放映电影。

岳阳影剧院　位于东茅岭。1971年10月建成，为砖混结构，内部安装给排水、卫生、电灯照明、座椅等设施，内设座位1992个。原为岳阳地区文工团活动演出场地，亦接待外地到岳阳艺术团体演出，后主要放映电影。2003年，改建为格兰云天大酒店。

第三章　新闻出版　图书

第一节　印刷　发行

一、印刷

宋代，巴陵城区即有雕版书刊刻印，刻印的多为肆、店、堂、坊与临时组成的刻书“局”，又分为官刻、家刻、坊刻。明代，城区有官刻1家、家刻1家。清代，城区有家刻6家。民国24年（1935），城区有私营印刷厂7家，承担书籍的印刷。1949年底，有私营印刷厂8家。1952年初，城区18位私人印刷商组织成立岳阳县印刷生产合作社。60年代初，城区有印刷厂2家。1970年后，增至3家，其中设在天岳山的县印刷厂与设在东茅岭的地区印刷厂均能印刷书籍报刊。1989年底，城区有印刷厂35家，均能印刷各种正式出版发行或内部发行的书籍报刊。岳阳印刷厂、岳阳彩印厂为国家书刊定点印刷厂。90年代，随着市场经济的发展，国营、集体印刷厂因各种原因，或改制或倒闭，代之而起的是各种私人印刷公司或厂（坊）。陈旧的机器设备与工艺被先进的、现代化的设备与工艺所取代，电脑打字、激光照排，代替铅字印刷与编排。至2012年，城区有打字复印经营场所70家。

二、发行

民国11年（1922）11月1日，进步教师在城区成立岳阳文化书社，销售进步书刊，社址设观音阁圆通寺县立高小内。在此前后，城区还开设有李大和、李顺和、泰成、永丰、偕进、兴伦昌等6家私营书店或书局，分设南正街、竹荫街、天岳山街等繁华地带。上海商务印书馆、世界书店在竹荫街设有经销处。民国27年（1938）上半年，地下党员周继佶在天岳山街口开办街头书店，以书店为掩护，开展抗日救亡宣传。日军占领岳阳后，各书店停业。抗日战争胜利后，各书店恢复营业，城区共有吉祥和、兴伦昌、同泰、永丰、柳协泰、大华、飞鸿、华美、南湖、永大、李顺和、泰成、赵元泰、商务、文化服务社、协记等16家经营文具纸张兼营图书的书店与书局，其中专营图书的有商务、洞庭报社的文化服务社，邓菊浦兄弟经营的偕进书社专营图书。至1949年初，仅有泰成，李顺和等几家兼营书籍、纸张文具的店铺。中华人民共和国成立后，建立以新华书店为主体，农村供销社兼营，集体、个体书店、书摊等多渠道发行网，实现多种经济成分和多种购销形式。2012年，全区有国营新华书店1家，书刊交易市场1个，集体、个体书店120家。

第二节　图　书

一、公共图书馆

民国初年，岳阳县教育局附设图书馆，收藏各类图书，几经战乱，书籍流散。民国18年（1929），城区设立县民众图书馆，藏书8000册，馆址设县教育局内。民国21年（1933），民众图书馆在城区设立民众阅报处46所，并建立巡回文库1座。民国27年（1938），民众图书馆并入民众教育馆，每周开放6天，办理图书外借。民国32年（1943），民众图书馆遭日军焚毁，馆舍、书籍荡然无存。民国35年（1946），民众教育馆恢复。民国36年（1947），民众教育馆开设民众图书馆，馆址迁岳阳楼，至1949年，共藏各类书籍1万多册。

中华人民共和国成立后，县文化馆在南正街设立图书室，办理图书外借。1956年，设立岳阳县图书馆，馆址设竹荫街圣公会（今南区公安分局），收藏图书8000多册。1958年，图书馆迁下观音阁县总工会内，年底藏书量达1.5万册，并订有杂志60多种、报纸14种。1960年，县图书馆更名为岳阳市图书馆，1962年底。又更名为县图书馆。1966年“文化大革命”中，县一中学生以破“四旧”为名，将图书馆收藏的大量线装古书与图书拖运到南正街十字街口焚烧，报纸杂志送往废品收购站，图书借阅工作停止。1972年，图书馆迁郭亮街，藏书4万余册。1976年，县图书馆更名为市图书馆。1986年6月，迁巴陵西路外文书店楼上。1990年9月，迁至南湖大道新馆。2012年，该馆拥有藏书30余万册，各种报刊杂志1000余种。

二、学校图书馆

明嘉靖九年（1530），岳州府学宫（文庙）建敬一箴贮书廨，为城区最早的藏书机构。隆庆五年（1571），县学宫（在今乾明寺小学内）建廨舍贮书于敬一亭，有敕书40部，后遭兵毁；清初颁藏《圣谕广训十三经注疏》等13种、1661册，又遭兵毁；康熙五十九年（1720），创建岳阳书院，钦颁藏书，又遭兵毁。咸丰十年（1860），邑人阮文锦劝修藏书楼于书院讲堂后。同治元年（1862），邑人孙振全捐经书19种、720本，文史书452本，《皇清地舆一统全图》30本，共41种、1202本。光绪年间，修建的金鹗书院和慎修书院均建有藏书楼，后都毁于战火。光绪二十七年（1901），美国教会办的湖滨中学及贞信女子中学。光绪二十九年（1903），官办岳州府中学均建有图书馆，但规模小，藏书少。

中华人民共和国成立后，境内一般中学均建有图书馆（室）。1966年后，各学校图书馆藏书被当作“四旧”处理，大部分书籍损毁或流失，图书馆被迫关停。1978年，各校图书馆（室）逐步恢复发展。1980年，城区各小学逐步开始建立图书室。至2012年，全区所有中、小学均建有图书馆（室）。

三、私人藏书

自古以来，境内文风颇盛，一些文人学士均家有藏书。清末，邑人方功惠在粤为官，设碧玉琳琅馆，藏书50万卷，是邑人中藏书第一大家。此后，因迭遭战乱变故，一些私人藏书大都损毁，所余无几。

中华人民共和国成立后，不少文人、教师、机关干部乃至工人群众，也注重私人藏书，但在“文化大革命”时期，大都被当作“旧文化”处理，但仍有人私自藏书。

1980年后，境内许多作家、专家、教师、机关干部、工人群众，收藏各类书籍几千册的为数众多。许多人利用微薄的薪金，省吃俭用，买书淘书。除在书店购买外，还在全国各地旧书店（摊）淘取。21世纪后，随着网络书店的盛行，许多人热衷于网上淘书、购书。一些藏家，不仅追求书的数量，更注重书的质量，如品相、类别等，同时还特别强调学以致用，而不是装饰门面。至2010年，岳阳市先后举办2届“全民读书月”活动，评选出8位“岳阳藏书家”，境内一些藏书家也名列其中。至2012年，原城关镇城北办事处秘书何光岳，因酷爱读书，多年潜心收书、淘书，收集各种古籍孤本、善本、族谱、辞典及各种书籍14万余册，并修建有专门的藏书楼，被评为湖南省十大藏书家之一。

境内部分藏书家名录

表18-3　　单位：万册

姓　名	工作单位	数　量	类　别
何光岳	湖南省社会科学院	14	文史哲、族谱及其他
邹光忠	三眼桥街道办事处居民	10	文史哲
余三定	湖南理工学院	4	文史哲、文艺理论
何林福	岳阳市政府	3	文史哲
李春生	岳阳楼区文联	3	文史哲
刘衍清	岳阳晚报社	2.8	文史哲

姓　名	工作单位	数　量	类　别
谢作文	岳阳市政府	1.5	文史哲
王志龙	岳阳市政协	1	文史哲
杨建军	五里牌书店	1	文史哲、工程
李水生	君山管理处	1	文史哲
范雄建	岳阳楼区政协	1	文史哲
李务农	岳阳市委党校	1	文史哲
李水平	岳阳楼区区委	1	文史哲
殷君山	岳阳楼区政府	0.9	政治、经济、历史

第四章　媒体网络

第一节　广　播

民国23年（1934），城区无线电收音台仅能收听新闻节目。1950年，县政府在城区设立收音站，设备为小功率扩音机及有线喇叭。1956年1月，县设广播站，站址设翰林街（今郭亮街），广播设备有500瓦扩音机1台，播出控制台1个。9月5日正式播音，主要转播中央人民广播电台、湖南人民广播电台节目，并播送岳阳本地生产生活报道；每天播音2次，6—8时对城区广播，18时至20时点30分对全县广播。当时在城区各主街路口有高音喇叭10多只。1960年，岳阳市成立广播站。1962年撤市，广播站并入县广播站。1965年，城关镇人委会成立广播站，对全镇广播，站址设竹荫街城关镇机关院内。是年，全镇有800多户居民家庭安装广播喇叭。城区各厂矿企业或开办广播室，或安装高音喇叭，至1971年8月，全镇（含城郊各农业大队）共安装舌簧喇叭5000多只。1973年，全镇有舌簧喇叭6741只，广播线路由1972年的380公里增至411公里。1976年，城关镇广播站更名为岳阳市广播站，由市委宣传部管理。1984年10月1日，岳阳市广播站改建为岳阳人民广播电台，台址仍设竹荫街旧址，日播音8小时40分，其中自办节目7小时20分。是年，郊区广播电视局成立后，仍设有广播电台，对郊区广大农民进行广播。80年代初，随着电视等现代视听技术的发展与普及，有线广播逐渐为无线广播所取代，城区各路口高音喇叭停止使用。2001年，该台并入市广播电台。

第二节　电　视

1984年，省、市在金鹗山兴建微波站，并扩建金鹗山电视转播台。1985年5月，金鹗山转播台增发一套中央电视台节目。1986年6月，在金鹗山正式筹建岳阳电视台，使用分米波33频道，发射机功率为3千瓦，是年12月30日正式开播，每周二、四、六播出《岳阳新闻》《巴陵信息》。1984年，郊区设立广播电视局，设有线电视频道10套。1997年，实现全区有线电视光缆联网并机，频道增至18套，广播电视覆盖100%。2001年3月，区广播电视局并入市广播电视局。2009年，新建广播电视“村村通”工程站点34个、“文化共享”村级站点14个。

第三节　电　影

一、放映

放映队　民国19年（1930），长沙电影商人携影片到城区放映电影，在中山公园武庙（现市建四公司驻地）放映《三笑姻缘》《七剑十三侠》等无声电影，由“岳州小补慈堂”说书人罗胡子担任讲片员，为城区放映电影之始。民国25年（1936）7月，绸布商戴豫康请长沙放映技师到岳阳筹建湖光电影院，院址设塔前街长郡会馆前广场，7月15日正式开业，首场邀请“各机关团体出席指导”，观众甚为拥挤，不久即停业。民国37年（1948）底，国民党军第五十八军少将高参李自安携2台日本放映机与2名放映员到岳阳，在南正街戴豫康绸布店（冰厂旧址）租用店堂放映电影《秦香莲》《白兰花》等有声片。1949年春，又移至羊叉街福音堂放映。岳阳解放前夕停演，放映设备由县政府接管。1951年，省电影队第三十六队与第七队先后到岳阳巡回放映。1955年，岳阳设立省电影放映第五十八队。1956年7月，第五十八队更名为岳阳一队。60年代初，建立岳阳二队。

影片　中华人民共和国成立后，城区放映的影片以国产故事片为主，多为反映革命战争与社会主义建设的影片。外国故事片以苏联影片居多，也放映其他国家影片。1967年“文化大革命”时，除几部批判影片外，大部分中外影片被作为“毒草”影片停演。1969年，仅有少量故事片以及新闻片放映。1970年，主要放映10部“革命样板戏”影片，及《南征北战》《地雷战》《地道战》等少量影片。1972年，城区首次放映朝鲜宽银幕故事片《卖花姑娘》。1977年，城区上映长片135部，其中国产故事片104部，译制片31部。1984年5月26日，城区东方红电影院、岳阳影剧院首次上映立体宽银幕电影《欢欢笑笑》，10日共上映121场，观看人数达97595人次。1984年11月，岳阳游乐场从意大利购进180度环形电影，使用70毫米银幕，鱼眼镜头，放映70毫米影片。

二、影院

1951年，县政府在天岳山修建政府礼堂，始称建设电影院，为城区第一个正式电影院，可容纳观众800人。1954年，国营二一一工厂配备提包机一套，在厂区操坪露天放映电影。1955年11月，工厂俱乐部建成，放映厅可容纳观众1500多人，周末或节假日放映电影。1966年，建设电影院改建，更名为东方红电影院。1985年，东方红电影院更名为天岳山电影院。至1989年，城区一些国营大型企业纷纷建成厂矿俱乐部，经常放映电影，除天岳山电影院、岳阳影剧院、云梦剧院、巴陵影剧院、工人文化宫、百香园外，城区34个单位设有电影网点。90年代，随着电视的普及，电影放映市场受到冲击，所有国营电影院均停止放映，并逐步由私人放映场所取代。至2012年，城区有岳阳万达影城、潇湘岳阳国际影城、岳阳春和影城、汇泽电影城、文化宫电影城、七里山社区影剧院等7座放映场所。

1989年境内厂矿企业、单位电影放映网点

表18-4

放映机型号	网点、俱乐部
35毫米机	三五一七工厂俱乐部、四化建俱乐部、五里牌放映点、市黄麻纺织厂俱乐部、电影公司试映厅、铁路工人俱乐部、岳阳纺织厂、洞庭氮肥厂、岳阳机务段、岳阳造纸厂、岳阳电厂、岳阳冷库、城陵矶粮库、城陵矶港务局、岳阳化肥厂、制药一厂、六九〇六工厂、岳阳师专、电磁铁厂、中建五局七公司、岳阳师范、市委党校、市委礼堂、明镜电影院、体育馆、人大礼堂
16毫米机	市木柴公司、电业局、水泥厂、针织印染总厂俱乐部、市氮肥厂、技工学校、市收容审查所、君山公园

三、影视摄制

1983年春，潇湘电影制片厂到城区、君山、城陵矶等地拍摄电影《特殊身份的警官》外景，为城区拍摄电影之始。1985年6月，上海电影制片厂《黑匣喋血记》剧组到岳阳楼拍摄外景。1986年12月，由市文化局吴傲君创作的电影剧本《巴陵大盗》，由珠江电影制片厂在岳阳城区正式开拍。1995年，由段华、吴傲君编剧的电视剧《回家》，由岳阳电视台在城区拍摄，1997年，该剧获中宣部颁发的“五个一工程”优秀电视剧奖，后又获第十六届全国优秀电视剧“飞天奖”三等奖。

第四节 报 刊

一、地方报

《岳阳日报》 清宣统三年（1911），由邑人李澄宇创办，石印，为岳阳最早的报刊。报纸代表民意，赞成共和，旗帜鲜明，在当时湖南新闻界颇有影响。因对政界措置失当之事，直言讽谏，遭当局查封，民国元年（1912）停刊。

《岳阳民报》 国民党岳阳县党部机关报。民国19年（1930）1月1日创刊，始为隔日刊，石印4开4版。民国27年（1938）11月，岳阳沦陷后停刊。民国34年（1945）10月下旬复刊，改为3日刊。民国36年（1947）春改隔日刊，改石印为铅印。社址先后设乾明寺与洞庭路县党部内，首任社长刘正道，主编刘元杰。民国37年（1948）11月20日停刊。

《岳阳青年报》　三民主义青年团岳阳分团部主办。创刊时间不详，民国27年（1938）沦陷时停刊。民国34年（1945）10月10日复刊。社址先后设宝塔巷、棚厂街青年团部内。报纸先为3日刊，后改为隔日刊。民国36年（1947）8月1日改日报，每期发行500份。首任社长刘云龙，主编唐世琦。民国37年（1948）9月停刊。

《湘北日报》　民国36年（1947）6月创办。社址设岳阳楼附近，主办人彭启，后因经费匮乏，仅办几个月即停刊。

《商情导报》　民国36年（1947）4月1日创办，8开油印。社址设乾明寺街鲁班巷31号，发行人唐世琦。"专刊布行情及工商消息"以供本地商场之参考。

《湘风晚报》　民国36年（1947）7月29日试刊，社址设观音阁街。发行人郭醒，主笔张森，因南京国民政府内政部登记证久未批复下发，报纸未正式发行。民国38年(1949)4月12日登记证下发。

《湖湘日报》　民国37年（1948）1月创办，社长蒋胜恕，主笔王挹芬，报刊为隔日刊，每期印行数百份。1949年停刊。

《洞庭日报》　民国时期，岳阳还办有《洞庭日报》《岳泉报》，但均未见存报，资料无从查考。

《岳阳报》　中共岳阳县委机关报。1956年4月15日创刊，初为8开7日刊，后改为4开5日刊、周日刊、隔日刊。1959年1月正式改为4开日刊，并更名为《岳阳日报》。总编张月桂，副总编王树先、石文华。1961年5月停刊，共出982期。

《岳阳晚报》　岳阳市委机关报。1985年8月试行，1986年8月6日正式创刊。4开4版，版面设计；一版党政方针，二版经济，三版文艺副刊，四版时事新闻。试刊时为不定期出刊。1986年8月，改为周2刊，1987年7月1日，改为周3刊，1988年1月1日，改为周6刊。首任社长：李平澜，总编辑：石措盘。2012年1月更名为《岳阳日报》。

《长江信息报》　2000年9月28日创办，为岳阳晚报社系列子报。主要报道本地信息，及长江沿线的新闻、生活、社会民情、百姓生活。为四开小报，初为周二刊、周五刊，十六版，发行量6万份，是岳阳最大的报纸销售网，总编辑苏小玲。

1971—2012年境内市直及企业报纸一览

表18-5

报　名	创办单位	类　别	创办时间
《洞庭之声报》	市广播电视局	时政娱乐	1989年3月
《岳阳法制报》	市委政法委	政法	1995年1月
《石化职防报》	中国石化集团	专业报	1987年5月
《正泰科技》	岳阳正泰集团	专业报	1996年4月
《小学生课外活动报》	岳阳师范	专业报	1986年7月
《民营经济报》		经济	1993年4月
《岳阳摄影报》	市摄影协会	专业报	1998年11月
《鹰山石化报》	鹰山石化厂	企业报	1995年10月

报　名	创办单位	类　别	创办时间
《正虹报》	湖南正虹饲料股份有限公司	企业报	1996年8月
《九州潮》	九州大厦	企业报	1992年11月
《九龙人》	九龙商厦	企业报	1993年7月
《四化建设报》	中国化学工程第四建设公司	企业报	1971年5月
《洞庭工人报》	湖南洞庭氮肥厂	企业报	1985年12月
《岳纸报》	岳阳纸业集团有限公司	企业报	1989年10月

1931—2012 年境内部分刊物一览

表 18–6

刊　名	主办单位	主　编	类　别	创办时间
《岳郡学生》（半月刊）	岳郡联立中学	—	时政文艺	1931年12月
《湖滨》	岳阳湖滨中学	丁汉涛	时政文艺	1932年
《战鼓》（周刊）	进步教师	—	时　政	1937年
《人大导刊》（双月刊）	岳阳市人大常委会	—	政治评论	1985年
《岳阳组织工作》（月刊）	岳阳市委组织部	—	政　论	1992年10月
《宣传窗》	岳阳市委宣传部	—	政　论	1986年8月
《岳阳宣传》	岳阳市委宣传部	—	政　论	1990年2月
《民众教育》（双月刊）	岳阳县立民众教育馆	张　盈	专　业	1947年1月
《岳阳科技》	岳阳市科技情报室	方　洪	专　业	1979年
《巴陵石化科技》（季刊）	巴陵石化公司	张宜家	企　业	1983年9月
《中小学素质教育》（月刊）	岳阳市教委	何伯素	专　业	1984年
《职业技能开发》（季刊）	市劳动局、市社会保障局	—	专　业	1986年
《岳阳国土》	岳阳市国土局	—	专　业	1988年
《岳阳共组》（月刊）	岳阳市委	—	政　论	1971年
《岳阳年鉴》	岳阳市政府	—	史　志	1997年
《岳阳经济》（月刊）	岳阳市政府办	—	政　论	1984年
《岳阳药讯》（季刊）	岳阳市卫生局	—	专　业	1993年

刊　名	主办单位	主　编	类　别	创办时间
《工程质量》（季刊）	岳阳市建设工程质量学会	—	专业	1996年10月
《岳阳产权》	岳阳市政府办	胡足平	政论	1997年
《资本营运通讯》	岳阳市政府办	胡足平	政论	1999年6月
《云梦学刊》（季刊）	湖南理工学院	余三定	学术	1979年
《岳阳师范学院学报》（季刊）	岳阳师范学院	李克安	学术	1988年
《岳阳职工高等专科学校学报》	—	张建	学术	1986年
《岳阳古今》	岳阳市地方志办	何培金	学术	1988年5月
《学习与研究》	岳阳市社科联	李修凡	学术	1997年7月

第五节　网　站

岳阳网　创办于2003年4月，是岳阳晚报社主办的岳阳市新闻综合门户网站，属岳阳党报网系列。开辟有新闻、论坛、视频等40多个栏目，日点击量5万余人次。2004年，加盟湖南红网，设立红网岳阳站，是岳阳市唯一有新闻采访和发布权的网络新闻媒体。总编辑陈宏文。

岳阳新闻网　创办于2006年，是岳阳广播电视台创办的新闻综合门户网站。24小时全天候为全球用户提供全面及时的中文资讯，内容覆盖国内外突发新闻事件、体坛赛事、娱乐时尚、产业资讯、实用信息等，设有新闻、体育、娱乐、财经、科技、房产等30多个频道，同时开设博客、视频、论坛等自由互动交流空间。总编辑周明花。

第五章　文物古迹

第一节　古代建筑

岳阳楼　位于洞庭湖东岸岳州古城西门城街。东汉建安十九年（214），鲁肃屯兵巴丘（今城区），扩建巴丘邸阁，在湖边筑阅军楼即岳阳楼。唐开元四年（716），中书令张说被贬任岳州知州。经常邀文人墨客登楼饮酒赋诗，岳阳楼自此著名。宋庆历四年（1044）春，滕子京谪守巴陵郡，重修岳阳楼，并请范仲淹作《岳阳楼记》，苏舜钦书丹，邵竦篆刻，时称“天下四绝”。明代，被誉为江南三大名楼之首。近1800年来，因兵燹水患，雷击火燔，屡毁屡兴，有史可考的修葺、重建达50余次，其中重修24次以上。中华人民共和国成立后，政府多次拨款维修。1983—1984年，国家文物事务管理局拨款70余万元，对岳阳楼进行大规模的落架翻修，较完整地保存了岳阳楼的历史文物价值和古建筑岁月。1988年1月，国务院公布岳阳楼为全国重点文物保护单位。岳阳楼西临洞庭湖，为三层三檐盔顶式建筑，台基呈长方形，阔17.24米，深14.56米。一、二楼四周环以明廊，三楼檐间以如意斗拱承托硕大的盔顶，从平台地面至室顶端总高20.35米。一层比一层陡峭，四面飞檐翘首，黄瓦红楹，气势恢宏凝重。全楼系纯木结构，以4根楠木大柱（内金柱）直顶三楼平板枋，周围环以老檐柱（外金柱）12根，檐柱20根，加上二楼添立的内金柱4根，与枋、梁、椽、檩穿连榫卯，结成整体。一楼四面的雕花图纹搁扇门及二楼四周的槛窗制作精美，其绦环板、裙板上均饰有各类传说故事及吉祥图案雕刻。楼内有清乾隆年间张照手书《岳阳楼记》雕屏、道光年间复制的《岳阳楼记》雕屏，分别镶嵌在二楼和一楼的楼壁上。三楼楼壁镶嵌毛泽东手书杜甫《登岳阳楼》诗。各层楼内均悬有楹联数幅，三楼正面檐下悬有郭沫若所书“岳阳楼”匾额。

文庙 又名大成圣殿，位于学道岭（翰林街）市二中校园内。宋庆历六年（1046），知府滕子京所迁建于此，为岳州府学。中为大成殿，殿旁为东西庑房。前为大成门，门左为名宦祠，右为乡贤祠，外为棂星门，棂星门外为泮池，围以红墙。殿后为崇圣祠，祠东为明伦堂。自宋代至今已历900多年，历代先后修葺达30余次。清末以来，祠、堂、门、池先后倾毁，仅存大成殿及东、西庑房。庙系砖木结构，面阔5间，通面阔28.17米，通进深19.74米，高约16米，占地548.5平方米。1981年经修葺后，基本保持原样。1985年，市政府拨款1万元，重建泮池与状元桥。2001年6月，国务院公布为全国重点文物保护单位。

仙梅亭 在岳阳楼左侧，为六角攒尖顶亭，纯木结构，二层双檐，高12.22米，占地44平方米，亭角高翘，上盖绿琉璃瓦，始建于明。崇祯十二年（1639）重修岳阳楼时，得方石一块，长尺余，宽3寸有奇，上呈梅花一枝，共24萼，自成文理，颜色如墨，隆然凸起，凌凌然有含霜茹雪之致。用手摸则润滑如砥，了无痕迹。梅与石不可分辨，人皆惊异，以为神物，称之为仙梅，遂筑仙梅堂，将仙梅放置其中。后仙梅堂被毁，仙梅石不知去向。清乾隆四十年（1775），巴陵知县熊懋奖修亭时，按原貌仿造一块，嵌于亭壁。同治年间重修后，改称留仙亭。光绪六年（1880），复称仙梅亭。中华人民共和国成立后，仙梅亭经多次修葺。1979年又落架重修，1983年再度修整，亭旁增植松竹梅“岁寒三友”，与仙梅虚实相映，以增韵味。

三醉亭 位于岳阳楼右侧，与左侧的仙梅亭，同为岳阳楼辅亭。三醉亭建于清乾隆四十年（1775），初名望仙阁。道光十九年（1839）重建，改称斗姆阁，用以祭祀北斗星神。同治六年（1867）改名三醉亭，取“吕仙三醉岳阳楼”之意。三醉亭为两层重檐歇山顶楼阁，占地135.7平方米，总高9米，台基长11.65米，碧瓦红柱，华丽庄重。一楼正中挂画屏一幅，屏上绘有吕洞宾醉卧像，左右配对联一幅：“对月临风，有声有色；吟诗把酒，无我无人。”二楼有“诗酒神仙”吕洞宾大型座像，四周饰以神话故事浮雕。

怀甫亭 位于岳阳楼公园内一层平台南端，为歇山横方亭。坐南朝北，高7米，占地面积40平方米。立柱为水泥浇铸，上部为木结构，建于1962年。前檐下挂有朱德委员长所书“怀甫亭”匾额。亭中石碑上刻有杜甫生平及其登楼时画像，亭前石柱上悬挂一副对联：“舟系洞庭，世上疮痍空有泪；魂归洛水，人间改换已无诗”乃著名诗人和书法家吴丈蜀撰写。

宸翰亭 在仙梅亭左，内摹勒清宣宗皇帝御书“印心石屋”4字。用以赐两江总督陶澍。此亭为清道光年间巴陵教谕安化王可权建，同治十二年（1873）知府张德容重建，民国时期已废。

三眼桥 初名通和桥，又名堤头渡桥、万年桥、万由桥。位于学院路、南湖大桥南侧。北宋庆历年间，由岳州知州腾子京建。明代，通和桥被洪水冲毁。嘉靖年间，岳州知府肖晚又重修。清代，三眼桥又四次修葺，最后一次，在同治十二年（1873），由邑人钟镰钧独资重修，历时两年，于光绪元年（1875）竣工。桥全长56米，宽6.5米，通高15米。三孔，中孔跨度13米，扶高12.95米，两边的孔跨度7.06米，高 12.55 米，全桥皆系花岗砌筑；桥西两边有石护栏，桥西头置石狮一对。桥孔内石壁上有精致浮雕，桥身与桥墩分水尖侧雕有长 1.8 米、栩栩如生的蜈蚣 6 条。今为湖南省文物保护单位。

吕仙观　原名吕仙亭，又叫过松亭、过仙亭，位于洞庭南路白鹤山，上有邕湖寺，又名白鹤寺，始建于北宋。白鹤寺占地面积 6 公顷，建有八仙殿、娘娘庙、后土庙、观音殿、灵宫殿、吕仙亭等殿堂庙宇。相传宋时八仙之一的吕洞宾因醉酒在寺旁的老松树下休息，在寺旁墙上题诗一首："独自行来独自坐，无限世人不识我。惟有城南老树精，分明知道神仙过。"后岳州知府命人在其歇息处筑一亭，名"过仙亭"，后改名"吕仙亭"，白鹤寺名逐渐被吕仙亭所取代。1966 年，吕仙亭被当作"四旧"拆毁。1997 年，香港谭兆慈基金会捐资重修吕仙观，整个主殿为三层混凝土框架，仿古建筑，五脊翘顶，高 20.5 米，建筑面积 800 平方米。一楼吕祖殿，二楼玉皇殿，三楼三清殿。三层殿上下雕龙绘凤，斗拱重檐，古色古香，神采飞扬。

岳州关　又名城陵矶海关，俗称上洋关，位于城陵矶客运码头东侧山丘上。清光绪二十六年（1900）六月初六破土动工。次年，3 座关房及其附属建筑完工。关房分上、中、下三馆。上为帮办公馆，中为办公地点，下为税务司公馆。现存关房为邦办公馆，因长期为洋人居住，故俗称"上洋关"。关房外形为二层卷廊西式建筑，砖、木、石混合结构。上、下两层各 4 间大房；两层回廊均为西式卷门配砖砌方柱，左右两边房中均有壁炉，通屋顶专用烟囱以解决取暖；门窗高大，并大量使用玻璃，便于通风和采光；上下两层木楼板、木楼梯以及地下架空层可隔潮；两层天花板均采用泥木条抹灰；木屋架用材硕大，与中国传统建筑的屋架大异其趣；屋面类似中国的四坡顶，但屋面陡峻；西洋风格浓郁。1992 年，城陵矶港扩建港区时将中、下关房拆毁。

第二节　古　墓

周瑜墓　《三国志》载："瑜还江陵为行装，而道于巴丘病卒，时年三十六。"相传葬于金鹗山东南麓花坟坡。墓由四柱三开间、高约 4.5 米的石牌坊、石桌、石墩、拜台、墓冢、墓碑与栏板式墓围组成，占地约 600 平方米。石牌坊与围栏上分别刻有两副墓联：一副为"大帝君臣同骨肉；小乔夫婿是英雄。"另一副为"顾曲有闲情，不碍破曹真事业；饮醇原雅量，偏嫌生亮并英雄。" 1958 年，当地修建梁家汊水库，墓园遭破坏。1992 年，墓冢被夷平。1999 年，在墓址原处重修周瑜墓，墓碑上书"吴大都督周公瑜之墓"。周瑜卒于巴丘（今岳阳），是否真葬于巴丘？《三国志》卷五十四载："权素服举哀，感动左右。丧当还吴，又迎之芜湖，众事费度，一为供给。"由此可见，庐江周瑜墓应为其真墓，岳阳周瑜墓应为其衣冠冢。

鲁肃墓　位于岳阳楼东南面，西距岳阳楼约 300 米。汉建安二十二年（217），鲁肃病卒，葬于巴陵，故有此墓。清光绪十五年（1889），知县周至德对墓冢进行维修，并在墓顶增建一小庙。民国 4 年（1915），长江上游警备总司令曹锟镇守岳阳时，将小庙拆去，改为纯木小亭，在亭中竖立"吴槽江将军鲁公墓碑铭"，上刻铭文。后墓地被辟为中山公园，供游人凭吊游览。1951 年，墓地被围入三五一七工厂。"文化大革命"时，墓冢被夷为平地，墓碑石柱全部失散。1984 年，对墓地小修，保存了墓址，并发现了清光绪十五年（1889）的原墓碑。1985 年，三五一七厂出资 10 万元，由市政府主持重修鲁肃墓。恢复后的鲁肃墓占地面积 800 余平方米，封堆高约 6 米，墓基直径 25 米，墓前立有墓碑，墓地西面立有石牌坊，四周围以石栏。有石阶可达墓顶小亭。坊柱上刊有一联："扶帝烛曹奸，所见在荀彧上；侍吴亲汉胄，此心与武侯同。"

小乔墓　位于九华山南麓，距剪刀池约 70 米，清嘉庆二年（1797），重修。光绪七年（1881），湖南学政陆宝忠重修二乔墓，并于墓顶植女贞2株，以象征二乔。又于墓前立1米高墓碑，上书“小乔之墓”。又于墓南增建墓庐，四周筑有围墙，绕以采廊，可供游人歇憩。墓庐为二进一栋砖木结构平房，宽敞整洁，正堂塑有小乔神像，四时香火不绝。走廊墙壁上，刻有前人吟咏小乔墓的诗句，也刻有许多对联。抗日战争时期，小乔墓及墓庐全部毁于日军炮火。1968年后，三五一七厂修建职工宿舍，将墓冢铲平，仅存一块刻有“小乔墓”字样的石碑。1991年，市政府决定在岳阳楼公园东北角重建小乔墓。1993年8月完工，占地1400平方米。为圆形封堆，重刻墓碑，上书“小乔之墓”。墓前建有“欢轩”，内供小乔塑像，陈列有关小乔生平史料。

颜颐寿墓 颜颐寿，字天和，号梅田，巴陵（今岳阳）县人，明弘治三年（1490）进士，官至刑部尚书。后因违逆圣意，革职下狱病故。隆庆三年（1569），得以平反，赐葬南湖北岸姜家嘴，墓前的石牌坊、石翁仲等毁于抗日战争时期，现残墓墓道、墓门青石尚存于南湖公园绿树丛中。

方钝墓 方钝，字仲翁，号砺庵，生于明成化二十四年（1488），巴陵（今岳阳）县人。明正德十五年（1520）中进士，后累官至户部尚书。任都察院御史时总理河道，任大理寺卿时总理粮储，亲历36仓，积米240万石，致使国库充盈。卒于万历四年（1577），归葬于南湖北面的螺丝山。墓坐北朝南，依山而建。1977年被毁，1984年重修，墓高1.5米，直径15米。

谢登之墓 谢登之，字汝学，巴陵（今岳阳）县人。明嘉靖二十五年（1547）进士，后累官至工部尚书，卒于任上。万历四年（1577）赐葬原籍南湖尚书山。1997年，重新修复。

此外，归葬境内的邑人与安葬境内的外籍人士还有：明户部员外郎邑人唐世柱墓，在县南全妃巷（今先锋路）；明刑科给事中邑人姜性墓，在城东南五里牌，土名朱家垅；明山东按察副使邑人谢纲墓，在城南马家湾；明御史邑人周果墓，在县东南落马桥；清绥远靖寇大将军多罗贝勒尚善墓，在县东凤凰山。

1993年境内古墓分布情况

表18-7

地　址	朝　代	古墓性质
三五一七工厂九华山	清	墓　群
观音阁居委会	唐　宋	砖室墓
云梦路原地区中级人民法院	宋	多室墓
东井岭居委会	隋　唐	砖室墓
南湖公园姜家嘴	明	颜尚书墓
原地区农科所尚书山	明	谢尚书墓
原地区农科所鹅公嘴	战　国	大封土堆
巴陵大桥西端北侧市政工地	宋	墓　群
枫桥湖市二轻局基建工地	西　汉	墓　群
枫桥湖洞庭油毡厂	西　汉	墓　群
南湖螺丝山	明	方尚书墓

第三节　古　塔

慈氏塔　位于城区西南洞庭湖畔马家湾。明隆庆《岳州府志》有“慈氏塔……晋沙门妙吉祥造”记载。南宋淳祐二年（1242），岳州制置使孟珙重修，至今已有769年。塔身为7层，高39米，占地面积46平方米，为青砖砌筑，八角实心。自2层以上，每层砌佛龛4个，龛内置佛像，檐角挂小铁铃。塔顶置铁刹相轮，上有6根铁链，自塔顶直贯塔基。1983年，被列为湖南省重点文物保护单位。

哑女塔　在艑山。北宋范致明《岳阳风土记》载：“有商人女病祟至此，复能言，指其上可建塔，其家建之，今毁。”

七里山宝塔　在城区西北七里山，高七层，清同治十年（1812）邑人钟镰钧建，今毁。

无名塔　在塔前街河巷南，清道光九年（1829），英国人金约翰辑《长江图说》载：“岳州府城建于洞庭东岸……南面各舍极多，并有大小二塔”。光绪二十八年（1902）出版的日本人藤户计太编著的《支那富源杨子江》第九章岳州第六项市街曰“府城西面至南面城墙外有街坊，在山阜有一高塔，在北部的山上又有一低塔”。至于塔高多少，塔名，创建年代，何时坍塌，均无记载。

万佛塔　在湖滨圣安寺大龟山山顶。塔高9层，高52米。塔呈六角形，第一层，供奉释伽如来佛像一尊，塔顶供奉9999尊小金佛像。小金佛像莲座上刻捐赠功德者名。塔顶飞檐斗角，琉璃生辉。登塔顶可俯瞰洞庭湖与岳阳城。

第四节　古城址

麇城　在今城东梅子市。北宋范致明《岳阳风土记》述，麇子有东西二城，春秋楚昭王使王孙由于所筑。梅子市为东麇城，今岳阳楼一带为西麇城。

古城　在城陵矶。郦道元《水经注》：江之右岸有城陵山，山有故城。

巴丘城　清嘉庆《巴陵县志》曰：“三国吴使鲁肃城巴丘。《水经注》巴丘有吴之邸阁城，《丙寅郡志》谓即今之郡城。然考三国志吴实筑二城，邸阁城以屯粮，巴丘城以屯兵，巴丘并非邸阁城。”巴丘城应在巴丘山（今天岳山）一带。

土城　在今老城区。巴陵县治，旧在府城外。明弘治年间始筑土城，周一里有奇。《方舆纪要》载，明弘治四年（1491），贼入境，分巡张佥事创筑土城于县署左右。又于街河口、梅溪桥、全家巷、沿河堤诸处各建土门。

第五节　革命遗址

广东大院　在今大鄢家冲与吕仙亭交汇处市棉麻茶公司家属区。1921年12月，毛泽东到岳阳，在大院开展建党活动，介绍粤汉铁路岳州车站工人陆汉湖加入中国共产党。陆汉湖又发展3人入党，组建城区第一个党小组——中共岳州铁路工人小组。

铁路工人俱乐部 在今吕仙亭街。1922年8月，毛泽东派郭亮到岳阳领导铁路工人运动。于8月15日成立粤汉铁路工人俱乐部，俱乐部设当时吕仙亭街英国人开办的石油公司所在地“德士古”大楼。

中共岳阳地委旧址 在今际华三五一七橡胶制品有限公司俱乐部后。1926年9月，中共党员刘士奇回岳阳开展农民运动，以原地下党组织为基础，建立中共岳阳地方委员会，办公地址设铁炉街童南邦公馆，1951年，修建中南军区军需部被服厂（今际华三五一七橡胶制品有限公司）时被拆除。

农民协会与农讲所旧址 1927年2月，在中共岳阳地委领导下，岳阳县农民协会正式成立，会址设翰林街学坡岭。5月，创办农民运动讲习所，所址设双井巷南（今际华三五一七橡胶制品有限公司大门外）天主教堂内。

湘鄂赣边区特委旧址 1928年2月，中共中央为加强湘鄂赣三省毗邻地区的革命斗争，决定成立中共湘鄂赣边区特别委员会，特委机关设岳阳翰林街罗家大屋。2006年，开发房地产时旧址被拆除。

红三军团司令部旧址 1930年7月3日，彭德怀率中国工农红军第三军团攻占岳阳城，军团司令部、政治部分驻塔前街基督教堂与贞信女中（今市第三中学）内。

第六节 石刻与文物

岳阳楼碑廊 坐落在岳阳楼老门两侧，建于1984年，廊内镶嵌石碑139方。其中44方为原嵌于岳阳楼一楼墙上的古代石碑，21方为重修主楼时所增刻。石碑分为六栏；第一栏为记事碑，有清乾隆、道光、同治、光绪时期记述岳阳楼修葺情况的碑刻；第二栏为民国以前文人留下的诗碑，以清代为多，其中有新增刻的乾隆皇帝御书诗碑；第三栏为今人碑刻，有《岳阳楼重修记》碑，毛泽东手书杜甫《登岳阳楼》诗碑，老舍手书《岳阳楼》诗碑；第四栏为杂碑，其中有道光皇帝题写、陶澍摹刻的“印心石屋”碑，“虎”“鸾”字碑等。其他二栏为以后重修，亦为杂碑。2006年，岳阳楼风景园区第二期工程 扩建时，又新增七栏碑刻49块。

铁梢 置于岳阳楼前，左右各一。高3尺，直径3尺余，下有三短足落地，两侧有狮形环。梢壁有阳文：宋淳祐五年（1245）12月旦，孟府十位铸此铁梢，壹样贰只，各重壹千斤。铁梢为南宋荆州安抚制置使孟珙重修君山崇胜寺时所铸，后寺毁，移至岳阳楼前。1966年，被毁一只，1979年，复制还原。

铁枷 在岳阳楼下湖滩上，原有5枚，今存3枚。其中1枚移至岳阳楼临湖坪台上，供游人观赏研究。铁枷重约3500公斤，中有一圆孔，直径为2.28米。其一端成燕尾形，开口最宽处为1.86米。因形如枷锁，故名“铁枷”。铁枷铸于何时，原作何用，尚无定论。一说为东吴拦截晋人战船的锁江之具；一说为镇锁蛟龙湖怪的“厌胜”之具。为研究我国古代冶铁技术的珍贵文物。

铁鼎 在岳阳楼前，其铭文载明为清光绪二十九年（1903）七月洋务大臣盛宣怀责成汉阳铁厂铸造。鼎高3米多，分3层，下层为三足鼎炉，足为狮头；鼎腹有铭文“孚佑帝君祠”和“共赖神庥永垂千古”。两侧为狮头扣环，中层和上层为空心塔式，下部有明廊，上层有大方格线条，前后左右均有拱门，铁鼎中、上两层，1966年被毁，1979年，由岳阳市阀门厂按原式复制。

专记　岳阳楼

岳阳楼，巍然屹立于巴陵古城的西门城台上，地面海拔 54.3 米。景区面积 44.67 公顷。它俯瞰洞庭生碧波，遥对君山画丹青，北望长江通巫峡，南极潇湘连四水，背靠岳阳负城郭。历代文人雅士以登此楼为乐为荣，中国文人称登楼是一次“修身养性”，外国友人把登此楼喻为一次“上学”。凡登此楼者都被水天一色的景色深深吸引，被“忧乐”文化精神所折服，都无不称道。

唐代诗仙李白赞曰：“楼观岳阳尽，川迥洞庭开”。

宋岳州知府郑明瞻夸道：“历遍江山只此楼”。

元代大学士许有壬感叹：“天地无穷有此楼”。

明代内阁首辅杨一清赞许：“天下江山此最雄”。

清联坛高手徐小谷称誉：“淮海南来第一楼”。

岳阳楼依山傍水，巍峨壮观，与湖北武昌的黄鹤楼、江西南昌的滕王阁并称为“江南三大名楼”，素有“洞庭天下水，岳阳天下楼”的美誉。与洞庭湖和君山合称为岳阳楼——洞庭湖风景名胜区。1988 年 1 月，被国务院定为全国重点文物保护单位。是年 8 月，被定为国家重点风景名胜区。2011 年 8 月，岳阳楼、君山岛晋升为国家 AAAAA 级旅游景区。2014 年 12 月，岳阳楼管理处被评为全国精神文明单位。岳阳楼是国家第 8 条黄金旅游线上湖南境内的唯一景点。

岳阳楼始建于何时，自古众说纷纭，有“莫详创始”之说，有“创始于唐代”之说，但始于“鲁肃阅军楼”之说史料翔实，较为可靠可信。《三国志 · 吴志》载：赤壁大战后的东汉建安十五年（210），鲁肃代周瑜继任镇守巴丘。为守好东吴的边疆要塞，鲁肃在东汉建安十九年“以万人屯巴丘以御关羽”，在城西临湖修建“阅军楼”操演水军，这阅军楼就是岳阳楼的前身。明代汪凯、刘戬、潘恩的《岳阳楼诗集序》，明末张见其的《雅俗稽言》都有记载。清同治《巴陵县志》称：“岳阳楼或曰鲁肃阅军楼”。也有人说鲁肃建的是眺望敌军、固守城垣的谯楼，虽未见诸正史，但有古诗记述。

南朝宋元嘉十六年（439），置巴陵郡，是年扩建郡城，“沿肃旧围再筑”，对阅军楼进行重修，改名为巴陵城楼。南北朝时期的大诗人颜延之途经巴陵时，写下《始安郡还都与张湘州登巴陵城楼作》一诗，这是最早歌咏岳阳楼的诗，其中“清氛霁岳阳，层晖薄澜澳”诗句首次写到“岳阳”二字。唐开元三年（715），中书令张说“除守此州，每与才士登楼赋诗，自尔名著”（北宋范致明《岳州风土记》）。因为其楼坐落在郡置之南，称为“南楼”。崔鲁则称“洞庭楼”，李群玉则称“驿楼”。自此，岳阳楼从古代阅军楼演变成为观赏文化楼。乾元二年（759），李白写有《与夏十二登岳阳楼》，贾至写有《岳阳楼宴王八员外贬长沙》，才第一次在诗歌中见“岳阳楼”名。李白诗称“岳阳楼”在前，他的名字将与岳阳楼永远连在一起，永载岳阳楼史册。

历代兴废

纵观岳阳楼 1800 多年的历史，它不只是一直沐浴在风和日丽之中，巍峨挺拔，也有厄运当头、风风雨雨吞噬、兵燹水患濒临。翻开史籍，人们可看到痛心疾首的“屡建屡毁”，也看到不屈不挠的“屡毁屡建”，形成一部苦难辉煌史。宋代，岳阳楼见诸史料有 7 次兴废，其中北宋 3 次，南宋 4 次。最有影响的是滕子京重修岳阳楼，范仲淹作《岳阳楼记》，以新的英姿走向黄金时代。清邓显鹤《楚宝》曰：

“岳阳楼，肇于张燕公，盛于滕子京，以范文记重也。”岳阳楼兴废，在元代见诸史料甚少。从岳阳楼诗词中发现，至元年间，岳州路达鲁花赤总管李应春曾修葺过岳阳楼。他写《岳阳楼新成，呈同官》诗曰：“是非莫问君与民，楼新自觉光景新”。元代的岳阳楼修成什么样子？有夏永的《岳阳楼图》存照。明代岳阳楼的兴废，见诸史籍10次。有过重建，有过修整，有过移址。其中，隆庆元年（1567），李时渐任岳州知府，他将岳阳楼移建高地。画家王圻在万历十三年（1585）绘的《三才图绘》中绘有岳阳楼，并写明具体形制“岳阳楼，其制三层……今制，架楼三檐，高四丈五尺。”崇祯十一年（1638）六月，岳阳城池因战争大火，岳阳楼毁于火中。崇祯十三年，推官陶宗礼重建岳阳楼，并增筑了仙梅亭。此时期，人民对岳阳楼的评价愈来愈高，形成了“江南三大名楼”之说。明人何镗《古今名山记》载：“唐明枢游赤壁，郭桐冈问黄鹤、岳阳二楼孰胜？枢曰：‘岳阳胜景，黄鹤胜制’”。明代著名诗人、大学士李东阳《书岳阳楼图诗后》云：“江汉间多层楼杰阁，而岳阳为最”。明末礼部尚书兼东阁大学士、史学家朱国祯的《涌幢小品》卷中也写道：“楼阁大观，无如南昌之滕王阁，武昌之黄鹤楼，岳阳之岳阳楼。三楼皆西向，而岳阳楼尤伟。”岳阳楼在清代的267年中，遭受过水患、火灾、兵燹，见诸史籍的兴废18次。乾隆五年（1740），大修岳阳楼，对后世的岳阳楼影响深远，今岳阳楼有的木构件，有此时遗存。乾隆三十九年至乾隆四十一年（1774—1776），岳阳楼左侧建仙梅亭，右侧建望仙阁（今三醉亭前身），一改唐宋以来旧容貌，奠定了“一楼两亭（阁）”的园林格局，使岳阳楼高雅端庄，巍峨雄伟。光绪六年（1880），岳州知府张德容主持重修岳阳楼，将楼体后移了六丈多。此次修建，不仅解决了稳固楼基，免遭洪水波涛冲刷的问题，而且保留了岳阳楼清康熙年间形成的三层形制，楼与仙梅亭、三醉亭呈“品”字形格局。民国时期，史料记载修葺岳阳楼2次，虽是小修缮，但对岳阳楼的维护起了作用。1938年11月至1945年8月，岳阳楼成了日本侵略军的驻地，在长达7年的时间里一直不准中国人入内。中华人民共和国成立后，岳阳楼回到了人民的怀抱，获得新生。1950—2015年，岳阳楼大小修、扩建共13次。从1950年至1978年，各级政府先后拨款150万余元修岳阳楼，修建平台，加固基础，重修岳阳楼两侧的三醉亭和仙梅亭，正式开辟为岳阳楼公园。1982年8月至1984年5月，中央、省、市（地）有关部门十分重视，开始岳阳楼落架大修。专家、学者和古建筑施工人员经过一年多时间的努力，终使古楼实现“整修如旧”，面貌换新颜。在恢复清风貌的基础上进行了技术革新和创新，达到了“古建筑维修的第一流水平”。这是史无前例的大修，工程之浩大、规模之雄伟、技术之精湛，非前代修楼之所及。2006年，岳阳市委、市政府高度重视，开始岳阳楼新景区建设，总投资3.2亿元，开始由“景点”向“景区”的嬗变。岳阳楼景区扩园工程使景区面积由4.8公顷，增至44.67公顷。新增加的景点包括瞻岳门、五楼奇观、双公祠、碑廊、古城墙、吕仙祠等。同时投资230多万元，用时108天，对岳阳楼进行维修。现岳阳楼，无论从规模、质量，还是内涵，都是岳阳楼发展史上的里程碑，走进了盛世楼昌的新时代。

今岳阳楼是清光绪六年重修的，属于攒尖建筑木构架，为江南三大名楼唯一的古建筑。楼阔深各三间带周围廊，台基南北长14.56米，东西宽17.24米，高0.4米，面积为251平方米，全用花岗岩石铺砌。三层三檐盔顶，二层出围廊，顶层如意斗拱，总高19.3米。其建筑艺术特点可用14个字概括：三层、四柱、斗拱、飞檐、盔顶、纯木、雕花。

四柱结构。岳阳楼主楼三层，高达19.3米，由四根大楠木通天柱（又称内金柱）顶立。全楼共有柱52根（蜀柱不含其内），形成不规格的4柱或4的倍数的四柱结构。一楼通天柱4根，楠木质料、分别在楼的中部，柱高10.5米，柱径0.51米，圆柱石础高0.4米。廊柱12根，由一楼直顶二楼檐面下，高8.5米，直径0.34米，有高0.24米不等的圆形石础。一楼东北南三面有墙，墙厚0.35米，廊柱

10 根包在墙内。二楼廊柱系一楼直顶上来，柱间镶板装有槛窗，檐柱 32 根。其中，一楼 20 根，分布在明廊上，柱高 4.2 米，柱径 0.26 米，圆形石础高 0.2 米不等；二楼 12 根，呈方形梅花，边长 0.17 米，间隔嵌有栏杆。

如意斗拱。岳阳楼三楼采用斗拱形式，层叠相衬，荷重承力，拱托楼顶，用伞形架传载负荷。槛窗上为普柏枋，承接鸳鸯交手如意斗拱。斗拱形制较小，大斗上宽 0.33 米，底宽 0.25 米，高 0.15 米，其中耳高 0.03 米，腰高 0.01 米，底高 0.11 米，小斗约大斗的一半。斗拱总高 0.87 米，分 4 层。东西每面 7 攒（斗拱的全部统称为攒），南北 5 攒，每一个斗的斗口上有 2 拱成十字交叉。斗拱与插昂形似蜂窝，看来纷繁复杂，实则排列规整，做工精美。岳阳楼的斗拱不仅用来支撑屋檐与柱子的剪力，而且起到外形美观的装饰作用。

盔顶飞檐。岳阳楼盔顶平面成矩形，盔顶望板至檐板高 4.51 米，顶部由大小 6 个琉璃珠垒叠成上通宝瓶，重约 1 吨，乃是宋代修楼时的遗物。宝顶向四角伸出 4 条隆起陡曲，正面两角翘首相距约 20.20 米，侧面翘首相距约 10.6 米。如此大的盔顶建筑显现出古代将军头盔的壮美造型，在中国今存的古建筑中是独一无二的，也是国内最大的盔顶式建筑，为岳阳楼独特的标志。岳阳楼的檐面和脊也很有特点，三个层面有 4 条脊。第一层面设檩子 8 根，水路长 3.6 米，脊上装饰荷花、莲蓬，翘首为展翅欲飞的凤凰；第二层面设檩子 8 根，水路长 4.5 米，脊上装饰蜿蜒的龙身，翘首为昂视的龙头；第三层面设檩子 16 根，水路长 7 米，脊上装饰卷草，翘首为回纹形祥云。三层檐面铺盖黄色琉璃瓦，每层楼都飞檐 4 起，12 个飞檐高翘如 12 只丹顶鹤引颈向天歌，也如 12 只翅膀振翅欲飞。

纯木建筑。岳阳楼从柱、月梁、轩枋、卷棚龙骨、屋顶、举架、门窗，到楼梯、栏杆、屏风等都采用纯木结构，闩缝对榫，构件严密，工艺精巧。1975 年 8 月 21 日，中国古建筑学家、园林学家、上海同济大学建筑系教授陈从周应湖南省博物馆之邀,对文物保护单位岳阳楼进行一次勘察。他认为“全楼结构复杂，十分牢固”，充分显示了中国江南古建筑的独特风格，凝聚着中国劳动人民的聪明智慧，彰显精湛的艺术才能和美学、力学、建筑学、工艺学等方面的艺术成就。

雕梁画栋。岳阳楼雕饰作品很多，几乎每一个木制建筑平面都有。梁柱上有精美的珍禽异兽浮雕，如龙头、象鼻子等。门上雕花更为丰富。一楼正面，及南北侧外金柱间装有 5 抹雕花格扇门，共 26 扇。裙板及中绦环板雕饰为落地雕，上绦环板雕饰为透雕。群板雕饰着珍禽异兽、名花奇卉；中绦环板雕饰刘海戏金蟾、杨么起义、龙女牧羊、二妃泪竹、庄王擂鼓及三国演义等故事；上绦环板雕饰为嫦娥、八仙等传说人物。南北两面各有格扇门 6 扇，裙板上分别雕有兵书宝瓶及花鸟，上绦环板上均为草蝙雕饰。窗为汉文花槛窗，共有 40 多扇。格心上部绦环板刻有鹊桥会、吕仙醉酒、牛郎织女、白蛇传、打渔杀家等古代戏剧故事透雕。楼梯栏杆均有精致雕饰，望柱上雕饰走兽。天花板彩绘卷草仙鹤图案，全楼色彩主调为红、黄暖色。木构件外施红色，门窗上雕饰为金黄色，脊饰和翘首杂以翠绿，盔顶及檐面均以黄色琉璃瓦铺盖，雕琢精巧，金碧辉煌。

名楼文化

岳阳，乃天地所缔造之山水嘉区，历史所书就之人文胜地。两千年前，屈子就行吟洞庭湖畔，“袅袅兮秋风，洞庭波兮木叶下”。可吟岳阳楼之作自南北朝起。宋元嘉三年（426），著名诗人颜延之到巴陵写下《始安郡还都与张湘州登巴陵城楼作》诗，这是第一首描写岳阳楼风光的诗歌。唐开元三年（715），中书令、燕国公张说被贬为岳州刺史，常会文人迁客登楼歌咏，日相播扬。此后，孟浩然、李白、杜甫、韩愈、白居易、元稹、贾至、李商隐、李群玉等文人墨客接踵而至，登楼远眺，泛舟湖上。或气蒸梦泽、波撼岳阳；或洞庭赊月，买酒白云；或昔闻今上，凭轩涕泗；或春绿连梦，红处长安；或江豚出戏，惊波荡漾。谱就一阙巴陵大合唱，形成岳阳楼诗歌创作的第一个高峰。仅唐代吟咏岳阳楼和洞庭湖的诗歌就有138首，诗仙李白第一次唱响岳阳楼这个名字，诗圣杜甫写下了“吴楚东南坼，乾坤日月浮”纪念碑式的名诗。

岳阳楼闻名天下，还是在北宋滕子京重修、范仲淹作两字关情之记后，历代文人士大夫纷至沓来，把酒临风、卧看楼月、羁旅遣怀、忧乐天下，写下了斗量车载的诗篇，名篇佳作层出不穷。据历代《巴陵县志·岳阳楼文集》统计，自南朝至清光绪十七年（1891）止的诗词歌赋等作品共有484首（篇），有作者357人。从民国时期到中华人民共和国成立后，岳阳楼诗词创作更是汗牛充栋，篇什繁富，作者遍布海内外。仅1984年岳阳楼大修竣工，就征集诗词1529首。

岳阳楼诗词在中国文学史上有特殊的地位，创作内容丰富，特色突出，成为湖湘文化的一个重要板块，成为中国儒家文化重要的一部分。创作题材以咏史、描写和抒情为主。一写自然人文美景，一言贬谪、羁旅、怀友、思乡、社会的悲苦，一抒政治情怀。风格或豪放如大吕黄钟，或婉约似小桥流水，或清丽如出水芙蓉，或淡雅似小窗雏菊。特征表现的是一种旷放达观、随心自适的超然情怀，体现了深沉的爱国情怀和忧患精神。

岳阳楼诗文最早收集成册始于唐张说的《岳阳集》，今《全唐诗》中尚存44首。正式以《岳阳楼诗集》命名为宋庆历五、六年间滕子京编，并为此作序。明万历十三年（1585），梅淳编《岳阳纪胜》，其中二、三卷为岳阳楼诗文，有诗272首、词2首。清道光《洞庭湖志》收录诗词1007首，其中大部分是写岳阳楼和洞庭湖的。当代，特别是80年代后，岳阳楼诗词选本迭有出版。1983年，岳阳市文化局编纂的《岳阳楼志》收录诗词 598首。1997年，湖南省地方志编纂委员会编修的《岳阳楼志》收录诗词160首。1998年，方授楚编著的《岳阳楼历代名家诗词注评》录有诗词230首。2002年，红森编著中国四大名楼丛书《岳阳楼卷》收录诗词62首。2004年，岳阳市地方志编纂委员会编修的《岳阳市志》收录诗词160首。中国历史文化名楼系列文丛《诗歌卷·岳阳楼》收录582位骚人墨客写下的佳作975篇，形成诗词的文化长廊，展其百花齐放。

文以楼名，楼以文传。岳阳楼之所以成为天下楼，享誉中外，千年不衰，这与岳阳楼的诗、词、联、文、赋的浩瀚流美、爱国情怀和忧患精神密切相关。特别是杜甫的《登岳阳楼》与范仲淹的《岳阳楼记》成为岳阳楼诗文的双璧，成为岳阳楼诗文的高峰。《岳阳楼记》的“先天下之忧而忧，后天下之乐而乐”的忧乐情怀让岳阳楼成为人民心中永恒的精神圣殿，成为一座巍峨的丰碑。

《岳阳楼记》的诞生，是庆历五年（1045）春岳阳楼重修，滕子京在精心收集资料时，发现滕王阁、庾公楼、消暑楼、登嶂楼等胜迹，历经风雨战乱而不废圮，都有名人记述。可岳阳楼自唐代以来声诗赋咏甚多，卒无文字称记。而一座著名的楼观若没有一篇好的记，会像一个只见肢体而不显精神的人。请谁来作记，他自然想到了以文章器业享誉天下的范仲淹。范仲淹（989—1052），字希文，唐宰相履冰之后，祖籍邠州（今陕西彬县），出生于苏州吴县（今江苏吴县），北宋杰出的政治家、军事家和文学家。是滕子京的同年、同僚和志同道合的患难知己。两人同年进士，以同年互称，有范仲淹《酬滕子京同年》和诗为证。他们同筑海堰、共抵西夏、共举庆历新政。滕子京因知泾州“费公钱十六万贯”接受审查时，范仲淹不顾庇护友人、结盟朋党的政治风险，挺身而出，3次为子京辩解。滕子京深知挚友范仲淹是当代雄才巨卿，于是在庆历五年六月十五日写成《与范经略求记书》（又称《上范资政求岳阳楼记书》《求记书》）。

他一生经历了许许多多风风雨雨，不讲他宦海沉浮的四进 四退，就是他工作之地也与水有缘，他在泰州见过海浪破堤，家毁人亡，于是组织筑堰。徙知越州观钱塘江潮，巨浪排天，樯倾楫摧。被贬睦州，淮上遇风，波浪汹涌，几成险事。移知苏州，遇太湖大水，狂涛巨浪，惊魂动魄。落职饶州，鄱阳湖畔，一碧万顷，远帆鸥翔，渔歌互答。他的诗篇对水天景色描写到了出神入化的地步。如《绛州园地》中“池鱼或跃金”，《晋祠泉》中“锦鳞无敢钩”，《明月瑶》中“不掩五星耀”，《送韩渎殿院出守岳阳》中“岳阳楼上月，清赏洁无边”，等等。这些生活积累和他一生理想抱负，再加上岳阳楼上的诗赋和《洞庭秋晚图》，已完成了范仲淹作千古名篇充实的生活基础。他于庆历六年九月十五日，欣然命笔写“忆”中之景，也写“意中之景”，借景喻世、喻物、喻人，写成千古绝唱《岳阳楼记》：

庆历四年春，滕子京谪守巴陵郡。越明年，政通人和，百废俱兴，乃重修岳阳楼，增其旧制，刻唐贤今人诗赋于其上。属予作文以记之。

予观夫巴陵胜状，在洞庭一湖。衔远山，吞长江，浩浩汤汤，横无际涯；朝晖夕阴，气象万千。此则岳阳楼之大观也，前人之述备矣。然则北通巫峡，南极潇湘，迁客骚人，多会于此，览物之情，得无异乎？

若夫霪雨霏霏，连月不开，阴风怒号，浊浪排空；日星隐曜，山岳潜形；商旅不行，樯倾楫摧；薄暮冥冥，虎啸猿啼。登斯楼也，则有去国怀乡，忧谗畏讥，满目萧然，感极而悲者矣。

至若春和景明，波澜不惊，上下天光，一碧万顷；沙鸥翔集，锦鳞游泳；岸芷汀兰，郁郁青青。而或长烟一空，皓月千里，浮光跃金，静影沉璧，渔歌互答，此乐何极！登斯楼也，则有心旷神怡，宠辱偕忘，把酒临风，其喜洋洋者矣。

嗟夫！予尝求古仁人之心，或异二者之为，何哉？不以物喜，不以己悲；居庙堂之高则忧其民，处江湖之远则忧其君。是进亦忧，退亦忧。然则何时而乐耶？其必曰“先天下之忧而忧，后天下之乐而乐”乎？噫！微斯人，吾谁与归？

时六年九月十五日。

《岳阳楼记》是范仲淹散文的代表作，从思想内容到艺术技巧上达到了完美的统一。它采用骈体和散文相结合，运用情景交融的传统手法，将记事、写景和议论熔于一炉，笔调流畅、语言清丽、文道和谐、立意高远，很快引起了社会广泛关注。第一个对《岳阳楼记》作出评价的是尹洙和欧阳修。据毕仲询《幕府燕闲录》记载：“范文正作《岳阳楼记》，为世所贵。尹师鲁读之曰，此传奇体也。”“传奇体也”的含义历来说法不一，说有贬有褒，但大多认为持批评意见。尤焴《可斋杂稿》序赞，“文正《岳阳楼记》，精切高古”。北宋文豪苏东坡说：“‘先天下之忧而忧，后天下之乐而乐’，虽圣人复起，不易斯言。以为一言可以终身行之者欤！”宋代状元王十朋在读《岳阳楼记》诗中盛赞：“先忧后乐范文正，此志此言高孟轲。”南宋吕中说：“先儒论本朝人物以仲淹为第一。观其所学，必忠孝为本。其所志，则先天下之忧而忧，后天下之乐而乐。其有所为，必尽其力。”元代修的《宋史》中云：“考其当朝，虽不能久，然先忧后乐之志，海内固已信其有弘毅之器，足任斯责，使究其所欲为，岂让古人哉！”明代孙绪认为，范仲淹《岳阳楼记》是模仿唐代吕温的《三堂记》而写成，不过比《三堂记》写得更好。外国瑞德写的《中国历史中的佛教》一书，说范仲淹“先天下之忧而忧，后天下之乐而乐”是泛爱众人、爱无差等精神理想，可能是受佛教影响。

《岳阳楼记》诞生后，让岳阳楼走向中国，让此记走向人们的心灵，走向精神的圣殿。其一，形成永不衰竭的岳阳楼旅游观光文化热。登楼读记的人络绎不绝，以此为乐为荣，谈笑品评华美文意，“忧乐”二字铭记心头。著名作家余秋雨说：“游历一次，便是一次修身养性”。其二，形成了编纂著书热。范仲淹虽不属唐宋八大家之列，但他的《岳阳楼记》对于后世影响，却在八大家名文之上。南宋林之奇编选《观澜文集甲集》，吕祖谦编选《宋文鉴》，清康熙年间收录《古文观止》，曾国藩编入《经史百家杂钞》，历代绝大多数散文作典范之作入选。中华人民共和国成立后，将这篇文章选入中学的教科书。人民日报社副总编辑梁衡编著的《影响中国历史的十篇政治散文》，就把《岳阳楼记》列入其中，并给予高度评价："《岳阳楼记》已经成为一份独特的历史遗产。从《古文观止》到新中国成立以后历届的中学课本，常选不衰；从政界要人、学者教授到中小学生，无人不读、不背，这说明它仍有现实意义。归纳起来有三条：一是教我们怎样写文章，二是教我们怎样做人，三是教我们怎样做官。"其三，形成了忧乐文化和忧乐精神。北宋，《岳阳楼记》中的"先忧后乐"之语，即被苏东坡等文人学士所倡导，用以劝诫，或引为立身做人的座右铭。北宋著名书法家米芾，就将《岳阳楼记》写成条幅，赠送友人共勉。今岳阳人把它归结为岳阳精神。这篇文章穿越历史，放出光芒，教育一代一代人。刘少奇《论共产党员修养》将"先忧后乐"作为共产党人的修养准则予以强调。胡耀邦在例举中华民族传统美德时将"先忧后乐"列入三句名言中。2001 年，江泽民在"七一"讲话中提出："所有共产党员领导干部，都应该'先天下之忧而忧，后天下之乐而乐'，吃苦在前，享受在后。"习近平在中共中央党校建校 80 周年庆祝大会暨 2013 年春季开学典礼上讲话时说："古人所说'先天下之忧而忧，后天下之乐而乐'的政治抱负……都体现了中华民族的优秀传统文化和民族精神，我们都应该继承和发扬。"

范仲淹在《岳阳楼记》中提出了三重思想："不以物喜，不以己悲"；"居高堂之高，则忧其民，处江湖之远，则忧其君"；"先天下之忧而忧，后天下之乐而乐"。特别是他"先天下之忧而忧，后天下之乐而乐"的思想，是深得儒家思想之精髓。《孟子·梁惠王下》有"乐民之乐者，民亦乐其乐；忧民之忧者，民亦忧其忧。乐以天下，忧以天下，然而不王者，未之有也。"荀子有"劳苦之事则争先，饶乐之事则能让"。荆门郭店出土的楚简中也有"凡忧患之事欲任，乐事欲后"。三国名将周瑜上书孙权："先虑未然，然后康乐。"范仲淹提倡的先忧后乐思想，为自己也为后人的立身处世，构建了一个高卓的道德坐标。这是他对中华民族的最大贡献，成为中华民族精神文明库的一块瑰宝。它激励着后世无数仁人志士，忧国忧民，为中华民族的生存、发展和梦想而献身。

旅游管理

岳阳楼集历史、文物、文艺、环境、园林、景观于一身，是中国古典、高雅、优秀的文化遗产，是全国文明的旅游胜地。南朝宋元嘉三年（426），大诗人、始安太守颜延之被赦免召回京都，途经巴陵时，写有《始安郡还都与张湘州登巴陵城楼作》一诗，这是文献第一次记载宦游览岳阳楼，表明岳阳楼开始由军事阅军楼向观赏文化楼转变。南朝宋元嘉十六年，巴丘改名巴陵郡。随着城池"沿肃旧围再筑"，巴陵城楼也进行重修，游人开始增多。唐开元三年（715），张说被贬至岳州刺史，常与文人学士一道登南楼，泛洞庭，上君山，游灉湖……将巴陵美丽的山水和楼阁注入情感、注入文字、注入灵魂，开"迁客骚人都会于此"风气，把酒临风，将岳阳楼文人雅集唱和推向高潮。李白第一次唱响"岳阳楼"这个名字，岳阳楼从此产生了从古代鲁肃阅军楼向文化观赏楼的质的飞跃，真正成为一个文化生命，开始走向江南、走向天下。宋庆历年间，滕子京重修岳阳楼后，岳阳楼形制，范仲淹《岳阳楼记》，苏子美书丹，邵竦篆刻称为"天下四绝"，成为江南名楼、游览胜地。掀起了游宦、游贾、游学、游侠、游方的高潮。元明清时期，由于范公《岳阳楼记》一文、杜甫《登岳阳楼》一诗流布全国，游客从四面八方纷至沓来，游人成分也更加丰富，游客随朝代增多。民国时期，由于战火不断，每次又是必争之地，游人将此楼作心灵圣地的游历，吟哦杜诗范记寄托忧心。

中华人民共和国成立后，1956年，湖南省人民委员会公布岳阳楼为重点保护单位。1978年改革开放前，国人旅游没有形成风气，只有路过岳阳的客人游览；或本地市民上学、参军、外地工作等登楼留影纪念；或市民来客陪其登高望远，畅谈友情。1984年，岳阳楼大修后，全国游人慕名而至，到1992年，每年游客80万人次以上，最多年份达110多万人次，形成了岳阳楼第一个游客高峰期。1998年，岳阳特大洪灾后，因岳阳楼窄小，设施陈旧，国内游客人日减，每年30多万人次，最高年份也只有40多万人次。2006年，新景区建设后，国内游人猛增，每年达40万人次以上，最多年份可达70多万人次，形成第二个旅游热。游客有组团的、有散户，近几年自驾游增多。前来参观旅游的有普通工人、农民、学生、知识分子、军人、公务员等。

岳阳是古代东南亚各国来往的必经之地。据清道光《洞庭湖志》载：元至元年间，安南国王陈益稷经过岳阳，写有《巴陵雨中》一诗。清嘉庆八年(1803)重修的《巴陵县志》以“安南贡使”之名，首次收录了外国友人登览岳阳楼后留下的记游诗。

从清光绪元年(1875)起，岳阳陆续有英国、西班牙、美国、意大利、挪威、德国、瑞典等国家的人到此传教、办学、行医和定居，观瞻岳阳楼的外国游客与日俱增。光绪二十三年(1897)，黄遵宪赴长(沙)宝(庆)盐法道途经岳阳写的《上岳阳楼》，具体写到了外国人登临岳阳楼的情景，“红髯碧眼如何意，挈镜来登最上头”，并在句末作注：“是日有西人登楼者。”光绪二十五年十月十一日(1899年11月13日)，岳州正式辟为商埠，设立海关(城陵矶海关)。从此，日、英、美、法、德等国的轮船、兵舰纷纷涌入湖南水域，在岳州圈租地、建关房、开商店、办公司，倾销商品。同时，西班牙、美国、英国、意大利传教士也纷纷到岳州立教堂、办学校、设医院，闲暇游览岳阳楼。日本在明治维新时期，在上海设立“日本东亚国文书院”，从日本各县选拔俊秀到上海“薰陶教育”，每年夏秋，组织学生组成“调查旅行班”，到中国各地进行“考察”，于1915年(日本大正六年)编成汇集中国社会经济情况的《支那省别全志》，其中到过岳州、长沙的即有7批之多。从其《支那省别全志》一书载有岳州、岳阳楼来看，上海日本同文书院的“调查旅行班”，是国外最早到岳阳楼游览的社团。中华人民共和国成立后，中国与世界各国的交往不断扩大，参观岳阳楼的外国人逐年增多。50—60年代，有苏联、越南等国家的外宾游览岳阳楼。1978年岳阳被国家列为对外开放城市后，参观岳阳楼的外国客人开始形成规模、络绎不绝。1979年4月1日，日本国中国美术爱好者友好访华团19人游览岳阳楼，为岳阳市对外开放后接待的首批外国游客。1988年9月25日，澳大利亚旅游团29人游览岳阳楼，此为岳阳对外开放后第一个专门到岳阳旅游的外国旅游团体。从1984—2014年，共接待国家83个，海外游客38.1万人。

岳阳楼自古为城楼，属城邑战备守卫设施，由地方政府及驻守军队管理。至南北朝时期，已变为军事、游览兼用的建筑。北宋庆历六年(1046)滕子京重修岳阳楼后，曾令绘工绘制吕洞宾神像供于楼内，向吕洞宾神像敬香许愿者日渐增多。明代，形成由道士住持岳阳楼“供奉吕祖”，收取香火费，兼接待游客，洒扫庭除等事宜的机制。清代，岳阳楼转变为以观赏游览为主的楼阁，由僧、道主持日常管理事宜成为惯例。民国36年(1947)初，酌提一部分收益为徐至炎等供奉香火及生活费用。中华人民共和国成立以后，岳阳楼由岳阳县人民政府接收管理。1956年7月24日，湖南省人民委员会公布岳阳楼为省重点文物保护单位。根据省人委指示，岳阳县文物管理委员会同时成立。1958年7月后成立岳阳楼管理所，管理岳阳楼公园。

文物保护方面，民国以前，岳阳楼无明确保护管理范围。民国 35 年 (1946)，岳阳楼土地“农（坪）地一起，地积 0.299 亩；基地四起，地积 7.88 亩；总计 8.179 亩 (5442.3 平方米)”。1958 年，岳阳楼公园围墙以内被划为重点保护区，一般保护区是：东至洞庭北路，西至洞庭湖边，南至岳阳楼百货店，北至鄂航码头。1981 年 7 月 10 日，湖南省政府办公厅《关于岳阳楼管理体制和保护范围的通知》重申：“岳阳楼的保护范围：东至洞庭北路，南以老围墙为界，西至洞庭湖边，北至鄂航码头。”1991 年 3 月 27 日，岳阳市政府办下达《批转市文化局、市规划处关于划定岳阳楼等五处文物保护单位保护范围及建设控制地带的报告的通知》，具体划定岳阳楼的保护范围为：重点保护区，岳阳楼古城西城门及城墙范围以内；一般保护区，东面围墙以内，北面距岳阳楼台基外缘线 130 米以内，南面距岳阳楼台基外缘线 140 米以内，西面以点将台西外墙及沿湖岸线为界。其建设控制地带，以保护范围外缘为起点，东面向东 75 米，北面向北 270 米，南面向南 150 米，西面向西 30 米以内为建设严格控制地带。划分一类建设控制地带，北面围墙外向北 55 米以内，东起洞庭北路，西至湖边的地带。二类建设控制地带：东面由楼外楼南侧向北至市一中运动场，由洞庭北路道路红线向东 50 米以内；北面围墙外向北 270 米以内，洞庭北路以西的沿湖地带；南面至市中医院四层住院楼北外墙。三类建设控制地带：除保护范围，一、二类控制地带，规划绿地、道路用地等以外的老城区。四类建设控制地带：点将台外墙向西至湖滩地，禁止搭棚、晒鱼和停靠渔船等。1988 年 1 月 13 日，国务院公布岳阳楼为全国重点文物保护单位，重新划定保护范围和建设控制地带。重点保护范围：岳阳楼古城西门及城墙范围内。一般保护范围：岳阳楼台基起往东 50 米、往南 140 米、往北 130 米，西以点将台基沿湖岸线为界。建设控制地带：从一般保护范围向外延伸，东 75 米，南 150 米，西 30 米，北 270 米。1990 年，岳阳市规划设计管理处制定《岳阳楼洞庭湖风景名胜区总体规划大纲（草案）》，将岳阳楼所在古城墙范围内及怀甫亭作为特一级保护区。2014 年，国家文物局评审通过《岳阳楼文物保护规划》，明确了保护范围和建设控制地带。保护范围：原有保护范围不变，占地面积约为 3.5 公顷，东面抵沿洞庭北路围墙；南面距岳阳楼台基外线 140 米以内；西面以点将台西外墙及沿湖城墙为界；北面距岳阳楼台基外线 130 米以内。重点保护区为岳阳古城西城门及城墙范围以内并包括岳阳门前的历史道路区域，其余为一般保护区。其中重点保护区 0.35 公顷，一般保护区 3.15 公顷。建设控制地带：北面至岳阳市一中与岳阳武警用地北侧边线；东面至剪刀池巷；西面至洞庭湖沿湖浅滩区域，自枯水期岸线外延 30 米为界；南面到达巴陵广场南侧边线，依周边街道及建筑肌理划分，共 67.8 公顷。建设控制地带按照用地性质、控制要求和城市肌理的不同分成以下四类：一类建设控制地带，面积约为 4.7 公顷；二类建设控制地带，面积约为 28.1 公顷；三类建设控制地带，面积约为 10.2 公顷；四类建设控制地带，面积约为 24.8 公顷。

第六章　文化管理

第一节　机　构

民国时期，城区文化事业由县教育局管理。1949 年 8 月后，城区文化工作由城厢区文教干事负责。1954 年，改由区文教助理负责，主要文化机构由县文教局管理。1958 年，城区文化工作由岳州公社文教卫生部负责。1960年，岳阳市设文教科，管理全市文化教育工作。1963年，城关镇下设文卫股，管理全镇文化卫生工作，各街道办事处设文化站。1965年，城关镇设文教办公室。1968年，城区文化工作由镇革委会政工组下设的宣传组管理。1976年12月，恢复后的岳阳市设文教办，管理全市文化教育工作。1977年，市文教办更名为市文教局。

南区　1984年4月，南区设区文教科，是年9月，更名为区文教局。1987年3月，文化与教育分开，设立南区文化体育广播电视局，简称文体局，管理全区文化工作 。1989年，文体局下设办公室、文化股、体育股、广播电视股等股室；下辖文化馆、音像管理发行站、广播电视服务部等机构；各街道办事处设文化站，负责管理街道文化工作。

郊区　1984年4月，郊区设立文化教育科，是年9月，更名为郊区文教局，下设区文化馆与文化市场管理站。是年8月，郊区成立广播电视局。

岳阳楼区　1996年，成立区文化体育（新闻出版）局（简称区文体局），管理全区文化、体育、新闻出版工作。南、郊两区广播电视局合并，成立岳阳楼区广播电视局。2001年3月，区广播电视局并入市广播电视局。至2012年，区文体局行政执法职能上收市文化市场综合执法局，保留行政审批职能，下设办公室、文艺股、体育股、市场股、新闻出版股、非物质文化遗产保护股6个股室，下辖文化馆、文物管理所、东风广场管理办公室、文化体育产业管理办公室、业余体校。

第二节　文化市场

1998年初，在巴陵大桥桥西公园内，由市园林处劳动服务公司提供11个临时门面，筹建巴陵民间文化艺术品市场。是年6月，迁至巴陵中路图书城C栋二楼，正式建立文物古玩市场，门面增至20个。2002年，为加强对古玩与旧书市场的管理，市文化管理部门又在花板桥开设古玩旧书市场，有古玩门面10多间、旧书门面10多间。2007年，洞庭风光带第二期工程竣工后，在汴河街设古玩艺术品市场。2010年10月，在巴陵西路庙前街开设湘北古玩艺术品市场，将分散经营的花板桥市场、图书城市场、汴河街市场统一整合到庙前街市场，经营铺面由3处30多家增至60多家。2011年10月30—31日，由市收藏协会、市场建设管理处举办2011年秋季收藏品交易会，来自全国各地收藏组织和收藏爱好者及200多户商家参加交易会展销及鉴赏奇石美玉、古玩珍画、陶瓷工艺品及各种古旧书籍。2012年，全区有出版物零售、出租经营门店113家（含图书城的70个经营门店）。

第三节　文化市场管理

80年代初，录音磁带、录像带陆续传入境内。1982年，城区有3家录像放映点，放映香港、台湾地区及外国电视录像片。1989年，境内录像点增至70余家。是年，开展“扫除黄色文化”运动，对录像、录音网点进行整顿治理，仅批准10多家录像放映点，其中区直属单位经营的3家，其他则由市文化局与市广播电视局经营。另有录音磁带销售点23个。

1996年，对文化市场采取摸清基数，分清类别，划片分组，包干管理，加强 制度，规范管理等13项管理制度，全区614家文化娱乐经营户，办证率达96%。至1999年，共开展“扫黄打非”行动

204次，收缴非法出版物2832本、非法音像制品11160多盒、盗版光碟690多盒，查处贩黄及传播黄色录像案件29件。2000年，贯彻落实文化部《关于开展电子游戏经营场所的专项治理的意见》的通知，取缔47家电子游戏室，关闭15家。对学校周边危害学生健康的娱乐场所，全年关闭停业不符合规定的电游经营场所78家；检查出版物店148家，取缔非法出版物店5家，收缴非法图书1000多册、非法音像制品3735盒、淫秽光碟500多张，收缴电脑主机18台、电游板55块、苹果机8台，查处淫秽录像点6家。2002—2003年，加强对出版市场的检查，共收缴非法出版物1.5万余册，淫秽口袋书1100册。2005年，对全区范围内的160家书店音像店、100家“三印”企业、180家网吧进行不间断监管，查缴非法出版物2300册，淫秽色情出版物160册、盗版 教辅读物1100册、盗版淫秽光碟1.6万盘。2009年，对城区范围内的所有网吧进行检查，对距离校园200米范围内的娱乐场所与网吧强令搬迁和取缔。2010年，共组织开展零点行动、安全生产专项整治、网吧专项整治、“五创”提质五小门店集中整治、平安世博专项保障行动、广州亚运专项保障行动、市区联合执法行动、消防安全大检查和全区扫黄打非专项行动等大规模集中行动10余次。全年文化市场立案221起，新闻出版物立案47起，收缴各类盗版音像制品1.94万余张、赌博型游戏机板256块。2012年，聘请网吧禁烟劝导员200余人，在网吧发放消毒用品966件，开展行业培训2次。共组织开展网吧专项整治、市区联合执法行动和全区扫黄打非专项行动等大规模集中行动10余次。共收缴盗版音像制品1000余张、黄色淫秽光碟207张，取缔无证无照电游经营场所13处，销毁违规电子游戏机100余台，清理各类非准入电子游戏设备87台和擅自改装的机型21台。

第十九篇 教育·科技

第一章 教 育

第一节 旧式教育

一、府学、县学

府学 岳州府学设原府治东南（今翰林街东北）。北宋时，城内即设有府学，延招各县童生。北宋庆历六年（1046），郡守滕子京将其由城内迁建于此。至清光绪年间废科举，兴学堂，历800余年。期间，有史可查的修葺、扩建达25次。今旧址文庙仍在。

县学 明洪武初，巴陵县创设县学。始建于县治西南。崇祯十六年（1643）毁于战乱。清康熙六年（1667）重建。康熙四十八年（1709）迁建于天岳山（今天岳山电影院处）。光绪三十三年（1907），巴陵县立中学迁入其址。民国23年（1934），岳阳县简易乡村师范学校设于此。中华人民共和国成立后，岳郡联立师范部仍设于此。今乾明寺小学设于此。

二、书院、私塾、义学

书院 明正德年间（1491—1521），岳州知府张举在府治东创建天岳书院，明末毁于战火。是时，府治（城区）内创建精忠学院，明末也毁于战火。明时学院经费尚由官府供给。清康熙五十九年（1720），知府许玠在城区学道岭（今文庙）创设岳阳书院，光绪二十九年（1903）改为岳州府中学堂。光绪十三年（1887），知府文鐍在城区铁炉街建慎修书院。光绪二十一年（1895）并入岳阳书院。光绪十年（1884）知县刘华邦、邑绅王启昌在金鹗山创建金鹗书院，光绪末年停办。民国4年（1915），校址毁于南北军阀战争。清代，书院经费主要来源于私人捐助，其次是公款。课程仍以八股文为主。

私塾 清末，城区私塾分蒙馆和经馆两种，蒙馆教启蒙识字，馆舍设塾师家中，蒙童自带桌凳。城区经馆较少，经师一般由学识水平较高者充任。清末，开始对私塾进行改良。民国时，先是促进改良，后加取缔，但因学校少，市民子弟入学难，故禁而不止。民国10年（1921），城区有私塾近50家。1949年，有私塾近30家。1950年后，城区仍有塾师开馆授课。著名塾师王秋轩在乾明寺开设私塾授课，直至1956年停办。1958年下期，各私塾停办。1960—1962年，政府又允许开办私塾。1964年后，各私塾再次停办。

义学 明崇祯八年（1635），城区办有官办义社，为义学前身。清末，城区有义学3处；岳秀义学在东门内清军署前，咸丰时毁，后归并巴陵义学。巴陵义学设颜家巷口，清光绪三十二（1905）年春，改办蒙学堂，旋即改为初等小学堂。府义学在观音阁街，光绪三十二年（1905）秋，改为初等小学堂。

第二节　基础教育

一、幼儿教育

园所设置　民国8年（1919），美立贞信女校在乾明寺校本部添设幼稚园2所，学制2年。民国16年停办，随后恢复，抗日战争时又停办。民国36年（1947）4月恢复后，更名为贞信女中附属幼稚园，设2个班，有幼儿36人，教养员3人。

1953年，贞信女中附属幼稚园更名为岳阳师范附小幼儿园。是年，江零三三一工厂、湖滨小学各兴办1所幼儿园。1957年，岳阳县直属机关在桃花井创办县直机关幼儿园1所，境内创办厂矿企业幼儿园4所、街道幼儿园2所。

1958年，人民公社化，广大妇女积极参加生产建设，国家要求在3—5年内普及幼儿教育，城区机关单位、街道居民大办幼儿园。岳州公社初期共开办幼儿园43个、托儿所8个。郊区梅溪、郭镇人民公社各大队和生产队先后开办许多半日制与季节性幼儿园。1959年，岳州公社（城区）幼儿园增至64所，入园幼儿566人；托儿所80个，入托幼儿891人。1960年，岳州公社改为岳阳市，全市人口增加，幼儿园增至132所，入园儿童4515人；托儿所由566个增至618个，入托幼儿5883人。

“文化大革命”时期，幼儿园、托儿所易名为“红孩子”班。1977年，城区女青年朱建华开办“文化大革命”后第一所幼儿园。1982年，城区共有幼儿园107个，入园幼儿1670人。1988年，有幼儿园150多所，入园幼儿8151人，入园率71%。随着对幼儿教育加强整顿管理，1996年，全区范围内幼儿园降至76所，开班249所，入园幼儿3951人，其中学前班97所，入班人数565人。2002年，全区注册管理的幼儿园106个，其中私立幼儿园86个，有幼师725人、保育员480人、其他工作人员286人。2006年，全区幼儿园增至131所，入园幼儿1.33万多人。2009年，全区幼儿园增至164所，入园幼儿17795人；开班689个，其中学前班154所，入班人数4751人；共有教职员工1398人。其中，具有本科学历的72人，大专学历的335人；中级职称的61人，初级职称的260人。2010年，全区有幼儿园180所，入园幼儿17970人。是年，停办6所幼儿园，取缔6个学校的学前班。2011年，全区有幼儿园173所，教职员工1915人，在园幼儿17970人。2012年，全区有幼儿园167所，在园幼儿19540人，在园教职工2289人。

课程　民国34年（1945），岳阳私立贞信女子中学附设幼稚园开设音乐、故事会、儿歌、游戏、社会与自然、手工等课程。教幼儿唱宗教歌曲、观看美国图片和电影，组织儿童念《圣经》，做礼拜。

中华人民共和国成立后，幼稚园课程为识字、计算、手工、图画、唱歌、游戏、户外活动等。“文化大革命”中，强调阶级教育，请老工人、老贫农讲家史、讲童年，课程为天天读《毛主席语录》、语文、算术、革命文艺。

1981年10月，教育部颁布《幼儿教育纲要》（试行草案），统一规定幼儿园课程为语言、计算、常识、音乐、体育、美术等，蓓蕾等幼儿园在大班开设英语。

教学方法　民国时期，贞信女校附设幼稚园每节课不超过30分钟，每天授课不超过4节。

50年代，幼儿园分小班、中班、大班。小班招3—5岁幼儿，中班招5—6岁儿童，大班招6—7岁儿童。1979年始，以3—4岁为小班，4—5岁为中班，6岁为学前班，实行教与育、教与学相结合的教学方法。

结合教材内容，向幼儿进行思想教育、法律常识教育、“五爱”（即爱祖国、爱人民、爱劳动、爱科学、爱护公共财物）教育；寓“教”于“玩”，在课外活动和户外活动中以“玩”为主线，“玩”中有“学”，“玩”“学”结合；利用儿童好奇、好动、好问的心理特点启发教育儿童；利用现代教育技术手段和直观教具，培养幼儿观察、认识、思考、解决问题的能力。1997年，阳光幼儿园的“娃娃之家”特色幼教方式，让幼儿广泛接触和认识玩具，进而识字和了解相关知识。“宝宝银行”让幼儿知悉存钱、取钱的操作过程，不仅增长幼儿知识，而且培养幼儿从小节俭的美德。

二、小学教育

公立小学　清光绪三十一年（1905），城区青年同盟会员陶钧、彭承念自日本回到岳州，与好友吴有贞等人决定开办新式教育。是年，建立县立高等小学堂。

民国元年（1912），城区有初等小学5所，改称国民学校，均以数字称谓。民国12年（1923），国民学校增至10所，每校教员1人，共有学生419人，其中女生70人。民国27年（1938），日军侵占岳阳，各校停办。抗日战争胜利后，县教育科责令学校一律复课。是时，城区划为5保，附城乡3保，每保办一所初级小学，名曰保校，校舍多系民房。在武庙开办城厢镇中心国民学校，以武庙（原第七国民学校）为校舍，初期设高小部，后增设初小部，招收全城初小毕业生。首届开办4班，招收学生125人，教员6人。是时，城陵矶（属和平乡）开设2所国民学校，即市立中心校及乡立中心校。中心校租用海关大夫公馆为临时校舍，为高、初两部。初小采取复式教学，高小为单式教学，共有学生118人，其中女生36人。和平乡中心校系高、初级班完全小学，有学生99人，教员7人。1949年7月，城区有9所国民小学、6所私人学校、5所教会小学。

1923年城区国民学校情况

表19-1

校　名	校　址	开办时间	学生人数	经费来源
第一国民学校	关帝庙	光绪二十八年（1902）	男56人 女10人	田租203石，房租110串，磨盘洲果380串，团鱼洲果20串，南汴河园果18串，并支记第二、第四、第六各校
第二国民学校	西门	光绪三十年（1904）	男35人 女4人	见第一校
第三国民学校	洞庭庙	光绪三十四年（1908）	男26人 女7人	箩捐360串，并支记第五校
第四国民学校	滨阳门	宣统三年（1911）	男38人 女8人	见第一校
第五国民学校	南岳庙	民国元年（1912）	男30人 女6人	见第三校

校　名	校　址	开办时间	学生人数	经费来源
第六国民学校	洞旸宫	民国2年（1913）	男40人	见第一校
第七国民学校	武庙	民国3年（1914）	男25人 女12人	房租140串，息金40元，地租97串
第八国民学校	白云洞	民国3年（1914）	男27人 女5人	车捐100串，玉清观岁租钱120串
第九国民学校	观音阁	民国4年（1915）	男40人 女12人	房租96串，花生鱼果捐150串
第十国民学校	塔前街	民国5年（1916）	男32人 女6人	水果捐100串

1949 年，城厢区政府接管所有公立小学。1951 年 7 月，区政府接管 5 所教会学校。1952 年，将各私立学校停办或并入公立学校。是年，城区小学发展至 21 所。1953 年，政府对城区学校进行整顿，共设 12 所小学，其中厂矿（二一一工厂）子弟小学 1 所。共有单级班 40 个，复式班 10 个，高级单式班 12 个，学生 2490 人，其中女生 1131 人。1955 年 2 月，城区小学一律改用学校所在地地名为校名，第一完小更名为洞庭路完全小学，同时撤销第十八完小。1957 年，城区有初级小学 20 所、119 个班，学生 5412 人，教职工 183 人。郊区梅溪乡、郭镇乡有小学 80 所（其中单人校 41 所、双人校 33 所、三人校 3 所，其余为多人校），教师 135 人。1958 年，城区有小学 22 所。是年，岳州公社提出教育战线也要"大跃进"，至 1959 年 5 月，全镇（社）小学增至 35 所，其中公立完小 4 所、初小 13 所、民办初小 18 所。

"文化大革命"时期，各学校取消原有名称，改为政治色彩较浓的称谓，洞庭路完小更名为代代红小学，岳师附小更名为旭日小学。1972 年，城区有小学 29 所（不含厂矿子弟学校），学生 10385 人，教职员工 351 人。郊区生产队均办有小学。1986 年，境内有小学 58 所，其中市直 2 所、南区 14 所、郊区 42 所。1996 年，岳阳楼区共有小学 61 所，学生 37790 人，教职员工 464 人。2002 年，全区进行教育结构调整，接收 17 所厂矿子弟学校，撤销合并 5 所小学。因行政区划调整，一批学校划归新的行政区划。2003 年，全区有小学 53 所，学生 36375 人，教职员工 671 人。2005 年，随着城市东移北扩，新的城区建成，全区有小学 56 所，九年一贯制学校 2 所，共有学生 45008 人，教职工 2857 人。2010 年，全区有小学 51 所，其中公办小学 49 所、民办小学 2 所；学生 38509 人。2011 年，全区有公办小学 49 所，民办小学 2 所，在校学生 37900 人。2012 年，全区有小学 48 所，在校学生 37881 人。

2012 年岳阳楼区区属小学情况

表 19-2

学校名称	创办时间	地　址
岳阳楼小学（原代代红小学、市实验小学）	1912年	洞庭北路
洞庭湖小学（原三五一七工厂子弟学校）	—	洞庭北路
九华山小学（原曙光小学）	1969年	九华山北路
桥西小学	1975年	菜园坡西路
东风湖小学（原岳阳粮食包装总厂子校）	1986年	—
乾明寺小学	40年代	乾明寺街
桂花园小学	—	城陵矶桂花园
城陵矶小学（原华能电厂子弟小学、华兴小学）	—	—
东升小学	2004年	五里牌东路
枫树小学（原郊区北港乡中心小学）	1948年	枫树村
长动小学	—	延寿村
新路口小学（原中建五局七公司子弟学校）	1979年	新路口
洛王小学	1990年	花园坡路
望岳小学	1974年	望岳村
东方红小学	1964年	德胜南路
广场小学（原城郊完小）	1960年	丁家塘巷
旭日小学	1901年	老印山巷
青年路小学（原岳阳师范附属小学）	1953年	青年西路
金恒小学（原岳阳制冷设备总厂子弟学校、岳阳恒立集团公司子弟学校）	1978年	金鹗山
先锋路小学（原岳阳铁路第一小学）	1932年	三角线
朝阳小学（原岳阳市实验小学、岳阳楼区实验小学）	1997年3月	求索东路
花板桥小学	1972年	花板桥路
学院路小学（原岳阳电磁铁厂子弟小学）	1972年	奇家岭岳磁居委会
土桥小学	1982年	凤凰路
南津港小学	40年代	云梦路

学校名称	创办时间	地　址
五里小学（原铁炉小学）	50年代	科协路
奇家小学	1951年	—
蔡家小学	1970年	—
畔湖湾小学（原木鱼小学）	1972年	奇家岭办事处畔湖湾居委会
站前小学	1995年	站前路
枫桥湖小学	1979年	枫桥湖路
站东小学（原岳阳铁路第二小学）	1997年	站前东路
友谊小学（原城陵矶肉联厂子弟学校）	1977年	城陵矶骆家坡
岳城小学	1958年	—
康岳小学	1977年	长虹路
花果畈小学（原东风小学、新建小学）	解放初期	梅溪乡 花果畈路
冷水铺小学	—	梅溪乡 冷水铺村
延寿小学	—	望岳路
胥家桥小学	—	梅溪乡 胥家桥村
滨湖小学	—	梅溪乡滨湖村
郭镇小学	—	郭镇村郭镇组
仓田小学	—	郭镇乡仓田村
马安小学	—	—
畈中小学	—	—
双塘小学	—	郭镇乡双塘村
枣树小学	—	郭镇乡枣树村
建中小学	—	—
磨刀小学	—	郭镇乡磨刀村
麻布小学	—	郭镇乡麻布村
启源外语	—	岳阳纺织厂

私立小学　民国 35 年（1946），长沙会馆在塔前街开办长郡小学；安徽同乡会在油榨岭开办安徽小学；江西同乡会在洞庭庙开办江西小学；以及设在万寿宫的豫章小学；设在吊桥的工人小学，设在火车站的扶轮小学。这些学校经费自筹，教材与国民小学相同，由会馆或行业理事会管理，规模不大，学校人数不多。如长郡小学有学生 75 人，教员 2 人。1952 年，各私立学校或停办或并入公立学校，仅存豫章小学和扶轮小学，扶轮小学更名为岳阳铁路子弟小学。

教会小学　清光绪二十七年（1901），美国基督教复初会牧师海维礼的夫人海光中在乾明寺创办贞信女子小学。光绪二十九年（1903），在油榨岭开办岭南小学，在学坡岭开办岭东小学。宣统二年（1910），在城陵矶开办东陵小学。民国 4 年（1915），美国基督教圣公会在城区开办福音小学堂，后更名为崇贞小学。民国 14 年（1925），西班牙天主教在竹荫街开办乾益男校、坤贞女校，后两校合并更名为岳灵小学。次年 7 月，各教会学校停办。1929 年后相继恢复。崇贞小学更名为贞信女子初级中学附属小学。抗日战争时期，教会小学全部停办。1945 年，教会小学又全部恢复。1951 年 7 月，政府接管东陵、崇贞、贞信附小、岳灵、岭南等教会小学，除贞信附小更名为公立岳阳师范附属小学外，其余各教会学校并入公立学校。

民国时期城区教会小学概况

表 19–3

校　名	校　址	创办时间	所属教会
贞信小学	乾明寺	1901	美国基督教复初会
岭南小学	油榨岭	1903	美国基督教复初会
岭东小学	学坡岭	1903	美国基督教复初会
东陵小学	城陵矶	1914	美国基督教复初会
崇贞小学	天主堂	1915	西班牙天主教
岳灵小学	竹荫街	1925	美国基督教复初会

日伪小学　民国 27 年（1938）11 月，日军占领岳阳，城区小学全部停办。民国 29 年（1940），日伪政府在城区施行奴化教育，开办 4 所小学，强迫中国学生入学，教材为新共和读本。教员多为民族败类，也有少数日本教员，课程以日文为主，教学以鼓吹“东亚和平”为宗旨，学校时办时停，1945 年，日本投降时即全部停办。

城区日伪小学概况

表 19-4　单位：人、个

校　名	校　址	学　生	其　中		班　数	教　材
			男	女		
新民小学	梅溪桥	572	530	42	6	新共和读本
日新一小	城陵矶	36	32	4	4	新共和读本
日新二小	城陵矶	28	25	3	3	新共和读本
维持学校	五里牌	36	32	4	4	新共和读本

三、民办小学

1950 年，刘怡柱在观音阁、王尊贤在玉清观等地私人办学，招收少量补习生与启蒙生。1953 年始，为满足群众送读要求，在公办学校内设民办班或另设民办小学。在吕仙亭街道办有先锋路小学，有学生 98 人，教师 3 人，该校经逐步扩展，后改建为青年路小学。1958 年，国家要求 3—5 年内普及小学教育，坚持“两条腿走路”的方针，大办民办小学。1959 年，岳州公社（包括城郊）开办民办小学 21 所，有 29 个教学班，学生 1023 人。1972 年，大搞“教育革命”，民办教师下放到单位或厂矿办学。是年，城区共有厂矿民办小学 14 所、35 个班，学生 965 人。1976 年 9 月，市区群众办学 5 所，设 6 个教学班，有学生 463 人，教师 24 人，后陆续并入公办小学。

企业职工子弟学校　1951 年，二一一工厂兴办职工子弟学校。1972 年，政府鼓励各企事业单位兴教办学，是年，城区开办 14 所企业职工子弟学校。1988 年，境内中央、省、市企业共办职工子弟小学 28 所，学生 7067 人。2002 年，境内所有厂矿企业职工子弟学校由政府接收。

境内厂矿企业职工子弟学校一览

表 19-5

学校名称	地　址	建校时间	性　质
岳阳铁路子弟小学	鄢家冲	1946	小　学
三五一七工厂子弟学校	洞庭北路	1951	小学、初中、高中
岳阳电厂子弟学校	城陵矶	1960	小学、初中、高中
济南铁路局留守处子弟学校	新桥巷	1965	小学、初中、高中
岳阳造纸厂子弟学校	城陵矶	1968	小学、初中、高中
市木材公司子弟学校	南津港	1969	小学、初中
市水运公司子弟学校	东井岭	1969	小学、初中

学校名称	地　址	建校时间	性　质
城陵矶港务局子弟学校	城陵矶	1970	小学、初中
市园艺场子弟学校	湖　滨	1970	小学、初中
岳阳港务局子弟学校	红船厂	1971	小学、初中
第四化工建设公司子弟学校	花板桥	1971	小学、初中、高中
市制冷设备总厂子弟学校	金鹗山	1974	小　学
市红旗造纸厂子弟学校	九华山	1974	小　学
城陵矶粮库子弟学校	城陵矶	1974	小学、初中
洞庭氮肥厂子弟学校	七里山	1975	小学、初中、高中
岳阳麻纺织厂子弟学校	东风湖	1979	小学、初中
中国建筑总公司第七公司子弟学校	新路口	1979	小学、初中
洞庭苎麻纺织印染厂子弟学校	鹰　山	1984	小学、初中、高中

附　重点小学简介

旭日小学　前身为美立贞信女中。1901年9月，由美国海维礼之妻海光中夫人创办，先后更名为贞信附小、岳阳师范附属小学、南区实验小学、南区旭日小学。1996年，更名为旭日小学。学校占地面积8858平方米，建筑面积5936平方米。建有功能齐全的多媒体教室、电脑室、图书室、音乐室、美术室、实验室、体育室、阅览室。2009年7月，建起高标准的运动场、科学室。教学设备齐全，校园整洁美观。学校共有教职员工82人，其中在职教师45人，离退休教师37人。有教学班12个，学生558人。学校具有优良的办学传统，遵循“尚德启智，自主创新”的校训，形成“诚实勇敢，文明守纪”的校风。学校被认定为全国启发式教学实验基地、全国综合实践活动课程实验基地、湖南省轮滑运动试点学校，多次被评为全国优秀红领巾小社团、湖南省三星级红领巾示范校、岳阳市绿色学校、岳阳市级文明单位。2008年10月，学校被中国高等教育学会等4家单位确定为第八届西部教育顾问单位。

岳阳楼小学　始建于民国元年（1912），占地面积2.1万平方米，校舍建筑面积1.58万平方米。有教学班36个，学生2034人，教职工113人。学校建有高标准艺术楼、科教楼、学生游园和全塑胶田径场，备有现代化教学设施设备及各种专用教室，是省颁标准一级（A类）学校。经过近百年的建设和发展，学校文化底蕴深厚，师资力量雄厚，教学管理规范，教学水平领先。中共中央原总书记胡锦涛曾接见学校师生，对师生礼仪高度赞赏。在办学过程中，“养成教育”“心理教育”等德育系列研究获省优秀成果奖，并向全省推广。少先队被授予全国红旗大队、全国红花集体、希望工程手拉手先进单位、红领巾助残先进单位、湖南省四星级红领巾示范学校等称号。是全国青少年科技活动示范学校、湖南省绿色示范学校、湖南省生态保护教育基地、湖南省园林式单位、湖南省青少年科技活动示范基地、岳阳市环境教育示范学校、岳阳市科普创作先进集体。先后承担各级实验课题10个，有7个课题结题获奖。是岳阳市区唯一对外开放的一所小学，先后40多次接待日、美、英等国家和澳门地区的代表团。学校先后被评为国家级语言文字示范学校、全国青少年五好小公民主题教育“光辉的旗帜”读书活动示范学校、湖南省文明单位、湖南省依法治校示范学校、湖南省经典诵特色学校、湖南省安全文明校园、湖南省模范职工之家、湖南省文明卫生单位、湖南省艺术教育先进单位。学校被定为全国启发式教学实验学校、全国优秀电影促进学生综合素质提高实验学校、湖南省现代教育技术实验学校。

东方红小学 始建于1964年，有62个教学班，学生3947人，教职工269人，其中在职教职工190人。学校拥有3栋教学楼、1栋专业楼、1个300米环形跑道田径场、1个青少年校外活动中心、1个社区家庭教育服务指导中心，占地面积28666.8平方米，总建筑面积约2.8万平方米。有高标准的图书室、心理咨询室、语音室、红领巾电视台、陶艺坊、篮球训练馆等42间功能室，形成集千兆校园网、红外液晶触摸教学终端、媒体网络电视台、智能校园广播、校园监控系统于一体的数字校园。被公安部、教育部授予全国消防安全教育示范学校，先后被评为全国现代教育技术实验学校、全国体卫工作先进单位、全国优秀家长学校、全国反馈教学先进单位、全国优秀少先队集体、全国青少年科技创新示范校、全国校本教研实验学校、全国教育网络系统示范单位、全国现代教学艺术研究先进单位、全国自修——反思式校本培训模式研究实验学校、湖南省基础教育改革示范校、湖南省文明单位、湖南省绿色学校、湖南省基础教育课程改革样板校、湖南省优秀少先队集体（四星级）、湖南省小学德育课程教育教学研究实验学校。《自修——反思式校本培训模式实施研究》课题被全国中小学教师校本培训研究中心评为一等奖。

朝阳小学 位于求索东路，创办于1997年，初名朝阳小学，曾名岳阳市实验小学、岳阳楼区实验小学。2007年7月，在建校10周年之际复用原名，全国政协原副主席毛致用欣然题写校名致庆。学校占地4.2公顷，有教学楼5栋，总建筑面积2万多平方米，有高标准的多媒体室、课件制作室、语音室、图书室、实验室、舞蹈室、会议室、档案室、教工活动室、校园电视台，各办公室均配备空调、电脑、电话，各教室均可使用多媒体、网络，办学条件优越，校园里绿树成荫，鸟语花香，环境十分优美。学校有教学班63个，学生4320人，教职工226人。先后被评为全国德育协调与小学生潜能开发实验研究基地、全国启发式教学与儿童主体性发展课题研究实验基地、全国课堂情感教学模式研究基地、全国非智力因素研究实验学校、中央教科所学校教育研究部实验学校、“十五”中央教科所科研教改先进实验学校、《中国儿童报》优秀记者站、湖南省文明单位、湖南省文明卫生单位、湖南省现代教育技术实验学校、湖南省红领巾示范学校、湖南省绿色学校、湖南省示范家长学校等，共获国家、省级荣誉110余项，教师、学生分别获国家、省、市级荣誉210人次、600多人次。2007年学校被评为全国校园文化建设百佳学校。2008年，被中央文明委评为全国未成年人思想道德建设工作先进单位。2009年12月1日，中共中央政治局常委李长春等一行到学校视察，对学校的未成年人思想道德建设工作给予高度评价与充分肯定。

东升小学 位于城区五里牌东路。2004年9月，招生开学。现有在职专任教师124人，教学班45个，学生3066人。学校确定“崇严崇实崇善、求乐求美求新”校风和“教学做合一、知能行同优”校训；确立“树人务本、和谐发展”办学理念和“创名校、做名师、育名生”办学思想。学校确立的“科普教育引领和谐发展”指导思想，因地制宜地开展各类科学综合实践活动，在国家、省、市级青少年科技创新大赛中，获国家级金奖1枚，银铜奖3枚，省级金奖7枚，银铜奖5枚；在其他科技类竞赛中，学生共获国家级金奖 30 多个，省级金奖 50 多个，科技作品获国家专利 3 项。2011 年，学校被中国教育报刊社评为全国百强特色学校、全国百强特色学校十佳示范学校。至 2012 年，先后被确认或授予首批全国科学教育实验基地、教育部综合实践活动基地、湖南省小学科学教学研究基地、湖南省青少年科技活动示范基地，全国科学教育优秀实验学校等国家级荣誉称号 10 个，湖南省安全文明校园等省级荣誉 10 个。学校教师在各级报刊发表或获奖的论文达 500 余篇，获全国、省、市、区各级教学竞赛奖 65 堂次；有 150 余名学生的语文习作、美术作品、科技作品在《小学生导刊》《中国少儿美术》《作文周刊》等刊物发表，有千余人次学生的美术、舞蹈、体育等项目获国家、省、市、区各级大奖。

三、中学教育

公立中学　清光绪十年（1884），巴陵知县刘华邦邀绅商等在金鹗山创办金鹗书院，次年竣工，招收本邑学生，为近代城区第一所官办中等书院。光绪十三年（1887），岳州知府文鐍在铁炉街创办慎修书院。光绪二十年（1894），知府钟英在学道岭街重修岳阳书院，招收岳阳、平江、华容、临湘 4 县学生。次年，慎修、岳阳两书院合并。光绪二十九年（1903），改为岳州府中学堂，所教课程仍为旧学经史之类。光绪三十二年（1908），邑人方厚卿、方解吾等人将棚厂街县考棚改为校舍，创办巴陵公学堂。次年，更名为岳阳县中学堂，并将学校迁往乾明寺县文庙内。民国 2 年（1913），更名为湖南省第三联合中学，所教课程均为新学课程。1952 年上学期，更名为岳阳县二中（今市二中）。民国 3 年（1914），岳阳县教谕署在县门口创办县立女子中学，学生 200 余人。民国 16 年（1927），更名为县女子职业中学。民国 24 年（1935）停办。民国 28 年（1939）9 月，为使流离湘中、湘南的难民子弟就读，国民政府教育部在洞口县竹篙塘设国立第十一中学，设初中、高中部。抗日战争胜利后，国立十一中迁岳阳，更名为省立第十一中学。

1949 年 11 月 21 日，省立十一中与岳郡联中、岳郡联师合并为新湖南建设中学。1953 年 9 月，更名为岳阳县第一中学，设初中、高中部。1958 年，城区各完全小学附设初中班。是年上学期，洞庭路完小附设 2 个初中班，学生 118 人；城陵矶完小附设 1 个班，学生 20 人。次年上期，岳师附小增设 1 个初中班，学生 49 人。是年，以洞庭路完小初中班为基础，岳州公社在望城岭创办岳州中学，并招收新生，不久停办。随后又办五里中学，后更名为城郊中学。1960 年，市文教科以岳阳师范附小初师班为基础，创办 1 期师训班，有学生 50 人，半年后分配镇属各小学任教。1963 年，在金鹗山钢铁厂旧址创办民办建设中学，办学 2 年，每年设初中班 6 个、高中班 2 个，2 年共招收初高中学生 626 人。1966 年"文化大革命"开始时，城关镇在南湖养殖场创办"五七"农业中学，设 2 个初中班，有学生 111 人，1970 年停办。1967 年，城区创办城南中学、设油榨岭，后迁至乾明寺。是年，又创办城东中学。1968 年底，城南中学、城北中学（原县二中）、城东中学（四中）、城陵矶中学（原七中）下放到城关镇，镇又下放到各街道办事处，3 个月后收归镇管辖。1970 年，镇属 4 所中学共 53 个班，学生 2854 人，教职工 149 人。1971 年，4 所中学收归县管理。1972 年，城关镇在代代红（原洞庭路完小）、青年路、育红 3 所小学附设初中班，共有学生 796 人，一年半后，代代红、青年路小学附设初中班学生并入一中、二中学习，育红附中班继续开办，后发展成洞庭乡中学。1976 年，岳阳县第一中学更名为岳阳市一中，为岳阳市重点中学，素有"湘北学府"之称；青年路小学开办 3 个附中班，有学生 150 人，1977 年全部并入市二中。

至 1976 年，郊区各大队开办附中班。石板堰（今梅溪一中校址）开办高中班。是年，梅溪区在金凤桥开办区高中，更名为梅溪区"五七"大学，1977 年，改为梅溪区高中。1983 年，各大队小学附设的初中班逐步并入公社中学，公社高中班并入区办高中。1986年，城区与郊区中、小学校调整，城区有中学7所、中专4所、职工中专6所，郊区有中学6所。

2005年，全区有初级中学7所，九年一贯制学校2所。2012年，全区有初级中学6所，九年一贯制学校1所，在校初中生5236人。

私立中学 境内先后创办湖滨中学、贞信女子中学2所私立中学。

湖滨中学。清光绪二十七年（1901）四月一日，美国基督教复初会牧师海维礼在岳阳创办小学“求新学堂”，后又更名为盘湖书院。光绪三十二年（1906），海维礼购得湖滨黄沙湾地址，将盘湖书院扩建为湖滨中学，为近代岳阳最早开办的私立中学。宣统二年（1910），将湖滨中学扩建为湖滨大学。19世纪20年代初，湖滨大学又附设完全中学、小学各1个班。民国15年（1926）8月，受大革命运动冲击而停办。后国民党岳阳县党部在原校址上创办双十学校，设高、初中部。民国17年（1928），双十学校停办，教会重新恢复湖滨中学，民国20年（1931）10月，经南京国民政府教育部批准正式立案。次年，学校停办高中部，改办高级农业职业专科。抗日战争胜利后，学校迁往岳阳原址。民国37年（1948），学校停办农业专科，恢复高中部。1950年6月，学校有教员10人，学生182人，编为6个班，其中高中3个班、初中3个班。1952年，学校并入长沙农业学校。

贞信女子中学。清光绪二十七年（1901）9月，美国基督教复初会牧师海维礼夫人海光中在乾明寺购地创办女子初级小学。光绪二十九年（1903），学校定名为美立私立贞信学校。民国5年（1916），增办高小班。民国7年（1918），增办2个初中班。民国9年（1920），扩为完全初中，兼设小学5所、幼稚园1所。民国16年（1927）停办，民国18年（1929）秋恢复。是年，根据国民政府教育部法令，改由中国人办校，学校更名为岳阳贞信女子初级中学，附属小学更名为贞信女子附小。民国27年（1938）11月，日军侵占岳阳，学校停办。民国34年（1945）9月恢复。民国38年（1949）增办高中。1952年上学期，学校师范部与原岳郡联师师范部合并，更名为长沙专区师范学校，后更名为岳阳师范学校。

2012年驻区中学一览

表19-6

学校名称	建校时间	地　址
岳阳市一中	1903年	洞庭北路
岳阳市二中	1908年	翰林街
岳阳市三中（原岳阳城南中学、岳阳县三中）	1967年	乾明寺
岳阳市四中	1967年	青年中路
岳阳市五中	1960年	城陵矶
岳阳市六中	1979年	云梦南路
岳阳市七中	1982年	五里牌车路
岳阳市八中	1993年	白杨坡路

学校名称	建校时间	地　址
岳阳市九中	2005年	花板湖路
岳阳市十中（原岳阳楼区一中）	1985年	高山坡
岳阳市十一中	2000年	奇家岭
岳阳市十二中	2003年	站前路
岳阳市十三中	2007年	奇康路
岳阳市十四中（原长炼中学）	1969年	南湖大道
岳阳市十五中（原岳化一中）	1969年	白石岭南路
岳阳市弘毅中学	2000年	岳阳经济技术开发区连接线
岳阳市巴陵中学（原洞氮子弟中学）	2005年	望岳路
岳阳中学（原岳阳市第二师范学校）	1964年	湖滨
屈原大学附属中学	—	金鹗东路
岳州中学（民办）	2000年2月	岳阳经济技术开发区亮山村
通海路中学	1997年	八字门

附　部分中学简介

金鹗书院　清光绪十年（1884），巴陵知县刘华邦邀绅商人等在金鹗山创办金鹗书院，次年（1885）竣工，招收本邑学生，为近代城区第一所官办中等书院。所教课程均为经史之类文化知识，称为旧学。民国初年，连年军阀混战，书院停课，学生星散。民国4年（1915），书院遭战火焚毁。

岳州府中学堂　清光绪十三年（1887），岳州知府文鏞在铁炉街创办慎修书院。光绪二十年（1894），知府钟英在学道岭街重修岳阳书院，招收岳阳、平江、华容、临湘4县学生。光绪二十一年（1895），慎修、岳阳两书院合并一处。光绪二十九年（1903），更名为岳州府中学堂，所教课程仍为旧学经史之类。光绪三十一年（1905）后，学堂开始教授国语、数学、历史、地理、生物、物理、化学之类新学课程。民国2年（1913），更名为湖南第三联合中学。民国20年（1931），更名为岳郡联立中学。1949年11月，并入湖南建设中学（今岳阳市一中）。

岳阳县立中学　清光绪三十二年（1908），邑人方厚卿、方解吾等人将棚厂街县考棚改为校舍，创办巴陵公学堂。次年，更名为巴陵县立中学，并将学校迁往乾明寺县文庙内。民国2年（1913），更名为岳阳县立中学，所教课程均为新学课程。1952年上学期，更名为岳阳县二中（今市二中）

岳阳县女子中学　民国3年（1914），岳阳县教谕署在县门口创办县立女子中学，学生200余人。民国16年（1927），更名为县女子职业中学。民国24年（1935）停办。

岳阳市一中 创办于清光绪二十九年（1903），是湘北少有的百年老校，与岳阳县第一中学、岳阳市第十五中学并称为“岳阳三大名校”，由岳郡联立中学、岳郡联立师范学校、国立(省立)第十一中学三校合并而成，是湖南省首批挂牌的重点中学、首批命名的示范性高中和国内首批办有内地西藏班的中学之一。校园有8万多平方米，6万多平方米的建筑布局合理，设施配套。校内绿树成荫，环境优雅，是省、市园林式单位和花园式学校。

第三节 中等专业学校

护士学校 清宣统三年（1911），普济医院开办求新学校，为本院培养护理人员，为城区第一家专业卫生学校。民国19年(1930)，更名为护士学校，主要招收贞信女子中学毕业生。民国25年(1936)，因经费困难停办。

岳阳师范学校 民国22年（1933），县中校长方大陔在校内附设一师资速成班，招收初中毕业生40余人，培训一年后担任小学教师。次年，单独设立岳阳县立简易乡村师范学校。民国24年（1935），更名为岳郡联立简易师范学校，招收岳阳、临湘、平江、华容4县学生，校址仍设乾明寺县文庙内。学制4年，除开设初中课程外，另增设心理学、教育学、音乐、劳作4门课程。民国32年（1943），更名为岳郡联立师范学校，学制改为三年，课程以高中课与专业课程为主，1949年11月，岳郡联师与省立十一中、岳郡联中合并为新湖南建设中学，师范部迁往学道岭原联中校址（今市二中校址）。1952年上学期，长沙专区将原岳郡联师师范部迁往乾明寺原贞信女中校址，正式创办长沙专区师范学校。数月后更名为湘潭专区师范学校。是年秋，又更名为岳阳师范学校。1969年学校停办，1976年恢复，并更名为岳阳地区师范学校，校址设南湖大道杨树塘。2003年7月，学校升格更名为湖南民族职业学院。

岳阳卫生学校 1958年，由岳阳县人民医院创办，主要为本院培养护理人员，人数不多，后停办。

岳阳县文艺学校 1958年10月创办，属县文教科领导。校址设东茅岭，有学员30多人。1960年扩建，分巴陵戏、花鼓戏两科，共有学员80多人。1961年停办。

岳阳地区卫生学校 1965年创建，属岳阳地区卫生局领导，为岳阳地区培养护理人员的中等专业学校，校址设东茅岭。1983年更名为岳阳市卫生学校。2003年4月，并入岳阳职业技术学院。

岳阳市农业学校 1973年创建时为岳阳地区农业学校。1986年3月，更名为岳阳市农校，校址设花板桥。设有农作、园艺、水产、花卉、庭院经济等专业，为省级重点中专。2003年4月，并入岳阳职业技术学院。

岳阳市农业机械学校 1975年创建，校址设冷水铺，80年代中期迁铁炉冲。设乡镇企业管理、农村机电、农机制造、渔业机械等专业。1997年3月，并入市农校。

岳阳市机电学校（岳阳市机电职业中专） 校址设南津港，两块牌子，一个学校。设有电子电工、美术装潢专业。2003年4月，并入岳阳职业技术学院。

中南工业学校 设花板桥四化建公司内，隶属化工部，面向全国招生。设有设备安装、化工机械、电子技术应用、机电技术应用等8个专业。

岳阳市财经中专 1996年，由岳阳市财税职工中专改名，设奇家岭。设有电算会计、财政税收、金融保险、旅游经济等专业。

岳阳市湘北女子职业学校 1997年创建，校址设湖滨，2006年1月，被教育部定为国家重点职业学校。至2012年，设有企业财务、计算机、旅游服务、电子服装设计、文员、接待、销售等20多个专业。

90年代，社会力量办学兴起，境内先后办有中山财校、建设科技学校、体育中专等中等专业学校。

第四节　成人教育

一、普通高等教育

湖滨大学　清光绪二十七年（1901），美国复初会牧师、神学博士海维礼到岳阳传教办学。利用其住宅为教室，招英语补习班学生数名。次年，在普济医院内设求新学堂，招学生10人。光绪三十三年（1907），迁求新学堂于湖滨黄沙湾，更名盘湖书院。是时开办大学部。该校从小学到大学，是一个完整的教学体系。民国17年（1928），该校大学部与华中教会所办的雅礼大学、朝阳大学、博文大学合并为武昌华中大学。

湖南理工学院　创建于清光绪三十一年（1905），时名盘湖书院。1985年定名岳阳大学，1999年暂更名岳阳师范学院。2003年2月，正式更名为湖南理工学院。2008年，该校顺利成为硕士立项建设单位。至2012年，学校有东、南、西、北4个校区，合计占地面积143公顷，设有53个本科专业，涵盖理学、工学、哲学、经济学、法学、教育学、文学、历史学、管理学、艺术学等10个学科门类。学校拥有国家级实验教学示范中心、省部级科研中心等教学科研实验基地。

岳阳师范高等专科学校　1972年8月，岳阳师范学校更名为湖南师范学院岳阳分院。1978年12月，经国务院批准正式定名为岳阳师范高等专科学校（简称师专）。校址设奇家岭，校园面积26.8公顷。学校重视多种途径办学，举办多种培训班、专修班，是全省举办专修班最早的学校之一。先后接纳14批、33名日本、美国留学生，是全省第一所接受外国留学生的师范专科学校。至1999年，共培养毕业生15408人。2003年2月，并入岳阳师范学院。

岳阳基础大学　1979年3月，创办于岳阳市三中内。是年招学生80人，分机械、电工2个专业。由于办学条件差，1980年9月，并入岳阳师专，仍保留原校名，旨在恢复办理。1982年，首届学生毕业后终因经济困难再未招收新生而停办。

岳阳大学　成立于1985年，位于南湖大道东侧，是省政府批准、国家教委备案的全日制综合性职业大学。第一学年开设企业管理、财会、化工、中文秘书4个专业。第二学年始，相继增开工业企业管理、机电一体化、化工机械、工业与民用建筑、焊接工业与设备、广告学、经营管理、商贸管理、烹饪与营养、应用英语、市场营销等专业，同时开办成人教育。集普教、成教、短训为一体，实行多层次、多渠道、多形式办学。1993年，与湖南大学联合开办湖南大学岳阳理工学院，招建筑工程专业学生42人。1994年，招金属腐蚀与防护学生32人，为本科层次，是一所有特色的综合型高等专科学校。校园占地14.18公顷，建筑面积42605平方米。至1999年，共培养毕业生6300余人。是年3月，岳阳大学与岳阳师专、岳阳市教育学院合并组建成岳阳师范学院。

岳阳师范学院　1999年3月25日，经教育部批准，岳阳师专、岳阳大学、岳阳市教育学院合并组建岳阳师范学院。学院以师范教育为主，兼办非师范专业的多科性本科高校。坐落在南湖风景区，占地面积60余公顷，建筑面积21.8万平方米。有教职工1003人；其中专任教师447人，教授28人，副教授和有副高职称的199人；全日制在校学生8000余人。2003年2月，更名为湖南理工学院。

高师函授班 1987年下学期，常德师专岳阳函授站成立，设在岳阳市一中内，招收中文、政教2班。1988年下学期，由岳阳师专代管。是年，岳阳大学开办函授班。高师函授班学生从境内应届高中毕业生中录取，实行全日制教学。学生自费，毕业后回原籍由当地教育行政部门安排工作。后转入岳阳师专、岳阳大学办的函授班，学生成绩合格者由常德师专发毕业证。共培训大专毕业生206人，两校函授班学生毕业后再未招收新生。

屈原大学 由铁道系统7所高校退居二线的院长、校长发起，一批具有威望的专家教授和教育、工业、财贸战线退下来的领导共80余人热忱赞助和筹建。1984年10月，建立屈原大学筹备委员会，1985年6月，正式成立。校址设南湖风景区，占地20公顷（1990年实有4.66公顷左右）。该校是一所全日制民办大学，因国家教委没有批准立案而未正式招生，仅办过英语、企业管理、无损检测、计算机应用等专业班。

岳阳科技大学 1993年创办，首届招收预科生17人。1994年10月正式升格为大学。1997年11月，被评为全国民办高教先进办学单位。至1999年，该校有大专生398人，有经贸英语、电子技术、计算机应用、计算机财会等4个专业，并有大专函授班4个，学生255人。

湖南民族职业学院 2003年7月，由岳阳师范学院升格为全日制普通高等院校。2011年，由南湖路迁学院路。2012年，有来自全国14个省、市、自治区学生4000多人，开设25个专业。校园面积近66.67公顷。是教育部首批批准的全国20所小教大专班实验师范学校、教育部直接定向全国2所为西藏培养专科层次小学教师的学校之一。

其他院、班 1998年，富岳外国语学院招收经贸英语2个班，大专预科1个班，共有学生45人，校址设南湖畔。此外，还有理工专修学校、新世纪实验学校办有大专班。均为社会力量办学，并非单纯的大专班，而是集中专、高中、短训于一体。1999年4月，富岳外国语学院被评为省优学校。至2012年，境内民办大学共有在校大专学生700多人。

二、成人高等教育

岳阳市教育学院 1986年4月，岳阳地区教师进修学院、岳阳市教师进修学院合并组成岳阳市教育学院，位于南湖大道。学校具有师训、干训、党训三大任务，本科、专科、中师、幼师4个层次，学历教育、继续教育、岗位培训、应急培训并存的多层次、多结构、多渠道的办学格局，在全市教育体系中起实验中心、资料中心、教研中心的作用。至1999年，在该校专科毕业的7600人。2003年，并入岳阳师范学院。

岳阳市广播电视大学 1979年，湖南省广播电视大学岳阳工作站成立。1983年9月，岳阳市升格为地级市，地、市分设工作站，年底，地、市分别成立湖南省电大分校（简称岳阳市电大）。1998年9月，迁南湖畔新址，建筑面积2万平方米，拥有计算机群、闭路电视等现代化多媒体教学设备。先后设置计算机应用、法律、市场营销、国际贸易等50多个专业。至2012年，培养大、中专毕业生10万余人，非学历教育培训20余万人次。

岳阳市委党校 设于湖滨黄沙湾，1984年，学校开设干部大专班和干部大专专修班。1986年，由岳阳地委党校与岳阳市委党校合并而成。大专班招收年龄较轻、文化程度较高的学员，通过正规的专业教育，使其达到专科毕业水平。专修班招收年龄偏大，文化层次较低的学员，修业两年后，发给专科修业证书。1984年始，开始招收函授学员。1993年始，开始招收本科学员，由中央党校发文凭，对象均为在职干部。1997年5月，市行政学院成立，与市委党校实行两块牌子、一套人马的校院合一体制，承担全市党员干部、公务员培训任务。2006年9月，经省委、省政府批准，市委党校（市行政学院、市社会主义学院）升格为大专体制，副厅级单位。至2012年，有教职员工174人、校园面积14.67公顷，建筑面积3.18万平方米，学员宿舍5栋，床位550个，藏书5万多册。

函授大学 1985年10月，北京广播学院岳阳函授站成立，学院通过成人招考录取。其教学质量居全国同类70多个站的前五名，多次受到北京广播学院表彰。是年，国家教委批准岳阳师专有关学科招收函授学员。至1986年，岳阳师专与湖南师范学院联合举办函授班，由师院划拨招生指标，岳阳师专负责教学和管理工作。师院每年举行一次统考，学院规定课程，经考试成绩合格后，发给毕业证书。1987年，岳阳师专与武汉体育学院联合办学，在该校设高师体育函授站。1988年始，在中文、政教、数学、物理、英语、体育等科招收函授学员，对象为境内在职初中教师。

岳阳职工高等专科学校 1986年3月，经国家教委批准试办，校址原设岳阳县新开塘。学校由单纯的短期培训发展到既有干部学历教育又有专业性的中短期培训、既有文科又有理工科的综合性职工专科学校。1987年，经省教委批准，开办夜大班，为在职的企业管理、财会人员创造学习条件。1988年，依照成人招生计划招生，每周四晚，加星期天半天，共授课14课时。至1999年，毕业学员5239人。90年代初，迁建南湖畔，占地4.7公顷，总建筑面积11260平方米。2003年，合并到岳阳职业技术学院。

中南工大岳阳成人教育学院 1993年，由中南工大与岳阳市政府创办。市政府将市职工中专的人、财、物全部划归中南工大管理，作为该校的教学、科研基地。办学6年，招收大学本科、专科、中专3个层次，开设机电、旅游、外贸英语、行政管理与文秘等10个专业。有教职工36人，本科学历的占75%，共招收本科生479人、专科生737人。1999年12月，并入岳阳市卫校。

三、成人扫盲教育

市民教育 民国10年（1921）6月，县劝学所在观音阁开办平民第一补习学校，招收15岁以上平民52人，次年2月招收平民34人入校学习。民国11年（1922）7月，在关帝庙开办第二补习学校，收平民36人，两校功课均以国文、算术为主，每天授课19—21小时。民国18年（1929）9月，县教育科设立民众教育委员会，管理民众教育。民国20年（1931），民众教育委员会令各小学附设民众夜校及1所铁路职工补习学校，为赴岳难民补习文化。民国27年（1938），日军占领岳阳后，在城区设日语传习所，推行奴化教育。民国35年（1946），城厢镇中心校举办1期民众教育。1950年，县人民政府开展冬季学习运动，利用冬学扫盲。城区开办产业工人普通班5个、中级班2个，学员244人。1951年，开办3个职工速成识字班、3个劳动人民速成识字班及数十所冬学，学习期限3个月，每天学习2—3个小时，内容以识字教育与时事政策为主。1952年10月，县政府成立扫除文盲委员会，城区扫盲工作由镇文化股负责，开办夜校4所，有学员274人，另有读报组55个。1954年，县政府提出组织200市民开展业务教育。教育部门在学习基础较好的第三、四、七居委会组织80人参加学习，并动员街道积极分子、干部家属120人参加学习。由居委会、青年团、妇联、工会、派出所联合组成市民业余文化教育委员会，设高小班1个、扫盲班3个，每班50人，集中办学。扫盲班以识字为主，半文盲班增加算术或珠算，高小班开设语文、算术课，并结合形势进行宪法、时事政策教育。1956年，全国开展扫盲运动，城区参加扫盲业余小学学习的达3173人，其中参加扫盲学习的3031人，高小班学习的142人。1958年，提出全县“七一”扫除文盲，成为无文盲县。县扫盲办公室编印扫盲课本、生字本，并推行万物文字化教学方法，每天18—22时为授课时间，市民学习热情很高。6月1日，宣称城厢镇为“无文盲镇”。1959年5月，岳州公社开办扫盲班117

个，“红专”学校17个，进行扫盲教育。1960年，岳阳市大办“三校”，共建党校10所、团校9所、“红专”学校14所，986人入校学习文化、政治。“文化大革命”时，业余教育停止，1972年，全镇有文盲半文盲5513人，其中青壮年1031人。是年，全镇开办政治文化夜校，有1768人参加学习。1977年始，群众业余文化教育改为成人教育，分为成人高考、职工文化技术教育、干部培训教育等多种形式。1985—1987年，中央农业广播学校郊区分校每年招收一期学员，共招收50名学员。1987年，郊区各村办农民技术学校，设班（点）163个，有11201人参加学习；乡办、农民文化技术学校7所，办班113个，3905人参加学习。

职工教育 民国11年（1922），共产党党员郭亮在吕仙亭街广东大院开办工人夜校，教工人识字，宣传马列主义。民国21年（1932），岳阳铁路工人成立平民夜校，有男女学员34人。1952年上学期，城厢区举办2期职工教育学习班，前期设24个班、749人；后期开10个班、268人。每周学习3—5小时，借用小学教室，经费由政府补贴与群众自筹。是年下学期，在塔前街开办第一职校，有学员165人；在洞庭路开办第二职校，有学员175人；在天岳山开办第三职校，有学员221人；第四职校有学员125人。1953年9月，开办干部文化业余学校，设初中、高小、初小、扫盲班，共有学员200多人，以后班级、人数逐步增多。1957年，学校停办。1976年后，城区职工业余教育逐渐得到发展。1977年，开办职工业余学校19所，学员1161人。1978年，开办8所，有学员649人。1986年4月，南区文教局设立成人教育股，次年更名为南区职工教育办公室。1987年，培训中级技术工人60人、企业班组长40人、45岁以下与高中文化以下的干部69人、扫盲100人。

自学考试 1950—1966年，城区每年都有人参加函授等高等教育考试。“文化大革命”时，自学考试中断。1977年，恢复高考制度后，20%在职干部参加电视大学、职工大学、夜读大学、函授大学等高等教育学习。1984年10月，南区首次举行高等教育自学考试，381人报考，开考6个专业。至1989年，全区已举办自学考试11次，参加报考的17534人，获单科结业证书的13048人，获毕业证书的504人。至1995年10月，高等教育自学考试共开考23次，南区报考56397人，单科合格42444科次，毕业1987人；郊区报考33710人，单科合格30051科次，毕业789人。1996—2009年，岳阳楼区报考4万余人，单科合格2万余科次，毕业800余人。2010年4月、10月组织湖南省第五十七次、第五十八次高等教育自学考试，参考考生1422人，共3661科；10月组织湖南省2010年成人高校招生全国统一考试，考生5444人；是年为70余名符合条件的考生办理毕业手续。

第五节　学制与课程

一、学制

民国元年（1912）制定的“壬子学制”，规定初等小学4年，高等小学3年。民国11年（1923）的“壬子学制”规定初小4年，高小2年。民国17年（1928）的“戊辰学制”，规定小学仍为6年，实行（初）四（高）二分段，小学生6岁入学，12岁毕业，以后，国民政府一直推行此学制。

中华人民共和国成立后，仍沿袭旧制。1967年，小学开始推行“五年一贯制”。1984年，恢复为6年制。小学生7岁为入学年龄，也可吸收6岁儿童入学。某些重点学校如南区实验小学等校仍开办有“五年一贯制”的实验班，实验班亦称快班，初中、高中各为三年制。2006年，为贯彻修订后的《中华人民共和国教育法》，境内执行的义务教育为9年制，即小学6年、初中3年。

二、课程设置

清光绪二十八年（1902），《钦定小学堂章程》规定：寻常小学堂课程为修身、读经、作文、习字、史学、舆论、算学、体操，高等小学堂课程为修身、读经、读古文词、作文、习字、算学、本国史、本国舆论、理论、国画、体操或加农工商实业之一科目或二科目，而去除读古文词。清光绪二十九年（1903）、光绪三十三年（1907）和宣统元年（1909）、宣统二年（1910）先后4次变易。宣统二年（1910），初级小学堂课程为修身、讲经、读经、国文、算术、体操、国画、手工、乐歌；高等小学课程为修身、读经、讲经、国文、算术、中国历史、地理、格致、国画、体操、手工、农业、商业，英文、乐歌为随意科。清末，各州、厅、县小学堂多用省学务处所印书目施教，“修身”为《蒙学经训》和朱熹《小学》，“读经讲经”为御注《孝经》和朱注《四书》，《国文》为《初等国文教科书及教授法》和《蒙学读本七编》，“算学”为《蒙学笔算教科书》和《初等小学笔算教科书》。

民国37年（1948），初小课程为公民训练、音乐、体育、国语、算术、常识、艺术、劳作，高小课程为公民训练、音乐、体育、国语、算术、自然、美术、劳作。城区各小学开设的课程不尽相同，除县立高小、中心校和几所教会小学能照章开课外，其他国民学校与私立小学多按师资条件开设课程。中华人民共和国成立后，随着时代的发展，科学技术的进步，课程设置不断增加。至2012年，小学课程有语文、数学、英语、科学、美术、体育、音乐、安全、品德与社会、研究性学习、心理健康、手工、信息教育、综合实践。

晚清、民国时期城区小学课程设置情况

表19-7

年　度	初级小学	高级小学
清光绪三十一年（1905）	修身、读经、中国文学、算术、历史、地理、格致、体操、图画、手工	修身、读经、讲经、中国文学、算术、历史、地理、格致、图画、体操、手工、农业、商业
宣统二年（1910）	修身、读经、国文、算术、体操、图画、手工、乐歌	修身、读经、讲经、国文、算术、历史、地理、格致、图画、体操、唱歌、手工、乐歌、英文、农业、商业
民国元年（1912）	修身、国文、算术、手工、图画、唱歌、体操	修身、国文、算术、历史、地理、博物、理化、图画、手工、体操、唱歌、英语、农业、商业
民国13年（1924）	国语、算术、社会、公民、卫生、历史、地理、自然、手工图画、音乐、体育	国语、算术、公民、卫生、历史、地理、自然、手工、图画、音乐、体育
民国18年（1929）	党义、国语、社会、算术、常识、劳作、唱游	公民训练、国语、算术、自然、劳作、美术、体育、音乐
民国21年（1932）	公民训练、国语、算术、常识、劳作、唱游	公民训练、国语、算术、卫生、体育、社会、自然、劳作、美术、音乐

年　度	初级小学	高级小学
民国25年（1936）	公民训练、国语、算术、常识、劳作、唱游	公民训练、国语、算术、常识、劳作、唱游
民国31年（1942）	团体训练、国语、算术、常识、体育、音乐、图画、劳作	团体训练、国语、算术、社会、自然体育、音乐、图画、劳作
民国37年（1948）	团体训练、国语、算术、常识、体育、音乐、图画、劳作	团体训练、国语、算术、社会、自然体育、音乐、图画、劳作

部分年份境内小学课程设置情况

表 19–8

年　度	初级小学	高级小学
1949	语文、算术、常识、体育、唱游、美术、周会	时事、语文、算术、历史、地理、自然、体育、音乐、美术、周会
1952	语文、美术、体育、音乐、美工	语文、算术、历史、地理、自然、体育、音乐、美工
1955	语文、算术、体育、唱歌、图画、手工、劳动	语文、算术、历史、地理、自然、体育、音乐、图画、手工、劳动
1958	周会、语文、算术、体育、音乐、图画、生产劳动	周会、语文、算术、历史、地理、自然、体育、音乐、画图、生产劳动
1963	周会、语文、数学、体育、音乐、图画、手工劳动	周会、语文、数学、历史、地理、自然、生产常识、体育、音乐、图画、劳动
1966	政治、语文、算术、革命文艺、唱歌、军体、劳动	政治、语文、算术、革命文艺、唱歌、军体、劳动
1968	毛泽东语录100条，《老三篇》、算术、学工、学农、学军“三史”教育	毛泽东语录、最新指示、两报一刊社论、大批判文章、学工、学农、学军、“三史”教育
1973	政治、语文、算术、体育、音乐、美术、劳动	政治、语文、算术、常识、体育、音乐、美术、劳动
1977	政治、语文、数学、体育、卫生、音乐、美术、班会	政治、语文、数学、常识、体育、卫生、音乐、美术、班会
1981	思想品德、语文、数学、体育、音乐、美术、三年级以上加自然、历史、地理、劳动	思想品德、语文、数学体育、音乐、美术、自然、历史、地理、劳动
1987	思想品德、语文、数学、自然、体育、音乐、美术、社会（四年级）、劳动（三、四）年级	思想品德、语文、数学、社会、自然 、体育、音乐、美术、劳动

第六节 教 研

一、教研组织

民国初年，县劝学所设立教育会，研究如何振兴教育，提高教育质量。民国11年(1922),县劝学所开办小学教研会，会员为各校校长及教职员。民国35年（1946），城区成立国民教育研究会，对教育问题进行研讨。

中华人民共和国成立后，县文教科设视导组，视导各区小学。1957年，县教育局始设教研室，指导全县各中、小学教学研究工作。“文化大革命”中，教研活动被取消。1977年始，恢复教研活动，各小学设立各科教研组，开展教研活动。1984年，南区成立教研室，负责指导全区教学研究与业务工作，并先后建立南区小学教育会、语数教学研究会、班主任工作研究会、少年先锋队科普研究会，开展各种教研活动。1996年，岳阳楼区成立后，教研室教研员增至12人。

二、教研活动

清末，教学多采用注入式。民国时期，低年级采用启发式，高年级采用启发式兼辅导式教学。民国9年（1920）3月，劝学所委任徐忠琰等担任巡行教员，到各校指导，并授课一周以为示范。民国36年（1947），开展教研活动，提出如何联络学生家庭，如何增进小学行政效率，优良小学教师应具备什么条件等问题进行讨论。

1952年，岳师附小实行“五年一贯制”试点，将6年教学内容缩短为5年；试行“五段教学法”（即组织教学、复习旧知识、讲授新知识、巩固新知识、布置作业）、“注音识字”和“普通话教学”。由洞庭路完小与岳师附小试验后，召集全县各完小教研主任（组长）、教学骨干到这两所学校听观摩示范教学。1958年下学期，洞庭路完小在礼堂举行公开课，采用“启发式”“少而精”教学法，达到“高质量”效果。是年，两所学校搞“双高”（即高速、高质）课教学实验，洞庭路完小以一个课时教完98节的内容，岳师附小教师5分钟批改完2个班的数学作业，学生写“万字文章”等，浮夸、虚假作风风靡一时。“文化大革命”期间，教研活动停止。1977年后，各校广泛开展听课、评教、研究教材等活动。1984年，南区教研室在区实验小学（原旭日小学）试行“注音识字、提前读写”“三算教学”（即笔算、珠算、口算）、“尝试教学法”等实验，缩短教学时间，增加教学内容，巩固基础知识，提高教学质量。1985年上学期，区教育局组织开展课堂教学“春花奖”、思想教育“春雨奖”、第二课堂“天鹅奖”竞赛活动，有84人次连获3项奖。此后，区教研室把“注音识字、提前读写”“三算教学”“数学标准化命题考试”作为长期教学实验项目。

1986—1996年，南、郊两区小学课堂教学改革，建立以素质教育为中心的课堂教学评价体系，提出一堂好课的标准。加强以素质教育为中心的常规教学管理，制定《小学教学常规》。完善以素质教育为中心的教学管理新机制。

2005年5月，区教科室修订《岳阳楼区中小学创新性课堂教学与评价方案》，把课堂教学改革提高到一个新高度。9月，第二次修订《中小学教学工作常规》（简称《常规》），并通过宣讲、听课、查访、考试等多种途径将《常规》逐步落实。

2009年底，全面推行山东省杜郎口中学"三三六教学模式"，推广君山区许市中学课改经验，提倡"自主、合作、探究"的课堂教学新模式，"小组互助，分步反馈"的新型课堂正逐步形成。

2011年，湖南省小学数学专业委员会第二届团体会员第二次教学研讨活动在东方红小学举行。活动主题是"优化教学方式，追求高效课堂"。

2012年，承办湖南省小学校长论坛和岳阳市小学校长年会，组织全区语文教师参加全国名师作文教学观摩活动和湖南省小学语文阅读教学观摩研讨活动。10月，东方红小学被授予湖南省课改样板校和岳阳市义务教育阶段课堂教学改革工作先进学校，花板桥学校被评为岳阳市课堂教学改革实验校。岳阳楼区课堂教学改革经验在全市教育工作会上予以推介。

三、教学效果

清末民初，官立新式学堂很受社会重视，教员政治、经济地位较高，教学认真，全县高小每年举办一次联合毕业考试。抗日战争胜利后，物价飞涨，教员生活朝不保夕，无心教学，学校制度松懈，教育质量下降。民国36年（1947），全县学龄儿童入学率低于50%，城乡平民失学者多，国民义务教育仅是一句空话。

中华人民共和国成立后，工农子弟入学人数日益增多。1953年，城区入学儿童达2490人，占学龄儿童的77%，教学质量稳步上升，城区教学方法、教学质量居全县之首。1958年，由于片面理解"教育为无产阶级政治服务，教育与生产劳动相结合"的方针，提倡知识分子劳动化，大搞勤工俭学，忽视教育，教学质量有所下降。1961年，贯彻《小学四十条》，学校工作以教学为主，教学质量有所提高。1963年，全县公办完小初中招生考试，城区各科平均分数及升学率均为全县第一，洞庭路完小连续3年夺得全县冠军。"文化大革命"时期，教师挨批斗，学生成立"红小兵"组织，停课闹革命。以后，复课闹革命，以《毛主席语录》代替教材，取消考试，废除留级制，学校秩序混乱。1968年，工人、贫下中农宣传队进驻学校，大搞"斗批改""清理阶级队伍"，挑选工人、贫下中农担任教师或兼职教师；各学校纷纷建立学工、学农基地，大搞"开门办学"，忽视课堂教学。"教书倒霉论""读书无用论"甚为流行。1972年，各校开始重视"基础知识""基础理论"的课堂教学，学生在校学习时间增多，恢复考试，教学质量上升。1974年，大反"回潮复辟"，号召学生做"反潮流小将"，正常教学秩序又遭破坏，教育质量再次下降。1977年，恢复各项教学制度，加强对学校领导管理，教育质量稳步上升。1984年，南区教育战线加强教学研究与教育改革，学龄儿童的入学率、普及率、巩固率、升学率在全市名列前茅。是年，区文教局被省政府授予"普及初级教育合格单位"称号。

1985—1995年，南、郊两区学生入学率99.3%—99.8%，普及率99.9%—100%，巩固率99.2%—100%，升学率73.68—97.4%。1996年，南、郊两区教育局合并。1999年1月至2002年8月，先后有25所学校移交区政府。2005年，全区65所学校通过抓全面素质教育，提高教学质量，区政府被评为全市教育工作先进单位。2006年，高分通过省2次教育督导验收，区教育局被评为省教育工作先进单位。2001年，被省政府评为学校体育工作先进单位。2008年，区教育系统共获各级各类集体荣誉100多项，其中省级35项。2010年，获市级以上集体荣誉75项，其中国家级17项。2011—2012年，获市级以上集体荣誉68项。

2012年，区教育局被授予全国青少年五好小公民主题教育"光辉的旗帜"读书征文活动先进集体。花板桥学校等5所小学被评为省优秀少先队集体。《播种良好习惯，收获幸福人生》被省教育厅推荐参加全国百佳德育工作先进案例评选。

第七节　教　师

一、教师队伍

清末、民国时期，公私立学校教师均由校长聘请，政府对各级各类学校教员资格虽有明确规定，由于人才缺乏，多未照章执行。清末私塾教师多由当地书生充任，经馆教师有秀才、廪生等；在书院、中学堂、高等小学堂任教的有进士、举人、国内外大学毕（肄）业生、师范学校毕（肄）业生。

民国时期，小学教师的主要来源一是师范学校毕业生，二是私塾先生过渡。中学教师以大专毕（肄）业居多，也有中专、高中毕业及以下学历。私立湖滨大学除本国教师外，还有美籍教师；有博士，也有未上过新式学堂而名望高的私塾先生。城区学校规模不大，除县立高小外，各国民学校仅有1名教师。民国12年（1923），城区各小学共有教员21人，其中，高师毕业2人、中师毕业9人、中学毕业6人，中专毕业3人、高小毕业1人。民国35年（1945），城区各小学共有教师18人。民国37年（1948），有教师23人，其中，中师毕业10人、中学毕业13人。

中华人民共和国成立后，大部分教师被政府留用。1952年下学期，城区小学发展至21所，从本地失学青年、店员、代课教师中招收老师，教师发展到82人。1954年，城区94名教师按政治思想、业务水平、工作态度、教学质量分为四类，其中：一类教师24人，二类教师65人，三类教师4人，四类教师1人。50年代后期，教育事业迅速发展，教师人数逐年增多。1957年，城区有小学20所，教职工183人，其中，教师168人。1959年，岳州公社办有小学38所，其中民办学校21所，共有教职工167人，其中民办教师31人。1962年下学期，城区有小学教职工230人，其中民办教师84人。1963年，缩减小学数量，精简教职工。城区仍有小学18所，教职员工197人。1969年，部分教师被作为“阶级敌人”清理下放改造，挑选一批工人、贫下中农、复员军人担任教师或兼职教师。1977年，市属东、南、北、城陵矶、冷水铺5个学区共有小学教职员工338人，其中民办教师76人；另有代课教师26人，工农兵兼职教师154人，工宣队员19人。1978年5月，56名民办教师转为公办教师。

70—80年代，民办教师人数超过公办教师。1982年，对胜任和基本胜任的民办教师颁发任用证书，对教学有困难的颁发试用证书，限期提高；裁减一批不能胜任教学的民办教师，并逐步将民办教师转为公立教师，1978—1987年，全区有218名民办教师转为公办教师。至1995年，全区范围内的民办教师全部转为公办教师。

2000年始，随着人事制度改革的不断深入，教师则以“按需设岗，公开选聘，公开竞争，择优聘任”的原则，实行教师聘任制。全区中、小学教师补充主要通过3个途径：从师范类毕业生中公开选聘；从本区在职教师配偶分居对象中公开选聘；从区外择优调人，这些教师必须是本区紧缺学科方面的优秀教师，即“人才引进”。

二、教师培训

民国10年（1921）6月，岳阳县劝学所借县立中学教室开办暑假学校，召集现任及前任小学教员研究国音、语体及单级教学法，学员149人。次年，开办第一届暑假学校，塾师有意研究教育者一律加入。此后，历年均断续办有暑假教师讲习会。抗日战争爆发后，仅在民国32年（1943）办过1期，学员120人，学科有国语、注音、算术、常识、唱游、美劳、教育通论、学校行政、教材教法、健康教育、地方自治等，讲义均自行编印，由县长黎自格兼任班主任，县教育科科长孙武兼教育长。民国36年（1947），岳阳县训所开办附设暑假小教讲习班，编印《岳阳县训所小学假期讲习班讲义大纲》，包括国语、地理、历史、自然、算术、教育原理、教材教法，有学员106人。

1950年1月，县文教科举办2期小学教师寒假学习班，学习《社会发展简史》《新民主主义论》及党的方针政策。1951年8月，抽调部分文化偏低的教师参加县办小学教师星期学习班，学习语文、数学大纲。1956年4月，城区部分小学教师参加第一次北京语音讲师训练班，推广普通话。1960年上学期，岳阳市开办1期简师训练班，学员50人。“文化大革命”时期，教师培训工作停止。1972年，县教育局从全县招收知青530人，在湖滨培训1年，然后，分配全县各中、小学。1982—1984年，市教育局先后举办3期中函、简函语数培训班，培训学员124人，118人达中师语文、数学两科结业文化程度。

1984年始，教师业务培训方式为脱产培训、自办中函和简函培训班、参加自学考试、参加函授和电大学习。至2009年，区自办中函、简函语数培训班25期，先后有780人参加学习，90%以上达到中师语、数两科结业文化程度；共有288名中、小学教师通过自学考试获得大、中专文凭；全区通过函授和电大获得专科以上文凭的中、小学教师268人。2002年始，每年还开展骨干教师送教下校，城区教师对口支援农村学校活动，促进教师专业成长。2003年，启动新课程培训，开展校本培训，完成教师普通话、计算机等专业技能培训，全面启动第二轮教师继续教育培训，深入开展骨干教师培训，一批教师参加区、市、省、国家四级骨干教师培训。2006年，组织1400多名教师参加信息技术高级培训，76%的教师通过考试。2008年，组织1800多人次教师参加信息技术高级班培训和新任老师以及班主任老师培训。2009年，创新教师岗前培训、岗位培训、骨干研修等系统培训模式。2010年，共组织教学骨干500多人到长沙、株洲、许市观摩学习，组织教师参加全国、省、市培训787人，自办培训班9个、100名班主任参加“知行中国”，127人参加省春季远程培训。2011—2012年，加强学前教育师职培训，培训园长260人、保育员320人，组织园长、幼师到市外参观学习150多人次，请专家讲课46堂次。

三、教职工待遇

政治待遇 民国初期，县立中、小学教师政治地位较高，民国12年（1923），县立高小教师陈善曾当选县参议员。但私塾教师，政治地位低下。

中华人民共和国成立后，教师政治地位不断提高。1950年4月，城区教师成立教职工联合会，随后又成立教育工会，保障教职工的社会地位和利益，政府规定，县、市各界人民代表会议应有小学教师代表，每期要自下而上选举模范教师。1954年，有15名教师加入共青团。1957年，5名教师加入共产党，26人加入共青团。1957年12月至次年3月，城区小学教师在洞庭路完小开展“整风反右”学习，有16名教师被错划为“右派分子”。

1963年，有3名教师被评为岳阳县甲等先进教育工作者，16人被评为乙等先进工作者，3人出席湘潭专区优秀班主任代表大会。1966年暑假，城区教师集中在洞庭路完小搞“文化大革命”，大批教师受批斗和挂牌游街。1969年寒假，城区中、小学教师在岳阳师范集训，清理阶级队伍，挖出所谓隐藏的阶级敌人23人，占当时城区小学教师的10%。其中有忠于教育事业、业务能力强的教师受到迫害，被劳改、开除，甚至被迫害致死。

1977年，落实知识分子政策，受迫害的教师得到平反、昭雪。每年都要举行教育战线先代会，表彰先进教师。1977 年 10 月，城区有 6 名教师出席岳阳地区教育战线先进个人代表大会。1978 年，东方红小学教师田雪梅被评为特级教师。1981 年，在教师中纠正处理 79 起冤假错案，改正错划 38 名右派分子，为 46 户教师家庭恢复城市户口，为 160 人解决国家粮食关系，给 36 名“文化大革命”前的领导干部安排适当职务。1981 年 11 月，有 37 名教师出席市教育战线“先代会”，29 名教师获“从事教育工作三十年”荣誉证书。1985 年 9 月 10 日，城区举行第一个“教师节”庆祝大会，全区 393 名教师、干部中，有中共党员 103 人，占 33 %。是年，九华山小学校长熊菊先被评为全省优秀教师。

岳阳楼区建立后，每年有教育工作者受到区委、区政府、市委、市政府的表彰。其中 1998 年 259 人，1999 年 339 人，2000 年 254 人，2001 年 332 人，2002 年 320 人，2003 年 196 人，2004 年 181 人，2005 年 202 人，2006 年 282 人，2007 年 298 人，2008 年 328 人，2009 年 841 人，2010 年 485 人。2011—2012 年，评选表彰 10 个先进党支部、10 名优秀党务工作者、59 名优秀共产党员教师。

1996 年 10 月，区一中校长隋国庆由于在科普方面贡献突出，享受国务院特殊津贴；1999 年 6 月，岳阳楼小学校长阮惠玲，作为湖南省唯一的小学校长代表，出席全国第三届教代会，受到江泽民等党和国家领导人亲切接见；2003 年东方红小学副校长吴波，长期带病坚持工作，在工作中做出突出成绩，获“全国五一劳动奖章”荣誉称号；2004 年五里中学校长刘禄、站前小学校长刘修文被评为国家级优秀教师；2004 年岳阳楼小学副校长赵娟被评为省级优秀教师；2009 年，区教育局局长、党委书记张山群被评为全国优秀教育工作者。至 2009 年，有 55 人次被选为县级党代会代表，34 人次被评选为县级人大代表，34 人次聘选为县级政协委员；4 人次被选为市级党代会代表，13 人次被选为市级人大代表，4 人次被聘为市级政协委员。2010 年，表彰奖励师德标兵、优秀教师等 485 人次。2012 年，共设立党员教师示范岗 170 多个，评选、表彰 10 个先进基层党支部、10 名优秀党务工作者、59 名优秀共产党党员。

经济待遇　民国 10 年（1921），城区国民学校教员薪俸分为 3 等 9 级，最高的 1 等 1 级月薪 36 串，最低的 3 等 9 级为 20 串。每届年终，由县知事会同教育长及县视学详加考核，择其优等酌予晋级，3 年晋级等。是年，城区第二校教员成绩最优，超进 2 级，其余第三、五、七、八校教员均进 1 级。此时，教员薪俸大多能维持一家人生活。民国 36 年（1947），中心国民学校校长薪俸最高为 26 石（米），最低 24 石；教员最高 24 石，最低 22 石；保国民学校教员最高 18 石，最低 16 石，均由学租支付。此后几年，由于内战不息，通货膨胀，货币贬值，各校经费困难，教员薪资无着，生活朝不保夕，且时受失业威胁。

1951 年 7 月，中心校校长月支大米最低 100 公斤，教师 75 公斤，女教师产假代课金另有规定。11 月，提高标准，完小校长 140 公斤，教导主任 125 公斤，教师 125.5 公斤，工友 90 公斤。1952 年实行“工资分制”，以三机米 1.5 斤、龙头细布 4 寸、茶油 5 钱、淮盐 5 钱、煤 3 斤，共价为 1 工资分值。是时，城区教职工月均工资分为 142 分。是年 12 月，国家对教职员工实行“公费医疗”制度。1953 年 3 月，城区教职工月均工资分实为 133.133 分，1 工资分值 2142 元（旧币），折合旧币 28517088 元，全年工资补助及职工福利费共 13145017 元。1954 年，平均工资分增至 145 分，并确定教职员工劳保福利与国家干部同等待遇。1955 年 7 月，废除工资分制，实行货币工资分制。1956 年，规定教学人员小学行政职工 2 个工资标准，减少等级，增加级差。自 7 月起，工资水平大幅度提高。1958 年 12 月，全县小学教师平均工资为 33.78 元。1963 年，工资调整，城区 157 名教职员工有 60 人升级，35 人定级，人均增加月工资 3.46 元。1971 年、1977 年、1978 年，3 次给部分工资偏低的教职工提升工资级别。1979 年 11 月，按照工作态度、业务水平、贡献大小进行考核，有 40% 的教职工工资升级。1980 年 2 月，对教师进行一次工资评定。1985 年，全面实行结构工资制，分基础工资与职务工资 2 项，此外，还有补助工资、教龄津贴、粮差、物价差、洗理费、书报费、节支奖等。

1960—1975年，民办教师工资由国家补贴和集体统筹，国家每月补贴5元，1976—1981年，每月补贴7.5元，1981年10月后，每月补贴19.5元，联办教师干籍在原单位，工资、奖金与福利待遇均由单位发给。“文化大革命”期间，农村民办教师报酬采取记工分形式，原则上略高于当地同等劳力。1981年，对中、小学民办教师统一进行考核定级，根据定级情况，生活费补贴标准亦有区别。1986年，国家发给小学民办教师每月生活补助31元，中学民办老师每月35元。在此基础上乡、村再给补助。是年，民办教师的集体补助改由区、乡统筹，按月发放，来源主要是从农村教育事业附加费中解决。2007年，在职教师绩效工资发放标准人年均1.1万元。2008年，在职教师绩效工资发放标准人年均1.6万元。2009年，在职教师绩效工资提高到人年均1.73万元。2010年，在职教师人年均绩效工资提高到2.09万元。2011年，教师工资按标准全额纳入财政预算，包括“五险一金”及津补贴。2012年，财政追加1345万元，实现全区教师与市直学校教师“同城同酬”。

其他待遇 民国时期，教师在一所学校服务满10年，可以休假一年，假期由该校发给原薪；女教员生育，休息6周，登记合格的在任小学教员其子弟自第三人起，在本省各公立中、小学学习免学费。

1952年，实行公费医疗。病休半年以上，根据工龄发70%—90%的工资。冬天发烤火费，夏天发降温费，女教师产假56天。1984年，按国家计划生育政策规定，对领取独生子女证书的女教职员工和低生活标准者给予困难补助。由于自然灾害及生老病死引起生活困难者给予救济。80年代后，副食补贴由每月5元增至30元，后增至60元，并有洗理费8元（女性10元）、书报费8元，边远山区另发补助费，并发年终奖金。80年代，每人120—150元，后逐年增多。男教师满60岁，女教师满55岁享受退休金。牺牲或病故，按规定发给丧葬费、抚恤费、遗属供养费。

2009年，对郭镇、梅溪2个偏远乡镇工作10年以上教师给予每人每年1000元补贴，全年共预算经费10万元。东升小学、站前小学等8所学校为教职工购买幸福家庭保险；为1900多名女教师购买双癌保险；共慰问困难教师115人，慰问金8万元。2010年，党政领导带头捐款、面向社会各界筹资等多种形式募集教师奖励基金586万元，有485名教师获奖。2011—2012年教师节，市、区两级领导下到各学校慰问教师，市委书记黄兰香一行到岳阳楼小学慰问一线老师。

第八节 教育管理

一、机构

清乾隆元年（1736），巴陵县教谕肖作生在柴家岭创立县教谕署，为巴陵县最早教育行政机关。光绪三十二年（1906），巴陵县成立劝学所，所址设棚厂街昭忠祠，推广学务，劝募学员、劝道私塾改良，城区学务由劝学所运筹规划。

民国元年（1912），县府内设教育科。民国6年（1917），岳阳县恢复劝学所，设所长1人，劝学员5人，城区置学务委员1人，协助劝学员管理所属各校。民国15年（1926），劝学所更名为县教育局，劝学员改称督学或视学员，学务委员改称教务员，职能不变。民国20年（1931），城厢镇镇公所设文化股长1人，会同中心校长负责镇办各校的兴革事宜，由县督学或行巡教员定期督导。

中华人民共和国成立后，县政府设教育科，城厢区设文教助理管理文化教育。1951年，城区成立小学教职员联合会，协助文教助理管理城区各小学。1953年，城厢区成立教育工会，取代“教联”职能。1954年5月，城厢镇划为第一辅导学区。郭镇乡、梅溪乡所属各学校由所在学区管理，城郊五里乡各学校统由城厢区学区管理。1956年2月，城厢镇设文化教育卫生股，管理小学教育。1957年“整风反右”后，城厢镇成立基层学区党支部，主管学区行政、业务事宜。1960年，岳阳市设文化教育科，城区下设南、北、城陵矶、城郊4个学区，分管所属小学。1968年2月，镇革委会成立教育革命领导小组，加强对教育革命的领导。1976年2月，岳阳市设教育局，城区分设东、南、北、城陵矶、冷水铺5个学区，各学区设教育组长1人（兼学区党支部书记），管理所属小学。1982年7月，城郊区教育办公室成立，统一管理郊区各学校。

1984年5月，郊区教育办更名为郊区文化教育科，9月更名为郊区文教局。是年8月，南区成立文教科，1985年4月更名为教育局，管理南区各学校。1991年12月，郊区文教局更名为郊区教委。1996年4月，南区、郊区教育局（委）合并成立岳阳楼区教育局。

二、教育经费

经费来源　清末，县立高等小学堂经费为原金鹗书院的全部产款。城区初级小学堂经费以寺产为基金，以寺庙为校址，不敷之数，临时向殷实富户及热心教育的人士募集。民国2年（1913），学校经费仍袭晚清旧制，并呈准县府抽收地方附加税及杂捐以裕学产。民国6年（1917）2月，县府指定城区各小学所有学款，统一由劝学所管理支配。民国9年，统一县立高等小学学款。民国10年，制定《三等九级年功加俸》章程，城区各小学教师俸给，由劝学所统一按月发给。民国15年（1926），城区办学学款，经教育局审定同意，筹有学田、房产作为办学基金，并由教育局划定少量房捐及地方杂捐，补充学款的不足。城区教育委员会设产款经理1人，将学产及地方杂捐征收事务，按年定额承包给私人征收，定期向经理室缴纳。抗日战争胜利后，学款来源除中心小学由县政府拨款，其余初小仍袭战前旧制。因战争破坏，学校恒产无几，经费全赖地方杂捐。初时，教师每月发给币值银元20元。之后政府忙于内战，物价飞涨，乃改发大米，每月120公斤。但因时局动荡，筹款殊难，薪俸不能按月发给。

中华人民共和国成立后，城区设立小学经费管理委员会，清算原有校产、寺庙产、地方杂捐及经管人员的账目，作为办学经费，不敷之数，由县财政补发。1952年10月始，教师工资由县政府统一拨款发给。1953年前，学校办公经费每班发大米15公斤，2个班以上每班发大米10公斤。是年下期，学校开始向学生征收学杂费。学费为代收部分，代学生购书籍课本，每期期中结算，多退少补；杂费为征收部分，40%留校作办公经费，60%上缴教育科，由县统一分配给急需维修的学校。70年代后期，杂费不再上缴，列入预算外收入，作为学校修缮及办公费用，不足之数，由财政补助。民办教师工资，企事业单位的由该单位按同等职工按月发给，社队办学的由社队按同等劳动力记分，国家每人每月补助5元，后增至19.5元。联合办学经费，由原单位向办公学校提供一定数量的建校经费及办公费，派出一定数量的教师，工资福利由单位负责。1982年11月，市政府结合城区中、小学危房多，教学用房少，教师住房困难等情况，认真贯彻“两条腿走路”的方针，发动国家、集体、群众集资办学。凡有学生入学的单位，按在校学生人数，每人每月集资40元，全民单位略高一些。连续3年，由财政、教育两家监督使用。

1986年，南区、郊区政府分别下拨教育经费62.8万元、146.71万元。1991—1993年，南区教育经费投入分别为25.5%、23.3%、22.9%；郊区教育经费投入分别为6.7%、4.1%、16.3%，均高于财政经常性收入。2007年，全区财政用于教育事业经费10658万元。2008年，全区财政预算内教育拨款18428万元，比上年增长35.7%。2009年，全区教育经费2.3亿元。2010年，全区教育经费2.78亿元。2012年，预算内财政教育支出18527万元，比2011年增长25.1%。

经费开支 清代，学产、学款主要用于府学、县学及书院，其中的生员膏火为主宗。清光绪二十二年（1896），岳阳、慎修2所府办书院有正课生100人，每人每月发膏火钱1000文，米3斗。兴新学后，经费主要用于教职员薪金、图书仪器添置等项。

民国初期，各县教育经费主要用于教育行政和公立中、小学等。私立学校经费自筹，县给予适当补助。民国34年（1945），国民学校及中心国民学校各项费用支配按百分比分配：教职工薪俸60%，图书、仪器、运动器具等设备及卫生费20%，实验、研究、文具、水电、薪炭等消耗10%，参观、旅行、保险及教师福利等特别费5%，预备费5%。

中华人民共和国成立后，教育经费支出为预算内支出（称教育事业费）和预算外支出两大部分。教育事业费主要用于各级教育行政事业单位的事业编制内人员经费，各级各类学校政策性的人员经费（包括计划内民办教师工资福利的国家负担部分和学生助学金），公务费、业务费、仪器设备和图书资料添置费、校舍维修费等，地方机动财力主要用于改善办学条件。集资办学和捐资兴学资金用于中小学新建、扩建、改建校舍和添置大宗教学仪器等改善办学条件所需的经费。学杂费限用于弥补公用经费不足和改善办学条件。勤工俭学收入利润的30%—50%用于改善办学条件和兴办师生集体福利事业。2004年，区教育局加大投入改善办学条件，着力扩大优质教育资源规模，高标准新建东升小学，可容纳学生2500多人；投入80多万元建设青少年活动中心；对薄弱学校进行动态改造；以现代远程教育为契机，对30多所学校的现代教育技术设备进行升级改造。2006年，投资近2000万元，对九华山小学教学楼、朝阳小学运动场、东升小学道路、新路口小学教学楼、长动小学教学楼、南津港小学教学楼、梅溪中学教学楼、郭镇中学学生宿舍等26所学校不同程度进行改造。2007年，投资1600万元，对花板桥学校综合楼、学院路小学教学楼、青年路小学教学楼、冷水铺小学排水系统、东升小学教学楼等40所学校不同程度进行改造；学校公用经费141万元，机关办公经费16.4万元。2008年，投资近1400万元，对朝阳小学、土桥小学、花板桥学校、岳城小学、康岳小学、梅溪中学、郭镇中学、滨湖小学、华兴小学、仓田小学等30所学校进行改造，投资8500万元完成东方红小学迁建，投资1000万元重建洞庭湖小学。2010年，投资5000万元建设43所合格学校。教师工资和社保基金按国家政策及时足额发放到位。2012年，先后投入3000万元，新建岳阳楼区第一所公办寄宿完全小学郭兴小学；投入4000万元，完成岳阳楼小学校园改造、洛王中学挡土墙等校园提质项目120余个。

经费管理 清末，府学、府学堂经费由府署管理。府学院经费中，官拨学产租课由府署收纳，自筹学产租课由书院收纳，统由首事管理。

民国初期，县教育经费由县地方财产保管处管理。民国6年（1917）4月，湘督谭延闿召集各县劝学所所长会议决定，各县地方经费教育产款独立保管。民国15年（1926），各县教育局设教育产款经理员，主管全县教育产款。私立学校经费由学校管理支配，但接受教育行政部门监督。

1949—1980年，地、县教育行政部门设会计、出纳，区、乡联校设总务主任，规模较大的学校设总务处，配备主任、会计、出纳，规模较小的配兼职会计或事务员。1981年，地、县（市）教育行政部门均设计划财务科（股），有专人负责事业计划、经费预算、基建维修等工作，区、乡（场）教育办（组）设财务专干。

2000年，为加强和规范中、小学预算外资金管理，制定《岳阳楼区教育系统预算外资金管理暂行办法》，加大对滥用预算外资金的监督和处罚力度。鼓励各学校发挥教职工代表大会和家长委员会的监督作用，大力提倡阳光理财、阳光收费。是年10月，实行教师工资统发，解决多年来一区两制的经费管理体制。2005年，教育经费直接拨付到校，确保公用经费及时足额到位。

2007年，教师实行绩效工资制，全区绩效工资人均达1.1万元。是年始，在全市率先实行“校财局管”模式，在不改变资金所有权、支配权和审批权的前提下，依法对学校财务进行审核、监督和管理。2008年，全区人均绩效工资升至1.6万元。是年，获湖南省规范教育收费示范区称号。2009年，全区人均绩效工资全部纳入财政预算。2010—2012年，教育欠债由政府买单，学校实现零负债，确保绩效工资的足额发放。

三、教学管理

清末民初，县劝学所下设劝学员、视学员、负责对全县学校的巡视和督促工作。民国19年（1930），县视学改为督学，督察及指导全县教育事业。负责城区督导工作的叶风虎等人，每期开学半月后，即沿校视察，对各校组织领导、办理情况、教员业务能力进行全面考查，划定教员等级，将视察情况报告县教育科科长并呈报省教育厅。城区学务委员会设委员7—9人，由士绅及在职教员选举产生，推举常务委员1人，主持城区学务。抗日战争后，城区学务由镇公所文化股会同中心校主办，中心校校长负辅导保校之责，中心校教员由县教育科核聘，保校教员由中心校校长核聘。

中华人民共和国成立后，县文教科设视导组，视导各区小学。1954年，对境内小学教育进行整顿。1955年，境内教学实行新的《小学教学计划》，规定小学每年实际上课时间为34周，小学生每日上课和自习时间不得超过6小时。“文化大革命”期间，各种规章制度被视为“管、卡、压”加以批判。1977年，加强教学管理工作，恢复各项规章制度。1979年2月，市文教局制定颁发《中小学工作条例》《中小学课堂常规》，进一步完善教学管理。是年11月，市教育局各股室领导东、南、北区教育组长组成视导组，对市区各小学进行视导。1989年，南区、郊区教育局对学校管理体制进行改革，各学校党政分开，实行校长负责制，党支部负责监督，教职工代表大会参与民主管理，校长有权对学校人员进行直接聘任。是年颁发《岳阳市南区小学生学籍管理办法》，划定入学范围，规定学龄儿童按就近入学原则，到驻地附近学校报名入学。

1997年1月，区政府教育督导室挂牌办公，并逐步建立起区、乡、校三级督导网络，制定《岳阳楼区乡场党政教育目标管理方案》《岳阳楼区教育工作目标管理方案》《岳阳楼区学校等级评估方案》《岳阳楼区幼儿园评估方案》等，督导室配备主任督学1人，副主任督学2人，专职督导干部3人，专兼职督学5人。

2010年，省督导考核团第四评估考核组对岳阳楼区教育工作进行2项督导评估考核。2011年，全省督学责任区学校督导评估试点工作座谈会在岳阳楼区召开。对《湖南省督学责任区学校督导评价指南（试行）》提出进一步修改的建议和意见，提交书面修改建议。

第二章　科学技术

第一节　机　构

1960年，岳阳市设立科委，设编制1名。1962年，镇未设科技管理机构。1976年，市设科学技术办公室，隶属市计委管理。1978年4月，科技办从市计委分离，成立市科委，下设办公室、科技组、科普组、能源办公室。1981年10月，改设计划科、情报所、办公室、能源办。1984年4月，郊区设立科委。是年6月，南区设立科委，定编3名。1988年3月23日，洞庭路、城陵矶、冷水铺、解放路、金鹗山5个街道办事处成立科委。1989年6月，吕仙亭、东茅岭、五里牌3个街道办事处成立科委，管理街道企业科技活动。1991年，郊区五乡三场均成立科委，管理乡场科技活动。1996年4月，南区、郊区科委合并成立岳阳楼区科技局。

第二节　科研机构与学术团体

1985年6月，区科委设立南区科学研究所与科技开发服务中心，负责全区企业新产品开发、新技术推广、科技咨询服务等。1986年4月，扶持区直属企业与部分街道办事处建立科学技术小组24个，负责企业新产品研究开发，技术改造、信息收集利用、建立技术档案等工作。是年12月，南区科协成立。至1987年，先后成立土木建筑、电子电器、机械冶金、工程、轻化、群众文化、教育、青年辅导、体育、语言信息、财政珠算、企业家等12个学会及8个街道办事处科学技术学会。1989年，区街企业科技小组增至59个，拥有各种科技人员621人，其中高级工程师10人，工程师210人，助理工程师309人，技术人员92人。1991年，郊区成立养殖、水果、蔬菜专业技术研究会5个。

2005年，岳阳楼区引进11家省级高新技术企业和12家民营科技企业。2007年，新增高新技术企业1家。2008年，有高新企业13家。2009年，有14家高新企业。2010—2011年，有15家高新企业。2012年，有高新企业17家。是年，成立湖南电磁装备行业技术成长助推服务平台、电磁装备开放实验室。

第三节　科学普及

中华人民共和国成立后，境内科学普及活动主要通过经验交流、现场比赛观摩、群众练“兵”、举办宣传柜窗、参加各种研讨会、学术交流会、订阅科技书报等形式进行交流。

南区　1986年，南区科委创办《信息园地》刊物，每年出版4期，介绍科技动态，交流科技信息。是年，区科委举办振兴南区经济研讨会，邀请驻区各科研、企业单位50多位专家、学者与会商讨发展南区经济战略方针。聘请63名专家、教授为南区“星期天工程师”。1987年10月，区科委在东风广场设立1个科普宣传窗，定期向市民宣传科普知识。1988年，创办《南区科普报》，发至全区区街企业。1989年，宣传《专利法》《技术合同法》，召开宣传大会，办黑板报、宣传栏，出动宣传车上街宣传，组织677人参加“两法”考试。至1989年，先后举办各种科技培训班123期，培训3316人次。1990—1995年，区教育局把青少年科技活动内容纳入教学计划，安排专人负责开展学科学竞赛、科普演讲、科技游艺、创新性科技等课外活动。

郊区 1985年，郊区推广改灶节柴、沼气建设、京丰一号甘兰制种技术、单细胞蛋白饲料的培养，PSP吸塑工艺技术的引进等10项实用技术。1986—1990年，梅溪乡、郭镇乡、五里乡、北港乡及知青场、大湾芦苇场、君山芦苇场新建沼气池130口，此外每年组织各类科普实用技术培训，培训人员1500人次左右，科技扶贫和科普宣传助推100多户人均纯收入增收300元以上。1991年，郊区科技体系已基本建立，五乡三场均建科委，配备科技专（兼）干，全区建养殖、水果、蔬菜专业技术研究会5个；建树科技示范企业12个，推广应用科技成果55项，新增产值2000多万元；开辟科技示范基地11个，建成制种基地3个，树立科技示范户425户，其中市区级50户、乡级375户。1992年，组织开展系列科技成果推广应用活动，推广无公害蔬菜133.33公顷，发展优质高效柑橘等水果562.6公顷，推广优质水稻400公顷，围栏养渔1770公顷，网箱养鱼80个，生产瘦肉猪5.4万头、肉鸡55万羽，推广应用蔬菜遮阳网12万平方米。1993年，工业节能降耗技术，大、中水域鱼类高效综合养殖技术，蔬菜优质高效综合栽培技术，猪、鸡良种及高效综合养殖技术4项技术成果获区政府推广应用优秀项目。

岳阳楼区 1996—2004年，全区开展科技下乡活动20多次，印发科普读物期刊10多种、5万多册；开展科技培训30期、1500人次，厂矿科协组织技术攻关技术革新1万多项；组织开展科普日（周）、科普一条街等大型科普活动20余次，接待2万多人。2005年，区科技局撰写科技宣传报道20多篇，发放科普宣传资料，张贴各种宣传标语2.2万多份；开展2次科技下乡和进社区活动。2006年，开展科普宣传周活动，各单位、街道社区、学校办科技板报、墙报300多期，下发科普宣传资料2万多份，张贴标语2000多张，悬挂宣传横幅100条。组织科技培训1000人，展出宣传展板300多块，开展咨询服务2000多人次。2007年，邀请30多位教授对居民进行卫生、健康、环保、生殖保健、防震、减灾、预防“艾滋病”、地下“六合彩”等方面的知识宣传。组织实施“农村生态能源开发”及瘦肉型良种猪规模化养殖技术推广等农业科技项目，加强农业科技培训、农业信息服务和科普推广工作，组织2次科技下乡，举办农业专题技术讲座5期、科技专栏5期，开展科技咨询，培养科技示范户32户，建立信息网站。2008年，结合年初特大冰雪灾害给全区农业造成损失的实际，组织调运5吨高科技稀土生物多元复合肥，免费发给乡镇农民。2009年，进行各类科普宣传15次，派出科技人员200余人次。2010年，区科技局联合相关单位进行各类科技宣传15次。2011年，开展科普宣传18次，派出科技人员150次，发放科普宣传资料3000份，咨询服务2000人次。2012年，开展科普宣传16次，组织培训300人，联合相关单位进行科技宣传8次。

第四节 科技成果

50—70年代，城区开展多次技术改造、技术革新活动，取得一些科技成果。1979年，获科技成果162项，其中L-10000湿式磁选机获省科技成果三等奖，SK-中规模集成电路程控双头滚压碗类自动成型线等7个项目获岳阳地区科技成果奖。1980年，获新科技成果奖164项。1981年，市政府召开全市科技成果授奖大会，对1979—1980年取得的60项优秀科技成果分别授予一、二、三、四等奖，17项获岳阳地区科技成果奖及成果推广奖。1982年，全市获科技新成果奖124项，其中，达到全国先进水平的科研项目3项，达到全省先进水平的科研项目6项。1984—1989年，南区共取得11项科技成果奖，其中，获省级奖2项，市级奖9项。

2005年，各级科技投入1.65亿元，实施科技项目36项，争取国家、省、市科技项目资金212亿元；专利申请量139件；13项成果得到推广应用。2006年，新申报国家专利92件，专利实施量新增50件。2009年，有83个项目被列为国家、省、市科技计划项目，完成专利申请148项。2010年，组织实施科技计划项目64项，完成专利申请150项。2011年，专利申请量202件，专利授权量138件。至2012年，共实施市级以上科技计划项目141个，争取科技资金1836.3万元。其中，实施国家、省、市科技计划项目数分别为23个、82个、36个，争取国家、省、市科技资金分别为1233万元、391.3万元、212万元。是年，专利申请量190件，专利授权量123件。

境内科技项目及成果一览

表19-9

项目名称	承担单位	项目级别	项目类别	鉴定验收时间	授奖情况	
					等级	时间
红光牌炉芯	南区炉芯厂	市	新产品	—	市四等	1998.1
轻质碳酸钙	长江碳酸钙厂	市	—	—	市四等	1990
再生革生产技术	金鹗山制革厂	市	星火	—	市四等	1988.5
石灰精粉	长江碳酸钙厂	市	推广	—	—	—
金属清洗剂	市北门炼油厂	市	三项	1987.9	市四等	1988.5
苎麻脱胶剂	市建南化工厂	省	三项、星火	1988.1	市三等	1989
燃油乳化剂	市油毡厂	市	科研	—	—	—
绣花拖鞋	市洞庭布鞋厂	市		—	—	—
深井压裂砂开发	市洞庭非金属矿厂	省	星火	—	省四等 市二等	1988.6
岩棉织品生产线技术研究	市新型保温材料厂	省	三项、星火	—	—	—
566-1柔软粉云母板	市洞庭绝缘材料厂	省	三项	—	—	—
纤维合成革试制	市金鹗再生革厂	省	三项	—	—	—
儿童营养食品	市佳美食品厂	市	推广	—	—	—
189号树脂生产技术研究	市金鹗化工厂	市	三项	1988.12	市三等	1990
HN高效煮炼剂	市建南化工厂南区科技开发服务中心	省	科研	—	—	—

项目名称	承担单位	项目级别	项目类别	鉴定验收时间	授奖情况	
					等　级	时　间
便携式工业X射线探伤机研制	市无损检测设备厂	市	科研	—	—	—
环境监测用离子试纸	南区环保监测站	市	科研	—	—	—
云母柔软板系列产品研制	市洞庭绝缘材料厂	省	科研	—	—	—
HPS型电热设备云母板	市洞庭绝缘材料厂	市	推广星火	—	—	—
电流传感器	市起重机器厂	省	科研	—	—	—
XXH-3005型工业X射线探伤机	市无损检测设备厂	市	科研	—	—	—
MYT-4电力液压推杆	市起重机器厂	省	科研	—	—	—
重质超细碳酸钙	市碳酸钙厂	市	推广	—	—	—
有机无机大循环生态养育实验研究	南区科技开发中心	省	科研	—	—	—
龙牡壮骨冲剂	南区建安公司	市	推广	—	—	—
YSR-L系列封闭式螺杆制冷压缩机专用三相异步电话机	岳阳中闽特机电有限公司	市	—	—	市二等	2001
二氧化碳动态减压超高提纯技术	湖南凯美特干冰有限公司	市	—	—	市三等	2001
普通水直冷型电磁搅拌装置	岳阳市中科电磁技术有限公司	市	—	—	市二等	2002
WBNQ-DXX型扁平焰低NO2燃气燃烧器	湖南凯美特气体股份有限公司	—	—	—	市二等	2003
QMLJXT千盟炼焦过程自动化管理控制系统	岳阳千盟电子有限公司	—	—	—	市三等	2005
浓缩饲料中的阶段平衡技术开发及应用	岳阳岳泰集团有限公司	—	—	—	市三等	2006
高效广谱氟氯西林钠阿莫西林胶囊的研发与生产	湖南中南科伦药业有限公司	—	—	—	市一等	2011
康复新液系统质量控制技术的研究	湖南中南科伦药业公司	—	—	—	市二等	2011
一种食品级液体二氧化碳产品的生产方法	湖南凯美特气体股份有限公司	—	—	—	市三等	2011

第二十篇 医疗卫生·体育

第一章 卫 生

第一节 机 构

一、管理机构

清末民初。城区无专门的卫生管理机构。医疗卫生工作由县警察局代管。民国 22 年（1933），岳阳县成立卫生院，管理全县城乡医疗卫生工作。1949 年 8 月，县政府接管卫生院。1952 年，设立县卫生科，管理全县医疗卫生工作。1958 年 10 月，岳州公社设立文化教育卫生部。1960 年，岳阳市设立卫生科。1962 年 10 月，城关镇设文化卫生股。1968 年，镇革委会宣传组设立教育卫生组。1976 年 12 月，设立市卫生局。1984 年 3 月，南区、郊区分别设卫生科。是年 9 月，南区、郊区卫生科分别改名为南区、郊区卫生局。1996 年，南区和郊区卫生局合并，成立岳阳楼区卫生局，内设办公室、政工股、医政股、卫生法制与监督股、监察室、计财股、基层卫生与妇幼保健股、科教股等。2008 年 5 月，设立新型农村合作医疗管理办公室（简称区农合办），为区卫生局下设的副科级行政支持类事业单位，有职工 7 人，下设综合办公室、审核稽查股、信息统计股、财务股。

二、防疫机构

防疫站 1949 年 8 月，岳阳县卫生院。内设防疫股，承担全县城乡防疫工作，1956 年，城厢镇医院配有防疫“兼干”管理防疫工作。1964 年，成立岳阳县防疫站。1976 年，县防疫站更名为市防疫站。1984 年 12 月，南区设立防疫站、妇幼保健站。1987 年 3 月，将防疫站、妇幼保健站、区第三卫生院合并组成区防疫妇幼保健中心。1985 年 1 月，成立郊区卫生防疫站。1990 年 7 月，南区妇幼保健中心分设为南区卫生防疫站、南区妇幼保健院，1996 年 5 月南、郊两区卫生防疫站合并，成立岳阳楼区卫生防疫站。由于卫生监督体制改革，2003 年 4 月，区卫生防疫站更名为区疾病预防控制中心和区卫生监督所，两单位为一个法人，一套人马。

岳阳楼区疾病预防控制中心 2006 年 12 月，区防疫站正式分设为区疾病预防控制中心、区卫生监督所。区疾病预防控制中心属纯公益性事业单位，定编 46 名。具有本科以上学历 5 人，专科学历 29 人；高级职称 2 人，中级职称 24 人。中心设有疾控一科、疾控二科、防保科、艾滋病性病防治科、结核病防治科、监测科、检验科、办公室等 8 个职能科室。

岳阳楼区卫生监督所 2006 年 12 月，由岳阳楼区卫生防疫站分离设立。2010 年 1 月，区卫生局医药市场管理办公室并入。2012 年，有干部职工 47 人，其中中级职称 13 人，初级职称 31 人，其他 3

人；本科 8 人，大专 28 人，中专 11 人。

三、保健机构

1949 年 8 月，成立岳阳县卫生院，内设妇幼保健股。1951 年，县设立妇幼保健所，管理全县城乡妇幼保健工作。1974 年，城关镇所属卫生医疗单位配有 1 名妇幼保健专干。1976 年，岳阳县妇幼保健站更名为岳阳市妇幼保健站。1984 年 12 月，南区设立防疫站、妇幼保健站。1987 年 3 月，更名为南区防疫妇幼保健中心。1985 年 1 月，郊区设立妇幼保健站。1995 年 6 月，南区妇幼保健院和郊区妇幼保健院合并，成立岳阳楼区妇幼保健院。2012 年，有妇幼保健人员 16 人，区属卫生医疗单位配有妇幼保健专干 16 人，乡、街道办事处配有兼职妇幼保健工作人员 111 人。

第二节　疾病预防

一、传染病

白喉　1955 年，城区白喉病流行，患者多为儿童。政府组织医务人员深入学校、单位、街道对儿童注射预防白喉药物，防止病毒流传。1965 年，城区又发生白喉病流行病例。1974 年始，政府每年都对儿童实行计划免疫与预防接种，白喉流行病得以控制。

流行性脑脊髓膜炎　民国时期，城区流脑发病率与死亡率较高。中华人民共和国成立后，城区仍时有流脑流行。1967 年 3 月，全县城乡流脑流行。3 月上旬，城南、城北、城陵矶、城郊 4 个街道办事处范围内发现流脑病人 43 人，4 月上旬 33 人，其中，机关单位 20 人，位于城东南路的华北铁路一处，10 天内发生 5 例流脑患者，全县城乡共死亡 331 人。1978 年，全县城乡又发病 1640 例，死亡 45 例。是年冬，卫生部北京生物制品研究所在全县城乡试用流脑多糖体菌苗，菌苗保护率达 90% 以上，并在城区召开全国经验交流会。至 1989 年，城区流脑发病率基本得到控制。1990—2009 年，发病数为 7 例，死亡 2 例。2010—2012 年无病例发生，疫情得到控制。

伤寒、副伤寒　为民国时期多发病。中华人民共和国成立后，仍时有发生，但发病率逐年下降。1965—1976 年，城区发现 350 例，死亡 1 人，发病率为 26.5/10 万。1989 年，发现 22 例，发病率为 10.7/10 万。1990—2009 年，发病数为 156 例。2010—2012 年，报告发病 6 例。

病毒性肝炎　分甲、乙、丙、丁、戊型。1955 年始，发现的主要是甲型与乙型肝炎，呈散在性和地方性流行状态。乙型肝炎的家庭聚集现象较为常见，城区人群中的 HBsAg（乙型肝炎表面抗原携带率为 12% 左右），高于全省、全国水平。1985 年，征兵体检，应征青年中，发现 HBsAg 携带率高达 14% 以上，属全省乙型肝炎的高发病区。是年，发现肝炎病患者 173 例，发病率为 10.15/10 万。至 1989 年，每年平均有甲、乙型肝炎患者 273 例，发病率为 14.55/10 万。医疗卫生防疫部门采取措施，防止医源性感染；隔离治疗病人，防止流行传染，狠抓食品卫生、实行乙肝疫苗注射，肝炎的发病率逐渐减少。1990—2009 年，肝炎发病数为 10527 例，其中乙肝发病数为 7957 例。2010—2012 年，肝炎发病数为 2777 例，其中乙肝发病数为 1897 例。

痢疾　城区细菌性痢疾发病率较高，为主要传染之一。1954—1955 年、1958—1959 年，城区发生过痢疾流行，患病者众多，且有死亡病例。1971—1979 年，连续 6 年均有痢疾流行。1979 年，城区即有细菌性痢疾 1168 例。1984 年，有 650 例，发病率为 40.4/10 万。1985—1989 年，城区共发现细菌性痢疾病人 3106 例。随着卫生知识的普及，人民生活的改善，医疗事业的发展，痢疾的发病率已逐年下降。1990—2009 年，发病数为 1582 例。2010—2012 年，发病数为 105 例。

麻疹 为城区多发病。1958 年，政府发动群众煎服中草药，防治麻疹。1966 年，城区儿童进行麻疹病毒活疫苗接种。1971 年，麻疹流行，发现病人 633 例。1973 年，麻疹再次流行，发现麻诊病人 1018 例。1974 年，发现麻疹病人 613 例。1984 年后，麻疹病呈散在性流行。1989 年，城区发现麻疹病人 11 例，发病率 5.35/10 万。1990—2006 年，发病数为 2454 例。2007 年，对 8 个月至 7 周岁儿童进行麻疹疫苗强化免疫。2007—2009 年，麻疹发病数为 213 例，发病数逐渐下降。2009 年，对 8 个月至 14 周岁儿童进行麻疹疫苗强化免疫活动。2010—2012 年，无麻疹病例发生。

脊髓灰质炎 1956 年 10 月，城区发现首例脊髓灰质炎，以后，此病相继发现和流行。1962 年，对 7 岁以下儿童进行口服疫苗防治，后改为糖丸疫苗。1965 年，城区发现 79 例患者。1984 年始，全区实行计划免疫，给小儿服用脊髓灰质炎糖丸，控制此病的发行和流行。1990—2012 年，无病例发生。

百日咳 城区小儿常见病。1965—1976 年，城区共发现百日咳患者 996 例，发病率为 75.61/10 万。至 1984 年，城区曾 8 次发生百日咳流行。是年始，百日咳病基本得到控制。1990—2012 年，无病例发生。

流行性乙型脑炎 属自然疫源性疾病。城区每年均有散在性病例发生。1970 年，实行乙脑疫苗接种后，发病率逐年下降。至 1979 年，共发现乙脑患者 138 人，发病率为 10.48/10 万。1990—2009 年，发病数为 8 例。2010—2012 年，发病数 1 例。

狂犬病 俗称“疯狗病”，死亡率高。1965—1989 年，城区发现狂犬病人 4 例，死亡 4 例。1955—1989 年，政府多次开展“灭犬”活动，并对部分家犬、警犬、猎犬进行免疫。1990—2007 年，狂犬病发病数为 21 例，死亡 21 例。2008—2012 年，无狂犬病例发生。

结核病 为城区多发病。民国时期，结核病发病率较高，且为不治之症。中华人民共和国成立后，结核病患者年年都有，但已能治愈。1989 年，全区有 1763 人次接种卡介苗以预防结核病。是年，全区发现结核病人 671 例。1993 年 9 月至 2001 年 12 月，在全区实施世行贷款结核病控制项目，发现结核病人 530 例。2002 年 9 月至 2009 年 9 月，世行贷款 / 英国赠款 / 日本援助中国结核病控制项目在境内实施，发现结核病人 4016 例。2005 年 7 月，启动全球基金第四轮结核病项目。 2006 年 10 月，启动全球基金第五轮结核病 / 艾滋病双重感染项目，两项目执行期均为 5 年。2007 年，共接诊初诊病人 195 例，登记结核病 590 例。2008 年，共接诊结核初诊病人 1813 例，登记结核病人 462 人，初治涂阳 210 例，治愈率 90%，复治涂阳 1 例，治愈率 100%。 2009 年，共接诊初诊病人 1902 例，发现涂阳病人 215 例。2010 年，共接诊初诊病人 1923 例，共发现结核病人 372 例。2011 年，共接诊初诊病人 1978 例，共发现结核病人 401 例。2012 年，启动结核病定点门诊。

疟疾 俗称“打摆子”。民国时期，城区每年流行，发病率高，死亡率高。1950 年始，政府每年都要发动群众大搞爱国卫生运动，消灭蚊虫，服药预防，检查病人，基本控制疟疾的发生与流行。1965—1979 年，城区发现疟疾病人 6282 人，发病率为 476.94/10 万。2001 年，经过省卫生厅评估，全区达到疟疾基本消除标准。至 2009 年，发病数为 10 例，无死亡病例。2010—2012 年，无本土病例，报告输入性病例 4 例。

鼠疫 民国 14 年（1925）8 月，城区鼠疫流行，死者甚众，有全家死亡。中华人民共和国成立后，鼠疫未再流行。

霍乱 民国 9 年（1920）8 月，城区霍乱流行，柴家岭、梅溪桥、观音阁等街道，死者甚众，陈棺开葬，触目皆是。民国34年（1945），城区霍乱流行，患病约2000人，死亡约1000人。1949—1983年，未发现霍乱及副霍乱病例。1984—1987年，发现副霍乱病人2人。1988年10月，发现副霍乱病人7人。由于政府采取措施控制传染病，开展爱国卫生运动，实行霍乱菌苗预防注射，提高人民防病意识，霍乱基本上得到控制。1994年，霍乱发病数为3例。1999年，霍乱发病数为2例。2000年始，无病例发生。

麻风病　50—80年代。城区进行2次麻风病普查，发现麻风病患者2例，送外地麻风病院治疗，麻风病在城区基本禁绝。

传染性非典型肺炎（SARS）　2002年10月，广东省出现第一例“非典型肺炎”（简称“非典”）患者后，全国处于紧急戒备状态。2003年4月，随着非典型肺炎防治工作形势的日益严峻，区政府成立“非典”防疫工作领导小组，下设应急流调机动队、疫情信息监测组、防疫专家技术咨询组、防疫宣传、健教组、防疫药械储备组、办公设施供应服务组和后勤生活保障组，实行严防严守。至是年5月底，共排查疑似病例21例，无“非典”病例发生。

手足口病　2008年，卫生部决定，将手足口病列入传染病防治法规定的丙类传染病进行管理。是年4月30日，在市境内出现当年第一例手足口病，为有效应对手足口病疫情，卫生局制定《岳阳楼区疾病预防控制中心手足口病控制方案》，成立专门工作领导小组和机动队。发现疫情及时进行流行病学个案调查，并进行消毒指导。做好手足口病的信息收集、反馈、流调、消毒、处理、控制、总结等工作。至2009年，共报告手足口病例2608例，死亡1例。2010—2012年，报告发病数7067例，重症29例，死亡1例。

甲型H1NI流感　2009年4月，国际上出现甲型H1N1流感疫情，在上级卫生部门的指导下，市、区卫生部门对甲型H1N1流感采取“外堵输入，内防扩散，联防联控”的策略，实行24小时值班制，以及时发现疫情，并定期对疫情信息进行统计汇总和分析，预测疫情发展趋势，为正确采取防控措施提供依据。至2009年，共确诊甲型H1N1流感189例，死亡1例；其中输入病例2例，187例为本地发病。绝大多数为学生，分布于湖南理工学院、乾明寺小学等41所学校，所幼儿园。2010—2012年，报告发病数23例，死亡1例。

艾滋病　1997年，境内发现首例艾滋病感染者（HIV）。2004年，开始在娱乐场所推广使用安全套项目。2005年7月1日至2009年12月31日，第四轮全球基金岳阳楼区艾滋病项目在境内开展，项目名称为通过综合措施减少艾滋病在中国脆弱人群中的传播及其产生的影响。2006年1月，岳阳市疾控中心设立美沙酮药物维持治疗门诊。2008年，对61例艾滋病人进行免费治疗。2009年，全区累计报告HIV感染者245例，死亡38例。2010年，查出HIV阳性2人，梅毒阳性2人。2011年，查出HIV阳性1人，梅毒阳性3人。2012年，全区累计报告HIV感染者329例，其中病人158例，死亡84例。

二、地方病

地方性甲状腺肿　又称地甲病，俗称大颈病。民国时期，境内较为常见。50年代，尚有部分老人患有此病。60年代，此病已经根治。

地氟病　又称地方性氟中毒。1986年，城区进行地氟病普查，发现氟斑牙50例。是年，对小学生抽样调查，发现儿童氟斑牙发病率为5%。

肿　瘤　恶性肿瘤即癌症，城区常见的几种恶性肿瘤有：子宫癌、食道癌、直肠癌、胃癌、乳腺癌、肺癌、结肠癌、鼻咽癌、肝癌、恶性淋巴癌。1985年，城区因癌症死亡191人，死亡率为118.3/10万。

三、慢性非传染性疾病防治

1993年，南、郊两区参加“中国健康与营养调查”，每3年开展一次监测工作。1995年，南区参加全国第二次死因回顾与吸烟调查。2006年，岳阳楼区参加全国第三次死因回顾抽样调查。2007年9月，岳阳楼区参加中国成人慢性病及危害因素监测。2009年8月，国家级肿瘤随访登记项目在岳阳楼区正式启动。2011年4月，重性精神疾病管理治疗项目在岳阳楼区正式启动。2012年7—8月，完成国家糖尿病基层培训项目。是年10月，成功创建国家级慢性病综合防控示范区。是年11月，开展膳食脂肪摄入调查。

1989—2012年境内疫苗接种情况

表20-1 单位：人次

年度	卡介苗	糖丸	百白破	麻苗	乙肝疫苗	乙脑	流脑
1989	3675	10871	11298	3659	0	12198	13923
1990	3581	10978	11527	3432	0	11798	14852
1991	3825	10257	11124	3895	0	12106	15440
1992	3746	11063	11826	3598	434	11024	14824
1993	3923	12350	12895	3877	838	11852	15854
1994	4168	11702	11912	4085	1679	12049	16145
1995	4263	12019	12694	4312	4272	11950	16871
1996	4721	12952	13758	4815	13005	12892	17028
1997	4698	13139	13726	4545	13486	12679	16981
1998	4012	11950	12953	3892	13903	11798	16201
1999	4286	13202	13756	4507	14054	12625	17212
2000	4831	14545	15058	4761	15165	15267	18988
2001	4290	12656	13341	4342	13021	13229	16023
2002	4582	13032	14165	4662	14986	13629	18165
2003	4375	12962	13582	4396	13753	12721	16945
2004	4894	13409	14698	9442	14965	14846	19769
2005	5001	14889	15721	9896	16472	15154	20571
2006	5242	15053	15966	10321	16112	15352	22053
2007	5132	14265	15133	9935	15621	15265	19235
2008	5315	14952	15719	10515	15079	15264	20638

年　度	卡介苗	糖　丸	百白破	麻　苗	乙肝疫苗	乙　脑	流　脑
2009	6191	13963	14166	11348	16513	18268	23562
2010	6787	22538	22567	10311	20032	10701	15180
2011	6621	20700	21018	10835	18252	9649	15986
2012	7127	21102	22556	10782	19988	9807	15851

四、血吸虫病防治

分布范围　清宣统二年（1910），一美籍儿童在湖滨黄沙湾游泳，感染血吸虫病。是年，美籍学者罗根氏首次在患儿粪便中检查出血吸虫卵，为城区首次发现血吸虫病报告。1950年，湘雅医学院2位教授在城厢镇附近的黄沙湾、冷铺子、太子庙、金鹗山及贞信附小、湖滨小学等地调查，写出《岳阳血吸虫病初步调查报告》，指出，“岳阳附小血吸虫病之流行情况相当严重”。1951年，省地方病防治实验委员会岳阳实验所工作人员在湖滨地带开展血吸虫病流行病学调查，确定河东的城陵矶、冷水铺、延寿寺、老人铺、金鹗山、冷铺子、南津港等地都是血吸虫疫区。1956年，岳阳县开展血吸虫病普查，城厢镇血吸虫病分布区有附城乡白水、菜头园、得胜门、马壕、鹿角、君山、城陵矶、肖家荡等8个地区；城区25个居委会中，沿湖的岳阳楼、交通门、翰林街、洗马池、长郡巷、三角线、鄢家冲、南津港、下观音阁、南岳坡、上观音阁、红船厂、吕仙亭、马路街等14个居委会的部分居民，因下湖捕鱼、挑水、洗衣、砍柴、游泳感染上血吸虫病。全镇疫区共有居民50853人，即城区44000人，水上乡民4840人（船民1277人，渔民3433人，划民130人），附城乡2013人。附城乡与月山渔业社有患者187人，其中，早期患者153人，晚期34人。全镇钉螺面积达12506.33公顷，其中，分布于居民点附近的326.67公顷。钉螺最高密度为每市尺（约33.3厘米）212只，平均密度为每市尺68.24只，阴性率最高达13%。1963年，城关镇地区共有血吸虫病患者7173人，其中晚期病人88人。城陵矶光明大队莲花生产队，114人大便检查，有42人发现血吸虫卵，39名主要劳力中有28人患血吸虫病，有3户、15人全家大小全系病人，有12名晚期患者先后死亡。1965年，经多年垦荒灭螺，全镇钉螺面积降至562.8公顷，但全镇仍有血吸虫病患者6149人。1987年，城区沿湖一带，血吸虫病基本得到控制。1988—2012年，每年进行查螺灭螺，血吸虫分布面积逐年减少。

防治机构　1950年6月，湖南湘雅医学院派员在黄沙湾成立湘雅医学院农村疾病防治实验委员会岳阳实验所。11月，更名为湖南省血吸虫病防治实验所，所址设洞庭北路，作为全省血吸虫病防预治疗机构。1956年，岳阳县成立血吸虫病防治站，站址设洞庭北路。1983年，更名为市血吸虫病防治所。1984年，南区、郊区分别成立血防站。1986年，地市合并后，洞庭北路防治所改为市防治门诊部，兼设少量病床，另在南湖大道新设住院部。1996年，两区血防站合并为岳阳楼区政府血吸虫病防治工作领导小组办公室。是年，组建成立区血吸虫病防治站，9月，更名为岳阳楼区血防医院。2002年8月，机构改革，区血防站与区血防医院分列。

防治宣传　1950年，各级政府与省血防所在城区广泛宣传防治血吸虫病的意义与方法，宣传形式有放幻灯、挂图片、现场钉螺解剖，介绍血吸虫病及其危害。1956年，城区开展全面普查与防治血吸虫工作，政府组织各机关团体、学校，利用大字报、黑板报、墙报、标语、广播及各种文艺宣传等办法进行宣传。召开大会35次，到会3618人；诉苦会8次，与会者2880人；放映幻灯2次，观看者

1950人；办黑板报53块、大字报15张、张贴标语324张，发放传单1000份。1958年，毛泽东《送瘟神》诗发表，境内开展大张旗鼓地血防宣传教育。1963年，贯彻中央召开的第八次全国血防工作会议精神，境内各级干部用群众观点、生产观点、阶级观点对待血防工作，广泛开展宣传活动。1975—1976年，地区血防办在境内举办血防成就和科普知识展览，并深入疫区巡回展出，参观人数达30多万人。此后每年，市、区两级血防部门均要开展血防宣传教育。

防治领导机构 1956年3月，城厢镇党委成立血防领导小组，镇政府成立血吸虫病防治委员会，领导全镇血防普查与防治工作；水上居委会与船民、渔民协会成立水上防治委员会，附城乡5个郊区居委会成立13人防治委员会，并以社为单位成立11个防治小组。1960年，岳阳市委成立血防领导小组。1963年，更名为城关镇党委血防领导小组。1976年，岳阳市委设立血防领导小组。1984年后，南区区委、郊区区委设立血防领导小组，管理辖内血防工作。1996年，岳阳楼区区委设立血防领导小组。

垦荒灭螺 1956年，镇政府组织群众196人，下湖割草128.4公顷，以清除血吸虫病繁殖的草场。当时的方法，主要是割除草丛，铲除草皮，堆积一处，焚烧沤肥。对马壕、蔡家塘至枫桥湖钉螺密度较大的13.33公顷草坪，组织30—50头牛，采用牛耕土埋的方法。1958—1964年，共消灭钉螺1262公顷。1970年11月，城关镇革委会组织6000多名劳动力，开展吉家湖灭螺水利工程，至1971年初，完成土方50多万立方米，新建吉家湖至城陵矶2.5公里长大堤。是年10月，又组织群众在堤上加高培土7万多立方米，消灭钉螺133.33公顷。并改造成养鱼水池，同时使用药物灭螺153.33公顷。1983年，全市又开展血吸虫病查螺捡螺运动。1987年，城区沿湖一带钉螺基本消灭。2012年，全年查螺1785万平方米，药物灭螺440万平方米。

诊疗 民国时期，城区无血吸虫病防治机构，无法对血吸虫病进行防治。中华人民共和国成立后，城区建立血吸虫病防治机构。50年代，血吸虫病检查主要采用粪便涂片检查法，后采用粪便沉淀法、镜检沉渣及沉渣孵化法；主要采用锑剂治疗。1972年始，采用直肠镜检查法。70年代，仍以锑剂为主，配以服药治疗。80年代，采用免疫学检查，采用杀虫新药吡喹酮进行治疗。2005年始，采用改良加藤法、间接血凝试验、酶联免疫吸附试验等诊断方法。至2012年，治疗效果好的仍是吡喹酮。

效果 1958—1964年，治愈血吸虫病患者7486人。80年代，血吸虫病治愈率大幅提高。2005年，全区抢救血吸虫病人38人次，其中手术13例。2011年，救助抢治晚期血吸虫病人156例。2012年，常规治疗病人1313人次，救助治疗晚期病人167人，人群化疗3352人次。

五、卫生防疫

食品卫生 1952年，城区对饮食、餐馆、店堂、摊担的清洁卫生与食品进行检查。1953年，对城区14家餐馆、39家个体摊担从业人员举办卫生知识培训学习，整顿、改造路边茶摊与茶馆。1954年，对肉食市场进行检查监督，控制与禁止病死猪肉上市。1955年10月，县卫生院为驻城区机关、学校、厂矿事业单位的后勤人员与炊事员举办学习班，宣传贯彻《食堂管理暂行办法》。1963年4月，对城区饮食摊担实行划区分类，定点经营；对饮食店、堂、摊担进行卫生审查，发放卫生执照，禁止出售腐败变质、病死毒杀畜肉食品，自制食品饮料，变质瓜果，餐具必须消毒，从业人员必须讲究个人卫生。1979年底，对城区1343名饮食从业人员体检，发现有41人患有传染疾病。1982年《中华人民共和国食品卫生法》颁布后，卫生防疫部门积极开展宣传活动。1985年，对城区6331名食品从业人员进行体检，5080人领取“健康证”，对患有传染性疾病的2人调换工种。是年，防疫、工商、城管部门共同配合，在城区进行5次食品卫生大检查，处罚30家违反《食品卫生法》的生产、经营单位和个体摊贩。1986年，先后进行8

次食品卫生大检查。1987 年，结合城市文明卫生竞赛进行 8 次食品卫生大检查，处分 220 多家违反《食品卫生法》的生产、经营单位，其中，给予警告的 105 家，责令停止整顿 62 家，吊销卫生许可证的 4 家。1988 年，文明卫生竞赛时将食品卫生检查列为重点检查项目，先后进行 5 次食品卫生大检查，处理违反《食品卫生法》案例 125 起。对 100 家集体、个体饮食行业餐具进行抽样监测，合格率 65%，只有 2 家食品厂合格率达 100%。1996 年，辖区有食品加工厂 80 家，食品销售经营单位 1887 家，餐饮服务单位 510 家，从业人员 7434 人，体检 7434 人，查出"五病"人员（即病毒性肝炎、痢疾、伤寒或副伤寒、传染性肺结核、化脓性或渗透性皮肤病）67 人，调离率 100%，监督覆盖率 100%。

2007 年 8—12 月，对全区 1060 家餐饮服务单位进行专项整治，采取领导和监督员包片、包路段，建立人员、路段、任务"三落实"包片责任追究制，取缔不合格餐饮店 45 家。2008 年，开展"五小"专项整治。2009 年 1 月，开展餐饮业打击违法添加非食用物资和滥用食品添加剂专项整治，共检查餐饮服务单位 1196 家、食堂 259 家。是年 6 月，实施卫生监督职能发生改变，食品加工监督职能划归质量技术监督局，食品销售监督职能划归工商局，餐饮服务监督职能划归食品药品监督管理局。是年，全区出动监督员 2570 人次，监督经营单位 7380 户次，监督覆盖率 100%。共受理审核餐饮服务经营单位 186 家，新发餐饮服务许可证 141 个，对 24 家餐饮服务经营单位进行量化分级，办理从业人员健康体检培训合格证 3715 个。2010 年，检查辖区内 41 所中、小学校食堂，168 所幼儿园食堂，257 家学校周边餐饮服务经营单位。2012 年，出动执法人员 1360 人次，检查餐饮服务单位 2620 家次，下达监督意见书 572 份，抽验送检 80 个品种和批次，立案查处 162 起。

1997—2008 年境内卫生监督管理发证统计

表 20-2　　单位：个、%

年　度	食品加工单位	食品销售单位	餐饮服务单位	被体检人员	查出"五病"人员	"五病"调离率
1997	83	1903	530	7567	54	100
1988	85	2015	587	7885	80	100
1999	93	2117	591	7764	60	100
2000	117	2220	603	8050	85	100
2001	130	2285	798	7959	74	100
2002	122	2321	852	8408	78	100
2003	116	2367	887	8650	60	100
2004	131	2450	860	8774	65	100
2005	125	2310	1020	9030	71	100
2006	137	2320	978	9540	68	100
2007	145	2305	1015	9470	77	100
2008	133	2260	1001	9984	104	100

职业卫生 1975—1985年，工业卫生监测机构对城区工矿企业进行4次粉尘浓度测定，受监测厂矿企业15个；开展4次环境卫生和劳动保护调查，调查单位15个；普查4次与粉尘和其他有害物接触的工人，发现职业病人10人，治疗10例职业病患者。1988年，南区防疫部门在区属20个工业企业与56个街道工业企业，为1200名工人进行体检，占职工总数的35%；拍胸片20张，向市职业病防治所报告病例42例。1989年，统计区街71个工业企业2697名职工中，接触粉尘的有431人，接触有害物资369人，接触其他有害物资的811人。是年，区防疫妇幼保健中心设立劳动卫生科，向有关方面报告职业病患者6人，采样51个，给区属60%以上的单位建立劳保档案。1996—2012年，发动宣传14次，发放宣传资料7万份，宣传有关职业病卫生知识。

学校卫生 民国时期，教会学校设有卫生医疗室。40年代末期，省立十一中（今市一中）亦设有医务室。中华人民共和国成立后，政府每年都要对中、小学生进行传染病普查及防疫治疗。各学校均设有兼职保健教师，中学设有医务室。各学校经常开展大扫除、卫生检查评比，使学校环境卫生得到很大改善。中、小学生毕业升学都须参加体检，合格者方能入学。1973年，大搞开门办学时，各学校请医务人员上课讲授保健知识。1988年，区防疫妇幼保健中心贯彻国家教委《中小学学生近视眼防治工作方案》，对区属学校的1239名小学生视力进行普查，视力低下的149人，占普查人数的12.03%。1989年，组织防疫工作人员对青年路、吕仙亭、广场、旭日4所小学的52个班、2500名学生进行抽样调查。调查资料表明，城区学生均达到生长发育标准。患病学生中，五官疾病患者占首位，其中龋齿患者占五官疾患的58.6%，沙眼占24.5%，屈光不正居第三位。1999年，区防疫保健中心为区属5所学校建立卫生档案，对14所小学的学生建立健康卡片，对8所小学的学生进行健康检查，实际检查5218人，占应检人数的99.48%。检查发现，视力低下的占11.23%，龋齿占29.4%，沙眼占12.8%。2000年10月，省教委组织7市检查小学生身体健康状况，青年路小学被评为全省第二名。2012年，区卫生局开展卫生监督执法行动，整治256家学校、幼儿园卫生，开展节会假日和大型活动安全保障的集中整治。

第三节 妇幼保健

一、妇女保健

接生 民国时期，城区妇女分娩主要由接生婆（俗称“助产婆”）接生，由于接生婆不懂生理病理，不懂消毒方法，不作产前检查，致使产妇流血过多、创伤、感染，常导致产妇难产，婴儿患病，甚至母婴死亡，人们形容这些旧接生法为“儿奔生，妇崩死，只隔阎王一张纸”“只见娘怀胎，不见儿走路”。民国3年（1914），境内开始试行新法接生，由受过专业训练的卫生人员担任接生工作，但由于医疗卫生事业落后，至40年代末，新法接生率仅为60%。1952年10月，政府将城区30名旧接生婆改造为新法接生员，建立10个新法接生站，并在城区妇女中广泛宣传普及新法接生知识。60年代末，婴儿接生工作延伸城郊农村，统一由各级医院、卫生院负责，产妇及婴儿死亡率降低。1982年，市防疫妇幼保健中心为城区987名孕妇建立卡片，并做产前检查，产后访视，全年孕妇产前检查人均5.75次，产后访视人均3.76次。1984—1989年，对7453名孕产妇实行三级系统管理，提高妇幼保健质量。1989年，城区孕妇分娩2640人，接生率100%。1996年，全区规范管理“出生医学证明”的发放工作，建立《孕产妇高危妊娠管理制度》，对高危孕产妇实行报告、跟踪随访。是年，全区孕产妇系统管理率 95%。1998 年，乡村接生员改造为乡村保健员，取缔家庭接生。2006 年，提倡婚检自由，取消婚前医学检查。2007 年，全区统一制定孕产妇保健手册、高危孕产妇报告流程图和高危孕产妇一览表，加强高危孕产妇管理，有效控制孕产妇死亡。2009 年，全省统一孕产妇保健手册，实施全省妇幼重大公共卫生项目工作，即免费婚检、农村妇女乳腺癌普查工作、增补叶酸预防神经管缺陷、艾滋病母婴传播阻断和农村孕产妇住院分娩补助工作。是年，共对 3472 名孕产妇实行管理并建卡，孕产妇系统管理 3402 人，系统管理率 98%。共出生婴儿 3502 人，住院分娩率达 100%。2010 年，住院分娩率 100%，保健管理率 90%；高危妊娠集中筛查率 99.6%，对筛查出 1129 名高危孕妇均建立高危双卡，实行高危双卡管理制，高危管理率 100%。全年孕产妇死亡控制为零。2011 年，住院分娩率 100%，保健管理率达 96%；高危妊娠集中筛查率 98%，对筛查出 964 名高危孕妇建立高危双卡，高危管理率 100%。全年孕产妇死亡 1 例。2012 年，孕产妇保健覆盖率 97.2%，系统管理率 95.4%；住院分娩率 100%，新法接生率 100%；共筛查孕妇 2773 人，筛查率 97.8%，筛查高危孕妇 1047 人，高危妊娠检出率 37.8%，高危管理率 100%，高危住院分娩率 100%。

部分年份境内接生统计

表 20-3

年　度	分娩人数	新生儿接生率（%）	新生儿死亡率（‰）	产妇死亡率（1/10万）
1984	—	100	0	0
1985	1246	100	7.11	0
1986	1756	100	9.50	0
1987	1849	100	10.2	4.2
1988	2364	100	8.4	0
1989	2640	100	12	0
1996	3412	100	1.75	29.3
1997	3363	100	2.9	0
1998	3302	100	1.1	60.56
1999	3814	100	2.99	26.2
2000	4449	100	3.5	22.47
2001	4153	100	1.6	48.15
2002	3990	100	1.25	0
2003	3478	100	1.32	53.36
2004	4121	100	3.38	0
2005	4384	100	2.5	0

年　度	分娩人数	新生儿接生率（%）	新生儿死亡率（‰）	产妇死亡率（1/10万）
2006	4028	100	2.4	24.8
2007	4020	100	3.7	24.61
2008	4034	100	3.5	0
2009	3472	100	4.56	28.55
2010	3228	100	4.03	61.95
2011	3145	100	2.5	64.18
2012	3332	100	1.8	30.01

1996—2012 年岳阳楼区孕妇保健统计

表 20-4　　单位：%

年　度	孕产妇系统管理率	早孕建卡率	产前检查率	产后访视率	住院分娩率
1996	95.1	85.6	95	94	100
1997	95.3	90.2	96.5	95.2	100
1998	96.2	90.5	96.8	96.3	100
1999	96.5	95.7	97	97.1	100
2000	98.2	95.4	97.3	98	100
2001	98.4	96	98	100	100
2002	98.7	96.3	98.7	100	100
2003	98.5	98.5	99.9	100	100
2004	98.9	99	99.2	100	100
2005	98.7	98.7	100	100	100
2006	97.3	97.3	100	100	100
2007	94.2	94.7	100	100	100
2008	97.7	97.7	100	100	100
2009	98	98.7	100	100	100
2010	95	95	100	100	100
2011	96	96	100	98	100
2012	95.4	95.6	98.5	97.2	100

妇科病防治　1958年，城区妇女参加抢修京广铁路、大炼钢铁、建造民房等繁重体力劳动，且物质生活条件很差，许多人患有月经不调和子宫脱垂等妇科疾病，身体健康受到严重影响，为保证妇女健康，1960—1965年，城区各级卫生单位开展妇女卫生知识宣传，对妇女劳动实行“三调”（即调轻不调重、哺乳期调近不调远、经期调干不调湿），妇科疾病明显减少。1971—1979年，境内各级卫生部门对妇女子宫脱垂与尿瘘病进行重点查治。1980—1989年，开展以防癌为重点的妇科普查，每年深入各（村）居委会进行妇科病检查、普查。1996年，区卫生系统对各乡、街道已婚育龄妇女进行妇女病普查，两年完成率80%。对查出妇科病患者进行疾病分类，并对患病因素提出干预措施。是年，完成对妇女病普查35445人，检查率47.3%。通过普查对妇女的常见病、多发病、“两癌”（即宫颈癌、乳腺癌）做到早发现、早治疗，保障妇女的身心健康。2007年，省政府建立三年为一个周期的免费农村妇女病普查制度。通过加大宣传力度，妇女自我保健意识不断提高，检查率不断上升。2009年，对32918人进行免费妇女病普查，检查率为98.3%。2010年，免费为农村妇女病普查36989人，查出患病人数14449人，患病率为44.34%，治疗率100%。2012年，免费普查农村妇女乳腺癌200人。

部分年份境内妇科病查治统计

表20-5　　单位：人、%

年　度	应检人数	实检人数	检查率	查出妇科病人数	发病率	治疗人数	治疗率
1985	17563	10526	59.6	3603	34	3603	100
1986	22653	7002	30.9	1789	25.2	1789	100
1987	31819	9212	30	3659	39.7	3659	100
1988	30698	9456	30.8	2804	29.7	2804	100
1989	22728	9930	43.7	3812	38.39	3812	100
1996	74890	35445	47.3	8047	22.7	8047	100
1997	77623	36015	46.4	8535	23.7	8535	100
1998	79361	35805	45.1	8129	22.7	8129	100
1999	83798	40035	47.7	5125	12.8	5125	100
2000	67481	30739	45.5	4168	13.5	4168	100
2001	93306	47346	50.7	10791	22.8	10791	100
2002	89370	42685	47.7	10381	24.3	10381	100

年　度	应检人数	实检人数	检查率	查出妇科病人数	发病率	治疗人数	治疗率
2003	11237	54858	65.5	13938	25.4	13938	100
2004	93267	40188	51	13254	33	13254	100
2005	10973	52608	66.5	12671	24	12671	100
2006	81925	36089	47.4	7296	20	7296	100
2007	90331	42447	48	7025	17	7025	100
2008	73011	29622	98.5	9055	31	9055	100
2009	70395	32918	98.3	12343	37.5	12343	100
2010	102407	36989	36.1	14449	44.34	14449	100
2011	119998	40372	34	16263	40.28	16263	100
2012	110530	40898	37	15752	38.52	15752	100

劳动保护　1960年，境内开始对妇女实行劳动保护。在工种安排上，给妇女安排适当岗位或轻体力劳动工种，由妇联、工会及卫生部门监督干预，并对妇女的经期、孕期、产期、哺乳期、更年期制订一系列保护措施。1971年后，境内厂矿企业相继建立女工卫生室、孕妇休息室、婴儿哺乳室。1989年，城区各企业建女工卫生室29个。是年，区防疫妇幼保健中心建议有关单位调换妇女工种43人次。1996年始，明确妇女产假一般为分娩前半个月至产后2个半月，晚婚晚育者后延至4个月；产假期间，用人单位不得降低其工资、辞退或其他形式解除劳动合同。至2012年，区卫生系统和区妇联，为女职工购买“双癌”保险达2861人次。是年，《女职工劳动保护特别规定》发布，共印发宣传资料2万多份。

二、儿童保健

1950年，城区开始对儿童进行预防接种、体格检查。是年“六一”儿童节前，县民政科、文教科与卫生部门组织医务人员为洞庭路、吊桥、塔前街3所小学与14所机关的720名儿童进行体检，并评出健美儿童98人。1951—1953年，县卫生院每年5月为城区各小学、幼儿园与部分散居儿童进行体检，共体检2574人。1954年4—5月，县卫生院为城区4830名儿童体检，其中患沙眼3559人，占73.9%；患蛔虫病2740人，占56.7%；患钩虫病1525人，31.6%；患其他各种疾病的416人，占8.6%。1960—1979年，重点开展儿童常见病、多发病防治。1980年，痔瘘医院为826名7岁以下儿童进行体检，检查出各种疾病患者580人，占受检人数的70.2%。1981年始，开展儿童保健系统管理，对新生儿、婴幼儿、体弱儿实行建卡（册）管理，定期访视，积极防治。1983年，开展“最佳健美儿童”评选活动，根据体重、身高、头围、胸围、营养、智力等检测，评出“最佳健美儿童”23人。1987年，为1781名7岁以下儿童进行体检，与1980年相比，发现各种儿童常见病、多发病的发病率明显下降。至1989年，全区卫生系统为7065名儿童进行驱蛔虫治疗，对7158名“四病”（即佝偻病、缺铁性贫血、肺炎、婴儿腹泻）儿童给予治疗。是年，城区共有新生儿2460人，婴幼儿15864人，其中，体弱儿1969人，全区人均访视3次，给169名体弱儿进行治疗。

1996年，建立《体弱儿管理制度》，对体弱儿实行报告、跟踪随访。是年，区儿童保健管理人数为22276人，查出患病人数（佝偻病、缺铁性贫血、肺炎、婴儿腹泻、龋齿）2677人。1997年，区教育局、区卫生局根据《湖南省托儿所幼儿园卫生保健管理办法》，将托幼组织由区妇幼保健院归口管理，实行托幼机构工作人员及儿童的集中健康管理。2004年，开展全区新生儿疾病筛查，提高出生人口素质。2007年，全区统一儿童保健手册。2009年，将辖区内体弱儿按年龄分组填写管理卡置于体弱儿动态管理一览表实行动态管理。全区儿童保健管理人数为29637人，患病人数为1124人，儿童常见病、多发病的发病率明显下降。2011年，对7岁以下儿童28078人实施保健管理，管理率98.31%；5岁以下儿童死亡率控制在10‰以内。新生儿疾病筛查1678例，筛查率93.8%，新生儿听力筛查1489例。2012年，对全区7岁以下儿童25603人实施保健管理，儿童保健覆盖率93.2%；3岁以下儿童系统管理率90.9%；5岁以下儿童死亡率2.7‰；婴儿死亡率2.7‰；新生儿死亡率1.8‰；无新生儿破伤风。全区新生儿听力筛查9196例，筛查率71.8%；新生儿疾病筛查12075例，筛查率94.3%。

1985—1989年南区儿童健康检查统计

表20-6　　单位：人、%

项　目		1985	1986	1987	1988	1989
应检人数		1423	10228	10673	11879	15864
实检人数		9738	9098	9941	10929	13253
受检率		85.2	88.9	93.1	92	84.5
总发病率		5.3	8.1	11.4	29.3	24.3
几种常见病发病率	佝偻病	0.74	1.84	2.89	2.38	2.09
	贫　血	4.46	6.11	8.39	26.4	22.24
	肺　炎	1	2	5	0	0
	腹　泻	4	3	6	1	0
	龋　齿	0	0	0	0	0

1996—2012年岳阳楼区儿童健康检查统计

表 20-7　　　　单位：人、%

年度		1996	1997	1998	1999	2000	2001	2002	2003	2004	2005	2006	2007	2008	2009	2010	2011	2012
应检人数		24340	23563	25082	24337	24581	27965	31162	27638	28240	27437	24816	30992	29951	29637	29314	28560	27475
实检人数		22276	21917	22408	22970	22786	26930	29492	24321	26263	24145	21333	30062	29742	25861	26970	22859	22531
检查率		91.5	93	89.3	94	95.68	96.3	94.6	88	93	88	86	97	99	98	92	80	82
总发病率		13.3	15.2	20.7	14	12.97	14	10.7	14.3	15.2	17	17.9	17.1	15.8	16.8	10.4	10.4	10.2
几种常见病发病人数	佝偻病	119	12	6	0	4	3	5	12	7	2	6	17	20	20	46	39	12
	贫血	1541	1390	2438	1546	999	1376	555	92	98	265	146	139	135	152	52	197	278
	肺炎	14	5	6	7	27	19	21	12	31	24	24	8	49	72	30	238	296
	腹泻	7	11	12	22	19	21	20	17	19	2	21	12	62	112	59	261	163
	龋齿	996	1515	1882	1371	1682	1787	954	1035	998	827	963	1009	862	768	2644	1650	1542

第四节　临床医疗

一、医疗队伍

民国时期，城区医疗卫生人员较少。1949年，共有专业卫生人员83人。中华人民共和国成立后，医疗卫生事业发展迅速。1956年，城厢镇卫生院有专业卫生人员50人，1966年，有67人，1980年，有179人。1983年，有196人。1989年，城区共有专业卫生人员3432人，比1949年增长40.35倍，平均每千人中有专业卫生人员16人。专业卫生人员中，属卫生部门的2440人，占71.1%；企业卫生人员927人，占27%，个体开业卫生人员65人，占1.9%；医师及相当医师以上卫生人员247人，占7.2%，上升51.1%。1996年，岳阳楼区卫生局成立，共有区属医疗卫生机构13家，病床237张，在职卫生工作人员505人，其中卫生技术人员451人。2000年，共有病床310张，在职卫生工作人员536人，其中卫生技术人员473人。2005年，有在职卫生工作人员622人，其中卫生技术人员548人。2009年，共有区属医疗卫生机构14家，病床448张，在职卫生工作人员722人，其中卫生技术人员578人。2010年，共有医疗卫生单位21家，社区卫生服务中心14家，共有卫生工作人员1017人，其中在编578人，临时聘任439人，全区共设病床508张。2012年，共有区属医疗卫生单位22家，其中副科级二级机构7个（即区血防办、区疾病预防控制中心、区卫生监督所、区农合办、区人民医院、区妇幼保健院、区口腔医院），社区卫生服务中心14家、乡镇卫生院2家，共有床位508张，国家卫生工作人员578人。

二、医疗技术

中医　城区中医历史悠久，开业医生中，以内科居多，其余开有妇科、儿科、骨科、伤科、痔瘘科、蛇伤科等，有些医生以内科为主，兼治它科。不少医生临床经验丰富，专业知识精深，且各有专长。40—50年代，易聘海擅长诊治儿科疾病及心、脑血管疾病；刘该德擅长诊治妇科病、儿科病、皮肤病及疑难病症，对胆石症、肾结石、阴道炎、盆腔炎等疾病治疗有一定的临床经验。南区痔瘘院经多年医疗实践，反复筛选的“治肝汤”，治疗病毒性肝炎与男性不育症效果良好。

1951年，郊区第一家中医为主的联合诊所——郭镇联合诊所正式成立，医生以出诊为主。1964年，梅溪区中心医院建立中医诊病的手段主要是望、闻、问、切，治疗的方法以中草药为主，中医的医疗技术在继承祖国医药学优良传统的基础上不断提高。发展成为现在的以中医骨伤为主的专科医院。

1956年前，城区中医行医，主要采用坐堂、医寓、走方等方式。公私合营后，中医行医集中在全民所有制或集体所有制医院坐班门诊。1957年8月1日，城厢镇8个联合诊所联合成立城厢镇联合医院。1959年7月，城厢镇联合医院改为县中医院。1980年后，允许私人开业行医，部分中医又恢复坐堂、医寓、走方等行医方式。1981年，县中医院改名市中医院。至1987年，应用“治肝汤”，共治愈慢性黄疸型和无疸型肝炎350例，治愈率100%。至1988年6月，岳阳肛肠病医院采用中西医结合治疗，治愈10200例痔瘘患者。1989年，市中医院有卫生技术人员189人，病床125张。设有内科、外科、伤科、皮肤科、眼科、五官科、小儿科、口腔科、妇科、肛肠等科；境内市一医院、市二医院、市疗养院、市康复医院、省血防医院、市血防所、市卫生学校、市妇幼保健院、三五一七工厂职工医院、四化建职工医院、铁路医院、区防疫妇幼保健中心、区人民医院、老年病医院、城陵矶港务局卫生所、电厂职工医院、纸厂职工医院、痔瘘医院、师专卫生所、岳阳港务局卫生所等单位均开设中医科或增设中医门诊。市中医院、市一医院、市二医院设各种常见病、多发病和疑难危重病症，能按中医辨证与西医辨证进行诊断和治疗。其他单位的中医科室，均能采用中医诊治内科、儿科、妇科等常见病、多发病。城区中医对病毒性肝炎、肺炎、脑炎及肝、胆、肾、心脏病、心血管、脑血管、风湿等病症的治疗摸索积累了一定的经验，取得了一些成果。后来中医技术慢慢不受大家重视，中医技术的发展受到一定阻滞。2006 年始，国家再度重视中医药技术的发展，岳阳楼区大力发展中医药技术，在 14 家社区卫生服务中心均设立中医科和中药房，部分中心配置中药库、煎药室；城区共设立 28 家中医个体诊所、1 家中医门诊部、35 家社区卫生服务站和 14 家村卫生均能提供中医药服务。2010 年，岳阳楼区全面推广适宜的中医药技术进社区，努力争创全省中医特色示范区。

西医 清光绪二十八年（1902），普济医院建立后，西医始传入城区。1949 年，普济医院仅设普通内科、普通外科。教会医院红十字会岳阳分会医院仅设有内科。1951 年，政府接管教会医院。1956 年，城厢镇联合医院仅设西医内科。是年，成立岳阳县城关镇卫生院。1970 年，镇属卫生单位先后增设外科、伤科、妇产科及其他科室。1989 年，区属卫生单位增设放射科、检验科、理疗科、眼科、耳鼻喉科、口腔科、伤科、痔瘘科、美容科等科室。

20 世纪 50 年代初，城区医疗单位仅能诊治内科一般常见病、多发病，对一些流行性传染疾病治愈率低。1949 年，城区医疗单位只能做简单的阑尾炎手术。1986 年 4 月，南区人民医院外科与妇产科成功地为 78 岁的李多珍摘除 25 公斤重的阔韧带巨大囊肿。如区口腔医院、痔瘘医院、伤科医院、市精神病院等专科医院在诊治专科疾病方面均有独到之处，市疗养院在治疗心血管疾病、颈椎病和其他老年性疾病方面具有专长。至 1989 年，各医疗单位对危重病人的抢救与各科疾病的诊治水平不断提高，已能做肺、胃、肝、脾、胆、胰、肾、脑等脏器疾病的各种大型手术。2006 年始，区属 14 家为社区卫生服务中心，相继取消产科、外科手术等高风险科室，全面开展国家九大类 14 项公共卫生服务，使公共卫生服务均等化。

至 2012 年，全区临床检验设备不断加强，消化系统疾病，可借助纤维胃镜、纤维肠镜、B 超等进行检查。除一般常规检查项目外，还可开展一些特殊检验；如妊娠免疫定性及定量试验、血吸虫环卵试验及血凝反应试验、胃蛋白酶测定、血清甘油三酯、血清蛋白电泳、胆碱酶定量、尿 VMA 定量、尿 17 酮测定、尿蛋白电泳、谷丙转氨酶、乳酸脱氢酶、血型鉴定、类风湿因子 RF 测定“抗 O”试验，乙型肝炎血清等检查，心电图、脑电图、脑血流图、肺功能检查，放射性核素诊断心血管系统疾病、消化系统疾病及其他系统疾病，对各种疑难占位性病变，用电子计算机扫描（CT）诊断；在康复治疗方面，可进行各种电疗、红外线、激光、牵引、推拿治疗。

第五节 医疗院所

一、区属医院

岳阳楼区人民医院 前身为岳阳县城关镇卫生院，1956 年组建，有工作人员 55 人，其中卫生技术人员 50 人，病床 20 张，1977 年 4 月，更名为岳阳市解放路医院。1979 年 12 月，更名为市解放医院。1986 年 4 月 30 日，更名为南区人民医院。1989 年，医院门诊设内科、外科、儿科、妇产科、中医科、伤科、推拿按摩针灸科、理疗科、肠道专科、检验科、放射科、心电图室、脑血流图室、B超室、胃电图室、中西药房等；住院部设妇产科、内儿科、外科、痔瘘专科等科室。门诊13万多人次。是年，医院有卫生技术人员109人，其中副主任医生3人，主治医生35人，医师46人，医士25人。1996年，更名为岳阳楼区人民医院。2007年7月，岳阳肛肠病医院与区人民医院合并，设立肛肠病科。全院现有职工208人，其中副主任医生8人，主治医生16人，主管护师17人，主管药师4人，主管检验师2人，医师35人。病床168张，是全区唯一一所区属二级综合性医院。

岳阳肛肠病医院　前身为岳阳县城关镇城北合作医疗站，1971年建，有医务人员3人，设西医内科和西药柜。1972年，更名为城北医疗站。1976年更名为北区卫生院。1984年8月，更名为南区第二卫生院。1986年12月，更名为岳阳痔瘘医院。1989年，医院有医护人员11人；设有西医内科、眼科、妇产科、痔瘘科、美容科、口腔科，有病床25张。1994年4月，医院更名为岳阳肛肠病医院。2007年7月，并入岳阳楼区人民医院。

岳阳口腔医院　是岳阳市唯一一所集口腔预防、医疗、教学于一体的专科医院，是武汉大学口腔医学院定点指导医院。创建于1990年9月26日，创建初共有职工44人，开设口腔科、综合科、妇产科。2011年，有医护人员75人，开设口腔内科、牙周病科、儿童牙病科、口腔颌面外科、口腔修复科、口腔正畸科、牙病防治科、口腔专家门诊。

岳阳老年病医院　前身为岳阳县城关镇城南合作医疗站，1971年建立。1972年，更名为城南医疗站。1976年，更名为岳阳市城南卫生院。1984年，更名为岳阳市南区第一卫生院。1986年5月，更名为岳阳市老年病医院。1995年，并入岳阳楼区妇幼保健院。

梅溪乡卫生院　前身为梅溪区中心医院，1964年建立，全院14人，占地面积400平方米。1969年，与城郊公社卫生院合并为五里公社医院，1971年分开。1982年，更名为梅溪乡卫生院。1987年1月，梅溪乡卫生院与郊区中医伤科医院合并，成立郊区伤科医院。1988年2月，更名为郊区中医伤科医院。1996年，更名为梅溪乡卫生院。

郭镇乡卫生院　前身为郭镇联合诊所，1951年9月成立。1958年，更名为郭镇公社卫生院，有医务人员7人。是年，与麻塘公社卫生院合并，更名为麻塘公社卫生院郭镇医疗点，1961年分开。1973年，更名为郭镇乡卫生院。1998年，在岳兴路西侧新建院址。医疗用房面积1560平方米，人员增至21人，年门诊和住院人次分别达到3100人次、120人次。

岳阳楼街道社区卫生服务中心　创建于2006年6月1日，由岳阳楼区人民医院承办，分为基本医疗区、功能检查区、公共卫生服务区、康复病区和行政管理区。2012年，有医护人员48人。负责8个社区居委会、6万多人的预防、基本医疗、保健、康复、计划生育技术指导、健康教育等六位一体的社区卫生服务工作。

站前路街道社区卫生服务中心　创建于2007年7月，由岳阳口腔医院承办，有医护人员33人，以口腔保健为特色，开设健康教育、预防保健、康复、计划生育技术指导，一般常见病和多发病的治疗服务和口腔保健。

东茅岭街道社区卫生服务中心　创建于2008年6月17日，由区疾控中心东茅岭门诊部整体转型，集预防、医疗、保健、康复、健康教育、计划生育技术指导于一体，辖区人口54781人。2012年，有医护人员35人。内设基本医疗区、公共卫生服务区、功能检查区、康复理疗区、综合病区等。

洞庭街道社区卫生服务中心　创建于2008年10月，由区人民医院承办，位于区洞庭北路东风湖路456号，主要负责洞庭办事处辖区的东风湖、沿湖、吉家湖、捕捞、西瓜山等5个社区和周边10多家改制企业职工的社区卫生服务工作。辖区常住人口19600人，服务覆盖人口近5万人。中心现有在岗人员34人，其中医护人员28人。中心设全科诊室、妇女保健、儿童保健、预防门诊、理疗、口腔科和康复病房等诊室，开设康复病床24张。

望岳路街道社区卫生服务中心 前身为冷水铺卫生院，始建于1979年2月。1984年8月，更名为岳阳市南区第五卫生院。1987年，医院搬迁至冷水铺，更名为冷水铺医院。2006年，和广济医院联合，整体转型为望岳路街道社区卫生服务中心，位于洞庭大道1号，下设鹰山、七里山2个社区卫生服务站，服务人口38125人。2012年，有医护人员39人。

洛王街道社区卫生服务中心 前身为郊区北港知青园艺场医院，成立于1979年9月，当时有医务工作人员2人，开设内科和妇产科。2002年，更名为洛王医院，有医务工作人员18人，开设内科、儿科、妇产科、外科、计免、妇幼保健计划生育等科室。2006年，整体转型为洛王街道社区卫生服务中心，服务3.5万居民，下设3个社区卫生服务站，总面积1200多平方米。2012年，有医护人员31人，开设病床30张。

城陵矶街道社区卫生服务中心 前身为城关镇联合医院城陵矶医疗站，建于1958年11月，有工作人员5人，病床5张。1960年，更名为城陵矶卫生院。1962年，更名为城关镇城陵矶卫生院。1967年，更名为岳阳市城陵矶卫生院。1984年，更名为岳阳市南区第四卫生院。1987年，更名为岳阳市城陵矶医院，有编制人员25名。2007年，整体转型为城陵矶街道社区卫生服务中心 。2012年，中心承担着11.09平方公里内居民的社区卫生服务工作，有卫生技术人员38人，开设中医门诊、全科医疗、儿童保健、妇女保健、口腔保健、康复理疗等科室，设康复病床36张。

郭镇社区卫生服务中心 2007年，由郭镇乡卫生院承办，有医务人员35人，服务人口3.5万人，以慢病管理为特色，开展医疗、预防、保健、康复、计划生育、健康教育于一体的社区卫生服务。

枫桥湖街道社区卫生服务中心 前身为城郊公社卫生院，始建于1958年，有医务人员5人。1969年，因体制改革，与梅溪公社卫生院合并，次年分开。1986年，更名为五里乡卫生院。2009年11月，搬迁至枫桥湖路原市内衣厂，整体转型为枫桥湖社区卫生服务中心，为7.53平方公里的3.5万名居民开展社区卫生服务工作，有医护人员33人。

五里牌街道社区卫生服务中心 前身为区血吸虫病防治站，建于1996年5月。 1996年9月，更名为区血防医院。2002年，医院改革分为区血防站、区血防医院。2004年，区血防站与区血防医院再次合并为区血吸虫病防治站，为岳阳楼区卫生局下属正股级全额事业单位， 设编制45名。2006年，区血防站医技科室转型为社区卫生服务中心，区血防站与区五里牌街道社区卫生服务中心实现2块牌子一套人马管理。

三眼桥街道社区卫生服务中心 前身为北港公社卫生院，始建于1976年3月。1986年，更名为北港乡卫生院，由农校搬迁至三眼桥乡农业机械厂内，因条件限制只设门诊，住院部停办。1988年，搬迁至农校附近公路旁，有业务用房650平方米，病床20张。1989年，迁至原农校门口（兰竹路），面积为1100平方米。1993年，迁至原北港建筑公司（学院路），并新修建一栋四层的住院大楼，面积增至1900平方米。2000年，搬迁至三角大楼（学院路249号），面积扩至2500平方米，更名为北港医院。2007年，更名为三眼桥社区卫生服务中心。有医护人员42人，主要以公共卫生、康复医疗为特色，开展社区卫生服务工作。

梅溪社区卫生服务中心 2007年1月，由梅溪乡卫生院承办，位于梅溪乡，辖区总面积29.75平方公里，有6个行政村、场，5个居委会，常住人口43466人，中心现有医护人员42人（在编人员32

人），其中卫技人员38人；大学本科学历8人；中级以上职称7人，为辖区居民提供预防、医疗、保健、康复、健康教育、计划生育技术指导的六位一体社区卫生服务。

吕仙亭街道社区卫生服务中心　2008年7月，由区卫生局、市二人民医院联合举办，设于吕仙亭街道，下设2个社区卫生服务站，业务用房面积达2000平方米，医护人员26人，管理3.9平方公里的39912人的公共卫生服务工作。

金鹗山街道社区卫生服务中心　位于岳阳市青年中路305号，创建于2006年，由区妇幼保健院承办，服务面积14平方公里，下设5个社区卫生服务站，服务中心现有48名医护工作人员，以儿童保健门诊、儿童康复科、妇女健康中心、预防保健科为特色开展社区卫生服务工作。

二、诊所

民国19年（1930），长沙湘雅医学院毕业生李秀春等5人在天岳山街开设姊妹医院，以妇科为主，为城区开设个体诊所之始。民国22年，旷文彬在柴家岭、汪仲鼎在茶巷子开设西医诊所。民国37年（1948），城区共开设个体诊所31家，其中，中医诊所1家、伤科诊所1家、牙科诊所1家、西医内科27家。

1952年，城区个体医生成立卫生工作者协会。是年底，易聘海、赵凤池等组织第一联合诊所，在羊叉街挂牌应诊。接着，以王金荣（日本籍医生）、杨慧堂为首的西医联合诊所，以郭育文父子为首的中医联合诊所，以陈文林为首的伤科联合诊所，以钟中师徒为主的牙科联合诊所相继成立。1956年底，城区8家联合诊所的50多名医务人员与5家药店、1个加工部、40多名药业从业人员，联合组成城关镇医药管理委员会，租用洞庭北路天主堂房屋，于1957年8月1日正式成立岳阳县城厢镇联合医院。后经过公私合营及社会主义改造，至1976年，城区无正式批准开业的个体诊所，只有3家无证私自行医人员。1981年，城区有岳阳楼西医内科诊所、观音阁中医伤科诊所、桥东中医内科诊所等4家诊所相继开业。至2009年，城区先后有中医内科诊所35家、西医内科诊所47家、西医妇科诊所3家、口腔科诊所16家。2012年，全区有个体诊所94家。

三、教会医院

普济医院　位于塔前街，清光绪二十八年（1902），由美国基督教会复初会牧师海维礼创办，当时设病床50张，有医护人员51人，民国元年（1912），兴办护士学校1所。民国27年（1938），日军占领岳阳，医院迁至沅陵并入教会所办的宏思医院。抗日战争胜利后，迁回岳阳。1951年9月，更名为岳阳县人民医院，1986年，更名为岳阳市第二人民医院。

红十字医院　民国13年（1924），由福音堂美籍传教士韩理生创办，后因经费困难，两次停办。民国34年（1945），抗日战争胜利后，红十字会恢复活动，将私人办的同济医院扩充，更名为红十字会医院。1951年9月，更名为红十字会诊所，1956年，诊所撤销，人员由县卫生科移交县妇幼保健所。2009年，岳阳楼区共设立红十字会诊所4家，医务人员28人。

四、驻区医疗卫生院所

2012年，城区有省、市属医院及厂矿企业职工医院32所，其中省直属医院1所，市属医院16所，厂矿医院5所。另有厂矿企业医务室37所。

2012 年驻区医院一览

表 20-8

医院名称	地　址
岳阳市一人民医院	岳阳市东茅岭街道39号
岳阳市二人民医院	岳阳市巴陵东路263号
岳阳市中医院	岳阳市枫桥湖路269号
岳阳市三人民医院	岳阳市南湖大道399号
湖南省血吸虫病防治所附属湘岳医院	岳阳市金鹗路258号
岳阳市岳化医院	岳阳市云溪区汪家岭
岳阳市长炼医院	岳阳市云溪区长炼
岳阳职业技术学院附属医院	岳阳市云梦路4号
岳阳市洞氮医院	岳阳市七里山
岳阳市广济医院	岳阳市洞庭大道1号
三五一七工厂职工医院	岳阳市洞庭北路71号
岳阳林纸集团职工医院	岳阳市城陵矶
岳阳市长动医院	岳阳市冷水铺路
岳阳市岳化医院南院	岳阳市枫桥湖路
岳阳市长炼医院花园分院	岳阳市北港路290号
岳阳楼区人民医院	岳阳市巴陵西路74号
岳阳康民医院	岳阳市五里牌
华能岳阳电厂职工医院	岳阳市城陵矶大月冲
岳阳市妇幼保健院	巴陵中路693号
岳阳市康复医院	岳阳市福颐路48号
岳阳玛丽亚妇产医院	岳阳市南湖大道650号
岳阳现代医院	岳阳市金鹗东路233号
岳阳世纪医院	岳阳市得胜南路359号
岳阳市五洲医院	岳阳市青年中路120号
岳阳市姚小波针灸推拿医院	岳阳市岳阳楼区求索东路319号

医院名称	地　址
岳阳爱尔眼科医院	岳阳楼区求索西路266号
岳阳楼区妇幼保健院	岳阳市青年东路
岳阳口腔医院	岳阳市竹荫街
岳阳市肛肠医院	岳阳市巴陵西路
岳阳尚美妇科医院	岳阳市花板桥路38号
康达骨伤医院	岳阳市五里牌东路七中对面
岳阳楼区康复医院	岳阳市五里牌五里街

专记　爱国卫生运动

民国25年（1936），城区推广新生活运动，驻军某部在城区大街小巷清扫垃圾粪便。

1952年，城区人民响应毛主席号召，开展以粉碎美国细菌战争为中心的爱国运动，开展除“六害”（即蚊子、苍蝇、跳蚤、蟑螂、老鼠、虱子）的群众运动。1956年，开展除“四害”（即鼠、蝇、蚊、麻雀）为中心的爱国卫生运动。1959年，改为除“七害”（即老鼠、苍蝇、蚊子、跳蚤、虱子、蟑螂、臭虫）运动。1961年春季，城区开展以消灭蚊蝇滋生场地为中心的爱国卫生运动，共疏通阴沟5500条，灭鼠12万多只，消灭蚊蝇270多公斤。1963年，开展夏季爱国卫生运动，城区共制作蝇拍5489个，喷洒敌百虫药1378.5公斤，六六六粉2420.5公斤，疏通沟渠899条，灭蝇62.5公斤。1958—1966年，城区开展8次爱国卫生运动，使城区的环境卫生有较大改变。1969年3月16—22日，为预防脑膜炎流行，城区开展春季爱国卫生运动突击周，6月，开展以除“四害”（即苍蝇、蚊子、臭虫、老鼠）、预防肠道传染病为中心的夏季爱国卫生运动。1970年8—9月，城区组织近7000人的卫生大军，开展声势浩大的夏、秋季爱国卫生运动，铲除杂草10多公顷，疏通沟渠3500多米，清运垃圾1800多担，灭鼠3000多只，灭蝇12.5公斤。在农村以“两管五改”（即管水、管粪，改水、改厕、改选畜圈、改造炉灶、改建沼气池）为重点，开展爱国卫生运动。通过发动群众，检查督促，城乡环境卫生面貌有很大改变。

1981年，全国开展“五讲四美”活动。赋予爱国卫生运动新的内容，1982年3月，开展以治理“脏、乱、差”为基本内容的“全民礼貌月活动”，各级各单位积极参与，争创先进单位。1984年后，城区爱国卫生运动与城市管理工作进一步结合，随着城市管理工作的不断加强，建立和实施“门前三包”（即包绿化、包秩序、包卫生）和“四自一联”（即自栽门前树、自排门前水、自修门前路、自搞门前卫生，联合各单位）等卫生制度。1986年始，配合市爱卫会，主动参与全省城市卫生竞赛活动，至1999年，岳阳市在全省城市卫生竞赛中连续12年获第一名。1987年，在小街巷与居民区实行“周末卫生日活动”“民办清扫”等制度，由日常的卫生保洁发展到消毒、杀虫、灭鼠。是年2月，市政府成立灭鼠指挥部，实施“全方位”（铁路、公园、下水道、房屋）、“三饱和”（即时间、空间、药量）、

“六统一”（即统一组织领导、筹集经费、配制毒饵、投药方法，投药时间、考核验收）等灭鼠措施，1987年上半年，平均灭鼠率达91.55%，鼠密度由11.5%降至1.06%，下半年平均灭鼠率达95.93%，二项指标均达到中央爱卫会规定的“无鼠害”标准，“消杀灭”工作居省领先地位，实现“一役达标”，年底，被省爱卫会授予“灭鼠先进市”称号。1989年，南区、郊区开展大面积灭蟑螂行动，蟑螂密度大幅度下降。1991年8月，岳阳市成为湖南省第一个“灭蟑先进城市”。

1996年5月始，岳阳楼区历届区委、区政府高度重视爱国卫生工作，在加强大街小巷、居民区日常卫生管理的同时，全力推动城中村、城乡结合部的环境卫生治理，并带动农村环境卫生条件的改善。1997年始，在郭镇乡建中村启动农村改水工程。2005年，在梅溪乡延寿村、郭镇乡枣树村、北港乡木鱼村启动农村改厕项目。至2011年，全区农民饮用卫生水普及率73.2%，卫生厕所普及率69.3%。

90年代始，岳阳楼区全力参与创建国家卫生城市活动，于2003年12月，岳阳市成功获得“国家卫生城市”荣誉称号。

附　驻区重点医院简介

岳阳市一医院　原岳阳地区人民医院，始建于1964年10月。岳阳市唯一一所集医疗、教学、科研、预防、保健、康复于一体的三级甲等医院。医院地处东茅岭路，占地面积8.6万平方米，医疗建筑面积4.8万平方米。2012年，有医生、护士、职工1500人，其中副高职称以上的医师（护、药、技）263人，医学博士3人，硕士76人，享受国务院特殊津贴1人，硕士研究生导师9人。开设36个临床医技科室、3个研究所。开放病床1029张，年门诊量50万人次，年出院病人3.2万人次，年手术1万台。是中南大学湘雅医学院附属医院和湘雅医学院硕士研究生培养基地。同时，承担另外12所院（校）的临床教学工作，是国家药物临床试验机构，国际紧急救援网络医院，外国专家定点医疗机构，有万元以上的医疗设备500多台。

岳阳市二医院　原名普济医院，清光绪二十八年（1902），由美国基督教牧师会创建。为岳阳市集医疗、急救、科研、教学、预防、保健于一体的三级综合性医院。医院地处八字门王家河畔，占地7.2公顷，有医生、护士、工作人员1100余人。有高级技术职称者141人，主治医师295人，博士、硕士研究生22人。有开放病床816张。医院临床医技科室设置齐全，设备先进，是湖南师范大学附属医院。

岳阳市三医院　原为湖南省血吸虫病防治所，创建于1950年。为集医疗、预防、教学、科研于一体的综合性医院。医院位于南湖大道，占地面积2.33公顷，总建筑面积56954平方米，有医护员工375人，其中卫生技术人员320余人；有高级职称68人。设有临床、门急诊、医技等业务科室30余个，开放病床860张。

湘岳医院　原为湖南省血防研究所附属医院，创建于1950年。2000年6月，迁至花板桥，占地面积3.13公顷，建筑面积2.3万平方米。2001年9月，更名为湖南省血吸虫病防治所附属湘岳医院，是一所集医疗、防疫、科研、教学于一体的综合性医院、2011年，有医护员工253人，有高级职称者26人。开放病床354张，各种医疗设备1330台。

岳阳市中医院　创建于1957年，由城区8个个体联合诊所组建而成，原名城厢镇联合医院，院址设洞庭北路天主教堂南侧。1981年，更名为市中医院。2010年，迁址枫桥湖路中段，总建筑面积3.6万平方米，是全市唯一的一所地市级二甲综合医院。有医护员工412人，其中，主治医师10人，副主治医师 55 人。开设病床 280 张，年门诊 14 万余人次，年出院病人 6000 余人次。设置 12 个临床科室和 5 个功能病室。

第二章　体　育

第一节　体育场馆

东门外操坪　清咸丰三年（1853），岳州知府在东门外辟出一块空地作为新校场，供清军操练之用，因地坪空旷，故被称为东门外操坪。

东门大操坪　位于今际华三五一七橡胶制品有限公司内。民国时期，是城区群众集会与运动场所，曾多次在此举行大型运动会。1951 年，兴建工厂时被征用，建为三五一七工厂厂房与宿舍区。

东风广场　位于城东北路与青年路交汇处。原为荒山野岭，1966 年，动工兴建，1967 年后，成为城区大型群众集会与运动场所。内设有 400 米跑道、足球场、篮球场、游泳池、体操训练房、主席台等设施，占地 4 公顷。80 年代始，篮球场、体操房陆续改作他用，游泳池划归工人文化宫，场地面积缩至 3 公顷。先后举办过各种全国性、全省性大型运动会。

电厂游泳池　1979 年建，位于城陵矶岳阳电厂内。内设 2 个露天游泳池，一个长 25 米、宽 21 米，设 8 股泳道；另一个长 21 米、宽 10 米，未设泳道。为岳阳市游泳训练基地，基地先后培养出国家蹼泳冠军李玲、国家水球队主力队员赵碧龙、国家集训队队员王新祥等体坛名将。

岳阳市一中体育馆　1985 年动工兴建，1987 年建成，位于岳阳市第一中学内。建筑总面积 5000 多平方米。设座位 2770 个，馆内设有体操房、比赛厅、舞台、联合器械室、音乐教室等设施，可进行篮球、排球、羽毛球、乒乓球比赛及文艺演出。

芭蕉湖水上运动训练基地　1986 年建，位于冷水铺，可用水面 120 公顷，为湖南省水上运动训练基地，可举办皮划艇、赛艇、滑水、帆船、龙舟等水上运动会。1987—1989 年，先后举办过全国龙舟赛及皮划艇锦标赛。

南湖龙舟赛场　1988 年建，位于南湖，水面 1266.67 公顷。1989 年，在此举办“屈原杯”国际龙舟赛，被正式定为岳阳市龙舟赛赛场。

岳阳体育馆　1988 年建成，位于南湖大道。占地 2.24 公顷，总建筑面积 8400 平方米，总投资 850 万元，设座位 4250 个，可容纳观众 4500 人。1988 年，承办全国男女篮球邀请赛。

第二节　体育活动

一、学校体育

清光绪三十一年（1905），城区各大、中、小学即开设体操课。民国时期改为体育课。民国 10 年

（1921）6月1—2日，在东门操坪举办岳阳中小学校第一次运动会，参加运动会的有第三联合师范、县立中学、县立高小、南镇高小、北镇高小、新墙国民联校、城区第二、三、五、六、七、八、九国民学校、职业女校、湖滨大学及附属小学、贞信女校及幼儿园，天主堂乾益学校、坤贞学校、安息会励德学校、吴氏私立国民学校等20余所大、中、小学。运动会以田径运动为主，并表演叠罗汉、拳术、传旗、手巾舞等项目。民国12年（1923）5月21日，湖滨大学举办运动会，各教会学校均派人参加。运动会举行赛跑、接力跑、跳高、撑竿跳高、团体操等项目竞赛。民国13年（1924）4月，湖南第三联合师范、县立中学、湖滨大学等校学生40余人，代表岳阳县前往武汉参加第二届华中运动会。4月23日，湖滨大学举行第四次运动会，该校附属的岭东、岭南、新湖（新墙）、湘涓（临湘）、青云（云溪）、羊湖（羊楼司）、聂湖（聂市）等7校派学生参加，驻校北洋军某部武术队亦参加比赛。5月19日，美立贞信女校举办运动会。民国14年（1925）5月9日，县立中学举办运动会，运动项目有竞走、赛跑、标枪、铁饼、篮球、高低栏、跳远、跳高等。民国24年（1935），全县举办公私立中小学秋季运动会，提倡学生竞赛及尚武精神。民国37年（1948），小学低年级体育与音乐合并为唱游课，每周1—2节课，体育活动量更少；高年级体育则以篮球或体操作为唯一教材。因体育场地狭小，设施简陋，教师素质不高，体育教学颇感困难。

1950年，小学低年级唱游课每周增至4节，每节40分钟。1953年，城区小学体育按苏联中小学体育大纲教学。1954年，除第三、四、六初小缺乏运动场地外，其余学校均有运动场地。1956年，城区中学按国家制定“参加劳动卫国制度”锻炼标准，进行体育教学。县一中、二中有1080人参加“劳卫制”锻炼，达到及格标准211人。1961年，使用国家编制第二套中小学体育教材，城区各中、小学坚持做早操、课间操，并开展篮球、乒乓球、羽毛球、跳高、跳远、跳绳、跳橡皮筋等经常性体育活动。1963年3月，城区各学校举行马拉松赛跑，有210人参加，其中129人跑完全程。“文化大革命”中，各校体育课改为军体课，开设队列、投弹、障碍跑、越野、爬山、游泳等军事体育项目。1972年，城区举办首届中小学生篮球、乒乓球运动会。1977年，城区各学校开展两课（即体育课、课外活动）、两操（即晨操、课间操）活动，开展田径“小篮球”活动，学校体育运动更加活跃。1979年，小学课外活动被纳入学校工作计划，群众性“达标”（达到国家体育锻炼标准）活动普遍开展，各校坚持每周2节体育课、眼保健操，每周开展2次有组织的体育活动。是年3—4月，岳阳地区中学生足球赛在城区举行。1980年10月，岳阳市举行岳阳地区重点学校田径对口赛。市四中、东方红小学、代代红小学参加比赛。1981年7月下旬，在城区举办岳阳地区中学生田径运动会。1984—1995年，南、郊两区学校每年均组织区级运动会。1996年5月，市第五届厂矿学校小学田径运动会在岳化三中举行，岳化二中获团体总分第一。在省中学生田径竞标赛中，岳阳市一中获金牌5枚、银牌1枚、铜牌1枚。12月，在首届大中专院校足球赛中，岳阳大学、岳阳师专、岳阳师范分获一、二、三等奖。1997年，在全省传统校田径比赛中，市一中获团体总分第三。在全国体操选拔赛中，代代红小学运动员吴涛获第二名并选入中国人民解放军八一体操队。在省少儿舞蹈赛中，市体育舞蹈学校获金牌中的4枚（共设8枚）。1998—1999年，在实施《体育合格标准》中，东方红小学被评为全国学校体育先进单位。2000年，在三五一七工厂学校举行市直厂矿学校小学生乒乓球赛。11月，在四化建子弟学校举行中学生排球赛，在机电中专学校举行全市中学生篮球锦标赛。12月，在求真学校举办全市中、小学生乒乓球赛。2001年3月，在全市中学生篮球赛中，境内市一中、市八中分获男子甲组、乙组第一名。在厂矿学校小学生田径运动会上，岳纺小学、岳化二小、岳师附小分获团体总分前三名。8月，在全市中小学生田径运动会上，岳阳楼一中获乙组团体总分第一名。2002年，在全市中学生篮球赛中，市一中获甲组第一名，岳阳楼一中获乙组第三名。8月，在全国航模比赛上，岳化一中获女子组第一名。2003年，岳化一中学生冯佳颖等8人获国家二级运动员称号。市城陵矶粮库学校在全省象棋赛上4次蝉联团体冠军，学生周燕武第四次蝉联个人冠军。在第九届省中学生田径运动会上，市八中获2金、1银、2铜，连破3项纪录，总积分居第六名。2004年5月，在“苏宁环球杯”首届全国定向冠军赛中，市十中获2金、2银、2铜。在省运动会上，市八中学生汤劲夫获男子组110米栏第一名。7月，在全市中学生篮球赛上，市一中获男子乙组第一名，市十中、市六中分获女子组第一、第二名，市八中获乙组团体总分第一名。2005年，市八中田径队参加省青少年田径运动会，获男子5000米长跑第一名，女子100米第三名，男子500米第四名，男子400米第五名、第六名，男子110米栏第六名等6个奖项。2007年10月，全区中小学普遍推广校园集体舞，并全面启动“中小学阳光体育运动”。2008年，全面启动“迎奥运促健康成长”阳光体育运动，倡导每天锻炼1小时。2009年，组织全区中小学生运动会、田径比赛。2010年，岳阳楼区被教育部授予阳光体育先进县称号。是年，在全市中小学田径运动会上，区代表团夺得团体总分第一名。在全市中学生球类运动会上，区代表团获女子篮球第一名、男子排球第三名、女子排球第二名、乒乓球团体第二名。2011年，岳阳楼区在岳阳市中小学生运动乒乓球比赛中，获初中组团体第一名、小学组团体第一名，并获体育道德风尚奖。2012年，组织参加省第九届中小学生棋类锦标赛，获象棋比赛团体第四名。在岳阳市中小学生田径运动会上，岳阳楼区获小学组团体总分第一名。

二、群众体育

民国时期，城区常见的体育项目为武术（时称国术）、龙舟竞渡等。其中，武术多由民间个人独练或授徒传习，很少举办武术比赛。龙舟竞渡则源远流长。自古以来，除兵荒马乱、灾荒年景外，年年均举办龙舟竞渡。民国15年（1926）6月14日，城区市民在洞庭湖畔举行龙舟竞渡，自南津港至岳阳楼，湖边围观者人山人海。此外，玩龙、舞狮、扭扁担、摔跤、抵板凳、掰手腕、游泳等自发性体育活动颇为流行。

1902年，美立湖滨大学创办后，篮球、足球、田径等西方体育项目传入该校。民国12年（1923）4月，湖滨大学学生足球队与岳州海关外籍人员在东门大操坪举行足球赛，约定每年一次，连赛3年，胜者获银盾。湖大学生连续3年获胜，捧银盾而归。

中华人民共和国成立后，城区每年都要举办龙舟竞渡，玩龙舞狮等活动。“文化大革命”时，民间体育活动被作为旧文化、旧传统而禁止。60年代初，第二十六届世界乒乓球赛结束后，城区机关、学校、厂矿掀起一股乒乓球热，从事乒乓球活动的人数显著增多。但由于各种原因，城区群众多喜欢篮球运动。1960—1966年，城区工人俱乐部、铁路俱乐部、211工厂俱乐部经常举办篮球比赛，华北铁路一处、岳阳商业、铁路、211工厂等几支球队的精湛球艺，为广大球迷所称道。1970年后，城区篮球运动更加普及活跃，各单位之间比赛频繁。1971年7月，城区举行纪念毛泽东畅游长江5周年活动游泳表演，有400多人参加，由韩家湾宝剑山码头下水，至岳阳楼客运码头上岸，全长3000多米。1972年，城区举行干部、职工运动会，进行广播操、乒乓球、篮球比赛，有8000多人参加运动会。1974年1月，城区举行首次厂矿企业、机关学校、街道居民环城赛跑及儿童广播操比赛。1976年7月，为纪念毛泽东主席畅游长江10周年，城区举行游泳比赛。1978年后，城区武术活动较为活跃。80年代始，随着城市建设的发展，体育场地的减少，各种棋类、羽毛球、晨操、晨跑等体育活动逐渐增多，足球运动逐渐成为青少年喜爱的运动项目，门球运动则在老年人中盛行。1987年2月15日，城区人民欢度元宵佳节，市属各县、区、场及单位的几十条龙、狮，在各种彩车引导下，自南湖大道市体育馆出发，沿市区主要街道载歌载舞。8月，南区组建第一支少年儿童武术队。是年11月，南区第一个群众性体育组织南区信鸽协会成立，有会员85人，饲养信鸽2000多羽。1988年，南区先后成立武术协会、体育协会、钓鱼协会、老年人体协、南区精武馆与业余体校等群众体育组织与机构。1989年6月25日，美国丹佛市武术团到南区精武馆交流技艺，观摩学习。是年，区精武馆组队参加省合格武馆散打比赛，获第一名。

2000年，区文体局组织“奔向新世纪元旦长跑活动”“炎黄杯火炬传递”活动，全区14个乡、街道办事处，4个群众体育团体、40所学校，近4000人参加活动。2002年，举办全市“三辉杯”首届象棋赛，全区“发展杯”首届男子篮球赛。2007年4月，“迎奥运，庆五一”，举办全区干部职工千人登山活动，参赛队伍42支、8000多人。9月中旬，区文体局组织选拔和培训健身秧歌队，代表市、区参加全省农民运动会第四套健身秧歌比赛，荣获第三名。并派队参加全市“迎奥运，五环潇湘岳阳行”暨全民健身展示活动。2009年4月，组织全区离退休干部钓鱼比赛。是年11月2—6日，在市体育馆举行全区干部职工首届篮球冠军赛。中旬，组队参加岳阳市首届县（市）区篮球赛，获第一名。2010年，组织千人方阵参加市第五届健康长跑活动。5月，在金来顺茶楼举办中南五省象棋邀请赛。7月，组织举办全区第二届干部职工篮球赛。8月，组织全区近2万人次全民健身活动。2011年，组织老年体育代表团参加岳阳市第五届老年运动会，获广场舞三等奖、象棋第四名、太极拳一等奖、柔力球三等奖。2012年，启动第十套大众广播体操推广工作，组织教学力量深入全区各乡、街道办事处、区直单位进行工间操的教学指导工作。

第三节 竞技体育

民国8年（1919）6月，在东门操坪举行岳阳县第一次田径运动会，参加者为城区各学校学生。此后，未再举行过（全）县级运动会。

中华人民共和国成立后，城厢区（镇）、岳阳市、南区均未单独举办过大型运动会，仅派运动员参加由原岳阳县、岳阳地区、岳阳市举办的各级运动会。1975年，城区青年赵碧龙入选国家水球队，1982年，随国家队参加第九届亚运会，为中国队获得水球冠军立下功劳。女青年李玲代表国家蹼泳队参加国际比赛，多次夺冠。1987年8月，冷水铺街道办事处冷水居委会22岁残疾女青年周湘荣，在法国巴黎举行的第二届国际伤残人运动会上，获得女子50米、100米仰泳2块金牌；8月，在唐山举行的第二届全国伤残人运动会上，获得50米、100米仰泳、50米、100米自由泳4块金牌。1989年7—9月，岳阳市召开首届运动会，南区派出150名运动员，参加13个项目的比赛，获得团体总分（1037分）第一名，获金牌68枚、银牌39枚、铜牌31枚，创造团体总分，金、银、铜牌四个第一的优秀成绩。实现湖南参加残奥会以来金牌零的突破。1992年，周湘荣在巴塞罗那第九届残奥会上，夺得女子100米仰泳金牌，1994年，南区体育代表团参加市第二届运动会，又获团体总分第一名。1998年，岳阳楼区体育代表团参加市第三届运动会，获金牌107枚、银牌45枚、铜牌24枚，再次创造金、银、铜牌及总分等四个第一的优秀成绩。2005年，岳阳楼区体育代表团参加市第四届运动会，获团体总分第三名。2009年，岳阳楼区干部职工首届篮球冠军赛在市体育馆举行。2011年，举办岳阳楼区象棋邀请赛，共有40名选手参赛。2012年，在岳阳市中、小学生田径运动会上，岳阳楼区获小学组团体总分第一名。

境内举办的全国性体育比赛情况

表 20-9

年　度	名　称	级　别	地　点	参赛队伍
1975	中南五省协作田径赛	中南区	东风广场	7支
1988	全国滑水达标赛	全国	芭蕉湖	11支
1988	第四届全国屈原杯龙舟赛	全国	南湖	13支
1989	第一届全国俱乐部男子篮球赛岳阳赛区	全国	市体育馆	12支
1989	全国柔道冠军赛	全国	市体育馆	25支
1992	全国中学生田径赛	全国	岳阳市一中	
2006	全国女篮俱乐部青年联赛岳阳赛区	全国	市体育馆	6支
2007	全国青女子篮球联赛决赛	全国	市体育馆	8支
2009	全国部分城市第二十届老年篮球赛	全国	市体育馆	33支
2009	“阿波罗·八一杯”全国女子排球精英赛岳阳赛区	全国	市体育馆	4支
2009	肯德基全国青少年三人制篮球冠军挑战赛	全国	市体育馆	39支
2010	2009—2010年安踏杯全国排球联赛岳阳赛区比赛	全国	市体育馆	3支
2011	2011年“伊泰杯”全国象棋甲级联赛（湖南·河北）	全国	金金桥食府	

第二十一篇　社会生活

第一章　人民生活

第一节　居民可支配收入

一、城镇居民收入

清末，除官员有正式俸禄外，一般雇员及工匠均无固定工资。木工、瓦工、石工每天工钱仅160文（自带饭食），是时每升米价为30文，一名雇工每日所得仅3—5升（每升0.75公斤）。

民国时期，由于战乱频繁，灾害频仍，一般中小商贩及手工业者收入更少，仅能养家糊口。抗日战争胜利后，法币严重贬值，薪水虽有所增加，但赶不上物价飞涨。境内虽改金圆券支付工资，但仍不稳定。乃采用支付货币或实物两种形式，为避免货币贬值，许多单位如机关、学校、商店均采用实物，主要是大米折算。

中华人民共和国成立后，机关、企事业单位及工人工资分别实行供给制和薪金制。1950年统计，城镇居民人均年收入在20元左右。1959年，城镇居民人均年收入增至115元。1960—1979年，城镇居民人均年收入从143元增至426元。1950—1978年，收入年均增幅11.34%。

1984年始，企业生产向生产经营型转变，各种经济蓬勃发展，企业工资不断增长。是年，城镇居民人均年收入增至659元，1987年达到1251元。1994年为1994.2元，1995年达2478.23元。此后，国家多次调整机关事业及企业单位工作人员工资，工资收入不断增长。2000年，境内居民人均年收入7286元。2005年达到10980元，5年平均增长8.55%。2006年，居民人均年收入达到11726元。2008年，达到15615元，3年平均增长12.46%。2011年，居民人均年收入突破2万元，达到20904元。2012年，居民人均年收入23540万元，比2011年增长12.6%。

1950—2012年境内城镇居民人年均可支配收入

表21-1　　.单位：元/人

年　度	可支配收入	年　度	可支配收入
1950	20	1982	566
1951	20	1983	602
1952	34	1984	659

年　度	可支配收入	年　度	可支配收入
1953	40	1985	785
1954	34	1986	938
1955	46	1987	1251
1956	61	1988	1533
1957	77	1989	1700
1958	93	1990	1970
1959	115	1991	2078
1960	143	1992	2218
1961	160	1993	3060
1962	240	1994	4209
1963	224	1995	5153
1964	217	1996	5604
1965	217	1997	6317
1966	244	1998	6125
1967	253	1999	6541
1968	259	2000	7286
1969	258	2001	7981
1970	230	2002	8329
1971	247	2003	8981
1972	274	2004	10136
1973	283	2005	10980
1974	291	2006	11726
1975	293	2007	13603
1976	320	2008	15615
1977	331	2009	17172
1978	405	2010	18786
1979	426	2011	20904
1980	515	2012	23540
1981	528		

二、农村居民收入

中华人民共和国成立前，境内农村除地主富农每年收取数十石乃至数百石与上千石谷，生活富裕。占农村人口60%以上的贫雇农，终年辛勤劳动，上交租赋后，所剩无几，仅能糊口。

中华人民共和国成立后，农民虽说分得土地，但由于生产力、耕作方式落后，主要靠田间收入及少量自给自足的家庭养殖业，生活较有起色。1950年，境内农村居民人年均收入28元，较城镇居民多8元。此后，国家经济不断发展，农村居民人年均收入虽不断增加，却落后于城镇居民人年均收入。1959年，境内农村居民人年均收入增至45元，1969年增至81元，1979年增至134元。1984年，境内农村居民人年均收入增至345元，比城镇居民人年均收入少314元。

1989年，年均收入达到678元，比城镇居民少1022元。1995年，郊区农民年均收入达到2083元。1991—1997年，农村乡镇企业等非农产业迅速发展，及农村大批劳动力外出务工收入的增加，加上近郊农村居民种养殖业收入大量增加，农村居民人年均收入从1991年的827元增至1999年的3100元。2002年，农村居民人年均收入增至4138元，2005年增至5091元，2009年增至6352元。2011年，农村居民人年均收入更增至7446元，比城镇居民少13458元。2012年，农村居民人年均收入8775元，比城镇居民少14765元。

1996—2012年岳阳楼区农民人年均纯收入

表21-2 单位：元/人

年　度	纯收入	年　度	纯收入
1996	2560	2005	5091
1997	2880	2006	5425
1998	3000	2007	5681
1999	3100	2008	5986
2000	3612	2009	6352
2001	3850	2010	6733
2002	4138	2011	7446
2003	4441	2012	8775
2004	4789		

第二节　居民消费支出

中华人民共和国成立前，境内城镇居民消费支出主要是衣、食、住、用，且支出不大。农村居民则是自给自足的自然经济，吃、穿、用大都是自产自用，支出较少。但每遇战乱或自然灾害，经济崩溃，物资匮乏，物价飞涨，城镇居民生活毫无保障，农村居民则不得不背井离乡，乞讨度荒。

中华人民共和国成立后，国家采取强有力的政策与措施，稳定市场物价。随着国家经济建设的发展，居民有了稳定的工作，生活有了保障，居民的购买力增强，消费水平有所提高。随着城镇职工工资的不断增加，居民的生活也逐年得以改善。1950年，境内人均年消费17.3元；1957年，增至40.5元。人们除简单的衣、食、住等消费开支外，缝纫机、府绸、卡叽布、针织品、牙膏、牙刷、肥皂、搪瓷、铝制品等工业用品开始进入居民家庭。1965年，人均消费达47.9元。毛线、灯芯绒、化纤布也开始进入居民家庭，自行车、缝纫机则开始普遍使用。居民经常进电影院、剧院观看电影、戏剧，或购买各种书籍阅读自学，追求文化生活的享受。

1966年始，因“文化大革命”，物资生活匮乏，文化生活受到限制，各种生活物资供应有限，且要凭票供应，人们的消费支出较少。是时，单车、手表、缝纫机、收音机“三转一响”成为居民追求的目标，而单车、手表、缝纫机“三大件”成为衡量居民生活质量的标准。

80年代，经济得到发展，彩电、冰箱、洗衣机新“三大件”取代老“三大件”。此后，空调机、热水器、电饭煲、电话、录放像机也得以普及，境内城乡居民均普遍使用。1980年，人均年消费仅124.4元，1989年，增至1144.2元。

90年代，实行住房制度改革，有40%的居民拥有自己产权的住房。至21世纪初，约有82%的居民拥有产权房。近郊农村居民利用自己的房屋宅基地，纷纷翻建新房。90%以上的农村居民拥有一套甚至多套2—5层以上的楼房。是时，手机、电脑、小汽车的“三大件”取代80年代的“三大件”。影碟机、摄像机、微波炉、移动电话、健身器材、小轿车普遍进入城乡居民家庭。1990年，人年均消费1372.6元，1999年，增至4935.9元。

2000年后，城乡居民的消费已不再是简单的吃、穿、用，而是代之以教育、医疗、住房消费支出，且比例越来越大。此外，文化支出、旅游支出在人们的消费中所占比例也逐年增加，人们的生活不再是简单吃饱、穿暖、住得舒适，而是追求享受更加丰富多彩的物资文化生活。2000年，人年均消费支出5471元，2011年，增至14565元。2012年，人年均消费支出15713元。

1950—2012年境内城镇居民人年均消费支出统计

表21-3　　单位：元/人

年　度	消费支出	年　度	消费支出
1950	17.3	1982	140.7
1951	18.7	1983	159.5
1952	18.9	1984	175.0
1953	22.3	1985	185.9
1954	33.9	1986	206.6
1955	34.9	1987	909.3
1956	38.3	1988	1060.2
1957	40.5	1989	1144.2

年　度	消费支出	年　度	消费支出
1958	47.3	1990	1372.6
1959	52.8	1991	1479.5
1960	46.6	1992	1784.3
1961	41.1	1993	2243.0
1962	43.7	1994	3444.9
1963	48.3	1995	4355.6
1964	48.3	1996	4323.1
1965	47.9	1997	4837.4
1966	57.2	1998	4911.0
1967	59.3	1999	4935.9
1968	55.4	2000	5471.0
1969	66.2	2001	5969.0
1970	66.2	2002	6321.0
1971	68.3	2003	6797.0
1972	74.8	2004	7515.0
1973	81.8	2005	8362.0
1974	81.4	2006	8845.0
1975	86.2	2007	9978.0
1976	96.6	2008	11278.0
1977	97.8	2009	12659.0
1978	103.2	2010	13448.0
1979	101.9	2011	14565.0
1980	124.4	2012	15713.0
1981	131.7		

第三节　衣食住行

一、饮食

面食　旧时，面食当作点心，或节庆日食用。70年代，面食渐多，主要用于早餐。过去早餐，居民多食大米饭，后逐步改以面食为主。面食有面条、包子、馒头、花卷、油饼、油条、烤饼等。

肉　旧时，一般平民只有初一、十五或节假日才吃肉，称“打牙祭”。随着人民生活的改善，每餐都可食肉。所食肉类，有猪肉、牛肉、羊肉、鸡鸭及各种禽类，烹饪方法有煎、炒、炖、烹、爆、溜等，或制成腌、熏、卤、腊肉。

鱼　境内居民多爱食鱼，吃法多为蒸、煮、煎、炒、炸或制成腌熏、腊鱼，鳝鱼、泥鳅、甲鱼、乌龟等水产，成为上等菜肴。岳阳人素爱吃剁鱼，将大鱼剁成一块块，然后腌制加工，拌以酒糟，从古至今，相沿成习，但今时剁鱼则已少见。

茶　城区人以茶叶与花椒泡开水，称椒子茶，有贵客来时冲蛋，称蛋茶，还有用红、白糖泡水，称糖茶。随着城区人口增加，带来外地的饮茶习惯，如生姜芝麻茶、芝麻豆子茶、芝麻茶叶盐茶。

二、服饰

服装　清朝，男子穿长袍马褂，对襟衣或斜襟衣、大腰裤，女子着裙装、花边斜襟衣裳；富人着绸料，穷人着家织土染白粗布。民国时期，男子穿汉装、中山装、学生装、西装、军装等，裤子多系皮带；女子着上衣下裙或穿旗袍。布料有呢绒绸缎，各种机织布料或进口“洋布”等。中华人民共和国成立后，男子多穿中山装、学生装、军便装、军装、工作服，女子多穿列宁装、春秋装。布料以棉布为主，颜色主要是青、蓝、黑、灰、黄等色。60年代，时兴着化纤面料服装。“文化大革命”时期，男女青年以着绿军装为荣，后一度则工装时兴。70年代后期，男子流行青年服、西服、夹克衫、猎装、羽绒服、运动服、羊毛衫等服装；女子则流行旗袍、连衣裙、超短裤、裙裤、健美裤等各种服装；式样新颖、美观大方、颜色多样、挺括舒适。

帽子　清朝，男子多戴瓜皮小帽，穷人多用长巾裹头。民国时期，时兴礼帽，有少数人戴有檐帽，如学生帽、单军帽、棉军帽、鸭舌帽，平民头缠白布长巾。中华人民共和国成立后，有戴工作帽、军帽、鸭舌帽、贝雷帽等。面料有呢绒、毛皮、化纤、羊毛等。“文化大革命”时，黄军帽曾风靡一时。

发式　清朝，女子多梳簪发，俗称“巴巴头”，男子留长辫，蓄满人发式。富人多带珠翠钗、耳环，穷人仅扎一头绳。民国时期，女人多蓄长辫、短辫、“巴巴头”、短发或烫发，男人则剪掉辫子，留西式发型。中华人民共和国成立后，妇女烫发、戴耳环被视为“资本主义生活方式”而加以禁止。80年代，女子多流行烫发、染发，发型繁多，有披肩发、马尾发、梨花头、直发、波波头、蘑菇头、丸子头等，妇女又流行戴耳环、戒指、手镯。男人则时兴大背头、短发、平头等。2000年始，美发店种类繁多，发型设计室造型各异，竞相争辉。

鞋　清朝，男女多穿布鞋，雨天着油鞋、木屐，穷人多穿布鞋、草鞋或打赤脚，女子多穿绣花鞋。民国时期，富人始穿皮鞋、雨靴、胶鞋。中华人民共和国成立后，人们多穿各种力士鞋、球鞋、皮鞋、布鞋，男女式样各异，雨天着各种短筒、中筒、高筒男女雨鞋。80年代，各式皮鞋、合成革鞋、球鞋、旅游鞋、毛皮鞋、布鞋应有尽有。

袜 民国时期，富人穿鞋着袜，穷人多打赤脚。袜子多为棉布面料。中华人民共和国成立后，袜子有棉布、化纤、羊毛等各式面料。80年代，妇女多着长筒丝袜。

三、居住

民国时期，城区居民多住平房，2层楼房不多。临街房屋门朝街开，其余则多为坐北朝南。富人多青砖瓦舍，屋宇成片，外有围墙，门内有影（照）壁。穷苦人多为茅屋或泥砖瓦屋，茅屋多用竹片芦苇编织，泥巴糊墙，茅草盖顶。瓦屋基脚为砖墙，上层为泥砖墙，有的为板壁，茅屋瓦屋均无天花板。中华人民共和国成立后，市民或住单位宿舍，或住已改建的私舍。单位宿舍大部分为5—6层，多为二室一厅、三室一厅居室，每居室厕所、厨房、客厅、卧室俱全，采光条件好，舒适干净。2000年始，私人房屋大都改成2层楼居室，多系钢筋混凝土结构和混合结构。

1996年始，随着住房制度改革，住房商品化、市场化，不再允许单位和个人建房，城镇居民除少数房改前建的私房外，只能购买商品房。由于房价逐年上升，超出市民的工资收入，许多人买不起房，但有的人则拥有别墅甚至多套住房。2000年始，政府虽然出台控制房价上涨的政策，但房价依然上涨。

四、行

70年代前，人们出行大多靠步行，许多机关给干部配有少量自行车。许多工人为上下班方便，也纷纷购买自行车。80年代后，拥有自行车的人逐渐增多。2000年始，随着公交车辆的增多，方便了人们的出行。随着摩托车、电动车的普及，自行车逐渐被淘汰，仅有少量人仍使用自行车，大多用于健身。2002年始，随着人们收入的增多，许多人自己购买小轿车作为代步工具，或用于上下班，或用于自驾游。

五、用

70年代前，人们洗衣服常去溪边、池塘边、湖边，用棒槌敲打。70年代，随着电视机的出现，人们不再去影剧院观看电影、戏剧。有了电冰箱后，人们将一些新买的或未吃完的各类瓜果蔬菜、食品放进冰箱可以防腐、保质、保鲜。条件好的家庭，置办洗碗机和消毒柜，代替人工洗碗和餐具消毒。随着数字化技术的发展，人们可以在室外用遥控装置控制家里的设备煮饭、洗衣、调节室温、扫地等等。80年代，出现洗衣机，人们不再外出洗衣，在家只轻轻一按开关，便可轻松地洗涤衣物。90年代，各种家电成为家庭必备商品，电脑、手机、私家车等高档商品开始进入百姓家庭。

第二章 民 俗

第一节 生产习俗

一、水稻种植

水稻是境内主要粮食作物，一年一熟或一年两熟。水稻种植主要分为育秧、插秧、中耕、收割等环节。

育秧为种水稻的第一道农活，农家极为重视，有“秧好半年禾”之说。大年三十，农户要到秧田边敬奉田神，祈求丰收。秧田选择背风向阳处，常年固定。农家对禾种极为珍惜，有“宁可饿断肠，不可吃种粮”之说。播种后，往往在秧田边插两个草人，草人“手”上系一块红布，借以吓走鸟兽。

“细伢子望过年，大人望插田”。谷雨前后，为早稻插秧时节。“秧”与“殃”同音，境内称插秧为“栽田”“插禾”。插秧讲究吃甜酒、盐蛋、糍粑，取其甜蜜、圆满之意，又具祛寒壮骨作用。旧俗每年首次扯秧，一般在凌晨，要点香烛，鸣铳放炮，甚至敲锣打鼓，谓之“开秧田门”。中华人民共和国成立后，此俗消失。插秧是辛苦活，农人需一兜兜插，累得腰酸背痛。2000年后，大部分农田实行机械化插秧与抛秧，不需人工插秧。其中抛秧为随手抛撒，极大地减轻了农民的劳动强度。

中耕又叫“来禾”，在插秧后半月进行。“来禾”一般需2次，头次翻泥透气，踩二次扯草除稗。“来禾”时，一般用手拄棍，用脚围着禾蔸，将草踩入泥中，多人排成排，且行且踩。踩田是慢工细活，不少地方有边踩田，边唱民歌的习俗，此唱彼和，甚是热闹。90年代后期，“来禾”少了，一般用除草剂，既节约劳力，除草效果又好。

收割稻谷，俗称“扮禾”。“扮禾”使用扮桶，是一只约2平方米大的四方形木桶，里面放一块竹片做成的“打折”，一块竹篾织成的垫子围住三方。扮禾时，4人一张桶，两割两扮。晒谷，习惯将牛屎用水调稀，在晒谷场上均匀地涂上一层，使晒场平整干净，不留缝隙，晒出的谷物不含泥沙，且有一股特殊的清香，或用篾制晒簟晒谷。谷晒干后，一般用风车去杂物。60年代始，境内陆续改用人力打稻机代替“扮桶”；70年代，逐渐改用动力打稻机；90年代，改用联合收割机，收割、脱粒、装袋一条龙，既提高了功效，又大大减轻了劳动强度。

旧时，稻田有“泡冬”的传统。秋收后，稻田翻犁灌水，有的还将稻草、田边杂草和青草一并翻犁沤烂，保持蓄水。越冬后，杂草腐烂入泥，稻田肥力增强。“泡冬”传统后被冬粮、冬油、绿肥所代替。

二、捕捞

境内湖泊环绕，溪流众多，水产资源丰富，自古以来，以“鱼米之乡”著称于世。旧时境内不少人以捕捞为生，从而形成了典型的渔业生产习俗。

每到捕捞季节，渔民皆在湖洲上搭临时茅棚，行行列列，俨如街市。一时渔船涌集，商贾繁多，交易旺盛。渔民各备渔船，生产生活均在船上，习称“连家渔船”。各地按不同的捕捞工具，组成“护子帮”“架子帮”“挂钩帮”，各帮按地域设帮头，新到一地，既由帮头向湖主买股划定水域，确定捕捞期限，届时开捕，到期撤走。中华人民共和国成立后，水面归国家或集体所有，帮会解散，渔民由政府管理，统一作业。80年代至21世纪初，渔民逐步移居陆上居住，改变世世代代的漂泊生活。

捕鱼季节，一年按农历分为4期，即春汛期（3—5月）、高水期（6—8月）、落礁期（9—11月）、冬捕期（12—2月）。春汛期禁湖，高水期水面宽阔难结网，为捕鱼淡季，落礁、冬捕期为捕鱼的黄金季节。

清末民初，渔民年初出湖捕捞要举行开湖仪式。各帮渔船聚集在一起，船头停泊在湖中，桅杆上挂红黄两面旗帜，用三牲（鸡、鱼、猪）、水酒祭祀洞庭王爷。主持的班头或绅士一手抓雄鸡，一手抓利刀，将鸡头砍入湖中，鸡血撒向渔网。接着把米饭沿船撒到水面，称作“杀腥”敬神。随后，火铳连响，鞭炮齐鸣，渔船争相入湖捕捞。中华人民共和国成立后，开湖改由水产部门组织，宣布开湖纪律，指挥船上鸣放鞭炮后，成百上千只渔船一齐出动，各自开始作业。

渔民捕鱼规矩甚严，禁忌颇多。渔民称“过年”（春节）为“开头”，全家要吃一餐以鱼为主菜的“开头饭”。正月择双吉日开船，有“单日不开船，初六不开船”“七、九不开头”之说。一般正月初四开业。请罾匠以麻线织网，须以猪血等物蒸网。为防孕妇撞入，蒸甑上须挂镜一面，让孕妇引起警觉，俗谓“照破四人眼”。妇女不小心跨进渔网，蒸网人即时挥泥线划圈三匝，焚化于所过之处，以示消灾。渔民对跳上船舱的鱼不能捡。忌女子踩船头。

境内渔民使用的捕鱼工具，大体分为网、篾、钩等几大类。渔民根据水文气候的变化，采用不同的捕鱼方法，有“风小布挂钩，流水打行钩，对水打撒网，高水打卡钩，低水挂麻毫”等经验之谈。

网类主要有大网（围网、麻布网）、撒网（撒网子）、丝网（麻网子）、拖网、挡网（挡网子）、江网（迷魂阵）、凉网、针鱼网、板罾、赶罾、虾捞（虾瓣）。过去渔网多是自织自补，用麻织成，染以猪血，使之经久耐用；现在，多从商店买来尼龙线、化学纤维品织成，或到商店购买成品化学纤维网。

篾类主要有采罶、花篮、罩、鳝鱼篆、赶篆、夹子。除采罶外，多为湖区农民自己编织的渔具，利用农闲或早晚空余时间进行捕捞，主要是解决家食鱼，少量用以出售。

钓类主要有挂钓、砣子钓、歪嘴钓、卡子钓、游鱼钓、团鱼钓，是一种与娱乐结合在一起的捕鱼方式，多为老人、小孩所为。现钓鱼者均使用线长的海竿。

此外，还有生物捕鱼及叉鱼、干塘等非专业捕鱼方法。为相当古老的专业捕鱼方法。利用驯养后的鸬鹚、水獭捕捉小鱼及中等鱼。近年来，一些不法渔民与市民，急功近利，采用炸鱼、毒鱼、电鱼等方法，大肆非法捕捞，危害了鱼类资源的生存。

渔民在单调的捕捞过程中经常唱渔歌。渔歌的内容和体裁丰富多彩，有多段体的叙事歌，有富于节奏感的劳动歌，还有情歌和儿歌，各具风味。

三、水上运输

1949 年前，湖区从造船到行船，有很多讲究和习俗。中华人民共和国成立后，随着社会的进步、科学技术的普及，陈规旧俗逐渐破除。

造船习俗　造船需选定吉日，进山采木。再择吉日开工造船。船体合成后，需搭台唱戏以示庆贺。船壳完成后，如碰上陆上有人建房架，须行“关头”仪式。在船头披红，掌墨师傅在船头一面唱赞词，一面给船两边各钉 4 颗钉子。赞词曰：“钉头颗，添人添丁；钉二颗，荣华富贵；钉三颗，清吉平安；钉四颗，四季发财。”随后刀宰雄鸡，淋血于船头，并将雄鸡掷于船舱内，口唱：“雄鸡进船舱，快卸快装。”新船下水前一日，船舱两侧贴“九曲三弯随舵转，五湖四海任船行”的对联。并与船头与东西南北五方，燃烛照明，全船灯烛齐发，谓之“亮墩”。还要祭祀鲁班，祭祀有“摇钱树”之称的桅杆，祭祀舵和橹。次日新船下水，要在凌晨露水未干之际，推船驶向河心。

驾船风俗　开船叫“开头”，正月初三，是新年的开船之日。开船时须燃放鞭炮，敬奉水神，起锚向上移动，预祈生活向上。正月十一日奉为“船爷爷”生日，以红绸系船头，奏鼓乐敬神，全船休息不动工具，以示一年平安顺遂。进入洞庭湖的大小船只，皆要敬奉“洞庭王爷”。大船上摆有铜锣，专门有船工司锣。一开船，船主燃纸钱，点香烛，敬开船酒，鸣鞭炮，杀雄鸡；司锣工开始打铜锣，敬洞庭王爷。首先敲一长声，船主叩一响头，连敲四长声，船主应声跪拜。然后连续敲响，船主则念：“有请洞庭王爷，开船不遇风暴，不撞险滩，一路平安！”锣声停下，祈祷结束。小船不打锣，同样燃纸钱，点香烛，祭拜魏公菩萨或洞庭王爷。船只经过其他地方洞庭庙时，亦要备鞭炮礼酒祭祷。小礼一挂短鞭炮，一块小肉，一杯酒；大礼一挂长鞭炮，杀猪宰羊。前者求赐平安，后者多属向神灵“还愿”。

行船第一餐要打“牙祭”，喝酒吃肉。吃得好不好，关系到船工卖不卖力，行船的顺利与安危。开船前，船主要按名单给每个船工供应酒、肉。开船后，一边行船，一边吃喝。

放排习俗 早在春秋战国时期，排筏即是洞庭湖区的运输工具。湖区有不少人因熟悉水路，长期被雇为排工，他们以此为生，甚至世代相承。这些世代放运竹木排筏的排工俗称“排古佬”。

洞庭湖上旧时的排筏大多从湘、资、沅、澧四水上游而来。从长沙方向来者称“东湖排”；从常德方向来者称“西湖排”。每个木排约180立方米，由两块相接而成，叫“龙虎斗”，又叫“两联排”。前、后两块各有三棹，棹为杉木，棹片由楠竹扎片组成。一般木排有六七人扳棹，称“棹手”；一人指挥，称“领工”。后排上搭有小棚，供食宿用。搭棚亦有规矩，棚口必须对右方，棚背对左方。过险滩急流时，领工站在排头指挥棹手扳棹，不喊”向左“向右”，只喊“棚背”“棚口”。

木排到达岳阳后，竹棚、竹屋连同排一齐交付木材集散者。排主必办回头宴以示庆贺，宴席必备雄鸡。席中，棹手举杯向领工祝贺，并将雄鸡头奉献给领工。领工吃雄鸡头以后，大伙方可开席。次日返回，有的则放开嗓子唱起行船歌，或曰“排歌”。

放排跟驾船一样，禁忌很多。扎排十分讲究日子和兆头。扎排前，领工邀人结伙，合计排筏大小、材料种类，然后，选定日子下河扎排。扎排时，忌讲洗筷子之类的话，不让女人上排筏，更不让女人去排头动领工指挥的垒木。排筏扎成后，择良辰起程，初五、十四、二十五日为忌日，不放排。预定启程这天早晨，领工若是遇到女人倒尿桶，遇人大小便，遇人洗碗筷，均被视为兆头不好，则另改日子启程。如果那天兆头好，决定启程，则由领工带领，棹手在排上先敬水神。一般是用木盆盛一个猪头，放在排头垒木上，领工行跪拜礼，诵念求财求安之类的祈语。然后，大伙分吃猪头，吃过猪头后即放排。

四、养殖

养猪 境内养猪历史悠久。过去农家少则养一二头，多则四五头。50—70年代，政府鼓励农民养猪，尤其提倡集体养猪；80年代后，出现养猪专业户，一次养几百、上千头猪。旧时，建猪圈，要择吉日动工，主家要送茶水，匠人要一口喝干，附会“会吃”。小猪出栏，谓之“散窝”，由主家择日，通知买主齐来自选。肉猪未出栏前，忌屠夫看猪，认为屠夫有煞气，看了不吉利。凡小猪、肉猪卖出前，主妇要提潲桶在屋门口大声唤猪，以免“空栏”。端午节时，在猪栏上点香；插菖蒲艾叶；除夕夜烧香燃烛，在猪栏墙壁上贴“六畜兴旺”的红色纸，谓“敬猪栏神”，消灾祛病。旧俗杀猪要敬神，杀年猪敬神更为普遍。农家喂猪习以熟食为主，残羹剩菜加潲水，拌剩菜嫩草，用锅煮熟，稍加米糠、杂粮调水。至90年代，养猪饲料大都采用配合饲料。

养牛 “牛是农家宝”。境内一般养黄牛与水牛。春、夏、秋三季，要早、晚2次牵牛外出吃青草，称作“看牛”。每天割回一筐青草，晚上给牛“放夜草”。夏季在牛栏边要烧烟熏赶蚊蝇。冬至后一般不外出放牛，且注意牛舍通风保暖。春耕时为耕牛披上蓑衣。四月初八，为牛王生日，给耕牛喂鸡蛋和粮酒，且不使役。牛鼻桊以软藤、树木制作，不用金属制品。买牛人习以看齿判断牛龄，有“逢三破二齿，四岁四颗牙，八岁是满牙”的说法。卖牛不卖牛绹，买者必自备。70年代始，农业机械逐渐增多，养耕牛的农户开始减少，养菜牛、乳牛的增加。

养鸭 境内居民历来有养鸭的习惯。除家户自养外，还有养鸭专业户，常年养水鸭上千上万羽。牧鸭的主要决窍是：“春要赶，夏要懒”。春天百草萌生，赶动鸭群到处寻食，夏天气温高，不宜大动，以免发生瘟疫。养鸭的禁忌、行话颇多。鸭群开盆生蛋，喜单忌双。生一个蛋叫“开红”，生2个蛋则叫“关门蛋”，预示年成不吉利。鸭棚搬迁特别注重第一篙。第一篙赶去，鸭群笔直朝前走，预示搬迁顺利；鸭群回头张望，便暂不搬迁。牧鸭时，鸭篙不得扛在肩上，只能拖在身后，故牧鸭人俗称

“拖条子的”。数鸭称“溜鸭”，到外地放鸭称“赶三关”。鸭蛋每三枚叫“一手”，十枚叫“一成”，五十枚叫“对成”，百枚叫“满成”，一担蛋称“一千蛋”。孵出的母鸭称“清水”，公鸭称“西货”，公母鸭一起出售称“卖混水”。刚出的鸭子称“毛鸭”，6个月的鸭子称“子鸭”，一年的鸭子称“年间子”，三年的称“毛三关”，三年以上称“正三关”。

养鸡 境内农家普遍养鸡，少则三五羽，多则几十羽。旧时，农户养鸡生蛋后，多用以换取油盐钱，母鸡和鸡蛋是赠送产妇的常备礼品。贵客临门，杀鸡款待，视为主家客气。旧俗砌鸡笼禁忌出声，孵子鸡讲究择吉日，鸡窝位置一经放定便不再移动。90年代始，开始出现养鸡专业户。

养狗 境内部分农家有养狗看家的习惯。2000年始，城镇也有少数居民开始养狗怡情。旧时有狗肉不上宴席的习俗，后来观念改变，不少人已视狗肉为席上佳品。

五、手工业

民间称手工业者为“匠班师傅”，手工业者称请其做工的主家为“东家”或“主东”。学徒从师称“拜师”，要办“进师饭”，对师傅终生敬重，有“一日为师，终身为父”之说。学徒期限一般为三年，学徒期间收入归师傅，学徒期满跟另一师傅做生意，谓“参师”。学艺先拜祀本行鼻祖。

东家请匠班，一请一年，不换匠班，匠班不可辞东家。匠班在东家入桌吃饭，不坐主位，坐则两脚并拢，不变脚翘椅。夹菜不乱翻，添饭不带筷子。上门做生意，不准唱山歌、夜歌，忌打赤膊、赤脚，忌涉人是非，忌入人家内宅。

木匠 称斧头为“开山子”，其柄不可斗满眼，谓不算满江湖。木匠的五尺，不能拖着进东家门，角尺只能用肩扛着，不能夹着走路，不能竖置东家的神龛下。做大件家具及棺材应合字定尺寸，即按大小形状以一寸或一尺起数为一字，逢一或六为“生”字。用于求财利市的器具则多合八字，如八八六尺四寸，谓之跑马尺，认为“要得发，多用八”。做床用“九子尺”。门宽则不离五。80年代改革开放后，木匠的手工作业逐步由机械作业代替。

铁匠 铁匠盘炉从业，多在集镇，大集10余炉，小集也有三四家。有的是父子开炉，有的是合伙作坊。中华人民共和国成立前，生产生活用的锄头、镢头、铁锨、犁头、镰刀、剪刀、锁子、勺子，都是铁匠手工打制。铁匠手艺多是父子世代相传，祖传手艺中往往都有一手或几手拿手活。门外拜师学徒，一般3年为期。铁匠活不像木匠有绳有尺可循，徒弟学艺全凭一双眼力。铁匠的功夫在火、锤、钳、淬上，师傅留的一手就是淬，所制器具好与坏，关键也在淬火上，徒弟都特别留心这一点。60年代始，机械作业开始代替手工劳动，铁匠逐渐消失。

砌匠 又称泥水匠，做民屋规矩很严，如正厅前后回字墙正中以基石中线为准，第一层正中砖缝不宜对中线，谓“闭地府”；最上一层砖的中缝和天盖正中椽皮中缝，应正对基石中线，称为“开天门”；祠堂庙宇则相反，称作“留人路，塞鬼眼”。狗洞须开在大门西侧，高宽各用“六”作尾数，合六畜兴旺之意。砌民间烟灶，从地面至灶面用九层砖，以应“九天司命”之说。

窑匠 择窑址须近水，远离民屋、茅山以防火灾，还要远离大路，以避经期、孕期和产后妇女踏破窑坊。逢烧一、三、五、七窑要打“牙祭”，祭窑神，俗称“吃鱼烧鱼窑、吃肉烧肉窑”。

石匠 人们利用山石护坡养坡，建桥修路，装饰外墙，变石为宝，于是产生了石匠。石匠作业有许多禁忌。常见的禁打空钻，徒弟无意打了空钻，要受嚷挨骂。墙上房上的盖口石板，俗称“扒缝石”。凿此石时忌说“扒缝石”，认为说了石板凿不成，常不言而凿。厕所口上横搭的石板，俗称“茅厕梁”，凿时心知即行，绝对不准开口说“茅厕梁”等有关之语。因为厕所是脏地，说“茅厕梁”怕冲撞山神，于采石不利。

剃头匠　在各类匠班中位处最末，与别的匠班在一家做艺时，理发工具箱不可放于堂屋上方或东方。理发时，理发师傅未打湿手，不可按剃头者的头，谓“五龙不下水，老龙不低头”。对不同剃头人，要从不同位置下剃头刀，有“左剃君王右剃臣，劈面一刀出家人(僧、道)，后边剃的钉抓钉(手工业者)”之说。80年代，理发店、美发店兴起，剃头匠逐渐消失。

六、商业行帮行会

清末，随着岳州开埠，商业逐渐繁荣，商贾云集。商人们为互相竞争或自我保护，各种行业帮会应运而生。是时，城区部分行业、行会及其供奉的祖师爷有：泥木业的鲁班会，会址设鲁班巷，祀奉鲁班祖师爷；小吃业的雷祖会，会址设老印山，祀奉雷祖；梨园业的梨园会，会址设观音阁，祀奉老郎君；渔行业的三圣宫与水运业的洞庭会，会址都设洞庭庙，都祀奉洞庭王爷。其他如：染织业的嫘祖会，祀奉螺祖；油漆业的乳安会，祀奉乳安；酿酒业的杜康会，祀奉杜康；酒席业的詹王会，祀奉詹王；药材业的药王会，祀奉药王孙思邈；粮食业的神农会，祀奉神农氏；南货业的财神会，祀奉财神；钱业、绸布业都是城隍会，也都祀奉财神爷；打铁的拐李会，祀奉铁拐李；书笔业的蒙恬宫会，祀奉秦将军蒙恬；屠宰业的张三会，祀奉张飞；瓷器业的老君会，祀奉老君神；缝纫业的轩辕会，祀奉轩辕；还有搬运业的仁品会，设南岳坡；豆腐业的淮南会，设观音阁。

会馆，亦称公所，是旧时都市城镇中外地寓居者谋求本身福利的同乡组织。本是各省缙绅、商贾为便利本乡到京应试人士旅居而设立，后成为在各省著名商埠设立的外地工商行帮机构，主要是手工业者或商人的同乡兼同行，或单纯同行的组织，带有浓郁的地方色彩。其宗旨是树立本乡缙绅地位，联络同乡感情，保护行帮利益，不受当地豪强欺凌，为同乡与同行谋求共同福利。

岳州作为长江中游的重要商埠，外地前往经商的商贾络绎不绝，其中以江西、湖北、长沙等地的最多。这些外来商户在城区组建的会馆有：长沙、善化、浏阳、宁乡、醴陵、湘阴、沅江、益阳等县商人组成的长郡会馆，设塔前街长郡巷；衡州、宝庆籍商人组成的衡州宝庆会馆，设洞庭庙；西湖（沅水流域的辰溪、泸溪、沅陵等地的统称）会馆又称辰州会馆，亦设洞庭庙；湖北籍商人的鄂州会馆、浙江籍商人的浙江会馆均设金家岭；安徽徽州籍商人的新安会馆设油榨岭；江西籍商人的江西会馆设街河口旁的万寿宫；湖北监利籍船民的湖北会馆设城陵矶。

各商业行帮、会所与会馆都具有浓厚的地方性与封建性，一般由本行业大户把持。行头会首由行会每年轮流推选“值年会首”，负责处理对内对外一切事务。主要保护本行业经商利益，应付官府筹款派差，代表本行业向外承接生意。同时，各行会还极重商业道德，定有会规，举凡关于行业重要事件，多由会所颁发规约，由同行各店互相遵守，不得违规。

七、同业公会

民国6年(1917)3月1日，民国政府农商部公布《工商同业规则》8条，命各省革除行帮、会馆陋习，将旧有的会馆、会所依照规则组织同业公会。民国12年(1923)4月15日，民国政府制定工商法规《同业公会法》，规定同区域内的同业者设立公会以一会为限，原用公所、行会、会馆等名称的行业团体，均须依法进行改组，以打破各种帮派界限。是时，由于时局动荡，南北军阀混战，岳阳迭遭荼毒，城区各商业行会未能改组成立同业公会。民国26年(1937)秋，省政府电令各县、市，要求所有商店行号，统限于电令到达之日起20天内，由各县、市政府派员督导，一律加入同业公会，逾期不入的商号，依《商业同业公会法》第四十二条规定勒令停业。是年冬，岳阳各商行开始组建同业公会。随后抗日战争爆发，1938年，日军侵占岳阳，大部分商号或关门，或逃离岳阳，各同业公会并未成立。抗日战争胜利后，城区各商行陆续复业，同业公会才陆续成立。城区共有21个行业，335家商店铺店。根据行业多少，按行业类别或将相近的行业合并，成立18个同业公会：即绸布、百货、南货、银楼、国药（即中药）、盐业、陶瓷、文具、牙行、旅栈、筵席、屠业、渔业、缝纫、理发、米酒、陆杂、木器等。

经营行规 布业规定：布帛生涯，岳城土户，均用公议正尺，童叟无欺。以广招徕，如有短欠尺码者，一经查出，罚钱2串文，入城隍会公产。典衣业规定：门市贸易，必须公正和平，语言清白，不得任意诈欺，有碍客路。买主入门，无论生意成否，总由客便，不得高声呼唤，有碍商体。酒席业规定：凡本地婚丧喜庆及外来客商，来馆包办酒席，本无一定之价，均须面议，其堂菜亦须公议堂牌，画就一定价值，一律照牌价售卖，以归划一。粮食业规定：谷米照章，粘米一石抽行用钱70文，糯米一石抽行用钱100文，谷折半，不得过取，如有过取，查处议罚。鱼行业规定：各路鱼客运鱼到埠，凡管行司务下河，先问客起某行，任客投行，不得强起邀截。或系分庄，多少听客分派，不得争论。篾业规定：外来客只能在市买货，不准卖货。违者公议处罚。纸扎业规定：扎屋无论大小，不准带箱箦，如若乱者，公司处罚。

收徒雇员规定 纸扎业规定：新添徒弟学艺，3年为满，另帮师1年，进出酒席，不与老板相干。典衣业规定：请帮夥以1年为期。同行如有加钱抢夺等情，一经查出，除处罚外，即将帮夥开除。酒席业规定：雇请油案、白案及堂倌、水杂人等，平时不准出外游荡赌博。即或宾东有不洽者，必须到三节（春节、端阳节、中秋节）方可辞工。平日如有大错，亦任店东辞退，不得籍口滋闹。巴陵戏班规定：单独拜师，签过合同后，请拜师傅，交纳学费。

其他行规 纸扎业规定：新添铺户，捐入会钱4串800文入会，酒席2桌，不得拖延。园木业规定：在岳城学艺之人开设园木店者，出帮费钱4串800文；在外地学艺来岳开设园木店者出帮费钱4串800文。典衣业规定：凡有公事会议，必须随请随到，不得托故推诿，有乖公理。漆业规定：大小差事过境，各漆店轮流当办，无得推诿，致干咎戾。酒席业规定：每年以农历日八月初三为神会之期，有会诸人，届时均要前往致祭。所有酒席用费多寡，照人数摊派，如有不到者，每人捐香钱100文。巴陵戏班规定十不准：不准塌班误戏、不准临场推诿、不准见死不救、不准吵闹戏房、不准坐班思班、不准得艺忘师、不准指空骂空、不准夜不归班、不准钻门入户、不准斗殴行凶。

八、商业、行话、隐语

各行业交易场上都有内部语言，如数字代号、货品代号、经营隐语等。

数字代号 1—10商业的代号为财、有、卯、长、起、土、行、确、亡、流；南货业为财、又、卯、长、齐、土、贤、合、主、柴；渔业为子、少、乍、秤、秒、天、浅、杠、叶、流。小商贩将2—9分别称为断工、睡川、曲回、缺丑、断大、扮锚、分界、出旭。

货品代号 药材称鹿胶为肤折子；称驴胶为窖子水，称生3只芦头的高丽参为香炉脚，表皮呈黄色的高丽参为黄马褂，外部有黑色光亮薄膜的牛黄为乌金衣，真羚羊角为通天眼，黑色麝香为挡门子，鸦片为鸦子片。南货业称黄花为金针，粮食业称糙米为齐米，山货业称牛角为弯子，钱业称银元为花边等。

经营隐语 各行业使用各种自编暗语进行经营活动，一般称做谈句。饮食业称炒菜要快为带迅，煮烂些为溶排，少放面为轻挑，多放面为重挑；称鱼为摆尾子，肉为布头子，好菜为苗席，鸡为爬杆子，猪为拱头子。药材业称当日营业额为日生，称赊账约定付款日期为比期。建筑业称工程质量好为杠杠司，质量关为翘翘司，屋为遮檐子。南货业称好货为好实，劣货为梭皮，酒为柳树子，烟为熏条子。

商业禁忌、祭祀、收徒等习俗与手工业略同。经营时，店铺职员、学徒只许站不许坐，称“站柜台”。不准站、坐在店铺门口，更不能以背对门口，以免将财神挡在门外。卖货时，所报重量要避开九斤四两，认为这是卖纸线的斤两，不吉利。

中华人民共和国成立后，讲究文明经商，明码标价，旧时交易场上所用数字代号、货品代号、经营隐语等均不再使用。

第二节　生活习俗

一、饮食

境内居民传统饮食以植物性食料为主，以热食、熟食为主。主食是稻米，辅以蔬菜和少量肉食。蔬菜随季节变化而不同，吃时令菜。境内居民喜欢加工贮藏蔬菜。在蔬菜旺季，采用各种方法腌制蔬菜，然后贮存起来，供淡季食用，或随时食用，既经济实惠，又风味独特。肉食以猪肉为主，间以鸡、鸭、鱼、牛肉。狗肉是境内的待客佳肴，但狗肉不入正席。境内居民喜爱吃辣椒，顿顿不离辣。90年代后，随着农业结构的调整、市场的发达和经济的发展，居民生活水平普遍提高，随时都能吃到各地的四季菜，天天不离荤腥，城镇居民更是注重营养的科学搭配。

洞庭鱼肴，源远流长。北宋范致明在《岳阳风土记》中，记载岳阳一带食用鲜鱼、江蟹、鳇鱼子、江豚的情况。“无鱼不成席”“鱼到酒止”等习惯，在北宋时已相因成俗。境内以洞庭湖的水产资源烹制的鱼肴，多达90余种。具有独特风味的全鱼席更是名传遐迩。相传清代乾隆皇帝游江南时，路经巴陵，品尝了民间厨师烹制的全鱼席，赞不绝口，赐名“巴陵全鱼席”。巴陵全鱼席以洞庭湖出产的银、鲴、鳜、鳊、鳢、鲭、鲫等淡水鱼及乌龟、水鱼、泥鳅、鳝鱼、螃蟹、河虾等小水产为主料，以本地特产嫩藕、湘莲、冬笋、香菇、银针茶、豆皮等为辅料。一般由一花拼、八围碟、四热炒、八大菜、一座汤、四点心、四随菜等30多个菜点组成，佐料讲究，刀工精致，具有色彩绚丽、香气宜人、味美可口、形态美观、营养丰富的特点。“一鱼四吃”，被誉为岳阳名厨四绝。其作法是以一条2公斤以上的鲢鱼，分鱼头、鱼肉、鱼骨、鱼内脏单独烹制，或烧、溜、炒、炖，或蒸、煎、爆、烩，烹制出四盘风味不同的菜肴，令人食后难忘。

岳阳盛产茶叶，境内人对饮茶情有独钟。以饮绿茶为主，还喜爱喝椒子茶、川芎茶、莲心茶等。椒子茶以椒子、茶叶一起冲泡，茶味中平添芳香和辛辣，喝起来生津解渴，醒脑提神。川芎茶将川芎切成薄片，和茶叶及少许食盐同泡，随泡随饮。莲心茶是将晒干的莲子心与茶一起冲泡，有养心健脾、清热解毒的功能。

二、居住

境内居民建房讲究风水。建房前要选择地基，一般后有靠山。房屋一般坐北朝南，有的坐西北朝东南。建房用料崇尚杉、松、椿等木，忌用桑、槐、楝树。严禁前屋高于后屋，右房高于左房，所谓“左青龙右白虎，只许青龙高万丈，不许白虎抬头望。”自家堂屋门不与他人院门直对，门窗不能正对他人家的屋梁头、过梁头和山墙尖。因民间视门窗为人的口眼，而“尖”即“箭”，对家人不利。讲究房前房后有风水树，使屋场深藏不露。建房择吉日开工。上梁要举行仪式。搬新居要请客。

民国时，城区居民多住平房。富人多为青砖瓦舍，屋宇成片，外有围墙，内有影（照）壁。穷苦人多为茅屋或泥砖瓦房。茅房多用竹片芦苇编墙，再糊上泥巴，茅草盖顶。瓦房基脚为砖，上墙为泥砖或板壁，青瓦或红瓦盖顶。

中华人民共和国成立后，市民多住单位宿舍。单位宿舍一般为7层以下，套间式，多为二室一厅、三室一厅，配有厨房、厕所、阳台，居住方便卫生。80年代，农村建房多为三层左右楼房，钢筋混凝土砖瓦结构，套间式，条件好的修建院子。90年代，城镇住房改革后，商品房修建一年比一年高档，居民房子讲究装修。2000年后，城区兴建居民小区，并开始出现小高层，居民小区环境优美，水、电、气、网设施齐全，配有物业管理，房子面积一般为50—70平方米、100—200平方米，设计更加科学合理，室内装修向简洁、明快、适用等方向发展。

三、待客

境内人民素来热情好客，讲究“礼性”。客人来了主人先让坐，待以茶、烟、糖果，贵客待以酒食。有“居家不可不俭，待客不可不丰”之说。如有多位客人登门，讲究“前客让后客，行客让坐客”，一般不久坐，俗谓“会做客的不劳东”。客人忌跷“二郎腿”，忌坐门槛，忌单人入卧室，忌坐床铺。应邀赴宴必守时，有“做官莫向前，做客莫落后”之说。

民间宴席多用八方桌，以桌面拆缝所对为陪座，其余两方为座次。独席以东右为首席，西右次之，为“小对面”，以下为东左、西左。两桌以上宴席，则以左右靠壁为大，依次排位，为“大对面”。摆席以正厅为尊，横厅、正房、横堂居次。待亲友以一舅、二姑、三姨、四表为序，以老亲陪新亲为礼节。朋友则以外姓、远客及年长者为先。

农村酒宴一般设十道菜，第六道菜讲究出鱼，有“鱼到酒止”之说。以第一道菜定宴席的牌名，如第一道出海参或蛋饺，分别定为“海参席”“蛋饺席”。

第三节 礼仪习俗

一、生日

婴儿出生，做女婿的第一件事就是向岳母家“报喜”。婴儿出生3天，称为“三朝”。婴儿出生1月，称作“满月”。是日要办酒宴款待亲友，称“满月酒”。满月后，可为婴儿剃头，落去胎发。婴儿满周岁，要宴请亲朋好友。这天，婴儿要“抓周”，将书、笔、算盘、钱币、秤、尺等物件放在婴儿面前，以其先拿什么物件为征兆，预测婴儿未来的职业和爱好。境内注重庆贺生日。小孩每逢生日要添置新衣，办生日饭。生日分大小，每年一度为小生日，一般吃面条和鸡蛋；逢十为大生日，则要宴请亲朋。小孩满12岁时，有做“童限”的习俗，庆贺小孩“关星顺渡”，称“过童关”。36岁又为一关，俗谓“神仙难过三十六，喜的喜，忧的忧”，因此，满36岁时，要做特庆。年过半百，过生日始称“做寿”，以逢五、逢十最为隆重。做生日和庆寿，还有“男做进女做满”的讲究。如男性50岁的寿辰在49岁的生日做，叫“庆九不庆十”，女性则做十。

二、婚嫁

旧时，男婚女嫁须行六礼：即定聘、换庚、报日、过礼、送嫁妆、合卺。男女双方多由媒婆撮合，或父母包办，经算命先生合八字，如八字不相冲，亲事就算聘定，双方再互换生辰庚帖。之后，男方选定迎娶吉日，用红纸写好，报与女家，如女家不同意，男方须再选再报，是为报吉。嫁前，女方送嫁妆到男家，曰送嫁妆。富户人家，女方陪嫁物品大小箱笼什物样样齐全。迎亲之日，男方须用花轿至女家“迎亲”。新妇入门，即行合卺礼，新婚夫妇要先拜祖先，再拜父母，然后夫妻互拜，俗称“拜堂”。夫妻入洞房时，亲友们还要闹房，以示祝贺。

中华人民共和国成立后，男女婚嫁多由介绍人作主或自由恋爱。70年代，时兴汽车迎亲。80年代，人们的传统观念有所改变，婚姻介绍所、报刊杂志、网络征婚广告相继出现，男女双方只需持单位证明去婚姻登记机关登记，领取结婚证书，即算成为合法夫妻。举行婚礼时，有大操大办者，有旅行结婚者，也有由单位举办，几对或几十对新婚夫妇同时参加的集体婚礼。时兴摩托车队或小轿车迎亲。

迎亲之日，男家张灯结彩，摆设婚宴迎亲待客。男方迎亲彩车到达后，女家闭上大门，索“开门包封”后，始开门发亲。新娘一般由其长辈及兄弟、侄儿三代人送行，并由未出嫁的姑娘陪伴。新娘进新郎家门忌踩门槛，俗谓新媳妇踩着堂屋的门槛，就是踩了婆婆的威风。婚宴一般为午宴。婚宴前举行“拜堂”仪式。礼毕，婚宴开始，新郎新娘依席敬酒。婚宴有讲究，主家事先下红帖请客，以示尊重；赴宴者皆备礼金，多少不限；婚宴桌子的摆法有上下，席位安排有主次，陪老亲家的桌席最隆重；陪客要有“身份”，一般以舅父、姑父依次陪席，少亲家则由新郎邀哥兄老弟、年轻朋友相陪，年轻女子由新娘相陪。90年代，婚宴大都改在酒店举行，既省事方便，又时尚新潮。

闹洞房。新婚晚宴后，开始闹洞房。一般以新婚夫妻的同学朋友为主角，他们以“新婚三天，不分老幼”为借口，尽情嬉闹，将婚礼推向高潮。有的地方闹洞房兴“吃抬茶”。男方长辈围坐一圈，新婚夫妻用茶盘抬茶，由管事者引导按长幼顺序敬茶。茶一般由芝麻、红枣、花生、豆子拌糖冲泡而成，寓意甜美、圆满。长辈接茶的同时，以诙谐吉利之语赞茶，并打发“茶钱”。新婚后第三天，新婚夫妇回新娘家，新娘家设午宴招待亲友，称“回门酒”。90年代，婚礼结束后，新人逐步崇尚外出旅游度“蜜月”。

三、丧葬

旧时，人死后，须先行大殓，替死者净身、换衣、设灵堂、焚香祭奠，入棺后，棺材下要点“长明灯”，亲属依礼“披麻戴孝”。并请和尚念经诵佛，超度亡灵。有的请人唱夜歌，因所唱夜歌多为尽孝之内容，故又叫孝歌。家奠后继为出殡，预先要请风水先生看地建墓室。出殡时，扬幡执幛，鼓乐开道，沿途燃放鞭炮，孝子贤孙随棺前行，沿途如遇人放炮祭奠，孝子须行跪拜。下葬后，孝子捧死者遗像或灵牌返回。

中华人民共和国成立后，丧葬旧俗依然相沿。1965年前，有的单位为死者公祭，后改为追悼会。1974年后，政府推行殡葬改革，城区居民死亡后，须实行火葬。由死者单位为死者举办追悼会，亲朋好友及单位赠送花圈挽联或祭幛，单位领导或其他人念悼词，介绍死者生平，再由亲属好友送至火葬场，实行火化。但仍有违背政府法令者，于下半晚将遗体悄悄地运出城，去乡下土葬。2000年始，人们的丧葬观念进一步改变，人们积极推行移风易俗，崇尚环保，奉行树葬、水葬。

第四节　岁时习俗

一、春节

春节，境内俗称“年节”“过年”，从农历十二月二十四日的“祭灶”开始，至正月十五日的元宵节结束，是民间最隆重、最热闹的传统节日。

腊月二十四日称过“小年”。旧俗是日晚，每家于灶头摆上神龛，点七芯青油灯，燃香放炮，由一家之主敬拜，以求来年清泰，称“祭灶”“谢灶神”。是日，人们略备菜肴小庆，开始打扫卫生，做年糕，舂糍粑，杀年猪，备年货，喜庆气氛日渐浓烈。

大年三十(月小为二十九，亦称大年三十)，全家天亮起床，放鞭炮，然后祭祀祖先家神，拜祭天地。年饭，又称“团年饭”，一般在中午吃，也有早上或晚上吃。饭前鸣鞭放炮，然后关上大门吃饭，称“关财门”。老年人习惯在饭桌上多摆几双筷子，以求来年添丁增口，或思念未归家的亲人，或纪念亡故亲人。菜肴中必备有鲤鱼，以示岁岁有余。晚上家家户户欢聚一堂，围炉烤火话家常，称“守岁”。火要烧得旺，象征来年兴旺红火。“守岁”时，长辈会向晚辈分发“压岁钱”。小孩们手提灯笼，成群结队，到本屋场和邻近屋场走家串户恭贺，谓之“辞年”。不少地方有三十夜洗澡更衣的习俗。80年代，收看中央电视台春节联欢晚会逐渐成为守岁的主要内容。接近零时，鞭炮轰鸣，焰火腾空，迎接新年，热闹的气氛持续半个小时以上。

农历正月初一人称“大年初一”，为事事求吉利，大庆大喜之日。这天人们早早起床，老老少少讲究穿新衣，称“去旧迎新”。吃过早饭后开始拜年。合家敬过天地、拜过祖宗后，晚辈向长辈拜年，小孩向长辈拜年。民间拜年，讲究先亲后友，素有“初一崽，初二郎，初三初四拜街坊”的俗规。部分人家初一有上山拜祖坟的习俗。在城区，这些规矩逐渐淡化。90年代始，电话、短信息拜年逐渐成风，机关单位在上班的前几天兴团拜。春节到正月十五日之间，邀请亲戚朋友团聚一起，吃一顿“春饭”。

二、元宵节

农历正月十五日是元宵节。是日，兴吃以糯米粉、芝麻等制作的元宵（也叫汤圆），许多家庭聚餐庆祝。入夜，家家户户灯火通明，俗称“三十夜的火，十五夜的灯”。旧时，城里举行灯会，民间开展娱乐活动，称“闹元宵”。80年代，各级政府或民间每年都会举办元宵晚会，玩龙舞狮，或举办各种文艺晚会。

三、清明节

清明节是中国传统节日，为农历二十四节气之一。境内重视在清明节前后祭祀祖坟，称为“挂清明”。“挂清明”一般在清明节的“前三后四”或“前五后七”进行，清明节当天不“挂清明”。清明节前后，正是春光明媚、草木吐绿的时节，古人有清明踏青的习俗。中华人民共和国成立后的一段时间，此俗一度淡化。80年代始，春游（踏青）的风气又在城里兴起，后被国家明令为法定节假日。

四、端午节

农历五月初五，是中国传统的端午节。最初是我国人们以祛病防疫的节日，后来传说爱国诗人屈原在这一天投汨罗江死去，同时成为中国汉族人民纪念屈原的传统节日。这一天，境内家家户户吃粽子，门上插艾蒿，挂菖蒲，小孩额上点雄黄粉，以祛“邪气”“驱病毒”。旧时，境内多在洞庭湖举办龙舟赛。至2012年，多次在境内芭蕉湖和南湖举行龙舟竞赛。也有人在五月十五日过“大端午节”，但不如端午节隆重。

五、中元节

俗称“鬼节”，又称”“七月半”。旧俗从农历七月初开始摆祖牌，祭拜迎尊，香火不断，至七月十五日送祖归阴。是日中午或晚上设宴，摆上茶果祭祖。晚上为祖宗烧化纸钱，纸钱以毛边纸包封，包封上还要写上死者姓名，犹如寄信一般，鸣炮焚化，谓之“烧包”。

六、中秋节

农历八月十五日是中秋节，为民间一年中第三个大节日，俗为家人团聚的日子，又有“团圆节”之称。是日，人们有吃月饼、糯米砣的习俗。亲友之间互相馈送月饼。赏月，是中秋之夜的重要活动。

此外，境内还有一些习俗。如农历三月初三为“三月三”，民间习以地米菜（荠菜）煮鸡蛋，吃蛋喝汤，据说可以明目，除头风，治头痛。农历九月初九为“重阳节”，人们在重阳节登高，饮菊花酒，喝菊花茶。机关单位和民间习惯开展敬老活动。

第三章　方　言

境内春秋时期属楚国地域，受楚文化影响较深，语言属西南官话区。西晋时，改称巴陵郡，自此即为历代郡、府、州、县治所在地，城区话语俗称“巴陵话”或“巴陵腔”。数千年来，由于战乱，政区的不断变迁及所处的交通地理位置、经济交流等多方面的原因，人口不断的迁徙、融合，语言逐渐向湘语系（长沙话）倾斜。抗日战争前，城区语言还保留有标准的岳阳地方方言。抗日战争胜利后，城区原有的市民因战争流离失所，附近各县迁入的难民不断增多，语言逐渐发生变化。1964年前，城区方言仍基本上保留老岳阳腔。1964年后，随着岳阳地区的设立，经济建设的不断发展，城市规模的不断扩大，外来人口的不断增多，原有的方言受各种外来语音的影响，发生较大变化。城区人口中，华容、临湘、平江、湘阴等县迁入的人口较多，故在原西南官话中，糅合进鄂东语系及赣语系，语言庞杂，语音不一。

第一节　词　汇

一、天文

庚星——启明星
下凌——冰冻
天狗吃日——日食
遭干——遭遇干旱
起风——刮风
雾气、罩子——雾
扯闪——闪电
麻喷细雨——很细密的小雨
化凌——化冰
天狗吃月——月食
遭湮——遭遇水灾
斗风——逆风
露气——露水
日头——太阳

二、地理

塅畈——平原
奥水——冷水
屋场——村落
东乡——城区东面的乡村
坟山——坟场
陡墈——上部突出的陡坡
田塍——田埂
河西——洞庭湖以西的农村

三、时令时间

年世年——每年，数年
献前年——前年的前一年
三十夜间——除夕
煞黑——天黑时
一世年——一辈子
开年——年初
旧年里——去年
下昼——下午
大后年——后年的下一年
外后年——后年的后年
日头倒烊——傍晚
一天到黑——整天
冬月——农历十一月
还有说六起——离某事还有很长时间
上昼——上午
一夜天光——整晚

四、农事

地坪——禾场
牛桊——穿在牛鼻子中的木栓
宽牛——饲养牛
箱桶——扮谷用的木桶
死结它——死结
锄头尖——斗锄头用的木楔
扮折——打谷用的篾折子
薅禾——中耕除草
抽结它——活结
耕田——犁田

五、植物

苗——红薯
麦豌豆——小而圆的豌豆
莲米——湘莲
荠米——荸荠
豆豇里——豇豆
搬椒——辣椒
枞树——松树
弯豆——蚕豆
苞谷——玉米
洋芋头——马铃薯
番茄——西红柿
菜蕻子——菜薹
菌子——蘑菇
稿芭——茭白
胡椒——花椒

六、动物

吊子——公牛
叫驴子——公驴子
鸡巷子——还未开始生蛋的小母鸡
开膀——母鸡开始下蛋
生蛋——下蛋
檐壁老鼠——蝙蝠
猫公头——猫头鹰
偷油婆——蟑螂
健蛋——受精蛋
天螺公——蜗牛
雄鸡——公鸡
癞蛤蟆——蟾蜍
阳鸭——旱鸭子
线鸡——阉鸡
四脚蛇——壁虎
盘海——螃蟹
胖头鱼——鳙鱼
脚猪——公猪（狼猪）
猪婆——母猪
团鱼、脚鱼——鳖
蛤蟆肚——蝌蚪
蚌壳——河蚌
老鸹——乌鸦
桂花鱼——鳜鱼
刨花鱼——晒干后形如刨花的一种鱼
寡蛋——未受精蛋
豺狗——豺狼
土狗崽——蝼蛄
蛤蟆——青蛙
蚱蜢——蝗虫
抱鸡婆——孵蛋母鸡
绿蚊子——苍蝇
墨鱼——乌贼

七、房屋、器具

祧屋——堂屋
畴屋——厨房
刷箩——篾条编成的竹筐
笼子——有盖的筐子
堵簟——晒谷用的大晒簟
席子——稻草编的凉席
手电——电筒
壁头——墙壁
阶梯——台阶
皮箩——篾片编成的竹筐
章子——印章
簟子——竹篾凉席
嘁壶——烧水的壶
秋香桌——条桌

四喜桌——方桌
单车、线车——自行车
把缸——有把手的杯子
巴钉——图钉

八、称谓

厨子——厨师
单身公——单身汉
扒子手——小偷
夹脑壳——性子执拗的人
贼白佬——行骗之人
红花女——黄花闺女
哈心——傻子
保人——中人
家门——同宗、同姓的外村人
抢犯——抢劫犯
细伢子——小孩
粮子——旧时指兵
郎中——旧时指中医医生
朝师——讼师
打师——有武功的人
后生——小伙子
红花郎——未结婚的青年后生
埃莰——呆傻
跑江湖咯——卖艺、算命、看相的人
乡巴佬——对乡下人的戏称
砌匠——泥水匠
讨米的——乞丐

九、亲属

姆妈——母亲
大家家——外公
老爹——曾祖父母
太爹——祖父之祖父
后来娘——后妈
亲娘——岳母
堂客——妻子
媳妇——儿子的妻子
婶的——叔母
老妹——妹妹
舅老——妻子的兄弟
妹子——姑娘
细家家——外婆
姨夫——连襟
后来爷——后爸
亲爷——岳父
崽——儿子
细爹——祖母
叔的——叔父
叔伯姊妹——堂兄弟姐妹
老弟——弟弟
姑爷——姑父

十、身体

它子——拳头
手板心——手掌心
鲇鱼肚子——小腿肚子
螺翅骨——踝骨
巴巴头——旧时女子发型
毛眼——毛孔
背心——背部
倒拐子——肘骨
手指壳——指甲
寒毛——汗毛
倒肘骨——肘关节
荷花须子——刘海
记印——胎记
绊脸胡子——络腮胡子
颈股——脖子
脑壳——头

脸巴子——脸
太阳窝——太阳穴
风皮子——头屑
后脑壳——后脑勺
直脚广里——小腿

十一、病痛、医疗

发寒症——发冷
吭——咳嗽
脑壳痛——头痛
蹦大肠——脱肛
痧痱子——痱子
败毒——去火毒，消炎
肚里屙——泻肚子
狐狸臊——狐臭
猪婆疯——癫痫
出麻子——出麻疹
发痧症——中暑
打吸筒——拔火罐
冻凉嗒——感冒了
痨病——肺结核

十二、服饰

�哩——单罩衣
背褡——背心
手笼子——手套
套鞋、油鞋——雨鞋
荷包——衣服口袋
木屐——两齿木底鞋
小衣——裤子
打敞——棉衣不罩外衣的穿法

十三、饮食

过早——吃早餐
宵夜——吃夜宵
百页肚——牛百叶
腺缝——猪尿脬
灰面——面粉
酵子豆腐——豆腐脑
蹄花——猪脚
呷饭——吃饭
呷酒——喝酒
筛酒——斟酒
包面——馄饨
炆肉——炖肉
熯水——烧水
下水——猪内脏
胆水——菜蔬去辛去涩
零细——指零食
呷茶——喝茶
相料——佐料
霉豆腐——腐乳
呷烟——抽烟
千张皮——一种片状豆制品

十四、红白喜事

呷喜酒——吃结婚宴席
新郎公——新郎
书纸——帖子
驮肚——怀孕
进材——遗体入柩
蓄月——坐月子
新姑娘——新娘
为定——定亲
灵屋——用纸糊成，祭奠亡者
走一脚——再嫁

十五、迷信

灵姑——女巫
该因——命中注定的事
走时——运气好
迷到哒——被鬼魅和不洁之物迷住
司命菩萨——灶神
打卦——卜卦
走家——灵魂出走
马脚——男巫

十六、日常生活

扛得住、扛——抵挡、承受
打瞎却——打喷嚏
烧纸——草纸
经事——耐用
剃头——理发
铺——床
起旱——步行
煤子——旧时点火用的烧纸卷
经脏——耐污
斗——安装、对接
则火——烤火

十七、交际

得罪——主人的谦辞
施礼——斯文
佮人——团结人
缲伙——合伙
结筋——形容人难缠
吃相——做事不卖力，偷懒
还情——回礼
只个事——没关系
口白——口气
次人——使人感到难受
见气——生气
人客——客人
送情——送礼

十八、商业

发市——每天做成的第一宗买卖合
撬行——抢生意
佐钱——借钱
家业——工具
行市——行情
昂价——抬价
动猪——杀猪
码价——估算价钱
老本——最初做生意的本钱

十九、游戏

摔抱箍——摔跤
送摸子——小儿装成瞎子摸人的游戏
牵羊羊——小儿游戏
跳房子——游戏
砣宝——押宝，赌博游戏
打斤斗——翻跟头
打碑——游戏

二十、动作

揢脑壳——头摆动
拎（东西）——提（东西）
揢手——放手，丢开不管
抻手——伸手
豪起手——袖手
跍倒——蹲着
打转身——返回
垄胴——走脱身
歇趟——休息
扮——摔、掼掷
欠——思念，挂念
满——溢
窨——种
趱——挪动
昂脑壳——向上抬头
扎到脑壳——低着头
嚼——咀嚼
弇——盖
灸——拧动，扭动
告醒——告诉
答白——答话
过身——经过某处
蹦——跳跃
揢倒——放下
相骂——吵嘴
短——拦截
相——看
发夹——发作

二十一、形容词

过旧——经久，耐用
溜刷——动作敏捷
枯——（食品）干而脆
夹杂——心烦，纠结
欺狡——欺诈狡猾
不清场——糊涂
蛮好——很好
团箹——好，妥当
过细——周到，细致
朽——骄傲，卖弄，自鸣得意
哈——腰背微弓貌
齐湛——齐整
静办——清静
易得——容易
麻利——能干而熟练
香喷哒——很香
索里——清洁整齐
清甜——很甜
作孽——可怜
赫大——很大
见功——见效
节——涩口
别脱——干脆，简单
荫沁——荫凉
不如势——不舒服
不堪定——不一定
呤光——精光
拐场——糟糕，坏了
怪悟——聪明
鬼画符——乱涂乱画
灵泛——灵活
强旺——恃强
晏——晚，迟
随口打哇哇——说话不负责任
气色——气味
瘪淡的——味道淡薄
坡拉——物量很多
醒事——懂事
硬肘——坚固，可靠
邋沙——肮脏

秧打——疲倦

怕丑——害羞

不过气——不通情达理

二十二、副词

将才——刚才

搿事——特自，特意

将将——恰好，一点不多

憭索——干脆

憭别——简单省事

得性——幸亏，幸好

黏急——马上

头一——千万

立马里——立即

一它——一起

急敖哒——非常着急

一路来——一直，一向

链长——经常

蛮——很

尽到——一定时间内不停重复某一动作

叫不——任凭

巴不得——求之不得

冇得——没有

二十三、数量词

（一）号（东西）

（一）皮（粽叶）

（一）味药

（一）庹（平展两臂的长度）

（一）暴（抱一暴东西）

（一）身（衣）

（一）挖（米）

（一）觉（瞌睡）

（一）床（被窝）

（一）子（线）

（一）挂（炮）

（一）炮个（十个）

二十四、方位词

高头——上面

档头——物体两侧

侧边——旁边

团近——周围

二十五、其他词

怕是——如果，可能

么人——谁

冇——没有

么里——什么

嗒——语气助词

你俚——你们

念个——哪个

念些——哪些

念里——哪里

他俚——他们

好生里——好好地，小心

教莫——何不，尽管

亘亘——整整

只咯事——不要紧，没关系

左以——干脆、索性

载得——活该，容得下

我俚——我们

为么里——为什么

第二节　语　法

一、形容词的生动形式

描述程度的“add 哩”式。这是岳阳话中最常见的形容词生动形式，其中“a”为形容词，“dd”为一个表程度的词素的重叠，“哩”为结构助词。例如，劲斩斩哩、咸津津哩、酸唧唧哩、辣呵呵哩。

二、程度副词修饰形容词的位置

岳阳话中程度副词修饰形容词有一些和普通话的结构关系相同。

如：几　几好：这种电视机—！

好　好好：那号菜—吃哟！

嘿　嘿恶：他对我—！

蛮　蛮厉害：他有—！

普通话程度副词“很”的对应形式。岳阳话与普通话“很”对应的形式很多。诸如：

稀奇：好得—	有襻：好得—
古怪：丑得—	要命：痛得—
吓（死）人：大得—	作孽：痛得—
要（人）死：难得—	毒哒情：拐的—
死血：拐—	伤哒心：贵的—
死人：丑—	不好说得：无聊得—

三、词尾“哩”

（一）作指示和疑问代词词尾：“么哩”“何哩”。

“么哩”有时是做指示代词用，例如，他忙得么哩样？这算不得么哩。多数情况下则是做疑问代词，例如，搞这么热闹，是你哩么（哩）人啰？你那个事情搞得么（哩）样范哒？作疑问代词时“哩”可以省略。

“何哩”做疑问代词，义同“怎么”，例如，这个事要何哩搞啰？你何哩不听话啰？

（二）作形容词词尾

如：立马哩、连马哩、信马哩、胡马哩、乱马哩、满山哩。

（三）作短语词尾

作形容词短语词尾。前面所举“add 哩”式，实际上是一种形容词短语，如：细蒙蒙（阴平）哩、脆崩崩哩。

作动词短语词尾。如：叫嗡嗡哩、闹哄哄哩。

作主谓短语词尾。如：水汪汪哩、雨淋淋哩、风号号哩、火蓬蓬哩、雪皑皑哩、油叽叽哩、汗滴滴哩、眼泪汪汪哩、眼屎巴巴哩、手电晃晃哩、破筋吊吊哩。

四、语法句例

你到哪里去啊？我上街去。
在那里，冇在这里。
太多哒，不要那么多，有这么一滴牙就坡丝坡拉。
他今年好多岁（数）哒啰？
你说得蛮好，还说点么哩呢？
说哒一道，又说一道，颠三倒四，啰哩吧嗦。
不早哒，快点回去喃。
还有蛮早呢，等下再去啰。
就到这里吃下饭哒去好吧？
慢点吃喃，性急作么哩啰？
他吃哒饭，你吃哒冇啊？
昨夜间他办哒一桌席，请我伲吃哒台子。
好生点走，莫跑。
他烟酒都不来斋。
随你去不去，我红黑是要去的。
我随他何里要去。
你么（哩）时候来的呀？
他么时节就走哒。（他早就走了）
困到天光，被窝里头还冇发热。
今日打了他一餐好的。
今日等狗子咬哒一口。
真是背万年时。
哭得造孽巴沙。
哈得做猪叫。
怎么搞的啦！

五、语言特色

老城区市民讲的是正宗岳阳话，即俗称的“巴陵话或巴陵腔”，郊区菜农讲的方言，语音介于城区人与东乡人之间；城陵矶人讲的方言，因靠近湖北，市民多为湖北人，故发音多带湖北腔，声调及语音与城区基本一致；铁路工人讲的是另一种话语，其语言特点受行业影响，以普通话为主，但因受所在地域影响，这种普通话又有所变调，形成岳阳地区铁路工人所特有的话语，岳阳人称为“塑料普通话”；东乡农民进城后，仍保持其浓郁的乡土方言，且乡俗俚语较多，一听就知道是岳阳东乡人；其他外地移民讲的则是原籍方言，如平江人、华容人、临湘人、湘阴人、长沙人、邵阳人等，讲的都是其地方方言，有的人虽到岳阳几十年，但却“乡音无改鬓毛衰”，而他们的下一辈，倒是满口的岳阳方言。

岳阳话主要受两个因素的影响。

（一）受地理环境的影响。

岳阳是个名符其实的水城，因而有些话后面总爱带个“啵”字，如说“买东西啵！”“吃饭啵！”“玩去啵！”等等，这个“啵”字相当于普通话里的“吗”字。

如“吃饭”“喝茶”“抽烟”，岳阳乃至湖南各地都喜欢说“呷”，如“呷饭吗？”“呷茶吧。”“呷烟吧。”而这种“呷”，原本是动物吃食时发出的声响，如鸭子吃食时发出的“呷、呷”声，后专用作动物吃食时的动词，以区别人与动物吃食时发出的声响。但湖南人却将这个“呷”字用在人身上，显然也是受了鸭子这种近水动物的影响。在岳阳话中，对吃饭还有一些说法，多见于长辈对下辈的呵斥，如“胀禄”“胀肚子”等，几近有损人的意思。

如形容说话粗门大嗓，快嘴利齿，不讲时间地点，不注意场所人物，不问别人能否接受，一股脑儿地狠锤猛砸，容不得别人插嘴的人，岳阳人形容他们说话为“一砣砣的掉”。这个“掉”字本应读四声，因普通话中找不出与其谐音的字，故只能用“掉”字代替。掉本是扔掉的意思，在这里又和“钉”字意相同音相近，是指难听的、刻薄的、损人的话，一句句、一股脑儿地“扔”“钉”或“砸”在别人身上。这种“一砣砣的掉”也有两种意思，一是有些人历来心直口快，平时说话就快嘴快舌，但却绝无伤害别人的意思；二是有些人对某人有意见或成见，说话时故意带有情绪地伤人损人。

如夸某人有本事，了不起，或出类拔萃，岳阳人则喜欢说“好敖啊！”“好狠啊！”“好选啊！”这个选字，即是选手的意思。而且往往在敖、狠、选的前面再加上个副词，如好、最等。加上最字，则代表最敖、最狠、最选，是真正令人崇敬羡慕的人物。受方言影响，还有一些习惯用语，如普通话中的“冻得发抖”“吓得发抖”，岳阳话则说成是“冻得团团抻”“吓得团团抻”。

（二）受移民方言的影响。

如普通话中“我”或“我们”，岳阳人习惯称“我伲”。如“这是我伲妹妹”“我伲家里冒得你伲家里好过啦”等。这个“伲”其实是江西人的一种语气助词。因历史上几次大规模的“江西填湖广”，大批移民迁入岳阳，也将这种“伲”称带来。久之，这些移民成了地道的岳阳人，这种“伲”称也就称为岳阳人的习惯用语。

朋友熟人之间见面时，时不时蹦出一些有好的“詈骂”。如“哈性”“哈宝”“憨它”“憨宝”“醒砣”之类的称呼，即傻瓜的意思。“哈性伢崽”，即傻小子的意思，但这些称呼却没有过分贬损的意思。而要贬损别人，或瞧不起，则喜欢说：“哈脔”“埃滞”“蠢它”即呆滞的意思，也即普通话中的“白痴”。

说某人不够朋友，或不够意思，则说“冒味啦”。如要加重语气，则说“这才冒得味啦！”。此外，还喜欢用“莫”字来代替不字，如“莫这么搞啦！”“莫讨嫌啦！”“莫告诉他啦！”等。

岳阳话中还有不少指人指物的代词，如指认的“嗯”“嗯伲”“嗯老人家”，相当于第二人称的“你”或“你们”“你老人家”。虽说同在一座城市，但在有些方位代词的表述上却有不同的语音。如城里人说“这里”，东乡人则说成“咯里，”如说“那里”“哪里”，东乡人则说成“即里”“边里”或“念里”。

岳阳话还喜欢用倒装语句，如问别人“嗯（你）呷饭了吗？”回答的人则说：“呷哒嗯（你）啦家”。如问“嗯（你）伲屋里过年杀猪了吗？”回答的人则说：“杀哒嗯（你）啦家”。如老人在嗔责小辈们做事不老成、不细心时，常说“崽也！嗯哦里搞的啦？”反过来，有时老人们做事或说话不周到的地方，小辈们也会说：“崽也！嗯啦家是俄哩搞的啦！”这个“崽也”在老人口里是对小辈的伲称，含有关爱的意思。在小辈口里，则是一种惊诧的意思，都是一种习惯用语，或是一种口头禅。

此外，岳阳话在语句的使用上，也借助了许多的词语倒装，代词及语气助词、副词，来衬托渲染，以表达某种意思。而这样的话语，往往受当地自然环境及风俗习惯的影响，从而形成一种独特的地方方言，具有一定的局限性，故显得土气。但毕竟入乡随俗，什么地方的人讲什么地方的话，这是历史和生存环境的自然形成，给人们研究当地的文化、生活、语言等提供了丰富的材料，也是地方文化形成的重要特质。

第三节　歇后语　俗语　俚语

一、歇后语

洞庭湖里吹唢呐——哪里哪里
洞庭湖里的麻雀——见过风浪的
荞麦田里捉乌龟——手到擒来
聋子的耳朵——摆设
老鼠拖芒槌——大的在后头
老鼠爬秤杆——自称自
豆腐掉在灰里头——吹又吹不得，打又打不得
叫花子烤火——只往自己胯里扒
瞎子荡浆——今世莫想
矮子上楼梯——步步高升
外甥打灯笼——照旧（舅）
哑巴吃汤圆——心里有数
哑巴吃黄连——有苦说不出
姜子牙钓鱼——愿者上钩
黄鼠狼给鸡拜年——有安好心
竹筒倒豆子——一干二净
洞庭湖里卖浆桩——贵死血
狗咬吕洞宾——不识好人心
狗子坐篼箕——受不了抬
尚书吃早饭——说哒算
麻雀子啄灰面——一张白嘴
半路上换草鞋——喜新弃旧
六月穿皮货——奈他不何
告（叫）花子起早床——假忙
床脚下拜年——伸不得腰
三担牛屎六篼箕——实在

二、俗语

一行服一行，茄子服米汤
一碗水端平
一根肠子通屁眼，直来直去
一冇讨到吃，二冇讨到穿
一朵鲜花插在牛屎高头
一粒老鼠屎打坏一锅汤
一个螺公十二碗汤，十二个螺公冇碗装
一朝被蛇咬，十年怕井绳
三百斤的野猪，光只一把嘴
要得人不知，除非己莫为
要得发，不离八
人往高处走，水往低处流
人善被人欺，马善被人骑
针鼻大个眼，炉碗大个洞
大鱼吃小鱼，小鱼吃虾子，虾子吃泥巴
使起憨巴打老虎
前头乌龟爬上路，后头乌龟照路爬
条条蛇咬人
天下乌鸦一般黑
这山望见那山高
牛屎粑粑外面光
红漆马桶外面光
借哒你的米，还哒你的糠
肉烂哒在锅里
爷有爷一世，崽有崽一代
山不转路转
饱人不知饿人饥，骑马不知路高低
便宜不是货，是货不便宜
江山易改，本性难移
压迫不成买卖，捆绑不成夫妻
又要屙屎，又要睏干床
又要当婊子，又要立牌坊
口里喊哥哥，手里摸家伙
草鞋冇样，边打边像
金窝银窝，当不得自家狗窝
岳舞台的戏，唱死冒人替

在家千般好，出门事事难

家鸡打得团团转，野鸡打得满天飞

人心齐，泰山移

一个好汉三个帮

三个臭皮匠，顶个诸葛亮

树挪死，人挪活

么哩老爷打么哩锣

去哒桐油冒见光

打破砂锅问到底

当面的鼓，对面的锣

你戳我的鱼头，我戳你的鱼尾

吃药一船，遇药一丸

冇吃过肉冇看到猪走路

“九益”的包面“泉园”的粉，“味腴”的包子吃上瘾

“刘忠宜”的烧梅一朵花，“长乐”的甜酒醉倒吕洞宾

三、俚语

红鲜鲜哩、绿茵茵哩、白雪雪哩、黑漆漆哩、酸唧唧哩、苦栗栗哩、咸津津哩、香喷喷哩、臭熏熏哩、热噜噜哩、冷呵呵哩、硬梆梆哩、瘦精精哩、恶腮腮哩 、干焦焦哩、者兮兮哩、闹哄哄哩、好利利哩、炸蒲蒲哩、乖溜溜哩、薄溜溜哩、嘿大八大、嘿多八多、嘿长八长、嘿远八远、嘿久八久、嘿贵八贵、嘿丑八丑、嘿宽八宽、嘿厚八厚、嘿高八高、嘿深八深、嘿粗八粗

第四章 宗 教

第一节 佛 教

一、传入与发展

晋代，佛教传入巴陵，城区先后建有慈氏寺、圆通寺、崇圣寺等名寺。五代时，建有永庆寺。隋时，天台宗弟子普门回岳阳传教，佛教得以发展，永庆寺住持颢鉴禅师创三转语传世，永庆寺被奉为禅宗名刹。唐朝，城区佛教寺庵香火旺盛。宋代，圆通寺成为佛教十方丛林。清末，佛教逐渐衰落。民国 19 年（1930），乾明寺住持和尚应波圆寂，寺内无人住持，寺舍年久失修，萧条冷落，后由信徒从长沙请来智化和尚住持。是时，城内道教祠观、基督教、天主教等教派堂会众多，佛教信徒逐渐减少，香火不盛，又无田产收入，过境客僧挂单过多，难以为继，只好将寺院废墟租给人种菜。民国 22 年（1933），智化还俗经商，寺内再无住持和尚。民国 27 年（1938），寺院被日机炸毁，其他寺庵的和尚、尼姑或

还俗或云游，自此，城区佛教活动逐渐沉寂。1946年8月，部分佛教徒发起筹组中国佛教会湖南省岳阳支会。是年10月20日，于準提庵召集会员大会，选举释园应和尚为理事长，彭德基等人为常务理事或理事。

中华人民共和国成立后，乾明寺内过境僧走散，剩下一个当家和尚于1951年“镇压反革命”运动中被镇压，屋宇被改做城关派出所所址，佛教会岳阳支会亦自行解散。1954年9月，43名佛教徒发起重建佛教组织，未遂。1958年，準提庵神像被毁，庵舍大部改作老年幸福院、公社幼儿院，后改为织带厂、学校教室。1966年“文化大革命”开始，庵房被作为危房拆除，城区佛教活动完全停止。1986年，佛教徒杨玉贵等人组成岳阳佛教筹备小组。1978年11月，教徒们集资5万元，在旧址上重修乾明寺。至1988年，城区有佛教人员27人，其中住持比丘尼3人，比丘僧1人，居士6人，教徒17人。2012年，境内佛教信徒增至1万余人。

二、佛教寺庵

慈氏寺　在羊叉街，晋建，后废，唯存塔。清康熙二十五年（1688）重建，又废，塔存。

圆通寺　在下观音阁街，晋建，明洪武年间重修，清咸丰初年（1852）被毁，光绪初重建。宣统二年（1910）被改为县立第一高等小学堂。中华人民共和国成立后，为岳阳县人委会机关驻地。90年代，被拆除。

圣安寺　在今湖滨龟山北麓，始建于唐贞观年间。唐代高僧无姓大和尚住锡圣安寺，50年未出院。无姓圆寂后，柳宗元写有《岳州圣安寺无姓和尚碑》《碑阴记》传诸后世。圣安寺属天台宗，唐以后归于沉寂，寺也损毁。1996年8月，南岳高僧宝昙方丈携徒怀梵捐募巨资，在原址上重修寺院，中国佛教协会会长赵朴初亲题寺额和部分殿堂匾额。寺院占地6.67公顷，投资近1000万元；建有仿颐和园佛香阁牌坊式山门、天王殿、大雄宝殿、念佛堂、万佛宝塔等，1999年正式开放。

準湖寺　又名湖山寺、白鹤寺，位于南湖北岸，建于唐代，毁于清末。

玉佛寺　在金鹗公园内。该寺渊源悠久，始建于唐，名为白鹤寺。古寺香火鼎盛，辉煌一时。直至明代，更名为白湖寺。清朝仍以唐名，后毁于战乱。佛历2043年（1500）重建，2002年，经省政府批准为对外开放、正式的宗教活动场所，因寺内供奉缅甸汉白玉佛而得名。2011年，开始进行整体性维修建设。

乾明寺　始建于东汉，占地面积约600平方米，建筑面积2000平方米，距今已有1900年历史，是岳阳市宗教政策正式登记开放的第一个宗教活动场所，湖南省第一批20个佛教省级重点寺观教堂之一。该寺庙由于年代久远，已被鉴定为D级危房，对往来香客和周边群众的生命财产存在重大安全隐患，但因经费不足一直未进行彻底维修。

宁陵寺　在卫前街（今际华三五一七橡胶制品有限公司内），已毁。

自然寺　原名观音阁，在今上观音阁街，宋建，祀奉观音菩萨。久废。

天岳庵　在天岳山，已毁。

九华庵　在九华山，已毁。

观音庵　在观音阁街，已毁。

準提庵　在黄土坡（今市实验小学内），1958年拆除。

天竺庵　在北门剪刀池（今市一中内），已毁。

地藏庵　在城内，祀奉地藏王，已毁。

白衣庵　又名白云庵，在今太子庙巷，已毁。

此外，岳州府县志记载的佛教寺庙还有巴山寺、白鹤寺、开元寺、法宝寺、广教寺、白云寺等。

第二节 道 教

一、传入与发展

巴陵道教始于晋代，城区原有宫观祠庙甚多，道丛庞杂，奉祀不一。有供道丛参修的亭观（如玉清观、吕仙亭等）；有奉各方神祇的庙宇（如城隍庙、洞庭庙、火神庙等）；有祀先贤或行帮诸神的宫庙（如刘公庙、关帝庙、鲁班庙、药王宫）。“山山有亭、坡坡有庙”的君山，被道家誉为“天下第十一福地”，神仙洞府。旧志记载：共有4台、5井、36亭、48庙；岳阳楼相传是道教八仙之一，纯阳祖师吕洞宾与汉钟离成仙之地；吕仙亭是祖师的香火圣地。道士分为两类：一为出家道士，持奉五戒：一为火居道士，专供洒扫。后随着时间的推移，道、佛杂处，互相渗透融合。

近百年来，道教逐渐冷落。清光绪十七年（1891），城区尚有各种道教场所数十处。建于宋代的玉清观原属道教十方丛林，辛亥革命前，观内已无出家道士。民国2年（1913），借给咏霓戏园，后改为岳舞台，民国27年（1938），被日机炸毁。其他宫观祠庙，大都毁于兵燹战乱，道士、道姑星散各方。中华人民共和国成立后，城内仅余吕仙亭一处道教场所，1969年“文化大革命”时，作为“四旧”被拆除，在岳阳的道教自此湮灭。1997年12月，成立岳阳市道教协会，会长刘永明，会址设吕仙亭道观内，2009年，区内有信教道徒200余人。2012年，信教道徒达300人。

二、宫观祠庙

庆祝宫 在剪刀池。原为衡粮厅公馆，清乾隆五十五年（1790）改建，嘉庆六年（1801）重修，有正殿3间，东西朝房各3间。前列三门，东宫厅3间，看守役房2间。在前面筑歌楼1座，东为瞻云门，西为就日门。咸丰四年（1854）毁。咸丰十年（1860）重修，后又毁。

真君宫 在城内，祀奉感天大帝许真人，久废。

玉霄宫 在城内，久废。

洞旸宫 亦称火神庙，在棚厂街。建于明代，祀奉火德真君火神爷，清咸丰三年（1853）被毁。

乾元宫 亦名火神庙，在东门内。清康熙三十七年（1689），知府张信建。祀奉社稷二神。曾3次重建，现已毁。

五福宫 在城内，祀奉五福大帝五灵公，已毁。

天后宫 在油榨岭下，祀奉天上圣母妈祖，已毁。

万寿宫 在油榨岭下，为江西人会馆，毁于抗日战争。

玉清观 在今玉清观巷，宋建，祀奉元始天尊。民国27年（1938)，被日机炸毁。

冲霄观 在城陵矶，宋建，久废。

吕仙观 在（今洞庭南路）白鹤山。唐朝山上建有白鹤寺，寺旁有小亭名过仙亭，建于北宋。清道光四年（1854）毁，道光十年（1860）修复，祀奉孚佑帝君纯阳祖师吕洞宾。1969年拆除，改建为社会福利院。1992年，开始重修，1994年开放，总面积1.93公顷。其主殿为三层混凝土框架，仿古建筑，五脊顶，高20.5米，建筑面积800平方米。一楼吕祖殿，二楼玉皇殿，三楼三清殿。后修建真武殿、天师殿、山门、斋堂、放生池、客房等，还建有后土殿、吕仙亭、娘娘庙、灵宫殿等，形成一片古建筑群，气势壮观。

莲花祠　在黄土坡（今洞庭北路）。原名莲花庵，为佛教尼庵。民国 34 年（1945），湖北道姑夏太姑等 3 人合住进庵，庵舍被改为道教神堂。1958 年被拆毁。

孟府祠　一在马壕，一在三教坊。宋建，祀奉宋湖北安抚副使兼知岳州孟珙，已毁。

贝勒祠　俗称王府祠。一在卫前街，一在城东凤凰山（麻布山）。清康熙十八年（1697）建，祀奉清安远靖寇大将军贝勒尚善，已毁。

李公祠　在北门，明建，祀奉明岳州知府李镜。已毁。

贾烈妇祠　在七里山，明嘉靖八年（1529）建，祀奉宋贾烈妇韩希孟。清代已毁。

护国祠　在黄土坡（今实验小学），祀奉护国尊王谢安，已毁。

忠义孝悌祠　在学道岭（今二中），雍正六年（1728）建，奉全县已故忠义孝悌之人，已毁。

昭忠祠　在学道岭。清嘉庆八年（1803）建。祀奉县邑阵亡官兵乡勇。已毁。

天王庙　在玉清观巷，宋建，祀奉毗沙门天王。民国 3 年（1914），被改为“岳阳岳舞台”剧院。民国 27 年（1938）被日机炸毁。

县城隍庙　在北门，祀奉城隍爷，已毁。

洞庭庙　一在君山，又曰湖山神庙、龙神庙，祀奉洞庭君王爷，清康熙十八年（1679）建；一在油榨岭下（今洞庭庙巷），民国 27 年（1938），被日机炸毁；一在城陵矶擂鼓台，祀奉杨泗将军，已毁。

关帝庙　祀奉关圣帝君关公。一在黄土坡，清乾隆十年（1745）建；一在洗马池，古建，抗日战争时毁。

鲁班庙　在芋头田鲁班巷，祀奉巧圣先师鲁班公，1958 年，大跃进时拆毁。

东岳庙　在县东门，明初建，祀奉东岳大帝，后毁。

南岳庙　一在南岳坡，宋建，曾 4 次重修，祀奉唐勇士张抃；一在城陵矶，内供观音佛像，均于民国 27 年（1938）被日机炸毁。

岳忠武庙　在七里山，清康熙三十五年（1696），改建县南白鹤山吕仙亭旁，祀奉岳飞武穆王。咸丰初年（1851）毁。

湘妃庙　又名湘妃祠，在君山，汉以前建。祀奉二妃夫人。后毁。1985 年 7 月重修，改称湘妃祠，1986 年 9 月竣工。为三进山门庭院式结构，面积 10030.8 平方米。

府文庙　位于学道岭（今二中）。宋庆历六年（1046）迁建。祀奉大成至圣先师孔子，后为府学所在。正中为大成至圣殿，东西两侧有庑房；殿后有崇胜祠，祠东有明伦堂；大殿前面有大成门，门左为名宦祠，门右为乡贤祠。清末，仅存大成殿与庑房。

县文庙　在今乾明寺街，祀奉大成至圣先师孔子。民国 23 年（1934），改为县立简易乡村师范，抗日战争时被毁。

二孝庙　在南津港北，旧称罗娘庙，亦称孝烈灵妃庙，西汉时建。奉秦孝烈灵妃，曾 2 次重修，现已毁。

文昌帝君庙　又名文昌阁，在学道岭，清康熙五十九年（1720），改建于此，祀奉文曲星文昌帝君，已毁。后在金鹗山东门内重建文昌阁。

鲁将军庙　在东门，祀奉三国东吴鲁肃。已毁。

刘将军庙　在东门，南宋时建，祀奉驱蝗神刘猛，已毁。

白马庙　在东门，明建，祀奉华光神，后毁，曾在艑山、南津港筑有 2 庙。

刘公庙　一在城陵矶（今港务局江边），建于南宋，前后有 3 个殿堂，前供观音，中供龙王，后间正殿供奉刘公塑像，门悬“刘公神寺”匾额，前面建有戏台，1967 年，港务局建仓库时拆毁；一在城区北门江岸石矶上，建于南宋，祀奉抗金名将刘锜，邑人奉其为水神，今毁。

宗公庙 在城陵矶。原在七里山，曾 3 次重修，先后被水冲毁。后建城陵矶横街，祀奉北宋宗泽，已毁。

五通庙 一在城陵矶，祀奉五神通，毁于抗日战争时期；一在梅溪桥与玉清观巷之间。

土地庙 在城陵矶，祀奉土地神，已毁。

天岳庙 在天岳山街，已毁。

太子庙 在今太子庙巷，五代时建，祀奉后梁昭明太子肖铣，已毁。

九龙庙 在九龙堤（今际华三五一七橡胶制品有限公司内），祀奉真武神，已毁。

巴山庙 在西门巴山巷（今洞庭北路），祀奉刘巴，已毁。

吴王庙 在东门，祀奉东吴孙权，已毁。

董王庙 在北门，祀奉隋巴陵校尉董景珍，已毁。

李公庙 在羊叉街，又称长沙会馆（郡），毁于抗日战争。

云溪庙 在西门岳阳楼外，1958 年，修洞庭路时拆毁。

第三节 基督教

一、传入与发展

复初会 清光绪二十六年（1900）一月，美国复初会牧师海维礼（W·E·HOY) 到岳阳，先在城区办学校、建医院；后在塔前街建教堂 1 栋，作为基督教礼拜堂；后又在梅溪桥建“福音堂”、南正街建“山麓社”、交通门建“讲道所”等 3 个外堂，传播基督教义。民国 4 年（1915），城区华籍牧师向文登、长老李海山、执事许海庭等人在全国发起组织中华基督全国总会，湖南设大会，湘北设区会，岳阳县是中华基督教全国总会湖南大会湘北区会所在地，辖岳阳、华容、南县、临湘 4 县教务。民国 15 年（1926），湘北区会共建 4 个堂会（岳阳、临湘、华容、南县）、13 个支会（城陵矶、湖滨、新墙、筻口、桃林、贺家畈、忠防、聂市、云溪、羊楼司、陆城、注滋口、三仙湖），共有中外传教人员 67 人，发展教徒 900 多人。湘北区会未设固定办公地点。由一年一度教徒代表会选举主席，委派书记、会计等。主席从牧师中产生，其他职务在教徒中产生。所属会堂由区会委派牧师或传教士负责堂会事务，每年召开教徒大会，选举长老、执事、司库等管理堂会日常事务，各地凡 30 名教徒以上设支会，为教会基层组织。每半年由教徒大会选举长老、执事，负责召集教徒礼拜、发展教徒等教务，堂会派传教士巡回传教。民国 28 年（1939），重庆国民政府社会部正式立案批准成立中华基督教全国总会，岳阳复初会更名为岳阳堂会，隶属中华基督教全国总会湖南大会湘北区会，下辖 3 个外堂（梅溪桥福音堂、南正街山麓社、交通门讲道所）、4 个支会（湖滨支会、城陵矶支会、新墙支会、筻口支会），办有普济医院及湖滨中学、贞信女中等学校。1950 年 3 月 9—14 日，中华基督教全国总会湖南大会湘北区会在湖滨中学召开第十届年会。出席年会代表 28 人，神职人员 8 人，选举产生以梅首春为理事长的第十届理事会和 8 个委员会（神道委员会、教育委员会、人事委员会、经济委员会、布道委员会、医务委员会、审查委员会、妇工委员会）。1951 年，生命堂被收归国有，岳灵小学改成第二十二完小。

1958年7月，以自治、自养、自传为宗旨的中国基督教“三自”爱国运动委员会成立，岳阳成立“三自”爱国运动委员会。是年，湘北区会解体，岳阳堂会更名为岳阳基督教塔前街教堂。1966年“文化大革命”开始，基督教停止活动，教堂堂址改为城南派出所。1980年12月，省基督教第三届代表会议召开，岳阳基督教代表王玉峰出席会议。1986年，岳阳基督教恢复活动，收回原礼拜堂、圣公会、福音堂房屋，由传教士王峙岱住持教务工作。2009年，境内基督教徒发展到近3000人。2012年，市基督教直接管理的有冷水铺分堂、城陵矶分堂、湖滨分堂、天爱分堂4个分堂。

湘圣公会　“圣公会”是基督教的一个教派。民国11年（1922），长沙圣公会在岳阳建岳阳牧区，亦称岳阳分堂。牧师张勉之（湘潭人）在街河口买屋创办岳灵小学，在柴家岭购民房1栋。民国13年（1924），张勉之调走，张幼之（湖北人）任岳阳圣公会会长，在竹荫街修建教堂。民国16年（1927），岳阳圣公会生命堂和岳灵小学校舍建成，张幼之任校长。民国27年（1938），生命堂被炸，张幼之逃走，学校停办。抗日战争胜利后，长沙圣公会拨款（美金8000元，银元6500元）重建岳阳生命堂。民国35年（1946），熊克彰（湖北荆门人）任岳阳圣公会会长，着手重建工作。次年，生命堂竣工，岳灵小学继续开办，恢复宗教活动，共发展教徒72人。中华人民共和国成立后，圣公会停止宗教活动。

真耶稣教会　真耶稣教会岳阳分会隶属湖南支会。民国22年（1933）8月，岳阳圣公会信徒胡焉可、任马太去长沙请传教师曾恩高到岳阳传教，并由秦荣光、胡焉可等人发起，集资于洞庭路购地兴建教堂。次年，真耶稣教岳阳经堂建成。真耶稣教讲究修身、信奉“十戒”，不吃带血食物。传教士及所有神职人员均是中国人，颇似中国佛教，所以组织发展较快。民国25年（1936）11月，真耶稣教湖南岳阳县分会第一届理监事会成立，李约拿为理事长，夏恒久、李志成任常务理事。并逐步在农村发展教徒和设立区会。以后，真耶稣教主要在农村活动，岳阳分会先后建立19个区会，城区只有城陵矶设有一个区会。1950年，真耶稣教岳阳分会有教徒80余人。1958年，修建洞庭马路，教堂被拆。1960年，真耶稣教岳阳分会停止活动。

二、教堂

塔前街礼拜堂　岳阳堂会所在地，建筑面积约400平方米，高三层（包括钟楼）。南侧建有3栋三层楼牧师住房（70年代，市二医院建宿舍时拆除），北侧和后侧各建有工友住平房,1栋，整个教堂占地面积1.33公顷。1950年，教堂共有教徒131人其中男61人，女70人。

梅溪桥福音堂　在今梅溪桥邮电支局旁，始建于清光绪三十二年（1906）（一说建于1921年）。平房建筑，占地面积246平方米，房屋面积198平方米，供教徒礼拜时用。1967年收归国有，1984年退还。

南正街山麓社　又称三馀社，建于清光绪三十二年（1906）（一说建于1925年）。有二层楼房1栋，房屋面积约200平方米，占地面积314平方米，为信徒日常活动场所。民国27年（1938），被日机炸毁。

交通门讲道所　在洞庭中路，建于清光绪三十二年（1906）（一说建于1921年）。平房，房屋面积约60平方米，占地面积约100平方米。为信徒讲道场所，每星期开放一次。民国27年（1938），被日机炸毁。

城陵矶支会　设城陵矶横街。清宣统二年（1910），华籍牧师张焕青首入城陵矶传教，民国18年（1929），建维礼堂。民国28年（1939），由张世秀任支会主事。1949年前，共发展教徒27人，1950年，自行停止宗教活动，1954年，毁于大火。

湖滨支会 又称黄沙湾支会。清光绪二十七年（1901），由海维礼创办，建礼拜堂1栋，后在湖滨兴教办学，教徒大增。1950年7月，共有教徒52人，听道者18人；有牧师兼主事1人，长老、候补长老各1人，执事2人。1953年，教会学校迁长沙后，教徒大部分迁走，教堂停止活动。后由市委党校改建为学员宿舍。

第四节 天主教

一、传入与发展

清光绪十二年（1886），天主教传入湘北地区，次年，西班牙籍司铎安熙光到城区传教。光绪三十二年（1906），在黄土坡（现洞庭北路）建立教堂，隶属奥斯汀会。民国20年（1931），经罗马教廷批准，湖南省主教区从常德教区划出岳阳教区，成立岳阳监牧区，任命西班牙人高凤翔为监牧，辖岳阳、平江、临湘、华容四县教务，黄土坡教堂称岳阳监牧区天主教总堂。下设6个本堂，本堂下设分堂。岳阳本堂设总堂内办公，下设城陵矶分堂、新墙分堂（现属岳阳县）、陈家林分堂（现属岳阳县）。

民国27年（1938），新墙、陈家林两分堂毁于日军炮火。因西班牙与日本同属轴心国，故岳阳天主教未遭到日军骚扰。民国32年（1943），农村天主教活动基本停止，传教活动主要在城区进行。1953年，高凤翔监牧等外籍教士被驱逐出境，天主教活动受到限制，仅限于教堂内，岳阳监牧区改为岳阳教区。

二、组织机构

岳阳监牧区为岳阳天主教最高领导机构，设监牧1人、副监牧1人、秘书司铎1人、顾问司铎2人。

岳阳本堂 设本堂司铎1人、文书1人、所设分堂各设传教员1人。

城陵矶分堂 设传教员1人，管理教务活动。至1949年，共发展教徒65人。于城陵矶下街兴办小学1所，每期就读儿童近百人。

修道院 设总堂，分男女两院，民国22年（1933）6月设立，男院设司铎1人，女院设3名女修道士，教学另外请教员。至1949年，共收学员44人，其中女生19人。1949年后，只收男生1人。

传教研究所 设总堂内。民国21年（1932）下期设立，由监牧处任教，培训各分堂传教员。每期1年，共办2期。第一期学员13人，除每天学习教义外，还于天岳山租屋1栋，为附设宣讲所，每逢周日、二、五，由学员轮流宣讲教义等。第二期学员8人，宣讲所改设先锋路。

祈祷宗会 该会宗旨是格外恭敬耶稣圣心。入会手续简单，教徒只要将自己的名字写在本堂司铎的祈祷会册上，便成为会员。会员义务，每天必须念经，但不必进教堂，为已亡会友、普世外教人能认识天主拯救灵魂而祈祷。只设本堂司铎任指导，没有其他神职人员。

加尔默罗圣衣会 该会宗旨是特别恭敬圣母。规定会员：日夜穿件棕色或紫色、在胸前和背后缝有圣牌的圣衣，至死不能脱下；照各人地位，不损坏洁净的德行；识字者每天念圣母小日课，不识字者守圣教会所定的斋；每周三、六两天守小斋等。教徒入会先得经司铎许可，然后将名字写在会册上方成会员。

圣若瑟善终会 又名教友互助会。此会在本堂司铎监督下，教徒遵照善终会宗旨自动组成。该会宗旨，是照看病人，扶助善终，维持丧葬，拯救炼灵。凡能服从圣教四规的男女教徒，均能参加。

圣母御团　由专门从事圣母军组织的神甫张涛到岳阳组织成立，又叫玫瑰儿童祈祷团。

此外，还有一种临时机构，依教会需要，每年一次或两次，开办教礼学校，为教徒子女准备初领圣事，或为信教人预备洗礼而设。由本堂传教员担任教授，主要教务有，教读经言，讲解教义和领圣事等礼规。岳阳奥斯汀会凡神职人员均入此会，为神职人员所在教会内的组织。

三、教堂

岳阳本堂　设洞庭北路府下坡（今际华三五一七橡胶制品有限公司大门外）。教堂原有三层、二层、一层建筑共8栋，分别为经堂4座，传教士西式住宅1栋，职工宿舍1栋，修道院西式房屋1栋，育婴堂西式房屋1栋，修道院男女校舍1栋，修道院女生校舍1栋，共有房屋100多间，地皮2块，占地面积1.26公顷。1966年，教会自用房由岳阳县人武部拆除5栋，改建宿舍。

城陵矶分堂　堂址在城陵矶下街。民国22年（1933），共有房屋8栋，占地面积3320平方米。抗日战争时期半数房屋毁于战乱，其余部分在1954年的大火中被毁。

四、活动

民国21年（1932），西班牙籍司铎杨荣光作“狼入羊群”讲道，攻击共产党和中国工农红军“共产共妻”“杀人放火”“奸淫掳抢”。抗日战争时期，日军占领岳阳后，监牧高凤翔派华容本堂神甫翁明一与日军军官中村接头，并赠中村“大日本皇军武运长久”锦旗一面，发动教徒签名，鼓励日军第三次进攻长沙。1949年上半年，神甫张涛纠集部分神职人员组织“圣母军”与解放军对抗。

中华人民共和国成立后，人民政府贯彻宗教信仰自由政策，保护宗教界合法权益，要求中外籍传教徒和教士遵守国家政策法令。少数外籍教士坚持其反动立场，敌视共产党，反对政府，多次与境外宗教反动势力书信往来，进行破坏活动。

1953年，境内开展反帝爱国教育运动，驱逐西班牙籍监牧高凤翔。是年6月，成立岳阳县天主教爱国会，主任任大卫，副主任李功桐，组织教徒学习。1958年，岳阳监牧区改成岳阳教区。“文化大革命”期间，天主教爱国会瘫痪，教堂被迫关闭，主教李树仁、司铎戴守铨被判刑，宗教活动停止。

1979年，李树仁、戴守铨平反。1980年12月2—6日，岳阳天主教爱国会派代表参加湖南省天主教爱国会召开的代表会议。1983年10月，岳阳天主教收回原有房屋1栋，11日正式开堂恢复宗教活动，爱国会亦恢复活动。1988年，全区共有天主教徒78人。

附　岳州教案

民国9年（1920）5月，湖南军民发起驱逐北洋军阀、湖南督军兼省长张敬尧运动。6月12日，张敬尧率所部北军第七师数万人溃退岳阳，在城区奸淫掳掠。14日上午，部分北军窜到湖滨大学，欲入内抢劫掳掠。湖滨大学校长、岳阳圣公会会长雷克曼（美国人）为保护女学生不受乱兵蹂躏，拒绝乱兵进入，当场被溃兵枪杀。雷克曼被杀消息传到北京，各国驻华公使即向民国政府提出抗议，并于次日从长沙、武汉等地调派军舰驶往岳阳，撤退侨民，保护教堂。15日下午，岳州美国圣公会中西妇孺逃难团及雷克曼遗体由日本军舰护送去汉口。美、英、日、法四国军舰上部分水兵登岸进行武装游行示威。7月16日，美驻汉口副领事乘美舰到岳阳调查。美国驻汉口总领事康林翰即向民国政府提出处理此案的四项要求：赔偿雷克曼抚恤费银元 4.5 万元；赔修北军所毁坏之教堂房屋财产；张部官兵应向美国国旗行礼谢罪；严惩纵兵抢劫枪杀人命的张敬尧。民国政府责令湖北督军派人与美驻汉领事馆交涉，除前三条要求照准外，第四条则改为枪毙张部溃兵凶手张桂林及其所部连长等 3 人，再由张敬尧私人赔偿 4.5 万元银元，方才了结。

第五节 伊斯兰教

南宋末年，一批信奉伊斯兰教的回族、维尔族人进入巴陵城区。清宣统二年（1910），回民苏良才在城内穆斯林中集资，于邓家湾创建一堂四房 100 多平方米清真寺 1 所，作为穆斯林礼拜用。继苏良才阿訇后，李罗汉、金长德、马定三、万同道、王本道等先后出任阿訇。城区回民最多时有 500 多人，后逐渐减少。随着时间的推移，中年以下回民因长期与汉族杂居，宗教观念逐渐淡薄。1966 年前，城区有穆斯林教徒 200 多人。1976 年，清真寺被收归集体所有，改为回民住房，宗教活动基本停止。1978 年后，落实民族与宗教政策，城区穆斯林要求恢复宗教活动，修复清真寺。1987 年，市政府拨款 4 万元，整修邓家湾清真寺，并在枫桥湖划出 0.46 公顷山地，作为城区伊斯兰教徒的坟葬墓地。是年 7 月，从湖北洪湖调来阿訇定光子。1987 年开斋节，城区伊斯兰教徒恢复宗教活动。次年 7 月，成立伊斯兰教清真寺管理委员会，由李家福等 7 人组成。1989 年 8 月，市政府拨款 4.8 万元，在枫桥湖建立回族牛羊肉加工厂，其收入作为清真寺管理委员会活动经费。2009 年，境内伊斯兰教信徒有 4200 余人。

第二十二篇　乡、街道办事处概况

2012年，岳阳楼区辖梅溪、郭镇2个行政乡，城陵矶、望岳路、洞庭、岳阳楼、吕仙亭、东茅岭、金鹗山、枫桥湖、站前路、五里牌、三眼桥、洛王、王家河、奇家岭等14个街道办事处。

梅溪乡

梅溪乡位于城区北部城乡结合部。东与金凤桥管理处地域接壤，南抵洛王街道地域，西至望岳路街道及城陵矶街道地域，北靠云溪区云溪乡。乡政府机关驻岳阳市冷水铺，距岳阳楼区政府机关6公里。2012年，辖区面积29.75平方公里，户籍人口46127人；实现地区生产总值10.9亿元，同比年增长12%；财政收入1445.96万元（不含国地两税），增长12%，农民人均收入8168元，增长10%；完成社会固定资产投资6.5亿元，同比增长12%，超额完成年初区里下达的财税任务。

梅溪乡得名梅子市，《通典》谓："巴陵，麇子国。"梅溪市，即当时的东麇城，原称麇子市，梅溪之名，由麇子二字的谐音转变而来。清初，设梅子市镇。民国36年（1947）3月，属和平乡梅溪保。中华人民共和国成立后，仍属岳阳县一区（康王桥）和平乡。1952年3月，属岳阳县二区（城陵矶）管辖，境内地域分属滨湖乡、南岳乡、梅溪乡。1956年6月，滨湖、南岳2乡并入梅溪乡，仍属城陵矶区。1958年10月，梅溪乡与昆山乡合并，成立梅溪人民公社，下辖11个农业生产大队。1960年1月，梅溪公社更名为岳阳市梅溪分社。1961年3月，梅溪分社改归梅溪区建制，又称梅溪人民公社。1972年1月，梅溪公社并入五里公社。1984年1月，五里公社分设为五里乡、梅溪乡，划归郊区管理。梅溪乡下辖滨湖、延寿巷、冷水铺、花果畈、胥家桥、硚石、分水垅、白石岭、梅子市、监生桥、金凤桥、城陵矶等12个行政村及1个渔场。2006年，白石桥、梅子市、监生桥、金凤桥、硚石、分水垅等6个行政村划归经开区管理。2007年，城陵矶村划归城陵矶街道办事处管理。原冷水铺街道红日、长动、小湖湾、冷水铺、芭蕉湖等6个社区划归梅溪乡管理。至2010年，全乡下设5个社区居委会、5个行政村、1个渔场。

辖区属洞庭湖沿湖网丘地貌，东高西低，岗丘连绵起伏，周围湖汊环境。属于纯农业区域。60年代初，岳阳铁路机务段迁到此地，城陵矶东站（现岳阳北站）由普通小站升级为一等编组站，负责赤壁以南、株洲以北向货车调运编组。80年代，红日、长江动力等军工企业陆续迁入。至2012年，境内驻有国家棉麻储运仓库、洞氮、己内酰铵、国家保税仓库等中央、省属大、中型企业，及市水产研究所、第四建筑公司、汽车驾考中心等市级企事业单位，成为岳阳城区工交企业区。随着城市的东移北扩，京广铁路、国道107线穿境而过，村村通、组组通的交通网络已经构成。7条城市公交线路的开通，将全乡与整个城区紧密相连，极大地方便了人民的生活，促进了全乡经济的繁荣，昔日荒凉的岗岭坡丘，已被崭新的厂房、住宅区、宽阔整洁的街道所取代。

50年代中期，境内开设1个乡办农机加工厂，主要生产犁、耙、打稻机等农业生产工具，年产值50万元。80年代，先后兴办机砖厂、茶叶厂、塑料厂等6家企业，年产值7000多万元。21世纪始，随着市场经济的兴起，乡办企业先后拍卖或改制。2011年，实现地区生产总值9.8亿元，农民人均纯收入7442元。

清初，冷水铺即已形成集镇，现已逐步发展成全乡政治、经济、文化的中心。2012年，全乡拥有1座广播电视大楼，7所小学和2所中学，拥有长城职业学校、科技建设学校、商贸职业中专及3所幼儿园，文化教育事业设施齐全。

郭镇乡

郭镇乡位于城区东南部，东邻岳阳县，西与南湖风景区湖滨园艺场接壤，南抵麻布大山分水岭，北畔奇家岭办事处蔡家居委会。乡政府机关驻郭镇集镇，距岳阳楼区政府机关12公里。2012年，辖区总面积32.9平方公里，户籍人口15924人；实现社会总产值19.8亿元，同比增长19.9%；完成财政总收入1187万元，同比增长30.5%;农民人均纯收入达到9000元，同比增长14.4%；社会固定资产新增投资规模维持在1.2亿元左右。

1983年前，郭镇人民公社隶属岳阳县麻塘区管辖。1983年12月，划归郊区管辖。1984年3月，郭镇人民公社更名为郭镇乡政府，下辖麻布、磨刀、建中、枣树、双塘、畈中、郭镇、马安、仓田、木鱼10个村，113个村民小组。1998年，木鱼村划归原北港乡管辖。2007年，仓田村划归奇家岭办事处管辖。2012年，郭镇乡辖麻布、磨刀、建中、枣树、双塘、畈中、郭镇、马安8个村，105个村民小组。

全乡属丘陵地带，地势南高北低，呈阶梯形，向洞庭湖倾斜。乡境内大部分为丘陵，少数为山岗，土质分为板页岩、石英砂岩、红色黏土、湖积物4种。境内大小山脉绵延起伏，其中海拔100米以上山峰4座：麻布山东西走向，海拔333.7米，是全乡最高峰，东南起岳阳县新墙镇五垸乡下源村，西北至郭镇乡磨刀村磨刀坑；千旗山坐落于磨刀、枣树、双塘3个村境内，东西走向，海拔约250米；赶山坐落于郭镇、畈中2村境内，全山由南向北延伸，海拔190米；马安山坐落于马安、奇家岭办事处仓田村境内，南面为马安村，北面为仓田村，海拔约110米。境内有大小山塘502口，水库5座，是全乡灌溉的主要来源。境内有三大灌溉水系：黄杨水系（黄杨水库），灌溉建中、枣树、双塘、郭镇4村；白鹤垅水系（白鹤垅水库），灌溉马安村；南湖水系（南湖的南汊），由赶山脚下直伸至郭镇大山组，灌溉郭镇、双塘、畈中、马安4个村。另有重要水系黄梅港，发源于麻布山北面山麓，境内长度6.7公里，流经麻布、磨刀、枣树、郭镇4村，经南湖风景区龙山社区注入南湖。

全乡一直是以农业为主的行政乡。隶属岳阳楼区后，产业结构未发生根本改变，仍为区里唯一的纯农业乡，但农民逐步由种植型农民向务工型农民转变，其经济收入在逐年增长，三产业所占比例逐年上升。

城陵矶街道

城陵矶街道位于城区东北部，东临梅溪乡；南邻洞庭街道；西濒洞庭湖；与湖北省监利县隔江相望；北邻擂鼓台与云溪区分界。办事处驻地城陵矶村海关路北侧，距岳阳楼区驻地 7.5 公里。2012 年，辖区内面积 11.09 平方公里，常住人口 27205 人。

城陵矶因山而得名。郦道元《水经注》曰："江水东径忌置山南……江之右岸有城陵山，山有故城。"城陵山实为石山，因三面突入水中，地理学上称为"矶"，所以又叫城陵矶，为江南三大名矶之一。"山有故城"，故城即古城，为商周古人所筑。因依山傍水，港口条件得天独厚，自古为南北水路交通要津，帆樯林立，商贾云集，人稠户密，虽历经兵灾战乱，仍繁荣昌盛。

清初，城陵矶始设镇，属临湘县管辖。民国 20 年（1931）4 月，改属岳阳县第七区。民国 36 年（1947）9 月，属和平乡第二十四保。民国 38 年（1949）7 月，随和平乡改属第一区。1951 年，更名为岳阳县第二区。1956 年升格为县辖镇。1958 年 10 月，与城厢镇合并成立岳州人民公社，称岳州公社城陵矶分社。1960 年岳州公社成立岳阳市，城陵矶分社更名为城陵矶区。4 月，岳阳市成立城市人民公社，城陵矶区更名为城市公社城陵矶分社。1962 年，岳阳市撤市恢复岳阳县城关镇，城陵矶区由区改为街道办事处，属城关镇管辖。1975 年 12 月，更名为岳阳市城陵矶区。1984 年 4 月，更名为岳阳市南区城陵矶街道办事处，下设上街、下街、港口、南岳、新建、大月冲、洪家洲、骆家坡 8 个居委会。2007 年始，下辖 7 个社区居委会。

城陵矶滨江临湖，1954 年汛期，最高水位达 34.55 米，超警戒水位 2.05 米。针对洪水侵堤漫街，1959 年 11 月，修建城陵矶至北门渡口长达 6.8 公里、宽 12 米的 10 里长堤；2005 年 10 月，将长堤扩宽至 60 米，铺设沥青路面，建成"路宽、路平、灯亮、树绿、草青"临洞庭湖的沿湖风光带。

城陵矶水陆交通发达，自古为三湘腹地货物通衢集散之地。五代十国时，楚国在此设邸店。元初在此设站赤，为长江沿线 12 个水站之一。明洪武元年（1368）三月，在此设岳州递运所和水驿。清光绪二十五年（1899）11 月，清政府自主开关，在此设立海关。民国 7 年（1918），粤汉铁路通车前，城陵矶一直为湖南主要的进出口港口。1966 年，交通部在城陵矶设长江航运管理局城陵矶分局。1970 年 9 月 1 日，正式开港，城陵矶港成为长江沿线八大港口之一，也是湖南省最大的港口。1980 年 4 月，国务院正式批准城陵矶港为长江沿线对外贸易港口。2012 年，有码头 11 个，年吞吐量 800 万吨，成为湖南省连结东南、华东、华南、华北的重要水陆枢纽。

辖区内企业众多，有华能电厂、湖南泰格林纸集团、岳阳港务局、城陵矶粮库、岳阳肉联厂、中央直属棉麻储备库、岳阳储运公司等 64 家中央、省、市属企业。形成电业、纸业、仓储业、粮油业、物流业等产业竞相发展的经济格局。其间鲁良新元、金健米业、康大饲料、大兴复合肥等一批民营企业得到蓬勃发展。2012 年，按照区政府"四联五包"的工作要求，街道办事处成员与企业结对帮扶，共谋发展。4 月，宏岳科技股份有限公司的产品获中国驰名商标。是年，成功引进湖南金叶有限公司，完成投资 1.3 亿元。第三产业的发展通过部门争资、争项目，争取资金 500 多万元。

望岳路街道

望岳路街道位于城区北部，东连梅溪乡，西与枫桥湖街道毗邻，南与洛王街道接壤，北接吉家湖。街道办事处驻地岳阳楼区望岳路469号，距岳阳楼区政府驻地5公里。2012年，辖区面积8.64平方公里，人口4.9万人。完成GDP9.64亿元，占年计划的101.3%；固定资产投资完成3.05亿元，占年计划的102%；规模工业总产值7.48亿元，比上年增长10%；规模工业完成增加值1.52亿元。

中华人民共和国成立前，属岳阳县和平乡。1950年，属第三区滨湖乡。1952年，属县第二区。1956年，属梅溪乡。1958年，属梅溪公社联滨大队。1959年，联滨大队又分为联滨和冷水铺2个大队。1962年，梅溪公社划归岳阳县梅溪区管辖。1976年，设冷水铺区，划归岳阳市管辖。1984年4月，冷水铺区更名为南区冷水铺街道办事处。1996年3月，设立岳阳楼区，岳阳市南区冷水铺街道办事处更名为岳阳楼区冷水铺街道办事处。2007年，更名为岳阳楼区望岳街道办事处，辖望岳、老垅坡、鹰山、七里山和北环路5个社区。

域内原系农业区。50年代，境内仅有1个县办机瓦厂。70年代始，先后兴建石油、化肥、化纤等工业。80年代，一批国营大型工厂与三线工厂陆续迁入。至1989年，境内拥有中央、省、市及区街企业13个，其中洞氮（今中石化巴陵石化公司尿素事业部）为全省最大的化肥厂、洞纺（今湖南华升洞庭麻业有限公司）是全国最大的苎麻纺织企业。2012年，辖区内共有中央、省属企业和各类事业单位63家，是岳阳市石油化工、纺织工业区。是年，实现工业产值8.12亿元，私房门店税收任务完成2万元。

中华人民共和国成立前，境内系血吸虫病疫区，疫病流行，村落萧条，无文化卫生设施，中华人民共和国成立后，经长期围垦治理，基本上消灭了血吸虫病。2012年，有中小学6所，在校师生6836人；社区医院4家，床位800张，参加医疗保险总人数为2.4万人，其中参加城镇居民医疗保险对象4358人。投入文化建设经费9.04万元。

2003年，办事处被评为湖南省社区就业先进单位，2004年，被评为全省社区建设示范街道、岳阳市文明单位、岳阳市科普示范单位，2005年，被评为全省最充分就业街道，2006年，被评为省文明卫生单位，2007年，被评为岳阳市社会治安综合治理先进乡镇，2004—2008年，连续5年被评为市级人口和计划生育工作模范单位，2007—2012年，多次被评为市、区综治维稳、安全生产、信访、“五创”提质先进单位。

洞庭街道

洞庭街道位于城区西北部，北接城陵矶街道的桂花园，南抵北门渡口，西临洞庭湖，东与洞氮、洞纺等单位相邻。办事处驻地洞庭湖大桥西侧900米（东风湖路260号），距岳阳楼区政府机关5公里。2012年，辖区面积8.6平方公里，人口1万多人。固定资产投资额达5.7亿元，占年计划的107%。第一产业增加值11918万元，占年计划的105%；第二产业增加值25970万元，占年计划106%，第三产业增加值36540万元，占年计划的107%；国民生产总值完成74428万元，占年计划的106%。严格控制非生产性开支，积极向外争资25万元，全年财政收入604万元，消赤减债5万元。

中华人民共和国成立前，域内只散居一些渔民。1953 年 4 月，城厢区调整城区居委会，将南津港至北门渡口一带渔民组建成水上居委会，即第九居委会。1956 年 6 月，水上居委会更名为岳阳县水上乡，脱离城厢镇管辖。1957 年底，水上乡复归城厢镇管辖。下辖厢湖、君山、城陵矶、月山、壕沟、西湖等 6 个高级渔业社。1958 年 10 月，岳州人民公社成立，水上乡更名为岳州公社洞庭分社，下辖风网、钩业、君山、东风湖等 4 个管理区。1963 年 4 月，洞庭分社更名为洞庭人民公社，下辖风网、轮驳、船厂、东风湖、吉家湖、捕捞村等 6 个渔业生产大队。1967 年 1 月“文化大革命”时期，洞庭人民公社改名红卫人民公社，1968 年 2 月，恢复为洞庭人民公社。1984 年 1 月，撤销洞庭人民公社称谓，成立洞庭乡政府，归郊区管理。2001 年 1 月，洞庭乡改制为洞庭街道办事处，下辖吉家湖、东风湖、捕捞村等 3 个社区。2007 年 7 月，冷水铺街道办事处沿湖社区、站前路办事处的西瓜山社区 2 个社区划归洞庭街道办事处管辖。2010 年始，洞庭街道办事处下辖吉家湖、东风湖、捕捞、西瓜山、沿湖 5 个社区。

洞庭街道自古为洞庭湖沿湖水网地域，所辖的吉家湖、东风湖历来为洞庭水量的蓄洪区，散布在沿湖至南津港一带的渔民以捕鱼为主。1958 年，北门渡口至城陵矶的沿湖大堤修筑后，洞庭公社先后在此修建东风湖、吉家湖 2 个渔场，及八仙台、捕捞等 2 个养殖基地。2006 年，街道办事处除做好大湖传统养殖外，还加大科技投入，实现网箱养殖和围栏养殖 1.2 万平方米。2007 年，完成渔业生产总值 1800 余万元，相继建立集餐饮、休闲于一体的吉家湖、八仙台渔家休闲中心，建设以渔都为中心的九华山渔馆一条街。至 2012 年，境内拥有民营企业 17 家，职工 400 人，年销售收入 4.7 亿元，年创税收 260 余万元。

街道域内交通便利，京广复线由南向北经过辖区的捕捞社区千亩湖和八仙台养殖场，洞庭湖大桥东段引桥由东向西跨越东风湖渔场。2005 年修建的沿湖大道风光带从城陵矶桂花园起，至北门渡口止，宽敞整洁，风光秀丽，既方便了交通，又起到防洪固堤作用。2001 年 11 月，吉家湖与东风湖吹填工程既加高加固了大堤，增加了数十万平方米的陆地面积。

岳阳楼街道

岳阳楼街道位于城区西部，北接洞庭街道的东风湖，南抵巴陵西路，东靠京广铁路，西濒洞庭湖。办事处驻地洞庭北路岳阳楼公园东门正对面，距岳阳楼区政府机关 3 公里。2012 年，辖区面积 5.76 平方公里，人口 4.89 万人，完成生产总值 9900 万元；财政收入 430 万元，比上年增长 13%，完成房产税任务 12 万元，规模工业生产总值 8254 万元，固定资产投资 5200 万元，其他各项经济指标均达到区定标准。

中华人民共和国成立前，域内属城厢镇第五保（观音阁）、第六保（岳阳楼）。1950 年，更名为城厢区第五与第六居委会。1958 年，更名为岳州人民公社城北管理区，下设观音阁、岳阳楼、洞庭路、南岳坡 4 个居委会。1960 年 1 月，更名为岳阳市北区。1963 年 4 月，撤市恢复城关镇后，更名为城北街道办事处。1975 年 12 月，复为岳阳（县级）市北区。1984 年 4 月，更名为南区洞庭路街道办事处。2001 年，更名名为岳阳楼街道办事处。2010 年始，下辖东湖、渡口、岳阳楼、郭亮、吊桥、剪刀池、马壕、洞庭路 8 个社区。

街道除所辖东湖、渡口、马壕 3 个社区外，其余地域为古巴陵城区。春秋为西麋城。公元 49 年，东汉伏波将军马援在此建巴丘邸阁。东汉建安二十年（215），东吴鲁肃改巴丘邸阁为巴丘邸阁城。西晋太康元年（280）建巴陵城。自此，辖内一直是历代岳阳古城的主要城址。今巴陵西路十字路口即为古城南方吊桥所在地。

60年代前，辖区内为沿湖岗丘地貌，高低不平，街道弯弯曲曲，房屋低矮狭小，破旧不堪。经过50多年的建设，从北门渡口至巴陵西路十字路口的洞庭北路，高低有所平缓，道路宽阔整洁，两旁商店林立。2006年，岳阳楼沿湖风光带二期工程竣工后，新建的汴河街多为明清仿古建筑，古色古香。恢复重建的古城南门瞻岳门及巴陵广场，沿湖1200多米长的古城墙，成为岳阳楼风景园区的主要景点，为古城增添了亮丽的色彩，辖区内古迹众多，有国家重点文物保护单位岳阳楼、文庙。

中华人民共和国成立前，境内仅有几个手工作坊。1951年，建立三五一七工厂，一直是共和国重要的军需工厂。1986年9月，建成庙前街综合性贸易市场，位于巴陵广场西侧，系仿宋古建筑群，占地3.67公顷，有营业铺面215个。至1989年，先后兴建橡胶、造纸、黄麻纺织、造船、制药、化肥、玻璃等工业企业114个，街道企业11个，一直是岳阳地、市、县主要的工业区。

辖区内的岳阳楼客运码头、南岳坡码头自古是岳阳城区的主要客运港口。洞庭湖大桥建成前，北门汽车渡口一直是湘北最大的汽车轮渡码头。

清光绪二十九年（1903）二月，在学道岭创办岳州府中学堂，（即岳阳市一中），为省属重点中学。至2012年，已有3万多名学生在此毕业，为国家培养、输送大批人才。此外，还有建校历史103年的岳阳市二中。建校历史达98年的区属岳阳楼小学。至2012年，境内拥有中学2所，小学5所。

吕仙亭街道

吕仙亭街道位于岳阳市城区西南部，东靠京广铁路，西临洞庭湖，南接湖滨（龟山），北抵巴陵西路。办事处驻吕仙亭，距岳阳楼区政府机关3公里。2012年，辖区面积5.7平方公里，户籍人口4.7万人。完成国民经济总值111087万元，民营经济产值34539万元，其中私营企业产值完成18452万元，主要经济指标均超额完成目标任务。

中华人民共和国成立前，办事处地域属城厢镇第一保、第二保。1950年6月，改为第一居委会、第二居委会。1958年10月，城厢镇成立岳州人民公社居民分社，设城南、城北2个管理区。解放路以南属城南管理区，辖先锋路、乾明寺、天岳山、金家岭4个生产队。1960年1月，城南管理区更名为岳阳市南区，下辖4个生产队更名为居委会。1963年4月，更名为岳阳县城关镇城南街道办事处。1975年12月，城南街道办事处更名为岳阳市南区。1984年4月，岳阳市南区分为解放路和吕仙亭2个街道办事处。吕仙亭街道办事处下设白水村、韩家湾、磨子山、先锋路、芋头田、羊叉街、吕仙亭、鄢家冲、南津港、湖滨10个居委会，办事处机关驻洞庭南路。2001年9月，撤销解放路街道办事处，与吕仙亭街道办事处合并。2009年8月，新成立三角线社区居委会。

办事处自北而南有印山、磨子山、白鹤山、新建山等岗丘。东南方的南湖，水面1266.67公顷，与洞庭湖相通，周围有赶山、龟山、艑山等山，山水相映，风景秀丽，可与“浓妆淡抹总相宜”的西子湖媲美，被誉为东方的“日内瓦”，已开辟为风景旅游区。洞庭湖边的南津港，宋代即为著名的南京古渡。“港则有南津，县南二里，通洞庭湖为泊舟处”。明成化年间（1464—1487），“岸有市肆”，商贾云集，热闹异常，往来船只，日夜不停。16世纪后，因兵灾战乱，南津古渡成为废墟。后虽几度兴衰，终不能复昔日旧景。南津港至吊桥一带，向为荒郊野岭，明清时，始建街市瓦肆，但仍属巴陵城郊，街巷狭窄，市面紊乱，有主街 2 条，小街巷 54 条，街巷纵横交错。房屋以低矮古旧民房为主，属岳阳市老城保留区。70 年代，扩宽、延伸街道 10 余条，新铺设沥青路面 5 条，市容大为改观。自巴陵路口商业大厦至南津港的洞庭南路，全长 2130 米，宽 8 米，将南正街、天岳山、羊叉街、茅草街连成一体。

境内名胜古迹有晋代所建的慈氏塔，为湖南省重点文物保护单位。白鹤山上的吕仙亭，建于北宋年间，“文化大革命”中被拆毁。还有始建于唐朝的吕仙道观。整个主殿为三层混凝土框架，仿古建筑，五脊顶，高 20.5 米，建筑面积 800 平方米。一楼吕祖殿，二楼玉皇殿，三楼三清殿。三层殿上下雕龙绘凤，斗拱重檐，古色古香，神采飞扬。后又修建真武殿、天师殿、山门、斋堂、放生池、客房十二间等。现在的吕仙观是绿成荫，树成行，古庙换新容。

境内的南正街（今洞庭南路一部分）与竹荫街（今解放路）一带，为老城区繁华商业区，商业店铺星罗棋布。辛亥革命后，南正街一带屡遭劫难。1949 年始，南正街又成为商业闹市区。1958 年“大跃进”时建成的南货大楼与百货大楼为当时城区 2 个最大的商场，5 层楼高的岳阳饭店为当时全城最高建筑。至 1989 年，境内有商业网点 333 家，个体户 280 户。位于巴陵西路与洞庭南路交叉处的商业大厦，建筑面积 1.45 万平方米，高 21 层，属综合性商业服务大楼，也是当时全城最高建筑。街河口、南岳坡、油榨岭、金家岭、玉清观、梅溪桥、观音阁、邓家湾、三教坊等地，依然为老城区居民点，人稠户密，房屋低矮，小巷曲折。

中华人民共和国成立前，境内无工厂、企业。至 1989 年，有木材、轧钢、水泥、化肥、食品、化工、酿酒等工业企业 129 个。办事处所属区街企业 25 个，从业人员 492 人。各业总产值 1071 万元。位于先锋路东面的岳阳火车站，每天运送成千上万的旅客。驻处范围内的铁路单位 22 个，铁路职工家属 5000 多人。新印山、磨子山为铁路职工家属区。境内还有厂矿铁路支线 6 条、沿湖铁路 1 条，共长 3683 米。位于红船厂的岳阳港务局，为典型的内河港口，共有码头泊位 13 个，年吞吐量 294 万吨。境内商业与集市贸易繁荣兴旺。火车站周围的先锋路、建设南路一带，国营、集体、个体商业网点星罗棋布，为城区繁华的商业区域。共有各种商业网点 537 个，集贸市场 2 个，个体户 323 户。鱼巷子集贸市场为全市最大的水产品交易市场，日成交额达 4 万多元。国营、集体、个体经济互为补充，活跃了市场经济。1989 年，境内有街道企业 14 个，从业人员 680 人，各业总产值 1389 万元。1997 年，完成社会总产值 11026 万元。

东茅岭街道

东茅岭街道位于城区中部商贸繁华闹市区，东起迎宾路，西抵京广铁路，南接青年中路，北联巴陵中路。办事处机关驻东茅岭路 22 号，距岳阳楼区政府机关 1.8 公里，辖区面积 5.31 平方公里，常住人口 5.7 万人。2012 年，非公有制经济完成 8.6 亿元，上缴税金 1.06 亿元；完成招商任务 4.5 亿元，完成项目投资 13.22 亿元，完成年度房产税征收任务 115.6 万元，同比增长 18%；新增纳税户 38 户，增长 8%。从省、市为街道各部门争取各项资金 62 万元，为辖区各社区争取各项款项 33 万元。

1949 年，辖区内属岳阳县城厢镇第七保（德胜门）。1950 年，属城厢区附城乡。1953 年 4 月，属第八居委会（城郊居委会）。1955 年 9 月，设立德胜门居委会。1955 年下半年，更名为德胜初级农业合作社。1957 年，升级为高级农业合作社。1958 年，更名为岳州人民公社郊区分社德胜农业生产大队。1962 年，属岳阳市郊区。1963 年 3 月，更名为岳阳县城关镇郊区公社德胜大队。1975 年 12 月，城北办事处东茅岭居委会与城南办事处胜利居委会合并成立东茅岭街道办事处。1976 年 10 月，更名为岳阳市东区。1984 年 4 月，岳阳市（地级）南区成立，东区更名为南区东茅岭街道办事处。下辖东井岭、学坡、桥头、东茅岭、得胜、土桥、岳东 7 个居委会。2008 年，调整为炮台山、柴家山、年丰巷、东茅岭、学坡、桥头 6 个社区居委会。

60年代前，东茅岭至五里牌一带岗岭交错，湖汊纵横，住户稀少，满目荒山野岭，只有学坡、德胜门、炮台山一带辟有少量菜地。那时，岭上长满茅草，因其位于古城以东，故名东茅岭。1964 年，岳阳设立专署，因当时老城区面积狭小，岳阳地委、地区专员公署、岳阳军分区等地直机关均设于岭东的炮台山南北两侧。东茅岭至五里牌一带逐渐发展为新城区。岗丘被削低，湖汊被填平，一栋栋办公楼，一座座商店，以及宿舍楼、医院、邮局、影剧院、书店、学校纷纷建成，新的街道逐渐形成。并取代铁路以西的老城区，成为当时岳阳政治、文化与经济中心。

1982 年，随着巴陵大桥建成通车，新老城区连成一体，东茅岭变得更加繁华热闹，所有临街房屋均被改造成商业铺面。1985 年 10 月建成巴陵大桥集贸易市场，成为当时湘北最大的集贸市场。九龙、九州、九方、一百、世纪星等大型商场在桥东巴陵东路与东茅岭路之间，构成一个巨大的商业网络。2002 年，这片商业繁华区域被改造成商业步行街，使东茅岭又成为岳阳城区重要的商业经济中心。

2010 年 12 月，东茅岭商业步行街地下人防工程动工，建成的地下步行街从巴陵大桥经东茅岭路地下至国大，设计为地下二层，总建筑面积约 9 万平方米，总投资约 10 亿元。地下一层为地下商业街兼过街道，主要用于疏导人流，极大方便行人过街，解决人车混行的交通现状。同时还能将周边商户连接成片，集成商业人气繁华的东茅岭商圈。地下二层部分作为地下停车场，可以缓解此处停车泊位紧张，地面交通压力大的矛盾。在重大自然灾害、突发事件发生时，该工程可以作为人员避难、救援、临时安置场所和消防专用疏散通道。战时可作为机动疏散干道、人员掩蔽部、战备物资库。

辖区内有中央、省、市、区机关及单位 104 个。有市立中学 1 所、小学 3 所，市立医院（岳阳市第一人民医院）1 所，社区医院 1 所，影剧院 1 个，工人文化宫 1 个，1964 年修建的东风广场为全市最大的群众性集会与体育运动场所。

金鹗山街道

金鹗山街道位于城区东南部，东接迎宾路，西抵京广铁路线，南濒南湖水，北临青年路。办事处机关驻求索西路 402 号，距岳阳楼区政府机关 4.3 公里。2012 年，辖区面积 14 平方公里，常住人口约 10.8 万人。

《岳阳市南区志》载："金鹗山在县南二里，相传有异鸟飞集于山，其色如金"，故名金鹗山，又名金鸡山。金鹗山街道办事处因金鹗山而得名。

民国时期，金鹗山街道办事处地域属城厢镇第七保（得胜门），1950 年，属岳阳县第一区城乡。1952 年，改属城厢金鸡乡。1953 年 4 月，属第八保（又叫城郊）居委会。1955 年 9 月，城郊居委会划为 5 个郊区居委会，金鸡乡地域分属白水村、五里牌 2 个居委会。1957 年下半年，改为白水村、五里牌 2 个初级农业合作社。1957 年合并升级为高级社，原金鸡乡地域又设立金鸡、南井 2 个高级农业合作社。1958 年，金鸡、南井 2 个高级社改为 2 个生产大队。1960 年，郊区更名为郊区公社（又叫城郊办事处），南井大队仍属县城在镇管辖。1975 年 12 月，郊区公社更名为城郊公社，金鸡、南井仍属城郊公社。同时新设岳阳市东区，原南区太子庙居委会、华铁居委会划归东区管辖。1984 年，以金鸡、南井 2 个大队及太子庙、华铁居委会地域组成南区金鹗山街道办事处，设太子庙、华铁、螺丝港、万家坡、金鹗山、南湖渔场 6 个居委会。1995 年，麦子港社区居委会成立，南湖渔场社区居委会划归南湖经济开发区管理；1997 年，金鹗苗圃总公司划归街道办事处管辖，2000 年 4 月，成立夏万路社区居委会。是年，吕仙亭街道办事处所辖的南津港社区居委会划归金鹗山街道办事处管辖；螺丝港社区居委会划归东茅岭街道办事处管辖（后与炮台山社区居委会合并），麦子港社区划归三眼桥街道办事处管辖。是年 3 月，成立新港社区居委会。2001 年 1 月，新港与华铁合并，成立螺丝港社区居委会。随后，巴陵公司南湖社区居委会成立。2006—2009 年，新增新桥巷、鹗西路、岳荣、重湖等 4 个社区居委会，共辖 11 个社区居委会。

辖区内地势东高西低，属沿湖板页岩构造。金鹗山峰峦盘结，绿树成荫，主峰海拔 97 米，为城区最高点。南湖有水面 1266.67 公顷，与洞庭湖相通，周围有赶山、龟山、徧山等山，山水相映，风景秀丽，可与杭州西湖媲美，已开发为南湖风景区。南湖北侧的南湖广场，1992 年动工兴建，1994 年 4 月竣工，总面积 1.6 万平方米，成为中心城区南北景观轴线的终点、市区与度假区的过渡区域，也是岳阳国际龙舟节庆典活动和市民休闲、集会中心。

1984 年前，街道办事处地域基本上属农业区，以种植蔬菜为主。随着城市建设的日益发展，蔬菜种植面积减少。至 1989 年，域内有工厂企业 21 个，其中办事处企业 14 个，从业人员 330 人，各业总产值 623 万元。2006 年，完成国内生产总值 24500 万元，固定投资总额 3800 万元，招商引资总额 3000 万元，民营经济总产值 67400 万元，民营经济增加值 18200 万元，规模工业产值 4000 万元，民营企业 40 家，个体工商户 2400 家。2007 年，完成 GDP 突破 4 亿元，第三产业占 GDP 的比重达 57%。

辖区内有市三医院、爱康医院（原铁路医院）2 家医院；文化教育设施较为齐全，市第六中学为计算机专业学校，区属小学 2 所，分别为南津港小学、金恒小学；太子庙社区、螺丝港社区、万家坡社区内拥有都市精灵幼儿园、实验幼儿园、小海龟幼儿园等 13 所系统化素质教育基地。文化体育蓬勃发展，有南湖广场、金鹗公园、岳阳市体育馆等文化体育场地。

至 2012 年，先后获“全国示范和谐社区”“全国青年文明社区”“全国群众体育先进社区”“全省社区建设示范区”“全省最充分就业社区”等荣誉称号。

枫桥湖街道

枫桥湖街道位于中心城区北部，东连冷水铺路，西毗建设路，南邻站前西路，北接北环路。办事处机关驻 洞庭大道 83 号，距岳阳楼区政府机关 1.88 公里。2112 年，辖区面积 7.53 平方公里，户籍人口 35186 人；完成非公有制经济增加值 19.2 亿元，其中有私营企业 186 个，从业人员 7186 人；个体经营户 2540 个，从业人员 5860 人。

中华人民共和国成立前，辖区内系城厢镇第八保。中华人民共和国成立后，属岳阳县第一区和平乡，后改附城乡。1951 年 7 月，划归城厢镇管辖。1958 年 10 月，属岳州人民公社郊区分社。1959 年，郊区分社分为联滨、五里2个公社。1960年1月，联滨分社、五里分社合并为郊区分社，与梅溪分社分属岳阳市管辖。1961年10月，郊区分社分设为五里公社、城郊办事处；原梅溪分社部分生产大队并入五里公社，下辖7个大队，因公社驻地设五里牌，故称五里公社；城郊办事处设东茅岭，下辖5个生产大队。1963年4月5日，郊区办事处更名为郊区，下辖德胜、汴河、南井3个蔬菜生产大队，五里公社划归岳阳县管辖。1969年2月，五里公社划归城关镇管辖，下辖望城、望岳、光辉、前进4个农业生产大队，其他大队仍属梅溪公社。1975年10月，梅溪公社共同、硚石、梅溪、建设、黄金5个大队划归五里公社。是年12月29日，梅溪公社红光、东风、白石、五星、光明大队，郭镇公社蔡家大队，康王公社奇家大队划归五里公社。1978年2月，五里公社划分为五里公社和北港公社，五里公社下辖10个大队、1个农科所。1979年，五里公社更名为城郊公社。1982年1月，五里公社属市郊区管辖。1984年4月实行政社分离，城郊公社更名为郊区五里乡，下辖铁炉、德胜门、岳城、城郊、金鹗、南津6个行政村。1998年12月，铁炉村王家组划归南湖旅游度假区。2002年7月，岳阳楼区区划调整，五里乡改制为新路口街道办事处，各行政村更名为社区居委会。2007年，区划调整，新路口街道办事处更名为枫桥湖街道办事处，调入琵琶王、湘爱园、枫桥湖等3个社区，调出岳荣、铁炉2个社区。调整后下辖新胜、湘爱园、枫桥湖、岳城、康岳、琵琶王6个社区。

辖区内地形自东南向西北倾斜，为滨湖岗丘地带，岗岭参差，湖汊密布，原为纯农业地域。随着岳阳城市的发展，80年代，全部改为以种植蔬菜为主，汴河、德胜、南津3个蔬菜大队为城区主要蔬菜供应基地。随着城市的不断东移北扩，境内地域变为新的城区。80年代，社队企业生产红火，先后建有乳中厂、蘑菇场、水泥电杆厂、玻璃钢厂、造纸厂、印刷厂、劳保加工厂、饮料汽水厂等86个生产项目，年总产值3800余万元。1995年，被国家授予中国乡镇之星称号。

至2012年，境内先后建有市中医院、社区医院各1个，小学4所，基本满足街道群众文化教育及卫生服务方面的要求。

站前路街道

站前路街道位于中心城区，东起建湘路，西至得胜北路，南临巴陵中路，北抵京广铁路。办事处机关驻站前西路华嵩大厦10楼，距岳阳楼区政府机关1.6公里。2012年，辖区面积2.02平方公里，常住人口24422人，完成国民生产总值10.17亿元，完成固定资产投资（第三产业）9.47亿元，完成私房出租税115万元。

境内所辖地域原属东茅岭与五里乡管辖。1994年，岳阳火车新站建成后，建成连接得胜北路、建湘路的站前路。市政府将东茅岭街道办事处管辖的德胜、站前2个居委会划归经开区管理。2006年3月21日，市政府将站前管理处整体移交给岳阳楼区管理，更名为站前路街道办事处。下辖德胜、新站、铁路新村、望城岭、西瓜山5个社区居委会。2007年，西瓜山社区居委会划归洞庭路街道办事处管辖，新站社区所属连云路以东析置成立连云路社区居委会，归站前街道办事处管辖。

境内地域原为荒山野岭，除德胜门一带为以种蔬为主的农业生产队外，其余皆为以种植水稻为主的农业生产队。抗日战争时期，今新火车站一带被称为岳阳楼以东野地，侵岳日军为防突袭，在这一带周围20里范围内，设有数十个弹药库，各库之间修有小型公路可以通行。抗日战争胜利后，中国军队接受侵岳日军投降时，在今火车站前空坪里，即停放有日军汽车700多台、汽油近千桶。

1994年，岳阳新火车站建成通车后，成为岳阳城区乃至湘北最大的客流集散地。此后，围绕火车新客站，这一带又发展成为城区新的商业物流及消费中心。至2012年，境内共建大型宾馆餐饮店15家，大型市场16个。其中有全市最大的商品卖场沃尔玛超市，全市最大的小商品批发市场泰和市场，全市面积最大的商贸中心光宏国际广场，全市一流的泰和、中达、中迅、中银等星级宾馆，湘北最大的图书市场岳阳图书城。

2012年，辖区内有中学2所、小学2所，医院2所。

五里牌街道

五里牌街道位于城中心，东起琵琶王路，西抵南湖大道，南临金鹗中路，北至巴陵中路。办事处机关驻五里牌东路文昌巷26号，距岳阳楼区政府机关约1.5公里。2012年，辖区面积约7平方公里，常住人口6.8万人，流动人口约2万人；街道下辖杨树塘、五里牌、高山坡、花板桥、古井、四化建、佘家垅、运通街、新城等9个社区居委会；完成GDP162500万元，占年计划130%；固定资产投入完成81972万元，占年计划132%；新增7家年税30万元的民营企业；新增民营企业7家，达到280家；新增个体工商户23户，达到2867户，从业人员16785人。

五里牌名称与古代中国的驿道有关，朝廷为方便邮差和送达命令，会在城郊五里左右的地方设一块点，便于管理，曾经的五里牌在今五里牌路五里巷入口处，因城市建设已拆除，辖区地势自东南向西北倾斜，岗岭纵横，三面环水，属滨湖地带，后经城市的不断建设，这些地理特征已基本消失，取而代之的是宽阔整洁的街道和林立的高楼。2012年，辖区内绿化率42%，地面硬化率95%。

1984年4月，原五里公社地域改为南区五里牌街道办事处，下设奇家岭、花板桥、五里牌、四化建、岳城、杨树塘6个居委会。1989年，新增高山坡居委会，办事处机关设在五里牌。1996年6月，更名为楼区五里牌街道办事处。2007年，经区划调整辖五里牌、杨树塘、佘家垅、古井、高山坡、花板桥、四化建7个居委会。2009年底，街道办事处办公楼从嘉美巷迁至五里牌路文昌巷，2011年，设立运通街社区。2012年，岳阳市机床厂家属区与天伦城区域组成新城社区。

五里牌街道办事处是岳阳市的中心城区。2012年，辖区内有市委，楼区区委、区政府等117个单位。有技校1所，中学4所，小学3所，幼儿园20所，有在校小学生2886人，幼儿1530人，在职教师160人，幼师171人。境内高楼林立，商贸繁荣，是全市政治、文化、经济中心。

1984年，街道组建基建队、木器厂、汽车蓬垫厂等街道企业，1989年办事处属企业增至8个，从业人员130人，各业总产值380万元。2009年底，8个企业全部改制。

三眼桥街道

三眼桥街道位于城区中心地域。东达王家河大桥，南接三眼桥，西抵南湖大道，北至金鹗中路。办事处机关驻花板湖路9号，距岳阳楼区政府机关4公里。2012年，辖区面积3.6平方公里，户籍人口47192人。

随着岳阳城市的东移北扩，花板桥地域逐步发展成为城区。2001年9月，区政府调整区划，在此地域设立三眼桥街道办事处，将五里牌街道朝阳、白杨坡、岳磁3个社区居委会，金鹗山街道麦子港居委会划归三眼桥街道。2002年，将北港乡桃花山、学院路社区居委会划入。2007年2月，学院路社区并入岳磁社区，同时新成立尚书山社区。是年7月，全区进行区划调整。岳磁社区划入奇家岭街道，奇家岭街道鲤鱼嘴社区划入三眼桥街道，枫桥湖街道铁炉社区的柴家、白杨、李家和八中4个居民组划入三眼桥街道，更名为李家冲社区。

辖区内教育资源丰富。有湖南理工学院（西院）、岳阳市第八中学、第九中学、屈原大学附中、市体育学校、朝阳小学、蓓蕾幼儿园等一整套从幼儿到成人高等教育机构。有市图书馆、岳阳楼妇幼保健院等文化教育设施。

洛王街道

洛王街道位于城区东中部城乡结合处，东连经开区通海路管理处，以王家河上游撇洪渠为界；西与枫桥湖办事处接壤；西北抵京广铁路；南望王家河办事处，巴陵东路贯穿其中；北抵梅溪乡。办事处机关驻冷水铺路129号，距岳阳楼区政府机关3公里。2012年，辖区总面积7.56平方公里，户籍人口58738人；街道规模工业增加值累计完成21050万元，占年计划100.06%；非公有制经济增加值累计完成42804万元，占年计划100.09%；非公有制经济税金累计完成3343万元，占年计划100.24%。

中华人民共和国成立前，辖区属岳阳县和平乡。至1979年，洛王先后划归五里、梅溪、北港管辖。1979年8月，在梅溪公社知青点的基础上，设立岳阳市北港知青综合场，将北港公社所属的茶、渔、林场和综合场（岳阳港务局知青点），以及穿插在场中间望城大队的洛王、城乡、琵琶、老杨队，望岳大队大桥队、茶场5个队连片划归岳阳市北港知青综合场管辖，下设洛王工区、大桥工区、北港、园艺场、茶场。1979年，依托大桥湖水面成立畜牧水产养殖场（渔场），由岳阳市直属管理。1980年1月正式成立党委、场部等党、政领导机构及职能部门。1984年4月，北港知青综合场划归郊区管辖。主要安置长沙、湘潭、岳阳等大、中城市知识青年。辖区面积10平方公里，人口不足2000人，下设洛王工区、园艺场、大桥工区、茶场、畜牧水产场，21个村民小组。1988年，岳阳市北港知青综合场更名为岳阳市新洛实业总公司，除党、政班子，其他部门按企业机构设置。1989年，撤销岳阳市新洛实业总公司，恢复岳阳市北港知青综合场。1991年，为搞活经济成立知青场养殖场，将大桥工区、茶场部分土地划归养殖场管理。1996年4月，洛王工区和渔场2个村级单位仍属北港知青综合场，面积缩减至4.24平方公里，由岳阳楼区管辖；王家河以东的大桥工区、茶场、养殖场划归经开区管辖。2002年8月，北港知青综合场更名为洛王街道办事处；洛王工区更名为洛王居委会，渔场更名为花园坡居委会。2003年12月，在岳阳市郊区建委开发的新宇开发区成立藕塘坡居委会。2004年10月28日，在深圳特力集团岳阳分公司开发的湘北大市场、知青场开发的东方私营街成立瑶塘坡居委会；2007年2月，在琵琶王立交桥拆迁户安置点、郊区建委开发的雷锋山居民点成立雷锋山居委会。2007年7月，将京广铁路以东原北港（现奇家岭）街道办事处凉亭山社区潘家、望岳、刘家、李树4个组划归洛王管理，成立大桥湖居委会；将五里牌办事处琵琶王社区的市制药三厂（现名健朗药业）、琵琶王立交桥正北岳阳楼区建设局开发的琵琶王小区划归洛王社区；将巴陵东路以北原北港(现王家河王家桥社区）鲁家坡组划归雷锋山社区。自此，洛王办事处下辖洛王、花园坡、大桥湖、藕塘坡、瑶塘坡、雷锋山6个社区。

辖区呈丘陵地貌，地势中部隆起，有东北西南走势的雷锋（轰）山一脉；东部大桥工区和茶场山、地相间，植以橘、茶及杂树，中间有王家河上游湖港直抵洛王工区大桥组山丘腹地。70年代末以前，这里是山树粮田的农村景状；建场后，除山地外，粮田逐步被改为四季菜园。1992年，巴陵东路开通，境内逐步由郊区农村转变为新兴城区。1997年4月开工、1999年12月竣工的琵琶王立交桥，是岳阳城区第一座三层式全互通立交桥，将冷水铺路、北环路、东环路、巴陵东路、巴陵中路等城区主要干道沟通连接，促进境内城市化进程。辖区主干道冷水铺路、巴陵东路、北港北路的建成通车，吸引大量单位和外来人员到洛王置业，琵琶王小区、湘北市场小区、新宇小区、化建小区、新电花园小区、政府廉租房项目、经济适用房项目等陆续落户境内。除洛王社区大桥组、上屋组外，辖区已经建成大街小巷四通八达、楼房成片、门店密布的新兴城区。

1979年8月前，辖区居民沿袭祖祖辈辈的农耕生活，主产水稻等农作物。成立知青场后，以知识青年为主力的劳动大军，在洛王工区、茶场、大桥工区开山造果园，建茶园，出产的无核蜜橘、北港毛尖曾享誉岳阳；同时，开始四季菜园的建设。1982年，洛王居民身份从农民改为菜农。80年代始，先后创立的乡镇集体企业有岳阳市海绵制品总厂、岳阳市机动车检测中心、岳阳市东方机械化公司。1993年，引进岳阳天龙皮革制品有限公司。 1996年，引进岳阳华日汽配有限公司。2003年，建成华日汽配汽贸城。另外，还有岳阳楼区建筑六公司、洛王家具厂、洛王驾校、翠芳塑料厂、北港茶厂、洛王定点屠宰场等企业上马。2000年12月后，知青场全部乡镇集体企业改制完毕，进入民营企业时代。名茶“巴陵春”获湖南省名牌产品称号，海绵畅销湘鄂。

王家河街道

王家河街道位于中心市区，东邻北港河，南抵金鹗东路，西临琵琶王路，北靠巴陵东路。办事处机关驻岳阳市青年东路王家河大桥西侧鑫泓路，距岳阳楼区政府机关4公里。2012年，辖区面积3.43平方公里，户籍人口4.23万人；实现地区生产总值4.53亿元，完成招商引资2.36亿元，完成财政收入634.76万元，房屋出租税收20.7万元。各项经济指标稳中有升，全面完成区定任务。

中华人民共和国成立前，辖区属岳阳县和平乡。中华人民共和国成立后，属岳阳县一区附城乡。1953年6月，属城厢区附城乡。1956年7月，属枫树高级农业社。1958年10月，属梅溪人民公社北望城大队。1961年，并入五里公社，属城关镇管辖。1978年2月，五里公社分为五里、北港2个公社，望城大队隶属北港公社。是年7月，望城大队更名为枫树岭大队。1984年4月，枫树岭大队更名为北港乡枫树村，属岳阳市郊区管辖。2002年，北港乡改制为北港街道办事处。2007年，北港街道办事处一分为三。以枫树岭、王家河、枫树新村等3个社区，加上后设立的东升、海棠2个社区，新成立王家河街道办事处，下辖枫树岭、东升、王家河、海棠、枫树新村5个社区居委会。枫树岭村所属鲁家组从巴陵中路为界，以北划归洛王街道雷峰山社区；岳阳大道以西至求索路以北的枫树岭组2002年成立鲤鱼嘴社区，划归三眼桥街道，下王家组琵琶东路以西部分划归五里牌街道；易家组岳阳大道以西部分划归三眼桥街道桃花山社区。

街道东面的王家河，1982年市政府编印的《岳阳市地名录》地图上注明为北港河。北港河入南湖口处，旧时无桥，人们来往须乘渡船。当时，河西岸有一王姓独立住户，长年累月靠摆渡为生。冬天水枯时，则摆石块搭便桥方便行人。久之，人们将此渡口称王家河，而北港河名称反而被人遗忘。王家河街道由此得名。

辖区自古为岗岭坡丘和湖汊环境，为传统农业区。80年代后，随着城市的东移北扩，逐渐发展为新兴的城区。至2012年，境内有14个行政企事业单位，中学1所、小学2所，幼儿园13家，医疗诊所15家。

奇家岭街道

奇家岭街道位于城区东南城乡结合部，东与经开区康王乡接壤，南与郭镇乡毗邻，西、北抵南湖，与三眼桥街道隔湖相望。办事处机关驻蔡家社区新赵组学院路西侧，距岳阳楼区政府机关7公里。2012年，辖区面积16.79平方公里，户籍人口36439人；上市蔬菜53万担，出栏生猪6.8万头，出笼家禽12.7万羽、鲜鱼产量510吨，粮食产量800吨，实现农业产值1.3亿元；共完成社会总产值10.65亿元，为年计划的111%；完成固定资产投资2.51亿元，为年计划的102%，征收房屋出租税35.51万元，为年计划109%。

中华人民共和国成立前，辖区属明德乡管辖。1949年7月，明德乡划归一区（新开塘）管辖。1950年7月，明德乡政府附城乡，属城厢区管辖。当时位于南湖支流北港附近的农村地域，正式成立为一乡，称北港乡，属岳阳县二区（城陵矶）管辖。1956年1月，全县撤区并乡，取消北港乡。位于枫树一侧的枫树、丰光、晨光、曙光4个初级农业合作社合并为枫树高级农业合作社。1958年，枫树高级社更名为梅溪人民公社北港大队。1961年，梅溪公社并入五里公里，属岳阳县城关镇管辖。1978年，五里公里望岳、望城、五星、北港、奇家等5个生产大队，郭镇公社蔡家大队共同组建北港公社。公社名称因北港河而得名。1984年4月，北港人民公社更名为北港乡，属岳阳市郊区管辖，下辖6个行政村、57个村民小组。1992年，新增白杨、林场、新建3个村。1996年4月，北港乡北港村、八字门村划归经开区，郭镇乡木鱼村划归北港乡。2002年7月，北港乡政府改制为北港街道办事处，下辖6个居委会，2007年7月，北港街道办事处所辖地域大部分进行调整。三眼桥以南的奇家、蔡家、畔湖湾3个社区，及新增的岳磁、学院路2个社区和郭镇乡仓田村组成奇家岭街道办事处。

辖区地势东高西低，属岗丘地貌，北面、西面为风光秀丽的南湖。历来为传统农业地区。1978年北港公社成立后，建有6个社办企业，年产值300万元。80年代，企业发展至11个，为全乡安排大量的就业人员，创造了大量财富。90年代，随着市场经济的建立和运行，这些乡办企业，或拍卖，或改制为私营企业。2007年，原北港街道一分为三。北港街道办事处更名为奇家岭街道办事处，所属奇家、蔡家、畔湖湾及仓田村社区居民以蔬菜养殖业为主。学院路、岳磁社区主要以原岳阳起重电磁铁厂为基础，从事电磁铁行业，其中奇家岭地段依托湖南理工学院从事餐饮服务、日用百货、房屋门面出租及建筑机械、建筑材料为主的第三产业，年上缴国地两税收入648万元。

辖区内的湖南理工学院，前身为1969年创办的岳阳师范专科学校，至今已发展成为拥有2万多名学生的本科院校，是全市唯一的一所本科院校。此外还有由岳阳师范学校扩建而成的湖南民族职业学院、岳阳职业技术学院，成为岳阳城区最大的文化教育区。

专记　社区建设

1999年，区委、区政府根据全区实际情况，决定在居委会基础上大力推进社区建设。

2000年10月，区政府组织有关人员到东北三省、山东、武汉、长沙等地认真考察社区建设情况，并结合本区实际，拿出全区社区建设方案。为保证社区建设工作的顺利开展，区委、区政府在高山坡居委会进行试点，以社区服务中心为载体，以居民为服务对象，规范社区老人生活保障制度，联办社区幼儿园、社区医院、社区商场等服务实体。11月，岳阳楼区被正式列为湖南省社区建设实验区。2001年，全区许多居委会各自建立社区服务商业网络、社区服务热线电话、钟点工服务部等名目繁多的服务实体。按照1000—2000户的规模，将75个街道居委会调减为55个社区居委会，并根据群众认可、体现地域特色的原则，对社区命名。是年10月，民政部部长多吉才让到岳阳楼区视察，对全区社区建设取得的成绩予以充分肯定。2002年，将五里乡、北港乡、洞庭乡和知青场等4个城市中的乡村整体改制为4个街道办事处，15个村直接改制为社区居委会；将解放路街道办事处并入吕仙亭街道办事处，新成立三眼桥街道办事处，全区社区居委会增至70个。是年9月，在吉林省四平市召开的全国社区建设工作会议上，岳阳楼区被民政部授予全国社区建设示范区称号。

2003年，区委、区政府将社区建设列为全区三件大事之一，围绕强化社区功能、搞好社区服务、优化社区环境、促进社区文明等工作目标，大力推进社区基层组织建设。出台《关于切实加强街道社区党建工作的意见》《关于切实加强社区建设的意见》等文件，成立社区党建、社区建设领导小组。各社区或单独或联合建立社区党支部，全区共建社区党支部63个。各社区组建社区居民代表、社区单位代表、人大代表、政协委员和社会知名人士组成的社区成员代表会，逐步健全完善议事规章制度，形成对涉及社区全体居民的公共事务由社区成员代表会民主表决，实施民主监督的决策机制，推进社区民主化进程。同时，在现有社会群众性组织的基础上，按照社会中介组织的规范和要求，培育若干专门性的中介组织，如社区志愿者服务组织、社区老年人协会、社区卫生协会、社区文化团体等，是年，全区各社区共建各种组织1000多个。区委、区政府决定，每个社区居委会要有200平方米的办公用房，并统一标准、统一装修、统一格调；要有100平方米左右的社区居民活动场所，设立老年活动、文化娱乐、少儿活动中心和市民学校等项目。

区委、区政府将2005年确定为“社区建设年”，以党建为依托，以扶建为手段，以共建为动力，掀起社区建设高潮。开展“三挂一扶”（即领导挂点、单位挂钩、干部挂职，部门帮扶）、“两联一为”（即党政机关联系社区、党员负责干部联系困难户，每名党员为社区办一件实事）活动。3月17日，岳阳楼街道办事处九华山社区“爱心超市”挂牌成立，市委书记易炼红剪彩，并捐献价值近千元的棉被10套。市区许多部门与党员踊跃捐款捐物。是年，全区建立较大规模“爱心超市”12家，接受捐赠财物价值50多万元，帮助困难群众3000多人次。全区以“爱心超市”为龙头，建立形成爱心低保、爱心就业、爱心诊所、爱心书屋等多门类、多方位的立体社会救助服务体系，营造“人人爱我，我爱人人”的社会和谐氛围。区财政投入218万元，新建或改扩建20个示范社区，提高社区居委会的财政补贴拨款，提高工作人员待遇。各街道社区还大力整合社会资源，相继投入4400多万元，维修改造小街巷158条，加强社区社会治安综合治理工作，维护社区治安环境。是年，岳阳楼区被省委、省政府评为全省创建和谐社区先进县市（区），岳阳楼、洛王街道办事处被评为全省创建和谐社区先进街道，南津港、南湖、郭亮等社区被评为全省创建和谐社区先进社区。

2007年5月，区委、区政府制定《岳阳楼区创建和谐社区实施方案》，成立和谐社区建设工作领导小组，开展创建和谐社区活动，提出社区建设要达到“自治好、管理好、服务好、治安好、环境好、风尚好”的目标，具体要求落实“五个一”创建目标，即：有一个1000平方米以上的文化活动广场，有一个1000册以上的图书阅览室，有一个10平方米以上的宣传文化长廊，有一个集棋牌、健身于一体的文化娱乐活动室，有一支艺术水准较高的文艺队伍。同时，全面推行社区文化活动日制度，要求创建单位每月确定一个主题，以歌舞、诗歌朗诵、棋牌比赛等群众喜闻乐见，便于参与的形式开展活动，营造浓郁的基层文化氛围。全年新建、改扩建13个社区办公用房，面积达4000多平方米，总投资350多万元。2009年，完成6个社区办公用房的新建和改扩建任务，依法依规开展第七次社区居委会换届选举工作。岳阳楼区被评为全国和谐社区建设示范城区。2010年，全区建立较大规模的就业平台11个，设立劳动保障服务站117个，成立16个社会救助工作站、32个社会救助服务站。建成14个社区卫生服务中心、33个社区卫生服务站，形成15分钟社区卫生服务圈。按“一居一警”原则，各社区普遍建立社区警务室，配齐社区民警。

至2011年，全区共投入5400多万元，新建68个社区办公用房，改扩建19个社区办公用房。各社区办公经费由2003年的3万元提高到11万元。

人　物

一、传　记

（一）本籍人物

（以卒年为序）

韩希孟

韩希孟（1241—1259），女，巴陵城区（今岳阳楼区）人。北宋抗金名将魏国公韩琦五世孙，嫁于宋贾尚书五代孙贾琼为妻。希孟年少聪慧，知书善文，为当时岳州有名的才女。南宋开庆元年（1259），元兵南侵攻占岳州，希孟为元兵所掳，欲献其主将。希孟不甘受辱，投水而死。三日后，其尸浮出水面，邑人将其尸打捞出水。得五言绝命长诗于练裙带中，后因人称此诗为“练裙带诗”。全诗共78行，390字，字字句句，泣血带泪，悲婉激切，词意壮烈。300年后，明岳州知府李镜感其事迹，上奏朝廷，为其专祀。嘉靖年间，知府肖晚在城北七里山希孟投江之处，岳（飞）武穆祠之左，为其立祠，曰贾烈妇韩氏祠，并作诗悼之。又请副使孙继芳撰《贾烈妇韩氏祠记》，邑人胥文相题写《跋韩烈妇五言长句诗后》。明清以后，历代府、县志书为其立传，称其为郡邑自汉以后第二烈妇。

徐君宝妻

徐君宝妻，姓名已佚，宋代巴陵（今岳阳楼区）人。元末陶宗仪《辍耕录》载：“徐君宝妻某氏……被（元兵）虏来杭，居韩蕲王（韩世忠）府。自岳至杭，相从数千里，其主者数欲犯之，而终以计脱。盖某氏有令姿，主者弗忍杀之也。一日，主者怒甚，将即强焉。因告曰：‘俟妾祭谢先夫，然后乃为君妇不迟也。君奚用怒哉！’主者喜诺。即严妆盛状焚香，再拜默祝，南向饮泣，题《满庭芳》一阕于壁上。已，投大池中以死。”刚节之气，从明代隆庆年间始，被载入历代史志而流传。她的《满庭芳》绝命词，也是她唯一幸存的作品。其词最后绝唱：“断魂千里，夜夜岳阳楼”。令人回肠荡气，感慨之至。

方　钝

方钝（1488—1577），字仲敏，号砺阉，今岳阳县杨林乡人。明正德十一年（1516）乡试中举，正德十五年（1520）登进士，正德十六年（1521）点为翰林。嘉靖元年（1522），出任河南内黄知县，后补授华亭（今属上海市）知县，九年升为广西监察御史；次年又调任河南监察御史；嘉靖十二年（1533），任山东巡按，安抚百姓，整饬吏治，使民众安居乐业，社会得以安定。因督修慈庆宫和慈宁宫有功，升任大理寺丞。嘉靖二十五年（1546）升任大理寺少卿，次年转为左卿，又升太仆寺卿，在处理养马牧监方面，查核实情，革除弊政，杜绝依法舞弊行为，每年节省马价白银数十万两。

嘉靖二十七年（1548），升都察院都御史，总理黄河治理工程。实地勘察，度地兴工，疏凿河道，加固堤防，使水势减缓，漕运畅通。后转任大理寺卿及南京户部侍郎，又转户部左侍郎。嘉靖二十九年（1550），鞑靼骚扰，掠通州及京郊各县，世宗命仇鸾率兵北征，他负责筹集军饷，事平之后，仇鸾分战功给他，他坚持不受。嘉靖三十一年（1552），接任户部尚书，掌管全国赋税钱粮达7年之久。是时，北有鞑靼、瓦剌不断骚扰，东南沿海有倭寇和海盗侵扰，而世宗却迷信于打醮祈祷，费用浩繁。方钝秉公直谏，先后上疏达数十万言。对奸相严嵩父子的横行霸道和危言恐吓，上朝议事时，也敢当面驳斥。后因边战失利，朝廷追查责任，严嵩深恐自己受贿赂之事败露，奏请皇上改任方钝为南京户部尚书，置于闲散无权之地。嘉靖三十八年（1559），他告老还乡。明穆宗即位，下诏官复原职，进阶一级。

方钝任京官时，曾向朝廷奏准减免湖南山粮。又捐资建岳州会馆，安排同乡仕宦居住。辞官返乡后，积极筹划家乡水利建设，修筑三眼桥堤和枫桥湖堤，重修万年桥（今三眼桥）。朝廷多次请他复职，下诏慰劳。明万历五年（1577）逝世。追赠太子少保，谥简肃公。葬于岳阳市三眼桥北螺蛳山。

颜颐寿

颜颐寿（生卒年不详），字天和，号梅田，巴陵县人。明弘治三年（1490）中进士，先后任河北宝坻县、河南淇县知县，任职期间，百业兴旺，百姓安居乐业。

正德十四年（1519），奉命参与平定副使胡世宁等谋反，升为刑部侍郎，后升南京礼、户二部尚书。当时的南京是明成祖迁都北京后的留都，所设机构、官职与京都相同，而实际权力则不同。颜颐寿任户部尚书后，武宗皇帝南巡弥久，南方诸道粮食紧张，人心不安。颜颐寿上奏“留诸道岁漕数十万担”，缓解当时南方百姓吃粮难的困难，安定了人心。此后，他调任北都御史，“考核庶官，人服其公”。嘉靖年间，调任刑部尚书，忠于职守、秉公办案，从未发生冤假错案。后李福达狱起，他“受诏鞫问”，未按皇帝的旨意判处，被革职下狱，不久病逝。隆庆三年（1569），朝廷为其平反，追复官爵，加封太子少保，谥“荣襄”，按尚书礼遇赐葬其家乡巴陵南湖之畔。

胥文相

胥文相（生卒年不详），字士衡，明巴陵县（今岳阳楼区）人。弘治十八年（1505）进士。

知漳浦县时，该县滨海多盗，他增堡练卒，民恃以安。金溪山有银矿，岁久脉微，所开矿石入不敷出，而额赋反而加重。他上任后，上疏朝廷，取消银矿之税。朝廷刘瑾擅权，派遣中贵审查福建帑藏，动辄罗织守令的所谓“罪行”，以大索贿金，并肆意征敛方物。漳州太守被迫向下索取，他一概不办，以正气相拒。后升南京户部郎，监税关。监税有节余，全不入己，“悉归公帑”。旋监漕江西，又有惠政，兵民称颂，迁汀州知府。到任后多有善政，省租羔之贡、徙建长汀学宫、创修太平桥、岁饥赈货，民设利涉亭纪念他。继任柳州知府，政尚简静不扰民，创立新学育人才，修葺柳子厚（柳宗元）祠。

晚年家居，不经营取利，不巴结地方长官。有人见他贫穷，想给他馈赠食物、修葺房子，皆被拒绝。

他坚持读书著述，用蝇头小楷抄录整理文献资料，纂辑岳阳自屈原而后的历代题咏，著有《石泉稿》，整理、编纂《岳阳楼诗集》《洞庭君山诗集》等。

黄 秀

黄秀（1657—1747），字实庵，号道山，今岳阳县西塘镇三家店村人。生而聪颖，13 岁即补弟子员，博通经史，旁及天文地理医卜等书，积学多才。吴三桂军窃踞岳州时，人多往投，公知其必败，乃随父母避于黄道山读书，坚守不出，故自号道山。40 岁时选拔贡，55 岁乡试中举人。64 岁中康熙朝辛丑科进士，入翰林院行庶吉士。次年参加皇帝特设的千叟御宴，3 年后任翰林检讨，工诗赋古文，凡御试进、应制诸作皆见于馆，充纂修明史典训方略等官。清雍正五年（1727），授山东道监察御史，协理山西道。71 岁致仕归籍，居县城学道岭。杜绝请谒，行谊文章，文粹行梓海内。贵州督抚特聘修《贵州通志》总裁。后又续纂《巴陵县志》。先后著有《评史质言》《道山诗文集》十余卷、《读史百咏》等书，讲义文稿百余篇，奏牒数十条。年 90 岁而终。

赵登模

赵登模（1746—1790），字士范，号靖斋，巴陵人。历任英山邮政监、温州通判、永嘉富阳知县、衢州同知、代理知府。在温州通判任内，他剔除盐业弊端，处理案件周全，不留争讼。温州海堤被潮水冲蚀，威胁人民安全，他将堤身切弯改角，重新修理，并将个人节省薪俸捐出。民众赠送衣伞，上镌“恩周南郡、泽遍东瓯”。在永嘉、富阳大修水利；在衢州施赈救灾，解除饥荒。上司总结其善政上报，他却以奉养老母为由，辞官还乡。回乡后，在城陵矶设义渡，造船 5 只，捐田 18 石，在两岸建房，供候船人休息，此举影响了原来利用渡险牟取重利的船民，争执数年，最后由官府行文，支持赵登模的义举。赵过世后，临湘进士吴獬为之撰写墓志铭，有“温声在堤，湘声在矶”之句；湖南学使钱澧作《城陵矶义渡记》以纪其事。

易干三

易干三（生卒年不详）。字城男，巴陵城区（今岳阳楼区）人。生于清同治年间，死于光绪年间，终身从事慈善事业，在城区西门置渡船 4 只，雇船工 4 人，免费载渡往来行人。捐出新墙孙家庄与莺头岭 2 处产业及庄田租谷作义渡常年经费。并在城区柴家岭购置花圃、茶室房屋 6 间，建义渡公局。在马家湾置屋 1 栋，作水退时收藏船只之所。他还捐资建桥，先后在城东、城南、城东南等处修建雷步桥、白叟桥、好善桥、枫树桥。在城东近城处修建凉亭，供行人休息。并捐水田若干亩，用作金鹗书院学生补助。

吴敏树

吴敏树（1805—1873），派名道杠，字本琛，自号南屏，今岳阳县鹿角镇人，清代柈湖文派创始人。清道光十二年（1832），乡试中举，后致力于诗和古文研读。道光二十四年（1844），进京参加会试落第，因得户部郎中梅曾亮推崇引见，曾一度名噪京师。是年，官浏阳县训导，因厌恶官场生涯，年余即称病告退还乡。自后再不仕宦途，终日勤奋读书，专务著述，经史诗文，日益精通，在学术上自创柈湖文派。

咸丰、同治年间，曾国藩、左宗棠兵权在握，名声赫赫，他与左宗棠是同榜举人，与曾国藩“交尤笃”，然吴与他们“未尝有所求请。”咸丰初，太平军兴，时任吏部侍郎的曾国藩受命回湘募兵，欲聘其参幕军事，其推辞不就。又荐举他任两广盐运使，他以“吴家人不当盐贩子”予以谢绝。后曾国藩督军由武昌进驻岳州时，再次请他出任幕僚，他以“兵谋非我所习”而辞别。敏树虽家财殷富，然不喜产业经营。太平军攻占岳州时，他携眷载书，迁于坪桥河及大云山、相思山一带，后又常游洞庭湖畔、君山和城南之吕仙亭。在从弟吴士迈入居君山的“九江楼”前构筑“北渚亭”，常从老家驾舟载书到此读书写作。

曾国藩生前曾恳请吴为其撰写墓志铭，未撰。而应邀主修《巴陵县志》却欣然赴任。同治十一年初，湖南省通志局礼聘他主修通志，续修《沅湘耆旧诗文集》，他虽年近古稀，又疾病缠身，却毅然受此重任。然修志之事未竟而病归，病稍愈即返局，家人劝阻无效，曰：“有是命焉，虽殁于外，何伤乎！”十二年八月十一日，病逝于省通志局。

吴敏树著述甚丰，有《柈湖文集》《柈湖诗录》等著作传世。

陶澄轩

陶澄轩（1836—1890），名鼎乾，号定升，清巴陵县城东门（今岳阳楼区）人。世居县城东门马壕陶家狮子屋。咸丰六年（1856），投曾国藩湘军，参加镇压太平天国起义军及捻军起义军。后统率老湘军合字各营随左宗棠入西北，参加镇压西北回民起义，因作战勇猛，升记名提督军门。同治十年（1871），调南京统辖老湘营，督修沿江炮台，疏浚新河口、便民河、西坝盐河各河道，后又调广东陆路提督刘松山部，修筑广州南石头及虎门大角炮台。嗣后，又调赴海南，驻军海口，并实地勘察琼州、廉州各海防炮台及炮堤基址，加以修葺，以固海防。光绪十五年（1889）十月，因旧伤复发，请假回岳就医。光绪十六年（1890）八月十四病故。

同治年间，其父陶昭麟曾捐钱购置义田以赡族里，未及举行而殁。他秉承遗训，积30余年军中所受之薪俸16000缗，购田100多石。将岁入租谷1000多石，作义田供族人读书、应试、嫁娶丧葬费及寡妇孤儿之日食；并建支祠1所，旁立义塾，以教房族无钱就读之子弟。其父同治年间曾捐资修岳州东门外孟家堤驿路，长一里六尺，筑堤挡水，并重修石桥；又捐修岳州通湖北驿路路口新堤，长一里零三尺；又修岳州通长沙驿路土桥堤路，长一里四尺，并修瓮桥1座。3处共费钱2346串文。他承父志，捐修澄峰桥湖堤路，长二里三尺，高三丈九尺，并重修大石桥一座；捐田12石3斗6升，以所获租谷，作为历年修堤工义之费用。又修高桥堤路长二里七尺，石桥一座，共费钱10841串文。乡邻奏请朝廷为其父子立旌表建坊以彰其恩译。光绪十一年（1885），清廷准奏。

杜贵墀

杜贵墀（1824—1901），字吉阶，别号仲舟，今岳阳楼区郭镇乡人。曾问业于巴陵名儒吴敏树。51岁时恩科乡试中举，后两试礼部均不及第，故不再赴试，曾出游苏、粤、湘、鄂等省，以缮写文书为生。虽被曾国藩、左宗棠、胡林翼所赏识，但屡招不就。光绪二年（1876），留寓京城，著《时事私议》一书，对于练兵筹饷，言之至切。后因有感于戊戌庚子之乱，著有《悲愤录》。早年授徒乡里，又先后任湖北勺庭经心书院和岳阳校经书院山长。湖广总督卞宝第、巡抚吴大澂重其才学与风节，特聘其主讲湖南校经书院，任山长15年。他治教"恪守先儒义训，不持汉宋门户之见"。当时湖北、湖南书院之初任主讲者，均为进士出身，他以举人身份任主讲，学生有轻视之心，及出"学而时习之"课题，通篇批改者达数十篇，学生始心服。巡抚陈宝箴称赞他的学问为"湖南元气"。《湘雅摭残》称"岳阳博学硕儒，继吴柈湖（吴敏树）而起者有杜贵墀。柈湖以古文胜，而贵墀之宏博渊懿，殆犹过之。"他在讲学之余，勤于著述，著有《郑氏经考学》《典礼质疑》《春秋浅测》《汉律辑证》《唐人旧书辑考》《歌麻韵正》《说文随举》《读史汇记》等30余种，合为《桐华阁丛书》12卷。还有《论语大学中庸考》《春秋三传求义》《四库全书补正》《兴国州志》《巴陵人物志》等。光绪十七年（1891），编纂《巴陵县志》63卷，书末附洞庭湖、君山、岳阳楼诗文集18卷，为后人研究岳阳提供较完备的史料。

陶 钧

陶钧（1879—1909），初名甄，后改钧，又名剑，字成玉，号瀛士，今岳阳楼区人。世居城区东门马壕陶家。其父陶定升曾任清廷军门提督，生子三，钧排行第二。钧天资聪颖，智力过人。早年留学日本，在日加入孙中山领导的同盟会，致力于民主革命，光绪三十一年（1905）回国。他认为要救国，必先振兴教育。乃于是年与留日同学、同盟会员彭承念、吴有贞等捣毁城区观音阁圆通寺神像，将寺院改为校舍，创办县立高等小学堂。当时，寺内正殿有大佛一尊，牵引不动。他攀登而上，拔去像首，推倒神像。然后3人同去晋谒知县，为学堂立案。知县支吾其词，他条陈办校意义及宗旨，迫使知县立案。次年，因学堂师资缺乏，陶钧等又与湖南省立修业师范交涉，特为岳阳附设一班，计40人，由县内各乡选优保送。又因贫寒俊秀之士，求学费用维艰，乃发起募捐，学生学缮书籍等费均由募款项下开支。宣统元年（1909）九月初十日病逝，著名国民党人居正为他作挽词："努力革命，党国之英；享年不永，式是仪型。"

钟龙保

钟龙保（1887—1915），又名泰保，湖滨黄沙湾人。其祖父钟谦钧曾任清两粤盐运使。其父钟善夫曾任陕西候补道。龙保自幼厌恶清政暴虐，醉心革命，随父居陕时，广交当地革命志士。光绪三十四年（1908），光绪皇帝与慈禧太后驾崩，清廷令全国戴孝，时任岳州救生局局长的伯父钟英翻戴红风帽，往南岳坡湖边趸船观风，途中与缙绅周家淦等相遇，周以其违制，扇其耳光。次年冬，龙保自陕西回岳州。伯父告之此事，龙保邀集侠友，在周必经之路南正街鹿鸣园楼上豪饮，楼下设专人守候。待周来时，大喊暗号"洋船到了"，将周痛打一顿。周告到县、省，省督通缉龙保，于是又回陕。1911年10月，陕西省新军张凤翙等举行起义，龙保加入，任陕军标统。民国2年（1913），二次革命时，陕西省督张凤翙向北洋政府妥协，反对起兵讨伐袁世凯。龙保去豫陕边界，入白朗革命军，参加反袁世凯斗争。白朗起义军失败后，旋赴日本，在日本与孙中山晤谈，加入中华革命党。民国4年（1915），受革命党派遣，赴上海办事，不料被袁世凯密探发觉，跟踪至汉口，龙保及县人于敏斋等同时被捕，不久被湖北督军王占元杀害。

彭友兰

彭友兰（1850—1920），又名馨远，岳阳县甘田乡向家庄人，后迁居县城颜家巷。父彭鸿川，曾在四川历任知县、知府。彭友兰曾诰受资政大夫，历任云南沾益、路南、罗平知州，通海、建水知县，蒙化、直隶同知，浙江开化、云南丽江、永昌知府。秉性倔强，刚正不阿。任云南丽江知府时，一到任，便接手前任知府判决，交由他执行的一名“死囚”犯。他不唯书，不唯上，认真翻阅案卷，微服私访，调查真相，终于查明这是一起官绅勾结，诬陷他人的冤案，并予以平反。事后，这名“死囚”馈赠白银万两及名贵药材，被婉言谢绝。后调任边防驻军，担任与英国举行中缅边界谈判的中方首席代表，为维护祖国尊严，保护领土完整，列举事实，义正词严地反驳了英方的诡辩，据理“拍案相争，不使边疆输寸土。”民国9年（1920）1月31日，因病谢世，时年70岁。

彭承念

彭承念（1876—1926），又名寅叔，今岳阳楼区人。彭友兰之子，居县城颜家巷。自幼受父母正义行为、爱国精神熏陶，养成急公好义、无私无畏、严于律己、英勇刚强性格。

清光绪二十七年（1901），东渡日本，入东京帝国大学政治经济系攻读。光绪三十一年（1905），在东京加入中国同盟会。是年回国，在岳州与留日同学陶钧、吴有贞等捣毁县城观音阁圆通寺神像，将寺院改建为校舍，创办岳阳县立高等小学堂，后又邀集他人创办洞庭女子学校（县立女中前身）。光绪三十二年（1906），清廷赐予其“进士”头衔。次年，出任四川内江知县，因对官场腐败深恶痛绝，不久愤然弃职回家。赋闲时，为解决县城中学师资缺乏、教学质量低劣等问题，率先捐款，并向富有人家募集教育资金，然后选拔县中40名学生，送省修业师范学校培训。民国元年（1912）1月，任中华民国临时政府众议院议员，出席在北京召开的第一届参议会。是年8月，响应孙中山号召，参加反对袁世凯的“二次革命”。民国3年（1914）7月，孙中山在日本召集部分国民党员组成中华革命党，他竭诚拥护，率先参加。次年2月，遭湖南督军汤芗铭拘捕，押往长沙，旋经国会参议长汤化龙保释。民国6年（1917），响应孙中山号召，赴广州出席非常国会会议，参加反对北洋军阀的护法运动。此后，连任两届湖南省参议员。民国12年（1923），北洋直系军阀首领曹锟贿选民国大总统，以5000元银元一票价格贿赂各议员，他嗤之以鼻，不为所动，远而避之。为摆脱军阀迫害，出走上海，与李弁合伙，在沪开办书铺。曾主动、热情地为岳阳文化书社购运《向导》《新青年》《社会主义史》《共产党宣言》《晨报》等进步书刊、报纸。在他的教育与影响下，6个子女先后加入中国共产党，献身人民革命事业。长子彭庆旸1928年英勇就义于长沙。民国14年（1925），北洋直系军阀吴佩孚驻防岳阳时，执意聘请他出任军事顾问，坚辞不就，托病去武昌闲居。次年6月12日，因病辞世，享年50岁。

周家淦

周家淦(?—1926)，字吟鹤，今岳阳楼区人。贪婪成性，无恶不作，人称“周大将军”。清宣统二年(1910)，充任岳州府中学堂庶务，大肆贪污，账务混乱，师生敢怒不敢言。民国3年（1914），他以商会会长名义，筹集资金，合股改建岳舞台戏院。他虐待工人，克扣工资，偷工减料，虚报冒领，贪污大批股款。

民国6年（1917），周家淦包办地方税收，巧立名目，强征豪夺，谎报情况，截留税金，因上缴太少，分赃不匀，遭县知事公署通缉，逃往长沙一德国洋行。民国11年（1922），湖南举行省议会选举，周家淦勾结岳阳县县长李西庚，操纵全县省、县议员选举，将城区县议员选票交手下亲信发放，自己则控制省议员选票，私自填写，靠舞弊当上省议员。自后，周家淦凭借权势，出入衙门，把持县政，贪赃枉法，奸污妇女，包揽诉讼，欺压贫民。周家淦还在其家修建濂溪八景，剥削泥木两行，一律尽义务，不给工资，以致怨声载道，民愤极大。1926年8月22日，北伐军攻占岳阳，城区泥木工会组织泥木工人向国民党县党部控告周家淦欺压工人、称霸城区的罪行，县党部与警备司令部于次日派兵将其逮捕入狱。其亲属四处活动，愿以1万元银元赎罪，并退还克扣工人的工资，遭县党部拒绝。县党部派人向县政府交涉，召开公审大会，处决劣绅周家淦。县长何峙文不肯执行，乃将周押送长沙市特别法庭。省特别法庭迫于工农群众与社会各界压力，于是年冬在长沙小吴门将周处决，当时长沙报纸曾予报道，并载对联一副："大将军八面威风，而今安在；小吴门一声霹雳，结果如斯。"毛泽东在《湖南农民运动考察报告》一文中，曾列举了大劣绅周家淦被镇压一事。

葛应龙

葛应龙(1875—1926)，号云龙。岳阳县西塘乡周家冲人。出身将门，其祖父葛立忠曾授建威将军，父葛方洪为湘军名将记名简放提督，母卓氏曾受诰命一品夫人。清光绪三十一年(1905)，中日甲午战争爆发，应龙年方19岁，毅然投笔从戎，入湘军腾字营，东征辽东。腾字营遣散又投武卫军，后考入北洋陆军速成学校，以优等成绩毕业，充任江南第九镇队官。光绪三十三年（1907），赴松江、太湖一带剿匪，因功升至管带。1911年，辛亥革命爆发，葛应龙率所部奋起响应，任江浙联军镇（江）军第一支队支队长，参加光复南京之战。后又连克固镇、宿州、徐州等处，升任联军第一军参谋长兼第一混成旅旅长。民国2年（1913），升任陆军第四师师长兼第一混成旅旅长，授陆军少将衔。复奉命为皖省剿匪总司令，赴皖北剿匪。次年4月，苏皖事平，请求解甲归田，民国政府授予陆军中将衔。回岳阳后，居县城报马巷，其府邸人称"葛公馆"。是年，袁世凯派冯国璋率军南下，镇压"二次革命"。因冯国璋七次电召，公乃赴南京，先后任江阴要塞总司令兼镇江防务司令。冯国璋出任民国大总统后，葛应龙任大总统府一等侍从武官，授将军府参军。民国6年（1917）离任，回岳居住。是时，南北军阀混战，岳阳数度遭受蹂躏，葛应龙往返湘鄂，居中斡旋。民国12年（1923），湘鄂战争时，直系吴佩孚部攻占岳阳，吴在岳阳建两湖警备总司令部，任命葛为军务处长。4月，被晋升为民国政府将军府将军，授壮威将军，颁授二等大绶宝光嘉禾勋章、一等文虎勋章。民国13年（1924）1月，葛应龙在县商会召集绅商，筹议重修岳阳楼，被推为筹委会总理。是年底，两湖警备总司令部撤销，葛应龙卸除公职，赴京畿。是年9月，授佐威将军。其弟葛豪亦授展威将军，被邑人称为一家"兄弟两将军"。民国15年（1926）7月，他扶病出任全国烟酒事务署署长。9月14日，病逝于北京寓所。9月20日，民国政府追赠其为陆军上将。其灵柩由北京运回岳阳城陵矶安葬。

彭庆昞

彭庆昞（1903—1928），字搏黄。父彭承念清末留学日本，为同盟会会员，长年从事革命活动，搏黄深受影响。1921年，他考入湖滨教会中学，因反对美籍校长，被开除学籍。后考入长沙明德中学，因积极参加进步学生活动，查禁外货，组织同学游行，又遭学校开除。1922年，考入北京师范大学教育科。1926年7月，他从北师大回家奔丧，瞥见墙上有幅白绸条幅，上有为他父亲书写的挽联，署名“愚弟吴佩孚敬挽”。乃历声怒骂：“这个反动头子！还敢对家父以弟相称，充我的长辈，真是无耻之尤”，愤然将条幅撕碎。次日，即投奔武汉革命政府，出任湖北省武昌农工厅特派员。

1928年1月，中共岳阳县委书记卜荣贞（女、长沙人）不幸被捕，正在家过春节的搏黄与其大妹（中共湖北省委工作人员）彭文闻讯，乃四处奔走营救，将卜保释出狱，留家暂住。不久，又亲自送卜回长沙。是年2月，由卜荣贞介绍，加入中国共产党；中共湖南省委将他留在长沙工作。他与卜荣贞因志同道合，患难与共，遂结为伉俪，其家也成为中共湖南省委秘密联络处。是年7月，因叛徒出卖，与卜荣贞等人同时被捕，押入铲共法院监狱。在狱中，受尽酷刑，仍坚不出卖同志，并怒斥敌人：“共产党员既遭逮捕，尚复何言？我头可断，血可流，但志不可夺。”叛徒苏先骏出面劝降时，他破口大骂：“你狼心狗肺，出卖我党志士郭亮，又恬不知耻，妄图诱我降敌，真是罪该万死。”是年9月15日，在长沙东门识字岭英勇就义，时年25岁。次年，其妻卜荣贞亦于长沙北门经武门外壮烈牺牲。

刘正堂

刘正堂（1890—1930），号静珊，岳阳县西塘乡人。1926年10月加入中国共产党。1927年2月，当选为西塘区农民协会委员长。1928年12月，任中共湘鄂边区特委委员，在岳阳城区柴家岭与上观音阁设立地下联络站，购买武器。1930年8月，红军攻占岳阳后，在路经西塘时，帮助当地成立岳（阳）临（湘）县苏维埃政府，刘正堂当选为主席。红军撤离西塘后，他在转移途中，于11月上旬某天被岳阳县铲共义勇队抓捕并押往县城。在狱中受尽酷刑，仍坚贞不屈。后在火车站前（今芋头田街）被杀害，时年40岁。

李裕厚

李裕厚（1905—1930），曾用名刘雨后，康王乡桥头村人。岳阳县中毕业后，考入湖南商业专门学校。在校时，与同乡同学刘士奇交往甚密，在长沙反对英、日帝国主义，查禁外货的爱国运动中，与刘士奇等人站在斗争的最前列。1924年，赴江西南昌参加革命。1925年，加入中国共产党，是年，返回岳阳，在“济难会”任干事。1926年秋，入广州中央政治讲习班。毕业后，分配到国民革命军第三军政治部任宣传科科长，参加了北伐。1929年初，赴武昌中共中央长江局工作。1930年9月19日，在武昌南湖开会时被捕，虽经严刑拷打，仍坚贞不屈。29日，在武昌白马厂英勇就义。

李振国

李振国（1908—1931），原名李再昔，平地乡平地村人。1926年冬，在家乡参加农民运动。马日事变后，赴湖北监利县白螺矶，9月，在当地参加红军。1928年春，入中共湘鄂西省委举办的列宁学校学习。1929年春，任监利县薛塘区苏维埃政府主席。1930年5月，加入中国共产党。7月，奉命回家乡组建红军，并成立红军筹备小组。8月，又奉命组建湘鄂赣红军独立筹备小组，一个月后，发展100余人。曾带领所部奇袭云溪挨户团，智袭花果园铲共义勇队，并对西塘、高城、筻口等地铲共义勇队给予有力打击，缴获不少枪支弹药。部队很快发展到300多人、100余支枪。1931年2月，中共湘北特委将该部命名为湘鄂赣自卫独立团，李振国为团长。是年4月，率部向江西挺进，在公田境内遭优势敌人围攻，部队打散。5月3日，在临湘方山洞被铲共义勇队抓捕。29日，被敌杀害。

徐春圃

徐春圃（1893—1931），号世葵，化名群普，三荷乡人。1917年毕业于长沙公益师范学校；1926年秋，湖南农民运动兴起，他辞去教职，任岳阳县农民运动特派员。1927年初加入中国共产党。是年3月，当选岳阳县第五区农民协会委员长。

1928年1月，郭亮受中共中央派遣，到岳阳筹建湘鄂边特委。徐春圃即在岳阳县翰林街租下邓家大屋，作为特委机关办事处，以开煤店作掩护，名为煤店伙计，实系特委机关交通员，并兼管日常事务和文书工作。是年3月，特委书记郭亮因叛徒告密被捕，特委机关遭到破坏，徐春圃潜至临湘桃林教书，暗地与农民骨干刘正堂等组织革命武装。

1930年8月，任岳阳、临湘两县苏维埃政府委员。9月，红十六军七师撤离西塘，国民党疯狂反扑，苏维埃政府遭破坏，他几经辗转，在柘港洞找到湘北特委。1931年2月，任岳阳苏维埃主席。他吸取前次依赖红军主力生存的教训，决定组建县游击大队，以革命武装保卫红色政权，率游击队员深夜奔袭花果园铲共义勇队和高城挨户团，收缴康王乡铲共义勇队的全部枪支弹药。经过几次战斗，县游击大队由30人发展成为拥有70多人枪的革命武装。5月30日，他在康王乡杨家冲召开县级干部紧急会议，担任警卫的游击队员沈文彬叛变，密告铲共义勇队队长潘中玉，潘即率部包围会场而被捕。县长侯厚宗提审诱降，他瞠目怒斥，于5月31日下午被害于城郊太子庙。

孙子俦

孙子俦（1901—1932），原名秉权，字崇祥，三荷乡人。1926年下半年，任岳阳县第十七区农民协会委员长。1927年4月，加入中国共产党。马日事变后，只身来到武汉，奉命赴监利，组建两湖非常委员会，任执行委员。组织秋收暴动和年关暴动后，历任中共监利县委组织部部长、宣传部部长、《洪湖月刊》主编、鄂西特委委员、县苏维埃政府秘书长等职。

1931年10月，任中共江南联县县委组织部长。12月，任红三军第九师政委。次年1月，当选为湘鄂西省委委员兼鄂中特委书记。是时，湘鄂西中央分局书记夏曦顽固坚持“左”倾路线，命令红三军放弃游击战，实行阵地战，遭到段德昌、孙子俦的抵制。夏曦以“改组派”的“罪名”，于8月将孙子俦杀害。1956年，中共中央为其平反，追认为革命烈士。

刘士奇

刘士奇(1902—1933)，字锐初，又名贻才，岳阳县黄秀乡九元村郎中屋人。6岁入私塾就读8年。1919年春，入洞庭观高等小学。1921年，入湖南商业专门学校。在校期间，结识郭亮、夏明翰等人，研读进步书刊，积极参加政治活动。1923年，长沙“六一”惨案后，他参加省会6万人游行大会，并组织抬棺游行，遭军阀政府逮捕。1924年，商校毕业时，校方介绍他去一英国洋行做事，月薪30块银元，他坚决不去，曰："我决不做买办，更不去当洋奴。"是年夏，加入中国共产党，走上职业革命道路。自此，受党组织派遣，先后去株洲、安源、湘潭等地工作，历任中共湘区特派员、社会主义青年团安源地委候补委员、株洲特支委员、中共湘潭地委执行委员等职。1926年9月，受组织派遣，以国民党湖南省党部农运特派员身份回岳阳领导农民运动。协助将国民党岳阳市党部改组为县党部筹备委员会，并担任执行委员。同时秘密成立中共岳阳地方执行委员会，代号"岳迪伟"，出任地委书记。马日事变后，取道武汉赴南昌，参加中共江西省委领导的支援南昌起义的准备工作。是年9月，任中共江西省委委员兼工委主任。10月，出任中共赣北特委书记，曾领导了杨祠暴动。1929年5月，调任赣西特委书记。是年10月，在吉安策动罗炳辉部靖卫团起义加入红军。1930年1月，出任红军第六军党代表兼军委书记。2月，任中共赣西南特委书记、红军第四军、第五军、第六军总前敌委员会常委。7月，又出任红二十军政委。1931年6月，奉中共中央指示，赴鄂豫皖苏区，任红四军政治部主任及红四方面军政治部主任。1932年9月，红四方面军西征后，留鄂豫皖根据地坚持斗争。是年10月，与郭述申一起创建红二十七军，出任军长，率部在敌人的围追堵截中坚持游击战争。红二十七军撤编后，调鄂豫皖省委工作，因他一贯反对张国焘机会主义错误路线，1933年，被坚持张国焘错误路线的省委领导诬为"改组派"而遭杀害。1944年，中共中央为他平反昭雪。中华人民共和国成立后，徐向前元帅评价他："工作积极，平易近人，干群关系好，是一位好同志。"

彭遨

彭遨(1903—1933)，学名同祖，乳名井昌，岳阳县步仙乡五关村人，其家世代务农。1916年，入岳阳桂林高小就读。1919年，"五四"运动爆发，与同学到筻口、新墙、公田等集镇宣传演讲。是年入县立中学，因组织同学罢课与游行示威，被校方诬为"危害治安，有伤国政"而开除学籍。1920年初，去衡阳入湘军唐生智部当兵，任连部文书，因组织全连士兵闹饷，逃离部队。旋入长沙私立公益职业学校，积极参加学生运动。1923年，参加省城工人、学生抗议吴佩孚屠杀工人，制造"二七"惨案大游行。是年6月1日，省城工人、学生为抗议日本拒不归还旅顺、大连军港游行示威。停泊省河之日舰开枪射击，伤亡数十人。他与示威群众抬棺向省政府请愿。是年夏，回岳阳城区教书，参与组织岳阳贫民教育促进会。1925年，五卅惨案发生，他发动岳阳工人学生成立青沪惨案雪耻会，组织游行示威，查禁洋货，劝售国货。并创办平民夜校，撰写《泥木工人生活现状》调查报告，帮助工人创建岳阳泥木工会。1926年，加入中国共产党，并奉组织派遣，回乡担任南四区农民协会秘书、委员长。北伐军进军岳阳时，带领农民组织侦察队、运输队、冲锋队配合北伐军作战，并组建南四区农民自卫军，任党代表。马日事变后，出走武汉，入叶挺第十一军二十四师教导团当兵。后随部参加南昌起义、湘南起义，并随朱德上井冈山，参加井冈山革命根据地斗争。1929年，调任红五军特务大队大队长，参与井冈山保卫战。后随彭德怀转战湘鄂赣。1930年，任红三军团第三师师长。是年7月至8月，参加攻占岳阳、两打长沙之战。随后，进入闽赣中央革命根据地，参加中央苏区4次反"围剿"作战。1933年2月，在攻打江西南丰战斗中壮烈牺牲。

刘光谦

刘光谦（1866—1939），又名次贞。岳阳县白羊乡蒋英冲人，后迁居县城。父刘尧巨，忠厚、勤劳、终生务农。光谦天资聪颖，博学多才，清光绪初年即考取禀生。光绪十二年（1886），他邀同乡刘淑元等开明人士，遣散栖云寺僧侣，接管其财产，组建桂林学社。以后，为吸收农民子女就读，又发起募捐活动，积谷1000余石，捣毁寺中神像，将寺宇改成校舍，将桂林学社改名桂林高等小学，自任校长。曾先后任县立中学、县立女中、湖南第一联合中学、贞信女子中学校长、岳阳县教育会主任等职。曾题写岳阳楼楹联一副："到此便开怀，好将云梦齐吞，肚皮撑起；请无空吊古，共把乾坤洗涤，眼界搬弄是非新。"忧国忧民之情，跃然纸上。此后，加入中国同盟会。1911年10月24日，武昌起义军一部直抵岳州，清廷驻岳官员闻风而逃。25日，岳州城光复。全县各界进步人士在棚厂街集会，成立巴陵县临时事务所，他被推荐为所长。不久，辞去政职，仍回学校教书。1922年，他热情支持城区进步青年张次良等人创办岳阳文化书社，传播进步文化思想。1933年，岳阳农村大旱，县长侯厚宗不顾民情，横征暴敛，全县民怨沸腾。光谦目睹此情，怒不可遏。邀同各界代表，携控告书，备好棺木，赴省上访，迫使侯厚宗离职。

为改革社会风气，光谦提前印发为自己主办丧事的"讣告"，封面上书"死便埋我"四字。并向子女提出3条遗嘱：办丧事从简，不请客，不受礼；衣棺与常人一样，不得特殊；亲友登堂吊唁，开筵只用一荤三素。子女遵其嘱，丧事从简，开岳城先河。1939年4月，因病逝世，时年76岁。

王国雄

王国雄(1918—1940)，化名王铁，岳阳县康王乡东风村人。自幼聪颖，爱读侠义英烈小说，效法侠义人物，仗义疏财，疾恶如仇。高小毕业会考时，见一同学名列前茅，无钱升学，乃每期捐助银元20多元。1935年冬，岳郡联中校长无理开除一名穷学生，他率同学群起反对，砸烂校牌。次年，入长沙广益中学高中部，受进步教师熏陶，研读革命书籍，并特制小竹牌一块，上刻"精忠报国"四字作座右铭。曾加入成地文艺社，撰文宣传抗日救亡主张。是年秋，在抗日救亡宣传中，结识南华女中抗日宣传队队员李开桂。次年秋，结为伉俪。"七七"事变后，八路军长沙办事处招收爱国青年去延安。1938年春，同李开桂、姚仲隆等人携地下党负责人王养直的介绍信赴长沙。旋持徐特立函奔武汉，赴延安，入抗日军政大学第四期学习，在校期间加入中国共产党。5个月后，与姚仲隆被派回岳阳工作，李开桂留陕甘宁边区政府交际处工作(1939年3月亦回岳阳)。1938年8月，任中共岳阳县委军事委员，与王养直等人一道，担负岳阳县抗日救亡宣传团组织工作。11月，县城沦陷。国民党回乡军官胡春台在康王组建抗日游击队，县委派他与胡商讨共同抗日，并出任游击队指导员。国雄当即发放200担谷作军粮，解决胡部军费。1939年初，兼任岳阳中心县委(辖岳阳、临湘、湘阴、通城4县)军事部长。某次，他在城陵矶海关附近密林中侦察敌情，赤手空拳打死2个日本兵。其后，与游击队在康王、奇家岭、冷水铺等地袭击小股日军，五战五捷。国民党顽固派却视国雄为眼中钉，派人暗杀他。其父念及仅有独子国雄一人，亦劝他离职回家，国雄不从。此后，与李开桂转移到渭洞张谷英屋场，开办一袜子工厂做掩护。并创办农民夜校，组织少年叱咤歌咏团、青年抗敌后援会，深入附近各乡，开展抗日救亡宣传。1940年3月31日，被国民党顽固派逮捕，夫妻双双被害，国雄时年仅25岁。

葛 豪

葛豪(1885—1942)，字耀亭，号次卿，岳阳县西塘乡周家冲人，系葛应龙同父异母弟。青年时投身军旅，任镇军第二支队管带。1911年，辛亥革命时，随葛应龙起事。随江浙联军参加攻克南京之役，勇克要隘天堡城。民国时，任北洋军第三师师长吴佩孚副官。后任湘军独立旅旅长、长岳路护路铁道警备队司令。民国 12 年（1923），湘鄂战争爆发，葛豪受湘督赵恒惕派遣，前去洛阳劝说吴佩孚在湘军援鄂之事上保持中立。吴佩孚将葛豪留住，攻克岳阳后，委葛豪为两湖巡阅使署参军长。两湖巡阅使行辕撤销后，葛豪赋闲在家。次年 9 月，葛豪被民国政府晋为将军府将军，授展威将军号，颁授二等宝光嘉禾勋章、二等文虎勋章。葛豪在岳期间，居报马巷"葛公馆"，湘鄂两省要人多往返于葛家寓所。1924 年，第二次直奉战争后，直系军阀首领吴佩孚到岳阳避难达 7 个半月之久，即住"葛公馆"。民国 27 年 (1938)，日军占领岳阳，葛豪不愿事敌，乃避居康王乡下。民国 31 年 (1942)12 月 8 日逝世，葬三眼桥鲤鱼嘴巽山。

阮　湘

阮湘（1889—1947），字淑清，岳阳县潼溪乡人。早年入县立中学就读，后考取官费留学日本京都帝国大学。民国 7 年（1918），被选为留日学生归国代表团副团长，回国参加反日运动。次年，参加五四爱国运动，一度回岳阳，在大戏院发表爱国演讲。毕业归国后，任商务印书馆编辑、湖南政法专门学校教员、湖南大学行政委员会主任委员等职。后赴广东任潮安县县长，因办事廉明，人称"阮青天"。后任福建大学教务长。民国 22 年（1933）10 月，中华共和国人民政府在福建成立，出任副主席。反蒋失败后，遭蒋介石通缉，赴日本，民国 26 年（1937）4 月，归国。曾与郭沫若等创办《孤军》杂志，任主编。次年，就任岳阳县县长，任期内积极整顿吏治，宣传抗战，支持抗日救亡运动，提出"救国不分党派"口号。同情共产党，容纳与启用一批共产党人及进步人士担任政府各部门领导。是年 11 月 10 日，岳阳沦陷前夜，将在押的叛徒、土匪、汉奸 20 多人处决。县政府迁东乡罗内大屋后，国民党岳阳县党部书记长任早生伙同黎自格等人发动武装夺权，被迫卸去县长职，去武岗竹篙塘筹建国立十一中，任该校初中部主任。抗日战争胜利后，学校迁岳阳县黄沙街坪桥河。民国 36 年（1947）2 月，不幸病故，死时两袖清风，由同仁筹钱安葬。

阎仲儒

阎仲儒 (1893—1949)，字敬夫，岳阳县新开乡马山村人。少时就读县立中学，后入保定军官学校第六期，毕业后任西北地区某保安团见习官。后回家乡，终日无所事事。民国 6 年（1917），南北军阀混战，阎仲儒乘地方混乱之机．啸聚亡命之徒，抢夺地方团防枪支，组建土匪武装。马日事变后，阎仲儒率土匪武装窜犯新墙，将县农民自卫军隐藏的 100 多条枪全部收缴，获湖南清乡司令部青睐，出任岳阳、临湘、平江 3 县清乡反共司令，积极进攻工农武装，屠杀工农群众，被称为"活阎王"。民国 17 年（1928），阎仲儒部被扩编为湘军第八军第三师，阎仲儒任师长。次年，阎仲儒部缩编为第二十八军第三旅。民国 19 年（1930），阎仲儒在驻岳期间，勾结商会会长谢汉章，私自收购谷米，开关放禁，运销武汉，引起岳阳粮价陡涨，民怨沸腾。湖南省政府主席何键下令追查，阎仲儒远遁湘西，投奔土匪陈渥。民国 21 年（1932），陈渥兵败，阎仲儒又逃汉口，遁入租界作寓公。在汉期间，阎仲儒设佛堂，借念经拜佛之名，污辱妇女。民国 25 年（1936），回到岳阳，在乾明寺附近建一贯道"同善堂"，继续坑害人民。1949 年，岳阳和平解放前，阎仲儒自知罪恶深重，潜逃四川，饿死他乡。

胡 坤

胡坤(1912—1950)，又名德贵，昆山乡群贤村胡家坡人。幼时家境贫寒，13岁即外出当兵。岳阳沦陷后，任国民革命军湘鄂边区挺进第十二支队中队长、大队长等职，曾带领部队多次伏击日军，颇有斩获。抗日战争胜利后，任岳阳县城厢镇镇长，麻塘乡、奉清乡乡长。1948年后，任岳阳县警察五中队中队长、独立团营长。1949年7月，随独立团起义，后调赴中国人民解放军长沙军分区教导团学习。1952年2月，胡坤从教导团回家，正值农村清匪反霸、减租退押时期。他联络旧部，伙同胡春台等人拼凑反动武装，阴谋暴动。是年4月3日，胡坤勾结岳阳县一区区中队的内奸，攻打康王桥一区区公所，打死区干部及区中队战士10余人，制造了“四三”反革命暴乱案。胡坤即逃亡香港，后受原国民党岳阳地区专员王翦波派遣，潜回岳阳从事反革命活动，被群众捕获，旋被人民法院判处死刑。

李毅仁

李毅仁(1892—1951)，原名李弘，字力成，号湜园，岳阳县毛田乡莲荷村人。1929年，因遭蒋介石通缉，改名毅仁。1917年，岳阳湖滨大学毕业。1928年，任国民革命军第二集团军第五军军部秘书长。1929年，第五军改编为第十三路军，他出任第十三路军总指挥部秘书长。是年，又兼任安徽省政府秘书长。1930年冬，他遭蒋通缉，乃携眷南归。1934年，岳阳大旱，县成立救灾委员会，他被推为总务股常务。1935年，任湖南省第一行政区保安司令部秘书兼军法官。1937年，卢沟桥事变后，任陆军第一九九师秘书长兼军法官。1938年，弃职回乡。岳阳沦陷后，出任岳阳县第一联乡办事处主任。1939年，受聘出任陆军第八十二师秘书，1940年5月，离职回家赋闲。1941年，受聘出任岳阳县财务委员、县政府军法室秘书，承办军法、检察及行政案件。是年，任岳阳县立中学教员、校长。1945年，出任岳阳县临时参议会副议长。1946年辞去公职，专任县联立中学高中部国文教员。1947年，出任湖南省第一行政区督察专员公署秘书。1948年11月，由岳阳名流周鳌山举荐，湖南省政府主席程潜委任毅仁为岳阳县代县长。1949年3月1日，离职，任职仅110天。

他一生为人正直善良。1930年，蒋(介石)、冯(玉祥)、阎(锡山)等国民党新军阀在中原混战。石友三部亦通电反蒋，毅仁为该部撰写“反蒋宣言”。蒋胜冯败后，遭蒋通缉，而石氏则又投蒋。痛恨石氏朝秦暮楚之政治态度，乃决心离石而去。1931年至1934年，因无工作职业，家境拮据，生活困难，全赖朋友支持，方勉强度日。1941年，岳阳县县长黎自格礼聘他为县政府秘书，先是不就，后与黎约法三章，要黎氏不要滥杀无辜，且走留自由，方才就任。他一生多次出任公职，从政二十余年，一直洁身自好，不愿加入任何党派。1944年，县长黎自格以公职人员须加入国民党为由，填好入党表册，交李签字，李坚不报到签字，也不参与任何会议。他虽未加入任何党派，但曾多次营救共产党员脱险。岳阳解放前夕，他经中共地下党策动，积极参加和平迎解活动，2次参加迎解工作会议，是岳阳县国民党军政人员投诚起义领导成员之一。他到毛田乡政府，动员乡公所人员将所有枪支送缴中共领导的湘鄂边区游击队。中华人民共和国成立后，他仍以教书为业养家糊口。1951年3月21日，因遭人诬告，被岳阳县人民法院以大官僚地主案判处死刑。1988年3月5日，岳阳县人民法院经复查认为，对他原判认定的事实失实，应定为错案，撤销原判决，认定为起义投诚人员。

陈煊

陈煊(1877—1952),男,别名小平,岳阳县五垸乡陈阴屋场人。其父乃一介寒儒,家无田地,生活贫困。清末,赴甘肃省临洮县谋事,曾任临洮县代理知事。2年后回岳阳县城定居,步入商界。民国2年(1913)9月,北洋军第三师曹锟部攻占岳阳,与曹及该部旅长吴佩孚相熟。此后,南北军阀多次争夺岳阳,各军首脑多宿陈家。南北混战不已,城市数度易手,他多方周旋,使城池少受蹂躏,故人称“南北通”。民国6年(1917),曾购买30辆人力车,开办出租车店,并当选为岳阳县商会副会长。民国9年(1920),北洋军张敬尧部溃退岳阳,满城烧杀抢掠,他以商会会长之职,出面与天主教堂、基督教堂商洽,在城区建3处避难所,保护难民,并施以粥米。民国9—12年(1920—1923),出任会长。他一生为人清静无为,待人和蔼亲善。曾在其家门亲书对联一副:不争不竞;无党无偏。横批,天地正气。民国14年(1925),湘北大旱,饥民遍地,他目睹惨状,倾多年积谷200余担,亲手碾米,拯救灾民。为应酬过往军队,由商会出面,组建军事招待所,他出任所长。1926年8月,北伐军迫近岳阳城,为防北洋军撤离之时屠城,他与吴佩孚交涉,北洋军次第而退,城池得保平安无虞。1930年7月,红军攻占岳阳,应彭德怀之邀,积极为红军筹措款饷。马日事变后,多次救助被捕的共产党人及革命志士。铲共义勇队新墙分队分队长陈步桥,因与地下党员有联系,被人密告捕县,押赴刑场处决,其家人求助,陈乘车急奔刑场,刀下救出陈步桥。临湘农民讲习所杨凤楼等3位学员逃到岳阳避难,为警察局捕获,其家人求助,陈与其素昧平生,却欣然前往说项,3人得以获释。1938年,县城沦陷后,日本占领军闻陈煊大名,邀其出任县维持会长,不愿就任,举家避难荣家湾乡下。日军派队搜寻,他临难不惊,在大门上书写“城区难民陈小平寄庐”,带路汉奸不敢得罪,将日军引开,陈乃得以平安。岳阳百姓曾写宝塔诗赠陈煊:

行
正绅
陈小平
京省驰名
南北最相信
专为排难解纷
出酒席不取分文
文书不善,可谓达人;
群而不党,面面可通音;
岳阳无此人,地方不安宁。

中华人民共和国成立后,人民政府赠送其匾额一块,以示尊敬。1952年3月,陈煊病逝,送葬时,灵柩绕城一周,满城商店铺号设酒祭典,市民百姓竞相送行。

彭启

彭启(1909—1952),又名南林、庆仁,今岳阳楼区人。民国7年(1918),入私塾读书。次年入“同善社”创办的国学专修学校,在校期间,结识一批进步学生,阅读进步书籍,议论时事政治。民国13

年（1924），投考插班生入县立中学学习。民国17年（1928），县中毕业后，受聘为私立长郡小学教员，并先后受聘为城区第五、七、十、十一等国民学校教员及县立中学教员。卢沟桥事变后，积极投身抗日救亡运动，发起组织岳阳民族解放先锋队，负责指导青年抗敌团工作。后经同乡介绍，入国民党湖南省党部任临时录事。1945年日本投降后，携眷回岳阳，迫于生计，与人合伙开设窑厂，赖以谋生。1946年1月，当选为岳阳县城厢镇副镇长。是年8月，当选为镇长。

彭启为人正直，思想倾向进步。1926年北伐战争前，经人介绍加入国民党。1927年，国民党背叛革命后，因不满国民党反动派倒行逆施，很少参加党务活动。1948年，国民党举行总登记，明文规定，不履行登记手续的，注销其党籍。他目睹国民政府黑暗腐朽的政治现实，决心脱离国民党，乃未参加登记。1949年4月，国民党军白崇禧部第九十七军溃退到岳阳，奸掳劫杀，无所不为，城区社会秩序混乱，人民四散逃亡。为地方安宁计，他邀约同学李晋秋、方鼎炎等发起组织自救委员会，以军民合作站名义对外活动，并出任站长，统一供应军粮，以免溃军骚扰百姓。同时，秘密成立武装自保队、壮丁梭镖队，以防御乱兵抢劫。是年6月，应地方人士李晋秋、中共地下党员周岳森的要求，再次出任城厢镇镇长，并加入岳阳县公教人员解放社，积极参加迎接解放活动。是年春夏，洞庭湖发生特大水灾，人民十室九空。为使贫困市民度过灾荒，组织镇救灾委员会设厂施粥，在城区共设粥厂7所，施粥12天，救济灾民，同时还在附城乡设一临时粥厂，救济附城灾民。7月，为阻止国民党溃军败退时炸毁南津港铁路大桥，亲自带人前往阻止，终未能保住大桥。7月中旬，率城厢镇镇公所全体人员，随国民政府岳阳县县长许新猷通电起义，迎接解放大军。解放后，奉命将镇公所武器、财产、文卷全部移交新成立的城厢区人民政府接管。同时，协助人民政府做原国民党军政人员及其家属工作，劝其弃暗投明。1952年2月，因遭人诬告，被岳阳县人民法院以恶霸罪判处死刑。1983年10月8日，岳阳市委统战部认定他为起义人员。1984年6月29日，岳阳市人民法院下达刑事判决书，撤销原判，予以纠正，恢复其起义人员名誉。

张次良

张次良(1897—1953)，岳阳楼区人。天资聪颖，勤奋好学，深谙劳动人民疾苦。早年入湖南第一师范就学，与毛泽东交往甚密，多次随毛泽东参加学生运动。1922年回岳阳，受聘为县立高等小学教师。1923年，与施召南、宁列、刘光谦等人创办岳阳文化书社，积极传播进步思想。利用课余时间到茶巷子耶稣教堂圣公会附设的平民学校义务授课。以后，又与他人办平民职业学校，招收贫苦青年学员40余人，一面学文化，一面做工。1925年，投身国民革命，赴广州投考黄埔军校。路遇挚友毛泽东，任毛泽东（时任国民党中央宣传部代理部长）秘书。国共两党分裂后，一直在国民党中央党部工作。1944年，因消极反共，积极抗日，被开除公职。1946年，入沈阳警官学校任教。1949年4月，赴北京求见毛泽东，被安排赴武昌实验中学任教。1953年11月，因病逝世，时年56岁。

任　震

任震（1881—1954），字祇存，岳阳县熊市乡小塘人。清末，曾任四川营务处帮办、东三省总督署参赞。清光绪二十九年（1903），加入华兴会。后留学日本，入东京振武学堂，加入同盟会。光绪三十二年（1906），萍、浏、醴起义爆发，任回国响应，在岳州被清廷捕获。一年后获释，旋去武汉办报，鼓吹革命。1911 年，武昌起义后，受命押运枪械到湖南，任军政府镇岳司令官。湖南立宪派发动政变后，任只身出走，后任湘鄂招抚使、湖南都督府参谋次长、湖南与福建都督署军事顾问、陆军部咨议，授陆军少将衔。1947 年，任湖南省政府参事。湖南和平解放后，任湖南文物保管委员会委员、湖南文史馆馆员。1954 年 1 月，卒于长沙。

李澄宇

李澄宇（1882—1955）原名李寰，字瀛北，岳阳县潼溪乡山上村周家岭人。因早年在报界谋事，多用“洞庭”化名，时人遂呼李洞庭。他出身贫寒，自幼发奋攻读，早年就学巴陵，入群庠。后入湖南优级师范，卒业后改入湖南讲武堂。1911 年，在岳阳创办《岳阳日报》，代表民意，赞成共和，在湖南新闻界颇有影响。因对政事抨击过多，直言讽谏，遭当局查封。后历任岳阳、华容、长沙等地中、小学教员。1914 年，在民国政府督办参战事务处任秘书。1922 年，被授予少将军衔。后历任湖南省政府秘书、湖南民众参议会参议、湖南省政府设计委员等职。抗日战争后期，先后在武岗国立十一中、国立师范、私立民国大学任教员、副教授、教授。1947 年，在岳阳参加“国大”代表竞选。1949 年，任湖南省政府秘书，参与湖南和平起义。中华人民共和国成立后，任湖南省文物保管委员会委员、省文史馆馆员。

澄宇清末时曾参加文艺团体南社，擅长诗文，被人誉为“湘中五子”。年少时游君山，兴然题壁：“君山久负登临约，惭愧年来号洞庭。”是其化名洞庭缘由之故。入南社后，其诗句“落日当筵红可吞”，为当时士林称颂，赞之为“李落日”。他对新文化运动颇有异词，其著作多为文言文，主要著作有《未晚楼诗集》《未晚楼文集》《未晚楼联话》《未晚楼续集》《未晚楼书牍》《万叠园诗对》《易义释要》《春秋三传》《二十五史蠡述》等。

他自幼爱雪，以为雪最坦白、最清洁、最平等、最自由，何等高尚，何等伟大，故生性刚直。先生对家乡建设异常关心。1913 年，民国政府废府存县，他上书民国政府，力争将巴陵县更名为岳阳县。1913 年，粤汉铁路勘线定界时，浏阳人孔昭绶主张线路经平江、浏阳走长沙。他则力主线路应经岳阳，并就地理环境、自然资源、路线远近、开凿之难易、耗资之多寡、交通运输之主次等，条例成文，洋洋万言，呈送民国政府国务院，力排孔议，故有“我于斯道孰铮臣”之句存世。民国政府采用澄宇之言，改线路经岳阳，使临长江、滨洞庭的湘北门户岳阳成南为北水陆交通要冲。1919 年，北洋军第二十师驻防岳阳，部分部队驻扎岳郡联中等学校，自冬至春，久驻不走，校方交涉无果，他从北京致书该师师长范国璋，晓以大义，该师长见信后，立即撤军。1924 年，他与城区党政军商学界人士倡议创建中山公园，将洞庭路武庙一带辟为供人游览休憩的场所，并亲自绘图设计，使公园得以建成，为城区公园之始。1925 年，“乙丑”年大旱，湘北饥民遍地，民不聊生。他联络郡邑 175 名各界名流，联名向省政府请愿，要求免征岳阳县三年赋税，以利民生休养生息。南湖畔的“一龙赶九龟”，为岳阳风景名胜之地。1931 年，湖北沔阳采石公司在此取石，他呈书省政府暨国民政府，迄令禁止，得以批准，勒石永禁，使南湖风景胜地得以保全。1955 年 4 月 4 日，他病逝于长沙，灵柩送归故里安葬。

邓振声

邓振声 (1882—1957)，字瑾珊，晚号沌庵，岳阳县麻塘区枫树门邓家村人。清光绪二十九年 (1903)，乡试中举，旋又中清廷殿试，授内阁中书，曾受业晚清太傅陈宝琛门下，后就读于梁启超、谭嗣同主讲的湖南时务学堂，与蔡锷同年同班。辛亥革命，岳州光复，被举为巴陵临时事务所副所长。民国初年，供职税局。20年代—30年代，先后历任雷家市、常德及省河厘金局局长。在任期间，秉公办事，忠于职守。某年税局奉令裁员，召集职司投票以定去留，使自知不称职者引退而去。某日，去省府请命，见省属官员减薪名录未列厘金局局长，乃主动将自己姓名列入，省长唐生智以为未可，谓："税局历来襄私成风，今纵使初息之，仍唯恐为丛驱雀"。他坚决主张一视同仁，以身作则，并慨然辞职。抗日战争胜利前后，被聘为湖南省政府顾问。湖南解放前夕，积极参加湖南迎解工作。中华人民共和国成立后，出任省文物保管委员会委员、省文史馆馆员，为收购古籍，常冒风雪奔走书肆，搜集大量珍本，为保存文物做出贡献。

民国初期，内忧外患，岁无宁日。他不慕权贵，以教育工作为职志，拒绝出任县政，先后就教于湖南交通学校、湘乡县立一中、国立十一中、省立一中等学校。他家境贫寒，有时因薪俸微薄，兼以卖文鬻字糊口，而赢得桃李盈门。通经史、攻诗文，其学术思想主张"合考据义理为一途，统之以词章，扩之以经济"。曾参与《潇湘雅集》吟咏，湖南名宿杨树达称其为"吴南屏乡里后进"，陈长簇则称其所著《沌庵咏史诗存》为"继骚才"而"凌鲍谢"。所著有《沌庵诗文集》多卷，凡十余万言，"文化大革命"期间被毁。另著《国学常识》在抗战期间出版，今无存。其幸存的诗文仅《沌庵咏史诗存》9卷，及《华胥梦》与《重九登天心阁》古风诗2篇。文章仅存殿试论文1篇，系探讨古今学术流派之作。

彭一湖

彭一湖（1887—1958），名礼，字忠恕，岳阳县大塅乡黄沙田彭家屋场人。6岁从祖父读书，后因家境贫寒，辍学随伯父学裁缝，不久因病废业。15岁得友资助，入岳州金鹗书院，后入县立高小就读。清宣统元年（1909），湖南招考留日学生，以优异成绩被录取，公费赴日，入早稻田大学攻读经济学。是年，在日本加入同盟会。1911年，辛亥革命后回国，任上海《晨报》编辑。民国2年（1913），得湖南都督谭延闿资助，再赴日深造，民国8年（1919）回国。民国10年（1921），出任湖南第一师范学校校长。民国14年（1925）后，先后任晨光政治大学校长、广东省政府秘书长、福建师范学院附中教务主任等职。曾受陈铭枢之邀，出任上海《壬申半月刊》主编。"一·二八"淞沪抗战，曾在岳阳招募志愿人员赴上海参加十九路军抗日。民国22年（1933），参加福建人民政府反蒋运动，失败后，出走河南，从事平民教育。后回湘任衡山实验县县长，在任期间，锐意改革吏治、清理财政、整顿税制，使衡山县面貌日新，被誉为"模范县"。后脱离官场，回乡赋闲，并捐资创建黄田小学。日军占领岳阳后，先后任武岗师范校长、国立十一中教员、第十一兵工厂子弟小学校长。抗日战争胜利后到重庆，加入民主建国会，任民建中央委员。以民主人士身份领头签名邀请毛泽东去重庆谈判，并参加政治协商会议，与毛泽东、周恩来多次晤谈。国共和谈失败后，仍回岳阳，在省立十一中任教。他对家乡非常关心，回乡时，常与农夫、手艺人接近。并说：农民不能老是按旧的办法耕作，要舍得送子女上学，学点科学知识，改变旧的耕作方式，当新式农民，改造农村。中华人民共和国成立后，应邀赴京与毛泽东会晤，并当选为全国政协第一届委员会委员。先后任湖南省图书馆馆长、中南军政委员会参事、武汉市政府参事室副主任。1957年，被错划为"右派"，1958年，含冤逝世。1980年，恢复名誉。

周鳌山

周鳌山(1884—1959),岳阳县熊市乡新塘村人。幼入私塾,后入岳州金鹗书院。清光绪三十年(1904),入湖南陆军速成学堂。后入上海江苏法政讲习所学习，并加入同盟会。毕业后，先后在临湘、南县、岳州等地中学任教。曾任过岳州地方自治公所所长、岳州府中学堂监学等职。辛亥革命前夕，任黎元洪秘书，曾劝说黎氏起义。武昌起义后，赴长沙敦促焦达峰、陈作新起义。后入湘督谭延闿幕府。民国元年(1912),任长沙《国民日报》主笔,著文怒斥北洋政府。次年,北洋军汤芗铭入主湘政,遭通缉,逃往日本，入明治大学，被推为留日学生会会长。民国4年（1915）回国，次年复为长沙《国民日报》主编。民国7年（1918），报社被军阀查封，避居宁乡农村。民国9年（1920），先后任唐生智、蔡钜猷秘书，自此与唐交往日深。民国13年（1924），离湘赴穗，任国民政府咨议、孙中山秘书，孙氏所发函电文告，均由先生起草。次年，随孙氏浮海北上。孙逝世，周立于病榻前，为孙守丧月余。后任冯玉祥秘书。民国15年（1926）春，重返广州，赴湘策动唐生智归附国民政府，任北伐军前敌总指挥部执法处处长、湖南省政府委员兼教育厅长。马日事变后，受国民党中央党部及武汉国民政府派遣，与谭平山、陈公博等5人及鲍罗庭赴湘调处，在岳阳被扣，后脱险回汉。是年，任武汉政府革命军事裁判所中将所长。民国18年(1929),任南京政府军事参议院参议。抗日战争爆发后,随唐生智守南京,任卫戍司令部运输司令。南京失守后，任湖南省政府顾问，回岳阳县城定居。民国36年（1947），在岳阳参加竞选“国大”代表未果。1949年，湖南和平解放时，参与组织岳阳国民党军政人员起义，成立岳阳和平解放自救会，任会长。中华人民共和国成立后，迁居长沙，任省军政委员会顾问。1953年任省政府参事室参事。1959年9月，病逝于长沙。

彭德基

彭德基(1887—1966)，岳阳楼区人。自幼聪颖好学。清光绪二十七年（1901）应秋闱童试，中庠生，入痒学。民国3年（1914），任湖滨大学中文教师。民国10年（1921）后，先后在县立高小、县立女中、贞信女中任教，并兼任县教育会编辑主任、县教育会主任、县议会议员。为人开明刚正，疾恶如仇，热心公务，长于辞令。1923年长沙“六一”惨案后，全城教师、学生、工商各界人士集会游行，声讨日本帝国主义暴行，他登台演讲、慷慨陈词；目睹大劣绅周家淦无法无天，欺压群众，他挺身而出，历数其罪状，面斥其非；县知事赵秉彝挪用教育经费，他严词指责，令赵限期交还公款。还参与创办岳阳文化书社，传播新知识、新文化；举办平民学校，教育劳苦大众。第一次国共合作时期，他积极协助国民党湖南省党部特派员刘士奇组建国民党岳阳县党部，并出任执行委员，参与组织与领导岳阳农民运动。马日事变后，与其他进步人士一道，掩护共产党员刘士奇等逃离岳阳。中华人民共和国成立后，当选为县政协委员，积极参加社会主义革命与社会主义建设。1966年1月，因病逝世，时年79岁。

李　琦

李琦（1883—1968），字莼荪，号云僧，岳阳县昆山乡群贤村李草堂人。幼入私塾，清光绪二十三年（1897），入长沙时务学堂。光绪二十六年（1900），由焦达峰介绍入唐才常等组织的自立会，从事反清活动，自立会失败后潜匿江西永新县。光绪三十二年（1906），回乡创办和平小学，继续从事革命活动。光绪三十四年（1908），华容同盟会员焦逸仙等在岳、华边界举兵反清，他闻讯前往。起义失败，他四处营救焦逸仙等人未果，旋入省与焦达峰共商革命策略，受命指挥洞庭湖一带的革命组织。1911年10月23日，他召集县境同盟会员在棚厂街召开岳州同盟会成立大会。辛亥革命后赴武昌，在革命军政府任事。迄湖南响应，赶赴长沙，协助焦达峰。清军反攻武昌，偕曾继梧等奔岳州，筹组岳州镇守使府。民国成立，因不满袁世凯篡权，在省教育会东街赁屋闲居，名“抱贞书屋”，并创办《新中国》杂志。是年，同盟会改组为中国国民党，出任湖南支部评议员。民国2年（1913），当选民国众议员。宋教仁被刺后，回湖南策动反袁。后赴日本，护国战争时期返国，联络同志，共谋响应。民国6年（1917）8月，响应孙中山“护法”号召，南下广州，参加非常国会。民国11年（1922），与孙洪伊等创建民治社。民国14年（1925），孙中山病危，专程前往探望，并参加孙氏葬礼。民国16年（1927），到南京国民政府任闲职。中华人民共和国成立后，入华东人民革命大学学习。1956年，任南京文史馆馆员。

许新猷

许新猷(1893—1970)，字朗江，岳阳县黄岸乡邹家山人。早年入岳郡联中就读，后入湖南第一师范。受进步思想熏陶，1926年8月，投身农民运动。1927年2月，当选为岳阳县农民协会执行委员兼农协教育部长，马日事变后逃离岳阳。后入国民革命军第八军任教导团营长、江苏泗县公安局局长、陆军第六师参谋及预备第十七团团长等职，参加过抗日战争，抗战结束后回到岳阳。1947年10月，任县政府军事科长。1949年春，接任岳阳县县长兼自卫总队队长。此时，解放大军兼程南下，受共产党统战政策感召，在中共岳阳地下党策动下，接受共产党有关和平解放岳阳的条件，签订起义协议书，发出起义代电，负责维持地方治安，帮助解放军筹集军粮。1949年7月20日，解放军进入城区后，率原岳阳县国民党军、政人员1000多人接受整编，为岳阳和平解放做出了贡献。起义后，被任命为中国人民解放军长沙军分区岳阳独立团副团长、岳阳县支前指挥部副主任。1950年，在荆江分洪工程指挥部工作。工程结束后，调湘潭行署供销社工作，历任物价科科长、工会副主席等职，积极参加社会主义革命与建设。1970年6月，病故。

易聘海

易聘海（1892—1972），岳阳县梅溪乡人。6岁丧母，家境贫寒。14岁学医，18岁行医卖药。民国9年（1920），在城区开设医寓。民国19年（1930），开设海亚诊所。1952年，创办岳阳县城厢镇第一联合诊所。1956年，调县人民医院中医科工作。易酷嗜医书，昼诊夜读，每有所得辄记之。常谓：“干到老，就要学到老，到老还学不了，强中更有强中手。”他生活简朴，乐于助人，热心公益事业。常给困难病人送钱、送药、送营养品，遇危重病人常亲自煎药、喂药、护理。1952年，曾向联合诊所捐献个人诊所的药品、药柜等财产。参加人民医院后，又主动将自己的私房十多间交给国家。他从医60余年，临床经验丰富，擅长治疗温湿病及其他疑难病症，对妇科、儿科病有独特见解。整理编写的《聘海医案》58例入选《湖南省老中医医案选》，其中，温湿重症、哮喘、脾湿肿满三病案被1988年版全国高等中医内科教材收载。还著有《中医对症处方手册》《中医临床一得集》《中医串读》

等医学书籍。其自创新方“升槐升降汤”治疗肠叠套，获1962年卫生部挖掘祖国医学学术二等奖。由于医学精湛，曾历任岳阳县中医师公会第一、二届理事长，岳阳县卫生工作者协会副主任等职。先后当选为岳阳县第二届、第三届、第四届人民代表及县人民委员会委员、湖南省中医顾问。1960年，定为名老中医。1959年，获卫生部中医学术经验交流三等奖。

任伊平

任伊平(1891—1977)，字钟灵，号森北，岳阳县乌江乡乐园村人。自幼家境贫寒，幼入私塾，清宣统元年（1909）入县立中学。民国3年（1914），入湖南高等师范文史专修科。民国7—10年（1918—1926），先后在岳郡联中、县立中学、县立高小、湖滨大学任教，并兼任岳阳县教育会会长。在县中求学时，即加入中国国民党。在岳郡联中任教时，国民党员学生钟堃等以其为老党员，遂将国民党县党部设县教育会，以为掩护，后被北洋军发觉遭通缉，出走乡下。是年8月，北伐军攻克岳阳，县党部公开活动，被推为县党部常委。9月，调任湖南省公路局常驻委员。1938年，回岳阳。岳阳沦陷后避难益阳桃江，被推为岳阳救生局局长。1942年，离开救生局，营运川盐与粤盐，获些利润。1946年，复入省公路局任职，并参加岳阳日军投降后汽车接收工作。中华人民共和国成立后，历任湖南省政府文物保管委员会委员、军政委员会参议、省参事室参事。

任伊平历来同情革命，马日事变后，岳阳共产党人刘士奇、黎雄等流落长沙，曾出资掩护他们逃往外地，自己乃脱离国民党。伊平自幼倍受贫寒，深知生活艰辛，乃将多年所积之资财，置湖田200亩，山田16石，作为学田，奖励资助全县学生及本族子弟求学。后又捐山田5石，作为平日田，接济生活维艰的孤寡贫困户。伊平除攻读文史外，著有《新长沙》《伊平文存》《论语新编话解》《岳阳人物纪略》、《岳阳革命人物》等书。1977年病故于长沙。

李际闾

李际闾（1898—1977），字若竹，岳阳楼区人，祖居县城。中学毕业后，考取湖南公费生留学日本，入东京高等师范学校与仙台东北帝国大学。留学期间，曾回国参加五四运动。1926年，参加北伐战争。1930年，受聘为福建学院附中主任。1933年，陈铭枢等在福建成立人民革命政府，他出任教育厅厅长。福建政府失败后，遭蒋介石通缉，逃至上海英租界，改名李楚生，以译书为生。后任宛西乡村师范教务主任、长沙女子职业学校训育主任，并赴衡山为彭一湖助理县政。1937年，抗战爆发，出任湖南民众训练指导处指导组主任，办理全省民众抗日救亡工作。1939年，任国立十一中高中部主任，1942年，任校长。治校期间，重视生产训练和人格教育，在学校各部设立农场，亲自带学生背柴、背米、喂猪、种菜。并以“忠义、务实、勤劳”6字作校训，编写校歌。是时，政府以实施军训为名，派遣军训教官进驻学校，监视进步师生。他多方救护学生，免遭迫害，并掩护在校的中共地下党员。1949年4月13日，岳阳学生举行游行示威，反对国民党镇压学生运动。出于爱护之心，他先是劝阻学生上街游行。当学生走上街头后，他又毅然加入游行队伍，走在省立十一中学生游行队伍前面，保护学生。岳阳解放前夕，曾掩护中共党员刘润世做国民党军政人员策反工作。1953年，因反对十一中等3所学校合并成县立一中，出走大连。先后在大连教育厅、工业厅图书馆工作，曾当选为大连市第二届、第三届人大代表。“文化大革命”期间，受到迫害，后去北京。1977年病故。

蔡爱卿

蔡爱卿(1914—1978)，岳阳楼区梅溪乡人。1930年参加中国工农红军，是年加入共青团，1931年，转为中共党员。历任红三军团班长、排长、连长、副营长、营长、团参谋长，参加中央苏区历次反“围剿”和二万五千里长征。抗日战争时期，历任山西青年抗敌决死队第一纵队中队长、大队长、纵队长，八路军第三十八团团长、太岳军区第一分区副司令员、“决一旅”副旅长。任团长时，曾率部参加百团大战。1940年10月，在沁源围困保卫战中，担任指挥长，颇有建树，受到毛主席和党中央赞扬，被太岳军区授予“战斗英雄”称号。解放战争时期，历任晋冀鲁豫野战军第四纵队十一旅副旅长、第九纵队二十五旅旅长、中原豫西军区第二军分区司令员、河南军区警备第二旅旅长。中华人民共和国成立后，历任中南军区高炮师师长、华南军区防空司令部副司令员、中南军区防空部队副司令员、广州军区防空军第二副司令员、山西省军区副司令员。在山西工作期间，带领并组织军事科研人员与数家工厂协作，研制新型野战火箭。1955年，被授予少将军衔。1959年后，在清查“彭德怀反党集团事件”中受牵连，遭到错误批判。“文化大革命”中被关押审查9年之久。1978年3月，病逝于北京。后经中央批准，湖南省军区党委为其彻底平反昭雪、恢复名誉，并追认为革命烈士。

王养直

王养直（1893—1980），又名佐才，岳阳楼区人。幼时读过几年私塾，后随父亲学制伞。因家境贫寒，曾浪迹安徽芜湖一带，做过小贩，当过码头工人。回岳后，从教私塾，刻苦自学。1922年，入县中师范班，积极投身城区反日反英斗争，被选为县学生联合会负责人。与进步同学创办贫民教育促进社（平民夜校），宣传革命。1924年，又发起成立天足会、拒毒会、仇货检查会等进步组织。1925年3月，加入中国共产党。是年6月，岳阳成立青沪惨案雪耻会。他在会上慷慨陈词，痛斥日、英帝国主义暴行和军阀政府腐败无能，并当众咬破手指，用鲜血书写“勿忘国耻”4个大字。是年，组织进步学生，发动市民数千人，反对劣绅周家淦与军阀勾结，向贫苦市民摊派勒索军费5万元。一厨师遭老板殴打，王怒抱不平，扛桌于十字街头，为其伸张正义，当众质问：“有钱的老板为什么要打人？当工人的为什么要挨打？”号召工人团结起来与资本家斗，“不给他们打工，让他们去吃钱吃钞票。”準提庵一小尼姑被老尼姑折磨致死，王状告县政府，县长受贿，置之不理，王控告不止，闹得县府不得安宁，县长以“诬告”罪，将他抓入狱中。县中师生发动各校师生员工去县府请愿，要求释放他，并严惩凶手，县长只好将他释放，并勒令老尼姑当众认罪。1926年，他考入湖南第一师范学校，后当选为校学生会会长。1928年，因在毕业典礼上，痛骂军阀省长何键，被开除学籍。是年8月，地下党员彭庆晒夫妻不幸牺牲，他冒着危险，前往彭家慰问亲属。1931年，他将宋庆龄写的《蒋介石杀邓演达宣言》一文当成讲义，公开向学生宣传。1935年，因叛徒出卖被捕，旋因查无实据，由家人保释出狱。1936年，再次被捕，经党内同志多方营救，获保释，即去溆浦卢峰中学任教。1937年七七事变后回岳阳，一方面寻找党的关系，一方面组织进步青年开展抗日救国宣传。并在城区创办“街头书店”，刊印《战鼓》周刊，唤起民众。先后任中共岳阳特别支部宣传委员、湘鄂赣特委巡视员、特委委员、驻岳工作团负责人。1940年平江惨案后，去广西桂林，任第十八集团军桂林办事处机要员。是年底到达延安，任八路军第三五九旅政治干事、代理科长。1945年，任延安保育院院长，后调中共中央党校二部学习。

1947年至1948年任晋冀鲁豫北方大学班主任。1949年，随军南下，任湖南省教育厅科长，后调省委党校任班主任、教研室副主任等职。1955年，被认为有“精神病”及“小集团活动”而停职。王不服，多次申诉无果，便写大字报批评党校及省委领导，被冠以“攻击省委领导”罪名，开除党籍、公职。王不服，仍多次向中央申诉。1960年5月，被逮捕入狱，判刑2年，后改劳教。“文化大革命”中，再次遭迫害，受关押，仍不断上诉。1980年5月10日逝世。是年10月8日，湖南省纪委为其平反昭雪，恢复其党籍与干籍。

廖莘耕

廖莘耕(1886—1982)，又名镛，岳阳县新开乡马山村大屋廖家人。7岁入私塾。清光绪三十一年（1905）入岳州府中学堂，因闹学潮，被开除，旋入巴陵公立学堂。毕业后，受聘新墙进修高等学校，后任县立高小监学。民国6年（1917），入国立武昌高等师范学堂史地系，毕业时被选送日本考察教育。回国后先后任岳阳县立中学校长、安徽省立第二师范教员、湖南省立第一师范训育主任、岳郡联中校长。曾率先集资创办岳阳文化书社。并倡议举办洞庭教学仪器馆，使县城3所中学共同加强教学实验，以提高教学质量。他思想进步，倾向革命。1928年任岳郡联中校长时，曾先后保释、掩护、转送10余名中共地下党员脱离危险。1929年任县教育局局长。1931年，有趋炎附势之徒，集资为县长侯厚宗制作万民伞，邀各界人士签名，他婉言谢绝。并从小书摊上买来一本《平平言》作为赠品，在扉页题词签名赠送县长，希望县长一阅，以人为鉴，廉洁奉公，体察民情。遭侯县长忌恨诬陷，乃愤而辞职，入长沙市立一师、湖南国医专科学校、私立周南女中任教。1938年，任岳郡联立师范校长。抗战胜利后，出任县中校长。中华人民共和国成立后，历任岳阳县土改委员会委员，县人民代表大会常务委员，县、市政协副主席，市人民代表，省政协委员等职。为社会主义革命与建设做出了贡献。1982年10月，因病逝世，时年96岁。

周岳森

周岳森(1924—1984)，又名周济人、林木，岳阳楼区人。1939年入武冈国立十一中读书，1942年考入广州中山大学历史系。1947年1月7日，率大、中学生游行示威，向美国领事馆递交《抗议美军暴行书》。2月，又领导大、中学生的“反独裁、反内战、反饥饿”运动，被开除学籍。5月回岳阳，任教于岳郡联中和联师，与地下党员廖晨创办《师萃》刊物，宣传进步思想。1948年1月加入中国共产党，任中共岳阳总支部委员。领导岳阳学生声援南京学生的四一三游行示威。岳阳解放前夕，根据党的指示，从事岳阳国民党党政军上层人士的统战策反工作，并通过其亲戚、城厢镇镇长彭启做通县长许新猷的工作，促使其率部起义；策动岳阳交通警察中队与华容戡建大队500余人向解放军投诚起义。同时组织成立岳阳解放社，开展迎接解放活动。6月，任中共岳阳中心区工作委员会副书记，为岳阳和平解放做出了较大贡献。中华人民共和国成立后，历任岳阳新湖南建设中学副校长、岳阳贞信女中校长、长沙明德中学副校长、长沙市文教局中学教育科科长、武汉华中工学院附属工农速成中学及工农中学校长、附属中学校长。1969年9月，以“特务”和“反革命”罪被捕入狱，蒙冤4年多。1974年，获释恢复工作，任华中工学院附属中学革委会主任。1979年，任华中工学院教务处副处长、处长。1979年9月，湖北省委为其平反、恢复名誉。

袁 浚

袁浚(1901—1989)，岳阳县潼溪乡沙南村人。祖辈世代务农。13岁时就读县城福音堂教会小学。1916年，入基督教创办的湖滨中学亦工亦读，在校时积极参加体育锻炼。1920年，参加全县第一届田径运动会，获4项冠军，并获“湖滨巨人”称号。1922年，入湖滨大学学习。1924年，入南京国立东吴大学体育科学习。1926年，毕业后回湖滨大学任教。1930年12月，赴德国国立体育大学学习军事体育，后转入德国国家警察学校游泳班，专攻游泳。1932年．当选为中华全国体育总会游泳协会委员和广州市游泳协会主席。1933年，应聘为国立武汉大学体育系主任。在武汉期间，曾辅导陆海空军副总司令兼国民政府武汉行辕主任张学良学习游泳。1937年，任湖南大学体育系主任。1944年，晋升教授。是年底，出任四川省立体育专科学校校长。在此期间，积极从事体育教学改革，创办新式排课法，既突出体育技术训练，又保证了体育理论教学，促进了四川全省的体育运动开展。1947年，复任武汉大学体育系主任。是年，当选为中华全国体育协会理事。1948年11月，调任广州中山大学体育系主任。中华人民共和国成立前夕，积极参加学校的护校斗争。1951年8月，出任华南师范学院体育系主任，并当选为广东省第一届人大代表。1957年，赴莫斯科参加世界大学生运动会。1965年，应邀参加第二届全国运动会与国庆十六周年庆祝大会，并登上天安门城楼，见到毛泽东及中央领导人。1966年，退休回岳阳定居。1979年，当选为政协湖南省第四届委员会委员、政协岳阳市第一届委员会副主席、民促湖南省委员会顾问、民进岳阳市委员会主任、中华全国体育总会湖南分会副主席。1989年，因病逝世，享年88岁。

罗叔章

罗叔章(1898—1992)，女，著名妇女运动人士、教育家、工商业者，岳阳县东乡罗内人。幼时家境破落，从母自学。12岁丧母，寄居姨妈家。15岁入洞庭女校，一年后考入湖南第一师范。22岁时自费入南京东南大学进修。1923年，经黄炎培介绍去印尼婆罗州中华学校任教。1928年，入上海暨南大学教育系，开始接受马列主义思想。“九一八”事变后，积极参加抗日救亡活动。1935年，加入中国共产党，此后，一直从事教育事业与妇女运动。1935年12月，当选为上海妇女界救国联合会理事。“八一三”上海抗战爆发时，积极参加慰问抗战将士、开办救护训练班、募捐、制作慰问品、慰劳救护伤员等工作。1938年5月，赴武汉参加上层妇女统一战线工作，任新运总会妇女指导委员会文化事业组副组长。1938年，武汉撤退时，临危受命去鄂北抢救从中原战区撤退的难童，后去均县任保育院院长。鄂西会战失利后，带领全院600多名儿童与教职员工乘船入川，途中历尽艰险，行程2000多里，历时2个多月，平安抵达重庆。1939年，受党组织派遣，在重庆创办第一药品生产合作社，任经理。并先后参加工商联、民主建国会筹备工作、中国妇女联谊会筹备工作，当选妇联常务理事及中国经济事业协进会常务理事。团结上层知识、职业界妇女，宣传党的坚持抗战，反对内战；坚持团结，反对分裂；要求民主，反对独裁的主张。抗日战争胜利后，在上海从事工商界统战工作，当选为上海人民团体联合会常务理事，联系各方面人士，开展反内战、反迫害斗争。1947年6月，去东北解放区，任东北医药公司经理。1949年，赴北京参加政治协商会议与第一次全国妇女代表大会，当选为全国妇联常务委员兼生产部副部长。中华人民共和国成立后，任中央人民政府办公厅副主任、中央财政委员会委员、劳动部副部长、轻工业部副部长；第一届、第二届全国人大代表，第二届、第三届、第四届、第五届全国人大常委会委员；第五届全国政协委员；全国妇联第一届执委会常委；全国工商联副主席，民主建国会中央常委。终生未婚嫁。1992 年 2 月病逝于北京，享年 94 岁。

李沐英

李沐英（1902—1993），女，又名李慧，岳阳楼区人。祖居城区学道岭。幼时入私塾读书，后入岳阳贞信女校就读。1921 年，入长沙稻田女子师范就读。在女师学习期间，积极参加反帝、反封建、反军阀运动。1925 年秋，考入北京女子师范大学。1926 年 3 月 18 日，北京工人、学生及各界人士 4000 余人为抗议帝国主义干涉中国内政，举行示威游行，游行队伍在铁狮子胡同遭反动军警镇压，当场死伤 200 多人，她被压在人堆下，幸免于难。当天下午，为收回女师大遇难烈士刘和珍、杨德群遗体，她与程毅志等 3 位学生代表不顾危险前往执政府交涉，于第二天将烈士遗体运回，并亲手替她们擦洗遗体，自己的手因天寒地冻与感染而红肿溃烂．数月方愈。

三一八惨案后，她加入中国共产党，投身新民主主义革命。是年暑假回到岳阳，受聘县立女中任教。8 月，北伐军占领岳阳后，她带领女中学生走上街头，演话剧、搞演说，宣传放足、剪发，开展妇女解放运动，宣传国民革命。1927 年大革命失败后，党组织送她去苏联莫斯科中山大学学习。1930 年秋回国，在上海全国赤色总工会任保管兼统计工作。1931 年春，被国民党军警逮捕。在狱中，她坚贞不屈，严守党的秘密，担任女监中共党支部书记。1932 年春，经党组织营救，获释出狱，继续坚持地下工作。1940 年到延安，任中共中央农村工作委员会秘书长、延安南昌公司织布厂厂长。1946 年，任大连中苏远东车电业公司人事处处长、大连行政公署工业厅副厅长、大连市人民监察委员会副主任。中华人民共和国成立后，任中南地区人民监察委员会副秘书长、中央监察部一司司长、中央监察部党组成员。

她为人正直无私，刚直不阿，命运坎坷。一生曾两次被错误地开除党籍。1927—1930 年，在莫斯科中山大学学习期间，因不满王明一伙在中山大学的所作所为，同他们进行坚决的斗争，遭王明忌恨，借口她出身官僚地主家庭，将她开除出党。她找到共产国际监察委员会据理力争，使自己的党籍得以恢复。中华人民共和国成立后，她敢于直言，对延安整风运动至新中国成立后的“抢救运动”“三反”“五反”、肃清反革命、整风“反右”等历次政治运动中“左”的做法和思想提出不同意见。1955 年，她任监察部一司司长时，曾向毛泽东、刘少奇、周恩来、朱德四位中央最高领导上书，倾“肺腑之言”，再次对历次政治运动中出现的“左”的倾向问题提出看法。1958 年 10 月 15 日，监察部党组以其一贯“反对党的领导、反对党领导的历次政治运动、反对党的各项政策、破坏民主集中制、丑化各级领导干部、否定社会主义建设成绩、庇护反革命分子、利用监察工作进行反党活动、向党进攻”等莫须有罪名，将她定为阶级异已分子、极右分子、反党分子，开除党籍，撤销行政职务，行政级别由 9 级降为 13 级，并另行分配职务较低的工作。“文化大革命”中，她再次遭受冲击迫害。1978 年，在陈云、胡耀邦的过问下，中组部为她平反恢复名誉。是年，增补她为第五届全国政协委员。1993 年 10 月 3 日，因病逝世于北京，享年 91 岁。

彭　文

彭文（1905—1994），女，又名彭援华，岳阳楼区人。其父彭承念系同盟会员，早年追随孙中山参加民主革命。20年代初，曾开办进步书店，传播进步思想。在父亲的教育和影响下，彭文与其他5个兄弟先后加入中国共产党，投身革命事业。1920年至1925年，在岳阳贞信女校与长沙稻田女子师范就读时，组织与领导了两校的学生运动。1925年秋，入北京女子师范大学就读。1926年3月18日，她随女师大学生参加反帝反军阀游行，遭反动军警镇压，脱险后即在女师大加入中国共产党。1926年9月，任岳阳县女界联合会委员，组织妇女参加妇女解放运动。是年10月，考入武汉中央军事政治学校女生队，任女生队班长，军校特别党支部委员。1927年7月底，赴南昌参加武装起义。南昌起义失败后，任中共赣北特委秘书。1927年底，调中共湖北省委机关工作。1928年7月，因与党组织失去联系，先后赴上海、新加坡、西安等地任教。1933年1月，赴北京寻找党组织，分配在中共北方局机关工作。“七七”事变后回湖南，任中共岳阳临时县委书记，重建岳阳县党团组织，开展抗日救亡活动。1938年春，任中共岳阳中心县委书记，领导岳阳、临湘、通城、湘阴4县党的工作。1939年底，去重庆八路军办事处，被分配去河南洛阳其丈夫靖任秋处做兵运工作。1944年8月，到晋冀鲁豫抗日根据地，任边区特委妇女部长。后任边区干部子弟学校校长、石家庄育才中学校长。中华人民共和国成立后，长期从事教育工作，历任北京师范大学附属中学校长，天津市教育局副局长，教育部中学教育司副司长，上海教育学院院长、党委书记等职。

方 瑜

方瑜(1915—1996)，名永瑜，字握之，岳阳楼区人。1940年毕业于武汉大学机械系，公费赴美实习。1952年参加抗美援朝，任志愿军铁道兵工程师。此后，任工程学院机械教研室主任、铁道兵襄樊机械制造厂总工程师兼副厂长。因组织柴油机制造攻关，多次获铁道兵科技进步奖。1978年，出席全国科学大会。1983年，调任铁道兵华北办事处顾问。1988年，被授予胜利功勋荣誉奖章。

陶桓馥

陶桓馥(1901—1997)，女，岳阳楼区人。1917年，入长沙稻田女子师范就读，受《新青年》《向导》等进步书刊影响，思想日益进步。1919年，入岳阳县立小学任教。1926年8月，北伐军攻占岳阳后，与表妹彭援华共同发起召开岳阳县妇女大会。10月，投考武汉中央军事政治学校，录取为军校女生队学员，并任女生队一班班长。1927年4月，在军校加入中国共产党。5月，军校学生改编成中央独立师，开赴鄂南、鄂西讨伐夏斗寅叛军，随女生队参加西征，任宣传队队长。1927年10月，受党组织派遣，入莫斯科东方大学学习。1928年秋，转入中山大学学习。1930年9月，毕业回国，任中共上海市浦东区委妇女委员、组织部科长等职。1931年3月，任中共上海市闸北区委妇女委员。是年底，任中共河南省委宣传部部长兼妇女委员。1932年4月，在郑州遭国民党拘捕。被捕期间，沉着机智与敌周旋，因无证据，交由家属保释出狱。旋去上海，在中共中央机关工作。1933年，在上海做交通工作时，再次被国民党逮捕，先后押送上海市公安局、南京中央宪兵司令部、南京江苏省第一模范监狱，在狱中参与组织领导2次绝食斗争。1935年，由家人保释出狱。1936年，受党组织派遣，赴山西参加抗日决死队，任女生连政治工作员。是年，与共产党人廖鲁言结为夫妻。1937年，卢沟桥事变后，调中共四川省委、川康特委妇委工作。1939年，又调山西工作。1940年，到延安。中华人民共和国成立后，任内政部司长、中共中央农村工作部副秘书长、国务院农林办公室副主任、国务院知识青年办公室主任、农业部正部级顾问。先后当选为第一届、第四届全国妇女代表大会代表，中共八大代表，第三届全国人民代表大会代表。1982年离休，1997年因病逝世。

张仲纯

张仲纯（1914—？），岳阳楼区人。抗战前曾当过教员及新闻记者。1938年，入延安鲁迅艺术学院美术系学习并工作，并加入中国共产党。1939年，到华北联合大学工作。是年冬，调八路军第一二零师政治部宣传部任《战斗画报》编辑。随军转战晋察冀、晋西北等地。1942年返延安，任延安中学教师。解放战争时期在东北任辽吉、辽西《胜利报》副总编、采通部主任等职。中华人民共和国成立后，在东北局工作，后调北京大学任教授。1978年，调中央党校任教授。他爱好诗、画、书法，在残酷的战争环境下也未间断写作绘画。1981年，任胡耀邦的特派员，回到阔别近50年的岳阳，调查了解社情民意，撰写有关岳阳城市卫生脏乱差及岳阳楼亟须维修的调查报告，寄给新华社。5月11日，时任中共中央主席胡耀邦从新华社编印的《国内动态》清样第1045期上，看到《闻名中外的岳阳楼亟待修缮》一文后，立即作出批示。随后，岳阳楼即落架大修，他在岳阳期间，还根据自己的回忆，采访当时的见证人，撰写《红五军攻占岳州目击记》，介绍彭德怀1930年7月初率领中国工农红军第三军团攻占岳州的战例，为岳阳党史留下了珍贵的资料。

（二）外籍人物

（以卒年为序）

周　瑜

周瑜(175—210)，字公瑾，庐江舒县(今安徽舒城)人。三国东吴名将，出身士族。他大器早成，先后效力于孙策、孙权兄弟，助其创立东吴政权。

建安十三年(208)赤壁之战后，“权拜瑜偏将军，领南郡太守。以下隽、汉昌、刘阳、州陵为奉邑”，屯驻江陵。(见《三国志·吴书·周瑜传》)。自此，巴丘为周瑜之奉邑。在巴丘建有巴丘邸阁、巴丘大屯戍，屯军储粮。踌躇满志的周瑜，不肯承认“三分天下”的局面，力主孙权先击刘备，出兵巴蜀；再取襄阳，北击曹操，进而一统天下。孙权欣然同意。建安十五年(210)，周瑜回到江陵整顿军马，备战夺取巴蜀，不料在赴巴丘备办粮草途中，忽染暴病，逝于巴丘(今岳阳)，年仅36岁。

今安徽庐江、宿松、江苏镇江和湖南岳阳均有周瑜墓。

小　乔

小乔(?—210)，东汉太尉乔玄之女，皖城(今安徽潜山)人，其姐名大乔。东汉建安四年(199)，孙策欲取荆州，以周瑜为中护军，领江夏太守，从攻皖，拔之。时得乔公二女，皆国色也。策自纳大乔，瑜纳小乔。

据清《巴陵县志》载，周瑜镇守江陵、巴丘时，小乔相随。周瑜病卒巴丘后，小乔也病逝于巴丘。军帐兵士将其安葬在都督府后花园。孙策比周瑜早逝，相传大乔孤独一身，便随小乔来到巴丘，死后姐妹合葬，故称“二乔墓”，亦称“小乔墓”。岳阳小乔墓曾多次修葺。清光绪七年（1881）湖南学政陆宝忠重修，认为大乔不应合葬，即将“二乔墓”更名为“小乔墓”，并加以增饰，墓前建筑墓庐，正堂供有小乔塑像。墓庐原在今岳阳市一中与际华三五一七橡胶制品有限公司交界处，毁于抗日战争。仅存“小乔墓庐”石刻一方。1992年，岳阳市政府重修小乔墓，将其迁入岳阳楼公园，占地1400平方米，自成一体。

鲁　肃

鲁肃（172—217），字子敬，临淮东城（今安徽定远县东南）人，三国东吴儒将，出身士族。建安五年（200），他向孙权进言：“汉室不可复兴，曹操不可卒除。为将军计，惟有鼎足江东，以观天下之衅。”为“三分天下”格局的最早预见者与谋划者。建安十三年（208），鲁肃力主与刘备结盟，共拒曹操，被孙权采纳，终破曹操于赤壁（今湖北省赤壁市）。周瑜死后，鲁肃被任命为奋武校尉，后擢升偏将军，代领其兵。鲁肃代瑜领兵后，力劝孙权以荆州借给刘备，替曹操多树一敌，进而共同抗曹。刘备西占益州后，孙权派鲁肃去索还荆州，刘备百般拒绝，孙权令鲁肃率兵万余屯驻巴丘，以钳制关羽。加强戒备，筑巴丘城，修建谯楼（一说为阅兵台），以防关羽。其谯楼，传为岳阳楼前身。

建安二十二年（217），鲁肃病逝于巴丘任上，时年45岁。“既卒，吴蜀皆为举哀”（《三国志·吴书》）。岳阳人民为纪念他，将其安葬在“阅军楼”东南侧（今际华三五一七橡胶制品有限公司内），立“东吴鲁太傅之墓”碑，俗称“鲁肃墓”，两侧有石刻对联云：“扶帝烛曹奸，所见在荀彧上；侍吴亲汉胄，此心与武侯同。”

颜延之

颜延之（384—456），南朝宋文学家，字延年，琅琊临沂（今山东省临沂北）人。少孤贫，好读书治学。初为太子舍人，曾任始安太守、中书侍郎、永嘉太守、金紫光禄大夫。元嘉三年(426)，被征为中书侍郎，由始安郡（在今广西壮族自治区）回国都建业（今南京），途经巴陵，曾与湘州（治所今长沙市）刺史张劭登临巴陵城楼（即唐以后所称的岳阳楼），写有《始安郡还都与张湘州登巴陵城楼作》，其中有句云：“清氛霁岳阳，层晖薄澜澳。”其“岳阳”一词组，首现文学作品，是最早具体描写岳阳楼的诗篇。

萧　铣

萧铣（583—621），隋兰陵（今江苏武进西北）人，隋末地方割据者后梁萧詧的曾孙。炀帝时擢授罗县（今湖南汨罗）令。大业十三年（617），巴陵校尉董景珍、雷世猛，旅帅郑文秀、许玄彻、万瓒、徐德基、郭华、张绣等同谋据郡叛隋，开始以董景珍为首，董恐难以服众，乃推萧铣为首。萧铣自称梁公，开始镇压农民起义，因颍川起义军沈柳生带兵攻打罗县，萧铣失利，乃改变策略，扯起反隋大旗，招附沈柳生部，擢为车骑大将军。起兵五日，远近归附者至数万人，萧铣即由罗县移部至巴陵。董景珍派徐德基率郡中兵士出迎，徐却遭沈柳生谋杀。后董景珍诛杀沈柳生，沈部卒皆溃散。萧铣随即筑坛城南，焚香秉烛，自称“梁王”。建元凤鸣（一作鸣凤），次年称帝。其势力范围，西至三峡，南尽交趾(今越南河内)，北距汉水。唐武德元年(618)，徙都江陵(今湖北荆州)。隋灭，归附者日众，聚徒40余万。后诛戮大臣，故人、边将疑惧，相继背叛。唐武德四年（621），唐军顺江而下围江陵，他兵败降唐，被杀于长安。

张 说

张说(667—730)，字道济，又字说之，洛阳(今河南洛阳)人，唐朝著名诗人。武则天时，策贤良方正，他对策第一。历任太子校书郎、凤阁舍人、黄门侍郎、中书侍郎等职。睿宗时，进同中书门下平章事。玄宗时，召为中书令，封燕国公。后罢为湘州刺史。开元四年(716)，因违反玄宗严禁人臣与皇室交结的旨令而贬官岳州。张说出知岳州后，曾修建巴陵城楼(即岳阳楼)，经常与赵冬曦、尹懋等幕僚、文人登楼赋诗，岳阳楼“自尔名著”。张说在岳阳有诗数十首，题名《岳阳集》(见唐五代王定保《唐摭言》)，后散佚，明代集佚为《张燕公集》。其诗感情真挚，《新唐书张说传》称：“(张说)即谪岳州，而诗益凄婉，人谓得江山之助。”其广泛的内容，是研究岳阳、岳阳楼和洞庭湖的重要史料。

孟浩然

孟浩然(689—740)，唐襄州襄阳(今湖北襄樊市)人，唐朝著名诗人。他功名不就，喜好游历。开元四年(716)，曾漫游洞庭湖，写有《望洞庭湖赠张丞相》诗：“八月湖水平，涵虚混太清。气蒸云梦泽，波撼岳阳城。欲济无舟楫，端居耻圣明。坐观垂钓者，徒有羡鱼情。”此时孟浩然48岁，该诗系唐代写洞庭湖的名篇之一，而“岳阳城”一词首见于此。

李 白

李白（701—762），字太白，号长庚、青莲居士，唐朝著名浪漫主义诗人。多次游览岳州、洞庭湖，有文字可考者多达6次。开元十三年(725)，出蜀南游，到过洞庭湖；开元二十七年（739）秋天，曾和诗人王昌龄在岳州相会、酬唱；天宝六年至十一年（747—752），相访谪贬湘阴的挚友崔成甫，或小留，或过道，时来时去；唐至德二年(757)十一月，因永王事件牵连流放夜郎，次年到临湘鸭栏矶，结识裴隐；流放夜郎放回后，约在唐乾元二年(759)，与贾至相逢燕游；是年冬赴零陵，次年春又经岳州，旋往江夏。李白在岳州写的岳阳楼诗仅留下一首，但有多篇洞庭湖诗传世，且多系中国文学史上的名作，如《巴陵赠贾舍人》《陪侍郎叔游洞庭醉后三首》《陪族叔刑部侍郎晔及中书贾舍人至游洞庭五首》，都是千古绝唱。

杜 甫

杜甫(712—770)，字子美，自称少陵野老、杜陵布衣，祖籍襄阳(今湖北襄樊)，曾祖时迁居巩县(今河南巩县东北)。他经历了唐朝由盛而衰的转变时期，一生颠沛流离，官场失意。大历三年(768)冬，他经今湖北省入湖南省岳州，写有《泊岳阳城下》《登岳阳楼》《岁晏行》《览船苦风，戏题四韵，奉简郑十三判官泛》；次年春，由临湘白马矶的白马潭启程去潭州、衡州，一路上走走停停，在岳州境内写有《发白马潭》《陪裴使君登岳阳楼》《南征》《过南岳入洞庭湖》《过洞庭湖》《宿青草湖》《宿白沙驿》《湘夫人祠》《祠南夕望》《上水遣怀》。大历五年（770）冬，从衡州、潭州北返，因贫病不堪，从湘江入汨罗江去平江求友救助，病死汨罗江，葬于平江县小田村天井湖。病故前在汨罗江上写有绝笔诗:《风疾舟中，伏枕书怀三十六韵，奉呈湖南亲友》。在岳州所写之诗名篇力作甚多，有“老树着花”之誉，其中以《登岳阳楼》影响最大：“昔闻洞庭水，今上岳阳楼。吴楚东南坼，乾坤日夜浮。亲朋无一字，老病有孤舟。戎马关山北，凭轩泪泗流。”此诗千古传颂不衰，历年被选为中学语文教材。1962年，岳阳人民为缅怀忧国忧民的诗圣，在岳阳楼下修建怀甫亭，亭匾由朱德题写，石碑刻有杜甫画像和《登岳阳楼》诗。

贾　至

贾至(718—772)，字幼邻，河南省洛阳人，唐朝诗人。唐天宝初年，明经擢第，以校书郎为单父尉，天宝末迁中书舍人。乾元元年(758)，出任汝州刺史，次年贬为岳州司马。宝应元年(762)，复为中书舍人，次年为尚书左丞。大历初封信都县伯，迁京兆尹，终右散骑常侍。他在岳州3年写有不少诗作，自编为《巴陵诗集》。在他的诗篇中，第一次出现了“岳阳楼”之名，如《岳阳楼宴王员外贬长沙》《岳阳楼重宴别王八员外贬长沙》。

柳宗元

柳宗元(773—819)，字子厚，唐朝著名文学家，祖籍河东解县(今山西省永济市)，故人称柳河东;因曾贬官柳州，又称柳柳州。曾与刘禹锡等一起参加主张政治革新的王叔文集团，升任礼部员外郎，不久革新失败而遭贬。贞元二十一年(805)，途经岳州，写有《岳州圣安寺无姓和尚碑》，是今湖滨八仙台山麓圣安寺存世最早的文字记载。从洞庭湖入湘江口途中，特地去屈原流放行吟的汨罗江，效法汉代贾谊、司马迁凭吊屈原，触景生情，悲愤满怀，写了《吊屈原文》。元和十年(815)夏，柳宗元奉诏回京途经汨罗江口，写下《汨罗遇风》诗：“南来不作楚臣悲，重入修门自有期。为报春风汨罗道，莫将波浪枉明时。”

滕子京

滕子京(991—1047)，宋河南府(今洛阳)人，与范仲淹同为大中祥符八年(1015)进士。后由泰州军事推官召试学院，授大理寺丞。后迁右司谏，徙信州知州、江宁通判、湖州知州。庆历二年(1042)，任泾州知州抵御西夏有功。由范仲淹推荐，擢天章阁待制，不久徙庆州。庆历三年，因“泾州公款案”，贬官凤翔府，继贬虢州。第二年贬岳州，三年后徙苏州。庆历七年春病逝于苏州，享年56岁。

“庆历四年春，滕子京谪守巴陵郡。越明年，政通人和，百废俱兴。”在巴陵为官3年，做了五件大事:重修岳阳楼，并请范仲淹撰写《岳阳楼记》；改建岳州学宫；拟建岳阳楼前的偃虹堤；修筑堤头渡桥(即后之万年桥、今之三眼桥)；编辑《岳阳楼诗集》，保存岳阳楼的历史文化。

滕子京重修岳阳楼时，撰写《求记书》，请范仲淹写《岳阳楼记》；拟修偃虹堤，请欧阳修写《偃虹堤记》；改建岳州学宫，请尹洙写《岳州学宫记》。“三记”作者，皆是宋朝大文人，“三记”亦为文学史上的名篇佳作。《岳阳楼诗集》编辑成功后，他撰写《岳阳楼诗集序》，第一次综述了岳阳历史文化的形成、发展、特征，第一次呼唤人们要重视岳阳楼历史文化的整理与弘扬。岳阳楼建成后，人们称滕子京修楼、范仲淹作记、苏子美书丹、邵竦篆额为“天下四绝”。

范仲淹

范仲淹(989—1052)，字希文，苏州吴县（今江苏省苏州市）人。宋大中祥符八年(1015)进士。庆历三年(1043)任参知政事，上书《答手诏条陈十事》，主张对政治、经济、文化进行大刀阔斧的改革，被仁宗采纳，并颁布、实施，史称“庆历新政”。由于遭保守势力的疯狂反扑，新政推行不久便告失败。五年，被罢去参知政事，离京出任陕西四路宣抚使，后转给事中知邓州、杭州、青州；皇祐四年(1052)，徙知颖州，扶病上道，卒于徐州途中。

宋明道二年(1033)，范仲淹即写有言及岳阳楼、洞庭湖的名诗《送韩渎殿院出守岳阳》。次年一月被贬，离开汴京出守睦州时，写的《潇洒桐庐郡》《新定感兴》5首，又分别言及岳阳、洞庭湖。

庆历六年(1046)九月，滕子京修成岳阳楼后，他应约撰写《岳阳楼记》。全记368字，字字珠玑，文笔优美，由景抒情，道出了“庆历新政”者们的心声，写下了千秋百代令人景仰、推崇的哲理名言：“先天下之忧而忧，后天下之乐而乐。”

欧阳修

欧阳修(1007—1072)，北宋文学家，字永叔，号醉翁，晚年号六一居士。祖籍庐陵（今江西吉安），生于绵州（今四川绵阳）。神宗时曾累官至参知政事，后出知亳州、青州、蔡州；熙宁四年(1071)，告老还乡。为唐宋八大家之一。

景祐三年(1036)五月，范仲淹因主张革新，被宰相吕夷简贬官，欧阳修写《与高司谏书》为范辩护，亦于此时被贬峡州夷陵县，九月底途经岳州，写了《晚泊岳阳》诗。庆历四年至六年(1044—1046)，即滕子京谪守巴陵期间，他写了3篇与巴陵相关的文章。第一篇是庆历五年写的书信《与滕待制子京》，第二篇是庆历六年写的散文《偃虹堤记》，第三篇是《得滕岳阳书，大夸湖山之美，郡署怀物甚野，其意有恋着之趣，作诗一百四十言为寄，且警激之》。据清人刊刻的《黄鹤楼岳阳楼铭楹联诗赋》载，欧阳修还为岳阳楼写过一副楹联：“我每一醉岳阳，见眼底风波，无时不作；人皆欲吞云梦，问胸中磊块，何日能消？”

范致明

范致明（生卒年不详），北宋建安（今福建建瓯）人。宋元符年间中进士，授宣德郎。因为人刚正，得罪权贵，被贬为岳州监酒税。著有《岳州风土记》一卷，对郡县沿革、山川变易、古迹存亡，考证甚详。《乐史·太平寰宇记》谓：“大江流人洞庭”一说，范致明经考察后提出异议：“洞庭湖会合于长江，江水并不常入洞庭，只因荆江在夏秋之交，水位高涨，逆灌入湖，三至五天即退落，名曰‘翻流水’。”《湘中怨记》云：“岳阳楼闻汜人之歌”，范致明则以地形核实，认定“舟中之歌，楼上不闻。”《水经注》谓：“澧水合沅，然后入湖。”范致明则曰：“澧沅虽相通而各自入湖，澧入湖处名澧口，沅入湖处为鼎江口。”《通典》中载：“巴丘湖中有曹州，即曹公为吴所败烧船处。”《汉阳图经》载：“赤壁即为乌林”等说。范致明均广征博引，引据确凿，予以辩证，否认其说。其所写轶闻逸事，尤为雅洁，在宋人风土著述中可谓佳本。晚年双目失明，两耳失聪，仍著有一部《巴陵古今记》。

马致远

马致远（约1250—1321至1324年间），字千里，号东篱，元大都（今北京市）人，元代戏曲作家。曾官至江浙省务官，晚年退隐田园，代表作有《汉宫秋》《吕洞宾三醉岳阳楼》。至元十七年(1280)南宋灭亡，元朝统治势力大举南下，杂剧创作和演出的中心亦随之逐渐由大都向杭州转移。约于至元二十四年至二十八年之间，马致远在岳州逗留较长一段时间，写下元代杂剧名作《吕洞宾三醉岳阳楼》。该剧第一次把岳阳楼、吕洞宾故事搬上舞台，并且播扬到大江南北，家喻户晓、老少皆知。同时，他还以洞庭湖为题材写了一些散曲。

陈公举

陈公举（生卒年不详），浦江（今属浙江）人。元至元末为浦江儒学教授，累迁浙江儒学副提举。元贞年间(1295—1296)，任巴陵郡文学掾，编有《岳阳楼集》，录有岳阳楼诗206篇、滕子京文1篇，为现存的最早岳阳楼诗文集；写有《岳阳楼集序》，对岳阳楼的得名及其诗文集的刊刻，有详细记述，写有多首岳阳楼诗，现存2首。

李　镜

李镜（生卒年不详），字文明，江西弋阳人，明成化五年(1469)进士。成化十九年，以刑部员外郎为岳州知府。上任伊始，即募工为堤，凿石为桥，引水为闸，人甚便之。民称其堤为李公堤，闸为李公闸。自此，“居民占堤筑土架室，市货咸凑，烟火相接累数百，无复有转徙虑。堤东湿地，旧为萑苇之区者，恃其堤蔽；渐可耕艺，田以顷计者。要其成，可至数百。”继而修建学宫，迁建郡署。于弘治元年(1488)，指派郡丞文仁为岳州学宫添置乐器，修建乐器库，聘请2位大常生到学宫教习；还在塔前街修社学，在北门建仓庾，灭君山湖匪。任职五年“署无遗事”后，他取来《岳阳楼诗集》旧本，增其所未录而类次之，各类以时世为先后，不加去取，编辑梓行《类编岳阳楼诗集》。百姓感其恩，特在北门修李公祠祀之。

张　举

张举（生卒年不详），字孟贤，河北滦城人。明弘治年间进士，由华容刘大夏荐，正德初擢为岳州知府。任期内，罢去于民不便者十余事，毁诸淫祠，以巴山庙为公署，五显庙为书院，慈氏塔为便民仓；作《谕属法》一册，勉相率守发奸摘伏，人称“神明太守”。他对学校的兴建极为重视，华容县孔子庙，年久失修，破败不堪，巡视后，即令重修庙庭，宏大规制，成一郡之最。他居官清正廉洁，坚持吃蔬食，穿粗布衣。据清道光《洞庭湖志》援引明万历二十五年《岳州府志》载："夫人尝令人置漆楪数席。一日宴客，设之，惊曰：'此楪何处来？'夫人云：'某衙借用'。后再设，张曰：'此楪如何久不还？'夫人不得已吐实，张怒，毁其器，送夫人还乡。此亦佳话之可传者。"

陆 埏

陆埏(生卒年不详)，字秀卿，号篑斋，明浙江嘉善人。嘉靖中任岳州知府。宽逋赋，省讼狱，巡行属县每年多次，人民安居乐业，田畴尽辟。

他极关心民间疾苦。嘉靖二十三年(1544)，楚地大旱，一斗米百余钱，甚至无处有米可买。特别是华容、巴陵两县尤为严重。陆埏到任后，当即写出要求灾民节约用粮的《劝民诗》："蒸饭无如煮饭强，随缘将就度年荒。两餐均做三餐用，四日分为六日粮。有客来时宽着水，无茶烧处可煎汤。黄堂言语虽然俗，劝尔黎民得久长。"同时，先打开府县仓储，尽其所有，赈济灾民；接着，冒着丢官的风险，动用藩库之粮，先发粮赈济，后向上司申报，每丁每月给粟2斗、银1两，对华容、巴陵两个重灾区更是关注有加。在其亲自督办下，自当年秋天至次年夏天，两县"赈银十余万，活饥民无虑数十万人"(见清光绪《巴陵县志》)。干旱尚未结束，他又筹划耕牛、种子，鼓励和便利民众生产救灾。朝廷御史伊敏生巡视楚南诸郡，所至，饥民集于道旁，号哭求赈；及至岳州府，则寂然无声。御史为之惊讶，询问百姓，百姓都说："陆知府想方设法救活了我们，我们不能再麻烦官府了。"邻郡百姓都很羡慕岳州，编出歌谣云："说旱谈荒处处同，到来画饼腹难充。流离满眼还谁问？却羡邻封有陆公。"其后，朝廷升他为京堂四品。及归，舟过扬子津，为盗所阻，当得知他是爱民的陆埏后，不仅没对他无礼，还护送出境。在岳州，更是"人户祀之"。

张 照

张照(1691—1745)，字得天，号泾南、梧囱、天瓶居士，华亭(今上海市吴松)人。清康熙四十八年(1709)进士，累官至刑部尚书。善绘画，工书法，尤长于行草书。乾隆八年(1734)六月，应岳州知府黄凝道之请，书有范仲淹的《岳阳楼记》，即今岳阳楼悬挂的《岳阳楼记》雕屏。其书法笔力雄健，气魄浑厚。张照还撰有一幅岳阳楼楹联："南极潇湘千里月；北通巫峡万重山"。1984年，修建岳阳楼牌坊，将其联刊刻于牌坊两侧石柱上，供游人观瞻。

熊懋奖

熊懋奖(生卒年不详)，江西丰城人。清乾隆三十三年(1768)，任巴陵县丞，乾隆三十六年(1771)，升巴陵知县，乾隆三十九年(1774)，与知府兰第锡恳请上司重修岳州城。经湖南巡抚梁国治、按察使觉罗敦福、布政使农起等先后具奏朝廷，共拨帑银六万九千八百二十两三钱二分，修建岳州城和岳阳楼、文星阁，委任熊懋奖及湘潭知县贾世模、平江知县范元琳分段修葺。熊懋奖拆修岳州城垣，徙城于内，又另辟西门，曰小西门。岳阳楼也加以维修，原址仍未移动；又另建望仙阁于楼右。他将村民捐献的仙梅原迹钩摹入石置亭中，于乾隆四十一年(1776)捐资修葺，复其旧观，并撰有《仙梅亭记》。其石、其记现存仙梅亭中。四十六年，升任湖南永绥同知。

钟谦钧

钟谦钧(1805—1874),字秉之,一字云卿,今君山区人。少家贫辍学,曾跟父种田,外出经商。不几年,积资千金。清道光二十四年(1844),捐资以从九品分发湖北试用。咸丰元年(1851),授沔阳州锅底司巡检。咸丰五年(1855),以县丞试用。咸丰六年(1856),以军功升知县。咸丰七年(1857),办理膏井盐茶。咸丰八年(1858),以直隶州同知补用。咸丰九年,办理厘金牙帖盐务,成效卓著,以知府备用。咸丰十一年(1861),以军功授知府补用。同治元年(1862),任汉阳知府,不数日即调办粮台。同治三年,朝廷赏给盐运使衔。同治四年,调任武昌知府,旋升任汉黄德道,监督江汉关。他筹款加高江堤,扩建新闸,并搭棚设厂,救济灾民难民,当地民众得以安居乐业。同治八年(1868),办理汉口淮盐局务,继而升任广东盐运使,任内裁减苛捐杂款及盐场陋规,巡查细密,缉私严厉,使奸商无隙可乘。同治九年(1869),加按察使衔。同治十一年(1871)正月,实授按察使。他创建候审公所和积案局,每日亲审案卷,并定下规章,派人专审,使任无悬案,民无积忧。七月,直隶灾情严重,捐资助赈,赏二品顶戴。同治十二年(1872)因病告假归里。同治十三年(1873)二月卒于乡。

钟谦钧常在外为官,对家乡教育和慈善事业十分关注,他捐薪四千金,在楼西湾修建文谊庄义塾。又出资维修文庙及考棚,建造七里山宝塔,修复城南万年桥;还在南津港设义渡,方便两岸行人;又捐资重刊《阮本十三经注疏》《通志堂经解》《古今解汇函》《小学汇函》。

张德容

张德容(生卒年不详),浙江衢州人。清咸丰年间(1851—1861)进士,同治十一年(1872),任岳州知府,任内惠政颇多。同治十二年(1872),他请两粤盐运使、乡绅钟谦钧捐资三千缗,修建岳阳楼驳岸,"楼址赖以巩固"。光绪五年(1879),张德容再任岳州知府,岳阳楼"楼基坼裂,大有倾圮之势"。新任湖南巡抚李明墀命他修葺,并拨给一定"茶厘"作为经费,但缺额很大。他敦劝乡绅共筹集资金两万余缗,对岳阳楼大修,"在原基之后加筑六丈有奇,建正楼其上"。即将岳阳楼由湖边滩地,迁建于岗阜之上。并修建仙梅亭,其形制、格局迄今未变。任内,他大力支持候选训导任鹗主办岳州救生局,并捐资刊刻任鹗编写的《石矶图说》,裨益洞庭湖发展水上交通事业,以及开展对洞庭湖泥沙淤积的研究。

吴 獬

吴獬(1841—1918),字凤笙,又字凤荪,今临湘市桃林镇人。18岁补县学生员,中秀才。19岁就读于长沙岳麓书院,22岁回乡在临湘莼湖书院、通城青阳书院任教。28岁参与编纂《临湘县志》。清同治十二年(1873),赴省乡试,选癸酉科拔贡。光绪二年(1876)八月,乡试中举,名列亚元。十三年,任岳州金鹗书院山长。十五年,赴京会试,中进士。次年,补广西来宾县知县。十八年,任广西荔浦县知县。在任3年,躬行实践,政绩斐然。后辞官返乡,弃政从教。

光绪二十二年(1896),任沅州府学使,兼敦仁书院山长;光绪二十四年(1897),任衡山研经书院山长;光绪二十六年(1899),赴衡阳石鼓书院任教;光绪二十九年(1903),与人创办岳州岳郡联中;光绪三十年(1904),复任岳州金鹗书院山长;宣统三年(1911)春,应沈中丞聘,重入广西,襄办广西学务；民国2年（1913），任南京三江师范中文总教席；3年，在长沙岳麓书院讲学和任教，深得省长谭延闿赏识，选为国民代表。6年，又任金鹗书院山长。门生数以千计，遍及东南各省，其中杰出学者为数不少。

他在讲学中，敢于创新，不守一家之说。他收集整理民间俚语俗谚，编有《一法通》3卷，内录不少格言警句，颇含哲理，并出资木刻成书，赠予乡民、私塾，作蒙童教材之用。辛亥革命前，常在《洞庭波》《长沙日报》《大汉报》等报刊上撰文，宣传破除迷信与陋习，收集和编纂《獬录宣讲》。作《放足歌》，宣传妇女放足，并从自己的女、媳做起。

民国初年，北洋军阀吴佩孚驻军岳州，闻其执教金鹗书院，慕名前往拜谒。吴獬以今日上课恕不会客为由，使吴佩孚吃了闭门羹。6年（1917），吴佩孚再次登门求见，自称学生，执礼甚恭，吴獬粗衣便帽会见他，谈笑自若。临别时，吴佩孚恳求赐赠墨宝，吴獬略加思索随笔写下“民国正需廉耻将；吾家曾出广平侯”一联相赠，勉励吴佩孚为官不要辱没先宗。

吴獬一生德高学邃，不趋权贵，不慕荣利，布衣粗鞋，生活俭朴，常有玩世不恭之态。民国7年（1918）农历二月初四病逝。遗著有《不易心堂集》《一法通》等。

海维礼（W·E·Hoy）

海维礼（生卒年不详），美国基督教复初会牧师。清光绪二十六年（1900）六月，到巴陵县城，出售从西方带来的西药及福音书。光绪二十八年（1902），利用美国复初会资助，在县城慈氏塔附近购买地皮，修建福音堂，传播耶稣基督教。为争取民众，广收教徒，在塔前街东创办普济医院（今岳阳市二医院前身），在乾明寺街南创办贞信女校（初小）。光绪三十四年（1908），在湖滨黄沙湾购置地皮，创建盘湖书院（1917年更名为湖滨大学）。民国元年（1912），开办妇女医院和护士学校，同时兴办岭南小学和岭东小学。以后，又在临湘县先后开办桃湖、羊湖、莼湖、聂湖、云湖等小学。海维礼在兴医办学过程中，曾几度远涉重洋，回国筹集资金，并对贫苦学生免费入学，对贫苦居民免费治病，受到称誉，是将西方先进科学文化引进岳阳的第一人。

郭 亮

郭亮(1901—1928)，原名靖笳，望城县人。1915年入长郡中学初中部读书，在800名同学参加的国文会试中名列榜首。1920年考入湖南第一师范，并加入中国社会主义青年团。1921年10月，经毛泽东介绍，加入中国共产党。1922年8月，到岳阳从事铁路工人运动，成立粤汉铁路工人俱乐部，任秘书。为抗议鄂段铁路局局长王世堉对工人的残酷迫害，领导粤汉铁路岳州车站工人举行罢工。9月11日晨，当王世堉用武力押运一列火车驶近岳州车站时，他带领通宵守卫的工人卧轨，迫使火车停驶。王用重金收买2名驻军连长，开枪射击，当场打死工人6人，伤70余人。郭亮和20余名工人被押解至武昌，关进陆军监狱。岳阳惨案发生后，在全国工人声援和社会舆论的强大压力下，王世堉接受罢工工人的全部条件，释放了郭亮等人。

1928年1月9日，被任命为中共湘鄂赣边区特委书记，在城区翰林街开设李记煤栈，建立特委机关，另开一饭铺做秘密交通站，化名李材，以煤栈老板身份为掩护，秘密开展革命活动。3月下旬，他派苏先骏去长沙找省委联系，不料苏在长沙被捕叛变，供出郭亮在岳阳住址。3月27日，郭亮被捕，即解赴长沙。遭审讯时，坚贞不屈，大义凛然。3月28日，被秘密杀害。1958年，岳阳人民为纪念他，将当年湘鄂赣特委机关所在的翰林街命名为郭亮街。

吴佩孚

吴佩孚(1873—1939)，字子玉，山东省蓬莱县人。秀才出身，北洋直系军阀首领。

民国10年（1920）8月，被北京政府任命为两湖巡阅使，攻占岳阳后，在岳阳设有两湖巡阅使行营。9月，在岳阳与湖南督军赵恒惕和谈，签订《停战条约》，确定湘军让出岳阳，双方以汨罗江为界，北军驻岳阳县黄沙街以北，湘军驻湘阴县以南，岳阳防守事宜暂归湖北督军萧耀南署理。次年5月，吴佩孚以“赞成湖南统一”为由撤出岳阳。12月6日，湖南发生谭延闿与赵恒惕争夺督军宝座的“谭赵之战”，吴佩孚乘机调遣北军第一十五师陈嘉谟旅进驻岳阳，在岳阳组织两湖警备司令部，自兼总司令，后北返进行第二次“直奉大战”。民国13年秋，在第二次直奉大战失败后，无处栖身，乘“陕川”“浚蜀”两舰仓皇逃至岳阳避难，长达7月之久。民国15年（1926）6月，被北伐军击败。

何　键

何键(1887—1956)，号云泉，后改号云樵，别署容园，醴陵县人。民国16年（1927）出任湖南省政府主席。

民国21年（1932），他根据岳阳楼有坍塌之危的情况，委派岳州警备司令段珩组成岳阳楼重修委员会，并联络鄷悌、王东原、宋鹤庚等34人发出《重修岳阳楼募捐启》。随后，选派工程技术人员周凤九赶赴岳阳制定修葺计划，先后2次拨出专款1.2万银元。竣工后，题“岳阳楼”三字横匾，亲自主持上匾庆典。

徐至炎

徐至炎(?—1958)，湖北省监利县人。民国6年（1917）进入岳阳楼，50年代初离开，在岳阳楼居住30多年，是岳阳楼的最后一位道士。他身居斯楼，朝夕焦虑，认为自己对于保护岳阳楼“身负重责”。民国21年，蒋介石第三次登临岳阳楼。徐至炎趁机苦求蒋介石“维持名胜，恩赐重修”，促成蒋介石下令湖南省政府主席何键拨款重修岳阳楼。民国27年（1938），岳阳城被日军攻陷。日军多次囚禁、砍伤徐至炎，但他坚持多方交涉，死守斯楼。民国35年（1946）3月，他向国民政府行政院和湖南省政府写出禀帖，呈述岳阳楼“破坏难堪”的情形，请求省政府主席吴奇伟“维持胜迹，提倡发起筹捐巨款，修葺斯楼，造成国新楼新之纪念。”未准。民国37年春，狂风作恶成灾，岳阳楼南北牌坊墙壁倾倒，楼壁破坏，而楼或“驻兵不绝”，或被指拨为集训队驻地、民众教育馆。他再次上书省政府，指陈驻兵之弊，请求张贴布告，禁止驻兵和设立其他机关，要求速令岳阳县政府成立楼委会，将收益专作楼用，不得挪移。

李筱凤

李筱凤(1920—1975)，原名李荣灿，今临湘市桃林镇人。幼时牧牛砍柴，9岁入私塾就读。15岁随父入岳阳，进巴陵戏永庆班学戏。初习靠把，后习老生。抗日战争爆发后，随班辗转流落湘西、常德，戏艺渐精，锋芒初露。抗日战争胜利后，重返岳舞台永庆班。1953年，任巴陵戏剧团团长，多次被选为岳阳县（市）人民代表、政协委员。1959年，加入中国共产党。1960年，任湘潭专区戏曲学校校长。

他在戏曲艺术上，功底深厚，造诣颇深，能较完美地塑造艺术形象。观众誉为“活孔明”“活海瑞”，赠以“优雅传神”的贺匾。他善于创新，使唱腔更好地表现人物的思想感情。1955年，他整理的传统戏《九子鞭》，在湖南省第二届戏曲观摩会演中获剧本一等奖、演出一等奖。1956年，《九子鞭》晋京汇报演出，获首都观众好评。1957年，他整理的传统戏《打差算粮》，获湖南省文化局和省文联联合评选的优秀剧本奖，并赴武汉为中共八届六中全会演出，受到周恩来总理的亲切接见。1959年，他创作的新编历史剧《何腾蛟》，参加湖南省戏剧演出获奖并参加全省向新中国成立十周年献礼演出。“文化大革命”中，受极“左”路线迫害，仍念念不忘巴陵戏复兴。1975年，湖南省“样板戏”会演时，他正患病住院，不顾医生与亲友劝阻，抱病前往长沙。会演期间，草拟有关巴陵戏情况报告上送湖南省委，由于终日劳累，病情恶化，文未终篇，即与世长辞，时年55岁。

陈忆吾

陈忆吾(1909—1990)，湘乡市人。历任岳阳县区民政助理、副局长，县民政科副科长、县卫生科科长、县人民医院院长、县文化馆馆长。1958年，始任岳阳楼管理所党支部书记兼所长。在岳阳楼几十年如一日，忠于职守，对岳阳楼的建设与管理做出了重大贡献。上任之初，得到县、省和国家有关单位批准，扩大岳阳楼景区面积。1961年，亲赴北京托其胞兄陈赓大将之妻傅涯，将县委、县政府信件送达毛泽东，由毛泽东出面，请名噪中外的书法家、历史学家郭沫若给岳阳楼题写匾额。1962年，争取县里重视，修建怀甫亭，并请全国人大常委会委员长朱德题写亭名。

柳厚哉

柳厚哉(1930—1993)，长沙县人。无党派民主人士。1955年10月，毕业于湖南湘雅医学院。1962年，晋升为外科主治医师。1965年7月，调岳阳专署人民医院工作，先后任外科副主任、主任、副院长、院长、名誉院长。1982年，晋升为外科副主任医师。1987年，晋升为主任医师，兼任中华医学会湖南省外科学会常委，中华医学会岳阳市分会名誉理事长，省卫生系列高级专业技术职务评审委员会外科学组及外语学组成员，省政协委员，岳阳市政协常委、岳阳市第一届、第二届科协副主席，《岳阳医药》杂志主编，《湖南医药》杂志编委，岳阳市血防研究会顾问等职。1988年，任岳阳市政协副主席。他从事外科临床治疗和医院管理30余年，通晓医学外科专业的国内外现状和发展趋势，熟练掌握外科操作技术，对腹部、泌尿、心胸、颅脑外科及骨科、灼伤科等均有较深造诣。带领全院职工艰苦创业，大胆引进新项目，推广新技术，为岳阳市一医院的建设、发展和人才培养做出了重要贡献。

郑伯魁

郑伯魁(1920—1995)，湘潭县人。中共党员。1943年，从事教育工作。中华人民共和国成立后，先后任完小校长，湘潭市一中副教导主任兼工会主席，岳阳师范代校长，岳阳市一中副校长，城南中学（现岳阳市三中）教改组组长，岳阳市一中教改组组长、副校长、革委会副主任，县教学辅导站站长，岳阳县文教局副局长和岳阳市教育局副局长。1983年，任岳阳市政协常委。1985年，任岳阳市教育学会常务副会长，并任湖南省家庭教育研究会常务副会长。1987年，获中学高级教师职称。离休后，受聘50多所大专院校、中学、家长学校担任顾问、校长，先后编著《中小学教学法讲话》《心理学基础知识问答》《培养能力浅谈》《名师风范》《母教风范》《教坛轶事》《母亲必读》《中外名人学习的故事》等书。湖南省首届徐特立教育基金奖获得者。1995年12月，病逝。

文家驹

文家驹(1912—1996)，醴陵市人。诗人，中国古典文学唐诗宋词研究专家、教育家。1937年大学毕业后，从事教育工作至1984年离休，先后在醴陵开明中学、醴陵兰谊中学、岳阳一中、岳阳师范、岳阳师范高等专科学校工作。历任岳阳一中副校长、岳阳师范校长、岳阳师范高等专科学校校长。曾兼任岳阳市政协副主席、岳阳洞庭诗社社长等职。是全国中华诗词学会、中国古典文学研究会、湖南作家协会会员。1935年，蒋介石血腥屠杀根据地的革命人民，他愤然提笔写下《都门吟》：“雨花台上吊黄错，不见天花见血痕。”“可笑燕王诛十族，千秋正学屹然存。”抗日战争期间，写下“红旗大捷平型关”等诗句，热情歌颂打击侵略者的胜利。解放战争时期，他一方面揭露国民党挑动内战，使得“中原到处起烽烟”；一方面“引颈延安”，追求进步，1949年3月，加入中国共产党。中华人民共和国成立后，潜心教育事业。他熟读唐诗宋词，对诗词格律研究颇深。曾发表《南湖春兴》等诗词名作和《古典诗词鉴赏》《论杜诗绝句》等学术论著，参加《辞源》的编写。

李树仁

李树仁(1919—1997)，桃源县人。曾任湖南省政协常委、中国天主教主教团常委、湖南省天主教爱国会主任、岳阳市天主教爱国会主任、天主教教务委员会主任、天主教岳阳教区主教。

民国20年（1930），到桃源天主堂学习神学要理，8月，正式受洗入教。自此，潜心攻读圣经，刻苦钻研神学。后到武汉神哲学院专门学习神哲学，民国35年（1946）6月经考试、考察，被晋升神甫。1949年12月，由常德教区调往岳阳教区，在平江教堂任本堂，开始传教工作。1951年，调任岳阳教堂本堂代教区监牧。他坚持在党的宗教政策范围内开展工作，摆脱境外势力的控制，断绝与外国教会的组织联系，走独立自主自办的道路。1953年6月10日，岳阳天主教爱国委员会成立，当选为主要负责人。1968年6月，被选为湖南第一批自选自圣主教。“文化大革命”开始后，被赶出教堂，宗教生活被迫停止。在财产被抄、身陷囹圄时，仍恪守教规戒律。“文化大革命”结束后，重回教会主持工作，1985年，当选省天主教爱国会主任，1990年，返岳阳兼任市爱国会主任。他不顾年事已高，恢复、开放教堂，落实教产，开展正常教会活动，选拔、培养后继人才，加强教会内部团结，发展教会对外友好交往，抵制境外敌对势力的浸透，制止非法宗教，引导信徒积极走与社会主义相适应的道路。

二、名　表

（以卒年为序）

（一）境内部分已故人员表

姓　名	卒　年	籍　贯	概　　况
丁衡峰	不　详	岳　阳	清附生，曾考取巡检，为人规矩，待人诚恳，终生从事教育，不干外事，为县城三君子之一。
王时先	不　详	岳　阳	学业优长，束身自好，一丝不苟。提倡新学，与同盟会员同声气，岳阳同盟会员多在其家开会。曾参与创建金鹗书院。已殁。
王时伟	不　详	岳　阳	清附生，文学优美，终身从事教育工作，不干外事。已殁。
左　功	不　详	岳　阳	清庠生。清末，曾署湖北汉川、黄梅等县知县，辛亥光复后，任浙江慈溪县长。为人清廉，勤于听断，有治绩。日军进攻时，避难异地，卒于湘乡。
方泽深	不　详	落马桥方家塅	字寿吾。清廪生，湖南省修业师范毕业。初教私塾于城区九华山。辛亥光复时，任巴陵临时事务所教育科长。后任黄连寺高小校长、县劝学所长，终生从事教育，培植人才。已殁。
何良泰	不　详	岳阳楼区	字敬堂，号镜潭。清岁贡生，学问渊博，授徒自给，桃李盈门，从不出入官府衙门，人品纯洁，被誉为城区第一完人。已殁。
汪庭初	不　详	岳阳楼区	清附生，文学优长、终身从事教育事业，不干外事，为城区三君子之一。已殁。
杨凤璋	不　详	岳阳楼区	志大有为。努力驱汤(芗茗)，事泄被囚。时曹锟室人周某代为说项，审讯时，君直认不讳，曹不能袒，从容就义。
李载吾	不　详	岳阳楼区	品行纯正，清廉自持。任县中校长及岳州救生局，收支多年，账目清白，人无闲言，为城区三君子之一。已殁。
童　滏	不　详	岳阳楼区	字南邦。清贡生，善属文。清末，任新疆省孚远、和阗、奇台等县知县，在奇台禁烟甚严，治绩卓著。著有《梧岗诗抄》。已殁。
梁约翰	不　详	美　国	1903年，由美国基督教复初会派遣到岳阳普济医院任第一任院长兼医师，为西方医学传入岳阳做出了重要贡献。
任　重	1926	岳阳楼区	中共党员。岳阳学生联合会负责人之一。1925年冬，入黄埔军校四期。1926年参加北伐，攻打南昌时牺牲。
曹根深	1926.10	岳阳楼区	中共党员。1923年6月，发起成立岳阳学生联合会，为负责人之一。1925年冬，入黄埔军校第四期学习。1926年8月，任职于国民革命军第四军叶挺独立团。是年10月，攻打武昌城时牺牲。

任 谦	1927.5	岳阳县甘田	大革命时曾任岳阳城区店员工会宣传委员。1927年5月，在城区被害。
易海晏	1927.8	岳阳楼区	1926年5月参加革命。家庭出身工人，本人成分农民，以种菜为生。曾任岳阳县农民协会联络员。1927年8月牺牲于岳阳县洪山。
李柏林	1927.9	岳阳县平地乡	1926年参加革命，任平地乡农民协会委员。1927年9月，在岳阳县东门操场被杀害。
胡国安	1927	湖滨黄沙湾	1927年，任乡农协会委员长。是年为土豪劣绅许汉模暗杀。县农协捕杀凶手，将胡国安葬于君山。马日事变后，反动分子掘其坟，扬其尸。
曹 荣	1927	岳阳楼区	1925年参加革命。家庭出身瓷业工人，本人店员成分，共产党党员，初中文化。1926年，任岳阳县总工会通讯员。1927年，牺牲于长沙浏阳门外。
郭炳坤	1927.11	岳阳楼区	中共地下党员，曾在江西萍乡安源路矿做工运工作。1927年11月，在安源路矿被害。
罗致夫	不 详	岳阳楼区	1926年1月参加革命。家庭出身工人，本人成分小贩。共产党党员，小学文化。曾任岳阳县总工会工人纠察队队长。1927年5月马日事变后赴武汉入叶挺的国民革命军第十一军二十四师，任教导团随营革命委员会委员。是年8月，随部参加南昌起义，并南下转战赣粤边区。在广东省潮汕地区汤坑战斗中牺牲。
周 彦	不 详	岳阳楼区	县中毕业，肄业于湖南省立第一师范，中共党员。1927年5月，马日事变后被捕，经保释出狱。后赴浏阳从事革命活动，为该县挨户团逮捕，英勇就义。
柴伯春	1929.6	岳阳县康王乡	1897年8月生。1925年参加革命，任岳阳县五区农民协会副委员长。1929年6月，在岳阳县城东门操场被杀害。
李渔舫	1930.4	岳阳县平地乡	1900年生。1927年参加革命，中共党员，为湘鄂赣边区特委地下党组织工作人员。1930年4月，在平地乡白石桥被杀害。
高正德	1930.4	岳阳县平地乡	1902年生。1927年3月参加革命。任湘鄂独立团筹备组组长。1930年4月，在临湘县云溪被杀害。
刘汉波	1930.6	岳阳楼区	大革命时，曾任岳阳县泥木工会委员。1930年6月，在湖北省监利县白螺矶被害。
徐志山	1930.6	岳阳县昆山乡	1904年生。1927年4月参加革命，为岳阳县游击队战士。1930年6月，在岳阳县洪山坳被杀害。
徐其美	1930.6	岳阳县昆山乡人	1881年10月生。1930年1月参加革命，为岳阳县游击队战士。1930年6月,在岳阳县洪山坳作战时牺牲。
汪忠道	1930.6	岳阳县平地乡	1908年生。1930年4月参加革命。任湘鄂独立团筹备组组员。1930年6月，在平地乡土马坳被杀害。
王志贞	1930.6	岳阳县西塘乡	1903年生。1930年参加革命，任湘鄂边区特委特派组织员。1930年6月，在西塘乡被杀害。

徐炳庭	1930.6	岳阳县昆山乡	1904年5月生。1930年参加革命，为岳阳县游击队战士。是年6月，在昆山乡洪山坳被杀害。
刘新民	1930.7	岳阳县康王乡	1929年参加革命，是岳（阳）临（湘）县苏埃埃政府工作人员。1930年7月，在湖北省汉口市被杀害。
孙凤章	1930.7	岳阳县昆山乡	1892年10月生。1927年3月参加革命，1928年9月加入中国共产党，为岳（阳）临（湘）县苏维埃政府工作人员。1930年7月，在西塘三家店被杀害。
李斗岩	1930.7	岳阳县平地乡	1898年生。1927年11月参加革命，为湘鄂赣边区特委地下党组织工作人员。1930年7月，在湖北省汉口市被杀害。
孙丛树	1930.8	岳阳县平地乡	1930年4月参加革命，任湘鄂赣自卫独立团筹备小组组长。1930年8月，在昆山乡花果园被杀害。
唐怀情	1930.8	岳阳县平地乡	1903年4月生。1928年3月参加革命，任湘鄂赣自卫独立团筹备小组组长，1930年8月，在临湘县桃林被杀害。
高从清	1930.8	岳阳县平地乡	1895年生。1930年6月参加革命。任湘鄂独立团筹备组组长。1930年8月，在临湘县云溪丰门张家鹅公塘被杀害。
刘淑仁	1930.8	岳阳县平地乡	1930年5月参加革命。任湘鄂独立团筹备组组员。1930年8月，在平地乡樟树坡作战中牺牲。
杨胜铭	1930.8	岳阳县平地乡	1930年5月参加革命。任湘鄂独立团筹备组组员。1930年8月，在平地乡樟树坡作战中牺牲。
孙梓钦	1930.8	岳阳县平地乡	1900年生。1930年6月参加革命，为岳阳县游击队战士。1930年8月，在临湘县云溪被杀害。
李连山	1930.8	岳阳县平地乡	1894年生。1929年3月参加革命，任岳（阳）临（湘）县苏维埃政府联络组长。1930年8月，在昆山乡花果园被杀害。
李戴源	1930.8	岳阳县平地乡	1905年生。1929年参加革命，为岳阳县游击队战士。1930年8月，在平地乡李家祠堂被杀害。
李松乔	1930.8	岳阳县平地乡	1894年生。1930年5月参加革命。任湘鄂独立团筹备组组员。1930年8月，在临湘县横铺旧屋李家拱桥被杀害。
李裕厚	1930.9	岳阳县康王乡	又名李浓，化名刘雨后，1905年出生。1924年参加革命，1925年加入中国共产党，任中共长江区委委员。1930年9月，在湖北省武昌市白马厂被杀害。
龙长庚	1930.9	湖北省嘉鱼县舒桥乡	1904年生。1930年4月参加革命，任湘鄂赣自卫独立团筹备小组组员。是年9月，在康王乡落马桥被杀害。
林金山	1930.9	岳阳县平地乡	1891年5月生。1930年5月参加革命，任湘鄂赣自卫独立团筹备小组特务长。是年9月，在平地乡樟树村被杀害。
汪喜林	1930.9	岳阳县平地乡	1892年10月生。1930年6月参加革命，任岳阳县游击队交通员。1930年9月，在昆山乡花果园被杀害。

李洪山	1930.9	岳阳县平地乡人	1885年生。1930年6月参加革命。任湘鄂赣自卫独立团筹备小组组员。是年9月，在昆山乡花果园被杀害。
孙洪井	1930.9	岳阳县平地乡	1896年生。1930年6月参加革命。任湘鄂赣自卫独立团筹备小组组员。是年9月，在昆山乡土马坳被杀害。
杨礼仁	1930.9	岳阳县平地乡	1888年12月生。1930年6月参加革命。任湘鄂赣自卫独立团筹备小组组长。是年9月，在平地乡被杀害。
杨继涛	1930.9	岳阳县平地乡	1912年生。1930年5月参加革命。任湘鄂赣自卫独立团筹备小组组员。是年9月，在岳阳县平地乡白果村被杀害。
李 鳌	1930.9	岳阳县平地乡	1910年生。1930年6月参加革命。任湘鄂独立团筹备组组员。1930年9月，在平地乡活动时被杀害。
李崇胜	1930.9	岳阳县平地乡	1900年生。1930年4月参加革命。任湘鄂独立团筹备组组长。1930年9月，在平地乡双桥花果园铁铺咀被杀害。
沈道树	1930.9	岳阳县平地乡	1907年7月生。1930年6月参加革命。任湘鄂赣自卫独立团筹备小组组员。是年9月，在昆山乡花果园被杀害。
沈柏林	1930.9	岳阳县平地乡	1906年8月生。1930年5月参加革命，任湘鄂赣自卫独立团筹备小组组员。是年9月，在平地乡白果树被杀害。
周时雨	1930.9	岳阳县平地乡	1898年7月生。1930年3月参加革命。任湘鄂赣自卫独立团筹备小组副组长。是年9月，在昆山乡土马坳被杀害。
孙洪井	1930.9	岳阳县平地乡	1896年生。1930年6月参加革命。任湘鄂赣自卫独立团筹备小组组员。是年9月，在昆山乡土马坳被杀害。
李从斌	1930.9	岳阳县平地乡	1912年生。1930年6月参加革命。任湘鄂赣自卫独立团筹备小组组员。是年9月，在平地乡沈家坳被杀害。
周新顺	1930.9	岳阳县平地乡	1916年8月生。1930年3月参加革命，任湘鄂赣自卫独立团筹备小组组员。是年9月，在平地乡永兴安被杀害。
熊春生	1930.9	岳阳县平地乡	1903年1月生。1930年4月参加革命。任湘鄂赣自卫独立团筹备小组组员。是年9月，在平地乡樟树村被杀害。
刘坤山	1930.9	岳阳县西塘乡	曾用名刘锦芳，1886年生。1927年2月参加革命，是年4月加入中国共产党，任中共湘鄂边区特委特派组组长。1930年9月，在湖北省监利县楼口被杀害。
李松林	1930.9	岳阳县平地乡	1891年10月生。1930年6月参加革命。任湘鄂赣自卫独立团筹备小组组员。是年9月，在平地乡铺上被杀害。
周术高	1930.9	岳阳县平地乡	1904年生。1930年2月参加革命。任湘鄂赣自卫独立团筹备小组组长。是年9月，在平地乡公成白竹桥被杀害。
戴尧林	1930.9	岳阳县平地乡	1930年2月参加革命。为岳阳县游击队战士。是年9月，在平地乡永兴庵门前被杀害。
戴高林	1930.9	岳阳县平地乡	1902年5月生。1930年6月参加革命，任湘鄂赣自卫独立团筹备小组组员。是年9月，在平地乡樟树村被杀害。

陈志裕	1930.10	岳阳县平地乡	1907年生，中共党员。1927年参加革命。任岳（阳）临（湘）县苏维埃政府组织委员。1930年10月，在湖北省监利县尺八口被杀害。
刘万和	1930.10	岳阳县西塘乡	1906年生。1927年参加革命，中共党员，任中共湘鄂边区特委特派组组员。1930年10月，在临湘县竹段艾家被杀害。
邓希丙	1930.10	岳阳县西塘乡	1981年生。1929年参加革命，为红十六军战士。1930年10月，在岳阳县城铁路边被杀害。
徐熙臣	1930	岳阳县昆山乡	1903年4月生。1930年参加革命，为岳阳县游击队战士。是年在昆山乡洪山坳被杀害。
周次轩	1930	岳阳县平地乡	1914年生。1930年参加革命，为岳阳县游击队战士。1930年，在平地乡樟树坡被杀害。
刘济川	1930	岳阳县西塘乡	1891年生，1927年参加革命，中共党员，任岳（阳）临（湘）县苏维埃政府秘书。1930年，在西塘乡岗家咀被杀害。
刘安成	不　详	岳阳县西塘乡	1930年参加革命，为岳（阳）临（湘）县苏维埃政府工作人员。后在长沙市被杀害。
穆凤鸣	1931.3	岳阳县平地乡	1902年5月生。1930年8月参加革命。任湘鄂赣自卫独立团筹备小组组员。1931年3月，在平地乡铺上被杀害。
李熙国	1931.4	岳阳县平地乡	1900年生。1927年12月参加革命，为湘鄂赣边区特委地下党组织工作人员。1931年4月，在临湘县茶坡市被杀害。
徐春圃	1931.5	岳阳县昆山乡	1893年11月生。1926年参加革命，1927年初，加入中国共产党。历任岳（阳）临（湘）县苏维埃政府副主席、岳阳县苏维埃政府主席。1931年5月，在岳阳县城被杀害。
周声扬	1931.6	岳阳县康王乡	1906年生，中共党员。1930年参加革命，任岳阳县游击队秘书。1931年6月，在岳阳县城东门操坪被杀害。
姚丙泉	1931.6	岳阳县昆山乡	1906年生。1926年参加革命，为红三军八师战士。1931年6月，在湖北省洪湖县作战中牺牲。
刘衡清	1931.8	岳阳县西塘乡	1895年生。1927年参加革命，中共党员，任岳（阳）临（湘）县苏维埃政府秘书。1931年8月，在西塘街上被杀害。
林炳先	1931.9	岳阳县平地乡	1896年生。1930年5月参加革命，为红三军九师战士。1931年9月，在湖北省洪湖县作战中牺牲。
李平涛	1931.10	岳阳县平地乡	又名李秀章，1902年3月生，中共党员。1927年8月参加革命，任红三军九师二十七团二营营长。1931年10月，在湖北省荆门县作战时牺牲。
徐南普	1931	岳阳县昆山乡	1896年5月生。1927年参加革命，为红三军九师战士。1931年,在湖北省洪湖县作战中牺牲。
周文舟	失踪	岳阳县平地乡	1904年生。1930年3月参加革命，为岳阳县游击队战士。1931年，在湖北省监利县失踪。

孙子俦	1932.8	岳阳县昆山乡	原名孙秉权，1901年12月生。1926年参加革命，1927年4月加入中国共产党。1932年8月肃反时，在湘鄂西苏区瞿家湾被误杀。牺牲时任红三军九师政委。
李美玉	1932.8	岳阳县平地乡	1930年4月参加革命，为湘鄂赣自卫独立团战士。1932年8月，在平地乡向阳西岸村因伤口复发牺牲。
刘志成	1937.9.23	岳阳	中国海军“宁海”舰三等兵。1936年3月参军。1937年9月23日，在江苏省江阴县抗击日军飞机轰炸时殉职，时年23岁。
李和清	1938.1	岳阳县平地乡	曾用名李从汉，1901年4月生，中共党员。1932年6月参加革命，任八路军第一二九师三八五旅六连三排排长。1938年1月，在鹿庄作战时牺牲。
任永通	1938.7.20	福建省闽侯	南京鱼雷营毕业，海军“江贞”舰帆缆下士。1938年7月20日在岳阳洞庭湖区抗击日军飞机轰炸时殉职，时年31岁。
刘春银	1938.7.20	福建省闽侯	海军练营毕业，“江贞”舰三等兵。1938年7月20日，在岳阳洞庭湖区抗击日军飞机轰炸时殉职，时年23岁。
张秉燊	1938.7.20	福建省闽侯	烟台海军学校航海科毕业。历任民国海军“永健”舰枪炮副、“江贞”舰副舰长等职。1938年7月20日在岳阳洞庭湖区抗击日军飞机轰炸时殉职，时年44岁。
郑茂盛	1938.7.20	福建闽侯	海军练营毕业，海军“民生”舰一等兵。1938年7月20日，在岳阳洞庭湖区抗击日军飞机轰炸时殉职。
吴诗通	1938.10.27	福建省闽侯	海军警备队毕业，海军“江贞”舰薄记下士。1938年10月27日，在岳阳洞庭湖区抗击日军飞机轰炸时殉职，时年39岁。
刘见文	不　详	岳阳县西塘乡	1938年参加革命，为岳阳县地下党组织工作人员，后在岳阳县栅栖桥被杀害。
王国雄	1940	岳阳县康王乡	1938年参加革命，中共党员，“抗大”毕业生，任中共岳阳中心县委军事部长，兼任岳阳县抗日游击队政委。1940年，在岳阳县渭洞乡张谷英被杀害。
李开桂（女）	1940	岳阳县康王乡	1938年，参加革命，“抗大”毕业生，中共党员。任中共湘鄂赣边区特委特派员。1940年，在岳阳县渭洞乡张谷英被杀害。
孙荣斌	1940	岳阳县昆山乡	1918年生。1938年参加革命，为岳阳指挥部地下工作组工作人员。1940年，在昆山乡周家祠堂被杀害。
王正道	1941	岳阳楼区	新四军某部战士，1941年，“皖南事变”突围时牺牲。
葛　慈	1941	岳阳县西塘乡	1907年生。1937年参加革命，中共党员，为湘西工作委员会地下党组织工作人员。1941年，在辰溪县被杀害。
麦尔士（女）	不　详	美国	1910年，由美国基督教复初会派到岳阳普济医院工作，后任普济医院求新学校校长。能讲流利的中国话，常走街串巷，宣传公共卫生知识。1941年太平洋战争爆发后，被驻岳日军抓走，生死不明。

高梅村	1945	岳阳县平地乡	1921年生。1945年3月参加革命，为新四军石（首）公（安）华（容）支队战士。1945年，在湖北省洪湖县作战牺牲。
刘　淑	1946	岳阳县西塘乡	女，1921年生。1938年参加革命，中共党员，后为中共鄂东工委书记，1946年，在中原突围时在湖北某地牺牲。
李定勋	1949	岳阳楼区	字越生，1897年，丁酉科拔贡，文章典雅，书法秀丽。两任岳州府中学堂监督。性情孤僻，最爱清洁，好整理图书，一尘不染。1949年逝世。
李丽南	不　详	岳阳楼区	字吉孙，清附生。湖南省修业师范毕业，热心教育，任岳阳县立高小校长及县劝学所经理有年。中华人民共和国成立后，卒于长沙。
陈海泉	1950.4	岳阳县西塘乡	1918年5月生。1949年9月参加革命，任岳阳县公安局侦缉员。1950年4月，在西塘乡三店王龙冲被杀害。
程友才	1950.10	岳阳楼区	1949年4月参加革命，在志愿军第一三五部队一支队二分队五区队任班长。1950年10月，在朝鲜作战中牺牲。
陈委春	失　踪	岳阳县昆山乡	1930年生。1949年11月参加革命，为第四野战军四十一军战士。1950年冬，在朝鲜失踪。
黄仲羽	失　踪	岳阳县西塘乡	1924年生。1949年参加革命，后为中国人民志愿军第四十一军一一八师三五二团二营炮兵连战士。1950年，在朝鲜失踪。
刘　明	1951.4	岳阳县康王乡	1950年6月参加革命，任中国人民志愿军第十军二十九师八十六团三营七连副班长。1951年4月，在朝鲜作战中牺牲。
杨立志	1951.4	岳阳县西塘乡	1925年生。共青团员。1950年参加革命，为中国人民志愿军特种兵。1951年4月，在朝鲜作战中牺牲。
李丙清	1951.7	岳阳县平地乡	1926年生。1949年5月参加革命，为中国人民志愿军工兵团一营二连战士。1951年7月，在朝鲜骏川作战中牺牲。
张和尚	1951.7	岳阳县平地乡	1926年6月生。1949年5月参加革命，为中国人民志愿军第二十七军八十师二三八团三连战士。1951年7月，在朝鲜金城作战中牺牲。
杨本立	1951.9	岳阳县西塘乡	1929年生。1948年参加革命，后为中国人民志愿军第三十八军战士。1951年9月，在朝鲜上甘岭作战中牺牲。
赵忠林	1951	岳阳县昆山乡	1933年5月生。1950年1月参加革命，为第四野战军暂八团三中队战士。1951年，在朝鲜作战中牺牲。
高友元	1952.8	岳阳县平地乡	1924年3月生。1949年4月参加革命，为中国人民志愿军第十二军三十四师一O一团三营九连战士。1952年8月，在朝鲜作战中牺牲。
钱祖武	1952.11	岳阳县昆山乡	1928年生。1951年6月参加革命，为中国人民志愿军第四十七军一四O师四一八团战士。1952年11月，在朝鲜高望里以北作战中牺牲。
陈步像	1952	岳阳县西塘乡	1930年生。1949年参加革命，为中国人民志愿军第五十四军一三五师战士。1952年，在朝鲜作战中牺牲。
胡珍友	1953.1	岳阳县平地乡	1933年生。1951年6月参加革命，为中国人民志愿军第四十七军一四一师四二三团一营二连战士。1953年1月，在朝鲜作战中牺牲。

李成来	1953.2	岳阳县康王乡	1951年6月参加中国人民志愿军，为第四十七军一四一师四二一团一连战士。1953年2月，在朝鲜作战中牺牲。
易起如	1953.3	岳阳楼区	1951年5月参加中国人民志愿军，为第四十七军一四一师四二一团九连战士。1953年3月，在朝鲜上浦坊作战中牺牲。
彭惠连	1953.3	岳阳楼区	志愿军第十五军四十四师一三0团二营六连战士。1953年3月，在朝鲜平康郡作战时牺牲。
任志高	1953.3	岳阳县昆山乡	1930年生。1951年5月参加革命，为中国人民志愿军第四十七军一四一师四二三团二营四连战士。1953年3月，在朝鲜上浦东山作战中牺牲。
周正华	1953.3	岳阳县昆山乡	1931年2月生。1951年5月参加革命，为中国人民志愿军第四十七军一四一师四二三团二营四连战士。1953年3月，在朝鲜作战中牺牲。
孙云祥	1953.4	岳阳县昆山乡	1926年生。1951年6月参加革命，为中国人民志愿军第四十七军一四一师四二一团二营五连战士。1953年4月，在朝鲜老秃山作战中牺牲。
柳志祥	1953.4	岳阳县乌江乡	1924年2月生。1951年6月参加革命，为中国人民志愿军第四十七军一四一师四二一团后勤担架连战士。1953年4月，在朝鲜作战中牺牲。
黄丑保	1953.4	岳阳县西塘乡	1931年生。1951年3月参加革命，为中国人民志愿军第四十七军一四一师四二一团后勤担架连战士。1953年4月，在朝鲜作战中牺牲。
刘杏柯	1953.4	岳阳县乌江乡	1924年2月生。1951年6月参加革命，为中国人民志愿军第四十七军一四一师四二一团二营四连战士。1953年4月，在朝鲜作战中牺牲。
陈坤山	1953.7	岳阳县昆山乡	1928年生。1950年12月参加革命，为中国人民志愿军第六十八军二0四师直属侦察连战士。1953年7月，在朝鲜作战中牺牲。
胡锦华	1953.8	岳阳县昆山乡	1951年5月参加革命，为中国人民志愿军第四十七军一四一师四二三团战士。1953年2月加入中国共产党，是年8月在朝鲜金化作战中牺牲。
刘干保	失 踪	岳阳县昆山乡	1927年5月生。1949年10月参加革命，为中国人民志愿军第五十四军一三五师战士，在朝鲜失踪。
洪步钦	1955.9	岳阳楼区	1949年参加革命，1952年3月加入中国共产党，任岳阳县新墙镇人委秘书。1955年9月在新墙镇因救火牺牲。
胡盛凡	1966.4	岳阳县西塘乡	1943年生。1966年3月参加革命，为铁道兵6835部队战士，是年4月，在云南省因公牺牲。
王洪玉	1967.7	岳阳县康王乡	1966年3月参加革命，为铁道兵6835部队战士。立三等功一次。1967年7月，援越抗美时在越南牺牲。

李世保	1971.5	岳阳县平地乡	1946年10月生。1968年3月参加革命，中共党员，任5917部队三营八连副排长。1971年5月，在河南省辉县因公牺牲。
孙伯平	1976.2	岳阳县平地乡	1924年9月生。1947年4月参加革命，后为中国人民志愿军战士。在朝鲜作战负伤致残，1976年2月，因伤口复发牺牲。
王新建	1877.8	岳阳县昆山乡	1954年2月生。1974年12月参加革命，为新疆军区七师36133部队战士。1977年8月，在新疆维吾尔自治区新源县军训中因公牺牲。
徐跃进	1979.2	岳阳楼区	1978年3月参军，中国人民解放军52555部队战士，共青团员。1979年2月，在对越自卫还击中牺牲，时年19岁。
李功常	1979.3	岳阳县康王乡	中共党员。1978年3月参加革命，为53565部队77分队战士。立二等功一次。1979年3月在对越自卫还击战中牺牲。
刘启运	1982	涟源县青烟乡	1946年，到岳阳普济医院工作。1949年任院长。1951年，任岳阳县人民医院第一任院长，曾任县人委委员、县政协委员。1982年逝世。

三、名　录

（一）烈士名录

（以姓氏笔画为序）

1. 城区

万贵坊　万德武　马　琪　王广炎　邓在庭　邓志高　冯文德　付冠礼　兰星球　刘洪军
刘富生　苏金城　杨冰水　李　群　李七生　李长青　李德明　吴文华　余学海　何凌德
汪黑生　张志德　张荣建　张炳生　易荣贵　周茂才　周道南　柳德成　胡志凡　袁进贤
翁伟雄　徐　雄　徐立志　徐国庆　徐国振　徐惟雄　郭先祥　郭炳成　曹硕芳　黄品初
黄胜彬　龚忠华　梁怡柱　彭工武　彭会军　傅新城　廖德先　熊茂生

2. 梅溪乡

王承世　王高清　任普朝　任景芳　刘阳庚　汪忠道　易明清　易海清　徐仲达　徐新维

（二）1956—2011年岳阳楼区全国、省、市、区劳模名录

（以姓氏笔画为序）

1. 全国劳模

许团辉　吴　波（女）

2. 湖南省劳模

王汉林　孙建秀（女）　杨青云（女）余保兰（女）　何小元　张毅鹏　易元洪
赵玉英（女）　喻周章　曾学智　魏海林

3. 岳阳市劳模

方戊生　左尧城　任春龙　汤木生　余剑辉　陈恢珍　葛大刚　葛元清

4. 岳阳楼区劳模

万移海　王陆成　王景新　左超英（女）　冯湘屏（女）　付水香（女）朱学军　李　静（女）
苏帅军　杨长青　李克军　李松波　吴石瑛　邹长青　张晓辉　易大盛　周　军　周学彬
赵　平　钟红卫（女）　晏学文　钱　前　高学文　黄伟良　龚树樟　陶东红　彭运福　谭运华

（三）历届镇、市、区南下干部名录

（以姓氏笔画为序）

王　欣　王三明　王井堂　王光荣　王进财　毛天恒　巩　扩　刘兰英（女）　刘振生
刘儒生　李　萍（女）　李子芳　李云明　李扶国　李怀芝　李青山　李景川　李惠林
辛桂泉　张　龙　张　靖　张月桂　张福茂　陆顺源　陈安林　陈海泉　范明通　苗富林
赵文瑞　赵林钦　赵银华　赵增寿　郝德基　高志贤（女）郭宪堂　唐秋英（女）　逯书田
梁玉林（女）　韩本全　韩湘涛　冀林玉

（四）1984—2011年境内工作过的领导名录

1. 厅级领导（按任职时间顺序）

宋光清　高碧云　王恩万　宋爱华（女）白尊贤　张云英（女）　刘石佑　刘衍华

周爱华（女）张治雄　丁　松（女）王石生　黄国芳　石树林　易癸巳　李小龙　隋国庆
汪德辉　陈国荣　李湘岳　宋再钦　李劲夫　钟小汨　兰定国

2. 处级领导（按任职时间顺序）

刘建华　胡晓阳　宋受军　王虹彬（女）朱玉华　凌慧民　童俏冰　黄衍苗　周岳雄
何晓明　何移兵　陆敏刚　袁小文　王湘涛　杨劲松　黄岳四　赵　瑾（女）许　淞
李建军　邱　虹（女）江巨涛

（五）域外人士名录

（以姓氏笔画为序）

万　严	安徽省机械厅	厅　长
王功德	政协湖南省委	副秘书长
王汝之	新华社纪检组	副组长
王绪五	河南焦作大学	教　授
王绪瑾	北京工商大学保险研究中心	主任、教授
王道平	湖南大学	教　授
毛致用	全国政协	副主席
毛叙保	湖南省高务厅	厅　长
卞　斌	北京湘林酒店管理有限公司	总经理
邓佑南	湖南大学	教　授
卢习光	天津市人民政府	副市长
付端清	湖南中医学院	教　授
许　革（女）	中国青年报	记　者
朱　丽（女）	北京市海滨区委宣传部	处　长
任茂秋	中共抚州市委	政法委副书记
任泽励（女）	新华社国内部	主任、记者
刘江月	中国节能环保集团公司	董事办
刘庆富	张家市中级人民法院	院　长
刘启明	安徽工学院教务处	处长、教授
刘纯清	陕西省航天局劳资处	处长
刘修年	湖南医学院	教　授
刘美观	长沙市电业局	局　长
李　波	广州军区 75752 部队	部队长
李大江	北京成就信飞有限公司	总　裁
李中应	湖南财经学院	教　授

李秉孺	清华大学艺术学院工艺美术系	副主任
李解放	湖南省教委分配办	副处长
吴远图	长沙铁道学院	教　授
余世海	南京华东工学院	教　授
何光岳	省社会科学院历史研究所	所　长
邹建奇	柳州铁路局军事代表处	副主任
邹继生	湖南医学院	教　授
邹逸桥	国家电力监管委员会价财司	司　长
汪海桥	武汉大学	教　授
陈永平	湖南省交通厅	工会主席
陈来苏	江西大学	教　授
陈爱芬（女）	新华社对外部	编　辑
林森鑫	中共陕西省委	军区政委、少将
易新中	长沙铁道学院	教　授
易毅辉	首都钢铁公司国际工程公司	高士部主任
罗文婷（女）	花旗银行上海分行	副总裁
周四洋	武警湖南省总队	副参谋长
周浴辉	武警指挥学院乌鲁木齐分院	副政委
赵　洁	江苏省徐州医学院	教　授
赵长生	空军地空导弹第十一旅	副政委
赵湘生	湖南省人事厅	厅　长
袁晓波	北京高教出版社	编　审
聂林海	商务部	信息化司
徐仁杰		记　者
徐高明	北京金色宝藏文化传播有限公司	董事长
高　鑫	海军后勤部	高级工程师
高和平	广州军区后勤部军务装备处	处　长
唐大柏	湖南日报	记　者
唐湘岳	光明日报	记　者
龚中武	南京大学	教　授
彭庆明	河北省文教办	主　任
彭再生	华中师范大学	教　授
彭神保	上海复旦大学历史教研室	教　授
程　巍	中国社会科学院外国文学研究所	副所长
曾姣姣（女）	北京市房山区良乡镇	副镇长
鲁忠玲	国防部外事局	副局长
谭继廉	北京晚报	记　者
熊焰明	长沙中联重工科技发展股份有限公司	副　总

熊源漪	政协湖南省委	副秘书长
魏　彬	北京市检察院	检察长

（六）1996年4月至2011年12月岳阳楼区区直以上单位、街道（乡）负责人名录

（排名不分先后）

区处级干部

正处级干部　黄云霞（女）　杨长发

调　研　员　毛绍继　李国镇　周林波　胡成元　佘梅初　隋湘岳　吴庆吉　童开国　黄云霞（女）　陈荣昌　刘正兴　高巧莲（女）　李水泉　华　筠（女）　张欣喜（女）　黄衍苗　胡遵雄　李紫华　何七容（女）　邹木兰（女）　黄联荣　张德明　李平霞（女）　李　锋（女）

助理调研员　冯德田　彭国华　阮清明　易小舟　王春华　程三民　李祖元　彭奇生　谢智慧（女）　赵五岳　刘秋满　漆　胜　陈贵兴　何晓明　余岳良　胥　敏（女）　许定贤

副调研员　吴建新　孟森秋　何柏松

副处级干部　郭铁林　肖忠华　李晓庆　潘东平　吴兴发　彭泽遗　周代保　任霄楚　余春芳　康东成　彭东明　汪小中　周恩照　谭　连　张轩敬　李显平　刘普训　付治中　姜细云　许孟雄　邓月娥（女）　童俏冰　熊小丰　叶满舟　罗岳怀（女）　欧正良　蔡吉伟　冯赞湘　黄正生　黄泽生　周牡奇　廖亚文　付　萍（女）

区长助理　周恩照　张未铭　王开云　隋颁铎　方柏湘　刘秋满　刘　沙　袁久经　黄小清　胥驹龙　姜细云　许　淞　黎建欣

区纪律检查委员会

书　记　华　筠（女）　张欣喜（女）　何移兵　邱　虹（女）　朱平波　尤庆学

区人民法院

院　长　黄联荣　周声波

区人民检察院

检察长　李　锋（女）　彭新文

区委办公室

主　任　宋受军　葛涛志（女）　彭端生　程岳华　朱平波　程岳华　李　峰（女）

区委组织部

部　长　江巨涛　宋受军　黄岳山　彭端生

区委宣传部

部　长　张欣喜（女）　何移兵　朱平波　李　峰（女）　程岳华　钟　辉

区委统战部

部　长　李平霞(女)　邱　虹(女)　钟　辉

区委政法委

书　记　胡遵雄　王湘涛　漆　胜　徐　平

区政研室

主　任　王柏生(兼)　程岳华(兼)　蔡吉伟

区监察局

局　长　谭　连　姚正全　沈小初

区安监局

局　长　谢迪辉　龚　晖　许　峰　姚彦芳(女)

区贸易办

主　任　易正祥

区督查室

主　任　汤美煌　李兵书　宋北丽(女)

区机要科

科　长　赵　维　陈学军

区保密局

局　长　魏院斌　李双喜(女)

区机关党委

书　记　罗道金　郭德保　万丽平(女)

区委老干部局

局　长　陈水生(女)

区委编办

主　任　龙　华　李昆明　李建国

区委党校

校　长　许重农　余伟星　鲁兴旺

综治办

主　任　宋善初　卢斌峰　易威奇　瞿法林　高达乾

区人大常委会

办公室

主　任　李生龙　彭新岳　周幺龙　黎　炜

内务司法委

主　任　陈定鳌　沈元和　张跃进　刘　敏(女)

财经委

主　任　毛礼根　杨旅华　李立明

城环工委

主　任　任剑雄　陈定鳌　陆敏刚　付　萍(女)　李仲彬

联络工委

主　任　沈元和　任剑雄　张跃进

教科文卫工委

主　任　吴建新　李大庆

组织人事科

科　长　陈定鳌

区政府办公室

主　任　赵　华　周幺龙　余岳良　程岳华　黎建欣

区政协委员会

办公室

主　任　胡文超　廖庆其

经科委

主　任　万兴国　袁久经　蒋才新　范雄建　钟立新

学习文史委

主　任　邓建龙　史建国　范雄建

法制群团委

主　任　柴美霞（女）　任小平

文教卫体委

主　任　方吉良（女）　李思艾　李志强

提案委

主　任　廖庆其　李思艾　袁公平　李志强　胡吉安

社会群众团体

区总工会

主　席　周务农　陈贵兴　李　志

团区委

书　记　朱平波　周上青　许　永　王虹彬（女）　宋　辉　李　乐　彭宪会　宋　辉　李　貌　柴石球　蒋　恒

区妇联

主　席　邓月娥（女）　周和平（女）

区工商联

主　席（会长）　徐载满　曾和平

区文联

主　席　彭东明　戴宝萍（女）　徐喜德

区残联

理事长　许　晋　袁潜龙

区科协

主　席　范雄建　许风生　兰志峰　付　萍（女）

政府系统

区外经委（招商局）

主　任　向选成

区科技局

局　长　谢智慧（女）　王开云

区广电局

局　长　江柏森　冯元满

区人事劳动和社会保障局

局　长　任霄楚　胡春琳　谢小晶　王梦华　欧正良　卢红升

区财政局

局　长　杨旅华　徐兰喜　罗加粮

区财贸办公室

主　任　徐兰喜　易正祥

区物价局

局　长　谢小晶　王柏生

区后勤服务中心

主　任　余岳良　杨劲松

区行政科

科　长　李亚和

区经研室

主　任　任　伐　邓旭旺　陈建明

区法制办

主　任　黄小清　朱　平　任育平

区侨务办

主　任　吴怡红（女）　方成英（女）

区文明办

主　任　陈　平　程求真　李　斌　张　兰（女）

区医保中心

主　任　周禄生　孙飞球　任建湘

区新闻中心

主　任　付雷鸣　宋北丽（女）

区工业和科技信息化局

局　长　田德年（女）

区文体局

局　长　王梦华　范雄建　李崇民　吴怡红（女）

区信访科（局）

主任（局长）孟森秋　周牡奇　严石龙　吴曙光

区史志档案局

局　长　付海英（女）　孙昌平（女）　吴怡红（女）　李蕙兰（女）

区计生（委）局

局长（主任）　刘秋满　张春喜　姜细云　汪亚平　李志刚

区经委

主　任　陈汉桃　隋颂铎

区经济发展局

局　长　刘　沙　黄小清　田德年(女)

区民政局

局　长　彭卫东　王武中　白铭科

区乡镇企业局

局　长　刘　沙

区教育局

局　长　刘普训　彭端生　张三群　王开云

区卫生局

局　长　胡文超　田新华(女)　黄岳四　杨晓明

区建设局

局　长　胥驹龙　万丽平(女)　许越波　越柏生

区计委

主　任　王岳华

区发展改革局

局　长　王岳华　吴　灿

区环保局

局　长　王华友　许定贤

区交通局

局　长　吴凤祥　王岳华　李建国　肖铁军

区农林局

局　长　陈贵兴　袁久经

区农林畜牧局

局　长　袁久经　任森荣

区畜牧局

局　长　涂德勇　付爱林　李思艾

区水利农机局

局　长　许孟雄　李　志　黄泽良

区蔬菜局

局　长　周建兵　王开云　柳国煌

区供销联社

主　任　李立余　陈石松

区粮食局

局　长　殷君山　汪亚平　陈石松　邱　岗　周上青　张路宁

区经管(科)局

局　长　易爱民　刘衍贵　杨林立

区矿管办

主　任　李光明　赵忠良

区民营经济局（个体经营办公室）

局　长　刘修葵　陈汉桃

区乡镇企业局

局　长　方估生　张作明　白铭科

区商务局（贸易办）

局　长　易正祥

区审计局

局　长　叶满舟　刘春林

区血防办

主　任　易潮秋　余胜利

区爱卫办

主　任　徐浩成　黄岳四　刘抗如　殷君山

区城管（办）局

局　长　李春英（女）龚　晖　喻志强

区环卫局

局　长　易　星

区厂地协作局

局　长　驹成久

区控违办

主　任　袁岳华　王天明　华仰霞

区司法局

局　长　刘德保　程岳华　杨晓明　黄小清

区信用社

主　任　汤亚世

区人防办

主　任　鲁金树　李浑亮

区物资局

局　长　汪奖保

区移民局

局　长　李冬华　赵　青

街道办事处（乡）

梅溪乡

书　记　张作明　王湘涛　赵五岳　罗加粮　周牡奇　李和平

乡　长　范雄建　李建国　陈金星　刘春林　李和平　辜太平

郭镇乡

书　记　王湘涛　沈小初　李世雄　熊小丰　李大汉

乡　长　沈小初　罗加粮　王天明　赵　青　沈为庆

北港乡

书　记　廖岳生　刘海波　孟森秋

乡　长　付爱林　熊小丰

洞庭乡

书　记　冯元满　李　志　罗加粮

乡　长　谢迪辉　刘　沙　冯赞湘

五里乡

书　记　叶满舟　欧正良

乡　长　袁久经　欧正良　崔建国

知青场

书　记　刘海波　赵五岳　陈金星

场　长　罗岳怀（女）　赵庆生　田德年（女）

洞庭街道

工委书记　罗加粮　冯赞湘　徐　平　葛静湖

办事处主任　冯赞湘　曹明山　黄申荣　葛静湖　李　熊

洛王街道

工委书记　陈金星　童俏冰　邱　岗

办事处主任　赵庆生　吴　珂　喻志强　刘　漠

洞庭路街道（岳阳楼街道办事处）

工委书记　张轩敬　朱平波　杨劲松　张雪梅（女）

办事处主任　杨细波　漆　胜　童俏冰　杨劲松　张雪梅（女）　罗立兵

东茅岭街道

工委书记　陈文锋　彭新岳　何晓明　严石龙

办事处主任　蒋才新　谢迪辉　周上青　郭韶山

解放路街道

工委书记　王武中　李世雄

办事处主任　漆　胜　杨大明

城陵矶街道

工委书记　何晓明　彭端生　白铭科　刘春林

办事处主任　喻忠汉　何晓明　吴　灿　周上青　李亚东　邓建华　冯　锦

三眼桥街道

工委书记　程岳华　黎建欣　杨晓明　李志刚　邓旭旺

办事处主任　兰志峰　徐　平　李志刚　易桥勇

站前路街道

工委书记　白铭科　冯赞湘　赵柏生

办事处主任　许国辉　李亚东　易小球

王家河街道

工委书记 吴 珂

办事处主任 袁潜龙 胡吉安

五里牌街道

工委书记 方柏湘 卢红升 彭公穆 王安平 李亚东

办事处主任 方柏湘 卢红升 兰志峰 王竞新 吴作文 王安平 陈 曦

金鹗山街道

工委书记 陈建红（女） 周幺龙 崔建国 李青松 杨志华

办事处主任 杨 俊 李功义 李冬华 杨劲松 许 永 杨志华 宋 辉

冷水铺（望城）街道

工委书记 潘岳生 漆 胜 李建国 徐铭喜 周上青

办事处主任 殷君山 朱平波 黎建欣 李青松 徐铭喜 邓旭旺 李永红

吕仙亭街道

工委书记 姚正全 刘修葵 杨大明

办事处主任 隋颁铎 李世雄 王竞新 李宏英 方文归

北港街道（奇家岭街道办事处）

工委书记 孟森秋 杨大明

办事处主任 熊小丰 龚 晖 李大汉 彭宪会

新路口街道（枫桥湖街道办事处）

工委书记 欧正良 陈金星 许国豪 徐铭喜

办事处主任 许国豪 黄泽良 刘达鸿

（七）2012年底前岳阳楼区部分企事业单位高级专业技术人员表

姓 名	工 作 单 位	职 称
李小红	岳阳经济开发区通海路中学	中学高级教师
刘丽华	岳阳经济开发区金凤桥中学	中学高级教师
陈正文	岳阳经济开发区康王乡康王中学	中学高级教师
陈 辉	岳阳经济开发区康王乡乌江中学	中学高级教师
吴雨湘	岳阳经济开发区康王乡乌江中学	中学高级教师
刘 钰	岳阳经济开发区三荷乡昆山中学	中学高级教师
易 明	岳阳经济开发区三荷乡昆山中学	中学高级教师
张普查	岳阳经济开发区西塘镇中心学校	中学高级教师
毛水宝	岳阳经济开发区西塘镇中学	中学高级教师

姓　名	工　作　单　位	职　称
周胜初	岳阳经济开发区西塘镇中学	中学高级教师
曾如秋	岳阳楼区红日学校	中学高级教师
徐仪安	岳阳楼区花板桥学校	中学高级教师
陈兰玉	岳阳楼区北港一中	中学高级教师
熊　卫	岳阳楼区北港一中	中学高级教师
徐绪元	岳阳楼区北港一中	中学高级教师
余红华	岳阳楼区北港一中	中学高级教师
刘新堤	岳阳楼区北港一中	中学高级教师
李　斐	岳阳楼区北港一中	中学高级教师
何亮山	岳阳楼区北港一中	中学高级教师
陶淑君	岳阳楼区郭镇中学	中学高级教师
任俊湘	岳阳楼区郭镇中学	中学高级教师
李元芝	岳阳楼区洛王中学	中学高级教师
周　华	岳阳楼区洛王中学	中学高级教师
朱棒生	岳阳楼区洛王中学	中学高级教师
丁和平	岳阳楼区梅溪一中	中学高级教师
王国平	岳阳楼区梅溪一中	中学高级教师
陈耀文	岳阳楼区梅溪中学	中学高级教师
杨树林	岳阳楼区梅溪中学	中学高级教师
李　萍	岳阳楼区五里中学	中学高级教师
邹兰香	岳阳楼区五里中学	中学高级教师
陶红肖	岳阳楼区五里中学	中学高级教师
马爱香	岳阳楼区五里中学	中学高级教师
尹国红	岳阳楼区五里中学	中学高级教师
杨艳华	岳阳楼区五里中学	中学高级教师
庄　艳	岳阳楼区五里中学	中学高级教师
刘清明	岳阳楼区五里中学	中学高级教师

姓 名	工 作 单 位	职 称
章红霞	岳阳楼区五里中学	中学高级教师
周 清	岳阳楼区五里中学	中学高级教师
于素芳	岳阳楼区五里中学	中学高级教师
邹永利	岳阳楼区五里中学	中学高级教师
陈炎冬	岳阳楼区五里中学	中学高级教师
夏 剑	岳阳楼区学院路中学	中学高级教师
王 蓉	岳阳楼区朝阳小学	中学高级教师
杨四清	岳阳楼区东升小学	中学高级教师
柳中平	岳阳楼区岳阳楼小学	中学高级教师
李明英	岳阳市洞氮小学	
李永荣	岳阳市长炼小学	
许丽萍	湖南民族职业学院附属小学	
刘时来	岳阳楼区一中	中学高级教师
刘胜利	岳阳楼区一中	中学高级教师
邹武佑	岳阳楼区教研室	中学高级教师
赵三良	岳阳楼区教研室	中学高级教师
杨发明	岳阳楼区一中	中学高级教师
李凤英	岳阳楼区一中	中学高级教师
刘美群	岳阳楼区一中	中学高级教师
周代伦	岳阳楼区一中	中学高级教师
刘沛菁	岳阳楼区一中	中学高级教师
游汉平	岳阳三五一七工厂学校	中学高级教师
缪太平	岳阳三五一七工厂学校	中学高级教师
柴颖平	岳阳三五一七工厂学校	中学高级教师
李志刚	岳阳三五一七工厂学校	中学高级教师
钟麟贵	岳阳三五一七工厂学校	中学高级教师
汪 华	岳阳三五一七工厂学校	中学高级教师

姓　名	工　作　单　位	职　称
程明明	岳阳三五一七工厂学校	中学高级教师
白纯朴	岳阳市木材公司	中学高级教师
任双林	岳阳城陵矶港务子弟学校	中学高级教师
易永柏	郊区第一中学	中学高级教师
邹娟娟	岳阳三五一七工厂学校	中学高级教师
马成华	岳阳三五一七工厂学校	中学高级教师
卢桂芳	岳阳市郊区一中	中学高级教师
刘善昌	岳阳造纸厂子弟学校	中学高级教师
徐鸿义	汨罗纺织厂子弟学校	中学高级教师
李德风	汨罗纺织印染总厂学校	中学高级教师
郭艳华	岳阳经济开发教育文化局教科所	中学高级教师
刘天平	岳阳经济开发区康王乡康王中学	中学高级教师
刘文烽	岳阳经济开发区康王乡乌江中心学校	中学高级教师
戴岳红	岳阳经济开发区三荷乡昆山中心学校	中学高级教师
徐丙兰	岳阳经济开发区三荷乡昆山中心学校	中学高级教师
胡　雯	岳阳经济开发区通海路中学	中学高级教师
何群华	岳阳经济开发区岳州中学	中学高级教师
胡考宁	岳阳楼区北港中学	中学高级教师
孙理仁	岳阳楼区北港中学	中学高级教师
周　卉	岳阳楼区北港中学	中学高级教师
李战兵	岳阳楼区北港中学	中学高级教师
李岳龙	岳阳楼区北港中学	中学高级教师
陆中胡	岳阳楼区北港中学	中学高级教师
谢宝荣	岳阳楼区郭镇中学	中学高级教师
易　拓	岳阳楼区郭镇中学	中学高级教师
吴佳奇	岳阳楼区花板桥学校	中学高级教师
陈首铭	岳阳楼区华兴中学	中学高级教师

姓　名	工　作　单　位	职　称
屈加保	岳阳楼区洛王中学	中学高级教师
刘爱龙	岳阳楼区洛王中学	中学高级教师
杨佳生	岳阳楼区梅溪一中	中学高级教师
黄育成	岳阳楼区梅溪中学	中学高级教师
刘香华	岳阳楼区梅溪中学	中学高级教师
曹　文	岳阳楼区梅溪中学	中学高级教师
陆龙保	岳阳楼区青年路中学	中学高级教师
唐东甲	岳阳楼区五里中学	中学高级教师
付金华	岳阳楼区五里中学	中学高级教师
胡丽萍	岳阳楼区五里中学	中学高级教师
刘润三	岳阳楼区五里中学	中学高级教师
汪发君	岳阳楼区五里中学	中学高级教师
杨艳红	岳阳楼区五里中学	中学高级教师
韩　雪	岳阳楼区五里中学	中学高级教师
彭水保	岳阳楼区北港中学	中学高级教师
王新菲	岳阳楼区东升小学	中学高级教师
李革新	岳阳楼区郭镇中学	中学高级教师
范小海	岳阳楼区红日学校	中学高级教师
李战平	岳阳楼区洛王中学	中学高级教师
聂明辉	岳阳楼区梅溪中学	中学高级教师
陶颖云	岳阳楼区五里中学	中学高级教师
范四平	岳阳楼区学院路中学	中学高级教师
余燕舞	岳阳楼区朝阳小学	中学高级教师
段凤英	岳阳楼区桥西小学	中学高级教师
任向明	岳阳经济技术开发区金凤桥小学	中学高级教师
陈细华	岳阳经济技术开发区三荷乡昆山中学	中学高级教师
李大平	岳阳经济技术开发区三荷乡中心学校	中学高级教师

姓　名	工　作　单　位	职　称
危胜初	岳阳经济技术开发区通海路中学	中学高级教师
赵美丽	岳阳经济技术开发区通海路中学	中学高级教师
李　波	岳阳经济技术开发区通海路中学	中学高级教师
杨先立	岳阳经济技术开发区西塘镇中学	中学高级教师
周　萍	岳阳市恒立制冷厂	中学高级教师
鲁德望	郊区北港一中	中学高级教师
李　犀	郊区一中	中学高级教师
刘祖应	郊区一中	中学高级教师
李　京	岳阳市木材公司子校	中学高级教师
史志雄	岳阳楼区梅溪一中	中学高级教师
徐光华	岳阳楼区五里中学	中学高级教师
张四安	岳阳楼区五里中学	中学高级教师
任六喜	岳阳楼区一中	中学高级教师
王花香	三五一七中学	中学高级教师
许　定	岳阳楼区北港二中	中学高级教师
彭满桃	岳阳楼区北港二中	中学高级教师
罗伟平	岳阳楼区北港一中	中学高级教师
刘建安	岳阳楼区北港一中	中学高级教师
李学农	岳阳楼区北港一中	中学高级教师
吴　波	岳阳楼区东方红小学	中学高级教师
王子平	岳阳楼区红日学校	中学高级教师
邵　颖	岳阳楼区花板桥学校	中学高级教师
韩　敏	岳阳楼区花板桥学校	中学高级教师
付品辉	岳阳楼区教育局	中学高级教师
陈　瑛	岳阳楼区吕仙亭学校	中学高级教师
徐小雨	岳阳楼区梅溪二中	中学高级教师
杨再凡	岳阳楼区梅溪一中	中学高级教师

姓　名	工 作 单 位	职　称
李　春	岳阳楼区梅溪一中	中学高级教师
许敏荣	岳阳楼区梅溪一中	中学高级教师
李小明	岳阳楼区梅溪一中	中学高级教师
陈正岳	岳阳楼区梅溪一中	中学高级教师
付伟明	岳阳楼区实验小学	中学高级教师
张长清	岳阳楼区五里中学	中学高级教师
黄　宏	岳阳楼区五里中学	中学高级教师
徐　毅	岳阳楼区五里中学	中学高级教师
余泽平	岳阳楼区五里中学	中学高级教师
刘　禄	岳阳楼区五里中学	中学高级教师
晏建农	岳阳楼区五里中学	中学高级教师
李银香	岳阳楼区五里中学	中学高级教师
湛献花	岳阳楼区五里中学	中学高级教师
兰方荣	岳阳楼区五里中学	中学高级教师
周　辉	岳阳楼区五里中学	中学高级教师
饶新良	岳阳楼区五里中学	中学高级教师
任德华	岳阳楼区五里中学	中学高级教师
汪青珍	三五一七中学	中学高级教师
李繁荣	岳阳经济技术开发区通海路中学	中学高级教师
高东恩	岳阳经济技术开发区通海路中学	中学高级教师
何春来	岳阳经济技术开发区通海路中学	中学高级教师
何炜明	岳阳经济技术开发区通海路中学	中学高级教师
刘韵湖	中建五局七公司学校	中学高级教师
张　晶	中建五局七公司学校	中学高级教师
韩建军	中建五局七公司学校	中学高级教师
金岳国	中建五局七公司学校	中学高级教师
蒋晓菊	中建五局七公司学校	中学高级教师

姓　名	工　作　单　位	职　称
刘香龙	中建五局七公司学校	中学高级教师
方　翔	中国化学工程第四建设公司	中学高级教师
许友喜	中国化学工程第四建设公司	中学高级教师
刘劲梅	中国化学工程第四建设公司	中学高级教师
陈　华	岳阳楼区北港乡二中	中学高级教师
欧阳健	岳阳楼区北港乡中学	中学高级教师
万淑慧	岳阳楼区五里中学	中学高级教师
李时魁	岳阳楼区五里中学	中学高级教师
方美莲	岳阳楼区五里中学	中学高级教师
吴晓健	岳阳楼区五里中学	中学高级教师
黄金香	岳阳楼区一中	中学高级教师
李柏春	岳阳楼区一中	中学高级教师
雷立金	岳阳楼区一中	中学高级教师
潘瑞明	岳阳楼区一中	中学高级教师
方华铁	岳阳楼区一中	中学高级教师
刘寒光	岳阳楼区一中	中学高级教师
陈园园	四化建子弟学校	中学高级教师
彭永红	四化建子弟学校	中学高级教师
喻叶东	岳阳楼区站前小学	小中高
魏国根	岳阳楼区东方红小学	小中高
王承胜	岳阳市楼区岳阳楼小学	小中高
马立群	岳阳楼区建筑工程总公司	高级工程师
周小五	岳阳楼区建筑工程总公司	高级工程师
文　科	岳阳楼区建筑工程总公司	高级工程师
邹淑金	岳阳楼区设计院	高级工程师
徐孟奇	南湖自然保护管理局	高级工程师
杨纪昌	南区颜氏燃烧器厂	高级工程师

姓　名	工　作　单　位	职　称
曾奇珍	岳阳市郊区钒化厂	高级工程师
何征雁	岳阳南湖风景区南湖渔场	高级工程师
张　强	岳阳市建工局楼区分局	高级工程师
谢湘波	岳阳楼区文化馆	副研究馆员
彭东明	南区文化馆	副研究馆员
彭波平	岳阳市南区口腔医院	副主任医师
瞿发国	南区防疫站	副主任医师
粟立平	岳阳楼区人民医院	副主任医师
岳文武	岳阳楼区人民医院	副主任药师
汪卫平	岳阳楼区人民医院	副主任医师
符艳红	岳阳楼区妇保院	副主任医师
潘春球	岳阳楼区洛王社区卫生服务中心	副主任医师
向炳辉	岳阳楼区人民医院	副主任医师
周继新	岳阳楼区妇幼保健院	副主任医师
任鸣放	岳阳楼区人民医院	副主任医师
柳光辉	岳阳楼区医院	副主任医师
徐演文	岳阳楼区医院	副主任医师
蔡亚辉	岳阳楼区防疫站	副主任医师
彭慧萍	岳阳楼区五里医院	副主任医师
冯金干	岳阳楼区肛肠病医院	副主任医师
周自强	岳阳楼区人民医院	副主任医师
蔡继林	岳阳楼区人民医院	副主任医师
万江波	岳阳楼区教育局九华山小学	高级程序员
张慧莲	岳阳楼区妇幼保健院	副主任技师
龙秀祥	岳阳经济技术开发区天阳物资贸易公司	高级经济师
杨　俊	蓝星岳阳 6906 工厂	副译审
宋北丽	岳阳楼区新闻中心	主任记者
汤敏煌		二级律师

附 录

一、文献辑存

会议开埠章程二十五项

（光绪二十五年九月二十八日）

一、自岳州城陵埠红山头起，至岳州南门外街河口大街止，为挂号驳船往来免抽厘金船行准界。惟自七里山起，至街河口止，两岸土地不在准界内。

二、自城陵埠红山头起，至七里山山北止，为停船之界。

三、自城陵埠红山头起，至城陵埠月蟾洲止，为上下货物之界。

四、划定之通商场地分三段：以红山头至刘公庙为北段，以刘公庙至华民保障为中段，以月蟾洲独立之洲为南段。

五、红山角口平地，准开散舱煤油池，月蟾洲准开造装箱煤油栈。

六、划定通商场，界内之地分为三等出租：上等地租价每年每亩银元100大元，中等地租价每年每亩银元80大元，下等地租价每年每亩银元50大元。

七、通商场界内之地，所有应完钱粮，无分上中下三等。该地每年每亩银元3大元，按年于西历正月内一并先完定清楚，不另缴别项。

八、租地办法照拍卖之法拍租，先缴准价，择准价多者租与。

九、每户租地不得逾10亩，倘或必须大地，应照章禀明而行。

十、每地1亩以7260英方尺为准。

十一、租地以30年为期，期满须换契续租；其续租仍以30年为限，租银不加，钱粮可与各国领事官酌加，如到期满不换契，或一年租银及钱粮未缴清者，则该商所领之租契即行注销，产业归中国；如续租至后30年连前30年合共60年，限满将租契注销，产业归中国。

十二、买地挪房及迁移坟墓等事，概归岳常澧道作主，外人不得干预。

十三、在通商场界内租地，凡所租地内葬有坟墓之处，均圈留不租，不能强之迁移；其有自愿迁移者，听民间自便。

十四、通商场内，不准搭盖草屋并下等板屋。凡欲起造房屋，须由巡捕验明无碍，方准兴工。至于火药、炸药等物，概不准收藏、夹带、运送，违者查出，各照自国律例惩办。

十五、码头费应由关照已完正税百两抽收二成。

十六、埠内遇有特动紧要工程，当按租户租地多寡派捐，一切事宜，归三处会商办理。（一）监督与税司；（二）各国领事官；（三）由众租户公举公正商董一人。

十七、巡捕衙业经先于划定界内用已买民房暂为修整设立，稍缓再议建造。

十八、华洋商人贩运土货，请领内地三联报单，必须妥具保结，注明该货确系运往外洋，令缴三倍税银存押。倘该商往他口贩卖，及逾期不运出洋，将存押税银充公，以一半解交厘局；其不注明运往外洋者，概不给发三联报单。

十九、内港行驶轮船章程，取益防损之处，另由该卡委员与税务司妥酌办理。

二十、洋关开关日期，准定于光绪二十五年中历十月十一日，即西历1899年11月13号礼拜一吉时开办。

二十一、税务司承造洋关经费，共计足纹银4万两正，开关日先拨1万两，明年正月底拨1万两，四月底拨1万两，七月底拨1万两。均依华历，其银以库平为准。计造洋关公事房、税务司公馆、洋关帮办公馆、理船厅公馆、验货人及插子手住所、洋关验货码头及验货座船等，一应在内。工竣进册送到，以便报销。

二十二、洋商租地契，归税务司代刊。

二十三、通商埠内各国商业工艺，皆可照章租地，建造屋宇、栈房。但洋商租地，必须禀明该国领事官；华商租地，必须禀明岳州关税务司，先备租地准价；并备自禀明之日起至西历年底止应完之钱粮，由岳州关工程局请领准租印单，华(洋)商呈请税务司(领事官)照送监督将银收讫，印发租契。洋商租契三本，均请领事官画押，一送领事署，一存关署，一给该商；华商只发税契一本，由税务司交与该商执收。

二十四、各国商民在通商埠内侨寓，中国地方官自当照约保护。所有巡捕衙事宜，由监督会商税务司设立管理。至约束洋商章程，由监督照会各国领事官酌定。

二十五、各商应缴之租银钱粮，按年由税务司向租户照数代收，送交监督收讫，给回该官收银之印单粮串，凡本年内之租银并次年之钱粮，均每逢西历正月内一律完清。

豫　章　马士税务司　蔡乃煌

张鸿顺　翟秉枢　　胡杨祖

露　布

中华民国军政府湘鄂义军总司令阎为传檄事：

痛昔朱明坠绪，衣冠沦于犬羊。清寇入关，岭峤遭其蜂虿。浊乱华夏，钳制军民，满贼为灾，普天同病。凡所侵攻之地，必恣荼毒之威。须知天道好还，况复人心思汉。本司令率师伐罪，除暴安民；岂觅尔公尔侯，只期保种保国。尔驻岳文武官员同是汉人，自应同申敌忾；只要易帜易心，即是同袍同泽。共襄此时之义举，以待他日之策勋。檄到如律令。

黄帝纪元四千六百零九年九月初二日檄

筹创岳阳公园启

民国・李澄宇

岳阳故公园也，易朔以来，长城以北，五岭以南，大江之滨，淮泗伊洛之间，来游岳阳者甚众。

其地不皮，其水赤波，其石武夫，其草蒿莱，蓬菅蔟藜。其木枳棘，榛荆其鸟，鸱鸮其兽。虎狼狐猱，鹿豕牛马，旆旌炫耀。门户纠纷，不可胜载。每炎夏而北风凉，亦盛冬而南风竞。湖山易位，游者始退。嗟乎！嗟乎。岳阳之为岳阳，顾若此哉，迺者春风扇和，春雨如膏。空室见人，市声渐起，譬诸病夫，或将遂瘳，虽不宜遽纵耳目之欲，极游观之乐，亦宜有以娱心意，振气志，与其为大势所迫之，公园毋宁自为公园也。顾或谓岳阳有君山，有金鹗山，有岳阳楼、吕仙亭、鲁肃墓、小乔墓，四时选胜，何适不可，安事公园？不知君山距城三十里，且隔大湖；金鹗山亦距城五里；岳阳楼、吕仙亭、小乔墓往往处甲士；鲁肃墓亦甲士守望地，或可适而不易适，或易适而不可适。苟无公园济，其穷郁郁，久居悖休养之义亦甚，非古者同乐意也。不然东海、西海众矣。其智岂尽出岳阳下哉。同人不佞，拟就前试院暨参将署废址，树花木，畜鸟兽，垒山石，凿池沼，置亭馆。又榜曰：岳阳公园，兹整体大，非一手可举。邦人君子，解囊好义。时哉，时哉！是亦杜陵广厦，白传长裘也。若迺司马相如所云：游于六艺之囿，驰骛乎！仁义之涂，览观春秋之林，非公园，非非公园。遐哉，琼乎。非今日所易，庶几也。是为启。

（1922年）

粤汉铁路全体工人罢工宣言

亲爱的同胞们！工人们！农人们！学生们！兄弟姐妹们呀！

看呵！我们无产阶级是受社会怎样的待遇？资本主义者是怎样压迫我们？偌大的社会，哪有我们发言的地位？但是到了今天，黑暗势力紧紧地包围，使我们当这生死的关头，不能不发出激励悲壮的呼声！

同胞们呀！粤汉铁路的工贼张恩荣（监工）、苗风鸣（员司）是怎样的专横险诈，虐待工人，我们前已通电宣布了。他们去年为图私利，唆使工人罢工，愚弄我们，陷我们于极深之痛苦，事后又阴谋强迫我们加入他们的团体为他们占争权利的武器，不逞，就老羞成怒，用种种的手段，破坏我们的俱乐部，这是怎样教我们愤恨而且痛心的事呀！此外，苗又借罢工诈取我们的血汗工钱，工人因工受伤，苗竟不允其请假就医，而且扣除其工资；张则借火车贩烟土，因工人不与照顾，遂挟嫌殴辱，并于开除，又没收工人所带食米，诬陷工人偷煤，种种虐待工人情形，真是难以尽述呵！同胞们！这种工贼，我们屡次要求局长革退，十几天以来，竟无切实办法。闻讯的结果，他不允我们的要求，教我们交法庭审判，显然是袒护私人，以拖延卸责。我们在三天前已电交通部限三天内圆满解决，否则全体罢工，以待国人公判，并已同意提出最后通告于局长。现在三天满了，已绝无圆满解决之望，是他们为袒护犯法害公之私人，迫我们走最后的路，使国家社会受莫大之影响。

同胞们！张、苗是我们工人中的蟊贼，我们当然誓不与他们两立。此外，生活程度的加高，我们的生活一天一天的困苦，所以要求加薪，以改良生活，亦是我们很紧迫，很合理的行动。

同胞们呀！工友们呀！我们为解除压迫、维持团体、改良生活、增高人格，不能不与工贼奋斗，不能不有这最后一举罢工呀！各界同胞们呀！我们完全为我们切身的利益而奋斗，与外界任何问题毫无关系，请你们本于正义公理的精神，与我们以切实的援助呵！

亲爱的工友们！无产阶级兄弟姐妹们呀！我们为生存而奋斗、为人格而奋斗，不达目的誓不止！工友们！勇敢！坚决！“死中求活”全在我们团结奋斗的力量呀！

全国的工人们呀！工人一体，我们大家联合起来，一致向压迫我们的人奋斗呀！

附录要求本路当局条件：

（一）张恩荣、苗凤鸣二人革职，吴青山复职。

（二）全路各项工人的工资，概依京汉铁路例，作工满两年者，改以日资计为月资计（即京汉之改短牌为长牌），病假期须照发工资。

（三）生火夫最低工资每月应有十二元，小工应有九元。

（四）各项工匠系过一年加工资，小工、帮工、学徒每过半年加工资，工资应按月发给，不得拖延。

（五）工人升职，应由旧工人中依次升补，工人不得无故处罚，非犯路章至五次以上者，不得开除。

（六）照给去年湘鄂战争时所允工人之双薪，及此次罢工期内之工资。

粤汉铁路工人俱乐部联合会全体工人

1922年9月9日

粤汉铁路全体工人告国人书

各界同胞们！各地工友们！我们全体工人所受的虐待，真是积冤难诉呵！因为到了万不得已的地步，所以一致停工，以求解决。如本路局长王世堉阴险狡诈，待我工人如牛马、奴隶之不若；指使他的私人故友与工人冲突，破坏我们的团体；朦请军警武力枪杀岳州徐家棚工人百余人。岳州工友失踪者四人，杀死者一人，余一人在医院诊治（此系确实调查事，言死六人）。所有死伤实情，已由劳次长、路局各工团代表调查确实，受伤工人已由劳次长在大智门当面验明。并囚禁受伤工人三十二名于玻璃厂，至今十余日，断绝医药饮食，不准工人家属看慰，其因伤饿寒暑之浸迫，命在垂危者十余人。彼尤以为未足，私发冒名传单，借此唆使工人自相残杀，诬陷工人运动军警，以遂其欲加之罪。种种压迫我们工人的事实，真非一言所能书述。

各界同胞们！各地工友们！我们全路的工人，除非受了极重大压迫和痛苦，岂有不安居乐业，甘受此流离失所之惨状吗？我们不过要求生活之改良，乃王世堉竟指使军警枪杀我们，我们本居良心和爱国热忱揭穿路政之积弊，乃王世堉逞其私欲，恣意袒护私人，我全路工人为路政计，为自身生存计，不得不有最低限度之要求。然就一再让步，乃阴险狡猾之王世堉，以为我工友可欺，不但不允准，乃变本加厉，多方压迫，欲以迁延之手段，饿困我千余工友。日前用几条空洞之条件，诱我工友上工，我粤汉工友再三思维，以为既受偌大损失，若不得完备解决，不但与敝路工友的人格和利益攸关，我全国工友亦将蒙受莫大影响，而至丧失人格和利益。故我千余工友为我全国工友人格计，万难让步，且愤激异常，议决一致坚持，非完全达到前所提出之条件，誓不上工。

全国同胞们，我们为正义而战，为公理而战，罢工已十余日，望你们本互助的精神，不平的心理，于我们以经济的和实力的援助呀！

亲爱的各路工友们，各业工友们，我们都是最亲爱的兄弟，只有我们的工人是一家人，我们是你们的兄弟呀！现在我们受了极大的痛苦，而且继续饿困在这里呀！全国工友们，你们忍心看着我们受摧残么？因此我们极恳切向众位弟兄们说，我们都是休戚相关的，我们是属于一个工人阶级的，我们的痛苦就是你们的痛苦呀！今日那些官僚军阀可以杀我们，明天就可以杀你们呀，我们要求你们要急速与我们以实力的经济的和精神的援助呀，现在我们千余工友忍着饥饿和伤痛等着你们的援助呀！

粤汉铁路工人俱乐部联合会启

1922年9月

呈请永禁南津港采石

民国·李澄宇

呈为，呈请永禁南津港各采石公司事。窃岳阳南津港口、九龟山口内、狮形山口外、龙回嘴等处。比年以来，有湖北沔阳堤工处所设采石公司甚多，或曾蒙准备案，或并未呈请立案。员工数千，莫可究诘，隐患诚大，而就风浪论，就名胜论，就省防论，确有不可不呈请永禁者。约有六端，试析陈之。

城市近水，泊舟之所极为重要。岳城正对西洲，濒洞庭入江之口。南北西三面临水，东面负陆。除江轮兵舰，靡不于城南五里之南津港寄椗。而南津港所以能寄椗者，因港外龙廻嘴石角突出，与湖面舟扁 山对峙，逼浪北趋。港口九龟山九山虽立，若卫士队。港外洞庭虽浊浪排空，樯倾楫摧。而港内则户庭肃静，水波不兴也。若任采石，则屏蔽既撤，遍地横流，以后于何寄椗乎？距城五里，已恨其远，并此而毁之，忍乎。此就风浪论，不可不永禁采石者一也。

南津港东接灉湖，北通北港，为岳阳中北各区尾间。洞庭夏秋水盛，长约二百里，广约百五十里。往往倒灌入港，田庐被灾。而中北各区至今可耕可居者，因港外龙廻嘴，港内狮形山等外咸系石质，不患水齧。中北各区恃此若长城。宴然靡其鱼之叹也。若任采石，则石山唇亡土山齿寒，积岁累年，愚公移山，将坐视中北各区人民遂付东流乎，抑预谋所以活之乎，此就风浪论，不可不永禁采石者二也。

洞庭受湘、资、沅、澧四水，大江更自虎渡藕池二口入湖，浩浩荡荡萃于岳城，此何止雷霆万钧之力。而岳城终古无恙者，因龙廻嘴屹镇县南，俨大藩之捍卫王室。水力已杀，然后由城西迤逦东行也。若任采石，则湖波径撼岳城，势必致龙廻嘴旦失，岳城夕陷。热河被暴日袭取，燕赵震动。龙廻亦岳城热河也。已失于暴日者尚思反攻，将失于暴民者可弗急救乎。此就风浪论不可不永禁采石者三也。

岳阳楼上南睇湖山，所谓水晶盘内一青螺者，君山也。所谓如鱼得水者舟扁 山也。所谓九龟逐一蟾者，九龟山与癞子山也。所谓一龙阻住一湖者，龙廻嘴也。若任采石，则龙廻九龟骨折甲解，岳城不保，楼亦同尽。古图画有人护惜，此一幅天然图画，竟听波臣席卷以去乎。此就名胜论不可不永禁采石者四也。

君山距岳城三十里，两山互抱若太极。然试上听涛阁东望，湖外有湖，山外有山，极乎若涘，蔚然深秀，霞朝月夜，气象尤美与！西望日落水中，南望天粘水面者，别为一境。若任采石，则湖外湖，山外山，皆渐化为乌有。湘灵鼓瑟，或惊北鄙恶声；洞庭朗吟，难觅南城老树矣。世之为假山水者，刻意乱真。而真者弗共宝可乎，此就名胜论，不可不永禁采石者五也。

虽然此，但观岳阳一隅，耳未及纵览湘省全局也，至于南上衡岳，北瞰洞庭。岳城与西洲为湘省北门，龙廻嘴与九龟山、癞子山、舟扁 山、君山为第一锁钥，鹿角与石城山、柁杆洲为第二锁钥。城陵矶与荆河脑扼洞庭，北注大江，西来总口，为北门外神荼郁垒。泱泱大国，所以关系天下也，若任采石则龙廻失，而第一锁钥废，岳城陷，而湘省北门废神荼郁垒。纵欲效灵，亦复傍谁门户乎？此就省防论，尤不可不永禁采石者六也。

用特备文，呈请钧府咨鄂，并令岳阳县速将南津港口、九龟山港内，狮形山港外，龙廻嘴等处，各采石公司一律永远封禁。嗣后，附近五十里石山，无论何地何人不得假借名义，蒙请开采，庶绝后患。不胜屏营待命之至，此呈湖南省政府。

（1933 年）

中共岳阳市委
关于成立城市人民公社领导小组的通知

各公社、各区、各机关、厂矿企业、学校党委（支部、总支）：

为了迎接城市人民公社化的迅速到来，为建立城市人民公社做好一切准备工作，根据上级指示精神，经市委研究决定，市委成立人民公社领导小组，由李景川、段志霖、郭宪堂、彭汉炎、余宜生、傅庆平、杨绍珊、吴镜清、刘得珍、李荣漳、李长遂、谢壮田、张宏（工会）等十三位同志组成。李景川同志任组长。下设办公室。余宜生同志兼任办公室主任，许登榜、芦百里同志任副主任，自即日起正式开始办公，地点在市委会。特此通知。

岳阳市委员会

一九六０年四月十一日

中华人民共和国国务院关于同意湖南省调整岳阳市市辖区行政区划的批复

国函〔1996〕16 号

湖南省人民政府：

你省《关于调整岳阳市市区行政区划的请示》（湘政 [1995]54 号）收悉。现批复如下：

一、同意从华容县划入层山、良心堡、银杯 3 个镇，扩大岳阳市市区规模。

二、同意撤销岳阳市南区、郊区，新设岳阳市岳阳楼区、君山区。

岳阳楼区辖原南区的城陵矶、冷水铺、五里牌、东茅岭、金鹗山、吕仙亭、解放路、洞庭路 8 个街道办事处和原郊区的梅溪、北港、五里、郭镇、洞庭 5 个乡，区人民政府驻五里牌街道办事处巴陵中路 15 号。

君山区辖原郊区的柳林镇、林阁佬、五星 3 个乡镇和原华容县的层山、良心堡、银杯 3 个镇，区人民政府驻柳林洲镇。

三、同意岳阳市北区更名为云溪区。

岳阳市市辖区调整，不增加机构和人员编制，所需经费自行解决。

国务院

一九九六年三月十六日

湖南省人民政府关于同意湖南省调整岳阳市市辖区行政区划的通知

湘政函〔1996〕54 号

各行政公署，自治州、市、县人民政府，省直机关各单位：

根据《国务院关于同意湖南省调整岳阳市市辖区行政区划的批复》（国函〔1996〕16 号）精神，经省人民政府研究，现通知如下

一、从华容县划入层山、良心堡、银杯3个镇，扩大岳阳市市区规模。

二、撤销岳阳市南区、郊区，新设岳阳市岳阳楼区、君山区。

岳阳楼区辖原南区的城陵矶、冷水铺、五里牌、东茅岭、金鹗山、吕仙亭、解放路、洞庭路8个街道办事处和原郊区的梅溪、北港、五里、郭镇、洞庭5个乡，区人民政府驻五里牌街道办事处巴陵中路15号。

君山区辖原郊区的柳林镇、林阁佬、五星3个乡镇和原华容县的层山、良心堡、银杯3个镇，区人民政府驻柳林洲镇。

三、同意岳阳市北区更名为云溪区。

岳阳市市辖区调整，不增加机构和人员编制，所需经费自行解决。

湖南省人民政府

一九九六年四月十二日

闻名中外的岳阳楼亟须修缮

新华社长沙讯 闻名中外的名胜古迹岳阳楼，因体制问题没有解决而年久失修。破烂不堪，亟待修缮。

岳阳楼，坐落在岳阳市城西，旧时与黄鹤楼、滕王阁齐名，为我国江南著名的三大名楼之一。相传岳阳楼旧址为三国时期鲁肃的阅兵台。唐开元四年(公元七一六年)建楼。李白、杜甫、白居易等著名诗人都曾登楼吟诗，留下不少名篇。宋代范仲淹作《岳阳楼记》，千古传诵，更使岳阳楼闻名天下。现在主楼，系清代同治六年(公元一八七六年)重修，为四柱、三层、飞檐、盔顶的纯木结构，全楼闩缝对榫，工艺精巧，结构严谨，造型庄严美观。因此，无论从名胜古迹，还是从古建筑艺术来说，都有很高的文物价值，但是，这样一座闻名的古迹，如今竟被糟蹋得不成样子。

最近，记者到岳阳市采访，参观了岳阳楼。一走进主楼，就看见“主楼危险，脚步放轻”八个字的“警告牌”，二楼写着“栏杆腐朽，请勿靠近”，走廊上的横木，稀松活动，走起路来格格响，郭沫若题的《岳阳楼》匾额，已经斑斑剥剥，黯然失色，飞檐上的琉璃瓦多处脱落，杂草丛生，随时听到人们的议论：“此种面容，还让外宾参观，有失尊严。”

为什么不修缮呢？是国家文物保护部门不重视吗？不是的，主要原因是管理体制问题没有解决好。解放初，湖南省人民政府就确定它为重点保护文物，从那时起，就一直是文化部门管理，国家先后拨款维修达一百三十一万元。一九五七年建立岳阳楼公园后(属集体所有制)，主楼和公园都是文化部门管理。但是，一九七八年岳阳市辟为开放城市后，岳阳市委以旅游事业需要为理由，未经省人民政府和有关部门同意，于同年七月就决定将公园划归 岳阳市城建局管理(岳阳楼乃由文化部门管理)。一九八〇年三月九日，岳阳市委再次不经省人民政府和主管部门同意，擅自决定将主楼和三醉亭、仙梅亭以及陈列文物交城建局管理。从此，岳阳市文化部门和城建部门为岳阳楼的“归属”问题争论了两年，致使岳阳楼的维修工程无法进行。

岳阳楼管理体制的改变，给岳阳楼及其文物造成了严重损失。一是楼上陈列文物，三次被盗。先后被盗走青铜灯、博山炉(均系西汉出土青铜质珍贵文物)、吕洞宾座像前的铜瓶、铜卤、铜盘、铜觚、铜香炉等。二是两次失火，幸被群众发现，未酿成火灾。三是名画被卖。一九八一年十月二十六日，公园的负责人经城建部门批准(未经省文化局同意)，擅自决定以七千元的价格，将《洞庭春晓》巨幅画珍品，卖给日本银坐商代表团团长大田太雄。四是主楼维修工程无法进行。为了保护文物和适应旅游事业的需要，国家文物局曾拨款四十五万五千元进行维修。三年前，省文化局已下拨岳阳市文化局十八万元。购木材二百五十立方，琉璃瓦五万五千片。由于城建部门不准文化部门搭工棚，使木材长期露天堆放，日晒雨淋，已腐烂约二十立方米。

为了解决岳阳楼的管理体制问题，省文化局从一九八〇年以来，曾多次向省委和省人民政府作了专题报告，要求将岳阳楼归还文化部门领导和管理。国家文物局和中共湖南省委的领导同志都明确表示，文物保护应属文化部门的专门机构统一管理。任何单位和个人不得擅自占用。为此，省人民政府办公厅已于一九八一年七月十日向岳阳市人民政府发出《关于岳阳楼管理体制和保护范围的通知》，明确岳阳楼及其公园都是由文化部门负责保护管理，但是，岳阳市城建部门与省城建部门串通一气，使《通知》不得落实。现在，岳阳楼的四根擎天柱大部分已被白蚁蛀空，成为危楼，应赶快抢救，否则，将会给国家财产、旅游事业造成重大损失。

（记者：刘春贤）

（《国内动态清样》1982 年 5 月 11 日第 1046 期）

胡耀邦批示

此件转致用、万达同志，这类事，省委必须有权威。谁不执行省委的决定，就把谁调开。“文化大革命”遗留下来的谁都有否决权的祸害，至今没有肃清，这主要是由于我们党内至今有些人把党和人民赋予自己的严肃职责，看成是可以为所欲为的权力所致。但我们一些领导同志，老是当老好人，对一些错误思想和行为，不敢批评，不敢教育，更不敢执行纪律。应该说，这也是有负党和人民重托的一种不敢苟同的表现。请你们大声疾呼一下。

胡耀邦

五月十一日

二、诗文选编

（一）诗　词

咏洞庭湖

南朝陈・阴铿　**渡青草湖**

洞庭春溜满，平湖锦帆张。沅水桃花色，湘流杜若香。穴去茅山近，江连巫峡长。带天澄迥碧，映日动浮光。行舟逗远树，度鸟息危樯。滔滔不可测，一苇讵能航。

唐・张说　**送梁六自洞庭山作**

巴陵一望洞庭秋，日见孤峰水上浮。闻道神仙不可接，心随湖水共悠悠。

唐·孟浩然 **望洞庭湖赠张丞相**

八月湖水平，涵虚混太清。气蒸云梦泽，波撼岳阳城。欲济无舟楫，端居耻圣明。坐观垂钓者，徒有羡鱼情。

唐·李白 **陪族叔刑部侍郎晔及中书贾舍人至游洞庭（五首选二）**

其一

洞庭西望楚江分，水尽南天不见云。日落长沙秋色远，不知何处吊湘君？

其二

帝子潇湘去不还，空馀秋草洞庭间。淡扫明湖开玉镜，丹青画出是君山。

唐·李白 **陪侍郎叔游洞庭醉后（三首选一）**

划却君山好，平铺湘水流。巴陵无限酒，醉杀洞庭秋。

唐·贾至 **初至巴陵与李十二白、裴九同泛洞庭胡三首**

其一

江上相逢皆旧游，湘山永望不堪愁。明月秋风洞庭水，孤鸿落叶一扁舟。

其二

枫岸纷纷落叶多，洞庭秋水晚来波。乘兴轻舟无近远，白云明月吊湘娥。

其三

江畔枫叶初带霜，渚边菊花亦已黄。轻舟落日兴不尽，三湘五湖意何长。

唐·刘禹锡 **望洞庭**

湖光秋月两相和，潭面无风镜未磨。遥望洞庭山水翠，白银盘里一青螺。

唐·杜甫 **舟泛洞庭**

蛟室围青草，龙堆拥白沙。护堤盘古木，迎棹舞神鸦。破浪南风正，收帆畏日斜。云山千万叠，底处上仙槎。

唐·刘禹锡 **洞庭秋月行**

洞庭秋月生湖心，层波万顷如熔金。孤轮徐转光不定，游气濛濛隔寒镜。是时白露三秋中，平湖月上天地空。岳阳楼头暮角绝，荡漾已过君山东。山城苍苍夜寂寂，水月逶迤绕城白。荡桨巴童歌竹枝，连樯估客吹羌笛。势高夜久阴力全，爽气肃肃开星躔。浮云野马归四裔，遥望星斗当中天。天鸡相呼曙霞出，敛影含光让朝日。日出喧喧人不闲，夜来清景非人间。

唐·白居易 **自蜀江至洞庭湖有感而作**

江从西南来，浩浩无旦夕。长波逐若泻，连山凿如劈。千年不壅溃，万姓无垫溺。不尔民为鱼，大哉禹之绩。导岷既艰远，距海无咫尺。胡为不讫功，余水斯委积？洞庭与青草，大小两相敌。混合万丈深，淼茫千里白。每岁秋夏时，浩大吞七泽。水族窟穴多，农人土地窄。我今尚嗟叹，禹岂不爱惜？

邈未究其由，想古观遗迹。疑此苗人顽，恃险不终役。帝亦无奈何，留患与今昔。水流天地内，如身有血脉。滞则为疽疣，治之在针石。安得禹复生，为唐水官伯。手提倚天剑，重来亲指画。疏流似剪纸，决壅同裂帛。渗作膏腴田，踏平鱼鳖宅。龙宫变闾里，水府生禾麦。坐添百万户，书我司徒籍。

南朝梁·萧绎　**赴荆洲泊三江口**

涉江望行旅，金钲间緑旒。水际含天色，虹光入浪浮。柳条恒拂岸，花气尽熏舟。丛林多故社，单戍有危楼。迭鼓随朱鹭，长萧应紫骝。莲舟夹羽氅，画舸覆缇油。榜歌殊未息，於此泛安流。

唐·李商隐　**洞庭鱼**

洞庭鱼可拾，不假更垂罾。闹若雨前蚁，多于秋后蝇。岂思鳞作簟，仍计腹为灯。浩荡天池路，翱翔欲化鹏。

唐·刘长卿　**岳阳馆中望洞庭湖**

万古巴丘戍，平湖此望长。问人何淼淼，愁暮更苍苍。叠浪浮元气，中流没太阳。孤舟有归客，早晚达潇湘。

宋·王十朋　**洞庭湖**

江山好处未经眼，人道岳阳天下无。入笔波澜自今阔，胸中已有洞庭湖。

宋·吕蒙正　**洞庭湖**

八月寒涛溅碧空，片帆悠飏信秋风。探珠直待骊龙睡，莫遣迷津浩渺中。

宋·米芾　**八景诗·洞庭秋月**

君山南来，浩浩沧溟；飘风之不起，层浪之不生；夜气既清，清露斯零；素娥浴水，光荡金精；倒霓裳之清影，来广乐之天声；纤云不起，上下虚明。

李白曾携月下仙，烟波秋醉洞庭船。我来更欲骑黄鹤，直上高楼一醉眠。

宋·李祁　**风蝶令**

袅袅秋风起，萧萧败叶声。岳阳楼上听哀筝。楼下凄凉江月为谁明？

雾雨沉云梦，烟波渺洞庭。可怜无处问湘灵，只有无情江水绕孤城。

宋·陆游　**小雨极凉舟中熟睡至夕**

舟中一雨扫飞蝇，半脱纶巾卧翠藤。清梦初回窗日晚，数声柔橹下巴陵。

宋·张孝祥　**念奴娇·过洞庭**

洞庭青草，近中秋，更无一点风色。玉鉴琼田三万顷，着我扁舟一叶。素月分辉，明河共影，表里俱澄澈。悠然心会，妙处难与君说。

应念岭表经年，孤光自照，肝胆皆冰雪。短发萧骚襟袖冷，稳泛沧溟空阔。尽挹西江，细斟北斗，万象为宾客。叩舷独啸，不知今夕何夕！

宋·张孝祥 **西江月·黄陵庙**

满载一船明月，平铺千里秋江。波神留我看斜阳，唤起鳞鳞细浪。

明日风会更好，今朝露宿何妨？水晶宫里奏霓裳，准拟岳阳楼上。

明·薛瑄 **洞庭遇雨**

孤舟行何迟，岁晚洞庭雨。跳波乱明珠，随风飏细缕。云雾失君山，波浪连吴楚。谁唱斑竹枝，别思满南浦。

明·夏原吉 **洞庭秋月**

万籁无声玉宇清，君山推出一轮明。婵娟倒蘸寒波底，惊起鱼龙梦不成。

清·袁枚 **过洞庭湖**

秋老一峰晴，巴船过洞庭。水摇天地白，山入混茫青。云气飞蓬背，霜花落雁翎。今朝吟不得，窗外有龙听。

清·何绍基 **过洞庭**

千帆如鹭白纷纷，飞向湖中踏浪纹。大水来观八百里，轻舟直渡万重云。山痕昼伏蛟龙影，雨气寒凝鹳鹊军。轩乐不张鱼鸟静，江天寂寂夜笳闻。

清·李敬 **读《水经注》怀洞庭**

坐倚巴丘俯洞庭，君山一十二峰青。不闻修竹来仙吹，但有孤鸿送客舲。欲辨水天唯北斗，若当风雨即南溟。旧游浩渺如春梦，兀看郦元注《水经》。

清·王士祯 **和李退庵侍郎《读〈水经注〉忆洞庭》之作**

楚望经时入渺冥，岳阳楼上数峰青。曾临南极浮湘水，坐对西风忆洞庭。斑竹想从春后长，落梅犹向笛中听。新诗吟罢愁多少，肠断当年帝子灵。

清·王夫之 **湖水**

湖水君山尽，巴丘战垒春。中流回碧草，极浦暗黄尘。日月争朝暮，渔樵有故新。天涯同一寄，未回故园亲。

清·魏源 **洞庭吟**

楚狂泊舟风烈烈，更上岳阳望湖月。楼头有客请我吟，轩乐湘灵休剿说。客言天地缺东南，汇为巨浸恣汪涵。年年横溢出江左，水气蒸为云气酣。汉潦破圩如破堞，江潦溃堤如沃雪，湖潦浸田如浸月；六郡万家供一决。不知五行何占设，无乃尧年逢降割。

我谓客言意深苦，未暇议今且陈古：自昔楚薮夸云梦，几见洞庭登《禹贡》？今日楚薮称洞庭，遗迹何处寻云梦？水钟三湘失七泽，自古沧桑多变易。遂以九江诬洞庭，那识长江旧横辟。荆江九穴十三孔，今唯二穴余皆壅。地不让水水争地，仰盂受灌建瓴涌。沿湖圩田岁增岁，曲防壑邻占地利。何况老林秦蜀开，下游沙塞洲渚洄，更加夏汛蛟水至，万马孰御风涛雷？呜乎！八百里湖十去四，江面百里无十二，安能塞川川不溃？九穴须复九江初，七泽仍请云梦潴。以川还川湖还湖，那患阴阳妨噏嘘？

楚下帆樯吴楚送，楼上钟鱼傍晚动。雄谈空唶贾长沙，忧乐江湖复何用！

清·刘济 **洞庭渔歌**

轻舟逐水等飘萍，长日生涯在洞庭。还趁晚凉频下网，归来摇动一湖星。

民国·曾继辉 **己亥二月渡湖**

渺渺平湖一镜磨，棹歌声里晚风和。却疑水外天无限，谁识天多水更多。

向晚停桡卷断篷，天光万里正磨铜。乌鸦最妬余霞彩，不许全湖一色红。

十载经营稼穑功，苦将蒸粒济孤穷。江豚拜我来何晚，误说明朝是拜风。

民国·刘棨泽 **湖上吟（三首选二）**

四周湖水锁楼青，帘卷江声下洞庭。杨柳绿拖天一色，鹧鸪飞上醉仙亭。

堤上人家别有天，碧荷万顷绕门前。南风几尺瓜皮艇，摇破湖云唱《采莲》。

民国·王先谦 **湖中闲望**

梦泽于今阔，君山自古圆。云生常近海，树远欲粘天。白袷舒长日，乌发隐暮烟。湘娥渺何处？泪竹只娟娟。

民国·王先谦 **泛洞庭（四首选一）**

老渔吹笛意犹闲，孤岛投云影未还。万顷波涛吞不灭，人间何物似君山？

民国·李澄宇 **洞庭湖上作**

诗思蟠胸久不禁，今朝偶向洞庭吟。渐惊草木经年异，欲挟湖山与泪沉。北斗照回无限梦，东风吹暖几人心。饥民似水兵如火，万一天犹不雨金。

民国·邓中夏 **过洞庭**

莽莽洞庭湖，五日两飞渡。雪浪拍长空，阴森疑鬼怒。问今为何世？豺虎满道路。禽猕歼除之，我行适我素。

莽莽洞庭湖，五日两飞渡。秋水含落晖，彩霞如赤炷。问今为何世？共产均贫富。惨淡经营之，我行适我素。

民国·易君左 **洞庭惊涛图**

落日苍凉照洞庭，君山一抹画眉青。岳阳楼上春如海，白满风帆绿满汀。

咏岳州古城

南朝宋・朱超石　**夜泊巴陵**

月夜三江静，云雾四边收。淤泥不通挽，寒浦劣容舟。回风折长草，轻冰断细流。古村空列树，荒戍久无楼。

唐・张说　**岳州观竞渡**

画作飞凫艇，双双竞拂流。低装山色变，急棹水华浮。土尚三闾俗，江传二女游。齐歌迎孟姥，独舞送阳侯。鼓发南湖溠，标争西择楼。并舟恒诧速，非畏日光遒。

唐・张说　**岳州守戏**

除夕清樽满，寒庭燎火多。舞衣连臂拂，醉坐合声歌。至乐都忘我，冥心自委和。今年即如此，来岁知如何？

唐・杜甫　**泊岳州城下**

江国逾千里，山城仅百层。岸风翻夕浪，舟雪洒寒灯。留滞才难尽，艰危气益增。图南未可料，变化有鹍鹏。

宋・范仲淹　**奉和滕太守**

优游滕太守，郡枕洞庭边。几处云藏寺，千家月在船。疏鸿秋浦外，长笛晚楼前。旋泼醅头酒，新炮缩项鳊。宦情须淡薄，诗思定连绵。迥是偷安地，仍当饱仕年。只因天下乐，无出日高眠。岂是忧边处，胡兵隔一川。

宋・滕子京　**中秋登楼有怀安化东园月夕，寄幕中诸寮**

风月还应照绮园，忆曾飞盖此游盘。旧年宾客嗟流落，新府簪缨想宴欢。物景虽同秋寂寂，人琴何在夜漫漫。岳阳楼上凭栏望，唯有蟾光不两般。

宋・滕子京　**临江仙**

湖水连天天连水，秋来分外澄清。君山自是小蓬瀛。气蒸云梦泽，波撼岳阳城。

帝子有灵能鼓瑟，凄然依旧伤情。微闻兰芷动芳馨。曲终人不见，江上数峰青。

宋・欧阳修　**晚泊岳阳**

卧闻岳阳城里钟，系舟岳阳城下树。正见空江明月来，云水茫茫失江路。夜深江月弄清辉，水上人歌月下归。一阙声长听不尽，轻舟短楫去如飞。

宋・陈与义　**城上晚思**

独凭危堞望苍梧，落日君山如画图。无数柳花飞满岸，晚风吹过洞庭湖。

宋·胡寅　**过偃虹堤**

有时风浪战城西，何啻渔阳万鼓鼙！狎水蚩蚩忘垫溺，谁人能续偃虹堤？

宋·韩希孟　**裙带诗**

宋未有天下，坚正臣礼秉。开国百战功，每阵唯雄整。及侍周幼主，臣心常炯炯。帝曰卿北伐，山戎今有警。死狗莫击尾，此行当系颈。即日辞陛下，尽敌心欲逞。陈桥忽兵变，不得守箕颍。禅让法尧舜，民物普安静。有国三百年，仁义道驰骋。未改祖宗法，天胡肆大眚。细思天地理，中有幸不幸。天果丧中原，大似裂冠衽。君诚不独活，臣实无魏丙。失人焉得人，垂戒尝耿耿。江南无谢安，塞北有王猛。所以戎马来，飞渡以陵境。大江限南北，今此一舴艋。本期固封疆，谁谓如画饼。烈火燎昆冈，不辩金玉矿。妾本良家子，性僻守孤梗。嫁与尚书儿，衔署紫兰省。直以才德合，不弃宿瘤瘿。初结合欢带，誓比日月昺。鸳鸯会双飞，比目愿长并。岂期金石坚，化作桑榆景。旄头势正然，蚩尤气先屏。不意风马牛，复此及燕郢。一方遭劫掳，六族死俄顷。退鹢落迅风，孤鸾吊空影。簪强折白玉，瓶沉断青绠。一死空冥冥，忧心长。坚志不移，改邑不改井。我本瑚琏器，安肯作溺皿。志节匪转石，气噎如吞鲠。不作爝火燃，愿为死灰冷。贪生念麴蘖，乞邻羞虎穽。借此清江水，葬我全首领。皇天如有知，定作血面请。愿魂化精卫，填海使成岭。

宋·徐君宝妻　**满庭芳**

汉上繁华，江南人物，尚遗宣政风流。绿窗朱户，十里烂银钩。一旦刀兵齐举，旌旗拥，百万貔貅。长驱入，歌台舞榭，风卷落花愁。

清平三百载，典章文物，扫地都休。幸此身未北，犹客南州。破镜徐郎何在？空惆怅，相见无由。从今后，断魂千里，夜夜岳阳楼。

宋·汪元量　**巴陵**

重到巴陵秋正清，岳阳城下系孤舲。江湖万里水云阔，天地一凉河汉明。月出洞庭鱼婢舞，气蒸梦泽雁奴腥。篙工又鼓潇湘柁，渔笛渔榔上下鸣。

元·郝经　**巴陵女子行**

北来诸军飞渡江，突骑一夜满岳阳。楼头火起入闾巷，曹逃偶走如牛羊。巴陵女子尚书妇，生平不识门前路。乱兵驱出势仓皇，夫婿公姑在何处？吞声掩泪行且啼，啼痕沾湿越罗衣。此身忍使人再辱，裂帛暗写临终诗。上言社稷安危事，下说投江誓天志。一回宛转一悲辛，心折魂飞不成字。诗成泪尽赴江流，蛾眉萧飒天为愁。芙蓉零乱入秋水，玉骨直葬青海头。古来烈妇才一二，谁似巴陵更文理？名与长江万里流，丞相魏公还不死。

元·张天启　**岳阳**

天入平湖远，楼深纳霁华。青山藏福地，碧树记人家。水落鱼龙蛰，风高雁鹜斜。古来形胜地，何事忆长沙。

元·高思恭 **晚过巴陵**

楚水凝千里，湘云隔万层。城高秋浦月，显杂夜船灯。旅况天谁管，年光雁可凭。殷勤淡山色，相送过巴陵。

元·陈益稷 **巴陵雨中**

鸦拂平林雁阵空，黄花行李老秋风。如何一夜江南梦，尽在巴陵细雨中。

明·薛瑄 **舟发城陵**

急鼓催舟发，依稀见岳阳。远波浮岛屿，众水合岷湘。竹瓦居人阁，杉牌贾客房。且看风景异，未觉远游伤。

明·唐寅 **巴陵**

巴陵城西湖上楼，楼前波影涵清秋。数点征帆天际落，不知谁是五湖舟。

明·王偁 **宿巴陵闻笛**

玉笛飘残月下声，空江秋思冥冥。怪来杨柳移塞，可是梅花落洞庭？ 半夜旅魂随调远，谁家少妇倚楼听？晓来更觅龙吟处，一点君山水面青。

清·易虆 **岳阳舟中**

放棹西风怅远行，湖光潋滟镜中明。一堤柳色添秋思，隔岸菱歌动客情。远浦小舟归岛屿，层霄孤塔耸江城。岳阳楼外东流水，日夜波涛竟不平。

清·施闰章 **岳阳行**

岳阳城中昼伏虎，黄昏破壁择人肉。张弧射十不中一，寡妇蒙头中夜哭。我来风迅难停舟，留连独为岳阳楼。登楼四顾失天地，巴陵直欲西南浮。茅屋新成数十间，孤城荡荡如空山。洞庭白日沉烟雾，一叶扁舟从此去。

清·潘永祚 **经岳阳战场**

系艇巴陵日已斜，洞庭秋色老苍葭。城经百战增新垒，路转千村少旧家。旷野碧嶙吹冻火，中宵白骨语寒沙。精魂枉人春闺梦，酹酒谁来水一涯。

清·潘来 **岳州**

三分重镇说巴丘，地控荆襄据上游。千载兵争余战垒，重湖形胜聚城楼。江山清助诗人笔，风浪危停过客舟。乘兴我来无一事，玉笙吹彻洞庭秋。

清·姚鼐 **岳州城上**

高接云霄下石矶，城头终日敞清晖。孤筇落照同千里，白水青天各四围。山自衡阳皆北向，雁过江外更南飞。人间好景湘波上，却照新生白发归。

清·黄锡焘 晚泊岳州

烽火通吴楚，危楼今尚存。江沿天作岸，城向水开门。晚渡喧南浦，归帆向夕暄。繁星散微火，犹似旧渔村。

民国·田星六 过巴陵

春草湖角绿，春云湖面蒸。一鹤过湖去，君山浮浮青。

民国·刘泽榘 巴陵晓起

云气油然四面生，沉沉湖色不分明。眼前风景客中思，拼作巴陵夜雨声。

咏岳阳楼

南朝宋·颜延之 与张湘州登巴陵城楼

江汉分楚望，衡巫奠南服。三湘沦洞庭，七泽蔼荆牧。经途沿旧轨，登闉访川陆。水泽周地险，河山信重復。却倚云梦林，前瞻京台囿。清氛霁岳阳，层辉薄阑澳。凄其自远风，伤哉千里目。万古陈往还，百代劳起伏。存没竟何人，炯介在明淑。请从上世人，归来艺桑竹。

唐·张说 岳阳早霁南楼

山水佳新霁，南楼玩初旭。夜来枝半红，雨后洲全绿。四运相终始，万形纷代续。适临青草湖，再变黄莺曲。地穴穿东武，江流下西蜀。歌闻枉渚邅，舞见长沙促。心阻意徒驰，神和生自足。白发悲上春，知常谢先欲。

唐·赵冬曦 奉和张燕公早霁南楼

方曙跻南楼，凭轩肆遐瞩。物华荡暄气，春景媚晴旭。川霁湘山孤，林芳楚郊缛。列岩重叠翠，远岸逶迤绿。风帆摩天垠，鱼艇散弯曲。鸿归鹤舞送，猿叫莺声续。群动皆熙熙，噫予独羁束。常钦才子意，忌鹏伤路踽。雅尚骚人文，怀沙何迫促。未知二贤意，去矣从所欲。

唐·贾至 岳阳楼宴别王员外贬长沙

极浦三春草，高楼万里心。楚山晴霭碧，湘水暮流深。忽与朝中旧，同为泽畔吟。停杯试北望，还欲泪沾巾。

唐·贾至 岳阳楼重宴别王八员外贬长沙

江路东连千里潮，青云北望紫微遥。莫道巴陵湖水阔，长沙南畔更萧条。

唐·刘长卿 岳阳楼

行尽青溪日已蹉，云容山影两嵯峨。楼前归客怨秋梦，湖上美人疑夜歌。独坐高高风势急，平湖渺渺月明多。终期一艇载樵去，来往片帆愁白波。

唐·李白　与夏十二同登岳阳楼

楼观岳阳尽，川迥洞庭开。雁引愁心去，江衔好月来。云间连下榻，天上接行杯。醉后凉风起，吹人舞袖回。

唐·杜甫　登岳阳楼

昔闻同庭水，今上岳阳楼。吴楚东南坼，乾坤日夜浮。亲朋无一字，老病有孤舟。戎马关山北，凭轩涕泗流。

唐·韩愈　岳阳楼别窦司直

洞庭九州间，厥大谁与让？南汇群崖水，北注何奔放。潴为七百里，吞纳各殊状。自古澄不清，环混无归向。炎风日搜搅，幽怪多冗长。轩然大波起，宇宙隘而妨。巍峨拔嵩华，腾踔较健壮。声音一何宏，轰輵车万两。犹疑帝轩辕，张乐就空旷。蛟螭露笋簴，缟练吹组帐。鬼神非人世，节奏颇跌踼。阳施见夸丽，阴闭感凄怆。朝过宜春口，极北缺堤障。夜览巴陵州，丛芮才可傍。星河尽涵泳，俯仰迷上下。馀澜怒不已，喧聒鸣瓮盎。明登岳阳楼，辉焕朝日亮。飞廉戢其威，清晏息纤纩。泓澄湛凝绿，物影巧相况。江豚时出戏，惊波忽荡漾。时当冬之孟，隙窍缩寒涨。前临指近岸，侧坐眇难望。涤濯神魂醒，幽怀舒以畅。主人孩童旧，握手乍忻怅。怜我窜逐归，相见得无恙。开筵交履舄，烂漫倒家酿。杯行无停留，高柱送清唱。中盘进橙栗，投郑倾脯酱。欢穷悲心生，婉娈不能忘。念昔始读书，志欲干霸王。屠龙破千金，为艺亦云亢。爱才不择行，触事得谗谤。前年出官由，此祸最无妄。公卿采虚名，擢拜识天仗。奸猜畏弹射，斥逐恣欺诳。新恩移府庭，逼侧厕诸将。于嗟苦驽缓，但惧失宜当。追思南渡时，鱼腹甘所葬。严程迫风帆，劈箭入高浪。颠沉在须臾，忠鲠谁復谅。生还真可喜，克己自惩创。庶从今日后，粗识得与丧。事多改前好，趣有获新尚。誓耕十亩田，不取万乘相。细君知蚕织，稚子已能饷。行当挂其冠，生死君一访。

唐·吕温　岳阳楼

晨飚发荆州，落日到巴丘。方知刳剡利，可接鬼神游。二湖豁南寝，九派驶东流。襟带三千里，尽在岳阳楼。忆昔斗群雄，此焉争上游。吴昌屯虎旅，晋盛骛龙舟。宋齐纷祸难，梁陈成寇仇。钟鼓长震耀，鱼龙不得休。风雪一消散，功业忽如浮。今日时无事，空江满白鸥。

唐·白居易　题岳阳楼

岳阳城下水漫漫，独上危楼凭曲阑。春草绿时连梦泽，夕波红处是长安。猿攀树立啼何苦，雁点湖飞度亦难。此地惟堪画图障，华堂张与贵人看。

唐·元稹　岳阳楼

岳阳楼上日衔窗，影到深潭赤玉幢。怅望残春万般意，满棂湖水入西江。

唐·李群玉　洞庭驿楼雪夜宴集张员外

昔与张湘州，闲登岳阳楼。目穷衡巫表，兴尽荆吴秋。掷笔落郢曲，巴人不能酬。是时簪裾会，景物穷冥搜。谬忝玳筵秀，得侍文苑游。几篇云楣上，风物沉银钩。

宋·柳开　**岳阳楼望君山**

天遣巍巍镇洞庭，洞庭空阔独标形。林疏岭外千寻翠，波簇湖心一画青。冬缩渺㳽旁出地，夜窥周匝倒沉星。岳阳楼上凭阑久，枉为南方作画屏。

宋·吕蒙正　**登岳阳楼**

百尺危楼倚杳冥，凭栏回首不胜情。风吹楚水光摇汉，浪飐君山翠入城。远岫雨馀群木冷，晚江风定片帆轻。正嗟飘荡无归着，日暮桥边一笛声。

宋·郑民瞻　**重修岳阳楼写怀**

遍历江山只此楼，名传自古又今修。却观湘水浮新景，重对君山记旧游。风月依然如故友，轩窗今复冠南州。远追张相滕侯迹，幸蹑前规壮胜游。

宋·王十朋　**读《岳阳楼记》**

先忧后乐范文正，此志此言高孟轲。暇日登临固宜乐，其如天下有忧何？

宋·戴复古　**柳梢青**

袖剑飞吟，洞庭青草，秋水深深。万顷波光，岳阳楼上，一快披襟。
不须携酒登临，问有酒何人共斟？变尽人间，君山一点，自古如今。

元·虞集　**岳阳楼**

落絮飞花点鬓丝，清湘春晚得归时。我来不为湖山好，只欠岳阳楼上诗。

元·高克恭　**登岳阳楼**

九水汇荆楚，一楼名古今。地连衡岳胜，山压洞庭深。宿雁落前浦，晓猿啼远林。倚阑搔白首，空抱致君心。

明·杨基　**岳阳楼**

春色醉巴陵，阑干落洞庭。水吞三楚白，山接九疑青。空阔鱼龙气，婵娟帝子灵。何人夜吹笛，风急雨冥冥。

明·杨基　**登岳阳楼望君山**

洞庭无烟晚风定，春水平铺如练净。君山一点望中青，湘女梳头对明镜。镜里芙蓉夜不收，水光山色两悠悠。直教流下春江去，消得巴陵万古愁。

明·钱宰　**题岳阳楼**

岳阳楼观壮巴陵，水尽荆蛮接洞庭。万里长江衣带白，一峰衡岫黛眉青。东南地势连吴楚，上下天光混日星。遥望长河怀贾傅，临风洒酒濯尘缨。

明·何景明 **岳阳楼中闻笛**

何处笛声三四弄，坐听疑隔楚江濆。落梅折柳怨清夜，激羽流商哀白云。月上山楼人独倚，风高秋院客先闻。洞庭空阔潇湘冷，缥缈馀音送雁群。

明·陈洪谟 **岳阳楼**

城头飞构自何年？作镇南州势不偏。日暮巴陵云满地，春深梦泽水连天。江山自古多晴晦，忧乐凭谁计后先。短棹秋风聊竚望，几行征雁去翩翩。

清·李星沅 **岳阳楼**

子京一去七百载，烟雨萧条空此楼。我渡洞庭重对酒，湖天不散古今愁。白云冻合巴山雪，碧村浓蒸汉水流。铁笛数声仙阁冷，梅花还忆故人不？

清·何绍基 **岳阳楼**

李杜题诗曰，何曾有吕仙！谁期三度醉，占尽洞庭天。鹤影空空过，鸾凤渺渺传。希文忧乐意，怀抱继前贤。

清·黄道让 **登岳阳楼看雪**

四望尽皓然，剩得湖一个。君山似钓翁，芦花风里坐。

清·王闿运 **岳阳楼**

叠浪浮天尽，层楼出地开。山明落日外，秋接洞庭来。平水鱼龙瘦，清霜鸿雁哀。危阑莫频倚，华发暗相催。

清·谭嗣同 **岳阳楼**

放棹洞庭湖，湖空天欲无。登楼望落日，暖暖远村孤。水气昏渔浦，南风长嫩蒲。君山渺何许？青入十眉图。

清·郭祖翼 **岳阳楼**

危楼高瞰大江浔，莽莽乾坤直到今。忧乐易成欺世语，神仙难了好名心。远帆漠漠堆愁影，寒日荒荒起夕阴。为问少陵高唱后，几人差不负登临？

清·钱大昕 **岳阳楼**

杰阁出城墉，惊涛日夜舂。地吞八百里，云浸两三峰。已极登临目，真开浩荡胸。不因承简命，那便壮游逢。

民国·程潜 **岳阳楼远眺**

衡疑峙南纪，沅湘汇洞庭。居高临吴楚，从古肆纵横。经涂延水陆，登楼望渟泫，徐雾霭汉渚，积雪明江城。汤汤翻逆波，洄洄阻前行。提挈八州卒，发轫万里程。近瞩有深意，远观忘俗情。抚兹周地险，形胜所必争。

民国·陈尔锡　登岳阳楼

风景湖湘一望收，壮怀初泛洞庭舟。眼前忧乐还吾辈，天下安危视此楼。帆落楚江疑地尽，山连蜀道插云浮。少陵去后希文死，谁与凭栏赋远游。

民国·龙璋　登岳阳楼

高楼压云颠，危甍耸飞构。登临胸臆阔，远挹江湖秀。巨浸判清浊，惊浪掀峙覆。灵峰矗中央，天光映左右。远树迷层云，轻烟暖晴昼。长啸呼仙侣，百壶饮醇　。既览吕生迹，想步范公后。高情属秋旻，旷视敢自囿。

民国·邓振声　岳阳楼

飞楼缥缈俯千寻，楼上风光自古今。孤屿浮来无地载，众流尽处有天沉。关山戎马骚人泪，廊庙江湖宰相心。一曲湘灵渺何许？夜深唯听老龙吟。

民国·郭亮　过岳阳楼

潇水流，湘水流，流入长江不见头。龙君送我洞庭水，何时洗尽人间愁？

民国·谭文瑞　战后返梓，见名胜多毁，屋宇丘墟，唯岳阳楼巍然独秀

八年烽火感危楼，独把湖光返照收。庐舍为墟悲郡址，疮痍满目怜瀛洲。盟军铁鸟曾搜索，倭寇艨艟任去留！绝爱君山清净土，洞庭浩荡砥中流。

民国·罗章龙　怀郭亮

忆昔少年时，学志与君邻。君家铜官镇，我来浏水滨。联中曾共读，相期在新民。忧乐关天下，饥溺备一身。誓摧旧制度，愿作先行兵。甘心当苦力，深入工农群。栉风沐霪雨，肝胆若弟兄。荒车驰野站，露宿过咸宁。往来湘鄂间，力战共一心。雷霆走精锐，工矿呼应频。如斯亘八载，众志乃成城。汪唐忽祸国，大局东南倾。我行探虎穴，君乃向南浔。潮汕全军覆，元气喜犹新。惊涛归粤海，夜话忆春申。猛志不可当，间关回岳阳。重整旧壁垒，再战新战场。岂意同舟敌，戕我党之良。拔剑砍地呼，悲愤塞三湘。读君遗书简，矗然心重伤。滔滔靖港水，此恨永毋忘。

民国·罗章龙　再怀郭亮

神州大地起龙蛇，人海茫茫识静笳。今日洞庭湖上过，悲歌慷慨万千家。

咏南湖

唐·李白　与贾舍人龙兴寺翦落梧桐枝望灉湖

翦落青梧枝，邕湖坐可窥。雨洗秋山净，林光淡碧滋。水开明镜转，云绕画屏移。千古风流时，名贤共此时。

唐·张说 **灉湖山寺**

空山寂历道心生，虚谷迢遥野鸟声。禅空从来尘外赏，香台岂是世中情。云间东岭千寻出，树里南湖一片明。若使巢由知此音，不将蓒萝易簪缨。

唐·张说 **别灉湖**

念别灉湖去，泛舟更一临。千峰出浪险，万木抱烟深。南郡延思渥，东山恋宿心，露花香欲醉，时鸟转余音。涉趣皆留赏，无奇不遍寻。莫言山水间，幽意在鸣琴。

宋·王十朋 **南津港**

岳阳城下风波恶，过客舟船不容泊。遥从湖口入南津，看尽湖心与城廓。楼阁峥嵘照眼明，君山当面如蓬瀛。雄文谁继范文正，妙曲亦无滕子京。

清·周谔枝 **南津港眺望**

津头人唤渡，小艇绕前横。红粉扶双浆，风飘一叶轻。

民国·李澄宇 **湖滨眺雨**

湘洲缥渺望弥青，天泪当门洗洞庭。几度湖山供草长，一春烟雨护龙腥。避秦讵任神州病，恋楚犹为泽畔醒。浩浩碧波人万里，旧时风日等闲经。

民国·李澄宇 **采石一首**

江北创石壁，大江遂南来。宾主未分明，湖神安在哉。日日伐我山，采石尤后灾。转石作江岸，一任湖岸摧。剜肉医彼疮，我犹不自哀。譬之我濒危，彼爨析我骸。彼智亦奚异，我愚良可猜。

咏君山

南朝梁·吴均 **登二妃庙**

朝云乱入目，帝女湘川宿。折菡巫山下，采荇洞庭腹。故以轻薄好，千里命舻舳。何事非相思，江上葳蕤竹。

唐·宋之问 **谒二妃庙**

还以金屋贵，留兹宝席尊。江皋啸风雨，山鬼泣朝昏。

唐·杜甫 **湘夫人祠**

肃肃湘妃庙，空墙碧水春。虫书鱼佩藓，燕舞翠帷尘。晚泊登汀树，微馨借渚蘋。苍梧恨不尽，染泪在丛筠。

宋·张舜民 **卖花声**

木叶下君山，空水漫漫。十分斟酒敛芳颜。不是渭城西去客，休唱阳关。

醉袖抚危阑，天淡云闲，何人此路得生还？回首夕阳红尽处，应是长安。

宋·黄庭坚 **雨中登岳阳楼望君山二首**

其一

投荒万死鬓毛斑，生出瞿塘滟滪关。未到江南先一笑，岳阳楼上对君山。

其二

满川风雨独凭栏，绾结湘娥十二鬟。可惜不当湖水面，银山堆里看青山。

元·虞集 **望君山**

八百湖光海样宽，仙风便拟挟飞翰。乾坤浩荡三千界，日月低回十二阑。橘井书闲青嶂晓，鼎湖龙去白云塞。上人乞我安心法，不管流年似弹丸。

明·李东阳 **登岳阳楼望君山**

突兀高楼正倚城，洞庭春水坐来生。三江到海风涛壮，万木浮空岛屿轻。吴楚乾坤天下句，江湖廊庙古人情。中流恐有蛟龙窟，卧听君山笛里声。

明·杨一鹏 **君山夜望**

湘山奇绝处，夜色静娟娟。老蚌含明月，青螺吐暮烟。难分星与火，莫辨水连天。欸乃歌何乐，遥知是刺船。

明·王应斗 **君山歌**

洞庭八月秋风吼，鲸波十丈高如阜。扁舟初发岳阳城，飞蓬已过三江口。君山一点大如拳，遥瞩在前忽在后。破浪中流且放歌，几时得住山之右。湖光八百静风烟，青螺十二营半亩。不爱方竹截为筇，不羡明珠大如斗。但愿一上轩辕台，春日闻香寻美酒。相传美酒佐遐龄，一啜令人天地久。窃笑不献君王前，酩酊窃饮东方叟。

清·魏源 **君山**

四面龙为宅，孤峰虎不家。湖天万顷月，春雨一洲花。诗似水无岸，雁先帆落沙。中宵仙客过，满壁写槎枒。

清·陶澍 **夜泊君山**

十二青螺髻，君山境不凡。船疑天上近，山在水心嵌。去偃龙归洞，风高蚌拥帆。何人鼓湘瑟，夜气湿秋衫。

清·黄道让 **君山**

扬帆欲千里，才与此山逢。风浪控三面，水天争一峰。别来竹有泪，飞过鹤无踪。明日舟行远，犹闻晓寺钟。

清·郭嵩焘　**泛舟君山**

夜半千艘争一哄，扬帆坐待东风送。横江波浪蹙天浮，一握君山寒不动。万古苍根蟠水府，何年丹献出云栋。茫茫烟雨九江楼，抗手仙梯蹑飞鞚。谁言洞庭八百里，一线奔涛走岩缝。秦皇赭树卧枯杈，轩辕遗台积寒雾。但馀柳毅传书井，古篆莓台闼烟洞。旧惜神丛两刹荒，新移橘树万株种。湘君祠庙亦久废，至今楚老犹馀痛。经过三十一年事，回首前程杳如梦。故人枉约观春涨，坐看觥船溜寒瓮。半醉凭阑悲发秃，五年悬组压腰重。归来万事付一笑，聊与湖山试吟弄。诸君才力更横绝，俊语雄篇杂嘲讽。可怜荒寺无人到，古木空堂闻鸟哢。庄周玩世自非材，孔鲋藏书妙无用。请书此语镌巉岩，莫谩流传防骇众。

清·王闿运　**君山**

山色无远近，明秀湖天中。方屿浮片玉，扁舟拂神风。挂席六来过，清景未易逢。归尘既已浣，始得窥灵宫。登陟未觉高，四望豁心容。惊涛汹茫茫，光映化冲瀜。珍木不知明，芳碧自成丛。丘壑情所止，渔樵事已同。幽敞兼二奇，云水尽玲珑。平生旷历览，神逸获更丰。当愿长来此，移石对乔松。

民国·李澄宇　**与大知游君山作**

君山久负登临约，惭愧年来号洞庭。忍籍风涛功砥柱，闲乘烟水访湘灵。墓碑宫壁岿然旧，泪竹名茶自在青。浩浩湖光八百里，因风瑶瑟可能听。

（二）楹　联

唐·李白

水天一色，风月无边。

宋·欧阳修

我每一醉岳阳，见眼底风波，无时不作；

人皆欲吞云梦，问胸中块磊，何日能消？

宋·佚名联

面湖背岳乃形胜之要区，囊山带江亦往来之孔道。

元·佚名

世间无此酒，天下有名楼。

明·杨一清

眼前忧乐谁无意，天下江山此最雄。

明・杨翔凤

到处有楼，只羡八百里洞庭，这湖活水。
眼前无地，但拥十二螺君山，那座灵台。

清・李调元

看洞庭秋水，叹一座风骚，知多少能诗能赋？
读范公遗文，问满楼冠盖，有几个爱国爱民？

清・何绍基

其一

荆楚无双地，湖湘第一楼。

其二

数着残棋江月晓，一声长啸海天秋。

其三

与佛借蒲团，坐看大江浮日月；
有僧供笔砚，写将警句压鱼龙。

其四

闲云野鹤自来往，沅芷澧兰无古今。

清・吴敏树

其一

江山览古得无感？诗酒怀人极不忘。

其二

乾坤吴楚双开眼，廊庙江湖一倚楼。

清・窦垿

一楼何奇？杜少陵五言绝唱，范希文两字关情，滕子京百废俱兴，吕纯阳三过必醉。诗耶？儒耶？吏耶？仙耶？前不见古人，使我怆然涕下！

诸君试看：洞庭湖南极潇湘，扬子江北通巫峡，巴陵山西来爽气，岳州城东道崖疆。潴者、流者、峙者、镇者，此中有真意，问谁领会得来？

民国・易顺鼎

去范老一千年，后乐先忧，几辈能担天下事？
揽大湖八百里，南来北往，孤帆曾作画中人。

民国・唐右桢

胜地初膺，览风景无边，抚宇终当如山水；
前徽未远，对江山依旧，登临何以付斯楼。

民国·杨度

风物称闲游，望渺渺潇湘，万水千山皆赴我；

江湖常独立，念悠悠天地，先忧后乐更何人！

民国·赵启霖

抚剑高吟，此地曾张仙乐；倚天下视，何人敢划君山？

民国·徐明熙

夜玩湖上月，昼看湖上山，八百里烟波，楼外常存好图画；

先为天下忧，后同天下乐，一千年陈迹，我来犹想范希文。

民国·刘光谦

到此便开怀，好将云梦齐吞，肚皮撑起；

请无空吊古，共把乾坤洗涤，眼界重新。

民国·李洞庭

其一

吕仙醉而来，大醉非醉；君山流不去，狂流自流。

其二

上下千年，好自为之，莫徒羡子美高吟，希文大志；

天地万物，皆吾有也，更何论君山眼底，云梦胸中。

其三

杜诗范记高千古，山色湖光共一楼。

民国·鲁荡平

其一

俯仰乾坤，八百里洞庭都归眼底；

感怀今昔，二十年踪迹偶寄楼间。

其二

楼上是仙居，一览无涯，权借湖山供啸傲；

此中留宦迹，万方多难，莫叫风月老英雄。

民国·夏曦

八百里洞庭今入眼；五千年历史再从头。

民国·郑家溉

湖景依然，谁为长醉吕仙，理乱不闻唯把酒；

昔人往矣，安得忧时范相，疮痍满目一登楼？

民国·梅子雨
只无名英雄，是真英雄，英雄虽死，英雄不死。
要毕生革命，才算革命，革命难成，革命竞成。

（三）散文

宋·范仲淹　**岳阳楼记**

庆历四年春，滕子京谪守巴陵郡。越明年，政通人和，百废俱兴，乃重修岳阳楼，增其旧制，刻唐贤今人诗赋于其上，嘱予作文以记之。

予观夫巴陵胜状，在洞庭一湖：衔远山，吞长江，浩浩汤汤，横无际涯，朝晖夕阴，气象万千。此则岳阳楼之大观也。前人之述备矣。然则北通巫峡，南极潇湘，迁客骚人，多会于此。览物之情，得无异乎？

若夫霪雨霏霏，连月不开；阴风怒号，浊浪排空；日星隐曜，山岳潜形；商旅不行，樯倾楫摧；薄暮冥冥，虎啸猿啼。登斯楼也，则有去国怀乡，忧谗畏讥，满目萧然，感极而悲者矣。

至若春和景明，波澜不惊，上下天光，一碧万顷；沙鸥翔集，锦鳞游泳；岸芷汀兰，郁郁青青。而或长烟一空，皓月千里；浮光耀金，静影沉璧；渔歌互答，此乐何极！登斯楼也，则有心旷神怡，宠辱皆忘，把酒临风，其喜洋洋者矣。

嗟夫！予尝求古仁人之心，或异二者之为，何哉？不以物喜，不以己悲；居庙堂之高，则忧其民；处江湖之远，则忧其君。是进亦忧，退亦忧。然则何时而乐耶？其必曰：“先天下之忧而忧，后天下之乐而乐”乎！。噫！微斯人，吾谁与归。

时六年九月十五日

宋·欧阳修　**偃虹堤记**

有自岳阳至者，以滕侯之书、洞庭之图来告曰：“愿有所记。”予发书按图，自岳阳门西，距金鹗之右，其外隐然隆高以长者，曰：“偃虹堤”。问其作而名者，曰：“吾滕侯之所为也。”问其所以作之利害，曰：“洞庭天下之至险，而岳阳，荆、潭、黔、蜀四会之冲也。昔舟之往来湖中者，至无所寓，则皆泊南津，其有事于州者远且劳，而又常有风波之恐，覆溺之虞。今舟之至者，皆泊堤下，有事于州者近而且无患。”问其大小之制、用人之力，曰：“长一千尺，高三十尺，厚加二尺，而杀，其上得厚三分之二。用民力万有五千五百工，而不逾时以成。”问其始作之谋，曰：“州以事上转运使，转运使择其吏之能者行视可否，凡三反复，而又上于朝廷，决之三司，然后曰可，而皆不能易吾侯之议也。”曰：“此君子之作也，可以书矣。”

盖虑于民也深，则其谋始也精，故能用力少而为功多。夫以百步之堤，御天下至险不测之虞，惠其民而及于荆、潭、黔、蜀，凡往来湖中，无远迩之人皆蒙其利焉。且岳阳四会之冲，舟之来而止者，日凡有几！使堤土石幸久不朽，则滕侯之惠利于人物，可以数计哉？夫事不患于不成，而患于易坏。

盖作者未始不欲其久存，而继者常至于殆废。自古贤智之士，为其民捍患兴利，其遗迹往往而在。使其继者皆如始作之心，则民到于今受其赐，天下岂有遗利乎？此滕侯之所以虑，而欲有纪于后也。

滕侯志大材高，名闻当世。方朝廷用兵急人之时，尝显用之。而功未及就，退守一州，无所用心，略施其余，以利及物。夫虑熟谋审，力不劳而功倍，作事可以为后法，一宜书；不苟一时之誉，思为利于无穷，而告来者不以废，二宜书；岳之民人与湖中之往来者，皆欲为滕侯纪，三宜书。以三宜书不可以不书，乃为之书。

庆历六年某月某日记。

宋·尹洙　岳州学宫记

三代何从而治哉？其教人一于学而已。自汉而下，风化日陵，政之宽暴，民之劳逸，皆系于吏治。吏之治，大抵尚威罚严期会，欲人奔走其命令，其毆之若是之亟也，又安暇先之以教育，渐之以德义者乎？故号称循良而能以学校教人者，十不一二，去圣益远。至有持律令、主薄领，思虑不出几案，以谓为治之具，尽在于是。顾崇儒术、本王化者，为阔疏不切于世。噫，其甚哉！

滕公凡为郡必兴学。见诸生，以为为政先。庆历四年守巴陵，以郡学俯于通道，地迫制卑，讲肄无所容，乃度牙城之东，得形胜以迁焉。会京师倡学，诏诸郡置学宫，广生员。公承诏。忭曰："天下有意三代之治，守臣述上德广，宜无大于风教此。庸敢不虔于是，大其制度以营之？"庙仪既成，乃建阁以聚书，辟室以授经；两序列斋，以休诸生；掌事司仪，差以等制；缮爨浣沐，悉严其所；小学宾次，皆列于外。大总作室之数：为楹八十有九，祭器什具，稽于礼，资于用，罔有不备。巴陵之服儒者毕祭于学，公延见必礼，奖其勤以励其游惰，尚其能以勉其未至。虽新进不率者，皆革顽为恭，磨钝为良，出入里闾，务自修饰。郡人由是知孝悌礼义皆本于学也。公之树教及人，岂不切于近、通于久乎？

先是公领邠、宁、环庆兵，插戎为帅；臣守巴陵，乃下迁。凡由大而适小，必易其治；或阴愤阳惨，事弛官废，下不胜弊者有之；或慎微虑危，修旧保常，无所设施者有之。若夫用舍一致，勇其所树立，不以险夷自疑于时，如公心之所存，非爱君之深，信道之笃，乌及是哉？今年录其事来告，且曰："予尝守玉山、吴兴、安定皆立学，其作记必时闻人，子其次之。"某始愧不称，然安定之文伯氏，实承公命，小子奚敢以辞。

庆历八年六月记。

明·高封　游岳阳洞庭记

余家食时，梦登方舟，正举帆长往，忽惊涛怒浪，停泊柳港。遥见江城层楼，丹崖翠壁，临大江之滨。少焉风恬浪静，舟始安流。觉来莫知其端。嘉靖甲辰，余麾南阳守，丙午谪郑州判，戊申移巴陵令。舟由荆南顺流而下洞庭，长江风作，维缆矶石。岳阳楼、君山俱在望，宛然昔年梦中景，乃叹曰："余今日谪移，固前定矣！"盖巴陵之胜，唯在洞庭一湖。按《禹贡》"九江孔殷"，即此湖水。沅、渐、元、辰、溆、酉、澧、资、湘，皆汇流。洋溢五渚，周回八百余里，浩浩荡荡，一碧万顷，月印之而著象，风遭之而成文。殆与芝城之彭蠡、姑苏之震泽、金斗之巢焦、武林之西湖，同一汪澜也。夫洞庭固极三楚之胜。

岳阳楼枕巴丘、瞰洞庭，延庚挹辛，缥缈峥嵘，巍乎大观，不特君山咫尺，拥浮湖面，南有祝融，北有内方，东有黄鹄，西有大龙，环列拱屹，皆在指顾间。殆与豫章之滕阁，宣城之叠嶂，武昌之黄鹄，黄岗之竹楼，同一壮丽也。夫岳阳楼固据洞庭之胜，建始莫详。宋颜延年、阴铿诗，尚可考。唐开元间，张说谪守是邦，登临赋诗，自尔名重。观其“谁念三千里，江潭一老翁”之句，则其怀抱可知矣。说子均、李、杜、韩、孟、白、贾诸名贤皆有题咏，楼与湖山，名益重于世。宋庆历间，滕子京亦谪于斯，作新厥楼，属范希文为记，所谓“先天下之忧而忧，后天下之乐而乐”者，其寓意深矣。昔柳宗元谪柳、永，凡所经之处，皆以词章品题为佳山水。文正公三代以上人物，宗谅获此嘉记，华此杰楼，更伟观数重，迥出湖山外，岂止一丘一壑、一水一石云乎哉？当时以滕楼、范记、苏书、邵篆为四绝，而永叔特寄诗，谓其逸思遒文，良有以也。自后莅斯者，率多迁谪。凡所歌咏，类皆凄惋。此固江湖之远，既有以感发羁旅情烟，而郁陶之衷，亦藉乎风景而因言以宣也耶！余每登楼，感今慨古，举目肃然，自不能已乎去国怀乡、忧谗畏讥之念也。

按《山海经》：洞庭之山，帝之二女居之。为湘君，因以名山。本静凡欲登者，若先形诸拟议，辄烈风雷雨多不果。是年中秋，余公暇，乘舟独往。是日也，晴空不云，澄江不波。既泊岸，回瞻岳楼，恍若蓬莱隔弱水然。湖水浮山，人山则视之不见。异哉！崇岗平阜沃野，极百里之远；茂林方竹，藤萝绕诸刹之上。山之鸣，铿然有声；闻馥郁之香，莫知其处。《道书》以此为十二福地，其形如鳊，其状如十二螺髻。李太白诗：“淡扫明湖开玉镜，丹青画出是君山”；刘禹锡诗：“遥望洞庭山水翠，白银盘里一青螺。”是已，唐谏议韩注，直忤贬岳，适意游君山；杜工部寄以“濯足洞庭望八荒”之诗，何其雄哉！及观湘中老人之歌，东坡谓必谪仙遁世者所为，亦似确论也。若夫山有台，名轩辕，相传黄帝即此铸鼎，鼎成，骑龙上升；秦始皇南游，浮江，阻风，问湘君何神，博士以尧女舜妃对，怒，赭其山。二说似幻诞匪经。至于柳毅传泾阳妇书，与洞庭水君宴碧云宫，尤涉荒唐，殊未足信。岳武穆伐君山木，造巨筏，塞港汊，擒洞庭寇杨幺，厥功尚可纪哉。余遍历兹山之景，暮烟既凝，暮鸦既栖，可以咏归矣。登舟乃还，月明如画，中流浩歌，仍向岳阳楼下泊焉。

清·胥文相　跋韩烈妇五言长句诗后

北宋烈妇韩希孟所作投江时系缚裙间诗也。诗用韵三十有九，为句七十有八，纵横三百九十字。上陈祖宗创业之由，中斥奸邪误国之罪，末述誓天投江之志。词严义正，韵险句奇，读之不觉令人钦袛起敬。盖是诗在当时固已脍炙人口，士大夫多重之。长与荆判官沈思安，以此诗托刘元履求书于赵孟兆页，元履诺而未言一。夕梦一妇人云，趣为我求书。庶因大人君子之笔，发扬幽愤。孟頫闻之，遂为之书。是时，烈妇死三十年，而其英姿不昧有如此，可谓灵也。己呜呼！宋以仁厚立国，以节义厉士大夫。及其未造也，不但死社稷，死封疆者有人。下至闾苍妇女，亦皆抑节不辱视死如归，教道之结于民心也深矣。今太守肖君启旦询，知韩氏之烈，既为专祀，而复以其诗，勒诸石，顾兹举先德，教而薄书，其得古人为政之体矣。

清·张德容　重修岳阳楼记

天地灵秀之气，所以钟毓乎人者，多聚于形胜之区；而形胜之迹，又必藉乎人以传。南方之镇曰衡山，其浸曰洞庭，此天下之一大形胜也。洞庭之大号为八百里，其胜状见于岳阳一楼。岳阳之楼，不知其所自始也。

考之《图经》，以为颜延之《登巴陵城楼》诗，已有“清气霁岳阳”句，然初未尝以名楼，不足为斯楼徵也。唐张燕公屡言南楼，亦未尝以岳阳名。而自李、杜、韩之伦，见诸歌咏，乃多称岳阳，则斯楼或即俶落于燕公，未可知！

宋滕子京守岳州，百废俱举，重修斯楼，于旧制有增，属范文正为之记。于是，岳阳楼之名乃为代所盛称矣！自宋以来，或修或毁，不知几易。其修也，则层檐飞阁，巍焕于其上，文人才士登眺而徘徊；其毁也，则横波巨浪，冲击于其下，迁客骚人矫首而太息。盖岳阳为形胜之地，斯楼有洞庭湖大观。实王公设险之要区，不特供游人之览胜而已也。

唐之燕公，宋之子京，皆古今所谓人杰者，莫不注情于斯楼。然则谓斯楼始于燕公可也，谓不始于燕公亦可；谓斯楼盛于子京可也，谓不独盛于子京亦可也。范文正忧乐两言，至今人犹诵法之，岂非地以人传也哉！

光绪己卯，楼基坼裂，及大有倾圮之势，中丞邵公命葺而修之，经费未集，而容以考绩北上。既而回岳，德化李公来抚湘中，命以茶厘为修楼之资，其不敷者，劝四邑绅富足之。于是，巴陵彭封翁名沅，平江李方伯元度，皆乐为之倡，而巴陵郭绅志夙、刘绅鼎、钱绅荫臣，平江凌绅文奎、李绅盛勋，临湘李绅询、高绅登玉，华容张绅钧、严绅其龄，实襄其事。而彭、郭二绅尤任其力，其监而督之，则容与巴陵姚令诗德，不敢告劳焉！

乃于原基之后，加筑六丈有奇，建正楼其上，左仙梅亭，右则三醉楼，皆视旧制有加。前临洞庭，为之驳岸以御水，楼之左右各增施二楹，为登楼者憩息之所。其楼前雉堞亦加坚筑，以固吾圉与！自庚辰正月经始，十二月告成，费金钱二万缗。诸绅属余记之。余维斯楼之成，非今中丞、方伯之德意，与夫诸绅之力不为功，知形胜之存乎人也，信矣！然则叙其事而冀其垂之不朽者，非容其谁宜？

光绪六年，青龙在执，徐嘉平之月，知湖南岳州府事、衢州张德容撰书并篆。

民国·隼　旅岳一瞥

船到岳州登岸时，有一种大感不便处。岳州江边没有一座趸船，轮船停江，用划子接送。据说原因是：一曰“洞庭湖水涨落无定”；二曰“岳州商埠税关设在城陵矶，城内无大宗货物起卸。”因此不要说中国轮船，即太古、怡和、日清也不肯设置趸船。

下榻之后，沿南门、西门兜了一圈。商业萧条，市面上摆摊担、做小生意的以炸番薯的为最多。南门是商业稍盛之处，生意大的有七八家，因存货抢空，货架上空无一物。门面也是半开半掩，只有当地一种特产纸牌叫“尘金”的大堆小捆。沿路各家门首，贴有“岳州同善分社社员寓”条子的很多，大约与长沙的“红十字会会员”条子同一用意。

岳州这两个字，小时候读了李太白的诗、范希文的记，印象较深。第二日专程去岳阳楼，即西门城楼。傍城门拾级而升，到了城墙上，便是楼基的第一层。厅堂上，均是军队。从军队床帐、锅灶向后去，便是木刻张文敏①所写的《岳阳楼记》屏风。屏系楠木做成，雕刻精良，字迹完好。由屏后转到第二层，是吕祖阁，四壁匾对都是“三醉岳阳”、“飞过洞庭”那些话。到第三层，又是一座吕祖阁。二层楼吕祖阁的前面，有一带栏杆，凭栏远望，这天然画图尽在眼底。待踱楼来，楼下外嵌着许多石碑，以虬书的“虎”字、“鸾”字居多。壁上有两首律诗抄录下来：“骇浪知何极，看湖得此楼。水天无上下，日月有沉浮。雁逐三秋风，鸥随一叶舟。凭轩孰忧乐，今古付长流”。左李潭竹亭作：“楚调吴歌不荡愁，青衫破笠此登楼。乾坤双眼空尘梦，风月一樽思旧游。长笛暗飞湘浦夜，断鸿遥带汉江秋。湖渡竞欲君山铲，九浪南来吼未休”。右何忠骏龙臣作。还有一联断句“更无风雨侵冷榻，可有星辰落酒杯”，也可读。

岳州的名胜除岳阳楼外。在城里的还有小乔墓、鲁肃墓；在湖中的有一座君山，但听朋友说，去君山往返足六十里，天晴太阳大不好去，下雨发风也不宜去。这几天正是烈日如火，只好把那“闻道神仙不可接，心随湖水共悠悠”念念了吧。

民国九年九月八日。

民国·佚名　岳阳的船娘

岳阳是湘鄂交界的要镇，雄踞在洞庭湖上，就好像一把锁。从前，火车、轮船还没有搬到中国来时，它确实威武了许多时。出湘的竹排、木筏，入湘的江淮盐船，都在这里集中，千帆万桅，繁盛异常。现在虽然是粤汉铁路在它身边溜过，可是昔日的风采，早已暗淡了。岳阳楼就是岳阳镇的一个城楼。相传岳阳楼是吕纯阳吹箫的所在，其实并不是什么雄伟华丽的建筑，普通两层式的古典楼形，在我国到处都可以看见。若是你走到上面，看那浩荡无边的碧波，早霞中的滚滚金浪，月夜里的银波高垣，还有玉带一般的长江，图画意味的山林，自然会使你体会到岳阳楼是如何的可爱！

楼下有许多小杉板船，黄色的油漆发亮，收拾得那么清洁无尘，船上没有篷，船里没有椅子，仅仅铺上张鲜明的草席，光滑细腻。十八九岁的姑娘们，她们受了阳光的给予，皮肤紫中透红，健壮圆润的身躯，黑油油的头发，光着脚坐在船梢，等着去游洞庭湖中君山的顾客。

船娘们除了驾船，却也会唱几句野俗的小调。游君山多半是早晨开始，她们从容地将船摇着，游客就坐在船中的席子上，不时可以听见由她们嘴里流出的几声清歌，的确别有风趣。有时她们用着极风情而聪明的姿态，同游客们闲谈，她们可以告诉你许多当地的古迹名胜。在二三十里逆水而上的旅途中，她们不会使游客有焦急的心情。到了君山，她们又会变成义务向导。

下午三四点钟，是回来的时候。船随着水流荡下去，船娘就不必再摇桨，她们在船艄陪游客们谈天，也许有时候会谈爱吧。当然，这是她们的副业，也就是许多游荡子的目的呵！可是老诚的游客，在回来的时中，将疲乏的身体，安闲仰卧船中。天空的白云，飞翔着的鸥鸟，也足够使他们心胸开朗了。

船娘都是当地人。她们的家庭并不是不能生活，多半是借着驾船来找点钱，留着出嫁的用途。她们水上的生活至多不过三四年，到二十岁就失去了吸引力了。所以许多人是愿意同船娘结婚的。因为她们都有钱呵！可是在船娘当中，当然也有是为生活所迫的可怜虫。尤其是在这个年头，她们的生活是一天不如一天了。

民国·叶紫　岳阳楼

诸事完毕了，我和另一个同伴由车站雇了两部洋车，拉到我们一向所景慕的岳阳楼下。

然而不巧得很，岳阳楼上恰恰驻了大兵，“游人免进”。我们只得由一个车夫的指引，跨上那岳阳楼隔壁的一座茶楼，算是作为临时的替代。

心里总有几分不甘。茶博士送上两碗顶上的君山茶，我们接着没有回话，之后才由我那同伴发出来一个这样的议论：“‘不入虎穴，焉得虎子！’我们不如和那里面的驻兵去交涉交涉！”

由茶楼的侧门穿过去就是岳阳楼。我们很谦恭地向驻兵们说了很多好话，结果是：不行！

心里更加不乐，不乐中间还带了一些儿愤慨的成分，闷闷地然而又发不出脾气来。这时候我们只好站在城楼边，顺着茶博士的手所指着的方向，像看电影画面里的远景似地，概略地去领略了一点儿“古迹”的皮毛。我们知道了那兵舍的背面有一块很大的木板，木板上刻着的字儿就是传诵千古的《岳阳楼记》。我们知道了那悬着一块“官长室”的小牌儿的楼上就是岳阳楼。那里面还有很多很多古今名人的匾额，那里面还有纯阳祖师的圣象和白鹤童子的仙颜，那里面还有——据说是很多很多，可是我们一样都不能看到。

“何必呢？”我的同伴有点不耐烦了，“既然逛不痛快，倒不如回到茶楼上去看看山水为佳！”

我点了点头。茶博士这才笑嘻嘻地替我们换上两壶热茶，又加上点心和瓜子，把座位移近到茶楼边上。

湖，的确是太美丽了；淡绿微漪的秋水，辽阔的天际，再加上那远远竖立在水面的君山，一望简直可以连人们的俗气都洗个干净。小艇儿鸭子似地浮荡着，象没有主宰；楼下穿织着的渔船，远帆的隐没，处处都欲把人们吸入到图画里去似的。我不禁兴高采烈起来了：“啊啊，难怪诗人们都要做山林隐士，要是我也能在这里做一个优游水上的渔民，那才安逸啊。”回头，我望着茶博士羡慕似地笑道：

“喂！你们才快活啦！”

“快活？先生？”茶博士莫明其妙地吃了一惊，苦笑着。

“是呀！这样明媚的湖山，你们还不快活吗？”

“快活！先生，唉！……”茶博士又愁着脸儿摇了摇头，半晌没有下文回答。

我的心中却有点儿生气了。也许是这家伙故意来扫我的兴的吧，不由地追问了他一句：“为什么不快活呢？”

“唉！先生，依你看也许是快活的啊！……”

“为什么呢？”

“这年头，唉！先生，你不知道呢！”茶博士走近前来：“光是这岳阳楼下，唉！不象从前了啊！先生，你看那个地方就差不多每天都有人来上吊的！”他指那悬挂在城楼边的那一根横木。“三更半夜，驾着小船儿，轻轻靠到那下面，用一根绳子……唉！一年到头不知道有多少啊！还有跳水的……”

“为什么呢？”

“为什么！先生，吃的、穿的，天灾、水旱、兵，鱼和稻又卖不出钱，捐税又重！……”看他的样子像欲哭。

“那么，你为什么也不快活呢？”

“我，唉！先生，没有饭吃，跑来做堂馆，偏偏又遇着老板的生意不好！……”

“啊——”我长长地答了一声。

接着，他又告诉了我许多许多。他说：这岳阳楼的风水很多年前就坏了。现在已经不能够保佑岳州的人了，无论是种田，做生意，打鱼，开茶馆，……没有一个能够享福赚钱的。纯阳祖师也不来了，到处都是死路了。湖里的强盗一天一天加多，来往的客商都不敢从这儿经过，尤其是游君山和游岳阳楼的，年来差不多快要绝踪。况且，两个地方都还驻扎着有军队……

我半晌没有回话。一盆冷水似的，把我的兴致都泼灭完了。我从隐士和渔民的幻梦里清醒过来，头不住地一阵阵往下面沉落！我低头再望望那根城楼上的横木，望望那些渔船，望望水，望望君山，我的眼睛会不知不觉地起着变化，变化得模里模糊起来，黑暗起来；美丽的湖山全都幻灭了。我不由得引起一种内心的惊悸！

之后，我催促着我的同伴快些会过账，像战场上的逃兵似地，我便首先爬下了茶楼，头也不回地，就找寻着原来的路道跑去。

一路上，我不敢再回想那茶博士所说的那些话。我觉得我非常庆幸，我还没有真正地做一个岳阳楼下的渔民。至少，在今天，我还能够比那班渔民们多苟安几日。

三、民间故事

巴陵的传说

岳阳城过去又叫巴陵。

传说上古时代，在四川峨眉山下的石洞里，住着一对勤劳俭朴的夫妇，男的叫巴米克，女的叫天竹。两夫妻感情特别好，每天，巴米克去打野兽，天竹采野果，生活虽然过得艰苦，但他们却很快乐。使他们感到苦恼的只有一件事，就是他们结婚十年，还一直没有小孩。

一年春天，一个刮风落大雨的夜里，天竹做了一个可怕的梦，梦见峨眉深山的老林里，游出来两条大蟒蛇，张着血盆大口，睁起两只灯笼般的大眼睛，朝她追来了，吓得她一声惊叫。睡在她身边的巴米克，不知发生了什么事情，忙问："天竹，你怎么啦，你怎么啦？"天竹把梦的经过一讲，巴米克也感到意外，只好安慰她："不要怕，有我在跟前保护你。"他们虽这么说，心里却结下一个大疙瘩。这件事没过多久，天竹就怀孕了。

天竹怀孕后，巴米克天天巴望着做父亲。俗话说："十月怀胎，一朝分娩。"可是一年过去了，天竹还是没有一点要生的预兆。两年过去了，三年也过去了……　就在第十年的五月十三日，传说是龙生日的这天夜里，天竹做了一个梦，梦见以前追她的两条大蟒蛇，张着血盆大口，睁着两只灯笼似的大眼睛，从她家里穿破屋顶飞上天去，接着，屋顶塌下来了，吓得天竹"呀"的一声惊醒了。她连忙推醒身边的巴米克，把梦里的情形告诉了他。巴米克想了想，高兴地说："今天你要生孩子了！"果然不出所料，天刚蒙蒙亮，一对胖乎乎的孩子"呱呱"坠地了，巴米克给先生的孩子取名巴蟒，给后生的孩子取名巴蛇。

巴蟒、巴蛇两个孩子，聪明伶俐，十分惹人喜爱，但是，两个孩子的习性，却显然不同。巴蟒喜欢到深水里游玩，爱吃野菜，性情温和；巴蛇却恰恰相反，他喜欢在草里钻来钻去，爱吃生肉，性情暴躁。巴米克和天竹都很喜欢这两个孩子，处处依着他们，孩子们满十岁的这天，两夫妻早早起了床，巴米克上山打猎，想打一些野狼野豹来，让巴蛇饱饱吃一顿；天竹外出挖野菜，要找些好瓜果野菜来，让巴蟒美美吃一餐。两夫妻离家时，天气可好啦，天上连一丝云彩也没有。不料他们刚刚走到山上，就见乌云四起，电闪雷鸣，顷刻之间，天昏地暗，大雨倾盆。随即天边射出一道如刀似剑的闪电，紧紧撵住两条巨蟒不放。巴米克一见，当即吓得昏倒在地上。朦胧中，他隐隐约约听到两个孩子的声音。

一个说："爸爸，我们再也不打架了！"

一个说："爸爸，饶了我们这一次吧！"

巴米克睁开眼睛一看，原来是他的儿子巴蟒、巴蛇双双跪在他的跟前。他连忙坐了起来，把两个儿子仔细一打量，只见巴蟒腰间烧糊了好大一块，巴蛇身上烙了一块大火印，围着边儿都起了果子泡。巴米克看到两个儿子烧成这样，好不心伤。忙问："你们怎么跑到这里来了？"巴蟒、巴蛇同时说："爸爸，不是你把我们追到这里来的吗？"

"怎么是我呢？"

巴蟒说："我俩在家里打架，是你老人家摸着一根竹鞭，把我们赶出来的。"

巴蛇说："看，你老人家把我脑壳打起这么大一个包！"

巴米克一听，脑壳一昏，当即就倒在地上。巴蟒、巴蛇把父亲抬到家里。巴米克六天六晚水米不沾，到第七天就死去了。天竹失去了巴米克，悲痛万分，一头撞倒在地上，再也没醒过来。

巴米克和天竹死了，巴蟒和巴蛇的日子就难过了。哥哥劝弟弟和他一起捕猎、种果。娇惯成性的巴蛇不听。劝急了，他就和哥哥打架。一而再，再而三，哥哥再也忍耐不住了，两兄弟终于闹翻打起来了。这一打，整整打了七天七夜，打得山上的树木倒了，山下的庄稼死了，天昏了，地暗了，山上的洪水也像决了堤似的暴发了。水冲了三十三个州，淹了九十九个县。正当他们打得难分难解的时候，突然一道闪电，朝他俩中间"唰"地劈了下来，紧接着又是一声巨雷，巴蟒和巴蛇立即现了原形：一个是一条金光闪闪的巨蟒，一个是一条几十丈长的巨蛇。巴蟒随着滚滚的江流，投奔东海龙王去了。巴蛇沿着长江，来到了鄂州的青草湖，也就是现在的洞庭湖。

巴蛇来到青草湖，为非作歹，见人吃人，见兽吃兽，它在昭潭捕捉大鲟鱼，在石壁潭追捕蛟蜃，但是，它最喜欢的还是捉象。一次，巴蛇埋伏在君山附近的芦苇丛中，见一只大象从山里走出来了，它就猛然窜了过去，可惜，它操之过急，没有咬到大象，两颗毒牙砸在巨石上，打出了两个很深的洞。如今君山的两口井，相距只有几百步远，就是当年巴蛇的两颗牙痕。巴蛇的食量特别大，它一口可以把一只大象吞到肚子里去。过三天才屙出象骨头来，久而久之，它屙下的象骨，堆成了小山。这就是岳阳城外的象骨山。

据说，巴蛇吃饱后，经常在洞庭湖中的君山休息，所以君山上至今还有龙口、龙舌、乌龙舌这些地名。传说君山上的蛇形道也是巴蛇压成的。在岳阳南津港以南，有座石山，山下常有大龟出没。一次巴蛇到石山捉龟，一扑，乌龟下了水，它又一扑，乌龟又下了水，它一连扑了两次都没捉到乌龟，却把乌石山咬成了五座山，所以这山又叫五龙山。五龙山下有个石墨港，港里的石头像墨一样，传说就是巴蛇咬乌龟，在石头上碰掉了牙，血流入水里凝固而成的。

当时，夏朝的一个部落酋长，名叫后羿，是个天下无敌的勇士。有一天，后羿身背弓箭，带着他的人马，来到了青草湖。他举目四顾，不由好生奇怪：这么肥沃的一个地方，为什么田园荒芜，连人都没有一个呢？为了弄清楚这个问题，后羿当即在深山老林中找出一个老百姓打听，才知道是巴蛇在这一带危害百姓和牲畜。后羿听了，好不气愤，大怒曰："好个厉害的孽畜！看我来收拾你！"

第二天，天刚亮，后羿就带着弓箭，来到了青草湖北边的高山上，他爬上一棵大树，等候巴蛇到来。等着等着，突然乌云蔽日，狂风大作，湖里的浪头一下子掀到半天云里。后羿四下一看，哎呀，只见湖畔一眼望不到边的芦苇荡东倒西歪，接着，身长几十丈的巴蛇紧追着一群大象窜出来了，巴蛇扬起尾巴，搅起了漫天灰尘，它带起的一阵大风，吹得十几里的大树东摇西晃。后羿一看，倒抽了一口凉气："好威风的巴蛇！"说着，他屏住呼吸，不慌不忙张弓搭箭，照准巴蛇的脑门心，"嗖"地就是一箭，这支箭一离弦，不前不后，不左不右，刚好从巴蛇的两只眼睛的正中央射进去，只剩一点箭尾在皮面上了。巴蛇顿时痛得身子尾巴乱搅，把个青草湖坪，搅成了九岭十八坡，这就是后来的岳州城。

巴蛇被后羿射死后，人们把它的骨头拣在一起，堆成了一座小山，叫“巴冢”，因为它样子很像一座山丘，所以又叫巴丘。后来，这座小山，长年累月受到湖水的冲刷，越来越小，小得像一座大的陵墓，所以，后人又称岳州为巴陵。后羿射死巴蛇的地方，就叫射猎矶。

鲁班修楼

唐开元四年，张说贬到岳州后，决定张榜招聘名工巧匠，在鲁肃阅兵台旧址修造“天下名楼”。有一位从潭州来的青年木工李鲁班，手艺高强，擅长土木设计，被张说相中。张限李木匠在一个月内设计出一座三层、四角、五梯、六门、飞檐、斗拱的楼阁图纸。谁知李鲁班摆弄了一个月的时间，设计出来的图纸只是一座过路小亭。张说很不满意，再限七天时间，一定要拿出与洞庭山水形胜相得益彰的有气派的楼阁图纸。

正当李鲁班一筹莫展时，一位白发老人走了过来，问清缘由，便把背的包袱打开，指着编有号码的木它它说：“这些小玩意儿，你若喜欢，不妨拿去摆弄摆弄，或许会摆出一些名堂来。若是还差点什么，就到连升客栈来找我。”李鲁班接过来，摆了又撤，撤了又摆，果然构成了一座十分雄壮的楼型。大家十分高兴，都说是祖师爷显灵，向白发长者道谢。老人说自己是鲁班的徒弟，姓卢。后来，老者在湖边留下了写有“鲁班尺”3字的木尺，一阵风后不见了。工地上人群纷纷跪下，向老者逝去的方向叩头不止。

不久，一座新楼拔地而起，高耸湖岸，气象万千。

吕仙三醉岳阳楼

仙人吕洞宾，见青气冲天，知岳阳有仙灵出现，遂至岳阳楼醉饮察访。原来岳阳楼下的千年柳树和杜康庙前一株白梅花均已成精，吕洞宾令其托生于郭、贺两家，结为夫妻，三十年后再来度脱。

三十年后，郭马儿与其妻贺腊梅在岳阳楼开茶坊，吕洞宾前来度其修道，郭马儿凡心太重，终不省悟。改茶坊为酒店，吕洞宾三醉岳阳楼，劝郭马儿出家。郭托言有妻室而拒绝，吕洞宾赐剑令其杀死贺腊梅。郭携剑至家，但其妻贺氏已为人所杀。郭马儿认定是吕洞宾所为，找吕要求偿命。

郭马儿拉吕洞宾见官。吕言其妻未死，用仙术招之而来。郭马儿因诬人罪反坐，被判死刑。郭乃向吕洞宾求救，八仙群至，郭马儿经点化顿悟前生，遂修道成仙。

现岳阳楼有吕仙三醉亭，即指此事。

元人马致远以同样题材写成杂剧《吕洞宾三醉岳阳楼》；不久，谷子敬改编成《吕洞宾三度城南柳》。

刨花鱼

洞庭湖里本无刨花鱼（学名“凤尾鱼”，俗名“毛屑虾”）。相传很久以前，重修岳阳楼，正遇上大寒潮，蔬菜全部冻死。修楼的泥木匠吃不上菜，面黄肌瘦，眼睛分不清东西。可是监工仍然拿皮鞭、竹板督工，工匠们稍有不慎，便遭来毒打。

有几个胆大的工匠，只好到湖里去捞鱼虾，好给修楼的师傅们下饭。他们在刺骨的湖水里忙了半天，一无所获。正要回去，忽然来了一位老者，抱着一大堆刨木花，往湖里一撒，口中念道：“刨木花，刨木花，快变鲜鱼莫变虾。今日捉捞十几斤，往后滋养千万家。”

说也奇怪，那些刨木花顿时变成了一条条白色小鱼，成群结对，游来游去。大家高兴地叫起来，“捉鱼呀！”一会功夫，抓了好几桶。但是，桶里的鱼又白又薄，没有鳞片和眼睛，很像刨木花。

老者乐了，笑着说：“我怎么忘记安鳞点睛呢？”从袋里取出墨斗，用墨汁拌了滩上泥沙，抓起一把黑沙，对着湖面上的鱼群撒下去。

大家半信半疑地下湖捞鱼，果然，鱼身上长满了白沙般的鳞片，头上有一对黑芝麻大小的眼睛。修建岳阳楼的工匠们吃上鱼后，身体强壮，手下生风。从此，大家都叫它刨花鱼。

巴陵大盗

清道光年间，岳阳有一吴姓知县，看到岳阳楼内《岳阳楼记》雕屏，无论文章、书法、刻工，还是木质，皆是珍品，便生了歹心。于是，他用重金贿赂一民间艺雕高手，用十七个月时间精心临摹，秘密仿制赝品。

两年后，吴知县调离岳阳，事前偷梁换柱，携带家小和张照手书真迹，趁一个风雨交加的夜晚出逃。不料，船行不久，颠覆于鹿角，雕屏随波逐流，沉入洞庭湖中。而悬挂在岳阳楼内的赝品，因制作精巧，谁也没有发觉。

后来，湖干水浅，《岳阳楼记》雕屏真迹被渔民发现，打捞上来，不慎将第八块板上“歌互”二字和第十块板上“乐”字损坏。当地文士吴敏树用120两银子从渔民手中将雕屏购回，花了三年时间临摹张照手迹，才补上被损的三字。

又过了将近百年，1933年，岳阳楼再度整修。主管官员段珩派人用120块大洋从吴家后人手中将屏赎回，悬挂于岳阳楼二楼大厅。那位吴知县，被斥为“巴陵大盗”，遭人唾骂。

索 引

说 明

一、本志仅就目与子目、人物、表格、图照制索引，序言、凡例、目录、概述、附录、后记没有制索引。人物索引主要收录人物中的传主及简介人物、名表、名录，以人名命名的地名、单位、纪念场所、帝王纪年、照片说明词和引文中出现的人名均未收录。

二、目与子目索引、表格索引、图照索引均采用分析索引法，按索引条目第一汉字拼音（同音字按声调）顺序排列，第一字相同，按第二字音排列，依次类推；人名按姓氏笔画排列，同笔画的以横（一）、竖（丨）、撇（丿）、点（丶）、折（乚）为序归类，同一姓氏的，按第二字的笔画多寡和起笔笔形顺序排列。

三、标引词后的阿拉伯数字表示内容所在页；图照索引中彩照的标引词在阿拉伯数字前加“彩”字，如彩页第八页为“彩 8”。

目与子目索引

E

F

G

H

人物索引

七画

八画

九画

十画

十一画

十二画

十三画

十四画

十五画

十六画

十七画

表格索引

图照索引

后 记

首轮编修《岳阳市岳阳楼区志》不易。2006 年 5 月，区史志档案局组织到平江、临湘、汨罗等地学习考察编史修志；2007 年 8 月 1 日，区史志档案局自加压力，组织编纂的首部《岳阳楼区年鉴 2006》出版；同年 8 月 2 日区委书记钟小泪召开区委常委会研究史志工作，将《岳阳楼区年鉴》、党史、区志编纂等经费纳入财政预算，史志工作纳入全区年终目标考核；同年 8 月 13 日成立岳阳楼区史志工作领导小组，区委副书记葛涛志任组长，领导小组办公室设区史志档案局，各单位明确一名史志联络员。由此，区志编纂工作基本完成了在思想、组织、业务上的准备。

2008 年 12 月 3 日，区委全会上，区委书记江巨涛、区长李可波亲自作动员，成立以区党政主要领导、乡街、区直职能部门主要负责人参加的《岳阳市岳阳楼区志》编纂委员会，制定《岳阳市岳阳楼区志编纂工作方案》，《岳阳市岳阳楼区志》与《中国共产党岳阳市岳阳楼区历史》编纂同时启动。会上各单位签订修志责任状，下发《〈岳阳市岳阳楼区志〉编纂工作领导联点表》。之后区史志档案局根据省、市要求，区有关领导审定，三易其稿初步完成区志目录修订。2009 年 2 月 26 日，春寒料峭，区史志档案局组织为期 4 天的全面启动编纂工作督查，李蕙兰、谭馥莲等到 16 个乡、街道，14 个有代表性的部门共 30 个单位，了解领导到位、机构到位、经费到位、人员到位、条件到位“五到位”的具体情况。有 29 个单位落实了编纂人员、编纂经费、编纂条件。区委办等主笔主动咨询业务，提前进入资料收集阶段。区卫生局将下属单位负责人以及老同志纳入编纂工作机构，召开副院长、办公室主任会议，举办区志业务培训班，落实工作任务。城陵矶街道将收集资料落实到各股室和社区。之后，各单位均明确分管领导，安排了 1 至 2 名政治素质好、文笔功底深的同志负责区志分目初稿的资料收集、整理与编写工作。区志编纂办公室先后抽调聘请工作人员李蕙兰、谭馥莲、刘桂兰、邓建龙、吴洪胜、涂宇、刘杰、胡科、张军、李伟林、易小杰等 10 人。全区区志编写队伍共有 230 人。区委、区政府相关领导换任，但对修志工作的重视力度始终不减，区史志档案局始终以编史修志为工作重点，根据《岳阳市岳阳楼区志编纂工作方案》，明确工作内容、工作步骤和完成时限等，将区志编纂工作任务分解到单位、到人、到岗。在修志的分目初稿纂写阶段，统筹安排，对各部门单位下发资料收集整理、分目初稿撰写提纲，两次举办编修人员业务培训班，组织三次座谈，克服障碍，突破难点；各部门单位分工合作，积极配合，使修志工作循序渐进地推动。

修志是千秋伟业，志书是传世之作，质量是志书的生命。我们在区志编纂过程中，始终坚持质量第一的原则，在省地方志编纂委员会、市史志办精心指导下，理清全区政治、经济、文化、社会发展脉络，先后五易其稿，科学设置全志篇章节目。区志记述上限为1746年，下限至2012年12月，详近略远，详细记述了南、郊两个区（1984—1996年）、岳阳楼区（1996—2012年）的发展情况。

2009年3月至2011年4月，是各单位收集资料，分目初稿的纂写阶段。区编纂办抽调人员加强督查和指导，张军、李伟林、易小杰2009年3月至9月参与资料征集工作。在选用史料上，先由入志单位收集资料，单位主笔编纂分目初稿，通过单位评审上报区编纂办公室。在此基础上，区编纂办对分目初稿把关，附上书面修改要求。编纂主笔人员根据意见再次补充、修改，各单位组织相关领导和老同志等审阅，力求史料的真实性、典型性和全面性，形成分目初稿定稿，提交区志编纂办。2011年5月至2014年10月，区编纂办对分目初稿进行三轮编纂统稿、修改补充阶段。邓建龙于2011年5月至2012年元月、2012年4月至2013年元月期间，参与第一轮统稿；吴洪胜于2013年5月至2014年元月期间，参与第二轮统稿；涂宇于2014年5月至10月，参与第三轮统稿，并参与总纂、评审。其间，市吏志办、区编纂办对全书内容进行三轮全面把关，清理缺失内容，查出因无资料缺31节，内容不完整24节，特别是原郊区的内容缺失较多。为此，李蕙兰、谭馥莲、刘杰、胡科等编纂办人员历时近两年时间，对全区及市直相关单位档案室的资料进行全面细致查询、翻阅，同时开展实地调查走访，收集信息补充资料，最大限度地保证了区志资料的完整、全面。区委、区政府分管领导杨林斌、李峰，市史志办分管副主任易林、原分管副主任周有珍等给予悉心指导，对重要问题和环节，集体讨论决定。2015年元月，本志编目七易其稿，全志约100多万字完稿，进入评审阶段。分设22篇，82章，359节，另有序言、凡例、图照、总述、大事记、专记、人物、附录、索引等，配有地图2幅，照片43张，总计139万字。志稿既是个人独立思考的成果，更是集体智慧的结晶。

区志送审后，省地方志编纂委员会市县指导处长杨盛让，副处长杨帆，科长李章进，市史志办原副调研员刘桂兰、方志科长曹春有，相关历任和在任区级主职领导均进行了认真的审阅、修改。刘桂兰对全志提出近万字的修改意见。2015年8月，市史志办在南湖宾馆召开《岳阳市岳阳楼区志》评审会，区史志档案局唐国华、王丽萍、易三军、赵红等参与评审会组织工作，通力合作。评审会邀请省地方志编纂委员会领导和专家，岳阳县、湘阴县、平江县、汨罗市、临湘市、君山区、云溪区、屈原区的同行等50人参加。评审会由市史志办副主任易林主持，区委书记秩励，区委副书记、区长陈阁辉，区委常委、副区长杨林斌和区委办主任李峰等出席。参加评审的省地方志编纂委员会副主任、党组书记易介南，市县志工作指导处长杨盛让等，市史志办主任陈念军及其他各位领导、专家对志稿的进一步完善、提高提出了许多宝贵意见。2015年8月至2016年3月，编纂办涂宇、李蕙兰等，综合评审意见对志稿进行全面修改。送呈相关领导秩励、陈阁辉、尤庆学、贺景福、王梦华、漆胜、彭端生、钟辉、李峰、周岳雄、徐平、杨林斌及苗富林、李水泉、黄北星等，部门单位人武部、保密局、卫计局、统计局、民政局等20家审阅。区委书记秩励以及刘桂兰等领导提出了具体的修改意见。最后，由岳阳市史志办、湖南省编纂委员会、方志出版社终审、验收，于2016年5月进厂总校，8月付印出版。

《岳阳市岳阳楼区志》继《中国共产党岳阳市岳阳楼区历史》之后出版，二部史志著作共历时8年。党史联络组顾问苗富林、组长李水泉以及邓建龙等一大批老同志对区志编纂给予悉心指导和支持。邓建龙、刘杰、胡科、邓茂玲等负责区志图片、人物资料的征集、编辑工作。市博物馆、区史志档案局、区文物管理所发、区新闻中心等单位，杨一九、邓建龙、谢湘波等个人为志书提供图片。在志稿编纂过程中，谭馥莲、胡科、刘杰等协助查找补充资料，付出了艰辛的劳动。涂宇担岗后期全志修改主笔、总校对工作，及资料补充编务等各项工作。李蕙兰2004年进入史志部门，自始至终精心筹备组织实施区志编纂工作，具体从事区志培训、征稿、统稿、修改、重点内容撰写、重点资料图片征集等艰苦、细致的工作，默默耕耘。多方合力，均作出了积极贡献。

区志顺利完成得益于省、市主管部门和区委、区政府的关心、帮助和支持。得益于社会各界、各部门单位的积极配合，得益于区史志史志工作者全体成员的通力协作，得益于曾在楼区工作的老领导和寓外乡友的大力支持。同时，也得益于编纂人员的辛勤努力。本志的出版，是共同努力和奉献的结果，是心血和汗水的集成。在此，我们特向关心支持修志工作的省地方志编纂委员会、岳阳市委史志办的领导、专家，向为区志编纂提供支持帮助、做出积极贡献的各界人士表示衷心感谢。由于编纂水平有限，志书中难免有错误和纰漏，热忱欢迎广大读者对本志予以批评、指正。

《岳阳市岳阳楼区志》编纂委员会办公室

2016年8月